Peter Hoffmann
Widerstand · Staatsstreich · Attentat

Band 418

Zu diesem Buch

Dieses Werk ist die bisher umfangreichste wissenschaftliche Darstellung des Kampfes der Opposition gegen Hitler, in einer erneut durchgesehenen, überarbeiteten und ergänzten Ausgabe. Peter Hoffmann bediente sich bei seiner Darstellung der klassischen Form des möglichst umfassend informierenden und aufgrund vielseitiger Quellenforschung abwägenden und urteilenden Berichts des tatsächlichen Ablaufs der Ereignisse. Durch intensive Befragung der noch Lebenden, auch aus dem Umkreis Hitlers, sowie die Erschließung zahlreicher, der internationalen Forschung bisher unzugänglicher oder nur bruchstückhaft bekannter Archivquellen wurde die vorliegende Arbeit zu einem monumentalen historischen Dokument. Seit seinem ersten Erscheinen 1969 ist Hoffmanns Buch ein unentbehrliches Standardwerk geworden. Zu seinen besonderen Vorzügen zählen:
– Es berichtet mit größtmöglicher Gründlichkeit und Übersichtlichkeit über alle ernstzunehmenden Versuche, Hitler zu stürzen oder zu ermorden.
– Es ist kein Buch über den 20. Juli allein, sondern es behandelt in mehr als der Hälfte seines gesamten Umfanges auch die vielen Versuche, die entscheidend für die politische Glaubwürdigkeit der Vorgänge vom 20. Juli 1944 sind. Es untersucht den Ablauf der Staatsstreich- und Attentatversuche in allen Einzelheiten, sowie die umfangreichen politischen und technischen Vorbereitungen.
– Es verwertet für die Darstellung der Umsturz- und Attentatversuche alle verfügbaren Quellen. Nur zum Teil waren diese schon veröffentlicht, nur zum Teil lagen sie, größtenteils unbenützt, in Archiven. Ein entscheidender Teil des Quellenmaterials aber wurde überhaupt erst erschlossen: durch Aufspüren, Anschreiben, Aufsuchen, Befragen aller erreichbaren Persönlichkeiten, die als Zeugen der Vorgänge und Umstände direkt oder indirekt mit der Tätigkeit der Opposition zusammenhingen.
– Es faßt sämtliche Spezialveröffentlichungen der Jahre seit 1945 zusammen, kann also als selbständige, packende und unentbehrliche Darstellung angesprochen werden wie auch als Handbuch von dauerhaftem Wert. Ein ausführlicher Anhang mit zahlreichen Skizzen, Karten, Photos und Übersichten sowie ein sorgfältig gefertigtes Register machen dieses Buch zugleich zum unentbehrlichen Nachschlagewerk.

Peter Hoffmann, geboren 1930 in Dresden. Studium in Tübingen, Zürich, an der Northwestern University (Illinois) und in München. 1961–1965 Dozent an der University of Maryland, 1965 Assistant Professor, seit 1968 Associate Professor of History an der University of Northern Iowa, seit 1970 Ordinarius für Deutsche Geschichte an der McGill University in Montreal.
Veröffentlichungen u. a.: Zu dem Attentat in dem Führerhauptquartier »Wolfsschanze« am 20. Juli 1944, 1964; Zum Ablauf des Staatsstreichversuches des 20. Juli 1944 in den Wehrkreisen, 1964; Der 20. Juli im Wehrkreis II (Stettin), 1965; Klaus Graf Stauffenberg und Stefan George: Der Weg zur Tat, 1968; Generaloberst Ludwig Becks militärpolitisches Denken, 1982; Die Sicherheit des Diktators – Hitlers Leibwachen, Schutzmaßnahmen, Residenzen, Hauptquartiere, 1975; Widerstand gegen Hitler, 1979, 1984.

Peter Hoffmann

Widerstand · Staatsstreich
Attentat

Der Kampf der Opposition
gegen Hitler

Vierte, neu überarbeitete und
ergänzte Ausgabe

Piper
München Zürich

Karten und Skizzen gezeichnet von Walter Preiss

Von Peter Hoffmann liegt in der Serie Piper
außerdem vor:
Widerstand gegen Hitler und das Attentat
vom 20. Juli 1944.
Probleme des Umsturzes (SP 190)

ISBN 3-492-00718-x
Neuausgabe
Juli 1985
4., neu überarbeitete und ergänzte Ausgabe, 13.–18. Tausend 1985
(1. Auflage, 1.–6. Tausend dieser Ausgabe)
© R. Piper GmbH & Co. KG, München 1969, 1970, 1979, 1985
Umschlag: Federico Luci (Fotos: Süddeutscher Bilderdienst)
Satz: Kösel, Kempten
Druck und Bindung: Clausen & Bosse, Leck
Printed in Germany

Den Opfern der Tyrannei

Inhaltsverzeichnis

Vorwort	9
Vorwort zur 3. Auflage	13
Vorwort zur 4. Auflage	14
I. Das Jahr 1933	15
II. Formen des Widerstandes	34
III. Führungskrise	55
IV. Sudetenkrise und Staatsstreichversuch 1938	69
1. Fall »Grün«	69
2. Außenpolitik und Widerstand	74
3. Becks Umsturzplan	94
4. Halders Umsturzplan	109
V. Staatsstreichpläne 1939–1940	130
1. Vor Kriegsausbruch	130
2. Umsturzpläne, Sondierungen, Denkschriften	146
3. Halders neuer Umsturzplan	165
4. Weitere Versuche	186
5. Außenpolitische Sondierungen	195
6. Weltkrieg	219
VI. Innenpolitische Pläne	226
1. Sozialisten	226
2. SchmidNoerr	230
3. Hassell	233
4. Popitz	235
5. Goerdeler	239
6. Kreisau	247
VII. Kontakte zu den Kriegsgegnern 1940–1944	254
1. Albrecht Haushofer 1940/41	254
2. Hassell 1941/42	261
3. Lochner 1941/42	263
4. Trott, Bonhoeffer, Schönfeld 1942	265
5. Moltke 1943	275
6. Trott 1943/44	283

7. Gisevius	295
8. Sonstige Verbindungen	299
9. »Ostlösung«?	304
10. Otto John 1944	310
VIII. Attentatversuche 1933–1942	315
1. Erste Anschläge	315
2. Anschläge 1938–1942	319
IX. Tresckow und die Heeresgruppe Mitte	327
1. Vorbereitungen	327
2. Anschläge 1943	346
3. Fehlgeschlagene Pläne	360
4. Walküre	374
X. Stauffenberg und das Ersatzheer	389
1. Laufbahn	389
2. Attentatversuche: Bussche, Kleist, Breitenbuch	396
3. Staatsstreichplanung: Sprengstoffbeschaffung	410
4. Staatsstreichplanung: Nachrichtenwesen	415
5. Staatsstreichplanung: Innenpolitik	429
6. Attentatversuche: Stauffenberg	458
XI. 20. Juli 1944	486
1. Wolfschanze	486
2. Berlin: Auslösung	506
3. Wehrkreise	540
4. Prag, Wien, Paris	568
5. Berlin: Zusammenbruch	592
XII. Untergang der Opposition	623
1. Standrecht	623
2. Verhaftungen	625
3. Volksgerichtshof, Hinrichtung, Konzentrationslager	644
Anhang	659
Anmerkungen	661
Photographien	zw. 876 und 877
Karten, Skizzen, Texte	877
Quellen und Literatur	911
Abkürzungen	958
Personen-, Orts- und Stichwortverzeichnis	959

Vorwort

Widerstand gegen die Obrigkeit hat es gegeben, seit es die Obrigkeit gibt. Wenn der Inhaber der Macht, die auf traditionell oder schriftlich gesetztem Recht beruht, seine Befugnisse mißbraucht, wenn er die Verpflichtung, die von jeher im Bewußtsein der Menschen mit der Macht verbunden war, nicht erfüllt, so kann sich der den Mißbrauch Erleidende auch als seiner eigenen Verpflichtung entbunden betrachten. Das Feudalrecht des Mittelalters beruhte auf solcher Gegenseitigkeit von Leistungen – Schutz und Lebensunterhalt auf der einen und Gehorsam und Gefolgschaft auf der anderen Seite. Selbst die lutherische Kirche nahm um 1530 das Recht des Widerstandes gegen die Maßnahmen des Kaisers für sich in Anspruch, unbeschadet ihrer Lehre von der gottgewollten Obrigkeit.

Freilich ist das Recht zum Widerstand nie unbestritten gewesen. Der von den römischen Rechtsgelehrten entwickelte Gedanke der Majestas des Herrschers und der Souveränität des Staates, der im 19. Jahrhundert besonders in Deutschland eine ungemeine Stärkung erfahren hat, ließ kaum noch Raum für einen legalen Widerstand. Schon manche Naturrechtlehrer des siebzehnten Jahrhunderts, wie etwa Thomas Hobbes, haben ein Recht zum Widerstand sogar rundweg geleugnet. Aber andere haben gerade aus dem Naturrecht, aus dem postulierten rechtlichen Urzustand der Freiheit, das Recht zu einem Widerstand, der praktisch immer wieder geübt worden ist, auch theoretisch abgeleitet. So läßt Schiller 1804, am Beginn des napoleonischen Sturmes und am Ende des alten Römischen Reiches, im *Wilhelm Tell* den Stauffacher sagen:

> Wenn der Gedrückte nirgends Recht kann finden,
> Wenn unerträglich wird die Last – greift er
> Hinauf getrosten Mutes in den Himmel
> Und holt herunter seine ewgen Rechte,
> Die droben hangen unveräußerlich
> Und unzerbrechlich wie die Sterne selbst –
> Der alte Urstand der Natur kehrt wieder,

> Wo Mensch dem Menschen gegenübersteht –
> Zum letzten Mittel, wenn kein andres mehr
> Verfangen will, ist ihm das Schwert gegeben – ...

Die Verfechter des Naturrechts und die Aufklärer des achtzehnten Jahrhunderts haben der Souveränität des Staates die Souveränität des Volkes entgegengesetzt, welche wiederum das Recht des Widerstandes gegen die bestehende Obrigkeit in sich trug.

Es fehlt auch nicht an Beispielen für die Ausübung des Widerstandsrechtes. Die Engländer zogen 1649 aus der Lehre der Volkssouveränität die blutige Konsequenz und enthaupteten ihren König, Karl I.; 1688 verweigerten sie einem seiner Nachfolger den Thron. Die Franzosen suchten dem Gedanken der Volkssouveränität von 1789 bis 1795 mit fürchterlicher Folgerichtigkeit Geltung zu verschaffen, und im Laufe des neunzehnten Jahrhunderts haben fast alle europäischen Völker versucht, mit Hilfe eines mehr oder minder geordneten Widerstandes gegen die gegebene Staatsgewalt die Errungenschaften der Französischen Revolution – Rechtssicherheit, Freiheit und Sicherheit der Wirtschaft, die »Menschenrechte«, kurz eine Konstitution und die rechtliche Sicherung der Existenz der Nation – auch für sich zu erlangen. Widerstand gegen einen als unerträglich empfundenen, aber von Staats wegen aufrechterhaltenen Zustand ist also in der europäischen und auch in der deutschen Geschichte nichts Unerhörtes.

Der Widerstand, von dem hier zu handeln ist, gehört in diese Traditionsreihe. Er begann im weiteren Sinne schon vor der Machtergreifung Hitlers, aber im eigentlichen Sinne setzte er erst 1933 ein und ist selbst dann noch 5 Jahre lang nicht zu dem vorgedrungen, was ihn eigentlich ausmacht, nämlich zum Staatsstreichversuch. Es bedurfte dazu des Anstoßes der akuten Gefahr eines großen Krieges. Mit Widerstand ist also hier die Tätigkeit gemeint, die auf den Sturz der nationalsozialistischen Regierung von innen gerichtet war und die im großen und ganzen von denjenigen Gruppen getragen wurde, die an dem Versuch des 20. Juli 1944 direkt oder indirekt beteiligt waren.

Von den Massen des Volkes darf nur der tätigen Widerstand gegen einen Unrechtsstaat fordern, der sie zu organisieren und zu führen bereit und fähig ist. In dem von Hitler errichteten Staat mit seiner gefürchteten, scheinbar allgegenwärtigen Polizei, mit seinen sozialen Errungenschaften und seinen scheinbar glänzenden Erfolgen war das praktisch nicht möglich, und als die Katastrophe sichtbar wurde, wollten die meisten Menschen einfach nur noch ihr Leben retten. Nur wenige hochgestellte Funktionäre einer solchen Gesellschaft haben rechtzeitig den nötigen Einblick in die Realitäten der Lage und zugleich die Macht, um der Situation entsprechend gegen die Regierung zu handeln. Nur wenige können jeweils zweifelsfrei beurteilen, ob und wann ein geleisteter Eid, wann Treue sinnlos werden und nur noch das zerstören helfen, was sie schützen sollen. Die Verurteilung und das Verächtlichmachen der Eidtreuen ist gleichwohl pharisäerhaft. Die Verurteilung der Verschwörer, die das nur auf der Gewalt beruhende »Recht« nicht anerkennen wollten, wenn es das Leben zerstörte statt es zu schützen, ist aber ebenso abzulehnen. Sie erhebt die Form über den Sinn und Inhalt des Rechts. Vielmehr war die Haltung der Verschwörer die geistig schöpferische und die eigentlich humane, da sie dem Prinzip des Lebens und der Lebenserhaltung entsprach.

In den fünfundzwanzig Jahren seit dem Ende des Zweiten Weltkriegs haben sich ungezählte Autoren mit der jüngsten Vergangenheit Deutschlands auseinandergesetzt. Man hat zu erklären versucht, wie die Entfesselung eines Weltbrandes möglich war, in dem über vierzig Millionen Menschen sterben mußten und der mit der Zerreißung Deutschlands und Europas und mit der militärischen Vorherrschaft Rußlands auf dem Kontinent endete. Zugleich ist eine Literatur von Tausenden von Titeln entstanden, die darstellen wollte, was in Deutschland von innen heraus zunächst gegen die zerstörerische Politik des nationalsozialistischen Regimes und ihre Folgen, schließlich auf die völlige Beseitigung des Regimes hin getan wurde. Unter den Veröffentlichungen ist eine beträchtliche Anzahl hervorragender Werke, aber eine noch größere von Darstellungen, die den Anforderungen der historischen Wissenschaft nicht genügen. Alle haben eines gemeinsam: eine nicht ausreichende Quellengrundlage für die Darstellung der konkreten Versuche, das nationalsozialistische Regime zu stürzen und Hitler zu beseitigen.

Die Gründe dafür sind zahlreich. Vielen Autoren ging es und geht es noch heute mehr um die Darstellung der Motive des Widerstandes, als um seine Taten. Viele Verfasser von Erlebnisberichten kannten und sahen nur einen kleinen Ausschnitt; anderen Darstellern waren viele wichtige Quellen noch verschlossen, als sie schrieben. Zwanzig Jahre nach dem Ende des Krieges war die Quellenlage in mancher Hinsicht ungünstiger als 1945. Zahlreiche Zeugen der Vorgänge sind gestorben, andere haben die Erinnerung an die Einzelheiten verloren oder verdrängt. Andererseits sind inzwischen die meisten für die Erforschung des Widerstandes relevanten Aktenstücke der Behörden des ehemaligen Deutschen Reiches von den westlichen Kriegsgegnern an die Bundesrepublik zurückgegeben worden (was an wesentlichem Material noch im Osten lagert, läßt sich freilich kaum beurteilen), und die Kontroversen über die Berechtigung des Widerstandes verlaufen in ruhigeren Bahnen als in den Jahren unmittelbar nach dem Kriege, die unter dem Zeichen der Suche nach den Schuldigen und der »Entnazifizierung« standen. So waren viele Zeugen bereit, ihre Erlebnisse sachlich zu schildern, die zehn Jahre früher noch geschwiegen hätten.

Von der Erwägung ausgehend, daß die Widerstandsbewegung des 20. Juli 1944 und ihr tragischer Mißerfolg nur wirklich verstanden werden können, wenn man ihre Vorgeschichte und ihren Verlauf im einzelnen kennt, hat sich der Verfasser vor allem um die Klärung der Vorgänge bei denjenigen Umsturz- und Attentatversuchen bemüht, die über bloße Einfälle und gesprächsweise Erörterungen hinausgegangen sind. Sie finden ihren Höhepunkt in der Erhebung des 20. Juli 1944, dem letzten Versuch der langen Reihe. Für die Charakteristik der Persönlichkeiten, für ihre Motive, für das Verständnis des Gesamtphänomens der Widerstandsbewegung wie für die Tätigkeit einzelner sind nach wie vor die bekannten Werke von Hans Rothfels, Eberhard Zeller, Gerhard Ritter, Annedore Leber u. a. grundlegend.

An dieser Stelle dankt der Verfasser allen, die ihm bei seinen umfangreichen Nachforschungen geholfen haben. Es ist nicht möglich, sie einzeln zu nennen, aber wenigstens summarisch sei der Damen und Herren des Bundesarchivs in Koblenz gedacht, ferner der Württembergischen Landesbibliothek in Stuttgart, des Instituts für Zeitgeschichte in München, der Zentralnachweisstelle des Bundesarchivs in Kornelimünster, der Zentralen Stelle der Landesjustizverwaltungen in Ludwigsburg, des Berlin Document Center, der National Archives (hier waren die Herren Wolfe und Bauer besonders hilfreich) und der Library of Congress, beide in Washington, D. C., der Hoover Institution in Stanford, California, der Bibliothek der University of Northern Iowa in Cedar Falls, Iowa, und es sei der vielen gedacht, die bei den Ereignissen beteiligt gewesen und zur Mitteilung ihrer Beobachtungen bereit waren (ihre Namen erscheinen in den Anmerkungen und Quellennachweisen). Auch dem Militärgeschichtlichen Forschungsamt in Freiburg verdankt der Verfasser die Kenntnis einzelner wichtiger Aktenstücke, jedoch ist es ihm nicht gelungen, in alle seinerzeit dort aufbewahrten relevanten Dokumente Einblick zu erhalten.

Ein Forscher, der sich dem Verfasser mit außerordentlicher Selbstlosigkeit zur Verfügung gestellt hat, muß hier besonders genannt werden: Peter Dietz, Schaffhausen, war als Schweizer in der Lage, ein Einreisevisum für Polen zu erhalten, das dem Verfasser von der polnischen Regierung trotz jahrelangen Bemühungen verweigert wurde. Herr Dietz hat bei Rastenburg (Ketrczyn) im ehemaligen Ostpreußen Hitlers ehemaliges Hauptquartier »Wolfschanze« besucht, in dem der Anschlag des 20. Juli 1944 von Stauffenberg ausgeführt worden war, und er hat durch möglichst genaue kartographische Aufnahmen der wichtigsten Gebäude eine Skizze, die dem Verfasser von Hitlers ehemaligem Marineadjutanten, Herrn Konteradmiral von Puttkamer, zur Verfügung gestellt worden war, so verbessert und überprüft, daß sie zur Herstellung einer zuverlässigen Skizze des Hauptquartiers mit herangezogen werden konnte. Dafür und für die so ermöglichte genauere Darstellung der Vorgänge im Hauptquartier, sowie für andere wichtige Beiträge sei Herrn Dietz hier besonders gedankt. Für unentbehrliche Hilfeleistung beim Zusammenstellen und Zeichnen der Skizze des Hauptquartiers dankt der Verfasser seinen Kollegen, Professor John Kirby und Professor Lowell Goodman, beide an der University of Northern Iowa.

Ohne die Anregung und die großzügige Finanzierung des Projektes durch die Stiftung »Hilfswerk 20. Juli 1944« von 1962 bis 1964, durch das Evangelische Verlagswerk von 1963 bis 1965, im Jahre 1965 durch die Stiftung »Volkswagenwerk« und 1966 bis 1968 durch die University of Northern Iowa in Cedar Falls, Iowa, wäre die vorliegende Arbeit, für die u. a. zahlreiche Reisen unternommen werden mußten, nicht möglich gewesen. Diesen Institutionen gebührt daher ebenfalls ganz besonderer Dank.

Schließlich und nicht zuletzt verdanke ich die Vollendung der Arbeit und nun auch der zweiten, überarbeiteten Auflage der Geduld, dem Verständnis und der tätigen Mithilfe meiner Frau. Meinem Vater, Professor Dr. Wilhelm Hoffmann, und Herrn Professor Dr. Hans Rothfels danke ich besonders für das Lesen des Manuskriptes und für ihre ermutigende Kritik.

McGill University, Montreal P. H.

Vorwort zur 3. Auflage

In dieser zum zweiten Mal überarbeiteten und erweiterten neuen Ausgabe sind die seit der zweiten Auflage zusammengekommenen, in der englischen Ausgabe von 1977 schon verwerteten neuen Quellen ebenfalls herangezogen und weiter ergänzt worden. Insbesondere für die Vorgänge des 15. Juli 1944 und für die Auslandkontakte der Verschwörung haben sie einige wesentliche neue Kenntnisse und Einsichten erbracht. In vielen anderen Punkten konnte die bisherige Quellengrundlage ergänzt und erweitert werden. Die seit 1970 erschienene Literatur wurde berücksichtigt, soweit sie für die Darstellung wesentlich ist. Je ein neuer Abschnitt behandelt die Vorstellungen der Sozialisten über die Neuordnung und eine besondere Linie der Auslandskontakte.

Die Begrenzung der Darstellung auf die Bewegung, aus der die Attentat- und Umsturzversuche kamen, ist hier aufrechterhalten. Der Widmungsspruch gilt aber *allen* Opfern der Tyrannei, auch den als Soldaten Gefallenen und allen, die ohne Uniform Opfer der Hitler-Diktatur wurden. Wie bisher hat sich der Verfasser bei der Interpretation der Vorgänge Zurückhaltung, freilich keineswegs völlige Enthaltung, auferlegt. Zustimmung und Verurteilung wechseln von Tag zu Tag in allen Dingen, die nicht gleichgültig sind. Hier kam es darauf an, darzustellen und Zusammenhänge und Vorgänge sichtbar zu machen. Der Geist des Widerstandes spricht deutlich genug aus den Neuordnungsplänen, und noch deutlicher vielleicht aus der Haltung der Gemarterten und Verfolgten nach dem 20. Juli 1944.

McGill University, Montreal, 1979   P. H.

Vorwort zur 4. Auflage

Fünf Jahre nach dem Erscheinen der dritten, erweiterten Auflage des vorliegenden Werkes, vierzig Jahre nach dem letzten und bekanntesten Umsturzversuch der Opposition gegen Hitler, ist der Strom wissenschaftlicher und allgemeiner Literatur zu dem Thema größer als in vielen früheren Jahren. Die tiefe existenzielle Bedeutung des Gegenstandes rechtfertigt dies jetzt und in der Zukunft.

Neu erschlossene Quellen und Neuerscheinungen wurden in dieser wiederum überarbeiteten und erweiterten Auflage soweit wie möglich berücksichtigt.

McGill University, Montreal, 1985   P. H.

I. Das Jahr 1933

Am 30. Januar 1933 wurde Adolf Hitler vom Reichspräsidenten Paul von Hindenburg zum Reichskanzler ernannt und mit der Bildung einer Regierung beauftragt, für die er später im Reichstag eine Mehrheit finden sollte. Er ist auf Grund der Bestimmungen der geltenden Verfassung des Deutschen Reiches an die Macht gekommen – obwohl er jahrelang verkündet hatte, er werde eben den Staat und die Verfassung, welche ihm den Weg zu diesem Ziel offenhielten, nach nationalsozialistischen und autoritären Grundsätzen umformen und also zerstören.

Der Weimarer Staat, Nachfolger des im Ersten Weltkrieg besiegten preußisch-deutschen Kaiserreiches, hatte seine äußeren und inneren Schwächen und Widersprüche nicht zu überwinden vermocht. Vor allem hatte er nicht den unermüdlichen und verantwortungslosen Angriffen seiner linksgerichteten und seiner »nationalen«, Deutschnationalen, reaktionären, militaristischen und extrem-konservativen Gegner standhalten können, die schon in den ersten Jahren mit rechts- und linksextremen Putschen, mit Aufruhr und Separatismus begonnen hatten, mit der Weigerung besonders des nationalistischen Teils der Nationalversammlung, seine Unterschrift unter den Versailler Vertrag zu setzen und durch Bildung einer Regierung für diese Weigerung die Verantwortung zu übernehmen. In den folgenden Jahren erlaubten auch die Sieger dem neuen Staat nicht, sich vom Kriege zu erholen; Gesellschaft und Wirtschaft wurden von der Last der Reparationen und der Inflation zerrüttet und zermürbt. Als schließlich der Haß doch der Vernunft zu weichen begann und zur wirtschaftlichen Konsolidierung gute Ansätze gemacht waren, wurde die gerade auflebende Republik im Jahre 1929, wie alle Industrienationen, von der katastrophalsten Wirtschaftskrise geschüttelt, die die Welt bisher gesehen hatte.

Am geschicktesten in der Ausnützung der vorhandenen und noch eigens wachgerufenen Ressentiments gegen das »System von Weimar«, das man weithin für alles verantwortlich machte, war der österreichische, 1924–1932 staatenlose, dämonische Demagoge Adolf Hitler gewesen, so daß er schließlich mit Hilfe seiner zu einer Massenpartei angewachsenen Gefolgschaft in die Lage kam, der Weimarer Republik den Todesstoß zu versetzen.

Nun hatte er die Macht keineswegs völlig aus eigener Initiative heraus »ergriffen«, wie er sagte und wie es eigentlich auch der von ihm seit dem kläglich mißlungenen Putsch von 1923 angeblich so geschätzten Legalität widersprochen hätte; vielmehr war sie ihm in einer innenpolitisch und verfassungsmäßig wie auch wirtschaftlich auswegslos scheinenden Lage zugespielt worden. Hinter den Kulissen intrigierten und wirkten politische Abenteurer und politisch Ratlose und Verblendete; das »Volk« aber hatte auch einen nicht geringen Anteil an Hitlers Aufstieg. Wie stark der Rückhalt Hitlers im Volk gewesen ist, wird sich kaum je genau ermitteln lassen, aber es gibt Anhaltspunkte, um ihn einzuschätzen. In den Juli-Wahlen des Jahres 1932 gaben 37,4 % aller an der Wahl beteiligten Wähler gültige Stimmen für die Nationalsozialistische Deutsche Arbeiter-Partei (NSDAP) ab, im November 1932 immerhin noch 33,1 %, bei Wahlbeteiligungen von 84 % bzw. 80,6 %. Andererseits erhielt die NSDAP im März 1933, als sie schon einen ganzen Monat lang über das Reichs- und das preußische Innenministerium praktisch die gesamte Polizei kontrollierte, als sie die Bevölkerung mit Hilfe der SA mehr als vier Wochen offen terrorisiert hatte, bei einer Wahlbeteiligung von 88,7 % noch immer lediglich 43,9 % der abgegebenen gültigen Stimmen [1].

Zwar spiegeln die Ergebnisse dieser drei Wahlen nur sehr bedingt die Stimmung im Jahre 1933. Hunderttausende haben ihren politischen Standpunkt nie, jedenfalls nicht durch Beteiligung an der Wahl dokumentiert. Gewiß müssen die Zahlen interpretiert und vor dem Hintergrund der damaligen Situation gesehen werden.

Man wird mit Recht sagen, daß dreißig bis vierzig Prozent Stimmen für einen gesetzlosen Demagogen wie Hitler, der aus seiner Einstellung gar kein Hehl machte, doch zu viel seien, d. h. mehr an radikalem und gewalttätigem Nationalismus, als ein so junger Staat wie der damalige deutsche zu ertragen vermochte. Für die offene Identifizierung Hitlers und des Nationalsozialismus mit dem Gewaltverbrechen mag der »Fall Potempa« stellvertretend stehen. Als einige SA-Leute im August 1932 in dem schlesischen Dorfe Potempa einen auf der Seite der Kommunistischen Partei stehenden Arbeitskameraden, Konrad Pietzuch, vor den Augen seiner Mutter zu Tode geprügelt und getrampelt hatten, wurden sie zu Todes- und lebenslangen Zuchthausstrafen verurteilt. Darauf erklärten sich Hitler und die übrige Führerschaft der NSDAP ausdrücklich und öffentlich in der Parteizeitung *Völkischer Beobachter* mit ihren »Kameraden« solidarisch und schworen Rache und Befreiung der »Kameraden« [2].

I. Das Jahr 1933

Eindeutig ist das offene Bekenntnis zu Gewalttat, Verbrechen und Gesetzlosigkeit. Die Täter wurden am 23. März 1933 alle amnestiert.

Mit ebensolchem Recht wie auf den »Fall Potempa« als typisches Beispiel für die Methoden der NSDAP wird man zu seiner Erklärung auf die allgemein brutalisierte und radikalisierte politische Atmosphäre der Jahre 1929 bis 1933 hinweisen. Unruhen und Gewaltakte, politische wie kriminelle Mordtaten waren an der Tagesordnung. Wilde Streiks brachen hier und da aus und wurden manchmal einfach von den Radikalen schlechthin geschürt, die aus dem Chaos nur Gewinn ziehen konnten. So wurde 1932 der wilde Streik der Transportarbeiter in Berlin sowohl von den Kommunisten als auch von den Nationalsozialisten unterstützt[3].

Ferner war da die ungeheure Arbeitslosigkeit, die bis Februar 1932 zu der erschreckenden Zahl von über sechs Millionen Erwerbslosen geführt hatte und die zwischen dem Winter 1931/32 und dem Winter 1932/33 praktisch nicht zurückgegangen war. Erst im Jahre 1933 sank die Arbeitslosenziffer bedeutend ab, von Januar bis Juli 1933 allein um mehr als eineinhalb Millionen[4].

Die Not war im Jahre 1932 trotz leichter Besserung noch ungeheuer groß, in vielen einzelnen Fällen fast unvorstellbar. Es gab Arbeiterehepaare, die monatlich RM 10,- Miete bezahlen mußten, aber wöchentlich nur RM 3,20 Unterstützung erhielten, also theoretisch von etwa RM 2,80 leben mußten. Wenn sie nicht Hungers starben, dann waren Gaben von Verwandten oder Freunden, vielleicht auch Kredit beim Krämer ihre Rettung. Ein anderer Arbeiter mit Frau und zwei Kindern erhielt wöchentlich RM 9,- Unterstützung und bezahlte jede Woche RM 4,50 Miete, wonach in der Familie noch RM 0,16 pro Tag und Person zur Verfügung standen[5]. In dieser Lage versprachen die Kommunisten Klassenkampf und eine bessere, doch ferne Zukunft; die Nationalsozialisten aber versprachen Arbeit und Brot und Ordnung, und da sie sich patriotisch gaben, glaubten viele ihnen eher als den Kommunisten, von denen man Revolution und Bürgerkrieg befürchtete.

Läßt sich der Umfang der Anhängerschaft Hitlers weitgehend erklären durch die allgemeine wirtschaftliche Lage, durch Ressentiments gegen die Sieger des Weltkriegs und gegen die eigene Staatsführung, die sich mit den Mächten arrangieren wollte, so ist auf der anderen Seite auch ein sehr großer Teil der Wählerschaft, nämlich über die Hälfte der am politischen Leben überhaupt teilnehmenden erwachsenen Bevölkerung, für Hitler und den Nationalsozialismus nicht zu haben gewesen. Hunderttausende, wenn nicht Millionen Wähler standen in unversöhnlicher Opposition gegen den Nationalsozialismus. Erst später, mit dem wachsenden Erfolg der neuen Regierung, entwickelte sich in den Massen eine breitere Anhängerschaft, zur gleichen Zeit, als der neue »gleichgeschaltete« Führerstaat die Organisationen seiner Gegner systematisch zerschlug und dabei den »SS-Staat« aufrichtete, in welchem der Führer einer Elite-Parteiarmee, Heinrich Himmler, als »Reichsführer SS und Chef der deutschen Polizei« das Instrument totaler Herrschaft handhabte. Da schien es dann ratsam, sich ruhig zu verhalten, die neue Regierung wie die bisherigen über sich ergehen zu lassen, dem Erwerb nachzugehen, da es doch nun aufwärts ging und den Massen Arbeit und Brot winkten, Belästigungen von seiten des Regimes aber, bei entsprechendem Wohlverhalten und sofern man nicht zu irgendeiner Kategorie von »Staatsfeinden« gehörte, nicht zu befürchten waren.

Noch gab es in den ersten Monaten des Jahres 1933 eine Art legaler Opposition. Ein unaufhörlicher Hagel von Versammlungs- und Veröffentlichungsverboten und anderen Repressalien fiel auf sie hernieder, aber als organisierte politische Parteien waren zunächst weder die SPD noch die KPD verboten. Gleichwohl haben sie keinen massiven Widerstand gegen die Übergriffe der von den Nationalsozialisten kontrollierten Regierung geleistet, trotz allen Ankündigungen und Parolen der Jahre und Monate vorher.

Vor allen hatte sich die KPD lange auf den Bürgerkrieg gegen den »Faschismus« vorbereitet und gerüstet. Aber der »Faschismus« kam zur Macht, und es wurde nichts Ernsthaftes unternommen [6]. Die Kommunistische Partei Deutschlands wurde vom Zentralkomitee der Kommunistischen Partei der Sowjetunion geführt, und dort herrschte die Überzeugung, ein faschistisches Regime könne die innere Selbstzerstörung Deutschlands nur fördern und den Boden für die kommunistische Machtübernahme bereiten. Bekanntlich hat Stalin den Grundsatz des »Sozialismus in einem Lande« gegen denjenigen Trotzkis von der kontinuierlichen Weltrevolution und gegen den Versuch, die russische Revolution mit Hilfe von Revolutionen in angrenzenden Ländern zu stützen, durchgesetzt. Allerdings ist hier Stalins Interesse an der Ausschaltung Trotzkis schwer von seiner wirklichen politischen Überzeugung zu trennen. Verfolgung durch das Regime und ideologische Zerwürfnisse und Streitigkeiten zwischen der KPD und den anderen linksgerichteten politischen Gruppen machten jedenfalls eine wirkliche und wirksame Zusammenarbeit zwischen ihnen unmöglich, selbst in der Stunde der größten Gefahr. Ein Aufruf vom 25. Februar 1933 zu einem gemeinsam mit der SPD zu organisierenden Generalstreik verhallte so gut wie unbeachtet.

Drei Tage später überschattete ohnedies der Reichstagsbrand alles an

I. Das Jahr 1933

politischen Aktionen bisher Dagewesene. Er erlaubte den Machthabern schon jetzt ein weit schärferes Vorgehen gegen die Kommunisten, als sie es für diesen frühen Zeitpunkt ihrer Herrschaft geplant haben mochten [7].

Hilflos, aber um taktische Auswege nie verlegen, beschloß das Exekutivkomitee der Komintern (Kommunistische Internationale, das Koordinationsgremium für die Arbeit der nicht-russischen kommunistischen Parteien) am 1. April, nach dem Verbot der KPD, die Errichtung der offenen faschistischen Diktatur müsse dazu dienen, die Massen von allen demokratischen Illusionen zu heilen, somit sie vom Einfluß der Sozialdemokraten zu befreien und das Tempo der Entwicklung Deutschlands zur proletarischen Revolution zu beschleunigen. Das Heldentum einzelner Parteimitglieder, die Widerstand leisteten, wird von solchem Opportunismus nicht berührt. Aber die KPD als revolutionäre und antifaschistische Organisation hatte versagt. Viele ihrer führenden Funktionäre gingen in die Emigration und ließen untergeordnete Funktionäre und Mitglieder den lebensgefährlichen illegalen Kampf kämpfen.

War die Haltung der KPD auch weit von ihren Ansprüchen und Proklamationen entfernt, so entsprach sie doch noch eher ihrem wirklichen Einfluß auf die Massen als die Haltung der beiden größten Organisationen der politischen Linken, der SPD und der Gewerkschaften. Diese aber verhielten sich ebenso passiv, und ihre Passivität war weder neu noch ungewöhnlich. Seit 1930, in einem weiteren und allgemeineren Sinne schon seit den frühen zwanziger Jahren, seit dem Kapp-Putsch, ja seit der Abstimmung über die Kriegsanleihen im Sommer 1914, war die SPD der Anwendung revolutionärer Mittel entwöhnt. Legalistisches Denken war in der Partei verbreitet und verwurzelt; die Nichtanerkennung der neuen Regierung des 30. Januar 1933 war kaum möglich; es war auch alles verwirrend und staatspolitisch undeutlich und undefiniert, man wußte nicht, was da zu tun sei [8]. Man war der Solidarität der Arbeitermassen nicht sicher und glaubte, einen Generalstreik nicht wagen zu können. Stillhalten schien die einzige Überlebenschance zu bieten. Reichstagsauflösung (1. Februar 1933) und Wahlkampf, die Notverordnung vom 4. Februar 1933, der Terror des Ministerpräsidenten Hermann Göring in Preußen, und die rasche, weitgehende Knebelung der Presse hatten die wahren Machtverhältnisse innerhalb weniger Wochen grundlegend verwandelt.

Die Notverordnung vom 4. Februar 1933, die sich auf den Artikel 48 der Weimarer Verfassung stützte, untersagte alle politischen Versammlungen und Aufzüge unter freiem Himmel, durch die die öffentliche Sicherheit gefährdet würde [9]. Verbote aller gegnerischen Demonstrationen und Zusammenrottungen waren nun ein leichtes, ebenso die Beschlagnahme aller Druckschriften, von denen man behaupten konnte, daß sie die öffentliche Sicherheit und Ordnung gefährdeten. Wer gegen die Verordnung verstieß, wer etwa eine vorher oder auch hinterher als verboten definierte Versammlung leitete oder eine Druckschrift herausgab, sei es eine Zeitung, ein Plakat, eine Flugschrift, ein Inserat, welches den neuen Machthabern verbotswürdig erschien, ja sogar, wer von solchen Vorgängen wußte und sie nicht anzeigte, der konnte mit Gefängnis bestraft und also verhaftet werden. So konnte man alle Gegner ausschalten, ohne die Legalität verlassen zu müssen. Es war nur noch eine Frage der Taktik, welchen Zeitpunkt man für die verschiedenen Maßnahmen wählte, sicher war es richtig, nicht alle gegnerischen Gruppen auf einmal zerschlagen zu wollen. Je mehr man sie voneinander absonderte, sie isoliert behandelte und womöglich einzeln anprangerte, die übrigen aber noch hoffen ließ, desto hilfloser waren sie den Machthabern ausgeliefert.

Alles Weitere diente mehr dem Ausbau der Macht als ihrer Ergreifung. Der Brand des Reichstagsgebäudes am 27. Februar 1933 überraschte die Nationalsozialisten ebenso wie die Kommunisten. Viele Maßnahmen der Regierung waren durchaus ungeplant und unbedacht[10], aber diese nahm die Gelegenheit wahr, um nun, nur fünf Tage vor der Wahl des neuen Reichstages, die Gewalt im Innern vollends in den Griff zu bekommen. Die Notverordnung vom 28. Februar 1933 hob also die Grundrechte und Garantien der persönlichen Freiheit der Weimarer Verfassung auf. Es konnte nun fast unbegrenzt, ohne richterlichen Haftbefehl für den Einzelfall und auch ohne nachträgliche richterliche Kontrolle verhaftet und ebenso unbegrenzt inhaftiert werden, man konnte theoretisch und weitgehend auch praktisch jede menschliche Äußerung, jeden Austausch von Nachrichten, jede Veröffentlichung von Worten oder Bildern zensieren, Zeitschriften und Bücher verbieten, Parteien und Vereine auflösen, Versammlungen verhindern, Eigentum beschlagnahmen[11]. Die Grundlagen des Rechtsstaates waren damit zerstört, und zwar mit dem Mittel, das für seine Rettung bereitgestellt war, nämlich mit dem Notverordnungsrecht.

Das Ermächtigungsgesetz vom 23. März 1933, das der Regierung volle Handlungsfreiheit ohne Rücksicht auf parlamentarische und verfassungsmäßige Grenzen gab, war nur noch der »legale« Schlußpunkt. Ausdrücklich war der Regierung nun gestattet, nicht nur überhaupt Gesetze ohne Mitwirkung des Reichstages zu beschließen, sondern auch solche, die mit der Verfassung nicht im Einklang standen[12]. Die kommunistischen Abgeordneten waren kurz nach der Reichstagswahl vom 5. März aus dem Reichstag ausgeschlossen und ihre Partei verboten worden; so konnten sie gegen das Gesetz nichts tun. Die SPD hat sich tapfer, freilich auch vergeblich,

I. Das Jahr 1933

dagegen gewehrt. Das Zentrum, die Bayerische Volkspartei und die übrigen zwischen der deutschnational-nationalsozialistischen Koalition und der SPD stehenden Splittergruppen haben selbst ihrer Entmachtung zugestimmt, paradoxerweise in der Hoffnung, dadurch ihre Existenz zu retten[13].

Die herkömmlichen Oppositionsträger waren nun, mit dem treffenden Wort aus der Technologie, »ausgeschaltet«. Bald würden die »Gleichschaltung«, d. h. die Ausdehnung der herrschenden politischen Zustände von der Reichs- auf die Länderebene, die Beseitigung der Länderparlamente, die Machtübernahme in den Ländern durch nationalsozialistische Reichsstatthalter, die Durchsetzung aller Staatsorgane und Behörden mit Nationalsozialisten und schließlich die Abschaffung aller Parteien außer der NSDAP und die Proklamation der »Einheit von Partei und Staat« am 1. Dezember 1933 die völlige Kontrolle aller Lebensgebiete durch die Nationalsozialisten sichern[14].

Man hat immer wieder gefragt, wie das möglich war, warum es keinerlei Gegenbewegung oder auch nur hartnäckige Verteidigung erworbener Rechte gegeben habe.

Es gibt keine kurze und zufriedenstellende Antwort darauf. Wer mit der Frage bedrängt wird, verweist gewöhnlich und nicht ohne gewisse Berechtigung auf »die damalige Situation«, die man verstehen müsse. Die Errichtung eines totalitären Staates war ganz neu, es gab dafür keine früheren Erfahrungen, auf die man hätte zurückgreifen können. Deutschland hatte sich seine Regierungsform nicht in Jahrhunderten erkämpft und erworben, sondern sie war ihm 1919 zugleich mit der militärischen Niederlage und dem Zusammenbruch des einst so glänzenden Kaiserreichs zugefallen. Deutschland war dann durch schwere wirtschaftliche und politische Krisen hindurchgegangen, für die das Volk und die meisten seiner Repräsentanten den ehemaligen Kriegsgegnern, aber auch der jeweiligen eigenen Regierung große Verantwortung zuschrieben. Nun war das Land durch die seit 1930 anhaltende politische, wirtschaftliche und soziale Dauerkrise politisch ermüdet. Demokratisches Bewußtsein und republikanische Wachsamkeit wären da ein glücklicher Zufall gewesen, nicht das Selbstverständliche. Wohl wußte man von Gewalttaten, Brutalität und Rechtsfeindlichkeit der Nationalsozialisten vor dem 30. Januar 1933, auch vor den Juli- und Novemberwahlen des Jahres 1932. Aber Gewalt und Brutalität verlockten und überzeugten viele, die sie mit Stärke verwechselten. Andererseits hatten zwischen 1919 und 1934 in freien Wahlen immer nur Minderheiten für die NSDAP gestimmt. Auf die Vorgänge des 30. Januar, des 4. Februar, des 28. Februar und des

23. März hatte der einzelne keinerlei Einfluß, sofern er sie überhaupt verstand. Selbst viele, denen alle erforderlichen Informationen und Kenntnisse zur Verfügung standen, glaubten nicht an die Ernsthaftigkeit der von Hitler und seinen Gefolgsleuten immer wieder ausgestoßenen Drohungen und hofften aufrichtig, die Nationalsozialisten durch die Mehrheit im Kabinett und durch ihre Hereinnahme in die Verantwortung zähmen zu können.

Es handelt sich also nicht nur um einen Mangel an Widerstandswillen, sondern ebensosehr um einen Mangel an Verständnis für das Wesen des Nationalsozialismus. Unsicherheit und Verlust der absoluten Werte, dazu Unwissenheit, gebaren Verständnislosigkeit und Hilflosigkeit gegenüber dem Auftreten des totalitären, an kein Gebot der Menschlichkeit und des Rechtes sich gebunden fühlenden Leviathan. Solange man noch glauben konnte, die Nationalsozialisten würden in dem am 5. März zu wählenden Reichstag nicht die absolute Mehrheit erringen, was ihnen ja auch tatsächlich nicht gelungen ist, solange man also naiverweise noch hoffen konnte, durch parlamentarische Mittel, durch die in der Verfassung verankerten Gegengewichte die Regierung im Zaume zu halten und zur Rückkehr zu verfassungsmäßiger Verfahrensweise zu zwingen, obwohl sie diese von Anfang an verlassen hatte, solange war an einen außergesetzlichen »illegalen« Widerstand nicht zu denken [15]. Besonders der SPD war das Festhalten an der »Legalität« zur fixen Idee geworden. Es nützte nichts, daß die militante Organisation der Sozialisten, das »Reichsbanner«, daß auch andere ähnliche Organisationen und viele Arbeiter zum Kampf mit den Mitteln des Streiks, der Demonstration, der Unruhen und selbst des bewaffneten Aufstandes bereit waren und dazu drängten. Die Führung der Sozialdemokratie blieb unbeweglich, hoffnungsvoll, verständnislos. Subjektive Gründe für das Stillhalten gab es genug: das scheinbare Mitmachen der Reichswehr auf der Seite der Regierung, jedenfalls ihr Nichteingreifen; die formale Legalität der Hitlerregierung und ihrer Maßnahmen; die Gefahr der völligen Vernichtung der Partei. Den späteren Betrachter wird am ehesten die Erklärung durch Verständnislosigkeit gegenüber dem Nationalsozialismus und seinem wahren Wesen überzeugen, wiewohl es genug Warner gegeben hat. Es sei erinnert an die mutige Rede des Parteivorsitzenden der SPD, Otto Wels, die er im Reichstag gegen das Ermächtigungsgesetz gehalten hat.

Der in vielen Köpfen rumorende »legale Widerstand« war Illusion. Schon der Wahlkampf vor dem 5. März zeigte, daß die Nationalsozialisten ihre Macht »mit allen Mitteln« festzuhalten gewillt waren. Die Presse wurde zensiert und mit Verboten überschüttet, der Rundfunk geriet fast

I. Das Jahr 1933

völlig unter die Kontrolle der NSDAP. Mehr als vier Millionen erwachsene Deutsche ließ man ruhig kommunistisch wählen; dann wurden die gewählten Abgeordneten verhaftet oder zum Untertauchen und zur Emigration gezwungen, so daß sich die relative Stärke der NSDAP im Reichstag erhöhte. Schließlich wurde die KPD ganz verboten. Die SPD konnte noch eine Weile ein Stillhaltedasein fristen, aber am 22. Juni 1933 schlug auch für sie die Stunde der Auflösung und des Verbots. Ehe noch drei weitere Wochen um waren, gab es überhaupt keine deutschen politischen Parteien mehr außer der NSDAP [16].

Inzwischen steigerte sich der Terror, alles Oppositionelle und Mißliebige wurde im wörtlichen Sinne niedergeknüppelt. Schon im Laufe des Februar 1933 gingen die Nationalsozialisten dazu über, die Polizei als Macht- und Terrorinstrument zu mißbrauchen und den uniformierten Partei- und SA-Mitgliedern Hilfspolizeifunktionen zu übertragen [17]. Damit waren der Willkür und dem Terror »legal« Tür und Tor geöffnet. Eine Parteiuniform und eine weiße Armbinde berechtigten zur Handhabung von Gummiknüppel und Pistole, es wurde nach Belieben verhaftet, Mißliebige wurden auf offener Straße zusammengeschlagen, von hemmungslosen Uniformierten mißhandelt und getreten oder »auf der Flucht erschossen«. »Wilde Konzentrationslager« der SA nahmen Tausende auf, die die ersten Mißhandlungen überlebt hatten. Plünderung, Diebstahl, Freiheitsberaubung, Körperverletzung, Totschlag, Mord – das waren jetzt nur etwas veraltete Begriffe für Maßnahmen, die »polizeilich« und also »legal« waren. Wen kann es wundern, daß viele sich von solchem Terror einschüchtern ließen?

Trotz allem, oft auch nur so lange, als der Terror seine volle Wirkung noch nicht getan hatte, regte sich mancherorts amtlicher und individueller Widerstand gegen einzelne Maßnahmen der neuen Regierung. Weite Kreise in Bayern etwa wehrten sich mit Energie gegen die Gleichschaltungspolitik, wobei sich monarchistisch-restaurative und sogar separatistische mit föderalistischen und antinationalsozialistischen Motiven und Bestrebungen vermischten und verbanden. Besonders die Repräsentanten der Bayerischen Volkspartei traten energisch auf. Sie richteten Anfragen an den Reichspräsidenten, holten Zusicherungen von ihm und von Vizekanzler von Papen ein, und der Führer der Partei, Heinrich Held, verkündete im Februar mehrfach, kein Reichskommissar werde ungestraft die Mainlinie überschreiten, und wenn entgegen Hindenburgs Versprechungen doch ein Reichskommissar nach Bayern käme, so werde man ihn unverzüglich verhaften lassen. Die Notverordnung vom 28. Februar gab der Regierung dann aber »legale« Handhaben zur Übernahme der Gewalt in den Ländern einschließlich Bayerns, sofern dort nicht »›die zur Wiederherstellung der öffentlichen Sicherheit und Ordnung nötigen Maßnahmen‹« getroffen wurden [18]. Der Entscheid darüber war dem nationalsozialistischen Innenminister Dr. Wilhelm Frick anheimgestellt. Weitere Proteste nützten da nichts mehr, mit rechtsstaatlichen Mitteln und Verfahrensweisen war gegen die scheinbare Legalität und tatsächliche verfassungs- und rechtswidrige Diktatur nicht mehr anzukommen. Auch hier zeigte sich nicht nur die völlige Umwandlung der Machtverhältnisse, sondern auch die völlige Verkennung dieser Lage durch die Betroffenen und die Protestierenden.

Nach den Wahlen, aus denen die NSDAP in Bayern mit einem Stimmenanteil von 43 % hervorgegangen war, wurde die Gleichschaltung Bayerns, des letzten deutschen Landes ohne nationalsozialistische Regierung, mit allen zu Gebote stehenden Mitteln forciert [19]. Bewaffnete Abteilungen der SA und SS beherrschten am 9. März 1933 die Straßen Münchens, auf dem Rathausturm wurde die Hakenkreuzfahne gehißt, SA-Führer in Uniform verlangten die sofortige Einsetzung des Generals Ritter von Epp als Generalstaatskommissar. Die bayerische Regierung blieb noch immer standhaft und verhandelte mit der Reichswehr über Maßnahmen gegen die Revolution der Straße. Aber das Reichswehrministerium in Berlin winkte ab: In Bayern handle es sich um rein innenpolitische Vorgänge, aus denen sich die Reichswehr herauszuhalten habe, sie werde Gewehr bei Fuß stehen. Immer noch blieb der bayerische Ministerpräsident Heinrich Held standhaft; der Stabschef der SA Ernst Röhm, der General von Epp, der bayerische Gauleiter Adolf Wagner und der Führer der SS Heinrich Himmler wurden von ihm unverrichteterdinge weggeschickt.

Was wäre zu tun gewesen? Irgend wirksamer Widerstand war technisch kaum denkbar. Wie lange würde die Polizei dem Kommando der rechtmäßigen bayerischen Regierung gehorchen, wie lange konnte sie durchhalten gegen SA und SS? Wem würde die Reichswehr folgen, wenn sie nicht mehr Gewehr bei Fuß stand? Sollte gar die Bevölkerung zum Bürgerkrieg oder zum Aufstand gegen die uniformierte Autorität und »Obrigkeit« aufgerufen werden? Solcher Widerstand hätte zudem die öffentliche Ordnung gestört und also der Reichsregierung gerade die Handhabe gegeben, auf die sie schon die ganze Zeit wartete.

Mit dem »legalen« Widerstand erreichte man aber auf die Dauer auch nichts. Die SA beherrschte die Straße, die Unordnung war groß und die Regierung weitgehend ohnmächtig. So geschah, was geschehen mußte: Die Reichsregierung griff auf der Basis der Notverordnung vom 28. Fe-

I. Das Jahr 1933

bruar ein und ernannte Ritter von Epp zu ihrem Beauftragten in Bayern. Proteste und Telegramme nützten nichts mehr, der Reichspräsident bzw. sein Staatssekretär Hans Otto Meißner gaben den Bescheid, man möge sich direkt an Hitler wenden. Der Reichspräsident dokumentierte seine eigene Machtlosigkeit.

Es gab in anderen Ländern nicht weniger mutige Männer als in Bayern. Viele von ihnen sind nach dem 20. Juli 1944 von den Nationalsozialisten umgebracht worden. Dr. Carl Goerdeler, Oberbürgermeister von Leipzig, hinderte das Hissen der Hakenkreuzfahne, die noch nicht Reichsflagge war, auf dem Rathaus und griff persönlich ein, als es galt, jüdische Geschäftsleute gegen Übergriffe der SA zu schützen [20]. Oft war solcher Widerstand von kurzer Dauer, er wurde geleistet in Unkenntnis der damit verbundenen Gefahren und in der Meinung, es handle sich bei dem jeweiligen Vorgang nur um einen vereinzelten oder wenigstens vorübergehenden Übergriff, nicht um absichtvolle Politik. Aber es erging in jenen Tagen allen ähnlich, denn mit ungehemmter Brutalität rissen die Nationalsozialisten überall die Macht an sich. Mit Diskussionen und parlamentarischen Methoden, mit denen vor allem die Sozialdemokraten noch das »Ermächtigungsgesetz« verhindern wollten, war nichts mehr zu machen.

Man wird auch fragen, inwiefern sich denn die Koalitionspartner der Nationalsozialisten in der Reichsregierung gegen das Fortschreiten der totalitären Machtergreifung zur Wehr setzten; waren sie doch von vornherein mit dem Plan in die Koalition eingetreten, Hitler und seine Partei zu »zähmen« und auf legal-gesittetes Verhalten festzulegen.

Hugenberg vor allen machte wenigstens Anstalten, die Mitwirkung des Reichspräsidenten von Hindenburg auch bei denjenigen Gesetzen zu verlangen, die auf Grund des Ermächtigungsgesetzes erlassen werden würden [21]. Aber Hindenburgs Staatssekretär Meißner versicherte sogleich, das sei weder nötig noch werde es Hindenburg verlangen. Allerdings müsse man erwägen, ob bei besonders bedeutsamen Gesetzen die Autorität Hindenburgs nicht irgendwie »einzuschalten« sei, und übrigens habe der Herr Reichspräsident in der Tat »unüberwindliche Bedenken« gegen eine beabsichtigte Verordnung, nach welcher die Reichstagsbrandstiftung mit dem Tode zu bestrafen sei, einer Strafe, die nicht angedroht war, als der Brand gelegt wurde.

Der Widerstand der politischen Partner der Nationalsozialisten war also sehr gering, ja unerheblich. Praktisch gaben sie ihren Rückhalt am Reichspräsidenten, der die Grundlage ihres ganzen noch übrigen Einflusses darstellte, kampflos auf. Auf einen Eklat durch offene Opposition im Kabinett wollte man es gar nicht erst ankommen lassen.

Schließlich hat sich dann, allerdings gegen den entschiedenen Widerstand der SPD-Fraktion, durch die Annahme des Ermächtigungsgesetzes am 23. März 1933 auch der Reichstag ausgeschaltet. Das Schauspiel des Opportunismus, des krampfhaften Versuches, die Existenz der eigenen Partei noch zu retten, sie in Wirklichkeit nur um wenige Wochen zu verlängern, dieses Schauspiel der Schwäche der Reste einer nie sehr kräftigen Demokratie ist gewiß desillusionierend und verbitternd. Praktisch hätte die Weigerung, dem Ermächtigungsgesetz zuzustimmen, nichts bewirkt außer dem ehrenvolleren Abgang von der politischen Bühne. Die Schwäche aber war allgemein und im ganzen politischen Leben des Volkes wirksam.

Ganz freiwillig war die Zustimmung des Parlaments zum Ermächtigungsgesetz freilich nicht. Der Reichstag tagte unter dem offenen Druck der nationalsozialistischen Privatarmeen SA und SS und unter Druck und Drohung der Straße. Sprechchöre, die bis in den Sitzungssaal drangen, kündeten Gewalt an, im Sitzungssaal der nach dem Brand des Reichstagsgebäudes benützten Kroll-Oper dominierten SA- und SS-Uniformen, SA- und SS-»Schutzwachen« standen drohend bei den Bänken der Opposition, Heilrufe und donnernder Applaus für Hitler, Hakenkreuzfahnen, das Absingen des Deutschlandliedes am Ende der Rede Hitlers sorgten für die gewünschte Massenversammlungsstimmung[22]. Nachdem der sozialdemokratische Parteivorsitzende Otto Wels in seiner berühmten Rede das Ermächtigungsgesetz abgelehnt und die Freiheit und die Demokratie verteidigt hatte, antwortete Hitler, man habe den Reichstag nur »›des Rechtes wegen‹« um etwas ersucht, »›was wir auch ohnedem hätten nehmen können‹«. Das Ermächtigungsgesetz, das den Nationalsozialisten fast in allem freie Hand gab, wurde also durchgepeitscht. Aber schließlich haben die Nationalsozialisten nicht einmal dieses schon auf rechts- und verfassungswidrige Weise zustande gekommene Gesetz eingehalten und respektiert, sondern es ebenso unbedenklich gebrochen wie alle anderen Verpflichtungen und Versprechungen. Mit seinem offenen Hohn auf das Verfahren »des Rechtes wegen« hatte Hitler seine wirklichen Absichten, wie immer, im voraus angekündigt.

Neben der Ausschaltung der Parteien einher ging die Entmachtung der potentiell so starken Gewerkschaften, in großem Stile allerdings erst ab Anfang April 1933. Gegenüber der unvermeidlich erscheinenden Gleich- oder Ausschaltung erwies sich die Führung der Gewerkschaften trotz allen Kampfparolen früherer Zeiten und sogar noch gelegentlichen militanten Äußerungen im Februar 1933 ebenso hilflos wie die Führung der Sozialdemokraten. Ein Historiker charakterisiert sie als ratlos, furchtsam, resigniert, brüchig[23].

I. Das Jahr 1933

Nach der Wahl im März 1933 begannen SA und Mitglieder von nationalsozialistischen Betriebszellen einzelne Gewerkschaftshäuser zu besetzen. Die Antwort darauf war nicht Widerstand, sondern Anpassung: Der Erste Vorsitzende der Freien Gewerkschaften, Theodor Leipart, erklärte in einer vom Bundesvorstand des Allgemeinen Deutschen Gewerkschaftsbundes (ADGB) beschlossenen Denkschrift an Hitler, er wolle die Gewerkschaften aus der Politik heraushalten und jegliches Regime, »gleichviel welcher Art«, akzeptieren. Nachdem dann die Nationalsozialisten die gewerkschaftlich organisierten Arbeiter in großen Massen zur Teilnahme an den Maifeiern – den Tag hatte man zum bezahlten Feiertag erklärt, womit man den Gewerkschaften einen Schritt voraus war – hatten bewegen können, folgte der Rest »Schlag auf Schlag«: Am 2. Mai begann die Gleichschaltungsaktion gegen die Gewerkschaften mit Verhaftung der Gewerkschaftsführer, Besetzung der Gewerkschaftsbüros durch SA und SS, Beschlagnahme der Gewerkschaftsbanken und der Gewerkschaftspresse. Die Funktionäre warf man in Konzentrationslager, verhöhnte ihre bisherige Kompromißbereitschaft als Ergebenheitsheuchelei und verkündete am selben Tag die Gründung der nationalsozialistischen Deutschen Arbeitsfront. Alles dies ging vonstatten ohne den Schein einer legalen Sanktion durch die Regierung; es war eine reine Parteiaktion.

Ebenso erging es in den folgenden Monaten den noch nicht in die Emigration verlegten Teilen der SPD-Hierarchie. Die Proklamation des illegalen Widerstandes und der Untergrundarbeit durch die Prager Parteizentrale am 29. Mai war in Wirklichkeit nur der Ausdruck des Verlustes fast jeglicher Handlungsfreiheit in Deutschland [24]. Schließlich kam es zum Bruch zwischen der Berliner und der Prager Führung der SPD, die Partei zerfiel und wurde Ende Juni von der Regierung praktisch verboten.

Endlich wurden selbst die Teilhaber Hitlers, die Deutschnationalen, verfolgt, ausgeschaltet, terrorisiert, und zwar nicht erst, als sie sich gegen Übergriffe und Bevormundung zu verwahren suchten. Verhaftungen, Verbote, Verprügelungen, SA-Überfälle waren auch hier an der Tagesordnung [25].

Gab es andere Bereiche, etwa des Geistes, wo die Nationalsozialisten auf mehr und entschlosseneren Widerstand stießen? Das allgemeine Bild ist auch hier Anpassung, Schwäche, Opportunismus, Verblendung und Irrtum. Hunderte deutscher Professoren hatten nichts Eiligeres zu tun, als Hitler und dem Nationalsozialismus zu huldigen, die berüchtigte Rektoratsrede von Martin Heidegger am 27. Mai 1933 in Freiburg ist wohl nur ein besonders prominentes, nicht aber vereinzeltes Beispiel [26].

Selbst die Kirchen waren nicht frei von dieser Anfälligkeit, obwohl es ihnen wenigstens ebensosehr um ihre Lebenssubstanz zu tun sein mußte wie der Wissenschaft. Tatsächlich haben sie als einzige Organisationen so etwas wie eine Volksbewegung gegen das nationalsozialistische Regime hervorgebracht.

In den Anfängen des Regimes war von Kampf oder Kirchenkampf freilich kaum die Rede. Niemand darf bestreiten, daß Martin Niemöller unter den Führern des kirchlichen Widerstandes gegen den Nationalsozialismus hervorragte und daß er während langer Jahre im Konzentrationslager für seine mutige Haltung schwer gelitten hat. Aber im Herbst 1933 sprach er in einer Erntedankpredigt noch von »Beruf und Stand, Rasse und Volkstum« als Forderungen, denen man sich nicht entziehen könne, und von dem erwachenden deutschen Volk [27]. Das nationalsozialistische Regime kam den Kirchen zunächst mit größter Behutsamkeit entgegen, der Kampf um die Herrschaft einer neuen Weltanschauung sollte nicht schon in den ersten Monaten in vollen Gang kommen, Beschwichtigung war die Parole. Auf der anderen Seite haben viele evangelische, einst königlich und kaiserlich, jedenfalls noch immer vaterländisch gesinnte Pfarrer deutschen Luther-Geist, heldische Frömmigkeit und sogar einen »artgemäßen« Christus-Glauben begrüßt und bejaht, viele auch unterstützten die »Glaubensbewegung Deutsche Christen« in deren Stellungnahme gegen Marxismus, Judentum, Weltbürgertum und Freimaurerei.

Aber der NS-Reichsbischof Ludwig Müller wurde von der evangelischen Kirche nicht akzeptiert, trotz der offenen Erklärung des preußischen Kommissars für Wissenschaft, Kunst und Volksbildung, Bernhard Rust, man könne nicht dulden, daß sich hier »»eine erste Zentrale des Widerstandes«« bilde. Es bildete sich trotzdem allmählich, zunächst im Kampf gegen den »Arierparagraphen« in der neuen deutschen Kirchenverfassung vom 11. Juni 1933 der Pfarrernotbund und die »Bekennende Kirche«. Sie wandten sich unter Führung des Dahlemer Pfarrers Martin Niemöller und des jungen Theologen Dietrich Bonhoeffer gegen jede germanisierende und sonstige unchristliche Verfälschung des evangelischen Glaubens. Tausende von Pfarrern waren und blieben nun einem Glaubenswiderstand gegen den Nationalsozialismus verpflichtet, während freilich ebenso viele sich duckten, schwiegen und mehr oder minder weitgehende Lippenbekenntnisse der Loyalität gegenüber dem Regime und »unserem Führer« abgaben. Gleichwohl war geschehen, was die Nationalsozialisten befürchtet hatten: Es hatte sich eine »erste Zentrale des Widerstandes« gebildet. Die Versuche der Gleichschaltung und Kontrolle der evangelischen Kirchen von innen mußten aufgegeben werden, und man verlegte sich auf

I. Das Jahr 1933

die allerdings brutale Kontrolle von außen durch Polizei, Verwaltung, Verordnungen. Der Reichsbischof wurde fallengelassen, weigerte sich aber, zurückzutreten. Bei Kriegsende beging er in Königsberg Selbstmord.

Auf seiten der katholischen Kirche hatte man, ebenso wie in der protestantischen, zunächst weitgehend mit Anerkennung des neuen Regimes auf die Machtübernahme reagiert[28]. So glaubte die Fuldaer Bischofskonferenz nach der Verabschiedung des Ermächtigungsgesetzes Ende März 1933 unter Vorbehalten gegenüber einigen »religiös-sittlichen Irrtümern« der neuen Regierung gewissermaßen das Vertrauen aussprechen zu können. Im Juli, wenige Tage nach der Auflösung der katholischen Zentrumspartei, wurde sogar zwischen dem Vatikan und der deutschen Reichsregierung ein Konkordat abgeschlossen – der erste große internationale Erfolg Hitlers. Die Regierung verbürgte ausdrücklich einige kirchliche Freiheiten und Rechte, auf die man von katholischer Seite gegebenenfalls zu pochen gedachte. Die katholischen Schulen sollten nicht angetastet, dafür aber alle katholischen Organisationen politischer, sozialer und berufsständischer Art aufgegeben werden.

Aber auch die katholische Kirche wurde noch im Laufe des Jahres 1933 zum Widerstand geradezu gezwungen. Weder Verfolgung, Gleichschaltung und Unterdrückung im allgemeinen, noch etwa das Sterilisierungsgesetz vom Sommer 1933 im besonderen konnte sie unwidersprochen hinnehmen. Im Lauf der Jahre bis zum Kriegsausbruch verstärkte sich ihre Widerstandshaltung immer mehr und fand den prominentesten Sprecher schließlich im Papste selbst und ihren Ausdruck in seiner Enzyklika »Mit brennender Sorge« vom 14. März 1937, die von allen katholischen deutschen Kanzeln verlesen wurde. Der Name des Bischofs von Münster, Clemens August Graf von Galen, mag unter den unerschrockenen Sprechern stellvertretend für viele stehen[29].

Waren die Kirchen die einzigen großen Organisationen, die in weitem Umfang verhältnismäßig früh und offen Widerstand leisteten, so blieben sie es auch im Lauf der späteren Jahre. Ein gewisser Erfolg ist nicht ausgeblieben, weil die Machthaber während des Krieges die völlige Zerschlagung der Kirchen sich nicht leisten zu können glaubten. Hier stießen sie an Grenzen, die ihnen unverständlich waren – an die Kraft und die Integrität religiöser Überzeugung, Gewissensentscheidung und Verantwortung für den Nächsten, die mit Verordnungen und Verboten nicht auszulöschen waren.

Es waren aber eigentlich »innere Grenzen«, vor denen die Machthaber zunächst haltmachen mußten. Äußerlich war das geistliche wie das geistige Leben geknebelt und kontrolliert, alle Äußerungen des Geistes unterlagen der Zensur. Presse, Film, Rundfunk, Schrifttum, Theater, Massendemonstrationen seien organisatorisch in einer Hand zusammenzufassen, und es müsse »›ihr einheitlicher Einsatz absolut gewährleistet‹« werden, erklärte der Reichsminister für Volksaufklärung und Propaganda, Dr. Joseph Goebbels; denn die Propaganda sei eine der wichtigsten Künste, mit denen man ein Volk regiere, und die gesamte Kultur müsse nun in den Dienst der nationalsozialistischen Idee gestellt werden [30]. Die zur wirklichen Herrschaft nötige Kontrolle über die Seelen war nur möglich, wenn es gelang, sie ganz mit den Denkschemen der Herrscher zu füllen und alles andere aus ihnen zu vertreiben. Das ist schließlich nicht (und bis heute nirgends) gelungen.

Es wurden aber im Laufe des Jahres 1933 eine Reichsschrifttumskammer geschaffen, eine Reichspressekammer, eine Reichsrundfunkkammer, eine Reichstheaterkammer, eine Reichsmusikkammer und eine Reichskammer der bildenden Künste. Das Ganze hieß Reichskulturkammer und unterstand dem Propagandaministerium. Wer nun auf einem der »erfaßten« Gebiete tätig sein wollte, mußte der entsprechenden Kammer angehören. In den Ausführungsverordnungen, die zum Beispiel nur »arische« Schriftleiter duldeten, wurde das System der Kontrolle und der uniformen Ausrichtung bis in alle Einzelheiten festgelegt. Brecht, Döblin, Kaiser, H. und Th. Mann, Tucholsky, A. und St. Zweig, Bergengruen, Borchardt, Hofmannsthal, Lasker-Schüler, Werfel, Hesse, Heine, Kästner und Kafka waren zu Verfassern »entarteten Schrifttums« erklärt, am 10. Mai 1933 waren auf dem Opernplatz in Berlin und zugleich auf öffentlichen Plätzen anderer deutscher Städte Tausende von Werken der »Zersetzungsliteratur« verbrannt worden, wobei Studenten Fackelzüge abhielten und Professoren das Ganze mit passenden Ansprachen begleiteten. Viele im Geistes- und Kulturleben Deutschlands führende Persönlichkeiten wurden im Laufe des Jahres 1933 ausgebürgert [31].

Alle diese Vorgänge waren von unberechenbarem, brutalem Terror begleitet, ohne den die innerdeutsche Situation unverständlich wäre. Terror war nichts Neues, er war im Parteienkampf der unruhigen Krisenzeit der letzten Jahre von vielen politischen Gruppen angewandt worden. Jetzt aber war er zum Instrument der Regierungspolitik erhoben. Die Regierung hätte sich ihrer Gegner leicht mit den inzwischen geschaffenen »gesetzlichen« Mitteln erwehren können. Aber Hitler hat überhaupt nicht daran gedacht, den Terror einzuschränken, im Gegenteil. Er war überzeugt, hartnäckig Andersdenkende nicht bekehren zu können, also blieb nur ihre gewaltsame Unterdrückung [32]. Terror und gewaltsame Aktion überhaupt, gleich gegen wen, hielten die »Bewegung« in Gang, ohne Be-

1. Das Jahr 1933

wegung würden die Massen womöglich zur Besinnung kommen, die Gegner, die Hitler mit Recht in allen Schichten vermutete, würden sich zur Opposition sammeln.

Der Wahlkampf für die Wahlen des 5. März 1933 hatte schon siebzig oder mehr Menschen das Leben gekostet. Göring hatte die Polizei aufgefordert, jede politische Neutralität aufzugeben und getrost »von der Schußwaffe Gebrauch« zu machen, wenn es sich um die Bekämpfung »staatsfeindlicher«, also linksgerichteter Organisationen und um die Unterstützung der »nationalen« Verbände, also der SA, SS und des Stahlhelm, handelte[33]. Diese drei Verbände wurden zur »Hilfspolizei« ernannt; Hitler drohte am 20. Februar, »der Gegner« werde entweder durch die bevorstehende Wahl auf dem Boden der Verfassung oder aber in einem Kampf mit anderen Waffen besiegt werden, der dann freilich größere Opfer kosten könne. Bis Mitte Oktober 1933 kostete dieser ungleiche Kampf fünf- bis sechshundert Menschen das Leben, und über sechsundzwanzigtausend verloren als »Polizeigefangene« ihre Freiheit. Gefangenenmißhandlungen in den berüchtigten SA-Kellern, Sadismus und Gewinnsucht bestimmten den Lauf von »Aktionen« oft viel mehr als der Kampf gegen die »Feinde«. Wohnungseinbrüche, Raub, Plünderung, Gewalttat, Menschenraub und Erpressung von Lösegeldern wurden von den SA-Rollkommandos bei der Jagd auf Kommunisten, Juden und »Feinde« im allgemeinen nicht für unter ihrer nationalen Würde befunden. Die Morde des 30. Juni und 1. Juli 1934 waren wohl ein schrecklicher Höhepunkt des offenen Terrors, aber unvergleichlich schrecklicher war, was sich hunderttausendfach hinter Gefängnismauern und hinter dem vielfachen Stacheldraht der Konzentrationslager abspielte, und was nicht bekannt war, wurde wenigstens von den möglicherweise Betroffenen dunkel geahnt. Das Volk war nun gleichgeschaltet, die Furcht ließ kaum mehr einen aus den gleichförmigen Reihen treten.

Einige Zahlen können vielleicht eine vage Vorstellung von dem Ausmaß des Terrors geben, zugleich aber auch von der Verbreitung des Widerstandes dagegen. Die ordentlichen Gerichte allein verurteilten in nur sechs Jahren in politischen Verfahren 225 000 Menschen zu Freiheitsstrafen von insgesamt etwa 600 000 Jahren. Dazu wären die viel zahlreicheren, aber kaum berechenbaren Fälle zu zählen, in denen Verhaftete ohne Urteil in ein Konzentrationslager geworfen oder vorher schon durch polizeiliche Maßnahmen ums Leben gebracht wurden[34]. Nach offiziellen Angaben sind zwischen 1933 und 1945 etwa 3 Millionen Deutsche zu irgendeiner Zeit, sei es für wenige Wochen, sei es während der ganzen zwölf Jahre, aus politischen Gründen in Konzentrationslagern oder Zuchthäusern gefangengehalten worden, etwa 800 000 wegen aktiver Widerstandstätigkeit [35].

Nach einem Gestapo-Bericht vom April 1939 gab es damals 162 734 aus politischen Gründen in Haft gehaltene »Schutzhäftlinge«, 27 369 politischer Vergehen Angeklagte und 112 432 wegen politischer Vergehen Verurteilte [36]. Nach einer Zusammenstellung der SS gab es bei Kriegsausbruch allein in sechs Lagern 21 400 Konzentrationslagerhäftlinge. Ende April 1942 befanden sich in denselben sechs Lagern 44 700 Häftlinge. Insgesamt waren die Konzentrationslager im Dezember 1942 mit 88 000 Personen belegt, im August 1943 waren es schon 224 000. Für August 1944 ist die Gesamtzahl 524 286, wovon die Mehrzahl Juden und Zwangsarbeiter waren. Die Höchstzahl wurde erst im Januar 1945 erreicht, mit 714 211 Konzentrationslagerhäftlingen im Reichsgebiet [37].

In Berlin wurden 1935 und 1936 innerhalb von 14 Monaten 2197 Personen aus linksgerichteten Kreisen verhaftet [38]. 1936 wurden wegen illegaler sozialistischer Tätigkeit in Deutschland 11 687 Personen verhaftet. Im Jahr 1936 erfaßte die Gestapo 1 643 200 illegale Flugblätter der KPD und der SPD allein, im Jahre 1937 waren es 927 430.

Wer das Glück hatte, aus der Konzentrationslagerhaft entlassen zu werden, trug ungewollt noch zur Errichtung eines verfeinerten Terrorsystems bei; denn der entlassene Häftling durfte über seine grauenhaften Erlebnisse nicht sprechen. Die Tatsache allein mußte Furcht und Schrecken vor dem Lager in unheimlicher Weise erhöhen. Aber häufig berichteten die Entlassenen dennoch in ihrer Umgebung über Mißhandlung, Hunger, Vergewaltigung, Mord und Totschlag, wie sie in den Konzentrationslagern an der Tagesordnung waren, und so standen dann die, die davon erfuhren, auch unter dem Druck des Wissens und Schweigenmüssens, unter der ständigen Drohung des Lagers.

Das im Reichsjustizministerium von 1871 bis 1945 geführte Register der Hinrichtungen nannte man dort »Mordregister«, weil die Todesstrafe bis 1933 nur für gemeine Mordtaten verhängt wurde. Nach 1933 aber erfüllte es auch die eigentliche Bedeutung seines Namens; denn nach rechtsstaatlichen Grundsätzen waren nun viele der Hingerichteten Opfer befohlener Justizmorde. Man schätzt, daß etwa 32 600 Menschen zwischen 1933 und 1945 in Deutschland auf Grund von Todesurteilen hingerichtet wurden, von denen jedoch im »Mordregister« nicht einmal die Hälfte verzeichnet ist [39]. Die mehr als 20 000 von Militärgerichten zum Tode Verurteilten fehlen in der Liste, die nur 11 881 Namen enthält. Unvollständig ist die Zahl ferner, weil besonders in den letzten Wochen die Hinrichtungen nicht mehr zentral erfaßt werden konnten.

I. Das Jahr 1933

Andererseits enthält sie auch die Namen Krimineller. Schätzungen zufolge waren davon »nur« 6927 aus politischen Gründen Verurteilte, wovon wiederum 3137 Deutsche gewesen sein sollen[40]. Dagegen steht die von den Engländern nach dem Kriege auf Grund der von ihnen erbeuteten deutschen Akten zusammengestellte Zahl von 4980, die allein wegen Beteiligung an der Verschwörung des 20. Juli 1944 hingerichtet worden sein sollten[41]. In dieser Zahl sind aber viele mit dem 20. Juli nicht zusammenhängende Hinrichtungen enthalten.

Wahrscheinlich sind alle die genannten Zahlen viel zu niedrig. Die zahllosen »auf der Flucht« Erschossenen sind darin nicht berücksichtigt, die in den Konzentrationslagern Verhungerten, zu Tode Geprügelten, an bestialischen Experimenten Zugrundegegangenen, die im Rahmen der Lager-»Justiz« Erschossenen und Erhängten sind alle nicht in den Zahlen enthalten. Dennoch vermitteln die Angaben ein nur zu deutliches Bild der Zustände, und sie beweisen, daß es nicht nur Unterdrückung, Verfolgung und Terror, sondern auch einen weitverbreiteten Widerstand gegen das Regime gegeben hat.

Ein Blick auf die Selbstmordstatistik für das Deutsche Reich mag das Bild abrunden. Von jeweils Juli bis Dezember 1942 und 1943 allein haben sich 7862 bzw. 7379 Menschen das Leben genommen; obgleich die Bevölkerung durch Verluste an den Fronten und durch die Bombardierung der Städte nicht unbeträchtlich abnahm, sind diese Zahlen fast konstant geblieben[42]. Besonders aufschlußreich sind die Zahlen der Juden, die Selbstmord begingen. 1942 waren es von Juli bis Dezember 1158; 1943 waren es im gleichen Zeitraum – immer nach den amtlichen Zahlen – nur noch 49.

Das also war der Hintergrund, vor welchem die Widerstandsbewegung im allgemeinen, d. h. alle die tapferen und mutigen Menschen, die gegen den Nationalsozialismus tätig waren, ob sie sich kannten und miteinander in Verbindung standen oder nicht, und derjenige Teil der Bewegung, der die hier zu berichtenden Umsturz- und Attentatversuche unternahm, konspirierte und handelte.

II. Formen des Widerstandes

Während die Nationalsozialisten in Deutschland ihre Revolution vorantrieben, konnten sie außenpolitische Erfolge und Ansehen in einem Umfang einheimsen, wie es ihren demokratischen Vorgängern niemals beschieden gewesen war. Scheinbar unaufhaltsam trotzten sie den ehemaligen Kriegsgegnern Stück um Stück Revisionen des verhaßten Versailler Vertrages ab, womit Hitler eines seiner zugkräftigsten Versprechen erfüllen konnte. Niemand rührte sich 1935, als Hitler die allgemeine Wehrpflicht wieder einführte, im Gegenteil. Während Hitler Seite um Seite des Versailler Vertrages zerriß, pilgerten ständig prominente ausländische Besucher nach Deutschland und ließen sich von Hitler Audienzen gewähren. 1934 kam Jean Goy, der Präsident der französischen Frontkämpfervereinigung, 1935 kam eine Abordnung des britischen Frontkämpferbundes zu einem Besuch und wurde ebenfalls von Hitler empfangen. Im März 1935 kamen Sir John Simon und Anthony Eden, im Juni desselben Jahres wurde ein deutsch-britisches Flottenabkommen geschlossen, das Deutschland den Bau von Kriegsschiffen bis zu 35 % der Stärke der britischen Marine sowie den Bau von ebenso vielen Unterseebooten, wie die Briten besaßen, zugestand [1]. Großbritannien gab also seine Zustimmung zur teilweisen Wiederaufrüstung Deutschlands, um eine Wiederholung des Wettrüstens vor dem Ersten Weltkrieg zu verhindern. Aber wie sehr täuschte man sich über den Machtwillen Hitlers! Schon am 3. Februar 1933, nur vier Tage nach seiner Ernennung zum Reichskanzler, hatte er in einer Ansprache vor den höchsten Wehrmachtführern gesagt: Wenn Frankreich Staatsmänner habe, dann werde es Deutschland nicht die Zeit zur Wiederaufrüstung lassen, sondern beizeiten über das Reich herfallen [2].

Im Dezember 1935 kam dann der amerikanische Unterstaatssekretär William Philips nach Deutschland; im Februar des folgenden Jahres erschien der Lordsiegelbewahrer Lord Londonderry bei Hitler zu Besuch. Wenige Tage darauf marschierten deutsche Truppen in das gemäß dem Versailler Vertrag entmilitarisierte Rheinland ein, worauf bekanntlich außer leeren Protesten gar nichts erfolgte. Hitler aber hatte nun die er-

II. Formen des Widerstandes 35

wünschte Möglichkeit, im Westen Befestigungen zu bauen, die ihm bei einem Vorgehen gegen Osten den Rücken freihalten konnten[3], und er hatte gezeigt, daß Frankreich und England vor entschlossenem Auftreten zurückweichen. Es folgte die ungestrafte Unterstützung Italiens, als dieses Abessinien überfiel. Noch tatkräftiger unterstützten deutsche Truppen Oberst Franco und seine Bürgerkriegspartei in Spanien, wobei neue Waffen und neue Taktiken geprobt wurden und zugleich die Konstellation des zukünftigen Weltkrieges sichtbar wurde: Deutsche und Italiener unterstützten den Rechtsradikalen Franco, Sowjetrußland und viele französische, englische und amerikanische Freiwillige kämpften mit den Republikanern und Kommunisten.

Im Juli 1936 empfing Hitler den berühmten Ozeanflieger Charles Lindbergh; im selben Jahre wurden die Olympischen Spiele mit unerhörtem Pomp und Glanz gefeiert und von zahlreichen hervorragenden ausländischen Gästen besucht. Am 4. September kam einer der Großen Vier von Versailles, Lloyd George, nach Deutschland, im Oktober desselben Jahres der Gouverneur der Bank von Frankreich und der französische Handelsminister. Im Mai 1937 machte der Marquess of Lothian, ehemals Kanzler des Herzogtums Lancaster und später britischer Botschafter in Washington, der schon 1934 bei Hitler gewesen war, seinen zweiten Besuch, und im Herbst 1937 wollten sich auch der abgedankte König von England, der Herzog von Windsor, und der damalige President of the Privy Council und spätere Außenminister, Lord Halifax, nicht mehr von dem allgemeinen Reigen der Prominenten ausschließen, von denen hier längst nicht alle, sondern nur die Prominentesten genannt sind[4]. Ihr Auftreten wirkte, wenn es auch nicht so gemeint war, für Hitlers äußeres und inneres Regime als Sanktion und entmutigte seine Gegner[5]. Brachte Hitler nicht Erfolg um Erfolg ein? Der verhaßte Versailler Vertrag galt nicht mehr; deutschsprachige Gebiete – wie die Saar – kamen zum Deutschen Reich zurück, dazu sogar Gebiete, die wohl einmal zum Heiligen Römischen Reich Deutscher Nation, niemals aber zu dem kleindeutschen Bismarckreich gehört hatten und auch von diesem bzw. dessen Nachfolger, der Weimarer Republik, niemals reklamiert worden waren. War also Hitler nicht trotz allen Mängeln seines Regimes ein großer Deutscher? Wer wollte, wer konnte da »Widerstand« leisten und sich unweigerlich dem Vorwurf des Vaterlandsverrats aussetzen?

Dennoch gab es Menschen, die genau das taten, und viele von ihnen haben schon vor 1933 damit angefangen. Ernst Niekisch zählte zu ihnen, der 1926 die »Blätter für sozialistische und nationalrevolutionäre Politik« unter dem Titel *Der Widerstand* gründete, der gegen die Deutschland auferlegten Reparationen als Erpressungsmaßnahmen kapitalistischer Mächte zu Felde zog, eine Weltrevolution gegen den Weltkapitalismus forderte und sich damit die Bezeichnung »Nationalbolschewist« zuzog [6]. 1932 veröffentlichte er die Broschüre: *Hitler – ein deutsches Verhängnis* (Berlin 1932), und auch nach dem 30. Januar 1933 setzte er seinen publizistischen Kampf gegen das Regime in der Zeitschrift *Der Widerstand* unbeirrt fort. Erst Ende 1934 wurde *Der Widerstand* verboten, die Gestapo beschlagnahmte die noch vorhandenen Hefte der November-Nummer [7]. Niekisch selbst blieb noch in Freiheit, wurde dann aber 1937 des Hochverrats angeklagt, zu lebenslanger Zuchthausstrafe verurteilt und erst 1945 aus dem Zuchthaus Brandenburg befreit [8].

Da Niekisch eine »Ostorientierung« der deutschen Politik befürwortet hatte – ein Zusammengehen mit Rußland, das gleich Deutschland seit dem Weltkriege isoliert war und das auf deutsche Reparationszahlungen verzichtet hatte –, war eine Verbindung zwischen ihm und den Kommunisten ganz zwanglos zustande gekommen. Er konspirierte seit 1932 mit Funktionären der KPD, und zwar durch Vermittlung des ehemaligen Freikorps-Hauptmanns Dr. Josef (»Beppo«) Römer, der Mitglied der KPD geworden war.

Niekischs Verbindungen und Kontakte nach 1933 erstreckten sich jedoch auch bis zu extrem konservativen und deutschnationalen Kreisen [9]. Durch die Beschäftigung mit Ostfragen entstand eine Beziehung zu Ewald von Kleist-Schmenzin, einem hochkonservativen, preußisch-monarchistisch eingestellten Gutsbesitzer und Politiker, der zu den entschiedensten und kompromißlosesten Hitlergegnern gehörte und in dem *Mitteilungsblatt der konservativen Hauptvereinigung*, das er herausgab, die Dinge mutig beim Namen nannte, bis die Zeitschrift 1933 wegen eines darin veröffentlichten Aufsatzes von Fabian von Schlabrendorff verboten wurde [10]. Seit März 1933 pflegte Kleist immer auch Niekisch zu besuchen, wenn er nach Berlin kam, wobei Informationen ausgetauscht wurden und wobei Kleist seiner Verachtung für Reichswehrführer wie Rundstedt und Blomberg Ausdruck zu geben pflegte, weil sie Hitler nicht davonjagten. In einem Flugblattentwurf schrieb Kleist: »›In Zukunft wird es heißen: Charakterlos wie ein deutscher Beamter, gottlos wie ein protestantischer Pfaffe, ehrlos wie ein preußischer Offizier.‹« [11]

Im Laufe der Massenmordaktion des 30. Juni 1934 sollte auch Ewald von Kleist erschossen werden; er hatte sich standhaft geweigert, die Hakenkreuzfahne zu hissen und auch nur einen Pfennig – der Kreisleiter ging tatsächlich bis auf den Vorschlag herunter, wenigstens 10 Pfennige zu geben – für die NSDAP zu spenden. Er wurde aber gewarnt, entkam rechtzeitig und wurde von dem Linksradikalen Niekisch in dessen Berliner Wohnung versteckt gehalten [12]. Das ist kein Kuriosum, sondern ein sehr charakteristisches Symptom für den Widerstand gegen Hitler [13]. Der Nationalsozialismus war nicht einfach eine Partei wie andere auch, sondern verkörperte mit seinem totalen Verbrechertum das Böse schlechthin, so daß sich alle, die demokratisch, christlich, freiheitlich, menschlich oder auch nur rechtlich dachten, auf dieselbe Seite gedrängt fanden. So trafen sich nun in Niekischs Wohnung, seit Kleist am 1. Juli 1934 dort Zuflucht gefunden hatte, beider politischer Freunde, Wand an Wand tagten »linke« und »rechte« Verschwörergruppen. Kleist ist nach dem 20. Juli für seine Beteiligung am Staatsstreichversuch hingerichtet worden.

So heldenhaft der Widerstand vieler tapferer Menschen gewesen ist und so oft er mit dem Leben bezahlt wurde, erfolgversprechend war er selten. Wohl ist es etwa dem alten Kammerherrn Elard von Oldenburg-Januschau, einem Freund des Reichspräsidenten von Hindenburg, mit Hilfe seines hohen Alters, seiner Unerschrockenheit und seines grandseigneuralen Auftretens gelungen, kurz nach dem 30. Juni 1934 an allen Wachen vorbei zu Hindenburgs Krankenlager vorzudringen und ihm von den Mordtaten der Nationalsozialisten zu berichten. Hindenburg war aber schon zu alt und zu krank, um auch nur den Versuch zur Entlassung Hitlers zu unternehmen. Immerhin wurden einige der am 30. Juni Verhafteten auf Befehl Hindenburgs befreit [14].

Viele leisteten Widerstand, indem sie nur an den vorgeschriebenen Tagen keine Hakenkreuzfahne an ihre Fahnenstangen hängten, indem sie plötzlich fleißige Kirchgänger wurden oder indem sie jedes »Heil Hitler« geflissentlich überhörten. Viele verzichteten ausdrücklich auf Beförderung, um nicht der NSDAP beitreten zu müssen, oder sie versteckten Juden und andere Bedrängte, oder sie sprachen als Richter in politischen Fällen milde Urteile. Andere traten in die Armee ein, um vor den Zudringlichkeiten oder Verfolgungen der Nationalsozialisten sicher zu sein und der Gestapo zu entgehen. Journalisten und Schriftsteller schrieben über Themen, in denen jedermann die Parallele zur zeitgenössischen Situation erkennen konnte, und übten dabei indirekte, meist unfaßbare Kritik. Man hat diese Methoden des Widerstands treffend »innere Emigration« genannt [15]. Ebenso zahllose Möglichkeiten und Varianten wie bei der »inneren Emigration« gab es bei den Formen des mehr angreifenden, nach Ergebnissen drängenden Widerstandes.

Zum Beispiel bildete sich aus der Enttäuschung über die ideologische und organisatorische Erstarrung und Abhängigkeit der KPD eine Gruppe unter Führung von Walter Löwenheim, die sich »Leninistische Organisation« nannte [16]. Löwenheim suchte schon seit dem Jahre 1929 in der SPD und KPD Mitglieder für seine Organisation zu werben, welche die sozialistischen Kräfte aus ihrer dogmatischen Unbeweglichkeit lösen sollte. Er mußte im geheimen vorgehen; denn er wollte alle sozialistischen Organisationen mit seinen Anhängern durchsetzen und schließlich kontrollieren, zumindest aber zum wahren sozialistischen Weg zurückführen. So war für diese Gruppe von vornherein die Illegalität selbstverständlich.

Aber die wirkliche Bedeutung der nationalsozialistischen Machtergreifung und der ihr folgenden Revolution hat Löwenheim erst ziemlich spät erkannt. Erst der Reichstagsbrand und die anschließende Verhaftungswelle überzeugten seine Gruppe, die sich kurz nur »die O.« nannte, vom Ernst der Lage [17].

Plötzlich verflogen viele konspirative Illusionen. Man konnte nicht insgeheim auf Arbeiterorganisationen von innen her einwirken, die es gar nicht mehr gab, die verboten und zerschlagen waren. So hoffte man in der »O.« auf eine Krise des Regimes. Man konzentrierte sich auf »Schulung«, auf geheime Agitation in den Fabriken – man nannte das Betriebsarbeit –, suchte mit anderen klassenkämpferischen, ja sogar mit »bürgerlich-demokratischen Kreisen« eine »Einheitsfront« zu bilden [18]. Man schmuggelte verbotene Schriften ein, so z. B. das von Walter Löwenheim verfaßte Traktat »Neu Beginnen«, das im Oktober 1933 vom emigrierten SPD-Parteivorstand veröffentlicht worden war. Im November wurde das im Karlsbader Graphia-Verlag unter dem Pseudonym »Miles« verlegte Bändchen in Reklamformat, das noch mit dem Decktitel »Schopenhauer: Über die Religion« getarnt war, in 5000 Exemplaren nach Deutschland gebracht [19]. Seitdem wurde die Leninistische Organisation häufig »Miles-Gruppe« oder »Gruppe Neu Beginnen« genannt. Im Jahre 1934 erschienen englische, amerikanische und französische Ausgaben der Schrift, und die Widerstandsgruppe wurde eine der bekanntesten überhaupt. Zu ihrem Ansehen trug vor allem im Ausland sehr der Umstand bei, daß sich ihre Mitglieder in Deutschland und nicht in der Emigration aufhielten [20].

Dennoch: auch diese konspirativ sehr geschickt und lange Zeit ohne Verluste arbeitende Organisation kam irgendeiner umstürzlerischen Tätigkeit nicht näher als die Sozialdemokraten oder die Kommunisten, die die Konspiration erst wieder lernen mußten. Unter den Bedingungen des totalitären Staates war eben die Voraussetzung für den Umsturz von unten, nämlich eine Massenbewegung, nicht zu schaffen [21]. Die Leninistische Organisation ging sogar so weit, die Bildung einer Massenbewegung

II. Formen des Widerstandes

für erst nach dem Sturz des Nationalsozialismus möglich zu erklären, wenn demokratische politische Formen wieder genügend »Spielraum« bieten würden[22]. Unter den herrschenden Umständen konnte eine Massenbewegung nicht in Gang gebracht werden, daran konnte keine noch so geschickt arbeitende Organisation etwas ändern.

1935 war das große Jahr der Verhaftungen und der Zerschlagung der illegalen Organisationen der Kommunisten, der Sozialdemokraten und der Gewerkschaften. Eine Zeitlang war eine Flut illegaler Broschüren und Flugblätter in geheimen Druckereien oder im benachbarten Ausland hergestellt und in Deutschland verteilt worden, meist unter harmlosen Einbänden und Titelblättern, die den Inhalt für ein klassisches Drama oder ein Kochbuch ausgaben[23]. Aber die Gestapo wurde in diesen Jahren erst aufgebaut, allmählich verbesserte sie ihre Methoden, und Spitzeldienste und Infiltration der gegnerischen Organisationen taten ihre Wirkung. Nun kam es zu Massenverhaftungen und Massenprozessen, z. B. einmal gegen 400 Sozialdemokraten, ein anderes Mal gegen 628 Gewerkschafter, und in Köln gab es einen Prozeß gegen 232 Sozialdemokraten. Fünfunddreißig Mitglieder der kleinen Gruppe »Neu Beginnen« wurden 1935 und 1936 verhaftet; die meisten erhielten Zuchthausstrafen zwischen zwei und fünf Jahren. Den Rest ereilte 1938 das Schicksal, fast alle noch übrigen Mitglieder von »Neu Beginnen« wurden 1939 zu langen Zuchthausstrafen verurteilt und erst 1945 wieder befreit[24].

Ähnlich erging es den meisten Gruppen. In Mannheim etwa hatte Jakob Ott die alte SPD nach dem Verbot illegal organisiert, illegale Zeitungen verteilt und an die tausend Mitglieder auf diese Weise zusammengehalten, freilich ohne einen Plan für den Umsturz oder sonstige Aktionen zu entwickeln. Eine weitere, von Emil Henk gegründete sozialistische Gruppe bestand ebenfalls in Mannheim. Sie suchte Wege zum Umsturz und nahm Verbindungen zu anderen Gruppen auf in Mannheim, Eberbach, Stuttgart, Frankfurt, Offenbach, Darmstadt, Worms, Landau und zum emigrierten Parteivorstand in Paris, konnte aber im Grunde auch nicht mehr tun als informieren, beratschlagen und allgemeine Konspiration treiben[25]. Im Spätsommer 1934 flog die Organisation auf, als ein Mitglied mit dem Motorrad verunglückte und das mitgeführte Propagandamaterial dabei auf der Straße verstreut wurde. Funktionäre wurden verhaftet, und dann wurde die bald wieder aufgebaute Führung 1935 erneut zerschlagen. Die Zeit der Massenillegalität war 1935 vorbei, die Gestapo hatte die Organisationen vernichtet. Viele deutsche Kommunisten und Sozialisten, darunter Wilhelm Zaißer, Walter Ulbricht, Alfred Kantorowicz, Ludwig Renn und Willy Brandt, sahen seit 1936 im spanischen

Bürgerkrieg eine Gelegenheit, gegen den spanischen und den deutschen Faschismus zugleich zu kämpfen, da Hitler Franco mit Truppen und Kriegsmaterial unterstützte und der Faschismus von ihnen überhaupt als Klassenkampfphänomen, nicht als nationale Bewegung angesehen wurde. Die meisten dieser Freiwilligen fanden sich in der Thälmann-Brigade zusammen [25a]. 1938 war mit dem Sieg Francos auch diese Episode des Widerstandes gegen Hitler vorüber, Hunderte der etwa 2000 deutschen Überlebenden (von etwa 5000) der Internationalen Brigaden fanden sich in französischen Internierungslagern wieder, oder in den Händen der Gestapo, oder später in der französischen Untergrundbewegung; einige entkamen auch nach Mexiko oder Santo Domingo. Als dann 1939 der Krieg begann, gab es in Deutschland keine nennenswerte illegale Opposition der Arbeiterschaft mehr, von isolierten Gruppen und Zellen abgesehen.[26] Dem noch übrigen Widerstandswillen vieler kommunistischer Gruppen machte der deutsch-sowjetische Pakt vom 23. August 1939 vorläufig den Garaus.

Der Krieg und die Verbrechen, die Hitler unter seinem Deckmantel ausführen ließ, haben zu neuen Formen eines opferwilligen, aber doch meist machtlosen und aussichtslosen Widerstandes geführt. Die Darstellung dieses Widerstandes würde viele Bände füllen, aber einige hervorragende Beispiele können wenigstens stellvertretend darauf hinweisen.

Insbesondere kommunistische Zellen und Gruppen hatten sich die allgemeine Agitation gegen den Krieg und gegen das Regime zur Aufgabe gesetzt. Sie scheuten sich aber oft nicht, sich der Grenze zwischen Hoch- und Landesverrat sehr zu nähern und etwa mit Kriegsgefangenen zu konspirieren. Hier wäre die Gruppe um den ehemaligen Reichstagsabgeordneten der KPD, Dr. Theodor Neubauer, zu erwähnen. Zwischen 1933 und 1939 verbrachte Neubauer fünfeinhalb Jahre im Konzentrationslager Buchenwald. Nach seiner Entlassung nahm er sogleich die illegale Arbeit wieder auf, stellte Flugblätter her und knüpfte Verbindungen von Jena nach Berlin, nach Leipzig, Eisenach, Gotha, Erfurt, Weimar und ins Ruhrgebiet. Er wurde wieder verhaftet und am 5. Februar 1945 im Zuchthaus Brandenburg hingerichtet [27]. Ähnlich betätigte sich die Saefkow-Jacob-Bästlein-Gruppe, von der Sowjetunion aus gelenkt, während die als Rote Kapelle bekannte Gruppe um Harro Schulze-Boysen in der Hauptsache als Spionageorganisation arbeitete [28]. Dr. Römer fand es im Interesse der Arbeiterklasse geboten, seit 1941 eine der größten Gruppen zur Unterstützung der Sowjetunion zu führen, in Verbindung mit Reinhold Mewes. Die Brüder Schlotterbeck und wenige Freunde bildeten eine kleinere, ebenso überzeugungstreue Organisation, die Spionage für die Sowjetunion betrieb, und zwar aus politischen Grundsätzen, nicht um Geldes willen.

II. Formen des Widerstandes

Ihr russischer Kontaktmann, der mit dem Fallschirm abgesprungen war, fiel jedoch der Gestapo in die Hände und wurde zum Funken von »Spielmaterial«, d. h. von falschen Nachrichten, gezwungen. Durch ihn wurde die Gruppe aufgerieben. Nur Friedrich Schlotterbeck konnte in die Schweiz entkommen, neun Mitglieder seiner Familie wurden am 30. November 1944 hingerichtet [29].

Die Gruppe der Geschwister Scholl und ihrer Freunde, die 1942 und 1943 in München Flugblätter herstellten und verteilten, die zum Kampf gegen Regierung und Krieg aufriefen, war eine von vielen dem Geiste und der Tätigkeit nach ähnlichen Gruppen. Sie haben sich zum Opfer gebracht, obwohl sie wußten, daß ihr Handeln zu bedeutsamer Schwächung des Regimes kaum führen konnte [30]. Insgeheim mochten sie auf größere Wirkung gehofft haben, aber zum Opfer waren sie doch vor allem bereit. Auch die Brandstiftung von Marinus van der Lubbe ist so zu verstehen – als Versuch, die Arbeiterschaft aufzurütteln, und als selbstloses Opfer.

Auch Kurt Gerstein gehört hierher. Mit der Bekennenden Kirche verbunden, wurde er zweimal, zuletzt 1938, wegen christlicher Widerstandstätigkeit ins Konzentrationslager gebracht und auch aus der NSDAP ausgeschlossen [31]. Aus der Überzeugung, als einzelner nur von innen her wirken zu können, trat der wohlhabende, tiefreligiöse Bergassessor und Industrielle, der auch Medizin studiert hatte, am 10. März 1941 in die SS ein, als er vom Beginn des Euthanasieverfahrens gehört hatte. Das Unwahrscheinliche gelang. Im Januar 1942 wurde Gerstein Leiter der Abteilung Gesundheitstechnik im SS-Führungshauptamt, wurde vom Reichssicherheitshauptamt (RSHA) mit der Beschaffung von Blausäure beauftragt und bekam so Einblick in den ganzen furchtbaren Vernichtungsapparat der Lager. Er beabsichtigte, die von ihm zu veranlassenden Blausäuresendungen durch chemische Manipulation unschädlich zu machen, vor allem aber verbreitete er sein Wissen, wo er nur konnte, und unterrichtete über hundert Personen von dem, was er erfuhr. Im August 1942 berichtete er, nachdem er selbst Zeuge einer Massenvergasung mit dem wenig wirksamen Abgas eines Dieselmotors geworden war, einem Angehörigen der schwedischen Botschaft in Berlin mit der Bitte, für Weitergabe der Nachrichten nach London zu sorgen, was auch geschah. Gerstein glaubte, das deutsche Volk werde diesem Regime ein Ende machen, sobald es von dessen Verbrechen erfahren würde. Diese Hoffnung trog jedoch, teils weil sie »das Volk« überschätzte, teils weil die Verbreitung der Nachrichten von den Todeslagern nicht ausreichte oder wegen der Ungeheuerlichkeit einfach auf Unglauben stieß. Das besondere Opfer Gersteins aber war, sich in das Verbrechen bewußt mitverstrickt zu haben, schuldig geworden zu sein, um das Geheimste und Grauenhafteste zu erfahren, bekanntzumachen und nach Möglichkeit zu sabotieren. Dies ist nur begrenzt gelungen.

Anders stand es mit der Aktion zur Tötung angeblich unheilbar Kranker, die sich auf eine viel geringere Zahl potentieller Opfer erstreckte als die »Endlösung«, d. h. Ermordung der Juden; diese wurde im wesentlichen auf polnischem Boden »durchgeführt«, während die Euthanasie-Aktion im Reichsgebiet stattfand und unmittelbar in karitative Anstalten eingriff, die fast alle mit einer der beiden großen Kirchen eng verbunden waren. So war das Wissen von der von Hitler am 1. September 1939 befohlenen Mordaktion in der Öffentlichkeit weit verbreitet, und führende Persönlichkeiten der kirchlichen Opposition konnten auf Rückhalt rechnen. Namentlich der württembergische Landesbischof D. Theophil Wurm und der Bischof von Münster, Graf von Galen, nannten die Aktion das, was sie war, nämlich Mord. Mit ihren Eingaben und mutigen öffentlichen Protesten haben sie und andere Kirchenmänner erreicht, daß die Aktion Ende 1941 im wesentlichen angehalten wurde [32].

Aussichtsreicher Widerstand mußte näher am Zentrum der Macht, z. B. in der Führung der Reichswehr, ansetzen. Hindenburg war längst zur Seite gedrängt. Putschgerüchte sind wohl in den letzten Januartagen des Jahres 1933 schon hier und da im Umlauf gewesen. Es wurde gemunkelt, die Reichswehr wolle mit Gewalt die Einsetzung einer Regierung unter Hitler als Kanzler verhindern. Tatsächlich hat Generaloberst Kurt Freiherr von Hammerstein, der Chef der Heeresleitung, zusammen mit dem Chef des Heerespersonalamtes, Generalleutnant Erich Freiherr von dem Bussche-Ippenburg, in einer persönlichen Unterredung bei Hindenburg am 26. Januar den Versuch gemacht, den Reichspräsidenten von der Ernennung Hitlers durch Darstellung der Gefahren abzubringen [33]. In dieser Unterredung tat Hindenburg die Äußerung von dem »österreichischen Gefreiten«, den er niemals zum Kanzler machen werde [34]. Aber Hammerstein und Schleicher waren sich am 29. Januar dann doch einig, daß nur noch Hitler als Kanzler in Frage komme, weil eine Regierung Papen-Hugenberg gewissermaßen auf der Basis von 7 % gegen 93 % des deutschen Volkes hätte regieren müssen. Allerdings dachten sie nur an eine Regierung Hitler unter der Voraussetzung, daß Schleicher darin Wehrminister wäre. Von Putschabsichten waren beide weit entfernt [35]. Es kam Hammerstein vielmehr gerade darauf an, Generalstreik und Bürgerkrieg, also den Einsatz der Reichswehr gegen die Nationalsozialisten und die politische Linke, zu vermeiden. Die Putschgerüchte, die sich in der Richtung einer angeblich beabsichtigten Erklärung des Staatsnotstandes und der Bemächtigung der Person des Reichspräsidenten bewegten, scheinen von interessierten Krei-

II. Formen des Widerstandes

sen erfunden worden zu sein, um die Bildung der Regierung Hitler-Papen-Hugenberg zu rechtfertigen und Hindenburg die Zustimmung dazu abzuringen [36]. »Die Reichswehr« jedenfalls hat bei der Ernennung Hitlers zum Reichskanzler »stillgehalten«.

Nach der »Machtübernahme« jedoch begannen schon bald die Überlegungen, wie die Hitlerregierung zu stürzen sei; der ehemalige Reichskanzler Dr. Heinrich Brüning sowie Schleicher und Hammerstein waren daran beteiligt [37]. Die wahre Natur des neuen Regimes war natürlich rasch deutlich geworden, aus einer »Gegenaktion« wurde aber nichts. Ein wesentliches Hindernis war dabei der neue Reichswehrminister Werner von Blomberg, der, leider naiv und etwas wirklichkeitsfremd, den Nationalsozialisten freundlich gesinnt und dabei noch charakterschwach war. Zugleich sah sich Hammerstein im Juli 1933 seines Einflusses, ja seiner Kommandogewalt im Heer beraubt [38]. Ende 1933 reichte er seinen Abschied ein, und zum 1. Februar 1934 folgte ihm General der Artillerie Werner Freiherr von Fritsch [39].

Als Hammerstein verabschiedet war und im Frühjahr 1934 der Konflikt zwischen SA und Reichswehr sich mehr und mehr zuspitzte, kamen Persönlichkeiten in der Umgebung Papens auf den Gedanken, die von vielen erwartete SA-Revolte zum Anlaß zu nehmen, um Hindenburg zur Verhängung des Ausnahmezustandes zu veranlassen [40]. Damit es dazu komme, sollten die Generale von Witzleben, von Bock und von Rundstedt, die offenbar dazu bereit waren, mit ihren Truppen gegen die SA vorgehen, und Hitler sollte zum »Mitgehen« gezwungen werden. Die große Rede, die von dem Münchner Rechtsanwalt und »Jungkonservativen« Edgar J. Jung vorbereitet worden war und die Papen dann auch wirklich am 17. Juni 1934 in Marburg hielt, die eine einzige Anklage gegen die Entwicklung seit Januar 1933 darstellte, sollte die Spannung bis zur Auslösung treiben [41]. Man hoffte nun auf Fritsch; vor allen Hitlers Vorgänger als Reichskanzler, der General von Schleicher, meinte, Fritsch müsse »›unbedingt losschlagen‹«, sobald Hindenburg sterbe [42]. Fritsch aber hatte Schleichers politische Tätigkeit schon vor 1933 scharf abgelehnt, und später erklärte er von sich selbst: »›Zur Politik fehlt mir alles.‹« [43] Nicht nur dienstlich legte er sich diese Zurückhaltung auf, sie entsprach auch seinem Charakter und seinem Mangel an Verständnis für das Verbrechertum der ganzen NS-Bewegung einschließlich ihres Führers.

Damals, vor dem Blutbad des 30. Juni 1934, hat also niemand »losgeschlagen«, auch nicht die SA-Führer, die es vielleicht geplant hatten. Hitler tat es selbst und ließ dabei auch zwei Generale erschießen, was von der Reichswehr ohne nennenswertes Aufbegehren hingenommen wurde⁴⁴. Inwieweit »die Reichswehr« gegen die Ermordung der SA-Führer um Röhm nichts einzuwenden hatte und vielleicht froh war, auf diese Weise die Konkurrenzarmee entmachtet und die Gefahr ihres Eindringens in die Reichswehr gebannt zu sehen – es hätte sich sicherlich um mehrere Hunderttausend der über 3 Millionen SA-Leute, also ein Vielfaches der Nominalstärke der Reichswehr gehandelt –, läßt sich nur vermuten⁴⁵. Sicher ist, daß Hammerstein und mit ihm viele andere höhere Führer der Reichswehr über die Ausschaltung Röhms und seiner Freunde befriedigt waren und an den Methoden wenigstens zunächst keinen Anstoß nahmen. Hammerstein zeigte sich erst dann »sehr betroffen«, als er hörte, auch Schleicher sei ermordet worden, und sagte auf die Nachricht: »›Also jetzt fangen sie an, auch Gentlemen zu ermorden.‹«⁴⁶ Er ging zum Reichswehrminister von Blomberg, seinem unmittelbaren Vorgesetzten, um »über ihn eine Opposition der Reichswehr zu bewirken«. An einen wirklichen Umsturzversuch war aber auch jetzt nicht gedacht. Blomberg »tat nichts«, war also nicht einmal für so etwas wie eine drohende Haltung oder einen gewichtigen Protest zu haben. Das ist kein Wunder; denn er war im voraus von der geplanten Aktion gegen die SA unterrichtet und damit einverstanden⁴⁷. Auch der Chef des Ministeramtes im Reichswehrministerium (seit 1. Februar 1934), Generalleutnant Walter von Reichenau, war im voraus von einer gegen die SA geplanten präventiven Aktion unterrichtet, befand sich also ebensowenig wie Blomberg im Glauben, es werde ein Putsch in seinem Anfangsstadium niedergeschlagen. Vielmehr mußte beiden klar sein, daß die Bewaffnungsversuche und die Bereitschaftsmaßnahmen der SA defensive Reaktionen auf die von Hitler unter dem Vorwand einer drohenden SA-Revolte veranlaßten Maßnahmen der Reichswehr darstellten⁴⁸. Es ist sogar anzunehmen, daß beide, besonders der klügere Reichenau, zu den Regisseuren gehörten, die auf die Verschärfung der Konfliktsituation hingearbeitet haben⁴⁹.

Tatsächlich war also die indirekte Beteiligung von Blomberg und Reichenau, d. h. die Führung der Reichswehr durch sie, von entscheidender Bedeutung für Hitlers Erfolg am 30. Juni 1934. Blomberg hatte seine Zustimmung zur Verhaftung Schleichers gegeben, und Reichenau entwarf den Text der offiziellen Verlautbarung, wonach Schleicher erschossen worden sei, als er sich seiner Verhaftung widersetzte⁵⁰.

Es ist nachträglich leicht, der Reichswehrführung für ihre Haltung am 30. Juni und danach Vorwürfe zu machen. Zweifellos muß man, wie Helmut Krausnick schreibt, Umstände und Lage der Reichswehr in ihrer Gesamtheit betrachten⁵¹. Ebenso richtig ist aber auch Krausnicks Feststellung: »In Wahrheit hat der 30. Juni die Führer des Heeres zum ersten Mal akut vor die Entscheidung zwischen Gehorsam und Mitverantwortung, zwischen Befehl und Gewissen gestellt.«[52]

Der Chef der Heeresleitung, General der Artillerie Werner Freiherr von Fritsch, und sein Chef des Generalstabes, Generalleutnant Ludwig Beck, dürften Hitlers wahre Absichten kaum im voraus durchschaut haben[53]. Aber danach? Das Morden dauerte zwei Tage, es ist doch wohl als sicher anzunehmen, daß Fritsch und Beck darüber zuverlässige Informationen erhalten haben. Auch bei Berücksichtigung aller Umstände findet man keine ganz befriedigende Erklärung für das Ausbleiben einer entschiedenen Reaktion nicht nur auf die willkürlichen Morde überhaupt, sondern besonders auf die Erschießung der Generale von Schleicher und von Bredow.

Schon am Nachmittag des 30. Juni war der ehemalige Staatssekretär in der Reichskanzlei, Erwin Planck, zu Fritsch gegangen, um ihn angesichts des Versagens von Blomberg zum Handeln zu bewegen. Andere, darunter Generalmajor von Witzleben, dessen Chef des Stabes Oberst von Lewinski, genannt von Manstein, General der Artillerie Ritter von Leeb, General der Infanterie von Rundstedt, verlangten von Blomberg eine kriegsgerichtliche Untersuchung, aber Blomberg erklärte eine Untersuchung für unmöglich. Dabei blieb es. »Zu einer Aktion von politischem Gewicht, geschweige denn mit politischem Ziel, wie es dem Charakter des ungeheuerlichen Vorgangs entsprochen hätte, konnte man sich jedenfalls auch jetzt nicht durchringen.«[54]

So verlor die »unpolitische Armee« in Wirklichkeit ihre Neutralität und wurde Teil und Diener des nationalsozialistischen Herrschaftssystems. Zugleich wurde durch den 30. Juni 1934 eine schon existente bürgerliche Verschwörung gegen Hitler vorläufig beendet. Erst 1937 bis 1938 formierte sie sich neu zu einer richtigen Aufstandsbewegung[55].

Zunächst war der Weg frei für einen Staatsstreich eigener Art, für den nur noch eine einzige Voraussetzung fehlte, nämlich der täglich erwartete Tod des alten Reichspräsidenten Paul von Hindenburg. Am 2. August 1934 trat sie ein, der Reichspräsident starb auf seinem Gut Neudeck. Am Tage vorher schon hatte die Reichsregierung ein Gesetz beschlossen, wonach beim Tode Hindenburgs das Amt des Reichspräsidenten mit dem des Reichskanzlers vereinigt werden sollte. Hitler gewann so auf verfassungswidrige Weise die verfassungsrechtliche Kontrolle über die Reichswehr[56]. Im Januar 1934 hatte man sich ein »Gesetz« gemacht, wonach die Reichsregierung »neues Verfassungsrecht setzen« konnte[57]. Die Reichswehr war von der Drohung der SA befreit worden, geriet jedoch erst recht und erst jetzt völlig unter die Kontrolle Hitlers und der NSDAP.

Noch am Tage von Hindenburgs Tod tat Hitler einen weiteren Schritt zur Festigung seiner Befehlsgewalt über die militärischen Kräfte des Reiches. Er ließ noch am 2. August befehlen, daß die gesamte Reichswehr neu zu vereidigen sei, und zwar nicht auf Volk, Vaterland und Verfassung, sondern allein auf seine namentlich genannte Person. Nach einem nur wenige Monate vorher, am 1. Dezember 1933, von den Nationalsozialisten verkündeten Gesetz hatte die Eidesformel gelautet: »›Ich schwöre bei Gott diesen heiligen Eid, daß ich meinem Volk und Vaterland allzeit treu und redlich dienen und als tapferer Soldat bereit sein will, jederzeit für diesen Eid mein Leben einzusetzen.‹« [58] Jetzt aber lautete sie: »›Ich schwöre bei Gott diesen heiligen Eid, daß ich dem Führer des Deutschen Reiches und Volkes Adolf Hitler, dem Oberbefehlshaber der Wehrmacht, unbedingten Gehorsam leisten und als tapferer Soldat bereit sein will, jederzeit für diesen Eid mein Leben einzusetzen.‹« [59] Für Soldaten gab es nun keine Verfassungs- oder Vaterlandstreue mehr, nur noch »Führertreue«. Jetzt herrschte einzig und allein der Befehl und der Befehlsweg, was vom »Führer« sanktioniert war, das war auch Rechtens. Der neue Rechtszustand ließ sich durchsetzen, und so hatte Hitler die Reichswehr aus jeglicher bisher traditionellen Verpflichtung herausgelöst und sie allein an seine Person gebunden.

Bei der neuen und überaus eilig vollzogenen Eidesleistung handelte es sich aber nicht nur um ein staatsstreichartiges Vorgehen Hitlers, um einen Überraschungsschlag gegen die Reichswehr, in dieser Hinsicht der Fritsch-Krise von 1938 vergleichbar, sondern auch um die Aufrichtung eines mächtigen Hindernisses für jegliche Art von Widerstand gegen den geheiligten »Befehl«. Gewiß haben sich später viele Generale nur hinter dem Eid verschanzt, wenn sie um Mitwirkung bei einem Umsturzversuch angegangen wurden. In Wirklichkeit wußten sie genau, daß ein solcher Eid nur Sinn hat, wenn er eine sittliche und politische Verpflichtung und Treueleistung desjenigen voraussetzt, dem er geleistet wird, und sie wußten ferner, daß dieser, nämlich Hitler, seine Verpflichtung gegenüber dem deutschen Volk tausendfach gebrochen und die ihm mit dem Eid geschworene Gefolgschaft tausendfach mißbraucht hat. Für viele andere aber war der Eid ein Problem, sie fühlten sich auch dann noch gebunden, als das Unsittliche und Unrechtmäßige des ganzen Verhältnisses längst deutlich geworden war. Viele meinten, der Inhalt müsse gelten, da ja die Form existierte und bestand. Die Form wurde über den Sinn erhoben und der Sinn dabei zerstört. Aber Befehlsempfänger hatten über solche Dinge gar nicht oder nur im Sinne der »Führung« nachzudenken.

Nachdem Hitler nun alle wesentlichen Machtpositionen im Reiche in

II. Formen des Widerstandes

die Hand bekommen hatte – erst später merkte er, daß ihm das Instrument des Heeres nicht recht gehorchen wollte, und er half dem ab, indem er den Chef der Heeresleitung beseitigte –, konnte er getrost das Ende der nationalsozialistischen Revolution verkünden. Auf dem Reichsparteitag 1934 ließ er am 5. September durch den Gauleiter Adolf Wagner in Nürnberg eine Proklamation verlesen, in der es hieß: »›Die nationalsozialistische Revolution ist als revolutionärer, machtmäßiger Vorgang abgeschlossen! Sie hat als Revolution restlos erfüllt, was von ihr erhofft werden konnte.‹« [60] Alle weiteren Schwierigkeiten ließen sich als Personalfragen behandeln.

Gleichwohl wurde die erhoffte Harmonie zwischen Partei und Wehrmacht nicht erreicht. Hitler hatte der Reichswehr versprochen, sie werde der einzige Waffenträger der Nation sein, aber auch und gerade nach dem 30. Juni 1934 wurde die SS weiter ausgebaut, und die Reibungen zwischen Reichswehr einerseits und Partei und SA andererseits hörten auch nicht auf. Schließlich hat die Erkenntnis, daß der 30. Juni 1934 nicht nur isolierter Exzeß einer revolutionären Wandlung war, sondern sich jederzeit wiederholen konnte, vielen Soldaten zur Klärung ihrer eigenen Haltung verholfen. Dazu kam das immer deutlichere Hintreiben zu einem sinnlosen und angesichts der außenpolitischen Erfolge offenbar »unnötigen« Krieg.

Es bedurfte der vier Jahre von 1934 bis 1938, um die Gegner des Nationalsozialismus aus Gewissensgründen von den Mittuenden, Gleichgültigen und Unentschlossenen allmählich zu sondern. In der Verwaltung, in der Justiz, unter den Gelehrten, in den Kirchen, in den Fabriken und Büros, in der Reichswehr und unter den Gebildeten schlechthin, unter Künstlern und Literaten, kurz, in allen nur denkbaren Schichten der Nation bildeten sich Gruppen und Zirkel von Gleichgesinnten, die allmählich lernten, sich nicht ohne weiteres entdecken zu lassen, aber doch für andere Regimegegner erkennbar zu sein. Auch dafür war Zeit erforderlich, und die Jahre bis 1938 gingen damit hin. Größere Aktivität der verschiedenen Gruppen konnte offenbar ohnehin erst erwartet werden, wenn der Anstoß dazu stark genug wurde. Die allgemeine Unterdrückung genügte nicht, es bedurfte auch der Greuel gegen die Juden im November 1938 und der aggressiven Kriegspolitik Hitlers während der Sudetenkrise, um intensivere Anstrengungen zum Sturze des Regimes hervorzurufen. Aber es gab, außer den erwähnten Überlegungen in Kreisen der Reichswehr, auch eine Anzahl sehr ernsthafter Bemühungen vor 1938.

Dazu zählt die Tätigkeit des schon genannten Münchner Rechtsanwaltes Edgar J. Jung, der gewöhnlich als zu einer Gruppe von »Jungkonservativen« gehörig bezeichnet wird und schon vor 1933 kompromißloser Gegner des Nationalsozialismus war [61]. Seit der Ernennung Hitlers zum Reichskanzler suchte er jede denkbare Möglichkeit zum Sturz der Regierung zu nützen. Im November 1933 wollte er mit dem Pressereferenten des Vizekanzlers von Papen, Oberregierungsrat Herbert von Bose, durch Vermittlung Papens und Hindenburgs etwa achtzig Nichtnationalsozialisten für den neu zu wählenden Reichstag lancieren, um so die nationalsozialistische Machtstellung zu untergraben. Nach dem Mißerfolg dieser Bemühung beschäftigte er sich fieberhaft mit dem Versuch, verschiedene oppositionelle Kreise zusammenzubringen und zu koordinieren [62]. Die berühmte Rede, die Papen am 17. Juni 1934 vor dem Universitätsbund in Marburg gehalten hat, wird auf Jung als ihren hauptsächlichen Verfasser zurückgeführt; sie sollte das Signal sein für eine Erhebung und allgemeine Umwälzung, wobei man Hoffnungen vor allem auf Hindenburg, Papen und die Reichswehr setzte [63].

Papen trat in der Rede für das freie Christentum ein und lehnte jeden auf religiösem Gebiet »widernatürlichen Totalitätsanspruch« ab; er warnte vor Gewaltanwendung und vor der Reglementierung der Lebensbereiche des Volkes über das Politische hinaus, also vor dem Versuch der Errichtung des totalen Staates [64]. Hitler überhörte die Warnung nicht, die Verbreitung der Rede, die dennoch dank vieler beiseite geschaffter Exemplare im In- und Ausland Sensation machte, wurde verboten [65]. Papen protestierte und bot seinen Rücktritt an, ließ sich aber von Hitler beschwichtigen.

Dann folgten innerhalb weniger Tage die Morde des 30. Juni und des 1. und 2. Juli 1934. Wohl wurde die SA als mögliche Konkurrenz der Reichswehr ausgeschaltet, wohl wurde die gewaltsame Neuordnung der Gesellschaft im Sinne Röhms, die »Zweite Revolution«, dadurch verhindert [66]. Zugleich aber wurde jedem Deutschen unmißverständlich klargemacht, was ihn erwartete, sollte er sich etwa der »nationalsozialistischen Erneuerung« widersetzen wollen. Die Warnung war deutlich; denn außer den SA-Führern wurden hundert oder mehr wirkliche und potentielle Gegner erschossen, darunter auch Jung und Bose. Möglicherweise sollte auch Papen ermordet werden [67]. An den Umsturzplänen hatte er sich jedoch über seine Rede hinaus nicht mehr beteiligen wollen [68], und er arrangierte sich immer wieder mit den Nationalsozialisten. Gegen Jungs Verhaftung am 25. Juni hatte er wieder protestiert und sich wieder beruhigen lassen [69]; als Jung und Bose gar ermordet wurden, protestierte er von neuem, ging aber dann trotzdem als Sonderbeauftragter Hitlers nach

II. Formen des Widerstandes

Wien. Auch als 1938 sein Persönlicher Referent, Legationsrat Freiherr von Ketteler, von der Gestapo ermordet wurde, ließ sich Papen wieder beruhigen (wenn er sich überhaupt noch aufgeregt hat) und arrangierte sich mit dem Führer, um als Botschafter nach Ankara zu gehen [70]. Von diesem Manne hatte man sich also umsonst Opposition oder auch nur charaktervolle Haltung gegen Hitler erwartet. Jung und Bose aber waren ihrer Illusion über Papen zum Opfer gefallen.

Trotz der brutalen und unverhüllten totalitären Drohung, welche die Mordaktion für alle darstellte, die mit dem herrschenden Regime nicht zufrieden waren, arbeiteten viele weiterhin gegen System und Regierung. Im nächsten Jahr, am 16. April 1935, hielt der Dichter Ernst Wiechert im Auditorium maximum der Münchner Universität eine Rede gegen die Politik der Regierung gegenüber den bildenden und anderen Künsten, gegen Dichterzüchtung in Dichter-Schulungslagern, was der »Ermordung der Seele« gleichkomme, gegen politische Kunstkritik und für Wahrheit, Freiheit, Recht, Güte, Liebe und Ehrfurcht. Die Jugend dürfe sich nicht zum Schweigen verführen lassen, sagte Wiechert, wenn das Gewissen ihr befehle, zu reden; denn nichts zerfresse so das Mark des Mannes und Volkes wie die Feigheit[71]. Wiechert kam 1938 ins KZ Buchenwald.

Acht Jahre später, 1943, gingen die Geschwister Scholl, Professor Huber und ihre Freunde für dieselben Ideale in den Tod, aber Mitte der dreißiger Jahre war es noch Sache der älteren Generation, ihre Stimme zu erheben. Ernst Niekisch war noch tätig. Er hatte Verbindung zu Otto Strasser, dem nach Röhm bedeutendsten einstigen Rivalen Hitlers in der NSDAP, und zu dessen von Wien aus geleiteter Schwarzen Front, die auch innerhalb Deutschlands Anhänger hatte, in der Hauptsache aber von außen Hitlers Politik zu sabotieren suchte[72]. Rudolf Pechel berichtet von dem »Kreis Markwitz«, der sich hauptsächlich aus Sozialdemokraten zusammensetzte und mit der Verteilung verbotener Literatur sowie der Rettung von Verhaftung bedrohter Regimegegner befaßt war. Im Mai 1935 wurde der ganze Kreis von der Gestapo verhaftet, nachdem sich ein Spitzel in seinen Kurierdienst eingeschlichen hatte. Einige Mitglieder kamen um, andere konnten fliehen oder sich durch geschickte Verteidigung den Gerichten entwinden. Unter ihnen war Dr. Mischler, der verhaftet, mangels Beweises freigesprochen und ausgewiesen wurde, nach Prag emigrierte, dort 1938 wieder verhaftet, wieder freigesprochen, nun aber bis 1942 in ein Konzentrationslager gebracht wurde. Kaum war er entlassen, so nahm er über den sozialdemokratischen Journalisten Theodor Haubach zu dem Sozialdemokraten Wilhelm Leuschner Verbindung auf, so daß er schließlich zu den an der Verschwörung des 20. Juli 1944 Beteiligten gehörte[73].

Eine andere Gruppe wurde von einem Haudegen des Ersten Weltkrieges und Führer des Freikorps »Oberland«, Dr. Joseph (»Beppo«) Römer geleitet [74]. Es liegt ein gewisses und sehr begreifliches Dunkel über der Tätigkeit dieses Mannes; nur wenige Einzelheiten sind bekannt. Römer war mehrfach verhaftet, zunächst Anfang 1933, dann wieder nach dem 30. Juni 1934, worauf er im Dachauer Konzentrationslager festgehalten wurde [75]. Nach seiner Entlassung im Juli 1939, die er seinem Regimentskameraden General Ritter von Greim verdankt haben soll, begann er wieder, auf Umsturz und Attentat zu sinnen [76]. Am 4. Februar 1942 wurde Römer zum letztenmal verhaftet und am 25. September hingerichtet [77].

Die Verflechtung der Römer-Gruppe mit anderen Widerstandszentren vor und während des Krieges ist kaum vorstellbar. In Römers Volksgerichtsverfahren waren etwa einhundertfünfzig Kameraden mitverwickelt, die zu kommunistischen oder hauptsächlich in der Arbeiterschaft wurzelnden Gruppen gehörten [78]. Die von dem Berliner Arbeiter Robert Uhrig geführte »Robby-Gruppe« in den Osram-Werken bereitete seit 1938 kommunistische Agitation und Rüstungsspionage für die Sowjetunion vor, wirkte seit 1941 in der Kriegsorganisation der Sowjetspionage, betrieb die enge Anlehnung Deutschlands an die Sowjetunion und schloß sich während des Krieges mit dem Römer-Kreis und einer von dem Maschinenschlosser Walter Budeus geführten Gruppe zusammen, wurde aber 1942 und 1943 von der Gestapo mit Hilfe von eingeschleusten Spitzeln größtenteils zerschlagen. Ihre Reste schlossen sich der kommunistischen Gruppe unter Anton Saefkow, Franz Jacob und Bernhard Bästlein an, die von der Sowjetunion aus gelenkt wurde [79].

Auf der anderen Seite stand Römer auch in Verbindung mit einer Gruppe im Auswärtigen Amt, mit einem Industriellen und mit dem berühmten Solf-Kreis, sowie seit 1941 mit Kreisen der Heeresführung [80]. Zu dieser Seite des Kreises gehörte der Industrielle und Kaufmann Nikolaus Christoph von Halem, der schon vor 1937 durch Schlabrendorff mit Niekisch in Verbindung war, und der seinerseits viele Auslandkontakte für die Widerstandsbewegung schuf und den Gauleiter von Schlesien, Josef Wagner, weitgehend gegen Hitler einnehmen konnte [81]. Überdies hatte er Verbindungen zu Generalfeldmarschall von Bock, zu Adam von Trott zu Solz, zu Karl Ludwig Freiherr von und zu Guttenberg und damit zu katholischen Kreisen, zu Canaris' Abwehr-Amt, zu Justus Delbrück und über Schlabrendorff zu der Gruppe im Hauptquartier der Heeresgruppe Mitte [82]. Während des Krieges arbeitete Halem in dem oberschlesischen Kohlekonzern Ballestrem, in dessen Berliner Büro er Römer eine Scheinstellung verschaffen konnte [83]. Über Gertrud von Heimerdinger

II. Formen des Widerstandes

hatte Römer eine Verbindung zur Berliner Stadtkommandantur, über die er 1939 und 1940 Nachrichten von Reisen und Ausfahrten Hitlers bezog. Lieferant der Nachrichten war Oberstleutnant Dr. Holm Erttel, Adjutant des Wehrmachtstandortkommandanten Generalleutnant Ernst Seifert [84].

Ebenfalls über Gertrud von Heimerdinger unterhielt Römer eine Verbindung zum Auswärtigen Amt. Zu seinen Kontakten gehörte Legationsrat i. R. Dr. Richard Kuenzer, der nach dem 20. Juli verhaftet und im April 1945 von der SS ermordet wurde [85]. Von Kuenzer wiederum liefen Fäden zu dem Botschaftsrat i. R. Albrecht Graf von Bernstorff, der zusammen mit Kuenzer ermordet wurde, und zum Solf-Kreis [86]. Bernstorff war einer der mutigsten Gegner Hitlers und bemühte sich vor allem, Emigranten und Juden bei der Flucht und bei der Rettung ihres Besitzes zu helfen. Zu diesem Zwecke war er auch nach 1933 in eine ehemals jüdische Bank, die Firma A. E. Wassermann, eingetreten [87].

Der Solf-Kreis bestand aus einer Gruppe Gleichgesinnter, die einfach der Unterdrückung, Verfolgung, Erniedrigung und Entwürdigung der Menschen durch das Regime entgegentreten und entgegenwirken wollten, wo sie es irgend vermochten. Beteiligt waren Halem, Graf von Bernstorff, Kuenzer, Fanny von Kurowsky, Irmgard Zarden, Legationssekretär i. R. Dr. Herbert Mumm von Schwarzenstein, Gesandter Dr. Otto Kiep, Legationsrat Dr. Hilger van Scherpenberg, Elisabeth von Thadden, die sich bei Frau Hanna Solf, der Witwe des 1936 verstorbenen deutschen Botschafters in Tokio Dr. Wilhelm Solf, zusammenfanden und teils als Teilnehmer einer Teegesellschaft bei Fräulein von Thadden am 10. September 1943, bei welcher regimefeindliche Äußerungen fielen, teils eben als Angehörige des Kreises 1944 verhaftet und zum Teil später hingerichtet wurden, einfach weil sie für die Menschlichkeit eingetreten waren [88]. Wegen mehrfacher Verschiebung ihres Gerichtstermins überlebten den Zusammenbruch Frau Solf, ihre Tochter Lagi Gräfin von Ballestrem, Legationsrat Dr. Hilger van Scherpenberg (Schwiegersohn Schachts) und Elisabeth Zarden; hingerichtet wurden unter anderen Fräulein von Thadden, Kiep, Mumm, Halem; von der SS ermordet wurden Kuenzer, Bernstorff und Guttenberg [89]. Zu dem Tee hatte sich, mit Hilfe einer gutgläubig gegebenen Empfehlung, ein Gestapo-Spitzel eingeschlichen, der unter dem Namen Dr. Reckzeh als Arzt der Charité in Berlin auftrat [90]. Von diesem nicht eigentlich umstürzlerischen Kreis führten die Fäden zu den noch im Auswärtigen Amt verbliebenen Gegnern des Nationalsozialismus und zu anderen Machtzentren des Dritten Reiches.

Kiep war seit 1939 als Major der Reserve Referent für Außenpolitik im Oberkommando der Wehrmacht [91]. Er blieb eines der wichtigen Bindeglieder zum Auswärtigen Amt und der darin bestehenden Widerstandsgruppe. Hier sind auch Staatssekretär Ernst Freiherr von Weizsäcker und Botschafter Ulrich von Hassell zu nennen, ferner Dr. Fritz von Twardowski, Dr. Theo und Dr. Erich Kordt, Dr. Hasso von Etzdorf, Bernhard von Bülow und Dr. Paul Schmidt [92]. Auch Dr. Eugen Gerstenmaier, Georg Federer, Gottfried von Nostitz, Albrecht von Kessel, Hans-Bernd von Haeften und Dr. Adam von Trott zu Solz gehörten dazu, und noch sind längst nicht alle genannt. Es führten weiter Verbindungen zum sogenannten Kreisauer Kreis, der zumindest als Freundesgruppe schon 1937 bestand und zu dem Helmuth James Graf von Moltke, Peter Graf Yorck von Wartenburg, Horst von Einsiedel, Carl Dietrich von Trotha, Adolf Reichwein, Hans Peters, Hans Lukaschek, Carlo Mierendorff, Theodor Steltzer, Adam von Trott zu Solz, Hans Bernd von Haeften, Harald Poelchau, Augustin Rösch SJ, Alfred Delp SJ, Theo Haubach, Eugen Gerstenmaier, Paulus van Husen, Lothar König SJ, Julius Leber, Hans Schönfeld, und in weniger enger und ständiger Weise noch viele andere gehörten [93]. Es gab weitere Querverbindungen zu manchen Sozialisten und Gewerkschaftern.

Ebenfalls mit dem Auswärtigen Amt ist der Name Albrecht Haushofer verbunden, der über seine enge Beziehung zum »Stellvertreter« Hitlers, Rudolf Heß, vieles lindern und hindern konnte [94]. Er wiederum, konservativ und in mancher Hinsicht zur Gruppe um Popitz und Langbehn gehörend, hatte über seinen Schüler Horst Heilmann Verbindung zu der im wesentlichen kommunistisch orientierten Roten Kapelle, welche unter Führung des im Luftfahrtministerium tätigen Oberleutnants Harro Schulze-Boysen und des Oberregierungsrats im Reichswirtschaftsministerium Dr. Arvid Harnack als Kriegsorganisation des sowjetischen Nachrichtendienstes aufgebaut war. Sie trat mit dem Beginn des Krieges gegen Rußland im Juni 1941 in Tätigkeit und umfaßte vor ihrer Zerschlagung im Jahre 1942 zahlreiche über ganz Westeuropa verstreute Gruppen und Zellen. Die Funker dieser Organisation gaben ihre Nachrichten, darunter den Entschluß Hitlers zu einer Südoffensive gegen Rußland im Frühjahr 1942, nach Moskau durch [95].

Es ist nicht möglich, alle Namen zu nennen; die bedeutsame Verflechtung und Weitläufigkeit der in der zweiten Hälfte der dreißiger Jahre beginnenden Verschwörung liegt auf der Hand.

Alle die Genannten und Ungenannten »taten« etwas, um die Politik der Regierung zu sabotieren, um den Sturz des Regimes herbeiführen zu helfen. Es darf auch nicht vergessen werden, daß viele spätere Teilnehmer der Verschwörungen, gewissermaßen stellvertretend für die draußen, jahrelang in den Gefängnissen und Konzentrationslagern saßen. Wilhelm Leuschner war 1933 bis Juni 1934 monatelang in Polizei- und Konzentrationslagerhaft, zuletzt im Konzentrationslager Börgermoor. Sofort nach seiner Entlassung begann er, mit dem ehemaligen Führer der christlichen Gewerkschaften, Jakob Kaiser, zusammenzuarbeiten. Das Ziel war die Beseitigung Hitlers und danach die Errichtung einer Einheitsgewerkschaft, und damit die Überwindung der Spaltung in marxistische und christliche Gewerkschaften. Max Habermann, der Führer des Deutschen Handlungsgehilfenverbandes, kam auch dazu, und zusammen verfaßte man in den Jahren 1936 und 1937 Denkschriften für Generaloberst von Fritsch, in denen auf die entwürdigende und brutale Behandlung der Arbeiterschaft und der Juden hingewiesen wurde. Leuschner starb am 29. September 1944 als Beteiligter der Verschwörung des 20. Juli von Henkershand mit dem Ruf »Einigkeit!« Habermann wurde ebenfalls hingerichtet. Kaiser, der zum Zentrum vieler Oppositionskreise und zu einem der bedeutendsten Partner Goerdelers wurde, konnte sich nach dem 20. Juli in Berlin verbergen. Er hat 1945 bei der Gründung der CDU, dann bei den Auseinandersetzungen mit den Russen und deren deutschen Freunden, und schließlich als Bundesminister für gesamtdeutsche Fragen noch eine wichtige politische Rolle gespielt [96].

Carlo Mierendorff war ebenfalls 1933 verhaftet und dann bis 1938 in einem Konzentrationslager festgehalten worden [97]. Theodor Haubach war von 1933 bis 1939 wiederholt gefangen und verbrachte zwei Jahre im Konzentrationslager Esterwegen [98]. Der frühere sozialdemokratische Reichstagsabgeordnete Dr. Julius Leber hatte ebenfalls schwere Jahre der Haft in Gefängnissen und Konzentrationslagern (von 1933 bis 1937) zu erleiden, nachdem er, schon vorher verhaftet, mißhandelt und freigelassen, am 23. März 1933 vor dem Eingang zum Reichstag wieder verhaftet und noch an Ort und Stelle gefesselt worden war [99].

»Draußen« aber versuchten Gruppen und einzelne, wie die oben schon genannten, alles Erdenkliche, um die Herrschaft der Nationalsozialisten zu untergraben. Pechel nennt noch eine »Gruppe Stuermer« unter Dr. Paul Joseph Stuermer, der seit 1932 zu den aktiven Hitlergegnern gehörte und dann in engen Beziehungen zu dem Kreis um Edgar Jung und Dr. Römer stand, und der auch in dessen Attentatpläne eingeweiht war. Zu der Gruppe gehörten Mitglieder des Stahlhelm, ein Universitätsprofessor, ein Jesuitenpater, ein Sozialdemokrat und mehrere Offiziere, es bestanden Verbindungen besonders nach Süddeutschland, wo die Gruppe mit den Namen Dr. Arnulf Klett, Theodor Bäuerle, Baurat Albrecht Fischer und Robert Bosch verknüpft war [100].

Gewiß, zum Teil taten diese Menschen nichts als »nur« über ihren Abscheu gegen das Regime zu sprechen und in Gesprächen nach Wegen und Auswegen zu suchen. Aber das allein erfüllte schon, im Sinne der Machthaber, den Tatbestand der Verschwörung, also nach dem berüchtigten »Heimtückegesetz« einen durchaus straf- und sogar todeswürdigen Tatbestand [101]. Um das Wagnis zu verstehen, muß man sich also immer wieder deutlich machen, was es hieß, in einem Diktaturstaat zu leben, in dem der einzelne praktisch rechtlos und stets von staatlich sanktionierter und praktizierter seelischer und körperlicher Mißhandlung, von Erpressung, Existenzvernichtung, Freiheitsberaubung und qualvollem Tod bedroht war. Es ist selbstverständlich unsinnig, heute von jedem Gegner des Regimes und des Nationalsozialismus verlangen zu wollen, er müsse allzeit ein fanatischer potentieller Attentäter gewesen sein, um für seine Gegnerschaft Glauben zu finden. Die Fähigkeit zu solch tatkräftiger Konsequenz haben immer nur wenige. Endlich gab es wohl schon vor 1938 so manchen Verschwörer, der die physische Beseitigung als die einzig brauchbare Lösung ansah, aber die meisten hofften doch immer noch auf einen Sturz Hitlers mit Hilfe weniger gewaltsamer Methoden, auf die allmähliche Aushöhlung der nationalsozialistischen Herrschaft, oder auch nur auf ihre Milderung und heimliche Entschärfung. Doch nach und nach rückte eine riesige Gefahr in den Vordergrund: der Krieg. Immer mehr konzentrierten sich daher die Kräfte des Widerstandes darauf, den drohenden Krieg zu verhindern, und später, ihn zu beenden. Es entsprach den Gegebenheiten, daß bei diesen Bemühungen die Gegner im Bereiche der Außenpolitik die bedeutendste Rolle spielten. Freilich konnten auch die militärischen Kräfte den Dingen, selbst vor dem Ausbruch des Krieges, nicht lange fernbleiben.

III. Führungskrise

Im Jahre 1937 bereiteten sich in Deutschland tiefgreifende Wandlungen vor, die in den nächsten Jahren die Welt erschüttern sollten. Hitlers Zielstrebigkeit in der Herbeiführung eines Krieges ist auf Grund seiner eigenen Äußerungen zwischen 1920 und 1945 mit überzeugender Eindringlichkeit nachgewiesen worden[1]. Wesentlich ist hier, daß Hitler gegen Ende 1937 konkret mit Nennung der Etappen des Weges zum Kriege, mit Nennung der Nahziele und der zu ihrer Erreichung anzuwendenden Methoden sich auf eine aggressive und gewalttätige Außenpolitik festlegte, die, wie er selbst ausdrücklich betonte, zu einem Kriege führen mußte.

Am 5. November 1937 fand in der Reichskanzlei in Berlin von 16.15 bis 20.30 Uhr bei Hitler eine Besprechung mit den höchsten Wehrmachtführern statt, bei welcher auch der Reichsaußenminister Freiherr von Neurath anwesend war. Die militärischen Teilnehmer waren der Reichskriegsminister Generalfeldmarschall von Blomberg und die Oberbefehlshaber des Heeres, der Kriegsmarine und der Luftwaffe, Generaloberst Werner Freiherr von Fritsch, Generaladmiral Dr. h. c. Erich Raeder und Generaloberst Hermann Göring, ferner der »Adjutant der Wehrmacht beim Führer und Reichskanzler«, Oberst Friedrich Hoßbach, der zugleich noch Chef der Zentralabteilung (Personalgruppe) des Generalstabes des Heeres war. Oberst Hoßbach hat fünf Tage später seine während der Sitzung gemachten stichwortartigen Notizen in einer Niederschrift ausgearbeitet, die dann zu den Akten des Reichskriegsministeriums genommen wurde[2]. Hitler hatte in den ersten fünf Jahren seiner Regierung nicht die Gewohnheit, vor seiner militärischen Umgebung oder gar vor den eigens herbeigerufenen Oberbefehlshabern der Wehrmachtteile Träume oder phantastische Vorstellungen auszubreiten. Vielmehr übte er in militärischen Dingen gegenüber den Fachleuten große Zurückhaltung. Selten äußerte er bei Vorträgen und Besprechungen eigene Ansichten, gewöhnlich beschränkte er sich auf das Zuhören und auf mehr oder minder stillschweigende Zustimmung[3]. Wichtige Entschlüsse in militärischen Angelegenheiten faßte er bis 1937 selten ohne vorherige Besprechung mit seinen Beratern. Nun aber hatte er die höchste Wehrmachtführung zusammengerufen, um zu verkünden, daß er das Deutsche Reich demnächst in einen Krieg führen werde.

Der Lebensraum des deutschen Volkes, sagte Hitler, sei zu klein, Autarkie sei auf wichtigen Gebieten, insbesondere auf dem der Ernährung, nicht zu erreichen. Folglich müsse der Lebensraum erweitert werden, und zwar am besten »im unmittelbaren Anschluß an das Reich in Europa und nicht in Übersee«. Diese Raumerweiterung sei nur »durch Brechen von Widerstand« möglich, herrenlosen Raum gebe es nicht, der Angreifer stoße stets auf den Besitzer. Gegen solche Absichten werden England und Frankreich auftreten, man müsse also zum Handeln einen Zeitpunkt wählen, zu dem England und Frankreich wegen anderweitiger – innerer und äußerer – Schwierigkeiten am Eingreifen verhindert sein würden, jedoch dürfe man keinesfalls länger als etwa bis 1943/1945 warten, danach würden die potentiellen Gegner die deutschen Absichten erkannt und sich zu deren Verhinderung ebenfalls gerüstet haben. Man müsse Österreich und die Tschechei blitzartig ausschalten, um dann zum Antreten gegen den gefährlichsten Gegner, Frankreich, bereit zu sein, ohne daß die Flanken bedroht wären. Wäre Frankreich aber etwa durch einen Bürgerkrieg lahmgelegt, so müsse man die Lage jederzeit vor 1943/1945 »zum Schlag gegen die Tschechei« ausnützen. Wie sich die anderen Mächte – Polen, Rußland, England zumal – zu einem solchen deutschen Vorgehen verhalten würden, war natürlich nicht mit Bestimmtheit vorauszusagen; doch versuchte Hitler die Auffassung zu suggerieren, daß diese Mächte schon nicht eingreifen würden, ehe Deutschland bereit wäre, auch sie niederzuwerfen.

Der Niederschrift Hoßbachs zufolge reagierten die Oberbefehlshaber auf Hitlers Auslassungen eher ablehnend und kühl. Blomberg und Fritsch wiesen darauf hin, daß Frankreich und England nicht Gegner des Deutschen Reiches sein dürften, da man diesen beiden Mächten, selbst Frankreich allein, zur Zeit keineswegs gewachsen sei, und sie wiesen weiter darauf hin, wie stark die tschechischen Befestigungen seien. Hitler begegnete diesen Einwänden mit dem Ausdruck seiner Überzeugung, daß England nicht eingreifen werde, ferner mit der Bemerkung, eine Zuspitzung der Lage erwarte er erst etwa im Sommer 1938. Die Auseinandersetzung nahm, wie sich Hoßbach erinnert, »zeitweilig sehr scharfe Formen an«, vor allem zwischen Blomberg und Fritsch auf der einen und Göring auf der anderen Seite, und Hitler, der dabei aufmerksam zuhörte, war sichtlich beeindruckt. Er sah, »daß seine politischen Gedankengänge nur

III. Führungskrise

nüchterne, sachliche Gegenäußerungen anstatt Beifall und Zustimmung gefunden hatten. Und er wußte zur Genüge, daß die beiden Generale jeder unsererseits herausgeforderten kriegerischen Verwicklung ablehnend gegenüberstanden.«[4] Niemand aber weigerte sich, die Pläne Hitlers auszuführen, niemand bezeichnete sie als unrecht oder gar verbrecherisch. Zweifellos fühlten sich die Soldaten für eine solche Beurteilung nicht kompetent[5].

Später hat Hitler seine Pläne für Überfälle auf Deutschlands Nachbarn noch wenigstens zweimal vor einem ähnlichen und sogar erweiterten militärischen Gremium dargelegt, am 23. Mai 1939 in der Neuen Reichskanzlei in Berlin und am 22. August 1939 auf dem »Berghof« bei Berchtesgaden[6]. An Deutlichkeit ließ er dabei noch weniger zu wünschen übrig als am 5. November 1937. Es waren am 23. Mai 1939 Sätze zu hören wie: »Weitere Erfolge können ohne Blutvergießen nicht mehr errungen werden.« »Danzig ist nicht das Objekt, um das es geht. Es handelt sich für uns um die Erweiterung des Lebensraumes im Osten.« »Auf Neutralitätserklärungen kann nichts gegeben werden.« »Jede Wehrmacht bzw. Staatsführung hat den kurzen Krieg anzustreben. Die Staatsführung hat sich dagegen jedoch auch auf den Krieg von 10- bis 15jähriger Dauer einzurichten.« »Wir werden nicht in einen Krieg hineingezwungen werden, aber um ihn herum kommen wir nicht.« Und am 22. August: »»Eine Auseinandersetzung, die man nicht mit Sicherheit auf 4–5 Jahre verschieben kann, findet besser jetzt statt.«« »Zeitpunkt zur Lösung [der Polenfrage] jetzt günstig, daher schlagen!« »Ziel: Vernichtung Polens... Auslösung: Mittel gleichgültig. Der Sieger wird nie interpelliert, ob seine Gründe berechtigt waren. Es handelt sich nicht darum, das Recht auf unserer Seite zu haben, sondern ausschließlich um den Sieg.« »Durchführung: Hart und rücksichtslos! Gegen alle Erwägungen des Mitleids hart machen!« Auch angesichts solcher ungeheuerlicher Selbstenthüllung gab es keinen Widerspruch, geschweige denn Rücktritt und Aufkündigung der Gefolgschaft.

Außerhalb des Kreises der Teilnehmer an diesen Besprechungen wurden die von Hitler dargelegten Gedanken und Absichten nur wenigen bekannt. Aber dem Chef des Generalstabes des Heeres, Generaloberst Ludwig Beck, hat Hoßbach seine Niederschrift über den 5. November 1937 in pflichtgemäßem Ermessen zur Einsichtnahme vorgelegt und ihm auch mündlich von dem Verlauf der Besprechung berichtet. Hoßbachs Bericht hat nach seiner Erinnerung auf Beck einen niederschmetternden Eindruck gemacht[7]. Beck tat, was in solchen Fällen seine Gewohnheit war: er griff zur Feder, um sich durch Niederschrift seiner Gedanken Klarheit zu verschaffen.

Unter dem 12. November notierte er, daß in der Tat für Deutschland ein Raumproblem bestehe, und zwar unter strategischen Gesichtspunkten, und daß »geringe Veränderungen« möglich erscheinen, etwa gewisse Revisionen des Versailler Vertrages. Es dürfe aber nicht um solcher Veränderungen willen »die Einheitlichkeit des deutschen Volkes, des deutschen Rassekerns erneut gefährdet« werden [8]. Im übrigen zerpflückte Beck die Begründungen und Argumente Hitlers nach sachlichen Gesichtspunkten – der Schluß, daß die deutsche Raumfrage spätestens 1943/45 gelöst werden müsse, wirke »in seiner mangelnden Fundierung niederschmetternd«; Frankreich werde immer ausreichende Verteidigungskräfte gegen Deutschland haben; weder ernährungswirtschaftlich noch militärpolitisch werde sich Deutschlands Lage durch Einverleibung Österreichs und der Tschechei erheblich verbessern lassen. Ferner: »›Die Zweckmäßigkeit, den Fall Tschechei (evtl. auch Österreich) bei sich bietender Gelegenheit zu bereinigen und dafür Überlegungen anzustellen und Vorbereitungen im Rahmen des Möglichen zu treffen, wird nicht bestritten.‹« Nur müssen erst die Voraussetzungen einer solchen Gelegenheit gründlicher und umfassender untersucht werden. Nach Becks eben angedeuteter Auffassung würden diese »Voraussetzungen« aber nicht eintreffen. Schon am 3. Mai 1935 hatte Beck in einer schriftlichen Stellungnahme gegenüber Fritsch seinen Rücktritt angedroht für den Fall, daß ein Angriffskrieg gegen die Tschechoslowakei vorbereitet würde [9].

Inzwischen aber wurde der Sturz von Blomberg und Fritsch inszeniert, wesentlich veranlaßt durch ihr ablehnendes Verhalten gegenüber Hitlers Darlegungen vom 5. November 1937 [10]. Intrigen gegen Fritsch waren schon lange im Gang, wie er in einer Niederschrift vom 1. Februar 1938 im Rückblick auf genau vier Jahre Amtszeit als Nachfolger des Generalobersten Freiherr von Hammerstein feststellte [11]. Görings Ehrgeiz, Oberbefehlshaber der Wehrmacht zu werden, war notorisch [12]. Der Kriegsminister hatte eine zu unabhängige Stellung, welche Hitler das ungehinderte Vorgehen erschwerte, außerdem hatte er ebenfalls Einwände gegen Hitlers Politik erhoben. Später gab Hitler selbst eine deutliche Begründung für seinen Schritt [13]: Ein politischer Führer könne keinen Oberbefehlshaber brauchen, der bei allen Unternehmungen nicht nur militärische, sondern auch politische Einwände erhebe und sich also der Staatsführung versage [14].

Anlaß und Gelegenheit zur Ersetzung der den Plänen Hitlers so skeptisch gegenüberstehenden militärischen Führer durch gefügigere Männer waren bald gegeben. Am 22. Dezember 1937 bat Blomberg Hitler beiläufig, während der Beisetzungsfeierlichkeiten für General Ludendorff,

III. Führungskrise

um die Genehmigung zu einer Heirat. Hitler gab die Erlaubnis, erschien auch selbst mit Göring als Trauzeuge bei der Vermählung am 12. Januar 1938. Zur gleichen Zeit aber tauchten Gerüchte und dann auch Akten auf: die Vergangenheit der gewesenen Eva Gruhn, jetzigen Frau Feldmarschall von Blomberg, war anrüchig, sie hatte früher als Prostituierte und als Modell für unzüchtige Photos die Sittenpolizei beschäftigt[15]. Göring hat bei der Affäre eine besonders unerfreuliche Rolle gespielt, indem er in Kenntnis der Umstände und im Bewußtsein der zu erwartenden Folgen sein möglichstes tat, um die Heirat Blombergs zustande zu bringen[16]. Sofort nach der Vermählung aber war die Wehrmacht von Gerüchten über die Gemahlin Blombergs erfüllt, mysteriöse Telephonanrufe in der Adjutantur der Wehrmacht zwangen zum Handeln, Blomberg selbst bat um Audienz bei Hitler. Der Diktator gab sich enttäuscht und fühlte sich hinters Licht geführt. Vielleicht war er es wirklich, jedenfalls handelte er entsprechend. Blomberg mußte gehen, und das war die Gelegenheit, auch Fritsch kaltzustellen.

Inwieweit Hitler nur die gebotene Gelegenheit ergriff und das von Göring und Himmler rasch neu herbeigeschaffte Material gegen Fritsch als willkommenes Instrument benützte – Material, das er längst kannte, das schon über zwei Jahre alt war und dessen Vernichtung er selbst bei seinem ersten Auftauchen befohlen hatte[17], inwieweit er einen Anlaß dieser Art gesucht hat, ist nicht eindeutig geklärt. Falsche Zeugenaussagen sollten nun beweisen, daß Fritsch homosexuell und daher als Chef der Heeresleitung und als Kandidat für die Nachfolge Blombergs untragbar sei.

Der »Zeuge« gegen Fritsch war ein asozialer Berufsverbrecher namens Otto Schmidt. Er war das Haupt einer Erpressergruppe und pflegte unter anderem gewerbsmäßig Homosexuelle zu beobachten, um sie später zu erpressen. Erst am 28. Dezember 1936 war er wegen Erpressung in 14 Fällen und wegen Vergehens gegen § 175 RStGB in 9 Fällen zu 7 Jahren Gefängnis und 10 Jahren Ehrverlust verurteilt worden. Im Sommer 1942, als Schmidt »Schutzhäftling« im Konzentrationslager Sachsenhausen war, wurde er schließlich beseitigt. Himmler schrieb unter dem 29. Juli 1942 an Göring zum Abschluß eines Berichtes über Schmidt: »Ich bitte, sehr verehrter Herr Reichsmarschall, um Ihr Einverständnis, daß ich Schmidt dem Führer zur Genehmigung der Exekution vorschlage.« Randbemerkung von Göring: »Der sollte ja schon *längst* erschossen werden!«[18] Hitlers früheres Verhalten gegenüber Röhm, dessen Homosexualität lange vor 1934 notorisch war, die Tatsache, daß der notorische Homosexuelle Dr. Walter Funk ausgerechnet am 5. Februar 1938 Reichswirtschaftsminister wurde, Hitlers Gleichgültigkeit, als die Vorwürfe gegen

Fritsch zum erstenmal erhoben worden waren, sein damaliger Befehl, die Akten zu vernichten – all das zeigte deutlich genug, daß es Hitler im Grunde einerlei war, ob sich unter seinen Gefolgsleuten Homosexuelle befanden oder nicht[19]. Jetzt aber konnte er auf verhältnismäßig bequeme Art, wenn auch mit sehr üblen Methoden, die er jedoch nicht scheute, zwei Gefolgsleute loswerden, die nicht in erster Linie ihm, sondern ihrem Vaterlande dienen wollten; denn Hitler konnte nicht hoffen, Fritschs Gegnerschaft gegen seine Pläne zu überwinden[20]. Zugleich hatte er die Gelegenheit, die er auch sofort ergriff, nicht etwa einen treueren Gefolgsmann, sondern sich selbst zum Nachfolger des Kriegsministers zu machen und dadurch seine Kontrolle über das Militär ganz erheblich zu vermehren und zu konzentrieren. Einige Erfolge in der Handhabung des militärischen Oberbefehls bestärkten Hitler dann im Laufe der Jahre 1938 und 1939 in seiner wachsenden Überzeugung, daß er mit dem Instrument der bewaffneten Macht ebenso gut und noch besser umzugehen verstehe wie die Fachleute.

So wurde denn unter dem Datum des 4. Februar 1938 das große Revirement vorgenommen: Blomberg und Fritsch wurden, beide »wegen angegriffener Gesundheit«, ihrer Dienststellungen enthoben, das Reichskriegsministerium wurde praktisch in das »Oberkommando der Wehrmacht« umgewandelt, das fortan als Hitlers militärischer Stab unter dem »Chef des Oberkommandos der Wehrmacht«, der im Range den Reichsministern gleichgestellt wurde, zu fungieren hatte. Den Oberbefehl über die gesamte Wehrmacht übernahm Hitler selbst, zum Oberbefehlshaber des Heeres ernannte er den zugleich zum Generaloberst beförderten General der Artillerie Walther von Brauchitsch. Göring, bisher Generaloberst und schon Oberbefehlshaber der Luftwaffe, wurde zum Generalfeldmarschall befördert, General der Artillerie Wilhelm Keitel wurde Chef des Oberkommandos der Wehrmacht (OKW)[21]. Ferner wurden im Laufe des Februar, März und April über vierzig Kommandostellen umbesetzt, und etwa 14 Generale[22] sahen sich unvermittelt in den Ruhestand versetzt. So konnte das Ungeheuerliche des Vorganges weitgehend getarnt werden. Schließlich wurden auch die Botschafter des Deutschen Reiches in London (Ribbentrop), Rom (Hassell), Tokio (Dirksen) und Wien (Papen) abberufen. Ribbentrop wurde Nachfolger des ebenfalls von seinem Amt entbundenen bisherigen Reichsaußenministers Freiherr von Neurath. In dem Wechsel des Außenministers war der Übergang von willfährigen Mitarbeitern Hitlers zu bloßen Handlangern besonders deutlich; denn hier hatte Hitler gründlichere Personenkenntnisse, als sie ihm für das Militär damals zu Gebote standen.

III. Führungskrise

Man wird mit Recht fragen, warum das Heer die seinem Oberbefehlshaber angetane Schmach fast ohne Widerspruch hingenommen hat. Es fehlte aber zur Gegenwehr die Hauptvoraussetzung, nämlich die nötige Einmütigkeit im Offizierkorps[23]. Das Offizierkorps war seit 1933 gewaltig angewachsen; hatte es 1932 im Reichsheer noch 44 Offiziere mit Rängen vom Generalmajor an aufwärts gegeben, so gab es 1938 deren (Stand vom 1. Oktober) schon 275, dazu noch 22 Sanitäts- und 8 Veterinäroffiziere im Generalsrang. Im Mai 1943 waren es dann schon weit über tausend Offiziere im Generalsrang[24]. So waren die Voraussetzungen für die allein möglich erscheinende Methode der Gegenwehr, nämlich die gemeinsame Niederlegung der Ämter durch alle Generale – legale Mittel gab es sonst nicht –, einfach nicht gegeben, es fehlte die innere Geschlossenheit des Offizierkorps. Ohne die Gemeinsamkeit, ohne die Teilnahme wenigstens der Mehrheit der höheren Offiziere müßte ein Protestschritt wirkungslos bleiben und könnte sogar als eine Art Meuterei hingestellt werden. Zudem war nicht damit zu rechnen, daß die Offizierkorps der seit dem Ende des Ersten Weltkrieges mit einer Art Trauma belasteten Marine und der von Göring und unter dem nationalsozialistischen Regime erst eigentlich aufgebauten Luftwaffe sich in irgend bedeutsamer Zahl dem Offizierkorps des Heeres anschließen würden[25]. All das setzte schließlich voraus, daß die Offizierkorps, besonders das des Heeres, unterrichtet waren über die Vorgänge, über die Anschuldigungen gegen den Oberbefehlshaber und über die niederträchtige Behandlung, die ihm zuteil geworden war. An solcher Unterrichtung fehlte es aber fast völlig, und die höheren Führer und ihre Stäbe waren auf Vermutungen und gelegentlich durchsickernde Nachrichten und Gerüchte angewiesen[26]. Als dann ein Ehrengericht die völlige Unschuld Fritschs und die Verlogenheit der Zeugenaussagen am 18. März 1938 unter dem Vorsitz Görings feststellte, war inzwischen Österreich besetzt und also scheinbar ein gewaltiger Erfolg mit Hilfe der Wehrmacht errungen worden. Wie könnte man gerade jetzt gegen den obersten Kriegsherrn meutern, dem man sich außerdem durch einen persönlichen Eid verpflichtet fühlte? Ehrbegriffe, Loyalität und Moralauffassungen waren verwirrt, zweideutig, durch eine skrupellose, aber erfolgreiche und glanzvolle Regierung korrumpiert.

Generaloberst Freiherr von Fritsch selbst hat ernsthaft erwogen, wie er sich zur Wehr setzen könnte – im Interesse des Heeres, der Ehre des Offizierkorps, und im Interesse seiner eigenen Ehre. Doch gegen wen hätte ein Schritt Fritschs, etwa zusammen mit den höheren Führern des Heeres, sich richten sollen? Göring und Himmler agierten im Hintergrund und waren unfaßbar, solange Hitler vor ihnen stand und sich selbst nicht entschied. Es war ja immer noch möglich und denkbar, daß Hitler sich von der Haltlosigkeit der primitiv und liederlich zurechtgemachten Anklage gegen Fritsch überzeugen würde[27]. Aber er kannte die Akten nach seinem eigenen Eingeständnis gegenüber Hoßbach am 25. Januar 1938 schon lange. Es ging nicht darum, ob er Göring, Himmler und den Akten glaubte oder nicht, sondern darum, warum er gerade jetzt so bereit war, ihnen zu glauben: die Gelegenheit, den unbequemen Oberbefehlshaber des Heeres loszuwerden, war günstig. Wahrscheinlich hat Fritsch das gefühlt, aber er war nicht fähig, es sich wirklich klarzumachen. Er glaubte an den Führer und seine Aufrichtigkeit – »bis auf diesen Fall«, wie er sich ausdrückte[28]. Das war schon mehr als vornehme Zurückhaltung, das war Naivität. Fritsch meinte, seine Person hinter die Sache zurückstellen zu müssen, und erkannte erst wesentlich später, daß Hitler ihn bewußt und mit voller Absicht auf die niederträchtigste Weise beseitigen wollte. Aber da blieb immer noch die Befürchtung, die Anwendung von Gewalt zur Verteidigung seiner und des Heeres Ehre könnte zu Blutvergießen und Bürgerkrieg führen. Das wollte Fritsch nicht[29]. Hat es schon lange gedauert, bis Fritsch Hitlers Gemeinheit begriffen hat – die Weigerung, sein Ehrenwort als wenigstens vorläufigen Beweis seiner Schuldlosigkeit und gegen die Aussage des Kriminellen Schmidt anzunehmen, hätte dazu eigentlich schon reichen müssen –, so dauerte es noch länger, bis er erkannte, daß in Wirklichkeit seine Person in der Krise mit dem Schicksal des Heeres und Deutschlands weitgehend identisch gewesen war. Das war Ende Februar, aber da war es zu spät.

Am 13. Juni 1938 hielt Hitler auf dem Flugplatz Barth bei Stralsund eine Ansprache an dieselben Offiziere, denen er am 5. Februar die »Verfehlungen« Fritschs mitgeteilt hatte. Nun erklärte er Fritsch für rehabilitiert und ihn und sich selbst für das Opfer eines tragischen Irrtums. Freilich könne Fritsch nicht mehr in seine Stellung zurückkehren, da er, Hitler, Fritsch nicht zumuten könne, wieder Vertrauen zu ihm, Hitler, zu haben, und weil er, der Führer, sich doch auch nicht vor der Nation desavouieren könne[30]. So wurde Fritsch am 15. Juni lediglich zum »Chef« des Artillerieregiments 12 ernannt, in verletzender Form, ohne eine persönliche Botschaft von Hitler[31]. Im September 1939 begleitete er sein Regiment nach Polen und fand dort bei einem Stoßtruppunternehmen den Tod[32].

Es hat wohl hier und da Bemühungen gegeben, anläßlich der Intrige gegen Fritsch eine Gegenaktion in Gang zu bringen. Aber es fehlte an der Bereitschaft des Hauptbeteiligten, mit Energie tätig zu werden. Gewiß hat Fritsch den hinter der ganzen Gemeinheit als Drahtzieher vermuteten Himmler zum Zweikampf auf Pistolen gefordert, aber diese Forderung

III. Führungskrise

hat Himmler nicht einmal erreicht. Fritsch wurde bewogen, sie selbst zurückzuziehen, da sie der Armee vielleicht noch mehr schaden könnte als die ganze Krise bisher [33].

Der damalige Kommandeur des XI. Armeekorps, General der Artillerie Wilhelm Ulex, berichtete nach dem Kriege von einer Begegnung mit dem Stabschef der SA, Viktor Lutze, im Mai 1938, wobei dieser für den Fall eines Vorgehens des Heeres gegen Himmler und die SS die volle Unterstützung der SA versprochen habe; wenn Hitler sich hinter Himmler stellen sollte, müsse er allerdings nach Möglichkeit (aber nicht unbedingt) geschont werden. Ulex habe dann konkrete Beweise dafür verlangt, daß der »Zeuge« Schmidt unter Zwang von Himmler zu seinen falschen Aussagen veranlaßt worden sei, ohne die er, Ulex, nichts unternehmen könne. Lutze habe die Beweise auch zwei Wochen später geliefert, Ulex sei damit zu Fritsch nach Achterberg gefahren, doch habe dieser abgewinkt mit dem Bemerken, daß Hitler über die ganze Sache genau Bescheid wisse und also alles Vorgehen gegen Himmler zwecklos sei. Schließlich sei Ulex noch zu Brauchitsch gegangen, wo er jedoch nur den Bescheid erhalten habe, wenn »»die Herren das wollen, sollen sie es doch alleine machen.‹« [34]

Als nach der völlig ungenügenden Rehabilitierung Fritschs durch Hitler im Juni 1938 noch einige Generale Abschiedsgesuche einreichen wollten, sahen sie auf Bitten Brauchitschs davon ab: es werde in den nächsten Wochen wegen der Sudetenfrage unweigerlich zu einem Kriege kommen, und da könne man doch nicht seinen Posten verlassen. Fritsch selbst habe – wie nicht anders zu erwarten – diese Auffassung geteilt, so berichtet General Ulex.

Unter dem Eindruck der Gerüchte und der durch Admiral Canaris und Oberstleutnant Oster im OKW/Amt Ausland/Abwehr, durch Reichskriminaldirektor Nebe und durch den früher bei der Gestapo und im Reichsministerium des Innern tätigen Regierungsrat Dr. Gisevius, oder durch den persönlichen Referenten des Reichsjustizministers Gürtner, Oberregierungsrat Dr. Hans von Dohnanyi, durchsickernden Nachrichten über die Krise in der Wehrmachtführung hatten auch mehrere später in der Widerstandsbewegung führende Persönlichkeiten versucht, eine Gegenaktion in Gang zu setzen, freilich ohne Erfolg. Sie waren der Ansicht, es sei jetzt nur »von außen« etwas zu erreichen, da eine wirkliche Führung des Heeres in diesen Tagen (Ende Januar 1938) gar nicht existiere. So suchte Goerdeler in Dresden, wie er dort sagte, im Einvernehmen mit Schacht, den Kommandeur des IV. Armee-Korps, General der Infanterie Wilhelm List, auf, dessen Chef des Stabes damals Generalmajor Friedrich

Olbricht war, und forderte ihn nach einer kurzen Schilderung der Berliner Vorgänge auf, sofort in Berlin einzugreifen [35]. Vor allem sollte die Gestapo »ausgeräuchert« und Hitler vor eine vollendete Tatsache gestellt werden, welche die Beseitigung Görings, Himmlers und Heydrichs einschloß, damit er so dem Einfluß oder gar der Kontrolle dieser gefährlichen Paladine entzogen werde. Oberstleutnant Oster, der direkt oder über Gisevius mit Goerdeler in Verbindung stand und ebenfalls für das Ausräuchern der Gestapo und die Ausschaltung Himmlers als erste Maßnahme eintrat, meinte, Hitler werde am ehesten vollendete Tatsachen anerkennen und akzeptieren, die Gauleiter tuen ja auch, was sie wollten, und seien damit erfolgreich [36].

Goerdeler wird wirkliches Einschreiten von seiten des IV. A. K. tatsächlich für möglich gehalten haben. In gewissem Sinne hatte er, wie auch bei seinen späteren Bemühungen bis hin zum Sommer 1944, nicht völlig unrecht: ganz so schwierig, wie es den meisten der angesprochenen Generale stets vorkam, war ein Militärputsch nicht. Aber so einfach, wie der von Tatendrang beseelte Dr. Goerdeler es sich vorstellte, war das Instrument Heer doch nicht zu handhaben. Persönliche und sachliche Gründe machten irgendein Eingreifen von Leipzig aus mehr als unwahrscheinlich: Olbricht war kein Draufgänger, sondern bei seiner großen und von denen, die ihn kannten, stets hervorgehobenen Klugheit eher ratlos, wenn rasche und ungewöhnliche Entschlüsse von ihm gefordert wurden [37]. General List fand sich nicht in der Lage, lediglich auf den Bericht Goerdelers hin, den dieser ja auch nur aus zweiter Hand hatte, Stellung zu beziehen oder gar revolutionäre Tätigkeit zu entfalten. Olbricht meinte, als Goerdeler erneut auf das »Ausräuchern« der Gestapo drängte, da kämen doch zunächst einmal die Truppen um Berlin, in Potsdam, Spandau und Döberitz in Frage. Goerdeler konnte darauf nur erwidern, es gebe aber in Berlin zur Zeit keine Führung. General von Witzleben, der Befehlshaber der um Berlin liegenden Truppen (III. A. K.), lag damals krank in Dresden [38]. Praktisch war es fast undenkbar, von Dresden aus die Gestapo in Berlin anzugreifen, selbst wenn List dazu bereit gewesen wäre. Abgesehen davon, daß das Heer damals längst kein einheitliches, festgefügtes und verläßliches Instrument mehr war, sondern verwässert und durchsetzt mit Reserve-, Polizei- und sogenannten Ergänzungsoffizieren sowie mit aus der HJ hervorgegangenen Leutnants, konnte der Transport der Truppen nach Berlin praktisch gar nicht bewerkstelligt werden, ohne daß alles herauskam. Der Bahntransport einer Division würde, wie der Ia des IV. A. K., Oberstleutnant Röhricht, feststellte, mindestens drei Tage dauern, und überhaupt müßte er in Berlin zuerst angemeldet und genehmigt werden [39]!

III. Führungskrise

Schließlich beschloß List, mit seinem Ia nach Berlin zu fahren und dort unmittelbar Erkundigungen einzuziehen[40]. Das Hauptergebnis war, daß man nichts Genaues feststellen konnte; man war sich nur einig, daß man »völlig im Dunkeln« tappe. Fritsch habe selbstverständlich ein Verfahren gegen sich beantragt, das Ganze war offenbar ein gemeines Spiel, aber Beck war der Verdacht »unbegreiflich«, Göring und Himmler konnten im Hintergrund lediglich vermutet werden, Hitlers Haltung war unbekannt, und für seine Beteiligung an dem Angriff auf Fritsch ließ sich auch kein Motiv entdecken. So fuhr man denn wieder nach Dresden zurück.

Zur gleichen Zeit liefen in den Tagen nach dem 25. Januar 1938 noch andere Bemühungen zu einer Gegenaktion. Nach dem Bericht von Gisevius waren daran Schacht, Goerdeler, Nebe, der Berliner Polizeipräsident Graf von Helldorf, Gisevius selbst, sowie auf der militärischen Seite Beck, Canaris und Oster beteiligt. Diese kleine Gruppe, von der nur Schacht und Gisevius dem Henker bzw. im Falle Becks dem Tod von eigener Hand entgingen, war sich – folgt man weiter dem Bericht von Gisevius und einer von Oberst Jodl, dem Chef des Wehrmachtführungsamtes im OKW, berichteten Äußerung Schachts – völlig klar, was gespielt wurde und was zu geschehen habe: die SS versuchte die Armee in die Hand zu bekommen, also müsse nun die Wehrmacht der Gestapo zuvorkommen und die Zentrale in der Berliner Prinz-Albrecht-Straße 8 besetzen[41]. Aber wie war das zu bewerkstelligen?

Wer damals alles auf Brauchitsch einzuwirken versucht hat, läßt sich kaum noch ahnen. Gisevius hat wenigstens einen von vielen Versuchen unternommen[42]. Gelegentlich hieß es, Brauchitsch sei zum Handeln bereit, wenn es sich durch ein Gutachten des Justizministers fundieren lasse. Er wollte sich auch später immer gerne »erst vergewissern«. Natürlich wurde nichts aus der Sache. Nach Gisevius' Bericht versuchte Schacht den Oberbefehlshaber der Kriegsmarine für eine Aktion zu gewinnen, doch der habe sich für unzuständig erklärt; beim Oberbefehlshaber des Gruppenkommando I (Berlin), General der Infanterie Gerd von Rundstedt, habe Schacht lediglich erfahren, man wisse schon, was man zu tun habe. Man habe (immer nach Gisevius) allmählich den Eindruck bekommen, die Führung der Wehrmacht verpasse den Augenblick zum Handeln. Dennoch habe Goerdeler seinen schon berichteten Vorstoß bei General List unternommen, während Gisevius selbst nach Münster zu General der Artillerie Günther von Kluge, dem Kommandierenden General des VI. Armee-Korps, und zum Oberpräsidenten von Westfalen, Ferdinand Freiherr von Lüninck, gefahren sei. Diesen und den Regierungspräsidenten Carl Christian Schmid in Düsseldorf habe Gisevius veranlaßt, gleichfalls auf Kluge einzuwirken[43]. Das Ziel war wohl eine gemeinsame Démarche der Wehrkreisbefehlshaber[44].

Aus allen diesen Versuchen und Bemühungen ist nichts geworden. Ob es zulässig ist, in diesem Zusammenhang von Umsturzplänen zu sprechen, erscheint fraglich, wenn auch die Gestapo selbst in ihren Vernehmungsberichten nach dem 20. Juli dafür diesen Ausdruck gebrauchte[45]. Fritz-Dietlof Graf von der Schulenburg, damals schon Polizeivizepräsident in Berlin, hat im Februar 1938 mit Witzleben über ein Eingreifen der Wehrmacht verhandelt[46]. Ferner war Generalmajor Paul von Hase, damals Kommandeur des Infanterieregiments 50 in Landsberg an der Warthe, bereit, dieses in Berlin gegen die Regierung oder wenigstens gegen Gestapo und SS einzusetzen[47].

Angesichts der Unsicherheit aller Beteiligten, was Tatsache und was Verleumdung sei, angesichts des Mangels an Unterrichtung selbst über das wenige, was bekannt war, und angesichts der mehrfachen Ungeschicklichkeiten Fritschs in der Behandlung der Angelegenheit konnte es wirklich zu brauchbaren und praktisch ausführbaren Plänen gar nicht kommen. Als am 4. Februar 1938 durch Hitler vollendete Tatsachen geschaffen waren, meinte der neue Oberbefehlshaber des Heeres, Generaloberst von Brauchitsch, jetzt müsse man erst die Klärung durch das kriegsgerichtliche Verfahren gegen Fritsch abwarten.

Für die Verschwörer erwies er sich als recht unzugänglich[48]. Brauchitsch galt wohl zunächst als entschlossener und »starker« Mann[49], aber die Hoffnungen, die man seitens der Opposition in ihn setzte, konnten nur zu Enttäuschungen führen, eigentlich hätte man sich darüber klar sein müssen. Unentschlossenheit, Schwäche, Haltlosigkeit und Korruption werden ihm von Standesgenossen und Historikern nachgesagt[50]. Brauchitsch hatte vielleicht »mit gemischten Gefühlen«, aber doch bereitwillig die Nachfolge Fritschs angetreten, ohne etwa wenigstens anfangs ein solches Ansinnen entrüstet abzulehnen oder sich ausdrücklich nur als Platzhalter zur Verfügung zu stellen. Am 29. Januar 1938 notierte Jodl in seinem Tagebuch, Brauchitsch habe sich Hitler gegenüber »zu allem bereit« erklärt[51]. Sodann ließ Brauchitsch sich ja auch noch von Göring, Keitel und Hitler (auch mit Geld) helfen, seine Frau zur Einwilligung in eine Scheidung zu bewegen, damit er Frau Charlotte Schmidt heiraten konnte, die in dem Rufe einer begeisterten Nationalsozialistin stand[52].

Während der kritischen Tage zwischen dem 24. Januar und 4. Februar war die Wehrmacht, besonders aber das Heer, gewissermaßen führerlos. Der Chef des Generalstabes des Heeres, General der Artillerie Ludwig Beck,

III. Führungskrise

dessen Sessel damals erst anfing zu wanken, hatte immer noch eine wichtige Schlüsselstellung. Sein Verhalten konnte richtungweisend sein. Was Beck jedoch in dieser Situation unternahm, ist charakteristisch sowohl für die Ungewißheit, in der sich die höchsten Offiziere des Heeres über ihren Oberbefehlshaber befanden, als auch für die Persönlichkeit des Generalstabschefs selbst.

Nachdem es Fritsch nicht gelungen war, Hitler in der Unterredung vom 26. Januar von seiner Unschuld zu überzeugen, hatte Hoßbach mit Erlaubnis Hitlers Beck noch in der Nacht hinzugezogen und aus seiner Wohnung in Lichterfelde in die Reichskanzlei gebeten[53]. Dort wurde Beck zunächst durch Hitler von dem unterrichtet, was dieser für erwiesen hielt und was Beck höchst unwahrscheinlich vorkam. Darauf fuhr Beck zu Fritsch, der auch ihm gegenüber alle Anschuldigungen mit Entrüstung zurückwies. Noch in derselben Nacht kehrte Beck in die Reichskanzlei zurück und berichtete Hitler. Aber dieser blieb bei seiner Auffassung und erklärte, er wolle Beck zu Fritschs Nachfolger machen. Beck lehnte das ab und bestand auf einer kriegsgerichtlichen Untersuchung, die unbedingt vor einer Amtsenthebung Fritschs stattfinden müsse[54].

Beck pflegte nicht nach seinem Gefühl zu handeln. Sicher war er Hitler gegenüber, vor allen aber Göring, Himmler und Heydrich gegenüber, äußerst mißtrauisch. Aber so sehr er dazu neigte, den Beteuerungen Fritschs zu glauben – die im Offizierkorps geltenden Ehrauffassungen ließen ihm eigentlich gar keine andere Wahl –, so wenig konnte er sich zu der Erkenntnis durchringen, daß Menschen einer solch niederen Gemeinheit wie der gegen Fritsch inszenierten Intrige überhaupt fähig waren. Zudem kannten damals weder Hoßbach noch Fritsch, ja vielleicht nicht einmal Hitler selbst alle Einzelheiten der Intrige und des mit Hilfe und Wissen der Gestapo gesponnenen Lügengewebes. Um so schwerer mußte es Beck fallen, sich ein genaues Bild der Vorgänge zu machen. Da er nun einmal abwägend und mit großer Vorsicht zu folgern pflegte, konnte er anhand der zur Verfügung stehenden Anhaltspunkte schlechterdings nicht zu dem Ergebnis gelangen, daß alles nur aufgelegter Schwindel ohne den geringsten Bodensatz von Wahrem sei. War er denn nicht geradezu gezwungen, angesichts der unbezweifelbaren Ehrenhaftigkeit Fritschs und der nicht vorstellbaren Unehrenhaftigkeit Hitlers irgendein Mißverständnis anzunehmen? Selbst später, als er endlich die Rolle Görings und Himmlers durchschaute, wollte er Hitler noch guten Glauben zugestehen[55].

Damit sind die Versuche Becks, im Zusammenhang mit der Fritsch-Krise einzugreifen, im wesentlichen beendet. In den folgenden Wochen hat er sich zurückgehalten und in der Hauptsache auf das Stattfinden des kriegsgerichtlichen Prozesses hingearbeitet, wenn er auch mit Canaris und besonders Oster in immer enger werdende Beziehungen trat [56]. Von Staatsstreichplänen aber konnte bei Beck damals keine Rede sein. Der damalige Oberquartiermeister I (Operation) im Generalstab des Heeres, Generalleutnant Franz Halder, wurde von Oster und anderen gebeten, auf Fritsch und auch auf Beck in dem Sinne einzuwirken, daß gegenüber Hitler und den Nationalsozialisten zur Verhütung einer Katastrophe andere Mittel angewandt werden müßten, als nur die Darlegung eines sachlichen Standpunktes und das vornehme Abwarten und Vertrauen auf die Macht der Argumente und der Vernunft. Beck hat das offenbar zur Zeit der Fritsch-Krise noch gar nicht verstanden [57]. Als Halder, zugleich im Namen von Kameraden, um Aufklärung über die Vorgänge während der Krise bat, so berichtete er, habe Beck erklärt: man habe zu warten und zu schweigen, bis man von ihm unterrichtet werden werde. Halder widersprach und meinte, jetzt müsse die Führerschaft des Heeres versammelt werden, und das zu tun sei nach Fritsch Beck der berufene Mann. Schließlich endete der Zusammenstoß mit Becks berühmt gewordenem Ausspruch: »»Meuterei und Revolution sind Worte, die es im Lexikon eines deutschen Offiziers nicht gibt.‹« [58] Alle Bemühungen um Beck und um die Bildung einer Gruppe, die gegen Hitler, oder wenigstens gegen Göring und Himmler handeln wollte, scheiterten also damals. Beck hat seine Haltung bis zum Beginn der Sudetenkrise nicht aufgegeben.

IV. Sudetenkrise und Staatsstreichversuch 1938

1. Fall »Grün«

Der kriegsgerichtliche Prozeß gegen Fritsch hat beinahe gleichzeitig mit dem Einmarsch deutscher Truppen in Österreich stattgefunden. Unter Drohungen hatte Hitler am 12. Februar 1938 den österreichischen Bundeskanzler Dr. Kurt Schuschnigg bei dessen Besuch auf dem Obersalzberg veranlaßt, verurteilten österreichischen Nationalsozialisten eine Amnestie und dem Nationalsozialismus in Österreich überhaupt größere Betätigungsfreiheit zu gewähren sowie einen Nationalsozialisten, Dr. Artur Seyß-Inquart, zum Innenminister zu machen [1]. Damit glaubte Hitler, die nationalsozialistische Machtergreifung in Österreich von innen gesichert zu haben. Schuschnigg aber hatte keine Wahl, als Hitlers Forderungen anzunehmen. Gegenüber der deutschen Wehrmacht war Österreich praktisch hilflos; England war schon seit 1937 entschlossen, sich einem deutsch-österreichischen Zusammenschluß nicht in den Weg zu stellen, und Frankreich war von Regierungskrisen geschüttelt.

Schuschnigg versuchte trotz der verzweifelten Lage, die Annexion noch zu verhindern, indem er am 9. März kurzfristig und überraschend eine Volksabstimmung ansetzte, in der sich die Österreicher für ein unabhängiges, soziales und christliches Österreich entscheiden sollten. Damit wäre bei einer »Machtübernahme« oder gar bei einem deutschen Einmarsch die Vergewaltigung Österreichs vor aller Welt sichtbar gewesen; denn an einem im Sinne Schuschniggs positiven Ausgang der Abstimmung war nicht zu zweifeln. Aber unter erneutem massivem Druck von innen und außen gab Schuschnigg das Vorhaben auf. Österreich konnte nicht mehr vor der Annexion bewahrt werden.

Am 11. März wurde der Wiener Regierung das Ultimatum übermittelt, anstelle Schuschniggs müsse sofort Seyß-Inquart die Regierung übernehmen, andernfalls würden deutsche Truppen in Österreich einmarschieren. Nach wie vor war Schuschnigg isoliert. Auch der traditionelle Gegner Österreichs, Italien, dem eigentlich die Erweiterung des von einem Österreicher geführten Deutschen Reiches gar nicht geheuer war, wollte diesmal stillhalten; später erhielt Italien dafür den Besitz des deutsch-sprachigen Südtirol bestätigt. So konnte Schuschnigg nur nachgeben, wenn er nicht einen hoffnungslosen Krieg riskieren wollte, der von vielen als Bruderkrieg aufgefaßt worden wäre und durch die Verwirrung der Loyalitäten zweifellos zu grausamen Exzessen geführt hätte. Noch am selben Abend übernahm Seyß-Inquart die Regierung in Wien, aber unter dem Vorwand eines Hilferufes der neuen österreichischen Regierung rückten dennoch am nächsten Tage deutsche Truppen ein[2].

Gewaltiger Jubel begrüßte die deutschen Truppen, das Gefühl der Zusammengehörigkeit überwog und löste auf scheinbar glückliche Weise alle inneren und äußeren Schwierigkeiten. Am 14. März wurde die Vereinigung der beiden Länder verkündet und am 10. April noch durch eine Volksabstimmung in Deutschland und Österreich bestätigt. Die Enttäuschung für Österreich kam bald, aber zu spät. Zunächst hatte Hitler einen unerhörten Erfolg errungen, und die Wehrmacht hatte daran teil. Wer wollte da noch Konsequenzen aus dem Freispruch für Fritsch ziehen, der schließlich am 18. März erfolgte?

Hitler hatte eine »Lösung« auch der tschechischen Frage schon längst ins Auge gefaßt. Sie war ein Erbe aus dem Zusammenbruch der österreichisch-ungarischen Monarchie und der Friedenskonferenzen von 1919. Durch den »Anschluß« Österreichs wurde sie nun akut, die Sudetendeutschen und ihre von Konrad Henlein geführte Sudetendeutsche Partei verlangten den »Anschluß« des vorwiegend deutschsprechenden Sudetenlandes[3]. Überall in Europa rechnete man damit, daß Hitler nun zur Lösung dieser Frage drängen würde, und es fand sich keine Großmacht, die dem bedrängten tschechoslowakischen Staat zu Hilfe kommen konnte oder wollte. Besonders England erkannte das deutsche Verlangen nach Revision des Versailler Vertrages weitgehend an, und auch aus anderen Gründen – wirtschaftlichen, innenpolitischen, rüstungstechnischen, strategischen – war man dort zu einem Krieg für den unversehrten Fortbestand des unharmonischen Vielvölkerstaates nicht bereit. Frankreich war Bundesgenosse der Tschechoslowakei, jedoch ohne Unterstützung Englands zur Erfüllung seiner Bündnispflicht nicht in der Lage. Sie hätte in einem Angriff gegen Deutschland bestehen müssen, falls Deutschland die territoriale Integrität der Tschechoslowakei verletzt hätte, und dazu fühlte sich Frankreich zu schwach und war auch innenpolitisch viel zu uneinig und eigentlich handlungsunfähig. Auch die Sowjetunion hatte der Tschechoslowakei 1935 in einem Pakt Beistand versprochen, allerdings nur unter der Bedingung, daß Frankreich zu seinen Verpflichtungen stehen würde. Polen wollte die polnische Minderheit samt einem tüchtigen Stück Territorium aus der Tschechoslowakei herausholen und würde überdies

1. Fall »Grün«

die Rote Armee, gegen die es schon 1920 gekämpft hatte, keinesfalls freiwillig durch polnisches Gebiet marschieren lassen. So war die Tschechoslowakei ebenso isoliert, wie es Österreich vor dem Anschluß gewesen war, und dazu noch von feindseligen Nachbarn eingekreist.

Sofort nach der Besetzung und Einverleibung Österreichs begann Hitler mit den Vorbereitungen zur Zerschlagung des tschechischen Staates. Was mit den Sudetendeutschen geschah, war ihm dabei weniger wichtig, ihre in der Tat bestehende Bedrängnis, aber ebenso die Hetzerei ihrer extremen Nationalisten, gaben lediglich einen bequemen Vorwand ab. Am 28. März schon wurde Konrad Henlein von Hitler persönlich angewiesen, an die tschechoslowakische Regierung unannehmbare Forderungen zu stellen [4]. Am 24. April forderte die Sudetendeutsche Partei in ihrem »Karlsbader Programm« die volle Autonomie des Sudetenlandes, freie Agitationsmöglichkeit und Wiedergutmachung für seit 1919 erlittene wirtschaftliche Schäden.

Bald darauf glaubte die tschechoslowakische Regierung irrtümlich, ein deutscher Angriff stehe unmittelbar bevor, und mobilisierte am 20. Mai die Armee. Hitler tobte, und die Welt gab den Tschechen unrecht. Hitler mochte in den tschechischen Maßnahmen eine Herausforderung gesehen haben, oder auch nur ein ihm zusätzlich in den Schoß gefallenes Argument, der Beginn der konkreten Planungen zum »Fall Grün«, dem Überfall auf die Tschechoslowakei, liegt jedenfalls lange vor dem 20. Mai 1938. Unter dem 22. April 1938 schon wurden die Grundzüge mit aller wünschenswerten Klarheit schriftlich festgelegt, und unter dem 20. Mai 1938 legte General Keitel Hitler bereits einen ausgearbeiteten Entwurf für die zu erteilenden strategischen Weisungen vor [5]. Die tschechische Regierung war also einigermaßen zutreffend unterrichtet. Unter dem 30. Mai schließlich verkündete Hitler den Oberbefehlshabern des Heeres, der Marine und der Luftwaffe schriftlich: »Es ist mein unabänderlicher Entschluß, die Tschechoslowakei in absehbarer Zeit durch eine militärische Aktion zu zerschlagen.« Termin: Zum »politisch und militärisch geeigneten Zeitpunkt«. Spätestens ab 1. Oktober 1938 müßten die Grundlagen für die Ausführung des Planes geschaffen sein [6].

Im Laufe des Sommers verschärfte sich die Krise ständig. Ende Juni wurden im Beisein Hitlers Manöver auf dem fränkischen Truppenübungsplatz bei Grafenwöhr, nahe der tschechoslowakischen Grenze, abgehalten [7]. Befestigungsarbeiten im Westen wurden beschleunigt vorangetrieben, schon am 22. Juni wurde die zivile Dienstpflicht eingeführt, die Presse war ganz auf das Anheizen einer Kriegsstimmung eingestellt [8]. Am 10. August, nachdem er eine Denkschrift Becks gegen den Kriegsplan zur Kenntnis genommen hatte, hielt Hitler wieder eine Konferenz mit seinen obersten Befehlshabern ab, diesmal auf dem »Berghof« [9]. Einzelne Generale wagten es, als Hitler seine Absicht erneut kundtat, Zweifel an dem Durchhaltevermögen der Wehrmacht gegen ein zu erwartendes Eingreifen Frankreichs und gar Englands zu äußern, aber da kamen sie bei Hitler schlecht an. Er antwortete mit einem Wutausbruch gegen diese »Miesmacherei«, die er vor allem dem Generalstab vorwarf. Jodl erklärte sie sich damit, daß der Generalstab »letzten Endes an das Genie des Führers nicht glaubt« [10].

Vom 21. bis 26. August hielt sich der ungarische Reichsverweser Admiral Horthy mit Außenminister Kania von Kanya und Kriegsminister Rácz von Nagylak zu einem Staatsbesuch in Deutschland auf und erfuhr hier, daß Deutschland keinesfalls eine zweite Provokation von der Tschechei hinnehmen werde, und »wenn es morgen sein sollte. Ob sie sich dann beteiligen wollen oder nicht liege bei ihnen.« [11]

Ende August wurden weitere Einzelheiten für die »Aktion Grün« festgelegt und zum Teil mit Übungen und Manövern getarnt [12]. Militärische Notwendigkeiten ließen es geboten erscheinen, daß der »Zwischenfall«, »der Deutschland den Anlaß zum militärischen Eingreifen gibt«, am Tage vor dem Eingreifen, »am X–1 Tage mittags authentisch bei uns bekannt wird«. Denn, so notierte Jodl am 26. August: »Sollte man aus technischen Gründen den Zwischenfall in den *Abendstunden* wünschen, so kann der nächste Tag *nicht* der X–Tag sein, sondern erst der übernächste Tag.« Das aber würde die Überraschung gefährlich vermindern. Auf alle Fälle, heißt es am Schluß dieses Schriftstückes, müsse die Wehrmacht die Absichten des Führers rechtzeitig erfahren »– sofern nicht ohnehin die Abw[ehr-] Abt[eilung] [des OKW] mit der Organisation des Zwischenfalls beauftragt wird.« [13] Am folgenden Tag erklärte Beck seinen Rücktritt.

Aber solche Proteste konnten Hitler nicht aufhalten, zumal die übrigen Generale seine Befehle mit großer Bereitwilligkeit ausführten. Am 3. September besprach er sich auf dem »Berghof« mit Brauchitsch und Keitel und legte sich erneut für Ende September bzw. Anfang Oktober als Zeit zum Angriff fest. In einer weiteren Besprechung in Nürnberg während der Nacht vom 9. zum 10. September mit Hitler, Brauchitsch, Halder, Keitel und den Adjutanten Schmundt, Engel und Below erläuterte der neue Generalstabschef Halder den Operationsplan »Grün« und äußerte die Erwartung, daß der Plan zum Erfolg führen werde [14]. Zahlreiche weitere Maßnahmen folgten und mußten den militärischen Nachrichtendiensten des Auslandes die Entschlossenheit Hitlers vor Augen führen. Am 15. September wurde der Reichsarbeitsdienst (RAD) der Wehrmacht

1. Fall »Grün«

unterstellt, die Reichsbahn wurde angewiesen, »große Mengen Leermaterial bereitzustellen«, ein sudetendeutsches Freikorps unter Konrad Henlein wurde aufgestellt zwecks »Schutz der Sudetendeutschen und Aufrechterhaltung weiterer Unruhen und Zusammenstöße«[15]. Hitler hielt im Laufe des September etliche anfeuernde Reden und sprach mehr als sonst vom Kampf, und schließlich verkündete er vor dem Nürnberger Parteitag am 12. September, Deutschland werde die »Unterdrückung und Verfolgung dieser dreieinhalb Millionen Deutschen« in der Tschechoslowakei nicht mehr dulden, und die Staatsmänner der anderen europäischen Länder mögen zur Kenntnis nehmen, daß für die Sudetendeutschen anstelle der Unterdrückung durch die Tschechen »das freie Recht der Selbstbestimmung« zu treten habe[16]. In einer Rede im Sportpalast in Berlin am 26. September bekräftigte er seine Entschlossenheit in unmäßigen Haßausbrüchen, aber auch mit der Behauptung, bei dem Anspruch auf das Sudetengebiet handle es sich um »die letzte territoriale Forderung, die ich Europa zu stellen habe«[17].

Angesichts der so verschärften Krise gab sich insbesondere der britische Premierminister Chamberlain alle erdenkliche Mühe, eine friedliche Lösung herbeizuführen. Er schlug Hitler kurzfristig vor, ihn am 15. September zu einer Besprechung zu empfangen, die auch an diesem Tag auf dem Obersalzberg stattfand[18]. Das Recht der Selbstbestimmung für die Sudetendeutschen, genauer das Recht der Annexion des Sudetenlandes für das Deutsche Reich, wurde von Chamberlain im allgemeinen anerkannt, und Frankreich, der Bündnispartner der Tschechoslowakei, schloß sich dem englischen Vorschlag an. Was blieb den Tschechen anderes übrig, als sich zu unterwerfen? Vom 22. bis 24. September war Chamberlain wieder in Deutschland, um das Problem vollends zu regeln, da die Tschechen zu sehr weitgehenden Zugeständnissen bereit waren. Aber die Godesberger Konferenz endete ohne Übereinstimmung, als Hitler seine Entschlossenheit zum sofortigen Einmarsch mit nachfolgender Abstimmung in einem noch festzulegenden Gebiet bekundete, am 28. September würde ein deutsches Ultimatum in diesem Sinne ablaufen. Die Tschechen machten mobil, Frankreich rief die Reservisten auf, und England setzte seine Flotte in Kriegsbereitschaft: der Weltkrieg stand vor der Tür.

Schließlich kam es aber zur Münchner Konferenz am 29. September, bei der Hitler, Chamberlain und Daladier einen »Vermittlungsvorschlag« Mussolinis annahmen, wonach deutsche Truppen zwischen dem 1. und 10. Oktober etappenweise in das geforderte Gebiet einmarschieren sollten. Der tschechischen Delegation wurde lediglich das Ergebnis der Beratungen mitgeteilt.

Die Begeisterung über die Rettung des Friedens war allenthalben groß, in Deutschland ebenso wie in England und Frankreich. Die meisten übersahen, daß es sich nicht um einen friedlichen Vergleich auf Grund beiderseitiger Kompromißbereitschaft handelte, sondern um eine internationale Erpressung erster Ordnung. England und auch Frankreich waren neben der Tschechoslowakei die Opfer der Erpressung geworden, weil sie nicht glaubten, sie verhindern zu können, weil es ihnen bis zu einem gewissen Grade in der Tat an den Mitteln dazu fehlte und weil sie nicht den Willen zum Widerstand besaßen. Diesen Willen würden sie jedoch notgedrungen sich aneignen, sobald sie erkennen müßten, daß der »letzten territorialen Forderung« immer wieder eine neue folgen würde, daß die Reihe endlich auch an sie kommen und Hitler versuchen würde, sich zum Diktator von Europa zu machen.

Zwar hatten diejenigen zunächst unrecht, die in Deutschland ihre warnenden Stimmen gegen Hitlers abenteuerliche Politik erhoben hatten. Aber da sie weiter sehen konnten, als Hitler zu sehen willens oder imstande war, behielten sie auf die Dauer in schrecklicher Weise recht. Denn der nächste Punkt in Hitlers Programm war die »Erledigung der Resttschechei«, wie er sich ausdrückte, und danach wollte er weiteren »Lebensraum« fordern [19]. Der große Krieg war also nur aufgeschoben.

2. Außenpolitik und Widerstand

Die Drohung eines Krieges, der, von Hitler ohne Notwendigkeit begonnen oder provoziert, den Umsturz der europäischen Ordnung bezweckte und also spätestens dann zu einem Weltkrieg werden mußte, wenn England sich einer Niederlage näherte – diese schreckliche Drohung hat eigentlich die deutsche Widerstandsbewegung hervorgebracht, die darauf abzielte, durch staatsstreichartige und revolutionäre Maßnahmen das Regime zu stürzen und danach seine Führer für ihre Verbrechen zur Verantwortung zu ziehen [20]. Vor allen waren es Politiker, hohe Beamte in mehreren Reichsministerien und an zahlreichen anderen Stellen, hohe Offiziere des Heeres und Wirtschaftsführer, die nun ihren ganzen Einfluß einsetzten, um Hitlers Außenpolitik – der Widerstand gegen seine Innenpolitik ging natürlich auch weiter – zu dämpfen und zu bremsen, sowohl von innen als auch indirekt von außen. Es bedarf kaum der Erwähnung, daß alle diese Bemühungen wegen der in Hitlers SS-Staat geltenden Voraussetzungen mit akuter Gefahr für Leib und Leben verbunden waren.

Die intensivste und ausgedehnteste Tätigkeit entfaltete Dr. Carl Goerdeler, der auch nachher während des Krieges weithin als Führer der Widerstandsbewegung anerkannt war. Er stammte aus einer Beamtenfamilie, seine engere Heimat war das Westpreußen, das 1919 an Polen gefallen war. Goerdeler wurde Jurist und Verwaltungsbeamter, 1930 wurde er zum Oberbürgermeister von Leipzig ernannt[21]. Im Dezember 1931 gewann der Kanzler Brüning Goerdeler als Reichskommissar für die Preisüberwachung, und weil die Deutschnationale Volkspartei, der Goerdeler angehörte, wie bisher fortfuhr, gegen Brüning zu opponieren und seinen notwendigen Maßnahmen zur Besserung der wirtschaftlichen Lage die Unterstützung zu versagen, trat Goerdeler mit einer öffentlichen Erklärung aus der Partei Hugenbergs aus. Im Mai 1932 wurde Goerdeler aufgefordert, in das Kabinett Papen als Wirtschafts- und Arbeitsminister einzutreten, lehnte aber ab aus Empörung über den Sturz Brünings und über die Hintermänner Papens, und auch wegen seiner Einschätzung Papens selbst als eines gescheiterten Diplomaten ohne Anhang, Sachkenntnis und politische Verdienste. Als dann Hitler Reichskanzler geworden war, geriet Goerdeler bald in Konflikte mit den Nationalsozialisten, so etwa, als er sich weigerte, auf dem Leipziger Rathaus die Hakenkreuzfahne zu hissen, die damals noch nicht Reichsflagge war, oder als er persönlich jüdische Geschäftsleute gegen plündernde SA-Männer schützte[22].

Noch schien es aber möglich, zwischen Hitler selbst und seinem Anhang zu unterscheiden, noch konnte mancher glauben, verschiedene Erscheinungen des Regimes, die sich später als sein wahrer Inhalt herausstellten, seien Auswüchse, die Hitler keinesfalls zu dulden gewillt sei. So auch Goerdeler; denn er besaß nicht nur einen unstillbaren Tätigkeitsdrang, sondern auch einen nahezu unausrottbaren Optimismus, der an Blindheit gegenüber der dämonischen Bosheit und Verderbtheit des Nationalsozialismus grenzte. Immer und bis zum gewaltsamen Ende seines Lebens von Henkershand glaubte er, daß er fähig sei, durch vernünftiges Zureden und Erklären alles oder doch vieles zum Guten zu wenden[23]. Nur diese überaus starke Charaktereigenschaft Goerdelers macht es begreiflich, daß er sich im November 1934, also nach den Morden des 30. Juni, erneut zum Reichskommissar für die Preisüberwachung machen ließ, in welcher Stellung er bis zum 1. Juli 1935 blieb[24]. In persönlichen Aussprachen mit Hitler gelang es Goerdeler tatsächlich mehrfach, seine Absichten gegen die der Parteigrößen und sogar gegen Hitlers Auffassungen durchzusetzen und bei Hitler Unterstützung zu finden[25]. Solche Erfahrungen gaben Goerdelers Optimismus bis ans Ende die rationale Rechtfertigung, sogar wenn er sich in seinen letzten Lebensjahren dazu verstieg, Hitler die Fortsetzung des Krieges ausreden zu wollen.

Praktisch erwies sich die Zusammenarbeit mit den Nationalsozialisten gleichwohl schon bald als unmöglich. Als Goerdeler 1936 nach Ablauf seiner ersten Amtszeit als Oberbürgermeister auf zwölf Jahre wiedergewählt wurde, und zwar mit Unterstützung der NSDAP, da glaubte er an den Sieg des vernünftigen und logischen Denkens [26]. Als aber sein Stellvertreter, Bürgermeister Haake, in seiner Abwesenheit hinter seinem Rücken und gegen sein ausdrückliches Verbot das Denkmal Mendelssohns vor dem Leipziger Gewandhaus entfernen ließ und als die Partei sich weigerte, die von ihr veranlaßte Maßnahme rückgängig zu machen, obgleich Goerdeler mit Rücktritt drohte, da nahm er seinen Abschied und trat zum 1. April 1937 in den Ruhestand [27].

Nun widmete sich Goerdeler ganz seinen Bemühungen zur Verhinderung des Krieges, zunächst in enger Verbindung mit süddeutschen Industriellen und Regimegegnern, die sich insbesondere um Robert Bosch gesammelt hatten [28]. Hier fand er auch die finanzielle Unterstützung, ohne die er seine zahlreichen und für seine Rolle in der Opposition so wichtigen Reisen nicht hätte ausführen können. Schon im Juni 1937 trat Goerdeler eine solche Reise an; sie führte ihn nach Belgien und England, dann wieder nach Berlin, darauf nach Holland, Frankreich, Kanada und nach den Vereinigten Staaten. Im März und April 1938 führten ihn weitere Reisen nach Frankreich und England, im Spätsommer und Herbst nach der Schweiz, nach Italien, Jugoslawien, Rumänien, Bulgarien, sodann 1939 nach Frankreich und Algerien, nach England, Libyen, Ägypten, Palästina, Syrien, der Türkei und wieder der Schweiz [29].

Stets bemühte sich Goerdeler, den entscheidenden Staatsmännern des Westens die drohenden Gefahren und seine Gedanken für ihre Abwendung nahe zu bringen. Er argumentierte gern mit wirtschaftlichen Belegen, weil sie am ehesten die »natürlichen« Gegebenheiten aufzeigten, also die Vernunftgründe, in welche Goerdeler so viel Vertrauen setzte. Aber der Erfolg blieb ihm versagt.

Im Ausland wurde Goerdeler wohl von erstaunlich vielen Staatsmännern angehört. In den Jahren vor dem Ausbruch des Krieges sprach er in Paris mit Daladier und Reynaud, in London mit dem Gouverneur der Bank von England, Montagu Norman, mit dem Industriellen A. P. Young, mit dem Secretary of State im Foreign Office, Anthony Eden, mit dem Permanent Undersecretary of State im Foreign Office, Sir Robert Vansittart, mit dem Counsellor im Foreign Office (Chef der Wirtschaftsabteilung), Frank Ashton-Gwatkin, ferner mit Lord Halifax und Winston Churchill. In den Vereinigten Staaten hatte er Unterredungen mit dem Secretary of State Cordell Hull, mit dem Secretary for Agriculture Henry A. Wallace, mit

2. Außenpolitik und Widerstand

dem Undersecretary of State Sumner Welles, mit dem Assistant Secretary of State, G. S. Messersmith, dem ehemaligen Präsidenten Herbert Hoover, mit dem späteren Secretary for War Henry Lewis Stimson, mit dem Secretary of the Treasury Henry Morgenthau Jr., mit dem Industriellen Owen D. Young, und in Kanada mit dem Premierminister William Lyon Mackenzie King [30]. In zwei Gesprächen mit Vansittart (Juni/Juli 1937, durch Vermittlung A. P. Youngs) und in mehreren Begegnungen mit A. P. Young (6./7. 8., 11. 9., 15. 10., 4. 12. 38, 16. 3. 39) erklärte Goerdeler, die meisten Generale seien gegen Krieg, unnachgiebige Äußerungen Englands und Frankreichs gegen einen deutschen Angriff auf die Tschechoslowakei bzw. Polen seien nötig, ferner staatsmännische Proklamationen zu den deutschen Interessen an Kolonien, in Mitteleuropa, zu Fragen der Währung und des Handels; dann könnten er und »die Generale« Hitler stürzen. Young berichtete alles dem Foreign Office.

Goerdeler wurde aber nie als Vertreter einer wirklichen, wahrscheinlichen oder erwünschten Politik angesehen. Weder französische noch englische oder amerikanische Regierungsstellen sahen sich in der Lage, seinen Vorschlägen Folge zu leisten. Bezeichnend ist dafür die Aufnahme, die Goerdeler im Frühjahr 1938 in Paris zuteil wurde [31]. Der deutsche Pädagoge Dr. Reinhold Schairer, der seit 1933 in London lebte und auch in Frankreich und in der Schweiz über Verbindungen verfügte, vermittelte Goerdeler in Paris Kontakte. Er empfahl ihn an den Professor für Germanistik Pierre Bertaux, der damals Chef de Cabinet in der Abteilung Éducation Nationale im französischen Kultusministerium war. Goerdeler war Anfang März in Paris mit Schairer bei Bertaux zu Gast [32]. Bertaux hörte sich Goerdelers Darlegungen an, weshalb die französische Regierung in der tschechoslowakischen Frage und überhaupt in Fragen deutscher Gebietsforderungen unbedingt eine feste und unnachgiebige Haltung einnehmen müsse, konnte ihm aber keinerlei Hoffnung auf eine solche Haltung machen, noch weniger darauf, daß man seine – Goerdelers – Warnungen überhaupt ernst nehmen würde. Im übrigen waren sich beide über die Europa drohenden Gefahren durchaus einig.

Am 5. April erschien Goerdeler noch einmal bei Bertaux, diesmal ganz unerwartet, und bat dringend, mit französischen Regierungsstellen in Verbindung gebracht zu werden. Bertaux verschaffte ihm darauf am selben Tag bei dem höchsten Beamten des französischen Außenministeriums, dem Secrétaire Général du Ministère des Affaires Étrangères M. Alexis Léger (als Dichter unter dem Namen Saint-John Perse bekannt), eine Unterredung, bei der er selbst auch zugegen war und die zwei Stunden dauerte. Goerdeler brachte wieder sein dringendes Anraten einer möglichst unnachgiebigen Haltung gegenüber Hitler vor. Er erklärte, vielleicht auf die deutsche Politik Einfluß nehmen zu können, jedoch nur, wenn er dazu Unterstützung und Rückendeckung im Ausland habe. Aber Léger ließ sich auf gar nichts ein, er sprach, so erinnert sich Bertaux, wie ein Radikalsozialist des Midi, nicht bramarbasierend, aber doch nur in allgemeinen und unverbindlichen Phrasen. Goerdeler erhielt nicht die geringste Zusicherung. Bertaux und Léger bezweifelten nicht den guten Willen Schairers, aber von Goerdeler wußten sie doch recht wenig. Es mochte ja sein, daß er zur deutschen Widerstandsbewegung gehörte, aber es konnte ebenso gut sein, daß er nur die französische Regierung aushorchen und alles in Erfahrung Gebrachte sofort der deutschen Regierung berichten wollte. Dazu kam das Problem, ob man die Verantwortung für einen großen europäischen Krieg überhaupt auf sich nehmen könnte, obwohl Frankreich dafür 1938 relativ besser gerüstet war als 1939, dabei aber hoffte, die deutschen Rüstungen bald noch zu übertreffen.

Am 7. April aßen Goerdeler und Bertaux noch zusammen zu Abend, und Goerdeler wiederholte seine dringende Bitte um feste Haltung wegen der tschechischen Frage. Aber am nächsten Tage trat das Kabinett Léon Blum zurück, das erst seit 13. März im Amt gewesen war, am 10. April wurde die Regierung Édouard Daladier gebildet, und Bertaux ging an die Universität Toulouse. Damit war Goerdelers ohnehin nicht sehr wirkungsvoller Draht zur französischen Regierung wieder abgerissen.

In London fand Goerdeler wenigstens vorbereiteten Boden; denn Vansittart hatte nicht das geringste Vertrauen zur Politik der Hitler-Regierung und hielt Goerdeler für zuverlässig, ehrlich, patriotisch, ja für den einzigen echten Hitler-Gegner unter den vielen, die sich als solche bekannten [33]. Aber wenn Goerdeler Vansittart gegenüber im April 1938 die Abtretung des Sudetenlandes an Deutschland forderte, nachdem soeben Österreich einverleibt worden war, und im Dezember, nach der Vergewaltigung der Tschechoslowakei, den polnischen Korridor, Kolonien und eine große Anleihe und wenn er gleichzeitig der englischen Regierung zu klarer, gleichbleibender Politik riet, weil sonst die Begierde nach unberechtigtem Besitz gefördert würde, so arbeitete er, ohne es zu wollen, geradezu gegen die Bestrebungen der Widerstandsbewegung und gab Anlaß zu noch größerem Mißtrauen gegenüber dem »anderen Deutschland«, als es in ausländischen Regierungen schon vorhanden war [34].

Auf englischer Seite entstand der Eindruck, daß Goerdeler sehr wohl die Auffassungen der führenden Kreise der deutschen Opposition wiedergab, nicht nur seine eigenen. Denn die im Laufe der Sudetenkrise auftauchenden Sendboten vertraten alle ähnliche Revisionswünsche oder ge-

2. Außenpolitik und Widerstand

hörten mit ihren politischen Anschauungen in das gleiche Lager wie Goerdeler [35]. Zwischen Konservativen, Preußen, Monarchisten einerseits und der Wilhelminischen Zeit (besonders 1900 bis 1914), dem Überfall auf Belgien und dem Ersten Weltkrieg andererseits, ferner zwischen diesen Stichworten und Hitlers »Neupreußentum« waren die Unterschiede im Deutschlandbild führender und entscheidender Kreise in England nicht klar, sondern fließend. Auch das ist hier doch in Rechnung zu stellen [36].

Schließlich lag in Goerdelers Forderung nach Abtretungen an Deutschland noch in anderem Sinn eine Schwäche der Position der deutschen Opposition gegenüber der französischen und der englischen Regierung: am Schutz des Sudetenlandes und der Tschechoslowakei überhaupt waren diese gar nicht brennend interessiert, der »völkisch« argumentierende Hitler aber könnte ja wirklich mit dem deutschsprechenden Sudetenland zufrieden sein, Kolonien und »Weltpolitik« mit einer großen Flotte wollte er doch auch nicht. Warum sollten da Frankreich und England unnötig das wilhelminisch-kaiserliche Deutschland und »1914« wiedererwecken? Hitler schien vielen westlichen Staatsmännern sogar das geringere Übel zu sein. Wenn schon Konzessionen, so dachten sie, warum dann nicht an Hitler? Warum erst helfen, seine Regierung zu stürzen und dann die von ihm verlangten Konzessionen einer neuen machen? Das war doch umständlich und scheinbar sinnlos. An der Erzeugung eines derartigen Deutschland- und Hitler-Bildes in London hatte der britische Botschafter in Berlin, also ein höchst glaubwürdiger Berichterstatter, einen nicht unbeträchtlichen Anteil [37].

Davon völlig abgesehen: der Gedanke, England könnte von außen her, mitten im Frieden, die Regierung eines großen europäischen Staates zu stürzen versuchen, war unerhört. Selbst bei größter Entschlossenheit konnte man in England kaum auf eine so abenteuerliche Politik verfallen, gehörte es doch vielmehr zum festen Bestand der englischen Tradition, die Freiheit der Wahl der Regierungsform auch den anderen Völkern zuzugestehen [38]. Im internationalen Verkehr, selbst mit Diktatoren, gab es so etwas wie guten Glauben. Eine Regierung, die mit einer anderen auf der Basis gegenseitiger Anerkennung verhandelte und verkehrte, konnte nicht zugleich heimlich den Sturz des Partners betreiben, ohne sich selbst allenthalben jeden Kredits und Vertrauens zu berauben. Das wußte man in London sehr genau [39]. Von einem solchen Standpunkt aus ist es also auch sehr begreiflich, wenn Vansittart Goerdeler erwiderte, was er da sage, das sei ja Landesverrat [40]. Der ethische Antrieb, das Höherstellen der Humanität über die Loyalität dem Staate gegenüber, ist damit gründlich verkannt. Aber die Revisionsforderungen Goerdelers, so wohlmeinend auch sie gewesen sein mögen, haben vor dem Verständnis ein schier unüberwindliches Hindernis aufgerichtet.

Wenn freilich Chamberlain den Eindruck hatte, die deutsche Opposition verfahre ähnlich wie die Jakobiten, die Anhänger des 1688 vertriebenen Stuart-Königs Jakob II., die diesem durch den Sturz des kalvinistischen Oraniers Wilhelm III. wieder auf den Thron helfen und zu diesem Zwecke Frankreich gegen England aufhetzen wollten, so traf er natürlich den Kern der Sache gar nicht [41]. Die deutsche Opposition war nicht zuerst an ihrer eigenen Stellung und Macht, sondern an der Erhaltung des Friedens interessiert. Zu diesem Zwecke machte sie diejenigen Vorschläge, die ihr geeignet erschienen: sie wünschte ein klares »Nein« Englands zu Hitlers erpresserischen Eroberungsplänen. Über die Unrechtmäßigkeit von Hitlers Vorgehen bestand ja Einigkeit, England war nicht wesentlich schlechter gerüstet als Deutschland, und über die Unfähigkeit Deutschlands zu einem erfolgreichen Zweifrontenkrieg, überhaupt zu einem erfolgreichen Krieg gegen England und Frankreich, war man sich ebenfalls im klaren.

Von der deutschen Opposition aus gesehen wurde also keineswegs die Bereitschaft Englands zu einem vielleicht durch Vernunft und Kompromißbereitschaft vermeidbaren Weltkrieg gefordert, aber in England konnte dieser Eindruck entstehen. Dort wußte man noch nicht so genau wie in Deutschland, daß Hitler in dämonischer Weise zum Kriege trieb, von Anfang an und unaufhaltsam. Ein entscheidender Unterschied zwischen der nationalsozialistischen und einer vielleicht durch die Opposition gebildeten deutschen Regierung wurde in London jedenfalls nicht gesehen. Beide würden »nationalistisch« und revisionistisch sein. Die englische Regierung wollte also mit der deutschen Opposition nichts zu schaffen haben, sie wollte sich mit der legalen deutschen Regierung arrangieren [42].

Auf englischer und französischer Seite fehlte es also am Verständnis für die Lage, in der sich deutsche Oppositionspolitiker befanden, wenn sie nicht in den Geruch kommen wollten, Erfüllungspolitik zu treiben und nationale Interessen zu verraten. Goerdeler wurde sich dieses Zwiespaltes durchaus und schmerzlich bewußt; denn am 11. Oktober 1938, nach der Besetzung des Sudetenlandes, schrieb er an einen amerikanischen Freund: »»Eigentlich könnte ich nun sagen: Immerhin vergrößert diese Entwicklung die Macht und den Lebensraum meines Landes. Als Deutscher sollte ich an sich sehr zufrieden sein. Ich weiß jedoch, daß diese Diktatoren nichts als Verbrecher sind und daß ihre Wirtschaftspolitik zum Bolschewismus führt, der Hitlerismus ist Gift für die deutsche Seele. Hitler ist entschlossen, das Christentum zu zerstören ... Nicht Gerechtigkeit, Vernunft und Anstand, sondern brutale Gewalt werden die Zukunft der Welt formen.‹«[43] Eine solche Haltung war freilich im Auslande schwer verständlich, wo man an dem Konflikt zwischen ethischem und patriotischem Bewußtsein natürlicherweise unbeteiligt blieb.

Andererseits muß auch erwähnt werden, daß Vansittart auf frühere Gespräche mit Goerdeler im Jahre 1937 hin sowie unter dem Eindruck von Memoranden des Deutschen Verbandes der Schwerindustrie und des Oberst Thomas aus dem Wehrwirtschaftsamt im Oberkommando des Heeres erneut, wie er es schon seit 1930 ständig getan hatte, zu einer festen Haltung Londons gegenüber Hitler riet[44]. Aber der damalige britische Premierminister Neville Chamberlain und sein Kabinett, erst seit Ende Mai 1937 im Amt, also bei Goerdelers erstem Besuch in London nur wenige Tage, haben den von Vansittart verfaßten und für sie bestimmten Bericht über die Schwäche des deutschen wirtschaftlichen und militärischen Potentials, über das Scheitern des Vierjahresplans, über den Mangel an Rohstoffen und über den Friedenswillen der militärischen Umgebung Hitlers, den man von außen her unterstützen müsse, überhaupt nicht erhalten. Der Außenminister Anthony Eden unterdrückte schon den ihm vorgelegten Entwurf und untersagte die Ausarbeitung und Vorlage an das Kabinett[45]. Chamberlain war zu seiner Kompromißpolitik hinsichtlich Österreichs und der Tschechoslowakei damals schon entschlossen, Mitteilungen der britischen Stabschefs, daß England für einen Krieg gegen Deutschland ganz und gar unvorbereitet sei, bestärkten ihn später in seiner Auffassung[46]. Diskussionen über die englische Außenpolitik vor seiner eigenen Entscheidung schätzte er nicht, er allein wollte bestimmen, was zu geschehen habe[47]. So blieben die Warnungen Vansittarts, der die Regierung des Reichskanzlers Hitler sehr zutreffend einschätzte, unbeachtet[48].

Trotz allem, was auf beiden Seiten das Verständnis für die Lage der anderen behinderte, erschien es vielen nicht sinnlos, die englische Regierung vor Hitlers Absichten so oft und eindringlich wie möglich zu warnen, in der Hoffnung, eine unnachgiebige Haltung könnte doch den Krieg verhindern. Ein ständiger Strom von Nachrichten und Warnungen erreichte die englische Regierung durch ihre eigenen Kanäle, durch ihre Botschaft in Berlin zumal und durch ihre Nachrichtendienste[49]. Zugleich gab es zahlreiche Kontakte mit deutschen Emissären.

Im Juli 1938 schon war Hitlers persönlicher Adjutant, Hauptmann Fritz Wiedemann, mit Hitlers Wissen nach London gereist und hatte dort mit Lord Halifax gesprochen. Halifax ließ Hitler durch Wiedemann ausrichten, eine Lösung der sudetendeutschen Frage mit Gewalt werde das englische Volk nicht ruhig hinnehmen. Als äußersten Termin für die Lösung der Frage nannte Wiedemann nach seinem eigenen Bericht weisungsgemäß – er hatte sich den von Hitler angegebenen Zeitpunkt noch im OKW bestätigen lassen – März 1939 [50].

Nach seiner Rückkehr von London kam Wiedemann nicht einmal dazu, Hitler ausführlich zu berichten. Dafür ließ er im August die englische Regierung »durch Dritte« wissen, Hitler sei nun entschlossen, die Sudetenfrage »in kürzester Zeit mit Gewalt zu lösen«.

Weitere Vorstöße in die Londoner Richtung wurden von dem Rittmeister a. D. und Journalisten Victor von Koerber im Laufe des August unternommen [51]. Wenigstens dreimal, das erstemal am 6. August, trat er mit dem Militärattaché der britischen Botschaft in Berlin in Verbindung, worüber dieser auch an seine Vorgesetzten berichtete [52]. Er sprach von den Farben Schwarz-Weiß-Rot als den einzigen revolutionären Farben und von einer Restauration der Monarchie, und er deutete an, der Umsturz des Regimes müsse zwar von innen geschehen, könne aber von außen unterstützt werden. Der Militärattaché lehnte diesen Gedanken in seinem Bericht ab; denn wenn ein solcher Versuch fehlschlage, dann sei alles noch viel schlimmer als vorher, und die Stellung Hitlers werde gerade gestärkt. Übrigens befürwortete Koerber als Kandidaten für einen erneuerten deutschen Thron den Kronprinzen, der 1932 bei den Reichspräsidentenwahlen für Hitler eingetreten war und auch jetzt im Ausland gar keine gute Presse hatte [53].

Der englische Journalist Ian Colvin hatte als Mitglied des exklusiven Kasino-Klubs in Berlin die Bekanntschaft des Gutsbesitzers und monarchistisch-konservativen Politikers Ewald von Kleist-Schmenzin gemacht, der ihn schon Ende März oder Anfang April 1938, kurz nach dem deutschen Einmarsch in Österreich angesprochen hatte, mit dem Ersuchen, die englische Regierung vor Hitlers Eroberungsplänen zu warnen: Hitler werde mit Österreich nicht zufrieden sein, er strebe die Weltherrschaft an; wohl sei er wahnsinnig, aber im Vollbesitz seiner geistigen Kräfte. Es gebe zunächst nur eine Möglichkeit, den nächsten, gegen die Tschechoslowakei geplanten Schlag zu verhindern: ein klares, festes Nein von England. Hitler habe zur Zeit nicht die Machtmittel für einen Kampf gegen England, er wisse es und habe es selbst zugegeben. Auch der Generalstab des Heeres wolle den Krieg verhindern, brauche aber einen »Seeanker«, einen wirksamen Widerstand von außen, um Hitler zurückhalten zu können.

Colvin hat die Warnung Kleists noch im Mai an den in der britischen Botschaft in Berlin tätigen Botschaftsrat Sir Ogilvie-Forbes weitergegeben und ist überzeugt, daß Vansittart sie noch vor Mitte Mai erhalten habe [54].

2. Außenpolitik und Widerstand

Ende Juli 1938 wurde Colvin durch einen Mittelsmann von »einem der drei höchsten Generale im deutschen Oberkommando« mitgeteilt, eine militärische Aktion gegen die Tschechoslowakei werde am 28. September beginnen [55]. Er berichtete darüber unter dem 3. August 1938 in einem Brief an seinen Freund Lord Lloyd, den Vorsitzenden des British Council, der in vielen Dingen das Ohr Chamberlains und Lord Halifax' besaß; Lord Lloyd soll den Bericht Colvins an Vansittart und einige Mitglieder des Kabinetts weitergeleitet haben [56]. In einem Begleitbrief kündigte Colvin zugleich den Besuch von Ewald von Kleist-Schmenzin in London an, und zwar im Auftrag der Abwehr und mit dem Zweck, womöglich englische Zusagen hinsichtlich einer Intervention gegen Deutschland zu erwirken für den Fall eines deutschen Angriffes gegen die Tschechoslowakei.

Kleist reiste tatsächlich im Einvernehmen mit Canaris und Oster und mit deren Unterstützung nach London [57]. Am 16. August wurde Kleist auch noch vom britischen Botschafter Sir Nevile Henderson selbst als Abgesandter »der Gemäßigten im deutschen Generalstab« angekündigt [58]. Wie Kleist im November 1938 Colvin berichtete, war der spezifische Zweck der Mission von General Ludwig Beck so umrissen worden: »›Bringen Sie mir den sicheren Beweis, daß England kämpfen wird, wenn die Tschechoslowakei angegriffen wird, und ich will diesem Regime ein Ende machen.‹« [59] Als »Beweis« wären eine öffentliche Beistandserklärung Englands für die Tschechoslowakei und eine militärische Demonstration anzusehen gewesen.

Kleist flog also am 18. August nach London und stieg im Park Lane Hotel ab [60]. Am Spätnachmittag des 18. August sprach Kleist mit Vansittart und erklärte ihm, der Krieg sei unvermeidlich, wenn England, das allein dazu in der Lage sei, ihn nicht verhindere [61]. Es handle sich, wie Vansittart in seinem Bericht für den Außenminister mit großer Genauigkeit festhielt, zufolge der Erklärung Kleists nicht etwa um die Gefahr eines Krieges, sondern um dessen völlige Gewißheit, da Hitler ganz und gar dazu entschlossen sei. Auf die Frage Vansittarts, für wann denn der Angriff geplant sei, habe Kleist gelacht und gemeint, das wisse die englische Regierung doch längst. Kleist wußte natürlich von den durch Colvin über Ogilvie-Forbes an Lord Lloyd und damit doch wohl an die englische Regierung gelangten Nachrichten, die ja zum Teil von ihm selbst stammten [62]. Kleist sagte Vansittart dann, nach dem 27. September werde es jedenfalls zu spät sein, und Vansittart erinnerte in seinem Bericht an Lord Halifax an den Brief, den dieser von Lord Lloyd erhalten habe und in dem der 28. September als Termin genannt worden sei [63].

Als Mittel zur Abschreckung Hitlers nannte Kleist: Beweise, die Hitler überzeugen würden, daß England und Frankreich nicht bluffen, und womöglich eine öffentliche Rede eines führenden englischen Staatsmannes mit einem Appell an alle Deutschen, die den Krieg nicht wollten. Vansittart fügte dem in seinem Bericht hinzu, besonders der erste Vorschlag sei, wie ja Lord Halifax aus seinen Berichten wisse, in den letzten Wochen des öfteren von deutschen Kriegsgegnern an ihn herangetragen worden. Überhaupt seien auch die allgemeinen politischen Auffassungen, die Kleist vorgetragen habe, im wesentlichen vernünftig. Es sei aber von Deutschland nach der Auffassung Kleists solange keine vernünftige Politik zu erwarten, als Hitler regiere. Wenn Hitler jetzt eine Niederlage erleide, so werde sie das Vorspiel zum Ende seines Regimes sein – eine Auffassung, die auch der britische Militärattaché in Berlin bekräftigte [64].

Halifax schickte den Bericht Vansittarts an Chamberlain, und der Premierminister äußerte sich am 19. August schriftlich dazu [65]: Er habe auch schon, und gerade am selben Morgen, über Generalmajor Lord Hutchinson of Montrose aus deutschen militärischen Kreisen die Mitteilung erhalten, Hitler bluffe diesmal nicht und müsse daher durch irgendeine Übereinkunft vom Äußersten abgehalten werden. Diese Auffassung müsse man einmal mit Kleists Vorschlägen vergleichen! Der Premierminister suchte sich also, da er die Wirklichkeit nicht sehen konnte oder wollte, dem offenbar doch starken Eindruck der Kleistschen Mission, der durch ihre ungeheure Gefährlichkeit für Kleist selbst – er sagte, er sei praktisch mit dem Strick um den Hals hergekommen – nur noch unterstrichen wurde, zu entziehen. Er verglich Kleist und seine Freunde damals, wie schon berichtet, mit den Anhängern des 1688 aus England vertriebenen Königs Jakob II.: offenbar wolle der doch seine Freunde in Deutschland zu einem Umsturzversuch anstacheln, sei also voreingenommen, und da müsse man eine ganze Menge Abstriche machen von dem, was er jetzt vorbringe.

Das Äußerste, wozu sich Chamberlain schließlich bereit erklärte, war die Geste, den britischen Botschafter in Berlin, Sir Nevile Henderson, zu Besprechungen über die Sudetenfrage nach London zu berufen. Kurz und gut: der Vorstoß Kleists war bei Chamberlain ins Leere gegangen.

Henderson aber, dessen Pflicht es gewesen wäre, seine Regierung mit schonungslosem Realismus zu unterrichten, war eher ein Bewunderer der Nationalsozialisten und ihrer beachtlichen organisatorischen Leistungen als ein vorsichtiger Skeptiker [66]. Allerdings hat er unter dem 19. August 1938 seinem Vorgesetzten geschrieben, wenn England in einem Kriege irgendwelchen Nutzen sehen könnte, dann wäre eher jetzt als später

2. Außenpolitik und Widerstand

der Augenblick dazu[67]. Aber er kannte ja Chamberlains Einstellung und wollte sicher nicht zu Entschlossenheit und Festigkeit raten. Am Nachmittag des 19. August bedrängte er sogar telephonisch von Berlin aus seinen Außenminister, man solle Hitler ja nicht unnötig irritieren und ihn nicht noch mehr den »Extremisten« in seinen eigenen Reihen ausliefern; schließlich habe er objektiv im Falle des Sudetenlandes einen sehr starken Anspruch (a strong case)[68]. Nach dem Kriege sagte er: »Nothing but the direct and immediate threat of war would have stopped Hitler at that stage.«[69] Aber eben den Krieg wollte man ja möglichst vermeiden.

Kleist sah am Abend des 18. August noch Lord Lloyd und am nächsten Tag Mr. Churchill. Die Zusammenkunft mit Lord Lloyd scheint nicht zu der erhofften Übereinstimmung der Auffassungen geführt zu haben. Gegenüber Churchill sprach Kleist offen von seinen Vorstellungen, welche auch die seiner Freunde seien: Wiederherstellung der Monarchie, Beseitigung des polnischen Korridors. Churchill hielt die Behandlung der Korridorfrage für inopportun, da ja Hitler selbst sie offiziell beiseite gelegt habe, aber er versprach, seine – allerdings inoffiziellen – Auffassungen über die durch einen drohenden deutschen Angriff gegen die Tschechoslowakei heraufbeschworene Kriegsgefahr in einem an Kleist gerichteten Brief niederzulegen[70].

Churchill konnte natürlich als Oppositionsführer keinerlei bindende Zusagen geben. In seinem Brief sagte er, für eine Demokratie wie England sei es schwierig, im voraus und auf Grund hypothetischer Situationen sich auf eine bestimmte Politik festzulegen (wie das ja auch 1914 nicht möglich gewesen war). Man müsse aber nicht nur daran denken, so fuhr Churchill fort, was in den ersten Monaten eines Konfliktes geschehen würde, sondern vielmehr daran, in welcher Lage man sich im dritten oder vierten Jahr befinden werde. Auch Luftangriffe auf die Zivilbevölkerung, selbst wenn sie viele Tote fordern sollten, würden gegebenenfalls das Empire nicht hindern, seine volle Kraft zu entfalten. Alle großen Nationen, die in einen solchen Krieg verwickelt würden – und das Überschreiten der tschechischen Grenze durch deutsche Truppen werde zweifellos einen neuen Weltkrieg bedeuten –, würden ihn bis zum bitteren Ende durchkämpfen, und England werde die Unterstützung des größeren Teils der Welt haben. Im übrigen sei für den Augenblick die Stellung der britischen Regierung, wie Lord Halifax Churchill gegenüber soeben erst noch bestätigt habe, diejenige, die Chamberlain in seiner Rede am 24. März dargelegt habe.

Mehr konnte Churchill beim besten Willen nicht sagen. Immerhin war Vansittart noch zu der Erklärung ermächtigt worden, England werde eine Flottendemonstration vornehmen, wenn sich die Lage weiter verschärfen sollte, und auf alle Fälle werde der Schatzkanzler Sir John Simon in den nächsten Tagen eine warnende Rede halten (in welcher dieser am 27. August ebenfalls sagte, die Rede Chamberlains vom 24. März sei ihrem Inhalt nach immer noch gültig) [71].

Insgesamt war also die Mission Kleists nicht erfolgreich; Kleist selbst bestätigte dies [72]. Canaris und Oster, denen Kleist nach seiner Rückkehr am 24. August [73] berichtete, konnten kaum hoffen, damit die Generale vom englischen Kampfwillen zu überzeugen, wenn auch derjenige Churchills glaubhaft genug war. Churchills Brief fand seinen Weg in die engere Umgebung Hitlers und hat also, sei es durch Canaris oder durch das Auswärtige Amt, seine Bestimmung erreicht [74]. Weizsäcker ließ einen Auszug ohne Angabe des Empfängers, wohl aber des Verfassers, unter dem 6. September in ein Memorandum über ausländische Stimmen zu einem möglichen Konflikt zwischen Deutschland und der Tschechoslowakei aufnehmen.

Mittlerweile wurden die Versuche der Opposition, England zu unnachgiebiger Haltung zu veranlassen, fortgesetzt. Der Chef des Generalstabes des Heeres, General Beck, hatte am 18. August aus Protest gegen Hitlers Politik sein Rücktrittsgesuch eingereicht, das von Hitler am 21. August angenommen worden war [75]. Aber sein Nachfolger, General der Artillerie Franz Halder, setzte die Bemühungen zur Verhinderung des Krieges fort. Am 1. September hatte Halder die Amtsgeschäfte übernommen, und schon am 2. September, der Gedanke dazu scheint noch auf Becks Amtszeit, auf die Zeit um den 15. August, zurückzugehen, fuhr Oberstleutnant a. D. Hans Böhm-Tettelbach nach London, um einen weiteren Versuch zur Beeinflussung der britischen Regierung zu unternehmen [76]. Halder und Oster gaben Böhm-Tettelbach den Auftrag, die englische Regierung auf die eindringlichste Weise zur Unnachgiebigkeit gegenüber allen weiteren Forderungen Hitlers zu drängen. Vansittart war der von Halder und Oster ausersehene unmittelbare Adressat der Botschaft. Von der Mission Kleists wußte Böhm-Tettelbach nichts [77]. Nur sehr selten wußten Mitglieder der Opposition von anderen als ihren eigenen Aktionen, das war eine der elementarsten Sicherheitsmaßnahmen.

In London gelang es Böhm-Tettelbach freilich nicht, bis zum innersten Kreis der Einflußreichen vorzudringen. Er konnte lediglich mit dem ihm aus der Zeit nach dem Ersten Weltkrieg und später als Geschäftsmann bekannten Mr. Julian Piggott und mit einem Major des Intelligence Service sprechen. Mr. Piggott war 1920 Rheinlandkommissar gewesen und hatte noch einige wichtige Verbindungen, aber die Botschaft, die ihrem Inhalt

2. Außenpolitik und Widerstand

nach im wesentlichen der Kleistschen Botschaft entsprach, erreichte Vansittart über den erwähnten Major [78]. Es versteht sich von selbst, daß diese »Mahnung« nicht erfolgreicher war als die vorhergehenden und nachfolgenden; denn Chamberlains Haltung und Absichten lagen so ziemlich fest. Nach seiner Rückkehr berichtete Böhm-Tettelbach an Oster, den er in Wuppertal traf. Oster gab den Bericht an Halder weiter [79].

Ein neuer Vorstoß in London ging vom Auswärtigen Amt aus, wieder in Verbindung mit Canaris und Oster. Halder scheint von der Unternehmung nichts gewußt zu haben [80]. Ebenso wie in der Abwehr gab es im Auswärtigen Amt eine Gruppe junger und älterer Mitarbeiter, die konspirativ tätig waren und von ihren Vorgesetzten, in jenem Falle Canaris, in diesem Weizsäcker, geduldet und weitgehend gefördert wurden [81]. Weizsäckers zäher Kampf um die Rettung des Friedens ist deutlich in seinen Darlegungen und Aktennotizen für Ribbentrop. Immer von neuem wandte er sich gegen den von Hitler – wie Ribbentrop sagte – fest beschlossenen Krieg. Zwar wollte er seinen Rücktritt als Druckmittel hinauszögern bis zu dem letzten Augenblick, in dem er noch wirken würde, drohte aber doch schon am 22. und 23. August Ribbentrop bzw. Hitler persönlich damit, indem er bat, »im Ernstfalle« zur Marine entlassen zu werden. Zu der Gruppe im Auswärtigen Amt gehörten u. a. Adam von Trott zu Solz, Otto Kiep, Hans-Bernd von Haeften, Eduard Brücklmeier, Albrecht Graf von Bernstorff, Albrecht von Kessel und die Gebrüder Kordt. Dr. Erich Kordt war als Legationsrat Mitarbeiter Ribbentrops, zunächst im »Büro Ribbentrop«, dann in der Botschaft in London, und seit Frühjahr 1938 im Auswärtigen Amt in Berlin, wo er »Chef des Ministerbüros« war [82]. Eine enge Zusammenarbeit mit Staatssekretär Freiherr von Weizsäcker ergab sich sowohl dienstlich als auch aus der Gemeinsamkeit der Einschätzung Hitlers und seiner abenteuerlichen Politik, wie auch Weizsäcker selbst in entsprechenden Beziehungen zu Beck, nach dessen Rücktritt zu Halder, und zu Canaris stand [83]. Theo Kordt war Botschaftsrat in London und fungierte zeitenweise dort als Geschäftsträger.

Einmal sollte auf Hitler zur Verhinderung des Krieges über Generaloberst von Brauchitsch ein Einfluß geübt werden. Oster bat Erich Kordt Ende August, sich bei Brauchitsch anzumelden und ihm die außenpolitische Lage zu schildern; Brauchitsch sei kein politischer Mensch, aber die Darlegungen eines Fachmannes würden ihn vielleicht beeindrucken [84]. Weizsäcker, den Kordt um Rat fragte, riet ebenfalls dazu, mit Brauchitsch zu sprechen. Er selbst konnte es nicht mehr, ohne daß sich in diesen spannungsgeladenen Tagen die gefährlichsten und womöglich zutreffenden Vermutungen seitens der Machthaber und auch der Öffentlichkeit daran geknüpft hätten.

Kordt ging also ins Kriegsministerium am Tirpitzufer, wo offenbar auf Veranlassung Osters dafür gesorgt war, daß ein Eintrag im Besucherbuch unterblieb; denn Kordt wurde von einem Bekannten schon am Eingang erwartet und dann hineingeleitet. Kordt erklärte dem Oberbefehlshaber des Heeres, Deutschland sei durchaus isoliert, und die Erwartung, Großbritannien und Frankreich werden nicht eingreifen, wenn die Wehrmacht in die Tschechoslowakei einfalle, sei durch nichts zu rechtfertigen. Er kenne wohl die These und habe ihre Entstehung selbst verfolgen können, aber er kenne auch das Material, auf dem sie angeblich beruhe, und auf der Grundlage dieses Materials müsse er zu dem gegenteiligen Schluß gelangen. Brauchitsch ließ sich Dokumente vorlegen und stellte einige Fragen, insbesondere wollte er wissen, worauf denn Ribbentrop und Hitler ihre Siegeshoffnungen gründen. Kordt zitierte darauf aus einem Runderlaß Ribbentrops, in dem es hieß, wenn die Westmächte so verblendet sein sollten, eingreifen zu wollen, so würden sich 75 Millionen Deutsche wie ein Mann auf sie stürzen und sie vernichten.

Getreu dem Rat Osters, nur ja keine unerbetenen Ratschläge zu erteilen, sondern lediglich die Lage zu schildern, überließ es Kordt Brauchitsch selbst, daraus die Schlußfolgerungen zu ziehen. Als Brauchitsch fragte, welche Hoffnungen Kordt an seinen Besuch bei ihm knüpfe, sagte er nur, jetzt liege das Schicksal der Armee und Deutschlands und folglich die ganze Verantwortung für dieses Schicksal in Brauchitschs Hand. Der General war betroffen.

Die zweite Möglichkeit, welche die Gruppe im Auswärtigen Amt zur Verhinderung des Krieges sah, bestand in einer massiven Einwirkung von außen, am besten in Gestalt unzweideutiger Drohungen und Warnungen seitens Englands. Mehrere Ersuchen um solche Warnungen waren schon nach London ergangen. Trotz den negativen Reaktionen gab man die Bemühungen nicht auf.

Am 1. September suchte der damalige Hohe Kommissar des Völkerbundes für Danzig, Professor Carl Jacob Burckhardt, den Staatssekretär Freiherrn von Weizsäcker auf dem Wege von Danzig nach Bern in Berlin auf, um ihm zu berichten und die Lage mit ihm zu besprechen. Weizsäcker erzählte Burckhardt von der Absicht, Theo Kordt insgeheim zu Chamberlain und Lord Halifax zu entsenden, und bat ihn dringend, so rasch wie möglich im selben Sinne tätig zu werden. Burckhardt solle dem Foreign Office von der Schweiz aus mitteilen, so berichtet er in seinen

Erinnerungen über das Ansinnen Weizsäckers, »man müsse Hitler gegenüber eine unzweideutige Sprache führen, nur davor würde er zurückweichen. Er [Weizsäcker] sprach von einem ›unbefangenen, undiplomatischen Engländer, etwa einem General mit dem Reitstock‹, der bei Hitler auftauchen sollte, nur so würde dieser vielleicht aufhorchen.« Weizsäcker betrieb also, wie Burckhardt hervorhob, »Konspiration mit dem potentiellen Gegner zum Zweck der Friedenssicherung, ein doppeltes Spiel von äußerster Gefährlichkeit... Schon damals machte Weizsäcker kein Hehl daraus, daß er eine Rettung des allgemeinen Friedens und eine Rettung Deutschlands nur für möglich halte, wenn die eine verderbliche Figur, auf die sich alle Macht konzentrierte, verschwinde.«[85]

Burckhardt fuhr ohne Unterbrechung über die Autobahn nach Karlsruhe und weiter nach Bern, wo er sogleich, noch am Vormittag, den englischen Gesandten Sir George Warner aufsuchte und telephonisch mit dem parlamentarischen Sekretär Lord Halifax' in Verbindung trat, um diesem Weizsäckers Wunsch auszurichten. Ein paar Tage später konnte Burckhardt dasselbe in allen Einzelheiten dem Sachbearbeiter für Völkerbundsfragen im Foreign Office, Ralph Skrine Stevenson, berichten, der es wiederum unter dem 8. September in einem Brief an William Strang, den Leiter der Zentralabteilung im Foreign Office, mitteilte[86]. Hier heißt es, die einzige Möglichkeit, Hitler die Augen zu öffnen, wäre ein Brief des britischen Premierministers[87] an Hitler, der von einem Kurier direkt überbracht werden müßte; auch wäre darauf zu achten, daß Hitler eine genaue Übersetzung vorgelegt bekomme. Natürlich könne er, so habe Weizsäcker seinem Vorschlag hinzugesetzt, nicht selbst dem britischen Botschafter in Berlin ein solches Ansinnen unterbreiten, weshalb er Burckhardt um die Vermittlung gebeten habe. Es sei von größter Bedeutung, daß der Brief Hitler so schnell wie möglich, noch vor dem Ende des Nürnberger Parteitages, erreiche.

Schließlich gab Stevenson in seinem Brief an Strang auch den Eindruck Burckhardts von der ganzen Sache wieder. Burckhardt wisse von vielen Gelegenheiten, daß sein Gesprächspartner unter normalen Umständen seinem Vorgesetzten gegenüber die strikteste Loyalität beobachte. Deshalb habe ihn die Unterredung so außerordentlich beeindruckt, daß er sofort danach mit dem Auto die 900 km nach Bern in einem Tag ohne Unterbrechung gefahren sei, um unverzüglich Sir George Warner zu berichten. Seinem Bericht und der Übermittlung der Botschaft Weizsäckers fügte Burckhardt hinzu, die Führung der deutschen Wehrmacht und alle Regierungsmitglieder, mit denen er gesprochen habe, einschließlich Görings, seien gegen einen Krieg gegen die Tschechoslowakei. Zwar werde die

Armee auf Befehl Hitlers marschieren, aber die erste Niederlage werde zum Zusammenbruch des Regimes führen.

Noch ehe die über Professor Burckhardt eingeleitete Aktion ihr Ziel erreicht hatte, war ein anderer Vorstoß aus dem Auswärtigen Amt in Gang gesetzt worden, der ganz ähnliche Züge aufwies: Wieder warnten hohe Beamte im Außenministerium eines Landes die Regierung eines möglichen Gegners vor der Politik der eigenen Regierung und gaben Informationen preis, die einer unnachgiebigen Haltung des möglichen Gegners gegenüber den aggressiven Forderungen der eigenen Regierung großenteils das Risiko nahmen.

Oberstleutnant Oster bedrängte Dr. Erich Kordt, von den Engländern irgendwie unmißverständliche Äußerungen zu beschaffen, solche, die nicht nur ein in den Feinheiten der diplomatischen Sprache geschultes Ohr verstand, sondern solche, die auch einen halbgebildeten und kraftmeierischen Diktator beeindruckten [88]. Wenn man sie habe, so werde die militärische Opposition in der Lage sein, einen Kriegsausbruch zu verhindern. »»Dann wird es keinen Hitler mehr geben. Verstehen Sie mich?«« So kühn glaubte Oster auf Grund seiner Kenntnisse sprechen zu können.

Kordt kannte natürlich die Lage der englischen Regierung, er kannte die englische Sitte, nicht mit großen Worten aufzutrumpfen, sondern zur rechten Zeit, aber nie zu früh, zur Tat zu schreiten, er kannte die grundsätzlich friedliche und defensive Haltung Englands, und er wußte, daß sich eine vom Parlament und vom Wählerwillen abhängige Regierung nicht leicht festlegen konnte, was es auch sein möge. Kordt und Oster sahen auch die Bereitschaft Halders und seiner Mitverschwörer zum Staatsstreich, sie waren jedenfalls überzeugt, daß Halder handeln würde. Kannte denn die britische Regierung nicht die Stimmung in Deutschland und unter den Wehrmachtführern? Wußte sie denn nicht, wie wenig der Westwall wert war? Wußte sie nicht, daß dort allenfalls sechs bis acht Divisionen bereitstehen konnten, gegen etwa fünfzig französische [89]? Die deutschen Generale hatten also 1938 nur die Wahl, den Krieg zu verlieren und schrecklich zu unterliegen, oder Hitler zu stürzen, im eigenen Interesse. Konnte man sich also auf die Bereitschaft der Generale zum Staatsstreich verlassen? Die Antwort hieß »ja« in der Argumentation der Opposition; denn die Generale hatten gar keine andere Wahl.

Kordt selbst wollte möglichst nahe am Zentrum der Geschehnisse bleiben, um hier notfalls lenkend eingreifen zu können. Er bat deshalb seine Cousine Susanne Simonis, die für die englische Regierung bestimmte Botschaft auswendig zu lernen und seinem Bruder mündlich nach London zu überbringen [90]. Sie traf am Abend des 5. September in London ein.

2. Außenpolitik und Widerstand

Theo Kordt hatte schon am 23. August in der Wohnung von Philip Conwell Evans mit dem Hauptberater für Industriefragen der englischen Regierung, Sir Horace Wilson, tatsächlich einem der wichtigsten außenpolitischen Berater Chamberlains, gesprochen und ihn gebeten, Chamberlain zu einer konsequenten Politik gegenüber Deutschland zu drängen, der einzigen Möglichkeit, den Ausbruch des von Hitler so rücksichtslos angestrebten Krieges zu verhindern[91]. Conwell Evans, der an der Universität Königsberg tätig gewesen war, stand dem nationalsozialistischen Regime nicht ohne Wohlwollen gegenüber, spielte aber gleichwohl eine wichtige Mittlerrolle zwischen der deutschen Widerstandsbewegung und englischen Regierungskreisen[92].

Nun wandte er sich sofort wieder an Wilson und vereinbarte mit ihm eine Unterredung, die am folgenden Tag, dem 6. September, stattfand. Wilson schienen die Mitteilungen Kordts wichtig genug, um diesen zu bitten, sie am nächsten Tag dem Außenminister gegenüber zu wiederholen. Um möglichst unnötiges Aufsehen zu vermeiden, fand die Besprechung, bei der nur Kordt und Halifax zugegen waren (Wilson entfernte sich, nachdem alles arrangiert war), nicht im Außenministerium, sondern im Amtszimmer Wilsons in der Downing Street 10 statt, wohin Kordt unbeobachtet durch einen Garteneingang gelangte[93].

Kordt erklärte Halifax, er sei der Abgesandte einer einflußreichen Gruppe in militärischen und politischen Kreisen Deutschlands, die den von Hitler beabsichtigten Krieg gegen die Tschechoslowakei verhindern wolle und dafür unter bestimmten Voraussetzungen die nötigen Machtmittel besitze[94]. Hitler plane seinen Angriff in der Auffassung, Frankreich werde seine Pflichten aus dem Bündnisvertrag mit der Tschechoslowakei vom 25. Januar 1924 nicht erfüllen. Wenn man aber jetzt Hitlers Gewaltpolitik freie Bahn lasse, so werden vernünftige, auf Treu und Glauben beruhende internationale Beziehungen in Europa nicht mehr möglich sein. Die Gruppe, für welche Kordt hier spreche, glaube, daß die internationale Lage im Juli 1914 nicht so ausweglos gewesen wäre, wenn Sir Edward Grey damals deutlich erklärt hätte, England werde im Falle eines deutsch-französischen Krieges nicht abseits stehen. Es sei nun eine ähnliche Lage entstanden und Chamberlain habe schon erklärt, England werde im Ernstfall nicht beiseite stehen können. Wenn dies aber wirklich die Haltung des Premierministers sei, so müsse er es völlig offen und unzweideutig erklären, so daß jedermann die Entschlossenheit Großbritanniens begreife. Es müsse ganz klar sein, daß ein Krieg gegen die Tschechoslowakei zugleich Krieg gegen England bedeuten werde. Wenn dann Hitler trotzdem an seiner Politik festhalten sollte, so werde die Armeeführung mit Waffengewalt dagegen auftreten – die deutschen Patrioten sehen keinen anderen Weg, um das Verbrechen eines Krieges zu hindern. Eine außenpolitische Niederlage Hitlers, die durch die erbetene Erklärung herbeigeführt werden könne, sei die Voraussetzung für einen solchen Schritt und würde praktisch das Ende des nationalsozialistischen Regimes bedeuten [95].

Halifax versprach, den Premierminister und einen oder zwei Kollegen im Kabinett zu unterrichten; das Ansinnen werde mit größter Sorgfalt und Diskretion geprüft werden. Kordt verließ Downing Street 10 wieder durch die Gartenpforte und hatte das Gefühl, daß in Kürze eine unzweideutige britische Stellungnahme erfolgen werde. Auch als Chamberlain am 15. September nach Berchtesgaden flog, dachte Kordt noch, Chamberlain werde Hitler reinen Wein einschenken. Aber nach der Münchner Konferenz sagte Halifax zu Theo Kordt: »»Wir sind nicht imstande gewesen, so freimütig zu Ihnen zu sein, wie Sie zu uns waren. Zu der Zeit, als Sie uns Ihre Botschaft übermittelten, erwogen wir bereits die Entsendung Chamberlains nach Deutschland.«« [96]

Was tat die englische Regierung auf alle diese und noch andere Schritte der deutschen Opposition hin, darunter auch eine weitere Mahnung Goerdelers [97], dem Vansittart sogar noch 1948 bescheinigte, Widerstand betrieben zu haben, als er das den Brüdern Kordt ebenso entschieden absprach?

Nun, sie gab in der Tat eine Warnung heraus, deren Sprache nicht mißverständlich war. Am 9. September, spät am Abend, traf in der Botschaft in Berlin eine Mitteilung der englischen Regierung an den deutschen Außenminister ein, die sofort nach Nürnberg weitergeleitet werden sollte. Dort fand gerade der große Parteitag statt, und Botschafter Henderson, der sich ebenfalls in Nürnberg aufhielt, war schon im voraus angewiesen worden, Ribbentrop um eine Audienz zu ersuchen [98]. Henderson sollte Ribbentrop sagen, wenn man zur Lösung der Sudetenfrage zur Gewalt greife und wenn dann auf tschechisches Verlangen hin Frankreich seine Bündnispflicht erfüllen werde, so müsse ein allgemeiner Konflikt entstehen, dem Großbritannien nicht fernbleiben könnte. Ribbentrop sollte ersucht werden, diese Botschaft sofort an Hitler weiterzugeben.

Henderson erhielt die Botschaft, wehrte sich aber in einer Mitteilung an Halifax energisch, sie abzuliefern: mit so etwas könne man Hitler nicht zur Mäßigung, sondern nur zu unüberlegten Schritten treiben [99]. Er behauptete weiter, schon mit Göring, Goebbels und Ribbentrop gesprochen und die Unvermeidbarkeit englischer Beteiligung an einem allgemeinen Konflikt erwähnt zu haben, wollte aber beileibe keine formelle

2. Außenpolitik und Widerstand

Warnung abliefern, die Hitler etwa an die Demarche des 21. Mai erinnern könnte. Halifax gab sich zufrieden: wenn Henderson, wie er schreibe, den britischen Standpunkt Ribbentrop gegenüber schon so eindeutig vertreten habe, brauche er die Warnung vom 9. September nicht mehr abzuliefern [100]. Am 10. September dementierte die englische Regierung sogar in einer Mitteilung an die Presse alle Berichte, wonach die Absendung einer diplomatischen Note an die deutsche Regierung beabsichtigt sei [101].

Es war dann noch gelegentlich die Rede von einem geheimen Brief Chamberlains an Hitler, zu dem es aber auch nicht kam. Die »Warnung« der englischen an die deutsche Regierung bestand schließlich in einer Mitteilung Chamberlains an die Presse, deren Inhalt Chamberlain ausdrücklich als nicht offiziell bezeichnete [102]. Nach dieser weiteren Abschwächung sprach der Premierminister sein großes Vertrauen in das Mittel der Verhandlung und des Gesprächs über Differenzen aus und wies danach auf die englische Warnung vom 24. März hin, die in Simons Rede in Lanark am 27. August wiederholt worden sei: wenn die Tschechoslowakei angegriffen und Frankreich durch die Erfüllung seiner Bündnispflicht in einen Krieg mit Deutschland verwickelt werde, so werde England in einem allgemeinen Konflikt nicht beiseite stehen können. Die englische Sicherheit sei mit der französischen eng verbunden.

Erich Kordt hielt sich in Nürnberg beim Parteitag auf, als er am 12. September diese Presseerklärung Chamberlains erhielt. Er ließ sofort eine Übersetzung und Abschriften anfertigen, zugleich auch von einem in schärferer Sprache gehaltenen Kommentar eines Pressebeamten des Foreign Office. Abschriften beider Schriftstücke wurden sofort unter den im Grandhotel sich aufhaltenden Würdenträgern verteilt. Aber schon in diesem Durcheinander bemerkte ein Beamter des Auswärtigen Amtes den halboffiziellen Charakter der Presseerklärung und wies die Anwesenden darauf hin, und Hitler selbst erklärte das ganze Manöver kurzerhand für leeren Bluff [103]. In seiner Rede, die den Nürnberger Parteitag abschloß, gab er sich so aggressiv wie je, wenn er es auch vermied, sich völlig festzulegen [104].

Die britische Regierung blieb weiterhin konziliant und machte (wie oben schon angedeutet wurde) ständig neue Konzessionen, Chamberlain flog am 15. September nach Berchtesgaden, England und Frankreich erboten sich, die Tschechoslowakei zur Abtretung des Sudetenlandes zu zwingen, worauf Hitler seine Forderungen noch erhöhte und die Zustimmung zum sofortigen Einmarsch der Wehrmacht in das beanspruchte Gebiet verlangte. Chamberlain kam darauf noch einmal nach Deutschland, zur Godesberger Konferenz vom 22. bis 24. September, die jedoch ohne Ergebnis endete. Die Westmächte waren schon zufrieden, wenn Hitler nicht gegen ihren Willen, sondern mit ihrer Zustimmung in das Sudetenland einmarschierte und wenn die Tschechen auf Gegenwehr verzichteten, damit es keinen Krieg gab.

3. Becks Umsturzplan

Während sich beamtete und nicht-beamtete Angehörige der deutschen Opposition bemühten, die außenpolitischen Voraussetzungen zum Sturze Hitlers zu schaffen, entwickelten die militärischen Verschwörer die Pläne für den Staatsstreich. Überlegungen in dieser Richtung gab es schon lange. Während der Fritsch-Krise waren Oster, Gisevius, Schacht, Witzleben, Halder u. a. mit ihnen beschäftigt. Ohne die Mitwirkung des Oberbefehlshabers des Heeres und seines Chefs des Generalstabes schien kein militärischer Staatsstreich durchführbar, und ohne das Militär überhaupt kein Staatsstreich. Über die zwielichtige Stellung Brauchitschs wurde schon berichtet, die Hoffnungen auf seine Mitwirkung waren nicht groß.

Aber Beck versuchte noch, den Krieg wenigstens mit Hilfe von Denkschriften zu verhindern; denn bis auf eine einzige zufällige Unterredung von fünf Minuten Dauer im März 1938 hatte er nie Gelegenheit, Hitler seine Ansichten persönlich vorzutragen [105]. Nicht einmal zur Abmeldung nach seinem Rücktritt wollte Hitler Beck empfangen [106].

Die erste einer Reihe von Denkschriften, die dartun sollten, warum ein Krieg zur Katastrophe für Deutschland und für ganz Europa führen müsse, überreichte Beck seinem Oberbefehlshaber, Generaloberst von Brauchitsch, am 5. Mai 1938. Zum Verständnis dieser und der folgenden Denkschrift müssen die Voraussetzungen kurz erläutert werden.

Beck hoffte zunächst, auf Hitler Einfluß auszuüben und ihn zur Mäßigung zu bewegen. Das konnte er allenfalls als Chef des Generalstabes des Heeres, nicht als Privatmann. Auch aus diesem Grunde ist er während der Fritsch-Krise nicht zurückgetreten, als Brauchitsch so bereitwillig die Stelle Fritschs übernahm und Becks neuer Vorgesetzter wurde, während gegen seinen bisherigen Vorgesetzten unbewiesene Beschuldigungen erhoben waren. Brauchitsch hatte damals, wie oben schon berichtet wurde, keinerlei Bedingungen hinsichtlich der Wiedereinsetzung Fritschs nach seiner Rehabilitierung gestellt (Brauchitsch hätte ja dann wieder gehen müssen), und Beck hätte nur loyal gehandelt, wenn er seinen Abschied genommen hätte. Andererseits war aber Fritschs Rehabilitierung nur von innen, nicht von außen durchzusetzen, und Beck war damals auch über-

3. Becks Umsturzplan

zeugt, bleiben zu müssen, um die weitere Machtergreifung der Nationalsozialisten im Heer zu verhindern, und schließlich blieb er, um soweit es in seiner Macht stand den Krieg zu verhindern, den Hitler am 5. November 1937 angekündigt hatte [107].

Becks Charakter spielte natürlich für seine Haltung keine geringe Rolle. Es war seine Arbeit zu wägen, zu prüfen, zu überlegen, und schließlich sorgfältig zu entscheiden. Seine äußerst bedächtige und abwägende Art hat ihm sogar den Beinamen eines Cunctators eingebracht [108]. Das ist ungerecht, wenn es im Sinne eines Mangels an Tätigkeit aufgefaßt wird, aber das rasche, kurzentschlossene und unorthodoxe Handeln war Beck nicht gemäß. Der Verteidiger des Generalobersten von Fritsch, Graf von der Goltz, sagte über Becks Haltung während der Fritsch-Krise: »›Was seine Bereitschaft zu einem Schlage anlangt, so weiß jeder, der ihn kannte, daß er für einen ›Husarenritt‹ nicht zu haben war.‹« [109]

Sodann ist hier ein Wort über die Position des hohen militärischen Führers im allgemeinen zu sagen. Man hat der Führung der Wehrmacht später, besonders im Zusammenhang mit den Nürnberger Prozessen, oft vorgeworfen, sie habe es versäumt, mit Hilfe der Truppen das nationalsozialistische Regime wie einen Spuk einfach davonzujagen oder zumindest ihm den Gehorsam zu verweigern. Dieser Vorwurf setzt aber eine klare rechtliche und moralische Gegensätzlichkeit zwischen Staatsführung und Armeeführung voraus, die nur einzelne Persönlichkeiten wirklich als gegeben ansahen, und sie setzt nicht allein eine rechtliche und moralische, sondern auch eine formale und unüberbrückbar erscheinende Verfeindung zwischen Staatsführung und Armeeführung voraus. Beck hat 1938 während der Sudetenkrise eine solche Verfeindung als gegeben angesehen, sein Vorgesetzter Generaloberst von Brauchitsch aber nicht. Brauchitsch wollte keinen Streik der Generale, und Beck hat ihm deshalb und wegen der Art und Weise, in der er sich seinem Ansinnen entzog, Charakterschwäche vorgeworfen. Brauchitsch hatte in der Tat keinen starken Charakter, aber die Absage an den Gedanken eines Streiks der Soldaten ist erst in zweiter Linie eine Frage des Charakters [110].

Es war praktisch möglich, den Krieg durch einen Streik aller Kommandierenden Generale zu verhindern, wenigstens für den Augenblick. Aber: es hätte keinen Streik *aller* Kommandierenden Generale gegeben. Luftwaffe und Marine kamen für einen solchen Schritt ohnehin kaum in Frage, und »die Führung« des Heeres war nicht so monolithisch, daß er hier durchführbar gewesen wäre. Bei genügend unvollständiger Beteiligung der Kommandierenden Generale am »Streik« wäre es für Hitler ein leichtes gewesen, die unbotmäßigen Führer zu ersetzen. Strebsame, tüchtige und nicht sehr von Skrupeln geplagte Kandidaten gab es genug, Reichenau und Jodl wären gerne aufgerückt. Überdies hatte sich Brauchitsch schon im Januar 1938 bereit erklärt, notfalls einen anderen Chef des Generalstabes zu nehmen[111]. Beck und gleichgesinnte Generale galten von vornherein als ersetzbar, sie wußten das und hatten es in Rechnung zu stellen.

Selbst wenn die nötigen Voraussetzungen bestanden hätten, so wäre doch die bloße Gehorsamsverweigerung nur ein halber Schritt gewesen. Ein Diktator könne sich nicht zwingen lassen, weil sonst seine Diktatur zu Ende sei, hat Generalfeldmarschall von Manstein im Nürnberger Prozeß sehr treffend gesagt[112]. Über die Mittel, die Hitler zu seiner Befreiung von dem durch die Generale ausgeübten Zwang angewandt hätte, mag man verschiedener Meinung sein. Er war aber in der Wahl seiner Methoden nie zimperlich, und die Armeeführung mußte durchaus mit ihrem »30. Juni« rechnen. Also mußten die Generale auf alle Fälle zu mehr als zu einem Streik bereit sein, nämlich zu einem Staatsstreich. Nur als Signal für den Umsturz konnte ein Kollektivschritt der militärischen Führer sinnvoll sein. Da hierfür die Voraussetzungen im Heer fehlten, war dieser Weg nicht wirklich gangbar.

Die Frage, warum die Voraussetzungen für einen Streik der Militärs fehlten, führt zu der Frage nach der politischen und moralischen Verantwortlichkeit der Soldaten. Zweifellos gibt es eine Pflicht zur Gehorsamsverweigerung, wenn die Ausführung widerrechtlicher oder gar verbrecherischer Befehle verlangt wird, wie etwa die Erschießung von durch die Genfer Konvention geschützten Kriegsgefangenen. Hier läge das Unrechtmäßige klar und eindeutig zutage für den, der die Umstände kannte. Sollten sich die Generale aber auch ein Urteil über die politische Führung zutrauen? Sollten sie entscheiden, was in der Außenpolitik rechtmäßig sei und was nicht, was ein gerechter und was ein ungerechter Krieg sei? Auf das unbestimmte Gefühl hin, daß Hitler im Unrecht sei, konnte kein Offizier gegen ihn rebellieren. Wer das Ganze nicht übersehen konnte, hatte keine Wahl als zu gehorchen – sofern man die Existenz militärischer Macht und Machtmittel überhaupt als sinnvoll und notwendig anerkannte. Generale, die klar sahen und Einblick in die Zusammenhänge hatten, trugen gewiß auch Verantwortung, in dem Sinne, in dem Beck sie auf sich nahm. Aber selbst in diesem Zwiespalt zwischen Gehorsam und moralischer Verantwortung waren sie noch nicht charakterlos, wenn sie sich für den Gehorsam entschieden.

Der Gehorsam ist die Grundlage der soldatischen Organisation und der Beziehung zwischen moderner Staatsführung und Armee[113]. In Jahrhun-

3. Becks Umsturzplan

derten der historischen Entwicklung Europas ist entschieden worden, daß nicht Generale und putschierende Frondeure die Politik zu bestimmen haben, sondern die Staatsregierung. Ohne die Unterordnung des Militärs unter die Staatsführung gibt es nur Chaos im Innern und Handlungsunfähigkeit nach außen. Das gilt in allen demokratischen Staatswesen ebenso wie in den autoritär geführten, einschließlich des Preußen des 18. und 19. Jahrhunderts.

Es soll nicht behauptet werden, es habe keine opportunistischen, verantwortungslosen, charakterschwachen Generale in der deutschen Armee gegeben. Die Prozesse nach dem Kriege haben deutlich genug gezeigt, daß ihrer viele waren. Im Militär dürften menschliche Qualitäten und menschliche Mängel ähnlich verteilt sein wie in anderen Gruppierungen der menschlichen Gesellschaft. Man sollte also auch die sogenannte Generalität nicht überfordern. 1938 war noch nicht so eindeutig wie 1944, daß der eingeschlagene Weg unweigerlich in eine Katastrophe führte, es war keineswegs klar, daß jeder weitere Schritt sinnlos Tausende, Hunderttausende oder Millionen von Menschenleben kosten konnte.

Deutlich war dagegen, daß die Gefahr eines Krieges gegen England und Frankreich und, falls diese in Bedrängnis gerieten, auch gegen die Vereinigten Staaten groß war und daß Deutschland einer solchen Eventualität militärisch nicht gewachsen war. Mit politischen Mitteln ließ sich die Gefahr bannen, mit militärischen nicht. Es war die Pflicht der militärischen Führung, darauf hinzuweisen, und das hat sie auch getan. Hitler hat sich erstaunt und gereizt über die Friedfertigkeit des Generalstabes beschwert [114]. Nicht nur Beck hat auf die Aussichtslosigkeit eines Krieges gegen die Westmächte hingewiesen, er wurde darin vielfach unterstützt. Aber Brauchitsch und andere hohe Führer überließen es der politischen Führung, ob sie ihren pflichtgemäß erhobenen Bedenken folgen wollte, während Beck sich gezwungen sah, noch einen Schritt weiter zu gehen.

In einer Denkschrift vom 5. Mai 1938 legte Beck dar, daß England und Rußland durch die fortschreitende Schwächung Japans in dessen fernöstlichen Feldzügen in Europa zunehmend freie Hand erhalten, daß England und Italien in mancher Hinsicht zusammenarbeiten und daß England und Frankreich sich politisch und militärisch verständigen und schon die Möglichkeit eines Weltkrieges in Rechnung stellen; sie seien dabei, ihre Aufrüstung zu beschleunigen [115]. Überhaupt sei Deutschland fast nur von potentiellen Gegnern umgeben, insbesondere werden England und Frankreich bei aller Abneigung gegen einen neuen Krieg und bei allen Bemühungen, seinen Ausbruch zu verhindern, eine weitere Machtverschiebung zugunsten Deutschlands in Europa nicht zulassen. Deutschland aber fehlen die Voraussetzungen, die für das Durchhalten eines langen Krieges nötig sind: die Wehrmacht sei noch auf Jahre hinaus unfertig, es fehle die kontinentale Basis für einen langen Krieg, Rohstoff, Material und Lebensmittel seien nur in ungenügenden Mengen vorhanden bzw. zu beschaffen. Eine kriegerische Lösung der tschechischen Frage sei also abzulehnen, es komme nur eine Lösung in Frage, mit der England einverstanden sei.

Brauchitsch erhielt die Denkschrift von Beck am Nachmittag des 7. Mai zugeleitet. Er besprach sie mit Keitel und legte auf dessen Rat nur den dritten, militärischen Teil bei Hitler vor, der auch diesen mit Empörung als viel zu pessimistisch zurückwies [116]. Am 28. Mai gab Hitler den Führern der Wehrmacht, darunter auch Beck, der Partei und des Staates bekannt, es sei sein »unabänderlicher Entschluß, die Tschechoslowakei in absehbarer Zeit durch eine militärische Aktion zu zerschlagen« [117]. Er sprach von Lebensraum und schloß auch einen Krieg im Westen nicht aus, um Deutschlands Küstenbasis zu erweitern. Beck reagierte sofort, am 29. Mai, mit einer neuen Denkschrift für Brauchitsch [118]. Noch wollte er es nicht zum völligen Bruch treiben, noch hoffte er, Hitler zu überzeugen und umzustimmen. Beck kämpfte noch *um* Hitler, noch nicht *gegen* Hitler, und so kam er dem Diktator weit entgegen, um seine notwendigerweise militärischen Argumente glaubwürdig zu machen. Sehr treffend formulierte Wolfgang Foerster, der Biograph Becks, dieser habe versucht, »das Gewicht des *militärischen Urteils* in die Waagschale der *politischen Entschlußbildung* zu werfen« [119].

In der neuen Denkschrift, die Beck dem Generalobersten von Brauchitsch am 30. Mai selbst vorlas, erklärte er, es sei richtig, daß Deutschland einen größeren Lebensraum brauche, und zwar (wie auch Hitler am Tage vorher gesagt hatte) sowohl in Europa wie in den Kolonialgebieten. Weiterer Raum in Europa könne von Deutschland nur durch Krieg erworben werden. Richtig sei auch, daß die Tschechoslowakei so, wie sie jetzt bestehe, für Deutschland unerträglich sei und »›notfalls auch durch eine kriegerische Lösung‹« als Gefahrenherd für Deutschland ausgeschaltet werden müsse. Jedoch müsse »›bei letzterer [der kriegerischen Lösung] den Einsatz auch der Erfolg lohnen.‹« [119a] Nicht richtig sei aber, daß Deutschland, wie Hitler behauptet habe, heute stärker als 1914 und einem Kampf gegen Frankreich – einem sicheren Feind jeder deutschen Machterweiterung – und gegen England gewachsen sei. Denn die Wehrmacht sei im Vergleich zu der Armee von 1914 »›personell, materiell und ideell‹« geringwertiger, für einen Mehrfrontenkrieg sei der zur Verfügung stehende Raum unzureichend, die Finanz-, Ernährungs- und Rohstoff-

3. Becks Umsturzplan

lage habe einen tieferen Stand erreicht als sogar 1917/18, und das Volk lehne einen nicht zwingend erscheinenden Krieg ab. Während Deutschland so von innen her schon nicht sehr stark sei, sehe es sich nach außen einer Koalition der Tschechei, Frankreichs, Englands und der Vereinigten Staaten gegenüber. In dieser Lage könne Deutschland wohl den Feldzug gegen die Tschechoslowakei gewinnen, den Krieg werde es verlieren. England und Frankreich seien auch schon 1914 unterschätzt worden, allerdings nicht vom Generalstab. Der Soldat wisse, daß das Frankreich und England zur Verfügung stehende Hinterland (Kolonien, Dominien, Flottenverbindungen und Flottenstützpunkte, im Ernstfall auch die Vereinigten Staaten) und ihre Operationsbasis mit dem, was Deutschland aufzuweisen habe, gar nicht zu vergleichen sei. Etwa »blitzartig« errungene Anfangserfolge seien ja gar nicht ausgeschlossen, für kriegsentscheidend dürfe man sie aber nicht halten. An solchen Auffassungen sehe man, wie sehr es dem Obersten Befehlshaber der Wehrmacht an sachverständiger Beratung fehle, und wenn das nicht geändert werde, so könne man das Schicksal der Wehrmacht und »»damit aber auch das Schicksal Deutschlands«« nur in den schwärzesten Farben sehen.

Am selben Tag, dem 30. Mai, ließ Hitler den Oberbefehlshabern der drei Wehrmachtteile seinen unabänderlichen Entschluß zur Zerschlagung der Tschechoslowakei auch schriftlich zugehen und wies sie an, die Vorbereitungen für die Durchführung des Entschlusses bis Ende September abzuschließen, so daß von da an gehandelt werden könne [120].

Sogleich verfaßte Beck eine neue Denkschrift, in der er sich hauptsächlich auf militärtechnische Argumente beschränkte, um die Unausführbarkeit der militärischen Weisung des Obersten Befehlshabers nachzuweisen [121]. Am 3. Juni erhielt Brauchitsch das Dokument, in dem Beck sich darüber beschwerte, daß die Weisung Hitlers ohne Fühlungnahme mit dem Chef des Generalstabes des Heeres entstanden sei, und in dem er nachwies, daß eine auf den in der Weisung enthaltenen militärischen Grundlagen aufgebaute Aktion gegen die Tschechoslowakei nur verhängnisvoll sein könne. Der Generalstab des Heeres müsse die Mitverantwortung für alle auf diesen Grundlagen fußenden Maßnahmen ablehnen. Das war deutlich. Es ging um Dinge, in denen Beck durchaus Fachmann und kraft seiner Stellung zuständig war, da brauchte er nicht fürchten, auf seinen Kompetenzbereich verwiesen zu werden, wodurch sein Protest die Wirkung verloren hätte.

Beck hatte schon Ende 1937 auf die Anweisungen zur Vorbereitung des Angriffs gegen die Tschechoslowakei hin dafür gesorgt, daß die höheren Heeresführer mit Hitlers Absichten und deren Gefährlichkeit und Unausführbarkeit vertraut werden mußten. Statt der alljährlichen Generalstabsreise ordnete Beck für 27. April bis 10. Mai ein schriftlich auszuarbeitendes Kriegsspiel an, in welchem der Ablauf eines deutschen Angriffs gegen die Tschechoslowakei unter der Voraussetzung französischen Eingreifens zu untersuchen war[122]. Bei der Schlußbesprechung Anfang Mai erläuterte Beck, wie die Tschechei von den deutschen Truppen niedergeworfen worden, wie aber die französische Armee inzwischen weit in deutsches Gebiet eingebrochen und eine Niederlage nicht mehr abzuwenden sei[123]. Beck folgerte daraus, die politische Führung habe sich bei ihren Entschlüssen nach der militärischen und wirtschaftlichen Leistungsfähigkeit zu richten, sonst werde man in eine Katastrophe schlittern[123a].

Brauchitsch widersprach Beck nicht, stimmte ihm aber auch nicht ausdrücklich zu[124]. Es zeigte sich auch bei dem Abendessen im Berliner Hotel »Esplanade«, das Beck den Teilnehmern der Schlußbesprechung gab, daß seine Ansichten durchaus nicht allgemeine Anerkennung fanden. Namentlich Major Schmundt, als Adjutant der Wehrmacht beim Führer Nachfolger Hoßbachs, und Oberstleutnant Hans Jeschonnek, der spätere Chef des Generalstabes der Luftwaffe, bezeichneten Becks Anschauungen als überholt und rückständig, er könne wie seinerzeit Graf von Schlieffen mit der Technik nicht Schritt halten[125]. Doch scheinen die warnenden Stimmen in der Mehrzahl gewesen zu sein, die darauf hinwiesen, daß die Welt eine deutsche Kontinentalhegemonie niemals erlauben werde, daß Rußland eine ungeheure und gewaltig unterschätzte Drohung darstelle und daß Beck wahrscheinlich wegen seiner vernünftigen Haltung bald das Schicksal Fritschs werde teilen müssen[126].

Unter dem 15. Juli griff Beck erneut zur Feder. In einer weiteren Denkschrift für Brauchitsch, deren endgültige Fassung das Datum des 16. Juli trägt, wies Beck noch eindringlicher als bisher auf die Gefahr eines allgemeinen europäischen und wahrscheinlich weltweiten Krieges hin[127]. Die jüngste Rede Daladiers vom 12. Juli müsse alle Zweifler an der Entschlossenheit Frankreichs belehrt haben. Das Volk wolle nach allen vorliegenden Nachrichten keinen Krieg und verstehe auch nicht seinen Sinn, das Heer sei wieder ein Volksheer geworden und habe kein Vertrauen zu einer Führung, die sich auf das Risiko eines neuen allgemeinen Krieges einlasse. Diese Stimmung aber könne gefährliche Folgen sowohl für den Kampfwert der Truppe als auch für ihre Moral schon vor Kriegsbeginn haben. Wenn andererseits England und Frankreich einmal zum Schutz der Tschechoslowakei eingegriffen haben werden, dann werden sie mit einer eventuellen Bereitschaft zur Wiederherstellung des tschechischen Territoriums nicht mehr zufrieden sein; dann werde es

3. Becks Umsturzplan

sich »›um einen Krieg auf Leben und Tod mit Deutschland handeln‹«. Für eine hinhaltende Verteidigung im Westen fehlen Deutschland die Mittel und die Voraussetzungen.

Beck schloß seine militärpolitischen Ausführungen mit den Sätzen: »›Auf Grund meiner vorausgegangenen Darlegungen halte ich mich heute für verpflichtet – im Bewußtsein der Tragweite eines derartigen Schrittes, aber unter Berufung auf die mir nach meiner Dienstanweisung für die Vorbereitung und Ausführung eines Krieges erwachsende Verantwortung –, die dringende Bitte auszusprechen, *den Obersten Befehlshaber der Wehrmacht zu veranlassen, die von ihm befohlenen Kriegsvorbereitungen einzustellen* und die Absicht der gewaltsamen Lösung der tschechischen Frage so lange zurückzustellen, bis sich die militärischen Voraussetzungen dafür grundlegend geändert haben. Zur Zeit halte ich sie für aussichtslos, und diese meine Auffassung wird von allen mir unterstellten Oberquartiermeistern und Abteilungschefs des Generalstabes, soweit sie mit der Frage der Vorbereitung und Ausführung des Krieges gegen die Tschechoslowakei dienstlich befaßt sind, geteilt.‹« [128]

Das tiefe ethische Verantwortungsbewußtsein Becks geht aus diesen Sätzen deutlich hervor. Wohl gehörte es nicht zu seinen dienstlichen Aufgaben, die moralische Berechtigung strategischer Pläne und militärischer Operationen zu beurteilen, deshalb sah er sich auch immer auf militärische Argumente angewiesen. Daher auch die Begründung, Deutschland sei für einen Krieg »zur Zeit« noch nicht bereit. Wenigstens zweimal schon, am 3. Mai 1935 und am 20. Mai 1937, hatte Beck sich geweigert, Angriffspläne gegen die Tschechoslowakei bzw. gegen Österreich auszuarbeiten. Im Widerstreit militärischen Gehorsams und der Verantwortung des Chefs des Generalstabes des Heeres wollte er nun noch einen Schritt weitergehen. Beck setzte voraus, daß Frankreich und England, wahrscheinlich auch die Vereinigten Staaten eingreifen würden. Deutschland würde also niemals zum Kriege »bereit« sein, wenn seine Niederlage von vornherein feststand [128a].

Endlich forderte Beck seinen Vorgesetzten auf, durch Besprechungen und Abstimmung der Auffassungen mit den Oberbefehlshabern und Kommandierenden Generalen des Heeres und auch mit den Oberbefehlshabern der beiden anderen Wehrmachtteile eine gleichmäßige, einheitliche Lagebeurteilung herbeizuführen. Demnächst werde Hitler eine Besprechung mit den Kommandierenden Generalen abhalten, man müsse sich schon vorher über die Auffassung einig sein, die man dabei vertreten wolle. Das wäre dann der berühmte »Kollektivschritt«: die Generale sollten sich Hitler gegenüber gegen den Krieg erklären. Der Oberbefehlshaber des Heeres und sein Chef des Generalstabes allein konnten nicht hoffen, beim Obersten Befehlshaber der Wehrmacht Gehör zu finden. In den Augen Hitlers waren sie ersetzbar. Müßte er aber seine Pläne nicht aufgeben, wenn er fände, daß weitaus die meisten militärischen Führer ebenfalls den Krieg ablehnten?

Am selben Tag, an dem Beck seinem Oberbefehlshaber die Denkschrift vom 15. Juli vorlegte, am 16. Juli, hielt er ihm auch mündlich Vortrag. Dabei konnte er seinen Vorschlag eines Kollektivschrittes viel deutlicher aussprechen: die höchsten Führer der Wehrmacht sollten Hitler zur Einstellung seiner Kriegsvorbereitungen *zwingen*, und falls Hitler sich nicht zwingen lasse, sollten sie alle geschlossen von ihren Ämtern zurücktreten. In seinen Papieren hinterließ Beck eine Niederschrift seines Vortrages [129]. Noch schärfer und klarer sprach er hier die sittliche Verantwortung des hohen Soldaten aus: *»Es stehen hier letzte Entscheidungen über den Bestand der Nation auf dem Spiele. Die Geschichte wird diese Führer [der Wehrmacht] mit einer Blutschuld belasten, wenn sie nicht nach ihrem fachlichen und staatspolitischen Wissen und Gewissen handeln. Ihr soldatischer Gehorsam hat dort eine Grenze, wo ihr Wissen, ihr Gewissen und ihre Verantwortung die Ausführung eines Befehls verbietet.«* [130] Finden die militärischen Führer aber kein Gehör für ihre Warnungen und Ratschläge, dann haben sie vor dem Volk und vor der Geschichte das Recht und die Pflicht, von ihren Ämtern zurückzutreten. Tun sie das geschlossen, so ist ein Krieg unmöglich und das Vaterland ist vor dem Untergang bewahrt. Soldaten in den höchsten Stellungen dürfen ihren Blick nicht auf den rein militärischen Auftrag beschränken, sondern müssen sich zugleich der höchsten Verantwortung vor dem gesamten Volk bewußt sein: *»Außergewöhnliche Zeiten verlangen außergewöhnliche Handlungen!«*

Beck war sich wohl bewußt, daß der vorgeschlagene Kollektivschritt nicht ohne innenpolitische Erschütterungen bleiben könne, selbst im Falle des Erfolges. Er meinte, es werde sogar zu *»erheblichen innerpolitischen Spannungen«* kommen, und da Hitler wohl ohnehin die Absicht habe, die alten, d. h. die von der nationalsozialistischen Ideologie bisher unberührten Generale möglichst bald loszuwerden – er solle gesagt haben, den Krieg gegen die Tschechei werde er noch mit ihnen führen, den gegen Frankreich und England aber mit einer neuen Führerschicht –, so werde man sich *»daher entschließen müssen, in unmittelbarer oder nachfolgender Verbindung mit einem Einspruch nunmehr eine klärende Auseinandersetzung zwischen Wehrmacht und SS herbeizuführen.«* Mit anderen Worten: Der kollektive Protestschritt kann nur erfolgreich sein, wenn man zur gleichen Zeit oder sofort anschließend den Nationalsozia-

3. Becks Umsturzplan

listen ihr eigenes Machtinstrument aus der Hand schlägt, wenn man also zum Staatsstreich weiterschreitet. Denn Hitler war, selbst wenn er Kanzler blieb, kein Diktator mehr, wenn ihm die Wehrmacht nicht gehorchte und wenn seine Parteiarmee entwaffnet war [130a].

Schon am 19. Juli wiederholte Beck seinen Vorschlag eines Kollektivschrittes in drängender Form. Noch mehr betonte er die »Folgen« eines solchen Schrittes und die Gelegenheit zu der »›Auseinandersetzung mit der SS und der Bonzokratie‹«, die für die »›Wiederherstellung geordneter Rechtszustände‹« unausbleiblich sei. In der Niederschrift, die Beck auch über diesen Vortrag bei Brauchitsch angefertigt hat, findet sich jedoch noch der Satz: »›Es kann und darf kein Zweifel darüber aufkommen, daß dieser Kampf für den Führer geführt wird.‹« [131] Wohl zum letzten Male biete hier das Schicksal die Gelegenheit an, »›das deutsche Volk und den Führer selbst zu befreien von dem Alpdruck einer Tscheka und von den Erscheinungen eines Bonzentums, die den Bestand und das Wohl des Reichs durch die Stimmung im Volke zerstören und den Kommunismus wiederaufleben lassen.‹«

Der Hinweis auf den Kommunismus, der damals gar nicht im Wiederaufleben begriffen war, und die Situation, in welcher Beck sich so äußerte, liefern den Schlüssel zum Verständnis seiner Worte. Zweifellos wußte er, daß Hitler nicht das Opfer irgendwelcher teuflischer Ratgeber war. Aber er dachte auch daran, daß Hitler als dem Obersten Kriegsherrn von allen Soldaten ein persönlicher Eid geschworen war, und er wußte, daß die meisten von ihnen, einschließlich Brauchitschs, nicht bereit waren, sich über diesen Eid hinwegzusetzen. Wenn Brauchitsch zu irgendeiner Aktion überredet werden sollte, so konnte es nur unter der Fiktion der Befreiung Hitlers von den üblen Einflüssen der SS und der korrupten Parteibonzen geschehen. Die Erwähnung des dem Militär verhaßten Bonzentums, der anmaßenden Konkurrenzarmee der SS und gar das Gespenst des Kommunismus sollten auf Brauchitschs militärische Mentalität wirken.

Es ist nun leicht zu sagen, mit solchen Argumenten sei nichts auszurichten gewesen; denn heute weiß man es ja. Damals aber waren einem Manne wie Beck, der als Chef des Generalstabes nicht über eigene Befehlsgewalt verfügte, keine anderen Wege offen. Beck kannte die Offiziere des Heeres wohl. Er wußte, daß sie für eine direkte Auflehnung gegen das Staatsoberhaupt bei noch so großer Ablehnung der Person und der Handlungen desselben nicht zu haben waren: »›Auch nur die leiseste Vermutung etwa eines Komplottes darf nicht aufkommen‹«.[132] Ebenso aber sah Beck die Lage voraus, in der sich Hitler gegenüber einem Kollektivprotest seiner Generale finden würde: also »›muß die Geschlossenheit der höchsten militärischen Führer *für alle Fälle hinter diesem Schritte stehen.*‹« »Für alle Fälle« schloß den vorauszusehenden Fall ein, daß Hitler nicht einfach nachgeben würde. Aber dann würde man weitersehen, wenn nur erst einmal der Anstoß gegeben war. Deshalb: »›Kurze, klare Parolen: Für den Führer, gegen den Krieg, gegen die Bonzokratie, Friede mit der Kirche, freie Meinungsäußerung. Schluß mit den Tschekamethoden, wieder Recht im Reich, Senkung aller Beiträge um die Hälfte, kein Bau von Palästen, Wohnungsbau für Volksgenossen, preußische Sauberkeit und Einfachheit!‹« [133] Das war sein Programm. Es besagte nichts anderes als die Beseitigung der NS-Herrschaft mit allem, was an ihr charakteristisch war [134].

Es ist merkwürdig und in den Zusammenhängen noch ungeklärt, daß zur gleichen Zeit wie Beck auch der Chef des Stabes der Seekriegsleitung, Vizeadmiral Günther Guse, in einer Denkschrift oder Vortragsnotiz unter dem 17. Juli ganz ähnliche Gedanken niedergelegt hat: In einem Krieg europäischen Ausmaßes müsse Deutschland unterliegen, es sei aber zu befürchten, daß sich aus einem Überfall auf die Tschechoslowakei ein solcher Konflikt entwickeln würde. Deshalb haben die verantwortlichen Berater Hitlers nicht nur die Pflicht, seine Befehle auszuführen, »›sondern zugleich die Pflicht, sich mit der ganzen Kraft ihrer Person bis zur letzten Konsequenz dafür einzusetzen, daß eine Entwicklung, die den Bestand des Reiches bedroht, rechtzeitig gebremst wird.‹« [135] Als Mittel dazu schlug auch Guse vor: »›gemeinsame Vorstellungen aller drei Wehrmachtchefs‹« oder wenigstens derjenigen des Heeres und der Marine, wenn Göring sich nicht beteiligen würde. Ebenso wie Beck wollte auch Guse nicht gegen, sondern für und um den Führer kämpfen und verhindern, daß Ratgeber, die seinem Ohr näher standen als die Oberbefehlshaber, die Oberhand behalten. Ebenso wie Beck wollte er aber »bis zur letzten Konsequenz« gehen, also in Wirklichkeit nicht bloß protestieren, sondern nötigenfalls entschlossen gegen Hitler handeln.

Auch der Erste Operationsoffizier (Ia) Guses, der damalige Fregattenkapitän Helmut Heye, äußerte sich ähnlich und drang, wiederum ähnlich wie Beck, auf die Wiederherstellung innerer Rechtszustände, auf Beendigung der Kirchen- und Judenverfolgung. Es gebe schon jetzt in Europa so etwas wie eine Kreuzzugstimmung, jedenfalls aber einen Abscheu gegen Deutschland. Ein Überfall auf die Tschechoslowakei müßte als Fanal wirken, und ein Eingreifen der Westmächte würde für Deutschland den Verlust des Krieges bedeuten [136].

Nur allmählich ging der vorgebliche Kampf *um* Hitler dann doch in den offenen Kampf *gegen* Hitler über. Für Beck wurde der 28. Juli ein Wende-

3. Becks Umsturzplan

punkt in dieser Entwicklung; denn an diesem Tage erhielt er ins einzelne gehende Nachrichten über Hitlers Reaktion auf den Bericht Wiedemanns von dessen Londoner Mission [137]. Beck schloß aus Hitlers gleichbleibender Entschlossenheit zu kriegerischem Vorgehen, wie er in einer Aufzeichnung vom 28. Juli festhielt: »›Der Zeitpunkt scheint vorüber oder zum mindesten scheint es erheblich erschwert zu sein, ihn durch sachliche Begründungen und Warnungen von dieser Auffassung abzubringen.‹« [138]

Am folgenden Tag, dem 29. Juli, hielt Beck erneut Vortrag bei Brauchitsch und drängte ihn noch mehr als zuvor: es sei jetzt dringend zu prüfen, »›ob und zu welchem Zeitpunkt der Oberbefehlshaber des Heeres, mit den Generalen des Heeres (Heeresgruppenbefehlshaber und Kommandierende Generale) geschlossen hinter sich, vor den Führer tritt‹«. Brauchitsch müsse Hitler nun sagen: »›*Der Oberbefehlshaber des Heeres mit seinen höchsten führenden Generalen bedauert, die Verantwortung für die Führung eines derartigen Krieges nicht übernehmen zu können, ohne sich vor dem Volk und der Geschichte mitschuldig zu machen. Sie treten daher von ihren Ämtern zurück für den Fall, daß der Führer auf der Durchführung des Krieges besteht.*‹« [139] Gar nicht hart und brutal genug könne diese Erklärung gefaßt werden, für die der rechte Zeitpunkt wahrscheinlich die zweite Septemberhälfte wäre [140]. Dann werde der Rausch des nächsten Parteitages verklungen sein, und dann würden auch voraussichtlich Noten der französischen und englischen Regierung eingehen, »›die noch größere Klarheit über die Lage bringen werden‹«. Auch der Finanzminister werde bei Hitler zu diesem Zeitpunkt gegen die Fortsetzung seiner Politik protestieren müssen, weil ihn die Kassenlage dann dazu zwingen werde [141]. Wenige Tage später war Beck überzeugt, keine Zeit mehr verlieren zu dürfen und vor dem Parteitag, am besten am 15. August anläßlich der von Hitler befohlenen Versammlung der höheren Generale auf dem Truppenübungsplatz Jüterbog, handeln zu müssen [142].

Deutlich wurde Beck nun auch hinsichtlich der zu erwartenden »›inneren Spannungen‹«. Mit solchen sei »›in jedem Falle‹« zu rechnen, gleichgültig also, ob Hitler nachgebe oder nicht. Man sieht, daß er realistisch die Lage beurteilte, die durch die Streikdrohung der Generale entstehen mußte. Auch die Konsequenz daraus ist nun klar ausgesprochen: »›Es wird hiernach notwendig sein, daß das Heer sich nicht nur auf einen möglichen Krieg, sondern auch auf eine innere Auseinandersetzung, die sich nur in Berlin abzuspielen braucht, vorbereitet. Entsprechenden Auftrag erteilen. Witzleben mit Helldorf zusammenbringen.‹«

Hiernach bedarf es keiner weiteren Belege mehr für Becks Bereitschaft zu einem Staatsstreich »in jedem Falle«: Witzleben war damals Kommandierender General des III. Armeekorps und des Wehrkreises III (Berlin) und Graf von Helldorf war Polizeipräsident von Berlin. Beide zusammen verfügten über genügend Macht, um Berlin mit seinen Schlüsselpositionen in die Hand zu bekommen. Der Schritt vom bloßen Protest, sei es auch unter der Drohung des Rücktritts, zum konkreten Staatsstreichplan war also getan. Generalleutnant Karl-Heinrich von Stülpnagel, Oberquartiermeister II im Generalstab des Heeres, war im Auftrage Becks und in Zusammenarbeit mit Witzleben schon mit der Ausarbeitung der Einzelpläne beschäftigt [143].

In diesen Tagen schrieb Beck den Entwurf nieder für die Ansprache, die Brauchitsch den Gruppenbefehlshabern und den Kommandierenden Generalen halten sollte, um sie zu unterrichten und zur Beteiligung an dem Protestschritt aufzufordern [144]. Im wesentlichen enthielt der Entwurf die schon aus Becks Denkschriften und aus seinen eigenen Vorträgen bei Brauchitsch bekannten Argumente und Auffassungen. Für den 15. August hatte Hitler beabsichtigt, die Oberbefehlshaber der Heeresgruppen, die Kommandierenden Generale und die übrigen Generale gleicher Rangstufe in Jüterbog zu versammeln. Dort sollten die Generale Brauchitsch in seiner Haltung unterstützen, wenn Hitler ihnen seine Gedankengänge darlegen werde, und sie sollten auch die anderen Offiziere ihrer Befehlsbereiche, die in den kommenden Wochen von Hitler nach dem Obersalzberg oder an Bord der Jacht »Grille« eingeladen würden, entsprechend unterrichten und anweisen [145].

Nun war es an Brauchitsch, sich zu entschließen. Aber der Oberbefehlshaber des Heeres konnte sich zu keiner eindeutigen Haltung durchringen. Er gab beiden, Hitler und Beck, recht. Er wußte, daß Beck mit seinen Anschauungen zumindest auf lange Sicht recht behalten würde, aber zur Konsequenz aus diesem Wissen war er nicht fähig.

Entsprechend dem Vorschlage Becks berief Brauchitsch die Oberbefehlshaber der Heeresgruppen und die Kommandierenden Generale zum 4. August zu einer Besprechung nach Berlin [146]. In der Versammlung wurde zunächst Becks große Juli-Denkschrift verlesen [147]. General Adam schilderte dann, von Brauchitsch dazu aufgefordert, den völlig ungenügenden Zustand und Verteidigungswert des Westwalles und seiner Bemannung. Brauchitsch stimmte zu und befahl Adam, das genau so auch Hitler zu sagen [148].

Darauf wurden die anderen Herren aufgefordert, etwa abweichende Auffassungen zur Sprache zu bringen. Es herrschte aber fast einstimmige Billigung der vom Oberkommando des Heeres vorgebrachten Beurteilung. Nur zwei Generale, der Oberbefehlshaber der Heeresgruppe 4, General

3. Becks Umsturzplan

von Reichenau, und der Kommandierende General des VIII. A. K., General der Infanterie Ernst Busch, äußerten sich abweichend: der Führer werde sicher das Richtige tun, man müsse Vertrauen zu ihm haben und Gefolgschaftstreue bewahren. Der Widerspruch war so schwach, daß Brauchitsch zum Schluß der Besprechung Einstimmigkeit der Auffassungen feststellte. Die von Beck eigens ausgearbeitete Ansprache aber hat er nicht gehalten. So hörten die versammelten Generale kein Wort über den gemeinsamen Protestschritt und seine voraussehbaren Folgen, niemand forderte sie auf, sich zum »Kampf um Hitler« bereit zu erklären.

Allerdings hat Brauchitsch Hitler einige Tage nach der Besprechung vom 4. August Becks Denkschrift vorlegen lassen, er hat auch später, als sich die Krise gegen Mitte September zuspitzte, die Kommandierenden Generale gebeten, »ihn zu unterstützen, um dem Führer die Augen zu öffnen über das Abenteuer, in das zu stürzen er sich entschlossen hat«, da er selber keinen Einfluß mehr auf Hitler habe – so notierte sich Jodl am 13. September[149]. Aber schon vor Becks Rücktritt hat er immer mehr mit dem Oberquartiermeister General Halder und immer weniger mit Beck zusammengearbeitet, und schließlich ist er ruhig auf seinem Posten geblieben, als sein erster Berater, der Chef des Generalstabes des Heeres, General Ludwig Beck, zurücktrat[150].

Hitler ließ Beck durch Brauchitsch ausrichten, er verbäte sich die politischen Ausführungen, er wisse allein, was er zu tun habe. Von Brauchitsch war Beck desavouiert – »›Brauchitsch hat mich sitzen lassen!‹« sagte er noch oft voll Empörung –, er konnte nur noch zurücktreten, um wenigstens nicht mitschuldig zu werden, verhindern konnte er nichts mehr. Am 10. August ließ Hitler die für den Kriegsfall als Generalstabschefs der Armeen und Luftwaffengruppen, sowie Oberstleutnant Jeschonnek und Jodl – ohne Brauchitsch und Beck, ein wohl seltener Affront – auf den »Berghof« kommen und erklärte ihnen drei Stunden lang seinen Entschluß zum Krieg. General von Wietersheim berief sich auf General Adam und meinte, die Westbefestigungen würden nur drei Wochen halten, aber Hitler schrie, sie würden nicht drei Wochen, sondern drei Jahre gehalten werden.

Nachdem Beck am 15. August in Jüterbog Hitlers Ansprache und seine wiederholte Ankündigung gehört hatte, er werde noch in diesem Herbst die sudetendeutsche Frage mit Gewalt lösen, ersuchte er am 18. August seinen unmittelbaren Vorgesetzten, seine Enthebung von seinem Amte herbeizuführen. Drei Tage später, am 21. August, erhielt er die Nachricht von Hitlers Einverständnis[152]. Am 24. und 26. August hatte Beck noch Besprechungen mit Brauchitsch, und dieser sagte ihm, Hitler wolle aus außenpolitischen Gründen den Rücktritt vorerst nicht öffentlich bekanntwerden lassen. Beck fügte sich. Am 27. August übergab er die Dienstgeschäfte an seinen Nachfolger General Halder und verabschiedete sich nur von seinen nächsten Mitarbeitern, den Oberquartiermeistern und den Abteilungschefs.

Zunächst wurde Beck zum Oberbefehlshaber der 1. Armee ernannt, die im Kriegsfalle im Westen aufmarschieren sollte; nach dem Ende der Krise bat er auf Hitlers Verlangen am 19. Oktober um seinen Abschied, den er zum 31. Oktober unter Beförderung zum Generaloberst erhielt [153]. Während der Krise war er an den Staatsstreichplänen Halders, Witzlebens und Osters nicht intensiv beteiligt.

Von Hitlers Erfolg in der Sudetenfrage ließ Beck sich nicht in seiner Auffassung beirren, daß ein Krieg gegen die Westmächte bei der Fortsetzung der Politik Hitlers unvermeidlich sein werde. Im November legte er seine Gedanken, nun in größerer Ruhe als vor dem Rücktritt, von neuem schriftlich nieder. Große Kriege seien seit 1914 totale Kriege, d. h. Kriege, welche die gesamten Kräfte eines Volkes in Anspruch nehmen – Menschen, Rohstoffe, Wirtschaftskraft, Arbeits- und Erfindertüchtigkeit, Beharrungsvermögen und innere Überzeugung. »›Die geeinte seelische, physische und wirtschaftliche Kraft eines Volkes ist seine Wehrkraft. Die Wehrmacht ist nur ein Teil derselben und wird von ihr getragen für den Sieg über den Feind. Die Vertreter der jungen Wehrmacht müssen die Zusammenhänge zwischen Wehrkraft und Wehrmacht erkennen und für jene ebenso sorgen wie für diese. Das ist in wenigen Worten die gewaltige Lehre des Weltkrieges.‹« [154] So schrieb Ludendorff 1935 an Beck, der derselben Auffassung war. Beck zog aus seinen Überlegungen – nicht anders als bisher – den Schluß, daß Deutschland bei einem Vergleich seiner gesamten Kräfte mit denen der sicheren Gegner keinerlei Aussicht habe, einen Krieg zu gewinnen. Die erforderliche Ausgangslage müßte dazu erst einmal durch eine entsprechende Wirtschafts- und vor allem Bündnispolitik geschaffen werden, damit sowohl strategisch wie kriegswirtschaftlich eine ausreichende Basis zur Verfügung stünde. Das habe im Frieden zu geschehen. Andererseits sei aber Deutschland durch seine neue Wehrmacht schon so stark, daß ein Angriff nicht zu befürchten sei, das Risiko wäre für den Angreifer zu groß [155].

Daß Kriege überhaupt vermieden werden könnten, hat der Soldat Beck nicht geglaubt. Gegner gebe es allzumal, ein Volk und seine Staatsführung müssen die Politik seiner (wohlverstandenen) Lebensinteressen durchsetzen, und wenn alle anderen Mittel versagt haben, bleibe eben der Krieg als letztes Mittel. So sei zwar mit Moltke der Krieg als Teil der göttlichen Weltordnung, aber auch selbst im Falle des Sieges als nationales Unglück anzusehen [156]. »Den Krieg können wir nicht abschaffen. Jedes Nachdenken über die von Gott gewollte Unvollkommenheit der Menschen muß immer wieder zu diesem Resultat kommen.« [157] Aber: ein neuer sittlicher Idealismus vermöge, »sollte das Ziel auch nie vollständig erreicht werden, wie dies vom ewigen Frieden angenommen werden muß, es doch zu ermöglichen, ihm in einer ins Unendliche fortschreitenden Annäherung immer näher zu kommen.« [158] Grundsätzlich hatte also Beck für Krieg jeder Art nur Ablehnung.

4. Halders Umsturzplan

Nachfolger Becks wurde der bisherige Oberquartiermeister I im Generalstab des Heeres, General der Artillerie Franz Halder. Die ihn kannten, beschreiben ihn ziemlich übereinstimmend als religiös und konservativ, als hervorragenden Generalstäbler bester Schule und von »unverwüstlicher Arbeitskraft«, als korrekt, nüchtern, aber auch sensibel, voll Verantwortungsbewußtsein und in den Traditionen soldatischen Gehorsams wurzelnd [159]. Obwohl niemand für Halder so lobende Worte findet wie für Beck, gibt es doch auch nirgends einen ernsthaften Zweifel an seiner Gegnerschaft gegenüber Hitler. Trotzdem ist seine Haltung im Widerstand umstritten und wird es bleiben.

Halder hat die Nachfolge Becks im Einvernehmen mit diesem angetreten, und er ließ Brauchitsch gegenüber keinen Zweifel daran, daß er zur weiteren Bekämpfung der Kriegspolitik Hitlers fest entschlossen sei [160]. Dennoch werfen die Umstände ein Zwielicht auf Halder.

Die Frage, warum er auch nach dem fehlgeschlagenen Staatsstreichversuch vom Herbst 1938, nach dem Vertragsbruch Hitlers durch den Einmarsch in die »Resttschechei« und selbst dann noch blieb, als er wissen mußte, daß Hitler Polen angreifen würde, warum er Hitlers Krieg vorbereiten half – diese Frage läßt sich nicht eindeutig beantworten [161]. Halder mußte nach der Sudetenkrise wissen, daß England kampfbereit, wenn auch noch nicht militärisch gerüstet war für den Fall, daß eine Übereinkunft nicht erzielt worden wäre, und er mußte wissen, daß auch Hitler an das Ende seiner Erfolge gelangen mußte, besonders da er seine Methode nicht ändern wollte. Halder war auch zu jeder Zeit gut unterrichtet, sowohl über die Zustände zu Hause, über die Gestapo-Herrschaft, später über die Morde in Polen, wie auch über Hitlers wahnsinnige strategische Absichten; sein eigenes Tagebuch weist es aus [162]. Niemand kann ernsthaft behaupten,

Hitler habe seine Drohungen gewöhnlich nicht ausgeführt; spätestens nach dem Einmarsch in Prag war das Gegenteil klar. Die Auffassung, das Weggehen *im Kriege* sei eine Art Fahnenflucht und Pflichtvergessenheit, wird man einem Soldaten als aufrichtig anerkennen müssen. Aber den Gedanken, der Weizsäcker im Amte gehalten hat, nämlich zu bleiben, um möglichst viel zu hindern und zu mildern, kann man Halder kaum zugute halten. Die Ausrottungsaktionen in Polen und Rußland konnte er weder vorhersehen noch hindern, und die strategischen und taktischen Fehler, die mit dem Namen Stalingrad verknüpft sind, auch nicht. Doch gab das Schicksal Becks einen deutlichen Begriff der Erfolgsaussichten von Protesten, und wenn einmal geschossen wurde, gab es wohl nicht mehr viel zu verhindern [163].

Das alles soll nicht heißen, daß es Halder mit seiner Opposition 1938 nicht ernst gewesen sei: Er hat sich so tief in die Staatsstreichvorbereitungen eingelassen, daß an seinem Ernst und an seinem Mut gar nicht gezweifelt werden kann. Die Gründe für sein Versagen werden auch nur teilweise in seinem Charakter zu finden sein.

Schon vor seiner Amtsübernahme stand Halder mit dem Staatssekretär von Weizsäcker im Auswärtigen Amt in Verbindung; Beck hatte sie vermittelt und vorbereitet, und Halder intensivierte sie seit Ende August 1938, obgleich jeder unmittelbare Verkehr zwischen den beiden Dienststellen ausdrücklich verboten war [164]. Zum großen Teil gingen jedoch Mitteilungen, Verständigungen und Verabredungen zwischen Halder und Weizsäcker über das Amt Ausland/Abwehr im OKW, das Admiral Canaris unterstand. So vermied man jedes Aufsehen, da der Verkehr zwischen dem Auswärtigen Amt und der Dienststelle Canaris' damals noch ebenso selbstverständlich war, wie der zwischen dem Chef der Abwehr und dem Chef des Generalstabes des Heeres. Bei Canaris' häufigen Abwesenheiten übernahm Oster seine Rolle. Halder kannte Oster schon seit der Zeit, als er Chef des Stabes im Wehrkreis-Kommando VI in Münster und Oster im selben Stabe tätig war [165].

Oster spielte die zentrale und die aktivste Rolle zwischen allen Gruppen, er war treibende Kraft und Mittler zugleich [166]. Gisevius war ebenfalls bei den Vorbereitungen zum Umsturz sehr rührig, und auch der Reichsbankpräsident Dr. Hjalmar Schacht nahm an wichtigen Besprechungen teil und stellte sich für politische Aufgaben zur Verfügung [167].

Es scheint, daß die ersten Besprechungen der Einzelheiten eines Umsturzes in den letzten Augusttagen in Gang gekommen sind, wenn auch ein genau bestimmbarer Anfang nicht mehr festzustellen ist. Die Bemühungen Becks und Halders gingen ineinander über, diejenigen Osters

4. Halders Umsturzplan

und seiner unmittelbaren Mitarbeiter sowie die Sondierungen von Gisevius können als kontinuierlich angesehen werden[168]. Halder war über Becks Absichten im Bilde, als er am 27. August, einem Samstag, dessen Amt übernahm. Oster war vorher und nachher mit gleicher Stetigkeit bemüht, den Kriegsausbruch zu verhindern. Ende August taten sich Schacht und Gisevius zusammen, um nach Inhabern militärischer Gewalt zu suchen, die zu einer »Aktion« bereit wären. Zur selben Zeit wandte sich Halder auf den Rat Becks hin an Oster mit der Frage, welche technischen und politischen Vorbereitungen schon für einen Staatsstreich getroffen seien[169]. Oster konnte damals nur allgemein auf die Bereitschaft einiger Persönlichkeiten wie Schacht und Goerdeler zu politischer Mitarbeit und Beteiligung verweisen[170].

Mit Goerdeler wollte Halder keine Verbindung haben; er kannte ihn nicht, und Goerdeler galt auch schon zu sehr als »Gegner«. Eine Verbindung mit dem gewissermaßen seriöseren Schacht, der noch in Amt und Würden war, schien ungefährlicher und unverfänglicher, auch kannte Halder den Reichsbankpräsidenten schon von einer Veranstaltung der Reichsbank im Winter 1937/38 her, anscheinend durch Vermittlung des Chefs der 6. (Quartiermeister-) Abteilung des Generalstabes des Heeres, des damaligen Oberst i. G. Eduard Wagner[171]. Ganz kurz nach dem ersten Gespräch mit Oster besuchte Halder Schacht in dessen Wohnung[172].

Halder war sehr daran gelegen, durch einen Umsturz nicht lediglich ein Chaos oder gar einen blutigen Bürgerkrieg herbeizuführen, sondern politisch stabile Verhältnisse möglichst rasch wieder herzustellen. So fragte er Schacht in dieser ersten Unterredung geradezu – es war nichts Geringeres als Hochverrat –, ob er bereit wäre, nach einem durch das Heer bewirkten Umsturz sich an einer neu zu bildenden Regierung führend zu beteiligen. Ein Umsturz sei nämlich unumgänglich, wenn Hitler die Dinge bis zum Krieg treiben sollte[173]. Schacht gab eine allgemeine Zusage, ohne daß jedoch ein politisches Programm schon in seinen Einzelheiten besprochen worden wäre[174].

Zur Klärung der Fragen des Einsatzes der Polizei im Falle eines Putsches verwiesen sowohl Oster als auch nunmehr Schacht den Generalstabschef an Dr. Gisevius: den Regierungsrat aus dem Innenministerium, 1933–1936 nacheinander in der Gestapo, im Preußischen Ministerium des Innern, im Reichsministerium des Innern und im Reichskriminalpolizeiamt, zuletzt und bis Mitte 1937 beim Regierungspräsidium in Münster in der Preisüberwachung tätig, seitdem im unbezahlten Urlaub und in formloser Verbindung zum Amt Ausland/Abwehr stehend[175]. Es wurde also ein Besuch Gisevius' bei Halder in dessen Wohnung in Berlin-

Zehlendorf vereinbart, der kurz nach Halders Besuch bei Schacht stattfand [176].

Halder erklärte dabei offen seine Gegnerschaft gegenüber Hitler; ein Blutsäufer und Verbrecher sei er und daher zu beseitigen. Nur sei es eben sehr, sehr schwierig, dies und die offensichtliche Absicht Hitlers, einen Krieg vom Zaune zu brechen, den anderen Generalen zu erklären und plausibel zu machen [177]. Unter den Generalen herrsche weithin die Meinung vor, Hitler bereite lediglich einen ungeheuren Bluff vor, keineswegs einen Krieg. Hitler wisse ganz genau, so meinen sie, wie gefährlich ein Krieg für den Erfolg der deutschen Politik und vielleicht gar für den Bestand des Reiches sein könne, es gebe aber, so glauben sie, eine Art Arrangement zwischen Hitler und den Westmächten, die ihm im Osten freie Hand lassen wollten [178]. Auch der Volksmassen könne man nicht sicher sein. Solange diesen nicht handgreiflich klargemacht sei, daß es bei der Fortsetzung der gegenwärtigen Politik zum Blutvergießen kommen müsse, solange stehen sie und die Masse des Heeres zu Hitler und also müsse man bei einem Umsturzversuch mit Bürgerkrieg rechnen. Dem sei vielleicht am besten abzuhelfen, wenn man bis zum tatsächlichen Beginn der Feindseligkeiten, wenigstens aber bis zur Kriegserklärung durch die Westmächte warte [179].

Auch Halder war eben in diesem Punkte skeptisch. In der Tat konnte niemand mit völliger Sicherheit genau den Punkt angeben, an welchem die Westmächte zum Krieg schreiten würden, obwohl die Wahrscheinlichkeit an Sicherheit grenzte, sobald es zur kriegerischen und nicht bloß »friedlichen« Besetzung eines Landes – wie im Falle Österreichs – kommen würde. Man konnte nur mit Sicherheit voraussagen, daß sie sehr bald jeder ferneren Machterweiterung und Eroberung Hitlers entgegentreten würden. Aber Halder wollte es sicher wissen, und am sichersten wußte man es, wenn der Krieg schon begonnen hatte. Halder suchte, wie Schacht es ausdrückt, in seiner Umwelt die Sicherheit, die er in sich selbst nicht finden konnte. Wohl fehlte es ihm nicht an Erkenntnis des Notwendigen, nicht an Entschlossenheit; aber den Schritt vom Entschluß zur Tat verhinderten seine Schwäche und innere Unsicherheit [180]. Über die ungeheuerliche Gefährlichkeit solchen Abwartens mußte sich auch Halder im klaren gewesen sein. Ebenso wie Gisevius rechnete er bei einem Kriegsausbruch nicht nur mit sofortigen Bombenangriffen auf die Industriegebiete, sondern sogar, wie auch Beck, mit einem strategischen Einbruch der Westmächte [181]. Wer an den Ersten Weltkrieg dachte und wer wie Beck und Halder die französischen und englischen Armeen den deutschen überlegen glaubte, der konnte nicht den »Sitzkrieg« von 1939 voraussehen.

4. Halders Umsturzplan

Gisevius hatte begreiflicherweise von Halder nicht gerade den Eindruck eines Draufgängers. Man würde sich auf diesen etwas pedantischen und übervorsichtigen, wenngleich sehr klugen Mann kaum fest verlassen können. Halder war andererseits von Gisevius auch nicht sonderlich angetan[182]. Dies erklärt sich aber auch aus den Vorschlägen, die Gisevius dem Chef des Generalstabes unterbreitete und die dieser nicht ohne Berechtigung für abenteuerlich hielt: man müsse das Regime von seiner kriminellen Seite her anfassen, also die Gestapo, die SS überhaupt und die Konzentrationslager zum Ansatzpunkt machen. Die Kriminalität dieser Einrichtungen war in der Tat offensichtlich, das Vorgehen gegen sie bedurfte keiner besonderen Rechtfertigung. Man könnte so gewissermaßen an Hitler vorbeigehen. Wer wolle, meinte Gisevius, könnte dann denken, Hitler werde gegen seine schlimmsten Rabauken in Schutz genommen, und vor allem umginge man damit das Problem des von den Soldaten ihrem Obersten Kriegsherrn geleisteten Eides. So würde jedenfalls eine Situation geschaffen, in der dann die Wehrmacht die Ordnung wiederherstellen müßte[183].

Ein derartiges Vorgehen also hielt Halder für bedenklich. Was wäre, wenn nachher der Wehrmacht vorgeworfen würde, sie habe sich des Rechtsbruches schuldig gemacht, da doch ihr Ideal das Gegenteil war? Gisevius wußte da Abhilfe: die nötigen Beweise und Unterlagen für die Verbrechen der Heydrich, Himmler und Göring werde man innerhalb weniger Stunden nach der Besetzung des Gestapo-Hauptquartiers in Händen haben und damit die Rechtmäßigkeit der Säuberungsaktion belegen[184]. Vorher waren eben die Dokumente nicht zu beschaffen. Aber Halder war das auch zu unsicher; lieber wollte er erst einen außenpolitischen oder gar einen militärischen Rückschlag haben.

Selbst dann noch wollte Halder nicht eigentlich die Armee gegen das Regime einsetzen, wenigstens gab er das Gisevius bei dessen Besuch zu verstehen. Er dachte, nach dem Bericht Gisevius', an einen Sprengstoffanschlag auf Hitlers Eisenbahnzug, den man aber als feindlichen Bombenangriff kaschieren könnte[185]. Halder hatte gegen ein Attentat, mit dem das Heer belastet würde, gewisse Bedenken[186].

Nach diesem unbefriedigenden Abendgespräch traf sich Gisevius noch in derselben Nacht mit Oster und berichtete ihm von seinen für Halder nicht schmeichelhaften Eindrücken, über die der Abwehroffizier recht bestürzt war. Aber schon am nächsten Tag gab es Anlaß zu neuen Hoffnungen: Halder beauftragte Oster, zur Vorbereitung aller polizeilichen Maßnahmen für den Staatsstreich Gisevius zuzuziehen[187].

Nun sahen Gisevius, Oster und Schacht im wesentlichen vier Aufgaben vor sich: Erstens war sofort und in allen Einzelheiten ein Staatsstreichplan auszuarbeiten; zweitens mußte unverzüglich versucht werden, weitere führende Militärs zu gewinnen, insbesondere Truppenkommandeure; drittens waren alle Anstrengungen zu machen, um Halder zu einer früheren Ausgabe des von ihm erwarteten Stichwortes zu bewegen, das er erst im Kriegsfalle geben wollte; und viertens mußte Halder, um ihm für seine Entscheidung auch abgesehen von Hitlers Angriffsbefehl eine Grundlage zu geben, ständig über alle wichtigen außenpolitischen Vorgänge unterrichtet werden. Die zuletzt genannte Aufgabe erfüllten hauptsächlich Oster, gelegentlich Schacht und Weizsäcker. Für den ersten Punkt konnte Oster aus Halders Anweisung, in polizeilichen Fragen mit Gisevius zusammenzuarbeiten, einen Auftrag ableiten. Ehe es aber dazu kam, daß man die anderen Punkte in Angriff nahm, verging eine Reihe von Tagen.

Am 5. September hatte in Nürnberg der Parteitag unter dem Motto »Großdeutschland« begonnen, und sieben Tage lang wartete man mit Spannung auf Hitlers Schlußrede, die er am 12. September halten und in der er mit der Tschechoslowakei wohl »abrechnen« wollte [188]. Tatsächlich drohte Hitler mit Intervention gegen die Tschechoslowakei, um die Erfüllung seiner und der sudetendeutschen Forderungen »so oder so« zu erzwingen [189]. Aber er legte sich nicht ausdrücklich auf eine bestimmte Linie fest.

Es verging einige Zeit, ehe die Vorbereitungen für den Umsturz recht in Gang kamen. Schacht und Gisevius wurden unruhig und ungeduldig. Sie wollten feststellen, ob Halder zu seinem Wort stehen würde und ob er die nötigen Vorbereitungen treffe, und vor allem wollten sie, nun da ein Krieg immer wahrscheinlicher wurde, darauf dringen, daß das Signal zum Putsch schon vor Ausbruch von Feindseligkeiten gegeben werde. Schacht sagte sich daher zu einem Besuch bei Halder an, den Oster vermittelte. Gisevius ging uneingeladen und unangekündigt mit, was Halder nicht sehr behagte [190].

Als Schacht und Gisevius dann bei Halder in dessen Wohnung erschienen, fanden sie den Chef des Generalstabes tatsächlich nicht mehr so entschlossen wie zuvor [191]. Auch Oster konnte damals seinen anderen Mitverschworenen nur berichten, Halder sei »nahezu entschlossen« [192]. Halder hoffte anscheinend, die Westmächte würden Hitler trotz allen Befürchtungen freie Hand lassen zur Annexion des Sudetenlandes, sofern es auf friedlichem Wege, d. h. ohne Blutvergießen geschah [193]. Andererseits schien Halder nun doch bereit, einen Krieg zu verhindern, und zwar vor dem Ausbruch der Feindseligkeiten. Sobald Hitler den Marschbefehl gab, wollte Halder das Signal zum Aufstand geben [194].

4. Halders Umsturzplan

Er konnte Schacht und Gisevius auch in einem anderen wichtigen Punkt beruhigen: einen Überraschungsschlag, der der Opposition keine Zeit zum Eingreifen mehr ließe, könne Hitler nicht führen; denn die militärischen Pläne seien so angelegt, daß der Chef des Generalstabes mindestens drei mal vierundzwanzig Stunden vor dem Angriff »»merke, ob er [Hitler] etwas plant«« [195]. Vierundzwanzig Stunden vor dem Angriffstermin müsse der Befehl unwiderruflich erteilt werden, danach könne der Angriff nicht mehr gestoppt werden [196].

Tatsächlich hatte der Oberquartiermeister I, Generalleutnant Karl-Heinrich von Stülpnagel, der in die Staatsstreichpläne eingeweiht und bei ihrer Ausarbeitung beteiligt war, am 8. September beim OKW die schriftliche Zusicherung erbeten, daß dem OKH fünf Tage im voraus mitgeteilt werde, wann eine »Aktion« stattfinden würde [197]. Der Chef des Wehrmachtführungsamtes im OKW, Oberst Jodl, gab die entsprechende Zusage mit der Einschränkung, daß wegen einer möglichen Änderung der Großwetterlage die Absicht und der Marschbefehl bis zwei Tage vor dem Marschzeitpunkt, also bis X–2 Tage, sich noch ändern können. In der Nacht vom 9. auf den 10. September hielt Halder Hitler in Nürnberg Vortrag über die Mobilisierungsvorbereitungen. Es kam dabei offenbar zu stürmischen Aussprachen, und General Keitel sprach ein paar Tage darauf Jodl gegenüber seine Enttäuschung über die Haltung einiger Generale aus. Berichte der Abwehr und eine Denkschrift des Wehrwirtschaftsstabes über die unangreifbare Stärke der englischen Rüstungsindustrie, Mangel an Zuversicht in der Luftwaffe, von Brauchitsch und Halder vorgebrachte Bedenken wegen der Gefährlichkeit der strategischen Gesamtlage, besonders hinsichtlich des Eingreifens der Westmächte – Bedenken, die übrigens auch Jodl damals teilte –, all das muß Hitler in große Wut versetzt haben [198]. Hitler wollte sich insbesondere nicht durch militärische Argumente die Hände binden lassen hinsichtlich des Zeitabstandes zwischen »X« (Angriff) und dem unwiderruflichen Befehl dazu. Noch am 28. September legte er fest, die Entscheidung über den endgültigen Befehl müsse »ein Tag vorher bis 12.00 Uhr« fallen, obwohl er bis dahin die Argumente Halders anerkannt zu haben scheint.

Schacht war dagegen, mit dem Staatsstreich so bis zum letzten Moment zu warten, aber Halder bestand darauf. Noch mehr als bisher gewannen Schacht und Gisevius den Eindruck, daß auf Halder eventuell kein Verlaß sein werde [199].

Dieses enttäuschende Ergebnis bestimmte Gisevius und Schacht sowie Oster, dem sie berichteten, die Bemühungen um andere militärische Persönlichkeiten zu intensivieren. Es lag nahe, sich zunächst an denjenigen Befehlshaber zu wenden, der vor allen die von Halder erhofften Weisungen würde auszuführen haben: an den Kommandierenden General im Wehrkreis III, General von Witzleben [200]. Witzleben war eine Zeitlang der Vorgesetzte von Oster gewesen, und jetzt hatte er als Kommandierender General des III. Armeekorps (Wehrkreis III) seinen Sitz am Hohenzollerndamm 144 in Berlin [201]. Von Politik wollte er nicht viel wissen und pflegte zu erklären, davon verstehe er nichts. Es genügte ihm zu wissen, daß hier das Unrechtsregime Hitlers zu beseitigen war und daß er dazu entscheidend beitragen konnte. Allerseits wird Witzleben als der Inbegriff des aufrechten, unbürokratischen und unkomplizierten, tatkräftigen, in den besten Traditionen des Soldatentums wurzelnden Truppenführers geschildert, als ein gerader Mann, der stets zu seinem Wort stand [202].

Nun wandte sich also Oster in der ersten Septemberhälfte an Witzleben mit der Frage, ob er eventuell an einem Staatsstreich teilnehmen würde, und Witzleben war sofort dabei, allerdings nicht ohne gewisse Bedingungen zu stellen. Erst einmal wollte Witzleben wissen, ob es wirklich zu einem Krieg kommen würde, wenn Hitler die Tschechoslowakei angriffe; immerhin dachte er so weit politisch, daß er Hitler nicht glaubte entgegentreten zu können, wenn dieser dabei war, einen großen und unblutigen Sieg zu erringen, wie etwa beim Einmarsch in Österreich [203]. Ein Risiko war unvermeidlich, ein Abenteuer aber nicht, und den Truppen durfte nichts Undurchführbares zugemutet werden. Oster und Gisevius nannten Schacht als denjenigen Politiker, der am besten über die außenpolitische Lage Auskunft geben könnte. So kam es zu einem Besuch Witzlebens bei Schacht auf dessen Landsitz Gühlen [204].

Witzleben ließ sich von dem Kommandeur der Potsdamer (23.) Division, Generalmajor Walter Graf von Brockdorff-Ahlefeldt, begleiten, und Gisevius war ebenfalls dabei. Soweit sich noch feststellen läßt, fand diese Besprechung bei Schacht zwischen Halders Besuch bei Schacht und dessen Gegenbesuch statt, also zwischen dem 4. und 14. September [205]. Die Generale und Schacht wurden sich rasch einig, Schacht wußte mit großer Überzeugungskraft von der außenpolitischen Situation und dem bevorstehenden Eingreifen der Westmächte zu sprechen, und Witzleben und Brockdorff stimmten zu, daß ein Krieg mit allen Mitteln verhindert werden müsse. Witzleben gab sein Wort, mit oder notfalls auch ohne Halders Zustimmung zu handeln [206].

Nun wurde die Vorbereitung der Einzelheiten forciert. Schacht sollte sich eine Liste von Mitgliedern des zu bildenden politischen Direktoriums überlegen, Graf von Brockdorff-Ahlefeldt sollte die militärischen

4. Halders Umsturzplan

Maßnahmen ausarbeiten und vorbereiten, und die Einzelplanungen für den Einsatz der Berliner Polizei sowie die Neutralisierung der Polizei- und SS-Einheiten im Reich sollte Gisevius entwerfen [207].

Darüber, was nach gelungenem Putsch auf politischem Gebiete zu tun sei, gab es natürlicherweise nur undeutliche und uneinheitliche Vorstellungen. Niemand konnte genau wissen, welche politischen Kräfte nach einem Putsch hervortreten würden, wie rasch sich Gewerkschaften und Parteien wieder formieren könnten, wer zur Mitarbeit unter welchen Voraussetzungen bereit sein würde, wer eventuell von den bisherigen Funktionären in Kauf genommen werden müßte. Halder und nach ihm so mancher andere General haben diese Unsicherheit bitter beklagt. Immer nur sei er zum Handeln gedrängt worden, meinte Halder später, aber weder Goerdeler noch Beck, Canaris, Oster oder Schacht hätten »einen klaren Plan, eine befriedigende Konzeption« gehabt von dem, was nach dem Umsturz kommen sollte [208]. Nach dem Kriege schob Halder das Scheitern der Widerstandsbewegung auf diesen angeblichen Mangel: »Der Putsch, das Attentat, das Hitler beseitigte, ist nur die negative Seite. Wem es um das Schicksal seines Volkes geht, der muß nach der positiven Seite sehen. Was kommt dann? Und diese positive Seite habe ich nie zu sehen bekommen. Man hat von dem Soldaten wie vom Hausknecht verlangt: ›Mach die Stube sauber!‹ Was aber dann serviert wird in dieser Stube, darüber habe ich nie etwas gehört, weder von Beck noch von Goerdeler. Darin liegt die entscheidende Schwäche dieser ganzen Widerstandsbewegung.« [209] Das stimmte aber nur insofern, als niemand wissen konnte, ob ein Bürgerkrieg ausbrechen würde; über die *Ziele* des Umsturzes war Halder natürlich unterrichtet.

Soweit war man sich schon im September 1938 einig: zunächst würde man eine Militärdiktatur bzw. einen militärischen Ausnahmezustand von möglichst kurzer Dauer errichten [210]. Danach sollte eine vorläufige Zivilregierung gebildet werden, die Neuwahlen auf Grund der alten Weimarer Verfassung auszuschreiben hätte [211]. Schacht erwähnt sogar noch eine Art Vorparlament, das »aus den Arbeitsobmännern der Betriebe« zu wählen sei.

Über die Frage, ob einer der NS-Funktionäre wenigstens zunächst zu beteiligen sei, gab es keine Einigkeit. Aber viele hohe Offiziere und mancher Bürger glaubten in Göring einen konservativen Gemäßigten sehen zu sollen, den man irgendwie als Mittler und zur Erleichterung des Übergangs gebrauchen könnte [212]. Doch gerade die Beteiligung Görings, von dessen stark schillernder Persönlichkeit mancher so fasziniert wurde, hielt Gisevius für besonders gefährlich; eher noch müsse man gegenüber

Hitler in den ersten Stunden geschmeidig taktieren. Eine möglichst unklare politische Situation, etwa unter der Parole »Putsch der SS, die Wehrmacht schafft Ordnung«, somit Vermeidung von Gewissenskonflikten wegen Beseitigung Hitlers, dagegen klare militärische Befehle – das hielt Gisevius für das richtige[213]. Im übrigen würde es nicht schwer sein, meinte er weiter, die Führungsstellen im Apparat der Staatsverwaltung rasch mit unbelasteten Leuten neu zu besetzen. Ohnehin konnte man das der kommenden Regierung überlassen[214].

Bedeutend schwieriger war es, die nötigen militärischen Kräfte frei zu machen und ihren Einsatz vorzubereiten. Zunächst wurde klar, daß entgegen landläufigen Vorstellungen durchaus nicht jeder General in der Lage war, bewaffneten Truppeneinheiten Marschbefehle zu erteilen. Selbst der Chef des Generalstabes des Heeres konnte das nicht ohne die Autorität und Deckung durch seinen Befehlshaber – er selbst war kein »Befehlshaber«, er war nur der Berater des Oberbefehlshabers des Heeres[215]. Wenn ein wirklicher »Befehlshaber« gefunden war, so mußten seiner geplanten Aktion die Wege so weit wie möglich geebnet werden: Er durfte keine Gegenbefehle erhalten von den Gegnern, er durfte nicht auf den Widerstand gleichartiger Truppenverbände, also von Heereseinheiten, im Gegensatz zu SS und SA, stoßen, und es durfte auch nicht zu einem Zusammenstoß mit der Polizei kommen. Sonst könnte die Aktion allzufrüh den Anschein des Unrechtmäßigen erhalten, den so viele Offiziere so sehr fürchteten und der so leicht die Loyalität der Truppe kosten konnte, ehe das Ziel erreicht war. Es war bedenklich genug, daß man wahrscheinlich hier und da einen Zusammenstoß mit uniformierten »Hoheitsträgern« nicht würde vermeiden können. Schon um das durchzustehen war besonders große soldatische und moralische Autorität erforderlich, wie sie durchaus nicht jeder General besaß[216]. Auf alle Fälle mußte unter diesen Umständen alles sehr schnell vor sich gehen, dem Gegner mußten alle Möglichkeiten zu Gegenbefehlen genommen werden. Man konnte keinesfalls hoffen, die Mehrheit des Heeres gegen das Regime führen zu können, konnte man doch nicht einmal eine Division unbemerkt in Marschbereitschaft versetzen. Ohne Beteiligung des Kriegsministeriums konnte der Führer des Militärputsches nicht einmal hoffen, während der ersten paar Stunden ungestört vorgehen zu können[217]. Nach dem Bericht von Gisevius war aber Witzleben entschlossen, zum gegebenen Zeitpunkt auch ohne das Signal Halders zu handeln, wenn dieser es nicht geben sollte; er wollte eventuell das Kriegsministerium besetzen und die höchsten Führer des Heeres verhaften lassen[218].

Witzleben war, wie berichtet, seit spätestens Anfang September zu ge-

4. Halders Umsturzplan

waltsamem Vorgehen bereit. Auf den Kommandeur der Potsdamer Division, Generalmajor Graf von Brockdorff-Ahlefeldt, konnte er sich völlig verlassen [219]. Anfang September war Witzleben selbst zu Halder gegangen, um ihn davon zu unterrichten, daß er einen Staatsstreich plane, der selbstverständlich, so beruhigte er den Chef des Generalstabes, nur vom Oberbefehlshaber des Heeres oder vom Chef des Generalstabes des Heeres auszulösen wäre [220]. Welche Rolle Generaloberst von Brauchitsch beim »Startbefehl« und dem nachfolgenden Umsturz spielen sollte, blieb bis zum letzten Augenblick ungeklärt. Niemand konnte wissen, wie er sich im entscheidenden Moment entschließen würde [221]. Halder hat seinen Oberbefehlshaber, von Andeutungen abgesehen, gar nicht erst eingeweiht. Später berichtete er, er habe »die Person des Oberbefehlshabers herauslassen« wollen aus den »in Frage kommenden Handlungen« [222]. »›Man kann seinen eigenen Hals riskieren, aber nicht den von jemand anderem.‹« [223] Erst im allerletzten Moment wollte Halder Brauchitsch »einschalten« – aber das Wie und Wozu blieben unklar [224].

Im Einvernehmen mit Schacht planten nun Witzleben, Brockdorff-Ahlefeldt und Gisevius das Vorgehen im einzelnen, Reichskriminaldirektor Nebe und Oberstleutnant Oster lieferten ständig die benötigten Unterlagen [225]. Gisevius erhielt im Wehrkreiskommando ein an Witzlebens Zimmer angrenzendes Konferenzzimmer als Arbeitsraum zugewiesen; zur Tarnung erklärte der Kommandeur den Adjutanten, Gisevius sei ein Verwandter und ordne Familienpapiere [226].

Gisevius stellte zunächst fest, wo die Verbände der SS im Reichsgebiet stationiert waren, wozu Oster und Nebe die Unterlagen lieferten. Es zeigte sich, daß sie nicht nur auf das raffinierteste versteckt und getarnt, sondern auch, daß die reguläre Schutzpolizei und die Kriminalpolizei meist nicht zusammen mit der Gestapo untergebracht waren [227]. Es war wesentlich, die Polizeidienststellen möglichst schlagartig und möglichst vollständig gleich zu Anfang in die Hand zu bekommen. Ebenso wichtig war die sofortige Besetzung der Rundfunksender und der Fernsprech- und Fernschreibanlagen mit sämtlichen Verstärkerämtern der Reichspost, über die auch die Fernsprech- und Fernschreibverbindungen der Polizei geschaltet waren [228]. Erst danach, frühestens gleichzeitig, konnte man zur Besetzung der Reichskanzlei und der wichtigsten Ministerien und, wie Halder es ausdrückte, der »wesentlichen von Parteileuten geleiteten Berliner Ämter« schreiten [229]. Zugleich mußten auch die Provinzen unter Kontrolle gebracht werden. Jeder Wehrkreiskommandeur war anzuweisen, welche Dienststellen zu besetzen und welche Personen zu verhaften seien, Standrechtsverordnungen waren zur Durchführung des Ausnahmezustandes durchzugeben²³⁰. Dabei machte Gisevius eine erstaunliche Feststellung: Seit 1934 gab es keine gültigen Dienstvorschriften mehr für die Verhängung und Ausführung des Belagerungszustandes²³¹. So mußte jeder einzelne Befehl neu ausgearbeitet werden.

Nachdem Halder gegen Mitte September für den Staatsstreichplan gewonnen war, ergaben sich Möglichkeiten, außer der von Brockdorff-Ahlefeldt kommandierten Division weitere Truppenverbände einzusetzen bzw. ihre Verwendung im voraus zu planen. Die von Generalleutnant Erich Hoepner befehligte 1. Leichte Division sollte Witzleben noch unterstellt werden, und zwar auf Halders Veranlassung²³². Die Division war seit dem 5. September in Bewegungen begriffen, die bis zum 23. September noch als Herbstübung galten, die jedoch eigentlich darauf abzielten, die Division im Raume Greiz–Plauen–Chemnitz zum Angriff gegen die Tschechoslowakei in Stellung zu bringen²³³. Von hier aus konnte sie nötigenfalls der (vom 17. September bis Anfang Oktober) bei Grafenwöhr, Pegnitz, Pottenstein und Velden liegenden Leibstandarte SS »Adolf Hitler« den Weg nach Berlin verlegen²³⁴. Weitere Einheiten wollte Halder im Zuge der Verschiebungen so nahe an Berlin heranführen, daß sie dort eingreifen konnten²³⁵.

Auch der Gruppenkommandeure und Korpskommandeure der gegen Südosten und Westen aufmarschierenden Verbände glaubte sich Halder sicher. Generaloberst Fedor von Bock führte die 8. Armee im Bayerischen Wald, Generaloberst Gerd von Rundstedt stand mit der 2. Armee in Schlesien, und im Westen war General Adam Oberbefehlshaber der Armeegruppe 2 mit dem Sitz in Frankfurt, wo General Beck die 1. Armee unter sich hatte und schon 2. September, wenige Tage nach seinem Rücktritt, an Besprechungen teilnahm²³⁶. Halder war überzeugt, mit der Unterstützung dieser Kommandeure rechnen zu können, sobald der Staatsstreich beginnen würde; nur aus Vorsicht hatte er sie nicht im voraus eingeweiht²³⁷.

Außer dem Kommandeur der Potsdamer Division konnte Witzleben auch auf den Kommandeur des Infanterie-Regiments 50 in Landsberg an der Warthe, Generalmajor Paul von Hase, in besonderer Weise zählen. Witzleben ließ ihn im Laufe des September zu sich kommen, und da Hase schon während der Fritsch-Krise zu bewaffnetem Vorgehen gegen das Regime bereit gewesen war, brauchte er auch jetzt nicht lange zur Teilnahme an einem Putsch überredet zu werden und hielt sich fortan in Bereitschaft²³⁸.

Der Hauptanteil an den für Berlin vorgesehenen Maßnahmen sollte Generalmajor Graf von Brockdorff-Ahlefeldt zufallen. In den ersten Tagen des September schon fuhr er mit Gisevius zur Wilhelmstraße, zum

4. Halders Umsturzplan

Palais Görings, zur Kaserne der Leibstandarte SS »Adolf Hitler« in Berlin-Lichterfelde, zum Konzentrationslager Sachsenhausen und zur Sendeanlage des Deutschlandsenders in Königswusterhausen, um sich eine genaue Vorstellung von den für die Besetzung dieser Objekte benötigten Truppen zu verschaffen [239]. Um Aufsehen zu vermeiden, ließen sich die beiden Herren von Frau Strünck, deren Mann im Kriege in der Abwehr tätig war, in deren eigenem Auto chauffieren. Witzleben erklärte Hoßbach gegenüber noch vor dem 15. September die militärischen Staatsstreichvorbereitungen für abgeschlossen [240].

Eine besonders schwierige Frage war die Haltung der Berliner Polizei. Gisevius hatte dort zwar mancherlei Verbindungen, aber natürlich keine Verfügungsgewalt. Auch der Reichskriminaldirektor Nebe hatte nur Einfluß auf die Kriminalpolizei, nicht auf die Schutzpolizei und die Gestapo. Seit Sommer 1937 war aber Fritz-Dietlof Graf von der Schulenburg Polizeivizepräsident in Berlin [241].

Schon als er noch Landrat in Ostpreußen war, hatte Schulenburg, der 1933 in der Hoffnung auf das Wort »sozialistisch« und auf eine revolutionäre Erneuerung und Sammlung, im Glauben an die Ideale des Nationalsozialismus in die NSDAP eingetreten war, sich gegen all das gewandt, was er als Entartungserscheinungen der Bewegung ansah [242]. Im Februar 1938, unter dem Eindruck der Fritsch-Krise, brach Schulenburg endgültig mit dem Nationalsozialismus und begann den Kampf gegen das Regime [243]. Er stand nun in Verbindung mit Oppositionellen wie seinem alten Freunde Caesar von Hofacker, den Grafen von Üxküll, Yorck von Wartenburg, Berthold von Stauffenberg und Ulrich Wilhelm Schwerin von Schwanenfeld, ferner dem im Vorzimmer des Freiherrn von Weizsäcker tätigen Legationsrat Albrecht von Kessel, mit der Gruppe um Halder und Witzleben, sowie mit Friedrich Wilhelm Heinz und Hans Oster im Amt Ausland/Abwehr des OKW [244].

Die Bereitschaft Schulenburgs genügte freilich nicht, wenn nicht auch der Polizeipräsident selbst, Wolf Heinrich Graf von Helldorf, sich beteiligte. In den letzten Tagen vor der vorgesehenen Auslösung des Putsches wurde er noch für die Verschwörung gewonnen. Zumindest wollten Helldorf und Schulenburg für die Neutralität der Berliner Polizei sorgen [245].

Weiter erhob sich die Frage, was mit Hitler selbst geschehen solle. Gisevius wollte, daß man wenigstens in den ersten Stunden des Staatsstreiches hinsichtlich der Person Hitlers geschmeidig taktiere, wogegen Göring unbedingt zu beseitigen sei. Notfalls, meinte Gisevius, könne man Hitler als ahnungslos hinstellen, womit man der damaligen Volksstimmung wohl am weitesten entgegengekommen wäre [246]. Sobald aber dann Hitler ergriffen wäre, müsse man ihn auch töten. Tyrannenmord sei in der gegebenen Lage ein sittliches Gebot.

Halder war zwar gegen ein offenes Attentat, aber nicht gegen die Beseitigung Hitlers. Er zog sogar eine unauffällige Methode der Ermordung einer Verhaftung vor, weil er dann seine und des Heeres Beteiligung am Sturz Hitlers verbergen und so das von ihm befürchtete Entstehen eines gefährlichen Hitler-Mythos verhindern könnte [247]. Er hielt es daher für am besten, Hitler mit seinem Eisenbahnzug in die Luft zu sprengen und vorzugeben, er sei bei einem Bombenangriff umgekommen. Zur Durchführung dieses Planes war es freilich nach Halders Auffassung unerläßlich, den Beginn der Feindseligkeiten abzuwarten [248]. Für konkrete Planungen in dieser Richtung sind keine Anhaltspunkte vorhanden.

Viele Verschwörer, Beck zumal, waren der Überzeugung, man müsse Hitler lebend fangen und vor Gericht stellen, damit seine Verbrechen dem ganzen Volke offenbar würden. So hofften sie am ehesten der Entstehung einer neuen »Dolchstoßlegende« vorzubeugen. Der an der Verschwörung beteiligte Reichsgerichtsrat Dr. Hans von Dohnanyi und Oster wollten Hitler nach dessen Verhaftung durch ein Ärztegremium für geisteskrank erklären lassen. Der Vorsitzende des Gremiums war in Gestalt des Schwiegervaters Dohnanyis, des Psychiaters Professor Karl Bonhoeffer, schon gefunden, und Dohnanyi betrieb zugleich die Vorbereitung eines Prozesses gegen Hitler, für welchen er schon seit 1933 in einer besonders angelegten geheimen Kartei Material sammelte [249].

Es gab aber auch noch eine Gruppe jüngerer Verschwörer, die keineswegs bereit waren, zunächst an Hitler »vorbeizugehen«, ihn als ahnungslos hinzustellen oder in bezug auf seine Person geschmeidig zu taktieren. Die treibende Kraft in dieser Gruppe und ihrer besonderen Zielrichtung war der frühere Stahlhelmführer und damalige Major Friedrich Wilhelm Heinz [250]. Bewußt im Gegensatz zu Beck, Canaris und sogar Witzleben wurde hier von einigen Offizieren des Amtes Ausland/Abwehr ein Attentatplan entwickelt – der früheste, der aus den Kreisen bekannt ist, die später die Verschwörung des 20. Juli hervorgebracht haben.

Schon seit einiger Zeit, besonders intensiv seit etwa Anfang August, war eine Gruppe von Gegnern des NS-Regimes, zu der Heinz, Oster und Schulenburg, zeitweise auch Goerdeler, gehörten, mit der Entwicklung von Verfassungsplänen und mit Überlegungen für die Regierungsneubildung nach dem Sturze Hitlers beschäftigt. Es waren Hitler-Gegner der ersten Stunde, die schon lange vor dem Offenbarwerden der Kriegsgefahr, aus ganz ursprünglicher politischer Überzeugung also, für den Sturz Hitlers arbeiteten. Die Kriegsgefahr war für sie Antrieb, aber nicht erstes

4. Halders Umsturzplan

Motiv. Sie waren zu besonders weitreichenden Handlungen bereit, hatten dafür aber auch ihre besonderen Auffassungen über die Neuordnung Deutschlands. Man war in dieser Gruppe der Meinung, es sei nötig, für eine neue Regierung Symbole größerer Kraft zu gewinnen, als lediglich die Figuren von Präsident und Kanzler einer wiederhergestellten Weimarer parlamentarischen Demokratie. Hier wie auch in anderen Gruppen gab man sich Mühe, aus den Fehlern und Schwächen der Zeit vor 1933 zu lernen und Konsequenzen zu ziehen. Heinz und seine Freunde wollten als Ersatz für Embleme, Massenorganisationen, Massenaufmärsche, Flaggenmeere und sonstige Machtdemonstrationen eine moderne Demokratie gründen, die zugleich organisch mit den Elementen der Tradition verbunden war, nämlich nach englischem Vorbild eine »entschiedene Demokratie unter einem über den Parteien stehenden monarchischen Staatsoberhaupt«[251]. Goerdeler wurde nach dem Bericht Heinz' in diese Absicht eingeweiht und stimmte zu – er hatte selbst schon 1937 gegenüber Sir John W. Wheeler-Bennett eine monarchische Restauration befürwortet, Beck und Oster ebenso im Mai 1938 –[252], nur schlug er als Kandidaten für den Königsthron den zweiten Sohn des ehemaligen Kronprinzen, den Prinzen Louis Ferdinand von Preußen, vor, während Heinz und seine engeren Freunde lieber den Prinzen Wilhelm von Preußen, den ältesten Sohn des ehemaligen Kronprinzen, haben wollten. Sie fanden, Prinz Louis Ferdinand gleiche in seinem Charakter zu sehr seinem Großvater, dem ehemaligen Kaiser Wilhelm II., während Prinz Wilhelm genau die Persönlichkeit sei, die Deutschland an seiner Spitze brauche: gerecht, vornehm, gütig, menschlich, Abenteuern abhold und bereit, der Demokratie Spielraum zu gewähren. Auf keinen Fall wollte die Gruppe SchmidNoerr–Liedig–Heinz das Kaisertum der Zeit zwischen 1871 und 1918 wiederherstellen[253]. Dem Argument der größeren Symbolkraft und Verwurzelung im Heer – Vorteile, die für den Prinzen Wilhelm ins Feld geführt wurden – hat sich Goerdeler dann auch nicht mehr verschließen mögen, er bestand nicht weiter auf seinem Kandidaten, der gleichwohl in späteren Überlegungen wiederholt wieder auftauchte. Prinz Wilhelm glaubte nach dem Ausbruch des Krieges nicht mehr an die Möglichkeit der Errichtung einer deutschen Monarchie, und im Jahre 1940 ist er als Soldat gefallen[254].

Mitte September oder einige Tage später, um den 20. September, fand in der Wohnung Osters eine Besprechung statt, an der Heinz, Kapitänleutnant Liedig sowie General von Witzleben und auch Goerdeler teilnahmen[255]. Witzleben erklärte dabei seine Absicht, umgeben von Offizieren seines Generalkommandos und mit einer weiteren Schar zuverlässiger Offiziere Hitler in der Reichskanzlei aufzusuchen und ihn zum

Rücktritt aufzufordern. Direkt im Anschluß daran sollten Einheiten des zuvor alarmierten III. Armeekorps Berlin besetzen und den zu erwartenden Widerstand der SS niederschlagen. Witzleben würde nicht so ohne weiteres Zugang zu Hitler finden, der Sinn der Begleitung war also klar. Es würde zu irgendwelchen Handgreiflichkeiten, womöglich zu einer Schießerei kommen, allerlei Unvorhergesehenes konnte geschehen. Witzleben und Goerdeler, auch Canaris, hielten daran fest, Hitler verhaften zu wollen. Aber Heinz hielt das für naiv und bereitete im stillen weit drastischere Maßnahmen vor.

Von Witzleben und Oster hatte Heinz den Auftrag, einen Stoßtrupp als Begleittruppe für General von Witzleben zusammenzustellen. Heinz war früher Angehöriger der Freikorpsbrigade Ehrhardt und dann Stahlhelmführer gewesen, und er hatte noch immer gute Beziehungen zum sogenannten Jungstahlhelm, der Jugendorganisation des ehemaligen Stahlhelm, und zu der ehemaligen Stahlhelmorganisation »Studentenring Langemarck«[256]. So wurde ihm die Ausführung des Auftrages nicht schwer, besonders da die Abwehr unauffällig Angehörige der Wehrmacht unter dem Vorwand von »Sonderlehrgängen« zusammenziehen konnte. Es kamen 20 bis 30 junge Offiziere zusammen, aber auch Arbeiter und oppositionelle Studenten waren dabei. Die Gewerkschaftsführer Wilhelm Leuschner und Hermann Maaß waren zumindest an den Besprechungen beteiligt; nach der Fritsch-Krise hatte Heinz sie mit Oster in Verbindung gebracht[257]. Von hier aus bestand auch Verbindung zu Kreisen, die an den Planungen und Überlegungen vom Herbst 1938 nur mittelbar beteiligt waren, z. B. zu dem ehemaligen Reichswehrminister Gustav Noske, zu Julius Leber, Klaus Bonhoeffer, Otto John, dem Legationsrat Richard Künzer und zu Ernst von Harnack[258]. Zu den Führern des Stoßtrupps gehörte der damalige Oberleutnant Dr. Hans-Albrecht Herzner, der später bei Beginn des Feldzuges gegen Polen ein »Kommando« der Abwehr führte, welches den Jablunka-Paß zu nehmen und für die nachrückenden deutschen Truppen freizuhalten hatte; der ebenfalls der Abwehr angehörende Oberleutnant Wolfgang Knaak, der 1941 beim Handstreich auf eine Dünabrücke gefallen ist; und Kapitänleutnant Liedig, der schon erwähnt wurde[259]. Die Vorbereitungen für die Aufstellung des Stoßtrupps reichen noch in die erste Septemberhälfte zurück, nach dem 15. September wurde er zusammengezogen und in einigen Berliner Wohnungen, darunter Eisenachstraße 118, in Bereitschaft gehalten[260].

Die Zusammensetzung des Stoßtrupps und die vorangegangenen Planungsbesprechungen lassen besondere Zielrichtungen erkennen, die keineswegs den Vorstellungen von Beck, Schacht und Goerdeler entspra-

4. Halders Umsturzplan

chen, aber auch das aktive Vorgehen stellten sich Heinz und Liedig anders vor als Witzleben. Es entstand also, wie Heinz treffend feststellte, in jeder Hinsicht eine Verschwörung in der Verschwörung [261]. Der Stoßtrupp sollte nämlich nicht lediglich Witzleben auf seinem entscheidenden Gang zu Hitler »begleiten« und nötigenfalls den Zugang zur Reichskanzlei erzwingen, worauf Witzleben dann Hitler mit der Forderung abzudanken gegenübertreten wollte. Vielmehr waren seine Mitglieder entschlossen, einen Zwischenfall zu provozieren und dabei Hitler zu erschießen. Für diesen Plan war auch Oster gewonnen. Admiral Canaris beauftragte den Abwehroffizier Major d. G. Groscurth mit der Beschaffung und Bereitstellung von Waffen und Explosivstoffen [262]. Es wurde die Parole ausgegeben, Hitler sei unbedingt zu erschießen, selbst wenn wider Erwarten die SS keinen Widerstand leisten sollte [263]. Nur so konnten von vornherein klare Verhältnisse geschaffen werden, und nur dann brauchte sich niemand mehr um einen dem Staatsoberhaupt geleisteten Eid zu kümmern. Zweifellos dachte die Gruppe um Heinz und Liedig in diesem Punkte realistischer als die zum Konservatismus neigenden älteren Verschwörer in den höheren Stellungen. Daß auch Oster sich anschloß, ist ein Beweis für seinen außerordentlichen revolutionären Elan.

Es war alles vorbereitet, so gründlich und mit so guten Erfolgsaussichten wie wohl zu keinem späteren Zeitpunkt wieder. Die Teilnehmer des Stoßtrupps waren von der Abwehr mit Waffen ausgestattet und lagen auf Abruf in ihren Quartieren, Aufrufe waren vorbereitet, für die Besetzung der Rundfunkstationen war Sorge getragen [264]. Witzleben, Brockdorff-Ahlefeldt und Gisevius hatten die militärischen und polizeilichen Maßnahmen, mit denen die Hauptstadt unter Kontrolle gebracht werden sollte, ausgearbeitet. Den »Startbefehl« behielt Halder sich selbst vor [265]. Ihm mußte ja Hitlers Marschbefehl gegen die Tschechoslowakei zuerst zur Kenntnis gelangen. Auf den Marschbefehl würden die Kriegserklärungen Frankreichs und Englands folgen. Jetzt wartete man nur noch auf das Eintreten dieser Voraussetzungen – auf den Augenblick, in dem der Krieg ohne den Sturz Hitlers unvermeidlich wäre.

Der überraschende Besuch Chamberlains bei Hitler in Berchtesgaden am 15. September und das damit so offenkundig dokumentierte englische Nachgeben wirkten verwirrend und teilweise niederschmetternd auf die Verschwörer [266]. Subjektiv fühlten sie sich von dem britischen Staatsmann, der, wie sie es sahen, einen Bittgang zu einem Gangster tat, im Stich gelassen – zu Recht, sofern sie darin eine Überschätzung der deutschen Kriegsmacht und eine Verkennung des Wesens der Politik Hitlers erblickten; zu Unrecht jedoch insofern, als sie glaubten, die englische Regierung sei irgendwie verpflichtet gewesen, auf Vorschläge und Zusicherungen der deutschen Opposition einzugehen [267]. Es schien nun, als werde die Voraussetzung für einen Umsturz nicht eintreten [268].

Aber dann zeigte sich, daß die Spannung gar nicht nachließ, sondern sich erst recht verschärfte; denn Hitler wurde nur noch herausfordernder, anstatt sich, da die Erfüllung seiner angeblich letzten territorialen Wünsche bevorstand, zu mäßigen [269]. Er wollte immer noch oder nun erst recht die ganze Tschechoslowakei erobern [270]. Als Chamberlain vom 22. bis 24. September in Bad Godesberg nach Konsultationen im Kabinett und mit Frankreich das Weitere regeln wollte, erhöhte Hitler seine Forderungen: nicht nur, vor allem nicht zuerst Volksabstimmung im Sudetenland und in gemischten Gebieten, nicht zuerst Verhandlungen über den künftigen Grenzverlauf, sondern zuerst und sofort Einmarsch der Wehrmacht in die geforderten Gebiete. Wenn das nicht zugestanden werde, beginne am 1. Oktober der Krieg gegen die Tschechoslowakei [271].

Endlich begann man in Frankreich und England zu begreifen, daß Hitler offenbar weit mehr wollte als die Erfüllung seiner »letzten territorialen Forderung«. Die Haltung der englischen und der französischen Regierung versteifte sich, Mobilmachungsmaßnahmen wurden befohlen. Frankreich befahl die Reservisten in die Kasernen, England setzte am 25. September seine Flotte in Kriegsbereitschaft, und auch die Tschechoslowakei machte mobil [272]. Hitler wurde immer ausfallender, die Westmächte immer unnachgiebiger.

Schließlich geschah, worum sich die deutsche Opposition schon so lange bemüht hatte: die englische Regierung gab am 26. September der Presse eine Erklärung des Inhalts, wenn Hitler trotz der Erfüllung seiner ursprünglichen Forderungen gegen die Tschechoslowakei den Krieg beginne, so werde Frankreich seine Bündnispflicht erfüllen und England und Rußland werden sicherlich auf seiner Seite stehen [273]. Das war nun endlich die »feste Haltung«.

Aber Hitler betrieb seine Kriegsmaßnahmen weiter. Vieles läßt darauf schließen, daß er auch den Krieg gegen Frankreich und England zu diesem Zeitpunkt gar nicht ernstlich zu vermeiden suchte. Manches läßt aber auch vermuten, daß er allmählich doch schwankend wurde und schließlich nachgab, als er den völligen Mangel an Kriegsbereitschaft auch in der Bevölkerung erkannte, die einen Propagandamarsch motorisierter Truppen durch das Regierungsviertel von Berlin am Abend des 27. September mit eisigem Schweigen verfolgte [274]; als Sir Horace Wilson ihm am 27. September um die Mittagszeit sagte, es werde zu aktiven Feindseligkeiten seitens Frankreichs und Englands kommen, falls er nicht von seinem

4. Halders Umsturzplan

Kriegsvorhaben ablasse[275]; als er am Vormittag des 28. September die Nachricht von der Mobilisierung der britischen Flotte erhielt[276]; als schließlich Mussolini sich einschaltete und zum Entgegenkommen riet[277]. Manche sahen in Mussolinis Intervention die entscheidende Wende von der Kriegsentschlossenheit zum – vorübergehenden – Verzicht auf den Krieg, manche schreiben die Wende der Wirkung der englisch-französischen Drohungen zu. Von entscheidender Bedeutung ist dabei immer, ob von einem Krieg gegen die Tschechoslowakei allein die Rede ist, zu dem Hitler völlig bereit war, oder auch von einem gleichzeitigen Krieg mit den Westmächten[278].

Im Lichte von Hitlers Äußerung am 22. August 1939, hoffentlich komme ihm nicht wieder irgendein Schweinehund mit einem Vermittlungsvorschlag, könnte man der Version zuneigen, Mussolinis Absage an einen Krieg habe den Umschwung bewirkt[279]. Aber die erwähnte Äußerung erklärt keineswegs die Vorgänge in Hitlers Denken und Fühlen: Warum sollte ihn ein Vermittlungsvorschlag schwankender machen und in ihm Skrupel erwecken, die handfeste und offenbar diesmal ernstgemeinte Drohungen nicht hatten hervorrufen können? Rationale Erklärungen werden der Hitlerschen Psyche sicher nicht gerecht. Die Wahrscheinlichkeit, daß er nach seinem wochenlangen Toben schwankend wurde und zu diesem Zeitpunkt eine Flut von Hindernissen auftauchte, von denen er dann dasjenige als Ausweg ergriff, das ihm erlaubte, das Gesicht zu wahren und zugleich einen Triumph einzuheimsen, ist ebenso groß, wie die Wahrscheinlichkeit, daß er die Wirklichkeit erkannte und deshalb nach einer Methode des Nachgebens suchte. Vieles spricht für die erste Erklärung.

In den Kreisen der Opposition, wo man von der Voraussetzung ausging, daß Hitler auch vor der Gefahr des Weltkrieges nicht zurückschrecken würde, wußte man freilich bis zum Mittag des 28. September nichts von einem Nachgeben Hitlers, wohl aber, daß die Angriffsvorbereitungen weiterliefen[280]. Man war überzeugt, daß am 28. September der endgültige Marschbefehl gegeben werden würde[281]. Am 27. September notierte sich Jodl für 13.20 Uhr: »Führer genehmigt Vorführen der 1. Angriffswelle derart, daß sie 30. 9. in Bereitstellungsräumen eingetroffen sein kann.«[282] Und für 13.30 Uhr: »telefonisch an Grl Halder übermittelt.« Am Abend genehmigte Hitler die Mobilisierung »der 5 akt. Westdivisionen (26., 34., 36., 33. u. 35.) sowie der 14 Landwehr-Div.«[283]. Am 28. September erwartete man für 14 Uhr die Verkündung der allgemeinen Mobilmachung[284].

Was davon in Hitlers geheimsten Gedanken als Bluff gedacht war, läßt sich allenfalls vermuten. Es ist schwer vorstellbar, daß ihm, dem Veteranen des Ersten Weltkriegs, das Ungenügende der deutschen Vorbereitungen im Vergleich zu den Möglichkeiten der Westmächte keine Sorge machte. Aber Hitlers Gleichgültigkeit gegenüber den Erfolgsaussichten seiner Politik sollte sich noch mehrmals erweisen. General Halder und die Opposition jedenfalls rechneten damit, daß Hitler auch vor dem Krieg mit den Westmächten nicht zurückschrecken würde. Halder sagte zu Generaloberst von Hammerstein an dessen 60. Geburtstag, dem 26. September: »»Es wird jetzt gehandelt, wenn Hitler seine Pläne nicht aufgibt.«« Hammerstein hatte freilich schon damals Zweifel an Halders Entschlossenheit [285].

Noch spät am Abend des 27. September war es Oster gelungen, eine Kopie der von Weizsäcker entworfenen, leicht gemäßigten, aber doch ablehnenden Antwort Hitlers vom selben Nachmittag auf den letzten Vermittlungsvorschlag Chamberlains zu beschaffen [286]. Am Vormittag des 28. September brachte Gisevius die Kopie zu Witzleben in das Wehrkreiskommando am Hohenzollerndamm; Witzleben ging damit sofort zu Halder in das OKH am Tirpitzufer und legte ihm das Schriftstück als »Beweis« für Hitlers Entschlossenheit zum Kriege vor. Halder schien überzeugt; er eilte mit dem Papier zu Brauchitsch, während Witzleben in Halders Dienstzimmer wartete. Nach wenigen Minuten war Halder wieder bei Witzleben und meldete, Brauchitsch sei gewonnen, er befürworte nun auch eine »Aktion« [287].

Die englischen Teilmobilmachungsmaßnahmen hatten ihn in der Tat aufs höchste beunruhigt [288]. Freilich besagte es noch nicht viel, wenn Brauchitsch meinte, der Zeitpunkt für eine »Aktion« sei nunmehr gekommen. Er war wohl, wie er nach dem Krieg berichtete, nie entschlossen, selbst den Befehl zum Umsturz zu geben [288a]. Witzleben hatte noch von Halders Zimmer aus mit Brauchitsch telephoniert und ihm gesagt, alles sei vorbereitet, er solle doch um Himmels willen jetzt den Befehl erteilen, aber Brauchitsch wollte sich auch erst noch selbst davon überzeugen, daß Halder und Witzleben recht hatten: daß der Krieg beschlossene Sache sei. Um das herauszufinden, begab er sich in die Reichskanzlei [289]. Außerdem wurde Schulenburg in das Auswärtige Amt entsandt, um einen außenpolitischen Lagebericht für Brauchitsch zu beschaffen [290].

Inzwischen lagen die Stoßtrupps bereit zum Handstreich auf die Reichskanzlei. Kordt wollte mit Hilfe Schulenburgs dafür sorgen, daß hinter dem Posten am Eingang die große Doppeltür geöffnet und so dem Stoßtrupp der Weg gebahnt würde, und er hatte Oster auch noch einen Grundriß der Reichskanzlei besorgt. Dort waren anscheinend noch keine der Lage entsprechenden außerordentlichen Sicherheitsmaßnahmen ge-

4. Halders Umsturzplan

troffen worden [291]. Halder wartete nur noch auf die Rückkunft Brauchitschs, Witzleben war wieder in sein Wehrkreiskommando geeilt, wo auch Gisevius sich aufhielt [292]. Nun mußte es jeden Augenblick soweit sein.

Da kam am Nachmittag die Meldung von der für den nächsten Tag in München anberaumten und von Mussolini vermittelten Konferenz, zu der Daladier und Chamberlain persönlich erscheinen wollten [293]. Sowohl die Westmächte als auch Hitler lenkten ein. Die Westmächte gestanden Hitler sein brutales Einmarschbegehren zu, Hitler aber verzichtete für den Augenblick darauf, durch tschechische Gegenwehr oder auch durch inszenierte Zwischenfälle [294] Gelegenheit zur »Zerschlagung« der ganzen Tschechoslowakei zu erhalten. Die Kriegsgefahr jedenfalls war für diesmal beseitigt. Dem aussichtsreichsten Versuch, Hitler zu stürzen, war damit die Grundlage entzogen, die vorbereiteten Maßnahmen konnten nicht ausgeführt werden. Der britische Botschafter Henderson schrieb unter dem 6. Oktober 1938 an den Secretary of State, Lord Halifax: ».. by keeping the peace, we have saved Hitler and his regime ..« [295] Das erlaubt freilich nicht den Schluß, die Westmächte seien der deutschen Widerstandsbewegung in den Rücken gefallen, wenn es deren Teilnehmern auch subjektiv so scheinen mochte [296].

V. Staatsstreichpläne 1939-1940

1. Vor Kriegsausbruch

Die Opposition gegen Hitler hat durch die Münchner Konferenz und die Preisgabe der Tschechoslowakei durch die Westmächte einen Schlag erlitten, von dem sie sich nicht erholen konnte. Die Öffentlichkeit kannte die wirklichen Vorgänge nicht, und die Führer des Widerstandes konnten aus ihrer Lage heraus in diesem Punkte schwerlich realistisch urteilen. Hitler hatte recht behalten, die Westmächte wollten nicht kämpfen: jede andere Auffassung der Lage mußte wirklichkeitsfremd erscheinen. Konnte er künftig nicht in ähnlicher Weise recht behalten? Wer wollte ihm widerlegen, daß ihm dies dank seiner besseren Einsicht, dank seinem außenpolitischen und militärpolitischen Geschick gelungen sei? Erst heute weiß man, wann die Geduld der Westmächte endgültig erschöpft war, damals konnte es niemand wissen.

Zunächst schritt Hitler auf der Bahn seiner Eroberungen fast ungehindert weiter. England forcierte seine Rüstungen, aber Hitler konnte doch ausführen, was er zynisch die »Erledigung der Resttschechei« nannte. Schon am 21. Oktober 1938 hatte er die militärische Vorbereitung dieses Schlages befohlen. Im Frühjahr 1939 zerbrach der tschechoslowakische Staat unter Hitlers Druck an seiner Schwäche und an den Unabhängigkeitsbestrebungen der Slowaken. Unter Drohungen, man werde die Slowakei den Ungarn überlassen, falls sie sich nicht von Prag lossage, erklärte am 14. März 1939 der slowakische Landtag die Souveränität der Slowakei und stellte sie unter den Schutz des Deutschen Reiches [1]. Am selben Tag noch rief man den Staatspräsidenten der Tschechoslowakei, Emil Hácha, nach Berlin. Am 15. März spät abends kam er an und erfuhr, daß deutsche Truppen bereits auf Prag marschierten und daß Prag bombardiert werden würde, falls die tschechische Armee Widerstand leiste. Ähnlich wie Schuschnigg ein Jahr zuvor hatte nun Hácha die Wahl zwischen ehrenvollem, aber blutigem Untergang einerseits und der kampflosen Preisgabe des von einem übermächtigen Gegner erpreßten und von seinen Freunden verlassenen Landes andererseits, wobei es dann wenigstens nicht physisch zerstört werden würde. Er wählte das zweite.

1. Vor Kriegsausbruch

Am 16. März konnte Hitler von der Prager Burg aus die Errichtung des Protektorates Böhmen und Mähren verkünden. Nach noch nicht einmal sechs Monaten hatte Hitler das Münchner Abkommen gebrochen. Die Westmächte blieben, von Protesten abgesehen, untätig. Die englische Regierung aber versprach nun Polen am 31. März 1939 ihren uneingeschränkten Beistand für den Fall, daß es seine nationale Integrität und Unabhängigkeit werde verteidigen müssen. Ähnliche Zusicherungen erhielten Griechenland, Rumänien und die Türkei [2]. Hitler sollte wissen, daß er bei seinem nächsten Schritt auf den bewaffneten Widerstand Englands stoßen würde.

Die Schlüsselrolle der Sowjetunion wurde von den Westmächten ebenso erkannt wie von Hitler, der sich um die Neutralisierung Rußlands bemühte. Inzwischen zog Deutschland Italien durch ein formelles Bündnis vom Mai 1939 auf seine Seite, Rumäniens Wirtschaft kam durch einen Handelsvertrag schon im März unter weitgehende deutsche Kontrolle, Dänemark, Estland und Lettland wurden durch Nichtangriffspakte neutralisiert. Seit April verhandelten andererseits die Westmächte in Moskau, wobei sich als größtes Hindernis für ein Übereinkommen die polnische Weigerung erwies, im Bündnisfall sowjetische Truppen durch polnisches Gebiet marschieren zu lassen. Im Hinblick auf die Geschichte Polens und seine Beziehungen zu Rußland ist diese Haltung völlig begreiflich. Polen hatte doch offenbar nur die Wahl, sich zwischen den Blöcken vielleicht neutral oder aber durch die Hilfe eines englisch-französischen Angriffes auf die deutschen Westgrenzen gegen Deutschland zu halten. Russische »Hilfe« bedeutete fast mit Sicherheit Verlust der Unabhängigkeit.

Am 23. August 1939 erfuhr die Welt von dem Abschluß eines Paktes zwischen Hitler und Stalin, den Ribbentrop in Moskau unterzeichnet hatte. Schon seit April hatte Stalin zugleich mit den Westmächten und mit Deutschland verhandelt, und Hitler hatte keine Skrupel, den Preis zu zahlen, mit dem die Sowjetunion zu gewinnen war: außer dem offiziellen Nichtangriffspakt wurde ein geheimes Zusatzprotokoll unterzeichnet, in welchem die Teilung Polens zwischen den beiden Staaten sowie die Abgrenzung von »Interessengebieten« im Baltikum vereinbart wurde. Nun konnte Hitler am 1. September 1939 – nach einer auf die Intervention Mussolinis hin erfolgten Verschiebung des Termins um wenige Tage – zum Angriff auf Polen schreiten. Nun griffen England und Frankreich ein und erklärten Deutschland am 3. September den Krieg. Der Zweite Weltkrieg war entfesselt.

Während Hitler sich nach dem Münchner Abkommen so stark fühlte, daß er nach der Besetzung des Sudetenlandes, noch im November des

Jahres, ein ungeheuerliches Juden-Pogrom im gesamten Reichsgebiet vom Zaune brach, bei dem jüdische Geschäfte und Synagogen zu Tausenden geplündert, zerstört und in Brand gesetzt wurden, war die Widerstandsbewegung zu nahezu hilflosem Zusehen verurteilt. Wohl taten viele Mitglieder der Opposition alles in ihrer Macht Stehende, um den Juden und überhaupt den Verfolgten des Regimes zu helfen – durch Ermöglichung der Auswanderung, durch Sicherung von Vermögenswerten, durch Gewährung von Unterschlupf und Zuflucht, durch geistige und materielle Unterstützung aller Art[3]. Aber einen Ansatzpunkt zum Sturze Hitlers sah man nirgends.

Man hatte die Westmächte als natürliche Verbündete im Kampf gegen Hitler angesehen. Nun fühlte man sich, objektiv zu Unrecht, von ihnen verraten. Die Opposition zerbröckelte, die Verbindung zwischen zivilen und militärischen Widerstandsgruppen lockerte sich oder riß ab[4]. Freilich blieb der Kern der Opposition zusammen: Beck, Oster, Schulenburg, Gisevius, Witzleben, Schacht, Halder, Goerdeler, um nur einige zu nennen, hatten ihr Ziel, den Sturz Hitlers, nicht aufgegeben. Die Lähmung der Opposition wurde gleichwohl durch Hitlers ungestrafte Gewaltaktion, durch seinen neuen »unblutigen Erfolg« nur noch größer[5].

Selbst wenn die an den Vorbereitungen des September 1938 beteiligt gewesenen Schlüsselpersonen im Frühjahr 1939 noch in ihren alten Stellungen gewesen wären, hätten sie angesichts des Mangels jeder akuten Kriegsgefahr kaum ernsthaft neue Pläne geschmiedet. Aber eine ganze Reihe von ihnen stand gar nicht mehr oder doch nicht in Berlin zur Verfügung. Der wichtigste Befehlshaber, General von Witzleben, hatte im November 1938 Berlin verlassen, um das Gruppenkommando 2 im Westen zu übernehmen[6]. Im Dezember wurde ihm Generalmajor von Sodenstern als Chef des Generalstabes beigegeben. Sie waren bald einig, daß Hitlers Politik zum Weltkrieg und zur Vernichtung Deutschlands führen müsse und daß durch solche Erkenntnis die Grenzen soldatischen Gehorsams erreicht würden, daß also, wer wissentlich teilhabe, auch die Verantwortung für die Folgen mittrüge, und daß Rücktritt und Flucht ins Privatleben keine gangbaren Auswege seien. Witzleben hatte noch Verbindungen zu Goerdeler und Oster, im eigenen Stab wurde Oberst i. G. Vinzenz Müller eingeweiht. Im Juni oder Juli 1939 vereinbarten Witzleben und Goerdeler in Frankfurt/M. ein langfristiges Programm: kein Generalputsch, überhaupt kein Putsch, solange die sozialistischen Massen geschlossen hinter der Hakenkreuzfahne marschierten und durch einen Generalstreik den Umsturz lahmlegen konnten; Aufbau zuverlässiger Verschwörergruppen in den Gauhauptstädten, damit auf ein Stichwort die Gauleiter verhaftet,

1. Vor Kriegsausbruch

die Rundfunksender besetzt und die Presse unter Kontrolle genommen würden; Witzleben wollte bis Frühjahr 1940 in allen Wehrkreisen solche Trupps organisieren; Goerdeler wollte bis Frühjahr 1940 die Gewerkschaftsführer gewinnen und so die Gefahr eines Generalstreiks bannen. Der Ausbruch des Krieges aber überraschte Witzleben und Sodenstern völlig. Sie waren so isoliert und so wenig unterrichtet, daß Witzleben auf dem Höhepunkt der Polenkrise bei Oster um den Besuch von Gisevius bat, um etwas über die Berliner Vorgänge zu erfahren [7]. Für irgendeine Aktion fehlten die nötigsten Voraussetzungen.

Ähnlich lagen die Dinge bei den anderen Befehlshabern, die im Herbst 1938 zu gewaltsamem Vorgehen gegen die Regierung bereit gewesen waren. Der noch als Divisionskommandeur in Potsdam verbliebene Generalleutnant Graf von Brockdorff-Ahlefeldt, glaubte nicht, allein einen Streich ausführen zu können [8]. Der Nachfolger Witzlebens als Kommandierender General des Wehrkreises III in Berlin, General der Artillerie Curt Haase (nicht zu verwechseln mit dem späteren Stadtkommandanten von Berlin, Generalleutnant Paul von Hase), wurde von Halder als »nicht verschwörungsfähig« angesehen [9]. Der damalige Chef des Allgemeinen Heeresamtes, Generalleutnant Fritz Fromm, der am 20. Juli 1944 eine für die Verschwörung verhängnisvolle Schlüsselrolle spielte, wurde wohl von Halder auf seine etwaige Bereitschaft zur Teilnahme an Staatsstreichvorbereitungen angesprochen, versagte sich aber [10]. Halder selbst war für das Abwarten, nicht einmal vage Zusagen waren Anfang des Jahres 1939 noch von ihm zu bekommen [11]. Als der deutsche Einmarsch in Prag bevorstand, wie viele Eingeweihte wußten, war er nicht einmal für Besprechungen über eventuelle Maßnahmen zu haben, weil er – mit Recht – überzeugt war, daß die Westmächte die Tschechoslowakei längst aufgegeben hatten [12]. Er war zu keinerlei konspirativer Tätigkeit zu bewegen, wie sehr sich auch Gisevius, Oster, Beck und Canaris bemühten, ihn dazu zu drängen [13]. Schwierigkeiten für künftige Umsturzpläne entstanden auch durch die Einführung der sogenannten Zeittafeln gegen Ende des Jahres 1938 [14]. Hitler befahl die Aufstellung dieser Zeittafeln, um jederzeit genaue Angaben über den Zeitpunkt zu haben, zu welchem etwaige Marschbefehle und Befehle für den Übergang von Anmarsch zu Angriff unwiderruflich gegeben werden mußten [15]. Hitlers Strategie der Überraschungsangriffe und des »schlagartigen« Vorgehens, des Blitzkrieges, machte derart minutiöse Vorausdispositionen erforderlich, noch mehr aber sein Verfahren, mit der endgültigen Entscheidung über kriegerische Maßnahmen bis zum allerletzten Augenblick zu warten. Zum Beispiel wollte er, wenn er einen Überfall plante, von einem bestimmten Tage an jederzeit die Möglichkeit haben, bei Vermeidung der traditionellen Mobilmachungsmethoden deutsche Truppen möglichst innerhalb von 12 Stunden nach einem von ihm gegebenen Befehl in das zu besetzende Land einmarschieren zu lassen [16].

Es war nun zwar der militärischen Führung möglich, im voraus zu wissen, welche Einheiten für einen eventuellen Angriff eingesetzt und welche wo im Reichsgebiet stationiert bleiben sollten. Solches Vorauswissen mußte nicht nur eine Erschwerung für die Pläne der Opposition bedeuten. Andererseits aber wurde die Spanne zwischen Marschbefehl und tatsächlichem Beginn der kriegerischen Operationen im großen derart verkürzt, daß es für die im geheimen arbeitende Verschwörung doch schwieriger wurde, ihre Kräfte zum Schlage zu sammeln und in Bewegung zu setzen. Erst 1943 fand sie ein Mittel, mit unverdächtigen, aber gründlichen Plänen ein Instrument für den Umsturz zu schmieden. Das waren die berühmten »Walküre«-Pläne [17]. Zudem konnte man nicht einmal sicher sein, ob ein Angriffsbefehl von Hitler auch wirklich den Krieg bedeutete. Am 25. August 1939 nahm er den am Mittag gegebenen Befehl am Abend wieder zurück, alles, was schon in Bewegung gesetzt war, mußte mit Einsatz sämtlicher Nachrichtenmittel und ungeheurem Arbeitsaufwand wieder angehalten und im wahrsten Sinn des Wortes rückgängig gemacht werden. Brauchitsch bestärkte Hitler darin noch; als er von diesem gefragt wurde, welche Folgen die Zurücknahme des Marschbefehls haben würde, antwortete er, das mache gar nichts. Man verliere zwar das Überraschungsmoment, gewinne aber dafür den Vorteil um so umfassenderer Mobilmachungsvorbereitungen. Brauchitsch hätte diesen Moment gut benützen können, um Hitler mit militärischen Argumenten zu mäßigen, aber er tat es nicht [18].

So verkürzte sich also die Spanne, in welcher der Befehl zum Krieg gegeben war, der Krieg selbst aber noch nicht eigentlich begonnen hatte, praktisch auf Null [19]. Es war ja denkbar, daß Hitler einen Angriffsbefehl auch nur ein paar Stunden vor dem ersten Schuß widerrief. Für etwa nicht mehr zu verhindernde Einzelaktionen und Grenzüberschreitungen konnte er sich entschuldigen oder Wiedergutmachung anbieten. Die »Feinde« waren ja nicht so kriegerisch. Das jedenfalls war 1939 die Lage für den bewaffneten Arm der Verschwörung, also die Heereseinheiten, die eventuell zur Beteiligung gewonnen werden konnten, wie sie der ranghöchste militärische Verschwörer, der Chef des Generalstabes des Heeres, ansah.

Nachdem der Polenfeldzug beendet war, stand man zwar nicht mehr vor der Frage, ob nun Krieg sein werde oder nicht, wohl aber, ob der

1. Vor Kriegsausbruch

Angriff gegen Frankreich (den der Generalstab für selbstmörderisch hielt) nun wirklich stattfinden werde oder nicht. Also im Grunde dasselbe Problem.

Die entschiedenen Gegner Hitlers waren längst von der zerstörerischen Dämonie Hitlers überzeugt und rechneten mit dem Fortgang des Krieges. Auf der Suche nach neuen Ansatzpunkten kamen einzelne Gruppen von ihnen immer wieder zusammen, wobei jedoch kaum je positive Ergebnisse erzielt werden konnten. Trotzdem ist eine Zusammenkunft im Winter 1938/39 bei dem 1933 entlassenen sozialdemokratischen Regierungspräsidenten von Merseburg, Ernst von Harnack, der nun in Berlin mit Tuchen handelte, erwähnenswert, die am Anfang einer Entwicklung steht, die erst mit dem 20. Juli 1944 ein Ende gefunden hat. An dieser Besprechung nahmen die Sozialisten Leuschner, Leber, Noske sowie Legationsrat i. R. Dr. Richard Künzer, ferner Klaus Bonhoeffer und Otto John teil. Sie berieten die Möglichkeiten der Widerstandstätigkeit mit dem Ziel des Umsturzes und glaubten, die Dinge durch Bildung einer »Einheitsfront«, d. h. durch Zusammenfassung aller zivilen und militärischen Oppositionsrichtungen, gleich welcher parteipolitischen Orientierung, wieder in Bewegung bringen zu können [20]. Das war für eine solche Gruppe immerhin ein bedeutender Schritt aus der Tradition heraus, es bedeutete Bereitschaft zur Zusammenarbeit mit Kräften, die man sonst als nationalkonservativ und reaktionär bekämpfte. Leuschner erklärte sich nach langem Zögern zu jeder Zusammenarbeit bereit, wenn die Generale einen konkreten Vorschlag machten. Im Frühherbst 1939 wurde dann durch den Rechtsanwalt Dr. Josef Wirmer, einen leidenschaftlichen Gegner der Nationalsozialisten, eine ständige Verbindung der Gruppe Kaiser-Leuschner-Habermann zu der Gruppe um Oster im Amt Ausland/Abwehr des OKW hergestellt.

Aber daran krankte eben das ganze Beginnen, es fehlten die Machtmittel und die Bereitschaft von Generalen in Schlüsselstellungen, gegen die Regierung vorzugehen. Albrecht von Kessel berichtet von einem mit dem Legationsrat im Auswärtigen Amt Adam von Trott zu Solz gemeinsam unternommenen Versuch, den Generalleutnant Alexander von Falkenhausen, den späteren Militärbefehlshaber von Belgien und Nordfrankreich, den Trott schon von China her kannte, wo Falkenhausen Militärberater bei Tschiang Kai-schek gewesen war, und der am 1. September Nachfolger von Generalleutnant von Schwedler als Befehlshaber im Wehrkreis IV werden sollte, zu einer Aktion zu gewinnen [21]. Im Juli oder August fuhren beide nach Dresden, und Kessel unterbreitete dem General seinen Plan: Hitler sollte zur Besichtigung der Befestigungen an der böhmischen Grenze eingeladen, in einem Bunker von seiner Begleitung isoliert und gezwungen werden, sofort Selbstmord zu begehen bzw. sollte Falkenhausen eine Handgranate in den Bunker werfen. Diesen ungewöhnlichen Vorschlag – »und so etwas kommt aus dem Auswärtigen Amt« hatte er zunächst verdutzt ausgerufen – nahm Falkenhausen zustimmend auf, zweifelte aber an der Ausführbarkeit und scheint auch den Versuch dazu nicht unternommen zu haben. Einen erfolgreichen Hitler zu beseitigen war ja selbst dem Draufgänger Witzleben zu riskant. Bürgerkrieg wollte keiner der Generale.

Deshalb bemühte sich die Opposition zunächst wieder, vor allem den Ausbruch des Krieges selbst zu verhindern. Der Mangel an Gefolgschaft unter den Generalen war, wie gesagt, weit größer als 1938, und so blieb nichts anderes übrig, als im wesentlichen außenpolitisch zu wirken: zum einen durch die Suche nach Unterstützung der Bewegung im Innern mit Hilfe von vorläufigen Zusagen an eine eventuell zu schaffende nicht-nationalsozialistische Regierung, zum andern durch die Bemühung, besonders die Westmächte zu klaren Demonstrationen ihrer Entschlossenheit, nicht weiter zurückzuweichen und keine ferneren Erpressungen und Eroberungen Hitlers mehr zuzulassen, ja auch zu unverblümten Drohungen für solche Fälle zu bewegen.

Dr. Carl Goerdeler war nach seinem Rücktritt als Oberbürgermeister von Leipzig in ein freies Dienstverhältnis zur Firma Bosch getreten. Er hatte die Aufgabe, die Oppositionsgruppen möglichst zusammenzufassen, zu erweitern und zu stärken, einzelne Mitglieder auch finanziell zu unterstützen [22]. Nach außen hin trat er als Geschäftsbeauftragter der Firma Bosch auf. Er bemühte sich, dem amerikanischen Außenminister, Cordell Hull, über einen Vertrauensmann klarzumachen, daß Hitler in den deutlichsten Worten vor einem Weltkrieg gewarnt werden müsse, an dem die Vereinigten Staaten sicherlich teilnehmen würden, wenn es zum Konflikt zwischen Deutschland einerseits und Frankreich und England andererseits kommen sollte [23]. Zugleich versuchte er auf Grund der auf seinen Reisen im Ausland erlangten Kenntnisse und Eindrücke über Göring auf die Außenpolitik Hitlers einzuwirken, indem er diesen vor dem bevorstehenden Ende der englischen Geduld und vor der Macht Rußlands warnte, die sich zweifellos zu der der Westmächte gesellen werde [24].

Im Winter 1938/39 übermittelte er seinen amerikanischen Freunden ein »Friedensprogramm« für internationale Zusammenarbeit auf der Basis liberaler Wirtschafts- und Sozialpolitik, Toleranz und rechtsstaatlicher Freiheit des einzelnen, bei Ablehnung des Bolschewismus, des Marxismus und des Faschismus jeder Schattierung [25]. Als unverbesserlicher Optimist

1. Vor Kriegsausbruch

konnte Goerdeler nicht anders, als eine Wirkung seiner Friedensvorschläge sowohl als auch einer genügend scharfen Drohung gegenüber Hitler für möglich zu halten. Aber seit der Münchner Konferenz wußte er auch, daß solchem Glauben die Grundlage fehlte. So hoffte er nun, da er einen Krieg für fast unvermeidlich hielt, auf dessen rasches Ende durch Deutschlands unweigerlich nach spätestens einem Jahr eintretende Erschöpfung. Ebenso wie Beck überschätzte Goerdeler bei weitem die Kampfkraft und den Kampfwillen Frankreichs und täuschte sich zugleich gründlich über die Fähigkeit der nationalsozialistischen Regierung, die Kräfte des deutschen Volkes für ihre Zwecke zu aktivieren.

Nach der Besetzung der »Resttschechei« entfaltete Goerdeler, durch das Stillhalten der Westmächte eher noch angespornt als entmutigt, sogleich wieder fieberhafte Tätigkeit, eine wahre Flut von Denkschriften aus seiner Feder ergoß sich über Paris, London, Rom und Washington[26]. Immer wieder forderte er die öffentliche und internationale Entlarvung und Anprangerung Hitlers als des großen Friedensstörers. Die deutsche Nation müsse von aller Welt, so meinte er, zur Entscheidung zwischen dem Friedensstörer und den Friedensmächten aufgerufen werden. Er hoffte, der Papst könnte mit einem entsprechenden Aufruf den Anfang machen und dem deutschen und auch dem italienischen Volk den Sturz ihrer Diktatoren nahelegen. Zugleich sollte ein Embargo für kriegswichtige Rohstoffe den Diktatoren den Krieg unmöglich machen, und bis der Frieden gesichert sein werde, müsse Hitler diplomatisch isoliert und von den auswärtigen Botschaftern persönlich gemieden werden, einschließlich der Unterlassung aller Glückwünsche zu Hitlers 50. Geburtstag am 20. April 1939[27].

Als Optimist glaubte Goerdeler unter anderem auch, daß seine Offenheit und Aufrichtigkeit erkannt und richtig eingeschätzt werden würden. Nur so ist die stete Wiederholung territorialer Revisionswünsche begreiflich. Wenn er die Regelung der Korridorfrage vorschlug, ferner die Herausgabe eines großen überseeischen Kolonialgebietes an Deutschland, Einwanderungsmöglichkeiten für deutsche Siedler in englische und französische Kolonialgebiete, Wiederherstellung und Neutralisierung der Tschechoslowakei, jedoch ohne das Sudetengebiet, so wollte er mit solchen Maßnahmen zur Entspannung beitragen. Die Beseitigung der Ungerechtigkeiten des Versailler Vertrages würden dem deutschen Revisionismus und Nationalismus den Wind aus den Segeln nehmen und die schwelenden Ressentiments beseitigen, so meinte er[28]. Aber solche Zugeständnisse müßten einer rechtmäßigen, friedlichen deutschen Regierung gemacht werden, nicht dem Erpresser Hitler. Nur dann könnten sie der

Sicherung des Friedens dienen – darin lag der Sinn der Forderungen Goerdelers. Als Gegenleistung würde Deutschland seine Vormachtbestrebungen in Südosteuropa aufgeben, den Status quo im Mittelmeer mitgarantieren, mit militärischen, wirtschaftlichen und politischen Mitteln den Westmächten bei der Wiederherstellung ihres Einflusses in Ostasien beistehen und an der internationalen Stabilisierung der Währungen, an Rüstungsbeschränkungen und Abrüstungsabkommen mit internationaler Kontrolle teilnehmen. So sollte ein Bündnis zwischen Deutschland, England und Frankreich entstehen und den Anfang eines späteren allgemeinen europäischen Staatenbundes bilden. Kriege sollten für alle Zukunft durch freiwillige Zusammenarbeit ausgeschlossen werden [29].

Es wurde versucht, im Kreise der Opposition zu einer gemeinsamen Darlegung ihres Standpunktes gegenüber den westlichen Regierungen zu gelangen, aber besonders Schacht distanzierte sich von Goerdelers Ideen, die er für Illusionen hielt [30]. Auch wollte Schacht die Westmächte nicht durch Mitteilungen über die Schwäche der deutschen Wirtschaft und der deutschen Armee zu unnachgiebiger Haltung bewegen, sondern durch das Gegenteil, nämlich durch Warnung vor den Gefahren der wachsenden deutschen Kräfte [31]. Die mangelnde Gemeinsamkeit des Standpunktes der Opposition hat ihre Wirksamkeit im Ausland sicher nicht erhöht, aber ebenso sicher an der bekannten Haltung der Westmächte nichts geändert [32].

Kurz nach dem deutschen Einmarsch in Prag kamen in Ouchy bei Genf Schacht, Gisevius und wohl auch Goerdeler mit Dr. Reinhold Schairer zusammen, der als einer der hauptsächlichsten Mittler zwischen Paris und London einerseits und den Gedanken des Kreises um Schacht und Goerdeler andererseits zu gelten hat [33]. Er hatte ja schon die Zusammenkunft Goerdelers mit Bertaux und Léger vermittelt. Das Gespräch drehte sich um die alte Frage: nicht wie Hitler zu stürzen sei (das wußte man längst), sondern wie »die Generale« dazu zu bringen seien, es endlich zu tun [34]. Man kam immerhin zu dem Ergebnis, daß eine Revolte in Deutschland nur möglich sei, wenn vom Ausland her wirklich jeder Zweifel daran beseitigt werde, daß Hitlers nächster Eroberungsversuch den großen Krieg einleiten würde [35].

Es gehörte viel Optimismus dazu, nach den Erfahrungen von München und Prag das noch für möglich zu halten. In Deutschland selbst war man mehr und mehr der Meinung, Hitler habe eben Glück oder das richtige Gespür, und er werde schon auch weiterhin Erfolg haben. Aber im Ausland hatten Hitlers »Erfolge« die gegenteilige Wirkung: Jeder weitere »Erfolg« machte das Maß voller und rückte den Zeitpunkt des Überlaufens näher.

1. Vor Kriegsausbruch

Die Situation war eigentlich ausweglos, auch die stärksten Drohungen hatten wenig Aussicht durchzudringen, wenn sie auch viele Deutsche und manche Generale wieder bedenklicher stimmten [36]. Doch wurden die Versuche der Einwirkung fortgesetzt.

Schacht kam im Dezember 1938 in London und im Januar 1939 in Berlin und Basel mehrfach mit seinem Freund Montagu Norman zusammen, dem Gouverneur der Bank von England, der mit Premierminister Chamberlain eng befreundet war, und drängte auf Warnungen an die Adresse Hitlers [37]. Schairer fuhr nach London und nach Paris mit dem Auftrag, vor dem hemmungslosen Ehrgeiz und dem Kriegswillen des Diktators zu warnen; denn diesem gehe es nicht um Danzig und den Korridor, sondern um ganz Polen und noch mehr [38].

Im Mai 1939 reiste Goerdeler selbst nach London und wurde dort von Churchill empfangen, doch war die Unterhaltung ziemlich belanglos [39]. Es konnte kaum anders sein; denn Goerdeler hatte nichts zu bieten außer seiner aufrechten Gesinnung. Der Reigen der besorgten Verschwörer, die die englische Regierung über Hitlers finstere Absichten unterrichten und dadurch zu geeigneten Gegenmaßnahmen veranlassen wollten, riß bis zur Unterzeichnung des deutsch-russischen Paktes nicht mehr ab [40].

Der nächste Sendbote war Adam von Trott zu Solz [41]. Sein Gedanke war, daß England Hitler klarmachen solle, ein zweites München sei ausgeschlossen. Vom 1. bis 8. Juni hielt er sich in London auf. Er hatte vom Auswärtigen Amt den offiziellen Auftrag, mit Hilfe seiner mehr privaten Verbindungen als ehemaliger Rhodes Scholar die englische Haltung gegenüber Deutschland zu erkunden. Trott führte Gespräche mit Lord Astor, dem Eigentümer des *Observer* und Vorsitzenden des Royal Institute of International Affairs, den er seit seiner Studienzeit in Oxford kannte, ferner mit Lord Halifax, Lord Lothian und Neville Chamberlain.

Trott war damals vor der Frage gestanden, ob er Deutschland für die Dauer des nationalsozialistischen Regimes verlassen sollte, da er es verabscheute, oder ob er das Regime irgendwie bekämpfen könnte. Das zweite war nur möglich, so fand er, wenn er sich eine geeignete Position im Innern des Systems schuf. Ohnehin sah er in der Außenpolitik seine Berufung, und so trat er im Jahre 1940 endgültig in das Auswärtige Amt ein mit der Absicht, für die Widerstandsbewegung zu wirken. Selbstverständlich hatte er nach außen hin die Anordnungen seiner Vorgesetzten zu befolgen und mußte sich bemühen, ihnen als Mann mit nützlichen Kontakten zu erscheinen. In dieser Doppelrolle war Trott schon im Juni 1939 in London. Daraus erklärt sich sehr einfach der Tenor seines offiziellen Berichtes. Zugleich aber steckt der Bericht voller Warnungen an die Adresse Hitlers über die englische Entschlossenheit zum Kampf, über die englisch-amerikanische Interessengemeinschaft und Verbundenheit; es fehlt nicht an deutlichen Anspielungen auf die strikte Ablehnung gewaltsamen Vorgehens gegen fremde Nationen und auf die Verletzung der Neutralität Belgiens im Jahre 1914. Beides – Belgien 1914 und Prag 1939 – sei für den Engländer von derselben Bedeutung, habe Lord Lothian gesagt, und zweifellos habe er damit recht. Andererseits, so habe Lord Lothian noch in einer besonderen vertraulichen Unterredung gesagt, würde die Wiederherstellung der böhmisch-mährischen Unabhängigkeit durch Deutschland die Engländer vollständig entwaffnen und ihre Protektorrolle kläglich zusammenbrechen lassen. Hitler müßte das nicht allzu schwerfallen, da ja der strategische und zweifellos unbedingt notwendige Zweck der Zerschlagung der Tschechoslowakei erreicht sei und da andererseits nicht bestritten werde, daß der deutsche Lebensraum *wirtschaftlich* weit über seine gegenwärtigen Grenzen hinausreichen müsse. Wenn dieses Prinzip in Ost- und Südeuropa allgemein anerkannt und von Großbritannien unterstützt sein werde, dann werden auch die Probleme um Danzig und den Korridor ihre Lösung finden. Ähnlich habe sich auch Chamberlain in seiner Unterredung mit Trott am 8. Juni ausgesprochen.

So hat Trott in seinem Bericht das Gegenteil getan von dem, was ihm später von gewissen Kreisen vorgeworfen wurde. Er hat nicht England zu beruhigen und zu beschwichtigen gesucht, sondern er benützte jedes nur denkbare Argument, um Hitler von weiteren Eroberungen abzubringen. Trott hoffte, durch Erhaltung des Friedens die Bedingungen für eine Koexistenz der Ideologien und damit für die Veränderung des totalitären Systems in Deutschland ohne neuen Weltkrieg schaffen zu helfen. Er hatte aber schon 1938 an David Astor geschrieben, er wolle nach Deutschland zurückkehren mit der einzigen Absicht, sich ganz und ausschließlich in der Opposition gegen Hitler zu betätigen.

Es versteht sich, daß die Mission Trotts nicht den von ihm beabsichtigten Erfolg hatte. Weder wirkte sie in der gewünschten Weise auf Hitler, noch führte sie zur Bereitschaft der britischen Regierung, mit der deutschen Widerstandsbewegung zusammenzuarbeiten. Gleichwohl wurden die Bemühungen fortgesetzt.

Aus demselben Kreis wie Trott kamen im Laufe des Sommers noch die Rechtsanwälte Fabian von Schlabrendorff und Helmuth James Graf von Moltke nach London [42]. Auch Schlabrendorff riet, in einem Gespräch mit Lord Lloyd, zur größten und klarsten Kampfentschlossenheit auf englischer Seite und warnte vor dem bevorstehenden Abschluß eines

1. Vor Kriegsausbruch

Paktes zwischen Hitler und Stalin. Lord Lloyd gab die Mitteilungen mit Schlabrendorffs Einverständnis an Lord Halifax weiter. Um dieselbe Zeit besuchte Schlabrendorff Churchill auf dessen Landsitz in der Nähe von London und berichtete ihm über das Bestehen der deutschen Opposition, über das Bevorstehen des Krieges gegen Polen und den so gut wie sicheren Abschluß des Paktes zwischen Stalin und Hitler. Über das Bestehen einer deutschen Widerstandsbewegung war Churchill übrigens schon lange informiert, spätestens seit dem Sommer 1938, aber er hielt nicht viel von der Verschwörung, da sie »weder den Willen zum Handeln noch den Mut zum offenen Hervortreten gezeigt habe«[43]. Auf Churchills Frage an Schlabrendorff, ob dieser eine erfolgreiche Aktion der Opposition garantieren könne[44], mußte er natürlich mit nein antworten. In solchen Dingen gibt es keine Garantie für den Erfolg.

Moltke erging es nicht besser als Schlabrendorff. Er warnte seine englischen Freunde vor Hitlers nächsten Absichten; Vorschläge für eine Zusammenarbeit konnte er kaum machen. Nicht ganz zu unrecht fragt Wheeler-Bennett, was denn eigentlich diese Sendboten auszurichten gedachten[45]. Er gibt auch selbst die Antwort: Sie hofften, den Generalen durch englische und französische Erklärungen und Taten klarzumachen, was Chamberlain, Daladier und Hitler genau wußten, nämlich, daß München sich nicht wiederholen würde. Wenn das gelang, so meinte man, dann war vielleicht noch Hoffnung auf einen Umsturz, ehe es zu spät war. Daran arbeiteten alle Verschwörer, die Beziehungen zum Ausland besaßen, auch Rudolf Pechel, der im März, April und Mai 1939 nach London reiste, um vor Hitlers Raubzügen zu warnen, Gerhard Graf Schwerin von Schwanenfeld, der am 6. Juli in London war, und Ulrich von Hassell, der einen grundsätzlichen Artikel über den Nationalsozialismus zum Abdruck in einer schweizerischen Zeitung verfaßte, um die Welt vielleicht noch rechtzeitig aufhorchen zu lassen, den aber keine Schweizer Zeitung drucken wollte[46].

Eine Mission Erich Kordts im Sommer 1939 diente dem Versuch, den Hitler-Stalin-Pakt zu verhindern. Sie geschah im Einvernehmen mit Staatssekretär Freiherr von Weizsäcker, der den ganzen Juli und August über bemüht war, die Außenpolitik Hitlers und Ribbentrops durch Warnungen und Verzögerungen zu sabotieren. Unter anderem wiederholte er im August seine Aufforderung vom Sommer 1938 an die britische Regierung, einen General zu Hitler zu schicken, der zu ihm unter vier Augen »ein Manneswort«, d. h. eine auch für Hitler unmißverständliche und glaubhafte Drohung sprechen könnte[47]. Zugleich hofften die Brüder Kordt, den Generalen die Beweise zu liefern, daß es nun doch zum Weltkriege kommen und also der vorherige Sturz Hitlers unerläßlich sein würde. Kordt flog in der zweiten

Junihälfte nach London, wo ihn sein Bruder schon am Flugplatz erwartete. Am nächsten Tag trafen sich beide in der Wohnung von Philipp Conwell Evans mit Robert Vansittart. Zu allen Besorgnissen der deutschen Opposition, für die die Brüder Kordt ausdrücklich stellvertretend sprachen, hatte Vansittart beruhigende Auskünfte. London wirke in Warschau mäßigend, es sei keine Gefahr, daß die Polen im Vertrauen auf das britische Hilfeversprechen den Bogen überspannten. Wegen Rußland brauche man sich auch keine Sorgen zu machen, den Pakt mit Stalin werden die Westmächte, nicht Hitler abschließen.

Weizsäcker und die Brüder Kordt sahen die Lage jedoch anders und setzten ihre Warnungen fort. Im August traf sich Theo Kordt nach seiner Rückkehr von einem Besuch in Berlin wieder in der Wohnung von Conwell Evans mit Vansittart, und wieder drängte er zur Intensivierung der britisch-französischen Bündnisverhandlungen in Moskau und zur Einleitung einer italienischen Intervention bei Hitler[48]. Auch sei es Hitler und Mussolini immer noch nicht klar, daß der Krieg mit Polen nicht lokalisiert werden könne, sondern daß die Westmächte diesmal mit Sicherheit eingreifen werden[49].

Aber dann schloß Hitler den Pakt mit Stalin ab. Seit dem 23. August konnte er damit rechnen, daß bei einem Überfall auf Polen keine Macht unmittelbar dazwischen treten würde. Hitler brauchte nur Polen rasch zu besiegen und sich dann ruhig zu verhalten; angreifen würden Frankreich und England nicht so ohne weiteres, selbst wenn sie wider Erwarten formell in den Krieg eintraten.

Nun war es aber auch nicht mehr möglich, von unmittelbarer Gefahr für das Reich zu sprechen, wenn es mit Polen zum Kriege kam[50]. Wenn überhaupt noch ernsthafte Überlegungen oder gar Bestrebungen in dieser Richtung im Gange waren, an einen Militärputsch war in solcher Lage nicht mehr zu denken[51]. Wohl hatte Oster gehofft, es werde eine ähnliche Lage entstehen wie im September 1938, und vorsorglich ließ er den Mitgliedern des damals zusammengestellten Stoßtrupps sagen, sie mögen sich bereithalten. Witzleben und sein Chef des Generalstabes, Generalmajor von Sodenstern, hatten in Frankfurt/M. schon einen Umsturzplan aufgestellt, an dem Dr. Goerdeler beteiligt war und der im Frühjahr 1940 zur Ausführung reif sein sollte: Aufbau einer zuverlässigen Aktionsgruppe im Heer mit vielen Widerstandszellen und Vertrauensleuten in allen Wehrkreisen; Gewinnung eines großen Teiles der Arbeiterschaft mit Hilfe christlicher und sozialistischer Gewerkschaftsführer durch Vermittlung Goerdelers; gleichzeitige Verhaftung aller Gauleiter am Beginn des Staatsstreiches, Besetzung der Rundfunksender, Kontrolle der Presse; Bildung

1. Vor Kriegsausbruch

zuverlässiger Verschwörergruppen in allen Gauhauptstädten[52]. Aber nach dem Abschluß des deutsch-russischen Paktes glaubte selbst Oster nicht mehr an die Möglichkeit, die Entfesselung des Krieges zu vereiteln[53]. Leuschner schrieb damals, schon am 20. August 1939, an einen Freund im Ausland: »›Ich fürchte, daß es in diesem Herbst zum Krieg kommen wird und daß dieser Jahre dauern wird... Sage unsern dortigen Freunden, besonders Walter Citrine [Generalsekretär des Britischen Gewerkschaftsbundes], daß wir sind, was wir waren. Aber wir sind gänzlich unfähig, die Katastrophe zu verhindern. Wir sind Gefangene in einem großen Zuchthaus. Zu rebellieren wäre genauso Selbstmord, als wenn Gefangene sich gegen ihre schwerbewaffneten Aufseher erheben würden.‹«[54] Trotz dieser verzweifelten Lage gingen die Versuche weiter, vor allem diejenigen, die zuvörderst der Rettung des Friedens galten.

Um die Westmächte und die Welt überhaupt vor Hitler zu warnen – vor dem wahren, dämonischen und zu jedem Wahnsinn entschlossenen Hitler – ließ General Beck eine Niederschrift der maßlosen Ansprache Hitlers vom 22. August an den Korrespondenten der Associated Press in Berlin, Louis P. Lochner, gelangen. Hermann Maaß, der seit 1936 schon öfter solche Dienste geleistet hatte, war der Überbringer[55]. Lochner brachte die Niederschrift dem Geschäftsträger Kirk in der amerikanischen Botschaft, aber der wollte nichts damit zu tun haben: »›Oh, take this out of here. That is dynamite... Oh, we have had so many troubles already, I don't want to get involved..‹« Schließlich gelangte die Niederschrift in die britische Botschaft und ging von dort unter dem 25. August nach London.

Staatssekretär von Weizsäcker warnte den britischen Botschafter Henderson vor dem Abschluß des deutsch-sowjetischen Paktes und riet zur Intensivierung der britischen Verhandlungen. Er gab auch die selbst vom Nürnberger Gerichtshof, von welchem er als Kriegsverbrecher verurteilt wurde, anerkannten Bemühungen um die Rettung des Friedens nach dem Abschluß des Paktes nicht auf[56]. Mit Unterstützung von Theo Kordt bemühte er sich, die Italiener zu einer Absage an Hitlers Kriegspolitik zu veranlassen. Dies hatte zusammen mit dem Abschluß des britisch-polnischen Bündnisvertrages den gewünschten, wenngleich wegen Hitlers Irrationalität und wegen seiner Neigung zum Vabanquespiel nur vorübergehenden Erfolg: Er war nun »nicht mehr ganz sicher, ob England diesmal nicht Ernst macht; er will aber die Auseinandersetzung mit England nicht.« Dies notierte Jodl am 25. August kurz vor 18 Uhr nach dem Bericht von Hitlers Adjutant Schmundt[57].

Auch Theo Kordt setzte seine Besprechungen mit Vansittart nach dem Abschluß des deutsch-russischen Paktes fort, zum Teil in dessen Wohnung. Die Bemühungen, die Kordt und Vansittart noch am 31. August zusammenführten, blieben fruchtlos, aber es wurde verabredet, die Verbindung aufrechtzuerhalten. Theo Kordt sollte sich womöglich ins neutrale Ausland versetzen lassen – mit Hilfe Weizsäckers mußte das möglich sein – und von dort durch eine als Signal vereinbarte harmlose Postkarte seine Ankunft und seine Verfügbarkeit für geheime Kontakte anzeigen [58].

Auch die Gruppe um Oster war inzwischen nicht untätig gewesen. In dem Chef der Amtsgruppe Wehrwirtschaftsstab im OKW (im November 1939 in Wehrwirtschafts- und Rüstungsamt umbenannt), Generalmajor Georg Thomas, besaß sie einen wichtigen und einflußreichen Verbündeten – jedenfalls mußte jeder vernünftige Mensch glauben, daß ein Mann in dieser Stellung Einfluß besitze [59]. An Thomas also trat man heran mit der Bitte, alles noch Denkbare zur Verhinderung des Krieges zu unternehmen. Gisevius nennt Thomas für diese Zeit sogar den Sprecher der Gruppe, als deren Angehörige dieser Popitz, Goerdeler, Beck, Hassell, Schacht, Staatssekretär a. D. Erwin Planck, Oster, Generaldirektor Wittke und Gisevius nennt [60].

Nach eingehenden Beratungen kam man zu dem Ergebnis, größtenteils aus den oben dargelegten Gründen, daß in diesem Zeitpunkt an gewaltsames Vorgehen nicht zu denken sei; dagegen bestehe noch immer die leise Hoffnung, durch den Nachweis des Fehlens der wirtschaftlichen Voraussetzungen für einen Krieg gegen die Westmächte, der beim Angriff auf Polen ziemlich sicher schien, Hitler am Eingehen eines solch großen Risikos zu hindern. Hitler dachte, wie man nun weiß, ganz anders. Er meinte, er würde sich die für den Krieg nötige wirtschaftliche Basis eben durch den Krieg schaffen, vor allem in Ost- und Südosteuropa. Diesem Ziel dienten auch schon die Handelsverträge der vergangenen Monate. Thomas wußte, daß mit Vernunftgründen bei Hitler nicht viel auszurichten war. Aber man mußte es versuchen.

So verfaßte Thomas mit Schachts Unterstützung eine Denkschrift, in der er darlegte, daß der Angriff gegen Polen zu einem Weltkrieg, also einem langen Materialkrieg, führen müsse und daß Deutschland ihn ohne starke Bundesgenossen wegen seiner ungenügenden Rohstoff- und Lebensmittelreserven nicht durchhalten könne. Mitte August trug Thomas die Denkschrift seinem Vorgesetzten, dem Chef des OKW, Generaloberst Keitel, vor. Aber Keitel ließ Thomas gar nicht damit zu Ende kommen und erklärte, es bestehe überhaupt keine Gefahr eines Weltkrieges. Die Franzosen seien ein verkommenes und pazifistisches Volk, die Engländer zu dekadent, um den Polen zu helfen, und die Vereinigten Staaten würden keinen einzigen Mann nach Europa schicken, um für England oder gar Polen Krieg zu füh-

1. Vor Kriegsausbruch

ren. Das sei Hitlers Ansicht, und wer sie nicht teile, der wolle eben Hitlers Größe nicht sehen. Die Denkschrift ist nicht über Keitel hinausgelangt.

Ein zweiter Versuch, den Thomas machte, als er von Canaris die Verschiebung des Angriffstermins erfahren hatte, war wenigstens verfahrensmäßig erfolgreicher. Thomas stellte Tabellen und vergleichende graphische Darstellungen der kriegswirtschaftlichen Leistungsfähigkeit Deutschlands und der übrigen Großmächte zusammen, aus welchen die Unterlegenheit Deutschlands deutlich hervorging. Schacht und wohl auch Goerdeler waren an den Ausarbeitungen beteiligt. An einem Sonntag, dem 27. August, unterbreitete Thomas Keitel seine Tabellen und Kurven[61]. Keitel ging diesmal mit den Unterlagen zu Hitler, aber dieser ließ Thomas den Bescheid erteilen, da jetzt Rußland auf deutscher Seite sei, habe man einen Weltkrieg nicht zu befürchten, die Warnungen seien gegenstandslos.

Man versuchte noch, Schacht oder Goerdeler zu Keitel zu bringen, Schacht wollte außerdem mit Brauchitsch oder Halder sprechen, Thomas sollte es vermitteln, dann noch einmal Canaris, alles ohne Erfolg[62]. Jeden Tag konnte man mit dem Befehl zum Angriff auf Polen rechnen, seit dem Abschluß des deutsch-russischen Paktes sogar jede Stunde. Brauchitsch und Halder, die das genau wußten, waren nicht zu sprechen.

Unterdessen beschlossen Schacht und Gisevius mit Thomas und Oster noch einen Anlauf zu machen. Gisevius nannte es »einen letzten Verzweiflungsschritt«[63]. In der Zeit zwischen Angriffsbefehl und tatsächlichem Beginn des Schießens wollten Schacht, Gisevius, Thomas und Canaris nach Zossen zum Generalstab des Heeres fahren und Halder und Brauchitsch aufsuchen. Schacht war immer noch Reichsminister und würde wohl in seinem Wagen ungehindert passieren können.

Am Spätnachmittag des 25. August trafen die Verschwörer in den Räumen der Abwehr am Tirpitzufer zusammen; sie wollten Halder und Brauchitsch vor ein Ultimatum stellen: Der Beschluß über den Beginn des Krieges sei verfassungswidrig, weil er im Kabinett (dem Schacht angehörte) nicht beraten worden sei. Entweder stelle man daher Schacht zur Wahrung der Rechte der Reichsregierung sofort Truppen zur Verfügung, oder man möge die ganze erschienene Gruppe verhaften lassen. An dem Ausweichen in die zweite Möglichkeit sollen Halder und Brauchitsch mit der Drohung der Preisgabe aller bisherigen verschwörerischen Vereinbarungen, Pläne und Versprechungen gehindert werden[64]. Doch während Schacht, Gisevius und Thomas noch auf Canaris warteten, kam statt seiner Oster mit der Meldung, Hitler habe die Nerven verloren und den Krieg abgesagt. Nun, glaubten sie, habe Hitler den Respekt der Generale verscherzt, und für die nächsten Jahrzehnte sei kein Krieg mehr möglich.

Der Friede schien gesichert, Canaris meinte, für wenigstens zwanzig Jahre, aber durchaus nicht als Folge der Bemühungen der Opposition oder auch nur der »Gemäßigten« in Hitlers Umgebung, nicht wegen der Absage Mussolinis und auch nicht so sehr wegen der Drohung, die der englisch-polnische Bündnisvertrag enthielt, sondern hauptsächlich wegen des Versagens der Nerven des Diktators [65]. Gisevius meinte, gerade das sei der Augenblick für die Opposition, Hitler zu stürzen, aber Canaris war der Überzeugung, Hitler sei sowieso »erledigt«, der Rest werde sich von selbst ergeben, durch Eingreifen könne man nur erreichen, daß die Generale wieder störrisch würden und alles verdürben. Oster und Hassell schlossen sich dieser Auffassung an [66]. Als dann sechs Tage später doch wieder der Angriffsbefehl gegeben wurde und am 1. September tatsächlich der Krieg begann, da hatte kaum noch jemand damit gerechnet, die Überraschung, und bis zum Beginn des Schießens die Ungewißheit, ob es nun auch wirklich dazu kommen würde, verurteilte die Opposition zu weitgehender Passivität. Canaris aber sagte am Nachmittag des 31. August zu Gisevius mit Tränen in den Augen: »»Das ist das Ende Deutschlands.«« [67]

2. Umsturzpläne, Sondierungen, Denkschriften

Weizsäcker und Hassell suchten noch am 31. August durch Vorstellungen bei Göring, Henderson und dem polnischen Botschafter Józef Lipski den Frieden zu retten [68]. Schlabrendorff war ebenfalls unermüdlich tätig, um in den letzten Tagen vor dem französischen und britischen Kriegseintritt tägliche Verbindung zwischen der Opposition und den noch in Berlin weilenden britischen Diplomaten zu halten [69]. Gerade diese Bemühungen, den Frieden in letzter Minute zu retten, zeigten den Nichtsoldaten wie Schlabrendorff, Weizsäcker und Hassell, was die Soldaten schon mehrfach von Hitler selbst gehört, aber wohl nie ganz geglaubt hatten: daß Hitler sowie Ribbentrop und einige andere Anhänger den Krieg *wollten;* denn die durchaus realen Möglichkeiten der friedlichen, d. h. unblutigen Erfüllung ihrer Forderungen haben sie nicht nur nicht genützt, sondern absichtlich und bewußt zurückgewiesen und sabotiert.

Da eröffnete sich, während Halder gegen Polen Krieg führte und die anderen mitverschworenen Generale keine Möglichkeit, keine Zeit oder keinen Willen hatten, um gerade jetzt etwas zu unternehmen, eine unerwartete Aussicht durch die Ernennung des Generaloberst von Hammerstein-Equord zum Oberbefehlshaber der Armee-Abteilung A im Westen.

2. Umsturzpläne, Sondierungen, Denkschriften 147

Im Frühsommer 1939 hatte er auf eine entsprechende Frage zu Rudolf Pechel gesagt: »›Gebt mir nur eine Truppe, dann wird's an mir nicht fehlen.‹« [70] Schlabrendorff war immer überzeugt gewesen, daß Hammerstein bei Ausbruch des Krieges wieder ein Kommando erhalten und dann auch bereit sein würde, Hitler festzunehmen, sofern sich dafür eine Gelegenheit böte. Diese Überzeugung sprach er am 3. September gegenüber Sir George Ogilvie-Forbes aus, den er nach Beginn des Kriegszustandes zwischen Deutschland und England gerade noch während den Abreisevorbereitungen antraf [71].

Hammerstein war gewiß nicht frei von Irrtümern, aber er war doch ein Gegner der ersten Stunde, ein Mann, dem sogar ein so überaus kritischer Beurteiler wie Wheeler-Bennett ohne Vorbehalt zutraute, daß er Hitler rasch und schmerzlos gestürzt hätte, wenn dieser irgendwie in seine Reichweite gekommen wäre [72]. Als ihm später berichtet wurde, daß sich die von den Verschwörern angesprochenen Generale auch nicht durch die Schilderung und Dokumentation der entsetzlichen Massenmorde in Polen zur aktiven Teilnahme an den Umsturzversuchen bewegen lassen wollten, da rief er gegenüber einem Vertrauten aus: »›Doktor Pechel, mich alten Soldaten haben diese Leute [seine aktiven Kameraden] zum Antimilitaristen gemacht!‹« [73]

Am 9. September erhielt Hammerstein den Oberbefehl über die Armee-Abteilung A, die am Niederrhein mit dem Hauptquartier in Köln stationiert war, und sogleich begann man Pläne zu schmieden. Die Verbindung zwischen Schlabrendorffs Freunden in Berlin und Hammerstein wurde durch Oberst Stern von Gwiazdowski und Nikolaus von Halem aufrechterhalten. Wenn es gelang, Hitler jetzt zu beseitigen, dann konnte der große Krieg vielleicht doch noch abgewendet werden. Eine neue deutsche Regierung würde Polen und die Tschechoslowakei wiederherstellen, und zwar auf gewissen Revisionsforderungen bestehen, aber doch diese nur durch Verhandlungen durchzusetzen suchen.

Hammerstein versuchte, Hitler zu einem Besuch der Armee-Abteilung zu veranlassen mit dem Argument, gerade während des Feldzuges in Polen müsse die deutsche Abwehrbereitschaft im Westen demonstriert werden. Hitler nahm einen Besuch in Aussicht, sagte dann aber wieder ab, so daß Hammerstein seinen Plan nicht ausführen konnte. Ganz kurz darauf wurde Hammerstein seines Kommandos enthoben und wieder in den Ruhestand versetzt. Hitler unternahm im Herbst 1939 wohl einige Frontbesuche in Polen, im Westen aber zeigte er sich erst Ende des Jahres, bei einer Besichtigung von Fronttruppen im Hunsrück und bei Saarbrücken vom 23. bis 25. Dezember [74].

So konnte auch während der Zeit der Unsicherheit, ehe der Krieg gegen Polen gewonnen und während die Gefahr französischer Intervention am Rhein noch akut war, nichts gegen Hitler unternommen werden. Nach Hitlers Sieg über Polen aber war die Opposition erst recht ratlos [75].

Man wußte nicht, was noch zu tun wäre. Die Generale siegten zur Zeit, also würden sie keinen Putsch mitmachen, und viele von ihnen, die dazu bereit waren oder angesichts der furchtbaren Massenmorde der SS und der sogenannten Einsatzgruppen der Polizei in Polen die Notwendigkeit des Umsturzes erkannten, hielten ihn aus Gründen der im Kriege mit besonders scharfen Maßstäben gemessenen Loyalität und Eidestreue, aber auch wegen der unsicheren strategischen Lage für zu gewagt [76]. Man mußte doch damit rechnen, daß eine innere Revolte von den Westmächten zu einer Offensive ausgenützt werden würde; wer das nicht erwartete, war naiv. So bemühte man sich von seiten der Opposition sowohl um entsprechende Zusagen der britischen Regierung (ohne die die französische ja kaum etwas unternehmen würde) und zugleich um Möglichkeiten der Einstellung des Krieges überhaupt.

Vor allem der Erreichung des zweiten Zieles dienten die Sondierungen, die Adam von Trott zu Solz in London und Washington betrieb. Mit einiger Berechtigung konnte von Präsident Roosevelt erwartet werden, daß er, von allen sonstigen Motiven und zwingenden Gründen abgesehen, nicht ungern die Rolle des Retters des Weltfriedens spielen würde. So begab sich Trott im September 1939 auf die Reise, die durch eine Einladung zur Konferenz des Institute of Pacific Relations in Virginia Beach im Staate Virginia und durch einen Auftrag des Auswärtigen Amtes gut getarnt war. Der offizielle Zweck der Reise war ein Vortrag Trotts auf der Konferenz, der Deutschland die Aufnahme in den Kreis der in dem Institut vertretenen Staaten verschaffen sollte, was einem bedeutenden Prestigegewinn der deutschen Regierung gleichgekommen wäre [77]. Die britische Seeblockade machte Schwierigkeiten, aber am 2. Oktober traf Trott nach manchen Abenteuern in New York ein.

Dort traf er mehrmals mit dem emigrierten Chefredakteur des *Berliner Tageblatt*, Paul Scheffer, zusammen und führte mit ihm Besprechungen. Scheffer war über die offizielle Mission Trotts im Bilde und daher zunächst entsprechend vorsichtig. Aber beim zweiten Zusammentreffen gab ein offenes Wort das andere, und beide besprachen eingehend die Möglichkeiten der Ausnutzung des gegenwärtigen Schwebezustandes zwischen dem Polenkrieg und dem zu erwartenden Beginn des Kampfes im Westen. Scheffer entwickelte seine Gedanken dazu und Trott bat ihn, sie in einem Entwurf niederzulegen [78]. Dieser Entwurf war rasch zur Hand

2. Umsturzpläne, Sondierungen, Denkschriften 149

in Gestalt eines Artikels, den Scheffer für *Atlantic Monthly* verfaßt hatte, der aber nicht gedruckt worden war. Als Trott ihn gelesen hatte, war er beeindruckt und einverstanden, abgesehen von einem Punkt, der die Frage betraf, ob eine militärische Niederlage Deutschlands dem Fortbestand eines siegreichen NS-Regimes von der Opposition vorgezogen werden würde [79].

Trott verabredete dann mit Scheffer, der also mit Ausnahme einiger von Trott angefügter Schlußgedanken der alleinige Verfasser des Memorandums war, das Schriftstück als hauptsächlich von Trott verfaßt auszugeben, da es als Werk eines Journalisten doch nicht soviel Gewicht gehabt hätte. Es sollte jedoch einigen prominenten deutschen Emigranten zur Unterstützung und Unterzeichnung vorgelegt werden, unter ihnen Dr. Brüning, Hans Simons, Kurt Riezler (dem ehemaligen Sekretär Bethmann Hollwegs) und Dr. Hans Muhle [80]. Dies scheint auch geschehen zu sein, zumindest kam es zu einer Beratung des Schriftstückes.

Am 13. November gelangte das Memorandum durch ein Washingtoner Mitglied der Foreign Policy Association, Stone, an den Assistant Secretary of State im State Department, G. S. Messersmith, der am selben Tage dem Secretary of State, Cordell Hull, eine Kopie übergab und am nächsten Tag dem Under Secretary of State, Sumner Welles, von Trotts Anwesenheit und dem Erhalt des Memorandums berichtete. Aber Welles hatte es schon vorher gesehen [81]. Lord Lothian, der britische Botschafter in Washington, erhielt ebenfalls ein Exemplar. Überhaupt hat das Memorandum eine der Sache zweifellos nicht dienliche Verbreitung erfahren, Scheffer erinnert sich an eine Vervielfältigung in vierundzwanzig Exemplaren [82].

Das Memorandum nahm zunächst den berühmten Gedanken des Präsidenten Woodrow Wilson von 1917 wieder auf, nach dem Kriege dürfe es weder Sieger noch Besiegte geben, und die Menschen müßten lernen, die Grundlage eines dauernden Friedens nicht im militärischen Siege zu sehen [83]. Es sei ferner unbedingt erforderlich, schon jetzt die alliierten Kriegsziele ganz klar und öffentlich zu verkünden, Voraussetzung für die Erarbeitung von Kriegszielen sei aber die Klärung der Auffassung, welche man von der geschichtlichen Rolle Deutschlands habe. Halte man Deutschland für einen ewigen und unverbesserlichen Friedensstörer, so habe man keine andere Möglichkeit als die Aufteilung und endgültige Entmachtung. Die Vertreter dieser Auffassung halten dann Versailles nicht für zu hart, sondern für nicht hart genug. Auf einer solchen Basis freilich könne die Bekanntgabe von Kriegszielen nur schaden, weil kaum ein Deutscher selbst das gegenwärtige Regime nicht unterstützen würde, wenn die Alternative die völlige Vernichtung Deutschlands wäre. Halte man jedoch den gegenwärtigen deutschen Staat nicht für die natürliche Manifestation des deutschen Nationalcharakters, sondern für eine unnatürliche, unter außerordentlichen Krisenbedingungen und im Gefolge des Versailler Vertrages zustande gekommene Fehlentwicklung, wolle man also Deutschland nicht vernichten und aufteilen, sondern es in eine neue europäische Ordnung einfügen, sobald es von der gegenwärtigen Tyrannei befreit sein werde, dann allerdings sei eine möglichst frühzeitige Verkündung der Kriegsziele der Alliierten von entscheidender Bedeutung. Denn die Festlegung und Erklärung gemäßigter Kriegsziele würde die deutsche Opposition ermutigen und stärken, also zur Zerstörung der nationalsozialistischen Herrschaft beitragen.

Es bestehe schon eine weitverbreitete Opposition in allen Schichten des Volkes, nur die mittleren und unteren Lagen der Mittelschicht folgen ziemlich bedingungslos jeder gewalttätigen Massenbewegung nach. Die höheren Bürgerschichten dagegen hoffen auf die Offiziere der Armee, die ohnehin nicht glauben, daß Deutschland einem großen europäischen Krieg gewachsen sei und die man davon überzeugen müsse, daß nur Hitler einer ehrenvollen und annehmbaren Lösung im Wege stehe. Die Deutschen würden sich womöglich selbst von der nationalsozialistischen Herrschaft befreien, wenn man so die psychologische Voraussetzung dafür schaffe.

Die Friedensforderungen der Alliierten müssen auch präzise sein, um ihre Wirkung zu tun. Zwar könne man sich nicht auf jede Einzelheit festlegen, aber den territorialen Besitzstand Deutschlands von 1933 dürfe man keinesfalls schmälern. Die Regierung der Vereinigten Staaten sollte zur Erreichung der genannten Ziele ihr gewaltiges Ansehen in die Waagschale werfen und mit diplomatischem Druck auf die Verkündung rationaler Kriegsziele durch England und Frankreich drängen.

Als Trott Mr. Messersmith am Morgen des 20. November aufsuchte [84], modifizierte er die Gedanken des Memorandums insofern, als er meinte, es sei vielleicht noch zu früh für eine *öffentliche* Verkündung alliierter Friedensbedingungen; denn das Schlimmste, was geschehen könne, sei ein vorzeitiger Ausgleich, der das gegenwärtige Regime in Deutschland an der Macht ließe. Das wäre nicht nur für Deutschland, sondern auch für die übrige Welt eine Katastrophe und würde das Ende der Möglichkeiten der deutschen Widerstandsbewegung bedeuten. Die Gefahr eines Kompromisses sei durchaus real, da es in England immer noch eine mächtige Gruppe gebe, welche einen solchen Ausgleich wünsche. Andererseits sei es sehr wichtig für die »konservativen Elemente« in Deutsch-

2. Umsturzpläne, Sondierungen, Denkschriften 151

land, also den von ihm repräsentierten Teil der Opposition, möglichst bald über die alliierten Friedensziele unterrichtet zu werden. Die Unsicherheit erschwere ihre Bemühungen.

Messersmith hielt das Memorandum für wichtig, nach der Erinnerung Scheffers war er sogar begeistert, und empfahl dem Unterstaatssekretär Sumner Welles die Lektüre dringend. Aber im Lauf der nächsten Wochen sind doch Zweifel an der Glaubwürdigkeit und Vertrauenswürdigkeit Trotts immer stärker geworden. Zwar schrieb Messersmith unter dem 20. November an Sumner Welles, Dr. Brüning habe ihm Trott sehr empfohlen, nach Brüning sei er ein durchaus »ehrlicher Mann« und könne als Sprecher derjenigen Kreise in Deutschland betrachtet werden, aus denen sich eine nicht-nationalsozialistische Regierung zu bilden hätte; Messersmith selbst hatte an dem Morgen, als Trott ihn im State Department aufsuchte, einen sehr positiven Eindruck und glaubte Brünings Urteil zustimmen zu können. Aber einige Tage später fand er, wer jetzt noch in der Lage sei, Deutschland zu verlassen und wieder dorthin zurückzukehren, der könne nicht ganz Herr seiner Entschlüsse sein, und außerdem habe das FBI festgestellt, daß Trott in den Vereinigten Staaten Kontakte »mit gewissen Personen hier [habe], die direkt oder indirekt für die gegenwärtige deutsche Regierung handeln«. Vielleicht sei das der Preis, den Trott für die ihm gewährte Freizügigkeit zu zahlen habe. Trott konnte am 8. Dezember noch einmal mit Messersmith sprechen[85], aber das Mißtrauen überwog. Trott wurde von FBI-Agenten überwacht, eine Akte wurde angelegt mit dem Titel »Subject: Espionage Activities, Adam von Trott in US« (Case No. 862.20211)[86]. Man hielt diesen Mann für einen Spion.

Trott bat Messersmith bei seinem Besuch, das Memorandum und seine mündlichen Mitteilungen, mit denen er den Kopf schon in die Schlinge gesteckt habe, vertraulich zu behandeln. Gleichwohl wurde das Memorandum vervielfältigt, nach der Erinnerung von Paul Scheffer in vierundzwanzig Kopien, von denen eine an das Mitglied des Obersten Bundesgerichtshofes, Felix Frankfurter, gelangte, der Trott aus Oxforder Zeiten kannte. Frankfurter war vor Trott gewarnt worden, und dem Bericht Messersmith' an Sumner Welles zufolge sorgte er auch für die Verbreitung seines Mißtrauens. Die Zusammenkunft mit Frankfurter war ein völliger Mißerfolg. Trott selbst wußte davon, daß gewisse Oxforder Kreise ihn als »Appeaser« denunzierten, als einen also, der in Wahrheit einen Kompromiß mit Hitler herbeiführen wolle[87]. Richtig ist an dem Vorwurf nur, daß Trott 1938 für eine zwar feste, aber nicht-aggressive Haltung der Westmächte eingetreten war in der Überzeugung, daß durch einen außenpolitischen Konflikt die Lösung der (von ihm so bezeichneten) sozialen und wirtschaftlichen Krise in Deutschland verhindert werden würde[88]. Denn dann würden die Deutschen wieder in eine Defensivhaltung und somit auf die Seite des herrschenden NS-Systems gedrängt.

Anscheinend war der etwas komplizierte Gedankengang, daß eine wie immer sonst geartete Lösung, die Hitler und sein Regime an der Macht ließ, für einen deutschen Patrioten nicht annehmbar sei, für die amerikanischen Beamten nicht nachvollziehbar. Trott wollte durch seine Kontakte in den Vereinigten Staaten verhindern, daß sich die Alliierten auf einen Vernichtungskrieg gegen Hitler-Deutschland festlegten und dadurch alle die Elemente auf Hitlers Seite zwangen, die sich jetzt zu seinem Sturz zusammenzufinden begannen, wie es Trott gegenüber dem Chefredakteur der Zeitung *The Washington Post* am 19. November formulierte[89]. Es wäre für die Opposition wichtig gewesen, Anhaltspunkte für die Bedingungen zu haben, welche die Alliierten einem von Hitler befreiten Deutschland gewähren wollten. Aber sinnlos wäre es, Friedensbedingungen schon jetzt öffentlich zu verkünden, die eventuell auch Hitler annehmbar erschienen wären. Damit hätte man seinen Sturz vielleicht unmöglich gemacht.

Aus derselben Zeit, vom Oktober 1939, stammt eine weitere eindringliche Denkschrift von Trott, die damals von New York über einen englischen Verwandten Trotts, Charles Bosanquet, an den britischen Außenminister Lord Halifax gelangt ist[90]. Darin betonte Trott die für einen Erfolg der Opposition gegen Hitler als wesentlich angesehenen Voraussetzungen, die auch schon in der Schefferschen Denkschrift standen: Möglichst viele Deutsche müßten überzeugt werden, daß England diesmal kein Versailles oder gar Schlimmeres wolle, um nicht die anständigen Deutschen zur Verteidigung des Nationalsozialismus um der Rettung Deutschlands vor der Vernichtung willen zu zwingen. Die britische Propaganda müsse vertieft und intensiviert werden, man müsse die nichtnationalsozialistische (und also auch nicht-öffentliche) Meinung in Deutschland *überzeugen*, daß es England um Frieden und Gerechtigkeit in Europa gehe. Die glaubwürdigsten und unantastbarsten Persönlichkeiten in allen betroffenen Ländern müßten sich in diesem Sinne einsetzen und verwenden; alles, was »bloß Propaganda« sei, müsse vermieden werden, nur Aufrichtigkeit vermöge zu überzeugen.

Noch ein weiteres Memorandum ist Ende Dezember 1939 oder Anfang Januar 1940 nach London gelangt, und zwar von und durch Wheeler-Bennett, der sich damals in New York aufhielt und der an manchen der

2. Umsturzpläne, Sondierungen, Denkschriften 153

Beratungen Trotts mit seinen deutschen und amerikanischen Freunden teilnahm. Wheeler-Bennett verstehe bestimmte Aspekte der deutschen Situation besser als irgend jemand in England und man solle gut auf ihn hören, schrieb Trott Ende Dezember 1939 an seinen Freund David Astor; er habe Wheeler-Bennett auch gebeten, sein Memorandum vom 28. Dezember 1939 Astor zukommen zu lassen [91]. Darin vertrat Wheeler-Bennett fast dieselben Gedanken wie Trott: Wie Mr. Chamberlain selbst gesagt habe, kämpfe England nicht gegen das deutsche Volk, sondern gegen sein tyrannisches Regime, der Krieg sei also in gewissem Sinne ein Krieg zur Befreiung des deutschen Volkes. In diesem Kampfe haben die demokratischen Mächte innerhalb Deutschlands Verbündete, deren Ziel ebenfalls die Zerstörung des nationalsozialistischen Regimes sei und die Wiederaufrichtung des Rechtsstaates. Diese Elemente müsse man so weit stärken und ermutigen, daß sie selbst die Initiative ergreifen können. Das sei ihnen jedoch nur möglich, wenn sie sicher sein können, daß ein neues Deutschland von seiten der demokratischen Mächte gerecht und großzügig behandelt werde. Daher sei es nötig, jetzt zwar nicht Einzelheiten der alliierten Friedensziele festzulegen und zu verkünden, aber doch definitivere Versicherungen abzugeben, welche der Opposition in Deutschland das Handeln gegen Hitler gerechtfertigt erscheinen lassen würden. In einer solchen, so bald wie möglich abzugebenden Erklärung Englands, Frankreichs, Polens und der mit Deutschland im Kriegszustand befindlichen britischen Dominien müsse zugesagt werden: keine politische Spaltung oder Aufteilung Deutschlands; Zusammenarbeit mit dem neuen Deutschland; weitgehende Erleichterung des Handels, des Zugangs zu Rohstoffquellen, der wirtschaftlichen Zusammenschlüsse; Rüstungsbeschränkungen.

Die gesamte Mission von Trott, der Anfang 1940 über Japan nach Deutschland zurückkehrte, hatte keinen sichtbaren Erfolg. Seine geheimen Botschaften haben ihre Adressaten in England erreicht, von den amerikanischen ist dies schon lange bekannt. Zu den von Trott und seinen Freunden angeregten alliierten Bekundungen, sowie zu einer Zusammenarbeit irgendwelcher Art mit der innerdeutschen Opposition ist es nicht gekommen. Die Fronten verhärteten sich, die Menschen bewegten sich zu sehr in gewohnten, eingefahrenen Bahnen. Die Opfer an Leben und Gut, die der Krieg dann forderte, waren unaussprechlich. Dennoch war es paradoxerweise bequemer, sie auf sich zu nehmen, als die zur Zusammenarbeit mit der deutschen Widerstandsbewegung nötige geistige und politische Anstrengung zu leisten. Das einzige magere Ergebnis der Bemühungen Trotts, für die er sein Leben aufs Spiel setzte, war eine

Weisung des State Department an den amerikanischen Geschäftsträger in Berlin, Mr. Alexander Kirk, er möge sich anhören, was Trott ihm eventuell zu sagen habe, und er möge darüber nach Washington berichten [92].

Trott ahnte die tragischen Folgen des Fehlschlages. Casablanca und die Formel des Unconditional Surrender gaben ihm im ganzen recht. Trotzdem hat er seine Bemühungen bis zuletzt nicht aufgegeben. Es wird später auf sie zurückzukommen sein.

Während Trott in New York und Washington verhandelte, wurden nach dem Polenfeldzug auch andere Drähte der Widerstandsbewegung wieder aktiviert. Mit Hilfe des Staatssekretärs im Auswärtigen Amt, des Freiherrn von Weizsäcker, hatte sich Dr. Theo Kordt an die deutsche Gesandtschaft in Bern versetzen lassen, von wo er die Verbindung nach London wiederaufnahm, vor allem mit dem Ziel, die englische Haltung im Falle eines innerdeutschen Umsturzes zu klären [93]. Aber erst Ende Oktober kam der Kontakt zustande. Conwell Evans überbrachte ein Schriftstück, welches Äußerungen von Chamberlain enthielt [94].

Schon in seiner Rundfunkrede vom 4. September 1939 hatte Chamberlain gesagt, der Kampf gehe nicht gegen das deutsche Volk, sondern lediglich gegen das tyrannische Regime, welches das eigene Volk und die ganze abendländische Zivilisation verraten habe [95]. Das klang ermutigend, die Opposition, von deren Existenz und Zielen Chamberlain unterrichtet war, konnte sich angesprochen fühlen. Aber alle anderen Voraussetzungen für einen Umsturz fehlten damals, und die Generale würden nicht leicht mit so undetaillierten Äußerungen zufrieden sein.

Dann hatte Hitler am 6. Oktober seine Reichstagsrede gehalten mit dem eigenartigen Friedensangebot: eventuelle Wiederherstellung eines Rumpfpolens, aber Regelung aller mit Polen zusammenhängenden Fragen nur durch Deutschland und Rußland, die Teilungsmächte. Er glaubte nicht ernstlich, daß Rußland einen Teil des vereinnahmten polnischen Gebiets wieder hergeben würde, um ein Rumpfpolen zu schaffen, und er allein würde das Gebiet dazu auch nicht zur Verfügung stellen – so jedenfalls muß man es verstehen, wenn Hitler dann fortfuhr: Solch ein Arrangement entspreche der gegenwärtigen Lage am besten. Es lohne sich doch wirklich nicht, zur Revision dieser Lage nun im Westen Krieg zu führen. Statt dessen möge man endlich den Versailler Vertrag als erledigt und aufgehoben anerkennen und die deutschen Kolonien zurückgeben. Auf der Grundlage einer neuen Raumordnung in Europa, auf der Basis der »Schaffung einer Reichsgrenze, die – wie schon betont – den historischen, ethnographischen und wirtschaftlichen Bedingungen

2. Umsturzpläne, Sondierungen, Denkschriften

entspricht«, könnte dann eine neue Ordnung des Friedens und der Sicherheit möglich sein [96]. Die Schaffung einer Reichsgrenze, die den wirtschaftlichen Bedingungen entspreche, das war einfach ein anderer Ausdruck für die brutale Eroberungspolitik, die Hitler offensichtlich auch weiter zu betreiben gedachte, nur wohl nicht so sehr im Westen als im Osten. Die Forderung nach einer Reichsgrenze, die den ethnographischen Bedingungen entspreche, hatte Hitler selbst schon als Lüge entlarvt: sie war seit München nach seinen eigenen Worten erfüllt. Trotzdem wurden die »Resttschechei« besetzt und nun große Teile von Polen annektiert.

Die Westmächte hatten nicht in der von Hitler erwarteten oder erwünschten Weise reagiert, und der Diktator hatte die Geduld verloren: In seiner »Weisung Nr. 6 für die Kriegführung« vom 9. Oktober 1939 verkündete er seinen Entschluß zur Offensive im Westen, falls nicht in der nächsten Zeit zu erkennen sein sollte, daß England und Frankreich den Krieg zu beenden wünschen [97]. Schon etwa am 25. September waren Hitlers Angriffsabsichten im OKH bekannt geworden, und am 27. September hatte er in einer Besprechung mit Brauchitsch und Halder die sofortige Vorbereitung des Angriffes gegen Frankreich als notwendig bezeichnet [98]. Die »Weisung Nr. 6« war nun dazu der förmliche Befehl. Zwölf Tage später, am 21. Oktober, erklärte er den in der Reichskanzlei in Berlin versammelten Reichs- und Gauleitern, in vierzehn Tagen werde er soweit sein, im Westen den Großangriff beginnen zu können, und wenn dann Frankreich und England in die Knie gezwungen sein würden, dann werde er sich wieder dem Osten zuwenden und dort Ordnung schaffen [99].

Schon am nächsten Tag machte er in einer weiteren Rede wieder ein nicht ernst gemeintes Friedensangebot, während inzwischen die Wehrmachtführung über das Für und Wider einer Westoffensive im allgemeinen und einer Herbstoffensive im besonderen zu debattieren begann [100]. Diese Diskussionen wurden akademisch, als Hitler am 27. Oktober die Führer der Wehrmacht versammelte und ihnen als Termin für den Angriff im Westen den 12. November bekanntgab [101].

Nun war wieder die schon so vertraute Lage entstanden: Der Krieg mit den Westmächten stand vor dem tatsächlichen Ausbruch. Da er unmöglich gewonnen werden konnte, mußte der Ausbruch durch einen Umsturz verhindert werden [102]. Jedenfalls konnten die Verschwörer dieses Argument nun wieder mit einiger Überzeugung vorbringen. Die Vorbereitungen für den Umsturz wurden von neuem mit Energie betrieben.

Inzwischen hatte Chamberlain doch noch auf das Friedensangebot Hitlers geantwortet, und zwar in seiner Unterhausrede am 12. Oktober [103]. Darin hatte er von seiner Überzeugung gesprochen, daß sich das deutsche

Volk ebenso wie die anderen Völker Europas nach Frieden sehne, und erklärt, die englische Politik sei nicht auf Rache, sondern nur auf die Verteidigung der Freiheit gerichtet. Der Friede könne auch nur gesichert werden, wenn die gerechten Ansprüche der Völker einschließlich des deutschen anerkannt und geregelt würden.

In dieser Situation kam um den 27. Oktober der Kontakt zwischen Theo Kordt und Conwell Evans endlich zustande, und der Engländer überbrachte die Niederschrift einer Äußerung Chamberlains. Dabei handelte es sich um einen Auszug aus der eben erwähnten Rede mit dem angedeuteten Inhalt, aber Kordt und seine Freunde hielten den von Conwell Evans überbrachten Text für die Wiedergabe einer ausdrücklichen, besonders an die Opposition gerichteten Erklärung Chamberlains. Conwell Evans bezeichnete das Papier als eine feierliche Verpflichtung Chamberlains, die gegenüber jeder vertrauenswürdigen nicht-nationalsozialistischen Regierung eingehalten werden würde [104]. Außerdem überbrachte Conwell Evans noch eine Mitteilung von Sir Robert Vansittart, die dieser im Auftrage von Premierminister Chamberlain und Außenminister Halifax machte: die britische Regierung könne »›mit Hitler oder einem seiner Gesinnungsgenossen‹« nicht mehr in irgendwelche Verhandlungen eintreten. »›Es sei Sache der deutschen Opposition, eine verhandlungsfähige deutsche Regierung zu schaffen, zu deren Wort man auf britischer Seite Vertrauen haben könne.‹« [105]

Sicher war das alles nicht zuviel gesagt, aber es war auch dem Inhalt nach nichts Neues für die Verschwörer, die zweifellos die Rede Chamberlains schon kannten. Nur die Umstände – Kriegszustand, Staatsstreichvorbereitung, Verschwörertätigkeit, Gefahr – und die Art der heimlichen Übermittlung machten etwas Besonderes aus den Schriftstücken und Erklärungen und gaben ihnen größeres Gewicht, als ihrem Inhalt zukam. Denn von Waffenruhe oder strategischem Stillhalten während eines innerdeutschen Umsturzes war nicht einmal andeutungsweise die Rede. Davon abgesehen scheint die »Botschaft« den im Augenblick wichtigsten Adressaten, Generaloberst Halder, gar nicht erreicht zu haben. Während die Verschwörer ohne Garantien die Generale nicht zum Handeln bringen konnten, wollten die Westmächte keine Garantien geben, ohne zuvor durch Taten von der Aufrichtigkeit der Verschwörer überzeugt worden zu sein. Ihr Mißtrauen wurde nicht erst erweckt, aber sehr bestärkt durch den bekannten Venlo-Zwischenfall.

Zwei Angehörige des britischen Intelligence Service, Hauptmann S. Payne Best und Major R. H. Stevens, die in Den Haag tätig waren, kamen Ende September 1939 mit einem deutschen Emigranten in Kontakt, der

2. Umsturzpläne, Sondierungen, Denkschriften 157

ihnen berichtete, er habe Verbindung zu deutschen Offizieren, welche ihrerseits zu einer Militärverschwörung gegen Hitler gehörten. Das war plausibel, besonders im Lichte der vielen nach England gegangenen Nachrichten. Auf ihre Rückfrage in London wurden die beiden englischen Offiziere ermächtigt, mit den Deutschen zusammenzutreffen. Das Treffen fand auf holländischem Boden und in Gegenwart eines holländischen Spionageoffiziers am 21. Oktober statt, aber es zeigte sich, daß die Deutschen nur unbedeutenden Rang hatten. Unter der Bedingung, daß ein höherer Offizier in wichtiger Stellung erscheinen würde, verabredete man ein weiteres Treffen im Haag für den 30. Oktober [106].

Es kamen noch drei weitere Treffen mit den Deutschen zustande, die in Wirklichkeit vom Sicherheitsdienst der SS und von der Gestapo vorgeschickte Agenten waren, und zwar am 7., 8. und 9. November 1939, jeweils in Backhus bei Venlo. Ein angeblicher hoher Offizier und Vertreter der deutschen Opposition sollte dabei auftreten, aber in Wirklichkeit nahm der Chef vom Amt IV E (Gestapo/Abwehr) im RSHA, Walter Schellenberg, von Anfang an an den Zusammenkünften teil. Beim letzten Treffen am 9. November wurden die beiden Engländer und der Holländer so nahe an die holländisch-deutsche Grenze gelockt, daß sie mit Hilfe einiger SS-Leute in deutschen Gewahrsam gebracht werden konnten.

Hitler und Himmler scheinen sofort überzeugt gewesen zu sein, daß der englische Geheimdienst, der sich bei den Kontakten mit der vermeintlichen Widerstandsbewegung so bereitwillig gezeigt hatte, Hitler und sein Regime stürzen zu helfen, auch hinter dem Attentat Georg Elsers am 8. November im Bürgerbräukeller stecken müsse. Diese Annahme bot sich zumindest als Propagandaparole durch das Zusammentreffen der Vorgänge an. Wie bereitwillig oder zurückhaltend aber englische Agenten und ihre Vorgesetzten in London zu Kontakten mit der deutschen Opposition auch gewesen sein mögen, *nach* dem Venlo-Zwischenfall mußte diese Bereitschaft wesentlich geringer werden.

Inzwischen waren in Deutschland die Bemühungen um den Aufbau der inneren Oppositionsfront fortgesetzt worden. Am 10. Oktober besprachen sich Hassell und Goerdeler in München [107]. Die außenpolitischen Mindestansprüche, darunter die Annexion der deutschen Teile Polens, Wiederherstellung eines unabhängigen Restpolens, Neuordnung der Tschechei, Abrüstungsvereinbarungen, über die sie sich einig waren, sind natürlich nur aus der damaligen Lage heraus verständlich; heute erscheinen sie wahnwitzig. Damals war das Deutsche Reich die stärkste Militärmacht auf dem Kontinent und hatte die Territorien im Besitz, über die gegebenenfalls zu verhandeln gewesen wäre. Ohne ungeheure Opfer waren sie dem Reich nicht streitig zu machen. Aus Hassells Tagebuch geht nicht hervor, ob er und Goerdeler, unbeschadet der in Deutschland und im Ausland für mehr oder minder berechtigt gehaltenen Revisionsansprüche, in der Art des Erwerbs der nun besetzten Gebiete ein Hindernis für den Besitz sahen – im Sinn von Rechtlichkeit und Fairneß, ohne den eine wirkliche europäische Verständigung kaum möglich war.

Auch die Überlegung, ob Göring wohl in einer nach dem Sturze Hitlers zu bildenden Regierung sitzen könnte, ist nur aus der damaligen Lage verständlich. Der Nationalsozialismus war stark, die Erfolge im Innern und nach außen waren groß. Wenn ein Umsturz psychologisch denkbar erschien, so nur wegen der drohenden Ausweitung des Krieges, die allgemein, auch von vielen Parteileuten, als riesige Gefahr für alles bisher Erreichte angesehen wurde. Göring selbst war, freilich mit Wissen Hitlers, noch Ende Oktober in Gesprächen mit einem schwedischen Abgesandten begriffen, der Friedensverhandlungen mit England vermitteln wollte [108]. So erklärte sich Hassell gegenüber Goerdeler mit der Beibehaltung bzw. Zuziehung Görings einverstanden, nachdem er gehört hatte, daß sich selbst Beck dazu bereit gefunden habe, doch war man sich einig, daß das nur eine Übergangslösung sein dürfe. Eine befriedigende Grundlage zum Handeln gab es ohnehin noch nicht, Hassell nannte die ganze Sache »noch ziemlich unausgegoren«. Die erforderlichen Machtmittel waren noch nirgends in Sicht.

Hassell führte in jenen Herbstwochen nach dem Polenfeldzug weitere Besprechungen mit Goerdeler, mit Beck, Hammerstein, Weizsäcker, und sogar mit dem Oberbefehlshaber der Kriegsmarine, Großadmiral Raeder, ferner mit Popitz, indirekt mit Schacht und wiederum mehrfach mit Goerdeler [109]. Doch was nützte das alles? Hassell und Popitz sahen es gleichermaßen klar: nichts war gewonnen, solange »die Hauptsache noch fehlt, nämlich der handelnde General« [110]. Die Fähigkeit dazu traute man am ehesten Witzleben zu, an der Möglichkeit aber fehlte es ihm sehr; denn er saß in Bad Kreuznach, weit von Berlin [111].

Als Ende Oktober immer deutlicher wurde, daß Hitler im Westen die militärische Initiative ergreifen und den Durchmarsch durch Belgien und Holland befehlen wollte, steigerte sich die Aktivität der Opposition ins Fieberhafte [112]. Dr. Klaus Bonhoeffer, Dr. Otto John und Dr. Hans von Dohnanyi hatten nach dem Polenfeldzug ihre Verbindungen zu Ernst von Harnack, Leber, Jakob Kaiser, Habermann, Wirmer und Leuschner wieder aufgenommen. Dohnanyi, bis September 1938 Persönlicher Referent des Reichsministers der Justiz, Gürtner, dann Reichsgerichtsrat am Reichsgericht in Leipzig, seit 25. August 1939 Sonderführer (Rang eines Majors) im

2. Umsturzpläne, Sondierungen, Denkschriften

OKW/Amt Ausland/Abwehr unter Admiral Canaris bzw. Oberst Oster tätig, spielte bei der Herstellung dieser Verbindungen wegen seiner zentralen Stellung eine Schlüsselrolle. Brauchitsch, Halder und andere Befehlshaber für einen Staatsstreich vor der Westoffensive zu gewinnen war das Ziel[113].

Während die angesprochenen Generale grundsätzlich der Meinung waren, die Westoffensive werde eine Katastrophe heraufbeschwören und müsse verhindert werden, glaubten doch die meisten von ihnen, es werde im Volke am nötigen Verständnis für einen Staatsstreich fehlen, und es könnte daher leicht zu einem Bürgerkrieg kommen. Wenn dann die Kriegsgegner die Situation ausnützten, um zu militärischen Erfolgen zu kommen oder unannehmbare Friedensbedingungen zu stellen, so dürfe man sich nicht wundern. Auch der Begriff des Dolchstoßes und die Frage des Treueides auf Hitler spielten eine bedeutende Rolle in den Gegenargumenten der Befehlshaber.

So versuchte denn die obengenannte Gruppe, den Generalen die wirkliche Stimmung der Arbeiterschaft klarzumachen, die wie die übrigen Teile des Volkes vom Kriege nichts wissen wollte. Tatsächlich war seit dem Ende des Polenfeldzuges und besonders seit Hitlers Rede vom 6. Oktober das Gerücht weit verbreitet und gern geglaubt, es werde über Frieden verhandelt, und der Krieg sei eigentlich zu Ende[114]. Um dem führenden Frondeur Beck die nötigen Argumente in die Hand zu geben, aber auch um die konspirative und postkonspirative Zusammenarbeit zu fördern, brachte die erwähnte Gruppe nach vielen Bemühungen, insbesondere von Ernst von Harnack, Klaus Bonhoeffer, Otto John und Dohnanyi, eine Zusammenkunft zwischen Beck und Leuschner zustande[115]. Leuschner und seine Freunde versprachen, im Falle eines Militärputsches die Arbeiter zum Generalstreik aufzurufen. Vorsorglich entsandte man schon Boten zu den wichtigen Zentralen der illegalen Arbeiterbewegung, um der geplanten Aktion den Boden zu bereiten[116].

Ferner glaubte man sich in der Lage, gegebenenfalls das Volk von der Notwendigkeit und Berechtigung eines Umsturzes wohl überzeugen zu können. Dohnanyi und auch Oster hatten schon seit Jahren ständig Material und Belege über die Verbrechen der Partei, der SS und der nationalsozialistischen Staatsführung, über die Korruption in den Parteiorganisationen, über kriminelle und sittenwidrige Vorgänge in der Hitler-Jugend und in der SA, über Schiebungen, Übergriffe, Brutalitäten und Vergewaltigungen, Gefangenenmißhandlungen, Polengreuel und Judenpogrome zusammengetragen und systematisch geordnet. Dieses Material sollte nicht nur dazu dienen, den Generalen die Augen zu öffnen, sondern auch später für die gerichtlichen Verfahren gegen die Schuldigen und zur Aufklärung des Volkes über seine Führer herangezogen werden [117].

Solche Bemühungen stellten lediglich einen Teil dessen dar, womit man »die Generale« bestürmte. Aus allen einschlägigen Bereichen kamen Denkschriften, die darlegen sollten, welche Katastrophe durch eine Offensive im Westen heraufbeschworen würde und wie sie zu verhindern sei. Nun erhob sich wieder das Gespenst des jahrelangen Material- und Stellungskrieges mit ungeheuren, aber nutzlosen Schlachten. Die Ungunst der Wetter- und Bodenverhältnisse im Herbst – Nebel, Regen und Schlamm – würde alles nur noch katastrophaler machen. Die Marine konnte im Nebel nur schlecht operieren, die Luftwaffe würde nahezu gelähmt sein, und die Motorisierung des Heeres, dieser wichtige Fortschritt seit dem Ersten Weltkrieg, vor allem aber die Panzerwaffe wären weitgehend wertlos [118]. Ohnehin wurde das deutsche Heer von seinen eigenen Befehlshabern für dem französischen unterlegen erachtet [119], und auf allen Gebieten waren die Vorbereitungen durchaus ungenügend, eine Offensive im Westen wäre jetzt ein ganz unverantwortliches und von vornherein zum Scheitern verurteiltes Vorhaben.

Generaloberst a. D. Beck hatte schon Ende September zur Feder gegriffen und eine Denkschrift »Zur Kriegslage nach Abschluß des polnischen Feldzuges« verfaßt, die insbesondere dem Oberbefehlshaber des Heeres und dem Chef des Generalstabes des Heeres vorgelegt werden sollte [120]. Beck warnte davor, nach dem deutschen Sieg über Polen die Entschlossenheit der Westmächte zu unterschätzen. Ein Krieg mit Großbritannien müsse immer als Weltkrieg geführt werden; denn die Operationsbasis der Engländer bestehe nicht nur aus den britischen Inseln, sondern auch aus Indien, Kanada, Afrika und Australien. Mit der wirtschaftlichen Macht der Vereinigten Staaten werde man es auf alle Fälle zu tun haben, und zwar in Gestalt der wirtschaftlichen und rüstungstechnischen Unterstützung Frankreichs und Englands durch Amerika. Dieser aber werde leicht die militärische Unterstützung folgen können. Frankreich und England haben, so fuhr die Denkschrift fort, im Westen noch nicht angegriffen, weil sie einen ungeheuren Materialkrieg vorbereiten, der durch einen gewaltigen »Geschütz- und Munitionseinsatz, nicht abzusehende Feuerdauer, Führung des Inf[anterie-]Angriffes nach dem Grundsatz: l'artillerie acquiert, l'infanterie occupe« bestimmt sein werde. Der Krieg werde von den Westmächten auf Zermürbung und Aushungerung Deutschlands angelegt werden, man müsse sich auf eine Abwehrschlacht von unbegrenzter Dauer einrichten, die Möglichkeit einer *militärischen* Entscheidung im Westen sei nicht zu erkennen. Nur zwei Möglichkeiten gebe es,

2. Umsturzpläne, Sondierungen, Denkschriften

den zu erwartenden Stellungskrieg zum Bewegungskrieg mit Aussicht auf die Erzwingung einer Entscheidung zu machen: entweder durch Aufgabe des Westwalls und eventuell größerer deutscher Gebiete (wodurch das Ruhrgebiet gefährdet würde), was zu riskant sei; oder durch Verletzung neutralen Gebietes, wobei die Nachteile (Vermehrung und Verbitterung der Kriegsgegner) die Vorteile überwiegen würden. Mit einem »Wunder« der Art, wie es 1762 Friedrich II. vor dem Untergang errettet habe, dürfe man nicht rechnen.

In einer weiteren Denkschrift vom 10. Oktober 1939, »Das deutsche Friedensangebot vom 6. 10. 39 und der mögliche weitere Kriegsverlauf«[121], führte Beck die in der eben skizzierten Schrift nur angedeuteten strategischen Gedanken über Kriegsdauer und Zermürbung sowie über die Natur des eigentlichen Weltkrieges weiter aus, der eben nicht zu Lande und auch nicht nur auf einem Kontinent entschieden werden könne und der noch gar nicht begonnen habe. Nach allen Erfahrungen, die dem Fachmann damals zur Verfügung standen, war ein Erfolg Deutschlands im Westen unwahrscheinlich, ob man nun die Verteidigung oder den Angriff als Methode der Kriegführung wählte.

Es meldeten sich aber in jenen Tagen auch aktive Soldaten zu Wort, denen dieselben Bedenken auf der Seele lasteten wie Beck.

Generaloberst Wilhelm Ritter von Leeb, von dem am 27. Januar 1940 Etzdorf zu Hassell sagte, er sei der einzige der Oberbefehlshaber, »mit dem etwas zu machen sei«, war seit 1. September 1939 Oberbefehlshaber der Heeresgruppe C, die im Westen stand[122]. Am 7. Oktober 1939 notierte sich Leeb unter dem Eindruck der Rede Hitlers vom 6. Oktober: »›Alle Anordnungen ... deuten darauf hin, daß man diesen Wahnsinnsangriff unter Verletzung der Neutralität Hollands, Belgiens und Luxemburgs machen will. Die Rede Hitlers ... war also nur ein Belügen des deutschen Volkes.‹« Am 11. Oktober übersandte er dem Oberbefehlshaber des Heeres, Generaloberst von Brauchitsch, eine ausführliche »Denkschrift über die Aussichten und Wirkungen eines Angriffs auf Frankreich und England unter Verletzung der Neutralität Hollands, Belgiens und Luxemburgs«. Eine weitere Ausfertigung ging an Halder, und dem Oberbefehlshaber der Heeresgruppe B, Generaloberst Fedor von Bock, wurde sie auch vorgelegt[123]. Aus Sorge um die Zukunft Deutschlands, so heißt es im Begleitbrief an Brauchitsch, müsse sich Leeb nun, da offensichtlich der Angriff gegen Frankreich durch neutrale Länder hindurch vorbereitet werde, »in dieser ernsten Stunde, die vielleicht auf Jahrzehnte über das Schicksal unseres Volkes entscheidet«, noch einmal mit einer Zusammenfassung seiner Ansichten an den Oberbefehlshaber wenden.

Im wesentlichen legte dann Leeb dieselben Auffassungen dar, wie sie auch von Beck vertreten wurden. Das klassische Ziel jeden Krieges, nämlich ein günstiger Frieden, sei nicht erreichbar. Es sei militärisch unmöglich, Frankreich und England so zu schlagen, daß sie zum Friedensschluß bereit sein würden. Darauf folgen ins einzelne gehende Ausführungen und Nachweise, warum eine Offensive im Westen an den Gegebenheiten und an den Defensivmaßnahmen vor allem Frankreichs und Belgiens scheitern müßte. Die Folge wären Erschöpfungszustand und also bestenfalls Stellungskrieg. Auch die Panzerwaffe werde daran nichts ändern können, Franzosen und Engländer seien sowohl mit Panzern als auch mit Panzerabwehrwaffen bestens versehen. Schließlich werden überhaupt die am längsten aushalten, denen die größeren Menschen- und Materialreserven zur Verfügung stehen. Das aber seien die Westmächte.

Darauf wandte Leeb sich den politischen Folgen eines deutschen Angriffs im Westen zu. Er kam zu denselben Schlüssen: die Offensive könne nur zu einer Katastrophe führen, da man sich durch die geplante Verletzung der belgischen Neutralität ins Unrecht setzen und alle diejenigen kriegsbereit machen werde, die es noch nicht seien. Deutschland werde isoliert, von Verbündeten entblößt und von Feinden umringt sein. Auch innenpolitisch sei Schlimmes zu befürchten. Die Mehrheit des deutschen Volkes vertraue noch auf die Friedensliebe des Führers und würde also durch den Angriff und die damit verbundenen Opfer schwer enttäuscht werden. Das Volk wolle Frieden, nicht Angriff, und solche Stimmung könne sich jederzeit und rasch auch im Heer ausbreiten.

Gegen diese schwerwiegenden Nachteile des Angriffs seien die unschätzbaren Vorteile der defensiven Haltung zu erwägen. Bleibe das deutsche Heer im Westen wie bisher in der Verteidigung, so sei es unangreifbar. Der Gegner könne nur unter ungeheuren Opfern angreifen und dabei doch sein militärisches Minimalziel, die Zerstörung der deutschen Abwehrkraft, nicht erreichen. Die wirtschaftlichen Vorteile seien ebenfalls bedeutend. Man könne dann in Ruhe produzieren und sich auch für einen langen Krieg rüsten, für den man jetzt nicht bereit sei. Der große politische Vorteil aber wäre die Erkenntnis im Volk, daß die unnachgiebige Haltung Englands allein noch Deutschland im Kriegszustand hält. Das Volk würde also den Sinn der Kriegsanstrengungen verstehen und sie entsprechend unterstützen.

Am 31. Oktober schrieb Leeb noch einmal an Brauchitsch[124]. Die militärische Lage sei klar, die deutschen Kräfte durchaus ungenügend. Manche Artillerietruppen seien so schlecht ausgebildet, daß sie »eine größere Gefahr für die eigenen Truppen als für den Gegner« bedeuten. Es sei

2. Umsturzpläne, Sondierungen, Denkschriften

gegenwärtig unmöglich, Engländer, Franzosen und Belgier militärisch zu vernichten, auf andere Weise sei aber ein Frieden militärisch nicht zu erreichen. Dabei gebe es doch gar keinen Zwang zum Angriff. Man habe Polen als Faustpfand und könne ruhig die Gegner angreifen lassen, die ebenfalls keine Aussicht auf Erfolg haben und also auch ihrerseits ihr Ziel nicht durch eine Offensive erreichen können. Das Volk sei von tiefer Friedenssehnsucht erfüllt. Wenn Hitler unter einigermaßen annehmbaren Bedingungen, etwa Wiederherstellung einer autonomen Tschechei und eines Reststaates Polen, nun Frieden schlösse, so würde das niemand als Zeichen der Schwäche ansehen, sondern man würde ihn als Friedensfürsten feiern. Mit der eindringlichen Warnung, vielleicht hänge »das Schicksal des gesamten deutschen Volkes in den nächsten Tagen« von Brauchitsch ab, hatte Leeb seinen Brief begonnen. Er schloß ihn mit dem bedeutsamen Satz: »Ich bin bereit, in den kommenden Tagen mit meiner Person voll hinter Ihnen zu stehen und jede gewünschte und notwendig werdende Folgerung zu ziehen.«

Schon vor Leeb hatte auch Generaloberst von Bock eine eigene Denkschrift an Brauchitsch eingereicht, in der er mit militärischen Argumenten vor der Verletzung der Neutralität Belgiens, Luxemburgs und Hollands warnte [125]. Am 9. Oktober besprach Bock seine Ansichten mit Halder [126].

Nun ließ sich auch Generaloberst Gerd von Rundstedt, der Oberbefehlshaber der ebenfalls im Westen stationierten Heeresgruppe A, unter dem 31. Oktober mit einer Denkschrift vernehmen, so daß schließlich alle Oberbefehlshaber im Westen gegen die Offensive, die sie führen sollten, protestiert hatten [127]. Wie Bock, so vermied auch Rundstedt ausdrücklich jede politische Argumentation und beschränkte sich ganz auf den »Verantwortungsbereich des Soldaten«. Davon erhoffte er sich mit Recht bessere Aussichten, auf Hitler Eindruck zu machen. Das Kräfteverhältnis zwischen deutschen und französisch-englischen, gegebenenfalls auch belgischen und holländischen Truppen sei zahlenmäßig für Deutschland ungünstig und werde bei einem opferreichen Angriff mindestens kritisch werden. Der polnische Feldzug habe gezeigt, wie sehr der Angriff von der Führung getragen werden müsse, weil der Truppe der nötige eigene Schwung fehle, so daß die zu erwartenden Verluste an Offizieren sehr hoch zu veranschlagen seien, wodurch wieder der Kampfwert sinke [128]. So könne man also das Kräfteverhältnis nicht auf die Dauer durch bessere Führung ausgleichen. Das Überraschungsmoment aber sei schon längst verloren.

Schließlich konnte sich Rundstedt doch nicht ganz versagen, auch politische Gründe vorzubringen. Schon einmal habe man sich getäuscht, und zwar mit der Annahme, Frankreich und England werden nicht in den

Krieg eintreten. Da es nun geschehen sei, müsse man sich auf einen langen Krieg einstellen und dürfe seine Kraft nur verausgaben, wenn die Entscheidung zu erzwingen sei. Es sei deshalb besser, den Gegnern die Last des Angriffes zuzuschieben, dann würde der Kriegswille besonders der Franzosen auf Proben gestellt, denen er nicht gewachsen sei. Ferner müßten die Westmächte, wenn sie mit irgendwelcher Aussicht auf Erfolg angreifen wollten, ebenfalls durch Belgien marschieren. Tuen sie das, so könne man ihnen rechtzeitig dort begegnen und habe zugleich den Vorteil, sich nicht zuerst ins Unrecht gesetzt zu haben. Gewiß könne man nicht endlos abwarten, sonst würde England Zeit bleiben, seine Vorbereitungen in unerwünschter Weise zu vervollständigen, man müsse es also gegebenenfalls zum Angriff zwingen, wodurch man sich die Vorteile der Verteidigung sichern und mit größter Gewißheit Frankreich von England trennen könne. Nachdem aber das Heer Polen geschlagen habe, werde es nun Aufgabe der Flotte und der Luftwaffe sein, gegen England in entsprechender Weise vorzugehen.

Am 14. Oktober schrieb der Chef des Generalstabes des Heeres in sein Diensttagebuch: »Eingehende Besprechung mit ObdH über Gesamtlage. OB 3 Möglichkeiten: Angriff, Abwarten, grundlegende Veränderungen. Für keine dieser durchschlagende Aussichtsmöglichkeiten [sic], letzteres am wenigsten, da im Grunde negativ und Schwächemomente schaffend. Unabhängig davon Pflicht, militärische Aussichten nüchtern klarzulegen und jede Friedensmöglichkeit zu propagieren.« [129] Halder hatte mit seinem Oberbefehlshaber über beider Auffassungen und über die von den Oberbefehlshabern der Heeresgruppen A, B und C, den Generalobersten von Rundstedt, von Bock und von Leeb, gegen die für November angesagte Westoffensive vorgebrachten Bedenken gesprochen, und sie hatten mögliche Alternativen erwogen. An keiner der drei Möglichkeiten fanden sie rechten Gefallen, aber der dritten gaben sie von allen die geringsten Chancen. »Angriff« bot fast keine Aussicht auf Erfolg. »Abwarten«, bis Frankreich und England angriffen, enthielt auch ein großes Risiko. Aber die Möglichkeit, »grundlegende Veränderungen« zu schaffen – der Zusammenhang erlaubt nicht die Auffassung, daß äußere Veränderungen gemeint sein könnten –, das hielten sie für »im Grunde negativ«, es schaffe »Schwächemomente«. »Negativ«, das heißt soviel wie »nicht konservativ«, »revolutionär«. Man fürchtete das Vakuum, die Zerstörung der Ordnung. Halder fürchtete stets auch einen Bürgerkrieg, und es war doch auch ganz unwahrscheinlich, daß die Westmächte die innere Lage Deutschlands während eines Umsturzes nicht zur Offensive ausnützen würden. Man wollte also weiterhin als Soldat militärische Befehle ausführen und im übrigen dadurch seine Pflicht tun, daß man die militärische Lage stets nüchtern darstellte und soweit möglich für den Frieden wirkte [130].

Bock, Rundstedt und Leeb setzten ihre Bemühungen um die Verhinderung der Westoffensive fort. Bock wiederholte seine Einwände in einer Besprechung mit Hitler persönlich am 25. Oktober [131]. Sogar Generaloberst von Reichenau, der den Ruf eines hitlerhörigen Generals hatte und der nun die zur Heeresgruppe B gehörende 6. Armee befehligte [132], hat versucht, Hitler seine Pläne auszureden. Zu Halder sagte er am 15. Oktober, er habe dazu von Brauchitsch den Auftrag erhalten [133]. Schon als er zum erstenmal von dem Angriffsplan erfahren hatte, bei der Übernahme seines Kommandos am 10. Oktober, hatte Reichenau den Plan als »geradezu verbrecherisch« bezeichnet [134]. Man schrieb Reichenau Einfluß auf Hitler zu, und er hat jedenfalls versucht, ihn geltend zu machen. In derselben Besprechung bei Hitler am 25. Oktober, in der Bock Hitler opponierte, erklärte Reichenau auf Hitlers Behauptung, wenn man nicht jetzt losschlage, werden die Engländer heimlich in Belgien Stellung beziehen und also den jetzt noch möglichen deutschen Erfolg verhindern: das sei ihm lieber. Es sei besser, wenn die Engländer die belgische Neutralität zuerst verletzen, wenn es schon dahin kommen müsse, als wenn es die Deutschen tun. Auf Hitler machte das natürlich keinen Eindruck, aber Reichenau war so sehr von der Notwendigkeit überzeugt, den Angriff durch Belgien und die Niederlande zu verhindern, daß er, dem das niemand zugetraut hätte, sogar zu demselben Mittel griff wie Oster: er warnte die Belgier vor dem deutschen Angriff [135]. Auch Leeb meldete sich Ende Oktober noch einmal sehr eindringlich zu Wort.

Brauchitsch scheint einen Versuch, vielleicht nur einen Ansatz gemacht zu haben, um Hitler von seinen Absichten abzubringen. In einer Besprechung am 16. Oktober brachte er Gegengründe vor, aber Hitler hatte auf alles eine Antwort. Halder tat wohl sein Möglichstes, aber seine Möglichkeiten waren durch Temperament, Charakter und politische Anschauungen beschränkt. Inwieweit seine konspirative Tätigkeit nur generalstabsmäßige Denkübung für einen Eventualfall war, die dann mangels Ausführungsbefehl in der Schublade blieb – das läßt sich nur vermuten.

3. Halders neuer Umsturzplan

Seit August 1939 war im OKH als Verbindungsoffizier des Amtes Ausland/Abwehr des OKW der Major d. G. (bald Oberstleutnant d. G.) Groscurth tätig. Er war zugleich der wichtigste Verbindungsmann zwischen dem Verschwörerzirkel in der Abwehr und den Hitlergegnern im OKH, und er arbeitete eng mit dem Verbindungsmann des Staatssekretärs von Weizsäcker im OKH, Legationsrat und Rittmeister d. R. Dr. Hasso von Etzdorf, zusammen. Am 20. Oktober schrieb er in sein Diensttagebuch über damals im Gange befindliche Versuche, durch schwedische oder vatikanische Vermittlung eine Friedensregelung zustande zu bringen: »Bei allen Friedensvermittlungen stößt man auf die kategorische Forderung der Beseitigung Hitlers und eine gewisse Wiederherstellung der Tschechei.«[136] Darauf also galt es hinzuarbeiten. Die Entmachtung Hitlers war so wichtig wie die Verhinderung der Westoffensive: diese würde aus jener folgen.

Halder wußte genau, welche Rolle Groscurth, ferner der Oberquartiermeister I und dienstliche Vertreter Halders, General von Stülpnagel, der Verbindungsmann des Auswärtigen Amtes beim OKH, Dr. von Etzdorf, und die Mitarbeiter von Groscurth, Major Werner Schrader und Hauptmann Dr. Fiedler, spielten. Auch Generalmajor Fellgiebel, Oberst i. G. Eduard Wagner und der Ia in der Operationsabteilung des Generalstabes des Heeres, Oberstleutnant i. G. Henning von Tresckow, gehörten damals schon zu der Verschwörung[137]. Halder war mit der Tätigkeit dieser seiner Kameraden einverstanden und hat sie ermuntert, wünschte aber selbst nicht aktiv hervorzutreten, außer unter Voraussetzungen, die in der Formel »wenn das Vaterland in Gefahr ist« zusammengefaßt, aber nicht näher definiert werden können. Wenn etwa Beck ihm auf den Einwand, die psychologische Situation sei ungünstig, auf Grund der von Leuschner und Kaiser erhaltenen Informationen erklärte, die Stimmung der Arbeiter sei sehr gegen Krieg und für einen Staatsstreich wohl geeignet, ein Generalstreik zur Unterstützung des Umsturzes werde vorbereitet, so verstieg er sich sogar einmal zu der verärgerten Erwiderung, dann sollen doch die Arbeiter erst einmal von unten her den Staatsstreich in Gang setzen[138].

Immerhin ließ Halder den Staatsstreich planen und vorbereiten. Damit riskierte er seinen Kopf, wie er wußte. Aber er war überzeugt, daß es ohne den Befehlshaber, ohne Brauchitsch, nicht gehen könne. Damals konnte das noch niemand so sicher wissen, aber in diesem Punkt hat der 20. Juli Halder teilweise recht gegeben. Die Befehle Stauffenbergs, des Chefs des Stabes beim Befehlshaber des Ersatzheeres, wurden unter anderem deshalb nicht ausgeführt, weil ihnen die Sanktion des Befehlshabers, dem Chef des Stabes aber die Befehlsgewalt über Truppen fehlte. Ging Brauchitsch mit, so war es gut, die Pläne waren dann bereit und konnten ausgeführt werden. Die Ermordung Hitlers mochte dazu und für Brauchitschs Mitwirkung den Weg freimachen. Versagte sich Brauchitsch, dann konnte er, Halder, auch nichts tun. Nur eine ganz überragende Persönlichkeit von

3. Halders neuer Umsturzplan

außerordentlicher Tatkraft und Führerautorität hätte in der Stellung des Chefs des Generalstabes mit irgendwelcher Aussicht auf Erfolg wagen können, über den Befehlshaber hinwegzugehen und selbst die Befehlsgewalt zu übernehmen. So eine Persönlichkeit war Halder nicht.

Halder hat im Herbst 1939, und wiederholt bis zum Sommer 1942, erwogen, Hitler zu ermorden[139]. Wochenlang trug der Chef des Generalstabes des Heeres bei seinen vielen Besuchen in der Reichskanzlei eine geladene Pistole in der Tasche, um Hitler zu erschießen. Er hat das damals Groscurth gesagt und später bestätigt, allerdings erst angesichts des Groscurthschen Tagebucheintrags vom 1. November 1939: »Mit Tränen sagt H[alder] – er sei seit Wochen mit der Pistole in der Tasche zu Emil gegangen, um ihn evtl. über den Haufen zu schießen.« Die Episode ist charakteristisch für Halders Beteiligung an den Staatsstreichbemühungen. Er trug eine geladene Pistole bei sich, aber er schoß nicht. Er beklagte sich bei Oster, daß nicht längst jemand Hitler umgebracht habe, aber auch, daß das ausgerechnet einem hohen Funktionär des Staates zugemutet werden solle, in anderen Ländern beauftrage man damit doch eine Privatperson oder einen Desperado. Das war das Dilemma, aber auch die Tragik der Inkonsequenz.

In den Wochen nach dem 14. Oktober reifte in Halder immer mehr die Überzeugung von der Notwendigkeit eines gewaltsamen Umsturzes. Schließlich erhielten Groscurth und seine Gruppe von Halder und Stülpnagel, spätestens am 31. Oktober und 2. November, ein Stichwort zur Vorbereitung eines Staatsstreiches[140]. Sie nahmen die Pläne von 1938 wieder vor und modifizierten sie entsprechend den veränderten Verhältnissen. Es war, wie 1938, die Hauptstadt mit Truppen zu umringen und zu besetzen, es waren die Zentralen der Partei, der Gestapo und der SS auszuheben, die Rundfunksender und -studios und die Telegraphenämter zu besetzen. General Hoepner sollte eine Panzerdivision nach Berlin führen[141]. Generalleutnant von Falkenhausen, seit Ende August Stellvertretender Kommandierender General im Wehrkreis IV (Dresden), wollte mit seinen Truppen mitwirken, und General Guderian, der das XIX. A. K. befehligte, sollte ebenfalls beteiligt werden[142]. Halder selbst erinnerte sich später, zwei oder drei Panzerdivisionen östlich der Elbe zurückbehalten zu haben, um sie dann für den Staatsstreich einsetzen zu können[143].

Zu den Plänen, die in Zossen in einem Panzerschrank des OKH aufbewahrt wurden, gehörte auch eine »Studie« Osters[144]. Sie war ebenfalls ein Aktionsplan für den Aufstand und enthielt Listen von Funktionären und führenden Persönlichkeiten des Regimes, die zu beseitigen waren, ferner Namen für eine neu zu bildende Regierung[145]. Hitler, Ribbentrop, Himmler, Heydrich, Göring, Goebbels und »Dietrich« (vermutlich der Kommandeur der SS-Leibstandarte, Sepp Dietrich) sollten festgenommen und die Staatsgewalt vorläufig einem von Beck geführten Triumvirat übertragen werden [146]. Unter den zu beteiligenden Persönlichkeiten waren genannt Witzleben, Hoepner, Geyer (wahrscheinlich Generalleutnant Freiherr Geyr von Schweppenburg, Kommandeur einer Panzerdivision), Falkenhausen und Reichenau, ferner Schacht, Goerdeler, Fritz-Dietlof Graf von der Schulenburg, Gauleiter Josef Wagner, Helldorf. An Truppen sollten das Infanterieregiment 9 (Potsdam), das Artillerieregiment 3 (Frankfurt/Oder) und das in Sagan stationierte Panzerregiment 15 eingesetzt werden [147]. Die Bereitstellung der Truppeneinheiten war jetzt viel schwieriger und bei weitem nicht so gesichert wie 1938.

Dohnanyi bereitete Aufrufe vor zur Unterrichtung der Öffentlichkeit, Beck und Oster begutachteten und redigierten sie [148]. Es hieß darin, Hitler habe unter Mißachtung der Neutralität Belgiens und Hollands die Offensive im Westen befohlen. Dies könne nur ungeheures Leid über Deutschland bringen. Um es zu verhindern, habe sich Generaloberst a. D. Ludwig Beck entschlossen, wieder aktiv zu werden, und er habe das ihm von Brauchitsch angebotene Amt des Oberbefehlshabers des Heeres und zugleich der gesamten Wehrmacht übernommen. Der Führer sei krank und von seinen Mitarbeitern falsch beraten worden, er werde sich vorläufig von den Staatsgeschäften zurückziehen. Ribbentrop, Himmler und Göring seien festgenommen, weil sie versucht hätten, ihrerseits die für die gegenwärtigen Maßnahmen verantwortlichen Offiziere festzunehmen. Göring habe Millionen an von Arbeitern gezahlten Geldern unterschlagen, Himmler habe Tausende von Unschuldigen eingesperrt, Beweise seien sichergestellt und würden in Kürze veröffentlicht werden. Die Gestapo und das Propagandaministerium sollten aufgelöst werden, Beck würde alsbaldige Wahlen ankündigen, und als Beweis für die aufrichtige Bemühung um Frieden sollte die Verdunklung aufgehoben werden. Oster hatte auch eine Liste der Persönlichkeiten, die sofort beteiligt werden sollten, zusammengestellt; Goerdeler, Hassell, Schacht, Gisevius, Nebe, Helldorf, Fritz-Dietlof Graf von der Schulenburg, Liedig, Heinz, Witzleben, Hoepner, Olbricht und Reichenau waren darauf erwähnt. Einer der Entwürfe betonte übrigens (in der Handschrift Canaris'), daß der Staatsstreich nicht zu rasch als gegen Hitler gerichtet deklariert werden dürfe, daß man vielmehr auf der Fiktion aufbauen sollte, kriminelle und korrupte Elemente der Partei hätten eine nun von der Wehrmacht vereitelte Verschwörung ausgeheckt.

Trotz allen Vorbereitungen und sogar ausdrücklichen Aufträgen blieben Halder und Brauchitsch die größten Unsicherheitsfaktoren in der

3. Halders neuer Umsturzplan

Verschwörung. Canaris vertraute im Oktober seinem Tagebuch an, daß er für sich keine Möglichkeit mehr sehe, auf Halder einzuwirken, der sich immer alles anhöre und dann mit fadenscheinigen Gründen der aktiven Teilnahme ausweiche [149]. Auch andere Mitglieder der Verschwörung waren skeptisch [150]. Aber immer mehr verdichteten sich die Anzeichen, daß Hitler auf seiner Westoffensive bestehen würde. Man mußte also rasch handeln. Die Frage war nur, wie man handeln könnte, solange das Militär nicht mittat.

Den Nichtmilitärs erschien Zuwarten unmöglich und unverantwortlich, so griffen sie zur einzigen ihnen zur Verfügung stehenden Waffe und verfaßten Denkschriften. Ernst von Harnack und Otto John verfaßten ein Memorandum über die wirkliche Stimmung im Volk für Generaloberst von Brauchitsch [150a]. Es war zugleich ein Manifest von Popitz und Goerdeler für die konservative Rechte, von Josef Wirmer und Jakob Kaiser für das katholische Bürgertum, von Bernhard Letterhaus für die katholische Arbeiterschaft, von Ernst von Harnack und Julius Leber für die illegale SPD, und von Wilhelm Leuschner für die Arbeitergewerkschaften, daß sie einig hinter Beck stehen. Prinz Louis Ferdinand erklärte in einem Brief an Beck seine Bereitschaft, falls er gerufen werde. Brauchitsch meinte, ähnlich wie Halder, wenn die Arbeiterschaft wirklich so gegen Hitler sei, solle sie ihn doch einfach durch einen Generalstreik stürzen. Als Leuschner über Dohnanyi von dieser Reaktion erfuhr, war er erbost und sagte, die Herren Offiziere würden ja dann doch auf die Arbeiter schießen lassen, wie sie von jeher immer nach links und nie nach rechts geschossen hätten.

Kordt und Etzdorf verfaßten in jenen Tagen mit Groscurth ein eindringliches Memorandum unter der Überschrift »Das drohende Unheil« [151]. Es erklärte, wenn Hitler an dem Entschluß zum Angriff im Westen und zum Einfall in Belgien festhalte, so werde dies das Ende Deutschlands bedeuten. Zudem müsse wegen der Wetterlage und wegen der Stärke der gegnerischen Armee der Angriff alsbald steckenbleiben; der Widerstandswille der Franzosen werde nicht ab-, sondern zunehmen, wenn deutsche Truppen in französisches Gebiet vordringen; die Vereinigten Staaten würden in den Krieg eintreten, wie auch sehr wahrscheinlich jetzt noch neutrale Staaten; Italien werde sich auf die Seite der Gegner schlagen; Rußland werde sich dort zu bereichern suchen, wo es gerade niemand verhindern könne. Gegen eine solche Front könnte Deutschland weder kriegswirtschaftlich noch moralisch standhalten, die Folge wären Zerfall und Bolschewisierung Deutschlands, günstigstenfalls seine Auflösung in Teilstaaten. Folglich: »Es muß verhindert werden, daß der Einmarsch-Befehl zur Ausführung gelangt. Dies ist nur zu erreichen, indem man die Regierung Hitlers rechtzeitig zum

Sturze bringt. Argumente, Proteste oder Rücktrittserklärungen der militärischen Führung allein würden erfahrungsgemäß weder ein Einlenken noch Nachgeben bewirken.«

Man wende nicht ein, so fuhr die Denkschrift fort, Hitler habe doch so viel Erfolg gehabt. Seine Erfolge seien Scheinerfolge oder aber Ereignisse einer natürlichen Entwicklung, die früher oder später auch ohne ihn eingetreten wären. Das gelte für die Wiederherstellung der Wehrhoheit, für den Anschluß Österreichs, für »die Einfügung der Tschechoslowakei in den deutschen Einflußkreis«. Die gewaltsame Besetzung der Resttschechei habe für Deutschland schwere Nachteile gebracht. Denn ohne sie hätte man den Feldzug gegen Polen führen können, ohne daß dieses von den Westmächten unterstützt worden wäre – eine offensichtlich für militärische Ohren berechnete Bemerkung. Hitlers Prognosen haben sich als falsch erwiesen: England und Frankreich seien in den Krieg eingetreten, Italien habe abgesagt.

Man solle auch nicht innenpolitische Erfolge Hitlers als Argument gegen seinen Sturz anführen. So wie die Arbeitslosigkeit 1929–1932 ein internationales Problem der Industriestaaten gewesen sei, so sei auch der Aufschwung seit 1932 nicht auf Deutschland beschränkt gewesen, nur daß ihn die meisten anderen Staaten ohne die in Deutschland entstandene ungeheure innere Verschuldung und Verschwendung nationalen Vermögens erreicht haben. Man solle auch nicht einwenden, es sei doch jetzt Ordnung geschaffen und der Parteihader sei weggefegt worden. Denn statt einheitlicher Reichsgewalt gebe es jetzt viele fast unabhängige Machthaber, neben der Wehrmacht gebe es mehrere Wehrverbände, die der Kontrolle und dem Einfluß des Waffenträgers der Nation entzogen seien, an die Stelle der einheitlichen Verwaltung sei in Wirklichkeit die Zersplitterung getreten durch den Dualismus von Partei und Staat, durch die Anarchie fast unabhängiger örtlicher Teilmachthaber, an die Stelle der Ordnung die Verwahrlosung, Zuchtlosigkeit und Korruption, an die Stelle des Rechtsstaates die Willkür. Also sei Deutschland in Wahrheit niemals dem Bolschewismus so nahe gewesen wie gerade jetzt, da man sich nicht gescheut habe, in Osteuropa 20 Millionen Menschen der sowjetrussischen Herrschaft zu überlassen.

Man solle auch ferner nicht einwenden, das Volk und die Armee, und zwar »bis in hohe Posten, soweit die Dummheit reicht«, werden einen Staatsstreich jetzt nicht begreifen, weil der Führer doch so erfolgreich sei und daher auch für die Zukunft zu den schönsten Hoffnungen Anlaß biete. Es sei doch eine alte Erfahrung, daß das Debakel erst dann allgemein erkannt werde, wenn es da sei: »*Dann* freilich wäre der Staatsstreich populär, aber er käme zu spät und würde das Unheil nicht mehr abwen-

3. Halders neuer Umsturzplan

den, in das wir alle, ob mit Hitler oder ohne ihn, und mitsamt unseren schönen polnischen Lorbeeren hineinstürzten. Denn die Kriegsfurie, einmal aus dem Kasten, ist mit Vernunft nicht wieder zurückzulocken: Der Krieg folgt seinen eigenen unerbittlichen Gesetzen, und jede Heeresleitung will vor allem siegen, d. h. heutzutage, vernichten.« Der unbestreitbaren Tatsache, daß man eine *gegenwärtig* noch siegreiche Regierung zu stürzen im Begriffe sei, müßte man ins Auge sehen: »*Die relative Unpopularität des Unternehmens muß daher mit dem nötigen Maß an Zivilcourage hingenommen werden.*« Nach dem Sturz Hitlers werde die Öffentlichkeit über seine begangenen und geplanten Verbrechen so unterrichtet, daß sie den Staatsstreich akzeptieren werde [152].

Endlich sei auch der Einwand, der Soldat habe einen Fahneneid zu halten, durchaus unangebracht. Des Fahneneides sei der Soldat längst ledig, da Hitler seine eigenen Verpflichtungen nicht einhalte, sondern vielmehr im Begriff stehe, Deutschland seinen wahnsinnigen Zielen zu opfern. Die Treue des Soldaten könne daher nur noch dem Vaterland gelten. General Yorck, der 1812 bei Tauroggen mit einem russischen General einen Neutralitätsvertrag schloß, obwohl sich sein König mit Rußland noch im Kriegszustand befand, sei ein Beispiel dafür, wie ein deutscher Patriot sein Gewissen und die Pflicht gegenüber dem Vaterlande über die formale Gültigkeit eines Eides zu stellen habe.

Wenn man also auf einen Friedensschluß hinwirken wolle, so müsse dies rechtzeitig geschehen. Ein annehmbarer, ein ehrenhafter Friede könne nur geschlossen werden, solange Deutschland noch militärisches Gewicht besitze. Ein »Eingreifen von staatserhaltender Seite«, also der konservative Staatsstreich, verspreche nur so lange noch Erfolg, als die militärische Niederlage vermieden sei. Danach sei es zu spät, eine Reichsregierung, die nur eine geschlagene ersetze, könne keine guten Bedingungen mehr bekommen. Auf der Grundlage der Münchner Konferenz zuzüglich der Herstellung einer Landverbindung zwischen dem Reich und Ostpreußen und der Angliederung des ostoberschlesischen Industriegebiets sei ein ehrenhafter Friede jetzt noch zu haben. Man brauche, mit anderen Worten, den Sieg über Polen nicht zu verschenken. Andererseits vermeide man durch eine solche Lösung »die Belastung mit fremdem Volkstum« und behalte gleichzeitig »den maßgebenden Einfluß in einer Rest-Tschechei und einem Rest-Polen«. Die mit dem Schwert erkämpften Erfolge brauchen also nicht durch die Federfuchserei der Diplomaten verdorben zu werden. Mäßigung beim Friedensschluß aber, wie sie etwa Bismarck 1866 in Nikolsburg geübt habe, sei politisch wenigstens so wichtig wie militärisch der Erfolg des Feldzuges.

Die Lage war klar, die Notwendigkeit des Staatsstreiches war erwiesen. Es blieb nur noch die Ausführung. Das Programm dafür wird in der Denkschrift nur kurz umrissen [153]: Abschluß eines ehrenhaften Friedens; Wiederherstellung des Rechtsstaates, vor allem durch Schutz der persönlichen Freiheit und durch Auflösung der Gestapo; saubere, den eigentlichen preußischen Traditionen entsprechende Staatsverwaltung; Beteiligung des Volkes an der politischen Willensbildung; Maßnahmen für »einen gerechten und wahrhaftigen deutschen (preußischen) Sozialismus« und für »eine christlich-sittliche Erneuerung«. Zur Ausführung des Programms sei von den lokalen Militärbefehlshabern die Exekutive zu übernehmen, die Nachrichtenmedien wie Rundfunk und Presse seien in die Hand zu nehmen, Fernmeldeeinrichtungen, Kraftwerke etc. zu besetzen, »Säuberungen« durchzuführen.

Die Denkschrift war mit ihrer halsbrecherisch offenen Sprache ein ungemein aufrüttelndes Dokument. Sie wurde vielen Generalen vorgelegt, darunter Halder, Brauchitsch und Witzleben [154]. Aber welche Wirkung hatte sie?

Seit dem 22. Oktober wußte Halder, daß Hitler für Sonntag, den 12. November, den Angriff im Westen befehlen wollte; zum ersten Mal gab es einen bestimmten Termin [155]. Zwei Tage später schon hörte er von höheren Führern des Heeres, der Termin sei unannehmbar. Brauchitsch mühte sich darauf, Hitler die Hindernisse und Schwierigkeiten deutlich zu machen [156]. Selbstverständlich erfuhren auch die Mitglieder der Verschwörung sehr rasch den Termin; Oster zumal mußte über derartiges dienstlich unterrichtet sein, und am 25. Oktober besprach er sich im OKH in Zossen mit dem Oberquartiermeister I im OKH, Stülpnagel, darüber [157].

Am 25. Oktober fand auch eine Besprechung Halders und Brauchitschs bei Hitler in der Reichskanzlei statt, wobei Einzelheiten der für den Angriff bestehenden Ausgangslage und die vorgesehenen Stoßrichtungen besprochen wurden [158]. Zu einer Kontroverse kam es anscheinend nicht, doch erhoben Bock und Reichenau bei einer weiteren Besprechung mit Hitler am Nachmittag wieder Einwände wegen mangelnder deutscher Vorbereitungen und wegen des Wetters.

Am 27. Oktober, einem Freitag, waren wieder Brauchitsch und Halder, ferner zehn Generale, ein Oberst, ein Oberleutnant und ein Leutnant gegen 13 Uhr zu einem Empfang bei Hitler in der Reichskanzlei, wo sie alle das Ritterkreuz erhielten [159]. Nach einem Mittagessen hatten Brauchitsch und Halder eine Besprechung mit Hitler, bei der sie erfolglos versuchten, ihn von dem befohlenen Angriffstermin abzubringen. Hitler hielt am 12. November fest. Brauchitsch war danach »abgespannt und

3. Halders neuer Umsturzplan

niedergeschlagen«[160]. Schon am nächsten Tag, morgens um 10 Uhr, war Halder wieder bei Hitler und legte allerhand Schwierigkeiten dar; Hitler blieb bei seinem Standpunkt[161].

Am Nachmittag besprach Halder mit Stülpnagel das Ergebnis seiner Konferenzen mit Hitler, und am 29. Oktober beschloß er, den Oberquartiermeister I auf eine Frontreise zu schicken[162]. Stülpnagel, der von Halder verlangt hatte, er solle doch einfach Brauchitsch einsperren und allein handeln, wenn Brauchitsch sich versage, sollte feststellen, ob »ein Herr von Bock, .. ein Manstein, ein Rundstedt« sich Halder beugen werden, wenn dieser an sie appelliere[163]. Halder glaubte es nicht, aber Stülpnagel wollte sehen, was zu machen wäre. Der dienstliche Zweck der Reise war die Unterrichtung der hohen Kommandeure über Änderungen in den bisherigen Aufmarschplänen und Absichten im Westen[164].

Nach Halders eigenem Bericht war das Ergebnis negativ[165]. Rundstedt und Bock, die Oberbefehlshaber der Heeresgruppen A und B, waren zwar gegen die Westoffensive, aber für einen Staatsstreich waren sie deshalb noch lange nicht zu haben. Rundstedt befürchtete, seine Offiziere würden ihm nicht oder nicht geschlossen folgen, und das ihm anvertraute Instrument würde zerbrechen[166].

Generaloberst von Leeb dagegen, der die Heeresgruppe C führte, erklärte sich ohne Einschränkung zur Teilnahme bereit und wiederholte diese Erklärung später noch ausdrücklich. Ebenso stellte sich Witzleben, dessen I. Armee zur Heeresgruppe C gehörte, zur Verfügung[167]. Halder hat das nicht genügt.

Es war noch denkbar, etwa einen Teil der Truppen Leebs nach Berlin zu führen oder vielleicht den Streich nur mit dort in der Nähe befindlichen Truppen zu wagen. Doch dabei hätte der Befehlshaber des Ersatzheeres (BdE), General der Artillerie Fromm, mindestens durch Unterstützung und Deckung der nötigen Bewegungen mitwirken müssen. Auf eine entsprechende Anfrage im Jahre 1938 hatte er schon einmal ablehnend geantwortet. Nun wurde er bei einem seiner regelmäßigen Besuche in Zossen am 31. Oktober oder in den ersten Novembertagen von Halder sehr nachdrücklich darauf aufmerksam gemacht, daß der Angriff im Westen doch verhindert werden müsse[168]. Er, Halder, stelle sich vor, Hitler und die Reichsregierung mit Hilfe einer zuverlässigen Division festzusetzen und auszuschalten, um so zu einer friedlichen Regelung zu gelangen. Fromm behielt sich die Antwort vor und fuhr nach Berlin zurück. Seinen Chef des Stabes, Oberstleutnant Kurt Haseloff, fragte er, was er von Halders Eröffnungen halte, und Haseloff sagte, Halder habe sich offenbar zu einem Staatsstreich durchgerungen, also zum Hochverrat. Fromm nickte und befahl Haseloff, den Vorgang in seinem Diensttagebuch zu vermerken. Einige Tage später meldete Fromm die Angelegenheit bei Brauchitsch und betrachtete sie von da an als für ihn erledigt [169]. So hat sich Fromm herausgehalten, sich gesichert nach beiden Seiten und doch seinen Kameraden nicht verraten. Er konnte annehmen, daß dieser nicht ohne Wissen seines Vorgesetzten solche Vorschläge machte. Brauchitsch hat die Sache Halder gegenüber nie erwähnt [170]. Die Weigerung Fromms, sich an einem Umsturzversuch zu beteiligen, hat aber Brauchitsch und Halder über die Erfolgsaussichten belehrt; denn ohne die Zustimmung, ja die Mitwirkung des Ersatzheeres waren Truppenbewegungen im Reichsgebiet während des Krieges kaum denkbar. Brauchitsch wurde also in seiner eigenen Ablehnung oder Zurückhaltung noch bestärkt.

Eine weitere Befürchtung Halders konnte nicht zerstreut oder widerlegt werden. Wie würden sich das Volk, wie die Arbeiterschaft zu einem Umsturz stellen? Zwar sagten ihm Beck und andere, das Volk werde den Staatsstreich schon begreifen, und Dohnanyi und Oster hatten Material gesammelt, mit dem sie die nötige Aufklärung rasch und wirksam veranlassen könnten. Sicher trafen ihre Informationen auch für den Herbst 1939 noch zu. Aber Halder verließ sich da lieber auf den Vater seines Fahrers und einige andere, an der Verschwörung nicht direkt interessierte Bekannte, wie er später berichtete. Die sagten ihm, das Volk sei nicht reif [171]. Gewiß, es konnte zu spät sein, wenn das Volk endlich reif sein würde. Aber was Halder daran so störte, was ihn wohl an dem ganzen Unterfangen störte, das war die Unberechenbarkeit der Dinge. Im Generalstab, da konnte man planen und rechnen und über die nötigen Mittel und Instrumente verfügen. Wenn ein Unternehmen dann doch mißlang, so konnte man in Ruhe den Fehler suchen und vielleicht beim nächsten Mal vermeiden. Aber beim Staatsstreich würde es kein nächstes Mal geben, da riskierte man den Kragen. Wenn man seiner Sache nicht sicher war – riskierte man da nicht zuviel? Bürgerkrieg, Unreife der Massen –, das waren Ausdrücke für diese Unsicherheit.

Halder hatte sicher nicht ganz unrecht, wenn er meinte, man könne gar nicht wissen, ob die Westmächte nicht den Moment der Schwäche während eines Staatsstreiches zur Offensive ausnützen würden, und wenn er sich auf den Standpunkt stellte, irgendwelche Zusicherungen lägen nicht vor. Die Verhandlungen von Dr. Müller in Rom hatten noch zu keinem Ergebnis geführt [172]. Er hatte genug Gründe, den Staatsstreich für undurchführbar zu halten. Aber – darin lag ein in seinem Charakter und in der für einen Offizier höchst zwiespältigen Situation begründeter Widerspruch – er gab doch den Gedanken an eine »Aktion« nicht auf [173].

3. Halders neuer Umsturzplan

Inzwischen rückte der Angriffstermin immer näher heran. Noch ehe Brauchitsch und Halder zu einer Inspektionsreise an die Front aufbrachen, ließ sich Beck mit einer neuen, vom 31. Oktober datierten Denkschrift unter dem Titel »Zwischenpause nach dem Mißerfolg des deutschen Friedensangebotes« vernehmen [174]. Daß Halder oder Brauchitsch sie noch vor ihrer Abreise gelesen haben, ist kaum wahrscheinlich [175]. Die vielen Denkschriften werden ihnen ohnehin nicht nur als Unterstützung für ihre eigenen Anschauungen, sondern oft auch als unerbetene Einmischung in ihre Amtsführung erschienen sein.

Beck bemühte sich noch einmal, so eindringlich wie möglich darzulegen, wie katastrophal sich die Fortsetzung des Krieges auswirken müsse. Eine ganz wesentliche, ja entscheidende Voraussetzung für diese früher wiederholt aufgestellte Behauptung sei ja nun inzwischen eingetreten: Nach dem Repräsentantenhaus habe der Senat der Vereinigten Staaten am 27. Oktober das Waffenembargo aufgehoben, das durch die Neutralitätserklärung der Vereinigten Staaten zu Beginn des Krieges verfügt worden war [176]. Nun konnten Frankreich und Großbritannien beliefert werden. Deutschland aber war aus politischen, wirtschaftlichen und strategischen Gründen (Blockade) von der Belieferung mit Kriegsmaterial und Waffen ausgeschlossen. Eine andere Voraussage verwirkliche sich ebenfalls von Tag zu Tag deutlicher, nämlich die Isolierung Deutschlands in Europa. Der französisch-englisch-türkische Pakt vom 19. Oktober [177] sei dafür ein Beleg. Der Pakt binde Italien im östlichen Mittelmeer, stärke die Position der Westmächte im Nahen Osten, ermuntere die südosteuropäischen Völker, Rußland bei dessen Ausdehnungspolitik Widerstand entgegenzusetzen, so daß alle die genannten Staaten jedenfalls als Partner deutscher Politik verlorengehen. Durch die Preisgabe der baltischen Staaten und Finnlands schließlich habe Deutschland diese und die nordischen Staaten verloren. Deutschland stehe in Europa allein, während die Gefahr eines europäischen Zusammenschlusses gegen Deutschland ständig wachse. Auf diese Feststellungen folgen dann wieder Erörterungen über die Aussichten einer deutschen Westoffensive, mit dem schon bekannten negativen Ergebnis.

So kommt Beck schließlich zu der unverhüllten Forderung: »Die politischen Konsequenzen aus einer solchen Lage zu ziehen, wird von Tag zu Tag dringender«; geschehe es nicht, und erleide »das militärische Instrument« einen Rückschlag, so sei es von Zersetzung bedroht.

Mögen nun Brauchitsch und Halder Becks Denkschrift noch gelesen haben oder nicht, jedenfalls kamen sie bei ihrer Inspektionsreise zu denselben grundsätzlichen Ergebnissen. Am Abend des 1. November reisten sie ab, am 2. November hielten sie sich im Bereich der Heeresgruppe B auf, vormittags bei der 6. Armee in Düsseldorf, nachmittags bei der 4. und 2. Armee in Köln, am nächsten Vormittag im Gebiet der Heeresgruppe A bei der 12. Armee in Mayen, nachmittags bei der 16. Armee in Bad Bertrich [178]. Das Ergebnis: »Ein Angriff mit weitgestecktem Ziel kann z. Zt. noch nicht geführt werden.... Der vom OKW befohlene Angriff wird von *keiner* hohen Kommandostelle als erfolgversprechend angesehen. Ein für die Landkriegführung entscheidender Erfolg kann nicht erwartet werden.« [179]

Am 4. November besprach sich Halder mit Brauchitsch »über künftige Maßnahmen« [180]. Am Nachmittag desselben Tages empfing er General Thomas, der ihm Material über die große Gefahr für die kriegswirtschaftliche Versorgung und für die Ernährungslage im Falle des Angriffs im Westen brachte. Thomas brachte Halder auch eine Denkschrift zur Kenntnis, die noch weitergehende Warnungen enthielt und an deren Zusammenstellung sich Oster, Dohnanyi und Gisevius beteiligt hatten. Auch die ersten, günstig lautenden Mitteilungen von Dr. Josef Müller über seine Sondierungen am Vatikan waren darin nun verarbeitet [181]. Halder stimmte Thomas zu und sprach von der Ermordung Hitlers als der geeignetsten Lösung.

Am 31. Oktober schon hatte Halder an Oster über Groscurth eine Art Stichwort gegeben; Goerdeler und Beck sollten aufgefordert werden, sich bereit zu halten. Groscurth gegenüber sprach Halder die Hoffnung aus, daß Hitler, Göring und Ribbentrop »tödliche Unfälle« bereitet werden könnten [182]. In einer Besprechung mit Halder und Etzdorf meinte Groscurth, man müßte ein paar Mazedonier haben (die die Abwehr auftreiben könnte), ihnen etwa zehn Prozent Überlebenschance vorrechnen, mit irgendwelchen Gravamina einen primitiven Haß gegen Hitler mobilisieren, dazu etwas Geld und Alkohol mischen – und die Ermordung Hitlers wäre gesichert.

Groscurth, Oster, Etzdorf, Fiedler und andere Eingeweihte machten sich sofort an die Vorbereitungen, in der Annahme, Halder sei nun endlich zum Umsturz entschlossen. Halder wiederholte am 4. November seine Anweisungen, nun auch an Oster, der die Pläne vom Vorjahr rekonstruieren und ergänzen sollte. Außer Beck und Goerdeler sollte auch Schacht (durch Oberst i. G. Eduard Wagner) aufgefordert werden, sich bereit zu halten.

Es waren schon allerhand Gerüchte im Umlauf, darunter eines, wonach Hitler am 7. oder 8. November bei einer Besichtigung von Truppen in der Umgebung Berlins verhaftet werden sollte [183], und inzwischen wurde auch, ohne direktes Wissen Halders, ein Attentat auf Hitler geplant. Erich Kordt hatte sich dazu entschlossen, nachdem er mit Oster zu der Überzeugung gelangt war, daß man die Generale von der Hemmung ihres Eides und von der Faszination der schlafwandlerischen Sicherheit des Diktators be-

3. Halders neuer Umsturzplan

freien müsse, wenn man ihre Unterstützung bei einem Staatsstreich gewinnen wolle. Am 11. November sollte Kordt den erforderlichen Sprengstoff von Oster erhalten, aber das Vorhaben scheiterte, als nach dem Attentat im Bürgerbräukeller am 8. November das Material nicht mehr beschafft werden konnte [184].

Am 5. November um 12 Uhr hielt Brauchitsch, kurz zuvor von seiner Frontreise zurückgekehrt, bei Hitler Vortrag. Es war ein Stichtag für die Opposition; denn man hoffte, daß Brauchitsch sich zum Staatsstreich entschließen würde, wenn Hitler an seinem Angriffstermin festhielt. Die Entscheidung mußte an diesem Tage um 13 Uhr fallen, weil noch immer die Anlaufzeit von sieben Tagen galt [185]. Die Unterredung dauerte zwanzig Minuten und verlief in beträchtlicher beiderseitiger Erregung, ja sogar stürmisch [186]. Brauchitsch trug noch einmal seine Auffassung vor, daß mangels genügender Vorbereitung und angesichts der Ungunst aller Umstände eine Offensive im Westen zum gegenwärtigen Zeitpunkt nicht erfolgreich, sondern wahrscheinlich katastrophal sein werde. Als er erwähnte, daß die Haltung und Stimmung der Truppen sehr zu wünschen übrig lasse und keineswegs mit der Haltung der Soldaten von 1914 zu vergleichen sei, fing Hitler an zu toben und wollte sofort Belege und Unterlagen, bei welchen Truppenteilen Disziplinlosigkeiten vorgekommen und wie viele Todesurteile darauf verhängt worden seien, als ob sich die Stimmung in Zahlen ausdrücken ließe. Noch in der folgenden Nacht wollte er selbst an die Front fliegen und sich überzeugen, Brauchitsch (der auch etwas übertrieben hatte) glaubte er nicht.

Die anderen Argumente des Oberbefehlshabers ließ Hitler ebenso wenig gelten und wies sie in beleidigender und erniedrigender Weise zurück. Die Armee wolle eben nicht kämpfen, meinte er, deshalb sei auch die Aufrüstung so schleppend vorangeschritten, deshalb sei man jetzt nicht vorbereitet. Das Wetter werde auch im Frühjahr ungünstig sein, außerdem regne es nicht nur auf die eigenen, sondern auch auf die gegnerischen Truppen. Es war, wie Halder sich auf Brauchitschs Bericht hin notierte, gar nicht möglich, mit Hitler über diese Dinge zu reden. Hitler ließ schließlich seinen General einfach stehen und verließ den Raum. Mit vor Zorn und Erniedrigung verzerrtem, weißem Gesicht kam Brauchitsch wieder aus der Reichskanzlei heraus [187].

In seinem fast hemmungslosen Zorn über die Widerspenstigkeit seiner Generale machte Hitler den »Geist von Zossen« verächtlich und setzte ihn mit Feigheit gleich. Es konnte so aussehen, als ahne er das Bestehen einer Verschwörung. Tatsächlich saß ja eine ziemlich große Gruppe von Staatsstreichplanern im OKH. Unbegründete Pauschalurteile waren bei

Hitler nichts Seltenes, aber man konnte doch nicht wissen, was er wußte, und er muß wirklich zumindest den Versuch durchschaut haben, ihn zu einer unblutigen Lösung zu bewegen [188].

Hitler gab nun sofort, etwa um 13.30 Uhr, den Befehl für die Offensive, der für 13 Uhr erwartet worden war. Am Nachmittag des 5. November (oder am frühen Abend) lag der Befehl in Zossen schriftlich vor. Zwei volle Tage lang liefen darauf die Marschbewegungen, ehe sie dann doch wieder abgeblasen wurden [189].

Halder ist der Schreck über Hitlers Drohungen gegen den »Geist von Zossen« ordentlich in die Glieder gefahren. Den 30. Juni 1934 hatte noch niemand vergessen, eine Wiederholung des summarischen Verfahrens war Hitler ohne weiteres zuzutrauen. Darüber aber schien Halder zu vergessen, daß er selbst putschen wollte, gerade weil so etwas in dem gegenwärtigen System möglich war: er war von Panik ergriffen. In wenigen Stunden, vielleicht noch schneller, konnte die Gestapo in Zossen sein. Sofort nach seiner Rückkehr nach Zossen befahl Halder also die Vernichtung sämtlicher mit dem Staatsstreich zusammenhängender Unterlagen [190]. Vieles wurde vernichtet, aber ein großer Teil der Papiere blieb durch die Bemühungen Dohnanyis und Groscurths erhalten [191]. Gegen Abend und im Lauf der nächsten Tage zeigte sich, daß Hitler nichts wissen konnte und die befürchtete Säuberungsaktion ausblieb [192].

Nach dem Fehlschlag des »Vorstoßes« von Generaloberst von Brauchitsch am 5. November hatte Groscurth kurz nach 15 Uhr in Zossen von General Halder das Ergebnis der Auseinandersetzung erfahren: der Angriff im Westen müsse nun geführt werden, da sei nichts zu machen [193]. Der Staatsstreich könne nun nicht stattfinden. Groscurth notierte sich am 5. November die Worte Halders: »›Damit sind die Kräfte, die auf uns rechneten, nicht mehr gebunden. Sie verstehen, was ich meine.‹« Groscurths Kommentar: »Sehr deprimierender Eindruck.«

Die Umstände waren für den Staatsstreich günstig. Halder hatte ja gerade dann losschlagen wollen, wenn Hitler auf dem Angriff im Westen bestehen würde, und das war eingetreten. Sollte er sich zunächst ohne besondere Schutztruppe gegen den befürchteten Einfall der SS in Zossen wehrlos gefühlt haben, so zeigte sich bald, daß der Einfall nicht stattfand. Eine Truppe hätte sich auch noch beschaffen lassen, nachdem das klar war.

Brauchitsch hatte sich am Nachmittag von seiner Zerknirschung etwas erholt, und er war immer noch der Meinung, die Offensive müsse verhindert werden. Aber wie das zu machen sei, überließ er nun ausdrücklich anderen: er jedenfalls werde nichts unternehmen, auch dann nicht, wenn ein anderer etwas unternehme, sagte er zu Halder. Er, Brauchitsch, werde

3. Halders neuer Umsturzplan

sich nicht dagegen wehren, »»wenn es ein anderer tut«« [194]. Da faßte Halder wieder neuen Mut. Warum er aber nicht endlich den Staatsstreich auslöste, da alle Voraussetzungen dazu gegeben waren, da die Gestapo und die SS ausblieben und da ihm Brauchitsch sogar ausdrücklich freie Bahn gab, kann man, wie gesagt, nur vermuten. Jedenfalls hatte Gisevius mit seiner Skepsis hinsichtlich Halders Entschlossenheit recht behalten [195].

Um 17 Uhr besprach sich Halder noch einmal mit Groscurth, der vergeblich versuchte, Halder zur Heranziehung Becks, Goerdelers und Schachts zu bewegen. Halder beauftragte Groscurth, Canaris zu ersuchen, Hitler durch ein Attentat beseitigen zu lassen. Noch vor 20 Uhr entledigte sich Groscurth des Auftrags [196].

Canaris war empört über die Zumutung Halders [197]. Attentate und ähnliche Methoden verabscheute der Abwehrchef, er wollte seinen Geheimdienst »anständig« führen [198]. So ließ er Halder sagen, zuerst einmal müßten die Möglichkeiten eines Militärputsches ausgeschöpft werden, und es sei an Halder selbst, Initiative und Verantwortung zu übernehmen [199].

Am folgenden Tag, dem 6. November, ging Etzdorf zu Halder, während sich Oster ebenfalls nach Zossen verfügte, um mit Stülpnagel und Wagner zu beraten, ob sich nicht die alten Pläne zum Vorgehen gegen SS und Gestapo unter dem Vorwand eines SS-Putsches gegen Hitler wieder auffrischen ließen. Gisevius fertigte schon wieder entsprechende Entwürfe an [200]. Halder hatte vor kurzem geäußert, er möchte schon gerne einen Staatsstreich inszenieren, nur ohne Witzleben, da sei er leider machtlos [201]; Oster erfuhr von dieser Äußerung und rief noch von Zossen aus Witzleben in Bad Kreuznach an: dieser möge ihn, Oster, zu einem Besuch anfordern, damit das Nähere besprochen werden könne [202]. So rief denn Witzleben bei Groscurth in Zossen an und bat ihn, bei Canaris zu veranlassen, daß dieser ihm Oster zu einer »Rücksprache« schicke [203].

Oster erhielt von Canaris die Erlaubnis, mit Gisevius zu Witzleben zu fahren [204]. Zuerst gingen sie noch zu General Thomas (nachdem Oster dem holländischen Militärattaché Sas den nun vorgesehenen Angriffstag mitgeteilt hatte) und besprachen die Pläne mit ihm, worauf sich Thomas bereit erklärte, zu den drei Heeresgruppenbefehlshabern zu reisen, um vielleicht auch diese für das Vorhaben zu gewinnen [205]. Schließlich wurde noch Beck unterrichtet, der von Brauchitschs Äußerung, er werde sich einem Umsturz nicht in den Weg stellen, gehört und sich zur Übernahme des Oberbefehls über das Heer bereit erklärt hatte [206].

Die Fahrt nach Bad Kreuznach mußte in Frankfurt unterbrochen werden. Oster versuchte hier den Ia von Generaloberst von Leeb, Oberstleutnant

Vinzenz Müller, zu gewinnen, mit geringem Erfolg. Am 8. November langten Oster und Gisevius bei Witzleben an und unterbreiteten ihre Vorschläge [207]. Fast zur selben Zeit mußte Witzleben die begonnenen Marschbewegungen wieder anhalten. Er war sehr pessimistisch, Brauchitsch und Halder habe er bei ihrer Westreise gesehen, es sei sinnlos, mit ihnen über den Staatsstreich zu reden [208]. Die jüngeren Offiziere seien auch zu sehr von Hitler eingenommen, niemand wisse, wessen Befehle sie ausführen würden [209]. Nur wenn die Oberbefehlshaber der Heeresgruppen die Ausführung des Angriffsbefehls verweigerten, wäre der Stein noch ins Rollen zu bringen. Man drang in Witzleben, zu Halder zu fahren und mit ihm darüber zu sprechen, aber er wollte das nur, falls sein Oberbefehlshaber, Leeb, zustimme. Darauf fuhren Oster und Gisevius wieder nach Frankfurt. Am 14. November erhielt Halder Witzlebens Ersuchen um eine Unterredung; zu dem Gespräch ist es aber damals nicht mehr gekommen [210], Halder jedenfalls ergriff keine Initiative.

Dafür war Stülpnagel am 13. November in Frankfurt und fand sich mit Witzleben einig, daß man die Bemühungen weiterführen müsse. Zugleich bemühte sich Oberstleutnant i. G. von Tresckow von der Operationsabteilung des OKH um seinen Onkel, Generaloberst von Bock, und Stülpnagel bemühte sich noch um Korps- und Divisionskommandeure, so um Generalleutnant Geyr von Schweppenburg, doch erfolglos. Halder baute seit dem 5. November die Staatsstreichvorbereitungen systematisch ab, wenn er das auch nicht offen sagte. Am 27. November lehnte Halder gegenüber Oberst Thomas ein Vorgehen gegen Hitler mit folgenden Begründungen ab: es verstoße gegen die Tradition, es sei kein Nachfolger da, das junge Offizierkorps sei nicht »zuverlässig«, die Stimmung im Innern sei nicht reif, Deutschland dürfe wirklich kein Helotenvolk Englands sein, und was die Offensive angehe, so fürchte er, Halder, das Urteil der Geschichte nicht, denn auch Ludendorff habe 1918 gegen den Rat aller die Offensive geführt und das geschichtliche Urteil sei nicht gegen ihn [210a].

Nachdem also wegen ungünstiger Wetterverhältnisse der Beginn der Offensive auf frühestens 19. November verschoben war, begab sich Hitler »auf Reisen«, um in München wie jedes Jahr am 8. November seine Ansprache zum Gedenken an den Putsch von 1923 zu halten, und er war plötzlich für niemand mehr zu sprechen, besonders nicht für ausländische Diplomaten [211]. Denn er wollte nicht mit dem Friedensvermittlungsangebot des Königs der Belgier und der Königin der Niederlande vom 7. November behelligt werden, zu dessen Zustandekommen übrigens vielleicht (ohne sein Wissen) drei seiner Offiziere – Reichenau, Oster und Oberst i. G. Warlimont – beigetragen hatten. Reichenau und Warlimont hatten,

3. Halders neuer Umsturzplan

ohne von Osters Kontakten zu wissen, Verbindungen zu niederländischen, belgischen und dänischen Stellen aufgenommen, und Oster hatte nicht nur den Attaché Sas unterrichtet, sondern am 6. November auch noch Albrecht Graf von Bernstorff mit der Nachricht vom beabsichtigten Westangriff zur holländischen Gesandtschaft geschickt[212].

Während sich, wie es in der Sprache des Militärs heißt, »keine besonderen Ereignisse« abspielten, saß Groscurth am Abend des 8. November am Radiogerät und hörte Hitlers Ansprache im Münchner Bürgerbräukeller an der Rosenheimer Straße, die um 21.07 Uhr zu Ende war[213]. Was ihr dreizehn Minuten später folgte, das erfuhr Groscurth erst zwei Minuten vor Mitternacht durch einen Anruf aus der Abteilung III (Spionageabwehr und Gegenspionage) des Amtes Ausland/Abwehr im OKW in Berlin: um 21.20 Uhr war ein Attentat gegen Hitler versucht worden; Hitler war ihm anscheinend zufällig entgangen, weil er sofort nach seiner Rede das Gebäude verlassen hatte[214]. Der Attentäter, ein Einzelgänger namens Georg Elser, war dem Erfolg so unwahrscheinlich nahegekommen, daß sich sofort abenteuerliche Gerüchte erhoben. Ein ausländischer Geheimdienst sollte dahinterstecken, dann wieder wurden unzufriedene Parteigenossen und sogar die Gestapo dafür verantwortlich gemacht. Die Version, das Attentat komme in der einen oder anderen Weise aus Hitlers eigenen Reihen, doch sei Hitler rechtzeitig gewarnt worden, wobei noch möglich sei, daß es sich um einen Propagandatrick handle, wurde am 9. November bei der Abwehr in Berlin für die wahrscheinlichste gehalten. Groscurth erfuhr sie dort am Nachmittag des Tages und notierte sie in seinem Tagebuch[215].

Die Verwirrung war gewaltig. Auch viele der Verschwörer glaubten, das Attentat sei von Widerstandskreisen, von Männern aus ihren eigenen Reihen verübt worden, wußten sie doch aus naheliegenden Gründen selten Genaues über die Tätigkeit der anderen Gruppen. Bei vielen Deutschen dagegen schlug die Stimmung einfach um, eine Welle der Sympathie schlug Hitler plötzlich entgegen und irrationale Reaktionen bestimmten die Atmosphäre. Als am 9. November die englischen Agenten Stevens und Best an der holländischen Grenze entführt und in deutschen Gewahrsam gebracht wurden, da ging für viele die Rechnung glatt auf. Alles paßte zusammen – das belgisch-niederländische Vermittlungsangebot, nun als unehrlich und schwindelhaft entlarvt durch die Gefangennahme englischer Agenten, die auf holländischem Boden zusammen mit holländischen Offizieren agierten, das Attentat und nun die Verhaftung der Agenten. Für andere aber wurde die Verwirrung nur noch größer[216].

Inzwischen war die Westoffensive immer noch lediglich verschoben, seit 9. November auf den 19., nicht aber aufgegeben, und die Bemühungen um ihre Verhinderung und um die Beendigung des Krieges mußten weitergehen[217]. Gisevius reichte am 10. November über Groscurth an Halder eine Studie ein, in der er darlegte, dies sei der Augenblick für die Armee, Hitler unter ihren »Schutz« zu nehmen, da sich offenbar die SS als dazu unfähig erwiesen habe und überhaupt vieles bei dem Attentat auf dunkle Machenschaften aus Kreisen der Partei hindeute. Die Gelegenheit zum staatsstreichartigen Vorgehen sei nun besonders günstig[218]. Aber Halder sagte Groscurth, das Giseviussche Memorandum werde er ungelesen zerreißen, als Groscurth es ihm am 12. November vorlegte. Dieser sah es am nächsten Morgen noch auf Halders Schreibtisch liegen, und da gab Halder ihm zu verstehen, daß er es nicht nur gelesen, sondern auch Brauchitsch gezeigt habe und daß er, Halder, sich Gisevius' Gedanken anschließe. Brauchitsch war zwar mit Gisevius' Ausführungen grundsätzlich einverstanden, aber das änderte nichts an seiner sonstigen Unentschlossenheit.

Halder fühlte sich von den Verschwörern belästigt. Aber außer der Verlegenheit darüber, daß er seine Mitverschworenen hatte sitzenlassen, gab es für ihn noch weiteren Anlaß zur Verärgerung. Es war ihm zu Ohren gekommen, daß Oster bei seinen Besuchen in Bad Kreuznach und in Frankfurt mit Abschriften der nach dem Umsturz von Beck zu verlesenden Aufrufe ziemlich leichtsinnig umgegangen war[219]. Witzleben war entsetzt gewesen, daß Oster so etwas im Auto mit sich führte; ein Verkehrsunfall konnte ja die ganze Verschwörung ans Licht bringen. Oberstleutnant Müller war ebenfalls erschrocken und hatte Oster veranlaßt, das ihm vorgelegte Aufrufexemplar vor seinen Augen in einem Aschenbecher zu verbrennen. Aber Oster hatte mindestens noch ein weiteres Exemplar bei sich. Und am Abend der Rückfahrt, als Oster wieder mit Gisevius in Frankfurt übernachtete, ließ er sich im Kasino zu solchen Tiraden gegen das Regime hinreißen, daß Gleichgesinnte ihn in ein Nebenzimmer abdrängen mußten, um einen größeren Skandal zu verhindern. Solche Dinge gereichten der Verschwörung nicht zum Nutzen. Halder und Brauchitsch hatten also Grund (oder Vorwand) genug, sich von der Opposition zu distanzieren, und die Verstimmung wuchs.

Generaloberst von Leeb war mit seinen Anstrengungen auch nicht weitergekommen. Sein Chef des Generalstabes, Generalmajor von Sodenstern, brachte für den 9. November eine Zusammenkunft der Oberbefehlshaber der Heeresgruppen A, B und C im Hauptquartier der Heeresgruppe A in Koblenz zustande[220]. Oster hatte einige Hoffnung, daß es zu einer gemeinsamen Rücktrittsdrohung der Oberbefehlshaber bei Brauchitsch kommen werde. Tatsächlich einigten sich die Oberbefehlshaber der drei

3. Halders neuer Umsturzplan

Heeresgruppen nur darauf, wie bisher mit Hilfe von Argumenten und Vorwänden den Beginn des Angriffs womöglich immer wieder hinauszuschieben, um so den Diplomaten die Zeit für die erhoffte und für möglich gehaltene Einigung auf dem Verhandlungswege zu geben[221]. Auf den weitergehenden Vorschlag Leebs, die drei Oberbefehlshaber sollten von Brauchitsch gemeinsam eine weitere Intervention gegen die Offensive bei Hitler fordern und bei Ablehnung alle drei zurücktreten, wollten Rundstedt und Bock nicht eingehen[222].

Nachdem am 7. November die motorisierten Bewegungen vorläufig bis 9. November abends angehalten worden waren, war noch am selben Tag als frühester Angriffstag der 15., zwei Tage später dann der 19. November festgelegt worden[223]. Am 13. November wurde die Entscheidung Hitlers wieder auf den 16. vertagt; der Angriff sollte nun nicht vor dem 22. November stattfinden. Dann wurde die Entscheidung am 16. November wiederum verschoben auf den 20.; seit 20. November galt der 3. Dezember als frühester möglicher Angriffstag.

Die Generale ließen sich das sinnlose Hin und Her zwischen Ansage und Absage des Angriffes, also die disziplinlose Ungeduld ihres Obersten Befehlshabers, gefallen. Hitler dagegen war das ständige Argumentieren gegen die Offensive schon lange leid. Am 23. November hielt er deshalb in der Neuen Reichskanzlei innerhalb von sieben Stunden drei Ansprachen an die Führer der Wehrmacht[224].

In seiner ersten, der großen Rede, sprach Hitler um 12 Uhr zu den Oberbefehlshabern des Heeres, der Marine und der Luftwaffe, der Heeresgruppen und Armeen, den Chefs der Luftflotten, den Kommandierenden Generalen, ihren Chefs des Generalstabes und den entsprechenden Dienstgraden der Marine und Luftwaffe sowie einer Anzahl Generalstabsoffizieren des OKH und des OKW. Insgesamt waren etwa 180 Personen versammelt[225]. Er begann damit, seine Erfolge herzuzählen. Vom Austritt aus dem Völkerbund bis zum Polenfeldzug haben die Propheten immer geunkt und gewarnt, dennoch sei alles gutgegangen. Die Kraft zu seinen Entschlüssen nehme er aus der Erkenntnis, daß der Staat nur Sinn habe, wenn er der Erhaltung der Volkssubstanz, im Falle Deutschlands 82 Millionen Menschen, diene. Kampf sei aber das Schicksal aller Wesen, niemand könne ihm entgehen; wer nicht kämpfe, sei von vornherein zum Untergang verurteilt. Es könne also nicht daran gedacht werden, die Volkszahl dem Lebensraum anzupassen, das sei Feigheit, Schwäche, Volkstod, Untergang. Vielmehr sei der Lebensraum der Volkszahl anzupassen. Daher der Kampf. »Ich habe lange gezweifelt, ob ich erst im Osten und dann im Westen losschlagen sollte. Grundsätzlich habe ich die Wehrmacht nicht aufgestellt, um nicht zu schlagen. Der Entschluß zum Schlagen war immer in mir. Früher oder später wollte ich das Problem lösen.«[226]

Gegenwärtig habe man eine einmalige Situation. Seit 1870 habe man immer mit Zweifrontenkrieg rechnen müssen, aber jetzt könne man zum erstenmal seit der Reichsgründung gegen den Westen kämpfen, ohne das Eingreifen Rußlands befürchten zu müssen. Niemand könne wissen, wie lange das noch so bleiben werde. Die Zeit arbeite in jeder Weise für den Gegner, der seine Aufrüstung vorantreibe. Inzwischen könne aber seine (Hitlers) unersetzliche Person einem Attentat zum Opfer fallen. Wie sehr ein Staatsmann gefährdet sei, das habe er ja vor kurzem selbst erlebt. Das Schicksal des Reiches hänge nur von ihm ab, er aber werde angreifen und nicht kapitulieren.

Wirklich zwingende äußere Gründe dafür hatte Hitler natürlich nicht vorzubringen, es gab keine. Seine Argumente waren die des dämonischen und nihilistischen Revolutionärs. Alles oder nichts mußte er haben, Kapitulation werde es nicht geben, er werde in diesem Kampfe stehen oder fallen, er werde eine Niederlage seines Volkes nicht überleben: dunkle, drohende, unheilvolle Worte, die der Führer im April 1945, kurz vor seinem Selbstmord, wiederholte. Es ist ganz auffallend, wie oft er schon von Kapitulation sprach, während er erst zu siegen anfing und weitere Siege prophezeite. Sein Weg war ein Weg der Vernichtung, so sagte er selbst. Vor nichts werde er zurückschrecken, er werde jeden vernichten, der gegen ihn sei. Eine Revolution im Innern (gegen sein Regime) komme ebensowenig in Frage wie die Kapitulation nach außen.

Die Warnung war deutlich, und die Generale haben sie sich zu Herzen genommen. Schwächlinge waren sie nicht, es wäre ungerecht, sie völlig zu verdammen. Immerhin hatten sie es mit einem Manne zu tun, der ihnen an Entschlossenheit, Rücksichtslosigkeit und Grausamkeit weit überlegen war. Aber es war auch bequemer, der Vernichtung Deutschlands, die Hitler nach seinen eigenen Worten gleichgültig war, nicht entgegenzutreten. Da waren der Eid, der Befehl, der militärische Gehorsam im Kriege, die Bedrohung von außen – solange man das alles in Erwägung zog, merkte man gar nicht, wie man sich dahinter versteckte vor der apokalyptischen Drohung, die man nicht verstand.

Am Nachmittag desselben Tages hielt Hitler einer Anzahl von Truppenführern des Heeres in seinem Arbeitszimmer noch eine Ansprache, in der er seine Ermahnungen und Ermunterungen zum Teil wiederholte und auch auf Einzelheiten der geplanten Operation einging[227].

Brauchitsch und Halder waren inzwischen nach Zossen zurückgefahren, kaum aber waren sie dort angelangt, so wurden sie noch einmal zu Hitler

3. Halders neuer Umsturzplan

befohlen. Um 18 Uhr redete ihnen der Diktator von neuem ins Gewissen [228]. Viele Generale seien Überbleibsel einer faulen Oberschicht und haben den Geist der Zeit nicht erfaßt. Er, Hitler, kenne den Geist des Widerstandes in der Armee, den »Geist von Zossen«, und er werde ihn vernichten. Brauchitsch forderte auf diesen Vorwurf der Feigheit hin seinen Abschied. Hitler verweigerte ihn, Brauchitsch fügte sich.

Auf Hitlers ungeheuerliches Bekenntnis, es komme ihm lediglich auf Eroberung an und um die Berechtigung dazu werde er sich den Teufel scheren, erfolgte nichts. Rundstedt, Reichenau und andere Generale waren empört, aber dabei blieb es nun. Halder ließ sich den Vorwurf der Feigheit einfach gefallen [229], und auch Brauchitsch ließ sich von Hitler beleidigen und bestand nicht auf dem Rücktritt.

Obwohl nun offiziell der 3. Dezember als nächster Angriffstermin galt, rechnete kaum noch jemand mit der Offensive für das laufende Jahr. Noch im Oktober hatte man die Abgesandten des OKW absichtlich über vereiste Eifelstraßen geführt, die mit abgerutschten Fahrzeugen gesäumt waren. Jetzt brauchte man sich um den Nachweis, daß es Winter sei, nicht mehr besonders bemühen [230]. Halder selbst hat den 23. November 1939 als das wenigstens vorläufige Ende der offiziellen wie der inoffiziellen Bemühungen um die Verschiebung der Westoffensive bezeichnet [231]. Man habe damals annehmen müssen, daß Hitler auch etwas von den inoffiziellen Bemühungen bekanntgeworden sei.

Zwar hat General Thomas den Chef des Generalstabes des Heeres am 27. November noch einmal zu einer eindringlichen Besprechung aufgesucht [232]. Er legte die Auffassungen seiner Freunde dar und ersuchte Halder dringend, Brauchitsch zur Verhinderung des Weltkrieges und zur Verhaftung Hitlers zu bewegen. Halder erwiderte, das gehe nicht. Später erklärte er, er müsse gehorchen und es fehle auch an einem großen Mann, der so etwas wie einen Staatsstreich machen könne. Die deutsche Armee und zumal das Offizierkorps werden keinen Staatsstreich mitmachen, schrieb er in einer Aktennotiz. Eine ähnliche Antwort, über die auch eine Aktennotiz angefertigt wurde, erhielt der Industrielle Hugo Stinnes, als er in der ersten Novemberhälfte bei Brauchitsch war [233].

Die Verschwörer begriffen damals nicht, daß Halder in seinen Verhandlungen mit ihnen nicht aufrichtig war. Nach dem Kriege antwortete Halder auf die Frage von Peter Bor, ob nach der Sudetenkrise noch über die Möglichkeit eines Staatsstreiches diskutiert worden sei: »»Sie wurde immer wieder besprochen. Aber mir war längst klar geworden, daß es nicht mehr möglich war, etwas Entscheidendes zu wagen, ohne zugleich den Bestand des Vaterlandes durch einen Krieg im Inneren in Frage zu stellen.‹« [234]

Was war da zu tun? Ohne das Heer war kein Staatsstreich zu machen, aber ohne Befehl von oben marschierte das Heer nicht. Nur Brauchitsch konnte den Befehl geben, die nachgeordneten Befehlshaber hatten ihre Truppen da stehen, wo sie der Verschwörung nichts nützten, nämlich an der Front. Davon abgesehen hätten sie wohl ohne Brauchitsch auch in anderer Lage nicht gehandelt. Abenteurer waren sie allesamt nicht, es mußte schon eine »Sicherheit« geben, daß die Westmächte nicht der Verschwörung in den Rücken fielen oder nach dem Umsturz günstige Friedensbedingungen verweigerten. Angesichts solcher anscheinend unüberwindlicher Hemmnisse haben denn auch nur die aus tiefster sittlicher und religiöser Überzeugung zum Widerstand gestoßenen Verschwörer ihre Bemühungen fortgesetzt. So ging Hassell überall herum und gab sich jede erdenkliche Mühe, »die Generale« aus ihrer Lethargie zu reißen, obwohl nun selbst der unverwüstliche Optimist Goerdeler die Hoffnung aufzugeben begann. Am 30. November ging Hassell zu Canaris und redete ihm ins Gewissen, aber Canaris hatte keinerlei Hoffnung mehr auf einen Widerstand der Generale und meinte, da sei nichts mehr zu machen, Versuche seien zwecklos. Am Abend desselben Tages suchte Hassell Beck auf, der ihm aber auch nur berichten konnte, daß er alles Erdenkliche unternommen habe, leider ohne Erfolg [235].

4. Weitere Versuche

Unter dem 20. November hatte Beck wieder eine Denkschrift vorgelegt, mit deren Hilfe Brauchitsch für den Umsturz gewonnen werden sollte [236]. Beck stellte fest, daß sich die Lage seit dem Ende des Polenfeldzuges sehr zuungunsten Deutschlands verändert habe. Der Erfolg gegen Polen sei durch das Vorrücken Rußlands nach Westen paralysiert; die erwartete militärische Unterstützung Deutschlands durch Rußland sei ausgeblieben, Rußland verfolge nur seinen eigenen Vorteil; die Methoden der deutschen Kriegführung in Polen wirken sich auf die Weltmeinung verheerend aus; die Beziehungen zwischen Deutschland einerseits und Spanien, Japan und Italien andererseits werden zusehends kühler, Italien zumal werde sich schließlich ganz von Deutschland lösen; der durch den englisch-französisch-türkischen Pakt im Südosten aufgebaute Riegel sei ein Rückschlag für Deutschland; die kleinen Staaten von Südost- und Nordeuropa werden durch ihre Schutzinteressen gegen Rußland, Holland und Belgien durch die Furcht vor deutscher Invasion immer mehr auf die alliierte Seite gedrängt; der Kriegswille in Frankreich und England nehme

4. Weitere Versuche

zu; die Haltung der Vereinigten Staaten sei immer eindeutiger gegen Deutschland gerichtet.

Deutschland stehe also mehr als bisher allein da, die Zahl seiner Gegner vermehre sich, die ständig vorangetriebenen Vorbereitungen der westlichen Gegner verschlechtern die Aussicht auf den Erfolg der Offensive, der schon jetzt fast undenkbar sei. Es sei also die Forderung nur noch gebieterischer geworden, »den von vornherein aussichtslosen Weltkrieg je eher je besser zu liquidieren«. Die Aufgabe, »den Weg logischer Schlußfolgerungen in geistiger Selbstzucht systematisch bis zu Ende zu gehen,.. das zu tun, was der Verstand diktiert«, sei den verantwortlichen militärischen Führern gestellt. Der Verfasser der Denkschrift habe dasselbe im Oktober 1935 in einer Rede gesagt[237], die »den besonderen Beifall des Führers« gefunden habe. Bestehe also diese Forderung zu Recht, so sei den militärischen Führern ihr Weg vorgezeichnet: »Die Grenzen ihrer Verantwortung, vor allem der obersten militärischen Führer, werden aber in höchsten Krisentagen allein bestimmt durch das eigene Gewissen, durch ihre Mitverantwortung für Heer und Volk und durch das zu erwartende Urteil der Geschichte.«

Am 2. Januar 1940 legte Beck noch einmal seine Auffassungen in einer Denkschrift nieder[238]. Einen Weltkrieg könne Deutschland niemals gewinnen, selbst die deutsche Presse spreche aber jetzt von einem Weltkrieg, und der Führer spreche von einem Kampf um Sein oder Nichtsein des deutschen Volkes. Welche Frivolität, welcher Nihilismus sprechen aus solchen Worten, da doch Beginn und Fortsetzung des Krieges jeder Notwendigkeit entbehren. Da nun Deutschland seine Hauptgegner nicht schlagen könne, bleibe Deutschland allenfalls die Selbstbehauptung als Kriegsziel. Die Erreichung dieses Zieles sei mehr als zweifelhaft, also werde das Endergebnis »ein weißgeblutetes Deutschland sein, das der Gnade oder Ungnade seiner Gegner ausgeliefert ist«. Das zu verhindern sei Recht und Pflicht der Verantwortlichen und der Wissenden. Zur Erhaltung des Volkes müßten sie jede andere Rücksicht fallenlassen.

Anfang Dezember war auch aus einer anderen, von derjenigen Becks sehr verschiedenen Gedankenwelt eine Denkschrift an das OKH gelangt. Sie trug die Überschrift »Die Bedeutung des russisch-finnischen Zusammenstoßes für die gegenwärtige Lage Deutschlands« und stammte von Kapitänleutnant Liedig[239]. Liedig wetterte darin gegen Hitlers Opportunismus und gegen seinen Verrat an den eigenen »weltanschaulichen« Zielen. Immer habe sich Hitler mit England verständigen und Europa vor seinem Feind Nr. 1, nämlich Räterußland, retten wollen, und nun tue er von beidem gerade das Gegenteil. Rußland sei dabei, sich ungeheuer auszudehnen, wobei ihm die nihilistische Politik der Nationalsozialisten entscheidend zu Hilfe komme. Deutschland aber werde durch Hitlers prinzipienlose Politik in einen Untergang von unvorstellbaren Ausmaßen getrieben. England warte noch ab, Rußland aber warte nicht, es habe den Vormarsch nach Westen schon angetreten. Von England, das sei jetzt die große Gelegenheit, könne Deutschland einen gerechten und großzügigen Frieden haben, die Bestätigung seiner jetzigen Grenzen, soweit sie mit deutschem Siedlungsgebiet übereinstimmen, und auch die Anerkennung als kontinentale Vormacht. Bedingung dafür sei aber, daß Deutschland seine bewaffnete Macht dem bedrohten (Ende November 1939 von Rußland angegriffenen) Finnland und damit dem bedrohten Europa zur Verfügung stelle und sich zusammen mit England gegen die bolschewistische Gefahr wende. Noch seien das Reich und das christliche Europa zu retten, noch seien nur die Würfel über Hitler und sein Gefolge gefallen, deren Schicksal unwiderruflich sei, nicht aber über Deutschland.

Unüberhörbar ist in der Denkschrift Liedigs die Aufforderung zum Umsturz als der einzigen Alternative zu einem furchtbaren Chaos, als dessen Folge Rußland in das Herz Europas vordringen werde. Sie weist übrigens eine enge Verwandtschaft mit der Gedankenwelt des Kreises um Heinz und SchmidNoerr auf; gewisse romantische Reichsvorstellungen spielen eine Rolle. Das vorgeschlagene Zusammengehen mit England gegen Rußland war phantastisch, aber die Voraussagen Liedigs sind eingetroffen, wenn auch nicht, weil er die russisch-kommunistische Gefahr richtig eingeschätzt hätte, sondern wegen Hitlers maßloser Eroberungssucht.

Brauchitsch aber war weder mit den politischen Argumenten Liedigs noch durch die fachmännische Lagebeurteilung seines Kameraden Beck zu überzeugen. Seine Haltung war eher in seiner Persönlichkeit begründet; denn an den nötigen Kenntnissen fehlte es ihm nicht. Die Oppositionsgruppe um Beck und Oster verlor bei Brauchitsch und bei Halder immer mehr an Boden. Beide waren zu schwach zur Konsequenz, zu eindeutiger Haltung. Weder für das eine, die volle militärische Pflichterfüllung im engen Sinne, noch für das andere, die Erfüllung ethischer und moralischer Pflicht, konnten sie sich ganz entscheiden. Sie wollten eigentlich beides, aber auch wieder keines von beidem. Es war alles so unsicher und so risikoreich.

Angesichts dieser Schwäche und Unentschlossenheit versuchte die Opposition noch einmal, von anderer Seite Einfluß und Druck auszuüben. Der Gedanke gemeinsamen Vorgehens der im Westen stehenden Befehlshaber wurde wieder aufgegriffen, wie übrigens noch öfter in den folgenden Jahren bis hin zum Sommer 1944. Groscurth fuhr dieses Mal in den

4. Weitere Versuche

Westen. Am 18. Dezember reiste er ab, am 19. und 20. besuchte er die Heeresgruppe C (Leeb) in Frankfurt am Main sowie das Hauptquartier Witzlebens in Bad Kreuznach, am 21. die Heeresgruppe A (Rundstedt) und ebenfalls am 21. die Heeresgruppe B (Bock)[240].

Nur Leeb hat überhaupt irgendwie im Sinne der Mission Groscurths reagiert. Er befaßte sich mit den »Schwierigkeiten der inneren Lage«, wie er in seinem Tagebuch notierte, und schrieb Halder einen Brief[241]. Es herrschte damals weitverbreitete Empörung über das Vorgehen der SS und der Einsatzgruppen der Polizei in Polen. Generaloberst Johannes Blaskowitz, damals Oberbefehlshaber Ost (»Oberost«), hat dagegen energischen Protest erhoben[242]. Groscurth hatte bei seiner Reise in den Westen besonders auf die in Polen verübten Greuel hingewiesen, um die Generale zum Umsturz zu bewegen, und er hatte ihnen auch entsprechendes Material unterbreitet, darunter einen ausführlichen, streng geheimen Bericht von Blaskowitz, von dem die Chefs der Stäbe zum Teil auszugsweise Abschriften genommen hatten[243]. Aber es nützte alles nichts. Die Befehlshaber waren selbst angesichts dieser durch die Oberste Führung verübten Verbrechen nicht zum gemeinsamen Vorgehen gegen diese zu veranlassen.

Der Strom der Denkschriften, mit denen man zum Handeln anregen wollte, ist nie ganz versiegt. Doch die Warnungen wurden immer mehr als lästig und als unrealistisch empfunden. Der Berliner Rechtsanwalt Dr. Etscheit, der seit dem Herbst 1939 mit dem Amt Ausland/Abwehr und Admiral Canaris zusammenarbeitete, reichte unter dem 1. Januar 1940 über Groscurth dem Oberquartiermeister IV, Generalmajor Kurt von Tippelskirch, eine Denkschrift ein über »Die innere und äußere Lage«, die Tippelskirch am 3. Januar gelesen und danach Groscurth zurückgereicht hat[244]. Etscheit wandte sich darin gegen die Zusammenarbeit mit dem bisherigen Erzfeind Sowjetrußland und legte dar, wie die von SS und Polizei in Polen verübten Greuel noch den Eindruck verstärkten, daß die Menschen im deutschen Machtbereich von dem gegenwärtigen Regime als ebenso rechtlose Subjekte behandelt werden wie die im sowjetischen Machtbereich.

Wohl mögen »die demokratisch-parlamentarischen Einrichtungen anderer Länder für das deutsche Volk kein geeignetes Regierungssystem darstellen«, andererseits habe sich aber auch gezeigt, daß die Diktatur nicht die Lösung sei. Man erkenne jetzt immer mehr die Notwendigkeit »staatserhaltender, konservativer Einrichtungen und Methoden«, man würde Strenge in Kauf nehmen, wenn sie Gerechtigkeit gewährleiste[245]. Macht bringe Verantwortung mit sich, aber die zur Zeit verantwortliche Führung habe versagt, weil sie das Versprechen, Deutschland den Frieden zu erhalten, nicht eingelöst habe. Dabei sei durch den gewaltigen Erfolg im polnischen Feldzug die Macht der militärischen Führung in solchem Maße gewachsen, daß ihr nun auch die Verantwortung für »die Lösung der entstandenen Krise« zufalle. Aber inzwischen untergrabe Himmler durch den ständigen Ausbau der SS die Stellung der Wehrmacht und ihrer Führung.

Unter diesen Gesichtspunkten, so fährt die Denkschrift fort, gewinnen äußere Momente Bedeutung. Die deutsche Wirtschaft könne die englischfranzösische Blockade nicht lange durchhalten, in der kurzen Zeit bis zur wirtschaftlichen Erschöpfung sei eine militärische Entscheidung zugunsten Deutschlands und somit ein Friedensschluß nicht zu erwarten. Die innerdeutschen Verhältnisse seien unlösbar mit den Aussichten auf Frieden verknüpft, weil die Alliierten ohne deutschen Sieg mit Hitler niemals Frieden schließen würden. Andererseits seien sie aber durchaus verständigungsbereit und verschließen sich nicht der Notwendigkeit geeigneter Zugeständnisse: »Man erkennt draußen, daß ein Sturz der Regierung nur dann möglich sein würde und verantwortet werden könnte, wenn die Inhaber der Macht in Deutschland sich auf eine fest garantierte Vereinbarung mit unseren Gegnern stützen können, die nicht nur einen ehrenvollen Frieden, sondern den gemeinsamen Aufbau der inzwischen in Europa eingetretenen Zerstörungen sichert.«

Deutlich ist die Anspielung auf die im Gang befindlichen römischen Gespräche Dr. Josef Müllers. Nur wenige Tage später, am 8. Januar, notierte sich Halder Stichworte über Gespräche, die mit dem Papst geführt wurden, wie ihm Etzdorf berichtet hatte. Am selben Tag erhielt er auch von Tippelskirch Mitteilungen über die Tätigkeit Groscurths und Goerdelers sowie über Friedensfühler[246]. Es könne also damit gerechnet werden, so hieß es weiter bei Etscheit, daß Großdeutschland erhalten bleiben werde, »unter Neugestaltung der Stellung des tschechoslowakischen Volkes und Staats-Problems«, und daß die in Versailles begangenen Fehler und Maßlosigkeiten sich nicht wiederholen würden. Von der Unentbehrlichkeit Deutschlands für die Erhaltung der europäischen Wirtschaft und Kultur sei man besonders in England überzeugt und werde gegen eine wirtschaftliche Vormachtstellung Deutschlands gegenüber den kleineren osteuropäischen Staaten sicher nichts einzuwenden haben.

Während zur Zeit noch die Möglichkeit des Ausgleiches bestehe, arbeite die Zeit dagegen. Gewiß sei für einen Umsturz das Verständnis des Volkes wünschenswert, und gewiß könne dieses durch Opfer und Rückschläge gefördert werden, zugleich aber gingen damit die Verständigungsbereitschaft der anderen Seite und das zur Zeit große Vertrauen zur militärischen

4. Weitere Versuche

Führung verloren. Man solle nur nicht die Bereitschaft der Massen unterschätzen, entschlossenes Handeln zu akzeptieren [247]. Handle man jetzt, so sei es gerade noch möglich, das vom nationalsozialistischen Staat geschaffene Positive zu erhalten und die Zerstörung Europas zu verhindern.

Dr. Etscheit hat mit dieser Denkschrift nichts als die offenbare Wahrheit gesagt. Zu viele haben sie damals ebenso gesehen, als daß man die Entschuldigung gelten lassen könnte, man habe nicht wissen können, daß alles »so« kommen werde. Aber Tippelskirch schrieb mit eigener Hand unter die Denkschrift:

»Die Ausarbeitung sieht die Dinge zu schwarz. Sie mißt der Beurteilung der Lage durch den deutschen Intellektuellen, der stets ein Schwarzseher war, eine zu große Bedeutung bei.

Ob die Engländer und Franzosen mit uns glimpflicher umgehen werden, wenn wir die gleichen Dummheiten wie 1918 machen, ist mir mehr als fraglich.

Die Drohung der Zerstörung Europas scheint mir mindestens ein eben so starkes Druckmittel für die Anbahnung eines Friedens zu sein wie eine Verständigung, die zunächst einen inneren Umsturz bedingt. T.«

Welch ein Abgrund trennte die Opposition von Militärs wie Tippelskirch! Man könne mit der Zerstörung Europas drohen, um den Feind zum Frieden und zur Beendigung eines Krieges zu zwingen, den man ohne Not gegen ihn angefangen hat – das ist die Bedeutung des letzten Satzes. So etwas kann man nicht als Alibi für die Regimetreue Tippelskirchs gelten lassen. Indem er sich an solchen Erwägungen überhaupt beteiligte, machte er sich ja schon der Beihilfe zum versuchten Hochverrat schuldig.

In der seit November 1939 entstandenen Lage mit den ständigen, zermürbenden und doch in unterrichteten Kreisen erwarteten Verschiebungen des Angriffstermins und angesichts der Passivität der obersten Führung des Heeres verfiel die Opposition auch auf allerhand phantastische Pläne. Man dachte daran, Witzleben mit Hilfe einiger auf dem Marsch vom Westen nach dem Osten befindlicher Divisionen Hitler in Berlin verhaften und für regierungsunfähig erklären zu lassen. Beck sollte dann nach Zossen fahren und Brauchitsch den Oberbefehl aus den schwachen Händen nehmen [248]. Nur marschierten damals die Divisionen nicht nach Osten, sondern warteten im Westen auf den Befehl zum Angriff, wären aber doch einige nach Osten verlegt worden, so hätten sie noch lange nicht Witzlebens Befehle ausgeführt, wenn er nicht ordentlich zu ihrem Befehlshaber ernannt war. Das Zusammenziehen von Truppen bei Berlin war ohne die (ausdrücklich versagte) Hilfe des Befehlshabers des Ersatzheeres unmöglich. Witzleben war bei aller Kühnheit auch nicht gerade ein Abenteurer, und endlich würde sich Brauchitsch bei aller Schwäche doch sträuben, wenn ihm jemand die Befehlsgewalt nehmen wollte. Der Erfinder dieses Planes, den sich Hassell unter dem 30. Dezember notierte, der preußische Finanzminister Popitz, war denn auch kein militärischer Fachmann und hatte offenbar nur verschwommene Vorstellungen von dem, was auf diesem Gebiete möglich war [249].

Trotz dieser trüben Aussichten bemühte man sich weiter. So versuchte man immer wieder, Witzleben mit Beck zusammenzubringen. Ende Dezember fuhr Goerdeler zu Witzleben und behauptete dann gegenüber Hassell, er habe Erfolg gehabt: »Witzleben werde bald kommen, um endgültig mit Beck zu sprechen.« [250] Mangels konkreter Ansatzpunkte kam jedoch die »Aktion«, von der auch Beck nun immer offener sprach, über das Stadium der Besprechung nicht hinaus. Ohne Truppen war eben nichts zu machen, und vorläufig hatte man keine.

Je öfter die Offensive verschoben wurde, desto mehr fehlte es auch an einer wichtigen Voraussetzung für die »Aktion«, nämlich an der Überzeugung der Generale, daß die Westoffensive zu nichts anderem als zu einer ungeheuren Katastrophe führen konnte. Man war jetzt militärisch viel besser vorbereitet, und wer wußte denn, ob die Offensive überhaupt je stattfinden würde? Von Woche zu Woche wurde sie verschoben, wie konnte man das noch ernst nehmen.

Zu einer unerwarteten Verlängerung der verhältnismäßig stillen Zeit trug wesentlich die Gefangennahme zweier deutscher Flieger bei, die mit Papieren, aus denen die deutschen Operationsabsichten zu erkennen waren, am 10. Januar 1940 bei Mechelen in Belgien notlanden mußten [251]. Am 11. Januar hatte Hitler, dem peinlichen Zwischenfall zum Trotz und auf Grund günstiger Wettervorhersagen, den Angriff im Westen auf den 17. Januar festgelegt. Erst ein ungünstiger Wetterbericht ließ ihn den Termin am 13. Januar abermals verschieben. Dann trafen jedoch alarmierende Nachrichten über verstärkte belgische und holländische militärische Abwehrmaßnahmen ein, welche die Bedeutung des Dokumentenverlustes von Mechelen belegten und ihre Wirkung auf Hitler nicht verfehlten. Am 16. Januar entschloß er sich, den Angriff endgültig auf das Frühjahr zu verschieben und die Operationspläne ganz neu ausarbeiten zu lassen, so daß sowohl Geheimhaltung als auch Überraschung wiederhergestellt und gesichert wurden.

Die Opposition erneuerte auch ihre Bemühungen um Halder. Bei seiner Rückkehr von einer Reise an die Westfront (3. bis 6. Januar) wurde ihm Material über die römischen Gespräche unterbreitet, und endlich ließ er

4. Weitere Versuche

sich gegen die Mitte des Monats auch zu einer Aussprache mit Beck bewegen, die im Anschluß an eine Konferenz mit General Thomas am 16. Januar 1940 stattfand [252]. Halder berichtete später, wie er damals mit Beck in den menschenleeren Straßen von Berlin-Dahlem spazierenging, um Aufsehen zu vermeiden, das durch den Besuch des einen beim andern zweifellos erregt worden wäre [253].

Beck brachte seine Halder längst bekannten Auffassungen vor, daß Deutschland einen Krieg gegen den Westen, aus dem Amerika nicht fernbleiben werde, weder militärisch noch wirtschaftlich durchhalten könne, worüber mögliche Anfangserfolge ja nicht hinwegtäuschen dürften. Hitler aber habe im Ausland jeglichen Kredit verloren, außenpolitische Möglichkeiten zur Beendigung des Konfliktes gebe es für diese Regierung nicht mehr [254]. Halder berichtet, Beck sei auf seine Frage, wie denn das Volk auf einen Staatsstreich reagieren würde, ungeduldig geworden und habe Halder vorgehalten, als alter Reiter müsse er doch wissen, daß man bei Hindernissen sein Herz vorauswerfen müsse.

Nun war Halder auch noch verstimmt. Er sei ein alter und erbitterter Gegner Hitlers, meinte er, aber da er in verantwortlicher Stellung stehe, habe er auch die Folgen seiner Schritte zu bedenken und könne nicht einfach so drauflosputschen [255]. Unter den Folgen wären vielleicht Bürgerkrieg und Zerbrechen des Heeres zu verstehen [256]. Vier Wochen später bei einem Gespräch mit Witzleben in Bad Kreuznach am 14. Februar, bei dem Witzleben seine Ansichten über die Notwendigkeit des Widerstandes gegen Hitler sehr energisch vorbrachte, reagierte Halder ähnlich auf den moralischen Appell, d. h. wieder mit formalen Ausflüchten. Witzleben habe sich gefälligst der zentralen Führung des OKH unterzuordnen [257].

Halder blieb also weiter bei seiner Passivität. Auch ein Schreiben von Goerdeler konnte ihn darin nicht stören. Er antwortete zwar Ende März schriftlich darauf [258], wiederholte aber nur, die Wehrmacht könne nichts unternehmen. Jetzt müsse erst einmal der Krieg geführt werden.

Im Laufe des Januar entzog sich Halder immer mehr den Beeinflussungsversuchen der Opposition. Gegenüber Beck war er verstimmt, die Gespräche, die Dr. Müller in Rom führte, beeindruckten ihn wenig. Dann zog sich über dem Haupte von Oberstleutnant d. G. Groscurth, der eine so wichtige Schlüsselstellung beim OKH innehatte, eine dunkle Wolke zusammen.

Eigentlich waren Halder und er derselben Auffassung, und im Grunde hatte Halder nichts gegen die Bestrebungen Groscurths – Schutz für Verfolgte und Bemühung um den Umsturz – einzuwenden, sofern man ihn nicht allzu sehr drängte. Noch am 13. Januar besprachen Halder und Groscurth einen Bericht Helldorfs, in dem u. a. die Zustände in Polen geschildert wurden²⁵⁹. Halder erklärte Groscurth, er bejahe den Deutschland aufgezwungenen und doch einmal notwendigen Kampf gegen England, nach dem Erfolg sei die Armee dann so stark, daß sie sich im Innern »durchsetzen« könne, die Truppe werde dann auch auf die SS schießen. Auf Groscurths Einwand, warum das nicht vor dem Kampf geschehen könne, meinte Halder, es fehle die Basis, die Truppe glaube noch an den Führer, die Verschwörer seien uneinig und reaktionär, wollten nur das Rad zurückdrehen, aber »es sei eben noch Revolution und man könne nichts an den uns heiligen Traditionen messen«. Das letzte bezog sich auch auf die Greuel in Polen, wie Halders weitere Bemerkung zu Groscurths Westreise zeigt, »man dürfe die Front nicht mit unnötigen Sorgen belasten«. Groscurth hatte keinerlei Gelegenheit mehr zu Entgegnungen, die er auch für zwecklos hielt, und Halder sagte nicht, wie denn Hitler nach Erfolgen leichter zu beseitigen sein sollte als angesichts einer deutlich drohenden Katastrophe.

Doch schon am 5. Januar, als Halder noch auf Dienstreise war, hatte Generaloberst Blaskowitz bei Brauchitsch angefragt, »warum sein Bericht über den Osten im Westen bekannt geworden sei«; er meinte den Bericht, den Groscurth den Heeresgruppenbefehlshabern im Dezember gezeigt hatte²⁶⁰.

Sodann war Groscurth in entscheidender Weise an den Bemühungen beteiligt, einen mit ausdrücklicher Genehmigung Hitlers herausgegebenen Erlaß Himmlers vom 28. Oktober 1939 zu Fall zu bringen, der in der Wehrmacht viele Unruhe und Proteste hervorgerufen hatte²⁶¹. Himmler hatte darin insbesondere alle SS-Männer, aber auch überhaupt alle Männer »guten Blutes« aufgefordert, mit Frauen »guten Blutes«, einerlei ob es sich um die eigene Ehefrau, eine fremde Ehefrau oder ein unverheiratetes Mädchen handelte, möglichst viele Kinder zu zeugen, um die für die Gewinnung von Lebensraum und für die Auffüllung der Kriegsverluste dringend benötigte Bevölkerung in die Welt zu setzen. Da man gegen die gräßlichen Erschießungen in Polen nicht viel tun konnte oder wollte – Blaskowitz beklagte sich bitter, die Offiziere seien zu schlapp, es gebe »kein menschliches Eintreten für unrecht Verfolgte«²⁶² –, wandte man sich wenigstens gegen diesen unsittlichen SS-Erlaß.

In all diesen Dingen hatte sich Groscurth stark exponiert, und der Konflikt mit Himmler wurde schließlich unangenehm. Seit spätestens 23. Januar 1940 bemühte sich Halder, Groscurth loszuwerden und Ersatz für ihn zu finden²⁶³. Inzwischen ließ auch Groscurth nicht locker, legte Halder mehrere Entwürfe für Stellungnahmen zum »SS-Erlaß« vor und suchte auch noch die Verbreitung des Wissens um die SS-Verbrechen in Polen zu fördern²⁶⁴. Groscurth wußte sicherlich, daß seine Stellung unhaltbar geworden war. Seinen Entwurf zum SS-Erlaß betrachtete er als letzten Anlaß für seinen »Sturz«, aber in einem Brief vom 17. Februar an Graf Schwerin von Schwanenfeld, den Adjutanten Witzlebens, der sich dafür eingesetzt hatte, daß Groscurth zur 75. Division kam, die zu Witzlebens I. Armee gehörte, schrieb er auch: »Über meine Reise in den Westen haben sich die Gemüter noch nicht beruhigt. Dabei sind die Zustände im Osten noch weit *schlimmer* geworden. Mehr darf ich darüber nicht sagen – und auch dies ist schon verboten.«[265] Am 1. Februar wurde Groscurth seine Ablösung mitgeteilt, am 20. Februar meldete sich sein Nachfolger, Oberst d. G. Heim, als neuer Chef der Abteilung z. b. V. im OKH bei Halder[266]. Der Opposition war eine wichtige Position verlorengegangen.

Zu den Hauptgründen Halders, weswegen ein Staatsstreich durch das Heer nicht ausführbar sei, gehörte neben der nicht reifen Stimmung der Bevölkerung und der jüngeren Offiziere vom Major abwärts der Mangel an Zusicherungen von außen über das Verhalten der Kriegsgegner im Falle eines innerdeutschen Umsturzes[267]. Gegen die »ungünstige« Stimmung konnte man nichts tun. Die Stimmung würde erst »reif« sein, wenn die Katastrophe schon über Deutschland hereinbrechen würde, wenn es also auch für einen rettenden Staatsstreich zu spät sein würde. Da man nun einmal die Stimmung nicht anders als durch große militärische Rückschläge ändern konnte, die jedoch zunächst nicht zu haben waren, hoffte man, durch Herbeischaffung von »Sicherheiten« in Gestalt verbindlicher Zusagen der Westmächte mehr zu erreichen.

5. Außenpolitische Sondierungen

Entsprechende Bemühungen waren seit der Sudetenkrise von 1938 im Gange. Sie haben bis unmittelbar vor dem 20. Juli nie ganz aufgehört. Es war schon die Rede von den Sondierungen der Gebrüder Kordt und des Mitarbeiters des Auswärtigen Amtes Adam von Trott zu Solz. Ähnliche Bemühungen mit denselben Zielen, wenn auch mit sehr verschiedenen Methoden, wurden nun, in der Zeit der Verschiebungen des Angriffstermins, aufs neue intensiviert.

Am 4. Januar 1940 führte Ewald von Kleist-Schmenzin ein Gespräch mit dem schwedischen Gesandten in Berlin und gab ihm eine ausführliche Schilderung der inneren Lage Deutschlands[268]. Er teilte weiter mit, der Angriff im Westen sei gegenwärtig auf den 15. Januar anberaumt, könne aber jederzeit wieder verschoben werden, wegen des Wetters oder aus sonstigen Gründen. Jedenfalls betrachte die Mehrheit der Generale einen Angriff im Westen als aussichtslos. Wenn der Angriff steckengeblieben sein werde, dann werde die Voraussetzung zum Sturze Hitlers durch die höheren militärischen Führer geschaffen sein. In diesem Zusammenhang sei für die Opposition die Frage wichtig, wie weit man eventuell auf neutrale Friedensvermittlung rechnen könne und ob die Bereitschaft dazu gegenüber einem neuen deutschen Regime größer wäre als gegenüber dem gegenwärtigen.

Mitte Januar kam der Bischof von Oslo, Eivind Berggrav, nach Berlin und führte Besprechungen mit dem Freiherrn von Weizsäcker. Dieser war zwar recht verzweifelt über die Hoffnungslosigkeit aller Friedensbestrebungen, doch ermutigte er Berggrav und seine Standesgenossen in England, Frankreich und den skandinavischen Ländern in deren Bemühungen um Frieden, die sie bei der Kirchenkonferenz in Zilven in Holland gerade (Anfang Januar) in einer Erklärung mit Friedensvorschlägen dokumentiert hatten [269]. Wenn es auch aussichtslos scheine, habe man doch die Verantwortung, alles Erdenkliche und Mögliche zu versuchen, meinte Weizsäcker.

Mehrfach im Herbst 1939 bemühte sich Goerdeler, aus England Zusicherungen auf der Grundlage der deutschen Ostgrenzen von 1914 zu erhalten, jedoch ohne greifbaren Erfolg. Anfang März 1940 sprach er in Berlin mit Sumner Welles und vermutlich ebenfalls im März mit dem König der Belgier [270]. Dabei konnte jedoch nur festgestellt werden, daß es noch brauchbare Friedensgrundlagen gebe, daß aber Hitler nicht mehr Verhandlungspartner sein könne [271]. Zugleich benützte die Gruppe Beck-Goerdeler Verbindungen in der Schweiz zu Fühlungnahmen mit der britischen Regierung, die konkretere Reaktionen zeitigten und ein starkes Interesse der englischen Regierung an den durch Ermutigung der deutschen Opposition gegebenen Möglichkeiten bewiesen. So stand der emigrierte Professor Siegmund-Schultze in Zürich in ständiger Verbindung mit dem deutschen Widerstand; der ehemalige Reichskanzler Dr. Josef Wirth, der ebenfalls in der Schweiz lebte, hielt sich dort auch als Mittler zur Verfügung [272].

Anfang 1940 schrieb Dr. Wirth einen Brief an Chamberlain, der von Dr. Schairer nach London gebracht wurde. Wirth wies in dem Schreiben darauf hin, daß in Deutschland eine sehr beträchtliche Oppositionsgruppe bestehe, für die es eine große Hilfe wäre, wenn sie wüßte, daß die Westmächte einen Umsturz in Deutschland nicht zu dessen Schaden militärisch ausnützen würden [273]. Daraufhin erschienen Mitte Februar zwei Abgesandte des Foreign Office, die persönliche Freunde von Vansittart waren, in der Schweiz. Es wurde ein Zusammentreffen mit Dr. Wirth und einem den Engländern bekannten Herrn, der den ehemaligen Reichskanzler begleitete, in Lausanne-Ouchy vereinbart, das auch zustande kam [274].

5. Außenpolitische Sondierungen

Die Engländer überbrachten eine Reihe von Vorschlägen im Auftrage des Premierministers, die sie als bis Ende April 1940 verbindlich bezeichneten. Darin wurde vor allem zugesichert, daß »·die britische Regierung eine vorübergehende Krise, wie sie im Anschluß an eine Aktion der deutschen Opposition entstehen könnte, nicht militärisch zum Nachteil Deutschlands, etwa durch einen Angriff im Westen, ausnützen würde«·«. Ferner wolle die britische Regierung mit einer vertrauenswürdigen deutschen Regierung zur Sicherung eines dauerhaften Friedens zusammenarbeiten. Weitere Zusicherungen im einzelnen – die Frage der deutschen Grenzen ist nicht erwähnt, aber zweifellos gemeint – könnten nur nach Einvernehmen mit der französischen Regierung gegeben werden. Sollte die deutsche Opposition zur Erleichterung ihres Vorgehens »·eine von den Westmächten durchzuführende Diversion wünschen«·«, so wäre die britische Regierung dazu im Rahmen ihrer Möglichkeiten bereit[275]. Zur Frage, welcher Art eine vertrauenswürdige deutsche Regierung sein müßte, wurde mündlich erläutert, es dürfe ihr keines der gegenwärtigen Regierungsmitglieder angehören, auch nicht Göring[276].

Ähnlich sprach sich auch Chamberlain am 24. Februar in einer Rede in Birmingham aus. Deutlich war darin der Hinweis: wenn die Deutschen guten Willens seien und nicht mehr nach dem Grundsatz verfahren wollten, Macht gehe vor Recht, dann sollen sie dafür den Beweis liefern, und es werde auch auf der anderen Seite nicht an gutem Willen fehlen; unter ihrer gegenwärtigen Regierung aber könne es keine Sicherheit für die Zukunft geben[277].

Endlich gab es nun eine konkrete, wenn auch nicht schriftliche Zusicherung. Doch schwerlich konnte die Opposition erwarten, ein offizielles Dokument der britischen Regierung über deren Absichten gegenüber einer noch gar nicht bestehenden und in ihrer Haltung und Zielsetzung durchaus nicht über jeden Zweifel erhabenen Regierung zu erhalten[278]. Unter diesen Umständen muß man die »Vorschläge«, die an Dr. Wirth überbracht wurden, als weitgehend ansehen. Nur haben sie, soviel bekannt ist, die Verschwörungsgruppe um Beck und Goerdeler niemals erreicht[279]. Man konnte nicht einmal den Versuch machen, Brauchitsch und Halder damit zu gewinnen.

Die durch Theo Kordt und Philip Conwell Evans aufrechterhaltene Verbindung zwischen der deutschen Opposition und der britischen Regierung war seit Oktober 1939 weiter gepflegt und benützt worden[280]. Am 15. November notierte Groscurth noch in seinem Tagebuch: »Halifax hat Kordt sagen lassen: Friede ist noch möglich auf Grund der ethnographischen Grenzen.«[281] Am 18. Dezember 1939 und am 27. Januar 1940 kamen Theo Kordt und Conwell Evans in Bern zusammen. In London werde man ungeduldig, berichtete Conwell Evans. Theo Kordt fuhr darauf nach Berlin, um Näheres zu ermitteln. Am 16. Februar traf er in Bern wiederum mit Conwell Evans zusammen, der mitteilte, man erwarte sofort nach dem Sturz der nationalsozialistischen Regierung die Räumung Polens als Beweis für den guten Willen der neuen Regierung [282]. Kordt übergab ihm einen Brief an Vansittart. Feste Zusagen konnte Kordt natürlich nicht machen, und hinsichtlich Polens hielt er sich an Becks Instruktion, man werde Polen nach dem Umsturz räumen, sobald keine Bedrohung mehr durch Rußland bestehe (das inzwischen Finnland angegriffen hatte). Er erklärte, seine Freunde in Deutschland seien sich darüber klar, daß mit Hitler nicht mehr verhandelt werde, sie bemühen sich daher »mit allen Kräften einen Verhandlungspartner auf deutscher Seite zu schaffen, der den beabsichtigten gerechten Frieden im Verhandlungsweg zustande bringen könnte« [283]. Die Voraussetzung dafür habe die britische Seite geschaffen durch das Versprechen des Premierministers, eine Umwälzung in Deutschland nicht militärisch gegen dieses auszunützen. Er, Theo Kordt, und sein Bruder haben »das Menschenmögliche getan, um unsere Freunde von der absoluten Zuverlässigkeit dieses gegebenen Wortes zu überzeugen«. Er hoffe, daß der Umsturz noch erfolgen werde, ehe es im Westen zu größeren Aktionen komme, wenn aber nicht, so müsse man dennoch sich um die Herbeiführung des Friedens weiterbemühen. Keinesfalls dürfe man sich, wie Vansittart es Kordt gegenüber wenige Tage vor Kriegsausbruch getan habe, der Stimmung hingeben, in der Samson in der Bibel die Säulen des Palastes einreißen und alles unter den Trümmern begraben wollte. Womöglich seien sogar die Aussichten für einen innerdeutschen Umsturz nach einem deutschen Angriff im Westen noch besser als jetzt.

Das war nicht viel, und man versteht, daß es den Engländern nicht genügte, die von ihrem Standpunkt aus schon mehr als genug Gründe zur Vorsicht und zum Mißtrauen gegenüber der für sie nur angeblichen deutschen Opposition hatten. Andererseits wünschte die Opposition nicht nur eine Stillhaltezusage, sondern auch schriftlich festgelegte Bedingungen, unter denen die britische Regierung zum Frieden bereit wäre [284]. Solche Wünsche waren nicht erfüllbar.

Zu jener Zeit, im Spätherbst des Jahres 1939 und Anfang 1940, hielt sich in Rom ein Amateurdiplomat und weltreisender Abenteurer, James Lonsdale Bryans, auf, der über eine Verbindung zu Lord Halifax verfügte und auf eine Gelegenheit wartete, als Vermittler zwischen den Kriegsparteien eine Rolle zu spielen [285]. Im November 1939 lernte er in Rom

5. Außenpolitische Sondierungen

zufällig den künftigen Schwiegersohn Hassells, Dr. Detalmo Pirzio Biroli, kennen, der ihm durch seine deutschen Verbindungen interessant war. Lonsdale Bryans suchte immer wieder seine Gesellschaft, und in etwa vierzig Unterhaltungen erfuhr er Andeutungen über das Bestehen und die Absichten der deutschen Opposition. Darauf entwickelte er den Ehrgeiz, die deutsche Opposition mit dem britischen Außenminister in Verbindung zu bringen.

Auf Bitten von Lonsdale Bryans schrieb Pirzio Biroli um die Jahreswende einen Brief an Halifax, der den Amateurdiplomaten legitimieren und Halifax zu Ouvertüren veranlassen sollte.

Lonsdale Bryans übergab den Brief am 8. Januar 1940 an Halifax, und dieser war beeindruckt. Er gab Lonsdale Bryans den inoffiziellen Auftrag, die Sache weiter zu verfolgen, eine schriftliche Äußerung erhielt der Bote nicht [286]. Darauf reiste Lonsdale Bryans wieder zurück nach Rom und berichtete Pirzio Biroli, der auf dem Wege verschlüsselter Familienkorrespondenz eine Zusammenkunft zwischen Hassell und Lonsdale Bryans in Arosa in der Schweiz verabredete.

Die Unterredungen zwischen den beiden Abgesandten fanden am 22. und 23. Februar statt. Hassell hatte für seine Anwesenheit in Arosa den Vorwand (der natürlich nicht nur Vorwand war), seinen dort im Sanatorium liegenden kranken Sohn zu besuchen. Lonsdale Bryans wollte als Ergebnis des Kontaktes eine bindende und offizielle Erklärung der englischen Regierung über ihr Verhalten während eines eventuellen innerdeutschen Umsturzes und über für sie annehmbare Friedensbedingungen beschaffen. Dies war das Ziel von »Mr. X«, der auch schon in Rom die Initiative ergriffen hatte. Hassell hatte diese Forderung, die viel weiter als alle bisher an die Adresse der Westmächte gerichteten Wünsche der Opposition ging, zunächst nicht selbst erhoben, konnte aber natürlich nur der Hoffnung Lonsdale Bryans' zustimmen, daß sie erfüllt werden könnte [287].

Um eine Grundlage für die britische Erklärung vorzuschlagen, verfaßte Hassell eine Erklärung, die er zur Weiterleitung an Halifax Lonsdale Bryans übergab. Mündlich erklärte Hassell dazu, der Vorschlag sei nur gültig, sofern es darüber vor dem großen Kampf im Westen zu einer Vereinbarung komme; die anderen Führer der Verschwörung könne er nicht nennen, doch sei der ehemalige britische Botschafter in Berlin, Sir Nevile Henderson, über Verhältnisse und Persönlichkeiten »gut im Bilde«; die Regimeänderung und der Rücktritt bestimmter Persönlichkeiten in Deutschland seien eine rein deutsche Angelegenheit und dürften nicht zum Gegenstand von Forderungen von nicht-deutscher Seite gemacht werden (um eine patriotische Trotzreaktion und auch berechtigte Erinnerungen an

1918, an die Forderungen Wilsons und das Fallenlassen des Kaisers zu vermeiden); falls eine ausdrückliche englische Erklärung von verantwortlicher Seite in dem gewünschten Sinne nicht zu bekommen sei, bestehe gar keine Aussicht auf eine für einen Verständigungsfrieden günstige Regimeänderung in Deutschland.

In Hassells Erklärung, die er »Statement« nannte, hieß es [288], der unsinnige Krieg müsse so schnell wie möglich beendet werden, weil sonst Europa in Gefahr sei, zerstört und auch bolschewisiert zu werden (durch das schon im Gang befindliche Vorrücken Rußlands und durch die im Gefolge des Krieges zu erwartende soziale und politische Radikalisierung). Europa sei »für uns« nicht Kampfplatz oder Machtbasis, sondern ein größeres Vaterland, innerhalb dessen ein lebenskräftiges Deutschland allerdings mit Rücksicht auf Sowjetrußland ein unentbehrlicher Faktor sei. Anzustreben seien also ein Friedensschluß von Dauer, die Gesundung Europas, und Sicherheit gegen neuerliche kriegerische Auseinandersetzungen. Der Anschluß Österreichs und auch des Sudetenlandes an das Reich dürfen daher nicht in Frage gestellt werden, gegenüber Polen verlange man »im wesentlichen« die Reichsgrenze von 1914, wogegen im Westen gegenüber dem Stand von 1937 keine Veränderungen erfolgen, Elsaß und Lothringen also bei Frankreich bleiben sollen. Folgende Grundsätze müssen die allerseits anerkannte Grundlage des künftigen Friedensschlusses bilden: Das Prinzip der Nationalität, modifiziert durch historische Gegebenheiten; Wiederherstellung eines unabhängigen Polen und »einer tschechischen Republik«; allgemeine Rüstungsbeschränkungen; Wiederherstellung internationaler wirtschaftlicher Zusammenarbeit; Anerkennung der Prinzipien christlicher Ethik, Anerkennung von Recht und Gesetz als Grundlagen des öffentlichen Lebens, Anerkennung des Leitgedankens der sozialen Wohlfahrt, Anerkennung des Grundsatzes der Kontrolle der Regierungen durch die Völker, Anerkennung des Grundsatzes der Freiheit des Denkens, des Gewissens und der geistigen Tätigkeit.

Angesichts der 1945 entstandenen Lage klingen Hassells Grundsätze und Forderungen, die übrigens mit den Auffassungen von Liedig, Etzdorf und anderen, Gewerkschaftsführern wie Jakob Kaiser, sehr weitgehend übereinstimmen [289], phantastisch, sogar unmäßig. Man muß sich aber vor Augen halten, daß die Vereinigung Österreichs mit Deutschland nicht ernsthaft angefochten und die Annexion des Sudetenlandes mit Hilfe der Westmächte und mit ihrer ausdrücklichen und vertraglichen Zustimmung erfolgt war.

Was freilich Polen und die Forderung der Grenze von 1914 angeht, so konnte sich auch die Opposition nur auf die Macht als Legitimation be-

5. Außenpolitische Sondierungen

rufen, d. h. auf die Tatsache, daß deutsche Armeen Polen besetzt hielten. In vorwiegend deutsch besiedelten Gebieten, die nach 1918 polnisch geworden waren, hätte vielleicht eine Volksabstimmung zum Ziele führen können, aber davon abgesehen war die Forderung der Grenze von 1914 schwerlich aufrechtzuerhalten. Zur Grundlage eines dauernden Friedens andererseits würde selbst die Wiederherstellung des territorialen Zustandes vom August 1939 nicht ausgereicht haben; denn da wären das Korridorproblem und die Frage der Minderheiten offengeblieben. Sehr fraglich war auch, ob Rußland seine auf Kosten Polens und auf Grund des deutsch-sowjetischen Paktes gemachten Erwerbungen wieder herausgeben würde. Die polnische Frage blieb damit ungelöst. Deutlich war also der Widerspruch zwischen dem ausgesprochenen Willen, zu Recht und Gesetz, zum Wege des friedlichen Ausgleiches zurückzukehren, und dem Anspruch, wenigstens einen Teil der Eroberungen Hitlers zu behalten[290].

Nahm man den Standpunkt Englands ein, das gegen »direkte oder indirekte« Bedrohung der polnischen Unabhängigkeit den Krieg an Deutschland erklärt hatte[291], so konnte man in Hassells Statement nur wenig Erfreuliches finden. Der Sturz Hitlers wird nicht zugesagt, man verlangt sogar, daß die Forderung danach nicht erhoben werde, und zugleich will man in Osteuropa offensichtlich die errungene Vormachtstellung sowie einen Teil der Hitlerschen Eroberungen behalten. Wie anders wäre die Forderung der Grenze von 1914, das Angebot der Wiederherstellung einer »tschechischen Republik«, aus welcher die Slowakei herausgelöst bleiben würde, zu verstehen[291]? Mag sein, daß Deutschland nun mächtig war und seinen tatsächlichen Einfluß weit ausgedehnt hatte. Die Forderungen der Opposition schienen sich aber allzu sehr darauf zu verlassen, sie klangen fatal nach Forderungen des Nationalismus, nicht der Nationalität. Die allenfalls vorzubringende Erklärung, anders hätte man »die Generale« nicht zum Handeln bringen können, machte die Sache nur noch verdächtiger[292]. Daran ändern auch diejenigen Programmpunkte Hassells wenig, die nicht ohne den Sturz Hitlers durchzusetzen waren.

Lonsdale Bryans reiste wieder nach London. Er wurde aber von Halifax nicht empfangen, sondern nur von Unterstaatssekretär Sir Alexander Cadogan. Dieser bedankte sich für die Mühe und erlaubte nur deshalb noch einmal eine Reise Lonsdale Bryans' in die Schweiz, damit dieser sich dort von Hassell verabschieden und die Mission wenigstens der Form nach abschließen konnte[293]. In seinem Tagebuch notierte Cadogan den Besuch Lonsdale Bryans', bei ihm unter dem 28. Februar 1940, mit sarkastischen Kommentaren; er habe den Besucher reden lassen und ihm dann gesagt, so eine Geschichte höre er nun ungefähr zum hundertsten Male.

In seinem Gespräch mit Cadogan hatte Lonsdale Bryans hervorgehoben, worauf es der deutschen Opposition vor allem ankomme: auf eine Erklärung, daß England einen Staatsstreich gegen Hitler nicht militärisch ausnützen, sondern sogleich danach in Friedensverhandlungen mit einem nicht-nationalsozialistischen Deutschland eintreten würde. Ohne eine solche Erklärung sei nicht daran zu denken, die Militärs zum Handeln zu bewegen. Aber Cadogan lehnte es ab, eine solche Erklärung von seiten der britischen Regierung abzugeben. Dies sei schon eine Woche vorher auf einem anderen Wege geschehen, womit die Botschaft an Dr. Wirth gemeint sein konnte oder auch die Versicherung an Dr. Müller, daß der britische Standpunkt noch derselbe sei wie Ende Januar 1940 [294].

Am 14. April erst trafen Hassell und Lonsdale Bryans wieder in Arosa zusammen [295]. Inzwischen hatte am 9. April die Besetzung Norwegens und Dänemarks durch deutsche Truppen begonnen, womit manches hinfällig geworden und die allgemeine Lage sehr verändert worden war. Lonsdale Bryans erklärte Hassell (wozu er nach seinem eigenen Bericht gar nicht ermächtigt war [296]), er habe Hassells Botschaft Halifax gegeben, der sie Chamberlain gezeigt habe, auch Cadogan sei im Bilde. Halifax danke sehr und sei mit den dargelegten Grundsätzen einverstanden, nur könne er eine schriftliche Zusage deshalb nicht geben, weil auf einem anderen Wege schon eine Woche vorher eine solche Zusage ergangen sei. Hassell glaubte diesen Weg zu kennen und sagte das Lonsdale Bryans. Er kannte auch die Reaktion Brauchitschs und Halders auf die römischen Gespräche, und es war nur eine schwache Hoffnung, die ihn fragen ließ, ob London auch nach den neuesten Ereignissen noch bereit sei, mit einem »anständigen Deutschland« Frieden zu schließen. Lonsdale Bryans bejahte es, aber bei einem weiteren Gespräch am nächsten Morgen gewann Hassell den Eindruck, »daß Halifax und seine Leute keinen rechten Glauben mehr an die Möglichkeit haben, auf diesem Wege, das heißt auf dem einer Systemänderung in Deutschland, zu einem Frieden zu kommen« [297].

Die Generale wollten als Vorleistung, ohne welche sie nichts tun würden, praktisch die Festlegung der künftigen englischen Politik gegenüber einer Regierung, die es noch gar nicht gab und von der man so gut wie nichts wußte. Sie fürchteten, nachher schlecht behandelt zu werden. Großzügige Behandlung war freilich nicht vom Wohlwollen der Gegenseite zu erwarten, auch wenn Zusicherungen gegeben wurden. Schon 1918/19 waren Hoffnungen auf solche Erklärungen, nämlich die Vierzehn Punkte Wilsons, enttäuscht worden. Annehmbare Friedensbedingungen waren in erster Linie durch militärisches und politisches Gewicht zu erreichen,

5. Außenpolitische Sondierungen

danach wurden die Stimmen der Verhandlungspartner im wesentlichen gewogen. Das Beispiel Frankreichs zeigte es deutlich genug – wer fragte nach Frankreich? Alle wandten sich an England; von England wünschte man Zusicherungen und Vorleistungen auf die Zukunft, offenbar in der Annahme, daß Frankreich seine Entschlüsse von denjenigen Englands abhängig machen müsse. England andererseits verlangte erst einmal den Umsturz, die Beseitigung Hitlers und seiner Anhänger aus der Regierung und die Übernahme der Verantwortung durch das andere, das »anständige Deutschland«[298].

Der einzige im Sinne der Verschwörer erfolgreiche Kontakt mit der britischen Regierung kam zustande, weil er einen Mittler mit dem nötigen Einfluß und Ansehen fand. Dies war die Verbindung über den Vatikan.

Schon Ende September 1939 erhielt Dr. Josef Müller den Auftrag, im Namen der militärischen Verschwörer durch Vermittlung des Vatikans mit der englischen Regierung Verbindung aufzunehmen[299]. Dr. Müller gehörte sozusagen von Anfang an und im wesentlichen als strenger Katholik der entschiedenen Opposition gegen Hitler an[300]. Bis zum Beginn des Krieges war er in München als Rechtsanwalt tätig und wurde dann mit seinem Einverständnis als Leutnant d.R. zum Heer eingezogen und in der Münchner Abwehr-Leitstelle eingesetzt[301]. Oster hatte ihm beim ersten Gespräch sofort gesagt, worin er seine Aufgabe zu sehen habe: in der Aktivierung seiner guten Beziehungen zum Vatikan für die deutsche Opposition[302]. Getarnt war der Auftrag als nachrichtendienstliche Mission zur Ausspähung der Absichten der Kriegsgegner und der Italiener. So hat es Dr. Müller auch bei seinen über zweihundert Vernehmungen durch die Gestapo dargestellt: Weil er bei dem ehemaligen Kardinalstaatssekretär Pacelli und nunmehrigen Papst eingeführt gewesen und in der Krypta von St. Peter in Rom getraut worden sei, habe er den offiziellen Abwehrauftrag erhalten, die beim Vatikan gegebenen Nachrichtenquellen auszuschöpfen[303]. Daß er das zugunsten der Opposition tun sollte, hat er natürlich bei diesen Gelegenheiten nicht gesagt. Für die Glaubwürdigkeit der Tarnung dieses eigentlichen Auftrages war gesorgt durch die Berichte über Vorgänge in der italienischen Regierung, über die italienische Haltung gegenüber Deutschland, England, Frankreich und über die Frage von Italiens Eintritt in den Krieg, die Dr. Müller nach Berlin lieferte. Einer dieser Berichte (über die Zeit vom 6. bis 12. November 1939) ist mit den Groscurth-Papieren erhalten geblieben[304].

Zunächst erhielt Dr. Müller Ende September 1939 den Auftrag, die Verbindung aufzunehmen und die allgemeine Bereitschaft des Vatikans zu einer Vermittlung zu erkunden[305]. Dr. Müller reiste also nach Rom, wo er im Hotel »Flora« abstieg [306]. Er nahm Verbindung auf mit dem Jesuitenpater Leiber, dem Privatsekretär des Papstes. Persönlich hat Dr. Müller nie mit dem Papst verhandelt, es wäre viel zu auffallend und gefährlich gewesen und hätte der Sache nur schaden können [307]. Schon nach kurzer Zeit erhielt Dr. Müller den Bescheid, daß die allgemeine Bereitschaft zu technischen Mittlerdiensten vorhanden sei [308]. Dr. Müller wurde im Vatikan als Beauftragter des Generalobersten Beck angesehen, offenbar eine entscheidende Voraussetzung für das Engagement des Papstes; denn kein Name eines Oppositionsführers war so bekannt und von soviel Lauterkeit umglänzt wie derjenige Becks [309].

Nachdem Dr. Müller über seine ersten Sondierungen von Ende September/Anfang Oktober in Berlin berichtet hatte [310], erhielt er von Oster, Canaris und Dohnanyi mit Billigung Becks den Auftrag, Pius XII. um Ermittlung der etwaigen Bereitschaft der britischen Regierung zu Friedensgesprächen mit der deutschen Opposition zu bitten, die Hitler stürzen und eine neue Regierung bilden wollte [311]. Er fuhr wieder nach Rom und trat wieder mit Pater Leiber in Verbindung und erhielt die Mitteilung, man sei zu Verhandlungen mit dem Vertreter der deutschen Opposition bereit, sofern sie vom Vatikan vermittelt werden [312]. Diese Nachricht hat Dr. Müller schon am 18. Oktober nach Berlin gebracht, offenbar vor dem tatsächlichen Vorliegen britischer Rückäußerungen zu der vatikanischen Sondierung, die sich erst für Anfang Januar 1940 belegen lassen. Am 20. Oktober machte Groscurth einen entsprechenden Eintrag in seinem Diensttagebuch [313].

Der Papst leitete seit Ende November die Fragen bzw. Antworten Dr. Müllers an Osborne weiter bzw. umgekehrt. Zwischen Dr. Müller und dem Papst wiederum war Pater Leiber der Vermittler [314]. Schriftstücke wurden von Dr. Müller jeweils sofort vernichtet, mit Ausnahme einer Visitenkarte Pater Leibers und eines Blattes mit dem Wasserzeichen des Vatikan, auf dem britische Verhandlungsbedingungen niedergelegt waren. Diese beiden Dokumente wurden gegenüber General Halder als Beweisstücke für die Glaubwürdigkeit der Berichte über die in Rom geführten Gespräche verwendet. Übrigens war Dr. Müller ständig in unmittelbarer Gefahr der Entdeckung durch SD-Agenten, nur sein eigener Dienst in der Abwehr schützte ihn; Pater Leiber geriet durch seine Kontakte so stark in Verdacht, daß das Auswärtige Amt seine Rückreise nach Deutschland wünschte [314a].

Die Gespräche gingen von der Voraussetzung aus, daß während ihrer Dauer keine größeren militärischen Operationen im Westen stattfinden würden und daß andererseits eigentliche Verhandlungen erst mit einer neuen, verhandlungsfähigen Regierung geführt werden würden, welche

5. Außenpolitische Sondierungen

an die Stelle des Hitler-Regimes treten müßte [315]. Die Kontakte fanden in einer spannungsgeladenen Atmosphäre statt – jeden Tag mußte man mit dem Beginn der deutschen Westoffensive rechnen – und sie wurden besonders von englischer Seite mit großer Zurückhaltung gepflogen, was angesichts der verschwörerischen und völkerrechtlich anrüchigen Natur des Vorganges nicht anders zu erwarten war. Vor allem den Bemühungen und dem Ansehen des Papstes war zu verdanken, daß die Verhandlungen nach dem Venlo-Zwischenfall überhaupt noch in Gang gekommen sind. Andererseits legten Chamberlain und Lord Halifax großen Wert auf die Vermittlertätigkeit des Papstes [316]. Auch mögen die Mission von Bischof Berggrav, der am 27. Januar 1940 Lord Halifax berichtete, sowie die Bemühungen Trotts in den Vereinigten Staaten den Entschluß der englischen Regierung zu positiver Antwort auf Müllers Sondierungen zwei Tage später günstig beeinflußt haben.

Die Verhandlungen Dr. Müllers in Rom zogen sich bis Ende Februar hin, ihr Ergebnis war magerer, als Dr. Müllers Berichte die Verschwörer in Berlin glauben ließen [317]. Dr. Müller sah *eine* Seite – die emsige Tätigkeit Pater Leibers und den überaus weitgehenden, hoffnungsvollen Einsatz des Papstes für den Friedensgedanken –, aber nicht die verständnislose Skepsis auf englischer Seite. Etwa mit folgendem Inhalt erreichten Dr. Müllers Vorschläge die britische Regierung: Sturz Hitlers; die zunächst errichtete Militärdiktatur wäre baldigst durch eine »demokratische«, »konservative« und »gemäßigte« Regierung zu ersetzen, die dezentralisiert und föderalistisch wäre; Preußen würde mit dem Rheinland und Westfalen zu einem westdeutschen Staat vereinigt; Österreich wäre in der Föderation, Polen und die nichtdeutsche Tschechoslowakei außerhalb und unabhängig; die neue Regierung würde über vernünftige (»reasonable«) Friedensbedingungen verhandeln [318].

Halifax instruierte Osborne am 17. Februar 1940 zu der Mitteilung an den Papst, wenn die deutschen Auftraggeber der Kontakte die Hitler-Regierung durch ein demokratisches, konservatives und gemäßigtes Regime ersetzten, werde die britische Regierung im Einvernehmen mit der französischen Anfragen der neuen deutschen Regierung berücksichtigen, vor allem aber nach Sicherheit gegen künftige Aggressionen streben und nach Wiedergutmachung des von Deutschland seinen kleineren Nachbarn angetanen Unrechts, ferner sei man interessiert an einer föderativen, dezentralisierten Verfassung Deutschlands und an einer freien Entscheidung Österreichs, ob es der Föderation angehören wolle [319]. Auf das Angebot der Verschwörer, die Tschechoslowakei ohne Sudetenland wiederherzustellen, ging Halifax nicht ein; aber die völlige Wiederherstellung der Tschechoslowakei konnte schwerlich in »reparation of the wrongs done to Germany's smaller neighbours« einbezogen sein, da die Annexion des Sudetenlandes auf einem von England mitunterzeichneten internationalen Vertrag beruhte. Die alliierten Regierungen ihrerseits wünschten keine Eroberungen »als solche« – daraus mochte man auf Verzicht auf eine alliierte Offensive, auch auf die Integrität der deutschen Westgrenzen schließen. Die englischen Äußerungen sollten der Beginn eines Gedankenaustausches sein, nicht schon Friedensbedingungen [320].

Osborne versah seine Berichte mit Sarkasmen, die seinen Mitteilungen mehrfach negative Tendenz gaben. Chamberlain verlangte authentische Belege für die Absichten der Verschwörer, und Cadogan hielt überhaupt nicht viel von ihnen [321]. Dabei hätten die Alliierten durch klare Zusagen nichts zu verlieren gehabt – sofern sie wirklich jede Verständigung mit Hitler ausschlossen. Der Vermittler war nicht irgendwer, und die Opposition in einer Diktatur konnte nur anonym auftreten. Aber die Kluft war tief. Von Halders Haltung wurde schon berichtet, und wenn Halifax' Forderung nach »security for the future« Osbornes Äußerung zu Pius XII. einschloß, England könne nicht Frieden schließen, »so long as the German military machine remained intact«, dann galt der Kampf nicht bloß Hitler, sondern wenigstens der teilweisen Wiederherstellung von Versailles [322]. Damit erhielten die Forderungen nach alliierter Zurückhaltung während des Umsturzes und nach ehrenvollen Friedensbedingungen ihr tiefe Berechtigung.

Aus den in Rom erhaltenen Mitteilungen und Zusagen entstanden in Berlin Aktennotizen und Berichte Dr. Müllers sowie Aufzeichnungen seiner Auftraggeber und Freunde. Zum Teil gaben sie einfach wieder, was Dr. Müller in Rom ermittelt hatte. Andere, auf ihnen beruhende Dokumente aber, insbesondere eines, welches »X-Bericht« genannt wurde, weil darin der Name Dr. Müllers durch X ersetzt war, sollten eigens zur Gewinnung Halders und Brauchitschs verwendet werden. Keines der Papiere hat sich nach dem Kriege wiedergefunden [323]. Wenige, nicht immer genaue Erinnerungen erlauben, soweit sie übereinstimmen, die Feststellung, was der X-Bericht *mindestens* enthalten haben muß [324].

Diese Punkte umfaßten: Kein deutscher Westangriff; Regimeänderung; Wiederherstellung des Rechtsstaates; Friedensverhandlungen mit einem neuen, nicht-nationalsozialistischen Regime; Regelung des österreichisch-deutschen Verhältnisses im Sinne beider, eventuell durch Volksabstimmung in Österreich; für Deutschland annehmbare Regelung der Ostfragen [325].

Darüber hinaus geht, was Thomas weiter berichtet: Man habe ihm bei seinen Verhören nach dem 20. Juli 1944 eine Aktennotiz vorgelegt, wonach der »Bericht aus Rom« auch die Zusage der Regelung der gesamten Ostfragen zugunsten Deutschlands enthalten habe [326].

Noch weiter als Thomas geht Halder. Seiner Erinnerung zufolge enthielt der X-Bericht nicht die klare Forderung nach einer gründlichen Regimeänderung, sondern nur die der Beseitigung Hitlers und »wenn möglich« seines ganzen nationalsozialistischen Regimes. Die Tschechei [327] sollte in einer deutschen »Einwirkungssphäre« bleiben und überdies sollten nicht nur die deutsche Ostgrenze von 1914, sondern auch die 1914 gültige Westgrenze wiederhergestellt werden. Das ist so grotesk, daß dadurch alles Übrige unglaubwürdig werden mußte. Ob das der Schlüssel zu Halders eigenartigen Erinnerungen ist oder ob Dohnanyi der Heeresführung darlegen wollte, daß alle wünschbaren Ziele ohne den Westfeldzug zu erreichen seien, ist ungeklärt [328].

Ende Februar 1940 erklärte Dr. Müller Pater Leiber, seine Auftraggeber erachten die Verhandlungsergebnisse als so günstig, daß sie nun handeln wollten. Ein Termin im Februar sei für den Staatsstreich anberaumt [329]. Papst Pius XII. scheint noch Mitte März mit dem Umsturz gerechnet zu haben, wie er am 13. März dem französischen und am 18. März dem amerikanischen diplomatischen Vertreter sagte. Aber am 27. März schrieb Osborne, er höre von Monsignore Kaas, die deutschen militärischen Kontaktleute schienen für jetzt ihre Friedenspläne aufgegeben zu haben. Am 3. April berichtete Osborne seinem Außenminister von der tiefen Enttäuschung des Papstes darüber, daß ähnliche deutsche Fühler die britische Regierung auch auf anderen Wegen erreicht hatten – wodurch die englische Skepsis verständlich, die päpstliche Vermittlung abgewertet und also das Prestige des Heiligen Vaters ohne Nutzen schwer gefährdet war. Halder aber hat den X-Bericht überhaupt erst am 4. April vorgelegt erhalten [330].

Ob Beck, Oster und Dohnanyi auf die Friedensmission Sumner Welles' hofften oder einfach bei Halder nicht vorkamen, hat sich nicht ermitteln lassen [331]. Sicherlich hat die Gruppe um Beck nun nicht geglaubt, es sei vielleicht doch nicht so ernst mit der Westoffensive oder überhaupt mit der Kriegslage. Eher im Gegenteil: Die in Polen verübten Verbrechen, von denen besonders seit Januar immer neue Nachrichten die Opposition erreichten, machten ständig deutlich, daß der Sturz des Regimes unumgänglich sei [322].

Aber gewiß war man durch das Warten mürbe geworden, es war schwieriger, bei Halder Zugang zu finden, dem die ständigen Besuche lästig sein mußten in einer Zeit, da er so intensiv mit der Vorbereitung der Westoffensive beschäftigt war und ohnedies nicht hoffen konnte oder wollte, seinen Oberbefehlshaber je für den Staatsstreich zu aktivieren. Brauchitsch sei ganz abzuschreiben, erklärte Goerdeler Hassell, als dieser am 14. Februar nach Berlin kam [333]. Der preußische Finanzminister Popitz sprach sich am nächsten Tage Hassell gegenüber optimistischer über »die Generale« aus, bestätigte aber die Auffassung Goerdelers, daß vor dem Besuch des amerikanischen Unterstaatssekretärs Sumner Welles wenig Hoffnung sei, zum Entschluß zu kommen [334].

In der zweiten Hälfte des Februar lebte wenigstens Hassell ganz in der Erwartung des Besuches von Sumner Welles. Unter anderem sprach er darüber mit dem amerikanischen Geschäftsträger in Berlin, Alexander C. Kirk, und drängte ihn, Sumner Welles auch mit Männern wie Planck und Popitz zusammenzubringen [335]. Dann fuhr Hassell zu seiner Zusammenkunft mit Lonsdale Bryans nach Arosa. In der zweiten Märzwoche war er wieder in Berlin, der Besuch von Sumner Welles hatte inzwischen, vom 1. bis 5. März, stattgefunden und vom Gesichtspunkt der Opposition aus keinerlei Ergebnis gezeitigt, und doch ist es begreiflich, daß man sofort wieder Hoffnung schöpfte, als Sumner Welles auf die Nachricht von der Zusammenkunft Hitlers und Mussolinis am 18. März auf dem Brenner seine Abreise aus Europa noch verschob [336].

Dann sprach man wieder mehr von der bevorstehenden Westoffensive. Brauchitsch, so erfuhr Hassell von dessen Cousine, werde zwar den Angriffsbefehl geben, wenn Hitler es anordne, und er werde auch die Offensive durchführen, um eine »militärische Entscheidung« zu suchen – oder um in diese auszuweichen. Doch sei er innerlich unsicher und würde einen Staatsstreich zwar nicht unternehmen, aber dulden, wenn ihm nur die Verantwortung dafür von jemand abgenommen würde [337]. Am 11. März war Hassell zurück in Ebenhausen, am 15. März wieder in Berlin [338].

Immer noch bemühte man sich, Brauchitsch zur aktiven Teilnahme am Umsturz zu gewinnen. Popitz war zwischen dem 10. und 15. März bei Brauchitsch; dieser machte ihm den Eindruck eines »innerlich zermürbten Mannes«. Immerhin hatte er gefragt, ob denn noch ein ehrenhafter Friede zu haben sei. Popitz, der offenbar die Einzelheiten der Friedenssondierungen und vor allem der Vatikan-Gespräche nicht kannte, wenn er überhaupt etwas davon wußte, konnte darauf nur antworten, er glaube es schon [339].

Warum Popitz nicht eingeweiht und mit der Überbringung des X-Berichtes beauftragt wurde, dafür gibt es bisher keinen sicheren Anhaltspunkt. Man hatte da jedoch ein ungeheuer heißes Eisen in der Hand, der Form nach handelte es sich um Landesverrat. Wer konnte es wagen, Halder die Papiere vorzulegen, ohne daß der Chef des General-

5. Außenpolitische Sondierungen

stabes des Heeres den Überbringer verhaften ließ oder ihn hinauswarf? Da mußte erst das Terrain sondiert werden. Dazu kam die veränderte militärische Lage. Die Armee war nun viel besser auf den Krieg vorbereitet als im vergangenen Herbst, und auch das Volk war weit weniger erschreckt als damals. Überall fehlte es also an der angeblich notwendigen psychologischen Grundlage für einen Umsturz [340]. Schließlich hatte man zu bedenken, wie unzugänglich Halder seit November für die Opposition geworden war, wie er alle Ansinnen immer wieder abgelehnt hatte, daß er Beck gegenüber verstimmt, daß Groscurth aus seiner wichtigen Stellung entfernt war, daß die Opposition bei Halder in jeder Hinsicht ständig an Boden verloren hatte.

Immerhin bemühten sich die Auftraggeber Dr. Müllers nun, den X-Bericht zu Halder und Brauchitsch zu bringen. Goerdeler drang am 17. März zu Halder vor, aber ihm gab man den Bericht nicht mit [341]. Dagegen beschloß man, Hassell einzuweihen und ihm die Ergebnisse der römischen Gespräche zu zeigen. Er war ein seriöser Diplomat und Mann vom Fach, überdies vormals Botschafter in Rom. Er könnte den anonymen Papieren und den für Uneingeweihte doch nebelhaften Hintergründen das nötige Gewicht und die richtige Bonität verleihen. So wurde er am 16. März im Auftrag von Oster und Dohnanyi durch Gottfried von Nostitz, einen Legationsrat des Auswärtigen Amtes, gebeten, sich am Nachmittag des Tages zu Beck in die Goethestraße 9 in Berlin-Lichterfelde zu begeben, wo nach einiger Zeit auch Oster und Dohnanyi erschienen [342]. Diese lasen ihm die von Dr. Müller beschafften Papiere vor, woraus zu entnehmen war, daß das, was man einen anständigen Frieden nannte, durchaus noch zu haben war, wie die englische Regierung ausdrücklich mitteilen ließ. Hauptpunkte waren Regimeänderung, »Bekenntnis zur christlichen Sittlichkeit« (was sonst auch als Rückkehr zum Rechtsstaat umschrieben wurde), ferner Dezentralisierung in Deutschland und Volksabstimmung in Österreich (was sonst auch unter dem Begriff der föderativen Aufgliederung des deutsch-österreichischen Raumes zur Debatte gestanden hat). An Hassell trat man mit diesen Dingen heran, um einmal sein außenpolitisches Urteil darüber zu hören, zum andern aber, um ihn um die Überbringung an Halder zu bitten, »weil sich von anderen Mittelsleuten kein Erfolg versprochen werden könnte« [343].

Hassell war bereit, und am 18. März wurde die Sache noch einmal zwischen ihm, Dohnanyi und Oster in der Wohnung des letztgenannten besprochen. Man wollte wohl erst sehen, was Goerdeler für Nachrichten brachte [344]. Dieser hatte mit Halder am Sonntag, dem 17. März, mehr als zwei Stunden lang über »die Notwendigkeit eines Friedens vor Einleitung gewaltsamer Auseinandersetzungen« und über »die Möglichkeit eines günstigen Vergleichs« gesprochen, wie sich Halder mit seltener Ausführlichkeit notierte [345]. Goerdeler hatte Halder versprechen müssen, niemandem etwas über sein Gespräch mit ihm zu sagen. Er half sich damit, daß er Hassell berichtete, er sei von Halder in letzter Minute doch nicht empfangen worden, habe aber »auf anderem Wege die Gewißheit erlangt, daß dort die Erkenntnis immer mehr reife« [346]. Halder wünsche nun, Hassell zu empfangen. Goerdelers dringendes Verlangen, den Staatsstreich auszuführen, hatte Halder mit dem bekannten und schwer zu widerlegenden Hinweis beantwortet, er verfüge dazu weder über Machtmittel noch über den nötigen Rückhalt [347].

Goerdeler drängte Hassell zur Eile, gleich am nächsten Tag müsse dieser sich mit Thomas besprechen zur weiteren Vorbereitung seines Auftretens bei Halder. Hassell, der eigentlich nicht so lange in Berlin hatte bleiben wollen, verschob seine Abreise und ging am 19. März früh zu Thomas, der sich mit ihm über die bei Halder am besten zu verwendende Argumentation und über die politische Grundlage des Vorhabens auseinandersetzte [348]. Bei der Besprechung erwies sich für Hassell, daß Goerdeler doch empfangen worden war, und Thomas bestätigte Halders Wunsch, Hassell zu sprechen, allerdings erst nach Ostern, d. h. nach dem 24. März [349].

Nun konnte Hassell also doch zunächst wieder nach Ebenhausen fahren. Dort saß er und hörte nichts mehr bis zum 2. April, reiste endlich beunruhigt nach Berlin und erfuhr dort von Goerdeler, daß Halder »kalte Füße bekommen« und den Empfang Hassells abgelehnt habe. Goerdeler zeigte ihm einen Brief, den er von Halder erhalten hatte [350]. Mit Argumenten, die Hassell als sehr naiv bezeichnete, lehnte Halder eine Aktion zur gegenwärtigen Zeit ab. Schließlich hätten England und Frankreich Deutschland den Krieg erklärt, der müsse jetzt mal durchgeschlagen werden. Die Wehrmacht könne nicht selbständig vorgehen zum Sturze der Regierung, und wenn, dann nur in der höchsten Not, also nach schweren Rückschlägen oder angesichts einer drohenden Niederlage. Das war in der Tat naiv und nicht nur das. Es war auch verantwortungslos.

Hassell zog aus den Mitteilungen Goerdelers die Erkenntnis, daß es nun für alles zu spät sei, weil die Aktionen gegen Dänemark und gegen Norwegen unmittelbar bevorstanden, und weil Halder und Brauchitsch sich offenbar geeinigt hatten, auf weitere Staatsstreicherwägungen vorläufig nicht mehr einzugehen und statt dessen Hitlers Befehle auszuführen [351].

Die Zeit drängte. Seit 27. März war der Termin für den Überfall auf Norwegen und Dänemark nach dreimonatiger Vorbereitung und wieder-

5. Außenpolitische Sondierungen

holten Vormerkungen und Absagen endlich festgelegt; er sollte am 9. oder 10. April beginnen [352]. Seit Wochen schon war im OKH ständig Hochbetrieb, taktische und technische Fragen mußten behandelt und gelöst werden, die Waffen- und Munitionsproduktion sollte mehr leisten, ein »Engpaß« in der Gummiproduktion mußte durch einen Befehl zum Langsamfahren gemildert werden, es gab Inspektionsreisen und Besprechungen aller Art. Nach dem Stand von Mitte Februar zählte das Feldheer 3,3 Millionen Mann. Allein die Verwaltung solcher Massen war eine stattliche Arbeitsleistung, von der Vorbereitung von zwei oder drei Offensiven gleichzeitig ganz abgesehen [353]. Am 12. März fuhr Halder zu einer Besprechung nach Koblenz, von der er erst am Morgen des 14. März wieder nach Berlin zurückkam, am 15. und 16. März hatte er Besprechungen bei Hitler [354]. Nachdem die Aufregung über die Mission von Sumner Welles verklungen war – sie hat sich auch in Halders Tagebuch mehrfach niedergeschlagen –, war in diesen Tagen das Zusammentreffen Hitlers mit Mussolini am Brennerpaß aktuell. Da ist es erstaunlich, daß Halder am 17. März überhaupt Zeit fand, um sich mit Goerdeler zu unterhalten, noch dazu zweieinhalb Stunden lang [355]. Als Halder über Ostern sich die Zeit nahm, Goerdeler schriftlich zu antworten, da hat er wohl gehofft, danach seine Ruhe zu haben. Deutlich genug war in seinem Brief die Absage an die Opposition. Aber die Opposition konnte ihn nicht in Ruhe lassen, solange das Ungeheuer von Führer nicht beseitigt war.

Am 27. März gab Hitler in einer langen Konferenz mit Brauchitsch, Halder, Leeb, Witzleben, General Dollmann und Generalleutnant Felber den Termin für die »Weserübung«, den Angriff auf Norwegen, bekannt. Vorbereitungsstand und Wetterlage waren nun nicht mehr Hindernisse wie im vergangenen Herbst, kaum einer der Eingeweihten konnte noch zweifeln, daß es ernst wurde. Alle Vorbereitungen wurden intensiviert und vervollständigt, die Betriebsamkeit wurde noch hektischer. Am Abend des 30. März fuhr Halder nach Frankfurt, um mit Leeb zu konferieren, erst am Morgen des 1. April war er wieder in Berlin. Am Nachmittag des 2. April ging im OKH das Stichwort »W–7« – Weserübung minus sieben – ein, d. h. die Bewegungen mußten nun anlaufen für den Überfall auf Norwegen und Dänemark in sieben Tagen [356].

Am 4. April schließlich, mitten im Trubel dieser Angriffsvorbereitungen, kam General Thomas mit dem X-Bericht und der eben von Dr. Müller aus Rom überbrachten Versicherung zu Halder, daß die Alliierten an ihrem im X-Bericht dargelegten Standpunkt festhalten. Zwischen Notizen über Fehlbestände an Kraftfahrzeugen, über rückwärtige Dienste einschließlich Bäckereien, über die Betriebsstofflage und Hitlers Feldhauptquartier »Felsennest«, über den Umzug des OKH am Nachmittag vor dem Angriff, über ein Pionierbataillon, das nicht mehr fertig wurde, schrieb Halder sich auf: »*Gen. Thomas:* Einblick in Nachrichtenmaterial.«[357] Wäre es ein Wunder, wenn Halder, so kurz vor dem Angriff, nach so vielen Vorbereitungen und Kriegsspielen, bei so gründlicher Bereitschaft, nun, da diese ganzen Mühen ihre Erfüllung und ihren Sinn erhalten sollten, vom soldatischen Kampfesfieber erfaßt worden wäre? Sogar den ruhigen und besonnenen General Fromm hat im April die wilde Kriegsleidenschaft gepackt[358].

Halder las den umfangreichen X-Bericht durch und brachte ihn noch am Abend des Tages zu Brauchitsch. Halder erinnert sich, daß in den ihm vorgelegten Papieren unter den Bedingungen, zu denen England zu einem Friedensschluß bereit wäre, nicht nur das Verbleiben Österreichs bei Deutschland und der Tschechoslowakei (sic) unter deutschem Einfluß, sondern auch die Wiederherstellung der deutschen Ost- und Westgrenzen nach dem Stande von 1914 genannt waren. Dafür müsse Hitler und »wenn möglich« sein ganzes nationalsozialistisches Regime beseitigt werden. Nach der späteren Erinnerung Halders erklärte ihm Brauchitsch am nächsten Morgen nach der Lektüre der Papiere: »›Sie hätten mir das nicht vorlegen sollen. Was hier geschieht, ist glatter Landesverrat. Das kommt für uns unter gar keinen Umständen in Frage. Wir stehen im Krieg, daß man im Frieden mit einer ausländischen Macht Verbindungen anknüpft, darüber läßt sich reden. Im Krieg ist das für den Soldaten unmöglich. Es handelt sich hier im übrigen nicht um einen Kampf der Regierungen, sondern um die Austragung von Weltanschauungen [sic]. Die Beseitigung Hitlers würde also nichts nutzen.‹« Ähnlich hat sich Brauchitsch nach dem Kriege gegenüber Dr. Otto John ausgesprochen[359]. Daran schloß Brauchitsch die Forderung, den Mann, der Halder das Papier gebracht habe, verhaften zu lassen, worauf Halder geantwortet hat: »›Wenn einer verhaftet werden soll, dann bitte verhaften Sie mich.‹« Aber das ging natürlich nicht, was sollte dann aus der Offensive werden.

In seinem Diensttagebuch hat sich Halder den Entrüstungssturm seines Oberbefehlshabers nicht aufgeschrieben, wohl aber dessen sachlichen Einwand – oder Vorwand –, der auch seiner war, obwohl die Unterlagen auf ihn immerhin so viel Eindruck gemacht hatten, daß er sie Brauchitsch vorlegte und damit ausdrückte, daß er sie ernst nahm. Dieser Einwand lautete: »Woher Material, um davon Gebrauch machen zu können. (Thomas.)«[360] Man vermißte die Unterschrift und man nahm auch Anstoß an so phantastisch anmutenden Zusagen wie der Westgrenze von 1914, wie Halder nach dem Kriege erläuterte. Ob Brauchitsch

5. Außenpolitische Sondierungen

und Halder wohl anders reagiert hätten, wenn ihnen der X-Bericht bzw. die englischen Zusagen auf dem Briefpapier der Gesandtschaft Seiner Britannischen Majestät beim Heiligen Stuhle überreicht worden wären, mit Unterschrift, Siegel und womöglich auch mit einem amtlichen Stempel? Oder hätten sie dann eine plumpe Fälschung vermutet? Für Staatsstreiche gibt es ebensowenig eine sichere Erfolgsgarantie wie für Kriege. Halder und Brauchitsch haben beides erwogen und teilweise vorbereitet, und dann eines von beidem ausgeführt, aber nicht weil es sicherere Erfolgschancen bot, sondern weil es besser verbrieft war. Verantwortung hatte man so oder so, aber wenn man »rechtmäßige« Befehle ausführte, hielt man sich an zwar millionenfach tödliche, aber doch allgemein anerkannte Spielregeln. Alles hatte da seine Ordnung. Der Verschwörer, der zur Rettung des Lebens den Umsturz wagte, konnte zum Verräter gestempelt werden; der General, der Millionen in den Tod führte, tat »seine Pflicht« und war ehrbar.

Von Halder erfuhr man, er glaube kaum, daß Brauchitsch seine Haltung noch ändern werde [361]. So war es in der Tat. Am 14. April drängte er sogar bei Hitler auf die baldige Auslösung für den »Fall Gelb«, den Angriff im Westen, längeres Hinwarten bringe keine Vorteile mehr [362]. Neun Tage später schlug sich Halders Ärger über die »Planlosigkeit« in der Reichskanzlei in seinem Tagebuch nieder, und er notierte sich: »Gelb offenbar vorerst nicht eilig.« [363] Er habe alles versucht, berichtete Halder nach dem Kriege, aber er verstehe auch, daß sein Oberbefehlshaber »sich nicht stürmisch auf diesen nicht voll tragfähigen Boden gestellt hat«. Das ist sehr fein ausgedrückt. Freilich, wenn der X-Bericht das enthielt, woran sich Halder später erinnerte – Zusage der Ost- und Westgrenzen von 1914 –, dann war seine enttäuschende Wirkung voraussehbar und verdient. Aber damit wurde sie ja wenigstens von Brauchitsch nicht begründet. Daß Halder schwankte, ist bekannt; daß er sich in einem schweren Konflikt zwischen militärischem und formalem Gehorsam und Diensteifer einerseits und ethischer, menschlicher Pflicht andererseits befand, muß man ihm zugute halten. In seinem Brief an Goerdeler soll er seine Haltung so zusammengefaßt haben: »›Das Heer wird seine Pflicht für das Vaterland auch gegen die Regierung Hitlers tun, wenn es die Lage verlangt.‹« [364] Wann würde sie es verlangen? Am 5. November 1939 hatte keine der von Halder für den Umsturz verlangten Voraussetzungen gefehlt, und Brauchitsch hatte ihm ausdrücklich den Weg freigegeben. Die »Lage« war also nicht das eigentliche Hindernis. Jetzt winkten aber Sieg und Ruhm, der Krieg schien aussichtsreich. So war das. Schwäche, militärischer Pflichteifer, Formalismus, bei gleichzeitiger Erkenntnis der verbrecherischen Natur der von Hitler gegebenen Befehle – das ist die Tragik Halders.

Noch versuchte man im Kreise der Oster, Dohnanyi und Hassell, eine Anzahl Armeeführer, darunter Leeb, Witzleben, List und Kluge, zu einem gemeinsamen Schritt bei Brauchitsch zu bestimmen und sie zur Verweigerung des Angriffs zu bewegen [365]. Es wurde aber nichts daraus, der Angriff rollte, und die Besetzung Norwegens und Dänemarks erwies sich als militärisch brillantes Manöver. Kein Wunder, wenn manche der Verschwörer, wie etwa General Thomas, von tiefer Mutlosigkeit befallen wurden und meinten, jetzt müsse man vorläufig dem Verhängnis seinen Lauf lassen. Um so erstaunlicher aber auch, wenn die anderen wie Beck, Hassell, Popitz und Goerdeler dennoch glaubten, keinen Augenblick in ihren Bemühungen nachlassen zu dürfen.

Es war wohl unvermeidlich, daß die deutsche Opposition nun im Ausland in Mißkredit geriet. Sie hatte so lange Hoffnungen auf einen innerdeutschen Umsturz erweckt, und man hatte so lange vergeblich darauf gewartet. Nun hatten »die Generale«, statt Hitler zu stürzen, Norwegen und Dänemark besetzt und die westlichen Alliierten in eine schändliche Niederlage gestürzt. Sicher wußte man in London nicht genau, wie wenig das OKH, wo das für den Staatsstreich allenfalls verfügbare Machtzentrum war, mit der Sache zu tun hatte und daß Norwegen der erste »OKW-Kriegsschauplatz« dieses Krieges war. Aber das hatte nichts zu sagen. Es gibt keinen Grund zu der Annahme, daß Brauchitsch und Halder Hitlers Befehle nicht ebenso ausgeführt hätten, wie Keitel und Jodl.

Um nicht alle Glaubwürdigkeit zu verlieren, um die Verbindung nicht zu zerstören und um gegenüber den römischen Gesprächspartnern, die sich uneigennützig exponiert hatten, loyal zu bleiben, beschloß man im Kreise um Oster eine letzte Mission für Dr. Müller. Er wurde Ende April [366] – wie schon einmal im November 1939 – nach Rom entsandt mit dem Auftrag zu erklären, daß die Hauptvoraussetzungen für die britischen Zusagen, nämlich der Umsturz in Deutschland, nicht mehr erfüllt werden könne, da sich die Generale nicht zum Handeln entschließen können. Der Angriff im Westen stehe nun mit Sicherheit bevor [367].

Es wird immer wieder die Frage aufgeworfen, ob das objektiv oder gar auch subjektiv Landesverrat gewesen sei. Dazu ist zu sagen, daß die Westoffensive einerseits längst kein Geheimnis mehr war, jedermann wußte, daß sie vorbereitet wurde; daß andererseits aber niemand außer Hitler selbst und vielleicht nicht einmal dieser mit Sicherheit sagen konnte, was er tun würde. Was also wurde »verraten«? Zum andern gehört zum juristischen Landesverrat der Vorsatz oder das Bewußtsein,

5. Außenpolitische Sondierungen

dem eigenen Lande Schaden zuzufügen [368]. Wohin die Reise führte, das konnte man in Polen sehen, und das wußten Männer wie Oster, Dohnanyi, Canaris, also auch Dr. Müller, Hassell, Beck, Goerdeler, um nur einige zu nennen, sehr genau. Wenn sie versuchten, durch Warnung der Gegner den Erfolg von Hitlers Angriffen zu verhindern, versuchten sie vom eigenen Volk unvorstellbares Leid und Blutvergießen, ja die Vernichtung der nationalen Existenz abzuwenden, also einen viel größeren Schaden, als es militärische Rückschläge am Anfang gewesen wären. Das ist das Gegenteil von Landesverrat. Schließlich gibt es eine übernationale, gesamtmenschliche Notwehr. Wenn ein Verbrecher von so ungeheuerlicher Dämonie und Ziellosigkeit auftritt wie Hitler, der willens und imstande ist, einen Erdteil zu knechten, dann verlieren die nationalen Grenzen im engen und formalen Sinne ihre Bedeutung, dann haben alle Völker dieselben Interessen.

In diesem Geiste handelte auch Oster, der das Letzte und Äußerste tat, was noch zur Verhinderung der Westoffensive bzw. ihres Erfolges getan werden konnte. Er teilte der holländischen Regierung den von Hitler befohlenen Termin des Angriffes gegen Belgien und Holland mit, sobald er selbst ihn erfahren hatte. Er tat es aus Haß gegen das von ihm als verbrecherisch erkannte Regime, aus der Erkenntnis des ungeheuerlichen Unrechts, welches begangen wurde, also aus einer besonders klarsichtigen Konsequenz heraus, zu der sich die meisten anderen Verschwörer nicht durchringen konnten [369].

Übrigens haben nicht nur zum konsequenten Kampf entschlossene Patrioten und Gegner Hitlers sich zu Handlungen durchgerungen, die formal als Landesverrat galten. Auch der als Karrieremacher und Nazigeneral verschriene General Reichenau, der die 10. Armee, dann die 6. Armee befehligte, hatte den Mut, nicht nur Hitler offen zu widersprechen, sondern auch die von Hitlers beabsichtigtem Überfall bedrohten Niederlande zu warnen [370]. Am 6. November traf er sich bei Fritz Elsas mit Goerdeler, den er seit 1934 kannte, und erzählte ihm von Hitlers Plan, der »völlig wahnsinnig« sei. Man müsse die Holländer warnen, damit sie ihre Verteidigung, zumal in Verbindung mit den Deichen und Kanälen, sichtbar in Bereitschaft versetzen, und damit zeigen, daß das Überraschungsmoment schon verloren sei. Elsas war tatsächlich in der Lage, die Botschaft Reichenaus über Kopenhagen und Stockholm sowie über die Schweiz nach London gelangen zu lassen, wo der Plan des Angriffs auch schon auf anderem Wege mitgeteilt worden war. Zweifellos hat Reichenau aus ehrenhaften Motiven gehandelt; daß gerade er dazu fähig war, unterstreicht den Gewissenszwang, unter dem Patrioten wie Oster handelten, die Hitler von Anfang an bekämpft hatten.

Der Militärattaché bei der niederländischen Gesandtschaft in Berlin, Major (später Oberst) G. J. Sas, war gegen Ende des Polenfeldzuges schon aus eigener Beobachtung zu dem Schluß gekommen, daß Hitler eine Offensive gegen Frankreich durch Holland und Belgien hindurch führen wollte. Er hat seiner Regierung am 28. September 1939 entsprechend berichtet. Mitte Oktober erhielt er von Oster, den er seit 1932 kannte und mit dem er seit 1936 gut befreundet war, die Bestätigung dafür. Am 7. November nannte Oster Sas zum erstenmal ein Datum für den beabsichtigten Angriff, nämlich den 12. November. Wenige Tage danach, etwa am 12. November, hat auch Dr. Müller über seine Kontaktleute in Rom eine entsprechende Warnung an Belgien gelangen lassen. Danach nannte Oster Sas stets die Tage, auf die der Angriff jeweils verschoben war, soweit sie ihm selbst bekannt wurden.

Sas hat schon mit seiner ersten Meldung bei seinen Vorgesetzten fast keinen Glauben gefunden, manche von ihnen machten sich über ihn lustig[371]. Je länger das Hin und Her von Ankündigung und Absage dauerte, desto weniger wurde Sas bei seiner Regierung ernst genommen; denn dieses Verfahren, das die disziplinlose Ungeduld Hitlers verriet, aber auch ein ständiges, vielleicht beabsichtigtes künstliches Aufrechterhalten der Spannung, der hektischen Betriebsamkeit bewirkte, das die Führung der Wehrmacht immer wieder verwirrte, die doch mit Hitlers Regierungsweise vertraut war – für die holländischen Stellen im Haag war es völlig unverständlich.

Außer dieser unerwünschten Nebenwirkung hatten die wiederholten Terminmeldungen noch eine andere: Es sickerte gelegentlich in Berlin und Zossen durch, daß deutsche Angriffsabsichten verraten seien[372]. Durch die Fortsetzung seiner Mitteilungen an Sas vergrößerte Oster also unentwegt die Lebensgefahr, in die er sich ohnehin begeben hatte, aber darum kümmerte er sich nicht.

Am 3. April 1940 versuchte Oster, durch Dr. Müller (auf dem Umweg über den Vatikan) und durch Sas die dänische, die norwegische und die britische Regierung von dem für 9. April geplanten Angriff unterrichten zu lassen. Dänemark, das ohnehin hilflos war, erhielt die Warnung und dankte Sas später dafür, aber die norwegische und die britische Regierung, die von der Warnung hätten nützlichen Gebrauch machen können, erhielten sie nicht[373]. Anfang Mai unterrichtete Oster wieder, wie schon bisher, den niederländischen Militärattaché vom Bevorstehen des Angriffs, für den jedoch der Termin noch nicht ganz festgelegt sei. Oster riet Sas, mit einer neuerlichen Meldung an seine Regierung noch zu warten, als diese auf Grund einer im Haag eingegangenen Mitteilung aus dem

5. Außenpolitische Sondierungen

Vatikan telegraphisch von Sas Erläuterungen verlangte. Auf Osters Vorschlag meldete daher der niederländische Gesandte Jonkheer H. M. van Haersma de With als ungefähren Termin »Mitte nächster Woche«, d. h. die Tage um den 8. Mai als Angriffstermin.

Am 9. Mai wurde der Angriffsbeginn von Hitler auf 10. Mai 5.35 Uhr festgesetzt [374]. Um 19 Uhr am Donnerstag, dem 9. Mai, traf sich Oster mit Sas und berichtete ihm über diese neueste Entwicklung, die nicht mehr aufzuhalten sein werde, falls nicht bis etwa 21.30 Uhr wieder ein Gegenbefehl vorliege. Oster überzeugte sich dann, daß dies nicht der Fall war, und teilte Sas kurz vor 22 Uhr mit, der Angriff werde endgültig am nächsten Morgen beginnen [375]. Sas gab die Meldung sofort nach Den Haag und auch an den belgischen Militärattaché in Berlin weiter, den er schon vorsorglich zu sich in die Gesandtschaft in der Rauchstraße bestellt hatte.

Gegen Mitternacht wurde Sas vom Leiter des holländischen militärischen Nachrichtendienstes angerufen mit der kaum getarnten Frage, ob denn nun nichts mehr an der »›Operation Deiner Frau‹« zu ändern sei. Die Niederländer zweifelten also noch immer an der Richtigkeit der Information. Sas ließ darauf die Tarnung so weit fallen, daß jedenfalls für die Eingeweihten beim deutschen Abhördienst kein Zweifel mehr bestehen konnte, wovon er sprach: »›Morgen früh, bei Tagesanbruch, findet es statt.‹« [376]

Osters Mitteilungen hatten keine erkennbaren Folgen. Die Niederländer glaubten gar nicht an die erhaltenen Nachrichten und waren vom tatsächlichen Beginn des Angriffs völlig überrascht; die Belgier alarmierten ihre Truppen um 3 Uhr früh am 10. Mai, also zu spät, um noch Wesentliches ausrichten zu können [377]. Die häufig gehörte Behauptung, Osters Verrat habe Tausenden deutscher Soldaten das Leben gekostet, ist also völlig unzutreffend, aber auch für die Bewertung der Handlungsweise Osters nicht von zentraler Bedeutung.

Oster war sich des Risikos ganz bewußt, daß sein Verrat nicht nur sein eigenes, sondern auch das Leben vieler anderer deutscher Soldaten kosten konnte. Er rechnete mit etwa 40 000 für den Fall eines durch seine Warnungen verursachten sofort eintretenden schweren Rückschlages. Im Ringen mit seinem Gewissen war Oster jedoch zu dem Schluß gelangt, daß dieses Opfer in Kauf zu nehmen sei angesichts der ohne sofortigen Rückschlag so gut wie sicheren langen Kriegsdauer mit ihrem millionenfachen Tod und Leid und ihren ganz unmeßbaren Zerstörungen. Er kam dazu auf Grund folgender Erwägungen [378], die übrigens auch von Beck samt ihrer Konsequenz gutgeheißen worden sind: Im Kampf gegen den dämonischen Alleszerstörer Hitler, für den es überhaupt keine Menschlichkeit gab, im Kampf um die Verhinderung von möglichst viel weiterem Unheil, Leid und Tod, konnten formaljuristische Bedenken nicht mehr ins Gewicht fallen. Durch die Zugehörigkeit zum militärischen Apparat war man schon wenigstens institutionell in die Mitverantwortung gedrängt, es galt möglichst viel zum Ausgleich dieser Belastung zu leisten, welche dem wachen Gewissen keine Rechtfertigungserwägung abnehmen konnte. Oster war mit Beck, Witzleben und mindestens bis Anfang 1940 auch mit Brauchitsch und Halder vom Scheitern und Festlaufen der Westoffensive unter katastrophalen Verlusten überzeugt. Sie mußte also verhindert und nicht erst nach ihrem Beginn zum Scheitern gebracht werden.

Am ehesten konnte Hitler an der Ausführung seines Planes gehindert werden, wenn er sah, wie Niederländer und Belgier rechtzeitig und gründlich Gegenmaßnahmen ergriffen, welche das Überraschungsmoment als Faktor des Erfolges ausschlossen, also einen schnellen Vorstoß unmöglich machten. Hitler wollte stets schnelle Erfolge, Geduld und vorsichtiges Vorgehen lagen ihm nicht [379]. Kam es aber trotz allem zur Offensive, und alles deutete darauf hin, dann mußte der ohnehin schon erwartete schwere Rückschlag möglichst bald und nach möglichst geringen Opfern kommen; denn je länger sich der Krieg bis dahin hinzog, desto größer würden die Verluste und Zerstörungen auf beiden Seiten, desto stärker und unnachgiebiger würde die Front der Gegner sein, desto aussichtsloser auch die Hoffnung auf einen maßvollen Frieden.

Der Wille, dem Reich und dem Vaterland zu schaden, fehlte Oster. Er wollte das Gegenteil. Von Landesverrat kann also weder dem Sinn noch dem Buchstaben nach die Rede sein. Da Hitler einen großen und blutigen Eroberungskrieg begonnen hatte und weiterführte, der Deutschland nach der durch die Vernunft und durch die realistische Lagebeurteilung diktierten und durch die Ereignisse bestätigten Überzeugung aller unterrichteten Fachleute nur schaden konnte, so kann auch objektiv von einem Schaden für Deutschland durch Osters »Verrat« nicht die Rede sein.

Die Beurteilung Osters wird weiterhin zwischen Verdammung und Anerkennung schwanken. Sie ist eine Frage des menschlichen Gewissens und eine Frage des Denkens in größeren als formaljuristischen und nationalstaatlichen Kategorien. Selbst die westlichen Alliierten, die dem deutschen Volk einschließlich seiner militärischen Führung nach dem Kriege so leicht den moralischen Vorwurf machten, nichts zum Sturze Hitlers getan zu haben, nicht emigriert zu sein, nicht gegen das Regime gekämpft zu haben, betrachteten Oster als moralisch verächtlichen Verräter [380]. Der niederländische Oberbefehlshaber General Winkelman meinte, Oster sei doch »ein erbärmlicher Kerl«, worauf ihm Oberst Sas erklärte, er habe noch nie einen so mutigen und tollkühnen Charakter getroffen[381]. Die Frage ist, ob man menschlich oder organisatorisch denkt, das ist aus den beiden Äußerungen deutlich. Oster war sich des Problems selbst bewußt, wenn er zu Sas sagte: »›Man kann nun sagen, daß ich Landesverräter bin, aber das bin ich in Wirklichkeit nicht, ich halte mich für einen besseren Deutschen als alle die, die hinter Hitler herlaufen. Mein Plan und meine Pflicht ist es, Deutschland und damit die Welt von dieser Pest zu befreien.‹«[382]

6. Weltkrieg

Die Opposition hat ihr Ziel, die Verhinderung des Krieges und nach seinem Ausbruch die Ausweitung zum Weltkrieg, nicht erreicht. Polen war nach wenigen Wochen geschlagen, und Hitler machte sich zum Angriff gegen Frankreich bereit, da dieses offenbar die Pause nach dem Polenkrieg nicht nützen wollte, um zusammen mit England wieder aus dem Kriege auszutreten. Hatte ihr Eintritt denn nicht seinen Zweck verfehlt, und lohnte es sich denn jetzt noch, gegen das »unabänderliche Schicksal« Polens anzukämpfen, für ein fremdes, slawisches Volk Blutopfer zu bringen? So etwa sahen es Hitler und die Nationalsozialisten.

England und Frankreich ergriffen ihre Chance nicht. Inzwischen machte sich Rußland daran, den ihm durch den deutsch-russischen Vertrag vom 23. August 1939, dessen territoriale Bestimmungen nach dem Polenfeldzug noch leicht abgeändert wurden, zugestandenen Einflußbereich unter seine Kontrolle zu bringen[383]. Mit Estland, Lettland und Litauen hatte Stalin leichtes Spiel. Beistandsverträge wurden geschlossen und Stützpunkte für die Rote Armee wurden gewährt, im Sommer 1940 wurden diese Länder ganz in die Sowjetunion eingegliedert. Finnland weigerte sich, die russischen Forderungen zu erfüllen, also wurde es von der Sowjetunion am 30. November 1939 mit Krieg überzogen.

Die Finnen hielten sich wider Erwarten gut, die Rote Armee zeigte wider Erwarten schlechte Leistungen. In der britischen Regierung erwog man eine Hilfsexpedition zugunsten Finnlands durch Schweden hindurch. Weder für England noch für Rußland wäre das etwas Neues gewesen; denn schon nach der bolschewistischen Oktoberrevolution von 1917 hatten westalliierte Truppen gegen die Rote Armee gekämpft, um die gemäßigte Revolutionsregierung Kerenskis wieder zur Macht zu bringen. Aber Stalin beendete den russisch-finnischen Krieg am 12. März 1940, ehe es zu der westlichen Intervention kommen konnte, die tatsächlich vom britischen Kabinett am selben Tag beschlossen worden war. Die Hilfsaktion für Finnland kam nun nicht mehr in Frage, dafür traten andere Motive deutlicher hervor, die bei den englischen Überlegungen eine Rolle gespielt haben. Im Schutz der norwegischen Hoheitsgewässer konnten deutsche Schiffe die englischen Blockadesperren durchfahren und das für Deutschland lebenswichtige Erz, das aus Schweden nach Narvik transportiert wurde, einbringen. Das mußte unterbunden werden, und so beschloß das britische Kabinett am 28. März, die Küstengewässer des neutralen Norwegen zu verminen.

Britische und deutsche Expeditionstruppen trafen fast gleichzeitig vor Norwegen ein. Die deutsche Aktion, am 9. April begonnen, kam der englischen um weniges zuvor und hatte ob ihrer Kühnheit und Entschlossenheit Erfolg. Die letzten alliierten Truppen verließen Norwegen Anfang Juni 1940, das Land stand unter deutscher Besetzung.

Ähnlich gelangte Dänemark unter deutsche Militärverwaltung, nachdem Deutschland den zwischen den beiden Ländern bestehenden Nichtangriffspakt gebrochen hatte. Die dänische Regierung hatte den Truppen befohlen, die Waffen niederzulegen.

Am 10. Mai begann der deutsche Großangriff im Westen. Nach wenigen Tagen mußten die Niederlande kapitulieren, am 28. Mai folgte Belgien. Zugleich war der erste Teil des Feldzuges gegen Frankreich Ende Mai mit der Flucht des englischen Expeditionskorps von etwa 200 000 und außerdem etwa 100 000 französischer Soldaten bei Dünkirchen zu Ende. Der zweite Teil wurde drei Wochen später mit dem Waffenstillstand zwischen Frankreich und Deutschland am 22. Juni abgeschlossen.

Hitler wollte nun England niederwerfen, aber das gelang nicht. Als England sich, seit 10. Mai unter einer von Sir Winston Churchill geführten Koalitionsregierung, trotz seiner militärisch verzweifelten Lage nicht friedensbereit zeigte, befahl Hitler Mitte Juli 1940 die Vorbereitung der Invasion der Britischen Inseln. Voraussetzung für den Erfolg war der Schutz der Lande- und Nachschuboperationen, und da die deutsche Flotte dafür gegen die britische bei weitem nicht ausreichte, wurde der Luftwaffe diese Aufgabe übertragen. Es begann die große Luftschlacht zur Gewinnung der Luftherrschaft über Südengland. Deutschland verlor diese Schlacht, weil die englische Jagdabwehr nicht überwunden werden konnte. Die Planungen für die Invasion zogen sich noch eine Weile hin, wurden aber im Frühjahr 1941 aufgegeben. Die nötigste Voraussetzung, nämlich der gesicherte Kanalübergang, konnte nicht geschaffen werden.

Der deutsche Unterseebootkrieg gegen England brachte diesem zunächst schwere Verluste bei. Da es jedoch von den Vereinigten Staaten schon

1940 mit Kriegsschiffen beliefert wurde, bestand kaum Aussicht auf einen Zermürbungserfolg der U-Boot-Waffe. Seit dem Eintritt der Vereinigten Staaten in den Krieg war daran gar nicht mehr zu denken, zumal auch für den Seekrieg die Beherrschung des Luftraums über dem Operationsgebiet eine wesentliche, aber fehlende Voraussetzung des Erfolges war.

Ebensowenig wurden im Mittelmeer irgend dauerhafte Siege erfochten. Hitler hatte sich Anfang 1941 dort engagiert, teils in der Hoffnung auf eine für Rußland unangreifbare Südstellung durch die Gewinnung Südosteuropas und der Türkei, teils in dem richtigen Gedanken von der »weichen Flanke« Europas, wo die Engländer schon im Ersten Weltkrieg die See beherrscht und Landungsunternehmen durchgeführt hatten, teils auch in der Hoffnung, England durch die Kontrolle des Mittelmeers empfindlich zu treffen, teils endlich aus der Notwendigkeit, Italien zu helfen. Dieses hatte am 28. Oktober 1940 unvermittelt und ohne vorherige Konsultation mit seinem deutschen Verbündeten – Mussolini war kurz vor der Niederlage Frankreichs, am 10. Juni 1940, in den Krieg eingetreten – Griechenland angegriffen. Während die Engländer noch die Vorherrschaft im Mittelmeer besaßen, gab man ihnen so die Gelegenheit zu direktem Eingreifen ohne die Notwendigkeit risikoreicher Landung an einer feindlichen Küste.

Die Griechen warfen die Italiener nach Albanien zurück, die Briten halfen den Griechen in der Luft, zur See und zu Lande, und in Nordafrika schlugen sie die Italiener so vernichtend, daß Mussolini Anfang 1941 um deutsche Hilfe bitten mußte. Im Februar 1941 wurde daher aus einigen Divisionen das Afrikakorps unter Generalleutnant Erwin Rommel gebildet und in Nordafrika gegen die englischen Truppen eingesetzt. Nach Erfolgen und Vorstößen in den Jahren 1941 und 1942 blieb der deutsche Angriff von Westen her gegen die englischen Stellungen in Ägypten vor El Alamein stecken. Bald danach landeten im November 1942 amerikanische, englische und unter dem Oberbefehl von General de Gaulle stehende französische Truppen in Algier und Marokko. Der Zweifrontenkrieg des deutschen Korps endete am 13. Mai 1943 mit seiner Kapitulation in Tunis.

Hitler hatte schon in Kapitel XIV von *Mein Kampf* und auch später immer wieder die Überzeugung geäußert, Deutschland müsse im Osten, in der Weite Rußlands, neuen Lebensraum gewinnen. In diesem Glauben können ihn die offenbare Hoffnung der Engländer auf russische Unterstützung gegen Deutschland und das russische Vordringen gegen die für die deutsche Kriegführung »lebenswichtigen« rumänischen Erdölquellen nur bestärkt haben. Auch mußte ihm klar sein, daß Stalin ihm nicht traute und so oder so bestrebt war, möglichst weit nach Westen vorzurücken, während die deutschen Kräfte im Westen und im Mittelmeer gebunden waren. Je mehr sich Hitler im Kampf gegen England festlegte, der nicht gewonnen werden konnte, desto abhängiger wurde er von der Bundesgenossenschaft und dem Wohlwollen Rußlands. Hitler entschloß sich dennoch oder gerade deshalb schon Ende Juli 1940, endgültig im Dezember, zum Angriff auf Rußland für Mai 1941.

Eine Verzögerung trat im Frühjahr 1941 ein, als eine deutsche Armee in Bulgarien sich anschickte, die Italiener gegen Griechen und Engländer zu unterstützen. Mit Jugoslawien wurde ein Bündnis geschlossen, so daß man mit dem Durchmarschrecht rechnen konnte, aber wenige Tage darauf stürzte in Belgrad die Regierung, und mit der neuen schloß Stalin einen Freundschaftspakt. Also entschied sich Hitler, sowohl dem Vordringen der Engländer als auch dem der Russen ein Ziel zu setzen und zugleich mit der Aktion gegen Griechenland auch Jugoslawien niederzuwerfen. In elf Tagen war Jugoslawien besiegt, und der zur gleichen Zeit am 6. April begonnene Feldzug gegen Griechenland war am 21. April mit der Kapitulation der griechischen Armee beendet. Deutsche Fallschirmjäger besetzten im Mai Kreta und vertrieben die Engländer von der Insel. Die Erfolge waren groß, die gewonnenen Positionen für empfindliche Schläge gegen britische Interessen und Stellungen günstig. Aber der Feldzug gegen Rußland sollte trotzdem stattfinden, und er war nun um sechs entscheidende Wochen verzögert. Hitler rechnete mit drei Monaten zur Niederwerfung der Sowjetunion; fünf hätten vielleicht tatsächlich gereicht.

Nun aber war das Jahr für den Beginn eines so großen Feldzuges schon zu weit vorgeschritten, als Hitler am 22. Juni 1941 angreifen ließ. Rumänien, Ungarn, Finnland und Freiwillige aus den von Deutschland besetzten Ländern und sogar aus Spanien schlossen sich an. Aber der deutsche Angriff, der im Oktober 1941 Moskau erreichte, brach danach im Schlamm und im Frost zusammen. Stalin dagegen schloß nun mit England ein Bündnis mit der gegenseitigen Verpflichtung, nur beim Einverständnis beider Vertragspartner Waffenstillstand oder Frieden zu schließen. Mit Japan schloß Stalin ein Neutralitätsabkommen, welches ihm erlaubte, seine Kräfte im Westen zu konzentrieren, zumal die Japaner ihre Streitkräfte nun gegen Südostasien einsetzten. Er konnte außerdem immer neue Verbände aufstellen und in den Kampf werfen lassen, die Rote Armee kämpfte trotz ungeheurer Verluste weitaus besser, als man es nach ihren kläglichen Leistungen im finnischen Winterkrieg erwartet hatte, und im Herbst 1941 erschienen um Moskau herum plötzlich wie aus dem Nichts die hervorragenden Panzer T 34, die denen der Wehrmacht überlegen waren und zum Schrecken der deutschen Soldaten wurden.

Die deutschen Erfolge in Skandinavien waren nicht nur Prestigegewinne; sie sicherten die lebenswichtige Erzzufuhr. Aber die Aktionen im Mittelmeer und auf dem Balkan verzettelten die deutschen Kräfte, obwohl ihnen die strategische Notwendigkeit nicht ganz fehlte. Das Eingreifen deutscher Truppen in Nordafrika war teilweise durch die Verwicklungen zwischen »freien« französischen Truppen und Engländern einerseits und Einheiten der mit Deutschland zusammenarbeitenden legalen französischen Vichy-Regierung provoziert worden. Zugleich mußte man die Italiener unterstützen, die bei keiner ihrer Unternehmungen recht vorwärts kamen. Man konnte sie nicht einfach fallenlassen, nicht nur, weil sie bedeutende alliierte Kräfte im Mittelmeer binden mußten, sondern auch wegen der großen Gefahr für die deutsche Südflanke, die durch ihr Ausscheiden entstehen müßte. Nur zwei Jahre später zeigte sich das bei ihrem Abfall, und es waren wohl vor allem das Mißtrauen und das rasche Zugreifen der deutschen militärischen Führung, welche verhinderten, daß die Alliierten in einem Zuge bis zu den Alpen vormarschieren und der deutschen Ostfront in den Rücken fallen konnten [384]. So zwingend solche Überlegungen waren, so zweifellos haben sie zum Mißerfolg des Feldzuges gegen Rußland beigetragen. Verzweifelt aber wurde die Lage Deutschlands im Dezember 1941, als die Vereinigten Staaten in den Krieg eintraten und ihn vollends zum Weltkrieg machten.

Auf welcher Seite der amerikanische Präsident Roosevelt stand, wußte man längst und spätestens seit seiner »Quarantäne-Rede« im Oktober 1937 in Chicago, in der er gegen japanische und italienische Aggressionen wetterte und den Rhein als Verteidigungslinie Amerikas und der freien Welt bezeichnete. Die Japaner hatten sich in China und seit der Niederlage der Franzosen in Europa auch in Indochina engagiert mit dem Ziel der Gewinnung von Märkten, Rohstoffquellen und Einflußgebieten [385]. Dabei waren sie auf den Widerstand Chinas, Rußlands, Englands, Amerikas und der Niederlande gestoßen. In China hatten sie weite Gebiete unter ihre Kontrolle gebracht, aber dann blieb ihr Vormarsch stecken. Mit Rußland schlossen sie im April 1941 einen Freundschafts- und Neutralitätspakt – zur Empörung Deutschlands, das mit Japan und Italien seit September 1940 im Dreimächtepakt vereint war und sich eben zum Kriege gegen das ihm ebenfalls durch Vertrag verbundene Sowjetreich rüstete. Die englische Macht war in Europa stark gebunden, aber eine amerikanische Intervention im Fernen Osten konnte entscheidende Bedeutung haben. Zugleich befand sich Japan in einer als unerträglich empfundenen Abhängigkeit von den Vereinigten Staaten, weil es von ihnen mangels anderer Quellen das ganze für den Krieg in Asien erforderliche Öl beziehen mußte, wenigstens solange Niederländisch-Indien nicht erobert war. Während also Präsident Roosevelt durch alle möglichen Druckmittel versuchte, dem japanischen Vordringen in Asien Einhalt zu gebieten und die nicht gerade maßvolle Forderung auf Räumung Chinas stellte, während sich Roosevelt als berufener Ordnungshüter fühlte, empfanden andererseits die Japaner, die den Konflikt mit Amerika gerne vermeiden wollten, dessen ständiges Näherrücken an das offene militärische Eingreifen und insbesondere die Sperrung der Ölzufuhr im Juli 1941 als Provokation. Vom militärischen Standpunkt aus waren sie damit zu einem Vorgehen in Asien gezwungen, das die Amerikaner fast unvermeidlich in den Krieg ziehen mußte. Die Vernichtung der amerikanischen Flotte in Pearl Harbour am 7. Dezember 1941 hatte daher das militärische Ziel, das Eingreifen Amerikas in Asien durch einen den amerikanischen Absichten zuvorkommenden vernichtenden Schlag abzuwenden und hinauszuzögern.

Die Amerikaner hatten schon zu Beginn des Krieges teils gefühlsmäßig, teils mit Taten für England Partei ergriffen. Seit Herbst 1939 wurde England von der Regierung der Vereinigten Staaten durch eine Anzahl von Maßnahmen unterstützt, die sich mit Neutralität nicht vereinbaren ließen. Seit Herbst 1939 konnte England in Amerika Kriegsmaterial kaufen, wenn es selbst für den Transport sorgte, was ihm wiederum dadurch erleichtert wurde, daß eine panamerikanische Konferenz am 2. November 1939 einen 309 Meilen breiten Gürtel um die amerikanischen Küsten zum Sicherheitsstreifen erklärte. Seit dem Herbst 1940 erhielt England Kriegsmaterial in wachsenden Mengen von den Vereinigten Staaten, und seit dem März 1941 unter dem Lend-Lease-Programm auch ohne Bezahlung. Im Juli 1941 landeten amerikanische Truppen in Island (das damals noch zu Dänemark gehörte), die amerikanische Flotte übernahm allmählich den Geleitschutz für nach England gehende Transporte von Kriegsmaterial und erhielt am 11. September den Befehl, deutsche Unterseeboote bei Begegnung ohne Warnung zu versenken, und seit Anfang November erhielt auch Rußland Lend-Lease-Hilfe. Der volle Kriegszustand mit Amerika würde also Deutschland die Möglichkeit geben, gegen die amerikanische Unterstützung seiner Kriegsgegner mit der Ausdehnung des Unterseebootkrieges bis an die amerikanischen Küsten wirksamer vorzugehen, wie es denn auch die anfänglichen Erfolge bestätigten. Wer in einer solchen Situation die offizielle Kriegserklärung zuerst abgab, war weniger erheblich. Hatte Hitler aber gehofft, daß Japan die amerikanischen Streitkräfte im Fernen Osten binden würde, so wurde er schwer enttäuscht; denn für Japan war das Jahr 1942 die Wende des Krieges ebenso wie für Deutschland.

Die 1942 erneuerte deutsche Ostoffensive führte zu der Katastrophe von Stalingrad, wo eine Armee von 220000 Mann vernichtet wurde. Von da an waren die militärischen Operationen für Deutschland im ganzen rückläufig, und zwar in ständig steigendem Tempo und Umfang. Verzögert wurde das Ende durch die Energie, mit der der sinnlose Kampf auf deutscher Seite noch zwei Jahre weitergeführt wurde. Sie erklärt sich zum Teil aus der Wirkung der nationalsozialistischen Propaganda und aus dem Terror von SS und Gestapo, zum Teil aus enger militärischer Gehorsamsauffassung, zum Teil aber auch aus der Wirkung der von den Alliierten verkündeten Formel von der bedingungslosen Kapitulation Deutschlands, die allein den Krieg beenden könne. Historisch, psychologisch und moralisch ist die Forderung verständlich genug; strategisch und politisch gesehen konnte sie im Sinne der Alliierten nur Unheil anrichten, zumal sie gerade im Januar 1943 verkündet wurde, als der Fall von Stalingrad in Deutschland als Niederlage von riesenhaften Ausmaßen und unabsehbaren Folgen empfunden wurde.

Hitler versuchte im Sommer 1943 besonders durch den Angriff gegen eine vorgeschobene russische Stellung bei Kursk die Initiative zurückzugewinnen, mußte aber den Versuch schon nach zwei Wochen aufgeben. Wie in vielen anderen Fällen, z. B. im U-Boot-Krieg und in Nordafrika, beeinflußten die Erfolge des britischen Abwehrdienstes beim Entziffern des Fernschreib- und Funkverkehrs der Wehrmacht den Ausgang nachhaltig. Im folgenden Jahre erging es Hitler nicht anders. Im Juni 1944 wurde die Heeresgruppe »Mitte« zum größten Teil von der mit geballter Kraft angreifenden Roten Armee vernichtet. Ende Juli standen die Russen vor Warschau, seit der Jahreswende 1944/1945 tobte der Kampf auf deutschem Boden.

Inzwischen war im Westen durch die Invasion Anfang Juni 1944 die von Stalin verlangte zweite Front errichtet worden. Ende Juli gelang der Durchbruch durch die deutsche Front bei Avranches, und vier Wochen später zog General de Gaulle in Paris ein. Im Herbst standen die Alliierten am Rhein, die deutschen Heere waren in ganz Europa auf dem Rückzug. Anfang 1945 rückten die Alliierten über den Rhein nach Süddeutschland und Norddeutschland ein, während die Russen gegen Mitteldeutschland vorstießen und im April Berlin einschlossen. Acht Tage nach dem Selbstmord Hitlers war dann der Kampf endlich zu Ende, Berlin fiel in die Hände der Roten Armee, und das Deutsche Reich kapitulierte bedingungslos am 8./9. Mai 1945.

VI. Innenpolitische Pläne

Die erhaltenen Entwürfe für die Neuordnung nach Hitlers Sturz sind manchen ihrer Verfasser und deren Mitwisser zum Verhängnis geworden. Dem Historiker bieten sie Aufschlüsse über den Grad der Entwicklung bzw. Unterentwicklung konspirativer Methoden in der Widerstandsbewegung, vor allem aber über das Denken und die Motive des Widerstandes und über die Breite der vertretenen politischen Vorstellungen. Ob dieser oder jener Entwurf schließlich die Grundlage der neuen inneren Ordnung hätte werden können, mußte von den Umständen abhängen, unter denen der Krieg beendet worden wäre: Besetzung von Osten oder Westen her, oder, wie es geschah, durch alle Hauptalliierten; Zeitpunkt des Kriegsendes; Bürgerkrieg oder unblutiger Übergang. Sicher war nur, daß nach dem Umsturz die tatsächlichen Machtverhältnisse von größerer Bedeutung sein mußten als Programme, wenn auch ein brauchbarer Entwurf am rechten Ort zum günstigen Zeitpunkt den Lauf der Entwicklung wesentlich beeinflussen oder steuern konnte.

Die Quellen sind zum großen Teil, aber nicht vollständig bekannt oder veröffentlicht, und eine zusammenfassende Dokumentation oder Darstellung gibt es bisher nicht. Doch kann sich die folgende Übersicht auf einige hervorragende Abhandlungen stützen, vor allem die von Rothfels, Ritter, Zeller, Mommsen und Roon[1].

1. Sozialisten

Ausgearbeitete Verfassungsentwürfe von Sozialisten in der Opposition sind bisher nicht bekannt geworden. Die Prinzipien der Konspiration waren Sozialdemokraten wie Kommunisten nicht unvertraut, frühe Erfahrungen mit Gestapo und Konzentrationslagern trugen dazu bei, daß viele wie Dr. Julius Leber gerade nicht zu den geschäftig herumhüpfenden Programmfabrikanten gehören wollten[2]. Das Schicksal der Weimarer Verfassung hatte den Glauben an die Macht solcher Dokumente gegenüber der

1. Sozialisten

Wirklichkeit erschüttert; für linke Sozialisten und Kommunisten spielten Verfassungen ohnehin eine geringere Rolle. Vielen schien es, wie Dr. Leber, weniger drängend, sich auf Einzelheiten für ein in seinen Realitäten nicht vorhersehbares Nachher festzulegen, als in dem entscheidenden Moment entscheidend wirken zu können. Hierin stimmte er überein mit Claus Graf Stauffenberg, mit dem er eng zusammenarbeitete, seit er, nachdem Carlo Mierendorff Ende 1943 bei einem Luftangriff umgekommen war, in dem unten zu betrachtenden »Kreisauer Kreis« den auf das Praktische gerichteten Stimmen fast ein Übergewicht verschaffte[3]. Es war immerhin fraglich geworden, ob der Mitte der zwanziger Jahre von Sozialdemokraten formulierte Satz noch galt: »Die demokratische Republik ist der günstigste Boden für den Befreiungskampf der Arbeiterklasse und damit für die Verwirklichung des Sozialismus«[4]. Nur mit großem Vorbehalt können die Aussagen der nach dem 20. Juli 1944 Verhafteten vor Gestapo und Volksgerichtshof als Quellen dienen; jedoch ergeben sich Kriterien für das Abwägen des vermutlichen Wahrheitsgehaltes aus den Umständen der Aussagen – aus allgemeiner Unerschrockenheit und Einsicht in das Unausweichliche des persönlichen Verhängnisses, aus der Unterscheidung zwischen Aussagen über die eigene Tatbeteiligung in der Verschwörung und denen über politische Überzeugungen, ferner aus Bestätigungen durch frühere Äußerungen und durch nahe Beteiligte. Auch praktische Gegebenheiten bestimmten die Auffassungen der Sozialisten.

Die zentral organisierte Einheitsrepublik war noch immer der Durchsetzung des der Arbeiterklasse ihrer Zahl nach zukommenden Einflusses am günstigsten. In einem demokratischen Staat mußte der zahlenmäßig starken Arbeiterklasse von selbst gebührendes Gewicht zufallen und über die Mehrheitsverhältnisse im Parlament mußten ihre Ziele verwirklicht werden können. Freilich mochten durch richtiges Verständnis der Wahlergebnisse in den ländlichen Gegenden (grob gesprochen, 1930 bis 1933 in katholischen Gegenden vorwiegend zugunsten des Zentrums, in protestantischen sehr stark zugunsten der Rechtsparteien einschließlich der NSDAP) auch hier Korrekturen sich empfehlen gegenüber früheren Vorstellungen der Sozial-Demokratie.

Wenn aber Dr. Leber forderte, die Frage nach der Neuordnung nach Hitlers Sturz müsse durch eine »›rein sozialistische Lösung‹« beantwortet werden, wenn er bei anderer Gelegenheit ein »›radikales sozialistisches Programm‹« entwickelte, und wenn er sich weigerte, »›auf Kosten der gewünschten Einigkeit wichtige Grundsätze der alten Sozialdemokratie einfach über Bord gehen zu lassen‹«, zumal in den Verhandlungen mit Vertretern der christlichen Gewerkschaften, so wollte er offenbar die Verwirklichung des Sozialismus schon durch die Neuordnung ein gutes Stück voranbringen und insofern nicht einfach die Wiederherstellung des freien Spiels der politischen, sozialen und wirtschaftlichen Kräfte zulassen[5]. Dr. Goerdeler, der auch »›keinen Parteienstaat mehr‹« wollte, sondern die Einigung aller Stände, Schichten und Gaue durch eine »Volksbewegung«[6], scheint sich auf diesem etwas nebelhaften Boden mit den Sozialisten getroffen zu haben, wiewohl er sicher nicht dasselbe meinte wie sie mit seiner Ablehnung des Parteienstaates. Jedenfalls enthielt ein Aufruf zu einer »Volksbewegung«, auf den man sich einigte, ein Bekenntnis zur Sozialisierung von Grund- und Schlüsselindustrien und zu unveräußerlichen Freiheitsrechten und zur Toleranz in »›Rassen-, Glaubens- und Klassenfragen‹«, ja auch zur deutschen Kultur und zur christlichen Vergangenheit des deutschen Volkes[7]. Dieser Punkt freilich hatte den Widerspruch Dr. Lebers hervorgerufen. Ganz einig war man sich doch nur über das taktische Nahziel, die Beseitigung des nationalsozialistischen Systems.

Die Formel »›*von der göttlichen Mission der christlichen Kirche im weltlichen Staat*‹« wies Leber ebenfalls heftig zurück. Man war für Toleranz in Glaubens- und Rassenfragen, zumal für die »›Wiederherstellung der jüdischen Rechte‹«[8], aber gegen die Verquickung von Religion mit staatlichem Leben, gegen Vorstellungen von der Ungleichheit der Geschlechter, der grundsätzlichen Unauflösbarkeit der Ehe, der Rechtsungleichheit ehelicher und unehelicher Kinder, des Vergeltungsprinzips in der Strafjustiz anstelle des Erziehungsprinzips[9]. Vielmehr war die Beseitigung der Klassenunterschiede und -schranken zu fördern.

Manche andere Grundsätze des sozialdemokratischen Programms von 1925 finden sich in wenig veränderter Form wieder, so das Mitbestimmungsrecht der Arbeiterklasse in der Wirtschaft[10]. Die Arbeiterschaft sollte durch Selbstverwaltungsorgane an der Planwirtschaft beteiligt werden, die Arbeiterorganisationen sollten als Produzenten Einfluß auf die Gestaltung der Wirtschaft nehmen, Produktivgenossenschaften und staatliche Betriebe sollten ausgebaut werden, Grund- und Schlüsselindustrien sollten nach den Auffassungen von Leber und Wilhelm Leuschner sozialisiert werden, ebenso die Bodenschätze. Von der Forderung der Sozialisierung von Grund und Boden war man anscheinend abgekommen, Staatssozialismus als Prinzip wurde abgelehnt, grundsätzlich sollte an der Individualwirtschaftsform festgehalten werden.

Weitergehende, über das alte Programm hinausreichende Forderungen betrafen Sozialversicherung und Sozialverwaltung: Arbeitslosen- und Invalidenfürsorge sollten vereinheitlicht und zugleich in die Selbstverantwortung und Kontrolle der Arbeiterschaft überführt werden[11]. Zur Beseiti-

1. Sozialisten

gung der Klassenunterschiede wollte Leuschner das Gewicht weniger auf Besitzverteilung und Kontrolle der Produktionsmittel gelegt wissen als auf den Ausgleich der Bildungsunterschiede. Hier war viel eher die Wurzel der Ungleichheit zu suchen, jedenfalls nicht weniger als in den Besitzverhältnissen; denn Bildungsmangel bedeutete minderes Recht gegenüber Verwaltung, Justiz und Arbeitgeber, geringere Entfaltungsmöglichkeiten im Leben. Also wurde die neunjährige Pflichtschule gefordert für jedermann, die bald alle auf das Niveau der Mittleren Reife führen sollte – Leuschner hat es schon 1944 gefordert.

Einheit und Solidarität waren Voraussetzungen, um der Arbeiterschaft den ihrer Zahl entsprechenden Einfluß zu sichern, also war die Einheitsgewerkschaft eine wichtige Forderung der Sozialisten. Leuschner wollte aus der Deutschen Arbeitsfront der Nationalsozialisten »*ein wirkliches politisches Instrument für den deutschen Arbeiter*« machen, und er bestand deshalb auch gegenüber Mierendorffs Forderung der Betriebsgewerkschaften auf Berufsgewerkschaften als der umfassenderen Organisationsform, innerhalb der Einheitsgewerkschaft [12]. Vor Gestapo-Vernehmern sagte Leuschner am 18. August 1944: »›Es war mein Bestreben, eine einheitliche Gewerkschaftsbewegung zu bilden, und ich setzte diese Bestrebungen auch dann noch fort, als ich mit den Vertretern der NSDAP im Frühjahr 1933 verhandelte. Diese damals niedergelegten Grundsätze waren auch für die spätere Zeit mein Leitmotiv.‹« Leber erklärte zu den Umsturzvorbereitungen: »›Leuschner wurde zum Leiter der deutschen Einheitsgewerkschaft ernannt. Die übrigen Gewerkschaften stellten paritätisch je einen Beisitzer (es waren die ebenfalls einzigen [sic] Kaiser und Habermann). *Damit war praktisch die Einigung der Gewerkschaften*(!) *schon im Februar 1944 vollendet.*‹« Am Tag vor seiner Hinrichtung sagte Leuschner zu Gewerkschafterfreunden im Gefängnis Tegel: »›Morgen werde ich gehängt, schafft die Einheit.‹«

Kein Wunder also, daß es bis zu den verzweifelten Monaten des Jahres 1944 gedauert hat, ehe Sozialdemokraten und rechts von ihnen stehende Liberale und Konservative sich auf die Zusammenarbeit für das taktische Nahziel des Sturzes Hitlers einigten. Was Stauffenberg seinem Freund Leber (dem Offizier und Träger des E. K. I aus dem Ersten Weltkrieg und vormaligen Mitglied des Wehrausschusses des Reichstages) hinsichtlich der sozialen Neuordnung, was dieser jenem zugesagt hat, ist nicht bekannt, wohl aber die Tatsache, daß Leuschner und Leber in den Regierungslisten der Opposition seit Januar 1943 wichtige, ja zentrale Schlüsselstellungen vorbehalten wurden. Leuschner war seit Januar 1943 Kandidat für die Vizekanzlerschaft unter Goerdeler, später sollten er oder Leber gar an Goerdelers

Stelle treten. Leber wurde seit Januar 1943 (gelegentlich neben Gayl und Fritz-Dietlof Graf von der Schulenburg) als künftiger Innenminister genannt [13]. Die Zusammenarbeit mit Stauffenberg und seiner Gruppe war offenbar der einzige Weg zum Sturz Hitlers vor dem endlichen Sieg der Alliierten; was aber nach dem Umsturz geschehen würde, meinte Leber zu Otto John, müsse sich dann aus der Lage ergeben und die würde sicher nicht zur Verwirklichung der Ideen Goerdelers führen – zunächst aber müsse Stauffenberg unterstützt werden, der die einzige noch übrige Hoffnung auf eine Aktion des Militärs verkörperte. Hassell, Popitz und Professor Jessen andererseits wandten sich »gegen die starke Einschaltung der Gewerkschaften durch Goerdeler«, und Helldorf hielt die Einheitsgewerkschaft für eine Gefahr. Popitz sagte seinen Vernehmern: »Es war für mich klar, daß mit der Einheitsgewerkschaft ein Machtzentrum ersten Ranges geschaffen würde, vor allem, wenn man diesen Gewerkschaften das Vermögen und die Einrichtungen der Arbeitsfront überließ. Ich hatte den Eindruck, daß hier *ein Druck ausgeübt wurde, dem Goerdeler glaubte weichen zu müssen.*« Auch Jessen äußerte Bedenken gegen eine Einheitsgewerkschaft als einen Staat im Staate, und Helldorf, Gisevius und Strünck fürchteten, von »der Arbeiterschaft« überfahren zu werden. Stauffenberg, der zunächst ebenfalls gegen die Errichtung der Gewerkschaften eingetreten war, hoffte nun, im Sommer 1944, die Arbeiterschaft »zu gewinnen« und damit den Kommunismus fernzuhalten. Dem diente offenbar auch seine Zustimmung zu den Kontakten mit dem kommunistischen Untergrund – aber auch Leber und Reichwein wollten nicht ihre Ziele denen der Kommunisten angleichen, sondern sich innen- und außenpolitischer Rückendeckung versichern.

2. SchmidNoerr

Einer der frühesten Verfassungsentwürfe ist aus dem Kreis um Oster, Heinz und Liedig hervorgegangen. Er wurde im Sommer 1937 von Professor Dr. Friedrich Alfred SchmidNoerr niedergeschrieben [14]. Darin wird der »Volksgemeinschaft« die zentrale und beherrschende Stellung zuerkannt: »Volksgemeinschaft steht über allem, außer über dem Sittengesetz.« Das Wort »Volksgemeinschaft« kommt allein in der Präambel mehr als vierzigmal vor, fast in jedem Satz. Die Volksgemeinschaft, heißt es da, sei verbunden mit der europäisch-christlichen Tradition und strebe nach friedlichem Ausgleich mit allen Völkern. Freiheit für jede Glaubenshaltung und Gesinnung wird zugesagt, aber nur, »soweit sie mit Geist und Bestand der Volksgemeinschaft vereinbar« sind. Zur Volksgemeinschaft gehört, wer wenigstens »zu einem von vier Blutsteilen deutschstämmig« ist, aber »fremdvölkischen und fremdstämmigen Gastminderheiten« werden »Achtung und Rechtswahrung« versprochen. Das Deutsche Reich wird definiert als der geschlossene Siedlungsraum aller Deutschstämmigen, es soll gegliedert sein in Reichsgaue, »die sich weitgehend in Selbstverwaltung regieren«.

Die Verfassungsform wird ständisch genannt, das Reich konstituiert sich aus den freien Ständen des Reiches (geistlicher Stand, Waltungs- d. h. Verwaltungs- und Rechtswahrer-Stand, Wehr-Stand einschließlich der Polizei), den freien Ständen des Staates (Bauern, Arbeiter, Handwerker, Wirtschaft und Industrie, Handel, Volkserzieher, Wissenschaften und Künste mit Freiberufen). Einen eigenen Stand bildet die Frauenschaft, einerlei ob verehelicht oder ehelos. Alle Stände sind gleichberechtigt und »königlich«, sie verwalten sich selbst, sind aber der Volksgemeinschaft und dem Reich verantwortlich. Die Stände haben wohl »Grenzen«, aber diese können von Mitgliedern der Stände bei Beachtung gewisser Vorschriften in jeder Richtung überschritten werden. Das Recht auf Assoziierung jeder Art wird ausdrücklich zugesichert, aber politische Parteien werden ausdrücklich davon ausgenommen. Auch unterstehen alle Gruppenbildungen der Oberaufsicht von gesetzlichen Ständevertretungen und von diesen bestellten Wächtern oder eigens bestellten Ordnungsbehörden.

Die drei Reichsstände sind nur im Reichsständehaus vertreten, die Staatsstände unmittelbar nur in den Ständekammern der Reichsgaue, doch entsenden diese wiederum je zehn Vertreter, jeweils mindestens einen aus jedem Staats-Stand, in das Reichsständehaus. Aufgaben der Ständekammern der Reichsgaue und des Reichsständehauses sind Selbstverwaltung und »Beratung der Reichsverwaltung«. Eine Art Oberhaus soll aus Mitgliedern des »Bestmanntums«, eines persönlichen, nicht vererblichen Adels, bestehen. Die Mitglieder dieses Adels auf Lebenszeit werden von ihren Ständen gekürt und nach zweimaligem Vorschlag vom »Volkskönig« bestätigt. Der aus ihnen gebildete Staatsrat oder Reichsrat ist »die oberste Aufsichtsbehörde des Reiches« und zugleich Stellvertreter, Wahlkollegium und Reservoir (jedoch dies nicht zwingend) für neue Volkskönige. Im übrigen ist allerdings unklar, wie der Volkskönig »gekürt« werden soll.

Dieser »oberste Amtsträger des Staates und zugleich der Walter des Reiches«, der Volkskönig, wird auf die Volksgemeinschaft eidlich verpflichtet (nicht auf die Verfassung); als »Träger der Reichswaltung steht er, selbstverantwortlich, an der Spitze der Volksgemeinschaft«. Es gibt also keine Körperschaft, die ihn jederzeit kontrollieren und zur Rechenschaft ziehen kann; aber wenn der Reichs- oder Staatsrat dreimal gegen die Tätigkeit des Volkskönigs Einspruch erhoben hat, steht er »unter dem Gesetz der Volksgemeinschaft, die ihn kürt«. Notfalls kann er, der bei seinem Amtsantritt vierzig Jahre alt sein muß und auf Lebensdauer gekürt wird, auch wieder abgesetzt werden.

Ebenso wie der Volkskönig sind die Reichsstände vor allem der Volksgemeinschaft verpflichtet und leisten ihren Eid auf sie, keinesfalls auf eine Person, nicht einmal auf den Volkskönig. Der Eid kann praktisch nur einseitig seine Gültigkeit verlieren, d. h. durch Ausschluß – freiwillig oder strafweise – eines Mitgliedes der Reichsstände von der Volksgemeinschaft, sofern die Volksgemeinschaft weiterbesteht. Diese wacht über Recht und Gesetz, läßt keinerlei Sonderverfahren oder nicht gesetzlich festgelegtes Vorgehen zu; sie verbürgt allen Volksgenossen Arbeit und soweit möglich freien Aufstieg und Wohlstand, Standesvorrechte gibt es nicht. Die Freiheit der Presse und des öffentlichen Meinungsaustausches wird gewährleistet, jedoch in den Grenzen, die »durch Geist und Bestand der Volksgemeinschaft, durch die Schutzbestimmungen gegen Verrat an der Volksgemeinschaft, verübt durch den Tatbestand des Versuchs, sie zu stören, zu mindern oder sonstwie zu schwächen«, gezogen seien. Solch ein Verrat ist zum Beispiel der Versuch, eine Partei zu bilden, ebenso schließt der Gedanke der Volksgemeinschaft jede Art von Sonderbündelei und geheimer Assoziation sowie das Anstreben irgendwelcher Sonder- oder Vorrechte aus.

Gesucht ist also: Statt der pluralistischen Gesellschaft, statt des parlamentarischen Systems, in dem Interessenvertretungen zur Macht gelangen können, aber auch verantwortungslose Demagogen, statt dieses Systems der »Parteienreaktion« und der Uneinigkeit eine womöglich konfliktlose Volksgemeinschaft[15]. Absolutheitsideal in der Staatsspitze, Gleichheitsideal in der Volksgemeinschaft: beide sind wirklichkeitsfremd, so heißt es im Entwurf, und daher in der Wurzel faul. Wohin das Mehrheitsideal führt, das hatte man ja gesehen.

Deutlich ist also die Ablehnung dessen, was nicht genügt und was nicht gut und reibungslos funktioniert. Nur wird nicht gesagt, wie das Neue, das an seine Stelle treten soll, funktionieren könnte. Wie sollten die Stände daran gehindert werden, ihre Interessen zu vertreten, ja sich zu diesem Zweck mit anderen Ständen zu verbünden gegen Dritte? Sie würden also Parteien bilden, das wäre Verrat, und da der Volkskönig nicht unabhängig genug ist, müßte der Staatsrat als Diktaturgremium die Verfassung durchsetzen. Das Ideal der Volksgemeinschaft, in der es keine

Mehrheit gibt, keine Konflikte und keine Parteiungen – es bleibt ein Ideal und unerreichbar.

Nun ist der skizzierte Verfassungsentwurf ein besonders krasses Beispiel der politischen Ratlosigkeit vieler Hitler-Gegner, aber die Gedanken der Ablehnung des Gewesenen, der Bewahrung des dem deutschen Wesen Gemäßen und der Verwirklichung des Ideals der Konfliktfreiheit sind doch sehr weit verbreitet – kein Wunder, denn die wirklichen Praktiker pflegen sich mit der gegebenen Situation auseinanderzusetzen, weniger für eine zukünftige zu planen, sie kommen hier also kaum zu Wort. Deutlich ist auch, wie sehr der Entwurf sich auf autoritäre Verfahrensweisen verlassen muß, um die Konfliktlosigkeit wenigstens theoretisch zu erreichen. So gewährt er zwar das Recht der Versammlung und Assoziation, verbietet aber beide, sofern sie die Volksgemeinschaft »stören«. Anders läßt sich eben die »Lebensharmonie« der Volksgemeinschaft gegen den Hader der Parteiungen nicht verwirklichen.

3. Hassell

Ein Entwurf von Botschafter a. D. Ulrich von Hassell, der nach Beratung mit Beck, Goerdeler und Popitz in den Monaten Januar und Februar 1940 niedergelegt wurde, ist zwar nicht ganz so eigenwillig wie der von Professor SchmidNoerr, geht aber von einer ähnlichen Grundhaltung aus [16]. Zu seinen geistigen Urhebern gehört, wenigstens gleichrangig mit Hassell, der preußische Finanzminister, Professor Dr. Johannes Popitz, wesentlich beteiligt waren der Professor der Staatswissenschaften Dr. Jens Peter Jessen (im Kriege beim Generalquartiermeister tätig), ferner der Direktor einer Eisengroßhandlung und Staatssekretär a. D. Dr. Erwin Planck.

Das »Programm« von Hassell verkündete zunächst die Entschlossenheit der (neuen) deutschen Regierung, den Krieg weiterzuführen, bis der Friede, der Bestand, die Lebensfähigkeit, aber auch »die alte Reichsgrenze« gegenüber Polen gesichert seien. Verständlich ist das nur aus der Lage Anfang 1940, auf dem Hintergrund des Blitzsieges über Polen, den Hassell zwar nicht guthieß, der aber doch zur Wirklichkeit gehörte. Grundlagen für den Frieden seien im übrigen Freiheit der Person und ihrer legitimen Lebensäußerungen, die Integrität von Recht und Gesetz, der Rechtsstaat, Beachtung der Grundsätze der Sittlichkeit von seiten der Verwaltung und der Polizei, Achtung des Lebens überhaupt und der Minderheiten im besonderen. Das Beamtentum müsse wieder die von den Parteibonzen usurpierten Stellen und Funktionen erhalten, die Geldverschwendung durch den Staat habe aufzuhören, die Außenpolitik müsse wieder vernünftig und auf Rüstungsminderung sowie geistigen und wirtschaftlichen Austausch gerichtet werden.

Eine große Rolle spielt im »Programm« Hassells das Einheitsdenken. Die Einheit der »Volksgemeinschaft« schien ja vielen Deutschen eine der Haupterrungenschaften des Nationalsozialismus zu sein, aber nicht allein deshalb wollte man sie erhalten, sondern auch, weil man sie an sich für erhaltenswert hielt. So sollte zwar die NSDAP mit ihren Gliederungen aufgelöst, deren Vermögen beschlagnahmt werden, aber der Arbeitsdienst sollte in veränderter Form weiterbestehen, die Arbeitsfront sollte nur neu aufgebaut, nicht abgeschafft werden. Es war den sozialen Gruppen, die etwa zusammenfinden mochten, keineswegs überlassen, wie sie sich organisieren wollten.

Diese Grundsätze sollten zunächst für die Übergangszeit einer Regentschaft gelten, sie sind aber nicht nur von Überlegungen augenblicklicher Zweckmäßigkeit bestimmt, wie das weitere Studium des »Programms« ergibt. Der von der Regentschaft einzusetzende Verfassungsrat hätte unter Vorsitz des Innenministers Vorschläge auszuarbeiten, welche »von dem Grundsatz ausgehen [müssen], den deutschen Einheitsstaat« zu gliedern. Für das politische Leben des Reiches wäre »eine Mitarbeit des Volks« sicherzustellen, dazu »eine Kontrolle des Staatslebens auf der Grundlage der örtlichen und körperschaftlichen Selbstverwaltung«. Ein parlamentarisches System wurde also nicht erwogen, für allgemeine, gleiche, geheime und freie Wahlen ist auch in der Zukunft kein Platz. Von Demokratie kann keine Rede sein, und es ist auch keine Rede davon. Wie künftige Regierungen zustande kommen sollen, wird nicht gesagt, aber wenn die Diktatur einer Gruppe oder gar eines einzelnen vermieden werden sollte, mußte wohl irgendwie so etwas wie ein »Bestmanntum« geschaffen werden [17]. Die Betonung des Berufsbeamtentums im Gegensatz zum politischen Beamtentum, das besonders unter dem NS-Regime zum Bonzentum geworden war, scheint in diese Richtung zu weisen.

Die in allen liberalen Verfassungen verankerten Freiheiten werden in den Entwürfen von Hassell und Popitz nicht ausdrücklich zugesichert, dafür aber »wirkliche Freiheit«. Gewiß soll nach ihrem Willen der Rechtsstaat unverzüglich wiederhergestellt werden, aber die Wehrmacht ist nicht auf ihn, nicht einmal auf die Volksgemeinschaft, sondern auf die Regentschaft zu vereidigen, die Wehrbefehlshaber erhalten in den Ländern die Vollziehende Gewalt. Also in Wirklichkeit eine Militärdiktatur, mit den besten Absichten, versteht sich.

Die Wissenschaft und ihre Lehre werden für frei erklärt, ebenso die Presse für die Zeit nach dem Kriege. Aber die Grenze der Freiheit ist der »Rahmen der Staatssicherheit«, und beim »Schrifttum« im allgemeinen wird sogar zum Schutz des Staates noch der Schutz des Volkes einbezogen, wenn es heißt: »Nach dem Kriege wird der Schutz von Staat und Volk gegen Ausschreitungen des Schrifttums durch die Gesetzgebung sichergestellt.« Das alles sind, wie gesagt, nicht Notstandsmaßnahmen, sondern Absichten und Grundsätze für die Zeit nach der Beendigung des Notstandes.

So wohlgemeint die Maßnahmen sein mögen, so sehr man etwa Beck und Hassell den Willen zur Gerechtigkeit, Rechtlichkeit und Menschlichkeit zu glauben hat, liberal waren sie nicht. Solange sie selbst, womöglich in Verbindung mit Goerdeler, an der Macht waren, mochte ihr Regiment noch erträglich sein; aber danach? Sicherungen gegen Mißbrauch wurden nicht einmal versucht, wenn es auch richtig ist, daß ohne den Willen zur Kontrolle auf seiten des Volkes, der Wähler, der Presse und der Öffentlichkeit überhaupt die besten verfassungsmäßigen Kontrollinstrumente nichts nützen, die man ihnen in die Hand gibt.

4. Popitz

In ähnliche Richtung wie die eben skizzierten Gedanken ging das hauptsächlich von Popitz entworfene Vorläufige Staatsgrundgesetz, das auch aus der Zeit der Jahreswende 1939/1940 stammt[18]. »Oberstes Gesetz des Handelns« sollen hier »die Regeln des Anstandes und der guten Sitten« sein. Angesichts der ungeheuerlichen Verrohung, der mörderischen und perversen Brutalität der nationalsozialistischen Regierung und ihrer Organe mußte in der Tat genau das gefordert werden. Aber die Sitten und die Auffassungen von dem, was »Anstand« ist, können sich sehr ändern. Wer entscheidet, ob oder wann es »anständig« ist, auf Flüchtende zu schießen, eine oppositionelle Polemik zu drucken, eine geschiedene Frau zu heiraten? Würde es auch »anständig« sein, der Regierung Korruption oder eine verfehlte Außenpolitik vorzuwerfen? Wenn die Regeln des Anstandes und der guten Sitten »oberstes Gesetz des Handelns« sein sollen, dann nützt es eben unter Umständen nichts, im nächsten Satz die »Unabhängigkeit der Rechtsprechung, Sicherung der persönlichen Freiheit, der Familie und des Eigentums« zu versprechen, von dem Widerspruch zwischen Sicherung der Familie und Sicherung der persönlichen Freiheit ganz abgesehen.

Weitere Gesetze des Handelns kommen hinzu: »Jeder Deutsche hat sich so zu verhalten, daß das Gemeinwohl nicht beeinträchtigt und die Ehre des deutschen Namens nicht verletzt wird.« Jeder soll Anspruch haben auf einen »menschenwürdigen Lebensstand«, auf Altersversorgung, auf »Hilfe bei Krankheit und Arbeitslosigkeit«, ja sogar auf Wohnungen, die ein gesundes Familienleben ermöglichen – aber das gilt nur für die, »die ihre Pflichten gegen Volk und Staat erfüllen«. Die Gesamtwirtschaft muß sich der Lenkung durch den Staat unterwerfen, für die Landwirtschaft ist eine Besitzverteilung »anzustreben, die einen möglichst hohen Ertrag« verspricht, die Schulen und anderen »Unterrichtsanstalten aller Stufen« erhalten den gemessenen Auftrag, dem Nachwuchs »für Staatsdienst, Kirchendienst, Wissenschaft, Kunst und Wirtschaft« das Wissen, aber auch die »körperlichen, charakterlichen und sittlichen Grundlagen« zu übermitteln, der Religionsunterricht in den Schulen wird als »unentbehrliches Erziehungsmittel« bezeichnet. Es gibt also keine freie Wissenschaft und auch keine freien Gewissen, obwohl erklärt wird, »Forschung, Lehre und Kunstausübung« seien »nur insoweit beschränkt, als es die Sicherheit nach außen und innen und die gebotene Ehrfurcht vor den geistigen und sittlichen Gütern des Volkes erfordern«. Schon die Formulierung öffnet der willkürlichen Interpretation Tür und Tor.

Es wäre ja denkbar, daß hier die Gerichte einspringen könnten, über die der Jurist Popitz merkwürdig wenig sagt. Immerhin erklärt er die Verwaltungsgerichte ausdrücklich für unabhängig. Aber im übrigen werden die Gerichte nur nebenbei und in einem Atem mit der allgemeinen Verwaltung, der Verwaltung der Steuern und Zölle, der Eisenbahn und der Post genannt. Die Richter sind natürlich Beamte, das ist in dem Entwurf so selbstverständlich, daß es nicht eigens gesagt werden muß, und sie werden von der Regierung, d. h. vom Staatsoberhaupt mit Zustimmung des Reichskanzlers, eventuell auch nur vom zuständigen Minister ernannt. Die Mittel, mit denen allzu »unabhängige« Richter – falls die Gesetze sie überhaupt gestatten – gefügig gemacht werden, sind zahlreich. Allein mit häufigen Versetzungen und Übergehung bei der Beförderung ist da viel zu machen. Da es kein Parlament gibt, könnten auch schwere Mißstände kaum überwunden werden bzw. ihre Überwindung würde fast ausschließlich vom guten Willen der zentralen »Staatsgewalt« abhängen.

Diese ist einheitlich und stark. Die Länder sollen Verwaltungsbezirke des Reiches, in zweiter Linie erst »Gebietskörperschaften mit Selbstverwaltung« sein. »An der Spitze des Landes als Verwaltungsbezirk des Reiches steht der Statthalter«, der zugleich als Kommissar der Reichsregierung »die Aufsicht des Staates über das Land als Gebietskörperschaft«

ausübt. Da ist also die eigenständige Selbstverwaltung schon zu Ende, der Statthalter und Reichskommissar, durch ihn die zentrale Reichsregierung, spricht das letzte Wort im Lande. Der Landeshauptmann als »Oberste Selbstverwaltungsbehörde des Landes« nimmt sich daneben kümmerlich aus. Auch hier ist übrigens kein gewähltes Parlament vorgesehen, so daß die Selbstverwaltung ganz illusorisch ist.

Die Länder, schon als Verwaltungsbezirke des Reiches gekennzeichnet, werden gegliedert in Regierungsbezirke, die ebenfalls Verwaltungsbezirke des Reiches sind. Erst die nach unten folgenden Land- und Stadtkreise sind wieder »sowohl Verwaltungsbezirke wie Gebietskörperschaften mit Selbstverwaltung«. Jedem Föderalismus ist da gesteuert, der Zentralismus der Reichsregierung und der Reichsverwaltung, deren Einheit noch ausdrücklich betont wird, ist vollständig.

An der Spitze dieses Reiches sind die Gewichte kaum besser verteilt. Da gibt es ein vorläufiges Staatsoberhaupt, genannt Reichsverweser des Deutschen Reiches, was die Möglichkeit monarchischer Restauration offenläßt, die, wie Otto John berichtet, wenigstens 1938–1941 zum Programm von Beck, Popitz, Goerdeler, Oster und Dohnanyi gehörte und unter der Bedingung eines Plebiszits auch von Wilhelm Leuschner und Jakob Kaiser akzeptiert wurde[18a]. Tatsächlich stehen dem Staatsoberhaupt königliche Rechte zu: die völkerrechtliche Vertretung des Reiches, der Oberbefehl über die Wehrmacht, Ernennung und Entlassung des Reichskanzlers (kein Parlament hat etwas damit zu tun), Ernennung und Entlassung der Reichsbeamten und Offiziere, das Begnadigungsrecht und die Verleihung von Titeln und Orden. Welchen Sinn da die Bestimmung hat, das Staatsoberhaupt bedürfe »bei allen Anordnungen und Verfügungen« zu deren Gültigkeit der Gegenzeichnung des Reichskanzlers oder des zuständigen Reichsministers, das ist unklar. Wer nicht gegenzeichnen will, kann ja entlassen werden. Für die Ausübung des militärischen Oberbefehls, abgesehen von Ernennung und Entlassung der Offiziere, wird sogar erklärt, daß sie der Gegenzeichnung nicht bedürfe.

Reichskanzler und Reichsregierung sind demnach in der Hauptsache die ausführenden Organe des Staatsoberhauptes. Sie *erlassen* Gesetze nach Anhören des Staatsrates und mit Zustimmung des Staatsoberhauptes. Das Regierungsbudget wird nur von einem Rechnungshof (dessen Beamte vom Staatsoberhaupt ernannt werden) überprüft.

Der Staatsrat ist eine Honoratiorenkörperschaft; denn er »besteht aus Männern, die nach ihrer Leistung, ihrem Können und ihrer Persönlichkeit des Vertrauens des Volkes würdig sind« – haben müssen sie es nicht, gewählt werden sie auch nicht, sondern vom Staatsoberhaupt ernannt.

Niemand wird in dieser Verfassung gewählt, das Wort kommt überhaupt nicht vor. Außer den des Volksvertrauens würdigen Männern gehören zum Staatsrat noch alle Reichsminister und Statthalter (nicht etwa die Landeshauptleute, das wäre ja Föderalismus). Dieser »Staatsrat vertritt das Volk in seiner Gesamtheit« – er tut es jedoch allenfalls aus Anstand, Gutwilligkeit, Gewissenszwang. Als Exponent der Interessen des Volkes ist er nur teilweise anzusehen. Später soll dann »die Bildung einer Volksvertretung auf breiter Grundlage« stattfinden, auch hier ist aber nicht die Rede von einer Wahl, der Unterschied zum Staatsrat besteht nur in der Breite der Grundlage, wie immer man dieses auffassen mag.

Konsequenterweise wird dann nicht nur die NSDAP für aufgelöst erklärt, sondern auch die »Bildung neuer politischer Vereinigungen« kurzweg verboten. Parteien sind unnötig, wo es keine Wahlen und keine Vertretungen gibt.

Die Tendenz des Entwurfes ist also klar. Ritter hat ihn als Ausdruck eines aufgeklärten Absolutismus bezeichnet, als Instrument der »Diktatur volksfremder hoher Staatsbeamter«[19]. Sicher war es vor dem Umsturz wenig sinnvoll, einen idealen Verfassungsentwurf herzustellen. Sicher mußte erst einmal über die Bewältigung der unmittelbar bevorstehenden Lage nachgedacht werden. Aber Popitz' Entwurf enthält keinerlei Bestimmungen oder Zusagen, die für die Zukunft zu irgendwelchen demokratischen Hoffnungen Anlaß geben können. Popitz wollte nach den Pogromen im November 1938 als Minister zurücktreten und hat den preußischen Ministerpräsidenten, Göring, »auf die Unmöglichkeit, so etwas mitzumachen, hingewiesen« und Bestrafung der Verantwortlichen verlangt (Göring: »›Mein lieber Popitz, wollen Sie den Führer bestrafen?‹«). Aber er wollte die Judenfrage regeln und die diskriminierenden Verordnungen und Gesetze nicht etwa schlicht aufheben, sondern nur »bis zur endgültigen Regelung« aussetzen.

Die ebenfalls von Popitz entworfenen »Richtlinien zur Handhabung des Gesetzes über den Belagerungszustand« – der Entwurf des Gesetzes selbst ist verloren – vervollständigen nur noch das Bild eines autoritären, illiberalen Regiments[20]. Während der Dauer des Belagerungszustandes haben die Wehrkreisbefehlshaber die Vollziehende Gewalt inne, das ist unumgänglich. Die Beigabe von Beamten soll das nötige Gegengewicht schaffen. Gewiß müssen Gauleiter und Kreisleiter, höhere SS- und Polizeiführer festgenommen werden. Aber der verlogene und von den Nationalsozialisten so sehr mißbrauchte und diskreditierte Begriff der »Schutzhaft« ist dafür nicht geeignet, besonders da er nachher noch für tatsächlich bedrohte Personen verwendet wird.

Ende 1939 und Anfang 1940 ist der Entwurf von Popitz nahe daran gewesen, Verfassungswirklichkeit zu werden. Er wurde es nicht aus den im V. Kapitel geschilderten Gründen. Später hatten andere Entwürfe bessere Chancen, das deutsche politische Leben bestimmend zu gestalten. Die Pläne des sogenannten Kreisauer Kreises, in welchem sich viele jüngere Mitglieder der Opposition zusammenfanden, hatten in den Jahren 1943 und 1944 wohl etwa so gute Aussichten auf beherrschenden Einfluß wie die Pläne des lange unbestrittenen zivilen Führers der Opposition, Dr. Goerdeler. Zunächst aber traten die Pläne des früheren Leipziger Oberbürgermeisters in den Vordergrund, während der Entwurf von Popitz allenfalls im engsten Kreis seines Verfassers noch Anklang fand.

5. Goerdeler

Die Gedanken Goerdelers sind in zahlreichen Denkschriften und Entwürfen niedergelegt. Die wichtigsten dieser Dokumente, »Das Ziel« von Ende 1941 und die »Gedanken eines zum Tode Verurteilten – September 1944 im Gefängnis«, sind ganz bzw. teilweise veröffentlicht, zahlreiche andere ebenfalls wenigstens teilweise [21]. Man hat Goerdeler oft vorgeworfen, er sei ein Reaktionär. Zum Teil stammen solche Anklagen aus Differenzen, die unter verschiedenen politischen Richtungen der Opposition oft mit Schärfe ausgetragen worden sind. Für Goerdeler trifft der Vorwurf aber nicht zu. Wohl wollte er, wie Popitz, die Gefahren der Massendemokratie überwinden, wohl beschäftigte er sich mit Fragen der Elitebildung (während Popitz die Existenz einer Elite einfach als gegeben voraussetzte), wohl suchte er Wege zur »Entmassung« und zu einer stabilen Autorität. Aber er wollte die Entmassung durch Liberalismus und Dezentralisation erreichen, und die stabile Autorität sollte so beschaffen sein, daß sie die Freiheit nicht unterdrückte, sondern sicherte [22]. Schon bei der Ausarbeitung der in »Das Ziel« niedergelegten Gedanken stand Goerdeler nicht nur mit Hassell und mit dem »Freiburger Kreis« um die Professoren Constantin von Dietze, Adolf Lampe und Gerhard Ritter, sondern auch mit den »Kreisauern« Trott, Yorck und Moltke in wichtiger Verbindung, später, seit Ende 1941, auch mit Sozialisten wie Leuschner, Kaiser und Habermann. Stets um Ausgleich bemüht, hat Goerdeler manchen Gedanken seiner Freunde übernommen, aber auch selbst Gedanken entwickelt, die alles andere als reaktionär waren, wenngleich das Instrumentarium seiner Verfassungspläne nicht durchweg zweckmäßig war.

Der große Unterschied zu den Plänen von Popitz, der denn auch mit

Hassell und Jessen seinerseits die Pläne Goerdelers scharf abgelehnt hat, tritt besonders im »Ziel« überall hervor. Nicht nur will Goerdeler, wie Popitz auch, Recht und Anstand wiederherstellen, sondern auch die Freiheit. Schon in den ersten Abschnitten über Grundsätze der Innenpolitik heißt es: »Alle Beschränkungen der Freiheit des Geistes, des Gewissens und der Forschung werden *sofort* aufgehoben.«[23] Das ist klar und deutlich, nicht bloß vage Zukunftsmusik. Oder: »Presse und Schrifttum sollen grundsätzlich frei sein. Feige die Regierung, dumm das Volk, die diese Freiheit nicht vertragen.« Nur »dem Verbrecher und dem Lumpen« gebührt diese Freiheit nicht. Nach den Bestimmungen über die Rechtspflege können allein ordentliche Gerichte feststellen, wer in solche Kategorie etwa gehören mag. In ähnlicher Weise dachte Goerdeler auch 1944 der Presse volle Freiheit zu, doch unter bindender Verpflichtung zur Wahrheit.

Große Hoffnungen also setzte Goerdeler in den erzieherischen Wert der Wahrheit und der Verantwortung, wie sich aus fast jedem Satz seiner Darlegungen über das Bildungswesen entnehmen läßt: Religionsunterricht sei unentbehrlich, heißt es da; doch müsse er von Persönlichkeiten – Lehrern, Pfarrern oder auch Laien – erteilt werden, die leben, was sie lehren. Lehrbücher müssen *sofort* von Unwahrheiten jeder Art befreit werden. Im Bildungswesen muß also die Wahrheit an die Stelle der Propaganda und der parteiischen Indoktrination treten. In der Industrie soll der Zeitlohn durch den Leistungslohn ersetzt werden; denn dieser ist auch »wahrer« und eher geeignet, zur Verantwortung und Tüchtigkeit zu erziehen. An die Stelle der vom Leiter der Deutschen Arbeitsfront Dr. Robert Ley befürworteten automatischen Krankheits-, Invaliditäts- und Altersversorgung aus Steuergeldern sollten entsprechende Versicherungen treten, die Arbeiter und Angestellte mindestens teilweise selbst finanzieren müßten.

Selbstverwaltung ist neben Wahrheit und Verantwortung ein Grundbegriff des Goerdelerschen Verfassungsdenkens. Gemeinden und Bezirke, aber auch Hochschulen und Studentenschaften sollten sich so weit wie möglich selbst verwalten, allerdings nicht ohne Aufsicht des Staates, ebenso die Kirchen, die auf diese Weise vom Staat getrennt werden und zusehen müssen, wie sie ohne diesen zurechtkommen, wobei sie jedoch das Recht behalten, Kirchensteuern zu erheben. Von diesem Recht werden sie, meint Goerdeler, gewiß sparsam Gebrauch machen, um große Austrittsbewegungen zu verhindern. Ob der Staat die Steuern für die Kirchen auch künftig einziehen soll oder nicht, bleibt bei Goerdeler offen. Die Trennung ist freilich nicht wirklich möglich und vollzogen, solange die

5. Goerdeler

Finanzämter die Autorität und den Schrecken, den sie verbreiten, samt ihren mehr oder minder rechtmäßigen Straf- und Vollstreckungsbefugnissen, den Kirchen leihen.

Auf einige andere Mängel in Goerdelers Verfassungsplänen wird noch hinzuweisen sein. Die Hauptsache ist aber doch ihre möglichst große Liberalität bei möglichster Vermeidung der Fehler der Bismarckzeit und der Weimarer Verfassung sowie natürlich der Zeit des NS-Regimes. Vertrauen in die Freiheit, in erzieherische Regelungen und in die Wirkung der offenen Verbreitung der Wahrheit ist ebenso nötig wie eine gute Verfassung. Nach dem Entwurf von Ende 1941 sollte zwar die NSDAP mit ihren Gliederungen alle Hoheitsrechte einschließlich des Rechts der Bewaffnung, alle staatlichen Funktionen und sonstigen Vorrechte verlieren, im übrigen aber nicht verboten werden: »Die Meinungen müssen und werden sich bald von selbst klären.« Solches Vertrauen kennzeichnet auch die beiden Verfassungsentwürfe von Ende 1941 und vom September 1944. Die Menschen müssen schon das wollen und tätig erstreben, was ihnen ihre Verfassung versprechen und geben kann, oder aber sie müssen lernen, es zu wollen. Denn: »Eine Verfassung, die *automatisch* funktioniert, gibt es überhaupt nicht.«

Dem Aufbau des Staates von unten, der nach Goerdelers Ansicht allein die richtigen Leute an den richtigen Platz bringen konnte, dient ein kompliziertes Wahlsystem, gemischt aus direkter und indirekter Wahl, wobei die direkte nur auf der untersten Ebene allein vorherrscht. Nur in seinem unmittelbaren Lebenskreis »kennt« der Wähler seinen Kandidaten wirklich gut genug. Die Gemeinden werden in möglichst kleine Bezirke geteilt, in denen aus vier dort aufgestellten Kandidaten je einer gewählt wird, der die meisten Stimmen auf sich vereinigen kann. Die Kandidaten müssen mindestens 30 Jahre alt und im Bezirk ansässig sein; die Gewerkschaften und die Berufsgruppen stellen je einen, die »politischen Bewegungen« je zwei Kandidaten auf. Der Gewählte ist dann Ratsherr der Gemeinde.

Die nächste Stufe nach dem Gemeinderat ist der Kreistag; seine Abgeordneten werden von den Gemeinderäten gewählt. Die Gewählten müssen nur im Kreise wohnen, aber nicht Mitglieder des Gemeinderates sein.

Die Kreistagsabgeordneten wiederum wählen den Landrat (für den Kreis) und die Gautagsabgeordneten, welche, um wählbar zu sein, fünf Jahre lang Gemeinderats- oder Kreistagsabgeordnete gewesen sein müssen, »um Erfahrung in der Selbstverwaltung nachzuweisen«.

Der Gautag schließlich wählt den Landeshauptmann, der als Leiter der

Gauselbstverwaltung nur wenig von der Macht der heutigen oder früheren Ministerpräsidenten besitzen sollte. Er hatte kein Kabinett, keinen Sitz in einer Reichskörperschaft und stand unter Aufsicht eines Reichsstatthalters, einer Art zentral ernannten Gouverneurs. Seine Mitarbeiter heißen folgerichtig »Landesräte«, werden aber nicht einmal vom Landeshauptmann ausgewählt, sondern vom Gautag. Außerdem bedürfen Landeshauptmann und Landesräte der Bestätigung durch den Reichsstatthalter.

Endlich wählen die Gautagsabgeordneten noch 150 von insgesamt 300 Reichstagsabgeordneten; die 150 müssen 35 Jahre alt, fünf Jahre in öffentlichen Ehrenämtern tätig gewesen und im Gau ansässig sein. Es braucht sich also nicht um Mitglieder des Gautags zu handeln; woher sie aber kommen, ist unklar. Die übrigen 150 Kandidaten werden so aufgestellt wie die für den Gemeinderat; gewählt ist der Kandidat mit den meisten Stimmen, wahlberechtigt sind in dieser Wahl nur die über fünfundzwanzigjährigen Deutschen. Entsprechend den 150 direkt zu wählenden Reichstagsabgeordneten werden 150 Wahlkreise über das Reich verteilt; die Kandidaten müssen in den Wahlkreisen, in denen sie kandidieren, ansässig sein.

Neben diesen zur Hälfte indirekt und zur anderen Hälfte direkt gewählten Reichstag tritt ein Reichsständehaus (Oberhaus). Es besteht aus den »Leitern der Reichsgruppen (Wirtschaft)«, d. h. der Berufsorganisationen, den Präsidenten der Reichswirtschaftskammern (die alle wohl aus internen Wahlen hervorgegangen sind), je drei evangelischen und katholischen Bischöfen, den Rektoren der Universitäten, einer der Zahl der Vertreter der Wirtschafts- und Berufsgruppen entsprechenden Anzahl von Vorstandsmitgliedern der Deutschen Gewerkschaft, schließlich aus 50 angesehenen Deutschen aller Art, die 50 Jahre alt sein müssen und vom Staatsoberhaupt berufen werden.

Ob die Gewichte günstig verteilt sind, läßt sich erst beurteilen, wenn man die Zuständigkeiten und die Arbeitsweise der einzelnen Körperschaften kennt. Da zeigt sich, daß die Selbstverwaltung der Gaue begrenzt ist, obwohl sie so sehr betont wird. Es herrscht ein ziemlich starker Zentralismus des Reiches. Die Gaue verwalten Universitäten, Wohlfahrts- und Gesundheitswesen, Landesmeliorationen, Friedens-, Kreis- und Gaugerichte, Gaustraßen, gewisse Kreisaufgaben, vom Reich übertragene Aufgaben und schließlich ihr Vermögen. Höhere Schulen und die den Gauaufgaben entsprechenden Kreisaufgaben, wie etwa Kreisstraßen, gehören in die Zuständigkeit der Kreise. Steuern sind nicht erwähnt, abgesehen von der Verwaltung ihres eigenen Vermögens bekommen also die Gaue, Kreise und Gemeinden nur vom Reich Geld. Pecunia nervus est rerum –

ohne unabhängige Geldquellen kann kaum von wirklicher Selbstverwaltung die Rede sein. Der gute Wille der künftigen Reichsfinanzverwaltung ist da sicher von Goerdeler überschätzt worden.

Das Reich und seine Zentralregierung ihrerseits sind allein oder hauptsächlich zuständig für Rechtswesen, Wirtschaftspolitik einschließlich Sozial- und Arbeitsrecht, Innenpolitik, Außenpolitik, Finanzpolitik, Grundsätze für Erziehungs- und Kirchenwesen (was die Trennung von Kirche und Staat wieder in Frage stellt), für Grundsätze des Wiederaufbaus und für öffentliche Arbeiten, für Reichsverkehrswesen mit Bahn, Post und Luftfahrt, und schließlich für das Wehrwesen.

Die Reichsregierung wird geführt vom Reichskanzler; Minister, die seine Richtlinien nicht billigen, müssen ausscheiden. Des Vertrauens der Reichshäuser bedarf das Kabinett nicht, doch muß das Staatsoberhaupt es abberufen, wenn Reichstag und Reichsständehaus zusammen mit jeweils einfacher Mehrheit oder der Reichstag allein mit Zweidrittelmehrheit es verlangen und gleichzeitig eine neue Regierung namhaft machen. Gesetze können von der Regierung mit und ohne Zustimmung des Reichstages erlassen werden, für die Aufhebung eines ohne Zustimmung erlassenen Gesetzes gelten ähnliche Qualifikationen wie für die Entlassung des Kabinetts: einfache Mehrheit beider oder Zweidrittelmehrheit eines Reichshauses. Da könnte man wirklich versucht sein, mit Hans Mommsen von der Anwendung einer Notstandsverfassung als Normalzustand zu sprechen, wenn nicht noch manches andere zu bedenken wäre.

Goerdeler hat nie starr an Formeln festgehalten, wenn er sich auch die Betonung wirtschaftlicher Grundsätze und ihrer Anwendung auf das Verfassungsleben kaum je hätte ausreden lassen. Er war auch nie übertrieben konsequent, dagegen immer optimistisch und liberal. Im Entwurf von 1941 waren Streik und Aussperrung verboten, trotz der ausdrücklichen Betonung des Prinzips, das Leben überhaupt und besonders in der Wirtschaft sei Kampf, hier vor allem Kampf im Wettbewerb. Die Sozialisierung gewisser Industrien war damals nicht vorgesehen, die Arbeiterschaft sollte nur in geringem Maße institutionell am Staatsleben beteiligt sein. Die Mitbestimmung in der Wirtschaft sollte den Arbeitern zustehen, das war eine Grundforderung der Gewerkschaftsführer, aber weitergehende institutionelle Beteiligung am Staatsleben hätten diese nach dem Bericht der engen Mitarbeiterin Jakob Kaisers, Dr. Elfriede Nebgen, ohnehin nicht gewünscht, weil sie ständestaatliche Tendenzen ablehnten [24], obwohl die von den Gewerkschaftsführern schon lange angestrebte Einheitsgewerkschaft potentiell ein ständestaatliches Element war, wenn es auch allein natürlich noch nicht zum Ständestaat führen konnte.

Im Entwurf von 1944 aber wollte Goerdeler nicht nur die Arbeiter und ihre Organisationen sehr stark am Staatsleben beteiligen, zumindest beim Wahlverfahren, und zwar paritätisch mit Unternehmer- und Berufsgruppenvertretern. Er wollte auch Bodenschätze und der ganzen Wirtschaft dienende Monopolbetriebe wie Eisenbahn, Post, Elektrizitäts-, Gas- und Wasserversorgung sozialisiert wissen. Die Gewerkschaft wurde zum Betrieb eigener Wirtschaftsunternehmen ermuntert.

Zu verwirklichen wäre das alles hauptsächlich durch die Einheitsgewerkschaft, die von den Gewerkschaftsführern selbst gefordert und nach ihren Wünschen in Berufsverbänden organisiert werden sollte. In der Zusammenarbeit mit den Gewerkschaftsführern in den Jahren 1941 bis 1944 machte sich Goerdeler diese Auffassungen zu eigen [25]. Bei Goerdeler mögen ständestaatliche Tendenzen also stärker gewesen sein als bei den Gewerkschaftsführern, vorhanden waren sie bei beiden, ob sie bewußt dafür eintraten oder nicht. Allerdings wären die von den Gewerkschaftsführern gewünschten großen (und wenigen) politischen Parteien [26] ein starkes Gegengewicht gegen ständestaatliche Entwicklungen gewesen.

Jedenfalls ist deutlich, daß Goerdeler durchaus zu Änderungen, Zugeständnissen und Neuentwicklungen bereit war, insbesondere unter dem Einfluß seiner sozialistischen und seiner demokratisch-liberal gesinnten süddeutschen Freunde um Robert Bosch. In seinem Entwurf vom September 1944 stellt er ausdrücklich fest: »Dies ist der ungefähre Aufbau der Reichsverfassung und Verwaltung.« Spätere Änderungen des Wahlsystems waren ebenso ausdrücklich in Erwägung gezogen. Der Gedanke, Parteien so lange wie möglich vermeiden zu wollen, ist weltfremd, aber der Verfassungsentwurf ließ die Möglichkeit der Formierung der Interessengruppen offen.

Gewiß wären die Hindernisse für den Sturz einer Regierung unter Goerdelers Verfassung groß gewesen. Der Fall, daß das Reichsständehaus mit Mehrheit ihn verlangt, war sicher sehr unwahrscheinlich, die daher für den Sturz der Regierung nötige Zweidrittelmehrheit des Reichstages wohl auch. Es genügt aber andererseits nicht, den Sturz der Regierung zu erleichtern; man denke nur an das Frankreich der Zeit vor dem Kriege und von 1946 bis 1958.

Aber das alles ist nicht so entscheidend. Die Verfassung wäre, so wie sie von Goerdeler entworfen wurde, nach einem erfolgreichen Staatsstreich in den Jahren 1941 bis 1944 mit großer Sicherheit nicht in Kraft getreten. Wie leicht konnte es zu einer Militärdiktatur kommen, gegen die Goerdelers Idealismus machtlos gewesen wäre, wie rasch hätte andererseits bei günstiger Entwicklung ein verfassungsberatendes Parlament seine Rechte geltend gemacht, und wo nicht, da wäre man eben wieder bei Goerdelers eigener Feststellung, daß die beste Verfassung nicht automatisch Demokratie und Gerechtigkeit sichert, daß eine Demokratie hauptsächlich des guten Willens ihrer Bürger bedarf, um zu funktionieren.

Selbst unter Goerdelers Entwurf, den man gar nicht so wörtlich nehmen darf, sondern als Diskussionsvorschlag eines Mannes, der in der Opposition als führend anerkannt war, aber doch bei keiner ihrer Gruppen großen Rückhalt hatte, auch beim Militär nur, sofern Beck eine führende Rolle übernahm, selbst unter diesem Entwurf also gab es für ein demokratisch gesinntes und auf seine Rechte bedachtes Parlament Möglichkeiten genug, um die Regierung unter Kontrolle zu halten. Eigens war vorgesehen, daß die Reichsregierung für das Etatgesetz, die Steuergesetze, für Verträge mit dem Ausland und für Zollgesetze der »Zustimmung der Reichshäuser« immer bedürfe. Keine Regierung kann ohne Geld regieren, und wenn das Parlament für Ausgabenkontrolle und kurz befristete Ausgabengesetze sorgt, dann muß die Regierung über jeden getanen Schritt erst Rechenschaft ablegen, ehe sie neues Geld bekommt. Besonders wird sie zu demokratischem Wohlverhalten gezwungen, wenn die Mittel für langfristigen Bedarf nur stückweise genehmigt werden.

Der Versuchscharakter des Goerderlerschen Entwurfes wird auch unterstrichen durch die Stellung, die dem Staatsoberhaupt darin zukommen sollte. Zunächst sollte ein Generalstatthalter diese Funktion übernehmen, der für die ersten fünf Jahre von der Regierung vorgeschlagen und nur vom Ständehaus gewählt werden sollte. Denn Wahlen würden erst nach der Demobilisierung möglich sein, ein Staatsoberhaupt aber brauchte man sofort, und zwar ein möglichst populäres, um dem Volk den Umsturz auch annehmbar und sinnfällig zu machen. Das nächste Staatsoberhaupt sollte dann von Reichstag und Reichsständehaus gewählt werden.

Der Gedanke einer Monarchie ist bis 1944 immer wieder aufgetaucht, und die verschiedensten Kandidaten waren im Gespräch. Jakob Kaiser etwa sprach von Rupprecht von Bayern als einem möglichen Reichsverweser, Goerdeler wies auf den Enkel Kaiser Wilhelms II. in England, Fritz, hin, während Generaloberst von Hammerstein und Beck für den Fall der Restauration der Hohenzollern auf der legitimen Erbfolge bestanden [27]. Klaus Bonhoeffer und Otto John schließlich brachten immer wieder den Prinzen Louis Ferdinand ins Gespräch und führten auch Begegnungen zwischen diesem und Jakob Kaiser, Leuschner, Wirmer sowie Ewald von Kleist-Schmenzin und Ulrich von Hassell herbei. Aber der Kronprinz lehnte eine Kandidatur ab, und seit Anfang 1943 zog sich auch Louis Ferdinand zurück.

Goerdeler hielt eine erbliche Monarchie für das beste, wollte und konnte sich da aber nicht festlegen. Wesentlich schien ihm, daß das Staatsoberhaupt bzw. der Monarch nicht regierte, sondern repräsentierte und über die Verfassung wachte.

Behauptet man, die Opposition wäre in Goerdelers Entwurf praktisch unmöglich gewesen, so entzieht man damit schon im voraus den künftigen Demokraten das Vertrauen bzw. verlangt damit eine Patentlösung, die durch Lieferung der perfekten demokratischen Verfassung auch gleich die perfekten demokratischen Bürger schafft[28]. Das wirkliche Leben ist nie so abstrakt wie ein Verfassungsentwurf. Ein Hohenzollernprinz, z. B. Louis Ferdinand, der sich an die Spitze der deutschen Widerstandsbewegung gestellt und sein Leben offen gegen die Tyrannei gewagt hätte, hätte wahrscheinlich sofort der Monarchie in Deutschland und dem Hause Hohenzollern ein ganz anderes Gesicht gegeben und »die peinlichen Erinnerungen vom November 1918 wären demgegenüber jählings versunken«[29]. Vertrauen in den guten Willen und die Entwicklungsfähigkeit sowohl der Regierenden wie der Regierten ist unentbehrlich in jedem Falle. Oder will man behaupten, die Entwicklung Westdeutschlands seit 1945 sei so verhältnismäßig günstig verlaufen, weil sie unter Leitung und Aufsicht vertrauenswürdigerer Kustoden geschah, als es Deutsche hätten sein können? Dann wären auch diejenigen Verfassungsentwürfe der Widerstandsbewegung, die weitaus autoritärer waren als die von Goerdeler, noch gerechtfertigt.

In der jüdischen Frage vertrat Goerdeler Ende 1941 und Anfang 1942 in seiner Denkschrift »Das Ziel« und noch im September 1944 in seinen »Gedanken eines zum Tode Verurteilten über die deutsche Zukunft« den Trennungsstandpunkt. Eine Regelung der Stellung der Juden in der ganzen Welt sei erforderlich, indem ein jüdisches Territorium geschaffen würde, in Palästina oder in Südamerika (in »Das Ziel« war von Kanada oder Südamerika die Rede); alle Juden der Welt würden Bürger dieses Territoriums, verlören die Staatsangehörigkeit des Gastlandes, stünden hier dann unter Fremdenrecht wie Angehörige anderer Nationalitäten. Das von Deutschland durch Enteignung und Zerstörung jüdischen Besitzes und Lebens begangene Unrecht müsse, soweit nur möglich, wieder gutgemacht, die Möglichkeiten der Neuordnung müssen geprüft und gelöst werden, wenn der ganze Umfang des Geschehens feststehe; sofort seien alle diskriminierenden Beschränkungen (Lebensmittelversorgung, Wohnung, kulturelle Betätigung, Namenführung) aufzuheben und in den Ghettos in den besetzten Gebieten menschenwürdige Zustände zu schaffen[29a].

6. Kreisau

Mit demselben Vorbehalt der Vorläufigkeit und noch größerer Entfernung von der Praxis muß man die Entwürfe des Kreisauer Kreises betrachten und zu beurteilen versuchen, die in vielen Tagungen und Besprechungen, besonders im Juli 1941, im Mai und Oktober 1942 und im Juni 1943 erarbeitet worden sind [30]. Noch mehr als bei den Niederschriften Goerdelers ist hier der Entwurfcharakter zu betonen. Obwohl über viele Grundsätze im Kreisauer Kreis Einigkeit herrschte, waren sie doch noch so weit gefaßt, daß sie viele Möglichkeiten offen ließen, eben um die Einigung überhaupt zu ermöglichen. Zwar wurde der Kreisauer Kreis nach dem Gut des Grafen von Moltke, wo die Gruppe verschiedentlich getagt hat, benannt. Aber er hatte keinen eigentlichen Führer, tagte viel öfter, wenn auch nicht als Plenum, in Berlin und bestand aus ganz eigenständigen Persönlichkeiten mit eigenen Überzeugungen. Diese waren zum Kompromiß wohl fähig und bereit, wußten auch, daß Politik ohne Kompromiß nicht möglich sei. Aber im Diskussionsstadium hielten sie an ihren eigenen Auffassungen fest. Meinungsverschiedenheiten über ganz wichtige Fragen, wie die der Enteignung der Grund- und Schwerindustrien, der Unterstützung eines Attentats, des Verwaltungsaufbaues nach dem Kriege oder der Konfessions- oder Gemeinschaftsschulen, blieben bis zum Untergang der Gruppe bestehen. Für das Herbeiführen einer praktischen Übereinkunft in diesen Dingen fehlte der Druck der konkreten Situation, da der Umsturz mißlungen ist.

Man kann also nur selten von den Auffassungen oder der Haltung »des Kreisauer Kreises« als Ganzem sprechen, ohne sich großer Vereinfachung schuldig zu machen, es sei denn, man beschränke sich auf die Entwürfe, über die zumindest zeitweise und wenigstens bei der Mehrheit des Kreises Einigkeit bestanden hat. Das soll denn auch hier geschehen [31]. Im übrigen ist hier nicht beabsichtigt, den politischen, wirtschaftlichen und sozialen Auffassungen des Kreises im einzelnen nachzugehen. Wesentlicher für den vorliegenden Bericht ist die Haltung und der Einfluß der am Kreisauer Kreis beteiligten Persönlichkeiten beim Umsturzversuch und seiner Vorbereitung. Darauf wird im 4. Abschnitt des X. Kapitels zurückzukommen sein.

Bei aller Verschiedenheit finden sich viele Parallelen zwischen den Gedanken Goerdelers und denjenigen der Kreisauer [32]. Hier wie dort findet sich die Betonung des Christentums als der Grundlage der Gesellschaft, der Wiederherstellung des Rechts, der Glaubens- und Gewissensfreiheit. Aber die Kreisauer Grundsätze gehen in einigen Punkten weiter, wobei sie manches an Nüchternheit und praktischer Durchführbarkeit einbüßen. So heißt es in dem Entwurf von 1943, »Grundsätze für die Neuordnung«, nicht nur, die Würde der menschlichen Person müsse unverletzlich sein, sondern etwa auch, das Recht auf Arbeit und Eigentum stehe »ohne Ansehen der Rassen-, Volks- und Glaubenszugehörigkeit unter öffentlichem Schutz«. Wie sollte das Recht auf Arbeit und Eigentum praktisch garantiert werden? Was würde man sagen, wenn etwa ausländische Kapitalgesellschaften sich in deutschen Industrie- und Wirtschaftszweigen einen bestimmenden oder gar vorherrschenden Einfluß verschafften? Mit der Stellung der Frage soll nicht gesagt sein, daß eine solche Entwicklung unbedingt verwerflich wäre, nur, daß sie sehr wahrscheinlich bei ihrem Eintreten erst lange Gesichter und dann Gegenmaßnahmen hervorgerufen hätte, die als Beschränkung des Rechts auf Eigentum hätten gelten müssen. Die starke Tendenz zu einer Art utopischem Sozialismus klingt an, wenn davon die Rede ist, daß nicht nur die Familie als Einrichtung, sondern auch die für ihr Leben nötigen äußeren Güter wie »Nahrung, Kleidung, Wohnung, Garten und Gesundheit« durch öffentlichen Schutz gesichert werden sollen.

Große Verwandtschaft mit Goerdelers Denken zeigen dagegen wieder die Grundsätze über Arbeit und politische Tätigkeit der Bürger: »Die Arbeit muß so gestaltet werden, daß sie die persönliche Verantwortungsfreudigkeit fördert..« Dazu gehören Berufsfortbildung, Mitverantwortung im Betrieb und im gesamten Wirtschaftszusammenhang. So suchte man der Vermassung entgegenzuwirken, dem Leben des einzelnen wieder organische Funktion und Sinn zu geben. In ähnlicher Weise erklärte man sich für die Ausübung persönlicher politischer Verantwortung durch Beteiligung des einzelnen an der Selbstverwaltung kleiner und überschaubarer Gemeinschaften. Von hier aus, von unten nach oben, sei die Mitbestimmung durch gewählte Vertreter im Staat und in der Völkergemeinschaft aufzubauen. Von der Familie zur Gemeinde, von da zum Land und zum Reich geht die aufsteigende Linie, immer nach den Grundsätzen und Methoden der Selbstverwaltung. Die Länder sollten nach einem Entwurf von Fritz-Dietlof Graf von der Schulenburg nicht zu groß sein, um möglichst Überschaubarkeit zu gewährleisten, doch sollten historische und kulturelle Gegebenheiten bei der Neuordnung beachtet werden [33].

Das Wahlsystem sah, im Gegensatz zu demjenigen Goerdelers, direkte Wahlen immerhin bis zur Kreisebene vor. Gemeinde- und Kreisvertretungen sollten von allen Wahlberechtigten (ab 21 Jahre; Familienväter erhielten für jedes nicht wahlberechtigte Kind eine weitere Stimme, bei Goerdeler eine weitere Stimme bei wenigstens drei Kindern) direkt gewählt werden in kleinen Wahlkreisen, die unbedingt für den Wähler überschaubar sein sollten. Über die wichtige Frage der Kandidatenaufstellung, über Zahl und Herkunft der Kandidaten, ist nur gesagt, eine nicht näher bestimmte Anzahl Wahlberechtigter solle sich auf sie einigen. Über die für den Wahlsieg erforderliche Mehrheit – einfache, absolute oder sonst qualifizierte Mehrheit – enthält der Entwurf nichts.

Auf Landes- und Reichsebene sollten die Vertretungen indirekt zustande kommen. Die Landtage der Länder waren von den Gemeinde- und Kreisvertretungen zu wählen. Sogar für große Städte wurde dieses Verfahren vorgesehen: Dort wählen die Bezirksvertretungen das Stadtparlament. Wählbar ist jeder Bürger über 27 Jahre, ausgenommen Militärpersonen; für Stadtparlamente, Landtage und Reichstag sind auch politische Beamte von der Kandidatur ausgeschlossen. Außerdem dürfen mindestens die Hälfte der so zu wählenden Vertreter nicht den wählenden Gemeinde- oder Kreisversammlungen angehören.

Den aus diesem nicht klar umrissenen Wahlsystem hervorgegangenen Selbstverwaltungskörperschaften werden wenigstens scheinbar große Zuständigkeiten gegeben, weit größere als bei Goerdeler. Der Landtag hat im Kreisauer Entwurf nicht nur das Recht, das Vermögen des Landes zu verwalten, sondern erhebt auch Steuern, stellt einen Haushalt auf und beschließt Landesgesetze, er wählt den Landeshauptmann und den Landesverweser, diesen allerdings gleich auf volle zwölf Jahre, an die Spitze der Landesselbstverwaltung. Der Landeshauptmann führt die Landesregierung aus Staatsräten. Aber der Landesverweser, der vom Reichsverweser (Staatsoberhaupt) bestätigt werden muß, soll die gesamte Landesverwaltung überwachen und die Landesbeamten ernennen – über ein Vorschlagsrecht einer gewählten Landeskörperschaft ist hier nichts gesagt – und überhaupt für die Verwirklichung der Reichspolitik im Land sorgen. Er hat den Vorsitz in einem Landesrat, dessen Zustandekommen nicht erläutert wird, der aber wohl analog zum Reichsrat als Oberhaus aus Wirtschafts-, Berufs- und vielleicht auch aus Gewerkschafts- und Kommunalführern zu denken ist. Der Landesverweser bildet also ein ungemein kräftiges Gegengewicht gegen den Landeshauptmann. Der durch Steuer- und Gesetzgebungsrecht unterstrichene Föderalismus fällt in der Wirklichkeit – vielleicht unbeabsichtigt – nur geringfügig aus [34].

Immerhin mochte dem Landtag noch ein gewisser Einfluß auf die Reichspolitik bleiben über die Wahl der Reichstagsmitglieder, die ihm zustand. Der Weg dahin führte durch ein höchst kompliziertes Verfahren, dessen Hauptzweck keinesfalls war, den Willen der Mehrheit der Bürger in der Reichspolitik zum Ausdruck zu bringen, sondern, möglichst verantwortungsbewußte und verantwortungsfähige Kräfte in die Führungsstellen zu bringen. Auch dieser Zug trat bei Goerdeler wesentlich stärker hervor durch die Forderung fünfjähriger Verwaltungserfahrung, während im Kreisauer Entwurf solche Bestimmungen fehlen. Hier heißt es nur allgemein, der Landtag wähle den Reichstag, und wenigstens die Hälfte der Gewählten – Zahlen sind gar nicht genannt – dürfe nicht dem Landtag selbst angehören. Woher sie kommen sollen, ist nicht angedeutet.

Der so gewählte Reichstag beschließt über Reichssteuern, Reichshaushalt und Reichsgesetze. Wieder fehlen bindende und klare Bestimmungen darüber, wie die Gesetze zustande kommen sollen. Die Reichsregierung würde ja wohl einen Entwurf z. B. zum Haushaltsgesetz vorlegen, aber dem Reichstag steht nur »Beschlußfassung« darüber zu. Sollte es die Reichsregierung im Konfliktfalle wie Bismarck machen, oder sollte sie abtreten? Darüber und auch über die wichtige Frage der Periodizität der Sitzungen des Reichstages ist nichts gesagt. Der Reichsregierung gegenüber hat er ein Frage- und Resolutionsrecht, er wählt das Staatsoberhaupt, den Reichsverweser, aber nicht die Reichsregierung, zu deren Zustandekommen der Reichstag nur durch »Zustimmung« beiträgt.

Gemeint ist damit wohl, daß die Reichstagsmehrheit mit der Berufung des Kanzlers durch den Reichsverweser einverstanden sein solle – oder müsse? Ausdrücklich festgestellt ist weder das eine noch das andere. Die Fachminister, die mit dem Reichskanzler zusammen die Regierung bilden, werden vom Kanzler vorgeschlagen und vom Reichsverweser ernannt. Hier ist nicht einmal von »Zustimmung« des Reichstages die Rede, die parlamentarische Verantwortlichkeit fehlt also. Allerdings ist durch ein etwas schwieriges Verfahren dafür gesorgt, daß ein Kanzler mit seiner Regierung auch bei genügendem Rückhalt beim Staatsoberhaupt nicht unbegrenzt an der Macht bleiben kann. Nicht nur der Reichsverweser kann den Kanzler abberufen, sondern auch der Reichstag kann die Abberufung verlangen (bindend?), muß es aber »mit qualifizierter Mehrheit« tun und zugleich einen neuen Reichskanzler vorschlagen. Weigert sich das Staatsoberhaupt, den vorgeschlagenen Kanzler zu berufen, so ist das Staatsleben in einer Sackgasse.

Zum Reichstag gesellt sich als zweite Kammer ein Oberhaus, der Reichsrat, der sich aus den Landesverwesern zusammensetzt, also nicht etwa aus den Landeshauptleuten, welche die Exponenten der Länderinteressen wären, sondern aus den Funktionären, die ohnehin in den Ländern die Reichsinteressen zu vertreten haben. Ferner besteht der Reichsrat aus dem Reichstagspräsidenten, dem Präsidenten der Reichswirtschaftskammer und aus weiteren vom Reichsverweser mit Zustimmung der Reichs-

6. Kreisau

regierung auf acht Jahre zu berufenden Reichsräten unbestimmter Zahl[35]. Der Reichsrat kann Vorschläge für die Wahl des Reichsverwesers machen, Empfehlungen an den Reichstag richten, er soll aber auch »die Disziplinargerichtsbarkeit über die Reichsregierung und die Landesverweser ausüben«. Unklar ist, ob dabei an die Funktion eines Verfassungsgerichtshofes oder bloß an die Aufsicht über das Einhalten der Vorschriften des Regierens gedacht war.

Auch hier aber gilt, wie bei allen mehr oder minder eigenartigen Verfassungsbestimmungen, daß es mehr darauf ankommt, was aus den Bestimmungen gemacht wird, wie sie gehandhabt werden, welche Verfahrensweisen sich durch Spontaneität, durch Präzedenzfälle oder Rückgriff auf Traditionen, durch Gewohnheit einbürgern und wie stark die Tendenz ist, sich an bewährte Verfahren zu halten, solange sie sich brauchbar erweisen. Andererseits ist die Vermutung sicher nicht unberechtigt, daß die – wegen mangelnder Präzision nicht immer eindeutige – Tendenz zum Autoritären, zur Konzentration der politischen Macht Gefahren und Versuchungen mit sich bringen mußte. Es ist mehr als zweifelhaft, ob gerade der Reichsrat mit seiner Unabhängigkeit vom Wählerwillen hier als Gegengewicht hätte wirken können[36].

Endlich ist noch das Staatsoberhaupt zu erwähnen. Der Reichsverweser wird auf Vorschlag des Reichsrates vom Reichstag auf 12 Jahre gewählt. Nach dem Kreisauer Entwurf repräsentiert er das Reich, unterschreibt die Gesetze und führt den Oberbefehl über die Wehrmacht sowie den Vorsitz im Reichsrat. Außerdem hat er das wichtige Recht, Reichskanzler zu berufen und abzuberufen. Über ein Auflösungsrecht für den Reichstag ist nichts gesagt, da es aber für sonst ausweglose Situationen nötig ist, muß man annehmen, daß es dem Reichsverweser zustehen sollte. So hat sich, trotz der umfassenden, aber nicht klar definierten Kompetenzen des Reichstages, eine ganz beträchtliche Machtfülle beim Staatsoberhaupt angesammelt. Er kann Kanzler und Regierungen einsetzen und absetzen, und er braucht sich, wenn man die Tendenz des Entwurfes richtig versteht, um den Reichstag dabei nicht notwendigerweise zu kümmern, im Konfliktfalle kann er über ihn hinweggehen. Da der Reichsverweser für eine begrenzte Zeit gewählt werden sollte, kann an eine Monarchie nicht gedacht gewesen sein, aber die zwölfjährige Amtszeit ist doch sehr lange.

Der Kreisauer Verfassungsentwurf, eigentlich ein Entwurf von Grundsätzen für einen Verfassungsentwurf, läuft darauf hinaus, eine starke zentrale Reichsgewalt durch eine erneuerte Elite in den Sattel zu heben und bis zu einem gewissen Grade auch zu kontrollieren. Die Betonung liegt aber auf Autorität und Elite.

Aus rein praktischen Erwägungen hielt man es im Kreisauer Kreis allgemein für unmöglich, sofort nach dem Staatsstreich zum parlamentarischen Parteiensystem zurückzukehren [37]. Alles, was unter »Weimar« im negativen Sinn verstanden wurde, sollte vermieden werden, besonders die Zersplitterung, der eigensüchtige und skrupellose Kampf der Parteien, der der Gesamtheit nur Schaden brachte, wie es sich ja doch gezeigt hatte. Die Möglichkeit der Neubildung von Parteien war für später offengelassen, aber zunächst wollte man darauf verzichten. Das erste Parlament sollte ohne Einschaltung der Parteien durch Personenwahl und durch das Delegationsprinzip von unten nach oben zustande kommen.

Sodann ist zu beachten, daß diese als Grundsätze und Richtlinien, nicht als sofort verwendbare Verfassungsinstrumente gedachten Entwürfe ein ganz besonderes, wenn auch vielleicht unrealistisches Ziel verfolgten. Sie sollten dazu beitragen, einen neuen Menschen hervorzubringen – wie nötig das ist, weiß man schon lange, und es ist heute nicht weniger nötig als damals –, und zwar durch Zusammenfassung und Zusammenarbeit aller geistig, politisch und sozial tragenden und verantwortungswilligen Kräfte von den Gewerkschaften bis zu den Kirchen. Partei- und Partikularinteressen sollten gegenüber dem Gesamtinteresse und dem Gesamtmenschlichen zurücktreten, nur nicht unter Zwang, sondern als Ergebnis freiwilliger Zusammenarbeit auf das gemeinsam erkannte Ziel hin. Integration ist das Schlüsselwort für solche Bemühungen, ganz im Gegensatz zu Goerdeler hielten es Moltke und die meisten der Kreisauer für wesentlich, »an die Stelle der herkömmlichen Parteien-Koalition den Versuch einer neuen inneren *Integration* zu setzen.« [38] Die Integration sollte stattfinden auf der Grundlage der christlichen Religion; denn ohne gemeinsame Grundlage ist sie natürlich nicht möglich.

Dr. Gerstenmaier hat schon bei den Beratungen in den Jahren 1942 bis 1944 gegen das Utopische in diesen Gedanken opponiert. Er hat sie aber damals nicht so entschieden abgelehnt wie heute (er meint jetzt, sie seien überhaupt nicht durchführbar gewesen), weil es sich bei den Entwürfen nicht um Fragen auf Leben und Tod, sondern eben um Entwürfe gehandelt hat. Auch im Kreisauer Kreis wußte man sehr wohl, daß in der praktischen Politik Kompromisse, also Koalitionen nicht zu vermeiden waren, daß man sich nach dem Staatsstreich sehr wahrscheinlich mit Goerdeler hätte einigen müssen [39]. In Kirchenfragen (Trennung von Staat und Kirche im Gegensatz zum Kreisauer Entwurf), in Schulfragen (Konfessions- oder Gemeinschaftsschule), in Agrarfragen (Großgrund- oder bäuerlicher Mittelbesitz), in Wirtschaftsfragen (Steuerung des Wettbewerbs, Kreisauer Planwirtschaft [40] gegen Goerdelers gezügelten Liberalismus, Verstaatlichungen) wäre es zu vielen Auseinandersetzungen gekommen, zumal man sich innerhalb des Kreisauer Kreises über diese Fragen gar nicht einig war [41].

Gemeinsam war jedoch allen Kreisauern und auch Goerdeler das Bestreben, der »Vermassung« entgegenzuwirken, also wenigstens in begrenztem Sinne die Suche nach dem neuen Menschen. Beide wollten den Menschen wieder in einen organischen Zusammenhang stellen und zumindest vorläufig die Parteien als seelenlose Machtapparate ausschalten. Bei Goerdeler liegt die Betonung auf dem Wunsch nach Heranziehung der am besten geeigneten und durch Verwaltungspraxis vorgeschulten Kräfte, bei den Kreisauern und besonders Moltke auf der Integration und der Erneuerung der Elite [42]. Aber an dem Vertrauen zum Wähler und Bürger, auf das doch beide Wert legten, fehlte es beiden, begreiflicherweise. Sie wollten mit ihren Vorschlägen Bürger heranbilden, die das Vertrauen einst einmal rechtfertigen würden, aber bis dahin wollten sie ihre Auffassungen oktroyieren, die Erfahrung von Weimar schien dazu zu zwingen.

Diese illiberale, wenn auch wohlgemeinte Tendenz hat Hans Mommsen in seiner umfassenden Studie über »Gesellschaftsbild und Verfassungspläne des deutschen Widerstandes« unnachsichtig beleuchtet, aber er hat auch darauf hingewiesen, wie sehr die Planungen unter dem Druck der Gefahr im totalitären Staat und unter dem Druck der geistigen Isolierung standen, und wie sehr es besonders den Kreisauern an praktischen politischen Erfahrungen fehlte [43].

Beim Erfolg eines Staatsstreiches wären nicht nur die Kräfte zum Zuge gekommen, deren politische Auffassungen und Gedanken Gegenstand dieses Kapitels waren. Wohl hätten Goerdeler, Beck, Hassell, Moltke und Yorck bedeutende Rollen gespielt, aber auch die Brüder Stauffenberg und Julius Leber hätten gewichtig mitgesprochen, ja vielleicht den Ton angegeben. Besonders Claus Graf von Stauffenberg hatte durchaus eigene politische Auffassungen, die er auch durchzusetzen gedachte [44]. Die Praxis hätte in jedem Falle anders ausgesehen als die Theorie.

VII. Kontakte zu den Kriegsgegnern 1940-1944

1. Albrecht Haushofer 1940/41

Dem Scheitern bzw. der Folgenlosigkeit der Kontakte im Winter 1939/1940 waren die siegreichen Offensiven der deutschen Wehrmacht gegen Norwegen, die Niederlande, Belgien und Frankreich gefolgt. Der Triumph war groß, und es wäre zu verwundern gewesen, wenn sich im Sommer 1940 sehr viele Stimmen für die Beseitigung des Führers und Reichskanzlers des Deutschen Reiches gefunden hätten. Doch die entschlossenen Gegner Hitlers ließen von ihrem Ziel keinen Augenblick ab. Moltke zumal hat seine Haltung und seine Auffassungen auch im Angesicht des scheinbar unaufhaltsamen Erfolges, der bei einiger Mäßigung hätte festgehalten werden können, nicht aufgegeben. Ausdrücklich ließ er dies im Dezember 1940 an Lord Lothian, den britischen Botschafter in Washington, mitteilen[1]. Auch seine Verbindung mit dem amerikanischen Geschäftsträger in Berlin, Mr. Alexander C. Kirk, konnte er aufrechterhalten[2]. Freilich, solange hinter solchen Kontakten keine wirkliche Aussicht auf Umsturz stand, hatten sie wenig Sinn, so gefahrvoll sie auch für die Beteiligten sein mochten. Generale waren im Jahre 1940 weniger denn je zu einem Staatsstreich zu haben. Das änderte sich erst wieder, als der Angriff gegen Rußland bevorstand. Aber inzwischen mußten dennoch die Kontakte gepflegt und aufrechterhalten werden, schon damit sie bestanden, wenn sie gebraucht wurden.

Einer der ersten Sondierungsversuche seit dem Frankreichfeldzug ist mit dem Namen Albrecht Haushofer verbunden. Sein Vater, der Weltkriegsgeneral und Professor Dr. Karl Haushofer, galt als Begründer der deutschen geopolitischen Wissenschaft, und der Sohn lehrte seit 1934 Politische Geographie und Geopolitik an der Berliner Hochschule für Politik, seit 1939 an der Universität Berlin; zugleich war er Mitarbeiter des Auswärtigen Amtes[3]. Über seinen Vater hatte Haushofer enge Verbindung zum »Stellvertreter des Führers und Reichsminister ohne Geschäftsbereich« Rudolf Heß, der 1922 bei Professor Karl Haushofer kurze Zeit Assistent gewesen war, woraus sich trotz dem ganz ungenügenden geistigen Format Heß' eine enge und andauernde Freundschaft entwickelt hatte⁴. Während der dreißiger Jahre hatte Albrecht Haushofer oft Gelegenheit oder Auftrag, dank seiner gründlichen Kenntnis Englands, als Berater für Heß und indirekt für Hitler zu wirken. Mit Hilfe seines Einflusses suchte er die Ernennung Ribbentrops zum Außenminister zu hintertreiben, doch so erfolglos, daß er sich zu eindringlichen und öffentlichen Warnungen gezwungen sah⁵.

Politisch war Haushofer eher nach rechts orientiert. Er bevorzugte eine bürgerlich-liberale, aber doch auch autoritäre Monarchie. Von Anfang an war er Gegner des Nationalsozialismus und der Hitlerschen Politik, aber Rücksicht auf die Eltern, das zur Hälfte jüdische Blut der Mutter, die Verbindung zu Heß und die Überzeugung, nur von innen wirken zu können, bestimmten Haushofer, den Bruch mit dem Regime nicht auch äußerlich zu vollziehen⁶. Er wollte, wie er im Dezember 1939 an seine Mutter schrieb, von dem »›havarierten, an einzelnen Stellen schon brennenden und von Narren und Verbrechern weithin beherrschten und geführten Schiff‹« nicht ins Wasser springen, wo er rasch versinken würde, sondern lauern und versuchen, »›vielleicht einmal einen wichtigen Steuerhebel zu greifen‹«⁷. Während des Krieges hatte er Verbindungen nicht nur mit dem Kreis um Hassell, Popitz und Langbehn, sondern auch mit dem Kreisauer Kreis und mit den führenden Mitgliedern der sogenannten Roten Kapelle, namentlich mit Harro Schulze-Boysen und Wolfgang Hoffmann-Zampis⁸.

Wegen seiner freien Auffassungen und seinem offenen, klaren Urteil war Albrecht Haushofer unter der nationalsozialistischen Diktatur ebenso gefährdet wie wegen des jüdischen Blutes seiner Mutter, aber solange Heß in Ansehen stand und seine Hand über die Familie hielt, blieb die Gefahr neutralisiert. So konnte Haushofer noch im August 1937 in der *Zeitschrift für Geopolitik* schreiben: Man sei sich in San Francisco wie in Washington darüber klar, »›daß ein Existenzkampf Englands die Vereinigten Staaten nicht als teilnahmslose Zuschauer sehen würde‹«. Die Interessengemeinschaft zwischen beiden Mächten sei so tief, daß auch ohne Vertrag beide eine Politik betreiben können, als bestände ein unauflösliches Bündnis. »›Wer mit England in Konflikt gerät, sollte wissen, daß er auch Amerika unter seinen Gegnern haben wird – allen Neutralitätsgesetzen zum Trotz.‹«⁹ Im Oktober 1938 vertrat Haushofer, ebenso öffentlich und wieder in der *Zeitschrift für Geopolitik*, den Standpunkt, Chamberlain sei mit seinen siebzig Jahren dreimal ins Flugzeug gestiegen, um Hitler »›im Gespräch von Mann zu Mann verständlich zu machen, daß das Empire seine Flotte so wenig umsonst mobilisiere, wie Deutschland sein Heer‹«¹⁰. Mit anderen Worten: Nur weil Hitler diesmal vor der englischen

Drohung zurückgewichen ist, konnte der Krieg vermieden werden. Als Haushofer sah, wie wenig Hitler die Lage verstand oder verstehen wollte und wie sehr er sich in Maßlosigkeit und Größenwahn steigerte, erhob er doch wieder und wieder seine Stimme, warnend vor der Entschlossenheit Großbritanniens und Frankreichs, keinen Schritt mehr nachzugeben. Noch im Juni 1939 sprach er das ganz unverschlüsselt in der *Zeitschrift für Geopolitik* aus [11]. Kaum jemand in Deutschland, der solche Auffassungen vertrat, konnte sie damals noch so frei publizieren wie Haushofer, der von Heß geschützt wurde und zugleich seine Verbindung zu Popitz, Beck und Hassell aufrechterhalten konnte.

Gegen sein durch genaue Kenntnis Englands vermitteltes Gefühl, daß die Westmächte einen vom Zaun gebrochenen Krieg bis zur endgültigen, diesmal ganz unmißverständlichen Niederlage Deutschlands führen würden, suchte Haushofer doch nach Wegen, die Westmächte unter der Voraussetzung eines Umsturzes in Deutschland zum Entgegenkommen gegenüber Deutschland zu bewegen. Da auch Hitler daran interessiert war, nach dem Sieg über Frankreich irgendwie den britischen Gegner wieder loszuwerden, und da Heß glaubte, in Hitlers Sinne tätig werden zu sollen, bot sich Haushofer eine Gelegenheit, auf zwei Gleisen gleichzeitig zu fahren. Heß wollte Hitler helfen, mit England zum Frieden zu kommen; Haushofer wollte die dadurch eventuell gegebenen Kontaktmöglichkeiten im Sinne der Opposition ausnützen, um die außenpolitische Grundlage für einen Staatsstreich zu schaffen [12].

Heß wandte sich um den 1. September 1940 an Professor Karl Haushofer mit der Frage, ob er keinen Weg wisse, wie der nunmehr vorbereitete Angriff gegen England doch noch verhindert werden könnte, und Professor Karl Haushofer faßte das als einen Wink auf, der eigentlich seinem Sohn Albrecht galt; er meinte, vielleicht könnte dieser in Lissabon mit geeigneten britischen Persönlichkeiten zusammentreffen. Seinen Sohn fragte er in einem Brief vom 3. September 1940, ob er nicht mit Sir Ian S. M. Hamilton oder mit Douglas Douglas-Hamilton, dem Duke of Hamilton, in Verbindung treten könnte [13]. Albrecht Haushofer ging mit dem Brief zu Heß und besprach sich am 8. September in Bad Gallspach eingehend mit ihm über die Frage einer Friedensvermittlung [14].

Albrecht Haushofer fertigte eine vom 15. September datierte Niederschrift über sein Gespräch mit Heß an und hielt darin auch seine eigene Auffassung zu dem Vorhaben fest. Das Schriftstück schickte er mit dem Vermerk »Streng geheim« zur Aufbewahrung an seine Eltern [15]. Heß meinte, es müsse sich doch in England in verantwortlicher Stellung irgend jemand finden lassen, der auf Hitlers Wunsch nach Frieden einzugehen

1. Albrecht Haushofer 1940/41

bereit sei, worauf Haushofer erwiderte, daß »praktisch alle irgendwie in Frage kommenden Engländer einen vom Führer unterschriebenen Vertrag für einen wertlosen Fetzen Papier hielten«. Hitler habe zu viele Verträge gebrochen, um noch glaubwürdig zu sein; in der angelsächsischen Welt gelte Hitler als »Stellvertreter des Satans auf Erden«, gegen den es nur Kampf gebe. Als Heß weiter insistierte und von Haushofer wissen wollte, ob er denn für sich persönlich irgendwelche Möglichkeiten zu Kontakten sehe, antwortete Haushofer sehr geschickt, es wäre allenfalls möglich, über den britischen Botschafter in Washington die Engländer davon zu überzeugen, daß ein unsicherer Friede immer noch besser wäre als der Krieg. Voraussetzung sei freilich, daß England nicht auf amerikanische Hilfe hoffen könne, und das sei nur in Washington festzustellen, von Deutschland aus nicht. Außerdem wäre noch denkbar, über den Duke of Hamilton bei einem Zusammentreffen auf neutralem Boden etwas zu erreichen, da jener Zugang zu Churchill und zum König habe. Heß sagte schließlich, er werde sich die Sache noch einmal überlegen. Haushofer nahm an, daß Heß mit Hitler reden wollte.

Unter dem 10. September ließ Heß wieder von sich hören, wiederum in einem Brief an Karl Haushofer: Er habe sich die Sache überlegt und halte es nun für das beste, wenn Karl Haushofer oder sein Sohn Albrecht zu ihrem Freund – womit nur der Herzog von Hamilton gemeint sein kann – unter Vermeidung aller offiziellen Kanäle Verbindung aufnehmen und sondieren könnten, ob der Freund in naher Zukunft ins neutrale Ausland kommen könne bzw. wo er sich nächstens sonst aufhalten werde[16]. Durch Verzögerungen bei der Post erhielt Haushofer diesen Brief von Heß erst am 18. September.

Obwohl Haushofer angesichts des immer näheren Zusammenrückens Großbritanniens und der Vereinigten Staaten so gut wie keine Hoffnung auf Erfolg hatte, entsprach er doch dem Wunsche von Heß. Er entwarf einen Brief an den Duke of Hamilton und schrieb unter dem 19. September an Heß. Von beiden Schreiben sowie von seiner Niederschrift über das Gespräch vom 8. September schickte er den Eltern am selben Tag Kopien mit der Bitte um Aufbewahrung[17].

In seinem Brief an den Duke of Hamilton, der erst am 23. September von Haushofer über Heß' Bruder abgeschickt wurde, bat er um Nachricht, ob jener für kurze Zeit zu einer überaus wichtigen Besprechung, deren Gegenstand der Herzog auf Grund der früheren Kontakte mit Haushofer leicht ahnen könne, etwa nach Portugal kommen könne[18].

In dem Brief an Heß erläuterte Haushofer noch einmal das Verfahren, durch welches sein Brief in die Hände des Herzogs gelangen sollte, und empfahl indirekt sich selbst als den deutschen Partner für die Kontaktaufnahme, weil »H[amilton] – wie viele Engländer gegenüber persönlich Unbekannten – äußerst zurückhaltend ist«. Übrigens gebe Haushofer den schon früher erwähnten Wegen über Botschafter Lord Lothian in Washington oder über Sir Samuel Hoare in Madrid immer noch etwas bessere Chancen als dem über seinen Freund Lord Hamilton. »Freilich sind sie – politisch gesehen – schwerer zu beschreiben.«

Haushofer könnte gegenüber dem Duke of Hamilton mit offiziellem Auftrag und gegen Verdächtigungen zu Hause gedeckt auftreten, mit sehr geringer Aussicht auf Erfolg. Wenn er aber bei Lord Lothian oder Sir Samuel Hoare etwas erreichen wollte, so durfte er keinesfalls als Abgesandter der Regierung Hitlers erscheinen. Er müßte also die Möglichkeit haben, mit zuverlässiger geheimer Deckung durch die deutsche Regierung (über Heß), seinen englischen Gesprächspartnern gegenüber als nichtoffizieller Emissär aufzutreten, dessen Auftrag mit der amtlichen Politik und mit amtlichen Stellen nichts zu tun hat; und dann könnte er sich insgeheim als Repräsentant der Widerstandsbewegung zu erkennen geben und, ohne Desavouierung befürchten zu müssen, den Engländern die Voraussetzungen für einen innerdeutschen Umsturz klarmachen [19].

Da sich Heß für den Brief an den Herzog und nicht für eine Reise Haushofers entschieden hatte, mußte dieser zunächst tun, was er im Sinne der Opposition für sinnlos hielt. Er hat auf seinen Brief keine Antwort erhalten; der Brief war vom englischen Secret Service abgefangen worden und sein Inhalt erreichte Hamilton erst fünf Wochen später [20]. Dann wollte man im Air Ministry den Kontakt, der nach einem Friedensfühler aussah, nur für nachrichtendienstliche Zwecke nützen, Hamilton wollte nicht recht, und so geschah gar nichts bis Heß' Flug in die Überlegungen platzte.

Erst im April 1941 erhielt Haushofer wieder Gelegenheit zu einem Kontaktversuch [21]. Er versuchte, Professor Carl Jacob Burckhardt in den Augen von Heß als Mittelsmann zu seinen englischen Freunden aufzubauen, um dann in die Schweiz reisen zu können [22]. Schon am 30. Januar 1941, als Hassell sich in Genf aufhielt, hatte Burckhardt ihn eigens aufgesucht und ihm mitgeteilt, er habe auf privatem Wege eine Botschaft aus London erhalten, wonach man dort immer noch – allerdings wohl mit Ausnahme des Ende Dezember 1940 ins Kabinett eingetretenen Außenministers Anthony Eden – zu einem Verständigungsfrieden mit Deutschland bereit sei, etwa auf dieser Grundlage: Wiederherstellung Belgiens, der Niederlande und irgendeines Polen ohne die früher deutschen Provinzen; Dänemark könne deutsches Einflußgebiet bleiben, die Tschechei ebenfalls, ehemalige deutsche Kolonien wären zurückzugeben; dies alles sei allerdings mit

1. Albrecht Haushofer 1940/41

Hitler nicht zu machen, dem könne man kein Wort mehr glauben[23]. Dann traf Hassell am 10. März 1941 bei Popitz mit Albrecht Haushofer zusammen, wo er mit diesem überlegte, wie seine Beziehungen über die Schweiz ausgenützt werden könnten, um alliierte Zusicherungen für den Fall der Regimeänderung in Deutschland zu erhalten[24].

Am 28. April sprach Haushofer in Genf mit Professor Burckhardt. Das Ergebnis war für Haushofers eigentliche Absicht nicht ermutigend. Als er am 8. Mai nach Berlin zurückkam[25], konnte er nicht die Zusicherungen mitbringen, welche die Generale in der Lage Anfang 1941 allenfalls zu Umsturzerwägungen hätten bewegen können, die bei ihnen wegen des nun drohenden Zweifrontenkrieges, einer militärischen Todsünde, immerhin wieder Eingang fanden. Aber Haushofer hoffte, den Kontakt pflegen und mehr erreichen zu können, wenn er sich weiterhin als Mann mit guten Verbindungen empfahl. Etwa zur selben Zeit versuchte er durch eine Einladung zu einem Vortrag den Vorwand zu einer Reise nach Spanien zu bekommen[26]. In der Nacht vom 10. auf 11. Mai traf in Berlin über das Auswärtige Amt die Nachricht ein, daß Haushofer seinen Vortrag vor der Akademie der Wissenschaften in Madrid schon am 12. Mai halten solle[27]. Es schien sich also die Aussicht zu bieten, mit Sir Samuel Hoare zu konferieren.

Aber am 10. Mai hatte der Stellvertreter des Führers, Rudolf Heß, seinen überraschenden Flug nach England unternommen, um dort über den Herzog von Hamilton mit dem König in Verbindung zu treten und Frieden zu stiften[28]. Haushofer hatte damit nichts zu tun; für ihn war der tollkühne und leicht irrsinnige Flug eine Katastrophe. Nicht nur verlor die Familie Haushofer ihren Schutzpatron und verfiel allmählich in immer größere Ungnade und Verfolgung, die nach dem 20. Juli 1944 ihren für Albrecht Haushofer tödlichen Höhepunkt erreichte, sondern auch die eingeleiteten Schritte und ihr Träger, Albrecht Haushofer, verloren sowohl bei Hitler wie auch im Ausland Glaubwürdigkeit und Respektabilität. Ein solches Spektakel wie der sensationelle Flug von Heß konnte überall nur schaden und alle die feingesponnenen Kontakte, die so sehr der Stille und Diskretion bedurften und alles Laute und Grelle scheuten, zerstören.

Am frühen Morgen des 12. Mai wurde Haushofer in Berlin verhaftet und von da sofort zu Hitler auf den Obersalzberg gebracht und vernommen[29]. Am Abend des Tages schrieb er hier einen Bericht nieder über seine englischen Verbindungen und über die mit Heß zusammen unternommenen Versuche, sie zur Friedensvermittlung auszunützen[30]. Selbstverständlich kam es in solcher Lage nicht vor allem darauf an, dem späteren Historiker zuverlässige Dokumente zu liefern, sondern das im Sinne des Regimes Unverdächtige der Heßschen und Haushoferschen Bemühungen deutlich zu machen und die eigene Rolle als die eines Empfängers linientreuer Befehle hinzustellen. Zugleich hat Haushofer mit bewundernswerter Geistesgegenwart und Gelassenheit noch versucht, sich für weitere Aufträge unentbehrlich zu machen.

So liest man in seinem Bericht, vor kurzem habe ein einflußreicher Engländer Professor Burckhardt gegenüber »den Wunsch wichtiger englischer Kreise nach der Prüfung von Friedens-Möglichkeiten ausgesprochen« (was nicht stimmte), worauf Haushofer Burckhardt die Vermittlung eines nachweislich aufrichtigen Kontaktes zu entsprechend ermächtigten englischen Persönlichkeiten anheimgestellt habe. Dazu könnte er, Haushofer, wie er Professor Burckhardt mitgeteilt habe, wahrscheinlich noch einmal nach Genf reisen. Was die möglichen Friedensgrundlagen betreffe, so habe Burckhardt den Eindruck (was ebenfalls größtenteils nicht stimmte), die gemäßigten Gruppen in Großbritannien haben nur nominelles Sachinteresse an ost- und südosteuropäischen Gebieten mit Ausnahme Griechenlands, würden aber auf Wiederherstellung »der westeuropäischen Staatenwelt« bestehen, dagegen in der Kolonialfrage sicher weit entgegenkommen, sofern sich Deutschland in seinen Forderungen auf alten Besitz beschränke. Davon hatte natürlich nur der Punkt betreffend die Wiederherstellung der westeuropäischen Staatenwelt die Unterstützung und Zustimmung Burckhardts, aber Haushofer mußte ja versuchen, Hitlers Ermächtigung zu weiteren Verhandlungen mit England zu erhalten, um sie dann im Sinne der Opposition nützen und vielleicht in letzter Stunde noch den Krieg gegen Rußland verhindern zu können. Burckhardt war tatsächlich der Auffassung, daß England zu einem Frieden auf vernünftiger Grundlage noch immer bereit sei, jedoch, wie Hassell es formulierte, »1. nicht mit unseren jetzigen Regenten, und 2. vielleicht nicht mehr lange«[31]. Die offene Wiedergabe der angeblichen – und sinngemäß völlig richtigen – Äußerung Burckhardts, alle Beziehungen zwischen Deutschland und England werden von der Schwierigkeit überschattet, »zwischen Berlin und London eine personelle Vertrauensbasis« zu finden, gefolgt von geschickt eingeflochtenen Wendungen wie »der bodenständige Teil der Plutokratie« und »das bodenfremde, vor allem jüdische Element«, mußte geeignet sein, Hitler von der Loyalität, Ehrlichkeit und Harmlosigkeit Haushofers zu überzeugen[32].

Haushofer fand jedoch kein Gehör. Seine Verbindung mit Heß brachte ihm acht Wochen Gestapo-Haft in der Prinz-Albrecht-Straße in Berlin ein, und nach der Entlassung das durch nichts mehr zu zerstreuende Mißtrauen des Regimes. Inzwischen begann am 22. Juni 1941 der Krieg gegen Rußland und machte ohnehin die Hoffnungen auf Frieden und Verständigung mit England zunichte. Die Vereinigten Staaten engagierten sich immer mehr in Europa und würden sich, wie Haushofer in seinem Bericht an Hitler vorausgesagt hatte, von dem einmal gefaßten Ziel der Niederwerfung Deutschlands nicht mehr abbringen lassen, Großbritannien aber konnte der Zukunft ruhig entgegensehen, die Niederlage Deutschlands war sicher.

2. Hassell 1941/42

Diesem Standpunkt näherte man sich sogar in der deutschen Opposition. Zwei Monate nach dem Angriff auf Rußland herrschte im Kreise von Hassell, Popitz und Goerdeler die Meinung, daß die Kriegsgegner die völlige Niederwerfung Deutschlands schon vor sich sehen und also »ein anständiges Regierungssystem jetzt auch keinen annehmbaren Frieden mehr bekäme«[33]. Das schloß aber weitere Sondierungen zur Überprüfung dieser Auffassung und eventuellen Feststellung der Möglichkeiten nicht aus.

Die Verkündung der Atlantik-Charta am 14. August 1941, einer zwischen Churchill und Roosevelt auf einem englischen Schlachtschiff im Nordostatlantik getroffenen allgemeinen Vereinbarung über die Ziele des Krieges, hatte eine neue Lage geschaffen. Amerika war noch nicht im Krieg, aber sein Eintritt war offenbar nur noch eine Frage der Zeit und des Anlasses. Insgesamt enthielt die Charta, wie Rothfels gezeigt hat, neben Lippenbekenntnissen zu verschiedenen Idealen eine gewaltige Drohung für Deutschland: völlige Niederwerfung nicht nur des Regimes, sondern aller solcher »Nationen, die mit Angriffen jenseits ihrer Grenzen drohen und drohen könnten«[34]. Da Churchill zur Charta den Kommentar gab, gegenüber Feindländern verpflichte man sich mit ihr zu nichts, galt sie nur für Neutrale und Verbündete. Neutrale brauchten die Zusicherungen territorialer Integrität nicht, für Verbündete war diese wohl selbstverständlich zu einer Zeit, da keine westliche Regierung zugegeben hätte, daß Annexionen zuungunsten Polens oder der baltischen Staaten möglich seien[35]. Also fehlte der Charta die Substanz – von der Drohung gegen die Feinde abgesehen. So faßte man sie auch in Kreisen der Opposition auf: die Generale würden nun sagen können, die Kriegsgegner wollen nicht nur Hitler, sondern Deutschland überhaupt niederschlagen und wehrlos machen. Es schien also wieder einmal nötig, in London zu sondieren und zu klären.

Dazu bot sich eine durch den Rechtsanwalt Dr. Langbehn vermittelte Gelegenheit, als Professor Burckhardt in Angelegenheiten des Roten Kreuzes sich in Deutschland aufhielt, ehe er demnächst aus ähnlichem Anlaß nach England reisen würde. Am 18. August trafen Burckhardt, Hassell und Langbehn bei München zusammen. Hassell legte den Standpunkt des »nationalen Deutschland« dar: Die Gegenseite dürfe den Regimewechsel nicht fordern, er müsse Angelegenheit der deutschen Opposition bleiben; Drohungen wie die, welche die Atlantik-Charta enthalte, zerstören jede vernünftige Friedenschance; das nationale Deutschland stelle maßvolle, aber auch gewisse nicht aufzugebende Ansprüche [36].

Am oder kurz nach dem 20. Januar 1942 sprach Hassell wieder mit Burckhardt, den er in Genf auf der Rückreise von einem Vortrag in Paris aufsuchte [37]. Burckhardt berichtete, Friede sei allerdings mit Hitler und seinem System nicht mehr möglich, wohl aber – nach Ansicht von Regierungskreisen der Umgebung von Lord Halifax und Churchill – mit »einem anständigen Deutschland«. Immer wieder sei nach den Generalen gefragt worden, und man sei sehr skeptisch gewesen hinsichtlich der Möglichkeit eines Umsturzes in Deutschland. Dagegen scheinen die Grenzen von 1914 durchaus noch eine brauchbare Grundlage für Friedensgespräche zu sein [38].

Ein Kontakt Hassells zur amerikanischen Regierung führte über den New Yorker Geschäftsmann Federico Stallforth [39]. Stallforth wollte insbesondere zwischen Deutschland und den Vereinigten Staaten den wackeligen Frieden erhalten helfen und zu diesem Zwecke mit verantwortlichen Mitgliedern der deutschen Regierung sprechen. Im Sommer 1940 war er in Deutschland und sprach mit Göring und im Mai 1941 mit Brauchitsch, Keitel und Udet. Aus den Ouvertüren wurde nichts, auch ein offenbar von der Umgebung Hassells ausgehender Vorstoß zu Verhandlungen verlief im Sande.

Hassell suchte weiterhin politische und wirtschaftliche Zusicherungen für den Fall eines Umsturzes zu bekommen, und im Oktober erhielt er von dem inzwischen nach Amerika zurückgekehrten Stallforth die Nachricht, »daß die ›Proposition‹ in Amerika auf sehr guten Boden gefallen sei« [40]. Die von Beck und Hammerstein gutgeheißenen Vorschläge Hassells klingen tatsächlich gemäßigt: Entfernung Hitlers und seiner Regierung; Rückzug der deutschen Truppen von allen seit 1933 in Besitz genommenen Gebieten außer der Saar, Österreich und Danzig; Tausch des polnischen Korridors gegen das bisherige Ostpreußen (nach dem Stand von 1933); keine Reparationen [41]. Aber die Vereinigten Staaten konnten nicht für London sprechen, und Stallforth drang nicht zu Roosevelt vor. Dann kam am 7. Dezember der japanische Überfall auf Pearl Harbour und machte alles zunichte.

3. Lochner 1941/42

Fast zur selben Zeit und ebenfalls im Angesicht des drohenden Kriegseintritts der Vereinigten Staaten trat die Opposition an Louis P. Lochner heran, den Pressekorrespondenten und Leiter des Berliner Büros der Associated Press. Lochner hatte schon seit Jahren Verbindung zu Hermann Maaß, dem ehemaligen Geschäftsführer des Reichsausschusses der deutschen Jugendverbände, und zu Generaloberst Beck. Maaß hatte durch Vermittlung Becks Lochner im August 1939 eine Niederschrift der Ansprache Hitlers vom 22. August überbracht. Gelegentlich nahm Lochner an geheimen Zusammenkünften oppositioneller Kreise teil [42].

Nach einem vorbereitenden Gespräch zwischen Lochner und Ernst von Harnack in der Wohnung Otto Johns Ende September 1941 wurde der Amerikaner eines Nachts im November 1941 zu einem Treffen von 12 bis 15 Personen im Hause des ehemaligen Reichstagsabgeordneten der Zentrumspartei, Dr. Josef Wirmer, zugezogen, bei dem Jakob Kaiser den Vorsitz führte. Zu den Anwesenden gehörten Vertreter der ehemaligen Gewerkschaften (M. Habermann, B. Letterhaus), der Bekennenden Kirche, einiger demokratischer Parteien der Weimarer Zeit (Zentrum, SPD, Deutsche Volkspartei), ferner als Vertrauensleute von Canaris und Beck noch J. Delbrück, O. John und K. Bonhoeffer. Da Lochner den Präsidenten der Vereinigten Staaten kannte und beide zugleich mit Prinz Louis Ferdinand von Preußen befreundet waren, der 1938 im Weißen Haus zu Gast gewesen war, schien Lochner als Mittelsmann zwischen der Opposition und Präsident Roosevelt besonders geeignet.

In jener Novembernacht des Jahres 1941 nun wurde Lochner von den heimlich Versammelten gebeten, sogleich nach seiner bevorstehenden Rückkehr in die Vereinigten Staaten dem Präsidenten in möglichster Ausführlichkeit von der Zusammensetzung, den Zielen und der Tätigkeit der Opposition zu berichten. Ferner sollte er den Präsidenten ersuchen, sich zu der Frage zu äußern, welche Regierungsform Amerika für ein von Hitler befreites Deutschland bevorzugen würde. Um spätere Verständigungen zu erleichtern, übergaben die Verschwörer Mr. Lochner einen geheimen Radiokode, mit dessen Hilfe sie eine Funkverbindung zwischen dem amerikanischen Präsidenten und der deutschen Opposition herstellen wollten.

Mr. Lochner versprach alles in seiner Macht Stehende zu tun, aber er konnte sein Versprechen erst im Juni 1942 einlösen, da er, wie viele seiner Kollegen, nach der Kriegserklärung Deutschlands an die Vereinigten Staaten im Dezember 1941 zunächst interniert worden war. Nach seiner endlichen Rückkehr bemühte er sich sofort um eine Audienz bei Präsident Roosevelt mit der Begründung, er habe sehr persönliche und vertrauliche Mitteilungen von Prinz und Prinzessin Louis Ferdinand von Preußen sowie geheime Nachrichten von Widerstandsgruppen in Deutschland zu überbringen, die er niemand anderem bekanntgeben dürfe. Aber alle Versuche, beim Präsidenten vorgelassen zu werden, schlugen fehl, auf eine schriftliche Anfrage von Chicago aus blieb er ohne Antwort. Endlich erhielt er auf dem Umweg über das Washingtoner Büro der Associated Press die Mitteilung, daß man seine Nachrichten nicht zu erhalten wünsche und daß er von weiteren Versuchen, sie zu überbringen, gefälligst Abstand nehmen möge.

Die Erklärung für die amerikanische Haltung liegt auf der Hand. Wohl war die Regierung in Washington über die deutsche Widerstandsbewegung gut unterrichtet. Adam von Trott zu Solz hatte schon 1939 Verbindungen geknüpft. Im November 1942 ging Allen Welsh Dulles, der spätere Direktor der Central Intelligence Agency, nach Bern mit dem ausdrücklichen Auftrag seiner Regierung, ständige Verbindung mit der deutschen Opposition aufzunehmen. Er unterrichtete seine Vorgesetzten über alle Entwicklungen, und in Washington sammelten sich große Mengen Material über den Widerstand in Deutschland[43]. Aber die Vereinigten Staaten lagen im Kampfe nicht nur mit dem nationalsozialistischen Regime, sondern, wie man es in Washington sah, mit einem Volk, das von einer freiheitsfeindlichen und menschenfeindlichen Ideologie durchdrungen war und das aus einer furchtbaren Niederlage in einem ähnlich imperialistischen Krieg nichts gelernt hatte. Über den totalen Machtanspruch Hitlers mußte ein totaler Sieg errungen werden. Von diesem Gesichtspunkt aus konnte es der amerikanischen Regierung, wie Lochner mitgeteilt wurde, nur größte Verlegenheit bereiten, wenn sie erfahren und anerkennen müßte, daß es in Deutschland eine zur Übernahme der Regierung fähige Opposition gegen Hitler gab.

Dazu kommt das Verhältnis der Vereinigten Staaten zu ihren Alliierten. Irgendwelche Zusicherungen an die Widerstandsbewegung konnten nicht ohne Konsultationen gemacht werden, diese aber wären auf einen Verrat der Opposition hinausgelaufen. Hätte schließlich Stalin erfahren, daß die Amerikaner »mit den Deutschen« verhandelten, so hätte er womöglich versucht, ihnen zuvorzukommen und mit Hitler einen Sonderfrieden abzuschließen. Jedenfalls bestand die Gefahr, daß die Westmächte Rußland als Verbündeten verloren und daß die Vereinigten Staaten die Last des Kampfes sowohl gegen Japan als auch gegen Deutschland nahezu allein zu tragen gehabt hätten. Noch 1945 hat Roosevelt bei der Konferenz von Jalta darauf gedrängt, daß Rußland möglichst sofort in den Krieg gegen Japan eintrete, sobald der Krieg in Europa zu Ende sein werde; denn niemand kannte bis dahin die Wirkung der Atombombe [43a].

4. Trott, Bonhoeffer, Schönfeld 1942

Während des ganzes Krieges bestanden zahlreiche Verbindungen zwischen Angehörigen und Freunden des Kreisauer Kreises und neutralen und alliierten Ländern. Es können hier nur die bedeutendsten berichtet werden [44].

Der Wendepunkt des Kriegseintritts der Vereinigten Staaten führte allenthalben zu neuen Überlegungen und Bemühungen, so auch unter den Kreisauern. Ende April 1942 übergab Trott in Genf dem Generalsekretär des Ökumenischen Rates der Kirchen, Dr. W. A. Visser't Hooft, ein Memorandum, das er mit anderen Mitgliedern des Kreisauer Kreises, Dr. Hans Schönfeld und Dr. Eugen Gerstenmaier zumal, der schon 1939 und seit 1940 im Auswärtigen Amt mit Trott zusammengearbeitet hatte, verfaßt hatte, und das als Ergebnis der genannten Überlegungen anzusehen ist [45]. Es sollte von Visser't Hooft an den damaligen Lord Geheimsiegelbewahrer Sir Richard Stafford Cripps übergeben werden.

Mit dem Memorandum verfolgten Trott und seine Freunde den Zweck, irgendeine ermutigende Stellungnahme der Engländer zu erhalten, die der Herbeiführung des Staatsstreiches dienen könnte. Aber wenigstens ebensosehr war es ihm darum zu tun, ganz im Sinne Moltkes, für Verständnis der Lage der westlichen Welt, zu der Deutschland mit Frankreich, England und allen anderen »westlichen« Staaten gehörte, also für die gemeinsame Verantwortung zu wirken.

Gegenwärtig, so skizzierte das Memorandum die Lage, ereigne sich eine derart massenhafte Zerstörung von menschlichem Leben und wirtschaftlicher Substanz, daß auch die Sieger nach dem Kriege von schwerer Verarmung betroffen sein werden. Aus der Notwendigkeit der Kriegsanstrengungen nehme auch in liberalen Ländern die totalitäre Kontrolle des Lebens immer mehr zu, während gleichzeitig eine Tendenz zu anarchischer Auflösung und Fragmentierung allen bürgerlichen und zivilisierten Lebens bestehe. Die Erfolge der Roten Armee und im Zusammenhang damit die Ausbreitung der kommunistischen Zellentätigkeit in der ganzen westlichen Welt erhöhten überall die Gefahr der Bolschewisierung. Die deutsche Widerstandsbewegung gegen Hitler wolle dafür keine Entschuldigungen vorbringen, sondern anerkenne ihren Anteil an der Verantwortung für die entstandene Lage. Angesichts ihres Kampfes fühle sie sich aber auch berechtigt, an die Solidarität der westlichen zivilisierten Welt dringend zu appellieren. Diese sollte sich zuerst dadurch ausdrücken, daß die Äußerungen und Appelle der Opposition in Deutschland nicht öffentlich verächtlich gemacht werden.

Um eine Katastrophe in Europa zu verhindern, sei zunächst das wichtigste der Umsturz des gegenwärtigen Regimes in Deutschland. Dazu gebe es zwei Möglichkeiten, die beide mit außerdeutschen Umständen verknüpft seien. Die eine Möglichkeit gehe von dem Erfolg der sowjetischen Waffen aus; werde Hitler durch diese gestürzt, so werde das auf eine gesamteuropäische Katastrophe hinauslaufen und schließlich zur Weltrevolution mit militärischen Mitteln führen. Der Erfolg der zweiten Möglichkeit, nämlich der Errichtung einer Regierung, die wieder zu den Maßstäben des zivilisierten Europa zurückkehren würde, sei jedoch ebenfalls von außerdeutschen Bedingungen abhängig: von der endgültigen Überwindung des europäischen Nationalismus, besonders soweit er sich militärisch manifestiere.

Die antinationalsozialistischen Kräfte in Deutschland, so fuhr die Denkschrift fort, setzen sich zusammen aus bedeutenden Teilen der Arbeiterklasse, aus einflußreichen Kreisen in der Armee und in der Staatsverwaltung, aus den militanten Gruppen der Kirchen. Einzelheiten und Namen könnten natürlich nicht genannt werden. Die Ziele dieser weitverzweigten Widerstandsbewegung seien: Selbstverwaltung und Dezentralisation in Deutschland durch Aufteilung der Massengesellschaft in lokale Selbstverwaltungskörperschaften und -gruppen sowie durch Anwendung »moderner sozialistischer Grundsätze in allen Sparten des politischen und wirtschaftlichen Lebens«; organische Verbindung der Selbstverwaltung und des Föderalismus innerhalb Deutschlands mit einem auch England umfassenden europäischen Föderalismus; enge internationale Zusammenarbeit mit anderen Kontinenten; Wiederherstellung eines freien Zugangs zu überseeischen Rohmaterialien anstelle nationaler Autarkiebestrebungen; Reorganisation Europas unter Verzicht auf die Wiederherstellung eines Status quo, statt dessen Konzentration auf die Schaffung sozialer und politischer Sicherheit; Zusammenarbeit bei einer internationalen Lösung der jüdischen Frage.

Auf die Bedenklichkeit einiger dieser Punkte braucht kaum besonders hingewiesen zu werden. Man wird berücksichtigen müssen, daß zur Zeit der Abfassung der Denkschrift die militärische Lage Deutschlands nicht *akut* hoffnungslos war – wie Schönfeld am 31. Mai 1942 gegenüber dem Bischof von Chichester sagte, hielt die deutsche Armee damals immerhin russisches Gebiet von 1600 Kilometern Tiefe besetzt[46] – und daß immer auf gewisse »nationale« Elemente in der Widerstandsbewegung, besonders in der Armee, Rücksicht genommen werden mußte. Aber so allgemeine Formeln wie das »Recht der Selbstbestimmung im Rahmen der Europäischen Föderation für *alle* Nationen« und Wiederherstellung »eines freien polnischen und eines freien tschechischen Staates innerhalb ihrer ethnographischen Grenzen« waren für die britische Regierung nicht annehmbar. Ihre unmittelbare Vorgängerin hatte am 25. August 1939 Polen, wie es damals bestand, jede Unterstützung einschließlich sofortiger militärischer Hilfe beim Angriff einer dritten Macht zugesichert[47]. Dem Memorandum zufolge aber müßte Polen große Gebiete ohne Kompensation aufgeben, vielleicht sogar den Zugang zur Ostsee. Ob ein rein tschechischer Staat lebensfähig wäre, war zweifelhaft, jedenfalls bestanden auch hier frühere internationale Verpflichtungen zumindest im Sinne des Münchner Abkommens. Im Elsaß und in Lothringen schließlich wäre das Prinzip der Selbstbestimmung für Frankreich unannehmbar gewesen.

Wenn auch die Widerstandsbewegung nicht in erster Linie materielle Ziele verfolgte, sondern vor allem die Wiederherstellung der Würde und der unveräußerlichen und natürlichen Rechte des Menschen, so suchte sie diese Ziele doch durch die Ergreifung der politischen Macht in Deutschland zu realisieren, wie die Denkschrift weiter ausführt. Dem aber standen Hindernisse entgegen: Die notwendige Weiterführung des Kampfes im Osten zur nationalen Verteidigung gegen die Sowjetunion und gegen »anarchische Entwicklungen«; die Macht der Geheimen Staatspolizei über das gesamte nationale Leben in Deutschland und die Gefahr nationalsozialistischer Revolten nach dem Umsturz; die völlige Unsicherheit über die britische und amerikanische Haltung gegenüber einem Regierungswechsel in Deutschland; das Problem der Kontrolle der zu erwartenden Haßreaktionen in den zur Zeit von deutschen Truppen besetzten Ländern. Die beiden letzten Probleme könnten nur durch internationale Zusammenarbeit gelöst werden, welchem Ziel dieser Appell diente.

Sir Stafford Cripps hat das Memorandum gelesen und war sehr davon angetan. Er hat es auch Churchill gegeben, der es, wie er an den Rand schrieb, für »sehr ermutigend« hielt. Dabei blieb es[48]. Im August 1950 sprach Gerstenmaier in Straßburg bei der Beratenden Versammlung des Europarates Churchill auf die Denkschrift an. Churchill »erinnerte sich und bedauerte den Verlauf der Sache«.

In demselben Zusammenhang wie das von Trott an Visser't Hooft übergebene Memorandum stehen die Gespräche, die Hans Schönfeld und Dietrich Bonhoeffer im Mai 1942 in Stockholm mit dem Bischof von Chichester, George Kennedy Allen Bell, geführt haben [49]. Dr. Hans Schönfeld war Direktor der Forschungsabteilung des Ökumenischen Rates in Genf und seit 1929 mit dem Bischof von Chichester bekannt. Dr. Dietrich Bonhoeffer war führend in der Bekennenden Kirche, Theologe mit freien Auffassungen, 1933–1935 Pastor der deutschen evangelischen Gemeinde in London, in den Widerstand gegangen vor allem wegen der Judenverfolgung, durch Dohnanyis Bemühungen für die Abwehr beansprucht und vom Frontdienst freigestellt, seit Sommer 1940 mit Reisen im Dienst der Verschwörung beauftragt[50].

Schon im Februar 1941 war Bonhoeffer im Auftrag von Oster und Dohnanyi nach Zürich und Genf gefahren, um die seit Dr. Müllers römischen Gesprächen von 1939/40 inaktiven Kontakte über die Kirchen neu zu knüpfen und alliierte Vorstellungen über Friedensziele zu erkunden[51]. Wichtige Ergebnisse über die Wiederherstellung der Kontakte hinaus hatte die Mission damals nicht. Im September 1941 war Bonhoeffer noch einmal in der Schweiz und hatte Gespräche mit Visser't Hooft und andere[52]. Mit großer Deutlichkeit drang er darauf, daß seine Freunde besonders in der Ökumenischen Bewegung ihren Einfluß geltend machen sollten, um während des in Deutschland zu erwartenden Umsturzes militärisches Stillhalten der Alliierten zu bewirken. Aber Visser't Hooft und Bonhoeffer blieben ohne brauchbare Antwort auf ihre Anfragen in London. Zu wenige einflußreiche Persönlichkeiten glaubten an eine ernst zu nehmende deutsche Opposition. Das scheinbare Mißverständnis mancher Gesprächspartner Bonhoeffers, er selbst und nicht wenige seiner Auftraggeber wünschten die Erhaltung der deutschen Grenzen von 1939, hat dabei eine geringe Rolle gespielt. Etwa vom 11. bis 23. Mai 1942 war Bonhoeffer wieder in der Schweiz, traf jedoch zu seiner Enttäuschung weder Visser't Hooft an – dieser war inzwischen mit dem Memorandum Trotts nach London gereist –, noch Schönfeld oder dessen Assistenten Nils Ehrenström[53].

Die Absicht des Bischofs, im Mai 1942 nach Schweden zu reisen, war lange vorher bekannt geworden, und Schönfeld und Bonhoeffer faßten, ohne daß einer von des anderen Absicht erfuhr, den Plan, den Bischof in Stockholm aufzusuchen[54]. Zur Vorbereitung suchte sich Bonhoeffer über seinen Bruder Klaus und dessen Freund Dr. Otto John auch von Jakob Kaiser, Wilhelm Leuschner und Max Habermann eine Denkschrift über deren Pläne für die Zeit nach Hitlers Sturz zu verschaffen. Aber die Gewerkschaftsführer lehnten das Ansinnen ab und gaben nur die Erlaubnis zur Nennung ihrer Namen. Von außenpolitischen Sondierungen hielten sie nichts, solange nicht die Deutschen selbst das Regime Hitlers beseitigt hatten.

Der Lord Bischof traf am 13. Mai 1942 in Stockholm ein und bereiste zunächst verschiedene Gegenden Schwedens, ehe er nach zwei Wochen wieder nach Stockholm zurückkehrte, wo er bei dem englischen Gesandten wohnte.

Am 26. Mai traf er im Haus der Studentenbewegung mit Dr. Schönfeld zusammen, der ihm ausführlich von der deutschen Opposition und ihren Zielen berichtete, im wesentlichen im Sinne des Trottschen Memorandums. Es gebe Bestrebungen zum Sturze Hitlers, eventuell auf dem Umweg über einen Putsch Himmlers, worauf dann die Armee die Macht in die Hand nehmen würde. Die Frage sei nun, ob England und Amerika bereit wären, mit einer nach-hitlerischen und nach-himmlerischen Regierung zu verhandeln, und ob sie sich anders verhalten würden als in Versailles? Ohne Ermutigung in dieser Hinsicht sei auf einen Umsturz nicht zu hoffen.

Bei einer zweiten Begegnung am 29. Mai berichtete Schönfeld hauptsächlich über die kirchliche Opposition und versprach auf die Bitte des Lord Bischofs, seinen Bericht auch schriftlich niederzulegen.

In dieser Niederschrift nannte Schönfeld als Hauptgruppen die Verschwörer in der Wehrmacht und in der Staatsverwaltung; die Führer der ehemaligen Gewerkschaften und andere Verbindungsleute der Arbeiterklasse; die Führer der evangelischen Kirchen unter Bischof D. Theophil Wurm und der römisch-katholischen Kirche unter Führung der Fuldaer Bischofskonferenz. Die Führer dieser Gruppen seien nunmehr bereit, die nächste Gelegenheit zur Beseitigung der NS-Herrschaft samt SS, Gestapo und SA zu ergreifen. Es werde also, wie Schönfeld ausdrücklich betonte, nicht eine Militärjunta die Macht ergreifen, sondern eine Regierung, die aus allen drei Hauptgruppen zusammengesetzt sein werde.

Als Hauptpunkte des politischen Programms dieser Gruppen nannte Schönfeld die folgenden drei (deren Übereinstimmung mit Punkten im Memorandum Trotts unverkennbar ist, wenngleich sie nicht so vollständig sind): Wiederherstellung von Recht und sozialer Gerechtigkeit in Deutschland mit weitgehender Selbstverwaltung in den Provinzen; Wiederaufbau der Wirtschaft nach wahrhaft sozialistischen Grundsätzen (»according to truly socialistic lines«); statt Autarkie enge wirtschaftliche Zusammenarbeit der freien Nationen als stärkste denkbare Garantie gegen europäischen Militarismus; eine europäische Föderation freier Staaten einschließlich Großbritanniens, eines freien polnischen und eines freien tschechischen Staates, mit gemeinsamer Exekutive und einer europäischen Armee. Die Lage in Deutschland entwickle sich zur Zeit für einen Staatsstreich durch die Armee und die anderen Oppositionskräfte besonders günstig. Eine Erklärung der Alliierten, daß sie mit einer von der beschriebenen Opposition gebildeten Regierung auf der oben skizzierten Grundlage in Friedensverhandlungen eintreten würden, könnte die Entwicklung fördern und beschleunigen. Sollten die Alliierten jedoch auf dem Kampf bis zum Sieg bestehen, wie sie es in der Atlantik-Charta angekündigt hatten, so würden auch die Mitglieder der Verschwörung in der Armee den Krieg bis zum bitteren Ende weiterführen. Übrigens habe die Opposition Nachrichten, wonach die SS unter Himmler einen eigenen Staatsstreich plane, um sich und ihre Macht zu retten. Wenn die Alliierten sie auf entsprechende zu erwartende Anfragen dazu ermutigen würden, könnte auch das beträchtlich dazu beitragen, den ganzen Prozeß des Machtwechsels in Gang zu bringen; denn dann würde die Armee eine willkommene Gelegenheit erhalten, Himmler und die SS zu eliminieren [55].

Am 31. Mai fuhr der Lord Bischof zu Besprechungen mit dem Leiter des Nordischen Ökumenischen Instituts, Harry Johansson, und dem Leiter der Sigtuna-Stiftung, Dr. Manfred Björquist, nach Sigtuna. Zu seinem Erstaunen tauchte dort »ein zweiter deutscher Pastor: Dietrich Bonhoeffer« auf. Auf Oster und Dohnanyi ging, wie Bonhoeffer berichtete, der Gedanke seiner Reise nach Schweden und zu Bischof Bell zurück. Am 30. Mai, nur wenige Tage nach seiner Rückkehr aus der Schweiz und nach Besprechungen mit Oster und Dohnanyi, die ihrerseits erst Beck konsultiert hatten, ohne dessen Zustimmung sie seit Ende März, seit Beck »als Zentrale konstituiert« war [56], nichts mehr unternehmen, war Bonhoeffer mit einem am selben Morgen durch Vermittlung von Canaris ausgestellten »Kurierausweis Nr. 474« des Auswärtigen Amtes nach Stockholm geflogen [57]. Dort hörte er, der Bischof sei in Sigtuna, und fuhr ihm sogleich nach.

Bei einem Gespräch unter vier Augen berichtete Bonhoeffer ähnlich wie Schönfeld über die Opposition; der Lord Bischof erzählte ihm von dem Besuch Schönfelds und meinte, trotz aller Gefahr wäre es angesichts des zu erwartenden Mißtrauens der britischen Regierung gegenüber seinem, des Lord Bischofs, Bericht von großem Nutzen, wenn er einige Namen der Führer der Bewegung nennen könnte. Obwohl Bonhoeffer an der ungeheuren Verantwortung offensichtlich schwer trug, nannte er Beck, Hammerstein, Goerdeler, Leuschner, Jakob Kaiser und Schacht, den er aber

4. Trott, Bonhoeffer, Schönfeld 1942

zugleich als Opportunisten charakterisierte; als »vertrauenswürdig« bezeichnete er die Feldmarschälle von Kluge, von Bock, von Küchler und von Witzleben.

Dann kam noch Dr. Schönfeld in Sigtuna an. Der Lord Bischof, seine Gastgeber in Sigtuna, Johansson und Björquist, sowie Bonhoeffer, Schönfeld und sein Assistent Nils Ehrenström saßen nun alle zusammen im Gespräch über die Möglichkeiten eines Umsturzes in Deutschland, doch in mehr allgemeiner Weise und natürlich ohne Nennung von Namen. Bonhoeffer erklärte nachdrücklich, daß man keinen leichten Ausweg suche, weil Christen nicht wünschen können, der Buße und selbst dem Chaos zu entgehen, wenn Gott es über sie bringen wolle. Auf die Frage von Visser't Hooft, wofür er eigentlich in der gegenwärtigen Lage bete (1941, als Hitler auf scheinbar unaufhaltsamem Siegeszug war), hatte er damals geantwortet: »›Wenn Sie es wissen wollen, ich bete für die Niederlage meines Landes, denn ich glaube, daß das die einzige Möglichkeit ist, um für das ganze Leiden zu bezahlen, das mein Land in der Welt verursacht hat.‹«[58] Schönfeld stimmte sogar – unter Vorbehalten – dem Gedanken zu, daß Berlin von alliierten Truppen besetzt werden müsse, obwohl er sonst weniger grundsätzlich, sozusagen politischer argumentierte als Bonhoeffer. Auch die Frage einer Restauration der Monarchie unter Prinz Louis Ferdinand wurde noch berührt.

Schließlich wiederholten Schönfeld und Bonhoeffer eindringlich ihre Vorstellungen, »daß es wenig Zweck habe, alle die Gefahren, denen die Widerstandsbewegung im Verfolg ihrer Ziele ausgesetzt sei, auf sich zu nehmen, wenn die alliierten Regierungen die Absicht hätten, ein Deutschland, das von Hitler samt seinen Genossen gereinigt wäre, in genau der gleichen Weise zu behandeln wie ein Hitler-Deutschland«[59]. Der Lord Bischof wurde ersucht, in diesem Sinne bei der britischen Regierung Erkundigungen einzuziehen und womöglich das Ergebnis mitzuteilen. Im Falle einer positiven Reaktion schlage man Adam von Trott zu Solz, einen Freund des Sohnes von Cripps, als Partner für weitere Gespräche vor. Nachrichten sollten über Genf hin und her vermittelt werden.

Am 11. Juni traf der Lord Bischof wieder zu Hause ein. Am 18. Juni suchte er Mr. Warner im Foreign Office auf, der ihm vorschlug, an Außenminister Anthony Eden zu schreiben. Der Lord Bischof schrieb noch am selben Tage, erklärte kurz, es handle sich um die Fortführung der Angelegenheit, in der Eden das Memorandum durch Visser't Hooft erhalten habe, und ersuchte um eine Unterredung. Eden setzte sie auf den 30. Juni an. Er zeigte sich von dem ausführlichen Bericht des Lord Bischofs sehr beeindruckt, stellte aber die Möglichkeit fest, daß die beiden Pastoren ohne ihr Wissen für Friedensfühler ihrer Regierung benützt würden; ähnliche Kontaktversuche gebe es in der Türkei und in Spanien. Die britische Regierung müsse aber gegenüber Rußland und den USA jeden Anschein von Feindverhandlungen meiden. Churchill hatte Eden am 20. Januar 1941 gegenüber solchen Kontakten »absolute silence« befohlen und die teils umgangene Weisung am 10. September 1941 wiederholt; Eden hatte seine Zustimmung am Tag darauf selbst schriftlich festgehalten[60].

Zugleich übergab der Lord Bischof dem britischen Außenminister ein selbstverfaßtes geheimes Memorandum über seine Gespräche mit Schönfeld und Bonhoeffer, worin er, ähnlich wie Schönfeld in seiner Niederschrift, die Widerstandsbewegung und ihre Ziele skizzierte: Vertreter der Armee und Staatsverwaltung, der früheren Gewerkschaften und der protestantischen und katholischen Kirchen wollen das Hitler-Regime samt Himmler, Göring, Goebbels und den Führern der Gestapo, SS und SA beseitigen. Ob England eine Monarchie befürworten würde? Dann käme Prinz Louis Ferdinand in Frage. Die neue Regierung werde der Aggression abschwören, die Nürnberger Gesetze widerrufen und an einer internationalen Lösung der jüdischen Frage mitarbeiten, die deutschen Truppen schrittweise von den besetzten und angegriffenen Ländern zurückziehen, Japan nicht weiter unterstützen, den Alliierten bei der Beendigung des Krieges im Fernen Osten helfen und beim Wiederaufbau im Krieg zerstörter oder geschädigter Gebiete mit den Alliierten zusammenarbeiten. Sodann wollen Schönfeld und Bonhoeffer im Auftrage der Opposition fragen, ob die Alliierten unter den genannten Voraussetzungen mit einer neuen deutschen Regierung über einen Frieden auf folgender Grundlage verhandeln würden: 1. Aufbau eines Rechtsstaates mit dem Prinzip des Föderalismus und weitgehender Selbstverwaltung; 2. möglichst enge internationale Wirtschaftsbeziehungen in Europa, sowohl aus Gründen der Gerechtigkeit als auch als stärkste mögliche Garantie gegen den Militarismus; 3. Errichtung einer repräsentativen Föderation freier Nationen oder Staaten einschließlich einer freien polnischen und einer freien tschechischen Nation; 4. Gründung einer europäischen Armee zur Kontrolle Europas, welcher die deutsche Armee unter zentralem europäischen Oberkommando eingegliedert werden könnte.

Die Opposition, so fuhr das geheime Memorandum Bells für Eden fort, habe volles Vertrauen in die Armee und werde den Kampf bis zum bitteren Ende weiterführen, wenn die Alliierten sich weigern sollten, mit einer neuen, nicht-hitlerischen Regierung zu verhandeln, doch warne sie ausdrücklich vor dem millionenfachen Tode, ja dem für Europa selbstmörderischen Kampf, den das bedeuten würde. Die Opposition sei stark genug, um den Umsturz auszuführen, sie habe Gruppen und Anhänger in allen wichtigen Machtzentren. Bell nannte auch die ihm von Bonhoeffer genannten Namen: Beck, Hammerstein, Goerdeler, Leuschner, Kaiser. Man wisse in der Opposition, daß Himmler einen eigenen Staatsstreich plane; dieser könnte ein erster Schritt sein, doch nicht mehr als das. Die Opposition wolle das gegenwärtige Regime von Grund aus, samt Himmlers SS, beseitigen. Zugleich wolle die Opposition ihren guten Willen verpfänden. Zur Aufrechterhaltung der Ordnung in Deutschland und in den von deutschen Truppen zur Zeit besetzten Gebieten solle die deutsche Armee mit alliierten und neutralen militärischen Einheiten zusammenarbeiten. Man akzeptierte schon damals zumindest eine Quasi-Besetzung Deutschlands.

Nun aber, so las der britische Außenminister weiter, stellten die Vertreter der Opposition, mit denen der Lord Bischof gesprochen habe, die Frage, welche Ermutigung die Alliierten den Führern der Opposition geben können, um so den Umsturz in Gang zu bringen. Würden die alliierten Regierungen die Opposition wenigstens privat wissen lassen, daß sie mit einer neuen Regierung entsprechend den oben dargelegten Grundsätzen verhandeln würden? Oder könnten die Alliierten jetzt öffentlich und in der klarsten Form verkünden, daß sie nach dem Sturz Hitlers und des ganzen Regimes mit einer deutschen Regierung auf den oben genannten Grundlagen verhandeln würden?

Während Eden, wie er dem Lord Bischof versprach, den Bericht und das Memorandum erwog, traf der Lord Bischof am 13. Juli Sir Stafford Cripps. Dieser erzählte ihm begeistert von Trott und auch von dessen Memorandum, das ihm Visser't Hooft gegeben habe. Er habe diesem gesagt, er solle Trott ermutigen, »jedoch auf der Basis eines besiegten Deutschlands«. Darauf zeigte der Lord Bischof dem Lord Geheimsiegelbewahrer das Schönfeld-Memorandum, welches Cripps so beeindruckte, daß er es Eden zeigen wollte. Er akzeptierte auch das Argument, die Ermutigung der Opposition könne keinerlei Schaden (für England) bringen, doch im günstigen Falle viel Gutes.

Am 17. Juli aber schrieb Eden dem Lord Bischof, er habe die interessanten Dokumente sorgfältig geprüft und wolle an der Aufrichtigkeit der beiden Deutschen nicht zweifeln, sei jedoch zu dem Ergebnis gekommen, daß eine Antwort nicht im nationalen Interesse Großbritanniens liege. Darauf schrieb Bell am 25. Juli zurück, er sei sehr froh, daß Eden nach der sorgfältigsten Prüfung der ihm übergebenen Dokumente an der Aufrichtigkeit der beiden deutschen Pastoren nicht zweifle; der Entscheidung des Außenministers müsse er sich natürlich beugen. Zwischen den Zeilen liest man, wie unverständlich dem Lord Bischof diese Entscheidung angesichts der Glaubwürdigkeit der Emissäre war. Er sprach noch die dringende Hoffnung aus, der Außenminister möchte »in naher Zukunft nachdrücklich und öffentlich klarmachen, daß die britische Regierung und ihre Alliierten nicht den Wunsch haben, ein Deutschland zu versklaven, das sich von Hitler, Himmler und deren Komplizen befreit habe«. Es gebe, wie er festgestellt habe, einen sehr deutlichen Unterschied zwischen Nazis und anderen Deutschen, und die Opposition erwarte auf das dringendste die Anerkennung dieses Unterschiedes mit all seinen Konsequenzen von seiten der britischen Regierung. Die Unterstützung einer innerdeutschen Opposition, die dasselbe Ziel verfolge, wie es für Großbritannien am 13. Mai 1940 von Churchill formuliert worden sei, nämlich »›Krieg gegen eine ungeheuerliche Tyrannei, die in dem dunklen und beweinenswerten Katalog menschlichen Verbrechens nirgends übertroffen wird‹«, sei eigentlich selbstverständlich, wenn Großbritannien, wie Churchill ebenfalls formuliert habe, Sieg um jeden Preis erreichen wolle [60a]. Ohne solche Unterstützung, d. h. ohne die Zusage, daß man nicht ganz Deutschland versklaven wolle, daß Anti-Nazis nicht genauso behandelt werden wie Nazis, könne man von der Opposition keine Taten erwarten. Diese müsse dann vielmehr glauben, die haßerfüllten Äußerungen Lord Vansittarts seien repräsentativ für die offizielle britische Politik.

Auf diesen Brief antwortete Eden am 4. August, niemand könne der Opposition Glauben schenken, bis sie aktive Schritte zur Beseitigung des Regimes unternommen habe. Die Opposition habe bisher nur »wenige Beweise ihrer Existenz« gegeben und sich nicht in aktiven Handlungen manifestiert wie die Widerstandsbewegungen in den besetzten Ländern. Unter diesen Umständen sei es nicht möglich, mehr zu versprechen, als daß Deutschland auch nach dem Kriege wieder »einen Platz in dem künftigen Europa« haben werde. Denn je länger das deutsche Volk das Nazi-Regime dulde, desto größer werde seine Verantwortung für die Verbrechen, welche das Regime in seinem Namen begehe.

In seiner erneuten Antwort vom 17. August wies der Lord Bischof denn auch darauf hin, daß die Widerstandsbewegungen in den besetzten Gebieten unter anderen Voraussetzungen kämpfen; ihnen habe man die Befreiung versprochen, den Deutschen aber ausdrücklich nicht. Die Atlantik-Charta stellte Deutschland unter Ausnahmerecht.

Es hatte keinen Sinn, weiter mit Eden zu diskutieren, aber der unerschrockene Bischof wollte den Briefwechsel nicht beenden, ohne noch einmal für den deutschen Widerstand gegen Hitler Zeugnis abzulegen: Das Verlangen nach Recht und Gerechtigkeit, nach Beseitigung des nationalsozialistischen Regimes und die Hoffnung, daß ein besseres Deutschland im künftigen Europa seinen Platz haben werde, seien starke Faktoren für die Opposition, immer deutlicher hervorzutreten.

Die Weigerung der britischen Regierung, auf die Anfragen der Opposition auch nur zu antworten, war nach dem hoffnungsvollen Beginn eine schwere Enttäuschung für Schönfeld und Bonhoeffer sowohl wie für den Lord Bischof, der sich die äußerste Mühe gegeben hatte. Er hatte auch dem amerikanischen Botschafter in London, John G. Winant, am 30. Juli Abschriften der Eden übergebenen Dokumente überlassen und ihn ausführlich von der Opposition in Deutschland unterrichtet. Winant versprach, dem State Department zu berichten, aber der Lord Bischof hörte nichts mehr von ihm. Unerschrocken, aber erfolglos setzte er seine Kampagne für die Formulierung und Verkündung vernünftiger Kriegsziele gegenüber Deutschland im Parlament und in seinen Veröffentlichungen weiterhin fort.

Als man Generaloberst Beck über die Ergebnisse der Bemühungen von Bonhoeffer und Schönfeld berichtete, ordnete er an, daß ein Bericht darüber angefertigt und im Vatikan überreicht würde, was auch geschehen ist [61].

Vom 18. bis 28. September 1942 war Trott in Schweden und suchte in vielen Gesprächen Verständnis zu wecken für die Ziele der Opposition und vor der Gefahr der Bolschewisierung Deutschlands von innen (und außen) zu warnen, in der Hoffnung, seine Gesprächspartner möchten seine Gedanken vor allem nach England weitergeben. Er betonte aber, daß die Opposition nicht um Unterstützung oder auch nur Ermutigung nachsuchen wolle [61a].

5. Moltke 1943

Trotz der deutlichen Absagen setzten die tätigen Angehörigen der Opposition ihre Bemühungen fort, auch nachdem Roosevelt und Churchill sich in Casablanca im Januar 1943 auf die Formel des Unconditional Surrender geeinigt hatten.

Im selben Monat reiste Trott in die Schweiz und trat über Dr. Visser't Hooft, mit Dulles in Verbindung, dem er klarzumachen suchte, wie unerläßlich für die Aktionsmöglichkeiten der Widerstandsbewegung die Unterscheidung zwischen Deutschen und Nazis von seiten der Feindmächte sei [62]. Nach dem Gespräch mit Trott übersetzte Visser't Hooft seine Aufzeichnungen darüber ins Englische und übersandte sie am 11. Januar an Dulles. In der Widerstandsbewegung herrsche das Gefühl, heißt es darin, daß man im Westen nur von Vorurteilen ausgehe und pharisäerhaft theoretisiere, während in der Opposition die Versuchung, sich dem Osten zuzuwenden, sehr groß sei. Eine soziale und politische Revolution in Rußland und Deutschland könnte die beiden Völker zusammenführen. Aber von der so nötigen Unterscheidung konnte keine Rede sein. »Für uns wäre es undenkbar gewesen«, stellte Dulles fest, »auf den totalen militärischen Sieg zu verzichten und in Deutschland den geringsten Zweifel an der totalen Niederlage zu gestatten.« Seit Sommer 1943 konnte auch Langbehn in der Schweiz nur noch »die absolute Siegeszuversicht der Angloamerikaner, ihre Entschlossenheit, bis ans Ende zu gehen«, feststellen [63]. Je länger die Opposition sich nicht durch »Taten« manifestierte – von den Attentatversuchen z. B. des März 1943 wußte man ja im Westen nichts, wenn auch Generaloberst Beck durch Dr. Josef Müller Papst Pius XII. im Februar von einem bevorstehenden Umsturz hatte unterrichten lassen –, desto größer wurde das Mißtrauen gegenüber ihrer Ernsthaftigkeit. Vor dem Krieg, so formulierte Dulles, habe man selbst den Teufel beschwichtigen wollen, jetzt traue man keinem mehr, wenn er Deutscher war [64].

Moltke reiste im Februar nach Paris und Brüssel, im März nach Norwegen und Schweden, Ende April und Anfang Mai nach Wien und Warschau, Ende Mai und Anfang Juni nach Holland, Belgien und Frankreich, Anfang September kam er noch einmal in diese Länder. Am 22. März berichtete er dem Chefredakteur des *Svenska Dagbladet*, Dr. Ivar Anderson, ausführlich über die Erhebung der Geschwister Scholl und ihrer Freunde in München und brachte ein Exemplar ihres Flugblattes mit. Am 25. März erwog Moltke den Versuch, nach England zu fliegen, um dort einflußreiche Kreise von der Existenz eines anderen Deutschland zu überzeugen und eine Zusammenarbeit anzubahnen. Vermutlich wäre er interniert worden, ohne viel Gelegenheit zu Mitteilungen zu bekommen, aber er gab den Versuch ohnehin auf, vielleicht weil er sehr lange auf eine Reisegelegenheit hätte warten müssen (zweimal in der Woche flog ein Flugzeug nach England und nahm nur einen einzigen Passagier mit). Stattdessen schrieb Moltke in einem Brief einen ausführlichen Bericht über die innere Lage Deutschlands einschließlich der der Opposition an Lionel Curtis nach Oxford [64a]. Man sei sich in der Opposition der Notwendigkeit bewußt, eine neue Regierungsbildung vorbereiten zu müssen, ehe man die bestehende Regierung stürzen könne, was aber gegnerische Geheimdienste offenbar gar nicht verstehen könnten. Um die Schwierigkeiten eines Umsturzversuches zu begreifen, müsse man sich ein Land vorstellen, in dem fast nur alte Leute, Frauen und Kinder seien, während die jüngeren »Männer der Altersgruppen, die Revolutionen machen«, weit jenseits der Grenzen stünden; dabei könne man im Inland in Sachen der Opposition weder telephonieren, noch die Post benützen oder Boten schicken, kaum überhaupt mit Menschen sprechen, mit denen man nicht schon einig sei, weil die Erpressung lebensgefährlicher Aussagen von der Gestapo in die Hände gefallenen Gesprächspartnern nur dadurch zu verhindern sei, daß man sich ohne Nennung von Einzelheiten verständigte; die Nachrichtensperre sei im übrigen so wirksam, daß eine etwa in München in Gang gesetzte Flüsterkampagne vielleicht nicht einmal bis Augsburg käme. Die Soldaten seien isoliert und meist schlechter über die Vorgänge im deutschen Machtbereich unterrichtet als die Hörer des Londoner Rundfunks, wohl neun Zehntel der deutschen Bevölkerung wissen nicht, daß die Deutschen Hunderttausende von Juden umgebracht haben, noch weniger kenne man die Zahl der Konzentrationslager und ihrer Insassen. Die Opposition, von der man, wie es vor kurzem in einer Zeitung gestanden habe, so viel höre und so wenig merke, hätte durch die neunzehn gut funktionierenden Guillotinen große Verluste; am schlimmsten sei das Schmähliche des Todes der Märtyrer, die als Verbrecher angesehen würden, wodurch ihr Tod sinnlos scheine und damit die Einsatzbereitschaft für die Opposition mindere, während in den von Deutschland besetzten Gebieten sogar gewöhnliche Verbrecher oft noch als Märtyrer gelten. Dennoch sei die deutsche Opposition sehr tätig: in den höchsten Stellen und Ämtern würden fortwährend Befehle sabotiert, in allen Lebensbereichen ständig Menschenleben gerettet, viele offiziell Hingerichtete seien am Leben, viele Gewarnte geflohen. Von vielen Fehlern, die die Opposition gemacht habe, sei der hauptsächliche gewesen, sich auf eine Aktion der Generale verlassen zu haben; sowenig die französischen Generale Napoleon beseitigen konnten, könnten die deutschen Hitler beseitigen. Es sei aber auch kein Staatsstreich, sondern eine Revolution nötig, und eine solche würde die Bedeutung und den Spielraum der Generale im Vergleich zum gegenwärtigen Zustand sehr beträchtlich einschränken. Andererseits sei der Kommunismus eine wirkliche Gefahr, weniger in den Massen, als unter Intellektuellen und Angehörigen des Mittelstandes, die dazu neigen, bolschewikenfreundlich und russenfreundlich zu sein, wenn sie antinationalsozialistisch seien, die, ihrer selbst unsicher, auf die große neue Kraft hoffen, die aus dem Osten kommen solle.

Für den inneren Kampf gegen das Regime sei vor allem eine politische Verbindung nötig, nicht eine geheimdienstliche (zu gefährlich, weil Geheimdienstleute meist zu beiden Gegnern Verbindung halten und daher meist die eine Seite bald alles auch weiß, was die andere in Erfahrung bringt), auch nicht eine für Gespräche über Friedensbedingungen, sondern eine ständige Verbindung für die Koordination des gemeinsamen Kampfes gegen Hitler (etwa ein Jahr zuvor, am 18. April 1942, hatte Moltke einen Brief an Curtis mit den Worten geschlossen: »I hope that you will realise that we are ready to help you win war and peace.«). Ein englischer Verbindungsmann sollte unter Leitung des Botschafters in Stockholm mit den Untergrundbewegungen Kontakt halten und unter Umständen in der Lage sein, einem Vertreter der deutschen Widerstandsbewegung eine rasche Reise nach England und wieder zurück zu ermöglichen.

Der Brief sollte durch Dr. Johansson weiterbefördert werden, doch schien diesem das zu gefährlich, und er veranlaßte – erst im Juli 1943 – Tracy Strong, den Generalsekretär im internationalen CVJM-Verband, den Text auswendig zu lernen und auf seiner Rückreise nach Amerika dem Bischof von Chichester mitzuteilen. So kam nur etwa ein Sechstel des Briefes an den Bischof, der das Mitgeteilte an Curtis weitergab. Dieser gab es sehr wahrscheinlich an das Foreign Office und an die Abwehr (MI 5) weiter, während der Bischof auch eine Abschrift an Sir Robert Bruce Lockhart, den Director-General der Political Warfare Executive, sandte. Doch geschah weiter nichts. Michael Balfour, der in Lockharts Dienststelle tätig war und den Moltke als Verbindungsmann vorgeschlagen hatte, bekam die Aufzeichnung nicht einmal zu sehen. Briefe, die Moltke aus Stockholm damals im März mit gewöhnlicher Post an Michael Balfour und Julian Frisby geschickt hatte, erreichten ihre Empfänger Ende Mai – nachdem sie der britische Geheimdienst gelesen hatte [64b].

Im Juni 1943 fuhr Trott mit dem Auftrag des Auswärtigen Amtes in die Türkei, Nachrichten über ihre außenpolitische Haltung einzuholen; insgeheim sondierte er die Möglichkeiten einer neuen Fühlungnahme mit den Alliierten [65]. Wie weit er damit kam, ist unklar. Immerhin folgte vom 5. bis 10. Juli eine Reise Moltkes und seines Mitarbeiters Dr. Wilhelm Wengler in die Türkei. Canaris gab dazu die Möglichkeit durch den Auftrag, nach gewissen von der Donau in das Marmara-Meer gebrachten Schiffen zu forschen, worum sich hauptsächlich Wengler kümmerte, während Moltke die in Istanbul besonders günstigen Kontaktmöglichkeiten nützte, um seine Versuche, zugleich im Sinne der Mehrheit seiner Kreisauer Freunde, zur Herstellung einer ständigen Verbindung und Zusammenarbeit zwischen Opposition und Westalliierten fortzusetzen. In Istanbul war der führende Abwehrbeauftragte Dr. Paul Leverkuehn, 1938/39 der Partner Moltkes in seiner Anwaltspraxis; ferner lebte hier seit 1934 Dr. Hans Wilbrandt, der vor 1933 bei einer Frankfurter Bank tätig gewesen war und den Moltke durch seine Arbeit für die Sanierung Kreisaus kennengelernt hatte; Wilbrandt zog den 1934 in die Türkei ausgewanderten Soziologen Professor Dr. Alexander Rüstow hinzu, der Verbindungen zum amerikanischen

Office of Strategic Services (OSS) hatte; schließlich war, vielleicht als Hauptattraktion, Alexander Kirk, den Moltke von Berlin her gut kannte, jetzt als amerikanischer Gesandter in Kairo [66].

Moltke schlug in Besprechungen mit Wilbrandt und Rüstow vor, einen deutschen Generalstabsoffizier mit allen Informationen über die deutschen Weststellungen in englische Hand fallen zu lassen (etwa durch »Notlandung«), der dann mit den Engländern einen Plan zum Absetzen von englisch-amerikanischen Luftlandetruppen in Westeuropa und zur Öffnung der deutschen Westfront ausarbeiten sollte, während die Ostfront gegen Rußland weiter gehalten werden sollte. Anscheinend ließ Moltke wissen, daß die Gruppe, für die er spreche (also in der Hauptsache der Kreisauer Kreis), nicht ohne Rückhalt im Militär sei. Übrigens sei er gegen die Ermordung, nicht jedoch gegen den gewaltsamen Sturz Hitlers. Wesentlich sei die Zurücknahme der Formel von der bedingungslosen Kapitulation, wenn eine innerdeutsche Gegenbewegung in Gang kommen solle. Inzwischen wolle Rüstow, womöglich, eine Verbindung zu Kirk herstellen und arrangieren, daß entweder Moltke bei seinem nächsten Besuch in der Türkei für ein oder zwei Tage insgeheim nach Kairo fliegen oder aber Kirk in Istanbul treffen könnte [67]. Rüstow erklärte, an die Zurücknahme der verhaßten Formel sei nicht zu denken, und nach einem innerdeutschen Umsturz würden die Westalliierten sehr wahrscheinlich ohnehin gemäßigter verfahren als ohne jenen. Wenn aber Moltke nicht die Forderung nach Zurücknahme der Formel aufgebe – eine Forderung, die eher zu schärferen Bedingungen führen könnte –, so könne Rüstow seine Vermittlertätigkeit nicht fortsetzen. Darauf gab Moltke nach [68].

Aus amerikanischen Geheimdienstberichten vom 14. September, 27. Oktober und 30. Dezember 1943 geht hervor, daß die OSS-Dienststellen in der Türkei die Pflege des Kontakts und das Eingehen auf Moltkes Vorschläge befürworteten [68a]. Kirk hielt aber ein Treffen mit Moltke in der Türkei für zu gefährlich, weil es da von Spionen wimmelte, und ein Flug nach Kairo erwies sich als so wenig durchführbar wie eine Reise von Stockholm nach England und zurück; es war z. B. schon fraglich, ob die in Kairo zuständigen englischen Stellen Moltkes Besuch ohne Angaben über seine Identität erlauben würden. Gleichwohl erhielt Moltke im November 1943 Nachricht, der Kontakt sei hergestellt wie verlangt und man wolle auf seine Vorschläge eingehen. Wieder mit Hilfe von Canaris reiste er vom 11. bis 16. Dezember nach Istanbul, fand aber dort weder Kirk vor, noch war von einem Flug nach Kairo die Rede, noch konnte zwischen Moltke und dem mit der Wahrnehmung des Kontakts beauftragten amerikanischen Militärattaché in der Türkei, Brigadegeneral R. G. Tindall, in der kurzen Zeit die erforderliche Vertrauensbasis zustandekommen. Moltke wollte auch nicht auf Grund einer von Kirk unterzeichneten »Vollmacht« mit Tindall verhandeln und trat mit dem Attaché anscheinend nur über Mittelsmänner in Verbindung. Moltke hat immer, schon in seinem Brief vom 25. März 1943 an Curtis, auf eine ihm vorher bekannte Kontaktperson Wert gelegt.

Moltke war vom Ergebnis seiner zweiten Türkei-Reise tief enttäuscht, plante aber schon weitere Bemühungen. Nach seiner Abreise und auf Grund seiner Mitteilungen und der Gespräche mit Wilbrandt und Rüstow fertigten diese ein Exposé an, in dessen Vorbemerkung stand, es sei aus langen Diskussionen einer einflußreichen Oppositionsgruppe in Deutschland mit einem ihrer führenden Mitglieder (Moltke) hervorgegangen. Der Vergleich mit Briefen Moltkes (vom Dezember 1943 an Kirk und vom 7. Januar 1944 an Freya von Moltke) sowie mit entsprechenden Mitteilungen Trotts an die Westalliierten zeigt, daß der Inhalt des Exposés im ganzen dem entsprach, worauf man sich im Kreisauer Kreis an Pfingsten 1943 und seitdem geeinigt hatte, und daß der Inhalt, wenn auch nicht so sehr die Form des Exposés Moltkes Gedanken richtig wiedergab.

Das Exposé stellte die Existenz eines »östlich eingestellten pro-russischen« und eines »westlich eingestellten pro-angelsächsischen« Flügels der Opposition fest. Der pro-russische sei in der Wehrmacht stärker als der pro-angelsächsische und basiere auf der Tradition der Zusammenarbeit mit der Roten Armee während der zwanziger Jahre, auf der Stärke der Roten Armee und auf dem Widerhall, den die Gründung des Bundes Deutscher Offiziere in Moskau gefunden habe. Die schwächere pro-angelsächsische Gruppe verfüge gleichfalls über hervorragende Vertreter in den höchsten militärischen und zivilen Stellen, sei in Verbindung mit den Führern der katholischen und protestantischen Kirchen, der früheren Gewerkschaften, der Wirtschaft sowie mit führenden Intellektuellen. Diese Gruppe sei zu militärischer und politischer Zusammenarbeit mit den Alliierten bereit, da sie »eine unbezweifelbare militärische Niederlage und die Besetzung Deutschlands aus moralischen und politischen Gründen für absolut notwendig«, folglich die alliierte Forderung nach bedingungsloser Kapitulation für berechtigt halte und sich klar sei, daß bis dahin Friedensverhandlungen nicht in Frage kommen; ihre pro-angelsächsische Einstellung beruhe auf der Überzeugung von der Gemeinsamkeit ihrer Vorstellungen mit denen der Westalliierten von einem freien und demokratischen Deutschland. Sie setze aber bei allem Folgenden voraus, »daß die deutsche Ostfront gegen Rußland zwar gehalten wird, daß sie aber andererseits möglichst bis in unmittelbare bedrohliche Nähe heranrückt, etwa bis zu der Linie Tilsit–Lemberg«. Eine solche Situation würde es dann möglich machen, »extreme

Entschlüsse nach Westen«, d. h. direkte Zusammenarbeit mit den Westmächten, »vor dem deutschen Nationalbewußtsein zu rechtfertigen als einziges Mittel, um der unmittelbar drohenden Gefahr vom Osten zuvorzukommen.« Sofern gewährleistet werde, »daß diese Kooperation zu einem unmittelbar durchschlagenden militärischen Erfolg der Alliierten auf breitester Front führen wird«, d. h. zur alliierten Besetzung Deutschlands innerhalb eines kurzen Zeitraums, wodurch solche Zusammenarbeit mit den Westalliierten als kühne patriotische Tat, der Tauroggener Konvention des Generals Yorck vergleichbar, sich rechtfertigen würde, sei die Gruppe zu militärischer Zusammenarbeit mit den Westmächten bereit, dies käme aber nicht in Frage, wenn die Alliierten im Westen lediglich so wie gegenwärtig in Italien (langsam und mit begrenzten Kräften) vorgingen. Militärische Einzelheiten der Zusammenarbeit wären durch einen nach London zu entsendenden hohen deutschen Offizier mit Vertretern der Alliierten zu vereinbaren. Gleichzeitig mit der alliierten Landung würde in Deutschland eine provisorische anti-nazistische Gegenregierung gebildet, deren Zusammensetzung vorher festzulegen wäre, aber eine Entwicklung mit kommunistischer Tendenz müsse verhindert werden: die Gruppe halte »eine kommunistisch-bolschewistische Entwicklung Deutschlands und die Entstehung eines deutschen Nationalbolschewismus für die schwerste und bedrohlichste Zukunftsgefahr für Deutschland und Europa, der deshalb mit allen Mitteln entgegengearbeitet werden muß. Daher muß vor allem unbedingt verhindert werden, daß der Krieg durch einen Sieg der Roten Armee entschieden wird und die Russen vor den Alliierten Deutschland besetzen. Es muß ferner unbedingt vermieden werden, daß eine demokratisch eingestellte deutsche Regierung in Gegensatz zu den Arbeitermassen gerät.« Dabei sei aber die Vermeidung jeden außenpolitischen Konfliktes mit Rußland für das Durchhalten einer antibolschewistischen Innenpolitik nötig. Es müsse auch versucht werden, »möglichst viele bisher pro-russisch eingestellte deutsche Kreise nicht abzustoßen, sondern zu gewinnen«. »Unbedingt vermieden werden muß endlich jede Situation, die es ermöglichen würde, eine demokratische deutsche Regierung als unnational oder antinational zu bekämpfen und gegen sie eine Fusion zwischen den nationalen, den kommunistischen und den pro-russischen Tendenzen zustandezubringen. Eine solche Regierung müßte, um gegenüber der Arbeiterschaft und ihren kommunistischen Tendenzen nicht von vornherein in aussichtsloser Lage zu sein, innenpolitisch mit einem sehr starken linken Flügel operieren und sich mit Nachdruck auf sozialdemokratische und Gewerkschaftskreise stützen. Sogar die Beteiligung persönlich vernünftiger und nicht an Rußland gebundener Kommunisten könnte aus den gleichen Gründen erwünscht sein.«[68b]

Das Exposé erreichte durch das OSS-Büro in Istanbul über Algier die Vereinigten Staaten und wurde Präsident Roosevelt vorgetragen. Brigadegeneral Tindall unterstützte Moltkes Vorschläge in seinen Berichten auf das allernachdrücklichste, so am 29. Dezember und durch den OSS-Vertreter in Istanbul am 30. Dezember 1943, indem er anscheinend volles Vertrauen in Moltkes Fähigkeit zur Ausführung seiner Vorschläge setzte: die Tragweite des Angebots könnte kaum zu hoch bewertet werden, keine Mühe sollte man scheuen, um die Sache in kürzester Zeit durchzuführen; nichts an nachrichtendienstlichen Unternehmen oder teilweiser militärischer Beihilfe deutscherseits (welche die Gruppe jedoch kategorisch ablehne) böte eine entfernt vergleichbare Gelegenheit, den Krieg im Westen auf einen Schlag zu beenden und vielleicht vielen Hunderttausenden alliierter Soldaten und Zivilisten das Leben zu erhalten[68c]. Zwar beschloß die amerikanische Führung auf den Bericht des OSS-Direktors Donovan hin, den Kontakt durch den OSS-Vertreter in Istanbul offenhalten zu lassen, jedoch im übrigen auf die Vorschläge nicht einzugehen. Der wesentlichste Grund dafür war das Verhältnis zu Rußland, das nicht durch separate Verhandlungen gestört werden durfte. Der Versuch, Deutschland von Westen her unter Ausschluß Rußlands zu besetzen, während das deutsche Heer weiter seine Ostfront verteidigte, hätte nicht nur von Rußland als Perfidie und Versuch, ihm die Früchte seines jahrelangen Kampfes vorzuenthalten, empfunden werden müssen, sondern auch dazu führen können, daß Stalin beim ersten Anzeichen solchen Vorgehens seinerseits in Separatverhandlungen mit Hitler einig geworden wäre. Kontakte gab es immer. Andererseits mochten die gegenwärtigen Fühler in der Türkei Finten sein mit dem Ziel, Stalin von den Westmächten zu trennen und sich mit ihm dann zu arrangieren. Selbst wenn man die bona fides der Kontaktleute nicht bezweifelte, war die Politik, die sie vorschlugen, doch abenteuerlich.

Bald darauf brachte Donovan ein Angebot der Widerstandsbewegung zu Verhandlungen nach New York. Er verfügte über einen Brief, der auf dem Papier der deutschen Botschaft in Ankara geschrieben und von Dr. Paul Leverkuehn unterzeichnet war, der vor dem Kriege in Washington die deutsche Mixed Claims Commission vertreten hatte. Dieses Dokument wurde Professor Karl Brandt von der Stanford University in Stanford, Kalifornien, in New York vorgelegt, als er sich gerade in Geschäften dort aufhielt. Er kannte einige führende Angehörige der Opposition persönlich, Trott hatte ihn im Dezember 1939 in Palo Alto aufgesucht[69]. Unter umfangreichen Sicherheits- und Geheimhaltungsvorkehrungen wurde Professor Brandt ersucht, das Dokument sofort, noch im Büro von General Donovan im Rockefeller Center in New York, genauestens zu untersuchen und ein Gutachten abzugeben. Am nächsten Morgen sollte in einer Besprechung mit Präsident Roosevelt entschieden werden, ob auf das Angebot einzugehen sei oder nicht [70].

In dem Professor Brandt vorgelegten Brief stand, die Opposition könne zwar nicht das Stillhalten der gesamten Westfront im Falle einer alliierten Invasion garantieren, besitze aber immerhin so viel Einfluß bei den wichtigsten Befehlshabern des Heeres und teilweise auch der Luftwaffe im Westen, daß deutsche Gegenmaßnahmen gegen eine alliierte Landung zumindest verzögert werden könnten. Dafür sollten die Westmächte zu Verhandlungen mit einer Regierung der deutschen Opposition nach dem Umsturz bereit sein. Professor Brandt erkannte das Angebot als echt; er war mit diesen Gedanken ohnehin vertraut und wußte auch, daß das OSS über die Opposition genauestens orientiert war. Zusammen mit dem Gutachten Brandts wurde das Dokument noch in der Nacht von Frau Emmy Rado, der Mitarbeiterin von General Donovan, die später im Range eines Obersten für das OSS in der Militärregierung in Berlin arbeitete, unter scharfer Bewachung nach Washington gebracht. Später erfuhr Brandt von Frau Rado, daß Donovan zwar die Aufnahme des Kontaktes auf Grund des dazu ratenden Gutachtens befürwortet habe, aber Präsident Roosevelt habe es glatt abgelehnt, mit »diesen ostdeutschen Junkern« zu verhandeln.

Moltke hatte vor seiner Abreise aus der Türkei noch einen Brief an Kirk geschrieben [71]. Er wiederholte seinen Wunsch nach persönlichen Besprechungen und bot an, frühestens im Februar, spätestens im April 1944 noch einmal nach Istanbul zu kommen. Eine fingierte Antwort mit dem Datum des 10. Januar 1944 und dem Namen Kirks, anscheinend von dem beauftragten OSS-Vertreter in Istanbul, gelangte noch in die Hände der dortigen Kontaktleute; es hieß darin, der Krieg könne einzig und allein durch die bedingungslose Kapitulation der deutschen Wehrmacht beendet werden [72]. Aber Moltke hat sie nicht mehr erhalten. Er wurde am 19. Januar 1944 verhaftet.

6. Trott 1943/44

Auch Trott hat bis wenige Tage vor dem 20. Juli 1944 seine Bemühungen um Kontakte und Zusagen fortgesetzt. Vom 8. bis 16. September 1943 war er in der Schweiz, vom 27. Oktober bis 3. November in Schweden. Hier hatte Steltzer am 17. September lange mit dem Chefredakteur des *Svenska*

Dagbladet, Dr. Ivar Anderson gesprochen und vom drohenden inneren und äußeren Zusammenbruch Deutschlands erzählt sowie von Plänen, eine Lösung im Osten zu suchen, die aber fallengelassen seien, man wende sich jetzt nach Westen. Am 6. Oktober war Steltzer mit Gerstenmaier bei Anderson, und sie besprachen die Möglichkeiten einer alliierten Invasion im Westen [73]. Am 30. Oktober sprach Trott eingehend mit Anderson über die Lage in Deutschland und gab ebenfalls seinen tiefen Befürchtungen wegen der wachsenden kommunistischen Gefahr Ausdruck; besonders Sachsen sei für den Kommunismus ein günstiger Boden. Aber die Oppositionsgruppe, für die er spreche, habe Verbindung mit führenden Persönlichkeiten der Arbeiterklasse und es gebe auch hoffnungsvolle Anzeichen für eine christlich-soziale und christlich-demokratische Arbeiterbewegung, da die Zusammenarbeit mit Arbeitervertretern vielfach auf religiöser Grundlage beruhe. Die Opposition brauche aber, um eine Regimeänderung herbeizuführen, direkte Unterstützung von außen wegen der Gefahr einer Gegenbewegung und eines Bürgerkrieges, die Kräfte der Opposition seien zu schwach. Anderson meinte, ein alliierter Angriff im Westen oder durch den Balkan würde sicher auf starken Widerstand stoßen, auch nach einem innerdeutschen Aufstand, und würde so nicht schnell genug Hilfe bringen; die einzige Möglichkeit dazu wäre die Landung englischer und amerikanischer Truppen in Deutschland aus der Luft, doch auch deren Wirkung wäre fraglich. Trott war derselben Auffassung und meinte, daß also vielleicht nichts übrigbleibe, als abzuwarten, was gefährlich sei, weil es bedeuten könne, »daß die Russen das Spiel gewinnen«. Stalin sei sicher an einem äußeren Zeichen seines Triumphes gelegen, z. B. an einem russischen Einmarsch in Berlin, und die Lage an der Ostfront werde von deutschen militärischen Führern als sehr kritisch beurteilt, wenn auch einige glauben, die Flut noch aufhalten zu können. An die Möglichkeit eines Separatfriedens mit Rußland glaube Trott nicht, aber es gebe einige, die von Kapitulation gegenüber Rußland sprechen und die glaubten, Stalin werde bessere Friedensbedingungen gewähren als die Westmächte. Er, Trott, meine, das Wichtigste sei nun, Verbindungen über neutrale Länder, in erster Linie Schweden, nach Westen zu bekommen [74].

Schließlich vermittelte Anderson für Trott Zusammenkünfte mit dem schwedischen Außenminister Christian Günther [75] und Sir Walter Monckton, der damals Under-Secretary im britischen Informationsministerium war [76]. Beide Besprechungen blieben ergebnislos, ebenso eine Verbindung mit Angehörigen der britischen Botschaft in Stockholm, die von Frau Inga Kempe (damals Frau Almstrom), geb. Carlgren vermittelt wurden [77]. Der Eingang einer Antwort zog sich hin, die beiden Kontaktleute, Roger Hinks und James Knapp-Fisher, angeblich von der Presseabteilung der Botschaft, in Wirklichkeit im Political Intelligence Department tätig, bzw. deren Korrespondenten waren nicht so diskret, wie es für die Sicherheit der Verschwörer erforderlich war, und Trott hatte um einen anderen Verhandlungspartner gebeten. Er wurde dann endlich durch Mittelsleute wieder nach Stockholm gerufen, doch erst im Juni 1944 kam es zu dem Gespräch mit dem englischen Geheimdienstmann David MacEwen – nach der gelungenen alliierten Invasion der Normandie [78].

Wahrscheinlich im September 1943 schrieb Trott Bemerkungen zum Friedensprogramm der amerikanischen Kirchen nieder, die – vermutlich durch Schönfeld – nach Genf an Visser't Hooft bzw. an den Ökumenischen Rat gelangten und seit November in mehreren Sprachen verbreitet wurden [79]. Trott kommentierte darin den Gedanken der Notwendigkeit von internationalen föderativen Organisationen auf der Grundlage des Rechts, welches an die Stelle der Macht treten müsse und durch Selbstverwaltung, kulturelle Autonomie und Gleichheit der Völker und Volksgruppen weitgehend zu verwirklichen sei. Er anerkannte »die Unzulänglichkeit des souveränen Nationalstaates als letzter internationaler Instanz« und das Bedürfnis nach Einschränkung der nationalen Souveränität, ohne die auch die Probleme Mittel- und Osteuropas nicht zu lösen seien. Ohne Einschränkung der Souveränität sei auch die wirksame Rüstungsbegrenzung und die Verhinderung des immer wiederkehrenden Mißbrauchs der bewaffneten Staatsmacht nicht möglich, aber man dürfe hier seine Hoffnungen nicht zu sehr auf gewaltsame Maßnahmen konzentrieren. Einseitige Entwaffnung der besiegten Nationen würde den objektiven Rechtscharakter der neuen internationalen Organisation von vornherein diskreditieren und Nationen zweiter Klasse schaffen. »Eine internationale Zusammenarbeit, die gleich zu Beginn mit dem Mißtrauen gegen ganze Völker belastet wird, kann nicht von Dauer sein...« Die Friedenssicherung durch Weltpolizei und Rüstungsbeschränkung werde auf lange Sicht bei weitem nicht so erfolgreich sein, wie die Wirkungen, welche durch »die ständige Betätigung praktischer und konstruktiver Zusammenarbeit zwischen den Nationen« zu erzielen seien, durch das »Abgewöhnen« des Mißtrauens, des Hasses, der Furcht und der Feindschaft im Verhalten der Völker, die schrittweise Veränderung traditioneller Verhaltensweisen. Ausgleich ist ein Grundbegriff in den Gedanken dieser Denkschrift, der auch auf das wirtschaftliche Leben angewandt wird, wenn von der Befreiung der Massen von wirtschaftlicher Not die Rede ist und von der Notwendigkeit, die Monopolstellung einzelner Staaten wirksam zu begrenzen, nicht um ihnen etwas zu nehmen, sondern um den weniger mächtigen die Entfaltung zu ermöglichen. Freihandel sei ein scheinheiliges Ideal, solange die Kleineren durch währungstechnische und sonstige Benachteiligung daran gehindert werden, ihren Export zu entfalten, und solange sie nur theoretisch Zugang zu den Bodenschätzen eines reichen Landes finden. Christliche Existenz ist ein weiterer Grundbegriff, der durch das ganze Memorandum hindurchgeht und welcher der »Vermassung der Menschen« und den dadurch freigesetzten Dämonien entgegengesetzt wird.

Am 14. März 1944 war Trott wieder bei Anderson und berichtete, die alliierten Luftangriffe ließen Partei und Bevölkerung in Deutschland dichter zusammenrücken; er sehe keine Aussicht für eine Regimeänderung[80]. Als Anderson meinte, eine solche Änderung sei aber Voraussetzung für modifizierte alliierte Friedensbedingungen, sah Trott als einzigen Ausweg einen Separatfrieden im Osten, aber Anderson meinte, Stalin werde mit Hitler keinen abschließen, aber, auf Trotts weitere Frage, vielleicht schon eher mit »den deutschen Generalen oder einer anderen deutschen Regierung«. Schließlich äußerte Trott die Befürchtung, durch den Luftkrieg, die Zerstörungen und die fortschreitende Verarmung in Deutschland könnten die Leute einer Art deutschem Bolschewismus zum Opfer fallen, und Stalin möchte in das durch einen deutschen Zusammenbruch entstehende Vakuum einrücken. Das Wichtigste für den Erfolg einer neuen, antinationalsozialistischen Regierung wäre die sofortige Beendigung des Bombenkrieges; dieser Ansicht sei auch einer der bedeutendsten deutschen Sozialdemokraten, mit dem Trott gesprochen habe. Anderson versprach, »den Engländern und Amerikanern« die von Trott geäußerten Gesichtspunkte zur Kenntnis zu bringen.

Der Präsident der Vereinigten Staaten, Franklin D. Roosevelt, stellte sich auf den Standpunkt, daß vom Grundsatz des totalen Sieges über Deutschland als Ganzes nicht abgewichen werden könne, daß man zwar nicht deutsche Menschen vernichten wolle, er jedoch auch nicht sagen könne, die deutsche Nation werde nicht zerstört werden, insofern für die Deutschen »Nation« und »Reich« und alles, was diese Worte bedeuten, zusammengehören. Die deutschen Menschen sollen leben und ruhig auf die Großmut der Amerikaner vertrauen, meinte er, aber solche Irrtümer und Fehlentwicklungen wie nach 1918 dürften nicht mehr aufkommen, ihr kriegerisches und aggressives Wesen müßten die Deutschen ablegen. Das könne wohl zwei Generationen dauern, aber wer anders rechne, müsse nach einer Pause auf den Dritten Weltkrieg gefaßt sein[81].

Nach vielem Zögern entwarf Roosevelt schließlich eine Proklamation an das deutsche Volk und alle, die mit diesem sympathisierten, die kurz nach der geplanten alliierten Invasion auf dem europäischen Kontinent im Namen der drei Hauptverbündeten veröffentlicht werden sollte[82]. Er wiederholte darin seine Auffassung, daß »nicht die totale Vernichtung des deutschen Volkes« das Ziel der Alliierten sei, sondern »die totale Zerstörung der Weltanschauung jener Deutschen, die verkündet haben, daß sie die Welt unterwerfen können«. Auf lange Sicht wollen die Alliierten menschliche, politische, religiöse und intellektuelle Freiheit sowie größere soziale und wirtschaftliche Gerechtigkeit. Der Sieg der Alliierten sei sicher. Es sei unklug von den Deutschen, den Krieg weiterzuführen, jeder weitere Tote sei ein unnötiger Verlust. Gewiß müssen auch die Alliierten noch Opfer bringen, wenn der Krieg weitergehe, aber ihre Reserven und ihre Bevölkerung seien vergleichsweise so viel größer, daß das deutsche Volk bis in jede Familie hinein unter der Fortsetzung des Krieges viel mehr zu leiden haben werde.

Die Proklamation war eigentlich für die Deutschen recht ermutigend. In der verzweifelten Lage des Jahres 1944 hätte man sie als bedeutende Milderung gegenüber der Formel der bedingungslosen Kapitulation ansehen müssen. Nur ist es zu ihrer Verkündung nicht gekommen; denn das ging nicht ohne Churchill und Stalin. Churchill aber antwortete Roosevelt am 25. Mai 1944 auf dessen Anfrage, im britischen Kabinett sei »beträchtliche Besorgnis zum Ausdruck gekommen über den den Deutschen gegenüber freundschaftlichen Ton in dem Augenblick, in welchem die Armeen im Begriffe seien, aufeinanderzustoßen«[83]. Man könne doch nicht jetzt behaupten, es trenne die Alliierten von den Deutschen nur wenig mehr als deren »böse Weltanschauung« (»evil philosophy«). Dann gebe es ja kaum noch eine Grundlage für die Weiterführung des Kampfes. Fast ganz Europa schreie aber nach Rache gegen den brutalen Tyrannen! Wie denn dann die völlige Entwaffnung Deutschlands praktisch durchgeführt werden solle, über die man sich einig sei? Wie denn Polen für die durch das Zugeständnis der Curzon-Grenze an Rußland eintretenden Verluste schadlos gehalten werden solle, wenn es nicht Ostpreußen und gewisse Gebiete bis an die Oder erhalte? Kurz und gut: in dieser Form und zum gegenwärtigen Zeitpunkt können Churchill und das Kabinett der Proklamation nicht zustimmen.

Einen Tag darauf ließ sich Stalin in ähnlicher Weise vernehmen. Der Charakter der Deutschen lasse nicht auf Erfolg hoffen, die noch ungesicherte militärische Lage – vor der Invasion – spreche ebenfalls gegen die vorgeschlagene Proklamation[84]. Roosevelt gab nach, und er konnte nun mit gutem Gewissen sagen, ihm seien die Hände gebunden.

Die Schwierigkeiten waren unüberwindlich, eine Vereinbarung zwischen den Alliierten und der deutschen Opposition konnte nicht zustande kommen, wegen des Mißtrauens der Alliierten untereinander, wegen der allzu vielen beteiligten Persönlichkeiten mit ihren Meinungen, Überzeugungen und Ressentiments, und endlich wegen der bevorstehenden Invasion. Vor einem ersten größeren Erfolg an der zu errichtenden zweiten Front, auch vor dem Erfolg einer neuen großen russischen Sommeroffensive wollte Stalin die Deutschen nicht zum Niederlegen der Waffen auffordern. Ihm war es ohnehin nicht sehr darum zu tun, Menschenleben zu schonen, und je weiter die Rote Armee vorrücken konnte, desto besser. Churchill drückte das Dilemma so aus: »Ich selbst denke, die Botschaft könnte als Friedensfühler aufgefaßt werden und die Deutschen könnten antworten, sie nähmen Ihre [Roosevelts] Note als Diskussionsgrundlage an.«[85] In dieser Situation hatten die Missionen Trotts keine Aussicht auf Erfolg. Freilich wußte Trott nicht, daß die eben angedeuteten Gedanken zwischen Washington, London und Moskau ausgetauscht wurden. Er erfuhr aber die Auswirkungen.

Der amerikanische Gesandte in Stockholm, Johnson, hat über beide Besuche Trotts in Schweden ausführlich an seine Regierung berichtet[86]. Bei dem Besuch im März 1944 hoffte Trott, an die Anfang November 1943 mit der britischen Botschaft hergestellten Kontakte anzuknüpfen und eventuell die Antwort aus London zu erhalten, die damals in Aussicht gestellt zu sein schien. Er deutete der britischen Gesandtschaft über dieselbe schwedische Dame, die schon im Herbst 1943 vermittelt hatte, die etwas größere Wahrscheinlichkeit einer Verständigung mit den Russen an, die an der Front sehr hart kämpfen, während die Engländer und Amerikaner die deutsche Zivilbevölkerung im Bombenkrieg töten. Trott verlangte aber jetzt, entsprechend einer Verabredung mit seinen Auftraggebern, d. h. im wesentlichen dem Kreisauer Kreis nach den 1943 unter Führung Moltkes ausgearbeiteten Grundsätzen, ferner den »Föderierten« Fritz-Dietlof Graf von der Schulenburg, Stauffenberg, auch Oberst Hansen, keine Vorleistung (bei seinem nächsten Besuch im Juni brachte Trott die Forderung nach Zurücknahme oder Milderung der Formel von der bedingungslosen Kapitulation dann doch wieder vor). Damals hatte sich unter den Führern der Verschwörung schon die Überzeugung durchgesetzt, daß der Umsturzversuch nun auf alle Fälle gewagt werden müsse, mit oder ohne außenpolitische »Sicherungen«[87]. Nur sollten, schlug Trott vor, nach dem Sturz des Naziregimes die Engländer ihre Luftangriffe auf Berlin einstellen und durch diese Geste ihr Einverständnis mit dem Umsturz kundgeben.

Stauffenberg, der damals die Opposition technisch führte, war anschei-

6. Trott 1943/44

nend der festen Überzeugung, daß die Westalliierten, die gegenwärtig in einer strategisch katastrophalen Lage seien, es sich gar nicht leisten könnten, Deutschland schlecht zu behandeln, sie würden dieses vielmehr gegen das drohende Übergewicht der Sowjets auf dem Kontinent dringend brauchen [88]. Trott hielt das für eine Illusion. Beide hatten recht, nur ging Stauffenberg davon aus, das Interesse und der Blick in die Zukunft müsse den westlichen Regierungen ihre Politik diktieren, während Trott inzwischen wußte, daß dies nicht der Fall war.

Die Antwort der britischen Gesandtschaft auf Trotts Anfrage war, man sei an seinen Mitteilungen interessiert, habe aber nichts darauf zu sagen. In der britischen Gesandtschaft in Stockholm glaubte man Trotts Versicherungen, daß er im Auftrag der Opposition handle, obwohl man sich vergeblich bemühte, ihre Mitglieder genauer festzustellen. Aber im Foreign Office neigte man zu der Ansicht, Trott sei ein Geheimagent des Regimes, wie ja jetzt im Auftrag der nunmehr etwas jämmerlichen germanischen Übermenschen so viele unterwegs seien [89]. Die Politik wurde in London gemacht, nicht in der Gesandtschaft in Stockholm.

Trott war nach diesem Fehlschlag äußerst niedergeschlagen und entmutigt. Doch die Lage Deutschlands war verzweifelt, und jeder Versuch, sei er auch noch so aussichtslos, mußte unternommen werden, um die Alliierten zu irgendeiner positiven Geste zu bewegen. Dulles hat sich in seinen Berichten aus Bern mehrfach in diesem Sinne bemüht [90]. Eisenhower und sein Chef des Stabes, General Walter Bedell Smith, waren auch der Meinung, daß die Forderung der bedingungslosen Kapitulation aufgegeben werden sollte, weil sie nur den Kampfgeist der Deutschen stärke. Aber von so konkreten und akuten Anliegen ganz abgesehen: nach der Auffassung von Trott, die zumindest in diesem Punkte genau mit der des Kreisauer Kreises und Moltkes übereinstimmte, wäre schon ein Fortschritt gemacht, wenn es nur überhaupt zu einer Zusammenarbeit käme – für die Zukunft, nach dem Ende des Mordens [91].

Im April 1944 war Trott zu einem neuen Versuch wieder in der Schweiz und traf sich mit Dulles' Assistenten Schulze-Gaevernitz. Er legte ihm dar, daß Rußland ständig an Einfluß in Deutschland gewinne – durch das National-Komitee »Freies Deutschland«, durch die Massen nach Deutschland verschleppter Arbeiter, durch die russischen Kriegsgefangenen in Deutschland, und nicht zuletzt durch einen ständigen Strom von konstruktiven Ideen für die Zeit nach dem Kriege. Der Westen habe für die Zukunft Zentraleuropas im Vergleich dazu nichts zu bieten. Die Arbeiterführer fürchten, daß die gegenwärtige Entwicklung zu keiner Demokratie, sondern lediglich zu einer anderen Diktatur führe.

Daher regen sie an: 1. Ermutigende Erklärungen »seitens der Demokratien« an die Arbeiterschaft; 2. die Erklärung, daß auch westliche Wirtschaftsgruppen nicht versuchen werden, die Organisation und Entwicklung der deutschen Arbeiterbewegung zu beeinflussen; 3. eine Definition der Deutschland künftig zuzugestehenden Selbstverwaltung, mit Betonung der Selbstverwaltung in Ländern und Gemeinden; 4. die Erklärung, daß die Alliierten keine Marionettenregierung errichten wollen; 5. eine aufmunternde Botschaft besonders für die deutschen Sozialistenführer; 6. Flugblätter, die am besten im Einvernehmen mit der Widerstandsbewegung abzufassen wären, um der jeweiligen psychologischen Situation zu entsprechen, und die in solchen Mengen abgeworfen werden müßten, daß die Gestapo sie nicht mehr erfassen und wegschaffen könne; 7. Herstellung eines intensiven Kontaktes »zwischen der deutschen sozialistischen Arbeiterbewegung und den fortschrittlichen Mächten des Westens« zum Ausgleich des Kontaktes, der zwischen Rußland und den deutschen Kommunisten bestehe; 8. Beschränkung der Bombenangriffe auf militärische und industrielle Ziele, um die Proletarisierung Zentraleuropas nicht noch weiter zu treiben.

Das waren keine Forderungen mehr, keine Bedingungen, die vor dem Staatsstreich erfüllt werden sollten. Es waren nur noch Vorschläge, wie der zu erwartenden Vorherrschaft Sowjetrußlands in Europa noch zu steuern wäre. Denn die russischen Armeen drangen unaufhaltsam vor, während Frankreich, die Niederlande und Norditalien noch unter deutscher Herrschaft standen. Bei aller Sympathie für Trotts Auffassungen und bei aller Erkenntnis der strategischen Richtigkeit der Gedanken konnte Dulles jedoch nichts tun, als an seine vorgesetzte Dienststelle berichten. Dem Boten der Opposition mußte er sagen lassen, man könne sich auf nichts festlegen.

Nachdem ein Treffen Trotts mit Albrecht von Kessel, das sie für etwa diese Zeit in Genf verabredet hatten, nicht zustande gekommen war, konnten beide in der zweiten Hälfte des Mai einige Tage in Venedig verbringen. Trott überwand dort in der Gesellschaft des Freundes und in der schönen Umgebung seine tiefe Niedergeschlagenheit und sammelte noch einmal neue Kräfte.

Im Juni unternahm er wieder einen Kontaktversuch in Stockholm [92]. Am 21. Juni kam es endlich zu Gesprächen mit David MacEwen, dem Angehörigen der britischen Botschaft in Stockholm, der mit der Wahrnehmung des Kontakts beauftragt worden war; die Gespräche fanden teilweise bei Frau Kempe (damals Frau Almstrom) statt. Der englische Geheimdienstmann wollte wissen, ob die Opposition den Alliierten zu rascherer

Beendigung des Krieges verhelfen könnte, damit die Alliierten um noch schwerere Bombardements der deutschen Industrien (!) herumkämen, die nicht im alliierten Interesse seien; offenbar erkannte man englischerseits in Trotts früheren Hinweisen auf den Bombenkrieg einen Ansatzpunkt, mit dem man gleichwohl ganz unverbindlich operieren wollte. Trott wollte keine Einzelinformationen über die Widerstandsbewegung geben, wenn nicht die Forderung der bedingungslosen Kapitulation gegenüber einer Umsturzregierung zurückgenommen würde, der Engländer aber wollte nichts zusagen, ehe er sichere Informationen über die Opposition in Deutschland hätte. Trott formulierte schließlich eine schriftliche Antwort dahin, daß eine erfolgreiche Zusammenarbeit zwischen Opposition und Alliierten von der Zurücknahme der Forderung auf bedingungslose Kapitulation abhängig sei. Etwas anderes sei psychologisch und politisch unmöglich. Es sei unmöglich für die Opposition, mit den Alliierten zusammenzuarbeiten, wenn sie damit rechnen müßte, daß nach dem Zusammenbruch statt der Willkür der Nationalsozialisten diejenige der Alliierten herrschen würde, daß es für die deutsche Bevölkerung keine Selbstbestimmung gäbe, daß deutsches Gebiet durch ungezügelte Leidenschaften der von Deutschland geschädigten Nachbarstaaten abgetrennt und aufgeteilt werden würde, daß deutsche Soldaten und Arbeiter versklavt und deutsche Gerichte an der Bestrafung der Naziverbrecher gehindert würden. Wenn eine Nach-Hitler-Regierung irgendwelche Autorität in Deutschland haben sollte, so müsse sie Integrität und nationale Selbstachtung repräsentieren – dies sei gegenwärtig, angesichts ihrer (der Opposition) völligen Unwissenheit über die wirklichen Absichten der Westmächte nicht gewährleistet. Es wären also Zusicherungen erforderlich über die territoriale Integrität Deutschlands bzw. die Selbstbestimmung des Hauptteiles der deutschsprachigen Bevölkerung (»main body of German speaking population«), über eine ordnungsmäßige Demobilisation, über die Bestrafung von Naziverbrechern durch deutsche Gerichte. Die Umsturzbewegung müsse, um in Deutschland die Regierung übernehmen zu können, sich auf gewisse führende Persönlichkeiten des Oberkommandos, der Ordnungspolizei, der Sozialdemokraten, der Gewerkschaften usw. stützen, die aber nicht bereit seien, das Erbe und die Verantwortung für die Niederlage Hitlers auf sich zu nehmen, wenn sie nicht hoffen könnten, ihrem Volk etwas bessere Bedingungen bieten zu können, als sie Hitlers eigener Niederlage folgen würden, sonst könnten sie nationalen Extremismus und Anarchie nicht unter Kontrolle halten. Das Land würde sich dann unvermeidlich in ein nationalistisches und ein kommunistisches Lager spalten, zwei entgegengesetzte Nach-Nazi-Deutschland würden sich unwiderstehlich entwickeln, von denen unter den gegenwärtigen Bedingungen die nationalbolschewistische Seite das Übergewicht hätte, während sich die nationalistische Seite in den von den Westmächten besetzten Teilen Deutschlands samt einer neuen Hitler-Legende zusammenfinden würde, wonach die gegnerische Koalition schließlich zerbrochen und die Besetzung deutschen Landes vermieden worden wäre, wenn man nur Hitler nicht an der Fortsetzung des Kampfes gehindert hätte.

Gegenwärtig sei keinerlei westliche Unterstützung der Bemühungen zu erkennen, eine solche Entwicklung zu verhindern. Solange es den Westmächten nötig scheine, ihre Kriegspolitik ganz auf den militärischen Aspekt der bedingungslosen Kapitulation zu beschränken, glaube die Gruppe, für die Trott spreche, nur eine Alternative zu sehen gegenüber weiteren unermeßlichen Opfern an Menschenleben und gegenüber der Gefahr eines völlig unkontrollierbaren Chaos in Europa: nämlich den Versuch, ihren eigenen Versuch, ein wirksames und stabiles demokratisches Regierungssystem aufzurichten, entweder noch vor dem Zusammenbruch der militärischen und politischen Macht Hitlers oder während dieses Zusammenbruchs. Die Gruppe wisse, daß das nicht durch eine Militärdiktatur geleistet werden könne, wenn auch die erste Phase der Machtübernahme nur durch bewaffnete Streitkräfte möglich sei; vielmehr hänge alles davon ab, innerlich wie äußerlich, daß eine zivile demokratische Regierung errichtet werde, die alle wirklichen Gegner des Nationalsozialismus in sich vereinige, von den Kirchen, den gemäßigten Kommunisten bis zu den konservativen und den fortschrittlichen Kräften der Bürokratie und der Armee, aber ohne die extremen kommunistischen Gruppen (»violently communist working class organisations«). Es existiere eine solche Führungsgruppe, von der einige Namen in England bekannt seien; jedoch können gegenwärtig keine Namen der Führer der Gruppe genannt werden, solange die Haltung der Alliierten (d. h. der Westmächte) ungeklärt sei. Eine Bekanntgabe der Namen könne unter den gegenwärtigen Umständen, vom Sicherheitsrisiko abgesehen, nur den Zwecken des militärischen Nachrichtendienstes und der Propaganda dienlich sein.

Man sei sich in der Widerstandsbewegung und zumal in ihrem aktiven inneren Kern klar, daß man zuerst handeln und sich etablieren müsse und erst danach die Lösung praktischer politischer Fragen in Angriff nehmen könne – sofern eine entsprechende Einschränkung (»qualification«) der Formel der bedingungslosen Kapitulation zustandekomme. Man sei auch bereit, die dazu nötigen Auskünfte schon vor dem Umsturz zu geben, falls autorisiert von alliierter Seite versichert würde, daß darauf die Einschränkung der Formel folgen würde. Selbstverständlich sei bei all dem äußerste

Geheimhaltung nötig, aber der praktische Fortschritt erscheine nur möglich, wenn von alliierter Seite zuverlässige Verhandlungspartner aufträten, die die Männer, Pläne und Maßnahmen kennen, deren Koordination erforderlich werden würde.

Trotts Darlegungen entsprachen im wesentlichen dem Inhalt des »türkischen Memorandums«, das nach Moltkes Istanbuler Aufenthalt formuliert und an die amerikanische Regierung geleitet worden war, nur waren Trotts Formulierungen differenzierter, vorsichtiger und weniger direkt. Bis zum letzten Augenblick aber wurden die Bemühungen um die Westmächte fortgesetzt, wenn auch ohne den in dem »türkischen Memorandum« unverhüllten Versuch, russische Truppen ganz aus Deutschland fernzuhalten – die indirekte, aber deutliche Warnung vor der Bolschewisierung eines Teils von Europa fehlt auch in Trotts Memorandum nicht. Im übrigen blieb Trott Moltkes Grundsatz treu, wonach die Vorbereitung und der Aufbau einer neuen politisch-sozialen Struktur für die Zeit nach Hitlers Sturz, ob er nun von innen oder von außen her erfolge, Vorrang haben müsse.

Ein Exemplar der Niederschrift gelangte richtig nach England, ein weiteres wurde von Dr. Harry Johansson in Sigtuna archiviert. Nach der Erinnerung von Frau Kempe war die englische Reaktion eher positiv, doch seien die Amerikaner dagegen gewesen, auf irgendetwas einzugehen. Die Gründe dafür – Rücksicht auf das Bündnis mit Rußland, der Kampf gegen Japan, Roosevelts (von vielen geteilte) Überzeugung von der tiefgegründeten militaristischen, aggressiven und nationalistischen Verderbtheit des deutschen Volkes – sind schon anläßlich der Kontakte Moltkes deutlich geworden.

Am 22. Juni berichtete Trott einer schwedischen Mittelsperson, die mit der amerikanischen Gesandtschaft in Verbindung stand, das National-Komitee »Freies Deutschland« sei nun im Reichsgebiet tätig, die Organisatoren seien von den Russen mit Fallschirmen abgesetzt worden. Trotts Widerstandsgruppe habe keine politischen Bedenken, mit dem »National-Komitee« zusammenzuarbeiten; denn sie wünschten ebenso mit den Russen wie mit den »Anglo-Amerikanern« Kontakte zu bekommen. Jedoch hätten sie den Kontakt mit dem »National-Komitee« noch nicht hergestellt, weil sie von einem Freund in der Gestapo gewarnt worden seien, das Komitee sei von Spitzeln unterwandert. Die Gruppe, die hinter Trott stehe, setze sich aus bürgerlichen, katholischen und sozialdemokratischen Elementen zusammen und habe Verbindung mit gewissen Offizierkreisen. Sie hoffe, nach Hitlers Sturz politisch hervorzutreten und bereite einen Coup gegen die Nationalsozialisten vor. Übrigens versuche

Trott auch, mit der sowjetischen Gesandtin in Stockholm, Alexandra Michailowna Kollontai, in Verbindung zu treten [93].

Dieser Kontakt kam aus Zeitmangel nicht zustande. Man weiß, wie sehr das ständige Anfragen in Moskau die Handlungsfähigkeit russischer Beamter stets beeinträchtigt hat. Überdies dürfte die leise Drohung, die Trott von Mal zu Mal offener aussprach, in jedem Falle ihren Zweck verfehlt haben. Die Westmächte waren so auch nicht zu klaren Stellungnahmen zugunsten der Opposition zu bewegen. Sie wollten sich die Hände nicht binden und witterten mit Recht Versuche, die Allianz zu spalten. Die Russen waren äußerst mißtrauisch, und namentlich Roosevelt und Churchill hielten sich sehr genau an die eingegangene Verpflichtung der Konsultation mit den Bundesgenossen und gaben einander und Stalin von etwa eingehenden Friedensfühlern sogleich Kenntnis [94]. Allen Dulles hatte im April und Mai 1944 den von Gisevius und Waetjen mehrfach überbrachten Vorschlag von Beck und Goerdeler jeweils sofort nach Washington berichtet, wonach diese einen Staatsstreich ausführen wollten unter der Bedingung, daß nach dem Sturze des Naziregimes »Verhandlungen allein mit den Westmächten und unter keinen Umständen mit der Sowjetunion geführt würden« [94a]. Die aus Bern eingegangenen Nachrichten einschließlich dieser Vorschläge Becks und Goerdelers waren der britischen und der sowjetischen Botschaft in Washington unter dem 24. Mai 1944 vom Department of State schriftlich mitgeteilt worden.

Am 23. Juni traf Trott durch Vermittlung von Professor Gunnar Myrdal, einem Senator im schwedischen Parlament, mit dem Korrespondenten der amerikanischen Zeitschriften *Time* und *Life*, John Scott, zusammen. Diesem machte er eindringlich klar, daß die Forderung der bedingungslosen Kapitulation den deutschen Kampfwillen gewaltig stärke und direkt in Goebbels' Hände arbeite. Solange sie nicht zurückgenommen werde, gebe es keine Hoffnung auf erfolgreichen Umsturz in Deutschland, die Deutschen werden weiterkämpfen, da keine Alternative zu sehen sei. Die Russen aber werden im weiteren Verlaufe einen Teil von Deutschland besetzen, und die meisten der gutgesinnten Anti-Nationalsozialisten werden dann dorthin gravitieren, weil die Russen offenbar mehr Verständnis für die Behandlung der Deutschen und für deren Ehrgefühl mitbringen als die Amerikaner. Er für seinen Teil, meinte Trott, werde jedenfalls so verfahren. Als wesentliche Punkte, die bei der Behandlung Deutschlands von den Westalliierten beachtet werden sollten, sofern sie die oben geschilderten Gefahren zu vermeiden wünschen, nannte Trott:
1. Durchführung der Demobilisierung durch deutsche Offiziere und nicht zu rasch, damit ein völliges Chaos mit Revolutionsgefahr vermieden

werde; 2. Erhaltung eines gewissen Maßes deutscher territorialer Souveränität.

Am 3. Juli traf Trott wieder in Deutschland ein. Er wollte im Juli noch einmal nach Schweden fahren, bekam aber keine Reisegenehmigung mehr[95]. So übernahm sein Mitarbeiter im Auswärtigen Amt (Kulturpolitische Abteilung), Legationsrat Alexander Werth, die Reise[96]. Werth sprach auch mit MacEwen, wurde aber hingehalten (man verhandle noch mit Washington) und erhielt schließlich nur den Bescheid, es könnten keinerlei Zusicherungen gegeben werden und man möge allein weitermachen. So wird der Gestapobericht über die Zusammenkunft des 16. Juli 1944 bei Dr. Berthold Graf Stauffenberg in Wannsee wohl zutreffen, wonach Trott dort als Ergebnis seiner Sondierungen berichtete, daß die (west-)alliierte Seite verhandlungsbereit sei, sobald dafür die Voraussetzung, ein völliger Wechsel des deutschen Regimes, geschaffen sei.

7. Gisevius

Die Laufbahn von Dr. Hans Bernd Gisevius als Sendbote der Opposition begann im Herbst 1939, nachdem er sich vom Gestapo-Beamten der Jahre 1933 und 1934 zum Verschwörer des Jahres 1938 entwickelt hatte[97]. So spielte er schon im Zusammenhang mit Dr. Müllers »römischen Gesprächen« eine Rolle. Durch Vermittlung Osters und Canaris' wurde er zum Heer bzw. zur Abwehr eingezogen und im Sommer 1940 als Vizekonsul am deutschen Generalkonsulat in Zürich verwendet, wo der Abwehr eine Stelle zur Verfügung stand[98]. Von hier aus hatte er Gegenspionage zu üben gegen SD-Agenten und zum Schutz der Opposition gegen die vielen immer wieder entstehenden Gefährdungen durch Pannen, Indiskretionen und spürsinnbegabte SD-Leute, er pflegte Kontakte zu kirchlichen Kreisen und zu den Kriegsgegnern. Während Trott und Moltke sich vor allem an englische Gesprächspartner wandten, setzte Gisevius eher auf die Amerikaner, und zwar auf geheimdienstlichen Wegen, wie sie Moltke gerade wegen ihrer zumindest äußerlichen Ambivalenz, durch die sie allerdings auch leichter gangbar waren, ablehnte. Erst Ende 1942 kam ein regelmäßiger Kontakt zustande, der offenbar auf der anderen Seite, und sehr durch Gisevius' Zutun, von einigem Verständnis für die innerdeutsche Opposition getragen war: als Allen Welsh Dulles als Resident des amerikanischen Spionagedienstes, Office of Strategic Services (OSS) für Europa, nach Bern kam. Dulles stand dem amerikanischen Präsidenten Roosevelt nahe und sein engster Mitarbeiter und Deutschlandexperte, Schulze-Gaevernitz, der deutsche Eltern hatte, war mit Gisevius befreundet [99]. Gisevius erfuhr von ihm, mit Dulles könne man nicht nur auf nachrichtendienstlicher, sondern auch »auf rein politischer Ebene« sprechen. Darauf hat Gisevius, von Beck, Canaris und Oster ermächtigt, den Kontakt ab Januar 1943 ausgebaut – zur selben Zeit, als Trott dort seine Kontakte über Visser't Hooft knüpfte, als Trott, Moltke und Steltzer in Schweden, Norwegen, Holland, Dänemark und in der Türkei Kontakte suchten, was natürlich den amerikanischen Geheimdienstleuten größenteils nicht verborgen blieb [100].

Dulles berichtet, Gisevius sei »im allgemeinen oft derselben Ansicht wie Trott« gewesen, aber auch realistisch genug, um ihm, Dulles, zu glauben, daß für Deutschland nur die gleichzeitige Kapitulation gegenüber allen Alliierten in Frage komme – dies also im Gegensatz zu Trott [101]: »Nachdem er davon einmal überzeugt war, bot er seinen Einfluß bei seinen Berliner Freunden auf, um ihnen beizubringen, daß es ›ein‹ Krieg sei und es auch nur ›einen‹ Frieden geben würde, nämlich mit dem Westen *und* dem Osten.« Wenn die Sowjetunion von westlichen Separatverhandlungen erfahren und dann ihrerseits rasch mit Hitler einen Ausgleich geschlossen hätte, so hätte der Krieg in Europa für die Westmächte noch immer verloren gehen können. Bei der Bewertung der Kontakte aus dem deutschen Untergrund wird auch deren Vielfalt eine gewisse Rolle gespielt haben: sie tauchten in Stockholm, Lissabon, Rom, Bern und Genf auf, und sie sprachen nicht immer mit einer Zunge, ja sie vertraten, wie im Fall Trott-Gisevius, ganz verschiedene Gruppen, die um Moltke einerseits und die um Oster, Beck und Goerdeler andererseits. Dazu kamen noch schwerer klassifizierbare Kontakte wie die von Langbehn, die in Deutschland von Himmler gedeckt wurden, und die Kontaktversuche Ribbentrops [102].

Im März 1944 wollte Beck, unbeschadet aller bisherigen Absagen und trotz seiner unbezweifelbaren Einsicht in die strategisch-politischen Zusammenhänge, noch einmal »Klarheit«: wollten die Alliierten noch eine konstruktive, d. h. konservative Lösung für Nachkriegsdeutschland? Wollten sie die Ablösung des Nazisystems im Zusammenspiel mit der Fronde, oder kam die Gegenseite nun aus ideologischen, bündnispolitischen und strategischen Bindungen nicht mehr heraus [103]?

Gisevius war 1943 in den Strudel um die Verhaftung von Bonhoeffer, Dohnanyi und Müller gezogen worden und hatte sich der eigenen Verhaftung nur durch Rückkehr in die Schweiz entziehen können; darauf war im Generalkonsulat in Zürich noch ein weiterer Kontaktmann eingebaut worden, der Rechtsanwalt Eduard Waetjen, der auch mit Moltke in Verbindung war, der seinerseits Canaris unterstand. Hauptmann d. R. Dr.

Strünck war der Kurier, der die Nachrichten zwischen Zürich und Berlin hin und her beförderte. Viermal kam er 1944 zu Gisevius: am 15. Februar, am 4. Mai, am 6. Juni und am 8. Juli[104]. Mit Waetjen ging Gisevius nun im April 1944 zu Dulles, ausdrücklich im Auftrag der Gruppe Beck-Goerdeler, und sie erklärten in deren Namen, die Gruppe sei zu einem Staatsstreich gegen Hitler bereit. Gisevius berichtete Dulles auch, die Verschwörung sei durchaus nicht nur ein militärischer Klub, vielmehr gewinne der Sozialist Leuschner in ihr zunehmend an Einfluß. Das war freilich nur eben für die Gruppe um Beck und Goerdeler richtig; für den Kreisauer Kreis galt seit August 1943 das Gegenteil, man hatte sich von Leuschner, dem »Onkel«, entfernt, wenn auch nicht ganz getrennt, und Leber war an seine Stelle getreten[105]. Stauffenberg wollte 1944 anstelle Leuschners Leber an die Spitze einer Nach-Hitler-Regierung stellen. Gisevius kannte doch nicht alle Interna der Verschwörung so genau, die Gruppen schirmten sich ja auch aus Sicherheitsgründen voneinander ab, und Gisevius unterschätzte so die Bedeutung der Gruppe um Trott, Yorck, Stauffenberg, Fritz-Dietlof Graf Schulenburg, Leber u. a., zudem hielt er Trott für viel zu links gerichtet. Durch diese Konstellation wird auch Gisevius' Reaktion im Juli 1944 verständlich, als er in Berlin nicht Goerdeler und Beck, sondern den ihm bisher unbekannten und nun gar nicht sympathischen Stauffenberg in der aktiven Führung vorfand.

Dulles berichtete unter dem 12. April und 16. Mai nach Washington, was er von Gisevius und Waetjen erfahren hatte und nannte auch die von Beck und Goerdeler übermittelte Voraussetzung für einen Umsturz[106]: Zusicherungen von seiten Englands und der Vereinigten Staaten, daß, sobald die Nazis gestürzt seien, »Verhandlungen allein mit den Westmächten und unter keinen Umständen mit der Sowjetunion geführt würden«. Dafür gebe es schon den Präzedenzfall Finnland, das sich allein mit der Sowjetunion arrangiert habe. Die Gruppe begründe ihre Forderung mit ihrer im wesentlichen konservativen Zusammensetzung, doch erkläre sie ihre Bereitwilligkeit zur Zusammenarbeit mit allen linken Kräften außer den Kommunisten (hierin also wenigstens äußerlich mit den Kreisauern übereinstimmend). Im Februar hätten sie Leuschner als annehmbares Haupt einer Übergangsregierung bezeichnet in der Voraussetzung, daß weder das Militär noch die Kommunisten während der Übergangszeit die Vorherrschaft hätten. Die Gruppe befürchte die Übermacht des Bolschewismus in Mitteleuropa, womit nur der Totalitarismus der Linken an die Stelle des Totalitarismus der Nazis träte. Und: »Sie erklärten, wenn in erster Linie gegenüber der Sowjetunion kapituliert werden sollte, so müßte das von einer anderen Gruppe in Deutschland ausgeführt werden.« (Diese »andere

Gruppe« wurde nicht genannt.) Gisevius und Waetjen schlugen also Dulles im Auftrag von Beck und Goerdeler geheime Verhandlungen mit der Opposition bzw. mit einer von dieser nach dem Umsturz gebildeten Regierung vor, die zwangsläufig zum Verlust des russischen Verbündeten führen mußten, und dies zu einem Zeitpunkt, als der Sieg der Alliierten, sofern sie zusammenhielten, eine Frage von wenigen Monaten und im übrigen nicht mehr zweifelhaft war. Natürlich sahen die Amerikaner nicht ein, wozu sie sich in dieser Lage für die Zeit nach dem Sieg die Hände binden lassen sollten, während andererseits Hilfe von seiten der deutschen Opposition vielleicht militärisch willkommen, aber politisch auch ohne Zusagen eine Belastung sein könnte. Eigentlich konnte, wenn völlige Handlungsfreiheit nach dem Sieg erstrebt wurde, eine Aktion der Opposition, ja ihre bloße Existenz, nur unbequem sein.

So konnten Gisevius und Waetjen an Beck und Goerdeler nicht anderes berichten als vor und nach ihnen Trott und John, wie auch Dulles am 12. April 1944 nach Washington schrieb: Er, Dulles, habe zu den Mitteilungen der beiden Kontaktleute wenig geäußert außer der festen Überzeugung, daß die Vereinigten Staaten auf keinen Fall ohne vorherige Verständigung mit der Sowjetunion handeln werden. Trotzdem übermittelten Gisevius und Waetjen im Mai 1944 im Auftrag von Beck und Goerdeler, zu denen nun auch Rundstedt, Falkenhausen, Heusinger, Zeitzler und Olbricht gestoßen sein sollten, einen weiteren Vorschlag, wie der Krieg im Westen beendet, im Osten aber weitergeführt werden könne, worüber Dulles unter dem 16. Mai berichtete: Diese Gruppe sei angeblich bereit, alliierten Truppen den Einmarsch nach Deutschland zu ermöglichen, sofern die [West-]Alliierten ihre Zustimmung gäben, daß die Wehrmacht weiterhin die Ostfront halte. Folgender Plan werde vorgeschlagen: drei alliierte Fallschirmdivisionen sollten bei Berlin landen und dabei von örtlichen Wehrmachtbefehlshabern unterstützt werden; zugleich sollten starke alliierte Kräfte in Bremen und Hamburg anlanden, ebenso an der französischen Atlantikküste (wo es allerdings schwierig sein werde, weil man auf Rommel nicht zählen könne); zur selben Zeit wollten die Verschwörer mit Hilfe verläßlicher Truppen Hitler auf dem Obersalzberg isolieren (hierzu waren in der Tat schon Vorbereitungen im Gang [107]). Beck und Goerdeler seien der Auffassung, so haben Gisevius und Waetjen berichtet, daß Deutschland den Krieg verloren habe, daß aber die Besetzung eines möglichst großen Teils von Deutschland durch die Westmächte die letzte Möglichkeit sei, die Ausbreitung des Kommunismus in Deutschland zu hindern, wozu eben der einzige Weg der sei, den anglo-amerikanischen Truppen den Weg nach Deutschland freizugeben, ehe die Ostfront zusammenbräche. Wenige Wochen später, nach der geglückten alliierten Invasion, berieten sich Stauffenberg und Leber über einen ähnlichen Plan, ließen ihn jedoch als unrealistisch fallen [108].

Diesmal hatten Gisevius und Waetjen, wie Dulles ebenfalls nach Washington berichtete [109], erklärt, sie selbst hielten die Forderung, die Sowjetunion zunächst von Waffenstillstandsverhandlungen auszuschließen, für unrealistisch, und dies ließen sie auch Beck ausrichten. Die Zeit für Verhandlungen sei endgültig vorbei, schrieb Gisevius an Beck und Hansen in Briefen, die er Strünck mitgab [110]. Aber ganz konnte es Gisevius doch nicht lassen, ein Wort für die Besetzung von Westen her auch von sich aus einzulegen: wenn die Alliierten die Möglichkeit sähen, Deutschland rasch zu besetzen, so sollten sie nur ja den Vorschlag gemeinsamen Handelns mit der Opposition ignorieren; denn er, Gisevius, habe zum politischen Mut der deutschen Generale kein Vertrauen. Die Bezeichnung »Alliierte« bedeutete in dem ganzen Austausch der Jahre 1943 und 1944 immer nur »Westmächte«.

Anfang Juli erschien wieder der Bote aus Berlin, Hauptmann Dr. Strünck; am 9. Juli erfuhr Gisevius von seiner Ankunft. Er berichtete, der Zusammenbruch der Heeresgruppe Mitte der Ostfront und die Invasion im Westen hätten der Verschwörung neuen Auftrieb gegeben, Generaloberst Fromm sei nun auch dabei. Es sei geplant, berichtete Strünck, parallel mit dem Umsturz einen geordneten Rückzug im Westen einzuleiten und die besten Divisionen an die Ostfront zu werfen. Dulles berichtete darüber am 12., 13. und 18. Juli 1944 und schloß, im Norden könnte demnächst etwas Dramatisches sich ereignen [111].

Offenbar hatten sich die diversen Richtungen der Opposition zu einer Aktion zusammengefunden, nachdem deren äußere Erfolglosigkeit feststand. Da Strüncks Mitteilungen von Oberst Hansen kamen, ist anzunehmen, daß Stauffenberg sie gutgeheißen hatte, und zur Öffnung der Westfront mußte auch Rommel seine Zustimmung nun gegeben haben [112]. Die Aktion schien endlich wirklich bevorzustehen. Am 11. Juli fuhren Gisevius und Strünck nach Berlin.

8. Sonstige Verbindungen

Bis in die letzten Tage vor dem 20. Juli wurden Verbindungen gepflegt, offengehalten oder neu errichtet. Noch am 15. Juli ließ Theodor Steltzer, ein bedeutender Angehöriger des Kreisauer Kreises um Moltke, englischen Freunden Moltkes, besonders Lionel Curtis, eine Denkschrift zugehen, in der er über die Lage und die Auffassungen des Kreisauer Kreises berichtete, insbesondere mit der Absicht, falschen Nachkriegsmaßnahmen seitens der Alliierten vorzubeugen [113].

Eine Verbindung Dr. Goerdelers über den Stockholmer Bankier Jacob Wallenberg (Skandinaviska Enskilda Banken) und seinen Bruder Marcus nach England (Goerdeler nannte sie eine Verbindung »zu Churchill«) bestand noch im Herbst 1943, zur selben Zeit, als auch Trott in Stockholm sondierte [114]. In der Nacht vom 19. auf 20. Mai 1943, auf Veranlassung Jacob Wallenbergs am Abend des 19., schrieb Goerdeler einen »Plan« nieder, zur Weiterleitung nach London an Marcus Wallenberg, der gerade dort war. Der »Plan« kündigte, offenbar hastig geschrieben und einige Punkte wiederholt anführend, die Selbstbefreiung des deutschen Volkes an von dem System, »das unter dem Schutz des Terrors ungeheuerliche Verbrechen begeht und Recht, Ehre und Freiheit des deutschen Volkes zerstört hat«. Versuche seien schon unternommen worden, jedoch gescheitert, tausende deutscher Patrioten seien schon wegen ihres Kampfes hingerichtet und umgebracht. Es sei wichtig, daß die kommende Befreiungaktion nicht von außen gestört werde, daß »Truppen des Befreiers« und befreite Gebiete nicht bombardiert werden (hierzu werde der Befreier die Beleuchtung der Städte anordnen). Sobald die Aktion beendet sei, werde eine Zivilregierung eingesetzt. Das alles sei »nur möglich«, wenn der Befreier annehmen kann, daß ihm kein unconditional surrender zugerufen wird«. Die neue Regierung werde alle sozialen Schichten, alle Konfessionen und alle deutschen Länder repräsentieren, an der Spitze des Reiches werde ein Regent stehen, ein Reichstag werde gewählt und aus Länder- und Berufsständevertretern solle ein Oberhaus gebildet werden. Grundlage von Recht und Ruhe sei Selbstverwaltung, die preußischen Provinzen würden Länder, die Zentralisation werde aufgehoben. Die NSDAP werde aufgehoben, alle Verbrecher bestraft werden. Die besetzten Gebiete würden schnellstens geräumt, mit Polen werde über die gemeinsame Grenze verhandelt, im Falle der Einigung Polens Bestand garantiert und seine Union mit Litauen unterstützt, das 1939 [115] russisch gewordene Ostpolen werde geräumt und wieder polnisch, Polen und die Tschechoslowakei werden wieder vollkommen frei. Weitere Punkte des Programms waren: nie wieder Krieg in Europa, Wirtschaftsunion mit ständigem Wirtschaftsrat, Weltwährungsbank, regional gegliederter Weltbund der Staaten, möglichste Abrüstung nach Maßgabe des Verhältnisses Europas zu Rußland und der Lage im Fernen Osten, deutscher Verzicht auf Seerüstung, Internationalisierung der deutschen Luftwaffe, keine Autarkiepolitik, freier Wettbewerb, Privatwirtschaft, aber Nationalisierung der Bodenschätze und soziale Gerechtigkeit, genossen-

8. Sonstige Verbindungen

schaftliche Arbeiterunternehmen. Zum Schluß betonte Goerdeler die Notwendigkeit der deutschen Selbstreinigung, und der deutschen Selbständigkeit danach.

Jacob Wallenberg kam auf Goerdelers dringenden Wunsch im August nach Deutschland und berichtete: sein Bruder habe mit dem Sekretär Churchills, D. Norton, sprechen können, aber gar nicht gewagt, eine Antwort des Premiers zu verlangen, weil es so aussichtslos schien, doch ließ Churchill sagen, Marcus Wallenberg bzw. sein Bruder mögen die Verbindung zur deutschen Opposition aufrechterhalten, man sei an weiteren Informationen interessiert – mehr nicht. Goerdeler, sanguinisch wie immer, sah jedenfalls noch im Gefängnis im November 1944 mehr in den Mitteilungen und klammerte sich an Jacob Wallenbergs Zugeständnis, daß sicherlich Schweden und wohl auch England an der Fernhaltung Rußlands aus Polen, vom Balkan und vom mittleren Osten liege; er hatte Wallenberg bedrängt, den »Anglo-Amerikanern« vorzuschlagen, Berlin, Stuttgart und Leipzig bis 15. Oktober nicht schwer zu bombardieren, was denn auch unterblieben sei – weil bis dahin die »Aktion« erwartet würde. Noch im Gefängnis meinte Goerdeler, von Wallenberg die Mitteilung bekommen zu haben, die Engländer seien im wesentlichen mit seinen, Goerdelers, Vorschlägen einverstanden, und er meinte, auf diesem Weg eine authentische Nachricht von Churchill erhalten zu haben. Das allgemeine, unverbindliche Wohlwollen und Interesse für eine Umsturzregierung war sicher da, aber so positiv wie Goerdeler die Reaktion aus England sehen wollte, dürfte sie nicht gewesen sein. Ende November kam Jacob Wallenberg noch einmal nach Berlin, in Schiffahrtfragen. Seine Skepsis hatte angesichts der ohne Umsturz oder sonstiges Ereignis der Art vergangenen Monate nur zugenommen. Immer wieder erklärte er Goerdeler, er müsse doch nun realistisch sein, wenn die zuverlässige Division, mit der Hitler und Himmler gefangengenommen werden sollten, nicht zu finden bzw. nicht an den richtigen Platz zu bringen sei, dann müsse Hitler eben ermordet werden. Am 30. November 1943 gab Goerdeler in Berlin gegenüber Wallenberg zu, daß der Staatsstreich nicht ohne Ermordung Hitlers gelingen könne. Es war Goerdelers letzte Begegnung mit Jacob Wallenberg[116].

Einiges spricht dafür, daß Claus Graf Stauffenberg im Juni und Juli 1944 eine oder zwei eigene Verbindungen zu westlichen militärischen Stellen gehabt hat. Im Winter 1943/44 hatten Marineoberstabsrichter Dr. Berthold Graf Stauffenberg und Korvettenkapitän Kranzfelder Jacob Wallenberg kennengelernt, der am 1. und 2. Dezember 1943 in Berlin über die Wiederaufnahme des unterbrochenen Göteborgverkehrs verhandelte (zusammen mit schwedischen und deutschen Diplomaten und Fachleuten)[117]. Am 3.,

4. und 5. Januar 1944 waren Dr. Berthold Graf Stauffenberg und Kranzfelder in Stockholm und nahmen an weiteren Verhandlungen teil, die am 10. Januar zur Wiederaufnahme des Göteborgverkehrs führten. Bei diesem Aufenthalt scheint ein Sondierungsversuch bei den Brüdern Wallenberg unternommen worden zu sein, der aber ergebnislos blieb. Trott sagte vor der Gestapo aus, er habe für seine Schwedenreise im Sommer 1944 von Stauffenberg den Auftrag erhalten: »›Ich muß wissen, wie sich England und die USA benehmen, wenn Deutschland zur Aufnahme kurzfristiger Verhandlungen genötigt sein sollte‹«[118]. Goerdeler berichtete der Gestapo Mitte August, Stauffenberg habe ihm gegenüber im Juni 1944 Graf Bismarck[119] als Mittelsmann einer Verbindung zu Churchill genannt. Darüber war Goerdeler ärgerlich, denn da Wallenberg Bismarck zu besuchen pflegte, wenn er in Berlin war, konnte Goerdeler annehmen, daß Stauffenberg auf diese Weise seine, Goerdelers, Verbindung ohne Absprache an sich zu reißen suchte. Ob das aber so stimmt oder nur eine für die Gestapo bestimmte Version darstellt, muß offenbleiben, solange keine weiteren dokumentarischen Belege vorhanden sind[120]. Noch am 18. Juli aber erklärte Stauffenberg Goerdeler, wie dieser in seinen im November 1944 im Gefängnis niedergeschriebenen Erinnerungen mitteilt, Churchill sei im Besitz seiner, Stauffenbergs, Forderungen, daß im Falle der »Aktion« alles deutsche Gebiet beim Reich bleiben müsse. Mehr ist nicht bekanntgeworden, und die Art der Verbindung wird, von Stauffenbergs offenbarem Optimismus abgesehen, im Dunkel bleiben, bis die amerikanischen und britischen Akten ganz zugänglich sind.

Während des ganzen Krieges bestanden auch Verbindungen zwischen der deutschen und den nicht-deutschen Widerstandsbewegungen. Insbesondere wurden solche Fühlungnahmen von den Kreisauern gepflegt[121]. Die engsten Beziehungen bestanden zur norwegischen und zur holländischen Widerstandsbewegung. Ziel der Kontakte war im Unterschied zu den bisher beschriebenen nicht ein Arrangement mit den Kriegsgegnern, sondern in erster Linie die Vorbereitung und Grundlegung des nach dem Kriege zu bildenden europäischen Staatenbundes und damit die Überwindung der Nationalstaaten und des Nationalismus. Dazu trat die Absicht, die Unterdrückung der Bevölkerungen in den besetzten Gebieten zu mildern, vor Racheakten, Judenverfolgungen, Strafexpeditionen und Deportationen rechtzeitig zu warnen und womöglich Haftentlassungen zu erwirken[122]. Der Gedanke, daß durch Verbindungen zwischen der deutschen und den nicht-deutschen Widerstandsbewegungen zugleich die Alliierten besser und glaubwürdiger unterrichtet würden, spielte eine wichtige Nebenrolle.

8. Sonstige Verbindungen

So haben Steltzer, Moltke, Dietrich Bonhoeffer und Canaris den norwegischen Bischof Berggrav im April 1942 aus lebensgefährlicher Haft befreit, verfehlten aber auch nicht, die gewonnene Verbindung für die Bitte um Intervention bei den Alliierten zu nützen, damit diese mit der deutschen Widerstandsbewegung Verbindung aufnähmen [123]. Freilich glaubten die norwegischen Gesprächspartner, die Zeit sei dafür »noch nicht reif«.

In Belgien hatte der Militärbefehlshaber General der Infanterie Alexander von Falkenhausen selbst Verbindung zur dortigen Widerstandsbewegung; in Frankreich war seit Anfang 1942 Professor Carlo Schmid, damals Kriegsoberverwaltungsrat in Lille, Mittelsmann zwischen Moltke und der Résistance.

In Dänemark hatte Moltke Verbindungen von seiner Tätigkeit in Schlesien vor 1933 her, die er im Oktober 1943 nützen konnte, um zur Rettung der meisten der dänischen Juden durch Georg Ferdinand Duckwitz, den Berater des Reichsbevollmächtigten Dr. Werner Best, beizutragen, die auf ausdrücklichen Befehl Hitlers in die Vernichtungslager deportiert werden sollten. Als Moltke damals nach Kopenhagen kam und hörte, daß die Wehrmacht bei der Razzia auf die Juden die SS unterstützen sollte, ging er sofort zum Wehrmachtbefehlshaber, General der Infanterie Hermann von Hanneken, und sagte ihm (sinngemäß): »›Sie sind wohl verrückt geworden. Das werden Sie eines Tages teuer bezahlen müssen. Verstehen Sie das nicht?‹« [124]

Nach den Niederlanden war der Kontakt besonders intensiv. Dr. Schönfeld, Dr. Paul Collmer und Trott waren dort häufige Besucher [125]. Eine Beziehung besonderer Art bestand durch Oberst Wilhelm Staehle [126]. Er setzte sich mehrfach und erfolgreich für Holländer ein und kam so in Verbindung mit dem niederländischen Untergrund. Ende 1943 gab er seinen holländischen Kontaktpersonen Kenntnis von den Putschplänen der deutschen Opposition und besprach mit ihnen, wie für den möglichst reibungslosen Übergang von der gegenwärtigen Verwaltung unter Seyß-Inquart über ein deutsches Militärregime zur niederländischen Selbstverwaltung zurückzukehren wäre. Auf die Bedingungen der Niederländer – u. a. Auflösung der niederländischen nationalsozialistischen Organisationen, Rückführung der verschleppten Arbeiter – ging er bereitwillig ein. Aber auf die Frage nach den Juden konnte er nur antworten: »›Sie sind nicht mehr da.‹«

Staehle teilte seinen holländischen Kontaktleuten mit, er selbst werde wahrscheinlich nach dem Umsturz die Übergangsverwaltung in Holland leiten. Er warnte Mitglieder der niederländischen Widerstandsbewegung vor der Verhaftung und hielt im übrigen einfach die Verbindung aufrecht. Aber die niederländische Exilregierung in London untersagte Anfang 1944, nachdem sie sich mit der britischen Regierung ins Benehmen gesetzt hatte, alle Kontakte, die irgendwie als Verhandlungen oder Vereinbarungen angesehen werden könnten. Staehle selbst wurde am 12. Juni 1944 verhaftet. Da die Gestapo nur sehr wenig über seine Tätigkeit feststellen konnte, verurteilte ihn der Volksgerichtshof, dessen Beisitzer General Reinecke übrigens Staehles Einstellung und Tätigkeit gut kannte, nur zu zwei Jahren Gefängnis. Am 23. April 1945 aber wurde er von der Gestapo unter Führung des berüchtigten Kriminalrats Stawizki ermordet [127].

9. »Ostlösung«?

Als die westlichen Alliierten sich gegenüber allen Kontakten harthörig zeigten und die Lage im Osten immer gefährlicher wurde, erhoben sich im Umkreis Hitlers ebenso wie in der Opposition Stimmen für separate Abmachungen zwischen Deutschland und Rußland. Für die bloße Möglichkeit sprach vom Gesichtspunkt der Opposition jedenfalls, daß Stalin im Gegensatz zu den Westmächten schon im Februar 1942 in einer öffentlichen Erklärung ausdrücklich zwischen Hitler und der Hitlerclique einerseits, die kommen und gehen, und dem deutschen Volk andererseits, welches bleiben werde, unterschieden hat [128].

Auch abgesehen von der Beseitigung Hitlers hatte Stalin Interesse daran, neuerliche deutsch-russische Vereinbarungen nicht ganz unwahrscheinlich erscheinen zu lassen; denn sie konnten ihm als Druckmittel zur Durchsetzung seiner territorialen Forderungen in Europa dienen. So ist es ja auch in Moskau im November 1943, in Teheran im Dezember 1943 und in Jalta im Februar 1945 gekommen, als vor allen die Amerikaner dringend den Eintritt Rußlands in den Krieg gegen Japan wünschten und Stalin deshalb die Trümpfe in der Hand hatte. Präsident Roosevelt und seine Umgebung sahen überdies in Rußland die kommende Weltmacht, mit der sie auf gutem Fuß stehen wollten, und waren deshalb zu vielen Zugeständnissen bereit. Dabei opferten sie die deutschen Interessen systematisch der erhofften Freundschaft [129]. Zu gleicher Zeit versuchte Stalin seit Juli 1943 über das aus Kriegsgefangenen und Emigranten gegründete National-Komitee »Freies Deutschland« Verbindungen zur deutschen Opposition aufzunehmen. Dazu bestand um so mehr Anlaß, als die Versuche der innerdeutschen Opposition – wie zu sehen war, aller Gruppen außer den Kommunisten selbst –, zu den Westmächten Kontakt zu be-

9. »Ostlösung«?

kommen und sogar die Sowjetunion von Verhandlungen ausdrücklich auszuschließen, in Moskau wenigstens teilweise bekannt wurden. Im Mai 1944 wurde Stalin der neueste Kontaktversuch der Gruppe Beck-Goerdeler mitgeteilt, und der zeitliche Zusammenhang mit dem Treffen zwischen Leber und Reichwein einerseits und den Kommunisten Saefkow und Jacob andererseits fällt in die Augen.[130] Die Kontakte waren auch ein Teil der Bemühungen, neben den mit den Konferenzen von Teheran und Jalta zusammenhängenden, die auf den Ebenen der Diplomatie und der Staatsführung stattfanden, beizeiten auf die Gestaltung Deutschlands nach dem Kriege einzuwirken.

Der Kontakt zwischen den Angehörigen des Kreisauer Kreises und Mitgliedern der operativen Führung der Untergrund-KPD in Berlin war – nach allen dazu vorliegenden Berichten – von Stauffenberg gebilligt, jedoch anscheinend nicht von Goerdeler und Leuschner [131]. Daraus folgt jedoch nicht, daß Stauffenberg und seine nächsten politischen und militärischen Freunde Verhandlungen oder Vereinbarungen mit der Sowjetunion solchen mit den Westmächten vorgezogen oder gar eine politische Hinwendung zu Rußland erwogen (geschweige denn vollzogen) hätten; für solche Schlüsse müßten Kontakte oder doch ernste Kontaktversuche auf den entsprechenden diplomatischen Ebenen vorliegen, wie sie ja für die Bemühungen um den Westen reichlich vorhanden sind. Auch die Gleichsetzung des Kontaktes mit den Kommunisten in Deutschland mit angeblicher Suche nach Verbindungen mit dem National-Komitee »Freies Deutschland« ist unhaltbar; denn Stauffenberg hat sich dazu eindeutig geäußert: Von Proklamationen hinter Stacheldraht halte er nichts. Als er Anfang 1944 ein paar Nummern der Veröffentlichung des National-Komitees, *Freies Deutschland*, seiner Frau zeigte (er hatte sie zur unauffälligen Vernichtung nach Bamberg mitgebracht), kommentierte er: »›Was ich mache, ist Hochverrat. Aber was die machen, ist Landesverrat.‹« Damit wolle er nichts zu tun haben [132]. Aus seinen früheren Äußerungen, 1941 und 1942, der Krieg gegen die Sowjetunion könne nicht *gegen* das russische Volk gewonnen werden, nur mit seiner Unterstützung, kann ebenfalls keine Vorliebe für ein Zusammengehen mit den Bolschewisten entnommen werden.

Vereinbarungen mit der Sowjetunion waren nicht undenkbar und vielleicht noch eher möglich als mit den Westmächten, von denen immer nur Ablehnung kam. Ein Weg dahin wären Annäherungen zwischen Nationalkomitee und Verschwörung gewesen – nur ist der Weg nicht begangen worden. Die Bedenken gegen die bolschewistischen Tendenzen und Einflüsse im Nationalkomitee überwogen in der Verschwörung. Oberst i. G. Mertz von Quirnheim, bis Mai 1944 an der Ostfront und dann mit Stauffenberg zusammen in der Bendlerstraße tätig, hatte einen Schwager, Generalmajor Korfes, bei Seydlitz im Komitee; Mertz meinte gegenüber seinem Freund Major Graf Blumenthal, wenn Rußland mit nationalen, aber antiwestlichen Kräften in Deutschland zusammenarbeiten wollte, könnten die Russen sich doch veranlaßt sehen, »ernsthaft« mit den Seydlitz-Leuten zusammenzuwirken, sie also nicht nur als zeitweiliges Werkzeug zu benützen. Es blieb aber bei solchen Überlegungen, zur Ausführung kam es nicht. Schließlich wurde immer wieder der Plan der Öffnung nach Westen und des vorläufigen Haltens der Ostfront vorgezogen, und manchmal war auch von gemeinsamem Vorgehen mit den Westmächten gegen die Sowjetunion die Rede. Dies gilt namentlich für Mertz von Quirnheim [133].

Grundlage von Vereinbarungen mit der Sowjetunion hätte vielleicht der Hitler-Stalin-Pakt mit seinen für Rußland im Vergleich zum vorherigen Zustand sehr günstigen Territorialabgrenzungen sein können. Vor Teheran und Jalta war die Anerkennung des Hitler-Stalin-Paktes als Grundlage für die Nachkriegsordnung von den Westmächten für Rußland kaum erreichbar. Sicher war ein Programm wie das Goerdelers vom Mai 1944 undiskutabel, aber Stauffenberg gab im Juli 1944 (Goerdeler gegenüber) Ostpreußen zumindest militärisch verloren, und Moltke hatte schon seit dem Herbst 1941 mit zeitweiliger Besetzung Schlesiens durch sowjetische Truppen gerechnet, allerdings in der Meinung, daß die Besetzung nicht so furchtbar sein würde, wie sie von der Goebbels-Propaganda ausgemalt wurde und wie sie dann doch war, und in der Meinung, daß sie nur sehr begrenzte Zeit andauern würde [134].

Gegen eine Bereitschaft Trotts, Stauffenbergs und Mertz von Quirnheims zu vorzugsweisen Verhandlungen mit der Sowjetunion sprechen, außer dem Fehlen positiver Anzeichen dafür, die unverhüllten, jahrelangen Bemühungen um die Westmächte bis in die letzten Tage vor dem 20. Juli 1944, deren wesentlicher Zweck war, die Lage zugunsten westlicher Besetzung Deutschlands zur Vermeidung der Besetzung durch russische Truppen zu verändern.

In der von Trott an Dulles geleiteten Botschaft vom Januar 1943 war von der Möglichkeit einer deutschen Wendung nach Osten die Rede und von einer Tendenz zur Verbrüderung der beiden Völker, die mit der bürgerlichen Denkweise gebrochen hätten und radikale soziale Lösungen anstrebten [135]. Die »Verbrüderung«, die nach den Berichten von Gisevius, der Trott nicht mochte und ihn und Stauffenberg für viel zu weit links hielt, auch von Stauffenberg, allerdings nur als Versuchsballon, erwähnt worden sein soll, konnte ja, soweit sie das russische »Volk« betraf, nur stattfinden, sofern und soweit Stalin sie wünschte. Trott dürfte nicht so naiv

9. »Ostlösung«?

und romantisch gewesen sein, das nicht zu sehen. Seine Warnungen und selbst eine einmal ausgesprochene Hoffnung auf die Unterstützung einer antikommunistischen und antiatheistischen Volksbewegung durch den Westen sind als eben dies, vor allem als Warnung vor der kommunistischen Gefahr, anzusehen. Die Hoffnung auf Zusammenarbeit mit den Westmächten gegen die kommunistische Weltbedrohung und die Erwartung, die Gefahr eines deutsch-russischen Zusammengehens könnte die Westmächte dazu bewegen, sind nicht zu trennen. Natürlich gibt es von Trott Äußerungen der Enttäuschung über die von den Westmächten hartnäckig eingenommene Haltung; aber von der von Gisevius behaupteten Option für den Osten kann keine Rede sein.

Die Rote Armee war der deutschen Ostgrenze seit 1943 zunehmend näher und bedrohlicher als die englisch-kanadisch-amerikanisch-französischen Heere der deutschen Westgrenze, auch noch nach der gelungenen Landung in der Normandie. In Italien waren die Fortschritte der alliierten Armeen viel zu langsam, als daß die Opposition davon westalliierte statt russischer Besetzung hätte erwarten können, und im Westen gab es bis zum 6. Juni 1944 noch nicht einmal den Ansatz eines Vormarsches. In solcher Situation, die auch nach dem 6. Juni noch teilweise weiterbestand, war im Dezember 1943 auf Moltkes Veranlassung das »türkische Memorandum« entstanden; in dieser Situation wiederholten Trott und Moltke 1943/44 in Gesprächen mit ihrem Freund Franz Josef Furtwängler immer wieder, »›die einzige Rettung sei von England zu erwarten‹«, und Trott blieb dabei bis kurz vor dem 20. Juli; nichts spricht dafür, daß er und seine Freunde ihre Auffassung geändert hätten, daß eine kommunistisch-bolschewistische Entwicklung Deutschlands »die schwerste und bedrohlichste Zukunftsgefahr für Deutschland und Europa« sei, vielmehr ist diese Auffassung bis in die letzten Tage vor dem 20. Juli immer wieder belegt [136]. In dieser Situation erklärte Stauffenberg Anfang 1944 seinem Freund und Regimentskameraden Oberst i. G. Peter Sauerbruch, alle verfügbaren Reserven sollten an die *Ost*front geworfen werden, womit man allerdings die letzte Karte ausspiele, was bedeute, daß der Krieg dann nur noch »politisch« beendet werden könne; auf Sauerbruchs Frage, ob man sich nicht mit dem Osten arrangieren könnte, antwortete Stauffenberg mit einem Achselzucken; er sah im National-Komitee »Freies Deutschland« ein Werkzeug der sowjetischen Politik und suchte den Kontakt zum Westen. Später, kurz vor der Invasion in der Normandie, erwog Stauffenberg mit Leber den Plan, »den Westalliierten den Weg durch die deutschen Minenfelder zu erleichtern, um dadurch den befürchteten Zusammenbruch der Ostfront abzuwenden«. Mit Skepsis ist der Gedanke aufzunehmen, der nach

Aussage Trotts gegenüber der Gestapo von Stauffenberg stammt (nach der Invasion): »*daß der Westen wegen des raschen Vorrückens der Sowjet-Union verhandeln würde, nur nicht mit der jetzigen Regierung*«, ja sogar, daß »ein gemeinsames Vorgehen der Westmächte und Deutschlands gegen die Sowjet-Union mit der Absicht des baldigen Kriegsabschlusses« möglich wäre nach der Zurücknahme der deutschen Front auf den Westwall; die Gesamttendenz gegen eine Option für den Osten ist aber sicher authentisch. In diesem Zusammenhang hat auch das Gespräch mit KPD-Vertretern im Juni 1944 seinen Sinn: es galt, sich der Loyalität der KPD zu versichern, einmal beim innern Umsturz zur Stabilisierung der neuen Regierung, zur Vermeidung eines »Dolchstoßes«, zum andern zur Sicherung der Umsturzregierung gegen Vorwürfe des Verrats nationaler Interessen, und zum dritten für die Weiterführung des Verteidigungskampfes im Osten. Stauffenbergs Zustimmung zu dem Gespräch ist bezeugt durch Leber, Reichwein, Goerdeler und Fritz Sänger [137].

So völlig undenkbar waren Überlegungen des Zusammengehens gegen die Sowjetunion auch für Churchill nicht. Dies ergibt sich weniger aus den sehr schwachen Echos aus England auf die Fühler von Goerdeler, Trott und Moltke, als vielmehr aus der monatelang nach der Kapitulation im Mai 1945 unterbundenen, schließlich seit Ende 1945 erst auf russischen Druck langsam durchgeführten Abrüstung und Demobilisation der Teile der deutschen Wehrmacht, die sich im englischen Machtbereich befanden [138]. Das amerikanische Veto stand aber solcher Zusammenarbeit vor und nach Kriegsende im Wege.

Marxistisch-leninistische Historiker erklären, die »Gruppe Stauffenberg« habe, fortschrittlicherweise, »Frieden an allen Fronten« gewünscht. Den wünschten in der Tat die meisten Deutschen; zur Diskussion stand die Methode der Verwirklichung. Wenn sich also die «Gruppe Stauffenberg« etwas besonderes dabei gedacht haben soll, muß es sich um den Verzicht auf das Halten der Ostfront handeln, um das Einverständnis mit wenigstens teilweiser Besetzung Deutschlands durch die Rote Armee, und somit um gleichzeitige Kapitulation an allen Fronten [139]. Das war eben nicht Stauffenbergs und seiner Freunde Programm, vielmehr galt ihnen als ausgemacht, daß die Ostfront so lange wie möglich gehalten werden sollte. Wenn dies sich als undurchführbar erweisen würde, wenn die Kriegsgegner die innere Lage Deutschlands beim Umsturz militärisch ausnützten bzw. dies nicht anders erwartet werden durfte, und wenn der Umsturz dennoch versucht wurde, so ist die Frage nach den jenseits von unmittelbarem Erfolg oder Mißerfolg liegenden Motiven zu stellen. Die Amerikaner haben nie einen Zweifel daran gelassen, daß sie die militärische Schwäche

9. »Ostlösung«?

Deutschlands während eines inneren Umsturzes nützen würden; mit den Russen war man so weit nie gekommen, wollte ihnen aber auch nicht so weitgehende Zugeständnisse wie den Westmächten (Öffnung der Front) machen. Wenn also Stauffenberg keine Verhandlungsmöglichkeiten und keinen Teilwaffenstillstand für erreichbar ansah, wenn er also, wie Trott formulierte, »›außenpolitisch ins Nichts gehandelt‹« hat, dann kann der Erhebungsversuch nur als Opfergang für die Ehre Deutschlands angesehen werden.

Es gab auch Zeiten, in denen man innerhalb der Opposition mehr an die westliche Verständigungsbereitschaft glaubte, und solche, in denen das in geringerem Maß der Fall war. Als Trott von seiner Schwedenreise im Herbst 1943 zurückkam, mußte er berichten, England sei nicht verständigungsbereit [140]. Wenn das so war, mußte man es da nicht mit Rußland versuchen? Nichts sollte doch unversucht bleiben, um den Krieg, das Morden und die Zerstörungen zu beenden. Hassell hat schon im August 1943 gemeint, man müsse eventuell den Kunstgriff versuchen, entweder Rußland oder den Westmächten die Erhaltung Deutschlands als in ihrem Interesse liegend darzustellen, und notfalls müsse man dabei die Verständigung mit Rußland eben in Kauf nehmen, wenn nämlich die Westmächte nicht darauf eingehen sollten [141]. Trott sei darin ganz mit ihm einig – also realistisch. Denn wenn die Westmächte nicht auf deutsche Angebote eingehen, vor allem solche, die man ihnen unter Hinweis auf eine eventuelle Verständigung mit dem Osten gemacht hatte, dann blieb ja gar nichts anderes übrig, als die Drohung auszuführen, wenn man nicht völlig allein und hilflos dastehen wollte. Trott hatte also schon seit Herbst 1943 in Stockholm versucht, mit der dortigen sowjetischen Gesandtin, Alexandra Michailowna Kollontai, in Verbindung zu treten, allerdings erfolglos [142]. Goerdeler und Tresckow dachten daran, zur Einleitung von Gesprächen mit Stalin den ehemaligen deutschen Botschafter in Moskau, Werner Graf von der Schulenburg, durch die deutschen Linien nach Rußland zu schleusen [143]. Goerdeler hatte sicherlich Bedenken; der Plan stammte offenbar von Tresckow [144]. Albrecht Haushofer und Hassell vertraten im April 1944 die Auffassung, der beste Ort für Kontakte mit den Alliierten sei Stockholm, weil man von da zugleich Stalin ansprechen könnte, falls die Westmächte sich nach gelungenem Staatsstreich nicht zu Verhandlungen bereit fänden [145].

Für die russische Verständigungsbereitschaft – im Gegensatz zum Westen – lagen konkrete Anzeichen vor: Trott und Werner Graf von der Schulenburg wußten über die seit Ende 1942 von russischer Seite ausgehenden Kontaktversuche und Verhandlungsangebote an Hitler über den Referenten im Auswärtigen Amt (zeitweise auch in Rosenbergs Ostministerium), Peter Kleist, genau Bescheid [146]. Der deutsche Gesandte in Stockholm, Victor Prinz zu Wied, hatte Ende 1942 ein russisches Friedensangebot zur Übermittlung erhalten, und ebenso Botschafter von Papen in Ankara im Mai 1943 [147]. Die sowjetische Regierung ließ den Wunsch aussprechen, mit Schulenburg Friedensverhandlungen zu führen, aber Hitler lehnte das immer wieder ab. Schulenburg jedoch konnte sich als den einzigen Diplomaten betrachten, der mit Stalin verhandeln könnte. Tatsächlich schätzte man ihn in Moskau, wußte also genau, was man tat, wenn man gerade ihn als Verhandlungspartner anforderte. Schulenburge hatte stets vor dem Krieg mit Rußland gewarnt.

Es kam weder zu ernsten Kontakten zwischen Hitler und Stalin, noch zwischen der deutschen Opposition und der Sowjetregierung. Nach dem Bericht des Gesandten Franz von Sonnleithner, der in den letzten Kriegsjahren als Vertreter Ribbentrops in Hitlers Hauptquartier fungierte, kam es zu Kontakten zwischen der Opposition und russischen Regierungskreisen durch Schulenburg deshalb nicht, weil dieser der Meinung war, die Oppositionsgruppe meine es mit Rußland nicht ehrlich und wolle es nur als Figur im Schachspiel mit dem Westen benützen, während Schulenburg »eine echte Mittelstellung Deutschlands zwischen Ost und West im Auge gehabt und keine Täuschung Stalins beabsichtigt habe«.

Es ist also noch einmal festzustellen: Angesichts der Lage blieb der Widerstandsbewegung nichts anderes übrig, als *auch* die Verständigung mit dem Osten zu erwägen, obwohl sie diejenige mit dem Westen vorzog. Es blieb aber, im Gegensatz zu den Kontakten in westlichen Hauptstädten, bei der Überlegung. »Ostorientiert« war niemand in der Opposition, von den Kommunisten natürlich abgesehen [148]. Verhandlungen sollten nach allen Seiten möglichst bald aufgenommen werden; zur Belebung der Verbindungen hoffte man auf Gisevius in Bern, auf Weizsäcker und Kessel in Rom, auf Goerdelers Verbindung zu Wallenberg in Stockholm, auf das Ansehen Trotts in London und Schulenburgs in Moskau, und schließlich auch auf die Kontakte Dr. Otto Johns in Madrid.

10. Otto John 1944

Dr. Otto John, Rechtsanwalt und Syndikus der Deutschen Lufthansa, hat schon seit der Zeit vor dem Kriege mit der Oppositionsgruppe im Amt Ausland/Abwehr, seit Februar 1944 besonders mit Oberst d. G. Georg Hansen, dem Nachfolger von Canaris, zusammengearbeitet. Der Bruder

10. Otto John 1944

von John, Dr. Hans John, war wissenschaftlicher Assistent des Ministerialrats im Reichsluftfahrtministerium und Leiters des Instituts für Luftrecht an der Universität Berlin, Dr. Rüdiger Schleicher [149]. Otto John hatte in seiner Stellung bei der Deutschen Lufthansa zugleich nachrichtendienstliche Aufträge vom Amt Ausland/Abwehr. Beides diente ihm zur Deckung seiner konspirativen Tätigkeit in der Opposition. Im April 1942 und von November 1942 bis Januar 1943 schon war John in Madrid unter der Tarnung seiner Tätigkeit als Syndikus der Lufthansa bemüht, eine Verbindung zwischen Prinz Louis Ferdinand und Präsident Roosevelt herzustellen, besonders im Auftrage Dr. Goerdelers, jedoch ergebnislos [150]. Im November 1943 erhielt er über Hauptmann Gehre den Auftrag, in Madrid festzustellen, ob seine Verbindung zur Botschaft der Vereinigten Staaten sich für einen raschen Kontakt zum Hauptquartier General Eisenhowers nützen ließe. John flog hin und gab bald die verschlüsselte Nachricht nach Berlin, daß die Verbindung hergestellt und nützbar sei. Er wartete dann Tag um Tag darauf, sie zu aktivieren, sobald Hitler durch ein Attentat bei einer geplanten Uniformvorführung umgebracht worden wäre. Aber das Warten dauerte John zu lange, es war zu verfänglich und konnte die Agenten des SD und der Gestapo allzu aufmerksam auf ihn machen. Am 16. Dezember flog er nach Berlin zurück und erfuhr, daß Hitler die Uniformvorführung abgesagt habe.

Im Januar 1944 sprach John bei Werner von Haeften mit Stauffenberg, und in der ersten Februarwoche flog John wieder nach Madrid mit dem Auftrag, Verbindungen zu Eisenhower und Montgomery herzustellen. Der Kontaktmann in Madrid, Colonel William Hohenthal, wollte sehen, was er tun könnte. John berichtete das in Berlin und flog am 17. April noch einmal nach Madrid, um den Kontakt zu pflegen.

In seinen militärpolitischen Berichten an Oberst Hansen aus Madrid und Lissabon behandelte er Anfang 1944 besonders die Frage der geplanten und erwarteten Invasion, die der Errichtung einer zweiten Front gegen Deutschland dienen sollte. Die Front in Italien, so stellte er fest, habe damit so gut wie nichts zu tun und sei nur eine Nebenfront. Vielmehr seien die Vorbereitungen für die große Invasion von den Britischen Inseln aus in vollem Gange. Im März 1944 berichtete er, der Termin für die Invasion irgendwo zwischen Bordeaux und Hamburg sei nun festgelegt, und mit der Ernennung Eisenhowers zum Oberbefehlshaber der alliierten Streitkräfte seien alle weiteren Entscheidungen im Westen in militärische Hände gelegt. In der Zeit zwischen Anfang und Ende Juni werde die Invasion stattfinden.

Ferner konnte John bestätigen, was den Emissären der Opposition immer wieder gesagt worden war und was z. B. Trott nicht glauben wollte: Die Alliierten, namentlich die Engländer und die Amerikaner, seien sich völlig einig, daß die bedingungslose Kapitulation mit militärischen Mitteln erzwungen werden müsse [151]. Zugleich aber erhielt John in seinen Fühlungnahmen mit dem britischen Botschafter in Lissabon, Sir Ronald H. Campbell, den Eindruck, es bestehe sehr wohl Aussicht auf Waffenstillstandsverhandlungen nach einem militärischen Umsturz in Deutschland [152]. Bestärkt wurden manche von Johns Auftraggebern in dieser Auffassung durch eine Mitteilung aus der Umgebung Roosevelts, die Canaris Ende 1943 oder Anfang 1944 erhalten hatte, wonach Gesuche um Friedensverhandlungen an Eisenhower zu richten seien [153].

Stauffenberg hatte damals die Führung der Staatsstreichvorbereitungen übernommen und arbeitete eng mit Julius Leber zusammen. In den ersten Juni-Tagen 1944 trafen er und John eines Abends bei Leber zusammen, und Stauffenberg äußerte die Ansicht, die Invasion sei zwar noch in diesem Jahr möglich, aber nicht wahrscheinlich [154]. Es ging darum, wieviel Zeit noch für die Vorbereitung des Staatsstreiches zur Verfügung stand. Stauffenberg glaubte, die Aussichten stünden fünfzig zu fünfzig dafür, daß die Invasion ins Meer zurückgeworfen würde, wenn sie überhaupt stattfände [155]. Wäre sie aufgegeben oder zurückgeschlagen, dann würden auch die Verhandlungsmöglichkeiten besser sein. Nach einem Bericht des mit ihm befreundeten Professor Fahrner wußte Stauffenberg sehr wohl, daß die Westmächte jede Unterstützung der deutschen Erhebung ausdrücklich abgelehnt hatten und daß sie die totale Niederwerfung Deutschlands jeder Verbindung mit der Opposition gegen Hitler vorzogen [156]. Er hoffte aber, nach dem Umsturz »von Soldat zu Soldat« mit General Eisenhower sprechen zu können [157]. Er wollte ja auch auf deutscher Seite »die Politiker« ausschalten [158]. Dabei mag ihm wirklich unklar gewesen sein, in welchem Maße militärische Befehlshaber der Alliierten zu politischen Entscheidungen ermächtigt bzw. nicht ermächtigt waren. Jedenfalls war er mit Leber darin einig, daß man erst aus der neuen Lage nach dem Umsturz heraus urteilen und handeln könne [159].

Alle diese Überlegungen wurden durch die Invasion am 6. Juni 1944 und ihren Erfolg in den nächsten Tagen überholt. Die in großem Stil gelungene Landung konnte nicht rückgängig gemacht werden; denn die Alliierten waren artilleristisch und im gesamten französischen Luftraum sowie über dem Kanal und Atlantik den Deutschen weit überlegen. Die deutsche Luftwaffe war so schwach, daß sie nicht nur gegen die Bombardierung der deutschen Städte fast hilflos war, sondern auch in den Wochen und Tagen bis zum 6. Juni kein brauchbares Feindbild hatte beschaffen können [160].

10. Otto John 1944

Danach konnte sich Stauffenberg nur noch wenig um die außenpolitischen Vorbereitungen kümmern und beauftragte am 10. Juni Hansen und John, im Hinblick auf die Verhandlungen mit den westlichen Kriegsgegnern das Nötige einzuleiten. Vergeblich hatte John versucht, Stauffenberg und Hansen davon zu überzeugen, daß nur bedingungslose Kapitulation den Krieg beenden könne. Später, am 20. Juli, machte John sich Vorwürfe, weil es ihm nicht gelungen war, seiner Auffassung besonders »bei den Generalen« Bahn zu brechen, obwohl diese, wie John erkannte, dann noch weit weniger zum Handeln bereit gewesen wären, als ohnedies [161]. Hansen betonte John gegenüber am 10. Juni die Notwendigkeit der Verbindung zu Eisenhower, bei der »die Politiker«, vor allen Goerdeler und seine Gruppe, auszuschalten seien. Im Gespräch »von Soldat zu Soldat« werde es schnell zur Einigung kommen. John erhielt den Auftrag, die Verbindung so herzustellen, daß sie sofort nach dem Umsturz benützt werden könnte.

Am 19. Juni flog John nach Madrid. Der Erfolg seiner Bemühungen war die Zusage, daß alle seine Botschaften und Nachrichten mit Sicherheit an General Eisenhower weitergeleitet werden würden, nur für ihre Beantwortung könne keine Gewähr geboten werden. Nun wartete John in Madrid noch auf eine Verhandlungsvollmacht des Schattenoberkommandos unter Führung Witzlebens, die ihm Hansen nach dem Umsturz überbringen sollte [162]. Das Schlüsselwort hieß aber immer noch »bedingungslose Übergabe«, und John mußte nach Berlin berichten, daß die Alliierten nach wie vor darauf bestehen, einerlei, wer in Deutschland regiere.

Stauffenberg glaubte inzwischen auch, selbst nach gelungenem Umsturz die bedingungslose Kapitulation nicht mehr abwenden zu können [163]. Oberst Hansen und Gisevius sagte er in der Wohnung von Strünck in der Nacht vom 12. auf 13. Juli 1944, für ein Arrangement mit dem Westen sei es zu spät, in wenigen Wochen werde Stalin in Berlin sein, und es sei zu fragen, ob man nun nicht alle Politik mit dem Osten machen *müsse* [163a]. Am 13. Juli äußerte auch Generaloberst Beck zu Gisevius, Deutschland sei besiegt, die totale Besetzung könne nicht mehr verhindert werden [164].

Es versteht sich, daß auch John überzeugt war, daß selbst die bloße Aussicht auf Verhandlungen nur durch die baldigste Ausführung des Staatsstreiches zu gewinnen sei. Er wollte nach Berlin fliegen, um darauf zu dringen, erhielt aber auf seine Anfrage die Mitteilung, er müsse dann mit seiner Verhaftung rechnen. Inzwischen war Leber verhaftet worden. So ließ John seine Botschaft an Hansen und Stauffenberg durch einen Kollegen des Madrider Lufthansabüros, Gerhard Lindenberg, überbringen, der am 10. Juli nach Berlin flog. Dieser bekam die Auskunft, John solle nun doch für ein bis zwei Tage nach Berlin kommen. Man rechnete jetzt fest mit der Ausführung des Umsturzversuches, und John sollte dann für die Übermittlung von Botschaften der Putschregierung zur Verfügung stehen.

Am 19. Juli flog er also nach Berlin und stellte sich zur Verfügung. Am Abend des 20. Juli glaubte er, der Aufstand sei gelungen, aber schon in der Nacht begannen die Verhaftungen, und John hatte keine Aufgabe mehr. Er entkam am 24. Juli in einem Flugzeug der Lufthansa nach Madrid.

VIII. Attentatversuche 1933-1942

1. Erste Anschläge

Die Beseitigung der Person des Diktators durch seine Ermordung wurde von entscheidenden Kreisen der Opposition im Lauf des Krieges als Vorbedingung für das Gelingen eines Staatsstreichversuches erkannt. Dem Diktator war ein heiliger Eid geschworen; formaljuristisch und auch für alle geistig unselbständigen Bürger und Soldaten, also für die meisten, war er der rechtmäßige Kriegsherr und Oberbefehlshaber. Deshalb war das einzige Instrument, mit dem der Staatsstreich ausgeführt werden konnte, nämlich das Heer, ohne die vorherige Beseitigung seines Obersten Befehlshabers nicht zu handhaben. Zu dieser Erkenntnis kam man in weiteren Kreisen der Opposition erst verhältnismäßig spät, einzelne jedoch vertraten sie von allem Anfang an, und die Entwicklung des 20. Juli 1944 hat gezeigt, daß sie recht hatten. Es gab aber lange vor 1943 schon eine Anzahl von Attentatversuchen, teils aus solchen Kreisen, aus denen stets Attentate gegen regierende Herren verübt werden, teils aber auch aus den Kreisen der Widerstandsbewegung, die später Träger des Versuches vom 20. Juli 1944 waren.

Schon im Mai 1933 wurde eine reichsgerichtliche Voruntersuchung »wegen eines geplanten Anschlages auf den Herrn Reichskanzler« nötig [1]. Königsberger Kommunisten unter Führung des Schiffszimmermanns Kurt Lutter planten ein Sprengstoffattentat gegen Hitler bei dessen am 4. März erwarteten Auftreten bei einer Königsberger Wahlversammlung. Im Februar fanden zwei geheime Besprechungen statt, und am 3. März griff die Polizei zu. Da aber keinerlei Beweise gefunden wurden, ist Lutter gegen Ende 1933 »außer Verfolgung« gesetzt worden. Eine von Dr. Helmuth Mylius geführte Gruppe plante ebenfalls schon 1933 ein Attentat auf Hitler, kam aber nicht zum Zuge.

Am 8. März 1937 wurde der Architekturstudent Helmut Hirsch vom 2. Senat des Volksgerichtshofes zum Tode verurteilt und am 4. Juni 1937 in Plötzensee enthauptet. Er stammte aus Stuttgart, war in der bündischen Jugend tätig gewesen und als jüdischer Emigrant in Prag mit Otto Strasser und der Schwarzen Front in Verbindung gekommen. Weil er sich für die Juden in Deutschland mitverantwortlich fühlte und ihnen von Strassers Seite für die Zeit nach dessen »Machtergreifung« in Deutschland gute Behandlung sichern wollte, und weil er zeigen wollte, daß auch Juden den Mut zum Kampf haben, ließ er sich zu einem Sprengstoffanschlag überreden, der sich gegen ein Gebäude des Nürnberger Parteitagsgeländes, gegen Julius Streicher oder eventuell auch gegen Hitler selbst richten sollte. Strasser wollte dadurch seine Macht demonstrieren und sich wohl auch für seinen 1934 ermordeten Bruder rächen[2]. Am 20. Dezember 1936 war Helmut Hirsch nach Stuttgart gefahren, am 23. sollte er in Nürnberg den Sprengstoff übernehmen. Aber sein Name war der Gestapo von einem früheren Besuch in Stuttgart her bekannt, der von Hirsch im Gasthaus richtig ausgefüllte Meldezettel mußte ihn verraten. Ein Mitverschworener wurde schon beim Grenzübertritt festgenommen und gab der Gestapo den Sprengstoff und jede verlangte Auskunft.

1938 sollen zwei Männer namens Döpking und Kremin entsprechende Versuche unternommen haben. Wegen Vorbereitung zu Hochverrat und Sprengstoffanschlägen wurden am 12. Oktober 1940 in Plötzensee Karl Hoffmann, Erich Schulz, Wilhelm Tosch und Hermann Chill enthauptet und ebendort unter derselben Beschuldigung am 30. Januar 1942 Bernhard Rust und Ludwig Schmitt. In mehreren Fällen hatte man – nicht ohne Grund – den Bruder von Hitlers einstigem Rivalen um die Parteiführung, Otto Strasser, im Verdacht, Hintermann der Attentäter zu sein[3]. Anfang März 1937 erhielt die Gestapo einen Tip, daß ein Maurer namens Max Kostriba aus der Tschechoslowakei plane, demnächst nach Deutschland zu fahren und ein Attentat auf Hitler zu verüben; am 27. Februar habe er von der Polizeidirektion in Troppau einen Paß ausgestellt bekommen[4]. Man fahndete häufig nach ausländischen Attentätern. Anfang April 1938 vermutete man in der Staatspolizeileitstelle in Koblenz, daß »gewisse jüdische Kreise im Ausland [versuchen] Elemente zu finden, die bereit sind, Attentate im Reich vorzubereiten mit dem Ziel, den Führer und andere führende Männer in Staat und Partei zu beseitigen«. Man fahndete in diesem Zusammenhang nach 24 namentlich genannten Juden, die fast alle aus der Tschechoslowakei eingereist sein sollten[4a]. Im August 1938 teilte der Führer des SD-Unterabschnitts Koblenz seinen Außenstellen eine aus Wilhelmshaven eingegangene Meldung mit, wonach in Paris verhaftete Verbrecher die Namen von insgesamt 22 Personen genannt hätten, die Attentate gegen Hitler planen sollen; die Namen stehen auf einer dem SD-Schreiben beigelegten Liste[4b].

Der britische Militärattaché in Berlin, Oberst Mason-Macfarlane, hat 1939 allen Ernstes seiner Regierung vorgeschlagen, er selbst wolle Hitler in

1. Erste Anschläge

Berlin von einem günstig gelegenen Fenster seiner Wohnung bei der Charlottenburger Chaussee aus erschießen. Es kam nicht zum Versuch, weil die britische Regierung solche Methoden von sich wies [4c].

Von der Schweiz aus wurden einige Versuche zu Attentaten unternommen. David Frankfurter, Sohn eines jüdischen Geistlichen und Medizinstudent jugoslawischer Staatsangehörigkeit in Bern, wollte 1935 ein Attentat gegen Hitler verüben. Da er nicht an ihn herankam, erschoß er in Davos Hitlers Vertreter in der Schweiz, Wilhelm Gustloff [5]. 1938 wurde einem unbestätigten Bericht zufolge unter dem Vorsitz des Staatssekretärs a. D. Dr. Wilhelm Abegg ein Komitee mit dem besonderen Zweck der Vorbereitung eines Attentats gegen Hitler gegründet [6]. Dieses »Comité A« warb zehn ehemalige preußische Polizeioffiziere an, die mit schweizerischen Lösegeldern aus deutschen Konzentrationslagern befreit wurden. Es sollten nämlich möglichst alle von Hitler für den Fall seines Todes vorgesehenen Stellvertreter zugleich getötet werden. Es war daran gedacht, die Attentäter als italienische Kurieroffiziere mit wichtigen Nachrichten zu verkleiden. Aus verschiedenen Gründen, so angeblich wegen Schwierigkeiten bei der Herstellung der Attentatbomben, verzögerte sich die Ausführung des Planes bis 1942, und da hieß es dann, es sei nicht mehr nötig, weil inzwischen in Kreisen der deutschen Wehrmacht ein Attentat vorbereitet werde.

Ebenfalls 1938 versuchte der schweizerische katholische Theologiestudent Maurice Bavaud ein Attentat gegen Hitler [7]. Ein französischer Priesterschüler namens Marcel Gerbohay hatte 1938 zusammen mit etwa zehn weiteren Priesterschülern in Frankreich die »Compagnie du Mystère« gegründet, deren Ziel die Bekämpfung und Vernichtung des Kommunismus gewesen sein soll. Bavaud wurde beauftragt, Hitler zum Angriff gegen die Sowjetunion zu bestimmen und zu töten, wenn das nicht gelänge. Jedenfalls reiste Bavaud im Oktober 1938 nach Deutschland ein und versuchte im November in München, Hitler zu ermorden. Er wurde gefaßt, am 18. Dezember 1939 vom Volksgerichtshof zum Tode verurteilt und endlich am 14. Mai 1941 hingerichtet.

Der frühere Freikorpsführer Hauptmann a. D. Dr. Josef (Beppo) Römer ist schon erwähnt worden [8]. Auch er wollte Hitler ans Leben und hielt sich mit Hilfe von Oberstleutnant Dr. Holm Erttel, der Adjutant bei der Berliner Stadtkommandantur war, 1939 bis 1942 ständig über Hitlers Reisen und Ausfahrten auf dem laufenden [9]. Er stand in enger Verbindung mit Männern wie Halem, Schlabrendorff, Niekisch, Guttenberg sowie mit Angehörigen des sogenannten Solf-Kreises. Halem trennte sich im Sommer 1938 von den Bestrebungen seiner Freunde Albrecht von Kessel, Peter

Graf Yorck von Wartenburg und Botho von Wussow, weil er im Gegensatz zu ihnen als einer von sehr wenigen sich von Anfang an klar war, daß Hitler getötet werden müsse, wenn sein Regime gestürzt werden sollte [10]. Er glaubte auch nicht, daß Offiziere des regulären Heeres zu einem Einzel- oder Kollektivattentat in der Lage wären, und lehnte deshalb entsprechende Pläne von Fritz-Dietlof Graf von der Schulenburg als romantisch ab. Die Geisteshaltung und seelische Verfassung deutscher Offiziere mache so etwas unmöglich, meinte Halem, da müsse man schon so eine Art berufsmäßigen Henker gewinnen. Römer war natürlich kein Henker, aber Halem glaubte lange Zeit, in ihm einen zum Attentat fähigen Landsknecht gefunden zu haben Die Gelegenheit zur Tat fand sich nicht, und im Februar 1942 wurde Römer mit vielen anderen, zu denen er Verbindung hatte, darunter Halem und insbesondere die Sachse-Uhrig-Gruppe, verhaftet. Im September wurde er hingerichtet, wie vor ihm und nach ihm etwa vierzig andere Verschwörer.

Hitler wußte sehr wohl, daß er ständig in Gefahr war, einem Attentäter zum Opfer zu fallen. Er zählte insgesamt sieben Attentatversuche gegen sich, wozu er auch die Röhm-Affäre rechnete, und er war sich nicht erst nach dem Elser-Attentat bewußt, »wie leicht der Tod einen Staatsmann treffen kann«: »In der Zukunft wird es wohl niemals wieder einen Mann geben, der mehr Autorität hat als ich. Mein Dasein ist also ein großer Wert-Faktor. Ich kann aber jederzeit von einem Verbrecher, von einem Idioten beseitigt werden.« [11] Das sagte er im August 1939; und am 23. November 1939, nach dem Elser-Attentat: »Die Attentatsversuche können sich wiederholen.« [12] Er sprach auch die Überzeugung aus, »daß gegen einen idealistisch gesinnten Attentäter, der für seinen Plan rücksichtslos sein Leben aufs Spiel setze, kein Kraut gewachsen sei« [13]. Anläßlich der Ermordung Heydrichs in Prag erklärte er, Männer von solchem politischen Format, erst recht also er selbst, »müßten sich darüber im klaren sein, daß ihnen wie einem Wild aufgelauert werde«; es sei Dummheit oder Stumpfsinn, wenn solche Leute nicht die elementaren Sicherheitsvorkehrungen treffen und etwa, um Mut zu zeigen, im offenen Wagen fahren [14].

Hitler scheint einen »idealistisch gesinnten Attentäter« zwar nicht unter Soldaten und Offizieren vermutet zu haben; er sprach von der »Tatsache«, »daß [1942] alle deutschen Idealisten entweder an der Front ihr Leben einsetzten oder aber in den Rüstungsfabriken beziehungsweise ihren sonstigen Heimat-Arbeitsplätzen ihre ganze Kraft für den Sieg Deutschlands hergeben« [15]. Er hat sich widersprochen, aber das liegt an der verschiedenen Bedeutung, in der er das Wort »idealistisch« gebrauchte, was für seine

Verachtung *jeglichen* Idealismus' bezeichnend ist. Wirklich idealistische Attentäter, also solche, die ihr Leben einsetzten, gebe es bei »den Bürgerlichen und den Marxisten« kaum. »Gefährlich seien daher nur die von den Schwarzen im Beichtstuhl aufgeputschten Attentäter oder nationalgesinnte Leute aus den von unseren Truppen heute besetzten Ländern.«[16] In Deutschland gehören zu diesem »Gesocks«, wie es in Hitlers Sprache heißt, das einige hunderttausend Menschen umfasse, »alle leitenden Männer gegnerischer Strömungen, und zwar auch die des politischen Katholizismus«, die Insassen von Konzentrationslagern und »alle kriminellen Elemente, gleichgültig, ob sie zur Zeit in Gefängnissen wären oder sich in Freiheit befänden«. Diese paar hunderttausend Menschen würde er, Hitler, gegebenenfalls, etwa beim Ausbruch einer »Meuterei«, kurzerhand »binnen drei Tagen zur Exekution sammeln und erschießen lassen«[17].

Das Gerede von dem »Gesocks«, von den einigen hunderttausend Menschen, von den führenden Männern u. a. des Katholizismus und von den Idealisten enthüllt Hitler als den vernunftlosen Tyrannen, der er war. Seine Äußerungen über Attentate und deren Möglichkeit zeigen jedoch auch, über welches Maß an Verschlagenheit dieser Mann verfügte. Es war nichts Unheimliches, nichts Mysteriöses. Wer gefährlich lebt, dessen Sinne werden für die Gefahr geschärft. Hitler lebte nicht nur gefährlich, er verließ sich ohnedies mehr auf Gefühle und Eindrücke als auf rationale Überlegungen. Da er auch womöglich gegen Anschläge geschützt sein wollte, dachte er viel darüber nach, wie das zu machen sei[18].

2. *Anschläge 1938–1942*

Als im September 1938 General von Witzleben im Einvernehmen mit dem Chef des Generalstabes des Heeres, General Halder, den Sturz Hitlers vorbereitete, waren die meisten Verschwörer noch nicht der Ansicht, man müsse Hitler sofort umbringen, wenn man Erfolg haben wolle. Aber es gab doch schon eine kleine Anzahl, die sich unter Führung von Oberstleutnant Oster und Major Heinz um den 20. September 1938 verabredeten, Hitler auch ohne das Einverständnis der übrigen Verschwörer zu töten[19].

Man gedachte folgendes einfache Verfahren einzuschlagen: Während die Truppen des Generalkommando III. Armeekorps auf Befehl Witzlebens Berlin besetzten, würde Witzleben mit einigen Offizieren seines Stabes in die Reichskanzlei gehen und Hitler zum Rücktritt auffordern. Eine weitere Schar von Offizieren unter Führung von Major Heinz sollte ihn als

»Stoßtrupp« begleiten, um ihm Zugang zur Reichskanzlei zu verschaffen und bei der Verhaftung Hitlers und seiner Umgebung behilflich zu sein. Man mußte dort mancherlei Posten passieren, zuerst am Eingang, dann in einem großen Vorraum. Zu Hitlers Zimmer kam man durch einen Marmorsaal, an den sich ein langer Flur anschloß. In dessen Mitte war die Tür zu Hitlers Zimmer [20]. War man zu Hitler vorgedrungen, wo er sich auch aufhalten mochte, so wollten Heinz und seine Offizierkameraden einen Zwischenfall provozieren, bei dem Hitler erschossen werden würde. Das war natürlich nur dann nötig, wenn sich die SS wider Erwarten nicht zur Wehr setzen sollte.

Aus den in Kapitel IV beschriebenen Gründen [21] kam es aber nicht zu der Konfrontation. Es ist auch schon dargelegt worden, wie die Verschwörung nach dem Münchner Abkommen und der ungestraften Besetzung der »Resttschechei« gelähmt war und wie es an den Voraussetzungen für Attentate fehlte, die mit einem Staatsstreich synchronisiert werden konnten. Der große Sieg über Polen tat ein übriges, kein General wollte da mehr putschen.

Die Forcierung der Maßnahmen für den Angriff gegen Frankreich und gegen die englischen Expeditionstruppen, der durch die neutralen Länder Belgien und Niederlande vorgetragen werden sollte, gab sowohl den Staatsstreichplänen wie auch den Attentatabsichten neuen Auftrieb. Wieder erschien eine Katastrophe, eine furchtbare Niederlage Deutschlands unvermeidlich, so daß nach Meinung vieler Verschwörer eine Lage bestand, in welcher ein Umsturz verstanden werden und Erfolg haben könnte.

Da erbot sich Dr. Erich Kordt, Vortragender Legationsrat im Auswärtigen Amt, im Zusammenhang mit Umsturzvorbereitungen, die im Generalstab des Heeres, im Amt Ausland/Abwehr des OKW und im Auswärtigen Amt Ende Oktober und Anfang November 1939 betrieben wurden, einen Mordanschlag gegen Hitler auszuführen [22]. Die Majore Heinz und Groscurth standen schon lange in Kontakt über die Möglichkeiten eines neuen Attentatversuches, General Halder ermunterte die Gruppe im Amt Ausland/Abwehr zu dem Anschlag. Am 1. November 1939 sagte Oster zu Kordt: »›Wir haben niemanden, der die Bombe wirft, um unsere Generale von ihren Skrupeln zu befreien.‹« Kordt: »›Ich bin gekommen, Sie darum zu bitten.‹« Oster: »›Sie werden den Sprengkörper am 11. November bekommen.‹« [23] In seiner Stellung als erster Mitarbeiter des Staatssekretärs im Auswärtigen Amt, des Freiherrn von Weizsäcker, hatte Kordt jederzeit freien Zutritt zur Reichskanzlei und konnte sich im großen Vorraum aufhalten, bis Hitler erscheinen würde. In den nächsten Tagen zeigte sich

Kordt möglichst oft in der Reichskanzlei, um die Wachen an seine Anwesenheit zu gewöhnen. Groscurth beschaffte Baupläne der Reichskanzlei [24]. Seine Absicht teilte Kordt seiner Cousine Susanne Simonis, Hasso von Etzdorf und Albrecht von Kessel mit; ferner legte er sie in einer Erklärung nieder, von der je ein Exemplar für den amerikanischen Geschäftsträger Alexander C. Kirk und für den Schweizer Legationsrat Kappeler bestimmt war.

Oster war sicher, den nötigen Sprengstoff samt Zündmitteln für Kordt beschaffen zu können, aber er hatte ihn noch nicht. So ließ der Chef der Zentralabteilung des Amtes Ausland/Abwehr im OKW den Leiter der Abteilung II (Sabotage) desselben Amtes, Major Lahousen, in den ersten Novembertagen in sein Dienstzimmer kommen, wo auch schon zwei andere Verschwörer, Dohnanyi und Heinz, sich aufhielten, die ebenfalls der Abwehr angehörten. Ohne Umschweife fragte Oster Lahousen, ob er ihm Sprengstoff und Zündmittel für einen Anschlag gegen Hitler beschaffen könne, der Attentäter sei schon gefunden [25]. Die Beschaffung des Sprengstoffes war aber nicht so einfach, wie es wohl scheinen mochte. Derartiges Material wurde von der Gruppe T (Technik) der Abteilung II verwahrt, und auch der Abteilungsleiter selbst konnte ohne plausible Begründung nichts entnehmen. Lahousen bat um Bedenkzeit.

Inzwischen hatten Hitler und Brauchitsch am 5. November ihren bekannten Disput über die Frage des Angriffs im Westen, wobei Hitler auf dem 12. November als Angriffstag bestand. Kordt erfuhr davon am 7. November von Etzdorf und sagte ihm, er werde mit Hilfe des ihm zugesagten Sprengstoffes die Offensive verhindern.

Aber am Abend des 8. November entging Hitler im Bürgerbräukeller in München um Haaresbreite dem Anschlag von Georg Elser. Zwar besprachen sich Kordt und Oster am 10. November noch einmal und erhielten die Verabredung für den 11. aufrecht, doch die ohnehin bedeutenden Schwierigkeiten der Sprengstoffbeschaffung waren durch die verschärfte Wachsamkeit, die dem Elser-Attentat folgte, so gewaltig gewachsen, daß Oster resignieren mußte [26]. Lahousen war nicht in der Lage, aus dem Labor der Abwehr-Abteilung II den erforderlichen Sprengstoff zu entnehmen, ohne daß dies angesichts der scharfen Überwachung sofort der Gestapo bekannt geworden wäre. Dadurch wären nicht allein Lahousen und der Empfänger des Sprengstoffes, Oster, außerordentlich gefährdet gewesen, weil sich beim besten Willen kein wichtiger Grund für das Hantieren mit dem Material finden ließ, sondern das ganze Vorhaben wäre wegen der übergroßen Gefahr vorzeitiger Entdeckung aussichtslos gewesen. Der Leiter der Abteilung II des Amtes Ausland/Abwehr sah sich veranlaßt, am 10. November 1939 dem Leiter des Laboratoriums, Major Marguerre, »nochmals strenge Weisung« zu geben, »mit der Ausgabe von Zündern und Sprengmaterial sehr vorsichtig zu verfahren«. Dieser erklärte darauf, im Labor werde genau Buch geführt, wenn aber Gegenstände einmal ausgegeben seien, könne er für ihren Verbleib keine Garantie mehr übernehmen [27].

Als Kordt am Spätnachmittag des 11. November zu Oster in dessen Wohnung in die Bayrische Straße in Berlin-Wilmersdorf ging, um den Sprengstoff abzuholen, erfuhr er, daß die Beschaffung nicht möglich gewesen sei. Alle Laboratorien müßten nun über jedes Gramm Sprengstoff und dessen Verwendung genauestens berichten [28].

Der Angriff im Westen war inzwischen auf den 19. November verschoben worden, so daß für den Anschlag immer noch Zeit blieb. Kordt wollte es nun mit einer Pistole versuchen, aber Oster redete ihm das aus. Er werde Hitler nicht allein zu sehen bekommen und habe in Anwesenheit der Adjutanten, Ordonnanzen und Besucher keine Chance. Bis zum endgültigen Beginn der Offensive im Westen war Kordt noch zweimal bei Oster, als gerade ein neuer Termin bevorstand, und er bat auch Groscurth um Hilfe bei der Beschaffung des nötigen Sprengstoffs. Tatsächlich ist es Lahousen gegen Ende November gelungen, ein Quantum Sprengstoff nach Berlin zu bringen, welches der Abwehr II in Schweden zur Verwendung gegen Objekte in Norwegen zur Verfügung stand; das Unternehmen »Weserübung« wurde ja damals schon intensiv vorbereitet. Aber Kordt hat nichts bekommen. Die Staatsstreichpläne waren damals nicht mehr akut, auf Halder und Brauchitsch konnte man weniger denn je zählen, man versuchte gerade, sie mit Hilfe alliierter Zusicherungen wieder zu gewinnen. Ohne gleichzeitigen Staatsstreich erschien das Attentat aber sinnlos, weil voraussichtlich Göring, Goebbels, Himmler und Heydrich übrig und die SS und Gestapo intakt bleiben, also die Verschwörung ziemlich sicher vernichtet, das Regime aber doch nicht beseitigt werden würde.

Georg Elser, der den Anschlag im Gasthaus »Löwenbräu« (früher »Bürgerbräu«) in der Münchner Rosenheimer Straße ausführte, hatte keine Verbindung mit den anderen Kreisen der Opposition. Er gehörte zwar vorübergehend einer kommunistischen Organisation an, hat seinen Versuch aber allein gemacht. Durch Sorgfalt, Ausdauer und Geschicklichkeit ist er dem Erfolg unheimlich nahegekommen [29]. In den Tagen kurz vor der alljährlichen Veranstaltung zur Erinnerung an den mißglückten Putsch von 1923, bei dem eine Anzahl Alter Kämpfer ums Leben gekommen war, gelang es Elser, sich in der Zeit von Anfang August bis 8. November 1939

2. Anschläge 1938–1942

viele Male unbemerkt über Nacht in dem kaum gesicherten Löwenbräusaal aufzuhalten, der teilweise Besuchern als historische Stätte gezeigt, im übrigen aber als Gastwirtschaft betrieben wurde. In der mit Holz verkleideten Säule aus Steinen und Mörtel, vor der Hitler seine alljährliche Ansprache halten sollte, baute Elser eine Sprengladung ein und koppelte die Zündung mit zwei Westminsteruhren. Den Sprengstoff (Donarit) hatte er teilweise in einem Steinbruch entwendet, in dem er nur zu diesem Zweck Arbeit angenommen hatte. Außerdem verwendete er für die Höllenmaschine militärischen Sprengstoff aus einer 7,5-cm-Granate, sowie Schwarzpulver. Die Vorbereitung der Sprengkammer in der Säule, die übrigens für die Stützung der Decke eine entscheidende statische Funktion hatte, nahm 30–35 Nächte in Anspruch.

Soweit heute bekannt ist, hatte Elser keine Hintermänner. Als Motiv des ungebildeten, aber technisch intelligenten Attentäters erwies sich bei den nachfolgenden Untersuchungen, bei denen auch mit Schlägen, Hypnose und sonst »verschärfter Vernehmung« nicht gespart wurde, einfach Opposition gegen das NS-Regime sowie speziell gegen dessen nach Elsers Ansicht seit Herbst 1938 auf Krieg hinsteuernde Außenpolitik. Durch die Beseitigung Hitlers wollte Elser eine große, gute Tat tun[30].

Wegen des Kriegszustandes war für 1939 die übliche Feier zunächst »nur mit einem wesentlich eingeschränkten Programm« geplant. Hitler wollte selbst keine Ansprache halten, nur Heß sollte am 8. November abends um 19.30 Uhr über alle deutschen Sender sprechen[31]. Aber am 7. oder 8. November entschloß sich Hitler, doch selbst zu sprechen, und der *Völkische Beobachter* vom 8. November berichtigte die Ankündigung vom 7.: Heß werde am 9., nicht am 8. November um 19.30 Uhr sprechen. Am 9. November schließlich hieß es, die Heß-Rede falle aus, weil Hitler selbst gesprochen habe[32]. Hitler flog am 8. November nach München. Da wegen der häufigen Novembernebel der Start zum Rückflug vielleicht nicht möglich sein würde, entschloß er sich, noch am selben Abend mit einem fahrplanmäßigen Zug nach Berlin zurückzufahren. (Ursprünglich hatte er noch den 9. über bleiben wollen.) Fahrplanmäßige Züge verließen München um 21.45 und 22.20 Uhr, Hitler mußte also spätestens um 21.25 oder für den späteren Zug um 22 Uhr vom »Löwenbräu« wegfahren[33]. Er hat jedoch einen Sonderzug benützt, der um 21.31 Uhr abfuhr, mußte also den Saal spätestens um 21.10 Uhr verlassen.

Schon gegen 18 Uhr am 8. November waren Saal und Empore im »Löwenbräu« dicht gefüllt, von der Prominenz waren Bouhler, Himmler, Rosenberg, Frank, Goebbels, Ribbentrop und Sepp Dietrich da. Der Badenweiler Marsch wurde gespielt und die »Blutfahne« hereingetragen, dann kam der Führer, Jubel erhob sich unter den Dreitausend. Während es früher üblich gewesen war, daß Hitler seine große Rede gegen 20.30 Uhr begann und sie etwa um 22 Uhr beendete, hatte man wegen der knappen zur Verfügung stehenden Zeit den Beginn um eine halbe Stunde vorverlegt. Mit dem Glockenschlag um 20 Uhr kam Hitler herein, hielt seine Rede und schloß seine Ausführungen um 21.07 Uhr[34]. Um 21.20 Uhr erfolgte die Explosion, und die herabstürzende Decke tötete acht Alte Kämpfer (einer von ihnen starb erst im Krankenhaus) und verletzte mehr als sechzig.

Elser wurde noch am selben Abend in Konstanz verhaftet, als er versuchte, in die Schweiz zu entkommen. Er hatte allerhand belastende Gegenstände bei sich, darunter eine Postkarte vom »Löwenbräu«, Aufzeichnungen über die Herstellung von Granaten und Zündern, über Kennzeichnung von Munitionskisten, Teile eines Zünders und unter dem Rockaufschlag ein Abzeichen des ehemaligen kommunistischen Rotfrontkämpferbundes[35]. Angesichts der mageren Untersuchungsergebnisse und des Mangels an Beweisen für die voreilige Behauptung, ausländische Geheimdienste steckten hinter dem Attentat, verzichtete man während des Krieges auf einen großen Prozeß gegen Elser. Als im Frühjahr 1945 das Ende des Reiches nahe war, holte Gestapo-Chef Heinrich Müller über Himmler Hitlers Entscheidung »wegen unseres besonderen Schutzhäftlings ›Eller‹« ein, unter welchem Decknamen Elser festgehalten wurde. Am 5. April 1945 schrieb er an den Lagerkommandanten von Dachau, SS-Obersturmbannführer Weiter: »Bei einem der nächsten Terrorangriffe auf München bzw. auf die Umgebung von Dachau ist angeblich ›Eller‹ tötlich [sic] verunglückt. Ich bitte, zu diesem Zweck ›Eller‹ in absolut unauffälliger Weise nach Eintritt einer solchen Situation zu liquidieren... Die Vollzugsanzeige hierüber würde dann etwa an mich lauten: ›Am... anläßlich des Terrorangriffs auf... wurde u. a. der Schutzhäftling ›Eller‹ tödlich verletzt.«[36]

Nach dem Beginn der Westoffensive im Mai 1940 ruhten die konkreten Planungen der Opposition für einen Staatsstreich. Es fehlten innere und äußere Voraussetzungen, und auf Zusammenarbeit mit dem Heer war nicht zu rechnen. Die Voraussetzungen fehlten erst recht nach dem großen Sieg über Frankreich. Doch gab es immer einzelne, die ihr Leben gegen den Diktator einzusetzen bereit waren, auch wenn er gerade siegte. Zu ihnen gehörten Dr. Eugen Gerstenmaier und Fritz-Dietlof Graf von der Schulenburg[37].

Gerstenmaier war seit 1936 wissenschaftlicher Hilfsarbeiter im Kirchlichen Außenamt der Evangelischen Kirche gewesen und seit dem Beginn des Krieges in der Abteilung Information des Auswärtigen Amtes tätig. Schulenburg war vor der Westoffensive noch Regierungspräsident in Schlesien, meldete sich aber im Mai 1940 als Leutnant der Reserve in das Ersatz-Regiment des traditionsreichen Potsdamer Infanterie-Regiments 9, dem vier seiner Brüder angehört hatten. Schulenburg war damals 38 Jahre alt, aber er meldete sich nicht, wie er damals schrieb, um im Ersatz-Regiment dann dauernd Rekruten auszubilden, sondern in der Voraussetzung, »›daß ich im ersten Augenblick, wo ich für eine Kriegsverwendung geeignet erscheine, ins Feld komme‹«. Auch kannte er von früher viele Offiziere des Regiments und drängte in eine Position, in welcher er für den Umsturz wirken konnte, das I. R. 9 würde dabei eine wichtige Rolle spielen. Zugleich »emigrierte« Schulenburg in das Heer; denn durch die bevorstehende Abberufung des Gauleiters Josef Wagner wurde seine Stellung in Schlesien schwer haltbar. Am 1. Juni rückte er ein und blieb Soldat bis zu seiner Hinrichtung.

Gerstenmaier und Schulenburg beabsichtigten, eine Gruppe Offiziere etwa in Kompaniestärke zusammenzustellen, die Hitler in Berlin verhaften sollte. Bei der zu erwartenden Gegenwehr wäre Hitler zu erschießen gewesen. Trotz vielen Anläufen – man dachte auch daran, bei der geplanten, aber am 20. Juli 1940 endgültig abgesagten Siegesparade in Paris gegen Hitler vorzugehen –, gelang es nicht, die Attentäter mit ihrem Opfer zusammenzubringen. Versetzungen, dienstliche Aufträge und andere Umstände traten stets dazwischen. Hitler kam zwar einmal nach Paris, am 23. Juni 1940. Aber da flog er unangesagt und in aller Morgenfrühe hin, landete um 5 Uhr auf dem Flughafen Le Bourget, machte sofort eine Stadtrundfahrt über die Champs-Elysées, zur Oper, zum Louvre, zum Eiffelturm, zum Invalidendom, wo er das Grab Napoleons besuchte, war gegen 8 Uhr schon wieder auf dem Flugplatz und flog kurz darauf in sein Hauptquartier »Tannenberg« bei Freudenstadt. Schon auf der Besichtigungsfahrt entschied sich Hitler im Gespräch mit seinen Adjutanten gegen eine Siegesparade [38].

Ein ähnlicher Plan wurde 1941 im Stabe des Generalfeldmarschalls von Witzleben konzipiert, der damals – bis März 1942 – als Oberbefehlshaber West in Saint-Germain bei Paris an der Verschwörung beteiligt war und seit 1940 immer wieder Leute für den Anschlag zu gewinnen suchte [39]. Tatbereit waren damals Rittmeister Graf von Waldersee, IIa im Stabe des Kommandanten von Paris, sowie Major i. G. Hans-Alexander von Voß und Hauptmann Graf Schwerin von Schwanenfeld, beide im Stabe Witzlebens [40]. Stark beteiligt waren auch Goerdeler und Hassell; denn sie versuchten wiederholt, Witzleben zu einer Aktion anzuspornen. Im Januar

1941 war Hassell beim Militärbefehlshaber Frankreich, General der Infanterie Otto von Stülpnagel, der aber der Lage in keiner Weise gewachsen schien und auch Ende des Monats abgelöst wurde [41]. Goerdeler war 1941 mehrfach in Paris und suchte dort jedesmal auch Graf Waldersee auf, um ihn mit Aufforderungen zum Handeln zu bestürmen [42]. Er versicherte, sobald Hitler in Paris verhaftet oder auch getötet sein würde, werde man in Berlin die erforderlichen Schritte tun, es sei dort alles vorbereitet.

Eine Parade deutscher Divisionen auf den Champs-Elysées soll im Mai 1941 vorgesehen gewesen sein. Die Truppen sollen schon zusammengezogen, die Tribüne in der Nähe des Place de la Concorde aufgebaut gewesen sein; jedenfalls plante der Oberbefehlshaber des Heeres, Brauchitsch, eine Reise nach Paris, und man erwartete Hitlers Anwesenheit [43]. Auf der Tribüne sollte Hitler von zwei dazu bestimmten Offizieren erschossen werden. Graf Schwerin, Ordonnanzoffizier bei Witzleben, hatte sich auf alle Fälle vorgenommen, bei sich bietender Gelegenheit, etwa aus einem Hotelflur, eine Handgranate auf Hitler zu werfen. Aber Hitler kam nicht [44]. Inzwischen hatte im April schon der Feldzug gegen Jugoslawien und Griechenland begonnen, am 10. Mai flog Heß nach England, und am 22. Juni fing der Krieg gegen Rußland an.

1942 versuchte man es noch einmal mit einem Plan, Hitler bei einem Besuch in Paris zu töten, aber es gelang wieder nicht, Hitler dahin zu bringen. Diesmal waren auch Generalfeldmarschall von Rundstedt, Witzlebens Nachfolger als Oberbefehlshaber West, sowie der SS-Sturmbannführer Hans-Victor von Salviati und Major i. G. Achim Oster beteiligt [45].

Aber die Erfolgsaussichten waren sehr gering, man war auf der Hut. Im März 1942 fahndeten Gestapostellen, Zollämter usw. u. a. nach zwei Montenegrinern, Iovan Kovacevis und Iovan Vukovic, die von »England« als »fanatische Elemente« für Attentate »auf hohe europäische Persönlichkeiten« geworben worden sein sollten [45a]. Anfang Mai wurde Hitler durch das Reichssicherheitshauptamt vor einem gegen ihn geplanten Mordanschlag gewarnt, der von einem »ostmärkischen Offizier durchgeführt werden« sollte. Der Offizier, ein Major oder Oberstleutnant, so berichtete dem RSHA ein »V-Mann«, sei »nicht-arischer Abstammung« und habe im österreichischen Heer gedient. Er wolle als Kurier in das Führerhauptquartier kommen und dort Hitler erschießen. Die Hintermänner seien »jüdisch-bolschewistische Agenten, die mit dem englischen Secret Service.. Hand in Hand arbeiten« [46]. Hitler selbst sprach in jenen Tagen immer wieder von Attentaten, gewesenen und noch möglichen; am 27. Mai fiel Heydrich dem bekannten Anschlag zum Opfer. Hitler konnte sich zu Frontbesuchen, schon gar zu vorher angekündigten, nicht ermutigt fühlen.

IX. Tresckow und die Heeresgruppe Mitte

ngen

und Halder, aber auch viele an-
n nahegestanden oder an ihr teil-
ische Tätigkeit zurückgezogen. Sie
is sie sehen oder wissen *mußten*,
lunderten von Juden, Ärzten, Pro-
Ingenieuren, Bibliothekaren, Leh-
isanen und Geiseln, vor allem in
1 Polen. Fast wirkungslos verhallte
Blaskowitz von Ende 1939, und im
Halder gefallen, daß Hitler die SS-
ie sogenannten Einsatzgruppen, der
las in den besetzten Gebieten die
konnten sie sich und das Heer aus
ar schon ungeheuerlich, sich auf eine
solche Art der »Gewalt... nzulassen. Als aber Hitler im Früh-
jahr 1941 diese Übereinkunft brach und den berüchtigten »Kommissarbefehl« herausgab, da blieben Brauchitsch und Halder noch immer in ihren Stellungen.

Der sogenannte Kommissarbefehl kam unter dem Datum des 6. Juni 1941 aus dem Führerhauptquartier und war vom Chef des OKW unterfertigt. Er trug den Titel »Richtlinien für die Behandlung politischer Kommissare« sowie die bezeichnende Anweisung: »Es wird gebeten, die Verteilung nur bis zu den Oberbefehlshabern der Armeen bzw. Luftflottenchefs vorzunehmen und die weitere Bekanntgabe an die Befehlshaber und Kommandeure mündlich erfolgen zu lassen.«[3] Ein Kernsatz aus den Richtlinien lautete: »Im Kampf gegen den Bolschewismus ist mit einem Verhalten des Feindes nach den Grundsätzen der Menschlichkeit oder des Völkerrechts nicht zu rechnen.« Das zu sagen stand denen nicht wohl an, die die grauenhaften Verbrechen in Polen verschuldet und geduldet hatten, abgesehen davon, daß auch der Kampf gegen den Bolschewismus erst noch willkürlich vom Zaun gebrochen werden mußte. Ferner: »Die

Urheber barbarisch asiatischer Kampfmethoden sind die politischen Kommissare. Gegen diese muß daher sofort und ohne weiteres mit aller Schärfe vorgegangen werden. Sie sind daher, wenn im Kampf oder Widerstand ergriffen, grundsätzlich sofort mit der Waffe zu erledigen. Im übrigen gelten folgende Bestimmungen: ... Sie sind aus den Kriegsgefangenen sofort, d. h. noch auf dem Gefechtsfelde, abzusondern. ... Sie sind nach durchgeführter Absonderung zu erledigen.«

Brauchitsch und Halder nahmen, abgesehen von lahmen Protesten, auch das unwidersprochen hin. Das Verbrecherische des Kommissarbefehls war klar, er schlug allem, was als europäische Gesittung gelten konnte, ins Gesicht, ganz gleichgültig, ob man den politischen Kommissaren der Roten Armee Kriegsgefangenenstatus zuerkannte oder nicht. Sie sollten einfach ermordet werden. Es wurde nicht einmal der Versuch gemacht – die Richtlinien waren da sehr klar –, ihnen individuelle Schuld an Kriegsverbrechen oder anderen Vergehen auch nur anzulasten oder gar nachzuweisen, ehe man sie »erledigte«. Immerhin schwächten Brauchitsch und Halder die Wirkung des Kommissarbefehls durch einen besonderen Befehl ab, in dem die Kampfaufgaben der Truppe betont wurden, die gewöhnlich für besondere Such- und Säuberungsaktionen keine Zeit lassen würden; auch dürfe den einzelnen Soldaten in keinem Falle Willkür gestattet werden, sie seien immer an die Befehle der Offiziere gebunden [4].

Die beiden höchsten Führer des deutschen Heeres blieben also auf ihren Posten in der ehrenhaften Absicht, »Schlimmeres zu verhüten«. Zweifellos haben sie Tausenden das Leben gerettet, indem sie durch Haltung, Worte und Zusatzbefehle deutlich machten, daß die strikte Ausführung verbrecherischer Befehle nicht gewünscht werde. Dennoch fragt sich, wieviel Schlimmes ein hoher verantwortlicher Führer tun darf, um dabei noch Schlimmeres zu verhüten. Bedenklich ist die Beteiligung am Verbrechen, auch mit der Hoffnung, es vielleicht zu sabotieren. Das konnte ohnehin nur durch die Mithilfe derjenigen nachgeordneten Generale gelingen, die Kandidaten für die Nachfolge waren. Die Behauptung, nach dem Rücktritt Brauchitschs und Halders würde dem Verbrechen niemand mehr widerstanden haben, wäre also unaufrichtig. Mag auch Widersetzlichkeit nicht in der Erziehung eines Brauchitsch oder eines Halder gelegen haben – die Ausführung oder Duldung verbrecherischer Befehle lag darin auch nicht.

Weitverbreitet war aber im Heer die Empörung über die von der SS verübten Verbrechen in den besetzten Gebieten, und der Kommissarbefehl, durch den viele Soldaten zu Komplizen gemacht wurden, verschlechterte die Stimmung gegenüber dem Regime in vielen Kreisen. Zugleich wuchs

1. Vorbereitungen

die Bereitschaft zum Widerstand – durchaus nicht überall, aber doch in manchen wichtigen Stäben und Führungsstellen. Das war, wohlgemerkt, zu einer Zeit, als Hitler noch die größten Erfolge einheimsen konnte, als sein Siegeszug unaufhaltsam zu sein schien. Die Niederlagen seit 1942 haben nicht erst den Anstoß zu solcher Widerstandshaltung gegeben, wohl aber haben sie dazu beigetragen, viel von Hitlers durch militärische Erfolge angesammeltem Prestige wieder zunichte zu machen [5]. Allmählich entstanden Gruppen des Widerstandes – gegen den Kommissarbefehl, gegen Grausamkeiten, gegen das Regime überhaupt. Solche Zentren gab es schon lange in Berlin und in Paris, nun entstanden sie auch an der Ostfront. Die weitaus intensivste Tätigkeit entfaltete eine Gruppe im Oberkommando der Heeresgruppe Mitte.

Die Heeresgruppe Mitte war aus der früheren Armeegruppe 2 hervorgegangen. Am 1. September 1939 wurde sie unter Führung von Generaloberst, später Generalfeldmarschall, Fedor von Bock als Heeresgruppe Nord in Polen eingesetzt, am 5. Oktober 1939 in Heeresgruppe B umbenannt und an die Westfront verlegt, wo sie am Frankreichfeldzug teilnahm. Im September 1940 kehrte sie nach Polen zurück; das Hauptquartier des Oberkommandos lag in Posen [6]. Am 1. April 1941 wurde die Heeresgruppe bei den Vorbereitungen für den Rußlandfeldzug in Heeresgruppe Mitte umbenannt und im Sommer 1941 auf Moskau angesetzt. Oberbefehlshaber war noch immer Generalfeldmarschall von Bock, der Chef des Generalstabes war Generalmajor Hans von Greiffenberg, und Erster Generalstabsoffizier (Ia) war Oberstleutnant i. G. Henning von Tresckow [7].

Tresckow stammte aus einer preußischen Offiziersfamilie, erlebte die Niederlage von 1918 als Zugführer, wurde Student der Rechte, dann Bankkaufmann, machte eine Weltreise, trat aber 1923 auf Fürsprache Hindenburgs wieder in die Reichswehr ein. Er kam aus dem 1. Preußischen Garderegiment zu Fuß und diente seit 1926 im traditionsreichen I.R. 9, das von Lästerzungen auch »I. R. von 9« genannt wurde, und kam als Hauptmann 1934 auf die Kriegsakademie, 1936 in den Generalstab des Heeres [8]. Im Kriege wurde er von seinen Vorgesetzten als hervorragender, weit über den Durchschnitt befähigter Offizier von großer Arbeits- und Entschlußkraft geschätzt [9]. Alles Gemeine und Unrechte war Tresckow widerlich, und es gab dessen genug unter Hitlers Regime; im Lauf der Jahre wurde seine Gegnerschaft immer entschiedener. Im Sommer 1939 bekannte er sich mit Fabian von Schlabrendorff dazu, »daß Pflicht und Ehre von uns fordern, alles zu tun, um Hitler und den Nationalsozialismus zu Fall zu bringen und damit Deutschland und Europa vor der Gefahr der Barbarei zu retten« [10].

Seit die Absicht Hitlers deutlich war, Rußland anzugreifen, bemühte sich Tresckow mit methodischer Konsequenz, im Stabe der Heeresgruppe Mitte Männer zusammenzubringen, mit deren Hilfe der Stab zu einem Instrument des Umsturzes werden sollte. In seiner Annahme, die Niederlage in Rußland würde schon rasch eintreten und seine Pläne entscheidend fördern, sah er sich freilich ebenso getäuscht wie früher in derselben Annahme im Frankreichfeldzug. Hitlers Befehl im Dezember 1941, die Front müsse unter allen Umständen gehalten werden, hat eine Rückzugskatastrophe von kolossalen Ausmaßen verhindert und so den Ernst der strategischen Lage verschleiert [11].

Zu den Verschworenen im Stabe der Heeresgruppe und zu denen, auf die Tresckow auch ohne nähere Abrede rechnen konnte, gehörte als Ia/op von Dezember 1941 bis Ende Februar 1943 Oberstleutnant, später Oberst i. G. Georg Schulze-Büttger, der von August bis Oktober 1938 Adjutant bei Beck gewesen war [12]. Ende Februar 1943 wurde er Ia im Generalstab der Heeresgruppe Süd bei Generalfeldmarschall von Manstein, der ihn anforderte. Tresckow knüpfte daran, wie auch an den Einfluß von Mansteins Ordonnanzoffizier Stahlberg, Hoffnungen, die sich wegen Mansteins rein militärischer Haltung nicht realisiert haben. Im Sommer 1944 wurde Schulze-Büttger Chef des Generalstabes der 4. Panzerarmee. Seine Teilnahme an der Verschwörung wurde entdeckt, und am 13. Oktober 1944 mußte er sein Leben lassen.

Sein Nachfolger als Ia/op bei der Heeresgruppe Mitte wurde im Februar 1943 Oberstleutnant i. G. Hans-Alexander von Voß, der vorher schon als Major i. G. dort Ausbildungsoffizier (Id) gewesen war. Er war davor im Stabe des Oberbefehlshabers West, Generalfeldmarschall von Witzleben, tätig und verfügte auch als Schwiegersohn von General Joachim von Stülpnagel über gute Verbindungen; überdies stammte er aus dem I.R. 9. Beurteilungen heben besonders seinen reinen Charakter und seinen klaren Blick für das Wesentliche hervor. Am 8. November 1944 hat er sich das Leben genommen. Sein Nachfolger als Id der Heeresgruppe Mitte war Major i. G. Hans-Ulrich von Oertzen, der sich ebenfalls, am 21. Juli 1944 im Wehrkreiskommando III in Berlin, das Leben nahm [13].

Eine hervorragende Stelle in der Gruppe nahm der Zweite Generalstabsoffizier (Versorgungsoffizier, Ib) Oberstleutnant i. G. Berndt von Kleist ein, der wie Tresckow aus dem 1. Preußischen Garderegiment zu Fuß hervorgegangen war. Er wird von Schlabrendorff als Inbegriff der Vornehmheit und Lauterkeit gerühmt, was ihn auch zu seiner politischen Haltung veranlaßt habe. Im Ersten Weltkrieg hatte er ein Bein verloren, tat aber jetzt wieder Dienst. Bei der Aufrechterhaltung der Verbindung mit Goerdeler

1. Vorbereitungen

und mit anderen Verschwörern in Berlin leistete er unschätzbare Dienste und übte auch sonst in dem ganzen Kreis durch seine Persönlichkeit und sein klares Urteil einen bestimmenden Einfluß aus.

Von besonderer Bedeutung war die Zugehörigkeit von Oberst i. G. Rudolf-Christoph Freiherr von Gersdorff zu der Gruppe; denn der aus der Kavallerie hervorgegangene Generalstabsoffizier war seit April 1941 Abwehroffizier (Ic/AO) im Stab der Heeresgruppe Mitte. Er blieb es bis zum Februar 1944, wurde dann Chef des Generalstabes des LXXXII. Armeekorps, Ende Juli 1944 bei der 7. Armee. Seine Beurteiler rühmten seinen Fleiß, seinen Takt und seine gewinnende, sichere Art. Wer ihn kannte, konnte nicht genug sein klares Denken, sein sicheres Urteil und vor allem seine vornehme Ritterlichkeit, seinen großen Mut und seinen festen, aufrechten Charakter hervorheben [14]. Zahlreiche Überlebende der Verschwörung sind ihm dankbar, daß er so umsichtig, geschickt und verschwiegen war und blieb.

Den Ordonnanzoffizieren bei Generalfeldmarschall von Bock, und seit Mitte Dezember 1941, nachdem Bock sein Kommando abgegeben hatte, bei Generalfeldmarschall von Kluge, war eine Rolle von großer Wichtigkeit zugedacht. Sie sollten den jeweiligen Oberbefehlshaber beeinflussen und »bei der Stange halten«. Major (später Oberstleutnant) d. R. Carl-Hans Graf von Hardenberg und Oberleutnant d. R. Heinrich Graf von Lehndorff gaben sich alle Mühe, freilich ohne Erfolg. Im Juni 1942 wurde Oberleutnant Philipp Freiherr von Boeselager Ordonnanzoffizier bei Kluge. Boeselagers Bruder Georg, der mit dem Eichenlaub zum Ritterkreuz ausgezeichnet war und damals als Taktiklehrer wirkte, begann im Januar 1943 im Einverständnis mit Kluge mit der Aufstellung eines Reiterverbandes »Boeselager« im Bereich der Heeresgruppe Mitte, von dem unten die Rede sein wird. Einer seiner nächsten Mitarbeiter war dabei der Rittmeister Walter Schmidt-Salzmann. Georg Freiherr von Boeselager ist Ende August 1944 in Polen gefallen und wurde nachträglich zum Oberst befördert und mit den Schwertern zum Eichenlaub des Ritterkreuzes ausgezeichnet.

Ferner sind als an der Verschwörung entscheidend beteiligte Mitglieder des Stabes der Heeresgruppe Mitte zu nennen: der Rechtsanwalt und Leutnant d. R. (später Oberleutnant) Fabian von Schlabrendorff, der als einer der hauptsächlichen Verbindungsleute zwischen dem Hauptquartier der Heeresgruppe und der Berliner Zentrale der Verschwörung anzusehen war und als Ordonnanzoffizier des Ia fungierte; der 3. Ordonnanzoffizier des Oberbefehlshabers Major d. R. Schach von Wittenau; der Ordonnanzoffizier des Nachrichtenführers der Heeresgruppe, Leutnant d. R. Graf von Berg; Hauptmann Graf von Matuschka; Major i. G. (später Oberstleutnant) Horst Pretzell, der von Januar 1941 bis März 1942 O1, von März 1942 bis Ende Februar 1943 Id im Stab der Heeresgruppe war. Seit August 1943 war Oberleutnant (später Rittmeister) Eberhard von Breitenbuch Ordonnanzoffizier bei Kluge. 1940 hatte er dieselbe Stellung bei Witzleben bekleidet, und seit Oktober 1943 tat er in gleicher Funktion Dienst bei Generalfeldmarschall Ernst Busch, der die Heeresgruppe von Oktober 1943 bis Ende Juni 1944 führte [15].

Insgesamt war im Stab der Heeresgruppe Mitte die stärkste Oppositionsgruppe konzentriert, die je bestanden hat. Dieses Ziel hat Tresckow mit seiner Personalpolitik von allem Anfang an verfolgt, wobei ihn sein Freund Rudolf Schmundt, der Chefadjutant des Heeres beim Führer und Obersten Befehlshaber der Wehrmacht und ab Oktober 1942 auch Chef des Heerespersonalamtes war, vielfach unterstützte, freilich ohne zu ahnen, welchem Zweck er damit diente. Einen Schlag gegen Hitler mit Aussicht auf Erfolg hielt Tresckow dann für möglich, wenn die deutsche Offensive – zunächst dachte er an die in Frankreich, dann an die in Rußland – gescheitert sein würde. Das siegreiche deutsche Heer gegen Hitler zu führen, hielt er für psychologisch unmöglich [16]. Doch ist das Vorgehen Tresckows und seiner Freunde gegen den Kommissarbefehl schon als Vorläufer der Umsturztätigkeit anzusehen [17].

Im Juni 1941, während der Vorbereitung des Rußlandfeldzuges, traf der Kommissarbefehl bei den Frontstäben ein [18]. Schon vorher war den Stäben ein »Erlaß über die Ausübung der Kriegsgerichtsbarkeit im Gebiet ›Barbarossa‹ und über besondere Maßnahmen der Truppe« vom 13. Mai 1941 zugegangen, worin Kriegs- und Standgerichtsverfahren verboten wurden [19]. Nicht nur waren »Freischärler« im Kampf oder auf der Flucht »schonungslos zu erledigen«, sondern auch »alle anderen Angriffe feindlicher Zivilpersonen gegen die Wehrmacht, ihre Angehörigen und das Gefolge sind von der Truppe auf der Stelle mit den äußersten Mitteln bis zur Vernichtung des Angreifers niederzukämpfen«. Unter die »anderen Angriffe« fielen Diebstahl, Bestechung, verdächtige Bewegungen. Da Verdächtige nicht verwahrt werden durften, mußten sie auf den bloßen Verdacht hin erschossen werden, sonst gab man ihnen ja Gelegenheit, ihre angebliche Tätigkeit fortzusetzen. Zugleich wurde der Verfolgungszwang aufgehoben für »Handlungen, die Angehörige der Wehrmacht und des Gefolges gegen feindliche Zivilpersonen begehen«; nur was der Truppe und ihrer Disziplin schadete, z. B. die sinnlose Zerstörung brauchbarer »Unterkünfte«, sollte geahndet werden. Auf diesen grauenhaften Befehl, der Verbrechen deutscher Heeresangehöriger im voraus amnestierte, wie auch bei entsprechender Auslegung auf den Kommissarbefehl, konnte der von Brauchitsch

1. Vorbereitungen

unterzeichnete Zusatzbefehl vom 24. Mai 1941 angewandt werden: Hauptaufgabe der Truppe sei Bewegung und Kampf, nicht Such- und Säuberungsaktionen; der Führer-Erlaß betreffe vornehmlich schwere Fälle der Auflehnung von seiten feindlicher Zivilpersonen; willkürliche Ausschreitungen von Angehörigen des Heeres seien unbedingt zu verhindern.

Als nun diesen Befehlen im Juni noch der Kommissarbefehl folgte, erhob sich ein »Sturm der Entrüstung bei allen oberen Kommandobehörden«[20]. Als Gersdorff den Befehl erhielt, ging er damit sofort zu Tresckow, und dieser, der an dem Tag den Chef des Generalstabes vertrat, mit ihm zum Oberbefehlshaber. Tresckow schlug dem Feldmarschall eine gemeinsame Aktion der drei Heeresgruppenbefehlshaber vor, aber Bock begnügte sich damit, Gersdorff, in dessen Hände der Befehl zuerst gelangt war, mit dem Flugzeug zum General z. b. V. beim Oberbefehlshaber des Heeres, General Eugen Müller, zu schicken. Tresckow fand, daß Deutschland seine Ehre verlieren müsse, wenn dieser Befehl nicht einmütig zurückgewiesen werde, und bedrängte Bock, sofort selbst mit Rundstedt und Leeb zu Hitler zu fliegen, aber Bock meinte:»›Da schmeißt er mich raus.‹«[21] Von General Müller erhielt Gersdorff den Bescheid, Brauchitsch habe schon alles gegen den Kommissarbefehl getan, was er konnte, er habe sich »zweimal von Hitler hinauswerfen lassen, ohne daß es ihm gelungen sei, eine Zurücknahme oder eine Änderung dieses Befehls zu erreichen«[22]. Übrigens sei der Befehl Brauchitschs vom 24. Mai zur Aufrechterhaltung der Disziplin der Truppe dazu bestimmt, dem Kommissarbefehl einen Riegel vorzuschieben. Mit Brauchitsch selbst konnte Gersdorff nicht sprechen, weil er nicht da war. Als er in Posen das Ergebnis seiner Bemühungen meldete, saß Bock beim Abendessen und sagte: »›Meine Herren, Sie sehen, ich habe protestiert.‹«[23] Für ihn war das Thema erledigt.

Der Kommissarbefehl wurde häufig nicht ausgeführt. Gersdorff fand sich mit den Ic-Offizieren der anderen Heeresgruppen und der Armeen, die dafür in der Hauptsache verantwortlich waren, einig, daß der Befehl nicht auszuführen sei. An die vorgesetzten Dienststellen wurden Scheinmeldungen über angebliche Erschießungen von Kommissaren gegeben, wenn je danach gefragt wurde, praktisch aber wurde die Durchführung des Befehls gar nicht überwacht[24]. Schließlich setzte sich auch Bock selbst mit den Armeebefehlshabern in Verbindung und besprach u. a. mit Kluge, Weichs und Guderian, was zu tun sei. Man vereinbarte mündlich, die unterstellten Kommandierenden Generale dahin zu unterrichten, daß die Durchführung der Befehle über die Einschränkung der Gerichtsbarkeit und über die Erschießung der Kommissare nicht erwünscht sei[25].

Gleichwohl haben die Befehle den Abscheu vieler ehrbarer Offiziere vor

Hitler und seinen Mordgehilfen wachgerufen, und die im Hinterland des schmalen Kampfgebietsstreifens durch Einsatzgruppen der SS und der Polizei ausgeführten Judenerschießungen, über die den Heeresbefehlshabern die Jurisdiktion entzogen wurde, an denen viele Heereseinheiten zumindest indirekt beteiligt waren, ließen sie nicht mehr zur Ruhe kommen. Der zeitweilige Leiter der Einsatzgruppe B, die im Bereich der Heeresgruppe Mitte tätig war (aber dem Oberkommando der Heeresgruppe nicht unterstellt), der Direktor des Reichskriminalpolizeiamtes, Arthur Nebe, stand seit 1938 auf der Seite der Opposition; er versuchte wohl vieles zu verhindern, verbarg aber seinen Freunden das Ausmaß und die Formen der Massenermordungen und auch das Maß seiner eigenen Verstrickung in die Verbrechen. Er war widerwillig, von seinen Freunden Oster und Gisevius überredet, nach Rußland gegangen, um seine für die Opposition wichtige Stellung im Zentrum der SS-Macht halten zu können. Er hoffte, nach kurzer Zeit der Ableistung seiner »Pflicht«, die Himmler auch anderen hohen Polizeifunktionären auferlegte, wieder nach Berlin zurückkehren zu können, und er ahnte nur, was ihm bevorstand, während seine Freunde es gar nicht ermaßen[26]. Schließlich wurde der Kommissarbefehl im Sommer 1942 offiziell außer Kraft gesetzt, als scheinbar nachgewiesen war, welch positive Wirkung er auf die Kampfkraft der Roten Armee gehabt hatte; der Nachweis wurde in der Heeresgruppe Mitte dadurch geführt, daß man Kommissaren, wenn sie sich gefangennehmen lassen würden, Leben und gute Behandlung zusicherte, worauf man, nach dem Erfolg der Propaganda, besonders hohe Zahlen gefangener Kommissare an das OKH melden konnte[27].

Trotzdem kam es zu dem entsetzlichen Geschehen von Borissow, von dem zuerst Gersdorff, dann Tresckow und Bock erfuhren, als ihnen Graf von Hardenberg darüber berichtete. Er war während der »Aktion« in geringer Höhe über Borissow geflogen und hatte gesehen, wie eine lettische SS-Einheit die Bewohner des Gettos, mehrere tausend Juden, zusammentrieb und ermordete[28]. Es hieß, der Befehl dazu sei von einem Nebe unterstellten SS-Führer erteilt worden, der einen auf Urlaub gegangenen SS-Führer vertrat, ohne daß Nebe davon erfahren und so Gelegenheit gehabt hätte, den Vertreter entsprechend zu unterrichten und anzuweisen. Nebe wurde sofort vom Oberkommando der Heeresgruppe Mitte informiert und flog auch unmittelbar darauf selbst nach Borissow, aber da war es schon zu spät. Bock forderte die schärfste Bestrafung des verantwortlichen SS-Offiziers, doch niemand erfuhr, was darauf geschah.

Gersdorff aber scheute sich nicht, in das Kriegstagebuch des Oberkommandos der Heeresgruppe zu schreiben: »Bei allen längeren Gesprächen mit Offizieren wurde ich, ohne darauf hingedeutet zu haben, nach den Juden-

1. Vorbereitungen

erschießungen gefragt. Ich habe den Eindruck gewonnen, daß die Erschießungen [sic] der Juden, der Gefangenen und auch der Kommissare fast allgemein im Offizierskorps abgelehnt wird [sic], die Erschießung der Kommissare vor allem auch deswegen, weil dadurch der Feindwiderstand besonders gestärkt wird. Die Erschießungen werden als eine Verletzung der Ehre der deutschen Armee, in Sonderheit des Deutschen Offizierkorps betrachtet.«[29] Aber ein höherer Führer wie Generaloberst Busch, der die 16. Armee in der Heeresgruppe Nord befehligte, und der bei den Judenerschießungen in Kowno im Herbst 1941 vor seinem Hotelfenster die Salven knattern hörte, ließ sich davon nicht stören: »›Ja, da kann ich nichts dagegen tun; das sind politische Auseinandersetzungen, die uns nicht interessieren, das heißt, sie interessieren schon, aber wir dürfen nichts unternehmen, diese Dinge gehen uns nichts an.‹«[30] Es sind keine Fälle bekannt, in denen Befehlshabern, die gegen solche Verbrechen eingeschritten sind, Schlimmeres passiert wäre als die Enthebung vom Kommando.

Schon Ende August und Anfang September 1941 versuchte General Thomas, durch persönliche Besuche bei den Heeresgruppen eine Umsturzaktion vorzubereiten; aber der Zeitpunkt war nicht günstig[31]. Im Kreise um Hassell, Popitz, Goerdeler, Beck und Oster war schon im Frühjahr 1941 Hoffnung aufgekommen, die Weigerung der Truppenbefehlshaber, die Befehle zu brutalem Vorgehen in Rußland auszuführen, könnte zum Sturz der Regierung führen[32]. Aber die Kommandeure fanden sich nur zu den oben beschriebenen halbherzigen Umgehungsversuchen bereit und waren dann vollauf mit der Offensive beschäftigt. Die Zeit des Bewegungskrieges eignete sich nicht für die Staatsstreichplanung, eher kam der Winter dafür in Frage.

Doch waren es nicht nur die militärischen Erfolge und die hektische Betriebsamkeit an der Front und in den Stäben, die den Umsturz akut behinderten. Zwar wurden in der Tat die Umsturzpläne, die seit Beginn des Frankreichfeldzuges im wesentlichen geruht hatten, nach dem Beginn der Ostoffensive wiederaufgenommen[33]; aber von Berlin aus blickte man noch nicht nach Osten, sondern nach Westen, und die Gruppe um Tresckow hatte noch keine brauchbare organisatorische Anlehnung bei der Zentrale in Berlin.

Schlabrendorff war mehrfach seit Beginn des Ostfeldzuges in Berlin, um sich mit Oster zu besprechen. Von diesem erfuhr er, daß Witzleben sich überlegte, ob von Frankreich aus ein Schlag gegen das Regime geführt werden könnte[34]. Doch war man in Berlin und im Stabe Witzlebens unsicher, wie die im Osten kämpfenden Truppen sich verhalten würden.

Schlabrendorff konnte angesichts der Einstellung Bocks auch nichts Ermutigendes sagen, erklärte aber, Tresckow hoffe, seinen Befehlshaber mitreißen zu können [35]. Dies wurde Witzleben berichtet, der darauf Major i. G. Alexander von Voß, der damals noch in seinem Stabe war, gegen Ende Januar 1942 zu Halder schickte, um mit diesem eine mögliche Koordinierung zu besprechen [36]. Halder erklärte sich mit allem, was Witzleben plane, einverstanden, nur er selbst könne nichts dazu tun, weil er allein stehe und in seiner Umgebung niemand mittun werde [37].

Ende September 1941 reiste Schlabrendorff im Auftrage Tresckows nach Berlin, um sich mit der dortigen Zentrale der Verschwörung zu besprechen und »um herauszufinden, ob es in der Heimat brauchbare Kristallisationspunkte gebe«, denen er dann versichern sollte, man sei »dort«, im Stabe der Heeresgruppe Mitte, zu allem bereit [38]. Es wäre allerdings gut, wenn man auf eine wohlwollende Haltung Englands nach dem Regimewechsel rechnen könnte. Mit dieser Botschaft wandte er sich an Ulrich von Hassell. Dieser konnte natürlich nichts garantieren, sondern nur versichern, »daß ein anständiges Deutschland immerhin eine sehr erhebliche *Chance* hätte, Frieden, und zwar einen brauchbaren Frieden, zu erzielen«. Hitler dagegen würde bestimmt keinen bekommen, solange nicht England und Amerika geradezu am Boden liegen [39]. Dies war, wie Hassell notierte, die erste von der Front und vom Heer überhaupt ausgehende Initiative zum Umsturz, also etwas ganz Neues in der Opposition. Der Vorgang beleuchtet die Eigenart und den revolutionären Dynamismus der Gruppe jüngerer Offiziere um Tresckow.

Hassell begab sich nach diesem Gespräch auf eine Reise nach Bukarest, Budapest und Brazzà im Zusammenhang mit seiner Tätigkeit im Mitteleuropäischen Wirtschaftstag (MWT), von der er kurz nach der Oktobermitte zurückkehrte, worauf er sich mit Popitz, Jessen und Goerdeler besprach. General der Infanterie Alexander von Falkenhausen, der Militärbefehlshaber in Belgien und Nordfrankreich, sowie General Thomas waren inzwischen bei Brauchitsch gewesen, welcher »einsähe, welche Schweinerei herrsche, und wohl auch allmählich, daß er mitverantwortlich ist«. Man plante, Hassell über Falkenhausen noch einmal zu Witzleben zu schicken, auch setzte man wieder neue Hoffnung auf Brauchitsch und Halder [40]. Verbindungen zu »jüngern Kreisen« um Trott, Yorck und Moltke wurden aufgenommen, Grundfragen des Systemwechsels wurden besprochen. Dann kam am 19. Dezember 1941, nachdem die Winterkatastrophe in Rußland deutlich geworden war und die Vereinigten Staaten sich zu den Kriegsgegnern gesellt hatten, der schwere Schlag der Entlassung Brauchitschs. Hitler machte sich selbst zum Oberbefehlshaber des Heeres [41].

1. Vorbereitungen

Auf Brauchitsch konnte man jetzt nicht einmal mehr hoffen, das fruchtlose Bemühen von vier Jahren hatte sein Ende gefunden.

Im Januar 1942 fuhr Hassell im Einvernehmen mit Popitz, Goerdeler, Beck, Jessen, Planck, Oster und Dohnanyi über Brüssel (Falkenhausen) nach Paris zu Generalfeldmarschall von Witzleben. Er hatte dort am 17. Januar ein langes Gespräch mit Graf Schwerin von Schwanenfeld und Witzleben und hielt am Abend einen Vortrag über »Lebensraum und Imperialismus« vor den Offizieren der Militärverwaltung. Am 19. Januar sprach er noch einmal mit Witzleben, wieder in Anwesenheit Schwerins [42]. Es herrschte Einigkeit über die Lage und über die Notwendigkeit des Umsturzes, aber was Beck und Goerdeler vorgeschlagen hatten, nämlich den Staatsstreich durch einen Putsch Witzlebens und Falkenhausens von Westen her einzuleiten, das hielten die beiden Befehlshaber für Utopie. Es fehlte dazu an Kampftruppen, aber auch sonst gab es Gründe genug dagegen. Bei einem bürgerkriegartigen Machtkampf konnten die Nationalsozialisten durch ihre Hilfstruppen ihre tatsächliche Regierungsgewalt und das schon daraus resultierende Prestige sowie durch ihre Popularität und ihre Methoden der Massenführung leicht wieder die Oberhand gewinnen. Ohne gleichzeitiges Vorgehen gegen Hitler selbst und gegen seine unmittelbare Umgebung hatte kein Putsch Aussicht auf Erfolg.

In den ersten Februartagen berichtete Hassell Popitz, Jessen, Beck und Planck von seiner Reise, die eigentlich ohne brauchbares Ergebnis geblieben war [43]. Alles kam schon in den Anfängen wieder ins Stocken. Man erfuhr, daß Popitz und Hassell vom SD scharf überwacht wurden, gegen Hitler schien gegenwärtig nichts zu machen zu sein, und Witzleben wurde ernstlich krank und verlor schließlich seine Stellung [44]. Zum 15. März 1942 erhielt er seinen Abschied.

Zwar beschloß die Gruppe Beck-Hassell-Oster-Olbricht mit Zuziehung von Goerdeler und Jessen gegen Ende März, daß künftig alle Fäden der Verschwörung bei Beck zusammenlaufen sollen. Beck wurde ausdrücklich »als Zentrale konstituiert«, und seit Juli 1942 hatte die Heeresgruppe Mitte durch Schlabrendorff ständige Verbindung mit Beck und Goerdeler [45]. Aber die Aussichten auf irgendwelches Handeln bezeichnete Hassell selbst als gering. Ebenso wie bisher wiederholen sich in seinem Tagebuch immer wieder Wendungen wie »nichts zu machen«, »kaum Hoffnung« und »wenig zu machen«.

Tresckow hatte inzwischen versucht, den Schock der Winterkrise auszunützen und seinen Befehlshaber zum Vorgehen gegen Hitler zu gewinnen. Aber Bock schrie ihn sogleich an, als er merkte, worauf er hinauswollte: »›Ich dulde nicht, daß der Führer angegriffen wird. Ich werde mich vor den Führer stellen und ihn gegen jedermann verteidigen, der ihn anzugreifen wagt.‹»[46] Damit fiel die Heeresgruppe Mitte zunächst als Umsturzzentrum aus; mit dem neuen Befehlshaber Kluge, der am 19. Dezember 1941 ernannt wurde, mußte man von vorne anfangen[47]. Mit der Zeit gelang es, ihn zu gewinnen, dank der Unermüdlichkeit Tresckows; niemand außer Tresckow konnte Einfluß auf Kluge ausüben[48]. Ein besonderes Druckmittel gegen den stets schwankenden Kluge bot sich an, als Kluge (wie viele Mächtige des Reiches) ein großes Geschenk, 250000 Mark, von Hitler akzeptierte[49]. Man machte Kluge klar, er könne diesen Schlag ins Gesicht vor der Geschichte nur damit rechtfertigen, daß er das Geld genommen habe, um in seiner Stellung bleiben und sich für den Staatsstreich einsetzen zu können[50].

Während Schlabrendorff die Verbindung zu Beck, Goerdeler und Oster pflegte und intensivierte, so indem er auch zu Osters Mitarbeitern Dohnanyi, Freiherr von Guttenberg und Justus Delbrück, ferner Hauptmann Ludwig Gehre und den Brüdern John in Beziehungen trat, mußten die eigentlichen Umsturzbemühungen während der hektischen Zeit der Sommeroperationen notgedrungen zurücktreten. Erst im Herbst 1942 und zugleich im Zeichen einer neuen, noch größeren militärischen Katastrophe konnten sie wiederaufgenommen werden[51].

Im Herbst 1942 kam Goerdeler zu einem Besuch bei Kluge und Tresckow nach Smolensk[52]. Er war im August in Königsberg gewesen und hatte dort mit Generalfeldmarschall von Küchler, dem Oberbefehlshaber der Heeresgruppe Nord, gesprochen, und Schlabrendorff hatte ihn nach seiner Rückkehr in Berlin aufgefordert, nach Smolensk zu kommen[53]. Dort sprach er Kluge zu, so daß dieser Zusagen machte und als für den Umsturz gewonnen angesehen wurde[54]. Aber Hauptmann d. R. Hermann Kaiser, Kriegstagebuchführer beim Befehlshaber des Ersatzheeres und Verbindungsmann zwischen Goerdeler, Schlabrendorff und Olbricht im Allgemeinen Heeresamt (AHA), notierte am 21. Januar 1943 in seinem privaten Tagebuch zu Kluges Haltung: «Erstens keine Teilnahme an einem Fiesko-Unternehmen. 2. Ebenso wenig an einer Aktion gegen Pollux [Hitler]. 3. Ist nicht im Wege, wenn Handlung beginnt.» Bei einem Treffen Goerdeler-Olbricht-Tresckow in Berlin Ende 1942 oder Anfang 1943 verpflichtete sich Olbricht, mit Hilfe des Ersatzheeres die Umwälzung in Berlin, Wien, Köln und München vorzubereiten. Aber auch Olbricht war nie ganz »sicher«[55]. Noch nicht geklärt war die Frage, ob der Schlag gegen die Machtpositionen der Nationalsozialisten im wesentlichen vom Frontheer oder vom Ersatzheer zu führen sei[56]. Man entschied sich, wie zu sehen sein wird, für eine Zwischenlösung, indem man gewisse Spezialverbände als

1. Vorbereitungen

Einsatztruppe aufbaute [57]. Erst seit Sommer 1943 verlagerte sich durch die Bemühungen Stauffenbergs das Gewicht auf das Ersatzheer. Über die Frage der Auslösung des Staatsstreiches, der Initialzündung, war man sich seit Ende 1942 einig: Sie mußte unter den damaligen Umständen vom Feldheer aus erfolgen. Nur Tresckow und seine Gruppe waren damals sowohl in der Lage als auch entschlossen, Hitler umzubringen [58].

Tresckow hat im Laufe der Zeit verschiedene Methoden zur Beseitigung Hitlers erwogen – Verhaftung, Erschießung durch einen Einzelattentäter oder durch eine Gruppe, Überfall auf das Führerhauptquartier. Auch nachdem er sich für eine Methode entschieden hatte, behielt er die anderen Möglichkeiten im Auge und versuchte, Gelegenheiten jeder Art zu nützen. Es schien ihm aber wesentlich, jede denkbare Sicherheit für das Gelingen eines Attentats zu haben. Ohne solche Sicherheit war die Gefahr für die Verschwörung zu groß, ein einziger mißlungener Attentatversuch konnte zur Vernichtung der ganzen Opposition führen [59]. Deshalb hatte sich Tresckow für ein Sprengstoffattentat entschieden. Die Bevorzugung von Sprengstoff hatte nichts mit der Sicherheit des Attentäters zu tun; denn je nach den Umständen hatte er sich auch beim Sprengstoffattentat selbst zu opfern, um erfolgreich zu sein.

Die Gefahr, daß »Unschuldige« in Mitleidenschaft gezogen, ja getötet würden, war bei einem Sprengstoffanschlag größer als etwa bei einem Pistolenattentat, obwohl auch bei diesem in der mit Wahrscheinlichkeit entstehenden Schießerei andere verletzt oder getötet werden konnten als die, auf die man es abgesehen hatte. Mit diesem Problem haben die Verschwörer sich sehr ernst auseinandergesetzt. Die Männer, die sich zu Attentaten bereit fanden, waren sich ohnehin bewußt, daß man sie später zu Verrätern erklären würde, auch wenn ihre Tat Rettung brachte und den Krieg beendete, und sie wußten, daß ihr Tun nach den geltenden Gesetzen und Vorstellungen Mord war [60]. Tresckow zumal vertrat dabei die Auffassung, daß man von der Größe der Aufgabe ausgehen müsse, sowohl beim Opfer der eigenen Person und vielleicht der Familie als bei der Gefährdung »Unschuldiger«. Es galt, eine Nation zu retten und millionenfaches menschliches Leid zu hindern; da ein Pistolenattentat wegen der allzu großen Wahrscheinlichkeit des Mißlingens nicht in Frage kam, weil es den Zweck in sein Gegenteil verkehrt hätte, gab es überhaupt keine andere Wahl als die zwischen Tatenlosigkeit und Nichtgefährdung »Unschuldiger« einerseits und Handeln mit diesem Risiko andererseits.

Endlich haben die Männer der Opposition – mit welchem Recht auch immer – die eventuell Gefährdeten nicht für ganz »unschuldig« gehalten. Diese werden zweifellos gegen solche Klassifizierung heftig protestieren, aber sie mögen bedenken, daß sich auch die Attentäter selbst, und ganz abgesehen von ihren Anschlägen und Umsturzplänen, nicht für »unschuldig« hielten. Kaum jemand, der von den Verbrechen wußte und dazu schwieg, konnte »Unschuld« für sich in Anspruch nehmen; wer z. B. den Kommissarbefehl kannte und dazu schwieg, war im moralischen Sinne schon mitschuldig, und wer erfolglos protestierte und sich dann unschuldig fühlte, war auch schuldig. Es gab kein Weiß und Schwarz, sondern eigentlich nur Grau, wozu sich auch die Verschwörer selbst rechneten[61]. Wer so lange und so nahe bei Hitler lebte wie dessen nächste Gehilfen – Jodl, Keitel, die SS-Adjutanten, Himmlers und Ribbentrops Verbindungsleute; die anderen Adjutanten fielen in der Menge der SS- und Parteibonzen von außen und von der Ferne kaum auf und wurden in den Überlegungen der Verschwörer vernachlässigt –, der konnte, nach allem, was über Hitlers Leben und die Kumpanei in seiner Umgebung nach außen gedrungen war, sicher nicht »weiß« sein. Problematisch bleibt die Sache dennoch, aber das gilt für Attentat und Umsturz jederzeit.

Im Sommer 1942 beauftragte Tresckow den Ic/AO des Oberkommandos der Heeresgruppe, Oberstleutnant i. G. Freiherr von Gersdorff, mit der Beschaffung von geeignetem Material für ein Attentat. Der Sprengstoff sollte möglichst geringes Volumen bei möglichst großer Wirkungskraft haben, die Zündvorrichtungen sollten zu verschiedenen Zeiteinstellungen verwendbar, vor allem aber lautlos sein[62]. Tresckow sagte nicht, wozu er den Sprengstoff haben wolle, aber Gersdorff verstand, worum es ging. Er begab sich also zu den Lagern der Abwehr-Abteilungen I, II und III, die zu der ihm unterstellten Gruppe gehörten, und fand im Lager der Abteilung II (Sabotage), was er suchte[63].

Gersdorff ließ sich dort alles vorhandene Sprengmaterial zeigen und zum Teil auch vorführen. Er ließ durchblicken, daß man an Partisanenbekämpfung dachte und dazu eventuell die im Frontaufklärungskommando (FAK) 103 dienenden russischen Freiwilligen oder aber die neuaufzustellende Reiterabteilung »Boeselager« entsprechend ausrüsten wolle. Man zeigte ihm, wie eine kleine Menge englischen Plastiksprengstoffes, die an eine Eisenbahnschiene geklebt wurde, diese glatt durchsprengte. Bei einem anderen Versuch mit etwa 200–500 Gramm des Stoffes wurde der Turm eines russischen Panzers abgesprengt und etwa 20 Meter weit weggeschleudert. Gersdorff erklärte, er wolle das interessante Material dem Feldmarschall zeigen, und ließ ein Sortiment aus Sprengstoff und Zündern zusammenstellen, nachdem man ihm die Handhabung genau erklärt hatte. Als er schon gehen wollte, kam ihm der **Leutnant** Buchholz, der das Lager unter sich hatte, noch nachgelaufen und

1. Vorbereitungen

verlangte Quittung. Auch bei späteren – zahlreichen – Entnahmen mußte Gersdorff stets mit seinem Namen quittieren. Der Plastiksprengstoff stammte zum Teil aus Abwürfen der Engländer für Sabotagezwecke und für die französische Résistance, deren man mit Hilfe sogenannter Funkspiele oder auf andere Weise habhaft geworden war, zum Teil aus Beutebeständen, die im Gefolge der britischen Kommandounternehmen von Saint-Nazaire und Dieppe im Sommer 1942 in deutsche Hände gefallen waren [64]. Große Mengen dieser Beute wurden in Munitionsdepots in Schlesien eingelagert, und viele Heeresstellen, namentlich Ic-Abteilungen, erhielten Proben und konnten sich dann bestellen, was sie brauchten. Der von Gersdorff entnommene Sprengstoff war in der Hauptsache das »Plastic C« der Engländer, das zu 88,3 % aus Hexogen und im übrigen aus Staufferfett und anderen Zusätzen zur Verhinderung der Kristallisierung und Verhärtung bestand. Man konnte es nur etwa zwei bis drei Jahre lagern, ehe es hart und bröcklig wurde, und es war nur zwischen 0 und plus 40° Celsius zu gebrauchen, bei Temperaturen unter diesem Bereich wurde es zu spröd, dazu ölig und schmierig. Dieses Material wurde in zahlreichen Versuchen verwendet, die Tresckow, Schlabrendorff und Gersdorff in der Folge auf den Dnjepr-Wiesen bei Smolensk veranstalteten.

Zur Zündung eigneten sich vor allem die englischen Zeitzünder. Von diesen gab es verschiedene Sorten. Manche funktionierten dadurch, daß ein Stück Weichmetall von einer Feder in die Länge gezogen wurde, nachdem man einen Sperrbolzen entfernt und damit die Feder freigegeben hatte, bis das Metallstück riß; dann schlug ein Bolzen auf eine Zündkapsel auf. Andere waren als Säurezünder konstruiert: Eine Schraubenfeder wurde von einem Draht zusammengedrückt und unter Spannung gehalten, der Draht war von Baumwolle umgeben, darüber befand sich eine Säureampulle. Zerdrückte man die Ampulle, so entwich die Säure in die Watte und fraß in einer bestimmten Zeit den Draht durch, der dann die Feder freigab, welche einen Bolzen auf die Zündkapsel schnellen ließ und so die Explosion auslöste [65]. Es gab Zünder für 10, 30, 60 usw. Minuten Verzögerung, jeweils durch verschiedene Farbringe markiert. Grundlage der Berechnung war gleichbleibende Temperatur von 65° Fahrenheit (18° Celsius). Tabellen unterrichteten über die für verschiedene Temperaturen zu erwartenden Zündzeiten, aber Tresckow verließ sich nicht auf sie, sondern stellte selbst bei seinen Versuchen solche Tabellen auf. Bei 0° Celsius z. B. verdoppelte sich die Zündzeit, wie sich zeigte. Diese englischen Zünder eigneten sich nicht nur besonders gut für die vorhandenen Plastiksprengstoffe, sondern sie waren auch völlig lautlos. Deutsche Zünder dieser Art standen nicht zur Verfügung, die gebräuchlichen zischten oder mußten, wie bei den Handgranaten, abgezogen werden. Weder das Geräusch noch die beim Abziehen unvermeidlichen auffälligen Bewegungen glaubte Tresckow in Kauf nehmen zu können. An lautlose simultane Batteriezündung scheint man nicht gedacht zu haben [66].

Im Lauf der Monate ließ sich Gersdorff mehrere Kilo des Sprengstoffes und Hunderte von chemischen Zündern aushändigen – und mußte jedesmal mit seinem Namen quittieren. Von Zeit zu Zeit tauchten auch neue Sprengkörper auf, die man auf ihre Verwendbarkeit hin ausprobierte. Dabei stießen die Verschwörer eines Tages auf eine kleine englische Haftmine, die besonders handlich zu sein schien.

Die Engländer nannten diesen für Sabotagezwecke hervorragend geeigneten Sprengkörper »Clam« (Muschel). Auf einer Grundplatte war ein schwarzes, an den Ecken abgerundetes Kunststoffgehäuse aufgeschraubt; in der Grundplatte waren vier Aussparungen, in denen Magnetgruppen Platz fanden, ohne jedoch über die Außenfläche der Grundplatte hinauszuragen [67]. Der bleistiftförmige Zünder wurde durch eine Öffnung an der schmalen Stirnseite der flachen Mine eingelassen und innen von einer Klammer festgehalten. Das ganze Gerät hatte ungefähr die Größe einer kleinen, dicken Dünndrucktaschenbibel, die Maße waren, Zoll in Millimeter umgerechnet, 146,05 mm x 69,85 mm x 38,1 mm. Die Standardfüllung für die Clam bestand aus 55 % Tetryl und 45 % TNT. Dieses Material hatte so große Sprengkraft, daß eine einzige damit gefüllte Haftmine ausreichte, um eine 25 mm starke Stahlplatte zu durchschlagen, eine Eisenbahnschiene stark zu verformen oder einen Zylinderblock zu zerbrechen. Wenn die Clams leer geliefert wurden, konnten sie am besten mit dem Plastiksprengstoff gefüllt werden, den die Engländer »Compound B« nannten; er bestand aus 60 % Hexogen und 40 % TNT und hatte etwa die gleiche Sprengkraft.

Es ist fast unmöglich, genaue Voraussagen über die Wirkung von Sprengstoff zu machen, der nicht in einem völlig festen, geschlossenen Raum, also z. B. in einem Bunker, verwendet wird. Bei einem Meter Entfernung kann die Wirkung bedeutend größer sein als bei 10 cm Entfernung, aber auch umgekehrt: es kommt darauf an, welche »Verdämmung« jeweils wirksam ist, d. h. welcher Widerstand der sich kugelförmig ausbreitenden Explosionswelle entgegensteht, und es kommt darauf an, ob Druck- oder Zerreißwirkung gewünscht wird usw. Es kann also vorkommen, daß ein Gegenstand bei gleichen Umständen – Verdämmung im Raum, Lufttemperatur, Bodenbeschaffenheit – auf eine Entfernung von 10 Metern sehr stark, auf eine Entfernung von 20 cm vollständig, aber auf eine Entfernung von 1 Meter überhaupt nicht zerstört wird.

1. Vorbereitungen

Allzuviel durfte man daher von den kleinen Haftminen nicht erwarten. Es war z.B. nicht sicher, ob eine von ihnen genügen würde, auch auf kurze Entfernung in unverdämmtem Raum einen Menschen nicht nur zu verletzen, sondern zu töten. Dem Experimentieren waren da Grenzen gesetzt, die auf der Hand liegen, doch auf Grund der angestellten Versuche erschien der Erfolg wahrscheinlich genug. Vor allem aber beabsichtigte man zunächst eine ganz andere Art der Ausführung des Attentats: Man stellte eine geballte Ladung von vier Haftminen zusammen und versuchte sie in Hitlers Auto zu praktizieren, und als das nicht gelang, schmuggelte man sie in sein Flugzeug. Im Auto wäre die verwendete Menge sicher tödlich gewesen, Hitler wäre unmittelbar daneben gesessen. Im Flugzeug würde sie jedenfalls genug Wirkung haben, um die Maschine zum Absturz zu bringen.

Während an der Ostfront Tresckow die Vorbereitungen für das Attentat vorantrieb, arbeiteten die Verschwörer in Berlin an der Schaffung der Voraussetzungen für den Staatsstreich. Olbricht bemühte sich, seinen Anteil zu leisten durch Vorbereitung der Maßnahmen für Berlin, Köln, München und Wien, wovon Berlin natürlich am wichtigsten war. Hier wollte er gewisse in Frankfurt an der Oder stationierte Truppen einsetzen, die nach seinem Plan die Osthälfte Berlins besetzen sollten. Für andere Maßnahmen, so die Abriegelung der SS-Artillerie-Schule bei Jüterbog, die Besetzung der westlichen Hälfte Berlins und die Isolierung des Führerhauptquartiers »Wolfschanze« bei Rastenburg in Ostpreußen, wo Hitler sich zu jener Zeit aufhielt, sollten Einheiten der Division »Brandenburg« eingesetzt werden [68].

Mitte Oktober 1939 war die »Bau-Lehr-Kompanie z.b.V. 800« auf Befehl von Canaris von Hauptmann Theodor von Hippel von der Abwehr-Abteilung II aufgestellt worden und schon etwa einen Monat später zum »Bau-Lehr-Bataillon z.b.V. 800« erweitert worden. Standort der Einheit war Brandenburg an der Havel, ihr Auftrag war die Vorbereitung von »Spezialeinsätzen«. In der 1. Kompanie waren nur Auslandsdeutsche zusammengefaßt, die ursprünglich als V-Männer-Reserve gedacht waren; aus dieser Kompanie wurde später das Regiment »Kurfürst«. Die anderen Kompanien wurden auf dem Gut Quenz am Quenzsee allgemein infanteristisch und speziell für Sabotageakte ausgebildet. Nach dem Frankreichfeldzug wurde das Bataillon zu einem »Bau-Lehr-Regiment z.b.V. 800« erweitert, dessen I. Bataillon in Brandenburg blieb, während das II. und das III. Bataillon bei Wien bzw. Aachen, später bei Düren stationiert wurden. Im Oktober 1940 wurde die Einheit in Regiment »Brandenburg« umbenannt. Ende Oktober 1942 wurde das Regiment erweitert zur Division »Brandenburg«, die von Oberst Haehling von Lanzenauer kommandiert wurde und dem Amt Ausland/Abwehr im OKW direkt unterstellt war. Um die Jahreswende 1942/1943 wurden Teile der Division an gefährdeten Frontabschnitten in Südrußland eigentlich zweckfremd eingesetzt und erlitten daher schwere Verluste. Anfang 1943 kamen sie sehr angeschlagen zurück und mußten neu aufgestellt werden. Oberst Haehling von Lanzenauer war krank und starb bald darauf.

Nun sah sich Canaris nach einem neuen Kommandeur für die Division um, der frontbewährt und geeignet, aber auch im Sinne der Opposition zuverlässig sein sollte. Oster schlug den Ritterkreuzträger und hervorragend bewährten Regimentskommandeur Oberst Alexander von Pfuhlstein vor und berief diesen am 1. Februar 1943 nach Berlin. In mehreren Besprechungen in seiner Wohnung sondierte und unterrichtete er Pfuhlstein, der übrigens ein gutes persönliches Verhältnis zu Olbricht hatte. Oster ließ erkennen, daß er im Auftrag und Einverständnis von Olbricht und Canaris spreche. Einerseits wollte Jodl die Division als Verfügungstruppe des OKW organisieren, und in der Folgezeit erhielt Canaris nur noch ein beschränktes Mitspracherecht in Sachen ihres Einsatzes. Zugleich aber wurde Pfuhlstein nun von Oster beauftragt, die Division als für den Staatsstreich geeignete Einsatztruppe aufzustellen. Ende April sollte sie einsatzbereit sein.

Man stellte Pfuhlstein einige in die Verschwörung eingeweihte Offiziere zur Verfügung, darunter Hauptmann d. R. Graf Schwerin von Schwanenfeld und Oberstleutnant Heinz [69]. Am 1. April 1943 wurde Pfuhlstein offiziell Kommandeur der Division »Brandenburg« [70]. Nach seinem eigenen Bericht war die Aufstellung namentlich des IV. Regiments unter Oberstleutnant Heinz in Brandenburg erst Ende April beendet. Auch geriet die ganze Division unter die Botmäßigkeit des Wehrmachtführungsstabes (WFSt), teils weil man verzweifelt überall Truppen zusammenkratzte, um die Fronten zu halten, teils weil im Frühjahr 1943 die Abwehr in Mißkredit geriet [71]. Jedoch führte Oberst Lahousen die Division provisorisch schon während der Krankheit von Haehling von Lanzenauer, so daß sie in der kritischen Zeit des März 1943 für den Umsturz hätte eingesetzt werden können. Wie das ausgegangen wäre, läßt sich natürlich schwer abschätzen. Es gab Meinungsverschiedenheiten über die Verwendbarkeit namentlich des dafür in Frage kommenden IV. Regiments, weil darin sehr viele freiwillige, dem Regime ergebene oder aber ganz unzuverlässige Abenteurernaturen dienten. Immerhin bestätigt der Kommandeur des IV. Regiments, Heinz, daß es im März noch auf Abruf zur Verfügung der Verschwörer bereitlag [72].

1. Vorbereitungen

An der Ostfront war das Bemühen um die Aufstellung einer besonderen »Staatsstreich-Verfügungstruppe« noch wesentlich erfolgreicher. Hier wie bei der Division »Brandenburg« handelte es sich in erster Linie um die Aufstellung einer Truppe für den Krieg, und die Truppe wurde auch, wiederum wie die Division »Brandenburg«, entsprechend eingesetzt. Das Kavallerie-Regiment »Mitte«, das bei der Heeresgruppe Mitte aufgestellt wurde, war 1943 und 1944 in schwere und verlustreiche Kämpfe verwickelt. Zugleich aber hoffte man, durch Auswahl der Offiziere und durch organisatorische Maßnahmen die Truppe für den Staatsstreich verwendbar zu machen.

Die Gelegenheit bot sich Ende 1942. Oberleutnant Philipp Freiherr von Boeselager war seit Juni 1942 Ordonnanzoffizier bei Generalfeldmarschall von Kluge, sein Bruder Georg war damals Taktiklehrer bei rumänischen Truppen. Als dieser im Winter 1942/43 seine alte Schwadron bei der 6. Infanterie-Division im Bereich der Heeresgruppe Mitte besuchte, fragte Philipp Freiherr von Boeselager den Feldmarschall, der Georg von Münster her kannte, ob sein Bruder im Hauptquartier der Heeresgruppe Besuch machen dürfe. Kluge war einverstanden und lud Rittmeister Georg Freiherr von Boeselager ein, ihn auf einem Dienstflug als Ordonnanzoffizier zu begleiten. Bei solchen Flügen machte Kluge gern aus der Luft Jagd auf Füchse, wenn sich Zeit und Gelegenheit bot [73].

Nun fehlte es aber am richtigen Flugwetter, und Georg Freiherr von Boeselager blieb mehrere Tage im Hauptquartier der Heeresgruppe. Es kam zu vielen Gesprächen, über Probleme der Kavallerie, auch mit Tresckow, der den Reiterführer noch nicht gekannt hatte. Boeselager wollte den Reiterschwadronen bei den Infanterie-Divisionen, die oft nicht entsprechend ihren Fähigkeiten eingesetzt, sondern vielfach, wie man damals sagte, sinnlos »verheizt« wurden, wieder zu Eigenständigkeit und sinnvollen Aufgaben verhelfen. Als Kavallerist mit Leib und Seele wollte er versuchen, die Waffengattung überhaupt vor ihrem nun drohenden Verschwinden zu retten. So schlug er dem Feldmarschall die Aufstellung eines Kavallerie-Verbandes vor, der als eine Art Feuerwehr für rasch zu lösende operative Aufgaben im Bereich der Heeresgruppe zur Verfügung stehen sollte, da es doch stets an den nötigen Reserven fehlte. Kluge war einverstanden und verwies Boeselager zur Besprechung der Einzelheiten an Tresckow. Im Verlauf seiner Besprechungen mit Tresckow aber stellte sich Boeselager rückhaltlos der Widerstandsbewegung zur Verfügung. Im Januar 1943 erhielt Georg Freiherr von Boeselager den offiziellen Auftrag zur Bildung des Reiterverbandes »Boeselager« und wurde von Tresckow sowie von Oberst i. G. Stieff, der seit Ende 1942 Chef der Organisations-

Abteilung des Generalstabes des Heeres im OKH war, tatkräftig unterstützt. Es wurde für hervorragende Ausrüstung gesorgt und eine ausgezeichnete Truppe von zwei Abteilungen (Bataillonen) mit je fünf Schwadronen (Kompanien) zu je 220 Mann aufgestellt. Etwa 650 Mann waren russische Kosaken. Eine der beiden Abteilungen übernahm Philipp Freiherr von Boeselager Ende März 1943; am 7. April 1943 wurde Georg Freiherr von Boeselager zum Kommandeur des ganzen Kavallerie-Regiments »Mitte« ernannt, was er freilich in Wirklichkeit schon seit Mitte März war.

Man verfügte nun bei der Heeresgruppe Mitte über eine sehr bewegliche Spezialtruppe, deren Offizierstellen im wesentlichen mit Eingeweihten oder doch »zuverlässigen« Leuten besetzt waren und die für ausgefallene Aufgaben eigens aufgestellt worden war. Man hatte Grund zu der Hoffnung, sie im geeigneten Augenblick nach Berlin fliegen und für den Umsturz einsetzen zu können. Aber wie bei der Division »Brandenburg« machte man sich auch hier keine Illusionen über einen Teil der Truppe. Der Kommandeur des Kavallerie-Regiments »Mitte« schrieb am 21. Mai 1943 an Tresckow auf dessen Frage nach der Bewährung der russischen Freiwilligen: »Man muß sich ja klar darüber sein, daß die Leute ja nur auf unserer Seite kämpfen, weil sie besseres Essen bekommen. Im übrigen wollen sie diesen Krieg möglichst lebend überstehen.«[74]

2. *Anschläge 1943*

Um die Jahreswende 1942/1943 kam in Deutschland und teilweise auch an den Fronten etwas wie Katastrophenstimmung auf[75]. Der Fall von Stalingrad und die Vernichtung der 6. Armee war ein furchtbarer Schlag, von dem sich das deutsche Heer nicht mehr erholt hat. Zugleich wurde in Casablanca die Forderung des »Unconditional Surrender« verkündet, was die Vernichtung nicht nur des mehr oder minder verhaßten Regimes der Nationalsozialisten, sondern auch der Souveränität der deutschen Nation bedeutete. Hatte schon das Scheitern der außenpolitischen Kontaktversuche der Opposition im Frühjahr und Sommer 1942 die Haltung der Alliierten deutlich gemacht, so bekam man sie nun noch unzweideutiger ins Gesicht geschleudert. In dieser Situation der Niederlagen und Fehlschläge einerseits, der Siegesgewißheit der Kriegsgegner andererseits, entstand in Deutschland eine nahezu revolutionäre Atmosphäre. Die Erhebung der Geschwister Scholl an der Münchner Universität war ein Ausdruck dieser Stimmung, eine Stichflamme, die freilich von der allgegenwärtigen Gestapo und von der Furcht rasch wieder unterdrückt wurde[76].

2. Anschläge 1943

Henning von Tresckow war, wie schon berichtet, um die Jahreswende mit dem Eichenlaubträger Georg Freiherr von Boeselager in Verbindung gekommen, der im ganzen Heer als einer der besten Fünfkämpfer bekannt war und der sich Anfang 1943 der Opposition zur Verfügung stellte. Nun fragte Tresckow ihn, ob er sich zutraue, Hitler aus kurzer Entfernung mit der Pistole zu erschießen. Es dürfe nur gewagt werden, wenn wirklich mit Sicherheit ein tödlicher Schuß abgegeben werden könne.

Die Erfolgschancen für einen einzelnen waren auf jeden Fall gering, aber Boeselager war auch nicht sicher, ob er die nötige Kaltblütigkeit hätte[77]. Es ist eines, einen anonymen Feind zu erschießen, und ein anderes, außerhalb der soziologisch-psychologischen Kampfsituation der Kriegshandlungen an der Front einen Menschen vorsätzlich zu töten. Es hat gar nichts damit zu tun, wer dieser Mensch ist, wohl aber damit, ob er anonymer »Feind« oder persönlich bekannter Mitmensch ist. Dazu kam noch die unter den Verschwörern herrschende Überzeugung, daß Hitler sich gegen Attentate durch eine kugelsichere Weste und eine ebensolche Mütze sichere. Sein Chefadjutant Schmundt hatte dies Tresckow und Gersdorff gesagt, und dieser hatte selbst einmal Hitlers Mütze in der Hand und konnte sich von ihrem ganz ungewöhnlichen Gewicht überzeugen[78].

So verfiel man auf einen anderen Gedanken: Rittmeister Schmidt-Salzmann und Oberst i. G. von Kleist erklärten sich bereit, zusammen mit 10 Offizieren der in der Aufstellung begriffenen III. Abteilung des Reiterverbandes »Boeselager« Hitler bei einem Frontbesuch in Generalfeldmarschall von Kluges Kasino kollektiv zu erschießen[79]. Die Tafel stand an der den Türen gegenüberliegenden Seite des Speisesaals, die Attentäter mußten mit ihren Maschinenpistolen schießend eindringen, Kluge würde neben Hitler sitzen, er und andere hohe Offiziere konnten leicht mit erschossen werden. Bei der Besprechung des geplanten Attentats war Kluge von dieser Möglichkeit sichtlich unangenehm berührt. Er wollte natürlich die Einzelheiten des Attentatsplanes wissen, erfuhr also, von wo geschossen werden sollte, und erhob nun entsprechende Einwände gegen so einen Überfall beim Essen, gegen die Gefährdung von Offizieren, die man im Oberkommando der Heeresgruppe dringend brauchte, wenn doch die Ostfront gehalten werden sollte. Schließlich verhinderte Kluge das Vorhaben mit der Begründung – gegenüber Tresckow –, wenn Himmler nicht dabei sei, habe es keinen Sinn. Zur tätigen Beteiligung an einer Aktion gegen Hitler war Kluge ohnehin nur in wenigen und kurzen Augenblicken bereit.

Inzwischen, während man noch bemüht war, Hitler zu einem Besuch bei der Heeresgruppe Mitte in Smolensk zu veranlassen, suchte der Führer das Hauptquartier der Heeresgruppe Don in Saporoshe auf[80]. Am

17. Februar 1943 begab er sich in seiner Focke-Wulf »Condor« von seinem Hauptquartier bei Rastenburg über Winniza nach Saporoshe. Ganz plötzlich hatte er sich dazu entschlossen und flog in der Nacht um 2 Uhr ab. In seiner Begleitung, die zum Teil in zwei weiteren »Condor« reiste, befanden sich u. a. der Chef des Wehrmachtführungsstabes General Jodl und der Chef des Generalstabes des Heeres General Zeitzler, der Halder abgelöst hatte. Hitler führte in Saporoshe Besprechungen mit Manstein.

Im Hauptquartier der Heeresgruppe B, deren Oberbefehlshaber Generalfeldmarschall Maximilian Freiherr von Weichs war, hatte man jedoch gehofft, Hitler werde dorthin, nämlich nach Poltawa kommen, und darauf hatten vor allen General der Gebirgstruppe Hubert Lanz und sein Chef des Stabes, Generalmajor Dr. Hans Speidel, gerechnet, um Hitler bei der Gelegenheit dort festzunehmen.

Lanz führte seit Ende Januar die Armee-Abteilung »Lanz« im Raum Charkow; sie war dort nach dem Zusammenbruch der 8. Italienischen Armee aus dem SS-Korps »Haußer«, der SS-Leibstandarte »Adolf Hitler« unter Sepp Dietrich, der SS-Division »Reich« unter Keppler, der SS-Division »Totenkopf« unter dem früheren Inspekteur der Konzentrationslager, SS-Obergruppenführer Theodor Eicke, Teilen der Division »Großdeutschland« unter Generalleutnant Walter Hörnlein und zwei weiteren Korps, eines unter Generalleutnant Erhard Raus, dazu das Panzerkorps 24, gebildet worden. Lanz hatte am 26. Januar in einer nächtlichen Lagebesprechung in der »Wolfschanze« von Hitler den Auftrag erhalten, Raum und Stadt Charkow gegen jeden Angriff zu halten – eine angesichts des Kräfteverhältnisses von etwa 1 zu 4 kaum lösbare Aufgabe. Im Schneetreiben flog Lanz am nächsten Morgen nach Charkow, wo er die wenigen Truppen in verzweiflungsvoller Bedrängnis vorfand. Überdies wurde er noch von Hitler für die katastrophale Situation und ihre weitere Entwicklung, auf die er fast keinen Einfluß hatte, verantwortlich gemacht. Als einzige Eingreifreserve stand Lanz das Panzerregiment »Großdeutschland« unter Oberst Graf von Strachwitz im Raum von Poltawa zur Verfügung.

Strachwitz war schon im Lazarett nach einer in Stalingrad empfangenen Verwundung von Oberst i. G. Wessel Freiherr von Freytag-Loringhoven über die von der SS hinter den deutschen Linien verübten Verbrechen unterrichtet worden. Nach seiner ersten Einsatzbesprechung mit Dr. Speidel am 8. Februar hatte er diesem auf die Frage, was er von der Lage halte, erklärt, wenn alles wahr sei, was man ihm erzählt habe, dann müsse Hitler weg. Speidel sagte, das denke er auch. Noch am selben Abend ließ General Lanz Strachwitz zu einer Besprechung kommen; er war inzwischen von Speidel über die Einstellung Strachwitz' unterrichtet worden

2. Anschläge 1943

und forderte diesen auf, zu wiederholen, was er Speidel gesagt hatte. In der militärisch hoffnungslosen Lage, in der Hitler praktisch das Selbstopfer ganzer Armeen forderte, stellten Lanz und Strachwitz so schon bei ihrer ersten Besprechung in dem Dorf Walki zwischen Charkow und Poltawa, wo sich Anfang Februar das Hauptquartier der Armee-Abteilung befand, die Übereinstimmung ihrer Ansichten über die Oberste Führung im allgemeinen und über Hitler im besonderen fest – kurz, sie waren sich einig, daß Hitler ein Verbrecher und also zu beseitigen sei. So entstand der »Plan Lanz«. Durch den Stuttgarter Oberbürgermeister Dr. Strölin war davon auch Generalfeldmarschall Erwin Rommel unterrichtet, der damals die Heeresgruppe Afrika führte, im Ernstfall aber nicht viel zum Gelingen hätte beitragen können.

Da Strachwitz wiederholt versicherte, sich auf sein Panzerregiment unbedingt verlassen zu können, beschloß man, Hitler möglichst schon auf dem Flugplatz von Poltawa, spätestens aber während der Besprechung im Hauptquartier, durch dazu ausgesuchte Teile des Panzerregiments unter Führung von Oberst Graf von Strachwitz festnehmen zu lassen. In der damaligen Kriegslage konnte das unauffällige Heranführen der Einheit auf die verhältnismäßig kurze Entfernung nicht schwer sein; es marschierten dauernd irgendwelche Truppen hin und her.

Man wollte »nur im Falle ernster Gegenwehr« (Lanz), wenn »es dabei zu einem Kampf kommen« sollte (Strachwitz), »von der Waffe Gebrauch machen«. Mit Gegenwehr oder Kampf war zu rechnen, Hitler ließ sich immer vom RSD begleiten, Angehörige des OKW und des WFSt, Adjutanten usw. waren meistens auch dabei. Also war ein Attentat wohl nicht beabsichtigt, aber durchaus in Kauf genommen, nur handelte es sich bei dieser Konstruktion nach den geltenden Begriffen nicht mehr um glatten Mord. Es steht auch außer jedem Zweifel, daß die Soldaten die Verhaftung Hitlers vorgezogen hätten, wenn sie nur möglich gewesen wäre. Strachwitz hätte Hitler dann an Kluge übergeben wollen.

Aber am 17. Februar, als Hitler so plötzlich an die Front reiste, waren die Heeresgruppe B und Generalfeldmarschall von Weichs schon aus Poltawa abgezogen, und Hitler besuchte Saporoshe statt Poltawa. Dort geriet er ohne Zutun der Opposition am dritten Tag seiner Anwesenheit in eine ganz gefährliche Lage: Russische Panzer rückten auf der direkt am Flugplatz entlangführenden Straße nach Saporoshe vor und waren nur zwei Stunden entfernt, als Hitler noch immer in der Stadt war [81]. Sein Pilot Baur fuhr sofort in die Stadt, um ihn zur Eile zu drängen, und als die drei »Condor« starteten, waren die Russen schon am Ostteil des Flugplatzes angelangt, dort jedoch in einer Kolchose in Stellung gegangen.

Während Hitler und seine Begleitung herausflogen, schwebten zwei sechsmotorige deutsche »Giganten« ein – mit Panzerabwehrkanonen an Bord, weil man in Saporoshe keine zur Verfügung gehabt hatte. Die Russen aber hatten den Flugplatz nicht angegriffen, weil ihnen der Treibstoff ausgegangen war.

Im Februar war Schlabrendorff wieder in Berlin [82]. Am 1. März wollte Olbricht die Vorbereitungen abgeschlossen haben; »Termin 1. 3. 43« notierte Hauptmann Kaiser nach einer Besprechung mit Schlabrendorff am 19. Februar. Dr. Gisevius saß im Januar und Februar 1943 viele Tage in der Bendlerstraße in einem ihm von General Olbricht zur Verfügung gestellten Zimmer und bearbeitete die Pläne von 1938 neu. Mühsam wurden neue Unterlagen über die SS-Garnisonen beschafft, zugleich suchte man sich von neuem der Unterstützung der Polizei und einiger Feldmarschälle zu versichern. Pfuhlstein rechnete erst für April mit dem Abschluß der Vorbereitungen, aber ohnehin würde man vieles improvisieren müssen, auch die gründlichsten Vorbereitungen konnten immer wieder durch Versetzungen und dergleichen gestört werden. Zur Frage der nachrichtentechnischen Isolierung von Führerhauptquartier, OKW und WFSt meinte der Chef des Wehrmacht-Nachrichten-Wesens, General Fellgiebel, ohne Aufsehen und Beteiligung der Reichspost könne man nicht viel vorbereiten, da es weniger auf militärische Besetzung von Fern- und Verstärkerämtern ankam als auf die Abschaltung der Verbindungen; die dazu nötigen Fachleute könne man nicht alle vorher einweihen, sondern müsse ihnen nach der »Initialzündung« die entsprechenden Befehle geben [83]. Ende 1942 hatte Olbricht zu Tresckow gesagt, er werde 8 Wochen für die Vorbereitung brauchen. Als sie um waren, sagte Olbricht zu Schlabrendorff: »›Wir sind fertig. Die Initialzündung kann in Gang gesetzt werden.‹«[84] Das war Ende Februar.

Ein gewisser Grad der Koordination und der Verständigung zwischen dem Aktionszentrum an der Ostfront und der Zentrale in Berlin mußte aber doch hergestellt werden. Zu diesem Zweck flog Canaris mit großem Gefolge am 7. März 1943 nach Smolensk, um dort eine allgemeine Ic-Besprechung zu veranstalten. Er brachte auch seinen Chef der Zentralabteilung, Generalmajor Oster, den Leiter der Abteilung II, Oberst Lahousen, und den Sonderführer Dr. von Dohnanyi mit – und eine Kiste mit Sprengstoff [85]. Diese wurde über Gersdorff an die Abteilung II der Abwehrgruppe abgeliefert [86]. Tresckow und Dohnanyi besprachen sich noch spät am Abend und verabredeten einen Code zur Verständigung über die von der Berliner Gruppe und der Frontgruppe jeweils zu treffenden Maßnahmen. Tresckow kündigte die Initialzündung für die nächste sich bie-

2. Anschläge 1943

tende Gelegenheit an und ließ sich versichern, daß in Berlin die nötigen Vorbereitungen für den Staatsstreich getroffen seien.

Endlich kam dann Hitler am 13. März 1943, auf dem Rückflug von Winniza nach Ostpreußen, nach Smolensk angereist. Die Frontlage war immer noch so prekär, daß er besorgt genug war, um die Reise zu unternehmen, trotz dem bei Saporoshe erlittenen Schrecken [87]. Er wollte die Offensive auf Kursk besprechen, im doppelten Sinn, und brachte wie bei seinem Besuch in Saporoshe den Chef des Wehrmachtführungsstabes und den Chef des Generalstabes des Heeres mit, dazu den RSD, Ärzte, Photographen, Adjutanten, Parteileute, seinen Leibkoch und seinen Fahrer.

Hitler und sein Gefolge, wieder auf drei »Condor« verteilt, begaben sich sofort nach der Landung auf dem Flugplatz von Smolensk in das nahegelegene Hauptquartier des Oberkommandos der Heeresgruppe Mitte [88]. Kluge und Tresckow waren Hitler zum Flugplatz entgegengefahren, aber Hitler benützte kein Fahrzeug der Heeresgruppe, sondern ließ sich in einem seiner eigenen Wagen von seinem persönlichen Fahrer Erich Kempka fahren. Es gab während des Krieges vier Autokonvois für solche Zwecke, die an verschiedenen Stellen im Reich, im Westen und an der Ostfront, damals in Winniza, bereitstanden und gegebenenfalls dorthin gefahren wurden, wo Hitler sie gerade brauchte. Auch sonst waren die Sicherheitsmaßnahmen umfassend. Der Zugverkehr auf einer Strecke, die die Straße zwischen Flugplatz und Hauptquartier kreuzte, war für die Dauer des Besuches eingestellt. Wo Hitler ging und stand, sah man auch SS-Männer mit schußbereiten Maschinenpistolen im Anschlag [89].

Diese Sicherheitsmaßnahmen waren gleichzeitig von Oberstleutnant von Boeselager unterlaufen worden, indem er innerhalb des zur Sicherung herangezogenen Kavallerieregiments Mitte eine Gruppe zum Attentat bereiter Offiziere und Unteroffiziere einsetzte [90]. Mehrere Schwadronen des Regiments hatten am Tage des Besuchs Hitlers einen weiten Sicherheitskordon um das Hauptquartier der Heeresgruppe Mitte zu legen. Die 1. Schwadron unter Rittmeister König hatte die Sicherung der Fahrtstrecke vom Flugplatz bis zum Beginn des dichten Baumbestandes um die Hauptquartiergebäude, von wo der Weg vollends zu Fuß zurückgelegt wurde, mit zu übernehmen. Auch der Fußweg war dicht mit Posten der 1. Schwadron gesichert, die Maschinenpistolen trugen. Einige von diesen unter Führung von Rittmeister König sollten Hitler auf dem Rückweg zu seinem Auto erschießen. Der Plan konnte nicht ausgeführt werden, sei es, weil Hitler einen anderen als den vorgesehenen Rückweg nahm, oder weil dabei Kluge und andere hohe Offiziere zu leicht mit erschossen worden wären.

Anschließend an die Besprechung, bei der außer Hitler, Jodl, Zeitzler, Schmundt und anderen, Kluge und die Oberbefehlshaber der in der Heeresgruppe zusammengefaßten Armeen mit ihren Stabschefs teilnahmen, fand im Kasino des Oberkommandos der Heeresgruppe ein Essen statt. Nach dem früheren Plan hätte Hitler dabei erschossen werden sollen, was auch gut möglich gewesen wäre. Allerdings wären die anderen Anwesenden sehr gefährdet worden. Während des Essens bat Tresckow einen Herrn der Begleitung Hitlers, ein Päckchen für Oberst Stieff ins OKH mitzunehmen, was dieser, der Oberstleutnant i. G. Heinz Brandt von der Operationsabteilung des OKH, gerne zusagte; denn es war dabei durchaus nichts Ungewöhnliches[91]. Das von Oberstleutnant Brandt zu befördernde Päckchen sollte jedoch eine gezündete Bombe sein.

Am Vormittag hatte Schlabrendorff entsprechend der mit Dohnanyi am 7. März getroffenen Verabredung den Hauptmann Ludwig Gehre, einen Mitarbeiter der Abwehr in Berlin, angerufen und ihm das Stichwort für die bevorstehende Initialzündung gegeben. Als sich nun nach dem Essen Hitler und sein Gefolge, wieder von Kluge und Tresckow begleitet, zum Flugplatz zurückbegaben, fuhr auch Schlabrendorff mit dem Sprengstoffpäckchen hinaus. Er wartete, bis Hitler sich anschickte, in sein Flugzeug zu steigen, betätigte darauf die Zündung, indem er durch die Verpackung hindurch die Säureampulle mit einem Schlüssel zerdrückte, und übergab auf einen Wink Tresckows das Päckchen an Oberstleutnant Brandt, der in dasselbe Flugzeug wie Hitler einstieg[91a]. Nachdem alle drei »Condor«, von Jagdflugzeugen begleitet, gestartet waren, eilte Schlabrendorff ins Quartier zurück und rief wieder Gehre an; nun gab er ihm das Stichwort für die in Gang gesetzte Initialzündung. Gehre machte über Dohnanyi entsprechende Mitteilung an Oster.

Die von Tresckow zusammengestellte »Bombe« bestand aus zwei Paaren der englischen Haftmine »Clam«, die jeweils mit ihren Magneten aneinandergelegt und zusammengehalten wurden, außerdem waren sie mit Leukoplast umwickelt. In der Verpackung konnten sie für zwei Flaschen Cointreau ausgegeben werden. Als Zünder verwendete man einen für 30 Minuten und nahm an, daß das Flugzeug dann nach etwa 200–250 km, kurz vor Minsk abstürzen würde[91b].

Hitler ist zwar zuerst nach Winniza und dann von dort aus nach Rastenburg geflogen, so daß der Absturz vor dem Überfliegen von Kiew zu erwarten war. Aber nach einigen Stunden erfuhren die in Smolensk Wartenden, daß Hitler in Rastenburg gelandet sei[92].

Schlabrendorff rief sofort wieder Gehre an und gab ihm das Stichwort für das Mißlingen des Anschlages. Dann überlegte er mit Tresckow, wie

2. Anschläge 1943

die Lage noch zu retten wäre. Irgendwie mußte man vor allem des Sprengstoffpaketes wieder habhaft werden, ehe ein Unglück geschah, niemand konnte wissen, ob es nicht noch explodieren würde. Der Empfänger Stieff war damals nicht im einzelnen eingeweiht. Tresckow rief also Oberstleutnant i. G. Brandt an und bat ihn, das Paket noch zu behalten, da eine Verwechslung unterlaufen sei. Am nächsten Morgen flog Schlabrendorff mit dem üblichen Kurierflugzeug nach Ostpreußen, suchte Brandt im OKH im Lager »Mauerwald« auf und tauschte das Paket aus gegen eines, das wirklich Cointreau enthielt. Dann nahm er den Sprengstoff mit in sein Schlafwagenabteil in dem bei Korschen abgestellten Eisenbahnzug, der als Nachtquartier für Besucher diente, und öffnete vorsichtig mit einer Rasierklinge das Paket[93]. Er stellte fest, daß der Zünder bis zu dem Augenblick richtig funktioniert hatte, in dem der von dem durchfressenen Draht freigegebene Schlagbolzen die Zündkapsel zur Detonation bringen sollte; der Schlagbolzen hatte sie richtig getroffen, das Zündhütchen war verbrannt, der Zünder war davon außen geschwärzt. Aber der Sprengstoff hatte sich nicht entzündet, wahrscheinlich wegen zu großer Kälte.[93a]

Schlabrendorff behielt die Haftminen bei sich und fuhr mit dem Nachtzug nach Berlin, wo er am Morgen des 15. März ankam. Er begab sich sofort zu Gehre und Oster und zeigte ihnen den Zünder. Die Enttäuschung aller Beteiligten war groß, hatten sie doch nun umsonst alle die Gefahren und Nervenbelastungen durchstanden, die mit dem Hantieren und Transportieren von Sprengkörpern in so geheimnisvoller und versteckter Weise, noch dazu in Hitlers Nähe, notwendigerweise verbunden waren. Aber schon sannen sie wieder auf eine neue Gelegenheit.

In wenigen Tagen sollte die Feier des Heldengedenktages stattfinden, in diesem Jahre nicht wie sonst um den 15. März, sondern erst am 21. März. Zwei Tage vor dem vorgesehenen Termin, dem 14. März, hatte Hitler die Feier auf den 21. verlegen lassen. Er hoffte, daß an der Front im Osten inzwischen ein sichtbarer Erfolg errungen werden konnte, wie es denn auch durch die Wiedereinnahme von Charkow durch SS-Truppen geschah.

Bei der Feier des Jahres 1943 nun hatte Oberst i. G. Freiherr von Gersdorff eine Gelegenheit zur Teilnahme, die er auf Tresckows Frage zu einem Attentatversuch zu nützen sich bereit erklärte[94]. Gersdorff mußte bereit sein, sich selbst mit Hitler zusammen in die Luft zu sprengen; er war seit Januar 1942 Witwer, und das Opfer des eigenen Lebens schien ihm für die Aufgabe nicht zu groß. Freilich wollte er wissen, ob nach einem gelungenen Attentat der Staatsstreich auch planmäßig abrollen würde. Da er selbst nicht am Leben bleiben würde, sollte die Tat mit Sicherheit sinnvoll und vor der Geschichte zu verantworten sein. Da versicherte ihm Tresckow, es bestehe eine vorbereitete Organisation, »die schlagartig in Aktion treten würde«, und es seien Abmachungen mit den Westmächten getroffen im Sinne einer einseitigen Kapitulation nach Westen, während die Front nach Osten gehalten werden sollte, um den Bestand des Deutschen Reiches zu retten und eine demokratische Staatsform zu errichten.

Die Gelegenheit zur Teilnahme an der Heldengedenktag-Feier dieses Jahres ergab sich daraus, daß eine bei diesem Anlaß alljährlich veranstaltete Ausstellung von erbeutetem Kriegsmaterial sich diesmal mit der Heeresgruppe Mitte befaßte und von der Ic-Abteilung Gersdorffs organisiert worden war. Gersdorff hatte also den ausgezeichneten Vorwand, zur Erklärung der Ausstellungsstücke bei Hitlers Eröffnungsbesuch anwesend sein zu müssen. Nachdem Gersdorff sich bereit erklärt hatte, wurde Schlabrendorff von Tresckow angewiesen, in Berlin zu bleiben und Gersdorff bei dessen Eintreffen die englischen Haftminen, die noch von dem letzten Attentatversuch »übrig« waren, zu übergeben.

Am 20. März flog Gersdorff mit Generalfeldmarschall Walter Model, dem Oberbefehlshaber der 9. Armee, nach Berlin; am nächsten Tag schon sollte die Heldengedenktag-Feier stattfinden. Hitler hatte eigentlich die Teilnahme Kluges gewünscht, und Kluge wäre auch gekommen. Aber auf ihn glaubte die Gruppe um Tresckow nicht verzichten zu können, man hoffte dringend auf seine Mitwirkung nach Hitlers Tod, und bei dem Attentat wäre er doch gefährdet worden. Nur mit Mühe gelang es, ihm die Teilnahme auszureden, und noch mehr Mühe machte es, die Teilnahme der Frau Feldmarschall von Kluge zu verhindern. Man konnte Kluge auf keinen Fall vorher sagen, daß ein Attentat beabsichtigt sei, seine Eidespflicht, die er sehr ernst nahm, hätte ihn zur Meldung veranlassen können.

Model wollte noch am 20. März nach Dresden fliegen, um seine Frau zu besuchen, und erst am nächsten Vormittag wieder in Berlin sein. Dazu mußte er aber möglichst genau wissen, wann die Veranstaltung beginnen würde. Also begaben sich Model und Gersdorff zu Schmundt, der mit Hitler und dem übrigen Gefolge ebenfalls seit 20. März in Berlin war. Da gab es aber gleich zwei große Schwierigkeiten.

Zum einen wollte Schmundt nicht sagen, wann die Veranstaltung beginnen und wie sie verlaufen sollte. Das schien auffallend und ließ auf besondere Sicherheitsvorkehrungen schließen. In den letzten Jahren hatte die Veranstaltung immer zur gleichen Zeit, pünktlich um 12 Uhr mittags

2. Anschläge 1943

mit dem Eintreffen Hitlers begonnen. Als Model Schmundt bedrängte, da teilte Schmundt unter dem Siegel größter Verschwiegenheit und unter vielmals wiederholten Androhungen der »Todesstrafe« den Termin des Beginns und den ungefähren Zeitplan mit. Schmundt und Gersdorff waren alte Freunde, wenn auch Schmundt den leisen Verdacht hatte, daß Gersdorff und übrigens auch Tresckow, mit dem er noch enger befreundet war, den Führer bei weitem nicht so liebten wie er. Jedenfalls überwand er für diesmal seine Bedenken. Aus seinen Mitteilungen war zu entnehmen, daß für die Besichtigung der Ausstellung durch Hitler ungefähr eine halbe Stunde vorgesehen sei.

Die andere Schwierigkeit entstand, als Schmundt erklärte, der Teilnehmerkreis für die Ausstellungsbesichtigung sei genau festgelegt, und Gersdorff könne auf keinen Fall dabeisein. Da gab wieder Feldmarschall Model – ahnungslos, daß er einem Attentatversuch Vorschub leistete – Hilfestellung. Er bestand darauf, daß Gersdorff auch mit hinein müsse; denn die Verlegenheit, in die er, Model, geraten könnte, wenn er eine Frage Hitlers über einen der ausgestellten Gegenstände nicht beantworten könnte, sei gar nicht auszudenken. Gersdorff müsse ihm unbedingt zur Seite bleiben und für Erklärungen zur Verfügung stehen. Wieder gab Schmundt nach längerem Hin und Her nach.

Der normale Ablauf der Feiern im Zeughaus Unter den Linden war folgender: Hitler fuhr von der Reichskanzlei über die Wilhelmstraße und die Straße Unter den Linden durch ein Absperrungsspalier zum Zeughaus, wo er um 12 Uhr einzutreffen pflegte. Am Eingang wurde er von den Oberbefehlshabern der drei Wehrmachtteile (seit Ende 1942 waren es nur noch zwei Oberbefehlshaber, weil Hitler den Oberbefehl über das Heer selbst übernommen hatte) und vom Chef des OKW erwartet. Vom Eingang begab er sich durch ein Spalier Verwundeter in den Lichthof des Zeughauses, wo er auf dem 1. Platz der 1. Reihe der aufgestellten Stühle rechts vom Mittelgang seinen Platz nahm. Rechts neben ihm saßen als Vertreter des alten Heeres der Generalfeldmarschall Freiherr von Böhm-Ermolli, sodann Dönitz und Göring, Keitel, der Reichskriegerführer General der Infanterie a. D. Reinhard, der Reichskriegsopferführer SA-Obergruppenführer Oberlindober. Der Lichthof war mit Fahnen geschmückt, ein Orchester spielte feierliche Musik, dann hielt Hitler seine übliche Ansprache, danach wurden Nationalhymnen gespielt. Dann nahm draußen vor dem Ehrenmal das Ehrenbataillon Aufstellung, ebenso die Ehrengäste, die Verwundeten, die Fahnen.

Während das alles vor sich ging, besichtigte Hitler die eigens zur Überbrückung der Zeit für die Umstellung von drinnen nach draußen, etwa zehn Minuten, eingerichtete Ausstellung in Seitenräumen des Zeughauses. Erst auf ein besonderes Zeichen verließ Hitler die Ausstellung und kam dann mit seinem kleinen Gefolge von Größen des Reiches wieder zum Haupteingang heraus, schritt das Ehrenbataillon ab und legte am Ehrenmal einen Kranz nieder. Nun mußte das Ehrenbataillon abrücken, um sich zum feierlichen Vorbeimarsch zu formieren, wodurch wieder eine Pause entstand. Sie wurde überbrückt durch Gespräche Hitlers mit den Verwundeten des Ersten und des Zweiten Weltkrieges; etwa fünf Minuten waren dafür vorgesehen. Nach dem Vorbeimarsch (zwei Minuten) fuhr Hitler in die Reichskanzlei zurück, und die übrige Versammlung löste sich geordnet auf und rückte ab.

Am Nachmittag des 20. März sah sich Oberst i. G. von Gersdorff das Zeughaus von innen an und überprüfte »seine« Ausstellung. Zugleich suchte er die Möglichkeiten für die Unterbringung einer Sprengladung zu ergründen und mußte feststellen, daß es keine gab. Der einzige Platz, an dem Hitler sicher erreicht werden konnte, war das Rednerpult, da würde er sich wohl lange genug aufhalten. Aber in dem mit Glas überdachten, sehr hohen und weiten Lichthof des Zeughauses war die Verdämmung viel zu gering für eine verhältnismäßig kleine Sprengladung, eine große war weder zu beschaffen noch unsichtbar unterzubringen. Überdies hatte Gersdorff nicht so genaue Informationen über den Zeitablauf, daß er einen Zeitzünder danach hätte einstellen können, und endlich war das Zeughaus, wo am Nachmittag vor der Veranstaltung noch an der Aufstellung der Stühle und Podeste gearbeitet wurde, derart scharf von uniformierten und in Zivil verkleideten SS-Leuten und Kriminalbeamten bewacht, daß an die heimliche Unterbringung einer Bombe gar nicht zu denken war. Selbst wenn es gelungen wäre, so hätte sie doch erst am nächsten Tage kurz vor Hitlers Eintreffen gezündet werden müssen, und das war noch weniger möglich. Es konnte also für Gersdorff nur ein Attentatversuch während der Besichtigung der Ausstellung in Frage kommen, denn nur in dieser Zeit konnte er sicher sein, daß er Hitler für genügend lange Zeit nahe kam. Ein Pistolenattentat wurde aus den bekannten Gründen nicht ernsthaft erwogen, es kam auch hier nur Sprengstoff in Frage. Diesen hatte, wie Gersdorff von Tresckow wußte, Schlabrendorff noch vom letzten Mal her in seinem Besitz.

In der Nacht vom 20. auf den 21. März brachte Schlabrendorff die englischen Haftminen zu Gersdorff in dessen Hotel »Eden«, aber bei der Frage nach geeigneten Zündern erhoben sich große Schwierigkeiten. Die bei dem Versuch vom 13. März verwendete Sorte kam nicht in Frage. Erstens hatte sie 30 Minuten Verzögerung, und zweitens hatte einer versagt. Zün-

2. Anschläge 1943

der ohne Verzögerung wären nun am günstigsten gewesen, aber Schlabrendorff und Gersdorff versuchten vergeblich über Oster, entsprechende Zünder aufzutreiben, die zur »Clam« paßten. Die Zünder mit der kürzesten Verzögerungszeit, die sich Gersdorff hatte verschaffen können, brauchten immer noch 10 Minuten bis zur Zündung, außerdem waren sie schon alt. Schlabrendorff und Gersdorff versuchten noch, über Oster andere Zünder zu bekommen, doch ohne Erfolg. Die gängigen deutschen Zünder waren nicht geräuschlos, brauchten immer noch 4 1/2 Sekunden (Handgranatenzünder), und die Auslösung durch Zug erschien zu auffällig. Der Gedanke einer elektrischen Zündung war anscheinend nicht aufgetaucht [95].

Allein die Nachfragen mußten ganz außerordentlich diskret vorgenommen werden, besonders so kurz vor einem der seltenen öffentlichen Auftritte Hitlers. War es schon für Gersdorff an der Front nicht leicht gewesen, Zünd- und Sprengmittel zu besorgen, wo Partisanen zu bekämpfen und Sabotagetrupps auszurüsten waren, so war es für den Bürogeneral Oster noch viel schwieriger, ganz abgesehen von den Sicherheitsmaßnahmen, die umfassend waren. Man hätte nicht plausibel erklären können, was überhaupt ein General mit Zündern wollte.

Die größte Schwierigkeit war aber, daß es für die englische Haftmine »Clam« gar keine passenden Zünder gab, die für weniger als 10 Minuten Verzögerung eingerichtet waren. Selbst wenn man das Zischen eines deutschen Handgranatenzünders mit 4 1/2 Sekunden Zündverzögerung in Kauf genommen hätte, so hätte er doch so wenig wie andere deutsche Zünder in die »Clam« gepaßt, wie ein Vergleich der Maße beweist [95]. Es mußte mit den von Gersdorff mitgebrachten 10-Minuten-Zündern versucht werden. Die Kühle im ungeheizten Zeughaus, hoffte Gersdorff, würde durch die Körperwärme in seinen Manteltaschen ausgeglichen werden, so daß die Zündverzögerung höchstens wenig über zehn Minuten dauern würde.

Am 21. März begab sich Gersdorff gegen 12 Uhr in das Zeughaus Unter den Linden. Aus Schmundts Mitteilungen ging hervor, daß die Veranstaltung um 13 Uhr beginnen sollte, was aber einem größeren Personenkreis erst im letzten Augenblick bekannt wurde. Im Gegensatz zu früheren Jahren veröffentlichte der *Völkische Beobachter* nicht einmal nachträglich die Zeit des Beginns [96]. Im Lichthof des Zeughauses waren das Orchester und 27 Fahnen der alten Armee, 3 der alten Kriegsmarine und 30 Fahnen der neuen Wehrmacht und der Waffen-SS aufgestellt. Angehörige des Heeres, der Marine, der Luftwaffe und der Waffen-SS hatten sich versammelt sowie mehr als 300 Verwundete, ferner zahlreiche Generale und Admirale, Reichsminister, Reichsleiter, Gauleiter und Staatssekretäre. Hitler fuhr in seinem offenen Mercedes vor dem Zeughaus vor, stieg aus und begrüßte vor dem Haupteingang Reichsmarschall Göring, Generalfeldmarschall Keitel, Großadmiral Dönitz, Reichsführer SS Himmler, Generalfeldmarschall von Bock, Generalfeldmarschall Milch und den Reichskriegsopferführer Oberlindober; Goebbels war mit Hitler gekommen.

Alle begaben sich sodann in den Lichthof und nahmen dort in den ersten Reihen Platz. Das Orchester spielte den ersten Satz der 7. Sinfonie von Anton Bruckner, darauf hielt Hitler seine Rede von etwa 12–14 Minuten unter dem Motto »die Gefahr ist nunmehr gebrochen«. Charkow war am 14. März zurückerobert worden, Sepp Dietrich hatte dafür die Schwerter zum Ritterkreuz des Eisernen Kreuzes mit Eichenlaub erhalten. Die Krise sei überwunden, und nun endlich könne er, Hitler, für ein paar kurze Augenblicke sein Hauptquartier verlassen, nachdem seine Pflichten an der Front zunächst die Verschiebung des Heldengedenktages nötig gemacht hatten. Aber jetzt sei der Sieg über den Bolschewismus, Kapitalismus, asiatische Barbarenhorden, den verbrecherischen Kriegshetzer Churchill und die Juden gesichert. Anschließend begab sich Hitler zur Besichtigung der Ausstellung. Er hatte auffallend rasch und kurz gesprochen, wie sich der Mann beim BBC-Abhördienst in London notierte. Die ganze Feier wurde über alle deutschen Sender einschließlich aller Soldatensender in ganz Europa übertragen, so daß auch Tresckow im Hauptquartier der Heeresgruppe Mitte die Vorgänge am Radio mitverfolgen konnte.

Gersdorff hatte sich inzwischen in der Nähe des Eingangs zur Ausstellung aufgehalten[97]. Er hatte nicht wissen können, wie lange Hitler sprechen und sich anschließend, zwischen Rede und Besichtigung, noch aufhalten würde, sonst hätte er seine Sprengkörper, von denen er in jeder Manteltasche einen trug, schon im voraus zünden können. Mit ihm standen am Eingang zur Ausstellung Generalfeldmarschall Model und ein Museumsdirektor[98]. Hitler näherte sich, Gersdorff, Model und der Museumsdirektor grüßten mit erhobenem rechtem Arm, Gersdorff hatte dabei die linke Hand in der linken Manteltasche und zerdrückte die Säureampulle des Zünders. Den Zünder der Haftmine in der rechten Tasche drückte er nicht ein, um nicht durch zu viele Manipulationen Verdacht zu erregen; einem Kameraden war einmal bei einem Besuch bei Hitler von einem SS-Mann schon der Arm festgehalten worden, als er nur ein Taschentuch hervorziehen wollte[99]. Er nahm auch an, daß die linke Haftmine bei der kurzen Entfernung die rechte mit zünden würde.

Als Hitler mit seinem kleinen Gefolge – Göring, Keitel, Dönitz, Himmler und einigen Adjutanten – schon am Eingang war, drehte er sich noch

2. Anschläge 1943

einmal um und forderte Generalfeldmarschall von Bock auf, auch mitzugehen – zur schmerzlichen Überraschung Gersdorffs; denn Bock war von seinem Adjutanten Graf von Hardenberg begleitet, der mit Gersdorff befreundet und an der Widerstandsbewegung beteiligt war, aber von dem soeben stattfindenden Attentatversuch nichts wußte.

Gersdorff versuchte nun, nachdem Hitler hereingekommen war, diesem möglichst nahe zu bleiben, was ihm auch ohne weiteres Aufsehen gelang, er war gewissermaßen dazu berechtigt. Aber dann geschah etwas Merkwürdiges: Hitler hielt sich nirgends auf, er *lief* geradezu durch die Ausstellung, ohne die Gegenstände eines Blickes zu würdigen. Vergeblich versuchten Model und Gersdorff, ihm dies oder jenes zu zeigen und zu erklären. Da mischte sich Göring ein und fing an, Hitler auf einen Aufruf des Patriarchen von Moskau hinzuweisen, an dem man wieder einmal sehen könne, wie die Kirche gegen Hitler sei usw. Aber auch von diesem Lieblingsthema wollte der Führer jetzt nichts wissen. Wenn jemand nun meint, Hitler habe die dunkle Ahnung oder »Witterung« einer Gefahr gehabt, so braucht man darüber gar nicht zu lächeln. Menschen, die so gefühlsmäßig und so gefährlich leben, wie Hitler, haben zwar deshalb noch keine übernatürlichen Fähigkeiten, wohl aber sehr empfindliche und geschärfte Sinne. Die Möglichkeit, daß Hitler die Nervosität Gersdorffs fühlte und davon gewarnt wurde, ist gar nicht so weit hergeholt. Jedoch genügt es, die Tatsachen des äußeren Ablaufes festzustellen.

Hitler kann nicht mehr als 2 Minuten in der Ausstellung verbracht haben. Der Ansager, der sein Hervortreten aus dem Zeughaus berichtete, war überrascht, ebenso die für die Umstellung Verantwortlichen, das Programm geriet ein bißchen durcheinander. Auch die Radiohörer merkten es, dem Mann vom BBC-Abhördienst fiel es auf, und er notierte Vorgang und Worte des Ansagers: »›Der Führer geht in die Ausstellung. Wir werden uns wieder melden mit dem Bericht über die Kranzniederlegung am Ehrenmal.‹ Pause von einigen Sekunden [sic]; Befehle werden gerufen; Trommeln. Am Ehrenmal Unter den Linden hören wir wieder gerufene Befehle. Ansager sagt: ›Der Führer hat das Zeughaus verlassen. Oberstleutnant Gehrke, Träger des Ritterkreuzes, meldete das Ehrenbataillon.‹«[100] Hitler schritt die Front ab und legte seinen Kranz im Ehrenmal nieder. Dann wandte er sich zu Gesprächen mit Verwundeten, ein Major meldete ihm 286 Kriegsverletzte. Hitler ließ sich von einigen sagen, wo sie verwundet worden waren, und drückte ihnen die Hand, während er düster die Antworten wiederholte: »Bei Yukhnov.« »Sebastopol.« »Kalinin.« »Wo wurden Sie verwundet?« »Jawohl, in Frankreich.« »In Frankreich. Und wie?« »Luftangriff.« »Luftangriff.«

Gersdorff war nicht mehr in der Lage gewesen, Hitler zu folgen. Der Führer hatte am Ende seiner kurzen Ausstellungsbesichtigung seine ganze Begleitung entlassen. Der Attentatversuch war mißlungen. Es galt jetzt nur, den Zünder rasch und unauffällig loszuwerden, eine Toilette beim Westausgang des Zeughauses bot die Gelegenheit [101]. Hitler nahm noch zusammen mit Göring, Keitel, Dönitz und Himmler von einer kleinen Plattform aus den Vorbeimarsch des Ehrenbataillons ab und begab sich darauf in die Reichskanzlei zurück, während das Publikum, eingedenk des hehren Anlasses, ihm nur verhalten zujubelte.

Gersdorff dagegen begab sich in sein Hotel und ging dann wieder an die Front. Er blieb weiterhin in der Opposition tätig, beteiligte sich aber nicht mehr aktiv an Attentatversuchen. Die englischen Haftminen brachte er im Herbst 1943 im Hause seines Bruders in Breslau unter, als er sich dort einer Magenoperation unterziehen mußte [102].

3. Fehlgeschlagene Pläne

Henning von Tresckow setzte seine Bemühungen mit unvermindertem Eifer fort, aber es war wie ein Kampf gegen Windmühlenflügel. Unentwegt bearbeitete er Manstein, den Oberbefehlshaber der Heeresgruppe Süd (bis 14. Februar 1943 Heeresgruppe Don) [103], erwartete aber von ihm keine »Initiative« [104]. Im Winter 1942/43 hatte Generaloberst Beck an Manstein geschrieben, der Krieg könne zu keinem guten Ende kommen, es müsse etwas getan werden, aber Manstein hatte geantwortet, der Krieg sei nur verloren, wenn man ihn verloren gebe [105]. Hauptmann Kaiser notierte am 6. April 1943 nach einem Gespräch mit Tresckow, Manstein sei endgültig abzuschreiben. Gersdorff reiste im Sommer 1943 mit Briefen von Goerdeler und Popitz nach Saporoshe ins Hauptquartier der Heeresgruppe Süd zu Manstein, zugleich auf Vorschlag von Tresckow im Auftrag von Kluge [106]. Tresckow hatte seine Verbindungsleute dort, den Ia Oberst i. G. Schulze-Büttger und den Ordonnanzoffizier Stahlberg, orientiert, so daß die Unterredung zwischen Manstein und Gersdorff vorbereitet war. Aber die Briefe sollte Gersdorff nur abgeben, wenn dies sinnvoll und für die Verfasser gefahrlos erscheine, und in Gegenwart des damaligen Chefs des Generalstabes, Generalmajor Theodor Busse, sollte er nur von militärischen Dingen reden.

Manstein verzichtete auf die Anwesenheit des Chefs, und so konnte Gersdorff offen über die Probleme der »Spitzengliederung« sprechen. Der Feldmarschall stimmte ihm zu, daß eine »Änderung« notwendig sei,

3. Fehlgeschlagene Pläne

meinte aber, er selbst könne das Hitler nicht vortragen, er sei nicht beliebt genug, nur Kluge oder Rundstedt kämen dafür in Frage. Eine gemeinsame Aktion aller Feldmarschälle lehnte er ab, weil »preußische Feldmarschälle nicht meutern«. Gersdorff erwiderte, davon halte man bei der Heeresgruppe Mitte ebenfalls nicht viel, man suche die Lösung in einer anderen Richtung, worauf Manstein sofort begriff und sagte: »›Ihr wollt ihn wohl totschlagen.‹« Gersdorff sagte, gewiß, das wolle man, aber da wurde Manstein aufgeregt und erklärte: »›Das mache ich nicht mit, daran geht die Armee zugrunde.‹« So verzichtete Gersdorff auf die Ablieferung der Briefe und richtete nur noch Kluges Wunsch aus, Manstein möge im Falle des gelungenen Staatsstreiches zur Übernahme des Amtes des Chefs des Generalstabes der Wehrmacht bereit sein. Darauf Manstein mit leichter Verbeugung: »›Ich werde mich stets loyal der legalen Regierung zur Verfügung stellen.‹«[107]

Später zog sich Manstein auf den Standpunkt zurück, ihn gehe nur »das Militärische« etwas an, und da habe er seine Pflicht erfüllt; aber er hat natürlich ganz genau gesehen, wie Deutschland in den Abgrund steuerte und hat das auch zugegeben. Generaloberst Beck war der Meinung, Mansteins Haltung sei viel mehr aus seinem Charakter zu erklären als aus den (vorgeschützten) Überlegungen, wonach man alles tun müsse, um die Russen von den deutschen Grenzen fernzuhalten, was durch einen Umsturz ganz wesentlich behindert wo nicht vereitelt würde; denn gerade die Fortsetzung des Krieges, die ohne Umsturz sicher war, würde die Russen nach Deutschland hereinbringen[108].

Bei Kluge waren Tresckows Bemühungen nur scheinbar erfolgreicher. Im Juli 1943 sprachen Tresckow und Gersdorff bei einem Spaziergang wieder einmal mit Kluge über »die Lage« und verlangten die Beseitigung Hitlers[109]. Kluge sagte, dazu könne er sich nicht durchringen. Tresckow sagte ihm darauf, neben ihm gehe ein Mann, der es schon versucht habe. Gersdorff bestätigte das. Es sei noch die einzige Möglichkeit, das Deutsche Reich und das Volk vor dem völligen Untergang zu retten. Darauf Kluge: »›Kinder, Ihr habt mich!‹« Aber Kluge hielt nicht Wort. Er blieb der gleiche, ohne Initiative, wie sich Hauptmann Kaiser nach dem Bericht Tresckows Anfang April des Jahres notiert hatte[110].

Tresckow war seit Anfang April häufig in Berlin und versuchte, den Umsturz auf die eine oder andere Weise in Gang zu bringen, aber trotz aller Aktivität gab es nur Rückschläge und Mißerfolge[111]. Im Mai und dann wieder im Juli ließ sich Tresckow längeren Erholungsurlaub geben. Den ersten verbrachte er mit Sondierungen und Besprechungen, den zweiten in der Wohnung seiner Schwester in Neubabelsberg (1. August bis

Anfang Oktober) mit der Vorbereitung des Staatsstreiches [112]. Am 10. Oktober 1943 trat er seine neue Stelle als Kommandeur des I.R. 442 an, nachdem er vom 25. Juli an in die Führerreserve des OKH zur Verfügung des Heerespersonalamtes versetzt gewesen war [113].

In Berlin hatte man indessen versucht, eine »Änderung« zu bewirken, und zwar in der »Spitzengliederung«. Auf deutsch hieß das: Man wollte Hitler bewegen, den Oberbefehl im Osten abzugeben, damit wieder vernünftig Krieg geführt bzw. dieser eventuell beendet werden konnte. Es gab Überlegungen, wonach Kluge Chef des Generalstabes des Heeres und Manstein Oberbefehlshaber des Heeres werden sollte, der Vorschlag wurde im Mai von Tresckow ventiliert [114]. Gersdorff überbrachte etwas später an Manstein den umgekehrten Vorschlag. Auch auf Zeitzler und Olbricht hoffte man immer wieder, ja sogar auf Fromm und Guderian, die alle zu Hitler gehen und ihm reinen Wein einschenken, die von ihm die »Änderung« fordern sollten. Goerdeler ließ sich durch General von Rabenau bei Guderian einführen, um ihn zu gewinnen [115]. Aber aus all dem wurde nichts.

Man trat damals auch mit Hammerstein wieder in Verbindung und wollte ihn Anfang März 1943 dazu bewegen, zu Fromm zu gehen. Aber Hammerstein lehnte das ab. Mit einer Division, ja da wäre er bereit, diesen Teufel (Hitler) aus der Hölle zu holen. Doch daran fehlte es eben. Wer handeln konnte, wollte nicht, und wer handeln wollte, konnte nicht.

Inzwischen hatte sich Goerdeler mit unbegreiflichem Optimismus und mit achtunggebietender Unerschrockenheit um den Fortgang der Dinge bemüht. Im Februar 1943 versuchte er, die Generale mit einem Ultimatum anzufeuern: vom Ende des Monats an werde er nicht mehr zur Verfügung stehen [116]. Aber diese drohende Haltung gab er rasch wieder auf. Vom 26. März 1943 ist eine Denkschrift erhalten, die für Generale bestimmt war, doch ist unklar, wer sie bekommen hat. Tresckow jedenfalls hielt die Absendung für zwecklos und widerriet dringend [117]. Am 17. Mai schrieb Goerdeler einen Brief an General Olbricht, worin es hieß, er habe sich immer wieder die verbreitete Auffassung überlegt, es müsse der psychologisch richtige Moment für einen Staatsstreich abgewartet werden, er, Goerdeler, sei aber zu dem Schluß gekommen, es dürfe »das Nahen des ›psychologisch richtigen‹ Zeitpunktes nicht abgewartet, er muß *herbeigeführt* werden.« [118] Die Verbrechen der Führung seien ungeheuerlich, die auf Befehl umgebrachten Zivilisten übersteigen weit eine Million. Unbegreiflich sei die Geduld des Volkes, man könne sie nur durch Terror und Schutz für Lüge und Verbrechen erklären. Das werde sich aber sofort ändern, »wenn das Volk sieht, daß dem Terror zu Leibe gerückt, der Korruption Vernichtung angesagt und an Stelle des Geheim-

3. Fehlgeschlagene Pläne

nisses und der Lüge Offenheit und Wahrheit gesetzt werden«. Wenn sich kein anderer Weg finde, sei er, Goerdeler, selbst zu einer Aussprache mit Hitler bereit, um ihm zu sagen, daß sein Rücktritt vom Lebensinteresse des Volkes erfordert werde. Es sei wohl möglich, wenn auch nicht wahrscheinlich, daß Hitler es einsehe, wenn aber nicht, d. h. wenn das Gespräch für Goerdeler »böse« enden sollte, dann müsse er allerdings die Sicherheit haben, »daß dann unmittelbar gehandelt wird«. Olbricht fand, daß der Gedanke einer Unterredung mit Hitler völlig illusorisch sei, er riet dringend davon ab [119].

Unterdessen hatte die Opposition, so tätig sie seit dem Herbst 1942 war, eine nicht abreißende Reihe von Rückschlägen zu erleiden. Seit Anfang März 1943 war Beck schwer krank und mußte sich einer Operation unterziehen [120]. Etwa zur gleichen Zeit wurden Oberst Fritz Jäger, Kommandeur der Panzer-Ersatz-Truppen II und XXI, und sein Sohn verhaftet, der als Oberleutnant in Frankfurt/Oder lag [121]. Oberst Jäger gehörte damals längst zur Verschwörung und hatte später, am 20. Juli 1944, eine wichtige Aufgabe. Nun hatte sein Sohn die Verschwörung in große Gefahr gebracht durch sehr unvorsichtige Äußerungen, wie z. B., daß es jetzt bald losgehe, sein Vater das Wachbataillon übernehmen werde, usw. Die Zuhörer hatten das nicht für sich behalten. Die Sache ging aber für Vater und Sohn glimpflich ab; im Juli war sie erledigt – nicht ohne die tätige Mithilfe von Hauptmann d. R. Kaiser und einer Anzahl Gleichgesinnter im Heeresgerichtswesen. Etwa zur selben Zeit geriet Fritz-Dietlof Graf von der Schulenburg in Schwierigkeiten. Es sprach sich eine Äußerung von ihm herum, er suche zuverlässige junge Offiziere für das Bataillon in Potsdam, und ein gewisser Oberleutnant bezog die Äußerung auf damals – kurz nach der Katastrophe von Stalingrad und der Aktion der Geschwister-Scholl-Gruppe in München – kursierende Umsturzgerüchte. Am 2. April wurde Schulenburg deshalb verhört, jedoch wieder freigelassen, obwohl es natürlich stimmte, daß er »zuverlässige« Offiziere suchte, und zwar für die Zwecke des Umsturzes [122]. Er gehörte damals, seit Januar 1943, zum Sonderstab des Generals von Unruh, der Dienststellen und Stäbe nach abkömmlichen Wehrdienstfähigen durchkämmte [123].

Hatte man diese Schläge noch einigermaßen leicht verwunden, war dies bei dem direkten Angriff von Himmlers Reichssicherheitshauptamt (RSHA) gegen das Amt Ausland/Abwehr im OKW nicht mehr möglich, und es entstand großer Schaden für die Opposition [124]. Die Münchner Abwehrstelle wurde in eine private Devisenaffäre des Außenhandelskaufmanns und portugiesischen Honorarkonsuls Dr. Wilhelm Schmidhuber, eines V-Mannes, verwickelt. Dieser konnte von der Abwehr in der Sache nicht gedeckt werden, er wurde verhaftet und verhört, was zu Nachforschungen im Umkreis der Abwehr führte, die Himmler und besonders dem Chef des Amtes VI (Auslandnachrichtendienst des SD) Walter Schellenberg schon lange ein Dorn im Auge war.

Bei diesen Nachforschungen wurde ein weiterer »Skandal« entdeckt: In Hilfsaktionen für Juden hatte Dohnanyi auf Weisung von Canaris Vermögens- und Devisentransaktionen von bedeutendem Umfang vorgenommen, eine Anzahl Juden in die Schweiz bringen und ihnen dort einen Teil des Gegenwertes ihrer in Deutschland in der Verwaltung von Treuhändern verbliebenen Vermögen auszahlen lassen[125]. Dohnanyi und damit seine Vorgesetzten Oster und Canaris kamen in eine prekäre Lage. Dohnanyi hatte als jüdischer Mischling zweiten Grades gegolten, als er noch Referent beim Reichsminister der Justiz gewesen war. Hitler hatte am 14. Oktober 1936 entschieden, daß Dohnanyi im Beamtenverhältnis bleiben könne und als deutschblütig zu behandeln sei, nur durfte er nicht in die Partei aufgenommen werden. Am 11. März 1940 wurde berichtet, er habe doch keine jüdische Abstammung[126]. Nun hatte er 1941–1942 unter Osters und Canaris' Aufsicht Juden als »Agenten« ins Ausland gebracht und damit der »Sonderbehandlung«, der Ermordung, entzogen. Dohnanyi wurde von Moltke, der ebenfalls im Amt Ausland/Abwehr tätig war, gewarnt, er sei in Gefahr, verhaftet zu werden.

Nun erschien am 5. April 1943 der Oberstkriegsgerichtsrat Dr. Manfred Roeder bei Canaris und unterrichtete ihn über die Einleitung der Untersuchung. Dann ging er zu Oster und ersuchte ihn, bei der Verhaftung Dohnanyis dabeizusein. Oster übernahm sofort alle Verantwortung für das, was Dohnanyi zur Last gelegt wurde, was aber gar nichts nützte, weil seinem Untergebenen nicht eigentlich dienstliche Verfehlungen, sondern die Erlangung persönlicher Vorteile durch Mißbrauch seiner Dienststellung vorgeworfen wurde.

Auf dem Schreibtisch Dohnanyis lagen einige Zettel, die Dohnanyi verschwinden lassen wollte. Sie betrafen Aufträge für Dr. Josef Müllers und Bonhoeffers für 9. April geplanten Reise nach Rom, die noch von Canaris autorisiert werden sollte, und waren mit »O« gezeichnet, aber als »Spielmaterial« der Spionageabwehr getarnt, d. h. als Material, das der Feindseite zur Irreführung in die Hand gespielt werden sollte. Dohnanyi wollte Oster veranlassen, in Gegenwart Canaris' die Zettel offen als »Spielmaterial« zu behandeln und so von Canaris als solches autorisieren zu lassen. Aber Oster mißverstand, während Roeder den Panzerschrank durchsuchte, und als er versuchte, die Zettel in einer Rocktasche verschwinden zu lassen, wurde er dabei von dem ebenfalls anwesenden Gestapo-Kommissar Sonderegger beobachtet, und nun war alles noch viel schlimmer. Osters Verhalten verschärfte natürlich den Verdacht gegen seine ganze Gruppe ungeheuer, man suchte ohnehin schon lange nach »undichten Stellen«. Zwar war die zentrale Gruppe um Oster schon seit Anfang 1942 gewarnt, daß die Gestapo auf ihrer Fährte sei, und besonders seit der Verhaftung Schmidhubers im Oktober 1942 wurde zur Absicherung alles Erdenkliche unternommen. Aber die Panne mit den Zetteln machte viele Vorsicht zunichte, und es dauerte Monate, bis Oster durch Dohnanyi vom Gefängnis aus dazu gebracht werden konnte, seine Haltung zu ändern und die Papiere als amtlich anzuerkennen. Nur allmählich konnte die Aufmerksamkeit der Gestapo wieder einigermaßen eingeschläfert werden[127].

Am selben Tage wie Dohnanyi wurden Dr. Müller, Dietrich Bonhoeffer und seine Schwester Frau von Dohnanyi verhaftet. Oster wurde kaltgestellt; zunächst war er unter Hausarrest beurlaubt, dann wurde er am 19. Juni 1943 in die Führerreserve versetzt. Am 16. Dezember 1943 verbot ihm Keitel in einem Brief »jeden dienstlichen und außerdienstlichen Verkehr mit dem Amt Ausl./Abw. und dessen Angehörigen«, nachdem ihm gemeldet worden war, Oster unterhalte immer noch »mehr oder weniger dienstliche Verbindungen« zum Amt Ausland/Abwehr und zu einzelnen Offizieren der Division »Brandenburg« [128]. Schließlich wurde er mit Wirkung vom 4. März 1944 aus dem aktiven Wehrdienst entlassen. Oster und seine Freunde, auch Beck, standen bis zum 20. Juli 1944 unter ständiger Überwachung durch die Gestapo.

Der Schlag, den die Opposition erlitten hatte, war so vernichtend oder doch so gefährlich, daß vorläufig an weitere Aktionen nicht zu denken war. Ein handlungsfähiges Zentrum in Berlin mußte erst wieder aufgebaut werden. Es ist bezeichnend für Generaloberst Beck, daß er nun befahl, den Papst über das Geschehene zu unterrichten, der sich verschiedentlich in Friedenssondierungen eingesetzt hatte. Es war die einzige Möglichkeit, das prekäre Vertrauensverhältnis zwischen Kreisen der Umgebung des Papstes und der deutschen Opposition aufrechtzuerhalten. So wurde Gisevius von Canaris mit dieser Mission betraut und zu Pater Leiber nach Rom geschickt[129].

Die Untersuchungen der Gestapo gegen Oster, Dohnanyi, Bonhoeffer und Müller zogen hauptsächlich aus zwei Gründen nicht schon damals weitere Kreise: Die Beschuldigten schwiegen und konnten die Gestapo lange Zeit irreführen, und Canaris gelang es, einen dicken Prügel in das Verfahren zu werfen. Der ermittelnde Oberstkriegsgerichtsrat Roeder hatte während eines Verhörs von Dohnanyi gegen Ende 1943 die Angehörigen der Division »Brandenburg« als Drückeberger bezeichnet, und das war Canaris zu Ohren gekommen. Er ließ sich den überaus impulsiven und schwierigen, aber äußerst mutigen Divisionskommandeur Generalmajor von Pfuhlstein kommen und gab ihm zu verstehen, daß der Untersuchungsrichter Roeder zweifellos einen Denkzettel verdient habe [130]. Pfuhlstein nahm sich einen Zeugen mit und ging zu Roeder, stellte ihn wegen der Bemerkung zur Rede und streckte ihn mit einem Faustschlag ins Gesicht zu Boden. Das war am 14. Januar 1944, als Roeder schon sehr gefährlich geworden war. Inzwischen hatte Roeder außerdem vor unbeteiligten Zivilisten im Ausland über den Stand des Verfahrens geplaudert, ein Freund des Chefs der Heeresrechtsabteilung im OKH, Dr. Karl Sack, der Reichskriegsgerichtsrat Kanter, zeigte Roeder an, dieser zeigte Kanter wegen Verleumdung an und beantragte gegen sich selbst ein Disziplinarverfahren. Es entstand ein solcher Wust von Verfahren und Beschuldigungen, daß Roeder schließlich um seine Versetzung bat, die er auch erhielt [131]. Trotz bestem Willen war es Sack nicht möglich gewesen, die Versetzung Roeders schon früher zu bewirken.

Immerhin konnte sich Canaris so noch eine Weile halten, obwohl die Arbeit der Abwehr durch die Untersuchungen der Gestapo weitgehend gelähmt war. Aber im Februar 1944 hatte das RSHA endlich sein Ziel erreicht und konnte das Amt Ausland/Abwehr des OKW vollends zerschlagen bzw. einverleiben. Aus Anlaß des Überlaufens von Dr. Vermehren zu den Engländern – er hatte der Wehrmacht als Soldat angehört und war in eine Abwehrnebenstelle in Istanbul kommandiert – wurde Canaris vom Dienst suspendiert und unter Hausarrest gestellt. Sein Nachfolger, Oberst i. G. Hansen, gehörte der Widerstandsbewegung an und konnte so die nützliche Verbindung noch bis zum 20. Juli 1944 aufrechterhalten, aber das Amt Ausland/Abwehr wurde als Amt Mil dem RSHA eingegliedert und nach dem 20. Juli 1944 dem Leiter des Amtes VI, Schellenberg, unterstellt.

Das Jahr 1943 war reich an Versuchen und Plänen der Opposition wie kein anderes. Die verzweifelt werdende Kriegslage lieferte endlich den »psychologisch richtigen« Augenblick, auf den man so sehr gewartet hatte, und die erhöhte Bereitschaft vieler Generale zur Teilnahme und Unterstützung. Sie zeigte aber auch Leuten wie Himmler, daß das Ende nicht mehr allzu fern war. Der grausame, fanatische Oberherr der schwarzen Prätorianer Hitlers, aber auch Haupt aller Bemühungen um die sogenannte Reinerhaltung der germanischen Rasse, der Nationalpolitischen Akademien für die Ertüchtigung junger Nationalsozialisten, der Gesell-

3. Fehlgeschlagene Pläne

schaften »Ahnenerbe« und »Lebensborn e.V.«, der Konzentrationslager und der Massenvernichtung »rassisch Minderwertiger« – dieser Mann war eigentlich ein unsicherer, schwacher und zugleich treu- und charakterloser, subalterner Mensch. Nur konnte er sich weder für seinen Vorteil – also Desertion, wozu freilich ein wenig Mut gehörte –, noch für seine Loyalität gegenüber der nationalsozialistischen »Bewegung« ganz entscheiden. Er schwankte bis zum letzten Tag seines Lebens, bis zu dem Biß auf die Zyankalikapsel hoffte er noch, sich zu retten. Er hatte die SS veranlaßt, den Kampfgeist des Heeres durch die äußersten und barbarischsten Grausamkeiten anzufachen, wie durch das Erhängen mit Fleischerhaken für Soldaten, die in den letzten Monaten des Krieges »defätistische« Reden führten, und zugleich hatte er seit 1942 wiederholt und zuletzt noch Anfang 1945 versucht, über schwedische Mittelsleute mit dem Feind zu verhandeln; nicht etwa, um Deutschland zu retten – dazu war es nun wirklich zu spät –, sondern um sich selbst zu retten. Hitler erfuhr übrigens von diesen Machenschaften und hat Himmler noch am 29. April 1945 aus der Partei und aus allen Staatsämtern ausgestoßen. Schließlich versuchte der Massenmörder, dem nur die Stellung und die Uniform Selbstvertrauen gegeben hatten, als gemeiner Soldat verkleidet sozusagen in ein Mauseloch zu schlüpfen[132]. Der Herr der Konzentrationslager war sich aber auch nicht zu gut, mit der deutschen Widerstandsbewegung in Verhandlungen zu treten und ihnen notfalls seinen »Führer« zu opfern. Für diesen Kontakt allerdings hatte Himmler sich im voraus von Hitler die Erlaubnis geben lassen[132a].

Diejenigen auf der Seite der Opposition, die mit Himmler in Verbindung getreten sind, haben dafür weder Erfolg noch Dank geerntet, wohl aber haben sie damit das schon längst wache Mißtrauen gegen ihre politische Neigung nach rechts bestätigt. Anerkennung verdienen sie gleichwohl für ihren Mut und schließlich für das Opfer ihres Lebens.

Popitz, Langbehn und Jessen glaubten, Meinungsverschiedenheiten innerhalb der nationalsozialistischen Führung nützen und diese spalten zu können. Dr. Langbehn, der für Himmler als Rechtsanwalt tätig war, obgleich er längst vor dem Krieg schon zur entschiedenen Opposition gehörte und Himmler dies auch wußte, stellte die Verbindung her[133]. Er verhandelte zunächst seit Mai 1943 mit SS-Obergruppenführer Wolff, der 1945 auch die im Sinne Hitlers hoch- und landesverräterischen Verhandlungen mit Dulles über die Kapitulation der deutschen Truppen in Italien führte. Langbehn erklärte Wolff, daß ohne Hitler nach seinen Erhebungen im Ausland wohl noch ein erträglicher Friede zu haben sein würde, während offensichtlich sei, daß der Krieg von Deutschland nicht mehr gewonnen werden könne. Er wollte Himmler und Popitz zu Verhandlungen zusammenbringen. Olbricht vermittelte zunächst ein Gespräch zwischen Popitz und Tresckow, bei dem auch Langbehn anwesend war; es fand Anfang August 1943 in Popitz' Wohnung statt. Tresckow scheint zu dem Unternehmen geraten zu haben. Marie-Louise Sarre, Sekretärin im Stab der Heeresgruppe Mitte und gelegentlich mit Kurierdiensten der Verschwörung betraut, berichtet eine Äußerung Bocks vom Juli 1943: er glaube, daß ein Putsch der Wehrmacht allein keinen Erfolg haben würde, er selbst werde sich nur dann beteiligen, wenn Himmler und die SS auf der Seite der Putschenden seien [133a].

Am 26. August ging Popitz schließlich zu Himmler ins Reichsministerium des Innern, das dieser gerade übernommen hatte. Er suggerierte ihm in glatten Worten die Rolle des Hüters des wahren Grals des Nationalsozialismus, der nun nach all der Korruption und der überforderten, also unzweckmäßigen Kriegführung durch einen einzigen Mann im Innern wie nach außen wieder Ordnung schaffen müsse. Der Krieg sei nicht mehr zu gewinnen, aber verloren sei er nur, wenn so weiter geführt werde wie bisher. Immer noch seien Großbritannien und die Vereinigten Staaten angesichts der bolschewistischen Gefahr zu Verhandlungen bereit, nur nicht mit Ribbentrop. Weiter ging Popitz vorsichtshalber nicht, während im Vorzimmer Langbehn zu Wolff sagte, hoffentlich werde Popitz auch wirklich offen sprechen.

Es war sofort nach der Unterredung klar, daß Popitz nicht allzuweit gegangen war, und so wurde vereinbart, auf ein neues Gespräch hinzuwirken. Doch dazu kam es nicht mehr. Im September 1943 wurde Dr. Langbehn von der Geheimen Staatspolizei festgenommen. Er wurde durch eine von deutscher Seite dechiffrierte alliierte Nachricht (Dulles betont, daß es keine englische oder amerikanische gewesen sei) über seine Kontakte in der Schweiz zu Fall gebracht. Sie wurde Himmler vorgelegt und er hatte keine Wahl als zuzugreifen, wußte aber einen Prozeß zu vermeiden. Popitz blieb in Freiheit, aber sehr isoliert, weil seinen früheren Mitverschwörern seine Gesellschaft zu gefährlich geworden war. Langbehn schwieg über die weitgehenden Besprechungen mit Wolff und über die weiteren Verzweigungen der Verschwörung. Erst nach dem 20. Juli 1944 wurde deutlich, daß Popitz und Langbehn Mitglieder eines sehr großen konspirativen Kreises waren. Ihre Kontakte mit Himmler wurden in ihrem Prozeß nur als unbedeutender, aber besonders hinterhältiger Teil ihrer verschwörerischen und defätistischen Tätigkeit hingestellt.

Es ist fraglich, ob es zu dem abenteuerlichen Kontakt mit Himmler gekommen wäre, wenn der Opposition in Berlin nicht so sehr die einheit-

3. Fehlgeschlagene Pläne

liche Führung gefehlt hätte, besonders seit der Absetzung Osters. Canaris hatte immer nur durch kluge Manöver im Hintergrund gewirkt und indem er in jeder Hinsicht seine Hand schützend über die Verschwörer hielt; Beck war krank; Witzleben war ein unpolitischer Haudegen und ebenfalls krank; Tresckow hatte die Energie zu führender Tätigkeit, aber nicht die Stellung; er war in Berlin im Sommer 1943 auf Urlaub, teils in der Heimatdienststelle der Heeresgruppe Mitte tätig. Olbricht war wohl näher am potentiellen Zentrum der Macht im Reich, aber ihm fehlte die dynamische Kraft zum Handeln. Der Befehlshaber des Ersatzheeres, Generaloberst Fromm, war nach wie vor unzugänglich und stets zweideutig in seiner Haltung[134]. Gelegentlich war von Generaloberst Freiherr von Hammerstein die Rede, der aber auch krank war und längst Einfluß wie Stellung eingebüßt hatte[135]. Er starb am 24. April[136]. Hoffnungen, die man sich auf die Mitwirkung Guderians gemacht hatte, wurden ebenfalls enttäuscht[137]. Ende Mai wollte Zeitzler bei Hitler die Ablösung Keitels erreichen und Kluge als Nachfolger vorschlagen, Tresckow verhandelte hinter den Kulissen, einigte sich mit Heusinger, und unterrichtete Olbricht am 28. Mai[137a]. Von solchen gedachten Veränderungen der Spitzengliederung bekamen die Gestapo-Beamten nach dem 20. Juli oft zu hören, wenn sie glaubten, hochverräterischen Gesprächen auf der Spur zu sein. Olbricht überlegte schon die nächsten Schritte; Hauptmann Kaiser notierte: »Schw[immer=Olbricht] sieht klar über 2 Wege: 1. Nach Führerwechsel pol. Forderung auf legalem Wege. 2. Forderung Zeitzler und der 6 Abt. Chefs: Heusinger, Wagner (O.Q.), Stieff (Org.), Berendt (Abt. Ausl.), Gerke (Chef Tr.W.), Fellgiebel (Nachr.W.). Sie sollen einig sein. Z. Forderungen jetzt bei A. Hi. nach Ersetzen Keitels durch einen neuen Mann.« Aber am 9. Juni kam die Ernüchterung: »Von den 5 Chefs gilt zuletzt: Keiner denkt an Torpedieren und daran Pollux [Hitler] aus dem Sattel zu heben.« Im Juli schließlich mußte Witzleben mit Magenbluten ins Krankenhaus.

Zugleich befürchtete man, für den Umsturz gar nicht mehr viel Zeit zu haben, denn die Kriegslage entwickelte sich für Deutschland höchst ungünstig. Die Offensive auf Kursk im Sommer 1943 mißlang, und die Rote Armee befand sich seit Mitte Juli im Gegenangriff. Am 25. Juli wurde Mussolini gestürzt, und Italien bereitete sich zum Abfall vom Dritten Reich vor. Da konnte nur ein Optimist wie Dr. Goerdeler noch glauben, die Alliierten würden sich zu einer Stillhaltezusage für den Fall eines Umsturzes in Deutschland bewegen lassen[138].

Unter dem 25. Juli 1943 schrieb Goerdeler einen Brief an Generalfeldmarschall von Kluge[139]. Wieder berichtete Goerdeler darin eindringlich von den materiellen, wirtschaftlichen und moralischen Zerstörungen, die der Krieg in Deutschland und in ganz Europa angerichtet hatte, von den wahnsinnigen Verbrechen, zu denen sonst anständige junge Menschen gezwungen oder veranlaßt werden, von der völlig hoffnungslosen außenpolitischen und militärischen Lage des herrschenden Regimes. Wenn Kluge noch ein Mittel wisse, um Rußland von Europa fernzuhalten und die Vereinigten Staaten und England zu zwingen, ihre verheerenden Luftangriffe auf die deutschen Städte aufzugeben, dann müsse man es unbedingt dem Volk sagen und erklären. »Wenn es aber den Sieg nicht gibt, dann ist die Fortsetzung des Krieges ein glattes Verbrechen, weil es für ein Volk niemals ein heroisches Ende, sondern immer nur ein Weiterlebenmüssen gibt.« Die Möglichkeit eines günstigen Friedensschlusses sei noch vorhanden, er bitte Kluge, gegen Hitler einzuschreiten. Goerdeler könne ihm die Mehrheit der Arbeiterschaft, der Beamten und der Wirtschaftsführer zuführen und, wenn es gewünscht werde, Kluge oder jedem anderen zum Handeln entschlossenen General Goebbels und Himmler zu Bundesgenossen machen; denn diese wissen längst, daß sie mit Hitler verloren seien.

Der Brief an Kluge wurde aber nicht abgeschickt, weil Freunde Goerdelers, darunter Olbricht, davon abrieten. Sie befürchteten, Kluge würde durch die offene, eindringliche Sprache »vor den Kopf gestoßen« werden, wie man ja Goerdeler überhaupt vorwarf, die Generale vor den Kopf zu stoßen, wenn er ihnen die Wahrheit sagte [140]. Zur selben Zeit bemühte sich Langbehn um die Unterredung zwischen Popitz und Himmler, um diesen gegen Hitler zu gewinnen. Insgesamt war die Situation des Widerstandes festgefahren. Gegen die Vernunft hoffte man weiter auf »die Generale«, die Hassell in seinem Tagebuch »die Josephs« nannte, die aber keine eigene Initiative entfalten wollten. Hauptmann d. R. Hermann Kaiser schrieb über sie – er meinte Olbricht und Fromm – am 20. Februar 1943 in sein Tagebuch: »Der Eine will handeln, wenn er Befehl erhält, der Andere befehlen, wenn gehandelt ist.« [141]

Obwohl 1943 deutlich war, daß der Krieg verloren wurde, obwohl also die psychologische Situation denkbar günstig war, sah sich die Opposition durch die schweren Rückschläge, insbesondere durch das Hineingreifen der Gestapo in das innerste Aktionszentrum um Oster, nahezu gelähmt. Zwischen dem 5. April – der Verhaftung Dohnanyis, Bonhoeffers und Müllers – und dem 1. Oktober – dem offiziellen Dienstantritt Stauffenbergs als Chef des Stabes bei General Olbricht im Allgemeinen Heeresamt – mußte das Zentrum der Aktionen erst wieder neu aufgebaut werden. Im übrigen schien es manchem der Verschwörer, daß im März der Staatsstreich wahrscheinlich nicht glatt verlaufen wäre, selbst beim Gelingen eines der beiden Attentatversuche [142].

3. Fehlgeschlagene Pläne

Um die Mängel in den Planungen zu beheben, um die Koordination zwischen den Umsturzmaßnahmen an der Front und denen in der Heimat sicherzustellen, und um auf besseren Grundlagen neue Attentat- und Staatsstreichpläne auszuarbeiten, ließ sich Tresckow im Juli 1943 beurlauben, nachdem er sich schon wiederholt, Anfang April und Ende Mai 1943, in Berlin aufgehalten hatte [143]. Er setzte sich nun in die Wohnung seiner Schwester in Neubabelsberg und trieb die Vorbereitungen voran. Mehr als je wurde er der leitende Kopf in der militärischen Verschwörung [144]. Er war überzeugt, daß keine Zeit mehr zu verlieren sei; Anfang August traf er mit Goerdeler zusammen und sagte ihm, 1944 werde die Rote Armee an der Grenze Ostpreußens stehen [145].

Die Verschwörer beschlossen nun, das Ersatzheer für einen Staatsstreich einzusetzen, wenn nötig auch ohne die Mitwirkung Fromms [146]. Allerdings konnte es nicht allein handeln, der Anstoß mußte von einem der bedeutendsten Frontbefehlshaber kommen. Diesem Ziel dienten die Bemühungen um Kluge u. a. [147]. Um möglichst breite Mitwirkung, besonders die der Panzertruppe, zu sichern, suchte man eine Unterredung zwischen Olbricht und Generaloberst Guderian, der seit 1. März Generalinspekteur der Panzerwaffe war, herbeizuführen, aus der aber nichts wurde [148]. Kluge galt als »entschlossen«, was sich dann aber auch wieder als Wunschtraum erwies. Am 2. August brachte Schulenburg aus dem OKH die Mitteilung an Olbricht, Zeitzler sei zur Mitarbeit und eventuell auch zur Initiative bereit. Dann stellte man fest, es seien noch »Vorarbeiten« nötig für Kluges Mitwirkung an dem Plan, dem Befehlshaber des Ersatzheeres einfach einen Befehl zu erteilen und ihn, wenn er den Befehl nicht ausführte, festzusetzen und an seiner Stelle zu handeln, was Olbricht beides »machen« wollte. Die Vorarbeiten bestanden hauptsächlich in der Abfassung und Absendung eines Briefes von Olbricht an Kluge. Zur Verstärkung kam dazu ein Brief [149] an Kluge, der am 3. August abging. Ferner entsandte man als Boten Stieff [150] zu Kluge, und schließlich sollte Zeitzler die Direktive erhalten, zu handeln, wenn die »Aktion« mißlingt.

Anfang August sagte Tresckow zu Goerdeler, Manstein, Kluge und Küchler seien sich darüber klar, daß jetzt »gehandelt« werden müsse, und sogar die SS-Generale Sepp Dietrich und Haußer würden »mitgehen« [151]. Aber da ist eben die Frage, was diese Leute unter »Handeln« verstanden. Sie dachten wohl eher an die berühmte »Änderung« in der Führungsspitze als an einen gewaltsamen Umsturz. Möglich ist, daß Goerdeler Tresckow mißverstanden hat oder seinem Optimismus wieder einmal die Zügel schießen ließ, als er noch im August seinem Freund Wallenberg mit Bestimmtheit versicherte, im September werde ein Putsch stattfinden [142]. Aber es ist ebenso möglich, daß man einen Putsch im Putsche plante und die Frontgenerale und auch Zeitzler eher mitzureißen als führen zu lassen gedachte.

Im Sommer 1943 kam Oberst i. G. (ab Februar 1944 Generalmajor) Helmuth Stieff mit der Opposition in intensive Verbindung. Er war damals Chef der Organisationsabteilung im Generalstab des Heeres und gehörte schon längst, seit den frühen dreißiger Jahren, zu den Gegnern Hitlers und des Nationalsozialismus, und seine Gegnerschaft hatte sich stetig gefestigt [153]. Tresckow war schon in Smolensk und im OKH in Ostpreußen mehrfach an Stieff herangetreten und hatte ihm schließlich im Februar 1943 erklärt, Hitler müsse beseitigt werden. Es sei die historische Pflicht der Generalstabsoffiziere, dadurch den Verlust des Krieges im Interesse des Volkes zu verhindern [154]. Stieff möge sich also an Attentat und Umsturz beteiligen. Tresckow habe sich bei Besprechungen im Führerhauptquartier überzeugt, daß es möglich sei, Hitler bei einer Lagebesprechung zu töten.

Anfang August war Stieff kurz in Berlin und traf dort mit Olbricht zusammen; später kamen Tresckow und Beck dazu, der aus dem Krankenhaus entlassen war [155]. Danach, am 6. August, schrieb Stieff an seine Frau, daß er sich zur Teilnahme an der Verschwörung entschieden habe: »Und ich stelle fest, daß meine Auffassung, zu der ich mich in den letzten Tagen durchgerungen habe, die richtige ist, nämlich, daß man sich keiner Verantwortung, die einem das Schicksal abfordert, entziehen darf. Diese Feststellung wird Dir genügen. Und ich müßte mich meines eigenen Werdegangs vor mir schämen, wenn ich nicht in dem Augenblick, wo es not tut, meine wahre Pflicht erfülle. Ich werde mich dabei nicht beflecken, – darüber kannst Du beruhigt sein.« [156]

Darauf fuhr Stieff wieder nach Osten. Im OKH erlebte er schon die erste Enttäuschung. Oberst Thomale, der Chef des Stabes beim Generalinspekteur der Panzertruppe, erklärte ihm, Guderian werde an keiner gegen den Führer gerichteten Handlung teilnehmen. Dann fuhr Stieff zur Heeresgruppe Mitte und überreichte dort am 13. August Olbrichts Brief an Kluge [157]. Kluge hat in einer langen Unterredung mit Stieff zumindest zugesagt, sich für eine »Änderung« der militärischen Führung einzusetzen [158]. Aber Stieff hatte offenbar Anlaß zu weit größeren Hoffnungen. Um den 27. August traf er sich noch einmal mit Kluge, diesmal auf dem Flugplatz Rastenburg, und im September berichtete er Olbricht ausführlich darüber.

In demselben Monat besuchte Kluge auch Berlin und besprach sich dort in der Wohnung Olbrichts mit Beck, Goerdeler, Olbricht und Tresckow [159]. Kluge wollte von Goerdeler wissen, welche außenpolitischen

3. Fehlgeschlagene Pläne

Aussichten für den Abbruch des Krieges, wenigstens im Westen, bestünden. Goerdeler erklärte, England und Rußland seien nur durch den deutschen Krieg zueinander gezwungen. Um sein Weltreich zu sichern, müsse England immer für ein starkes Deutschland als Gegengewicht gegen Rußland besorgt sein. Also müsse man sich mit England verständigen. Dies sei auf folgender Grundlage möglich: Ostgrenze von 1914, Österreich und Sudetenland deutsch, Südtirol und Eupen-Malmedy ebenfalls, deutsch-französische Verhandlungen zur endgültigen Lösung der Frage Elsaß-Lothringen, volle Erhaltung der deutschen Souveränität, keine Reparationen, wirtschaftlicher Zusammenschluß der europäischen Staaten ohne Rußland [160]. Nachdem Goerdeler noch kurz über notwendige innenpolitische Reformen referiert hatte, zogen sich Beck und Kluge zu einer Beratung unter vier Augen zurück. Als Goerdeler wieder zugezogen wurde, erklärte ihm Kluge, da Hitler weder die nötigen Entschlüsse fassen noch auch vom Westen als Verhandlungspartner akzeptiert werden würde, bleibe nichts anderes übrig, als ihn mit Gewalt zu beseitigen. Goerdeler widersprach und meinte, man müsse nur ganz offen mit Hitler sprechen, die gute Sache werde sich allemal durchsetzen. Das bezweifelte aber Kluge mit Recht, während er andererseits auch nicht sagen konnte, wie dann Goerdeler irgendeine Initiative ergreifen könnte. Kluge erkannte an, daß diese vom Militär ausgehen müsse, und versprach, sie mit seinen Kameraden zu besprechen. Goerdeler solle aber dafür sorgen, daß sich die Angelsachsen später »richtig« verhalten. Endlich schien der Staatsstreich unmittelbar bevorzustehen, der Optimist Goerdeler kündigte ihn Wallenberg gegenüber für September »fest« an [161].

Er ist damals nicht zustande gekommen, aber nicht so sehr, weil die Opposition wieder von Mißgeschick betroffen wurde – am 12. Oktober erlitt Kluge einen schweren Autounfall und fiel vorläufig aus –, sondern weil es noch an einigen sehr nötigen Dingen fehlte [162]. Tresckow mußte zur selben Zeit ein Regiment an der Front übernehmen und konnte erst zwei Monate später wieder eine einflußreichere Stellung im Bereich der Heeresgruppe Mitte, nämlich die des Chefs des Generalstabes der 2. Armee, bekommen; an die Stelle Kluges trat als Oberbefehlshaber der Heeresgruppe der hitlerhörige Generalfeldmarschall Busch, so daß die »Initialzündung« kaum mehr von der Heeresgruppe Mitte ausgehen konnte [162a]. Vielleicht hätte der Staatsstreich ohne diese Veränderung im Oktober 1943 stattgefunden, wahrscheinlich aber nicht. Denn das Nötigste, was noch fehlte, war das Attentat. Bisher war niemand, der zu Hitler Zugang hatte – in der Verschwörung kamen im wesentlichen Oberst i. G. Stieff und Oberst d. G. Meichßner, Chef der

Operationsabteilung im Wehrmachtführungsstab des OKW, in Frage, die wenigstens gelegentlich Zutritt zu Lagebesprechungen erhalten konnten –, dazu bereit. Stauffenberg glaubte wohl einmal im Oktober 1943, von Stieff eine entsprechende Zusage erhalten zu haben, aber die muß mißverständlich gewesen oder wieder zurückgezogen worden sein [163]. Erst im Spätherbst fanden sich todesmutige jüngere Offiziere, die sich opfern wollten und denen man eventuell Zugang zum Führer würde verschaffen können. Inzwischen waren jedoch andere wichtige Vorbereitungen vorangetrieben und im wesentlichen abgeschlossen worden.

4. Walküre

Seit einiger Zeit war daran gedacht, das Ersatzheer zur Übernahme der Regierungsgewalt im Reich nutzbar zu machen, doch waren alle Überlegungen bisher an dem Chef der Heeresrüstung und Befehlshaber des Ersatzheeres, Generaloberst Fromm, gescheitert, der nicht mittun wollte [164]. Ein weiteres Hindernis waren die verwickelten Befehlsverhältnisse, denen die Militärgebiete im Reich unterlagen. Der Titel eines Provinzbefehlshaber lautete z. B. in Stuttgart: Kommandierender General des stellvertretenden Generalkommandos V. Armeekorps und Befehlshaber im Wehrkreis V. Der erste Teil des Titels bezeichnete den Inhaber als den Offizier, der die Grund-, Ersatz- und Ausbildungseinheiten eines Armeekorps in der Heimat »stellvertretend« kommandierte, während die eigentlichen Kampftruppen des Korps sich im Feld befanden. Insofern unterstand der Titelinhaber dem Chef H Rüst u BdE, Generaloberst Fromm. Der zweite Teil aber bezeichnete den Inhaber territorialer Militärhoheit, in deren Ausübung der Befehlshaber unmittelbar dem OKW, also Keitel bzw. Hitler unterstand [165].

1943 verfiel man auf den Gedanken, das Ersatzheer notfalls ohne Fromm in Marsch zu setzen. General Olbricht machte sich anheischig, Fromm entweder zur Teilnahme zu zwingen oder ihn festzusetzen und selbst die erforderlichen Befehle zu geben. Damit man aber nicht alles improvisieren müßte, sondern auf einigermaßen reibungsloses, vor allem schnelles und überraschendes Zupacken der im Reich stationierten Heeresverbände rechnen konnte, mußten Vorbereitungen getroffen werden, die erstens das Erteilen der Befehle ohne jeden Zeitverlust sicherten, und zweitens, deren Befolgung ohne allzu viele Zweifel und Rückfragen. Diesen Anforderungen schienen am besten die Pläne für »Walküre« zu entsprechen.

Mitte Dezember 1941 befand sich das deutsche Heer in den eisigen Weiten Rußlands in einer verzweifelten Lage. Das Ziel des Feldzuges, nämlich die Niederwerfung des Feindes und die Besetzung seiner Industriezentren und seiner politischen Zentrale, war nicht erreicht worden. Die deutschen Divisionen aber standen Tausende von Kilometern von ihrer Operationsbasis entfernt ohne Winterkleidung, mit teilweise unbrauchbaren Waffen und ohne ausreichende Verpflegung einem Feind gegenüber, der sich erst jetzt zu einem großangelegten Gegenschlag zur Verteidigung seiner Erde anschickte. Die Verluste an Gefallenen des deutschen Heeres im Feldzug gegen Rußland betrugen damals schon 162 799 Offiziere, Unteroffiziere und Mannschaften [166]. Am 15. Dezember 1941 besprach der Chef des Generalstabes des Heeres, Generaloberst Halder, mit dem Chef der Heeresrüstung und Befehlshaber des Ersatzheeres (Chef H Rüst u BdE), Generaloberst Fromm, die Möglichkeiten, wie die Lücken aufzufüllen seien [167]. Da griff man unter den Deckbezeichnungen »Walküre« und »Rheingold« auf Reserven zurück, die man im bisher in der Heimat gebliebenen Ausbildungspersonal, in wiedergenesenen Verwundeten und Kranken sowie in Arbeitern und Angestellten erkannte, die der Industrie und Wirtschaft entzogen werden müßten [168]. Im Frühjahr 1942 wurden die »Walküre«-Vorbereitungen von neuem angeordnet, diesmal aber unter den Stichworten »Walküre I« und »Walküre II«, im Juli 1942 wurden die »Walküre«-Einheiten zum zweitenmal zur Auffüllung des Feldheeres aufgerufen. Bis dahin war noch nicht daran gedacht, die »Walküre«-Einheiten bei inneren Unruhen einzusetzen. Auch in den folgenden Monaten war der Einsatz im Reichsgebiet noch ein Nebengedanke, nicht der Hauptzweck.

Am 31. Juli 1943 aber erließ der Chef H Rüst u BdE neue »Walküre«-Bestimmungen, die mit ganz großer Eile befördert wurden. Die 83. Ausfertigung – von insgesamt 220 – kam mit 5 weiteren Exemplaren ins Wehrkreiskommando XVII (Wien) und trug nicht nur den Vermerk »Geheime Kommandosache«, sondern auch die mit großen Stempeln angebrachten Aufdrucke: »Sofort durch Sonderkurier zu befördern!« »Eilt sehr!« »Sofort vorlegen.« Der Eingangsvermerk der Abteilung Ib/Org. im Wehrkreiskommando XVII stammt vom 2. August 1943. Bis zum 12. August sollten die Empfänger den Vollzug der befohlenen Vorbereitungen melden [169]. Die Wehrkreise mußten sich noch mit den neuen Anweisungen vertraut machen und auch Übungen abhalten. Der Ia bei Olbricht und Vorgänger Stauffenbergs in dieser Stellung, Oberst i. G. Reinhardt, wußte übrigens nichts vom geheimen Zweck der »Walküre«-Befehle.

Die Bestimmungen waren nun abgefaßt, um nicht bloß rasch Reserven aus dem Reich holen zu können, sondern um nötigenfalls »innerer Unruhen«, wie organisierter Sabotage in großem Ausmaß, etwa durch von außen geleitete oder gar im Reichsgebiet abgesetzte Agententrupps, Herr werden zu können, oder eines Einfalls von Luftlandetruppen oder eines Aufstands der Millionen von ausländischen, nach Deutschland verschleppten oder »dienstverpflichteten« Arbeiter und Kriegsgefangenen[170].

Kernpunkt der »Walküre«-Befehle war die Zusammenfassung der in den Bereichen der Wehrkreiskommandos liegenden Ersatz- und Ausbildungseinheiten, der an Schulen und Lehrgängen tätigen Soldaten in Kampfgruppen, d. h. verstärkten Bataillonen, in die Einheiten aller verfügbaren Waffengattungen einzugliedern waren. Das Ganze konnte in zwei Stufen vor sich gehen: »›Walküre‹ 1. Stufe« bedeutete: »Herstellung der Einsatzbereitschaft von Einheiten (Komp. pp) innerhalb von 6 Stunden«, ohne Alarmbereitschaft. »›Walküre‹ 2. Stufe« hieß: »Zusammenfassung von Einheiten der 1. Stufe zu einsatzfähigen Kampfgruppen.« Für die 1. Stufe war die Zeitgrenze von 6 Stunden festgelegt, für die 2. Stufe galt größtmögliche Schnelligkeit, die je nach den örtlichen Verhältnissen – Besiedelung, Straßenverhältnisse, Berge, Fahrzeugbestand – variieren konnte. Zur Zusammenziehung der Einheiten zu Kampfgruppen (2. Stufe) sollte jedenfalls nur Eisenbahntransport in Frage kommen, wo andere Transportmethoden eine erhebliche Verzögerung bedeuteten oder Kraftwagentransport nicht möglich war.

Im einzelnen wurde bestimmt: Für die Ausstattung der Kampfgruppen war nur ihre Einsatzbereitschaft maßgebend, nicht irgendwelche papierene Vorschriften; Panzereinheiten, Panzergrenadiereinheiten sowie deren Schulen, Lehrgänge und Lehrtruppen mußten neben der regulären Infanterie als besondere Kampfgruppen zusammengefaßt werden; die im Bereich der Wehrkreiskommandos liegenden Nachrichten-, Kraftfahrpark- und Verwaltungstruppen waren nur soweit in die Kampfgruppen einzubeziehen, als es der Stärke der Kampfgruppen entsprach, also nicht grundsätzlich mit allen verfügbaren Kräften (wodurch die Kampfgruppen unter Umständen mit nutzlosem Personal überlastet worden wären).

Außer den Kampfgruppen waren noch Alarmeinheiten zu bilden. Dafür waren Marschbataillone und Marschkompanien heranzuziehen, ferner Schulen und Lehrgänge, Lehrtruppen, Ersatz-Abteilungen und »sonstige« Einheiten. Zu den Schulen und Lehrgängen zählten Offizier-, Fahnenjunker- und Oberfähnrichlehrgänge, militärärztliche und Heeresveterinär-Akademien, Forschungsabteilung und Sanitätsoffiziere der Gebirgs-Sanitäts-Schule, Offiziere der Sanitäts-Lehrabteilung, Heeres- Unteroffizier-Schulen, die Heeres-Feuerwerker-Schule in Berlin-Lichterfelde, die Waffenmeister-Schulen I und II, die Heeres-Nachrichten-Schule II, die Heeres-Reit- und Fahr-Schule, die Pionier-Schule in Karlshorst, die Festungswallmeister-

4. Walküre

Schule Sternberg, die 1. Eisenbahn-Pionier-Schule in Rehagen-Klausdorf, die Beamten- und Schirrmeister-Lehrgänge. Von den Lehrtruppen und Ersatz-Abteilungen waren heranzuziehen das Pionier-Lehrbataillon 3 in Rosenheim, die Festungs-Lehrabteilung in Althöfchen, die Truppen-Entgiftungs-Lehrkompanie der Sanitäts-Lehrabteilung, die Ausbildungsbatterie für Gasspürhunde und die Feldpost-Ersatzabteilung. Unter »Sonstiges« befanden sich so wichtige Einheiten wie die Nachrichten-Betriebsabteilung Chef H Rüst u BdE, die Blindenführerhunde-Staffel, die Gruppe Heeresstreifendienst z.b.V., die Zug-Wach-Abteilung, der Betreuungsdienst, die Heeresschule für Nachrichtenhelferinnen sowie entsprechende Ausbildungsabteilungen, Nachrichtenhelferinnen-Bereitschaften und -Trupps, ferner alle Feldzeugdienststellen, Kraftfahrparke, Sanitäts-Abteilungen, Heimatpferdeparke sowie Parke aller übrigen Waffen, Luftabwehr-MG-Posten, Alarm- und Heimat-Flak-Batterien und der Werkschutz in den Betrieben. Von all den genannten Einheiten des Heeres mußten nur die Lehrtruppen für »Walküre« zur Verfügung stehen, die anderen mußten gegebenenfalls für die Kampfgruppen Ersatz liefern.

Unabhängig von der Vorbereitung und Planung der Kampfgruppen und ihrer möglichst raschen Verfügbarkeit hatten die Wehrkreiskommandos den »Objektschutz und die Sicherung von Kunstbauten bei Notständen« vorzubereiten und zu organisieren. In manchen Wehrkreisen hatten die dort liegenden Truppen schon bestimmte Aufgaben wie etwa Bekämpfung von Fallschirmjägern oder Luftlandetruppen oder Sicherung der Küsten; hier sollten die »Walküre«-Vorbereitungen zur Grundlage auch dieser Aufgaben gemacht werden.

Im übrigen mußten die für »Walküre« in Frage kommenden Einheiten weiterhin ihre regulären Aufgaben erfüllen, wie Aufrechterhaltung des Schriftverkehrs und der Personalpapierführung, Betreuung einrückender Rekruten und Genesender einschließlich Unterbringung, Verpflegung und Einkleidung, ferner die Bewachung der Gebäude und der bei einem Einsatz zurückbleibenden Geräte. Das Personal für diese Aufgaben mußte aber auf das notwendige Minimum beschränkt werden.

Für »Walküre« mußte grundsätzlich alles in den Bereichen der Wehrkreiskommandos vorhandene Personal, einschließlich in der Ausbildung befindlicher Rekruten, soweit sie verwendbar erschienen, herangezogen werden, ferner sämtliche Urlauber, nicht dagegen das Personal von in Aufstellung befindlichen Marsch-Kompanien und Marsch-Bataillonen. Die Ausrüstung an Waffen, Geräten, Munition, Fahrzeugen, Panzern und Pferden war zunächst aus den Gesamtbeständen der im Bereich der jeweiligen Wehrkreiskommandos liegenden Einheiten zu bestreiten, während davon unabhängige Lager und Parke erst auf Weisung vom Chef H Rüst u BdE zur Verfügung standen. Diese waren dann auf die entsprechende Anweisung für die Ausstattung der aufgestellten Kampfgruppen und Alarmeinheiten als Ganzem zu verwenden. Wenn die vorhandenen Bestände an Fahrzeugen und besonders an Pferden nicht ausreichen sollten, konnte die »Aushebung« des Bedarfs vorgesehen werden, durfte aber keinesfalls mit anderen Dienststellen, etwa solchen, die für die Landwirtschaft zuständig waren, besprochen werden; denn sonst waren die Pferde und Wagen nicht da, wenn man sie holen wollte.

Unter dem 6. Oktober 1943 wurde durch einen von General Olbricht unterzeichneten Ergänzungsbefehl eine wichtige Verstärkung der für den »Walküre«-Fall zur Verfügung zu stellenden Kräfte erreicht, indem nun auch Einheiten des Feldheeres, die zur Aufstellung, Auffrischung oder Umgliederung im »Heimatkriegsgebiet« lagen, heranzuziehen waren. Sie sollten wie die anderen Einheiten auf die Auslösung des entsprechenden Stichwortes hin als Kampfgruppen aufgestellt werden, sofern es ihre Bewaffnung, Beweglichkeit und sonstige Ausrüstung zuließ, andernfalls als Alarmeinheiten. Auf jeden Fall sollten sie selbständig aufgestellt werden, nicht zusammen mit anderen Verbänden der Wehrkreise. Für die Einsatzbereitschaft aller Alarmeinheiten wurde noch bestimmt, daß sie wie die der Kampfgruppen innerhalb 6 Stunden hergestellt sein mußte.

Schließlich hat Stauffenberg, inzwischen schon einige Monate Chef des Stabes bei Olbricht (während er sich zugleich um das Zustandebringen des Attentats bemühte, um die Gelegenheit dazu durch eine Uniformvorführung, sich auch mit der Beschaffung von Sprengstoff befaßte), durch eine Anweisung vom 11. Februar 1944 versucht, die Aufstellung der Kampfgruppen zu straffen und zu vereinheitlichen. Zugleich schuf er die Möglichkeit, militärische Kräfte bis zu einem gewissen Grade unauffällig an Schwerpunkten zu konzentrieren, wenn »Walküre« oder ein Vorbereitungszustand befohlen wurde. Die Kampfgruppen wurden als »verstärkte Grenadierregimenter« neu gegliedert; sie sollten fortan bestehen aus Regimentsstab mit Stabskompanie, zwei bis drei Bataillonen, einer Infanterie-Geschütz-Kompanie, aus einer bis zwei Panzer-Jäger-Kompanien, aus einer Artillerie-Abteilung mit zwei bis drei Batterien von Feldhaubitzen und aus einer Pionier-Kompanie.

Dann aber hieß es noch in der von Stauffenberg unterzeichneten Anweisung, in unscheinbarem Militärdeutsch: »3. Aufruf von vorst. Gren.Rgt. für den Fronteinsatz gemäß Ziffer 2 wird erforderlichenfalls durch Aufruf entsprechender Truppenteile aus verschiedenen W.K. er-

4. Walküre

folgen, um eine übermäßige Beanspruchung eines W.K. zu vermeiden.« Das war durchaus sinnvoll und legitim. Man konnte auf diese Weise rascher ein paar solche verstärkte Grenadier-Regimenter für den Fronteinsatz loseisen. Aber ebenso konnte man unter der Flagge dieser Anweisung bestimmte, besonders geeignete Einheiten bei einem Umsturzversuch in Marsch setzen oder konzentrieren. Es war nicht unbedingt nötig, erst im ganzen Reichsgebiet »Walküre« zu befehlen, wonach noch wenigstens 6 Stunden bis zur Marschbereitschaft der meisten Einheiten vergehen würden. Es war vielmehr möglich, gegebenenfalls und ganz nach Bedarf etwa ein paar bewegliche (motorisierte) und gut ausgerüstete Panzer-Jäger-Kompanien aus den umliegenden Wehrkreisen z. B. bei München oder Berlin oder um eine SS-Garnison zusammenzuziehen, ohne den entsprechend langsameren Gesamtapparat in Bewegung zu setzen. Besonders in Berlin mußte alles so rasch gehen, daß der normale »Walküre«-Ablauf trotz aller Schnelligkeit immer noch viel zu schwerfällig gewesen wäre. Man hat denn auch hier durch Übungen und dergleichen noch ein übriges getan [171].

Die größtmögliche Geheimhaltung der »Walküre«-Pläne war selbstverständlich, aber sie wurde noch ausdrücklich betont: »Der an der Durchführung der Vorarbeiten zu beteiligende Kreis ist so eng wie möglich zu halten. Keinesfalls dürfen Dienststellen und Einzelpersonen außerhalb der Wehrmacht von den Absichten bzw. Vorarbeiten Kenntnis erhalten.« Also auch nicht die Partei und nicht die SS. Die Einheiten der Waffen-SS konnten ohnehin nicht in die Vorbereitungen einbezogen werden, da sie von der territorialen Militärhoheit der Wehrkreisbefehlshaber praktisch ausgenommen waren [172]. In manchen Wehrkreisen waren Partei- und SS-Formationen zahlenmäßig viel stärker als die Truppen des Heeres. Übrigens entschied Hitler am 6. Juli 1944, in der Besprechung, bei der Stauffenberg zum erstenmal in Gegenwart Hitlers eine Aktentasche voll Sprengstoff bei sich führte, daß bei Kampfaktionen im Reichsgebiet den militärischen Befehlshabern die uneingeschränkte Exekutive (Vollziehende Gewalt) zukomme, den politischen aber – den Gauleitern als Reichsverteidigungskommissaren – nur beratende Funktion. Das galt nun speziell für etwaige »Walküre«-Aktionen [172a].

Mit den »Walküre«-Befehlen und den erwähnten Zusätzen hatten die Verschwörer nun auf völlig legitimem Wege ein Instrument geschaffen, mit dem sie alle im Reich befindlichen und beweglichen militärischen Kräfte außer der SS in Bewegung setzen konnten, sofern die Voraussetzungen dazu bestanden. Die Befehle waren durchaus sinnvoll und für einen Notstand brauchbar; sie waren an sich neutral und unpolitisch.

Politische Valenz erhielten sie, wenn sie ausgelöst wurden, erst durch ihre Zielrichtung, also z. B. gegen Partei und SS statt gegen Fremdarbeiter und Kriegsgefangene. Dies war denn auch ein äußerst kritischer Punkt hinsichtlich ihrer Brauchbarkeit für den Staatsstreich. Der andere schwache Punkt war die Frage der Auslösung.

Unter »Auslösung« der vorbereiteten Maßnahmen ist zunächst die Zusammenfassung der jeweils vorhandenen Truppen zu Kampfgruppen bzw. verstärkten Grenadier-Regimentern und die Bildung von Alarmeinheiten zu verstehen, je nach Stichwort in zwei möglichen Stufen. Die Stichworte konnten durch Zusätze modifiziert werden. Z. B. würde »›Walküre‹ 1. Stufe für W.Kdo. V« bedeuten, daß nur für die im Bereich des Stuttgarter Wehrkreiskommandos liegenden Einheiten innerhalb 6 Stunden Einsatzbereitschaft herzustellen sei. Durch das Stichwort »›Walküre‹ für W.Kdo. V in Erwartung« konnte ein Voralarm befohlen werden. Aber der Haken bei der Sache war, daß der Befehlshaber des Ersatzheeres das Stichwort zu geben hatte, wie in den Bestimmungen ausdrücklich festgehalten war: »Das Stichwort zu vorstehender Ziff. a) wird durch Chef H Rüst u BdE gegeben. Der Empfang ist umgehend durch Fernschreiben im Wortlaut zu bestätigen.« Militärisch war das eine Selbstverständlichkeit, Befehle wurden vom Befehlshaber gegeben. Wenn der Befehlshaber ausfiel, mußte er den Regeln entsprechend ersetzt werden. Da der »Chef H Rüst u BdE« immer noch Generaloberst Fromm war, konnte man in eine sehr unangenehme Situation geraten, wenn man sich auf die Unzuverlässigkeit (im Sinne der Verschwörer) dieses Mannes nicht mit äußerster Konsequenz einstellte. Diese Situation ist am 20. Juli 1944 eingetreten, als es nicht bei den Empfangsbestätigungen blieb, sondern immer dringender rückgefragt und nach Fromm verlangt wurde [173].

Um die Mitwirkung von Generaloberst Fromm also zu sichern, mußte man eine Lage schaffen, in der er seine Mitwirkung als das einzig Richtige erkennen mußte. Der wesentlichste Schritt in dieser Richtung war zweifellos die Beseitigung Hitlers. Es würde aber auch sicherlich einen starken Eindruck auf Fromm machen und überhaupt für den Erfolg des Unternehmens von großer Bedeutung sein, wenn die vorbereiteten Maßnahmen reibungslos, rasch und scheinbar unaufhaltsam durchgeführt wurden. Von der Frage, wie die Masse des Ersatzheeres gegen das Regime mobilisiert werden könnte, wird unten noch weiter die Rede sein; auch hier mußte eine Lage geschaffen werden – durch Tatsachen und Umstände sowohl als auch durch psychologische Beeinflussung –, in welcher es möglichst selbstverständlich und gewissermaßen gesellschaftlich akzeptabel war, die Befehle der Verschwörer zu befolgen.

4. Walküre

Vorbereitungen an Ort und Stelle, dort, wo die Befehle ausgeführt werden sollten, waren nur in begrenztem Umfange möglich, doch hat man sich auch hier redlich bemüht. Man konzentrierte sich im wesentlichen auf zwei Methoden: die Gewinnung Gleichgesinnter in entsprechenden Stellen; und die heimliche Vorbereitung und getarnte Übung der Staatsstreichmaßnahmen.

In mehreren Wehrkreisen gab es in der kritischen Zeit, also etwa vom Sommer 1943 bis zum 20. Juli 1944, Vertraute und Anhänger der Verschwörung in den verschiedensten Stellungen. Die Verhaftungslisten nach dem 20. Juli geben hier ein recht vollständiges Bild; denn es wurden fast alle verhaftet, die sich nur einigermaßen bereitwillig zeigten, die Befehle aus Berlin zu befolgen. Bei diesen Vertrauensleuten gab es später, nachdem Stauffenberg die Staatsstreichorganisation übernommen hatte, zwei Kategorien: 1. Angehörige der Stäbe der Wehrkreiskommandos in wichtigen Stellungen; 2. in die Verschwörung eingeweihte Offiziere in den verschiedensten Stellungen, die am Tage X zu Verbindungsoffizieren des AHA, d. h. der Berliner Staatsstreichzentrale, zu den Wehrkreisen ernannt werden und für die richtige Durchführung der Anweisungen aus Berlin sorgen sollten [174].

Im Wehrkreis I (Königsberg) war der Ia, Oberstleutnant Hans Otto Erdmann, eingeweiht; im Wehrkreis II (Stettin) waren der Kommandant von Stettin, Generalmajor Siegfried von Stülpnagel, und der Kommandeur der Panzer-Ersatz-Truppen II und XXI, Oberst Friedrich Jäger, zur Teilnahme bereit; Jäger war übrigens schon im April 1943 von den Verschwörern als Kommandeur des Berliner Wachbataillons vorgesehen. Im Wehrkreis III (Berlin) war bis zu seiner Versetzung Anfang Mai 1944 der Chef des Generalstabes, Generalmajor Hans-Günther von Rost, im Bunde, ferner sein Ordonnanzoffizier Oberleutnant d. R. Heinz-Günther Albrecht, sowie sein Nachfolger, Generalmajor Otto Herfurth, der zuvor dieselbe Stellung in Stuttgart bekleidet hatte, sodann der Ia, Oberstleutnant Bruno Mitzkus, die Vorzimmerdame beim Befehlshaber und beim Chef des Generalstabes, die damalige Gräfin von der Schulenburg, und einige Offiziere in den zahlreichen um Berlin liegenden Schulen und Übungsplätzen. Im Wehrkreis IV (Dresden) rechnete man auf den Befehlshaber, General der Infanterie Viktor von Schwedler, und den Adjutanten (IIa), Oberst Dr. Wilhelm Sommerlad; der Wehrkreis V (Stuttgart) war seit dem Weggang von Herfurth etwas verwaist; im Wehrkreis VI (Münster) war der beteiligte Major d. R. Dr. Hermann Pünder als IaQu nicht sehr einflußreich, aber der Ib, Oberstleutnant Martin Bärtels, war unterrichtet und im Sinne des Aufstandes tätig; im Wehrkreis VII (München) waren der Chef des Generalstabes, Oberst Max Ulich, und der Ia, Oberstleutnant Bruno Grosser, unterrichtet. Im Wehrkreis VIII (Breslau) gab es keinen Vertrauensmann in wichtiger Stellung, aber im Wehrkreis IX (Kassel) gab es mehrere: der Chef des Generalstabes, Generalmajor Ludwig von Nida, gehörte dazu und sein Nachfolger seit dem Frühjahr 1944, Oberst i. G. Claus-Henning von Plate, galt als verläßlich; sodann zählte man auf den Ia, Oberst i. G. Fritz von Vethacke, und den Ic, Oberstleutnant Hans Beck. In Hamburg (X) war der Gauleiter Karl Kaufmann wenigstens halb eingeweiht und gewonnen, und auf den Ic, Kapitän z. S. Herbert Wichmann, konnte man zählen, doch hatte dieser in seiner Eigenschaft keine entscheidende Befehlsgewalt. In Hannover (XI) waren keine Verschwörer in wichtigen Stellungen; in Wiesbaden (XII) konnte mit der Weitergabe der »Walküre«-Befehle durch den Chef des Generalstabes, Generalmajor Erwin Gerlach, gerechnet werden. In Nürnberg (XIII) hoffte man auf den Chef des Generalstabes, Oberst i. G. Viktor Kolbe, und auf den IIa, Oberst Hans Liphart. In Wien (XVII) war ebenfalls der Chef des Generalstabes, Oberst i. G. Heinrich Kodré, eingeweiht und hatte überdies intensive Verbindungen mit der österreichischen Widerstands- und Unabhängigkeitsbewegung; ferner gehörte hier der stellvertretende Befehlshaber, General der Panzertruppe Hans-Karl von Esebeck, zur Verschwörung, und bis zu seiner Versetzung in das AHA der Ic, Oberst Rudolf Graf von Marogna-Redwitz. In Salzburg (XVIII) konnte man sich gleichfalls auf den Chef des Generalstabes, Oberst i. G. Wilhelm Freiherr von Salza und Lichtenau, verlassen, aber der Befehlshaber, General der Gebirgstruppe Julius Ringel, war ein äußerst loyaler Gefolgsmann des Regimes. Im Wehrkreis XX (Danzig) war der Ia, Oberstleutnant i. G. Hasso von Boehmer, durch Tresckow gewonnen, aber der Wehrkreis XXI (Posen) war anscheinend unvorbereitet[175]. In Prag war der Ia, Oberst i. G. Kurt Engelschall, wahrscheinlich unterrichtet. Beim Oberbefehlshaber West in Paris schließlich herrschte eine ähnliche Situation wie beim Stab der Heeresgruppe Mitte; eine ganze Anzahl einflußreicher Stellen war mit Offizieren besetzt, die entweder zur Opposition gehörten oder doch mit ihr stark sympathisierten[176].

Von den in den Wehrkreisen eingesetzten hohen Stabsoffizieren, denen Stauffenberg und seine Mitverschwörer von ihren Absichten Kenntnis gaben, erwarteten oder erhofften sie tätige Mitwirkung durch Ausführen der Anweisungen, welche am Umsturztage aus Berlin ergehen sollten. Nicht in jedem Wehrkreis konnten Vertrauensleute gefunden oder »eingebaut« werden, Versetzungen konnten stets kurzfristig die Verbindung zerstören, die Nachrichtenverbindungen konnten versagen, der Grad der Einweihung des Vertrauensmannes war oft aus zwingenden Gründen gering. So empfahl sich die Einrichtung einer weiteren Verbindung zwischen Zentrale und Wehrkreiskommandos durch die Ernennung besonderer Beauftragter, die am Tage X den Wehrkreiskommandos als Verbindungsoffiziere des OKH bekanntgegeben werden sollten. Sie gehörten zum inneren Kreis der Verschwörung, sie kannten den Plan, die Voraussetzungen, die Ziele, und sie sollten für die richtige und sinngemäße, rasche Durchführung der Berliner Befehle in den verschiedenen Wehrkreisen sorgen[177]. Ihre Namen werden ebenso wie die der Politischen Beauftragten für die Wehrkreise, welche die Wehrkreisbefehlshaber beraten sollten, im Kapitel X zu nennen sein; denn ihre Gewinnung und Einweisung in ihre Rollen in der Verschwörung gehören größtenteils in die Ära Stauffenberg.

Es war selbstverständlich nicht angängig, in allen oder auch nur mehreren Wehrkreisen Übungen für den als »Walküre«-Fall getarnten Staatsstreich zu veranstalten, ohne Verdacht zu erregen. Aber in Berlin, das besonders von den englisch-amerikanischen Bombenangriffen heimgesucht und wiederholt in Katastrophensituationen gestürzt worden ist, hat man es tun können. Hier hatte der Chef des Generalstabes, Generalmajor von Rost, die Umsturzvorbereitungen mit sonst nirgends bekannter Gründlichkeit organisiert und seine Tätigkeit für die Opposition besonders raffiniert getarnt[178].

Der Befehlshaber, General der Infanterie Joachim von Kortzfleisch, war ein aufrechter und außerordentlich tüchtiger Mann und Offizier, aber nationalsozialistisch eingestellt, so daß Rost mit ihm in der Frage des Umsturzes nicht zusammenarbeiten konnte. Statt dessen hat Rost durch bombastisches Auftreten und gewaltige Besprechungen mit Behörden- und Parteivertretern, durch gespielte Wichtigtuerei und Kasinofeierlichkeiten großen Stiles einen derartigen Auftrieb und Umtrieb veranstaltet, daß alle Uneingeweihten diese Fassade für die Sache selbst hielten. Man glaubte, Rost sei bloß ein ehrgeiziger General, der sich von seiner Kommandierung zur französischen Vichy-Regierung her noch dazu als Diplomat und Genie betrachtete. Hinter diesem Feuerwerk aber verbarg Rost seine eigentliche Tätigkeit. Nur einmal unterlief ihm ein »Fehler«, als er für eine dem menschlichen Existenzminimum entsprechende Ernährung der russischen Kriegsgefangenen eintrat; das hat ihm sehr geschadet und wohl auch zu seiner Versetzung beigetragen.

Im Spätsommer 1943 verbrachten Stauffenberg und Oertzen einige Tage im Hause des Stellvertretenden Generalkommandos mit der Bearbeitung der speziellen Ausführungspläne für »Walküre« in Berlin, wobei Generalmajor von Rost es an praktischer Mithilfe nicht fehlen ließ. Um Einblicke in das Funktionieren und den Einfluß der Berliner Partei- und SS-Stellen, aber auch in die Schutzvorkehrungen für die Rundfunkanstalten und ähnliche Einrichtungen zu erhalten, begab sich Rost mit seinem Ordonnanzoffizier so oft wie möglich selbst in die Ämter, wo er natürlich von etwa gleichgeordneten Würdenträgern empfangen werden mußte. Dabei wurden dann immer die jeweiligen Vorkehrungen für Katastrophenfälle aller Art, welche die besuchten Dienststellen getroffen hatten, eingehend besprochen und auf diese Weise erforscht. Der Generalmajor ließ sich die weitschweifigen allgemeinen Erklärungen geben, während sein Begleiter, Oberleutnant Albrecht, Einzelforschungen betrieb. Ebenso besuchte Rost so oft wie möglich die zum Wehrkreis gehörenden Kasernen, Schulen und Übungsplätze und unterrichtete, soweit es ging, die Kommandeure oder Angehörige ihrer Stäbe in vorsichtiger Weise über die Möglichkeit eines Umsturzes und die dabei zu erfüllenden Aufgaben. Insbesondere beim Ersatz-Bataillon 9 in Potsdam hatte er in dem Kommandeur, Major Meyer, und dessen Adjutanten, Oberleutnant von Gottberg, zuverlässige und eingeweihte Mitarbeiter, und auch der Kommandeur der Heeresfeuerwerkerschule I in Berlin-Lichterfelde, Generalmajor Helmuth Schwierz, sagte seine Mitarbeit nach einigem Zögern im Herbst 1943 zu.

Die Ergebnisse der Erhebungen wurden Stauffenberg mitgeteilt, der dann auf ihrer Grundlage sowie auf Grund der bei seinem Besuch im Generalkommando gewonnenen Erkenntnisse die Weisungen für die generalstabsmäßige Ausarbeitung der Vorbereitungen gab.

Diese ganzen Arbeiten konnten wegen der ständigen Veränderungen der Lage, der stets neuen Zerstörungen und daraus folgenden Umdispositionen nie aufhören. Sie wurden bis wenige Tage vor dem 20. Juli 1944 fortgesetzt, allerdings nicht mit gleichbleibender Energie, seit Generalmajor von Rost nicht mehr da war. Die Einwirkungen des Krieges, welche die organisatorischen Vorbereitungen immer wieder umstießen, erlaubten andererseits auch ständige Veränderungen in den Planungen für den Katastrophenfall und damit für den Staatsstreich. Es hatte sich nämlich im Lauf des Jahres 1943, zumal seit dem Beginn der besonders schweren Luftangriffe auf Berlin im Sommer, gezeigt, daß für Katastrophenfälle von den dafür zuständigen Stellen, so vom Reichsverteidigungskommissar Goebbels und seinen nachgeordneten Ämtern, nicht genügend vorgesorgt war. Da sprang das Wehrkreiskommando in die Bresche, und Generalmajor von Rost veranlaßte die Ausarbeitung besonderer Katastrophen-Pläne im Rahmen von »Walküre«. Unter dieser offiziellen Tarnung wurden Truppenverschiebungen in aller Öffentlichkeit möglich, wenn auch im Einzelfall von den Parteidienststellen gelegentlich mit Unbehagen gesehen.

4. Walküre

Selbstverständlich hatten die Pläne des Wehrkreiskommandos für den Katastropheneinsatz nicht nur für die Staatsstreichvorbereitungen, sondern auch für Katastrophen im gewöhnlichen Verstande Gültigkeit und fanden dabei wiederholt mit Erfolg Anwendung. Zugleich konnten die Planer solche Einsätze als Generalprobe betrachten und ausführen lassen. Dies geschah z. B. gelegentlich eines besonders schweren Luftangriffes im November 1943. Das Regierungsviertel war überaus stark mitgenommen, und Rost ließ die Panzertruppenschule Krampnitz dorthin rücken, alarmierte u. a. auch das Inf.-Ers.-Batl. 9, worauf Goebbels erregt bei Kortzfleisch anrief und wissen wollte, was »die militanten Fahrzeuge im Regierungsviertel« zu bedeuten haben. Die Truppen hatten von der Alarmierung bis zum Eintreffen im Zentrum von Berlin kaum mehr als eine Stunde gebraucht.

Es wurde schon gesagt, daß die »Walküre«-Befehle eigentlich politisch neutral waren. Wohl war es theoretisch möglich, sie auszulösen und Truppen in Marsch zu setzen, aber von da bis zur Besetzung von Regierungsgebäuden, Partei- und SS-Dienststellen, SS-Kasernen, Rundfunkanstalten und Telegraphenämtern, bis zur Verhaftung von Ministern, Gauleitern und SS-Führern war immer noch ein weiter Weg. Würden entsprechende Befehle wirklich zunächst mit so blindem Gehorsam ausgeführt worden sein, wie man ihn dem deutschen Militär – zur Rechtfertigung ebenso wie als Vorwurf – gerne nachsagt, so wären doch Zweifel und Hemmungen spätestens dann aufgetreten, wenn Widerstand geleistet worden wäre und wenn die Betroffenen, also etwa der wortgewaltige Goebbels, sich den »Unfug« strengstens verbeten hätten. Mit der Lösung dieser Frage beschäftigte sich seit Anfang August 1943 Oberst i. G. von Tresckow, und spätestens seit Ende August half ihm dabei der soeben von schwerer Verwundung nur einigermaßen genesene Oberstleutnant i. G. Graf von Stauffenberg, der sich im Sommer 1943 auf die Frage von General Olbricht hin der Verschwörung zur Verfügung gestellt hatte [179].

Begreiflicherweise sind gerade die Vorgänge, Überlegungen und Tätigkeiten von Tresckow und Stauffenberg in jenen Wochen im August und September 1943 nur wenig geklärt. Beide sind vom 20. auf den 21. Juli 1944 in den Tod gegangen, und die überlebenden Beteiligten wußten nie alles und selten viel; den Rest haben die Turbulenz der Ereignisse, die ständigen Neufassungen der Pläne und Aufrufe und die aus allem folgende Ungenauigkeit der Erinnerung weitgehend verschüttet [180].

Nur so viel ist bis jetzt mit Sicherheit festzustellen: Etwa am 9. August kam Stauffenberg aus dem Genesungsurlaub, den er seit Ende Juni in Lautlingen verbracht hatte, nach München, um die für eine künstliche rechte Hand nötigen vorbereitenden Operationen vornehmen zu lassen. Diese mußten aber verschoben werden, weil ein Splitter aus dem rechten Arm zu eitern begann. Ebenfalls im August war Stauffenberg zu Besprechungen mit Olbricht, Tresckow und anderen in Berlin, dann fuhr er wieder nach Lautlingen, wo er sich mit seinem Bruder Berthold und Professor Rudolf Fahrner über Fragen des Umsturzes beriet. Die Operationen für die Sauerbruch-Hand waren zunächst um vier Wochen verschoben worden, aber Anfang September sagte Stauffenberg sie ganz ab und fuhr nach Berlin. Dort bearbeitete er nun mit Tresckow, den er schon seit 1941 kannte, die »Walküre«-Pläne und vor allem die politischen Befehle und Aufrufe[181].

Zu klären waren die zwei Fragenkomplexe: Welche Einzelheiten der Maßnahmen in den Wehrkreisen, besonders in und um Berlin, konnten im voraus festgelegt werden? Wie konnte die Auslösung von »Walküre« am Tage des Staatsstreiches am überzeugendsten erklärt und motiviert werden?

Zur Festlegung der Einzelheiten setzten sich Tresckow und Stauffenberg mit Offizieren ihres Vertrauens in Verbindung. So etwas konnte nun nicht rasch und zügig erledigt werden. Wochen mußten hingehen, bis etwa ein Mitverschwörer in einer Heeresschule oder Garnison wußte, wie ein neuer Mann in Berlin dachte und bis er Vertrauen zu ihm hatte, womit noch lange nicht die Zusammenarbeit im Ernstfall gesichert war. Auf diesem Gebiet war seit September 1943 besonders Stauffenberg unermüdlich tätig und durch sein soldatisches, gewinnendes Wesen auch erfolgreich. Die Hauptarbeit zum Zwecke der Koordination und Sicherung der Befehlsausführung wurde jedoch erst Ende 1943 und im ersten Halbjahr 1944 geleistet[182].

Die Frage, mit welcher Begründung »Walküre« ausgelöst werden solle, wurde zunächst mit der Fiktion von einem angeblichen Dolchstoß der SS beantwortet[183]. Daß er möglich war, ist nicht zu bestreiten; man kennt die Sondierungen Himmlers. Ob so die Truppen in Bewegung zu bringen waren, ist eine andere Frage. Hitlers Tod wollte man nicht sofort erwähnen, obwohl er doch immer die Initialzündung für den Putsch sein mußte und sollte. Im Herbst 1943 jedenfalls dachte man für den allerersten Beginn des Staatsstreiches an der Fiktion festzuhalten, daß *um* Hitler, nicht *gegen* ihn gekämpft werde. Das entsprach realistischer Einschätzung der Stimmung im Heer und in der Bevölkerung, aber die praktische Durchschlagskraft der Fiktion war doch zweifelhaft. Es ist auch fraglich, ob man erfolgreicher gewesen wäre, wenn man, wie es Goerdeler stets verlangte, sofort alle Karten auf den Tisch gelegt und das Attentat wie

4. Walküre

den Umsturz durch die Armee bekanntgegeben hätte [184]. Nicht fraglich ist aber, und dies nicht bloß auf Grund der später gemachten Erfahrungen, daß Unklarheit, Unaufrichtigkeit und Zweideutigkeit bei den angesprochenen Befehlshabern kaum entschlossenes Zupacken bewirken würden.

Die im August und im September 1943 zuerst entworfenen Grundbefehle und Aufrufe, die später bis zum 20. Juli 1944 noch mehrfach überarbeitet und abgeändert wurden, sind bis heute verschollen. Nur die am 20. Juli tatsächlich herausgegebenen Befehle blieben erhalten, weil es nicht allzuschwer war, sie bei den verschiedenen Empfängern einzusammeln. Selbst die Originale dieser Befehle und erst recht die Entwürfe aus dem Herbst 1943 sind der Gestapo nur zum Teil in die Hände gefallen und, soweit dies der Fall war, sehr wahrscheinlich bei Kriegsende vernichtet worden [185]. Soviel ist dennoch mit Sicherheit über den Inhalt der Befehle festzuhalten: Sie verkündeten den Ausnahmezustand und die Übernahme der Vollziehenden Gewalt im Reichsgebiet durch die Wehrmacht unter dem Oberbefehl des Befehlshabers des Ersatzheeres, die Unterstellung aller Behörden und Dienststellen des Reiches, der Partei und der SS, die Eingliederung der Waffen-SS ins Heer, ferner die Besetzung der Versorgungs-, Verkehrs- und Kommunikationseinrichtungen, die Verhaftung aller hohen Funktionäre der Partei und SS, die Besetzung der Konzentrationslager, das Verbot aller Racheakte und Willkür [186].

Allgemeiner gehaltene Aufrufe sollten das Verhalten der Parteiführer bezeichnen und verurteilen, die Nähe der Katastrophe darstellen, und die Pläne einer Übergangsregierung, die sich zur Rettung des Vaterlandes konstituiert habe, darlegen: Sobald wie möglich solle ein Friedensschluß herbeigeführt werden, jedes weitere Opfer werde nur und allein zur Erreichung dieses Zieles, nicht für irgendwelche Eroberungen, verlangt werden. Von nun an werde unbedingt gesetzlich und rechtlich verfahren, die Verbrechen der bisherigen Regierung werden gesühnt und die Ordnung wiederhergestellt werden. Das war ungefähr der Inhalt eines Aufrufes an die allgemeine Öffentlichkeit. Ein ähnlicher wurde an die Soldaten gerichtet, und ein dritter war besonders für die Frauen bestimmt und forderte sie auf, die ihnen in besonderem Maße gegebenen Kräfte des Heilens, des Ausgleichens, der Liebe und der Versöhnung einzusetzen [187].

Die Entwürfe wurden unter grotesken Umständen ins reine geschrieben von Fräulein Margarete von Oven (später Gräfin von Hardenberg), die früher Sekretärin bei Generaloberst von Hammerstein und bei Generaloberst von Fritsch gewesen war, ferner von Frau von Tresckow und von Gräfin von der Schulenburg (später Gräfin von Rantzau), die im Wehrkreiskommando tätig war [188]. An wechselnden Stellen im Grunewald trafen sich Tresckow und Stauffenberg mit ihren Schreibkräften zu Besprechungen und zum Austausch der Papiere. Weder Tresckow noch Stauffenberg hatten damals geeignete Dienststellen und Büros zur Verfügung. Der Vorgänger Stauffenbergs, Generalmajor Hellmuth Reinhardt, war den Oktober über noch da, um seinen Nachfolger einzuarbeiten, und er war nicht eingeweiht. Große Schwierigkeiten entstanden immer wieder durch Bombenangriffe und Ausfall der Verkehrsmittel, durch die Notwendigkeit, kein Aufsehen zu erregen und durch die Unmöglichkeit, Telephon oder Post zu benützen. Einmal ging Fräulein von Oven mit Tresckow und Stauffenberg nach einem Treffen im Grunewald durch die Trabener Straße und hatte die Befehlsentwürfe unter dem Arm, als ein Mannschaftswagen voll SS-Leuten neben ihnen scharf bremste. Die SS-Leute sprangen ab – und kümmerten sich nicht um die drei Verschwörer, sondern verschwanden in einem Haus [189]. Fräulein von Oven arbeitete in Handschuhen, um keine Fingerabdrücke auf den Papieren zu hinterlassen, die Schreibmaschine wurde nach Gebrauch immer sorgfältig versteckt. Die überholten Entwürfe wurden gründlich und mit Vorsicht vernichtet. Die Vernichtung größerer Mengen von Papieren war immer ein Problem, sie fiel zu leicht auf. Am 29. Oktober 1943 nahm Nina Gräfin von Stauffenberg einen ganzen Rucksack voll Konzepte zur Verbrennung von Berlin mit nach Bamberg. Im Wehrkreiskommando II am Berliner Hohenzollerndamm gab es nur Zentralheizung, so daß Papiere blattweise im Becken des Klosetts verbrannt, die Asche dann hinuntergespült und danach die rußgeschwärzten Beckenränder wieder gescheuert werden mußten. –

Generalfeldmarschall von Witzleben sollte ersucht werden, am Tage der Erhebung den Oberbefehl über die Wehrmacht zu übernehmen und die Grundbefehle über den Ausnahmezustand zu unterschreiben. Als ihm Tresckow im Sommer oder Frühherbst die Entwürfe vorlegte und erläuterte, setzte Witzleben ohne Zögern seinen Namen darunter [190]. Aber bis zu ihrer Verkundung war noch ein langer Weg.

X. Stauffenberg und das Ersatzheer

1. Laufbahn

Claus Schenk Graf von Stauffenberg wurde am 15. November 1907 in Jettingen als Sohn eines hohen königlich-württembergischen Hofbeamten und späteren Oberhofmarschalls des Königs Wilhelm II. aus einer katholischen Familie des schwäbischen Uradels geboren. Seine Mutter, eine geborene Gräfin von Üxküll, war eine Urenkelin Gneisenaus und selbst eine bedeutende Persönlichkeit von eigenem Rang. Seit 1262 sind Namensträger und Burg Stauffenberg bei Hechingen urkundlich belegt. Der später eng an der Verschwörung beteiligte und in mancher Hinsicht führende Bruder Berthold Schenk Graf von Stauffenberg und dessen Zwillingsbruder Alexander waren zwei Jahre älter [1]. Die drei Brüder besuchten in Stuttgart das Eberhard-Ludwig-Gymnasium, Berthold wurde Jurist, Alexander Historiker und Claus wurde Berufsoffizier.

Berthold Graf Stauffenberg studierte Rechts- und Staatswissenschaften, und zwar mit einer Leichtigkeit, um die ihn seine Kommilitonen beneideten [2]. Später wollte er in den diplomatischen Dienst. Nach dem Referendarexamen und einer Dienstzeit am Amtsgericht kam er an das Kaiser-Wilhelm-Institut für internationales Recht und Völkerrecht (heute Max-Planck-Institut) in Berlin, 1931 an den Internationalen Gerichtshof in Den Haag. 1934 kehrte er wieder an das Institut in Berlin zurück und betätigte sich wissenschaftlich. Allmählich spezialisierte er sich auf das Kriegsrecht, besonders das Seekriegsrecht, und so wurde er bei Kriegsausbruch als Berater für völkerrechtliche Fragen zur Seekriegsleitung einberufen. Er hatte dort großen Einfluß, mit der festen Unerbittlichkeit des Rechtskundigen beantwortete er die an ihn herangetragenen Fragen und trug viel dazu bei, der Verwilderung der Kriegssitten zu wehren [3].

Die Laufbahn des Offiziers Claus Graf Stauffenberg, der zunächst daran gedacht hatte, Architekt zu werden, begann nach dem Abitur im Jahre 1926 mit dem Eintritt als Fahnenjunker in das Bamberger Reiter-Regiment 17. Am 1. Januar 1930 wurde er dort Leutnant, am 1. Mai 1933 Oberleutnant. Von 1936 bis 1938 besuchte er die Kriegsakademie und wurde dann der 1. Leichten Division in Wuppertal unter Generalleutnant

Erich Hoepner als Ib zugeteilt. Im Herbst nahm er an der Besetzung des Sudetenlandes teil, ein Jahr darauf am Polenfeldzug und im Mai 1940 am Frankreichfeldzug. Die 1. Leichte Division war zu Beginn des Krieges zur 6. Panzerdivision umgewandelt worden. Im Mai 1940 wurde Stauffenberg in die Organisationsabteilung im Generalstab des Heeres berufen und blieb dort bis Anfang 1943. Nach seinem Einsatz in Afrika vom Februar bis April 1943 und seiner dort erlittenen schweren Verwundung – er verlor die rechte Hand, die beiden letzten Finger der linken und das linke Auge – verbrachte er Monate im Lazarett, und nach längerem, aber für die Ausheilung viel zu kurzem Erholungsurlaub trat er am 1. Oktober 1943 endgültig die Stelle eines Chefs des Stabes im AHA unter General Olbricht an, auf die er schon seit 15. September 1943 kommandiert war [4].

Über die Persönlichkeit Stauffenbergs ist hier nur kurz und zusammenfassend zu berichten. Theodor Pfizer hat den Brüdern Stauffenberg die unmittelbarste und verständnisvollste Schilderung der Entwicklung und Umgebung ihrer Jugend gewidmet, an der er selbst als Schul- und Studienfreund teilgenommen hat, Eberhard Zeller verdankt man eine umfassendere, ebenfalls einfühlsame und liebevolle Studie, und Joachim Kramarz und Christian Müller sind den einzelnen Umständen und Vorgängen besonders für die Zeit bis Anfang 1943 mit Sorgfalt nachgegangen und haben vieles geklärt [5]. Mißverständnisse und wohlgemeintes Schweigen überlagern aber bis heute das Stauffenberg-Bild, deshalb sei das Zurechtrücken nicht nur den Biographen überlassen. Einige wesentliche Punkte mögen genügen.

Viele seiner Kameraden haben von Stauffenberg Redensarten gehört, aus denen sie schlossen, er begrüße und unterstütze das nationalsozialistische Regime; erst nach dem 20. Juli mußten sie sich fragen, was davon Überzeugung und was Tarnung war. Von politischen, sozialen und geschichtlichen Dingen sprach Stauffenberg immer gern, und auch der griechischen Philosophie gehörte seit der Gymnasialzeit seine Neigung. Die Kameraden beim Militär hatten aber eher andere Interessen, waren einfacherer Art und verbaten sich auch gelegentlich das ständige Politisieren Stauffenbergs, das ihnen zu anspruchsvoll und lästig war [6]. Es gab viele spätere Gegner des Regimes, die anfangs ihre Hoffnungen und ihre Kraft in die »Bewegung« setzten, wie z. B. Fritz-Dietlof Graf von der Schulenburg. Auch ein später so entschiedener Gegner der Nationalsozialisten wie Oberst i. G. Albrecht Ritter Mertz von Quirnheim ließ sich 1932/33 von der SA begeistern und wurde erst um die Mitte der dreißiger Jahre im Infanterie-Regiment 5 unter dem Einfluß von Oberst Max von Viebahn ausgeglichener, bis ihm dann in den letzten Jahren vor dem Krieg vollends die Augen aufgingen [7].

1. Laufbahn

Aber Stauffenberg war niemals Nationalsozialist, weder im formalen Sinne noch als Anhänger aus irregeleitetem Idealismus.

Immer wieder wird berichtet, am 30. Januar 1933 habe Stauffenberg sich in Uniform an die Spitze einer begeisterten Menschenmenge gestellt, die durch Bamberg gezogen sei [8]. Das ist eine Legende, der Vorgang hat nie stattgefunden. Zwar gab es am Abend des 30. Januar 1933 einen von der NSDAP organisierten Fackelzug in Bamberg, aber ohne Stauffenberg, der als Soldat an Parteiveranstaltungen ohnehin nicht teilnehmen durfte [9].

Tatsächlich hat sich folgendes ereignet, worauf die Legende, in einem Kasinogespräch zuerst formuliert, anscheinend basierte [10]: Am 31. Januar 1933, also nicht am Tage der »Machtergreifung«, ritt die 5. Eskadron des Reiter-Regiments 17 unter Führung des damaligen Rittmeisters Hasso von Manteuffel von einer Übung zurück zur Kaserne. Sie kam durch die Stadt und passierte das Rathaus, wo die Hakenkreuzfahne gehißt wurde, und ritt auf Manteuffels Befehl in Achtunghaltung an der Fahne vorbei, nachdem der Eskadronführer erfahren hatte, die Hakenkreuzfahne sei nun zur Staatsflagge erhoben worden (was nicht stimmte) [11]. Manteuffel erhielt eine scharfe Rüge, nach seiner eigenen Auffassung zu Recht, da er sich nicht erst vergewissert hatte, ob das ihm Zugetragene auch stimmte.

Aus dieser ziemlich harmlosen Sache hat also die Legende den NS-begeisterten Stauffenberg gemacht. Mancher von den Offizieren des R. R. 17 war damals von der Machtergreifung begeistert, aber Stauffenberg war skeptischer als seine Kameraden. Als 1933 die schwarz-weiß-rote Kokarde an der Uniformmütze durch den bekannten Adler ersetzt und dies von den jungen Offizieren des Regiments, auch von Freiherrn von Süßkind-Schwendi, der den Vorgang berichtet, mit Jubel begrüßt wurde, da warf gerade Stauffenberg »sehr ernst« die Frage auf, »ob dieser Maßnahme nicht schlimme Dinge folgen könnten« [12].

Das schließt nicht aus, daß Stauffenberg den Aufstieg und den Erfolg Hitlers mit Interesse, ja fasziniert beobachtete [13]. Er war angesprochen von dem neuen Schwung, mit dem anscheinend »die Kruste bürgerstaatlicher Gewohnheit« durchbrochen und der Weg zu neuen Gestaltungen geöffnet wurde, von den Idealen der völkischen, d. i. gemeinsamen, einsinnigen und gemeinnützigen Existenz des Volkes, in der Konflikte im Bewußtsein der Forderungen des Ganzen und in der Gemeinsamkeit überwunden werden könnten. Die Versöhnung des Nationalen mit dem Sozialistischen war ebenfalls ein Ziel, dem man zustimmen konnte. Für einen Patrioten war es selbstverständlich, daß er eine Politik der Überwindung von Versailles und der Wiederherstellung nationaler Macht und Ehre begrüßte.

Aber Nationalsozialist in der von Hitler geführten »Bewegung« konnte ein Mann von der Herkunft und der Bildung Stauffenbergs doch nicht so leicht werden. Zu seinen Ahnen, denen er sich verbunden fühlte, gehörten die preußischen Feldmarschälle August Graf Neidhart von Gneisenau und Johann Graf Yorck von Wartenburg, seine Familie war nicht übertrieben adelsstolz, aber traditionsbewußt. In der demokratisch-liberalen Residenz Stuttgart hatte er das Eberhard-Ludwig-Gymnasium besucht, den Geist des Gymnasium Illustre in sich aufgenommen, Latein und Griechisch gelernt, Geschichte, Philosophie und Dichtung gelesen. 1923 war er, noch nicht sechzehnjährig, zum Kreis um Stefan George gekommen [14]. Schon vier Jahre vorher hatte Rainer Maria Rilke der Mutter Stauffenbergs angesichts einer Photographie der drei Brüder geschrieben, dies seien »vielfach künftige Knaben« [15]. Trotz einiger unbestreitbarer Affinität zwischen den geistigen Ahnen Georges und denen mancher Gedanken, welche die Nationalsozialisten als ihr eigen ansahen, waren George und sein Kreis durch Welten getrennt vom Nationalsozialismus, so wie er sich in Wirklichkeit manifestierte. Die bizarren Auswüchse im Kult um George, auf die gelegentlich verwiesen wird [16], stammten überdies nicht so sehr von ihm, als von gewissen »Jüngern«. Gerade die Brüder Stauffenberg traten allem Falschen und Hohlen konsequent entgegen [17]. Stefan George selbst entzog sich den Ehrungen, die er zu seinem 65. Geburtstag, dem 12. Juli 1933, befürchtete. Er verließ Bingen am 8. Juli und fuhr zunächst nach Berlin. Von da reiste er nach Wasserburg am Bodensee, dann nach Heiden im Appenzell und schließlich im September zum gewohnten Winteraufenthalt in Minusio bei Locarno. Als er dort am 4. Dezember 1933 starb, waren die drei Brüder Stauffenberg mit noch acht anderen Freunden Georges an seinem Totenbett [18].

Was das neue Regime gebracht hatte, entsprach also in keiner Weise Stauffenbergs Vorstellungen und Gedanken von einem neuen staatlichen Leben. Die Vorgänge vom 30. Juni 1934 hat er nach dem Bericht seiner Witwe noch als Selbstreinigung der Partei angesehen, und als Angehöriger der Reichswehr hatte er für die SA mit ihren bekannten Ambitionen und ihrem Rabaukentum nicht viel übrig [19]. Aber schon kurz danach – und man kann da gar nicht von einer »Wandlung« oder »Bekehrung« reden, wie oben schon ausgeführt wurde – besprach er mit einem Freund die Möglichkeit, das NS-System gewaltsam zu beseitigen; daß es nur »von oben« geschehen konnte, wußte er damals schon [20]. Wieder schließt das nicht aus, daß Stauffenberg Ideen bejahte, die er für gut hielt, auch wenn sie zugleich von den Nationalsozialisten vertreten und in Anspruch genommen wurden. Denn auf eine Ideologie ließ er sich nie festlegen, er

1. Laufbahn

sah immer etwas Primitives, etwas gefährlich Beschränktes in Leuten, die sich »zu einer Weltanschauung durchrangen«. Er war selbst innerlich frei und paßte in kein geistiges oder ideologisches Schema.

Aber über die Verderbtheit der Machthaber konnte sich ein Mann wie Stauffenberg nicht täuschen. Er pflegte Hitler den »Tapezierer« zu nennen und sagte immer wieder, er könne nicht der Untertan eines Kleinbürgers sein[21]. Seit 1936 befaßte er sich immer mehr mit dem Gedanken, wie und wo »›ein Durchbruch‹« geschehen könnte. Seit dem Winter 1938/39 war er entschlossen, selbst dazu beizutragen, wenn er irgend konnte[22]. Hatte er den »Anschluß« Österreichs noch begrüßt, so verurteilte er nun die Besetzung des Sudetenlandes und danach der »Resttschechei« als den Ausdruck unerlaubter Hybris. Zu Professor Fahrner sagte er damals: »›Der Narr macht Krieg.‹«

Als dann im September 1939 der Krieg begann, kaufte sich Stauffenberg noch einen Stoß Kröner-Bände, darunter Werke von Leibniz, die er mit ins Feld nahm. Zu seinem Wuppertaler Buchhändler sagte er dabei, trotz der Furchtbarkeit eines Krieges sei das Ausrücken doch auch eine Erlösung, der Krieg sei ja schließlich sein Handwerk von Jahrhunderten her[23].

Als die Feldzüge gegen Polen und Frankreich über alle Erwartungen glänzend verliefen, hat Stauffenberg den Anteil Hitlers an diesen Erfolgen nicht verkannt. Nach der Schlacht von Dünkirchen sagte er seiner Frau: »›Der Mann hat Gespür für Militärisches. Er hat *gewußt*, entgegen den Generalen, daß die Maginotlinie zu durchbrechen ist... Er hat bei der Einkesselung von Dünkirchen einen Fehler gemacht – er wird ihn nicht wiederholen.‹«[24] Bei einem Urlaub sagte er seinem Buchhändler in Wuppertal, der sich die scheinbare Verwandlung des jungen Offiziers gar nicht erklären konnte und meinte, er habe doch früher so gut auf den Kleinbürger schimpfen können: »›Der Vater dieses Mannes war kein Kleinbürger. Der Vater dieses Mannes ist der Krieg.‹«[25]

Etwa um dieselbe Zeit, nach dem Feldzug gegen Polen erhielt Stauffenberg den Besuch seines Onkels, Nikolaus Graf von Üxküll, und des ihm von früher bekannten Fritz-Dietlof Graf von der Schulenburg, die ihm von den Vorgängen in Deutschland und wohl auch in Polen hinter den Linien erzählten und ihn zu aktiver Teilnahme an der Opposition bewegen wollten. Er müsse versuchen, in eine Stelle zu kommen, von der aus er eingreifen könnte. Aber Stauffenberg erwiderte darauf, er sei noch nicht so weit[26]. Er wollte damals nur Soldat sein und meinte, wie viele Offiziere damals, nach dem Krieg werde die siegreich heimkehrende Armee schon Ordnung schaffen.

An aktive Umsturzversuche konnte der damalige Major natürlich ohnehin nicht denken. Das Attentat wurde damals in der Opposition, zu der Stauffenberg der Haltung und Einstellung nach gehörte, noch kaum erwogen, außer in dem Kreis um Oster. Zunächst hat Stauffenberg sich seiner Aufgabe, die er in freiem Entschluß 1926 gewählt hatte, mit Eifer und Hingabe gewidmet. Er war Soldat, und er wollte sein Teil zum Erfolg der deutschen Waffen beitragen, wenn er auch mit dem Ziel nicht einverstanden und hinsichtlich der Erfolgsaussichten im großen skeptisch war [27]. Er scheint die Dinge gesehen zu haben, wie viele Soldaten sie bis zum Schluß sahen: alle Anstrengungen für den Sieg oder für das durch die Waffen erzwungene Unentschieden, das war vaterländische Pflicht, aber auch Voraussetzung für erfolgreiche Waffenstillstandsverhandlungen nach dem Umsturz [28]. Diese Pflicht hat Stauffenberg auch dann noch bis zum letzten Tag mit dem Einsatz aller Kräfte erfüllt, als er längst für die Rettung des Vaterlandes gegen den Führer und Obersten Befehlshaber der Wehrmacht konspirierte. Als Moltke 1941 und 1942 nach einflußreichen Offizieren Umschau hielt, die für die Beteiligung an der Widerstandsbewegung in Frage kommen könnten, hatte er Hans Christoph Freiherrn von Stauffenberg gefragt, ob denn nicht mit seinem Vetter im Hauptquartier etwas zu machen wäre [29]. Freiherr von Stauffenberg fragte darauf bei Berthold Graf von Stauffenberg an und erhielt nach wenigen Wochen von ihm Bericht. Claus Graf von Stauffenberg antwortete damals, im Herbst 1942, zuerst müsse der Krieg gewonnen werden (was er nur in dem oben dargelegten Sinne gemeint haben kann), aber dann werde das siegreich heimkehrende Heer mit der braunen Pest aufräumen. An der Notwendigkeit, ein militärisches Remis zu erreichen, hat Stauffenberg bis kurz vor dem 20. Juli 1944 festgehalten.

Gerade weil Stauffenberg gern Soldat war, quälte ihn die Ineffizienz der Wehrmachtführung, die er im Generalstab unmittelbar kennenlernte. Ganz besonders brachten ihn die lügenhaften Versprechungen Görings über die Möglichkeiten der Luftwaffe in Wallung, die sich niemals erfüllten [30]. Den Krieg hielt er nun für nicht mehr zu gewinnen, hoffte aber 1942 noch, daß durch konsequente Rüstungspolitik und vernünftige militärische Führung wenigstens im Osten die Niederlage zu vermeiden wäre. Mit allen Kräften versuchte er, die organisatorischen Mängel abzustellen, die dem im Wege standen. Als er die Aussichtslosigkeit Ende 1942 deutlicher als je und voller Verzweiflung erkannte, da war er durch die Versetzung an die Front erleichtert [31]. Damals sagte er auch, als die Rede auf Hitler kam und auf die Frage, wie dessen Führungsweise zu ändern wäre: »›Töten.‹« [32] Schon im Sommer 1942 hatte er sich einmal ähnlich geäußert [33].

1. Laufbahn

Nun versuchte er auch, Heerführer in den dazu geeigneten Stellungen zum entschlossenen Widerstand gegen Hitler zu gewinnen, womöglich zu einer gemeinsamen Aktion [34]. Aber niemand wollte etwas tun, obwohl alle die Notwendigkeit des »Handelns« einsahen. Im Januar 1943 besuchte er Generalfeldmarschall von Manstein an der Front in Taganrog und stellte ihm die Notwendigkeit eines Staatsstreiches vor [35]. Manstein lehnte mit den bekannten Gründen ab – die Ostfront würde dann zusammenbrechen, Meuterei würde die Armee zugrunde richten. Wenn er einen Staatsstreich für möglich und nötig gehalten hätte, so erinnerte sich der Heerführer nach dem Kriege, hätte er ihn schon selbst ausgeführt.

Kurz darauf wurde Stauffenberg zum Afrikakorps versetzt. Etwa am 8. Februar 1943 reiste er von München ab, um seine Stelle als Ia der 10. Panzerdivision anzutreten. Der Kommandeur und der Ia der Division waren am 4. Februar auf eine Mine gefahren, Generalleutnant Wolfgang Fischer war tot, Oberst i. G. Wilhelm Bürklin war schwer verletzt [36]. Am 7. April 1943 wurde Stauffenberg selbst bei einem Tieffliegerangriff bei Gafsa schwer verwundet. Noch auf dem Hauptverbandplatz wurden ihm die rechte Hand über dem Handgelenk sowie der Klein- und der Ringfinger der linken amputiert, und das linke Auge mußte ebenfalls herausgenommen werden. Nach drei Tagen brachte man ihn nach Tunis in ein Lazarett, von dort kam er mit einem der letzten Truppentransportschiffe nach Italien (die Division ging im Mai in Gefangenschaft). Am 21. April kam Stauffenberg in ein Lazarett in München, wo eine Mittelohroperation und später noch eine Kniegelenksoperation vorgenommen wurden. Von Ende Juni bis Anfang August verbrachte er einen Genesungsurlaub in Lautlingen, etwa am 9. August fuhr er wieder nach München, wo mit den vorbereitenden Operationen für eine Sauerbruch-Hand begonnen werden sollte, aber ein Splitter begann aus dem rechten Arm herauszueitern und die Operationen mußten verschoben werden. Zweimal war Stauffenberg auf dem Weg nach bzw. von Berlin im August in Bamberg bei seiner Frau und fuhr anschließend an seinen zweiten Besuch in Bamberg wieder nach Lautlingen, wo er sich mit seinem Bruder Berthold und mit Professor Fahrner besprach. Nun wurde Stauffenberg zum hauptsächlichen Motor der Attentatversuche vom Herbst 1943 bis zum 20. Juli 1944.

Manche seiner Bekannten bemerkten an Stauffenberg nach seiner Verwundung einen verzehrenden Tatendrang, den einige auch für Ehrgeiz hielten [37]. Dem Oberst Hansen kam Stauffenberg im Juli 1944 nervös, launisch und »durchgedreht« vor, was Hansen auf die schweren Verwundungen zurückführte, und auch der Chirurg Ferdinand Sauerbruch fand im Sommer 1944, daß Stauffenbergs Gesundheitszustand ein solches Unternehmen, wie er es vorhatte, durchaus verbiete. Stauffenberg selbst war überzeugt, daß es eine Gnade sei, eine so schwere Verwundung überlebt zu haben. Seit seiner frühen Jugend hatte er das Gefühl der Bestimmung zu etwas Außerordentlichem, das er nun merkwürdig bestätigt fand. Er habe das Gefühl, sagte er seiner Frau, er müsse nun etwas tun, um das Reich zu retten – aber nicht nur das; zum Sohn des Chirurgen Sauerbruch, Peter Sauerbruch, sagte er damals: »›Ich könnte den Frauen und Kindern der Gefallenen nicht in die Augen sehen, wenn ich nicht alles täte, dieses sinnlose Menschenopfer zu verhindern.‹«[38] Gerhard Ritter entdeckte in Stauffenberg »ein Stück dämonischen Machtwillens«; nach seinen Worten »wäre ohne die Entschlossenheit Stauffenbergs die Oppositionsbewegung in mehr oder weniger ratloser Passivität versackt«.

Was er wollte, war die Rettung Deutschlands, die Beendigung des Krieges und des millionenfachen Mordens und Zerstörens. Was ihm für die Zeit danach vorschwebte, ist in Worten enthalten, die in einem Eid die besonders eng Verbündeten der Verschwörung auch künftig zusammenhalten sollten und die Zeller mitteilt: »›Wir wollen eine neue Ordnung, die alle Deutsche zu Trägern des Staates macht und ihnen Recht und Gerechtigkeit verbürgt, verachten aber die Gleichheitslüge und beugen uns vor den naturgegebenen Rängen. Wir wollen ein Volk, das in der Erde der Heimat verwurzelt, den natürlichen Mächten nahebleibt, das im Wirken in den gegebenen Lebenskreisen sein Glück und sein Genüge findet und in freiem Stolze die niederen Triebe des Neides und der Mißgunst überwindet. Wir wollen Führende, die, aus allen Schichten des Volkes wachsend, verbunden den göttlichen Mächten, durch großen Sinn, Zucht und Opfer den anderen vorangehen.‹«[39] Die im »Eid« gebrauchten Wendungen lassen darauf schließen, daß Stauffenbergs Zusammenarbeit mit führenden Sozialisten weniger gesellschaftspolitischer Überzeugung als der Geistesverwandtschaft mit Männern der Tat entsprach.

2. Attentatversuche: Bussche, Kleist, Breitenbuch

Am 1. Oktober 1943 trat Stauffenberg seine Stelle als Chef des Stabes im AHA unter General Olbricht in Berlin an. Mit den »Walküre«-Plänen, in deren Materie er als Verfasser einer preisgekrönten Arbeit über »Gedanken zur Abwehr feindlicher Fallschirmeinheiten im Heimatgebiet« schon vor dem Krieg anerkannter Experte war, hatte er sich während des Sommers inoffiziell vertraut gemacht und ihre Gestaltung wahrscheinlich mit beeinflußt[40]. Kurze Zeit nach Stauffenbergs Dienstantritt mußte Oberst

i. G. von Tresckow seine ziemlich abseits vom Zentrum der Verschwörung gelegene Stellung als Kommandeur eines Regiments übernehmen[40a]. Aber nun bemühte sich Stauffenberg um die Schaffung der Voraussetzung für die Auslösung von »Walküre«, nämlich um die »Initialzündung«.

Die Pläne für den Staatsstreich waren vorläufig so weit abgeschlossen, daß Stauffenberg Ende Oktober mit der Auslösung für etwa 10. November rechnete[41]. Er hielt es nun für unverantwortlich, noch länger warten oder gar erst den Krieg gewinnen zu wollen. Dem nationalsozialistischen Regime und seiner Führung, die jedes Maß verloren hatte und das deutsche Volk bedenkenlos in die Vernichtung zu führen im Begriffe stand, mußte mit Gewalt ein Ende gemacht werden[42]. Es blieb nur noch die Frage wie.

Zwei Möglichkeiten standen zur Debatte: 1. Man konnte Hitler durch Einnahme seines Hauptquartiers von außen gefangennehmen oder töten. 2. Ein Attentäter, der offiziellen Zugang zum Hauptquartier hatte, konnte ein Attentat ausführen. Bei den wenigen »öffentlichen« Auftritten Hitlers in diesen letzten Jahren des Krieges bestand nur geringe Aussicht auf einen erfolgreichen Anschlag, schon die Vorbereitungen wären fast mit Sicherheit entdeckt worden, die nötige Koordinierung der Staatsstreichmaßnahmen wäre unmöglich gewesen.

In seiner Stellung und mit seinen Verbindungen war es für Stauffenberg nicht allzu schwer, sich über Hitlers jeweilige Aufenthaltsorte zu unterrichten. In den meisten Fällen unmöglich aber war es, *vorher* zu wissen, wann sich Hitler wohin begeben würde, wenn er den Aufenthalt wechselte.

Bei der Suche nach dem Mann, der als Attentäter in Frage kommen konnte, dachte Stauffenberg zunächst an Oberst i. G. Stieff. Er war im OKH als Chef der Organisationsabteilung tätig und hätte Zutritt zu Hitler erhalten können, regelmäßiger Teilnehmer der Lagebesprechungen war er allerdings nicht[43]. Ende Oktober 1943 trat Stauffenberg im OKH »Mauerwald« an Stieff mit der Frage heran, ob er das Attentat auf Hitler ausführen könne. Stieff lehnte nach gründlicher Überlegung ab, bewahrte aber den Sprengstoff bei sich auf, den Stauffenberg mitgebracht hatte. Vor der Gestapo und vor Gericht sagte Stieff natürlich aus, er habe für seine Person den Mordanschlag abgelehnt; seine Briefe an seine Frau weisen aber ebenfalls in diese Richtung. Immerhin muß Stauffenberg eine Zeitlang geglaubt haben, Stieff werde das Attentat ausführen; denn dies äußerte er gegenüber Professor Fahrner[44].

Man trat dann an Oberst d. G. Joachim Meichßner in der Abteilung Organisation des WFSt heran, der aber gleichfalls ablehnte oder keine Möglichkeit sah. Auch er gehörte nicht zu den regelmäßigen Teilnehmern der Lagebesprechungen, hatte aber öfters General Buhle zu begleiten und war im Sommer 1942 in Winniza mehrfach mit ihm bei Hitlers nächtlichen Teestunden dabeigewesen. Noch Anfang 1944, zwischen Ende Februar und Ende Mai, versuchte Stauffenberg selbst, Meichßner für den Anschlag gegen Hitler zu gewinnen, aber Meichßner wollte nicht oder nicht mehr [45].

Stauffenberg mußte sich inzwischen weiter umsehen. Er selbst kam nicht in Frage, erst als Chef des Stabes bei Fromm (kommandiert mit Wirkung vom 20. Juni, endgültig ernannt mit Wirkung vom 1. Juli 1944) bekam er Zutritt zur Lagebesprechung, auch dann nur gelegentlich, aber davon wußte er bis zum Sommer 1944 noch nichts. Da kam ihm Fritz-Dietlof Graf von der Schulenburg zu Hilfe, der als Reserveoffizier dem Infanterie-Ersatz-Bataillon 9 angehörte.

Schulenburg war während des Krieges unter den treibenden Kräften der Umsturzbewegung und hat dabei mit charakteristischer Kühnheit gehandelt. Etwa im August 1942 war er an den nach schwerer Verwundung und mehrmonatigem Lazarettaufenthalt »g. v. H.« (garnisondienstverwendungsfähig Heimat) geschriebenen Oberleutnant Helmut von Gottberg herangetreten, der im Inf.-Ers.-Batl. 9 seit Mai 1942 Ordonnanzoffizier, seit September 1942 Adjutant (IIa) war. Schulenburg machte ihn in großen Zügen mit der Absicht der gewaltsamen Beseitigung Hitlers bekannt und versicherte sich seiner Bereitschaft zur Teilnahme [46]. Zum selben Bataillon wie Gottberg gehörte damals auch Leutnant Ewald Heinrich von Kleist, der ebenfalls an der Verschwörung beteiligt und einer der Protegés von Schulenburg war [47]. Endlich war auch der aus demselben Infanterie-Regiment 9 hervorgegangene, hochdekorierte Hauptmann Axel Freiherr von dem Bussche mit Schulenburg befreundet.

Schon seit einiger Zeit hatte sich auch Schulenburg »umgesehen«, und im Frühjahr 1943 hatte er deswegen beträchtliche Schwierigkeiten bekommen. In jener unsicheren Zeit, kurz nach der Stalingrad-Katastrophe, den Prozessen gegen die Geschwister-Scholl-Gruppe, in der Zeit, als Attentatversuche in Smolensk und in Berlin mißglückten und die Aktionszentrale der Opposition im Amt Ausland/Abwehr des OKW durch die Verhaftung von Oster, Dohnanyi und anderen zerschlagen wurde und überhaupt viele Gerüchte im Umlauf waren, und zu der Zeit, als auch Himmler auf verschwörerischen Abwegen zu wandeln begann, da war das Gerücht aufgetaucht, Schulenburg suche »zuverlässige Offiziere«. In einem unangenehmen Verhör mußte er Rede und Antwort stehen, wurde aber dann zum Glück nicht weiter verfolgt [48]. Er ließ sich auch nicht erschrekken und war nun im Herbst 1943 wieder eifrig für die Förderung der

2. Attentatversuche: Bussche, Kleist, Breitenbuch

Attentatpläne tätig. Er vermittelte eine Zusammenkunft zwischen Stauffenberg und Bussche.

Bussche war Soldat, sehr guter Soldat und auf ungezählten Spähtruppunternehmen hervorragend bewährt; er trug EK I und II, dazu das Deutsche Kreuz in Gold, 1944 erhielt er das Ritterkreuz und das Goldene Verwundetenabzeichen. Als Zögling des I.R. 9 hatte er die alten, guten Grundsätze und Ideale des Soldatentums, des ritterlichen Kampfes und des menschlichen Anstandes gelehrt und bestätigt bekommen. Er war deshalb, wie viele seiner Kameraden, schon »in der Grundstimmung dagegen«, gegen das Regime, worin das ausdrückliche Verbot der soldatischen Ritterlichkeit durch Hitler ihn nur bestärken konnte[49].

Wegen eines Lungenschusses galt Bussche seit Frühjahr 1942 als nicht mehr fronttauglich und wurde Adjutant im Reserve-Regiment 23 in Potsdam. Von General Olbricht persönlich erhielt er den Auftrag, das Offizierkorps des Regiments möglichst von Nationalsozialisten freizuhalten. Als dann im Sommer 1942 große Teile des Ersatzheeres als Besetzungstruppen nach Rußland verlegt wurden, fand sich Bussche unversehens erst in der Ukraine und dann auf der Halbinsel Krim als Regimentsadjutant seiner geteilten Einheit. Auf dem Flugplatz von Dubno in der Ukraine wurde er am 5. Oktober 1942 Zeuge einer Massenerschießung von mehr als fünftausend Juden[49a]. Was er sah, wurde ihm zum entscheidenden existentiellen Erlebnis.

Bussche kam zufällig dazu und sah alles: Ukrainische SS-Leute führten die Juden heran, ließen sie sich entkleiden und mit dem Gesicht nach unten in die vorher von anderen inzwischen schon erschossenen Juden ausgehobenen Gruben auf ihre toten oder noch zuckenden Leidensgenossen legen, dann wurden sie durch Schüsse in den Hinterkopf umgebracht. Die SS-Leute taten das in aller Ruhe und Ordnung, es war sichtlich eine befohlene Dienstverrichtung. Bussche hatte schon davon gehört, er wußte genug über die Befehlsverhältnisse der Diktatur, um zu wissen, daß das alles auf höheren Befehl, letzten Endes auf höchsten Befehl geschah, es war ja durchaus kein Einzelfall; nur sah er es hier zum ersten Mal mit eigenen Augen. Er begriff, was er sah: Massenmord auf Befehl der Regierung, deren Befehle auch er ausführte, der er einen Eid geschworen hatte und die sein Vaterland regierte. Bussche erinnerte sich an den Wortlaut des Notwehrparagraphen 227 im Bürgerlichen Gesetzbuch, den man den Rekruten in seinem Regiment beigebracht hatte und der zur Notwehr diejenige Verteidigung erklärt, die nötig ist, »um einen gegenwärtigen rechtswidrigen Angriff von sich oder einem anderen abzuwenden«. Die Definition »rechtswidriger Angriff« traf offensichtlich zu, es war nicht denkbar, daß alle diese vielen hundert Menschen rechtmäßig zum Tode verurteilt waren. Es konnte sich auch nicht um Partisanen handeln; denn es waren viele Frauen und Kinder dabei.

Busches erster Gedanke war, entsprechend dem Notwehrparagraphen Einhalt zu gebieten, aber es war ihm sofort klar, daß er dazu keine Möglichkeit hatte. Wenn sich, was kaum zu erwarten war, die SS-Männer von ihm überhaupt stören ließen, so wäre jedenfalls am nächsten Tag die »Sonderbehandlung« der Juden in Dubno wie auch anderswo fortgesetzt worden. Anders gesagt: vom Symptom her konnte ein Hauptmann, auch ein hochdekorierter, nichts ändern. Die Beseitigung des obersten Massenmörders war aussichtsreicher.

Erst später, nach vielem Nachdenken, verfiel Bussche noch auf eine andere mögliche Antwort auf die an ihn in Dubno gestellte existentielle Frage: eine christliche Antwort. Er hätte sich, meint er heute, wie die Juden entkleiden, in den Todesgang einreihen und in die Grube legen müssen, um sich mit den Juden erschießen zu lassen. Damit hätte er gezeigt, daß alle Beteiligten, Juden, Mörder und er, der zufällig dazu gekommene Hauptmann, zuerst und gemeinsam Menschen waren. Man hätte ihn wohl nicht erschossen und vielleicht gar die »Sonderbehandlung« für diesmal abgebrochen, vielleicht wären höhere Befehlshaber zur Besinnung gekommen, oder es hätte sich im Heer eine spontane Widerstandsbewegung entwickelt. Aber viel wahrscheinlicher hätte man Bussche ins Irrenhaus oder ins Konzentrationslager gesteckt. Praktisch wäre die christliche Antwort des Mitleidens wirkungslos gewesen.

Damals jedoch, nach dem Erlebnis in Dubno im Herbst 1942, war Busches Bereitschaft zu einer Tat gegen Hitler so groß, daß ihr nichts als die Gelegenheit fehlte. Daran hatte sich nichts geändert, als im Oktober 1943 Schulenburg eine Zusammenkunft zwischen Bussche und Stauffenberg im Lager Düppel in Berlin-Zehlendorf vermittelte, der ein weiteres Gespräch im November folgte. Stauffenberg fragte Bussche, ob er bereit sei, ein Attentat auf Hitler auszuführen, und Bussche sagte zu.

Die Möglichkeit eines Pistolenattentats wurde nur kurz erwähnt. Man stimmte überein, daß es zu risikoreich sei und zu wenig Erfolgsaussicht biete. Die Gefahr der Entdeckung war groß, die Unsicherheit des Schusses gar nicht zu verantworten, dazu kam die Überzeugung von der kugelsicheren Weste Hitlers. Zur Lagebesprechung hatte Bussche natürlich keinen Zutritt. Stauffenberg hatte einen ganz anderen Plan.

In den Jahren 1942 und 1943 waren allerhand neue Ausrüstungs- und Uniformstücke entwickelt worden, insbesondere Winterkleidung für die Kämpfe in Rußland. Es mußte sich eine Gelegenheit finden lassen, die

2. Attentatversuche: Bussche, Kleist, Breitenbuch

Ausrüstung Hitler durch einen attentatbereiten und notfalls zum Selbstopfer entschlossenen Offizier vorführen zu lassen: Bussche. Dieser sollte die Vorführung durch drei oder vier als Mannequins auftretende Soldaten leiten und die Eigenschaften des Materials und der Ausrüstung sachkundig erklären. Dabei würde er eine vorbereitete Sprengladung bei sich führen, zünden, auf Hitler zuspringen und ihn bis zur Explosion umklammert halten.

Bussche hatte mehrere Vorzüge, die ihn zum idealen Kandidaten für eine Vorführung der beschriebenen Art machten, abgesehen von der inneren Verpflichtung zur Tat. Er hatte an der ganzen Ostfront gekämpft, von Leningrad bis zur Halbinsel Krim, er hatte Truppenerfahrung und hohe Tapferkeitsauszeichnungen, und sein Äußeres war »nordisch«, was man damals sehr schätzte.

Es war auch erwogen worden, ob Bussche den Sprengstoff in seiner Aktentasche mitbringen könnte, mit den Unterlagen für die Vorführung. Aber sicher genug war das nicht. Schulenburg sagte einige Wochen später zu Kleist: »›Man muß sich das um den Bauch binden.‹«[50] Von der Vorführung eines »Sturmgepäcks« war nicht die Rede. Die Version, wonach einem »unschuldigen« und nichtsahnenden »armen Landser« eine Sprengladung eingepackt und heimlich gezündet werden sollte, ist eine von den Kritikern der Opposition gerne wiederholte, gleichwohl unsinnige Legende, die von Gestapo-Beamten und von Himmler (in seiner Rede vor den Gauleitern am 3. August 1944) in die Welt und die von dem Präsidenten des Volksgerichtshofes, Dr. Roland Freisler, und von Dr. Goebbels in Umlauf gesetzt worden ist. Freisler behauptete während der Vernehmung von Generalmajor Stieff durch den Volksgerichtshof am 7. August 1944, das Attentat sei so mit Beteiligung von Stieff geplant gewesen; Stieff widersprach, aber Freisler ließ ihn nicht zu Worte kommen[51]. Selbstverständlich war der Plan so technisch gar nicht ausführbar. Wie wollte man die Zündung der Bombe in Gang setzen, so daß es der Soldat nicht merkte, gerade in dem unvorhersehbaren Augenblick, in dem die Gruppe zu Hitler gerufen werden sollte? Wer sorgte dafür, daß Diktator und Bombenträger im Augenblick der Explosion nahe genug beisammen standen? Das konnte höchstens zufällig gelingen.

Zur weiteren Vorbereitung und zur Beschaffung des Sprengstoffes fuhr Bussche unter einem dienstlichen Vorwand, für den Stauffenberg sorgte, ins OKH-Lager »Mauerwald« bei Lötzen in Ostpreußen, etwa 15 Kilometer vom Führerhauptquartier »Wolfschanze« entfernt. Dort besprach Bussche alle allgemeinen und prinzipiellen Fragen mit Stieff, alle technischen Details aber mit Major i. G. Kuhn. Dieser bot ihm eine Packung englischen Plastiksprengstoffes mit chemischem Zehnminutenzünder an. Der große Vorteil war die völlige Lautlosigkeit des Zünders und die intensivere Sprengkraft des Sprengmaterials, welche die des heeresüblichen deutschen Materials übertraf. Aber Bussche kannte sich nicht so gut aus mit dem englischen Material, er kannte vor allem die Sprengwirkung nicht aus eigener Erfahrung und wollte sich nicht auf Berichte aus zweiter Hand verlassen. Auch schien ihm die Zündverzögerung von zehn Minuten zu viele Unsicherheitsfaktoren zu bergen. Er wollte also lieber deutschen, heeresüblichen Sprengstoff verwenden, den er kannte, und damit zugleich den Zweideutigkeiten aus dem Wege gehen, die aus der Verwendung englischen Sprengstoffes entstehen konnten. Dieser war zwar im Laufe der Kriegshandlungen als Beute in deutsche Hände gefallen und also keineswegs »von den Engländern geliefert« worden, aber die Öffentlichkeit würde sich durch den leichter zu begreifenden Anschein täuschen lassen, wie es ja dann nach dem 20. Juli 1944 auch geschah. Zum deutschen Sprengstoff paßte nun auch nur ein deutscher Zünder, jedenfalls nicht der englische chemische Zünder, dessen Zündzeit Bussche ohnehin zu lange war.

Bussche bat also Stieff um eine Kilogrammpackung deutschen Pioniersprengstoffs, um einen Meter Zündschnur (zum Experimentieren), um eine komplette deutsche Stielhandgranate mit Viereinhalbsekunden-Zünder und um eine Tellermine für Versuche. Bussche, Stieff und Kuhn waren sich klar darüber, daß ein Sprengkörper mit Metallmantel weit bessere und sicherere Wirkung erzielen würde als der bloße Sprengstoff. Aber sie vermuteten im Führerhauptquartier versteckt eingebaute Röntgenvorrichtungen, mit denen heimlich eingebrachte größere Metallkörper oder Waffen entdeckt werden konnten. Das war auch mit ein Grund gegen die Verwendung einer Pistole.

Bussches Gesprächspartner waren nicht ohne weiteres in der Lage, seine Wünsche zu erfüllen, es bedurfte einiger umständlicher Manipulationen, bis der deutsche Sprengstoff und die anderen Gegenstände beschafft waren [52]. Major i. G. Kuhn, der in der Organisations-Abteilung des OKH unter Oberst i. G. Stieff tätig war, bemühte sich hauptsächlich um die Beschaffung des Sprengstoffes. Im November 1943 erschien im OKH-Hauptquartier »Mauerwald« der auf einer Dienstreise befindliche und seit 1936 mit Kuhn befreundete Major Gerhard Knaak, gegenwärtig Kommandeur des Pionier-Bataillons 630 östlich Orscha am Dnjepr, etwa 4–5 Kilometer hinter der Hauptkampflinie; das Bataillon gehörte zu dem um Orscha liegenden AOK IV im Bereich der Heeresgruppe Mitte [53]. Kuhn fragte Knaak, ob er für einen Anschlag gegen Hitler den Sprengstoff besorgen könne, und Knaak sagte es zu. Auf seiner Fahrt an die Front zurück erhielt Knaak unterwegs in Minsk durch Vermittlung von Major i. G. von Oertzen Quartier.

Im Dezember wurde Knaak der Besuch des unter Kuhn in der Organisations-Abteilung tätigen Oberleutnants d. R. von Hagen angekündigt, der auch kurz darauf eintraf [54]. Kuhn hatte Hagen einen Dienstauftrag zu dieser Reise erteilt, den dieser auch ausführte, und daneben hatte er die Weisung erhalten, heeresüblichen Sprengstoff bei Major Knaak abzuholen. Hagen brachte innerhalb von zwei Tagen eine Standard-Sprengladung für Brückensprengungen von 1 Kilogramm sowie Zündschnüre mit [55]. Die Handgranate war bei den Pionieren nicht zu beschaffen gewesen.

Bussche übernahm den Sprengstoff und die Zündschnüre und fuhr damit nach Potsdam zurück. Dort ließ er sich vom IIa des Inf.-Ers.-Batl. 9, Oberleutnant von Gottberg, mit dem er befreundet war, eine Handgranate beschaffen. Er wollte statt der Zehnminutenzeitzünder, die zwar lautlos waren, lieber die 4½ Sekunden lang zischenden Handgranatenzünder verwenden. Die kurze Zeit des Geräusches glaubte Bussche durch Räuspern und Husten überbrücken und kontrollieren zu können, während in der Spanne von zehn Minuten so vieles geschehen konnte, was nicht voraussehbar war. Mit dem chemischen Zünder wäre Bussche gewissermaßen der Gefangene eines Mechanismus geworden, statt ihn zu kontrollieren [56].

Das Beschaffen der Handgranatenzünder war nicht so einfach, wie es klingt, es war vielmehr lebensgefährlich. Was hatte ein IIa in einem Ersatztruppenteil im Heimatgebiet mit Handgranaten zu schaffen? Gottberg nahm das Risiko auf sich, ging zu dem Oberfeldwebel Knodel, der Waffen und Geräte verwaltete, und verlangte zwei Handgranaten. Knodel fragte pflichtgemäß, wofür die gebraucht würden, gab sich aber mit der Erklärung zufrieden, man brauche sie eben für bestimmte Zwecke. Knodel war auch taktvoll genug, nie mehr auf das Thema zurückzukommen, auch nicht nach dem 20. Juli und auch nicht gegenüber der Gestapo.

Mit den Handgranaten ging Gottberg in seine Wohnung, wo ihn Bussche besuchte. Zusammen bauten sie die Zünder aus den Handgranaten. Am nächsten Tag warf Gottberg mit Kleist die Reste der Handgranaten von der Glienicker Brücke in die Havel. Mit Gottberg bastelte Bussche sich dann einen Zündmechanismus, der ihm für den Zweck geeignet schien: Den Stiel der Handgranate sägte er zur Hälfte ab, so daß er den Teil mit dem Zünder übrigbehielt, den Sprengsatz schraubte er ab. Die Abziehschnur, die durch den hohlen Stiel geführt war, wurde entsprechend verkürzt und dann das Knöpfchen wieder angeknotet, so daß nur ganz wenig Spielraum zwischen Stiel und Abziehknöpfchen blieb. Auf diese Weise würde eine sehr kurze Bewegung zum Abziehen genügen, statt der bei größerem Spielraum nötigen, mehr ausholenden Abziehbewegung. Der Handgranatenzünder paßte genau in die Pioniersprengladung hinein. Das Ganze sollte in die erweiterte tiefe Hosentasche von sehr weiten Hosen, die man damals trug, versenkt werden. Bussche fürchtete nicht, sich beim Abziehen zu auffällig benehmen zu müssen, etwas Fuchteln mit den Händen gehörte ja zur Vorführung und Erklärung der Uniformen. Die viereinhalb Sekunden, während welchen der Zünder zischte, waren eigentlich kurz. Etwas Husten und Räuspern, und dann mußte Bussche sich auf Hitler stürzen und ihn festhalten, bis die Sprengladung explodierte. Für den Fall des Versagens würde er ein langes dünnes Messer im Stiefel tragen.

Als alles bereit und die Uniformvorführung auf einen ungefähren Termin angesetzt war – auf genaue Termine ließ sich Hitler fast nie festlegen –, wurden in Berlin die Eingeweihten verständigt und viele Beteiligte im Reich »vorgewarnt«. Generalmajor von Rost brauchte nur die vorbereiteten Befehle zu unterschreiben und auszugeben, um ganz Berlin in kurzer Zeit besetzen zu lassen [57]. Reichskriminaldirektor Arthur Nebe erhielt damals zum erstenmal die Aufforderung, die für den Putsch vorgesehenen Kriminalbeamten bereitzuhalten [58]. Bussche hielt sich in Erwartung des Abrufes zur Vorführung im OKH auf, und zwar vom 23. oder 25. November 1943 an. Aber man muß sich das ungefähr so vorstellen: Der Rüstungsminister Speer oder Generalfeldmarschall Keitel schlagen Hitler eine Ausrüstungsbesichtigung vor und bemühen sich um einen Termin, Hitler sagt darauf zu, aber nicht für diese Woche, vielleicht für Anfang Dezember. So kam ein »Termin« zustande, der dann mit Hilfe der Persönlichen Adjutanten noch genauer festgelegt werden mußte. In Wirklichkeit war das aber kein Termin, sondern ein in Aussicht genommener ungefährer Zeitpunkt. Termine, außer solchen, die er nicht ändern konnte – 30. Januar, 1. Mai, 20. April, 8./9. November – hatten in Hitlers Lebensgewohnheiten keinen Platz. Wenn er etwas zusagte, bemühte er sich um Pünktlichkeit, aber er vermied möglichst feste Zusagen.

Eines Tages, während er noch die Aufforderung zur Vorführung erwartete, wurde Bussche zu Stieff gerufen und erfuhr, daß die für die Vorführung bestimmten Ausrüstungsgegenstände, die aus Berlin herkommen sollten, bei einem der schweren Luftangriffe der letzten Tage in einem Eisenbahnwaggon zerstört bzw. stark beschädigt worden waren, als dieser ausbrannte. Das Vorführmaterial konnte nicht rasch wieder ersetzt werden [59]. Stieff meinte, es sei das beste, wenn Bussche sich wieder zu dem von ihm geführten Bataillon im Nordteil der Ostfront begebe. Im Januar werde man ihn zurückholen, wenn Ersatz für die Ausrüstung beschafft sein werde [60].

Tatsächlich erhielt Bussche im Januar 1944 einen Telephonanruf von Stauffenberg mit der Aufforderung, sich wieder für die geplante Vorführung einzufinden. Zugleich forderte Stauffenberg Bussche vom AHA aus fernschriftlich für einen dienstlichen Zweck an. Aber als Bussche bei seinem Divisionskommandeur, der in den Attentatplan nicht eingeweiht war, um Freistellung nachsuchte, sagte dieser, seine Bataillonsführer haben nicht als Modelle für Uniformvorführungen in Ostpreußen zu dienen. Stauffenberg versuchte noch einmal, Bussche loszueisen, der General sagte noch einmal »nein«. Ein paar Tage später wurde Bussche schwer verwundet und verlor ein Bein. Wochenlang lag er im Lazarett und kam für eine aktive Rolle in der Verschwörung nicht mehr in Frage. Der kleine Koffer mit der »Bombe« begleitete ihn durch die deutschen Lazarette, bis er das Mordgerät im Herbst 1944 in einen See werfen konnte.

Die nächste Gelegenheit zu einem Attentat sollte von Leutnant Ewald Heinrich von Kleist wahrgenommen werden. Nach dem Scheitern der Bemühungen um Bussche und nach dessen schwerer Verwundung fragte Stauffenberg Kleist, ob er bereit wäre, das Attentat auszuführen. Kleist fragte seinen Vater, den Gutsbesitzer von Ewald von Kleist-Schmenzin, der schon seit den ersten Anfängen der Diktatur Hitlers zur entschiedenen Opposition gehörte und stets besonders unerschrocken handelte, wie er sich verhalten sollte. Wer sich die kleine Mühe macht, diese Situation und ihre Konsequenzen kurz durchzudenken, kann ermessen, was die Antwort des Vaters an seinen Sohn bedeutete: er dürfe sich keinesfalls die Gelegenheit zur Erfüllung einer so entscheidenden Aufgabe entgehen lassen [61].

Ende Januar 1944 trat Stauffenberg an Kleist heran. Der Vorführtermin sollte Anfang Februar, ungefähr am 11., stattfinden. Kleist sagte Stauffenberg zu, nachdem er sich mit seinem Vater ausgesprochen hatte. Nur möchte doch Stauffenberg noch einen weiteren Mann mit einer Sprengladung hinschicken, für den Fall, daß Kleist versagen würde. Stauffenberg hatte den Sprengstoff in Verwahrung, zur Zündung gedacht man eine der Busscheschen ähnliche Vorrichtung mit einem Handgranatenzünder zu verwenden.

Inzwischen wurden auch die Staatsstreichvorbereitungen besonders in Berlin noch einmal überprüft. Im Dienstzimmer Olbrichts trafen sich die Eingeweihten, darunter Generalmajor von Rost und Oberleutnant d. R. Albrecht, mit Olbricht und Stauffenberg [62]. Stauffenberg erklärte, die Initialzündung stehe bevor, worauf Rost meinte, der Zeitpunkt sei diesmal denkbar ungünstig, und er drohte sogar mit seiner Nichtbeteiligung, aber Olbricht und Stauffenberg gelang es, ihn wieder zu gewinnen. Olbricht erklärte, die militärische Situation Deutschlands sei in der Tat total verfahren, aber noch könne die Substanz Deutschlands gerettet werden. Er sehe keinen anderen Ausweg aus der kommenden Katastrophe, als den Staatsstreich. Er wisse wohl, welche Folgen das Mißlingen für ihn und auch für seine Familie haben werde, aber er sei trotzdem bereit, den Kopf hinzuhalten. Stauffenberg fügte noch an, es sei wieder eine Vorführung vom Rüstungsministerium geplant, bei der die Möglichkeit bestehe, »die Nummern 1–3«, Hitler, Göring und Himmler, zu treffen. Sobald es geschehen sei, werde telephonisch das Stichwort durchgegeben. Anschließend an diese Besprechung begaben sich Rost und Albrecht zur Stadtkommandantur, wo sie mit Generalleutnant von Hase und dessen Ia, Oberstleutnant i. G. Hermann Schöne, noch lange die Einzelheiten der beabsichtigten Maßnahmen besprachen.

Aber auf das Stichwort wartete man in Berlin vergebens. Aus bisher unbekannten Gründen ist es auch zu dieser Vorführung nicht gekommen. Man hatte zuerst daran gedacht, den Sprengstoff in der Aktentasche mit den Erfahrungsberichten über die Uniformen und Ausrüstungen mitzubringen, sich dann aber anders entschieden; der Sprengstoff sollte am Leib getragen werden, das war, wie Schulenburg bemerkt hatte, weitaus sicherer. Jedoch hat Kleist im Gegensatz zu Bussche den Sprengstoff nie zu Gesicht bekommen.

Erst am 7. Juli kam es im Schloß Kleßheim bei Salzburg endlich zu der lange geplanten Uniformvorführung[63]. Stieff war dabei, hat aber nicht versucht, das Attentat auszuführen[64].

Inzwischen hatte Oberst i. G. von Tresckow vergeblich versucht, selbst in eine Position zu kommen, von der aus er Zugang zu Hitler und die Möglichkeit zu einem Attentat gehabt hätte. Zuerst versuchte er, Schmundt dafür zu gewinnen, daß eine neue Stelle geschaffen und ihm, Tresckow, unterstellt würde, die im Hauptquartier psychologisch-politische Erfahrungen zu sammeln, auszuwerten und unmittelbar »nach oben« zu leiten hätte[65]. Daraus wurde nichts. Dann erneuerte Tresckow ältere Versuche, der Vertreter und designierte Nachfolger von Generalmajor Heusinger, dem Chef der Operationsabteilung im OKH, zu werden[66]. Schlabrendorff flog im Dezember 1943 von Minsk aus ins OKH und überbrachte Heusinger einen entsprechenden Brief von Tresckow; Heusinger weigerte sich aber sofort, auch nur auf das Thema einzugehen.

Ehe Stauffenberg selbst die Aufgabe des Attentats übernahm, sind noch

2. Attentatversuche: Bussche, Kleist, Breitenbuch

je ein Plan und ein Versuch mit einer Pistole verbürgt. Oberleutnant d. R. Werner von Haeften, nach einer schweren Verwundung nicht mehr frontdienstfähig und nun bei Stauffenberg Ordonnanzoffizier, glaubte Ende Januar 1944, die Möglichkeit zu einem Attentat zu haben[67]. Aber sein Bruder Hans-Bernd von Haeften brachte so schwerwiegende Bedenken vor – ob Werner sicher wisse, daß dies *sein* Auftrag von Gott sei, und, man dürfte auch gegen Gangster nicht mit Gangstermethoden vorgehen –, daß Werner von Haeften den Plan nicht mehr weiter verfolgte.

Der mit einer Pistole unternommene Versuch, zu dem sich Eberhard von Breitenbuch nach reiflicher Überlegung entschloß, hätte eigentlich ein Sprengstoffattentat werden sollen. Es war der letzte Versuch, zu dem die Initiative unmittelbar von Tresckow ausging[68].

1940 war Breitenbuch Ordonnanzoffizier bei Witzleben gewesen; seit August 1943 hatte er dieselbe Stellung bei Kluge bekleidet, bis dann Kluge von seinem Autounfall betroffen wurde. Nun war er Ordonnanzoffizier bei Generalfeldmarschall Busch, der die Führung der Heeresgruppe Mitte übernommen hatte[69]. Schon im Sommer 1943 hatte Tresckow zu Breitenbuch bei dessen Antrittsmeldung gesagt, er sei in seine neue Stelle nicht versetzt worden, um bloß den Feldmarschall zu begleiten, sondern weil seine politische Einstellung bekannt sei. Er habe also die Aufgabe, den Feldmarschall so zu beeinflussen, daß er ein Attentat auf Hitler nicht nur dulden, sondern zu gegebener Zeit selbst unternehmen bzw. inszenieren werde. Seit Sommer 1943 war Breitenbuch Mitwisser der verschiedenen bisherigen Attentatversuche und -pläne; von nun an pflegte er seine Frau durch verabredete Stichworte zu unterrichten, wenn ein Plan akut wurde.

Am 9. März 1944 erhielt Busch von Generaloberst Zeitzler, dem Chef des Generalstabes des Heeres, die telephonische Mitteilung, er werde übermorgen, am 11. März, zum Vortrag gelegentlich der Lagebesprechung auf dem »Berghof« erwartet[70]. Rittmeister von Breitenbuch hatte als Persönlicher Ordonnanzoffizier die Aufgabe, die nötigen Vorbereitungen zu treffen, so die Bestellung eines Zwischenquartiers in Breslau, die Unterbringung der Besatzung von Hitlers Focke-Wulf »Condor«, die den Feldmarschall abholen sollte, und schließlich den Feldmarschall zu begleiten.

Kurze Zeit nach dem Telephongespräch, in der meist ruhigen Mittagszeit, erschienen bei Breitenbuch im Vorzimmer des Oberbefehlshabers der Heeresgruppe Mitte der (im Januar beförderte) Generalmajor von Tresckow und der Major i. G. von Oertzen. Tresckow und Oertzen wollten mit Breitenbuch allein sprechen, und man ging in dessen Schlafzimmer. Tresckow hatte erfahren, daß Breitenbuch am übernächsten Tag ins Führerhauptquartier fliegen sollte, und war sofort mit Oertzen vom Hauptquartier der 2. Armee herübergekommen. Nun legte er Breitenbuch die Frage vor, ob er sich eigentlich klar sei, welche Verantwortung an diesem Tage auf ihm ruhe. Er allein werde das Schicksal des Vaterlandes in der Hand haben, auf ihn werde es ankommen, ob der unselige Krieg mit den Bombenangriffen auf die Frauen und Kinder und mit weiteren Hunderttausenden Gefallenen weitergehen solle. Anschließend zog Oertzen lachend aus seiner Aktentasche eine »Bombe«. Dieses Gerät, erläuterte Oertzen, sei völlig sicher und nur in diesem einen Exemplar mühsam aus der Schweiz beschafft worden. Man müsse es sich zwischen zwei Knöpfen auf der Brust unter den Uniformrock stecken, bei passender Gelegenheit auslösen und dann Hitler umarmen, bis der Sprengkörper explodieren würde.

Breitenbuch war trotz aller Vorbereitung von dem Angebot überrascht, ließ sich aber zunächst einmal die »Bombe« erklären. Sie war aus Metall und hatte die Form einer Granate, etwa 22 cm lang und 8 cm im Durchmesser; sie wog ungefähr 300 Gramm, etwa soviel wie eine Handgranate [71]. Der Zünder befand sich im Boden des Sprengkörpers und konnte nach Abschrauben des Bodendeckels auf drei Laufzeiten eingestellt werden: 1 Sekunde, 3 Sekunden und 3 Minuten. Oertzen schlug vor, den Zünder auf 3 Sekunden einzustellen, was im voraus, unabhängig von der Auslösung zu geschehen hatte [72]. Zu gegebener Zeit mußte man dann die Zündung mit einem kleinen Knopf auslösen.

Breitenbuch war skeptisch. Er würde keinerlei Gelegenheit haben, die Bombe auszuprobieren und ihre Wirkungsweise kennenzulernen. Da er sein Leben zu opfern hätte, schien ihm aber wesentlich, daß der Erfolg so gut wie nur möglich gesichert wurde. Auch das unauffällige Abziehen in Gegenwart Hitlers schien ihm gefährlich. Tresckow war zwar längst auf Grund seiner Überlegungen und Versuche zu dem Ergebnis gekommen, daß nichts so sicher sei, wie Sprengstoff mit im voraus in Gang gesetzter Zündung, und daß ein Pistolenattentat eines einzelnen so gut wie keine Aussicht auf Erfolg habe. Aber, so wie Bussche eigene Wünsche hinsichtlich des Sprengstoffes gehabt hatte, so wollte nun Breitenbuch sein Leben auf eine ihm annehmbar erscheinende Art und Weise aufs Spiel setzen und opfern, und da mußte Tresckow ihm entgegenkommen. Breitenbuch entschied sich als sehr sicherer Schütze für den Versuch mit der Pistole. Er wollte außer seiner Dienstpistole, die er vor Betreten des Besprechungsraumes mit dem Koppel an der Garderobe ablegen würde, eine entsicherte 7,65-mm-Browning-Pistole in der Hosentasche tragen. Tresckow machte ihn noch eigens darauf aufmerksam, daß er nur

2. Attentatversuche: Bussche, Kleist, Breitenbuch

auf Kopf oder Hals schießen dürfe, weil Hitler einen besonderen Schutz gegen Pistolenmunition trage.

Am 9. März 1944 flogen Busch und Breitenbuch also mit Hitlers »Condor«, die vom Piloten Hans Baur geflogen wurde, von Minsk nach Breslau, wo Busch den 10. März bei seiner Familie verbrachte. Am 11. März flogen sie weiter nach Salzburg, wo sie gegen 10 Uhr vormittags ankamen. Tresckow hatte inzwischen die Mitverschworenen in Berlin »vorgewarnt«. Von Salzburg fuhren der Feldmarschall und sein Ordonnanzoffizier mit Hitlers 7,7-l-Kompressor-Mercedes zum »Berghof« hinauf. Es war noch genug Zeit bis zur Lagebesprechung, die nie vor 12 Uhr angesetzt wurde, und Breitenbuch benützte die Muße, um entsprechend der Verabredung seine Wertsachen – Ringe und Armbanduhr – an seine Frau abzuschicken.

Am 11. März waren Generalfeldmarschall Busch, sein Ia, Oberst i. G. von der Gröben, und Rittmeister von Breitenbuch merkwürdigerweise die einzigen Offiziere, die von der Front zur Lagebesprechung herbestellt waren. Gewöhnlich kamen bei solchen Gelegenheiten mehrere Oberbefehlshaber und ihre Ordonnanzoffiziere zusammen. Nun war Breitenbuch der einzige anwesende Ordonnanzoffizier von der Front. Kurz vor der angesetzten Zeit hielten sich Busch, Breitenbuch, Gröben, Keitel, Jodl und Goebbels in dem Vorraum vor der berühmten großen Halle auf dem »Berghof« auf. Das Koppel mit der 8-mm-Dienstpistole hatte Breitenbuch samt der Mütze abgelegt, aber die Browning-Pistole trug er entsichert in der Hosentasche. Unter dem Arm hielt er eine Aktentasche mit den Unterlagen, die der Feldmarschall bei seinem Vortrag benötigen würde und die er, der Ordonnanzoffizier, ihm jeweils auf seinen Wink vorzulegen hätte.

Als endlich die Türe zum Konferenzraum aufging und ein Mann in SS-Uniform verkündete, Hitler lasse die Herren hereinbitten, wollte Breitenbuch mit seiner Aktentasche auch hinein, der Rangordnung nach war er der letzte. Da hielt ihn der SS-Mann am Arm fest und erklärte ihm, es sei befohlen, heute keine Ordonnanzoffiziere an der Besprechung teilnehmen zu lassen. Breitenbuch protestierte, Busch wandte sich zurück und intervenierte mit der Begründung, er brauche seinen Ordonnanzoffizier beim Vortrag, doch alles ohne Erfolg. Breitenbuch kam nicht hinein, Busch mußte sich selbst um seine Papiere kümmern.

War Rittmeister von Breitenbuch schon vorher nicht gerade die Ruhe selbst gewesen, so gerieten seine Nerven nun ganz deutlich ins Vibrieren. Er fand sich allein im großen Vorzimmer, wo von Zeit zu Zeit, scheinbar mit bestimmter Absicht, ein SS-Mann auftauchte und irgend etwas Belangloses holte, eine Erfrischung brachte oder nur durchging. Breitenbuch wußte von früheren Gelegenheiten, daß in der Nähe Hitlers immer diese

SS-Leute zu sehen waren, und er kannte ungefähr die Sicherheitsbestimmungen. Aber im Gegensatz zu früheren Gelegenheiten hatte er heute eine Pistole geladen und entsichert in der Hosentasche, was bei der Entdeckung sehr schwer zu erklären gewesen wäre, und er hatte Hitler erschießen wollen. Da war er in einer Gemütsverfassung, in welcher jeder Blick, den ein SS-Mann auf ihn warf, ihm zu bedeuten schien, daß man seine Absicht durchschaut oder doch geahnt habe. Wie anders wäre der ungewöhnliche Ausschluß von der Besprechung zu erklären gewesen? Breitenbuch war überzeugt, der Plan müsse verraten oder entdeckt worden sein, er wollte also möglichst schnell die nunmehr sinnlos lebensgefährliche Pistole loswerden, der Plan war ja nicht mehr auszuführen. Aber die – wirkliche oder scheinbare – Überwachung war zu scharf.

Endlich war die Wartezeit überstanden, Busch kam von der »Lage« zurück und Breitenbuch fuhr mit ihm nach Schloß Kleßheim bei Salzburg, wo sie zu Abend aßen. Dann flogen sie wieder nach Minsk. Dort wurde Breitenbuch von Tresckow im Hauptquartier der Heeresgruppe schon erwartet und empfangen mit den Worten: »›Ja, Breitenbuch, die Sache ist verpfiffen worden.‹« [73] Tresckow nahm an, daß man auf das eine oder andere seiner Telephongespräche nach Berlin hin Verdacht geschöpft und die Sicherheitsvorkehrungen verschärft habe.

Kurz nach dem 11. März 1944 war Rittmeister von Breitenbuch noch einmal mit Generalfeldmarschall Busch auf dem Obersalzberg, aber einen neuen Attentatversuch hat er nicht in Betracht gezogen. »›So etwas macht man nur einmal.‹« [74] Die seelische Belastung und Nervenbeanspruchung war so groß, daß er nicht glaubte, sie noch einmal durchhalten zu können. Stauffenberg war der einzige von allen Attentätern, der das fertiggebracht hat. Zum letzten Male war Breitenbuch mit Busch zwischen 15. und 20. April 1945 bei Hitler in dessen Hauptquartier in Berlin; Busch glaubte damals, nach seiner Besprechung mit dem Führer, daß in Kürze die »Große Wende« komme und dann der Krieg gewonnen werde.

3. Staatsstreichplanung: Sprengstoffbeschaffung

Die Monate März, April und Mai 1944 waren insofern in der Verschwörung »ruhige Monate«, als sich keine akute Möglichkeit zu einem neuen Attentatversuch ergab. Aber im übrigen waren sie mit Bemühungen und Vorbereitungen aller Art ganz ausgefüllt. Besonders die militärischen Verschwörer waren mehr als vollbeschäftigt. Als Patrioten und hervorragende Soldaten wollten sie keinesfalls Deutschland und seinem Heer schaden,

3. Staatsstreichplanung: Sprengstoffbeschaffung

sondern beide vor dem Untergang bewahren. Sie nahmen also ihre dienstlichen Aufgaben sehr ernst und taten ihr Äußerstes, um sie zu lösen. Die Umsturzpläne konnten sie nur in kurzen, minutenlangen Augenblicken oder in der Zeit, die sie für Erholung und Schlaf gebraucht hätten, mehr oder minder hastig besprechen und vorantreiben. Dieser Umstand muß immer bedacht werden; denn er hat die Perfektion der Vorbereitungen ungünstig beeinflußt [75]. Natürlich konnte man nicht abwarten, bis man mehr Zeit für die Vorbereitung des Umsturzes hätte. Es ging darum, das sinnlose Morden und die Zerstörungen zu beenden, im Interesse Deutschlands und der Menschheit. Also ging die Arbeit weiter – eine Sisyphus-Arbeit, weil das jeweils zusammengefügte Mosaik immer wieder durch die Ereignisse durcheinandergeworfen wurde.

Eine der größten Schwierigkeiten bereitete die Beschaffung des Sprengstoffes, so merkwürdig das bei einer eng mit dem Militär verknüpften Verschwörung scheinen mag, und fast noch schwieriger war seine Verwahrung. Die Gefahr der Entdeckung war immer sehr groß und die Bedrohung der Verschwörer ungeheuer. Kein einziger der beteiligten Offiziere, die mit Sprengstoff hantierten, konnte ihn rechtmäßig länger als einen oder zwei Tage bei sich verwahren. Es gab strenge Bestimmungen über das Hantieren mit solchem Gerät, und es wäre kaum zu erklären gewesen, warum Sprengstoff und Zünder etwa wochenlang in der Wohnung von Generalmajor Stieff aufbewahrt wurden. Dies und die Standhaftigkeit der Beteiligten nach dem 20. Juli erklärt, daß die Gestapo nur ungefähr feststellen konnte, welchen Weg der am 20. Juli 1944 verwendete Sprengstoff genommen hat und wo er hergekommen ist. Von den Attentatversuchen des März 1943 hat die Gestapo ohnehin nichts erfahren und also auch nicht nach dem Verbleib des dafür gedachten Sprengstoffes gefahndet.

Die von Tresckow und Schlabrendorff am 13. März 1943 verwendeten englischen Haftminen wurden, wie schon berichtet, nach dem Mißlingen des Anschlages von Schlabrendorff im OKH noch vor ihrer Entdeckung abgefangen, gegen ein Paket umgetauscht, das wirklich Spirituosen enthielt, und dann entschärft [76]. Schlabrendorff reiste mit den Haftminen nach Berlin, wo er sie in der Nacht vom 20. auf den 21. März 1943 an Gersdorff übergab. Dieser nahm sie nach seinem erfolglosen Attentatversuch wieder mit zur Heeresgruppe Mitte, wo er sie an Tresckow zurückgab. Die Gestapo erfuhr davon nichts. Ebensowenig erfuhr sie, daß Gersdorff von September 1943 bis Januar 1944 ein Paket englischen plastischen Sprengstoffes im Gastzimmer des Hauses seines Bruders in Breslau aufbewahrt und dann wieder mitgenommen hat [77].

Nach den bis heute möglichen Feststellungen gab es drei bis vier »Hauptlieferungen« an Sprengstoff für Attentatzwecke, zwischen September 1943 und Juni 1944. Die Untersuchungskommission des Amtes IV (Gestapo) des Reichssicherheitshauptamtes hat davon nur zwei bis drei weitgehend verfolgen können [78]. Die Aufhellung solcher Zusammenhänge gelang der Gestapo hauptsächlich dann, wenn Leugnen aussichtslos war und nur zu unnötigen Folterungen führte, z. B. wenn schon andere genaue Aussagen vorlagen und Selbstmorde, wie die der Abwehroffiziere Schrader und Freytag-Loringhoven, den Weg gewiesen hatten. Eigentlich wurden nur zwei Lieferungen entdeckt; wenn man einen Umweg, ein Wiederauftauchen in die Legalität einer durch Entdeckung verlorenen Lieferung, die dann wieder in die Hände der Verschwörer kam, dazu zählen will, waren es drei. Wenigstens zwei weitere wurden überhaupt nicht entdeckt. Die Verhafteten – vor allen Stieff, Hagen, Klamroth und Knaak – gaben nur zu, was man von ihnen auf der Folter erpressen oder ihnen nachweisen konnte. Aber z. B. auf Philipp Freiherr von Boeselager, Fabian von Schlabrendorff, Freiherr von Gersdorff, Freiherr von dem Bussche kam die Gestapo gar nicht als Sprengstoffbeschaffer – dank der Standhaftigkeit ihrer Kameraden.

Folgt man den bisher vorliegenden Untersuchungen und den übrigen Berichten, so ergibt sich als erste Lieferung ein Paket erbeuteten englischen Plastiksprengstoffes, in Originalverpackung, mit der Bezeichnung Hexogen, das Tresckow Ende September oder Anfang Oktober 1943 nach Berlin gebracht und im Oktober Stauffenberg gegeben hat. Dieses Material brachte Stauffenberg Ende Oktober persönlich zu Stieff in das Lager »Mauerwald« [79]. Stieff verwahrte das Material teils in seiner Privatwohnung, teils in seinem Büro im Hauptquartier in Ostpreußen. Kurz vor dem 20. November gab er Sprengstoff und Zünder dem Major i. G. Kuhn, der sie am 28. November in der Nacht zusammen mit Oberleutnant d. R. von Hagen bei einem hölzernen Wachtturm im Lager »Mauerwald« versteckte. Dabei wurden die beiden Offiziere von einer Streife der Geheimen Feldpolizei-Gruppe 631 beobachtet, aber nicht erkannt. Sie entwischten, ein Hund wurde angesetzt, der den Sprengstoff ortete, aber die Spur der beiden bis zu einer ganz falschen Baracke verfolgte, wo er dann aufgab [80]. Der Sprengstoff wurde von der Feldpolizei der zuständigen Gruppe Abwehr der Heereswesen-Abteilung des General z. b. V. beim OKH übergeben. Der Gruppenleiter Oberstleutnant Schrader und der Abteilungschef Oberst Radke unterdrückten die Ermittlungen im Dezember mit Hilfe Zeitzlers, so daß die Untersuchung über die Identität der Offiziere und die Herkunft des Sprengstoffes im Sande verlief. Oberst Hansen war damals

3. Staatsstreichplanung: Sprengstoffbeschaffung

Chef der 12. Abteilung im Generalstab des Heeres; nach der Entdeckung des Sprengstoffes ließ er Major i. G. Kuhn kommen und sagte ihm, auf dem Umweg über Hund und Streife seien die zwei Sprengstoffpakete zu ihm gelangt, von denen er nun eines behalten müsse, für den SD. Das andere gab er Kuhn zurück, mit passenden Bemerkungen über den Kreislauf der Dinge.

Ein Vetter Tresckows, Arnold von Tresckow, damals im OKH/Heereswaffenamt/Wa Prüf 5, hat sowohl erbeuteten englischen wie deutschen Plastiksprengstoff beschafft, den er Ende 1943 mit nach Hause nahm, und der im April oder Mai 1944 von einem Boten Tresckows abgeholt wurde[80a]. Seit Juni 1944 war Oberst i. G. Wessel Freiherr von Freytag-Loringhoven Chef der Heereswesen-Abteilung. Er ließ sich Ende des Monats von Schrader den Sprengstoff und die Zünder aushändigen und gab sie an Stauffenberg weiter[81]. Stauffenberg hat das Material teils in seinem Büro, teils bei Oberstleutnant von der Lancken beim Wehrbezirkskommando Potsdam aufbewahrt. Zwischen den verschiedenen Attentatversuchen im Juli wurde es meistens dorthin zurückgebracht.

Als Freiherr von dem Bussche sich zu einem Attentatversuch bereit erklärt hatte, war ihm von Stieff englischer Sprengstoff angeboten worden, eben der, den Kuhn und Hagen dann vergraben haben. Bussche wollte lieber deutsches Material verwenden, und über Kuhn und den in der Organisationsabteilung des OKH tätigen Oberstleutnant i. G. Bernhard Klamroth wurde Hagen beauftragt, bei Major Knaak, dem Kommandeur des Pionier-Bataillon 630, das damals östlich von Orscha im Bereich der Heeresgruppe Mitte lag und zum 4. Armee-Korps gehörte, entsprechendes Material zu besorgen. Hagen flog nach Minsk, wurde dort im Auftrag Knaaks mit dem Auto abgeholt, ließ sich die Sachen geben und flog dann wieder nach Ostpreußen zurück. Die Lieferung enthielt eine Anzahl »Granatzünder, Zündschnüre, eine Schachtel Sprengkapseln und zwei Einheitssprengkörper«, die Hagen an Stieff überbrachte[82]. Stieff verwahrte die Sprengkörper bis März 1944, also bis zur Übersiedlung des Hauptquartiers nach Berchtesgaden, in einer Schreibtischschublade seines Büros in »Mauerwald«, die Zündmittel in einem Schreibtisch seiner Wohnung. Vor der Übersiedlung brachte er auch den Sprengstoff in seine Dienstwohnung in Ostpreußen. Anläßlich einer Dienstreise Klamroths und Hagens ließ Stieff diese Sachen dann Ende Mai nach Berlin bringen[83]. Offen bleibt, ob es sich hierbei nur um den von Knaak beschafften oder auch um den vergrabenen und wiederbeschafften Sprengstoff handelte. Die beiden Offiziere lieferten das Material bei Stauffenberg ab[84].

Am 20. Juli 1944 hatten Stauffenberg und sein Adjutant Werner von

Haeften zwei Pakete mit plastischem Sprengstoff bei sich. Die Gestapo hat das auf der Fahrt von der »Wolfschanze« zum Flugplatz von Haeften aus dem Auto geworfene und später gefundene Sprengstoffpaket als deutsches Material bezeichnet und in dem beim Attentat tatsächlich verwendeten zunächst englisches Material vermutet. Die Berichte der Gestapo legen sich jedoch nicht einmal für das gefundene Material völlig fest, sondern sprechen vage von »kombin. deutsch-engl. Sprengmaterial«[85]. Die Beamten des Kriminaltechnischen Instituts des Reichskriminalpolizeiamts im RSHA wollten nicht allzu genau berichten, und manche von ihnen wollten möglichst bisher nicht in die Untersuchungen Verwickelte heraushalten[86].

Nach den im Kriminaltechnischen Institut getroffenen Feststellungen handelte es sich sowohl bei dem weggeworfenen Paket als auch bei dem Attentatsprengstoff tatsächlich um deutsches Material. Es ist wahrscheinlich gar nicht durch die Hände der oben genannten und nur zum Teil von der Gestapo ermittelten Sprengstoffbeschaffer gegangen. Der Sprengstoff ist erst im Frühjahr 1944 von der WASAG-Chemie AG in deren Werk Reinsdorf oder Sythen unter der Bezeichnung »Plastit W« hergestellt worden. Nach der Erbeutung großer Mengen englischen plastischen Sprengstoffs hatte die WASAG den Auftrag bekommen, einen ebensolchen und womöglich noch besseren Sprengstoff für das deutsche Heer zu entwickeln. Das Ergebnis war »Plastit W«, bestehend aus 64% Hexogen, 24% Dinitrotoluol, 9% Mononitronaphtalin, 3% Collodiumwolle und etwas Dinitronaphtalin. Der Sprengstoff hatte besonders günstige Eigenschaften, d. h. große Sprengwirkung und fast rückstandslose Verbrennung. Es ist möglich, daß die Verschwörer deshalb geglaubt haben, sie verfügten über einen Wundersprengstoff von fast unbegrenzter Wirkung[87].

Wer den von Stauffenberg verwendeten Sprengstoff beschafft hat, ob er, wie es scheint, eigens bestellt und gefertigt wurde, ist nach dem 20. Juli 1944 nie eindeutig geklärt worden. Ob die Tatsache, daß der Leiter des Reinsdorfer WASAG-Werkes, Direktor Willi Fromm, ein Vetter des Generalobersten war, dabei irgendeine Bedeutung hatte, ist ebenfalls unklar[88]. Immerhin scheint Arthur Nebe maßgeblich an der Beschaffung beteiligt gewesen zu sein. Anfang 1944 wollte er von einem ihm unterstellten Chemiker wissen, wieviel Kilogramm eines eigens herzustellenden Sprengstoffes mit optimaler Verbrennung und Brisanz für ein »Attentat auf Stalin« nötig wäre, worauf er die Antwort erhielt, 5 Kilogramm würden reichen, mit weniger als 2 Kilogramm aber sei überhaupt nichts zu machen[88a]. Auch englische Zeitzünder der von Stauffenberg verwendeten Art sind etwa zwei Wochen vor dem Attentat durch einen Beamten des Amtes IV A II im RSHA im Kriminaltechnischen Institut bestellt und abgeholt worden.

4. Staatsstreichplanung: Nachrichtenwesen

Seit in der Opposition ernsthaft erwogen wurde, Hitler in seinem Hauptquartier durch ein Attentat zu töten oder aber, wie man sagte, das Hauptquartier zu »zernieren«, befaßte man sich mit Überlegungen, wie das jeweilige Hauptquartier nachrichtentechnisch von der Außenwelt isoliert werden könnte. Wenn Hitler nur festgesetzt werden sollte, bestand ohne nachrichtentechnische Isolierung keine Aussicht auf Erfolg; denn dann hätte er persönliche Gegenbefehle geben und Ansprachen halten können, und kaum jemand hätte auf die Verschwörer gehört. Aber auch wenn Hitler tot war, konnte seine hinterbliebene Umgebung noch viele Schwierigkeiten machen. Keitel, Jodl, Dönitz zumal waren treue Paladine, Göring und Himmler waren weniger treu, aber nicht weniger gefährlich. Wenn sie beim Attentat im Hauptquartier, doch nicht bei der Lagebesprechung anwesend waren, konnten sie sich wahrscheinlich rasch des ganzen Apparats bemächtigen. Für das Gelingen des Staatsstreiches, für die Abschirmung der Maßnahmen in Berlin und in anderen Städten des Reiches und der besetzten Gebiete gegen Einflüsse der alten Machthaber war es also nötig, das Hauptquartier nachrichtentechnisch zu isolieren, mindestens für die ersten Stunden.

Zur Ausführung dieses Vorhabens konnten die Verschwörer auf die tätige Mithilfe einer Anzahl hervorragender Fachleute in der Nachrichtentruppe des Heeres zählen. An erster Stelle steht hier General der Nachrichtentruppen Erich Fellgiebel, der von seinen Kameraden und Untergebenen außerordentlich geschätzt und verehrt wurde als hochgebildeter, empfindsamer, rechtlich und menschlich denkender Soldat, als fähiger Naturwissenschaftler mit philosophischen Neigungen, als überragender Fachmann auf dem Gebiet des Nachrichtenwesens[89]. Schon vor dem Krieg hielt Fellgiebel mit seiner Kritik gegenüber dem Regime nicht zurück, obwohl er wußte, daß seine Telephongespräche schon vor 1938 überwacht wurden. Er wußte auch, wie unentbehrlich er war, und er war furchtlos und aufrecht. Hitler haßte er als geistlosen und unmenschlichen Gewaltherrscher, im Kriege immer mehr auch als militärisch unfähigen, strafwürdigen Zerstörer. In seiner Eigenschaft als Chef des Wehrmacht-Nachrichten-Verbindungs-Wesens (Chef WNV) und als gleichzeitiger Chef des Heeres-Nachrichten-Wesens (Chef HNW) besaß Fellgiebel unumschränkte Befehlsgewalt über alle Nachrichtenmittel des Heeres, jedenfalls innerhalb der von seinen militärischen Vorgesetzten, (Hitler, Keitel und bis Dezember 1941 Brauchitsch) ausgehenden Richtlinien. Über die Wehrmacht-Nachrichten-Verbindungen verfügte er freilich trotz seines Titels Chef WNV nur, soweit sie auf den sogenannten OKW- oder Wehrmachtkriegsschauplätzen bestanden; im übrigen konnte er der Marine und der Luftwaffe nichts befehlen, ja nicht einmal auf regulärem Wege ihre Verbindungen kennenlernen, und ähnlich war es bei der SS [90].

Fellgiebels nächster Mitarbeiter, der Chef des Stabes beim Chef HNW, Oberst Kurt Hahn, sowie der Chef des Stabes beim Chef WNV, Generalleutnant Fritz Thiele, gehörten zur Verschwörung und waren zur aktiven Mitarbeit beim Umsturz bereit und eingeweiht. Fellgiebel und Hahn hielten sich am Ort des OKH auf, meistens im Lager »Mauerwald«, aber wenn das Führerhauptquartier auf dem »Berghof« war, oft auch in Berchtesgaden; Thiele hatte seine ständige Dienststelle in der Bendlerstraße in Berlin.

Ferner gehörten zu den Eingeweihten im Amt Chef HNW der Leiter der Zentralgruppe (Personal-Angelegenheiten), Major Heinz Burchardt, der Leiter der Gruppe IV (Funkverbindungen), Major Höpfner, der seit dem 10. Juli 1944 Leiter der Gruppe I (Einsatz, Organisation, Ausbildung) war, der Nachfolger Höpfners als Gruppenleiter IV, Major Binder, sein Vorgänger als Gruppenleiter I, Oberstleutnant Maultzsch (er wurde am 10. Juli 1944 als Regiments-Kommandeur zum AOK 2 versetzt, wo Generalmajor von Tresckow Chef des Generalstabes war), der Leiter der Gruppe V (Transport-Nachrichtenverbindungen), Major Degner. Zum Teil saßen sie im Juli 1944 noch in »Mauerwald«, zum Teil im Lager »Zeppelin« bei Zossen; denn in jenen Wochen sollte das OKH nach Zossen in das Lager »Maybach« verlegt werden. Um die möglichst reibungslose Umstellung zu gewährleisten, hatte man schon vorsorglich die in Ostpreußen bestehenden Vermittlungen und Schaltungen in Zossen genau kopiert, selbst die Bezeichnungen der Vermittlungen und Ämter waren dieselben wie in Ostpreußen, nur jeweils mit dem Zusatz »Bu« (Bunker). So wurde aus »Anna« (Mauerwald) in Ostpreußen »Anna-Bu« in Zossen, aus »Emma« (Lötzen) »Emma-Bu«, aus »Nora« (Angerburg) »Nora-Bu« usw. Der Umzug wurde rückgängig gemacht, als das Führerhauptquartier nach dem 20. Juli in der »Wolfschanze« blieb [91]. Schließlich ist unter den Eingeweihten noch Oberst Kurt Haßel zu nennen, der Chef der Amtsgruppe Nachrichtenwesen im OKH/Chef H Rüst u BdE war und in dieser Eigenschaft General Olbricht unterstand.

General Fellgiebel hat der Gruppe um Beck bei einer Besprechung im Hause Olbrichts, an der Beck, Goerdeler und Fritz-Dietlof Graf von der Schulenburg teilnahmen, schon im Frühjahr oder Sommer 1943 zugesagt, er wolle bei dem geplanten Anschlag und Staatsstreich die Nachrichtenverbindungen im Sinne der Verschwörung »sicherstellen«, d. h. so kontrollieren, »daß alle notwendigen Anordnungen und Benachrichtigungen der Verschwörer reibungslos durchkommen, alle anderen Benutzer aber abgeschaltet werden«. Wenige Wochen vor dem Attentat hat er das Stauffenberg gegenüber wiederholt versprochen und Anfang Juli die Zusage erneuert. Dagegen hat Fellgiebel nie versprochen, irgendwelche Nachrichteneinrichtungen zu zerstören oder zerstören zu lassen [92].

Die Führerhauptquartiere verfügten hauptsächlich über vier verschiedene Nachrichtenmittel: Fernsprechverbindungen, Fernschreibverbindungen, Funkverbindungen (darunter Funksprech- und Funkschreibverbindungen) und Kurierdienst zu Lande und in der Luft. Fiel z. B. das Fernsprechnetz aus, so blieben noch die Fernschreibverbindungen; waren diese mit dem Fernsprechnetz durch gemeinsame Kabel bzw. Vermittlungen und Verstärkerämter verbunden und war das Fernsprechnetz gewaltsam, etwa durch Trennung der Kabel gestört, so fielen auch die Fernschreibverbindungen aus. Es blieben dann noch Funk und Kurier.

Die Unterbrechung der Kurierdienste war nur durch physische Gewalt, durch militärische Absperrung des Hauptquartiers möglich. Vom Attentatzeitpunkt bis zur »Zernierung« des Hauptquartiers durch Truppen, welche die Verschwörer kontrollierten, würden mindestens ein bis zwei Stunden vergehen; denn in unmittelbarer Nähe des Hauptquartiers verfügte man nicht über »zuverlässige« Einheiten. Erst in einem späteren Stadium des Umsturzes konnte man wagen, beliebige Truppen einzusetzen, auch dann noch mußte mit einem Kampf gegen die in der Nähe stationierten SS- und Polizeitruppen gerechnet werden, über die Himmler verfügte. In diesen ersten Stunden konnten also Kuriere durchkommen, wenn auch ihre Aussichten auf Wirksamkeit gering waren.

Die Unterbrechung des Funkbetriebs im Hauptquartier war fast nur mit Gewalt möglich, über die aber die Handvoll Verschwörer dort in den ersten Stunden nicht verfügte. Da war die Funkstelle im Sonderzug Hitlers, der »Brandenburg« hieß, ferner gab es Funkstellen in den Sonderzügen »Braunschweig« (Keitel) und »Franken I« und »Franken II« (WFSt). Die Züge standen außerhalb der Sperrkreise I und II und waren nicht ohne weiteres erreichbar, wieder wären Soldaten zur Durchsetzung der Funkstille nötig gewesen. Außerdem waren die Züge, wenn sie auf Bahnhöfen standen, stets an das Fernsprech- und Fernschreibnetz angeschlossen. Dann gab es noch die Funkstellen auf dem Flugplatz Rastenburg, in den Hauptquartieren von Göring, Himmler und Ribbentrop, bei den Posten der Führer-Luftnachrichten-Abteilung (FLNA); die Funkzentrale des FHQu befand sich in Heiligenlinde, etwa 20 Kilometer von der »Wolfschanze«. Der Reichspressechef hatte eine eigene Funkstelle im Führerhauptquartier, und worüber der Reichsleiter und Sekretär des Führers Martin Bormann verfügte, das wußte niemand ganz genau, sicher war nur, daß er eigene Fernsprech- und Fernschreibleitungen besaß. Dieselben Möglichkeiten und Einrichtungen für Funkverbindung wie bei Rastenburg bestanden bei Berchtesgaden, in Berlin und in Winniza in der Ukraine.

Praktisch hätten sich demnach Funkverbindungen nur durch Befehl ganz unterbinden lassen. Bormann, Himmler und Ribbentrop hätten entsprechende Befehle Fellgiebels schwerlich befolgt, und Fellgiebel hätte nicht die Machtmittel gehabt, die Befehle sofort durchzusetzen. Doch durfte er hoffen, daß die Funkverbindungen in den ersten Stunden der Überraschung und Verwirrung zu schwerfällig für erfolgreiche Gegenaktionen des Regimes sein würden. Soweit entsprechende Wellenlängen bekannt waren oder beim Gebrauch bekannt wurden, konnte man sie stören. Die oft älteren Offiziere in den Wehrkreisen z. B. hätten sich gegenüber einem aus der leeren Luft aufgefangenen Funkspruch wenigstens ebenso skeptisch gezeigt wie gegenüber den telephonischen Befehlen nicht genügend legitimierter Offiziere in der Bendlerstraße in Berlin. Rückfragen waren umständlich, Gespräche von Person zu Person nicht realisierbar. So blieben als wichtigste Nachrichtenmittel die Fernsprech- und Fernschreibverbindungen.

Hier war Fellgiebel wirklich Herr im Haus, immer unter der oben erwähnten Voraussetzung der Übereinstimmung seiner Weisungen mit denen seiner eigenen Vorgesetzten. Die Führerhauptquartiere, für die fragliche Zeit »Wolfschanze« und »Berghof«, hatten Verbindungen beiderlei Art zu allen Feldhauptquartieren der Heeresgruppen, der Wehrmachtbefehlshaber und Oberbefehlshaber in den besetzten Gebieten, zu den Ministerien in Berlin oder an ihren verschiedenen Auslagerungsstellen, zum Reichssicherheitshauptamt, zu den Wehrkreiskommandos, zu den Feldquartieren Himmlers, Görings, Ribbentrops usw. Die Zentralen auf dem »Berghof« waren mit diesen Stellen über die Verstärkerämter Au (und von da nach Salzburg) und Bad Reichenhall–Rosenheim verbunden, man sagte »abgestützt«. Die Vermittlungen der »Wolfschanze« waren über Rastenburg und Angerburg abgestützt. Später (seit Ende 1942/Anfang 1943) gab es noch ein Kabel über Rhein und Lötzen [93]. Sieht man von geheimen Verbindungen Bormanns ab, so würde zur Isolierung des jeweiligen Führerhauptquartiers tatsächlich ein Befehl Fellgiebels genügt haben: Die Verstärkerämter hätten angewiesen werden müssen, alle Fernkabelverbindungen zu trennen. Dies freilich war keine Kleinigkeit und tatsächlich nur durch willige Mitwirkung der Fachleute

4. Staatsstreichplanung: Nachrichtenwesen

in den Verstärkerämtern möglich, sofern man nicht an die Zerstörung der Einrichtungen dachte.

Für den regulären Fernsprechbetrieb waren in den Verstärkerämtern »endverstärkte Trägerfrequenzstromkreise« eingesetzt. Auf eine vom Sendegerät ausgestrahlte Frequenz – bis zu 160 000 Schwingungen in der Sekunde – wurde die niedere Sprachfrequenz aufmoduliert und beim Empfänger wieder getrennt. Die Reichweite und besonders die Ausnutzung der Kabel waren dabei bedeutend besser als bei den Niederfrequenzleitungen. Diese wurden gleichwohl beibehalten und als Betriebsleitungen im Dienstbetrieb der Verstärkerämter untereinander verwendet. Bei der Abschaltung der regulären Trägerfrequenzverbindungen wären die Niederfrequenzverbindungen von Verstärkeramt zu Verstärkeramt in Betrieb geblieben; um diese auch abzuschalten, hätte man die Kabel selbst an den Lötstellen auftrennen müssen.

Auf dem Befehlswege ließ sich also wohl eine Sperre erreichen, aber nur eine unvollkommene. Sie war vollkommen genug, wenn die bisherigen Machthaber auch anderweitig an der Befehlsgebung gehindert oder wenn ihre Befehle nicht mehr befolgt wurden. Fellgiebel vertraute darauf, daß sein großes Ansehen genügen würde, um die Befolgung seiner Befehle selbst durch die SS zu sichern, natürlich nicht aus Sympathie für ihn oder den Umsturz, sondern, wie er hoffte sie überzeugen zu können, im Interesse des Regimes, dem es nur schaden könne, wenn Nachrichten über das Attentat nach außen drangen. Dies ist einer der Punkte, welche die Fiktion der Verteidigung des Regimes gegen einen Putsch von Partei- oder auch SS-Kreisen ratsam erscheinen ließen.

Nun gab es aber noch die schon erwähnten Geheimschaltungen und Geheimverbindungen (nicht Geheimleitungen). Bormann verfügte über eine geheime Fernschreibschaltung, die von seinem Bunker im Sperrkreis I unter Umgehung der Fernsprechvermittlung zur Fernschreibvermittlung im Sperrkreis II führte und so eingerichtet war, daß er von seinem Bunker aus direkt Fernschreiben absetzen und empfangen konnte. Seine Verbindung war natürlich auch über die Verstärkerämter geschaltet, aber die dort tätigen technischen Beamten der Reichspost wußten nicht unbedingt, *wie* sie geschaltet war, über welche Klemmen und Lötstellen sie lief, wie sie also zu trennen wäre. Um sie mit Sicherheit lahmzulegen, hätten sie *alle* Klemm- und Lötstellen trennen müssen, was lange Zeit, ohne Zerstörungen sicherlich einen ganzen Tag, in Anspruch genommen hätte und also sinnlos gewesen wäre. Außerdem hätte es dann wieder lange gedauert, bis das Verstärkeramt zum normalen Betrieb zurückkehren konnte. Vielleicht gab es außer Bormanns Geheimschaltung noch andere in der Nähe des FHQu; Himmler verfügte sehr wahrscheinlich über eine geheime Verbindung, womöglich auch Göring und Ribbentrop.

Ohne nachhaltige, zerstörerische Trennung in den Verstärkerämtern war solchen Verbindungen nicht beizukommen, es sei denn durch entsprechend angewiesene und eingeweihte Postbeamte. Daß die kaum in genügender Zahl zu finden und zu gewinnen waren, liegt auf der Hand. Um seine Befehle zweckmäßig erteilen zu können, hätte Fellgiebel sehr umfangreiche und nicht geheimzuhaltende Erkundigungen einziehen müssen. Er mußte sich statt dessen auf das Wissen und den guten Willen der Postbeamten verlassen. Sein Nachfolger, General der Nachrichtentruppen Albert Praun, hat die Vorbereitungen Fellgiebels und seiner Mitverschwörer ohne genaue Kenntnis der Einzelheiten als ungenügend und zu wenig solide getadelt, zugleich aber festgestellt, daß die zur gründlichen Vorbereitung nötige Einweihung des unteren und mittleren Personals nicht tunlich gewesen wäre [94]. Der Kommandeur der Führer-Nachrichten-Abteilung, Major Wolf, hat die Situation so gekennzeichnet: »Die Wolfschanze nachrichtentechnisch zu isolieren, wäre für 2 oder 3 kleine Postbeamte leichter gewesen als für Fellgiebel oder Hahn. Für diese dagegen war es fast unmöglich, die nötigen Helfer für ihr Vorhaben zu finden. Im Falle des Gelingens des Attentats freilich hätten sie wohl gute Aussichten gehabt, daß ihre Befehle ausgeführt worden wären.«

Es ging zunächst nicht so sehr darum, am Tage des Attentats jegliche Nachrichtenübermittlung zwischen Führerhauptquartier und Außenwelt zu unterbinden, sondern darum, die Wehrmacht und den militärischen Führungsapparat möglichst rasch und reibungslos in die Hand zu bekommen. Dazu hätten die Befehle Fellgiebels und seine Vorbereitungen genügt, unter der Voraussetzung des gelungenen Attentats. Etwa weiter bestehende Geheimschaltungen der SS, des Parteiapparats, vielleicht der Geheimen Staatspolizei, des SD und des Außenministeriums hätten dann allerdings nach den ersten zwei bis drei Stunden ebenfalls unter Kontrolle gebracht werden müssen. Durch Überwachung und Prüfung in den Verstärkerämtern wäre das möglich gewesen. Die vollständige Unterbrechung der Nachrichtenverbindungen war gar nicht im Interesse der Verschwörung. Die neuzubildende Regierung wollte zwar den Krieg möglichst rasch beenden, aber nicht einfach die Fronten zusammenbrechen lassen, sie mußte sich also des vorhandenen Führungsapparates zur ordentlichen Rückführung besonders der im Westen stehenden Verbände und zum Halten der Front im Osten bedienen können. Jede Zerstörung oder lange dauernde Lähmung wäre vom militärischen und nachrichtenführungstechnischen Standpunkt aus Wahnsinn gewesen.

Besonders in den ersten Jahren nach dem Kriege hat man häufig General Fellgiebel als den nach Stauffenberg in zweiter Linie Verantwortlichen für das Scheitern des Umsturzes hingestellt. Zwar sei, so hieß es vielfach, der Hauptgrund für den Zusammenbruch des Staatsstreichs das Scheitern des Attentats gewesen, aber alles hätte noch gerettet werden können, wenn Fellgiebel seine übernommene Aufgabe erfüllt und die Nachrichtenvermittlung in der »Wolfschanze« in die Luft gesprengt hätte [95]. Es wurde auch behauptet, das zweite Sprengstoffpaket, das Stauffenberg und Haeften bei sich hatten, sei dafür vorgesehen gewesen (warum hätten sie es dann wieder mitgenommen und weggeworfen?).

Die Vorwürfe gegen Fellgiebel kommen nicht aus erster Hand, sondern vom Hörensagen. Niemand hat je unmittelbar berichtet, die Zerstörung der Vermittlung im Sperrkreis I der »Wolfschanze« sei ihm gegenüber von Fellgiebel zugesagt gewesen. Teilweise ist die Auffassung, Fellgiebel hätte am Tag des Attentats die Nachrichtenanlagen zerstören sollen, auf seine und Hahns Aussagen vor der Gestapo zurückzuführen, man habe sich darauf geeinigt, »zu *handeln, wenn der Umsturz erfolgt*. Man brauche also nicht viel Vorbereitungen zu treffen.«[96] Dies war der Eindruck, den Fellgiebel und Hahn erwecken wollten, aber er war natürlich irreführend und sollte, wie sich zeigte mit Erfolg, notfalls das Leben der Mitverschworenen und Eingeweihten retten.

Tatsächlich waren die von Fellgiebel, Hahn und Thiele getroffenen Vorbereitungen so umfangreich, wie es sich überhaupt noch verantworten ließ. In nicht weniger als fünf Abteilungen des Amtes Chef HNW gab es führende Eingeweihte, in einigen weiteren belegten Fällen, z. B. bei Oberstleutnant Sander, haben Fellgiebel, Hahn oder Thiele zumindest den Versuch der Gewinnung und Einweihung unternommen [97]. Fellgiebel hat also keinerlei Vorwurf verdient. Sodann kann nicht deutlich genug gesagt werden, daß die Zerstörung der Vermittlung im Sperrkreis I der »Wolfschanze« erstens unmöglich und zweitens sinnlos gewesen wäre.

Dem Nachrichtenbunker im Sperrkreis I der »Wolfschanze« hätte auch die größte damals von den Kriegführenden verwendete Fliegerbombe nichts anhaben können. Selbst wenn eine Sprengung im Bunker stattgefunden hätte (wozu Fellgiebel nie die Hand gereicht hätte ohne vorherige Räumung des Bunkers, was wieder den Erfolg in Frage gestellt hätte), so wären die Zerstörungen doch nur sehr begrenzt geblieben. Es wäre zwar große Verwirrung entstanden, die Klappenschränke und Klinkenumschalter wären zerstört, zahllose Drähte zerrissen, das Innere der hochwichtigen Vermittlung im Sperrkreis I ein wüster Trümmerhaufen gewesen. Doch hätte es höchstens eine halbe Stunde gedauert, bis man von dem Vermittlungsbunker aus wieder hätte telephonieren können, bis ein Störtrupp aus den lose herumhängenden Drähten einige Verbindungen neu hergestellt hätte.

Wollte man den Bunker, vielleicht aus Furcht vor weiteren Explosionen, zunächst nicht betreten, so gab es noch genug andere Möglichkeiten. Da waren die Kabelschächte außerhalb des Bunkers, je einer an der Nord- und an der Südseite, wo der Bunker mit einem Anbau zusammengefügt war. Hier konnten die Techniker mit Leichtigkeit die nötigen Verbindungen mit einigem Hilfsgerät wiederherstellen. Fellgiebel hätte also auch Sprengladungen in die Kabelschächte werfen müssen, um das zu verhindern, aber dazu hätte er jetzt schon drei Sprengladungen und etwa ebenso viele Helfer gebraucht. Da die Kabelschächte bombensicher gebaut und mit schweren Einstiegdeckeln aus Eisen und Eisenbeton verschlossen waren, die nur mit besonderem Gerät abzuheben waren, welches im Bunker lagerte, war das Anbringen von Sprengladungen weiter erschwert. Auch hier wären nicht alle Drähte so vernichtet worden, daß man nicht rasch wieder ein paar Telephone hätte anschließen können[98]. Gesetzt den unwahrscheinlichen Fall, die Zerstörungen an den Kabelschächten hätten das unmöglich oder unpraktisch gemacht, so gab es immer noch Kabelaufführungspunkte, an denen man an die ein bis zwei Meter tief in die Erde gelegten Kabel herankonnte, auch ohne sie erst auszugraben. Schließlich gab es die Anschlüsse auf dem außerhalb des Sperrkreises I liegenden Bahnhof »Görlitz«, die schon erwähnt wurden; es waren nur ein paar hundert Meter vom Innersten des Führerhauptquartiers bis dahin.

Erwies sich also die gewaltsame Ausschaltung des Zentrums im Sperrkreis I bei näherem Zusehen für mehr als eine halbe Stunde als so gut wie unmöglich – Fellgiebel hätte ja mit einem regelrechten Sprengtrupp anrücken und systematisch alles in die Luft jagen müssen –, so wäre ein solches Unternehmen durch die Dezentralisierung der Nachrichtenmittel im Hauptquartier doch von vorneherein sinnlos gewesen. Gerade weil man den Ausfall eines Nachrichtenbunkers trotz allem in Betracht zog, man dachte in erster Linie an Fliegerbomben, hatte man die Fernsprechvermittlung in den Sperrkreis I, die Fernschreibvermittlung aber in den Sperrkreis II gelegt. Von der Fernschreibvermittlung aus hätte man ohne große Umstände telephonieren können, wenigstens zu den wichtigsten Punkten in allen von Deutschland kontrollierten Gebieten einschließlich Berlins und der Wehrkreiskommandos. Man hätte das übrigens auch von Bormanns Bunker im Sperrkreis I aus tun können, man hätte nur das nötige Gerät schnell herschaffen müssen;

denn Bormanns Leitung für den Geheimfernschreiber lief, wie berichtet, unter Umgehung der Vermittlung im Sperrkreis I direkt zur Vermittlung im Sperrkreis II. Außerdem hatten Bormann und der Reichspressechef direkte Leitungen nach Berlin für gewöhnliche Blattfernschreiber [99].

Schließlich sei der Vollständigkeit halber noch eine weitere Vorsichtsmaßnahme erwähnt, die die nachrichtentechnische Isolierung des Führerhauptquartiers durch Zerstörung beider Vermittlungen illusorisch machte, selbst wenn sie durchführbar gewesen wäre. Für einen solchen Fall hatte man nämlich schon im Herbst 1943 den Aufbau einer »Vermittlung ›Zeltstadt‹« geplant, vorbereitet und am 1. und 2. Oktober 1943 geübt [100]. Die Übung hatte ergeben, daß selbst bei der Zerstörung des ganzen Führerhauptquartiers der Aufbau der gesamten Zeltstadt mit *allen* wichtigen Verbindungen höchstens vier bis fünf Stunden gedauert hätte. Im Falle einer Teilzerstörung wäre es schneller gegangen.

Was also die Opposition wirklich brauchte und auch wollte, war nicht die Zerstörung irgendwelcher Bunker und Vermittlungen, sondern dies: ein Verfahren, bei dem das bisherige Regime in den ersten Stunden des Umsturzes von der Benützung der Kommunikationsmittel ausgeschlossen war, die Verschwörer aber nicht. Nur darauf hat denn auch Fellgiebel mit seinen Vertrauten hingearbeitet und die damit zusammenhängenden Fragen immer wieder mit Stauffenberg, Stieff, dem Generalquartiermeister Wagner u. a. besprochen. Zur Sicherstellung dieses Zieles mußte man erstens die in Frage kommenden Verstärkerämter in Ostpreußen – Rastenburg, Angerburg und Allenstein, für das OKH auch Lötzen – unter Kontrolle bekommen, denn diese waren dort die empfindlichen Punkte, alle Verbindungen der »Wolfschanze« liefen über die Verstärkerämter Rastenburg und Angerburg; und zweitens brauchte man die Vermittlung im OKH-Lager »Zeppelin« bei Zossen und im Bendlerblock in Berlin.

Spätestens seit Frühjahr 1943 bemühte sich insbesondere Hahn, Offiziere an wichtigen Stellen einzuweihen, und veranlaßte auch eine Anzahl personeller Veränderungen [101]. Beim Durchdenken der Möglichkeiten stellte man natürlich fest, daß zur völligen Abschaltung der in Frage kommenden Zentralen, auch zu ihrer völligen Kontrolle, ein umfangreicher Apparat und umständliche Vorbereitungen nötig wären [102]. Es wurde deshalb vorübergehend erwogen, ob man nicht nur Offiziere, sondern auch Unteroffiziere einweihen müßte. Aber davon kam man wieder ab, weil die meisten von ihnen in der Hitler-Jugend gewesen und deshalb in ihren Anschauungen und in ihrer Haltung nicht so eindeutig und »zuverlässig« waren, wie die Offiziere [103].

Wenn das Attentat auf dem »Berghof« stattfand, so waren die Verstärkerämter Berchtesgaden, Salzburg, Bad Reichenhall und Rosenheim zu blockieren. Auch München hatte zentrale Bedeutung im Süden und sollte stillgelegt werden, obwohl es über andere Ämter hätte umgangen werden können. Die Bedeutung von Funkverbindungen und »Geheimverbindungen«, die ja nur Geheimschaltungen in den Verstärkerämtern waren und deren Brauchbarkeit für militärische Führungszwecke äußerst begrenzt war, schätzte Fellgiebel nicht hoch ein[104]. Sein Ordonnanzoffizier, Oberleutnant Arntz, den er am 22. Mai 1944 in großen Zügen in das Vorhaben einweihte, war im Süden im Attentatfalle für die »Sicherung« des Verstärkeramtes Salzburg verantwortlich; Berchtesgaden, Bad Reichenhall und Rosenheim wollte Fellgiebel durch andere Herren abschalten lassen, deren Namen er Arntz nicht nannte. Die Fernsprechvermittlung auf dem »Berghof« wollte Fellgiebel selbst übernehmen.

Ähnlich waren die Anordnungen für die »Wolfschanze«. Wenn Hitler getötet wäre, wollte Fellgiebel die Abschaltung der Verstärkerämter Rastenburg, Lötzen und Insterburg oder Angerburg befehlen. Sie waren aus Sicherheitsgründen getarnt und, wie im Falle von Rastenburg, oft nicht im Postamt untergebracht, aber ihre Lage war den Nachrichtenführungsstellen des Heeres bekannt[105]. Arntz war hier beauftragt, am fraglichen Tage mit einem Beiwagenmotorrad nach Lötzen zu fahren und dem dortigen Verstärkeramt Fellgiebels bzw. Hahns Befehl zur Auftrennung der Klemmverbindungen zu überbringen; so detailliert wurde ihm seine Aufgabe allerdings erst am Morgen des 20. Juli von Hahn mitgeteilt. Im OKH würde Hahn selbst das Nötige veranlassen und das Amt »Anna« stillegen.

Des weiteren hatte Hahn auch einen Versuch gemacht, in der »Wolfschanze« selbst einen Vertrauensmann zu gewinnen, nämlich den Wehrmacht-Nachrichten-Offizier Oberstleutnant Sander. Sander hat dann auf Hahns Wunsch trotz einem Verbot von Generalleutnant Schmundt General Fellgiebel immer über geplante Reisen und Verlegungen des Führerhauptquartiers unterrichtet. Aber weiter war man nicht gekommen. Als Oberst Hahn versuchte, Sander dazu zu bewegen, bei sich und bei Hahn in »Mauerwald« je einen Geheimfernschreiber aufstellen zu lassen, hat sich der WNO dazu nicht bereit gefunden, weil ein solch großer Fernschreiber im Führerhauptquartier Besuchern und Aufpassern sicher aufgefallen wäre. Es gab ja genug solche Geräte in der Zentrale im Sperrkreis II, Sander hatte wirklich keines nötig, während es für die Verschwörer freilich ein gewaltiger technischer Vorteil gewesen wäre, über so eine gewissermaßen private Einrichtung zu verfügen.

4. Staatsstreichplanung: Nachrichtenwesen

Alle Planungen Fellgiebels gingen von der Voraussetzung eines geglückten Attentats aus. Ohne sie war er stets von den Befehlen Hitlers bzw. Keitels abhängig und konnte diesen höchstens für ganz kurze Zeit zuwiderhandeln, worauf er seines Amtes enthoben worden wäre. Einen Plan für den Fall des Mißlingens des Attentats gab es also nicht, in diesem Falle wäre nichts zu tun gewesen. Das scheint seltsam; denn wenn der Anschlag mißlang und überdies entdeckt wurde, war ja alles verloren. Man hätte dann ohne Rücksicht auf den Erfolg handeln müssen, um wenigstens noch den Versuch des Umsturzes zu machen bzw. um die Tätigkeit und Opferbereitschaft der Opposition zu dokumentieren, wie man es ja dann auch getan hat. Nur, einen Plan dafür gab es nicht; es wäre ein Plan für den eigenen Untergang gewesen. Alternativpläne gab es in der ganzen Verschwörung nicht[106]. So etwas ließ sich allerdings höchstens im innersten Kreis verabreden. Die zahlreichen Schwankenden, ohne die der Erfolg fraglich war, konnte man nur durch völlige Zuversicht mitreißen, mußte also alles auf sicheres Gelingen aufbauen. Aber es scheint, daß man auch im innersten Kreis vor allem vom Erfolg der Bombe überzeugt war – wenn sie explodierte. Unter Mißlingen schien man das Ausbleiben der Explosion überhaupt zu verstehen, womit die Entdeckung nicht notwendig verbunden war. Mit beidem, Versagen der Bombe und Nichtentdeckung, hatte man schon Erfahrungen gemacht. Mit der Wirkung des Sprengstoffes in der konkreten Attentatsituation dagegen hatte man keine Erfahrungen, dem Experimentieren waren da Grenzen gesetzt.

In Berlin konzentrierten sich die Vorbereitungen auf die Vermittlung »Zeppelin« bei Zossen, auf den Bendlerblock und auf die Befehlszentrale der Marine. Die Nachrichtenmittel der Luftwaffe erschienen nicht zugänglich und kontrollierbar. Im Herbst 1943 verbanden sich Berthold Graf von Stauffenberg, Korvettenkapitän Alfred Kranzfelder und Dr. Sydney Jessen in der Seekriegsleitung zur gemeinsamen Teilnahme am Umsturz und traten auch an den Kapitän z. See Kupfer heran, der damals Chef der Abteilung Nachrichtenübermittlungsdienst in der Seekriegsleitung war und zusagte, im Augenblick des Umsturzes für ungehinderte Durchgabe der Fernschreiben der Verschwörung zu sorgen und anschließend die Nachrichtenmittel für Gegenbefehle zu lähmen. Als aber gegen Ende November 1943 die Seekriegsleitung dezentralisiert und teilweise an verschiedene Orte außerhalb Berlins verlagert wurde, u. a. in das Lager »Bismarck« bei Eberswalde und in das Lager »Koralle« bei Bernau, da mußte Kapitän Kupfer seine Zusage zurückziehen. Die zentrale Kontrolle der Marinenachrichtenverbindungen erschien nun nicht mehr möglich[107]. Mehr Erfolg hatte Oberst Hahn bei seinen Bemühungen um die Kontrolle der Vermittlung und des Verstärkeramtes in Zossen.

In vorsichtiger und andeutender Weise waren schon seit dem Herbst 1943 die Gruppenleiter und Majore Burchardt, Degner und Höpfner in großen Zügen über das unterrichtet worden, was »passieren« könnte. Seit Oktober 1943 befanden sie sich in einer Art ständiger Alarmbereitschaft und warteten auf die Ereignisse. Aber erst Anfang 1944, besonders in den Monaten März bis Juni, wurden sie und andere Offiziere allmählich in vielen Gesprächen, teils in Ostpreußen, teils in den Strub-Kasernen bei Berchtesgaden näher unterrichtet.

Am 19. März 1944 kam Oberst Hahn im Lager »Mauerwald« zu Major Degner ins Zimmer und sagte: »›Stalin liegt im Sterben.‹« Hitler war damals in Berchtesgaden und wurde für einen oder zwei Tage in der »Wolfschanze« erwartet. Man rechnete damit, daß er fliegen würde und hatte nach den Mitteilungen Hahns den Abschuß des Flugzeuges über dem Böhmerwald vorbereitet. Aber Hitler fuhr dann mit dem Zug[108]. Was Hahn damals mit Degner besprach, galt jedoch auch für künftige Fälle: Degner sollte in seinem Bereich – damals noch in »Mauerwald« – dafür sorgen, daß die Nachrichtenverbindungen für die Verschwörer offen, für die bisherigen Machthaber aber gesperrt bleiben würden, sobald das Attentat stattgefunden hätte.

Solange das OKH und mit ihm der Stab des Chef HNW noch in »Mauerwald« lagen, war das nicht allzu schwer. Degner hat sich über die nötigen Maßnahmen informiert und war bereit, sie zu gegebener Zeit zu befehlen. Nach dem Umzug nach Zossen Mitte Juli 1944 mußte er freilich sehr rasch neue Vorbereitungen treffen. Auch das gelang, er konnte sich in ganz kurzer Zeit mit dem für die Kabel- und Schalträume verantwortlichen Postbeamten, den er dienstlich schon gut kannte, so anfreunden, daß er von ihm einen Ausweis zum Betreten der Diensträume der Post erhielt. Dort konnte er sich über die wesentlichen Klemmverbindungen informieren, an denen die drei Leitungen, welche »Zeppelin« und »Wolfschanze« hauptsächlich verbanden, zu trennen waren.

In ähnlicher Weise waren Burchardt und Höpfner im Lauf der Zeit durch Gespräche mit Fellgiebel und mit Hahn in die Opposition hineingewachsen und immer mehr in die Einzelheiten der Pläne eingeweiht worden. Am 13. oder 14. Juli 1944 wurde ihnen in Zossen von Oberst Hahn das Vorhaben erklärt, wie es dann am 20. Juli wenigstens teilweise abgelaufen ist[109]. Thiele sollte von der Bendlerstraße aus die entsprechenden Befehle nach Zossen durchgeben, wenn es soweit sein würde. Überdies wurde ein Stichwort verabredet, welches Hahn von Ostpreußen

4. Staatsstreichplanung: Nachrichtenwesen

aus nach Zossen durchgeben wollte. »Das Nachrichtengerät geht am 15. ab« bedeutete: »Der Anschlag findet am 15. statt.« »Das Nachrichtengerät ist abgegangen« bedeutete: »Der Anschlag hat stattgefunden.«[110]

Über diese Vorbereitungen Fellgiebels und Hahns hinaus hat sich noch General Olbricht für die Kontrolle der Nachrichtenverbindungen eingesetzt und entsprechende Maßnahmen in die Wege geleitet. Nachteilig war dabei ein gewisser Mangel an Harmonie zwischen Oberst Hahn, dem Chef des Stabes beim Chef HNW, und Oberst Haßel, dem Chef der Amtsgruppe Nachrichtenwesen (Ag N) beim Chef der Heeresrüstung und Befehlshaber des Ersatzheeres (seit 30. November 1943)[111]. Während Generalleutnant Thiele als Chef der Amtsgruppe WNV im OKW dem Chef WNV (Fellgiebel) direkt unterstellt war, der seinerseits in dieser Eigenschaft dem OKW/WFSt direkt unterstand, und so die Funktion eines Chefs des Stabes hatte, obwohl der Chef WNV formal keinen eigenen Stab hatte, war Oberst Haßel der höchste Nachrichtenoffizier, der dem BdE und direkt unter diesem dem Chef des AHA, General Olbricht, unterstellt war[112]. Thiele hatte umfangreichere Befehlsgewalt; ihm unterstanden zwei Führungs-Nachrichten-Regimenter, die Abteilung Funkwesen (Ag WNV/Fu), die Kriegsfernmeldeabteilung (Ag WNV/KF), eine Abteilung General zur besonderen Verwendung (Ag WNV/Gen. z. b. V.), die Abteilung Chiffrierwesen und die Abteilung des Generalbevollmächtigten für die technischen Nachrichtenmittel (Ag WNV/GBN)[113]. Oberst Haßel unterstand die Abteilung Nachrichtentruppen (In 7), eine der Waffenabteilungen des AHA, ferner die Abteilung Nachrichtenverbindungswesen, die Abteilung Nachrichtengerät und die Abteilung Nachrichtenhelferinnen[114]. Innerhalb der Abteilung Nachrichtenverbindungswesen, welcher Oberst Köllner vorstand, unterstand Haßel daher auch die Nachrichtenzentrale des Ersatzheeres in der Bendlerstraße, aber nicht die OKH-Zentrale im Lager »Maybach« bei Zossen, die »Zeppelin« genannt wurde und vorwiegend dem Feldheer diente. Oberst Köllner hatte sein Büro in einem rückwärtigen Flügel des Bendlerblocks; an diesen Flügel schloß sich nach rückwärts die Vermittlung an, die damals schon einen dicken Betonmantel erhalten hatte und so zu einem Bunker geworden war[115]. Das Büro Haßels dagegen war evakuiert und befand sich im Lager Düppel in Zehlendorf.

Am 21. November 1942, als sich der Kessel um Stalingrad geschlossen hatte, nahm Oberst Haßel an einer Besprechung im Dienstzimmer von Generalmajor Thiele teil, bei der General Fellgiebel und einige andere Herren anwesend waren[116]. Fellgiebel zeichnete in kurzem Vortrag ein Bild der Kriegslage mit dem Ergebnis, daß der Krieg ganz offensichtlich verloren sei. Irgendwie müsse deshalb die bisherige Führung »geändert« werden.

Am darauffolgenden Tag hatte Oberst Haßel bei General Olbricht Vortrag zu halten. Beide Offiziere waren sich über die ungünstige militärische Lage einig, und Olbricht benützte dies als Anknüpfungspunkt für eine Anweisung an Haßel, er möge einmal zusammenstellen, welche nachrichtentechnischen Objekte bei inneren Unruhen geschützt werden müßten. Es gebe doch gerade in und um Berlin so viele Fremdarbeiter, und Unruhen seien jederzeit möglich. Zwar seien »Walküre«-Einheiten für den Objektschutz vorgesehen, doch müsse für die empfindlichen Nachrichtenzentren ein übriges getan werden, und schließlich seien nicht nur die Einrichtungen der Wehrmacht, sondern auch die der SS, des Reichssicherheitshauptamtes und des Propagandaministeriums wichtig. Darauf verlängerte Haßel die Reihe noch um Haupttelegraphenamt, Auswärtiges Amt, die Funkzentralen in Nauen, Strausberg und auf dem Flugplatz Rangsdorf, ferner die ausgelagerten Dienststellen um Berlin. Haßel hat eine Liste aufgestellt und zu Olbricht gebracht, der sie in seinem Panzerschrank einschloß. Auf der Liste stand auch, wieviel Truppen im jeweiligen Fall für den »Objektschutz« nötig wären; für den Deutschlandsender z. B. war eine Kompanie vorgesehen [117].

Am 1. Mai 1943 wurde Haßel als Nachrichtenführer zur 16. Armee versetzt, aber am 1. November war er wieder in Berlin und wurde am 30. November Amtsgruppenchef. In der Bendlerstraße wurde von Olbricht und Stauffenberg, wenigstens in Gegenwart Haßels, der als eingeweiht galt, häufig und offen von den Umsturzplänen gesprochen. Olbricht meinte zu Haßel, man müsse, da er nun wieder da sei, in altbewährter Weise weiterarbeiten. Dazu gehörten vor allem die Organisation des besprochenen »Objektschutzes«, durch Verlegungen nötig gewordene Änderungen des Planes und die Bereitstellung der erforderlichen Truppen, insbesondere zur Besetzung der Verstärkerämter, der Telegraphenämter und der Rundfunksendeanlagen bei Berlin [118]. Anfang Juli 1944 sorgte Haßel dafür, daß ein Kontingent von 20 Offizieren am Tag des Umsturzes zur Betreuung nachrichtentechnischer Objekte eingesetzt werden konnte. Am 14. Juli abends erfuhr er zum ersten Mal einen konkreten Termin für den Umsturz: den 15. Juli. Thiele hatte Haßel in seine Wohnung gebeten, um mit ihm darüber zu sprechen [119]. Haßel befahl den in Frage kommenden Offizieren, darunter Major Kempe, auch am Wochenende in Reichweite zu bleiben.

5. Staatsstreichplanung: Innenpolitik

Es ist noch von den letzten Vorbereitungen auf dem innenpolitischen Gebiet zu berichten. Hier beherrschen die nichtmilitärischen Persönlichkeiten und Gruppen die Szene, deutlich ist hier der zivile, von den Sonderinteressen der Militärs ganz unabhängige Charakter der Opposition. Da die ersten Stunden eines Staatsstreiches von der militärischen Aktion bestimmt sein mußten und der Aufstand über die ersten Stunden nicht hinausgekommen ist, wird im nächsten Kapitel sehr viel von Soldaten und ihrer Tätigkeit die Rede sein müssen, doch darf die entscheidende und grundlegende Bedeutung des zivilen Elementes in der Opposition nicht aus den Augen verloren werden. So wie es im Vorbereitungsstadium die für den Inhalt der Bewegung wesentliche Rolle spielte, so wird es in der Verfolgung und im Untergang des Widerstandes durch die große Zahl seiner Opfer wieder tragisch prominent.

Es wurde schon berichtet, wie die Arbeit der Opposition, die Vorbereitung des Aufstandes, wegen der ständigen Veränderungen in den Verhältnissen nie als beendet angesehen werden konnte. Angesichts der sich rapide verschlechternden Kriegslage und der Invasion am 6. Juni 1944, angesichts also des nahe bevorstehenden Kriegsendes, ist zudem das Denken und Planen der Verschwörer wieder neu in Fluß gekommen.

Letzte Änderungen an den seit Oktober 1943 vorbereiteten Aufrufen – an das deutsche Volk, an das Heer und an die Frauen – wurden noch vorgenommen. Graf von Stauffenberg hat dazu Professor Fahrner in den letzten Junitagen aus Athen noch einmal nach Berlin berufen [120]. Vom 28. Juni bis 5. Juli 1944 hielt sich Fahrner in Berlin auf und wohnte zwei Tage im Zimmer von Kranzfelder, der gerade auf Urlaub war, in der Baracke Berthold Graf von Stauffenbergs in der »Koralle«, die übrige Zeit zusammen mit Oberst i. G. Mertz von Quirnheim und Claus Graf von Stauffenberg in der Wohnung seines Bruders Berthold in der Tristanstraße in Wannsee. Die Änderungen in den bisherigen Fassungen der Aufrufe gingen hauptsächlich auf das Verlangen Becks zurück; der Aufruf an die Frauen wurde fallengelassen, jedoch einige Punkte in die Neufassungen der anderen Aufrufe übernommen. Aus Sicherheitsgründen wurden die Aufrufe nur in zwei Exemplaren geschrieben und aufbewahrt, je einer im Panzerschrank Berthold und Claus Graf von Stauffenbergs in der »Koralle« bzw. in der Bendlerstraße [121].

Die Unterrichtung neuer und alter Kontaktleute in den Wehrkreiskommandos wurde bis kurz vor dem Attentat fortgesetzt. Manche Offiziere berichten, daß Stauffenberg sie noch am 10. Juli bei einer Befehlshabertagung in Krampnitz bei Potsdam, die der Chef H Rüst u BdE, Generaloberst Fromm, einberufen hatte, auf ihre Bereitschaft zur Teilnahme an einem Umsturzversuch hin angesprochen habe. Olbricht beteiligte sich an den Bemühungen, hauptsächlich durch Andeutungen die mögliche Verhängung des Ausnahmezustandes in naher Zukunft mehr oder minder deutlich anzukündigen [122]. In Berlin wurde die Verbindung zur Stadtkommandantur und zum Wehrkreiskommando natürlich ständig aufrechterhalten.

Dieses vorsichtige und sehr begrenzte Einweihen und Vorbereiten einzelner Offiziere in den Wehrkreisen konnte keinesfalls die Durchführung der Staatsstreichmaßnahmen sicherstellen. Die meisten Wehrkreisbefehlshaber verbrachten einen großen, oft den größeren Teil des Jahres auf Inspektionsreisen, und auch ihre Untergebenen waren viel unterwegs. Es gab keine Garantie dafür, daß selbst die Eingeweihten in der Lage sein würden, am Stichtag tatsächlich im Wehrkreiskommando anwesend zu sein. Versetzungen und Ausfälle aus anderen Gründen vermehrten die Unsicherheit. Deshalb und überhaupt zur Straffung der Verbindungen bauten Stauffenberg und Olbricht mit ihren Mitverschworenen ein doppeltes Netz von Kontaktmännern zu den Wehrkreisen auf: die Verbindungs-Offiziere des OKH und die Politischen Beauftragten der zu bildenden vorläufigen Regierung.

Generaloberst Beck hatte im Herbst 1943 die Aufstellung insbesondere einer Liste Politischer Beauftragter verlangt, vorher könne und werde die militärische Führung nicht handeln [123]. Gegen Ende 1943 forderte Fritz-Dietlof Graf von der Schulenburg – nach dem Bericht der Mitarbeiterin Jakob Kaisers, Dr. Elfriede Nebgen, »ultimativ« – die Liste der Politischen Beauftragten an, und Goerdeler überbrachte dieselbe Forderung. Schulenburg erklärte gegenüber Kaiser und Dr. Josef Wirmer, es werde gegen Hitler nur gehandelt werden, wenn die Liste übergeben sei. Der Entschluß dazu fiel Kaiser schwer.

Ende 1943 war die Liste fertig und wurde in Gegenwart von Wirmer und Kaiser an den Beauftragten Becks, Graf Schwerin von Schwanenfeld, in der Wohnung von Dr. Elfriede Nebgen übergeben.

Hauptaufgabe der Verbindungs-Offiziere, deren Liste Stauffenberg selbst aufgestellt hat, war die Durchsetzung der Befehle der Berliner Zentrale. Die Vertrauensleute sollten dafür sorgen, daß die Anweisungen am Tage X verstanden und ausgeführt würden, und zugleich sollten sie die Zentrale über die Lage im jeweiligen Wehrkreis auf dem laufenden halten. Die seit Herbst 1943 aufgestellte und immer wieder je nach den Umständen geänderte Liste der Verbindungs-Offiziere des OKH zu den Wehrkreisen ist der Gestapo am 20. Juli in der Nachrichtenzentrale der Bendlerstraße mit den anderen von der Opposition herausgegebenen Fernschreiben in die Hände gefallen, da die Verbindungs-Offiziere, wie auch die Politischen Beauftragten, von dort aus von ihrem Einsatz benachrichtigt wurden [124]. Die Liste umfaßte am 20. Juli folgende Namen [125]:

W.K. I Königsberg: Oberleutnant d. R. Heinrich *Graf von Lehndorff*, u. k.;

W.K. II (Stettin): Major Hans-Jürgen *Graf von Blumenthal*, Leiter der Chefgruppe der Amtsgruppe Ersatzwesen und Allgemeine Truppenangelegenheiten (AHA/Ag E Tr);

W.K. III (Berlin): Major i. G. Ulrich von *Oertzen* [126];

W.K. IV (Dresden): Generalmajor Hans *Oster*, seit Frühjahr 1943 zur Führerreserve des OKH versetzt;

W.K. V (Stuttgart): nicht genannt;

W.K. VI (Münster): nicht genannt;

W.K. VII (München): Major Ludwig *Freiherr von Leonrod*, Annahmestelle Bamberg des Kavallerie-Regiments 17 für Offizierbewerber, von Stauffenberg eingeweiht im Dezember 1943 [127]; Hauptmann Max Ulrich *Graf von Drechsel-Deuffenstetten*, als Ersatzmann vorgesehen seit 17. Juni/1. Juli 1944 [128];

W.K. VIII (Breslau): Rittmeister d. R. Friedrich *Scholz-Babisch*, im Dezember 1943 von Stauffenberg beauftragt [129];

W. K. IX (Kassel): Oberstleutnant z. V. Ulrich *Freiherr von Sell*, vor 1914 militärischer Adjutant des Reichskanzlers von Bethmann Hollweg, damals bei der Auslandbriefprüfstelle der Abwehrstelle im W. K. III [129a];

W.K. X (Hamburg): nicht genannt;

W.K. XI (Hannover): Oberst Siegfried *Wagner*, damals Abteilungschef der Truppenabteilung im OKW in Berlin, davor Abteilungschef AHA/Ag E Tru beim Chef H Rüst u BdE;

W.K. XII (Wiesbaden): Hauptmann d. R. Hermann *Kaiser*, Kriegstagebuchführer im Stabe des Chef H Rüst u BdE;

W.K. XIII (Nürnberg): Hauptmann d. R. Dietrich Freiherr *Truchseß von Wetzhausen*, im Januar 1944 von Stauffenberg eingeweiht [130];

W.K. XVII (Wien): Oberst Rudolf *Graf von Marogna-Redwitz*, Sonderbeauftragter des Chef H Rüst im Stab II des AHA;

W.K. XVIII (Salzburg): Oberst Otto *Armster*, Leiter des Meldegebietes Wien, davor Leiter der Abwehrstelle im W.K. XII [131];

W.K. XX (Danzig): Oberstleutnant i. G. Hasso von *Boehmer*, Ia im Stabe des W.K.-Kommando XX;

W.K. XXI (Posen): Major d. R. Georg Konrad *Kißling* [132];

W.K. Böhmen-Mähren (Prag): Oberst z. V. Nikolaus *Graf von Üxküll-*

Gyllenband, ein Onkel Stauffenbergs, damals im Stellvertretenden Generalkommando III. A. K.[133].

An mehreren Stellen außerhalb des Reichsgebiets befanden sich ebenfalls Eingeweihte der Verschwörung, und es war beabsichtigt, sie am Tage X jeweils nach ihren Möglichkeiten heranzuziehen. So sollte z. B. Generalmajor von Tresckow von der Ostfront nach Berlin geholt werden, General Eduard Wagner, der Generalquartiermeister des Heeres, wollte ihm dazu ein Flugzeug schicken[134]. Ebenfalls mit Flugzeugen, für die Tresckow sorgen wollte, sollten Teile der zur 3. Kavallerie-Brigade gehörenden Reiterregimenter 31 und 32 in Regimentsstärke nach Tempelhof geflogen und dann beim Staatsstreich eingesetzt werden. Einige Tage vor dem 20. Juli waren alle Vorbereitungen getroffen, die zum Einsatz vorgesehenen Soldaten waren in Bereitstellung, aber wegen des Mißlingens des Attentats ist es zur Ausführung der Absicht nicht gekommen[135].

Einen besonderen Charakter hatten die Vorbereitungen und die Gewinnung der Vertrauensleute in Paris und auch in Wien. Paris war vor dem 6. Juni 1944 das einzige große, ruhige Befehlszentrum der Wehrmacht, wo ohne die ständigen Anforderungen des Kampfes an der Front geplant werden konnte. Zugleich waren die hohen Stäbe des Heeres in Paris und in der Umgebung wie sonst nirgends mit Anhängern der Opposition durchsetzt. Wien hatte insofern Gemeinsamkeiten mit Paris, als es auch zugleich Zentrum einer einheimischen, nationalen nicht-reichsdeutschen Widerstandsbewegung war.

In Frankreich stellte zuerst Fritz-Dietlof Graf von der Schulenburg die Verbindung her zwischen den Regime-Gegnern in den Stäben des Militärbefehlshabers Frankreich und Oberbefehlshabers West, Generalfeldmarschall von Rundstedt, und der Gruppe um Generaloberst Beck und Dr. Goerdeler. Schulenburg hatte im Stabe des Generals von Unruh u. a. in Paris Stäbe und Dienststellen nach entbehrlichen und für die Front geeigneten Soldaten durchzukämmen. Mehrere Besuche Schulenburgs in Paris seit Juni 1943 führten zur Bildung von Gruppen und Zellen in verschiedenen Stäben, die zur Teilnahme an einem Umsturzversuch bereit waren und diesen für ihren Bereich vorbereiteten[136]. Der Militärbefehlshaber Frankreich, General der Infanterie Karl-Heinrich von Stülpnagel, gehörte schon lange zum Kreise der Verschwörer. Er hatte als Quartiermeister I 1939 an Halders Planungen aktiven Anteil genommen und wollte sich auch jetzt seinem ehemaligen Vorgesetzten, dem Generalobersten Beck, zur Verfügung stellen; allerdings hegte er Bedenken wegen des geplanten Attentats. Im Verwaltungsstab gehörte Oberstleutnant d. R. Dr. Cäsar von Hofacker, der schon lange mit Schulenburg befreundet war,

5. Staatsstreichplanung: Innenpolitik

zur Verschwörung. Er stand seit einiger Zeit mit der Gruppe um Beck in Verbindung und war in Paris der Motor aller Umsturzanstrengungen [137].

Schulenburg versuchte schon im Sommer 1943, die »Aktion« überhaupt vom Westen aus in Gang zu bringen, da in Berlin damals nicht genug zu geschehen schien. Man fand aber in Paris, daß so etwas erst nach der erwarteten alliierten Landung in Frankreich möglich wäre, und man hatte Mühe, Schulenburg seine Gedanken für jetzt auszureden [138]. Doch dauerte die Diskussion in Frankreich, ob man erst mit der Armee in der Etappe und in der Heimat losschlagen, die NS-Herrschaft beseitigen und *dann* Hitler verhaften und erschießen solle, oder ob es besser wäre, mit dem Attentat zu beginnen, noch bis weit in das Frühjahr 1944 an [139].

Im Frühjahr 1944 wurden die Reihen der Opposition verstärkt durch das Hinzukommen von Generalfeldmarschall Erwin Rommel, der am 1. Januar 1944 Oberbefehlshaber der Heeresgruppe B mit dem Hauptquartier in La Roche-Guyon wurde, und durch Generalleutnant Dr. Speidel, den Rommel als Chef des Generalstabes anforderte und zum 15. April 1944 erhielt. Rommel hatte sich durch seine Erlebnisse mit Hitler als einem gewissenlosen Dilettanten, aber auch durch die Bemühungen des Stuttgarter Oberbürgermeisters Dr. Strölin, der in Verbindung mit Dr. Goerdeler handelte, vom populärsten General Hitlers zum entschiedenen Gegner gewandelt. Dr. Speidel gehörte längst zu den aktiven Gegnern [140]. General Freiherr von Falkenhausen, Wehrmachtbefehlshaber in Belgien und Nordfrankreich, gehörte auch zur Fronde; er wurde am 14./18. Juli 1944 abgelöst, weil er sich geweigert hatte, den Jahrgang 1925 der belgischen Bevölkerung für den Arbeitseinsatz in Deutschland zu organisieren [141]. In Paris und La Roche-Guyon galt Falkenhausen als absolut zuverlässig, aber Beck und Witzleben lehnten ihn wegen seiner notorischen Affäre mit einer Dame scharf ab [142].

Generalleutnant Speidel stellte die nötige konspirative Verbindung zwischen Rommel und Stülpnagel schon im April 1944 her, aber erst im Mai kamen die Kommandeure selbst ungestört zusammen [143]. Später im Mai kam noch der Generalquartiermeister Wagner nach Frankreich, um die Staatsstreichvorbereitungen mit Rommel zu koordinieren. Dabei berichtete er von den früheren Anschlägen gegen Hitler, aber Rommel wollte von einem Attentat nichts wissen. Er fürchtete, Hitler zum Märtyrer zu machen und seine Schuld zu verschleiern [144]. Rommel war durch seine Stellung und seine Haltung die Führung der Opposition in Frankreich zugewachsen, und sein Widerstand gegen ein Attentat war zu berücksichtigen. Aber das Schloß in La Roche-Guyon war nun ein zweites Hauptzentrum der aktiven Opposition, ein Strom von Besuchern aus dem Reich zog durch

Rommels Hauptquartier und mancher frühere Anhänger Hitlers war bereit, der Führung des populären Feldmarschalls zu folgen, so der Verkehrsminister Dr. Dorpmüller und der Hamburger Gauleiter Karl Kaufmann [145]. Rommels eigene Entwicklung zum hochverräterischen Verschwörer vollzog sich allmählich; den Schritt über die Grenze zwischen Duldung und aktiver Beteiligung scheint er erst um die Mitte des Mai 1944 getan zu haben [145a]. Am 27. Mai sprach Dr. Speidel im Auftrag Rommels in Freudenstadt mit Dr. Strölin und mit dem früheren Außenminister Neurath. Diese baten Speidel angesichts der von ihm geschilderten militärisch hoffnungslosen Lage, Rommel zu sagen, daß er im Volk fast unbegrenztes Vertrauen genieße und daß sie an ihn appellieren, sich zur Verfügung zu stellen. Man einigte sich, daß der Krieg im Westen durch Verhandlungen mit den Westmächten beendet werden müsse. Speidel berichtete Rommel, der zustimmte; Blumentritt wurde auch unterrichtet.

Speidel berichtet den Plan, den Rommel, Stülpnagel und Rundstedt verabredeten, »in Form eines Mobilmachungskalenders«: Waffenstillstandsverhandlungen mit den westlichen Oberbefehlshabern Eisenhower und Montgomery, ohne Hitler, auf der Grundlage der Räumung der von deutschen Truppen besetzten Westgebiete und des Rückzuges der Truppen hinter den Westwall; sofortige Einstellung des Bombenkrieges gegen das Reichsgebiet; danach Friedensverhandlungen. Bedingungslose Kapitulation wurde also nicht in Aussicht genommen, aber man nahm an, daß die Alliierten die Möglichkeit begrüßen würden, einen wesentlichen Teil ihrer Kriegsziele ohne weiteres Blutvergießen zu erreichen. Gleichzeitig sollte von allen Westsendern aus das deutsche Volk schonungslos über die wahre politische und militärische Lage sowie über die Verbrechen der Staatsführung aufgeklärt werden. Im Osten sollte der Kampf zunächst weitergeführt und eine verkürzte Front von Memel über die Weichsel, Lemberg, die Karpaten bis an die Donaumündung gehalten werden. In der Heimat gehörte zum Plan Rommels die Festsetzung Hitlers durch die Widerstandsgruppe im OKH bzw. an das Führerhauptquartier heranzuführende Panzertruppen. Danach sollte Hitler vor Gericht gestellt, im Reich aber eine neue Regierung unter Beck, Goerdeler und Leuschner gebildet werden, die jede Spaltung und jedes Militärregime zu vermeiden, dagegen für einen schöpferischen »Frieden im Rahmen der ›Vereinigten Staaten von Europa‹« zu wirken hätte [146].

Monatelang erwartete man Hitler zur Besichtigung der voraussichtlichen Invasionsfront, aber er schob den immer wieder verlangten und in Aussicht gestellten Besuch immer wieder hinaus. Erst am 17. Juni stattete er seinem Hauptquartier »Wolfschlucht II« bei Margival einen Blitzbesuch ab [147].

5. Staatsstreichplanung: Innenpolitik

Ob Rommel tatsächlich entschlossen war, Hitler verhaften zu lassen, wie Wilhelm von Schramm berichtet – Speidel sagt darüber nichts –, das ist fraglich. Das Hauptquartier, das Hitler besuchte, lag über 200 Kilometer hinter der Invasionsfront, und zu seiner Festnahme geeignete Truppenverbände standen dort nicht zur Verfügung. Sie wären dringend nötig gewesen, um die SS-Truppen zu überwältigen, die kurz vor Hitlers Eintreffen das Gebiet des Hauptquartiers hermetisch abriegelten. Sodann hat sich Hitler erst am Abend des 16. Juni telephonisch angesagt, am nächsten Morgen um 9 Uhr wollte er schon mit Rundstedt und Rommel konferieren. Rommel erhielt die Nachricht um 3 Uhr morgens, sechs Stunden vor dem angesetzten Termin, als er gerade von einer einundzwanzigstündigen Frontfahrt zurückgekehrt war. Er mußte sofort aufbrechen, da er 200 Kilometer nach rückwärts fahren mußte, es konnten also anscheinend keinerlei Vorbereitungen mehr getroffen werden [138].

Bei der »Besprechung« erging sich Hitler in der Hauptsache in Beschimpfungen der örtlichen Kommandeure, der Techniker der versagenden Luftwaffe und anderer Sündenböcke. Rommel antwortete mit dem Vorwurf, es sei bisher keine maßgebende Persönlichkeit aus der Umgebung des Führers oder von einem der Oberkommandos (Wehrmacht, Luftwaffe, Kriegsmarine) an der Front gewesen, um sich ein Bild der wirklichen Lage zu machen, statt dessen werde immerfort vom Schreibtisch aus und ohne Rücksicht auf die Realitäten befohlen. Während eines Fliegeralarms, der die Besprechungen unterbrach, mußten sich Hitler, der Chefadjutant Generalleutnant Schmundt, die beiden Feldmarschalle und ihre Chefs in den Schutzraum des Führerbunkers begeben, wo Rommel die Gelegenheit ergriff, Hitler den unvermeidlichen Zusammenbruch der Invasionsfront, den alliierten Durchbruch nach Deutschland, die Auflösung der Italienfront und die völlige außenpolitische Isolierung Deutschlands anzukündigen. Er schloß mit der Forderung, den Krieg zu beenden. Hitler verwies ihm das mit der Bemerkung, er habe sich ausschließlich um seine Invasionsfront zu kümmern [149].

Schließlich ließ sich Hitler zu einer Fahrt ins Hauptquartier der Heeresgruppe B, La Roche-Guyon, herbei, die für den 19. Juni angesetzt wurde. Aber am 18. Juni, als Generalleutnant Speidel die Einzelheiten mit dem Chef des Stabes beim Oberbefehlshaber West, General Blumentritt, festlegen wollte, »erhielt er die unglaubliche Nachricht, daß Hitler schon in der Nacht vom 17. auf 18. Juni nach Berchtesgaden zurückgekehrt war«. Der Einschlag eines fehlgeflogenen V-Geschosses, der keinerlei Schaden angerichtet hatte und für die Bunker des Hauptquartiers ganz ungefährlich war, hatte Hitler verscheucht [150]. Sein Verhalten war für Soldaten unfaßlich.

Speidel berichtet nicht, daß Hitler bei der Inspektionsfahrt hätte verhaftet werden sollen; die Möglichkeit hätte aber sicher bestanden [151]. Nach Hitlers Flucht mußte jedenfalls auch diese Hoffnung begraben werden.

Die Vorbereitungen gingen weiter, bis zum letzten Tag. Am 25. Juni meldete sich Oberst i. G. Eberhard Finckh, der Oberquartiermeister beim Oberbefehlshaber West (Rundstedt), bei Rommel und erklärte ihm, Stauffenberg plane ein Attentat auf Hitler. Rommel war noch immer dagegen [152]. Doch wurden für den von Rommel gebilligten Plan immer mehr Kommandeure gewonnen, darunter Generalleutnant Gerhard Graf von Schwerin, der Kommandeur der 116. Panzer-Division, und Generalleutnant Heinrich Freiherr von Lüttwitz, der Kommandeur der 2. Panzer-Division [153]. Unsicher war freilich das voraussichtliche Verhalten der kampfkräftigsten Verbände an der Westfront, der SS-Panzertruppen [154].

Am 9. Juli erschien bei Rommel der Offizier z. b. V. General von Stülpnagels, Oberstleutnant d. R. Dr. Cäsar von Hofacker, unter dessen Vater Rommel im Ersten Weltkrieg gekämpft und den Orden Pour le mérite erhalten hatte, und bat im Auftrag Stülpnagels um eine Lagebeurteilung, die an Beck und Stauffenberg weitergegeben werden sollte. Rommel sagte, die Front werde sich noch etwa zwei bis drei Wochen halten lassen. Tatsächlich brachen die Amerikaner am 1. August bei Avranches durch [155]. Insbesondere sollte Hofacker die Staatsstreichmaßnahmen im Westen mit denen in Berlin koordinieren. Am 13. Juli erklärte Stülpnagel die Vorbereitungen in seinem Befehlsbereich für abgeschlossen. Mit dem SD in Paris und Frankreich wollte er fertig werden [156]. Rommel, der am 13., 14. und 15. Juli Frontfahrten unternahm, glaubte von der im Westen eingesetzten Waffen-SS keine Schwierigkeiten erwarten zu müssen. Am 15. Juli diktierte er sein berühmtes Fernschreiben, in dem er Hitler in ultimativer Form noch eine »Chance« gab, dem Sturz zu entrinnen. Hitler möge unverzüglich die Folgerungen aus der verzweifelten Frontlage im Westen ziehen [157]. Rommel war nach dem Bericht seines Chefs des Generalstabes, Generalleutnant Dr. Speidel, zu selbständigem Handeln völlig entschlossen, wenn Hitler nun nicht reagieren würde. Aber dann wurde er zwei Tage später schwer verwundet. Das Fernschreiben war nicht abgegangen, und der Nachfolger Generalfeldmarschall von Kluge (seit 2. Juli schon Nachfolger von Rundstedt als Oberbefehlshaber West) ließ es liegen [158].

Kluge hatte sich etwa am 12. Juli wieder dem Standpunkt der Opposition genähert [159]. Aber zu selbständigem Handeln war er nicht bereit, da der Durchbruch der Amerikaner sowieso bald erfolgen werde, wie er dem Oberst Georg Freiherr von Boeselager sagte, der ihn im Auftrag Tresckows zwischen dem 7. und 12. Juli aufsuchte [160]. Er sei bereit, sich Generaloberst

5. Staatsstreichplanung: Innenpolitik

Beck zur Verfügung zu stellen, wenn Hitler beseitigt sei, aber mehr könne er nicht zusagen, er sei seiner Truppe und seines Stabes noch gar nicht sicher, seine Armeen stünden in schweren Abwehrkämpfen [161]. Am 20. Juli hat sich Kluge genau entsprechend dieser begrenzten Zusage verhalten.

Die Vorbereitungen und Ereignisse in Wien passen ebensowenig in ein Schema wie die in Paris. In Österreich gab es nicht nur ähnliche politische Gruppierungen wie im Reichsgebiet – Sozialisten, Kommunisten, Christlich-Soziale, Liberale, Konservative –, und es gab hier nicht nur verantwortungsbewußte und von ihrem Gewissen getriebene Offiziere, die dem Unrecht und dem Morden und Zerstören ein Ende bereiten wollten, einfach weil es versucht werden mußte und auch damit nicht alles zugrunde ging. Es gab in Österreich auch noch national-österreichische Strömungen, und zwar seit dem »Anschluß« viel mehr als je zuvor. Mit dem »Anschluß«, der sich bald als eine Besetzung erwies, begann, wie ein Historiker der Bewegung des 20. Juli in Österreich formulierte, »das Sichwiederfinden der einstmals so getrennten Österreicher«. Die österreichische Opposition gegen Hitler war eine »Sonderentwicklung«, »deren letztes Ziel trotz mancher Unklarheiten der Planungen und Überlegungen die Wiedereinrichtung des österreichischen Staates war.« [162] Nachdem die Moskauer Deklaration vom 1. November 1943 den Österreichern einen unabhängigen Staat versprochen hatte, der also mindestens nicht in demselben Maße wie Deutschland für die von den Nationalsozialisten verübten und veranlaßten Verbrechen zur Verantwortung gezogen werden würde, kam natürlich etwas anderes kaum mehr ernsthaft in Frage [163]. In einem Gespräch im Frühsommer 1943 sagte der Sozialdemokrat Dr. Adolf Schärf, der spätere österreichische Vizekanzler, zu Wilhelm Leuschner: »›Der Anschluß ist tot, die Liebe zum Deutschen Reich ist den Österreichern ausgetrieben worden.‹« [164]

So selbstverständlich das Verbleiben Österreichs beim Reich führenden Männern der »reichsdeutschen« Opposition erschien, wobei sie mehr oder weniger regionale Unabhängigkeit zuzugestehen bereit waren, so selbstverständlich war den Österreichern ihre Unabhängigkeit. Dr. Goerdeler, Fritz-Dietlof Graf von der Schulenburg, Graf von Üxküll (der Onkel Stauffenbergs), Albrecht Haushofer, Wilhelm Leuschner, Jakob Kaiser traten alle für das Zusammenbleiben Deutschlands und Österreichs ein, manche sogar in der Hoffnung, Österreich könne bei den Siegern für Deutschland eintreten und würde eher als dieses gehört werden. Spätestens seit 1940 pflegten Jakob Kaiser (der schon vor dem »Anschluß« mit österreichischen Gewerkschaftsführern enge Verbindungen hatte), dann auch Max Habermann, Wilhelm Leuschner und Dr. Goerdeler Kontakte zu österreichischen Politikern wie den späteren ÖVP-Führern Alois Weinberger und Dr. Felix Hurdes, die beide nach 1945 in österreichischen Regierungen saßen, und zu dem christlich-sozialen Politiker Otto Troidl sowie dem schon erwähnten Sozialdemokraten Dr. Schärf. Aber einig waren sie sich nur über die Notwendigkeit des Sturzes Hitlers, und zu einer wirksamen Zusammenarbeit der Politiker kam es nicht einmal auf dieses begrenzte Ziel hin [165]. Seit etwa 1942 lehnten die österreichischen Politiker das Zusammenbleiben Österreichs mit dem Reich ziemlich kategorisch ab, wenn auch einzelne noch bereit waren, eine lose Verbindung eines autonomen Österreich mit dem Reich zuzugestehen.

Immerhin nannte Weinberger in seiner letzten Unterredung mit Jakob Kaiser diesem Karl Seitz und Josef Reither als zuverlässige und vertrauenswürdige Exponenten der österreichischen Arbeiter- und Bauernschaft. Sie wurden von den Verschwörern auf die Liste der Politischen Beauftragten gesetzt [166]. Für Salzburg nahm man den früheren Landeshauptmann Dr. Franz Rehrl in Aussicht, für Tirol den ehemaligen Sicherheitsdirektor Hofrat Dr. Anton Mörl. Offen bleibt, ob es im Falle des Gelingens des Staatsstreiches wirklich zur Zusammenarbeit der Politischen Beauftragten in Österreich mit der Berliner Zentrale gekommen wäre.

Im militärischen Bereich der Staatsstreichvorbereitungen unterschied sich die Lage in Wien und in Österreich überhaupt wenig von der in den übrigen Wehrkreisen: Es gab einige wenige Eingeweihte, von den anderen hoffte man, daß sie unter den zu schaffenden Umständen die ihnen erteilten Befehle ausführen würden. Zu den Eingeweihten in Wien gehörten vor allen der Leiter der Wiener Abwehrstelle, am 20. Juli Sonderbeauftragter im AHA-Stab und in Wien anwesend, Oberst Rudolf Graf von Marogna-Redwitz, der aus Bayern stammte, und der Österreicher und Leiter der Abteilung Ib/org. im Wehrkreiskommando XVII, Hauptmann i. G. Karl Szokoll, der die Absichten Stauffenbergs nach seinem Bericht aus persönlicher Unterrichtung im Frühsommer 1944 kannte und wochenlang »Walküre«-Maßnahmen wie z. B. die Besetzung von Post- und Telegraphenämtern proben ließ, Versetzungen veranlaßte [167]. Szokoll verteidigt Stauffenbergs Plan und Konzeption und nennt sie »ebenso genial wie gefährlich«. Der wichtigste militärische Verbindungsmann zwischen Berlin und Wien war auch ein Österreicher, der Gruppenleiter im AHA, Oberstleutnant i. G. Robert Bernardis [168]. Er versuchte seinerseits, Oberst i. G. Kodré einzuweihen, aber beide waren sehr vorsichtig, und so blieb der Kontakt unverbindlich [169]. Wie gering die Bedeutung des Österreichertums der genannten Offiziere war, mag aber daran ermessen werden, daß

5. Staatsstreichplanung: Innenpolitik

auch an der Gegenaktion, die am 20. Juli spät abends den Putsch liquidierte, zwei Österreicher maßgebend beteiligt waren: der Leiter der Abteilung Ia/I im AHA, Oberstleutnant i. G. Karl Pridun, und der SS-Obersturmbannführer Otto Skorzeny [170].

Den militärischen Verbindungsleuten in den Wehrkreisen und anderen Zentren der Armee, die vor allem für die richtige und zügige Durchführung der militärischen Maßnahmen Sorge tragen sollten, wurden zivile Ratgeber an die Seite gestellt; denn es war kein Militärputsch gewöhnlicher Art geplant, das zivile Element, aus dem eigentlich der Antrieb der Verschwörung kam und ohne dessen Unterstützung das Militär sich stets zu handeln weigerte und das auch die Abkehr von Diktatur und autoritärem System und den Gedanken humaner Regierungsweise besser verkörpern konnte, sollte in allen Phasen beteiligt sein. Die politische Unerfahrenheit der Offiziere würde überdies manchen Ratschlag nötig machen.

Die Liste der Politischen Beauftragten kam hauptsächlich durch die Bemühungen Goerdelers und mit Beteiligung von Jakob Kaiser, Leuschner, Wirmer, Letterhaus und Fritz-Dietlof Graf von der Schulenburg zustande, und wie die Liste der Verbindungs-Offiziere auch seit Herbst 1943. Kaiser, Wirmer und Habermann schlugen Letterhaus, Kaschny, Tantzen, Koßmann, Sümmermann und Reither vor; Leuschner benannte Voigt, Noske, Frölich, Lüdemann, Böhme, Schwamb; Leber schlug Gustav Dahrendorf vor; die anderen wurden von Goerdeler und Schulenburg genannt. Rechtsanwalt Koßmann gehörte zur Gruppe um Jakob Kaiser, Dr. Tantzen war von Wirmer zur Beteiligung aufgefordert worden. In großen Zügen waren alle von dem Vorhaben unterrichtet, auch von der ihnen zugedachten Aufgabe, aber Einzelheiten erfuhren sie selten. Goerdeler, der die meisten der Politischen Beauftragten in mühsamen, gefahrvollen, oft entmutigenden Verhandlungen geworben hat – oft waren es Menschen, die er vor dem Herbst 1943 noch gar nicht kannte, ein Hinweis, wie mutig er sein eigenes Leben aufs Spiel setzte –, war selbst nicht von allen Einzelheiten der Vorbereitung unterrichtet; die Details wechselten, der Zeitpunkt war selbst noch am Tage vor dem Attentat unsicher, unnötige Belastung durch Mitwisserschaft mußte man vermeiden [171]. Die Geworbenen konnten sich dann im Falle des Mißlingens oder der Entdeckung darauf berufen, an der Verschwörung ohne ihren Willen beteiligt, ohne ihr Einverständnis auf Listen gesetzt und in Fernschreiben ernannt worden zu sein. So heißt es in einem der Gestapo-Berichte: »Die Vernehmungen der Stauffenberg-Gruppe (vor allem Schulenburg) sowie die sichergestellten Materialunterlagen (vorbereitete Befehle, Verordnungen usw.) lassen die *Möglichkeit* offen, daß eine große Zahl von Beauftragten und Verbindungsoffizieren tatsächlich *nicht* unterrichtet worden war.«[172] Die Standhaftigkeit der verhafteten Verschwörer war bewundernswert.

Als Politische Beauftragte und Berater der Verbindungsoffiziere und der Befehlshaber in den Wehrkreisen waren für den Tag des Staatsstreiches folgende Persönlichkeiten vorgesehen[173]:

W. K. I (Königsberg): Generalmajor a. D. Heinrich Burggraf und Graf zu *Dohna-Schlobitten*, Besitzer von Tolksdorf[174];

W. K. II (Stettin): Achim Freiherr von *Willisen*, Oberlandforstmeister in Schwerin, für das Land Mecklenburg[175]; Ewald von *Kleist-Schmenzin* als Unterbeauftragter (»UB«), was lediglich die Verantwortung für ein anderes Teilgebiet, Pommern, andeutete, aber kein Untergebenenverhältnis[176];

W. K. III (Berlin): nicht genannt;

W. K. IV (Dresden): Walter *Cramer*, Fabrikant in Leipzig, der sich Goerdeler 1943 zur Verfügung gestellt hat[177];

W. K. V (Stuttgart): Baurat Albrecht *Fischer*, hat sich Goerdeler auf dessen Drängen 1944 zur Verfügung gestellt[178]; Rechtsanwalt Reinhold *Frank* als Unterbeauftragter in Karlsruhe[179];

W. K. VI (Münster): Hauptmann d. R. Bernhard *Letterhaus*, seit 1942 im OKW/Amt Ausland/Abwehr Abt. IIb, dann im Mil Amt OKH Belinde[180]; Landrat Felix *Sümmermann* als Unterbeauftragter;

W. K. VII (München): Reichswehrminister a. D. Otto *Geßler*[181];

W. K. VIII (Breslau): Rechtsanwalt Dr. Hans *Lukaschek*, früher Oberpräsident von Schlesien[182]; Polizeipräsident i. R. Fritz *Voigt* in Breslau als Unterbeauftragter für Niederschlesien[183]; Rechtsanwalt Adolf *Kaschny*, ehemaliger Bürgermeister von Ratibor, Unterbeauftragter für Oberschlesien[184];

W. K. IX (Kassel): Reichsminister und Oberpräsident a. D. Gustav *Noske*[185]; August *Frölich*, früherer Ministerpräsident von Thüringen, SPD-Mitglied und Gewerkschaftsfunktionär, als Unterbeauftragter[186];

W.K. X (Hamburg): Gustav *Dahrendorf*, ehem. SPD-MdR[187]; Dr. Theodor *Tantzen*, früherer Ministerpräsident von Oldenburg, als Unterbeauftragter[188];

W.K. XI (Hannover): Dr. Arthur *Menge*, Oberbürgermeister von Hannover[189]; Hermann *Lüdemann*, SPD-Mitglied, früher Preußischer Finanzminister, Regierungspräsident in Lüneburg, Oberpräsident in Breslau, ab 1933 in vielen Konzentrationslagern, als Unterbeauftragter[190];

W. K. XII (Wiesbaden): Rechtsanwalt Ludwig *Schwamb*, früher Staatsrat unter Innenminister Wilhelm Leuschner in Hessen, SPD-Mitglied[191]; Rechtsanwalt Bartholomäus *Koßmann*, früher Zentrum-Funktionär, als Unterbeauftragter[192];

5. Staatsstreichplanung: Innenpolitik

W. K. XIII (Nürnberg): Georg *Böhme*, früher Gewerkschaftsfunktionär, in Nürnberg-Fürth;

W. K. XVII (Wien): Karl *Seitz*, 1923-1934 Bürgermeister von Wien [193]; Josef *Reither*, früher Landeshauptmann von Niederösterreich, Land- und Forstwirtschaftsminister, Präsident des Österreichischen Bauernbundes, als Unterbeauftragter [194];

W. K. XVIII (Salzburg): Dr. Franz *Rehrl*, christlich-sozialer Politiker, früher Landeshauptmann von Salzburg, von Graf von Moltke gewonnen [195]; Dr. Anton Ritter *Mörl* von Pfalzen zu Mühlen und Sichelburg, 1933-1938 Sicherheitsdirektor von Tirol, als Unterbeauftragter [196];

W. K. XX (Danzig): Hermann Freiherr von *Lüninck*, Major d. R. und Stahlhelmführer, früher Oberpräsident von Westfalen, NSDAP-Mitglied seit Mai 1933 [197];

W. K. XXI (Posen): Ministerialdirektor Oberst d. R. Ernst *Vollert* in Prag [198];

W. K. Böhmen-Mähren (Prag): nicht genannt.

Die Aufstellung von Kabinettslisten und die »Koalitionsverhandlungen« gehören sicherlich zu den merkwürdigsten Vorgängen in der Verschwörung. Jahrelang hat man beraten, wer später einmal welche Stelle übernehmen solle, welche politischen, sozialen, wirtschaftlichen und administrativen Grundsätze und Gedanken dann zu verwirklichen seien, und inzwischen brachte man die Voraussetzung für all das, nämlich die Beseitigung Hitlers und seiner Regierung, nicht zustande. So gesehen war der Entschluß z. B. Moltkes und vieler seiner »Kreisauer« Freunde realistisch, vor allem für die Zeit danach planen zu wollen; denn daß die Alliierten Hitlers Ende herbeiführen würden, wenn es die Deutschen nicht selbst taten, darüber gab es keinen Zweifel. Die vielen Anläufe und Versuche seit 1938 hatten zu nichts geführt, auch die fast verzweifelten Unternehmen von Ende 1943 und Anfang 1944 waren aus teils rätselhaften Gründen mißlungen. Daß es im Juli 1944 schließlich doch noch zu dem Anschlag kam, daß derselbe Attentäter mindestens zwei Versuche gemacht hat – das war unerwartet und unwahrscheinlich; es ist nur durch die revolutionäre Dynamik der Persönlichkeit Stauffenbergs zu erklären. Ohne ihn wäre damals kaum mehr etwas auch nur annähernd rational Geplantes unternommen worden, ohne ihn wäre vielleicht tatsächlich, wie es Gerhard Ritter mit den schon einmal zitierten Worten ausdrückte, »die Oppositionsbewegung in mehr oder weniger ratloser Passivität versackt.« [199]

Über das endlose Planen und Vorbereiten eines Ereignisses, das stets auf sich warten ließ, läßt sich hinterher leicht spotten und schelten, doch damit wird man der Sache nicht gerecht. Gewiß gehört äußerste Geheimhaltung zum Handwerkszeug jeder Verschwörung, das langwierige Planen und Beraten, gar das Führen von Listen, Tagebüchern und Aufzeichnungen dient ihr nicht, und ebenso gewiß ist das tatkräftige, entschlossene und zielbewußte Handeln wichtiger als die sorgfältigste Planung für den Tag »danach«. Aber den »zivilen« Verschwörern (zivil in Anführungszeichen, weil die formale Grenze zwischen Zivil und Militär längst fließend war, man denke an die vielen, die zum Militär »emigriert« oder kriegshalber einberufen waren) blieb sonst nichts zu tun, als das Planen für die Zeit »danach«. Der physische Sturz der Regierung konnte nur vom Militär bewirkt werden.

Darüber hinaus hatten die Planungen, Besprechungen und Verhandlungen ihre tiefe Berechtigung in dem Willen, eine Wiederholung von »1933« zu vermeiden – die Wiederholung einer politischen Katastrophe, die das Ergebnis von Fehlern, von mangelnder Vernunft, von sozialen, politischen, verfassungsmäßigen und ideologischen Mißständen war. Die Opposition fühlte, repräsentativ für viele Deutsche, die es nur dunkel ahnten, daß der Staat durch Unglück einer geistig und politisch fremden Verbrecherclique in die Hände gefallen war, und in dieser Auffassung fand sie im Beamtentum, im Offizierkorps, und in allen Schichten der Bevölkerung vielfache Bestätigung. Hier findet auch die oft geschmähte Unvorsicht der Verschwörer Erklärung: Die Verbrecherclique stand »draußen«, besonders in das Heer waren Gestapo und Partei noch kaum eingedrungen, weithin fühlten und handelten auch an der Opposition völlig Unbeteiligte mit dieser solidarisch. Anders ist der unerhörte Vorgang, »daß so viele hohe, höchste und allerhöchste Stellen der Armee, eine Reihe von Feldmarschällen mit eingeschlossen, nun schon seit Jahren um das Bestehen einer Zivil- und Militärverschwörung wußten, ohne sie zu verraten«, nicht zu erklären [200].

Noch ein weiterer Gesichtspunkt rechtfertigte, ja forderte in den Augen der Verschwörer schriftliche Planungen, Aufzeichnungen und Listen: Man mußte jederzeit dokumentieren können, daß Hitler nicht einem Militärputsch, sondern der Opposition des »anderen«, des eigentlichen Deutschland, über das er sich die Herrschaft nur angemaßt hatte, zum Opfer gefallen war [201]. Das war keine archivarische Marotte, sondern in der Auffassung der Opposition ein Erfordernis ersten Ranges. Natürlich wußten sie – so naiv waren sie doch nicht –, daß sie damit ihren Kopf riskierten. Das taten sie aber ohnehin und im Glauben an ihre Verantwortung gegenüber dem Vaterland und gegenüber der Menschlichkeit. Gewiß gab es Unvorsichtigkeit und Leichtsinn, wie in allen solchen Unterneh-

5. Staatsstreichplanung: Innenpolitik

men. Aber aus Leichtsinn sind Aufzeichnungen wie das Tagebuch des Hauptmanns d. R. Hermann Kaiser, das von der Gestapo nicht entdeckte Tagebuch Ulrich von Hassells, die Listen Goerdelers, der (verlorene) Stellenbesetzungsplan Schulenburgs oder die (den Aufpassern entgangenen) Briefe Moltkes an seine Frau nicht geschrieben worden [202]. Für die Erreichung des nächsten Zieles der Verschwörung waren sie nicht notwendig, aber heute sind sie die unwiderlegbaren Beweisstücke für den Geist der Opposition, für den humanistisch-ethischen Charakter der Opposition zugleich, der selbst in so dynamischen Persönlichkeiten wie Schulenburg, Goerdeler, Stauffenberg oder Moltke neben den politischen auch literarische Züge hatte. Den Verschwörern fehlte das Raffinement der gewöhnlichen Gesetzesbrecher und Hochverräter, sie handelten mehr opferwillig und heldenhaft als gerissen. Wer deshalb die ganze Verschwörung als naiven, sträflichen Leichtsinn abtun will, der bagatellisiert und verflacht sie in unzulässiger Weise. Die Verschwörer waren sich der Gefahr bei ihrem Tun bewußt, sie waren sich klar, daß sie ihr Leben einsetzten, wie Tresckow mit den schon einmal zitierten Worten zu Schlabrendorff sagte: »›Niemand von uns kann über seinen Tod Klage führen. Wer in unseren Kreis getreten ist, hat damit das Nessushemd angezogen. Der sittliche Wert eines Menschen beginnt erst dort, wo er bereit ist, für seine Überzeugung sein Leben hinzugeben.‹« [203]

Es war Generaloberst Beck selbst, der Goerdeler Ende November ersuchte, eine förmliche Ministerliste zusammenzustellen [204]. Seit Januar 1943 waren die Bemühungen auch sonst intensiviert worden, man wollte im März oder April für den Umsturz bereit sein. Dr. Gisevius kam im Januar 1943 eigens von Bern nach Berlin, um an den Planungen mitzuarbeiten. Am 8. Januar 1943 fand nach langen Vorbesprechungen in Berlin-Lichterfelde in der Hortensienstraße 50 bei Peter Graf Yorck von Wartenburg eine »große Aussprache der ›Jungen‹ und ›Alten‹«, statt, wie es im Tagebuch Hassells heißt. Eigentlich ging es dabei um die gegensätzlichen Auffassungen Goerdelers und der ihm Nahestehenden einerseits und des Kreisauer Kreises andererseits, dessen Besprechungen in Teilgruppen vorwiegend in Berlin, meist unter Moltkes Leitung, stattfanden. Teilnehmer der Aussprache waren Beck, Goerdeler, Hassell, Popitz, Jessen einerseits, und Moltke, Yorck, Trott, Schulenburg und Gerstenmaier andererseits. Carlo Mierendorff und Theo Haubach hätten eigentlich auch teilnehmen sollen, mußten aber wegen zu starker Gestapoüberwachung verzichten [205].

Die Aussprache war im Interesse des Zusammenwirkens der Opposition dringend nötig, denn es waren mancherlei Spannungen entstanden. Wer Goerdeler kannte, überzeugte sich bald von seiner rechtlichen und liberalen Gesinnung, aber wer nur durch Dritte und gerüchtweise von seiner Herkunft und von seiner Geschäftigkeit hörte, neigte leicht zum Mißverstehen. So erschien Goerdeler den zu eher umwälzenden als organischen Reformen tendierenden Kreisauern Moltke, Haubach und Mierendorff 1942 als Reaktionär, und Moltke versuchte sogar, Eugen Bolz und Bernhard Letterhaus von Goerdeler fernzuhalten. Nach dem Bericht von Dr. Elfriede Nebgen war auch Pater Delp SJ vorübergehend an diesen Intrigen beteiligt [206].

Besonders die »Kreisauer« hatten die Absicht, ihre Auffassungen gründlich zur Sprache zu bringen. Es war bei ihnen ihrer Einstellung und Zielsetzung nach nicht üblich, diplomatisch nach Kompromissen zu suchen, sondern womöglich den anstehenden Fragen auf den Grund zu gehen. Sie wollten Änderung, sie wollten Beseitigung des Regimes, aber sie glaubten ihren Beitrag vornehmlich durch Schaffung der Grundlagen des Neubaus zu leisten. Goerdeler dagegen suchte unmittelbarer nach praktischen Möglichkeiten, die bald zum Ziele führen konnten. So waren Spannungen nicht nur wegen des Generationenunterschiedes und wegen verschiedener politischer und sozialer Ansichten zu erwarten, sondern auch wegen der Verschiedenheit der Methoden, mit denen die jeweiligen Ziele verfolgt wurden.

Tatsächlich bedeutete die »große Aussprache« für die Kreisauer, aus anderen Gründen auch für Goerdeler, teils Enttäuschung, teils Fortschritt. Wie Hassell notierte, traten die Kreisauer, die er »die Jungen« nennt, mit Ausnahme Schulenburgs als Einheit auf, als ihr geistiger Führer erschien Moltke, der die »Alten« gern »Exzellenzen« nannte. Der Zusammenhalt gab den »Jungen« das Gewicht, das die »Alten«, eigenständige und hochbewährte Persönlichkeiten wie Beck, Hassell, Goerdeler, Popitz und Jessen ohnehin hatten. Es wurden außenpolitische Fragen besprochen, wobei Adam von Trott zu Solz Wortführer der Kreisauer war und Ausführungen über eine angestrebte europäische Föderation machte. Hassell vermerkte darüber nichts in seinem Tagebuch, seine Auffassungen stimmten bei weitem nicht in allen Punkten mit denen Trotts überein. Yorck sprach dann über Verwaltungsreform, Moltke über die allgemeine Lage der Opposition und die Notwendigkeit der Zusammenarbeit kirchlicher und gewerkschaftlicher Kräfte. Schließlich vertrat Gerstenmaier die im Kreisauer Kreis entwickelten (jedoch nicht unbedingt von allen Mitgliedern unterstützten) Ansichten zum Verhältnis von Staat und Kirche und zur Sozialpolitik. Generaloberst Beck leitete die Sitzung und äußerte sich nicht zu den aufgeworfenen Problemen.

Moltke wünschte grundsätzliche Erörterung der Auffassung und Differenzen; den Versuch der »Koalition« der politischen Kräfte hielt er für sinnlos, weil die allein zum Umsturz fähigen Militärs ihn seiner Meinung nach doch nicht wagen würden, er wollte sich aber auch nicht vorwerfen müssen, eine Chance zum Sturze Hitlers vorübergelassen zu haben [206a]. Hassell und Goerdeler vor allen bemühten sich, die Gegensätze zu überbrücken, sie wollten möglichst rasch Übereinstimmung und Zusammenarbeit zustande bringen auf das gemeinsame Nahziel hin, den Sturz Hitlers. Für die jüngeren Diskussionsteilnehmer, die mit größerer Entschiedenheit an ihren Überzeugungen hingen, die prinzipieller dachten, konnte das aussehen wie ein Ausweichen, ja wie gönnerhafte Beschwichtigung. Selbst Hassell fand, daß Goerdeler die Gegensätze zu verschleiern versucht habe. Sicher waren »die Jungen« nicht ganz zu Unrecht mißtrauisch, wenn sie glaubten, die eher konservativen »Alten« hätten ihre früheren Auffassungen nur wenig revidiert und würden nach ihrem Regierungsantritt bald in die alten Gleise zurückfinden. Zwar vertraten beide Gruppen für die erste Zeit nach dem Umsturz die Einrichtung eines einigermaßen autoritären Regimes, aber zumindest bei Popitz, Hassell, Beck und Jessen fehlte die starke Komponente sozialer Erneuerung, bei Goerdelers Ausführungen war sie vielleicht nicht zu erkennen. Auf alle Fälle vertraten die Kreisauer viel weitergehende sozialrevolutionäre Ansichten und ihre etwas romantischen Gedanken der Integration aller Schichten und Interessengruppen, der idealistischen, im Gegensatz zur kompromißsuchenden, koalitionspolitischen Überwindung der gesellschaftlichen Konflikte [207].

Moltke war zornig über alle Versuche, den Gegensätzen aus dem Wege zu gehen und die eigentliche Diskussion zu vermeiden, die der Darlegung der Standpunkte erst hätte folgen sollen. Er wollte begeisterten Einsatz für Ideen, nicht nur bedeutungsvolles Kopfnicken, nicht nur wohlwollende gegenseitige Kenntnisnahme der Standpunkte, nicht nur den Abschluß eines Zweckbündnisses mit dem Ausdruck gegenseitiger Hochachtung. Er wollte ein Erneuerungsprogramm, kein Koalitionspapier. Als Goerdeler sein Verfassungs- und Sozialprogramm darlegte, fühlte sich Moltke zu einem polemischen Zwischenruf provoziert; während Goerdelers Darlegungen murmelte er halblaut vor sich hin: »›Kerenski!‹« [208] Moltke machte die Bemerkung mit Vorbedacht: unter einer Kerenski-Lösung verstand er halbherzige, ungenügende Konzessionen und Überbrückungsversuche, die gerade dem Kommunismus den Weg bahnen konnten, den er ebenso ablehnte wie den Nationalsozialismus. Wer nach Hitler regieren wolle, müsse radikale Politik machen, meinte er. So bestand kaum eine gemeinsame Grundlage zwischen »Jungen« und »Exzellenzen« als die Verpflichtung, gegen das Unrecht und das Verbrechen aufzustehen. Beck sagte zum Abschluß, er müsse erst sehen, »wie stark die tatsächlich vorhandenen Kräfte seien«. Über die Notwendigkeit, möglichst rasch zum Staatsstreich zu kommen, war man sich einig.

War auch diese überaus wichtige Zusammenkunft nicht ganz befriedigend verlaufen, so bedeutete sie doch nicht nur den Beginn einer Zusammenarbeit zwischen den aktivsten Mitgliedern des Kreisauer Kreises und der Gruppe um Beck und Goerdeler, sondern auch den engeren Anschluß der Kreisauer an die militärischen Staatsstreichpläne. Fritz-Dietlof Graf von der Schulenburg war mit Graf von Yorck einer der hauptsächlichsten und tätigsten Vermittler[209]. Von Zusammenarbeit zwischen Kreisauern und »den Generalen« konnte bis dahin keine Rede sein, aber zum Staatsstreich gedrängt haben z. B. Moltke und Yorck »die Generale« doch mindestens schon 1941[210]. Erst hoffte man auf Halder, dann seit dessen Entlassung Ende 1942 auf Kluge, zugleich sprach Moltke auf Dienstreisen immer wieder mit Generalen über den Umsturz. Noch 1943 hoffte er auf Umsturz, schwankte aber zwischen dieser Hoffnung und der Auffassung, die Niederlage sei erstens unabwendbar und zweitens für die geistige und politische Gesundung Deutschlands notwendig[211]. Im Herbst 1943 und in der Zeit bis Juli 1944 wurde die Zusammenarbeit dann doch hergestellt, nicht zum wenigsten durch das Hinzutreten eines weiteren »Grafen« und »Jungen« zur Verschwörung, nämlich Stauffenbergs.

Spätestens seit Herbst 1943 ist nicht nur von Kontakten, sondern von enger Zusammenarbeit zu sprechen. Die außenpolitischen Bemühungen von Trott und Moltke dienten unmittelbar der Ermöglichung des Staatsstreiches; denn »die Generale« und auch viele nicht dem Militär angehörende Patrioten verlangten Zusicherungen der Alliierten, daß an der Formel der bedingungslosen Kapitulation nicht festgehalten werde, wenn Deutschland sich selbst vom Nationalsozialismus befreie[212]. Die Einbeziehung von Angehörigen und Nahestehenden des Kreisauer Kreises in die Planungen für die Übernahme der Vollziehenden Gewalt in den Wehrkreisen, die Aufnahme solcher Persönlichkeiten in die Listen der Verbindungsoffiziere und der Politischen Beauftragten läßt keine andere Bezeichnung als »enge Zusammenarbeit« zu[213]. Von einer losen Verbindung kann nun keinesfalls mehr die Rede sein[214].

Die Mißverständnisse, wonach die Kreisauer »nur gedacht« hätten, wie Moltke in einem Brief aus dem Gefängnis schrieb, wonach sie nur für die Zeit »danach« geplant und nichts gewollt hätten als die Niederlage Deutschlands, wie man aus einem Brief Moltkes an Lionel Curtis entnommen hat, erscheinen angesichts der Masse entgegenstehenden Beweismaterials kaum begreiflich. Daß Deutschlands Sieg nicht möglich war, wußte nicht nur Moltke, das haben Generale und Feldmarschalle, angeführt von Beck, schon vor dem Krieg und während des Krieges immer wieder gesagt. Logischerweise bedeutete deshalb der Wunsch nach rascher Beendigung des sinn- und aussichtslosen Krieges den Wunsch nach der Niederlage, sofern Verständigung nicht möglich war, und mit dem bestehenden Regime war sie nicht möglich. Moltke repräsentierte den Kreisauer Kreis nicht allein. Manche andere Mitglieder nahmen in der einen wie in der anderen Richtung noch viel weitergehende Standpunkte ein [215]. So war die Mitwirkung von Mitgliedern des Kreises bei der Zusammenstellung einer künftigen Regierungsmannschaft und bei der Planung des Umsturzes eigentlich selbstverständlich, wenn auch die meisten Kreisauer das Wort »Koalition« sicher nicht schätzten. Gerade vom Kreisauer Kreis aus kam auch die Verbindung mit den im Untergrund tätigen deutschen Kommunisten zustande. Besser könnte die zentrale konspirative Bedeutung des Kreisauer Kreises gar nicht demonstriert werden.

In seinem Programmentwurf vom Juni 1943 ist Carlo Mierendorff schon für die Gründung einer überparteilichen Volksbewegung mit Einbeziehung der Kommunisten eingetreten, und die Kreisauer erwogen ernstlich, in das Umsturzkabinett nicht nur den entschiedenen Sozialisten Julius Leber aufzunehmen, sondern auch Vertreter des »deutschen« Kommunismus [216]. Besonders Reichwein, aber auch Moltke und schließlich Leber setzten sich für eine solche Verbindung ein. Leuschner – seit seinen KZ-Erfahrungen stets mißtrauisch gegenüber den von Gestapospitzeln stark unterwanderten Kommunisten – und Jakob Kaiser versuchten vergeblich, Leber von seinen Plänen abzubringen. Leber erklärte, er wolle die Motive und Vorstellungen der Kommunisten sondieren, aus denen sie seit einiger Zeit mit der Opposition Verbindung aufzunehmen versuchten. Schon vor 1943 waren Horst von Einsiedel und Trotha mit Arvid Harnack und Hans Peters mit Schulze-Boysen von der Roten Kapelle bekannt und in Verbindung. Weitere Anknüpfungsversuche erfolgten über das Nationalkomitee »Freies Deutschland« in Moskau und dessen Verbindungsleute in Deutschland [217]. Aber erst 1944 kam es zu Fühlungnahmen mit dem Zweck der Zusammenfassung der Kräfte für den Staatsstreich.

Mehrere Vorbesprechungen seit Januar 1944 verliefen ergebnislos. Vermittler zwischen Leber und Reichwein einerseits und dem (illegalen) Zentralkomitee der KPD andererseits war der aus dem kommunistischen Studentenverband hervorgegangene Ferdinand Thomas. Schließlich kam nach langem Hin und Her eine Besprechung am Abend des 22. Juni 1944 zustande, und zwar mit Wissen und Billigung Stauffenbergs, Yorcks und Fritz-Dietlof Graf von der Schulenburgs [218]. Die Besprechung fand im Haus des Berliner Arztes Dr. Rudolf Schmid statt. Nach der getroffenen Vereinbarung sollten Leber und Reichwein sowie zwei Mitglieder des Zentralkomitees der KPD erscheinen, aber Thomas, der die Kommunisten einführte, brachte entgegen der Abmachung drei Personen mit. Es war ebenfalls vereinbart worden, daß keinerlei Namen zu nennen seien, niemand sollte sich vorstellen; doch einem der KPD-Funktionäre, der Leber persönlich kannte, soll der Ausruf entfahren sein: »»Ach du, Leber.«« [219] Von den erschienenen Verhandlungspartnern waren zwei tatsächlich KPD-Funktionäre, nämlich Anton Saefkow und Franz Jacob. Der dritte war ein Gestapoagent namens Hermann Rambow, der sich in das Vertrauen des Zentralkomitees eingeschlichen hatte und nun bei Treffs als Begleiter verwendet wurde.

Im Gespräch, das von Leber geleitet wurde, versicherte man sich gegenseitig, daß man für die in Deutschland bestehende KPD bzw. für die Sozialdemokratie spreche. Die Kommunisten sagten, sie hätten keine Verbindung zu ihren Freunden von drüben, womit die Exil-KPD-Leitung in Moskau oder das NKFD gemeint sein mochten. Vorsichtig tastend näherte man sich den Partnern. Es zeigte sich, daß die Kommunisten den Anschauungen Lebers viel weiter entgegenkamen, als dieser erwartet hatte, ja, daß sie sich in manchem weiter »rechts« gaben als er selbst. Sie wollten freie Demokratie, Beibehaltung von Grundbesitz, Bürgertum und Privateigentum, außer Konzernen und Großkapital, in Kirchenfragen waren sie nicht engherzig. Dann wollte einer der drei Kommunisten wissen, was Leber tun wolle, um den »Tag X« herbeizuführen. Leber antwortete, darauf könne er nichts sagen.

Die Aussprache war damit beendet, aber die gemeinsamen Interessen ließen es nützlich erscheinen, noch einmal zusammenzukommen. Für den 4. Juli sollte eine weitere Besprechung angesetzt werden, doch Leber war schon mißtrauisch geworden, nicht zum wenigsten durch die gemäßigte Haltung der Kommunisten, und er lehnte ab. Reichwein ging hin und wurde zusammen mit den Kommunisten verhaftet. Leber wurde am nächsten Tag, dem 5. Juli, von der Gestapo geholt. Damit war die Zusammenarbeit der Verschwörung mit den Kommunisten schon wieder beendet.

Die Verhandlungen über die Abstimmung verschiedener politischer Auffassungen und Programme, Aufrufe, Proklamationen und Verordnungen, ebenso über die Zusammensetzung der Regierung dauerten also bis in die letzten Tage vor dem Attentat. Im politischen Leben ist das unvermeidlich, aber Vertreter autoritärer diktatorischer »Einheit« werden stets versuchen, solche Bemühungen verächtlich zu machen [220]. Doch nur so konnte es Goerdeler schließlich gelingen, mit Vertretern aller Gruppierungen (außer den Kommunisten) einig zu werden. Bei Hassell und Beck was das kein Problem, sie arbeiteten ja schon lange zusammen.

Die Verbindung mit Popitz dagegen wurde allmählich lockerer, besonders seit im Herbst 1943 Langbehn verhaftet worden war und damit auch Popitz wegen seiner Beteiligung an der Konspiration mit Himmler exponiert war. Mißtrauen gegenüber Popitz und seinen autoritären Auffassungen hatte es schon lange gegeben, durch den Kontakt zu Himmler wurde es vermehrt. Popitz seinerseits warf Goerdeler vor, er habe seine Linie verloren, womit er wohl den Anschluß und die Zugeständnisse an die Sozialisten meinte [221].

Seit der Entfremdung zwischen Goerdeler und Popitz nach dessen Gespräch mit Himmler versuchte Popitz wiederholt, mit Leber und Goerdeler zu einer Aussprache zu kommen, und Dr. Otto John bemühte sich auf Wunsch Popitz', eine solche Begegnung im Winter 1943/44 zustande zu bringen. Als Leber sich weigerte zu Popitz zu kommen, worauf dieser bestand, obwohl er mit scharfer Überwachung rechnen mußte, bat Popitz John um Vermittlung einer Zusammenkunft mit Generalfeldmarschall von Witzleben, welche John durch seinen engen Bekannten Graf Lynar hätte bewerkstelligen können, der Witzlebens Adjutant war und auf dessen Gut im Spreewald Witzleben damals lebte. Popitz fand dann aber, das sei wohl doch zu gefährlich, da er seit seinem Gespräch mit Himmler zweifellos überwacht werde, statt seiner sollte der frühere Reichskommissar für Arbeitsbeschaffung Dr. Günter Gereke mit Witzleben sprechen. Dann trat eine längere Verzögerung ein, weil sich Witzleben zur Kur nach Kissingen begab und John nach Madrid flog [222].

Dr. Hans John übernahm inzwischen die Verbindung, und am 18. Juli, einen Tag vor der Rückkehr Dr. Otto Johns aus Madrid, fand die Besprechung zwischen Witzleben und Gereke statt [223]. Das Ganze war natürlich eine unerfreuliche Intrige von Popitz, der auf diese Weise seine Gedanken, wenn nicht auch seine Person, wieder an das Zentrum der Macht heranbringen und binden wollte, und zwar unter Umgehung der anerkannten Zentrale um Beck, Goerdeler und Stauffenberg. Er versuchte über Gereke, nicht ganz ohne Erfolg, Witzleben zur Übernahme auch der Reichskanzlerschaft nach dem Staatsstreich zu bewegen, wobei dann Popitz, Goerdeler und Leuschner als beratende »Kommissare der Reichsregierung« fungieren sollten. Das wäre also eine reine Militärdiktatur gewesen, wenn auch Leuschner, von Professor Ludwig Bergsträßer auf die Gefährlichkeit der Zusammenarbeit mit Offizieren hingewiesen, glaubte, die Einheitsgewerkschaften, über die er sich mit J. Kaiser und M. Habermann geeinigt hatte, würden dagegen eine starke Garantie enthalten [224].

Während es zu einer wirklichen Auseinandersetzung Popitz' und seiner rechtsstehenden Anhänger mit Goerdeler nicht mehr kam, hatte dieser mit den Sozialisten von der Mitte bis ganz links, mit denen er seit 1941 zusammenarbeitete, seine liebe Not. Schließlich kam er ihnen so weit entgegen, daß seine eigenen, von ihm entworfenen Aufrufe und Proklamationen für den Tag X nicht mehr wiederzuerkennen waren, so viele Gedanken anderer enthielten sie, und folgerichtig wollte Goerdeler sich dann später vor dem Volksgerichtshof nicht mehr zu ihnen bekennen [225].

In einer Zusammenkunft um den 15. Mai 1944 herum in der Wohnung von Dr. Josef Wirmer, an der Goerdeler, Leber und Leuschner teilnahmen, kam es zu einem heftigen Zusammenprall zwischen Leber und Goerdeler. Leber vertrat die Ansicht, daß sich die Totalbesetzung Deutschlands auch durch einen Regierungswechsel nicht mehr vermeiden lasse, Goerdeler aber meinte, diese Besetzung lasse sich sehr wohl noch vermeiden. Ganz offensichtlich gibt der Bericht der Gestapo nur Bruchstücke des Inhalts der Besprechung wieder, es wurde zweifellos auch über anderes und in anderem Sinne gesprochen; festzuhalten ist nur die nicht überraschende Meinungsverschiedenheit zwischen Leber und Goerdeler [226].

Wenig später, am 26. Mai 1944, hatten Stauffenberg und Goerdeler eine Besprechung im Büro von Hauptmann d. R. Hermann Kaiser in der Bendlerstraße [227]. Sie sprachen über außenpolitische und militärische Möglichkeiten. Stauffenberg machte sich anscheinend noch Hoffnungen hinsichtlich der Abweisung einer alliierten Invasion in Frankreich. Im übrigen versprach er Goerdeler, ganz sicher gewaltsam gegen Hitler vorzugehen. Auf Goerdelers Drängen war er auch einverstanden, daß Goerdeler im wesentlichen die Verhandlungen mit Leber und Leuschner bzw. ihren Vertretern führen solle. Zuvor hatte Goerdeler einen Brief an Stauffenberg geschrieben, den Hauptmann Kaiser überbracht hatte, worin der zivile Führer der Opposition gegen selbständige Verhandlungen Stauffenbergs mit Gewerkschaftsführern und Sozialisten protestierte. Das war in der Tat eine Durchbrechung des bisher anerkannten Prinzips der Beschränkung der Soldaten auf die technische Seite des Umsturzes. Goerdeler sollte in allen nichtmilitärischen Fragen führend sein, Beck bestand noch im Juli 1944 darauf [228]. Aber seit Moltkes Verhaftung im Januar hatten seine zur Aktion drängenden Freunde immer mehr und immer enger mit Stauffenberg zusammengearbeitet, und Goerdeler sah nicht allein die Führung, sondern auch seinen Einfluß auf die Konzeption der Gestaltung der Politik nach dem Sturz Hitlers seinen Händen entgleiten. Goerdeler

5. Staatsstreichplanung: Innenpolitik

mochte es an Sinn für Machtverhältnisse fehlen, aber Stauffenberg war schließlich nicht politisch erfahren, seine Ansichten und Vorstellungen waren vage, er schien von Sozialisten (Leber) und anderen politisch linksorientierten Verschwörern (Trott) stark beeinflußt. Die Handhabung militärischer Machtmittel und die zentrale Schlüsselstellung gaben Stauffenberg in Goerdelers Augen nicht das Recht, die politische Entscheidungsgewalt zu beanspruchen.

Die mit dem Eintritt Stauffenbergs in die Verschwörung im Sommer 1943 verbundenen Spannungen und Kompetenzstreitigkeiten hatten freilich noch andere Ursachen. Die militärische, außenpolitische und innenpolitische Lage wurde immer verzweifelter, das Töten und Morden an den Fronten, in den Konzentrationslagern und in den Städten ging unvermindert weiter, ein Zentrum deutscher Kultur nach dem anderen sank in Schutt und Asche, und es geschah immer noch nichts zum Sturze Hitlers. Da trat dieser junge, ungestüme, äußerst soldatisch wirkende Offizier auf und begann, alle Vorbereitungen und Planungen in eigene Regie zu nehmen – und dennoch geschah auch weiterhin nichts Sichtbares! Dieser junge, brennend tatendurstige, revolutionär drängende Offizier, so mußte es Goerdeler scheinen, würde wer weiß was aus der Opposition machen, vielleicht sie in den Abgrund führen, oder einfach trotz allem Ungestüm ebensowenig zum Ziele kommen wie vor ihm Tresckow. Goerdeler wollte wohl einen fortschrittlichen, auch sozialreformerischen, aber keinen eigentlich revolutionären Umsturz, im Gegenteil, er wollte allem Wilden und Ungezügelten endlich ein Ziel setzen [229]. Ein tiefgreifender Zwiespalt klaffte zwischen den beiden Persönlichkeiten, der sich nicht nur durch den Generationenunterschied und durch Kompetenzstreitigkeiten erklären läßt. Kein Wunder also, wenn Goerdeler in seinen im November 1944 im Gefängnis geschriebenen Memoiren klagte, daß sich Stauffenberg »später als Querkopf erwies, der auch Politik machen wollte« [230]. Und er fuhr fort: »Ich schätzte ihn hoch und hatte doch manche Zusammenstöße mit ihm. Er wollte einen unklaren politischen Kurs mit Anlehnung an Linkssozialisten und Kommunisten und hat mir durch überheblichen Eigensinn das Leben sehr schwer gemacht.« [231]

Daneben wogen taktische Fragen nicht schwer, schürten aber die Mißstimmung. Aus konspirativer Vorsicht unterrichtete Stauffenberg Goerdeler nicht über alle Einzelheiten seiner Planungen, Goerdeler verfuhr ebenso bei der Gewinnung Politischer Beauftragter [232]. Andererseits muß die Geschäftigkeit Goerdelers Stauffenberg beunruhigt haben, obwohl jener mutige Mann äußerst vorsichtig taktierte und im übrigen die aus seiner wichtigen Tätigkeit hergeleiteten Vorwürfe im Dienste der Sache bewußt auf sich nahm. 1943 und 1944 klagte Goerdeler oft bitter über angebliche Versuche, ihn zu überspielen und auszuschalten. Aber Goerdelers übersteigerter Optimismus, sein hartnäckiger Glaube an die Möglichkeit, Hitler ohne Attentat gefangenzunehmen und sodann durch eine Rundfunkansprache die Regierungsgewalt zu ergreifen, oder gar Hitler selbst zum Rücktritt zu überreden, konnten bei den Besprechungen über Attentat und Staatsstreich nur stören, wenn Goerdeler sie immer wieder vorbrachte und damit die Arbeit der übrigen Verschwörer in Frage stellte.

Spannungen, Reizbarkeit und Vorwürfe sind in der Nervosität jener Monate ohnedies leicht zu begreifen. Sie waren auch gar nicht so gewichtig, wie sie später sowohl von den verhafteten Verschwörern als auch von der Gestapo, aus verschiedenen Motiven, hingestellt wurden.

Die Mittlertätigkeit Becks (der Goerdeler stets stützte), Schulenburgs und anderer überbrückte immer wieder alle Reibungen und Spannungen, die Zusammenarbeit ging weiter, auch zwischen Goerdeler und Stauffenberg. Wiederholt hat Stauffenberg Goerdeler von den bevorstehenden »Terminen« unterrichten lassen und ihn gebeten, sich bereit zu halten, so am 10. Juli für den 11. und dann wieder für den 15. Juli. Goerdeler antwortete damals mit der Parole, es müsse nach vorn durchgebrochen werden[233]. Noch am 18. Juli, als die Verhaftung Goerdelers unmittelbar bevorstand, besprach sich Stauffenberg persönlich mit ihm[234].

Koordination war das Hauptanliegen auch vieler anderer konspirativer Zusammenkünfte. Um den 28. Mai trafen sich in Berlin Theodor Steltzer, Yorck und Trott[235]; um den 15. Juni, wahrscheinlich am 16. im Hotel »Esplanade«, besprachen sich wieder Leber, Goerdeler, Wirmer, Habermann und Jakob Kaiser über das künftige Regierungsprogramm[236]. Einige Tage darauf, am 21. Juni, fand sich Leber wieder unter den Kreisauern Lukaschek, Husen und Yorck in dessen Wohnung ein, wo über die wichtige Frage der Bekenntnis- oder Gemeinschaftschule gesprochen und von Leber das Elternrecht anerkannt wurde. Leber berichtete dabei auch über die Kontakte mit den Kommunisten. Lukaschek und Husen rieten zuerst von der Sache ab, aber Leber meinte, er kenne die Leute, er habe im Konzentrationslager jahrelang mit ihnen auf denselben Pritschen gelegen[237]. Im Juni oder Juli 1944 kam es auch zu einer von F.-D. Graf von der Schulenburg sehr geförderten Besprechung zwischen J. Kaiser und Stauffenberg in Wannsee. Kaiser war von der Persönlichkeit Stauffenbergs, der Hitler »als ›das Böse an sich‹« bezeichnete, tief beeindruckt. Stauffenberg sagte: »›Herr Kaiser, es darf aber nicht zu einer Restauration kommen.‹« Kaiser antwortete: »›Wem sagen Sie das?‹« Aber er war etwas verwirrt und wußte nicht, ob die Ermahnung Goerdeler galt oder Gedanken aus dem Umkreis von Stefan George und Rudolf Fahrner andeutete.

5. Staatsstreichplanung: Innenpolitik

Als eines der Ergebnisse der zahlreichen Besprechungen und Verhandlungen kam seit 1943 allmählich eine Kabinettsliste zustande. Sie soll im folgenden, soweit sie sich rekonstruieren ließ, wiedergegeben werden, wobei auch frühere oder nur vorgeschlagene Besetzungen zum Teil berücksichtigt werden [238].

	Januar 43	August 43	Januar 44	Juli 44	ohne Zeitpunkt, von Gestapo ermittelt
Staatsoberhaupt (Generalstatthalter, Reichsverweser; oder Erb- oder Wahlmonarch)	Beck			Beck	Beck, evtl. später Leuschner
Staatssekretär					Schwerin von Schwanenfeld
Reichstagspräsident				Löbe	
Reichskanzler	Goerdeler		Goerdeler	Goerdeler, Falkenhausen od. Witzleben (versuchte Popitz zu lancieren)	Goerdeler, später Leuschner od. Leber
Vizekanzler	Leuschner		Leuschner	Leuschner	Leuschner
Presseabteilung					Kiep
Staatssekretär				Gisevius	Yorck
Außenminister	Hassell	Brüning od. Hassell	Hassell	W. Gf. v. d. Schulenburg oder Hassell	W. Gf. v. d. Schulenburg oder Hassell
Staatssekretär				W. Gf. v. d. Schulenburg oder Hassell	
Innenminister	Gayl oder Leber	F. D. Gf. v. d. Schulenburg	Leber	Leber	F. D. Gf. v. d. Schulenburg od. Leber
Staatssekretär					evtl. F. D. Gf. v. d. Schulenburg
Chef der Deutschen Polizei					interimistisch Helldorf, dann Tresckow
Sicherheitspolizei					Kanstein
Finanzminister	Schniewind, dann Loeser	Popitz	Loeser	Loeser	Popitz, später evtl. Schwerin von Krosigk od. Loeser
Staatssekretär					Helfferich
Reichsbankpräsident	Blessing				Blessing oder Lejeune-Jung
Reichsbankvizepräsident	Wedel				
Reichspreiskommissar					Blessing

Amt					
Wirtschaftsminister	Loeser, dann Schniewind		Lejeune-Jung	Lejeune-Jung	Blessing oder Lejeune-Jung
Staatssekretär					Ernst
Ernährungsminister			Hermes		Blessing oder Lejeune-Jung; interim. F. D. Gf. v. d. Schulenburg, vorgeschl. auch Schlange-Schöningen, Lüninck od. Hermes
Landwirtschaftsminister				Hermes	
Arbeitsminister				Lejeune-Jung	Blessing oder Lejeune-Jung
Justizminister	Langbehn	Wirmer (?)	Wirmer	Wirmer	interim. Sack, später Kriege
Staatssekretär					interim. Kriege
Reichsgerichtspräsident		Koch		Koch	
Reichskriegsgerichtspräsident				Oster	
Kriegsminister		Beck		Olbricht	Hoepner
Staatssekretär					Olbricht oder Claus Gf. v. Stauffenberg
Ob. d. Wehrmacht					Witzleben
Rüstungsminister					Speer soll gewonnen werden
Postminister					bei Verkehr; falls selbständig Fellgiebel
Verkehrsminister		Königs v. Goerdeler zu gew. versucht	Stegerwald oder ein SPD-Politiker		Herrmann
Staatssekretär					Königs
Kultusminister	Popitz		Bolz	Bolz	Bolz, Schuschnigg oder Reichwein; zeitweise Popitz
Staatssekretär			Lenz (vorgeschlagen)		H. Kaiser
Propagandaminister					nur im Kriegsfall; evtl. Mierendorff bzw. Haubach
Wiederaufbauminister				Letterhaus (sonst: Min. o. Geschäftsbereich)	
Sprechminister				ein Österreicher	

5. Staatsstreichplanung: Innenpolitik

Die Liste war jeweils nicht mehr als ein Arbeitspapier. Im Augenblick des Umsturzes hätte zunächst das Militär die Macht gehabt, und Zweifel daran, daß es sie rasch an zivile Politiker abgegeben hätte, sind erlaubt. Das Manövrieren, auch das Intrigieren ging, wie berichtet, bis kurz vor dem 20. Juli weiter; keine Kombination kann als endgültig betrachtet werden. Popitz versuchte Witzleben noch als Reichskanzler zu lancieren, vorher hatte er an Falkenhausen gedacht. J. Kaiser wollte Schuschnigg als Österreicher dabeihaben, fand aber keinen Anklang. Stauffenberg wollte Goerdeler nicht lange als Kanzler behalten, sondern bald durch Leuschner oder Leber ersetzen. Ohnehin war jedem Einsichtigen, wie z. B. Hassell, völlig klar, daß die erste Regierung der Opposition nur Übergangscharakter haben würde und die militärische Niederlage und Besetzung Deutschlands über sich ergehen lassen müßte. Sie würde also bald verbraucht sein.

Nachdem sich die oben aufgeführten Gruppen und Persönlichkeiten mit den Umsturz- und Neuordnungsplänen eingelassen hatten, waren sie auch in die aktiven Staatsstreichpläne verwickelt, die ohne Attentat nicht zu denken waren. Trotzdem gab es im Sommer 1944 noch immer einige, die gegen den politischen Mord waren, jedoch die danach gegebene Lage nützen wollten. Logik und Konsequenz sind nicht notwendig mit Mut und aufrechter opferwilliger Gesinnung verbunden.

Zu den Gegnern des Attentats gehörte Goerdeler noch zu Anfang des Jahres 1944 und noch im Juli, als er wußte, daß Stauffenberg es wagen wollte, ja sogar noch im Gefängnis. Als Goerdeler Dr. Elfriede Nebgen zum ersten Mal nach dem 20. Juli wiedersah, auf der Flucht, am 25. Juli, da waren seine ersten Worte zu ihr: »›Frau Doktor, du sollst nicht töten.‹« Hatte er zunächst gehofft, mit Hilfe von Frontgeneralen Hitler gewaltsam, aber ohne Mord zu beseitigen, wie es auch Moltke im Sommer 1943 zumindest erwogen hat, so mußte er nach der Invasion einsehen, daß die Hoffnungen auf eine solche Lösung schwanden. Er versuchte erfolglos im Mai 1944 mit dem Chef des Generalstabes des Heeres, General Zeitzler, in Verbindung zu kommen und schrieb ihm auch einen Brief, der aber sein Ziel nicht erreichte. Stauffenberg bedeutete Goerdeler, Zeitzler sei längst »aufgeklärt« [239]. Das politische Argument, das Goerdeler vorbrachte, man müsse die Dolchstoßlegende vermeiden, Hitler vor Gericht stellen und ihm seine Verbrechen vor aller Welt nachweisen, kann nicht leichthin übergangen werden [240]. Ebensowenig darf man aber übersehen, daß dadurch in der Wirklichkeit eine unendliche Verzögerung der »Aktion« eintrat, welche deren Sinn zunichte machte.

Konsequenz ist keine Tugend an sich. Es ist sinnlos, der Welt und dem politischen Handeln zu entsagen, weil man sich in einer Lage findet, die auf eine Weise herbeigeführt wurde, die man ablehnt. Erkennt man aber die Entscheidung des Gewissens an, wenn sie zum Widerstand und zum Hochverrat zwingt, so muß man sie auch dann anerkennen, wenn sie den Mord verbietet, so widersinnig es unter Umständen scheinen mag. Goerdeler war ein mutiger Mann, der nicht aus persönlicher Schwäche oder Furchtsamkeit gegen das Attentat war.

Es gab auch eine Anzahl Generale, die mit der Widerstandsbewegung einig waren in der Überzeugung, daß Hitler zu beseitigen sei, auch an allen Vorbereitungen teilnahmen, sich aber dann trotz ihrem tödlichen Gewerbe zum politischen Mord oder zur unmittelbaren Begünstigung desselben nicht bereit fanden. Bei solchen Generalen, wie Kluge oder Rommel, ist der Mangel an Konsequenz schwer begreiflich; denn sie waren nicht gegen das Töten überhaupt, nur gegen das Töten des Befehlshabers, auch wenn dieser ihrer Überzeugung nach den Tod verdiente. Die Frage des Eides wird zu einer Spitzfindigkeit entwürdigt, wenn man sich an Konspiration, Hochverrat und Treubruch beteiligt und sich zugleich an die ihrer eigentlichen Bedeutung durch beiderseitigen Verrat beraubte leere Form klammert. Die Beobachtung der Form hat freilich ihr Gutes und ihre wichtige ordnende Funktion. Schließlich kann nicht jeder, auch nicht jeder General, selbständig denken und mehr sein als nur Funktionär einer Gesellschaft. Den meisten der Generale, die von Skrupeln geplagt waren, muß man also wenigstens den guten Glauben zugestehen. Das ändert nichts an der Enttäuschung über ihre Naivität.

Gerade die Kreisauer, denen man vorwarf, sie hätten nur geredet und »gedacht«, ohne die Konsequenz zum Handeln aufzubringen, waren in Wirklichkeit konsequenter[241]. Mierendorff, Gerstenmaier, Yorck, Delp oder Moltke, um nur einige zu nennen, arbeiteten seit Jahren aktiv auf den Umsturz hin, und die meisten von ihnen setzten sich auch energisch für die Beseitigung Hitlers durch ein Attentat ein[242].

Einzelne kamen über ihre Bedenken nicht hinweg. Hans-Bernd von Haeften blieb lange, doch endlich wohl nicht mehr bei seiner Ablehnung des Attentats, auch gegenüber seinem Bruder Werner, der als Adjutant im AHA bei Olbricht und Stauffenberg Dienst tat, als der Bruder die Möglichkeit sah, es selbst auszuführen, und noch im Juli 1944 argumentierte er in Besprechungen von Angehörigen des Kreisauer Kreises mit christlichen Erwägungen gegen den politischen Mord[243]. Wenigstens zeitweise hat sich Werner von Haeften den Zweifeln und der Ablehnung seines Bruders angeschlossen[244]. Auch Steltzer hat stets an seiner Überzeugung festgehalten, die ethischen und religiösen Gebote des Christentums müßten strikt eingehalten werden, so strikt, daß man nicht

5. Staatsstreichplanung: Innenpolitik

einmal bei den Vernehmungen durch Gestapo und Volksgerichtshof lügen dürfe. Der Umsturz überhaupt und der politische Mord seien unmoralisch [245]. Für seine Person hat er aus seinen Überzeugungen stets die Konsequenz gezogen. Als seine Verhaftung im Juli 1944 bevorstand, ist er absichtlich nicht nach Schweden ausgewichen, obwohl es ihm nicht schwergefallen wäre, sondern befolgte den Befehl, von Norwegen nach Berlin zurückzukommen [246].

Neben den konsequenten Gegnern des Attentats in der Opposition, von denen viele aus religiöser oder ethischer Überzeugung zu ihrer Haltung kamen, gab es inner- und außerhalb des Kreisauer Kreises praktischer denkende christliche Laien und auch Theologen, die das Attentat für notwendig hielten und dafür eintraten. Zu ihnen gehörten Pater Delp SJ, Eugen Gerstenmaier und Dietrich Bonhoeffer, die beiden letzten seit spätestens Anfang 1942 [247].

Moltke war anfangs ganz gegen das Attentat und auch gegen den Umsturz [248]. Spätestens seit der Katastrophe von Stalingrad, jedoch keineswegs *wegen* der Katastrophe oder aus nationalistisch gefärbten Motiven, verhielt sich Moltke nicht mehr so scharf ablehnend gegenüber dem Gedanken des Attentats und des Umsturzes. Zu Wilhelm Ritter von Schramm sagte er Ende 1943 aber auch, man müsse Hitler leben und mit seiner Partei die Verantwortung für das Verhängnis tragen lassen [249]. Er fand jedoch, daß die Frage für seine Person wie für die meisten Angehörigen des Kreisauer Kreises akademisch sei, da sie weder das eine noch das andere durchführen könnten. Steltzer pflegte dann Moltke immer wieder in seiner auch moralisch begründeten Haltung des Hände-weg-vom-Staatsstreich durch religiöse Argumente zu bestärken.

Moltkes Haltung muß man vor allem als Antithese zum herrschenden Regime auffassen, also als Abwehr jeglicher Gewalt und Brutalität, konsequenterweise auch für Gegenmaßnahmen. Da der Haltung Moltkes jeder Fanatismus fehlte, nicht dagegen eine gewisse Naivität im Hinblick auf das, was die Alliierten – westliche und östliche – nach der Niederlage Deutschlands tun würden, war Moltke nicht unbeeinflußbar. Glaubte er einerseits, die Alliierten würden nach dem Sieg ein paar Paraden in Deutschland abhalten und bald aus Langeweile wieder abziehen, inzwischen aber Deutsche mit der inneren Neuordnung betrauen, so mußte er sich doch wenigstens seit der Stalingrad-Katastrophe und seit die Zerstörung der Städte immer grauenhaftere Ausmaße annahm, auch auf anderes gefaßt machen – wie ihm Gerstenmaier schon während der teilweise heftigen Debatten über die Frage der Gewaltlosigkeit in den Jahren 1940–1942 wiederholt prophezeit hatte.

Seit dem Winter 1943/44 hat aber Moltke weder mehr vom Staatsstreich noch vom Attentat abgeraten [250]. Nach dem Bericht von General Alexander von Falkenhausen hat Moltke schon im September 1943 in Brüssel zu ihm gesagt: »›Trotz aller Bedenken bleibt uns keine andere Wahl übrig, als Hitler physisch zu eliminieren.‹« [251] Im Januar 1945 schrieb Moltke zwar an seine Frau aus dem Gefängnis Tegel: »Wir haben nur gedacht ..« Damit paraphrasierte er aber das Urteil des Volksgerichtshofes [252]. Am Tag darauf, dem 11. Januar 1945, schrieb er seiner Frau auch: »... in dem Augenblick, in dem die Gefahr bestand, daß ich in aktive Putschvorbereitungen hineingezogen wurde – Stauffenberg kam am Abend des 19. [Januar 1944] zu Peter [Graf Yorck von Wartenburg] –, wurde ich rausgenommen, damit ich frei von jedem Zusammenhang mit der Gewaltanwendung bin und bleibe.« [253] Herausgenommen wurde er durch Gottes Fügung in Form seiner Verhaftung, aber daß er anderenfalls aktiv teilgenommen hätte, scheint demnach sicher. Göttliche Fügung hat Moltke das Festhalten an seinen Prinzipien erlaubt, die er sonst verlassen hätte. Ähnlich war seine Haltung in dem letzten Gespräch mit Gerstenmaier etwa in denselben Tagen, das von zwei im Gefängnis Tegel tätigen Beamten ermöglicht wurde. Er hat Gerstenmaiers Argument, gerade das Attentat entspreche dem Liebesgebot Jesu, schließlich nicht mehr widersprochen und sich ausdrücklich und ohne Einschränkung mit der Haltung seiner Kreisauer Freunde solidarisch erklärt [254].

6. Attentatversuche: Stauffenberg

Auch Stauffenberg hat sich nicht leichthin zum Attentat entschlossen, doch fehlte ihm die Inkonsequenz derer, die wohl den Staatsstreich und den Mord an Hitler als seine Voraussetzung wollten, für sich aber von der Ausführung Abstand nahmen. Die Frage nach der Berechtigung und dem Sinn des Umsturzes hat sich Stauffenberg immer wieder gestellt, ganz besonders in den letzten Wochen. Aber spätestens seit Anfang 1942 war er sich völlig klar darüber, daß die Ermordung Hitlers dazu die Voraussetzung sei [255]. War aber das Attentat Vorbedingung für alles andere, so war für Stauffenberg die Frage, ob er es selbst ausführen solle oder nicht, keine Frage erster Ordnung mehr. Nach allem, was bisher bekanntgeworden ist, war sein Entschluß zum Attentat vorwiegend praktisch bestimmt, als konsequente Weiterführung des Entschlusses zum Umsturz.

6. Attentatversuche: Stauffenberg

Stauffenberg war nicht der Mann, der andere zu Attentätern machen wollte, ohne grundsätzlich auch selbst dazu bereit zu sein. Der Entschluß zum Umsturz war also für ihn, wenn die Gelegenheit sich bot und wenn es die Lage erforderte, auch der Entschluß zum Attentat[256].

Dagegen schien das Ende des Krieges in den ersten Juliwochen 1944 so nahe – viel näher, als es dann wirklich war –, daß der Sinn des Umsturzes dadurch in Frage gestellt wurde. Generalfeldmarschall von Kluge, seit 2. Juli Oberbefehlshaber West, meinte auf den Vorschlag des von Tresckow entsandten Oberstleutnants Georg Freiherr von Boeselager, die Front im Westen zu öffnen: das sei gar nicht nötig, weil der Feind ohnedies in Kürze durchbrechen werde[257]. Die russischen Armeen hatten unterdessen die Heeresgruppe Mitte zerschlagen und die Heeresgruppe Nord eingekesselt, sowjetische Panzer operierten nur noch wenig mehr als 100 Kilometer vom Führerhauptquartier in Ostpreußen[258]. Wäre es da nicht politisch klüger, Hitler allein und für alle sichtbar alleinverantwortlich in den Abgrund rennen zu lassen? Wären nicht künftige Generationen dann vor ähnlich dämonischen Zerstörern sicherer? Wäre diese Sicherheit nicht das Opfer von weiteren Tausenden von Menschen, vielleicht von Hunderttausenden wert? Nun, der Erfolg dieser Haltung konnte durchaus nicht als sicher gelten. Wie aber sollte das Volk nach dem Krieg Selbstachtung haben, weiterleben und neu bauen, seinen Platz in der Welt wieder mit einigem Anstand einnehmen, wenn nicht aus seiner Mitte wenigstens der sichtbare Versuch der Selbstreinigung gekommen war? Politisch höchst gefährliche Verdrängungen, neuer Selbstbetrug und vielleicht ein neuer Ausbruch in die Irrationalität konnten die Folge sein.

Diese furchtbaren Fragen ließen sich nicht durch kühles Abwägen beantworten. Hier konnte nur das Gewissen zuständig sein, und das Gewissen Stauffenbergs forderte jeden denkbaren Einsatz zur Rettung von Tausenden und wahrscheinlich von Hunderttausenden von Menschenleben, und zur inneren Reinigung und Rettung der Ehre[259]. Dabei war auch nicht mehr entscheidend, ob die Aussichten für das Gelingen von Attentat und Erhebung gut oder schlecht waren.

Mitte Juni sagte Claus Graf von Stauffenberg: »›Es geht jetzt nicht um den Führer, nicht um das Vaterland, nicht um meine Frau und meine vier Kinder, sondern es geht um das ganze deutsche Volk.‹«[260] Am 1. Juli 1944, als Stauffenberg zum Attentat schon völlig bereit, wenn auch noch nicht endgültig entschlossen war, sagte er zu dem ihm befreundeten Bildhauer und Artillerie-Oberleutnant Urban Thiersch, dessen Versetzung in die Bendlerstraße ihm gelungen war: Schlimmer als das Mißlingen sei, der Schande und dem lähmenden Zwang tatenlos zu verfallen; nur das Handeln vermöge äußere und innere Freiheit zu schaffen [261]. Von Berthold Graf von Stauffenberg wird aus jener Zeit sogar der Ausspruch berichtet: »›Das Furchtbarste ist, zu wissen, daß es nicht gelingen kann und daß man es dennoch für unser Land und unsere Kinder tun muß.‹« Das sagte er seiner Frau am 14. Juli [262]. Und ebenfalls wenige Tage vor dem 20. Juli sagte Claus Graf von Stauffenberg: »›Es ist Zeit, daß jetzt etwas getan wird. Derjenige allerdings, der etwas zu tun wagt, muß sich bewußt sein, daß er wohl als Verräter in die deutsche Geschichte eingehen wird. Unterläßt er jedoch die Tat, dann wäre er ein Verräter vor seinem eigenen Gewissen.‹« [263]

Stauffenberg und sein Bruder Berthold gehörten also zu den wenigen klarblickenden und konsequenten Verschwörern gegen Hitler. Waren sie zum Umsturz bereit, so waren sie es ebenso zu seiner Voraussetzung, dem Attentat, und zu seinen Konsequenzen im Falle des Mißlingens, zum Erleiden von Verfolgung, Schmach und Tod. Es ist also zu fragen, wann sich Stauffenberg entschlossen hat, das Attentat selbst auszuführen.

Vor Juni 1944 war überhaupt nie ernsthaft die Rede davon, daß Stauffenberg selbst der Attentäter sein könnte oder sollte. Niemand kam auf den Gedanken, dem Schwerverletzten, dem die rechte Hand, zwei Finger der linken Hand [264] und ein Auge fehlten, eine solche Tat zuzumuten, ganz abgesehen davon, daß er zu Hitler keinen Zugang hatte. Ferner sah der Staatsstreichplan vor, daß unmittelbar nach dem Attentat die Nachricht davon nach Berlin zu geben wäre, um von dort aus sofort die mit »Walküre« getarnten Maßnahmen in Gang zu setzen. Dazu war Stauffenberg, der energische Generalstabsoffizier, der tatkräftige Fachmann und Planer, schon vor seiner Ernennung zum Chef des Stabes beim Chef H Rüst u BdE unentbehrlich. Olbricht traute sich die Sache offenbar nicht zu; denn schon im Sommer 1943 sagte er zu dem Chirurgen Ferdinand Sauerbruch, nachdem er sich in dessen Hause mit Beck und Stauffenberg (wobei dieser Beck kennenlernte) besprochen hatte: »›Stauffenberg! Das ist der Mann, den wir brauchen.‹« [265]

Es galt also als ausgeschlossen, daß Stauffenberg zugleich den Staatsstreich in Berlin leiten und das Attentat auf dem »Berghof« oder in der »Wolfschanze« ausführen könnte. Zugleich hofften er und seine Mitverschworenen damals, von etwa Anfang Oktober bis Mitte oder Ende November 1943, auf die Tatbereitschaft der Gruppe im Hauptquartier, zu der Stauffenberg auf alle Fälle Stieff und Meichßner rechnete, vielleicht auch Fellgiebel. Als sich zeigte, daß diese nicht handeln konnten oder wollten, wurden die Versuche mit der Uniformvorführung unternommen, deren letzter im Februar 1944 fehlschlug.

Damit war man in einer Sackgasse. Die opferbereiten jungen Frontoffiziere standen entweder nicht mehr zur Verfügung, oder es gab keine Aussicht auf die Vorführungen. Trotzdem versuchte Stauffenberg mindestens noch im März, Meichßner zur Ausführung des Attentats zu veranlassen, mußte aber feststellen, daß dieser mit seinen Nerven und seiner Kraft am Ende war und nicht mehr wollte [266].

Der Ausweg aus der Sackgasse war die zunächst interimistische Ernennung Stauffenbergs zum Chef des Stabes bei Generaloberst Fromm zum 20. Juni [267]. Nun würde er, der die Entschlossenheit zum Handeln besaß, Zugang zu Hitler erhalten. Zugleich entstand noch schärfer das Dilemma: wie sollte er gleichzeitig das Attentat ausführen und den Putsch leiten?

Ein Anhaltspunkt, seit wann sich Stauffenberg mit dem Gedanken trug, das Attentat von Berlin aus durchführen zu lassen oder es gar selbst zu übernehmen, ist der Zeitpunkt, zu dem er sich von Hagen und Klamroth den von Stieff aufbewahrten Sprengstoff bringen ließ; das war Ende Mai 1944 [268]. Damals erklärte er Hagen, er habe einen Anschlag auf den Führer vor. Aber schon im März hatte Stieff Oberstleutnant i. G. Klamroth gesagt, mit dem Mordanschlag befasse sich Stauffenberg. Im Juni erklärte er Stieff nach dessen Aussage gegenüber der Gestapo, er wolle die nächste sich bietende Gelegenheit zu einem Anschlag benützen, was Stieff ihm auszureden versucht haben wollte [269]. Aber erst seit dem 20. Juni bestand Aussicht, daß er selbst die Möglichkeit dazu erhalten würde.

Stauffenbergs Bruder Berthold sagte vor der Gestapo aus, der Oberst habe sich etwa vier Wochen vor dem Attentat, also zur Zeit seiner vorläufigen Ernennung zum Chef des Stabes bei Fromm, entschlossen, es selbst auszuführen; denn vorher habe er keine Gelegenheit gehabt, an Hitler heranzukommen [270]. Ende Juni sagte Stauffenberg zu Graf Yorck, er wolle in der nächsten Zeit versuchen, ins Führerhauptquartier zu kommen, um dort ein Sprengstoffattentat zu verüben [271]. Zwei oder drei Wochen vor dem 20. Juli schrieb Stauffenbergs Adjutant Werner von Haeften an einen Freund: »‹Claus denkt daran, die Sache selber zu machen.›« [272]

Immer mehr drängte die Kriegslage, immer näher rückte der Tag, an dem es wirklich zu spät sein würde für den Befreiungsversuch von innen, der schon jetzt kaum mehr glaubhaft schien, wenn man nicht die Vorgeschichte kannte. Etwa am 24. Juni sagte Stauffenberg zusammenfassend in einem Vortrag, wie sich Hauptmann Kaiser in seinem Tagebuch notierte, »die Personalersatzlage sei so, daß ganz in Kürze Schluß sei« [273]. Kurz vorher, Mitte Juni, hatte Tresckow von der Ostfront aus zu raschem Handeln gemahnt. Stauffenberg hatte durch Graf Lehndorff-Steinort bei Tresckow, der sich gerade, einige Tage nach Beginn der Invasion, zu einer

Besprechung der Armeeführer mit Schlabrendorff zum OKH in Ostpreußen begeben hatte, anfragen lassen, ob der Umsturzversuch noch sinnvoll sei [274]. An der Ostfront hatte Tresckow Vorbereitungen für den Umsturz getroffen, Teile des Kavallerie-Regiments »Mitte« und einer benachbarten Jäger-Division waren dazu bestimmt, am Stichtag nach Berlin geflogen zu werden, Lastwagen standen bereit, der Flugplatz und die Fahrstrecke dahin waren festgelegt [274a]. Tresckow ließ Stauffenberg durch Graf Lehndorff antworten: »›Das Attentat muß erfolgen, coûte que coûte. Sollte es nicht gelingen, so muß trotzdem in Berlin gehandelt werden. Denn es kommt nicht mehr auf den praktischen Zweck an, sondern darauf, daß die deutsche Widerstandsbewegung vor der Welt und vor der Geschichte den entscheidenden Wurf gewagt hat. Alles andere ist daneben gleichgültig.‹« Dies ist denn auch die Auffassung, die Stauffenberg selbst spätestens von da an vertrat, wie aus den oben zitierten Äußerungen hervorgeht. Zugleich mit der Mahnung zum Attentat riet Tresckow Stauffenberg, selbst zum Chef des Generalstabes bei Generalfeldmarschall Rommel, dem Generalleutnant Speidel, zu fahren und womöglich durch diesen zu veranlassen, daß die Westfront dem Durchbruch der Alliierten geöffnet werde; sonst werden in kurzer Zeit die Russen ganz Deutschland überrennen. Es kam zunächst weder zum einen noch zum anderen.

Auch Beck vertrat eindeutig den Standpunkt, daß ohne Rücksicht auf den Grad des möglichen Erfolges gehandelt werden müsse. Als Habermann ihm am Morgen des 20. Juli einen Brief von Goerdeler überbrachte, in dem dieser zu rascher Aktion mahnte, waren sich Beck und Habermann einig, »daß auch ohne Rücksicht auf die totale Kapitulation gehandelt werden müsse.« [275] »›Es geht nur noch‹, so äußerte sich auch Beck, ›darum, daß aus dem Kreis des deutschen Volkes selbst die Handlung gegen das verbrecherische System erfolgt. Die Konsequenzen müssen nach allem, was geschehen und was versäumt wurde [sic], von Deutschland getragen werden.‹ Auch wenn die Aktion jetzt noch erfolge, so sagte er, bedeute sie immer noch eine Erleichterung für das Schicksal des Volkes.«

Der Entschluß Stauffenbergs verfestigte sich. Am Abend des 4. Juli, kurz ehe er von der Verhaftung Reichweins und Lebers Kenntnis erhielt, besprachen sich Stauffenberg und sein Bruder Berthold noch einmal mit Professor Fahrner, der am nächsten Tag Berlin wieder verlassen wollte [276]. Sie sprachen über die Frage, so berichtete Fahrner, »›ob beim Versagen aller anderen Möglichkeiten Claus selbst, der nun als Fromms Stabschef Zugang zum Hauptquartier und zu Hitler hatte, das Attentat auf Hitler ausführen solle, obwohl uns sein Dasein für das nach Hitlers Sturz zu Leistende unerläßlich schien... Ich stand, als Claus die Frage unmittelbar

6. Attentatversuche: Stauffenberg

an mich richtete, vor der schwersten Entscheidung.‹« Die Antwort hieß Ja.

Manches spricht dafür, daß Stauffenberg bis zum 7. Juli noch auf Generalmajor Stieff hoffte. An diesem Tag kam endlich in Schloß Kleßheim bei Salzburg die immer verschobene Uniformvorführung zustande [278]. Nach den Aussagen Stieffs gegenüber der Gestapo zeigte ihm Stauffenberg am 6. Juli, als er in Berchtesgaden war, seine Aktenmappe mit den Worten: »›Ich habe das ganze Zeug mit.‹« [279] Ob er das Zeug bei Stieff gelassen oder wieder mitgenommen hat, ist nicht bekannt. Jedenfalls verging der 7. Juli ohne Alarm aus Berchtesgaden [280]. Vor dem Volksgerichtshof sagte Stieff am 7. August, er habe das Uniformattentat verhindert.

Es gab auch noch andere Hemmnisse. Anfang Juli war das Haus Sauerbruchs wieder einmal »Schauplatz einer Versammlung von Generälen und Politikern« [281]. Als alle wieder gegangen waren, blieb Stauffenberg noch zurück und machte einen müden Eindruck. Sauerbruch hatte ein längeres Gespräch mit ihm und schlug ihm vor, sich ein paar Wochen zu erholen, aber Stauffenberg lehnte ab, er habe keine Zeit, er müsse eine wichtige Aufgabe erfüllen. Sauerbruch begriff und erschrak: Stauffenberg dürfe sich auf keinen Fall mit solchen Plänen abgeben, es sei unverantwortlich, da er noch längere Zeit nicht im vollen Besitz seiner Kräfte sein werde. Schwere Fehler könnten sich in seine Planungen und Berechnungen einschleichen, seine Nerven könnten versagen. Stauffenberg war zuerst etwas verletzt, hörte sich dann aber alles an, was Sauerbruch ihm zu sagen hatte. Von seinem Entschluß zu handeln ließ er sich nicht abbringen.

Was Generaloberst Fromm sich bei der Versetzung Stauffenbergs gedacht hat, ist bis heute nicht klar, obwohl es gewichtige Anhaltspunkte gibt. Sicher wollte er den brillanten Offizier zum Chef seines Stabes haben. Er wußte aber auch, was dieser plante; denn Stauffenberg hatte es ihm gesagt, ehe er die Stelle bei ihm übernommen hatte [282]. Dr. Georg Kießel, nach dem 20. Juli Leiter der Auswertestelle der Sonderkommission 20. Juli der Gestapo (Amt IV des RSHA), berichtete aus seiner Kenntnis der Ermittlungsergebnisse: Stauffenberg habe zu Fromm bei Antritt seiner Stelle, also spätestens am 1. Juli, gesagt, in diesem Krieg sei höchstens »unter Anstrengung aller Kräfte auf politischem Wege ein Remis zu erzielen«, also durch einen Staatsstreich, aus Loyalitätsgründen müsse er das Fromm sagen. Dieser habe zugehört und dann zu Stauffenberg gesagt, er danke ihm für seine Offenheit, er möge an die Arbeit gehen [283]. Einmal sagte er nebenbei: »›Na, wenn Ihr schon Euren Putsch macht, dann vergeßt mir wenigstens den Wilhelm Keitel nicht.‹« [284]

Eigentlich traute Fromm keinem seiner Untergebenen die für eine revolutionäre Unternehmung nötige Tat- und Entschlußkraft zu – außer vielleicht Stauffenberg [285]. Seine Sekretärin aber ließ Fromm wissen, er habe Stauffenberg von Olbricht weggeholt, weil er dort »unter schlechtem Einfluß« gestanden sei. Es ist beides denkbar: daß Fromm den Staatsstreich durch die Versetzung Stauffenbergs hindern oder daß er ihn fördern wollte. Schon lange vor dem Kriege pflegte Fromm zu sagen: »›Wir liegen immer richtig.‹« [286] Ulrich von Hassell apostrophierte Fromm Anfang 1943 als »Wetterfahne« und als »Konjunkturist« [287]. Ähnlich äußerte sich Fromms Kriegstagebuchführer im Februar 1943: »Fromm wird nur etwas tun, wenn alles sicher und vollzogen. Befehl. Der Eine [Olbricht] will handeln, wenn er Befehl erhält, der Andere [Fromm] befehlen, wenn gehandelt ist.« [288] Daß Fromm sich einem Staatsstreich in den Weg stellen würde, sofern die Voraussetzungen von anderen geschaffen wurden, brauchten die Verschwörer also nicht anzunehmen. Im Februar oder März 1943 besuchte Fromm den kranken Generaloberst Freiherr von Hammerstein-Equord und gab ihm zu, der Krieg sei nicht zu gewinnen. Auf die Frage, wie er sich den Weitergang dann vorstelle, sagte Fromm: »›Wenn nötig, wird der Führer einen Ausweg nicht durch seine Person sperren wollen.‹« [289] Als Botho von Wussow mit Graf Schwerin von Schwanenfeld und dem Kriegsverwaltungsrat Dr. Brücklmeier am 20. und 21. April 1944 Stauffenberg besuchte, ließ ihn dieser wissen, daß Fromm auf der Seite der Verschwörung stehe: »›Du brauchst keine Sorge wegen Fromm zu haben. Brauchst ihm ja nicht zu sagen, daß wir das Militär abschaffen wollen, aber sonst kannst Du ganz offen mit ihm reden.‹« [290] Allen Dulles berichtete am 13. und 15. Juli aus Bern nach Washington, Fromm sei auf die Seite der Verschwörer getreten [290a].

Aber die Unklarheit der Haltung Fromms blieb bestehen. Sein Verhalten am 20. Juli läßt sich nur mit dem Abwarten und dem Sichern nach beiden Seiten erklären. Immerhin hat er sich so verhalten, daß die Verschwörer bei allen Zweifeln die Hoffnung hatten, er würde sich irgendwie beteiligen [291]. In seinem eigenen Prozeß vor dem Volksgerichtshof am 7. März 1945 gab Fromm zu, er habe am 3. Juli 1944 zu Graf von Helldorf gesagt, es wäre das beste, wenn Hitler sich das Leben nähme [292]. Es ist auch kein Zufall, daß in der Volksgerichtshofverhandlung vom 7. und 8. August 1944 keiner der Angeklagten Mitleid mit Fromm hatte, besonders Hoepner belastete ihn und beschuldigte ihn indirekt der Feigheit und Zweigleisigkeit [293]. Sicher ist jedenfalls, daß bei energischer und rechtzeitiger Beteiligung Fromms der Putsch bedeutend bessere Erfolgsaussichten gehabt hätte.

6. Attentatversuche: Stauffenberg

Am 5. Juli wurde Julius Leber verhaftet. Nicht nur der Freund und unentbehrliche Helfer der Verschwörer war damit gefährdet, sondern die ganze Verschwörung. Niemand zweifelte an der außerordentlichen Standhaftigkeit Lebers, aber er war ein Mensch, und wenn die Gestapo raffiniert genug vorging, konnte sie ihn so quälen, daß er zusammenbrach. Nur wenn sie es plump machte, würde er eher sterben oder das Bewußtsein verlieren, als Aussagen machen. Überdies waren auch andere verhaftet, und überhaupt wußte man nicht, wieviel der Gestapo schon von der Verschwörung bekannt war. Schon vor mehr als einem Jahr hatten Popitz und Langbehn zu Wolff und Himmler Verbindung aufgenommen, Langbehn war seit Herbst 1943 verhaftet und wußte sehr viel. Die Lage der ganzen Verschwörung war also äußerst prekär, jeden Tag konnte Himmler sich zum Zufassen entschließen, und man mußte sich eigentlich wundern, daß er es nicht schon längst getan hatte. Zum Glück konnte man hoffen, durch den mitverschworenen Reichskriminaldirektor Arthur Nebe einigermaßen rechtzeitig gewarnt zu werden, aber sicher war das nicht [294]. Jedenfalls war die Verhaftung Lebers ein *weiterer* Ansporn, das Attentat nun so bald wie irgend möglich auszuführen. In einer Besprechung mit Trott zwischen 5. und 20. Juli sagte Stauffenberg mehrfach erregt: »›Wir brauchen Leber, ich hole ihn raus, und ich hole ihn raus.‹« Und am 18. Juli erreichten Frau Leber die für sie bestimmten Worte Stauffenbergs: »›Wir sind uns unserer Pflicht bewußt.‹« [295]

Dazu kamen Gerüchte über ein bevorstehendes Attentat. Ein gewisses Maß an Gerüchten, Behauptungen, Denunziationen, Falschmeldungen und Vermutungen gibt es immer, besonders in einer Diktatur, und ganz besonders in der Situation von 1943 und 1944, als es in Deutschland von Millionen Kriegsgefangenen und von verschleppten und freiwilligen Fremdarbeitern wimmelte, als ständig Bomben, Flugblätter und Sabotagematerial über Deutschland abgeworfen wurden, als vor allem der Krieg einen höchst unerwünschten Verlauf nahm und auch der herrschenden Kaste allmählich schwül zumute wurde. Da wurde viel geredet, und da wurde viel »Verdacht geschöpft«. Viele Äußerungen, wonach die SS die Putschpläne gekannt, »alles gewußt« und nur noch auf den richtigen Moment zum Zuschlagen gewartet habe, gehen auf das Konto solcher »natürlicher« Gerüchte, die auch ohne wahren Kern entstehen. Andererseits mußte die herrschende Schicht einer Diktatur wie der in Deutschland bestehenden selbstverständlich auf Umsturzversuche gefaßt sein.

Darüber hinaus spricht vieles dafür, daß man im Reichssicherheitshauptamt 1943 genug über die Verschwörung wußte, um wenigstens ihre führenden Mitglieder zu verhaften [296]. Die römischen Sondierungen Dr.

Müllers waren schon 1939 von SD-Stellen entdeckt und erkannt worden, und auch die Namen einiger Hintermänner wie Beck, Halder und Hammerstein waren festgestellt; nur durch einen schlauen Schachzug konnte Canaris damals die Sache legitimieren und eine Katastrophe verhindern. Beck, Hassell, Goerdeler und andere wurden schon lange überwacht. Von Hassell wußten Heydrich und Himmler im November 1941, daß er sich damals bemühte, »Besprechungen über Friedensverhandlungen mit führenden Amerikanern herbeizuführen« [297]. Dietrich Bonhoeffer, Dohnanyi und Müller waren seit Frühjahr 1943 verhaftet, nachdem Oster u. a. schon 1942 Warnungen zugegangen waren, Langbehn war seit September 1943 verhaftet, der »Solf-Kreis«, Moltke und Kiep seit Januar 1944, gegen Graf Yorck von Wartenburg lagen 1943 schon sehr handfeste Verdachtsmomente vor [298]. Am 12. Juni 1944 wurde Oberst Staehle verhaftet, am 4. Juli Reichwein und am 5. Juli Leber [299]. Da die Gestapo bzw. Himmler in solchen Dingen nicht zimperlich waren und wegen Lappalien die Menschen ins Konzentrationslager und aufs Schafott gebracht haben, müssen sie gewichtige Gründe gehabt haben, nicht auch gegen die anderen ihnen bekannten »Staatsfeinde« vorzugehen. Über die Stichhaltigkeit der Beweise konnte die Gestapo nicht mehr im Zweifel sein.

Wenn die Staatsfeinde einen Umsturz und ein Attentat planten, wovon die Gestapo bei einigermaßen ernster Dienstauffassung ausgehen mußte, so durfte man nicht zuwarten, bis überwältigendes Beweismaterial vorlag und alle Mitglieder der Verschwörung gefaßt und überführt werden konnten, es sei denn, man hoffte selbst vom Attentat oder vom Putsch zu profitieren. Für diese zuletzt genannte Möglichkeit sprechen Himmlers frühere und spätere Versuche, sich von Hitler abzusetzen, insbesondere die Verhandlungen mit Langbehn und Popitz [300]. Himmlers eigene Verstrickung in die Verschwörung mußte ihm nahelegen, entweder zuzugreifen oder den Umsturz zu fördern, spätere Entdeckung von anderer Seite würde ihn selbst zum Verräter stempeln. Aber zum einen wie zum anderen fehlte ihm offenbar die Entschlußkraft. Es ist also einerseits sicher, daß Himmler über die Verschwörung sehr weitgehend unterrichtet war – die Verhaftung Goerdelers war im Juli beabsichtigt [301] – andererseits ließ er die SS am 20. Juli zunächst abwarten und erst *nach* dem Mißlingen ernsthaft eingreifen [302]. Sein Alibi hat freilich Wahrscheinlichkeit: daß es vorzuziehen sei, wenn die Armee selbst mit der Meuterei in ihren Reihen fertig würde [303].

Die Machenschaften der SS-Führung waren gleichwohl schon 1943 so offensichtlich, daß im Ausland nicht nur Leute davon wußten, die von Angehörigen der deutschen Opposition, wie Dr. Schönfeld oder Dr. Lang-

6. Attentatversuche: Stauffenberg

behn, unterrichtet wurden. Auch geheime Nachrichtendienste konnten Meldungen über Kontakte der SS mit der Verschwörung, über Konferenzen gewisser Verschwörerkreise und über eigene Pläne der SS durchgeben, so z. B. der schweizerische Nachrichtendienst von Hans Hausamann, der während des Krieges für das Schweizer militärische Oberkommando arbeitete und seine Berichte ins Hauptquartier von General Guisan lieferte [304]. Allerdings sahen die Nachrichtendienste nur die Oberfläche und wußten wenig von dem, was in der Opposition intern vor sich ging, aus welchen Motiven heraus sie kam. Die Berichterstatter sprachen von deutschnationalen und militärisch-konservativen Gruppen und suchten in der Hauptsache machtpolitische und opportunistische Erklärungen.

Besser unterrichtet war der schweizerische Militärattaché in Berlin, Peter Burckhardt; er hatte Informationen von einem anderen in Berlin akkreditierten Militärattaché, der sie wiederum aus dem Kreis um Generaloberst Beck bezog [305]. Am 14. Juli 1944 berichtete er an seine Regierung, die Schwierigkeiten der deutschen Reichsführung seien derart angewachsen, daß innerhalb der nächsten zwei bis drei Wochen »»mit einer durchgreifenden Änderung zu rechnen sei««. In seinem ersten Bericht über den Staatsstreichversuch, den er am 21. Juli schrieb, bezog er sich dann ausdrücklich auf den Bericht vom 14. Juli, in dem der Umsturzversuch angekündigt worden sei. Überdies berichtete er, in den letzten zehn Tagen allein hätten einschließlich des Anschlages vom 20. Juli insgesamt drei Attentatversuche stattgefunden. Allerdings gab er als Ort des Attentats Berchtesgaden an, was nur für einen der drei Versuche zutraf; er mußte sich am 25. Juli in diesem Punkte korrigieren.

Jedenfalls war in vielen Kreisen in den Wochen vor dem 20. Juli von Attentat- und Umsturzplänen die Rede, und viele der Gerüchte hatten konkreten Hintergrund. Bei der Menge von Gerüchten und Informationen, die hierhin und dorthin gingen, in die verschiedensten Länder Europas, nach den Vereinigten Staaten, und die zugleich ständig in Deutschland und in von deutschen Truppen besetzten Gebieten kursierten, war es unvermeidlich, daß die Gestapo davon erfuhr, abgesehen von dem Wissen, über das sie schon verfügte [306]. Die Verschwörung war aufs höchste gefährdet, und in ihren Kreisen war man sich dessen bewußt. Am 9. Juli wurde Gisevius durch Strünck in Zürich von dem bevorstehenden Attentat unterrichtet und zugleich von der Sorge vor dem Zuschlagen der Gestapo, die sehr viel wisse [307]. Dazu kam noch ein Gerücht, das aus dem inneren Kreis der Opposition anscheinend nicht hinausgedrungen ist, was aber ihre Führer nicht wußten. Es war am 16. Juli aufgekommen und wurde Graf Stauffenberg am 18. mitgeteilt [308].

Zweifellos haben die Gerüchte, die Verhaftungen und die näherrückende Gefahr der Zerschlagung der Opposition die Ausführung der Aktion beschleunigt, vielleicht wäre sie sonst doch noch »versandet«. Aber die allgemeine Kriegslage war als Faktor ebenso wichtig. Wenn die deutschen Fronten nur noch wenige Wochen halten würden, dann konnte man ohnehin nicht einen Tag länger zuwarten, als unbedingt nötig war. Auf bessere Vorbereitung zu hoffen, war sinnlos, weil jede Vorbereitungsmaßnahme täglich durch die Kriegsereignisse, durch Versetzungen, durch Truppenverlegungen zunichte gemacht werden konnte [309]. Der Schluß, daß der Staatsstreichversuch schlecht vorbereitet und »hastig« ausgeführt wurde, weil Gerüchte und Verhaftungen zur Eile zwangen, ist also nicht zulässig. Das bloße Auftreten Stauffenbergs als ein Mann, der seit 1. Juli zu Lagebesprechungen bei Hitler Zutritt hatte, überwog zweifellos als Beschleunigungsfaktor alle anderen Faktoren. Ohne ihn wäre es kaum noch zu einem Versuch gekommen. Die Gründe für das Mißlingen hängen also höchstens in sehr geringem Maße mit Gerüchten und Verhaftungen zusammen, im wesentlichen liegen sie ganz woanders, wie zu sehen sein wird.

Am 7. Juni 1944 nahm Stauffenberg zum erstenmal mit Generaloberst Fromm an einer Besprechung im Führerhauptquartier auf dem »Berghof« teil. Bis dahin war er zwar schon gelegentlich in Berchtesgaden gewesen, zu Besprechungen mit Keitel und mit dem Chef des Heeresstabes beim OKW, General Walter Buhle, so z. B. am 30. Mai 1944, aber noch nicht bei Hitler selbst, und noch nicht auf dem »Berghof« [310]. Wegen einer besonders brillanten Ausarbeitung Stauffenbergs hatte Hitler den Chef H Rüst u BdE nach über zweijähriger Pause der Ungnade (wegen Fromms eindringlichen Warnungen hinsichtlich der Ersatzlage) wieder einmal ins Hauptquartier bestellt [311]. Stauffenberg stellte dabei fest, »daß man in unmittelbarer Nähe des Führers recht zwanglose Bewegungsmöglichkeiten habe.« [312] Das war eigentlich nicht überraschend. Die Hauptschwierigkeit für entschlossene Attentäter war ja immer gewesen, in diese unmittelbare Nähe zu gelangen. Aber nun hatte Stauffenberg doch Gelegenheit, sich selbst zu orientieren, Auspähungsberichte aus zweiter Hand konnten die eigene Anschauung nur unvollkommen ersetzen [313]. Übrigens sagte Stauffenberg danach auf die Frage seiner Frau, wie denn Hitler auf ihn gewirkt und ob ihn nicht das Auge beeindruckt habe: »›Gar nicht! Nichts!... wie hinter Schleiern!‹« Mit zitternder Hand habe Hitler Lagekarten verschoben und immer wieder zu Stauffenberg hingeblickt; Göring war geschminkt. Im ganzen herrsche dort eine faulige, verrottete Atmosphäre.

6. Attentatversuche: Stauffenberg

Am 3. Juli hatten der Generalquartiermeister, General der Artillerie Eduard Wagner, der General der Artillerie beim BdE, Fritz Lindemann, Generalmajor Stieff und General Fellgiebel in Berchtesgaden eine Besprechung in der Wohnung Wagners im »Berchtesgadener Hof«, wobei Einzelheiten des geplanten Anschlages beraten wurden. Es wurde festgestellt, daß Stauffenberg über geeignete Spreng- und Zündmittel verfügte, und mit Fellgiebel wurde noch einmal die nachrichtentechnische Abschirmung der Machtzentren des Regimes besprochen [314].

Am 6. Juli war Stauffenberg wieder auf dem »Berghof«, zum erstenmal in seiner Eigenschaft als Chef des Stabes beim Befehlshaber des Ersatzheeres. Er nahm an zwei jeweils etwa einstündigen »Sonderbesprechungen« mit Hitler teil, in denen Fragen der Neuaufstellung von Heereseinheiten behandelt wurden. Die erste Besprechung fand zwischen 17 und 18 Uhr statt, die zweite dauerte von kurz vor Mitternacht bis gegen 1 Uhr am Morgen des 7. Juli [315]. Es waren also keine Lagebesprechungen, und die Anwesenheit Görings und Himmlers wäre – damals, als Himmler noch nicht BdE geworden war – sachlich unangemessen gewesen.

Es ist nicht sicher, ob Stauffenberg schon bei dieser Gelegenheit beabsichtigte, das Attentat selbst zu versuchen. Jedenfalls hatte er den Sprengstoff bei sich [315a]. Ob er aber noch auf Stieff hoffte, da er selbst doch zur Zeit des Attentats in Berlin sein müßte, oder ob er die Zündung unterließ, weil Himmler und Göring fehlten, ist nicht bekannt. Für den nächsten Tag war jedenfalls die so oft verschobene Uniformvorführung angesetzt, bei der Stieff dabeisein sollte [316].

Am 11. Juli flog Stauffenberg wieder in das Führerhauptquartier nach Berchtesgaden. Weil sein Adjutant Oberleutnant von Haeften nicht abkömmlich war, nahm er Hauptmann Karl Friedrich Klausing vom Stab des AHA mit [317]. Von 13.07 bis 15.30 Uhr nahm Stauffenberg, wie der Stenograph festhielt, an der »Morgenlage« teil. Den Sprengstoff hatte er mitgebracht, und Klausing sorgte dafür, daß die Rückfahrt gesichert war. Er selbst wartete mit dem Auto vor dem »Berghof«, und die »He 111« für den Rückflug nach Berlin war startbereit.

Aber Stauffenberg hat die Sprengladung nicht gezündet, weil Himmler nicht gekommen war [318]. Dieser und womöglich auch Göring sollten gleichzeitig mit Hitler getötet werden, weil man ihnen zutraute, unter Umständen das Regime auch nach Hitlers Tod aufrechtzuhalten und den Aufstand niederzuschlagen. Die Generalfeldmarschalle von Kluge und Rommel bestanden ausdrücklich bei Generaloberst Beck darauf, daß nicht nur Hitler, sondern auch Himmler und Göring ausgeschaltet werden müssen [319]. Eine Äußerung Stauffenbergs zu Stieff läßt darauf schließen, daß er schon vor Beginn der Besprechung, an der Stieff nicht teilnahm, wußte, daß Himmler nicht kommen würde: »›Herrgott, soll man nicht doch handeln?‹« [320]

Tatsächlich konnte man nie fest mit der Anwesenheit Himmlers oder Görings bei Lagebesprechungen rechnen, da keiner von beiden regelmäßig an ihnen teilnahm. Sie ließen sich von ihren Beauftragten vertreten und Bericht erstatten, selbst kamen sie verhältnismäßig selten. Manchmal hatten Himmler und Göring wochenlang keine persönliche Begegnung mit Hitler, zu anderen Zeiten nahm der eine oder der andere täglich an mehreren Besprechungen mit Hitler teil. Es war aber zu erwarten, daß Himmler an einer der nächsten Besprechungen mit Hitler, bei denen Stauffenberg vorzutragen hatte, teilnehmen würde, weil Himmler und Stauffenberg beide mit der dringlichen Aufstellung bzw. Ausbildung der »Sperrdivisionen« für die Ostfront befaßt waren: das Ersatzheer hatte sie aufzustellen, die SS sollte sie ausbilden [321].

Nach der Lagebesprechung trafen sich Stauffenberg, Stieff, Fellgiebel und Oberstleutnant Klamroth in der Kaserne Frankenstrub zum Mittagessen [322]. Man besprach noch einmal die Frage der »Abschirmung« der Verstärkerämter, die in diesen Tagen durch schwere Luftangriffe auf München kompliziert wurde; Fellgiebel hatte zwei Tage lang die technischen Einrichtungen im Bereich der Oberpostdirektion München persönlich inspiziert. Spät am Abend traf Stauffenberg wieder in Berlin ein.

Hier waren schon eine Reihe vorbereitender Maßnahmen ergriffen, auf Grund von Telephongesprächen mit Berchtesgaden aber wieder aufgehoben worden. Goerdeler war von Stauffenberg gebeten worden, sich bereit zu halten [323]. Generalfeldmarschall von Witzleben, der zur Kur in Bad Kissingen war, wurde am 10. oder 11. Juli von Hauptmann Graf Schwerin von Schwanenfeld telephonisch ersucht, möglichst rasch zurückzukehren. Schwerin holte ihn dann allerdings erst am 12. Juli ab [324]. Entsprechend dem Plan wurden Kriminalbeamte für die ersten Verhaftungen bereitgehalten, im übrigen sollte die Polizei sich, wie Helldorf zugesagt hatte, beim Umsturz neutral verhalten, in den Unterkünften bleiben und Befehle des Regimes nicht ausführen [325]. Drei der jungen Offiziere des Grenadier-Ersatz-Bataillons 9 in Potsdam, denen bestimmte Aufgaben zugedacht waren, wurden von ihrem Mentor, Oberleutnant d. R. Graf von der Schulenburg, in die Dienststelle des Generalquartiermeisters in der Prinz-Heinrich-Straße befohlen – es waren Ewald Heinrich von Kleist, Georg Sigismund von Oppen und Oberleutnant Widany –, wo sie sich bei Graf Schwerin meldeten. Nach etwa eineinhalbstündigem Warten sagte man ihnen, sie können wieder gehen [326].

6. Attentatversuche: Stauffenberg

Am 14. Juli wurde Stauffenberg für den 15. wieder in das Führerhauptquartier befohlen, zusammen mit Generaloberst Fromm, und er nahm wieder Hauptmann Klausing als Adjutanten mit [327]. Das Hauptquartier war inzwischen nach Ostpreußen verlegt [328]. Wieder hatte Stauffenberg den Sprengstoff bei sich. Gegen 9.35 Uhr morgens am 15. Juli landete er mit Fromm und Klausing auf dem Flugplatz bei Rastenburg, wo die Gruppe von Oberleutnant Geisberg vom Stab des Kommandanten des Führerhauptquartiers mit dem Auto abgeholt wurde. Zunächst ging es zum Kasino »Kurhaus« im Sperrkreis II, wo ein Frühstück vorbereitet war [329]. Daran nahmen außer Fromm, Stauffenberg und Klausing auch der Kommandant Oberstleutnant Streve, sein Ia Hauptmann Pieper, der IIa Rittmeister von Möllendorf und Oberleutnant Geisberg teil, der IIb im Stabe des Kommandanten war. Gegen 11 Uhr fuhr Geisberg Fromm, Stauffenberg und Klausing im Auto zu Generalfeldmarschall Keitel in den Sperrkreis I. Stauffenberg hatte inzwischen mit Stieff und Fellgiebel im Lager »Mauerwald« telephoniert.

Gegen 13 Uhr gingen Fromm, Stauffenberg und Keitel zur »Morgenlage« in der sogenannten Lagebaracke, auch Lagehaus genannt, in dem Sondersperrkreis, in welchem sich auch der von Hitler bewohnte sogenannte Gästebunker befand [330]. Vor dem Eingang verweilten Stauffenberg und Keitel noch im Gespräch mit General der Flieger Karl Bodenschatz, als Hitler, begleitet von seinem Marineadjutanten Konteradmiral Karl Jesko von Puttkamer und einem RSD-Beamten, vom Gästebunker her dazu kam und die drei Offiziere mit Handschlag begrüßte [331]. Die Lagebesprechung war kurz, sie dauerte nur von 13.10 bis 13.40 Uhr. Aber es schloß sich sogleich eine »Sonderbesprechung« über Stellungsbau und Auffangorganisation bis 14.20 Uhr an, welcher eine weitere »Sonderbesprechung« mit Generaloberst Fromm bis 14.25 Uhr folgte [332].

Stauffenberg hat offenbar keine Gelegenheit gefunden, die Zündung der Sprengladung vor der Lagebesprechung in Gang zu setzen. Womöglich war es ihm nicht einmal gelungen, den Sprengstoff in seine Aktentasche umzupacken, in welcher er bis dahin die für seine Besprechungen mit Buhle und Keitel benötigten Papiere hatte bereithalten müssen [333]. Es ist wenig wahrscheinlich, daß Stauffenberg die Zündung erst im Lagezimmer, wenn er also der Anwesenheit Hitlers sicher war, betätigen wollte. Da er dazu nur die eine Hand mit den drei Fingern hatte und eine Zange zu Hilfe nehmen mußte, wäre die Entdeckung fast sicher gewesen. Man stelle sich vor: Stauffenberg bückt sich zu seiner Tasche und öffnet sie mühsam mit drei Fingern – sofort hätte jemand sie ihm zuvorkommend auf den Tisch heraufgehoben und beim Herausnehmen der Papiere geholfen. Da konnte er unmöglich die Zange herkramen und den Zünder damit zerdrücken, dann die Tasche wieder auf den Boden stellen.

Am 20. Juli hat Stauffenberg die Zündung betätigt, ehe er sich zum Lageraum begab [333a]. Die Gelegenheit dazu schuf er sich mit einer Ausrede; er hatte aus den Erfahrungen des 15. Juli gelernt, vor allem aber wußte er im Augenblick der Auslösung, daß Hitler schon im Lageraum war. Am 15. Juli stand Stauffenberg, wie die im Anhang wiedergegebene Photographie zeigt, mit anderen wartend vor der Lagebaracke, als Hitler dann vom Gästebunker her dazukam. Hier stand offenbar die erste der drei Besprechungen unmittelbar bevor, die Dr. Peschel vom Stenographischen Dienst im Führerhauptquartier in seinem Bericht vom 22. Juli 1944 als diejenigen aufzählte, an denen Stauffenberg teilgenommen habe. Die Stenographen nahmen nur bei Hitlers Besprechungen die Äußerungen der Teilnehmer und die Zeitpunkte ihrer Anwesenheit auf, es handelte sich also um Konferenzen mit Hitler. Dr. Peschel konnte sich für seinen Bericht auf die Stenogramme der jeweils anwesenden Stenographen stützen. In dem Bericht wurden alle Anwesenheiten Stauffenbergs bei Besprechungen mit Hitler vom 6. bis 20. Juli aufgezählt; für diesen Tag hieß es: »Oberst Graf v. Stauffenberg war .. anwesend: .. im ersten Teil der Morgenlage vom 15. 7. 44 von 13.10 bis 13.40 Uhr in der Wolfschanze, Sonderbesprechung vom 15. 7. 44 von 13.40 bis 14.20 Uhr in der Wolfschanze betreffend Stellungsbau und Auffangorganisation, Sonderbesprechung vom 15.7. 44 von 14.20 bis 14.25 Uhr in der Wolfschanze mit Generaloberst Fromm« [333b]. Vor Beginn der Morgenlage konnte Stauffenberg nicht wissen, ob und wann Hitler kommen würde, niemand wußte es mit Sicherheit, ehe er wirklich da war. Während man auf ihn wartete, durfte aber der Zünder noch nicht in Gang gesetzt sein. Da man nun einmal die Zeitzündung der Simultanzündung vorziehen mußte, konnte man erst zünden, wenn man sicher sein durfte, den Sprengstoff dann in Hitlers unmittelbare Nähe bringen zu können.

Wie Stauffenberg vorzugehen gedachte, wenn er die Gelegenheit für gegeben hielt und wenn er sich in Hitlers Gegenwart befand, ist nicht klar. Hatte er den Sprengstoff in einer Aktentasche bei sich? Hätte er dann nicht zwei Aktentaschen gebraucht, eine für die Papiere, die das Mitbringen der Tasche überhaupt motivieren mußten, und die andere für den Sprengstoff (über dem ein Hemd lag, wie Dr. Berthold Graf Stauffenberg der Gestapo berichtete [333c]), der dann wohl nicht genug Platz für Papiere und Akten ließ? Wie, wenn er nur die Sprengstofftasche bei sich hatte und zum Vortrag aufgefordert wurde? Wollte er vermeiden, mit einer Aktentasche voll Sprengstoff plötzlich hilflos dazustehen, mußte er ent-

6. Attentatversuche: Stauffenberg

weder Papiere und Sprengstoff bei sich haben, oder nur die Papiere, oder nur den Sprengstoff mit in Gang gesetztem Zünder in Hitlers Nähe abstellen und sich wieder entfernen. Im zweiten Falle brauchte er eine Gelegenheit zum zeitweiligen Verlassen des Raumes, um den Sprengstoff zu holen bzw. den Zünder in Gang zu setzen, was wohl kaum ohne Assistenz (eines Ordonnanzoffiziers? Stieffs?) möglich war [333d]. Da es an eindeutigen Quellen zu diesem Vorgang fehlt, gibt es eine Reihe möglicher Erklärungen für den Fehlschlag des 15. Juli.

Himmler war auch dieses Mal bei keiner der von Stauffenberg besuchten Konferenzen anwesend. Er hatte am 15. Juli eine eigene Besprechung mit Hitler, u. a. über die Neuaufstellungen, aber nicht in Gegenwart von Fromm, Stauffenberg und anderen Militärs; denn in dieser Besprechung wurden auch Probleme wie »Angriff durch Fallschirmspringer auf F.H.Qu.«, also äußerst geheime Sicherheitsmaßnahmen, behandelt, und ferner »Ungarn. Judenfrage«. Mit »diesen Dingen«, wie ehemalige Angehörige des Hauptquartiers die Ermordung der Juden nennen, wurden die militärischen Konferenzen kaum je befaßt [334].

Himmlers Fehlen ist als Grund für das Nichtauslösen am 15. Juli kaum noch plausibel, und doch gibt es nicht von der Hand zu weisende Quellen, die unabhängig voneinander das Nichtauslösen eben damit erklären, jedenfalls für die erste der drei Konferenzen [335].

Die von Olbricht am Vormittag des 15. Juli wenigstens zwei Stunden vor dem frühestmöglichen Attentatzeitpunkt befohlene Alarmierung der um Berlin liegenden Heeresschulen [335a] war eine Vorleistung von möglicherweise weitreichenden Folgen, da sie im Fall der Nichtauslösung rückgängig gemacht werden mußte. Da nun Himmlers Teilnahme an militärischen Konferenzen unsicher und bestenfalls selten war, und da man die Voralarmierungen nicht beliebig wiederholen und widerrufen konnte (wie Fromms Reaktion auf die Alarmierung des 15. Juli zeigte [335b]), so war eigentlich die Voralarmierung nur vertretbar, wenn ohne Rücksicht auf Himmlers Anwesenheit jeder mögliche Versuch zur Ausführung des Attentats gemacht wurde [336].

Dennoch gab es unter den Verschwörern Stimmen, die auf der Anwesenheit Himmlers als Bedingung für das Attentat bestanden. General Eduard Wagner verlangte am 14. Juli, *»daß das Attentat nur ausgeführt werden sollte, wenn der Reichsführer SS dabei war«* [336a]. Er sagte das Oberst Hahn, der am 14. Juli in Zossen war, und schärfte ihm ein, Fellgiebel entsprechend zu unterrichten. Hahn war am 15. Juli wieder in Ostpreußen im OKH-Hauptquartier »Mauerwald«, anscheinend war er mit Stauffenberg geflogen. Er entledigte sich seines Auftrages bei Fellgiebel und unterrichtete auch Stieff von Wagners Forderung. General Olbricht und Generaloberst Beck sprachen sich am 15. Juli auch dafür aus, das Attentat nur bei Anwesenheit Himmlers auszuführen, und zwar auf Stauffenbergs entsprechende Nachfrage aus der »Wolfschanze« hin [337].

Stauffenbergs Telephongespräche am 15. Juli zwischen 13 und 14 Uhr von der »Wolfschanze« zur Bendlerstraße sind belegt [338]. Wollte er fragen, ob er trotz Himmlers Abwesenheit zünden solle, obwohl er wissen mußte, daß die Schulen alarmiert waren? Sollte für den Fall, daß Himmler fehlte, keine Verabredung getroffen worden sein, oder stand er so unter dem Druck von Fellgiebel und Stieff, daß er tatsächlich schwankte? Warum konnte Stauffenberg bei seinem Anruf in Berlin nicht sofort eine klare Antwort bekommen, warum gab es ein zeitraubendes Hin und Her?

Gegenüber der Gestapo und vor dem Volksgerichtshof behauptete Stieff, die Versuche am 6. und 11. Juli verhindert und am 15. Juli Stauffenberg dringend abgeraten zu haben: »Ich habe Stauffenberg dringend gemahnt, bei seinem ersten Besuch am 15.7. auf keinen Fall zu handeln.« Gisevius berichtet, was ihm Beck am 17. Juli mitgeteilt habe: Stauffenberg habe Beck am Abend des 16. Juli gesagt, Stieff habe seine, Stauffenbergs, Aktentasche aus dem Besprechungsraum getragen, während er, Stauffenberg, telephoniert habe[338a]. Das kann Stieffs Beitrag zur Ermöglichung der Zündung gewesen sein, auch wenn er später das Gegenteil behauptete.

Über die Vorgänge bei Stauffenbergs Telephongesprächen von der »Wolfschanze« zur Bendlerstraße kannte man bisher, außer Berichten aus zweiter und dritter Hand gegenüber der Gestapo oder vor dem Volksgerichtshof, vor allem den von Gisevius mitgeteilten Augenzeugenbericht von Graf Helldorf. Ein weiterer Bericht aus noch näherer Quelle bestätigt nun im wesentlichen den von Helldorf: Oberst i. G. Albrecht Mertz von Quirnheim hat seiner Frau am Nachmittag des 15. Juli in Andeutungen und am Abend in allen Einzelheiten von den Vorgängen berichtet, und Frau von Mertz hat sich alles teils sofort, teils ein Jahr danach notiert [339]. Mertz berichtete: »Stauff[enberg] habe ihn nach Beginn der Führerbesprechung angerufen, um zu sagen, daß Himmler wieder nicht dabei sei. A[lbrecht] meldete es Olbricht, Beck u. den verschiedenen andern Herren, die dort wartend beieinander waren. Es habe sich ein längeres – wie A[lbrecht] empfand – absichtlich herauszögerndes Hin u. Her der Meinungen u. Quertelephongespräche ergeben, die A[lbrecht] das tiefdeprimierende Gefühl gaben, daß man letztlich, wenn es den unbedingten Mut u. Willen zur allerletzten Konsequenz gilt – sich alleine sieht. So mußte er Stauff[enberg] nach Verlauf einer kostbaren ½ Stunde dann mitteilen, daß die Generäle, wenn Himmler nicht anwesend wäre, dagegen seien, die Tat auszuführen. Doch Stauff[enberg] habe geantwortet: ›Ali Du weißt, daß es letztlich nur eine Angelegenheit zwischen Dir und mir ist, was sagst *Du*?‹ Und Albr[echt] habe geantwortet: ›Tu's.‹ Von da ab habe er mit [seinem Freund] Siebeck in unsinniger Spannung gewartet, bis endlich die Nachr[icht] von St[auffenberg] kam bei seiner Rückkehr vom Telephon sei die Besprechung gerade abgeschlossen gewesen. Das war das 3. Mal seit ich in Berlin war, daß Stauff[enberg] seinen fürchterlichen Gang umsonst angetreten hatte.« [339a]

Stauffenberg muß sein erstes Telephongespräch mit der Bendlerstraße während oder sogleich nach der ersten der drei Besprechungen geführt haben, bei der er nach Dr. Peschels Bericht nur im ersten Teil anwesend war. Diejenige Besprechung, die als nach Stauffenbergs Rückkehr »gerade abgeschlossen« bezeichnet wurde, kann die erste oder zweite gewesen sein, angesichts der Zeitangaben von Frau von Mertz und der kurzen Dauer der zweiten Besprechung aber eher diese. Die dritte kann es nicht gewesen sein: An ihr nahm Generaloberst Fromm teil, also sicher auch sein Chef des Stabes, der wohl auch vorzutragen hatte. Ferner kann Stauffenberg nur die letzte und endgültige Gelegenheit gemeint haben, als er seinem Bruder Berthold berichtete, wie dieser am 22. Juli gegenüber der Gestapo angab: »›Mein Bruder hat mir gesagt, daß plötzlich eine Besprechung angesetzt worden sei, bei der er selbst habe vortragen müssen, so daß er keine Möglichkeit gehabt habe, das Attentat zu verüben.‹« [339b] Es hätte keinen Sinn gehabt, daß Stauffenberg dies als Grund angab, wenn es nicht die letzte, sondern die zweitletzte Gelegenheit gewesen wäre. Diese Erklärung wird durch die Berichte von Helldorf und Mertz gestützt.

Der Versuch des 15. Juli scheiterte also vor allem, weil nicht vor der ersten Besprechung die Zündung in Gang gesetzt werden konnte. Hierfür wiederum war einer der Gründe das Fehlen Himmlers. Dann verflossen die etwa verbliebenen Gelegenheiten durch die Telephongespräche mit der Bendlerstraße. Das Eingreifen Stieffs kann der Förderung oder auch der Verhinderung des Attentats gedient haben. In der dritten Besprechung, bei der Stauffenberg vortragen mußte, konnte er das Attentat nur ausführen, wenn er erstens vorher Gelegenheit zur Zündung fand, und wenn er zweitens sich selbst mit in die Luft sprengte, und dies konnte er nicht, wenn er nicht den eigentlichen Umsturz der nun offensichtlichen Inkompetenz der Berliner Verschwörungsführer, d. h. dem Zufall überlassen wollte. Das war es wohl, wie auch die kaum begreifliche Diskussion nach Stauffenbergs erstem Anruf, was er meinte mit seinen Äußerungen gegenüber Beck am 16. Juli: »In der Bendlerstraße sei vorgestern nachmittag nicht alles nach Wunsch gegangen. Sein engerer Kreis sei mit Olbrichts

Haltung unzufrieden. Beck wurde gebeten, ihn zu sich zu bitten und zu ›konfirmieren‹.« So notierte Gisevius unter dem 17. Juli (daher »vorgestern«), und erwähnt dann auch noch Oberst Hansens Besorgnis »nach den Fehlern des Sonnabends [15. Juli]«[339c].

Fromm entfernte sich nach der zweiten »Sonderbesprechung« in Richtung Sperrkreis I, d. h. er verließ den Führersperrkreis; Stauffenberg aber hielt sich noch eine Zeitlang vor der Lagebaracke auf, wo Geisberg auf ihn wartete, um dem Schwerverletzten etwa beim Tragen der Aktentasche zu helfen[340]. Als Stauffenberg mit seinen Besprechungen und Unterredungen, die er noch vor dem Lagehaus hatte, »schließlich«, also nach beträchtlicher Zeit, zu Ende gekommen war, ging er zum Parkplatz, wo das ihm und Fromm zur Verfügung gestellte Auto stand, ein viersitziger Opel »Admiral«. Klausing wartete da schon. Geisberg hatte sich auch um Fromm zu kümmern und mußte seinen Verbleib feststellen. Es war ihm peinlich, daß seine Schützlinge nicht zusammen blieben und er notgedrungen einen von beiden vernachlässigen mußte. Fromm hatte sich aber schon mit Keitel zum nahen Sonderzug »Braunschweig« und dann zum Mittagessen begeben[341]. Inzwischen sprach Stauffenberg auf dem Parkplatz beim Bunker 88/8 noch mit Stieff und Fellgiebel[342]. Danach telephonierte er nach Berlin; es mußte inzwischen etwa 15 Uhr geworden sein.

Nun endlich fuhren Stauffenberg, Klausing und Geisberg zum »Feldmarschall-Zug«, dem Sonderzug Keitels, wo das Essen schon begonnen hatte, so daß die drei sich in einem Nebenspeiseraum verpflegen lassen mußten[343]. Das Flugzeug, mit dem Fromm, Stauffenberg und Klausing gekommen waren, eine Junkers »Ju 52«, wurde vom Flugplatz Rastenburg zum Flugplatz Lötzen beordert, und Fromm begab sich nach dem Essen mit General Buhle, Stauffenberg und Klausing im Auto nach »Mauerwald«. Geisberg mußte zurückbleiben, weil im Wagen nicht genug Platz war. Von dort bzw. vom Flugplatz Lötzen aus ist dann Fromm nach Berlin zurückgeflogen; Stauffenberg und Klausing jedoch fuhren mit dem Kurierzug[344].

In Berlin waren mancherlei Vorbereitungen getroffen worden. Wie für den 11. Juli, so hatte Stauffenberg auch für den 15. Goerdeler bitten lassen, sich bereit zu halten, während dieser zum »Durchbruch nach vorn« drängte[345]. Reichskriminaldirektor Arthur Nebe hatte General Olbricht wie schon am 11. Juli eine Anzahl Kriminalbeamte zur Verhaftung von Berliner NS-Größen wie Goebbels, Ley u. a. zugesagt und bereitgehalten. Am 15. Juli wurden sie auf ein Stichwort des Polizeipräsidenten Graf von Helldorf unter dem Vorwand einer Großfahndung nach ausländischen Einbrecherbanden von Nebe alarmiert[346]. Hayessen hatte sich am Vormittag bei General von Hase als Verbindungsoffizier gemeldet und seine Aufgaben mit Hase, Bernardis und Oertzen besprochen [346a]. Die jungen Offiziere vom Grenadier-Ersatz-Bataillon 9 in Potsdam hatten sich wieder in der Prinz-Heinrich-Straße eingefunden. Statt Widany, der zur Front abgerufen war, kam diesmal Oberleutnant Ludwig Freiherr von Hammerstein, der mit Leutnant Georg-Sigismund von Oppen im Hotel »Esplanade« wartete, während Leutnant von Kleist bei Graf Schwerin Meldung erstattete. Nach einiger Zeit, ungefähr um 16 Uhr, sagte ihm dieser jedoch, es liege nichts vor und entließ ihn und seine Kameraden. Hitler sei unerwartet aus der Besprechung herausgegangen [347].

Die um Berlin gelegenen Heeresschulen und das Wachbataillon waren am Vormittag zwischen 7 und 8 Uhr von Mertz über einen diensthabenden Offizier in der Bendlerstraße in »höchste Alarmbereitschaft« versetzt worden nach einer Liste, die Mertz bei sich hatte und von seiner Wohnung aus durchgab. Spätestens gegen 11 Uhr gab auch Olbricht den Befehl zur Alarmierung der fraglichen Einheiten [348]. Auslösung und Aufhebung des Alarms, als das Attentat nicht stattgefunden hatte, waren nur möglich, weil Fromm nicht in Berlin, sondern gerade in Ostpreußen war [349]. Olbricht, der anscheinend erleichtert war darüber, daß das Attentat nicht ausgeführt wurde [349a], fuhr gegen 15 Uhr mit dem zuständigen Referatleiter Ia/I/1 im AHA, Major i. G. Fritz Harnack und mit Major i. G. Ulrich von Oertzen zur Besichtigung der aufgerufenen Einheiten: der Fahnenjunkerschule der Infanterie Postdam, den Panzertruppen-Schulen Krampnitz und Glienicke und der Infanterie-Schule Döberitz. Die »Übung« hatte hervorragend funktioniert, Olbricht sprach den Kommandeuren seine Anerkennung aus und erklärte ihnen und ihren Stabsoffizieren, bei der gegenwärtigen Lage müsse jederzeit mit einem kurzfristigen Einsatz des Ersatzheeres gerechnet werden, sei es im Osten, gegen feindliche Truppenlandungen oder zur Bekämpfung von inneren Unruhen besonders in Berlin, wo bei der Anwesenheit der vielen Ausländer leicht welche ausbrechen könnten. Im übrigen ließ Olbricht die aufgestellten Kampftruppen an sich vorbeifahren und hob den Alarm auf.

Am Sonntag, dem 16. Juli, suchte Stauffenberg Beck in dessen Wohnung auf, um ihm über den mißlungenen Versuch des Tages vorher zu berichten. Was im einzelnen zwischen beiden besprochen wurde, ist nicht bekannt [350]. Am selben Abend kamen in Stauffenbergs Wohnung in Wannsee der Attentäter und sein Bruder, ferner Fritz-Dietlof Graf von der Schulenburg, Trott, Hofacker, Mertz von Quirnheim, Schwerin von Schwanenfeld, Yorck und Hansen gegen 19 Uhr zusammen [351]. Den Aussagen der Beteiligten vor der Gestapo zufolge diskutierte man angesichts der Fehlschläge bei den bisherigen Attentatversuchen die Möglichkeit anderer Lösungen. Es gab starke Bemühungen, die wenigstens teilweise von Goerdeler und Gisevius ausgingen und denen auch Beck nicht grundsätzlich ablehnend gegenüberstand, den Schwerpunkt des Staatsstreiches nach Westen zu verlegen [352]. Da die Normandiefront vor dem Zusammenbruch stand (nach Auffassung Rommels mußte es in etwa zwei Wochen soweit sein) und das Hereinfluten der Russen nach Deutschland verhindert werden sollte, lag es nahe, vor allem die Westfront zurückzunehmen und zugleich zum Hebel des Umsturzes zu machen, zumal auch Rommel und Stülpnagel zur Beteiligung und zu eben diesem Verfahren bereit waren [353]. Hofacker war am 10. Juli nach eingehender Besprechung mit Rommel und seinem Chef des Stabes sowie mit dem Oberbefehlshaber West, Generalfeldmarschall von Kluge, eigens nach Berlin gekommen, um die weiteren Staatsstreichmaßnahmen in Berlin und im Westen zu koordinieren [354]. Am 15. Juli verfaßte Rommel seine ultimative Denkschrift an Hitler, in der er nach Darstellung der katastrophalen Frontlage Hitler ersuchte, die Folgerungen daraus unverzüglich zu ziehen. Aber das Schreiben blieb liegen und hat Hitler vor Rommels Verwundung nicht mehr erreicht.

Nachdem Hofacker ausführlich die Auffassungen Rommels, Kluges und Stülpnagels und deren Bereitschaft, im Westen das Ihre zu tun, berichtet hatte, erläuterte Trott die Frage von Friedensverhandlungen, die nach seiner Auffassung nach einem völligen Wechsel des Regimes sowohl mit dem Westen als auch mit dem Osten möglich seien. Am ehesten erfolgversprechend schienen »Verhandlungen von Militär zu Militär« [355].

Sodann erwog man noch einmal, ob etwa der Staatsstreich ganz vom Westen aus in Gang gebracht werden könnte, wenn dort die Feindseligkeiten von den Oberbefehlshabern eigenmächtig eingestellt und die deutschen Truppen auf den Westwall zurückgenommen würden. Für das als »Westlösung« bezeichnete Vorgehen bestand immerhin, abgesehen von den Auswirkungen auf die Ostfront, einige Aussicht, da Rommel und Stülpnagel dazu bereit waren, während man allerdings des Generalfeldmarschalls von Kluge nie sicher sein konnte.

Ziemlich hypothetisch sprach man auch über eine »Berliner Lösung«, die darin bestehen würde, für vierundzwanzig Stunden den zentralen Nachrichtenapparat der Wehrmacht zu usurpieren und an alle Heeresgruppen Befehle zur Zurücknahme der Fronten herauszugeben. War die Bewegung einmal eingeleitet, so dachte man sich, dann könnte sie auch vom Führerhauptquartier aus nicht mehr rückgängig gemacht werden, die Autorität der bisherigen Führung wäre einerseits entscheidend erschüttert worden, andererseits hätte vielleicht die Konzentration des deutschen Widerstandes an den Fronten den Kriegsgegnern Waffenstillstandsverhandlungen geraten erscheinen lassen. Nur war eben – im Gestapo-Bericht kommt das nicht zum Ausdruck, aber die Verschwörer müssen daran gedacht haben – die Voraussetzung für die auch nur stundenweise Beherrschung des Nachrichtenapparates die Ausschaltung der Spitze Hitler-Keitel-Jodl und, je nach den Umständen, auch von Himmler, Dönitz und Göring. Der Ablauf des 20. Juli hat das bewiesen, aber Fellgiebel hatte seinen Mitverschwörern schon lange vorher klargemacht, daß die Nachrichtenmittel nicht vor dem Tode Hitlers in die Hand zu bekommen waren [356].

Nach langer Beratung ließ man es schließlich bei dem bisherigen Plan, der »zentrale Lösung« genannt wurde und die Ermordung Hitlers zur Voraussetzung alles Weiteren machte. Dieser Plan war schließlich bis in die Einzelheiten vorbereitet worden, und dieser Plan konnte und sollte auch mit dem Anfangsstadium der »Westlösung«, mit der Zurücknahme der Front, kombiniert werden.

Ob einzelne Gesprächsteilnehmer ernsthaft den Zweck verfolgten, ohne Attentat zum Ziel zu kommen, läßt sich nicht sagen. Immerhin gab es Strömungen in dieser Richtung: Rommel war gegen das Attentat, für die Verhaftung und Aburteilung Hitlers, und zur »Westlösung« bereit [357]; Beck wollte es Gisevius zufolge mit der »Westlösung« versuchen, zu der Goerdeler, Hansen und Gisevius rieten [358]. Begreiflich genug wäre es, wenn nun so mancher am Gelingen des Attentats verzweifelte, das Stauffenberg nur in Aussicht stellen, nicht garantieren konnte. Mehrere Äußerungen aus diesen Tagen, von Berthold Graf von Stauffenberg, von Fritz-Dietlof Graf von der Schulenburg und anderen sind nicht nur als Ausdruck der Entschlossenheit zum Opfer für eine sittliche Pflicht ohne viel Aussicht auf Erfolg, sondern auch der Entmutigung durch die wiederholten Fehlschläge zu verstehen [359].

Am 17. Juli traten einige Ereignisse ein, welche den Gang der Verschwörung beeinflußten, wenn auch längst nicht so entscheidend, wie gelegentlich behauptet wird [360]. Ausgangspunkt für alles Weitere war die nächste Gelegenheit zum Attentat, diese sollte auf alle Fälle – wie schon am 15. Juli – ergriffen werden. Wann sie sich bieten würde, hing davon ab, wann Stauffenberg wieder zu einer Lagebesprechung Zutritt erhielt. Wenn also nicht Belege dafür auftauchen, daß die Verschwörer um Stauffenberg den Termin seiner nächsten Berufung ins Hauptquartier beeinflußt haben, so konnte ihn kein denkbares Ereignis zu einem »überstürzten« Attentat veranlaßt haben. Entschlossen war er so oder so, er war schließlich nicht ohne schwerwiegende Gründe seit Wochen immer wieder mit einer Aktentasche voll Sprengstoff durch die Lande gereist.

Am Nachmittag des 17. Juli, gegen 16 Uhr, wurde Rommel auf der Rückfahrt von einem Frontbesuch bei einem Angriff feindlicher Jagdbomber auf seinen ohne Begleitkommando fahrenden Wagen schwer verletzt. Damit war die Verschwörung des im Westen entscheidenden Mannes beraubt, der nicht nur vom Handeln reden, sondern nach dem einmal gefaßten Entschluß auch die Kraft dazu aufbringen würde [361]. Stülpnagel hat das Seine in seinem Bereich getan, aber Kluge war den Anforderungen des 20. Juli an seine Geistes- und Willenskraft nicht gewachsen (obwohl er sich sagen mußte, daß er zu tief in die Dinge verwickelt war, um heil herauszukommen).

Am Mittag desselben Tages wurde im Kreise der Führer des Reichssicherheitshauptamtes von der bevorstehenden Verhaftung Goerdelers gesprochen, wegen der Prominenz des Opfers sollte nur erst noch Himmler gefragt werden. Der Anlaß war – wie bei Dohnanyi, Bonhoeffer, Müller und Moltke – im Verhältnis zum wahren Tatbestand geringfügig. Ein redseliger Hitler-Gegner an der Peripherie der Verschwörung sollte Goerdeler als zukünftigen Reichskanzler genannt haben. Aber Heinrich Müller, der Leiter des RSHA/Amt IV (Gestapo), betrachtete das selbst nur als Anlaß, der ihm endlich das Vorgehen gegen den lange verdächtigen Staatsfeind ermöglichte [362]. Wenn Goerdeler verhaftet wurde, dann war die Gestapo zum zweitenmal innerhalb von zwei Wochen – nach der Verhaftung Lebers – mitten in das Zentrum der Verschwörung vorgestoßen. Das war immerhin ein Alarmzeichen.

Ebenfalls am 17. Juli brachte der Polizeipräsident Graf von Helldorf gegenüber Gisevius ernste Bedenken vor wegen des Kommandeurs des Berliner Wachbataillons, des ehemaligen HJ-Führers und Ritterkreuzträgers Major Remer. Auch wisse er, der Polizeipräsident, noch gar nicht, was eigentlich der Stadtkommandant, Generalleutnant von Hase, für den Staatsstreich plane [363]. Gisevius wußte es nicht, aber er war ja erst vor einigen Tagen aus dem Ausland wiedergekommen [364]. Auch Generaloberst Beck zeigte sich über Remer beunruhigt, offenbar auf die Vorstellungen von Gisevius hin [365]. Er sprach General Olbricht am selben Abend darauf und auf andere »Mängel« in den Vorbereitungen an. Olbricht sagte Abhilfe zu, wollte sogleich Hase und Helldorf zusammenbringen und versicherte im übrigen, sich völlig Beck fügen zu wollen. Er stelle überhaupt nur die technischen Hilfsmittel bereit, Putschist sei er eigentlich nicht [366]. Über Remer hatte schon Stauffenberg Beck zu beruhigen gesucht [367].

Generalleutnant von Hase war der Meinung, Remer würde die Be-

6. Attentatversuche: Stauffenberg

fehle befolgen, die er von seinen Vorgesetzten erhalten würde, schließlich sei er Soldat (und sonst nichts)[368]. Notfalls werde man ihn verhaften. Versetzen lassen konnte man ihn freilich nicht, er war erst kurz da, als verdienter Frontkämpfer und Ritterkreuzträger hatte er das ehrenvolle Kommando erhalten, wo er auch wieder Kräfte sammeln konnte. Bemühungen um seine Versetzung konnten nur Kämpfe, Intrigen und unliebsames Aufsehen zur Folge haben. Hase hatte schon einige Erfahrung mit Remer und wußte, was er sagte. Ende Juni hatte das Wachbataillon an einer Sonnwendfeier bei Goebbels teilgenommen, während Berlin nach schweren Luftangriffen an allen Ecken brannte. Als Hase erfahren hatte, daß sich das Wachbataillon großenteils nicht an den Lösch- und Rettungsarbeiten beteiligte, hatte er Remer einen scharfen Verweis erteilt und ihn sofort alle verfügbaren Kräfte einsetzen lassen[369]. Remer war verletzt, aber er hat sich ohne Anstände gefügt. Hase fand, man könne mit ihm umgehen wie mit jedem anderen Major. Tatsächlich hat Remer dann auch anfangs alle Befehle ohne Widerspruch ausgeführt.

Zur Verbesserung der Vorbereitungen gehörte am 17. Juli noch die Einführung einer 24stündigen Alarmbereitschaft in der Vermittlung »Zeppelin« im Lager Zossen[370]. Die Majore Degner und Burchardt wechselten schichtweise ab. Am selben Tag besuchte Major von Oertzen im Auftrage General Olbrichts die Panzer-Grenadier-Ersatz-Brigade »Großdeutschland« in Cottbus etwa 100 km südöstlich von Berlin, um festzustellen, wie schnell im Falle »innerer Unruhen« die von dort zu stellenden »Walküre«-Einheiten marschbereit sein könnten[371]. Am Tag darauf erhielt der Kommandeur des Panzer-Grenadier-Ersatz- und Ausbildungs-Regiments der Brigade, Oberstleutnant Hans-Werner Stirius, der den abwesenden Brigade-Kommandeur vertrat, die Aufforderung, am 19. Juli zu einer Besprechung beim Chef des Stabes/Chef H Rüst u BdE zu erscheinen[372].

Am Dienstagvormittag, 18. Juli, kam Goerdeler von Leipzig nach Berlin zurück. Er hatte sich von seiner Familie verabschiedet und erfuhr nun von Hauptmann Kaiser, daß ein Haftbefehl gegen ihn so gut wie beschlossen sei[373]. Stauffenberg kam noch dazu, Goerdeler brachte noch einmal den Gedanken der »Westlösung« vor, er wollte mit Beck zusammen zu Kluge fliegen, aber Stauffenberg sagte ihm, Beck und er halten das jetzt für untunlich. Schließlich verabredeten Goerdeler und Stauffenberg eine Fluchtadresse, das Gut Rahnisdorf bei Herzberg, wo Goerdeler erreichbar sein sollte. Goerdeler konnte also keinen Zweifel haben, daß Stauffenberg noch einen weiteren Attentatversuch unternehmen wollte. Zunächst übernachtete er in Potsdam und schrieb von dort aus am 19. Juli noch einen Brief an Beck mit der Bitte, er möge sich für eine schnelle

Aktion einsetzen. Jakob Kaiser suchte Goerdeler am 19. Juli in Potsdam auf und nahm den Brief mit, ebenso einen an Hauptmann Strünck, in dem Goerdeler um die Beschaffung eines falschen Passes bat. Der Brief an Beck erreichte diesen am Morgen des 20. Juli durch Habermann.

Am Nachmittag des 18. Juli scheint Stauffenberg ziemlich sicher gewesen zu sein, daß er am 20. wieder in der »Wolfschanze« zur Lagebesprechung zugezogen werden würde. Jedenfalls hat Oberst i. G. Mertz von Quirnheim an diesem Tag gegen 17 Uhr Schulenburg den 20. Juli als den nächsten Termin genannt, und auch Bernardis, Yorck, Wagner, Klausing, Schwerin, Kleist und Ludwig von Hammerstein waren am 18. Juli unterrichtet. Oberstleutnant Klamroth erfuhr am 18. Juli von Stauffenberg, daß er den Anschlag am 20. versuchen wolle. Während der Nachtlagebesprechung vom 19. auf den 20. Juli wurde auch der Wunsch geäußert, daß Fromm am nächsten Tag in die »Wolfschanze« komme. Er wurde sogleich angerufen, führte aber Hinderungsgründe an. So blieb es dann dabei, daß nur Stauffenberg kommen sollte [374].

Am 18. Juli erhielt Stauffenberg Kenntnis von einem schon am 16. Juli entstandenen Gerücht, wonach noch in dieser Woche das Führerhauptquartier in die Luft gesprengt werden solle. Es steht außer Frage, daß ihn diese Mitteilung in seinem Entschluß bestärken mußte, wenn sie diesen auch keineswegs erst herbeigeführt hat.

Folgendes war geschehen: Ein gesprächiger junger Mann, Anton Graf von Welsburg, der viel im Hause der Frau von Bredow in Potsdam verkehrte und mit einer ihrer Töchter, Diana, befreundet war, hatte anscheinend hier von dem bevorstehenden Attentat erfahren. Wahrscheinlich ging die Nachricht auf eine Indiskretion von Stauffenbergs Adjutant, Oberleutnant Werner von Haeften, zurück, der ebenfalls mit einer Tochter von Frau von Bredow befreundet war. Nun trug Graf von Welsburg das Gerücht sozusagen wieder zurück, indem er es am Sonntag, dem 16. Juli, im Hause Bredow in Anwesenheit von Dr. Sydney Jessen wiedergab, der damals Feindlage-Bearbeiter in der Nachrichtenabteilung der Seekriegsleitung (3/ Skl) und an der Verschwörung eng beteiligt war [375].

Jessen hörte mit Entsetzen die naive Erzählung des ungarischen Grafen, wagte aber natürlich nicht, genauer nach der Quelle zu fragen, da er gar nicht auf den Gedanken kam, daß sie so nahe sein könnte, und weil er auch den Grafen nicht kannte. Jessen konnte nicht ahnen, daß das Gerücht keineswegs Stadtgespräch, sondern außerhalb des Hauses der Frau von Bredow ganz oder nahezu unbekannt war. Aber wenn ein Mann wie der Graf, den Frau von Bredow als harmlos, ja unbedarft dargestellt hatte, schon so munter davon erzählte, so mußte Jessen sich sagen, dann war es nur eine Frage von Stunden, höchstens Tagen, bis auch die Gestapo der Sache nachgehen würde [376]. Stauffenberg mußte gewarnt werden.

Am 17. Juli berichtete Jessen Berthold Graf von Stauffenberg und Kranzfelder von seinem Sonntagserlebnis, und am 18. Juli übernahm es Kranzfelder, nach Berlin in die Bendlerstraße zu fahren und Stauffenberg Meldung zu machen. Gegen 17 Uhr kam er an diesem Dienstag von Berlin in die »Koralle« zurück [377]. Wenn auch Stauffenberg keines Anstoßes zu seinem Entschluß mehr bedurfte, so ist doch denkbar, daß er sich auf die Mitteilung Kranzfelders hin mit besonderer Energie um die Teilnahme an einer der nächsten Lagebesprechungen bemüht hat. Ohne Zweifel wurde er bestärkt in seiner Überzeugung, daß es angesichts des vielfachen Vorprellens und der Verhaftungen der letzten Tage und Wochen kein Zurück mehr gab [378]. Kranzfelder berichtete der Gestapo die Antwort Stauffenbergs auf seine Warnung am 18. Juli: »›Da gibt es keine andere Wahl mehr. Der Rubikon ist überschritten.‹« [379] Jessen schrieb 1946 in einer Aufzeichnung: »Er [Kranzfelder] kam zurück und berichtete, daß Graf Claus Stauffenberg sich auf Grund dieser Meldung zu einem sofortigen neuen Versuch entschlossen habe. Er habe betont, daß er jetzt handeln würde, auch wenn Himmler der Sitzung nicht beiwohnen würde – ein Umstand, der ihn bisher veranlaßt hatte, die Bombe nicht zu zünden. Graf Claus Stauffenberg habe hinzugefügt, daß es sein letzter Versuch sein würde. Er hatte sich zum Vortrag für den 20. Juli in Rastenburg angesagt.« [380]

Am 19. Juli fand sich um 10 Uhr morgens Oberstleutnant Stirius, der stellvertretende Kommandeur der Ersatz-Brigade »Großdeutschland« aus Cottbus zu der festgesetzten Besprechung ein [381]. Stauffenberg fragte Stirius in Gegenwart Haeftens nach der Stärke und Gliederung seiner Brigade und nach dem Ergebnis der »Walküre«-Übung vom 15. Juli.

Stirius gab die Stärke der Brigade mit etwa sieben- bis achttausend Mann an, Ausbildung und Ersatz seien für Feldverwendung ausreichend, Stimmung und Kampfmoral gut. Es seien viele Freiwillige in der Brigade. Bei der »Walküre«-Übung habe man die kalendermäßigen Maßnahmen für »Walküre 1« und »Walküre 2« überprüft, einen motorisierten Marsch, Einweisung in den Einsatzraum südlich Berlin und friedensmäßigen Rückmarsch absolviert. Am frühen Morgen des Übungstages haben die Übungsverbände die vorgesehenen Räume in der Gegend Schulendorf-Marienfelde-Lichtenrade erreicht, nur etwa 10 km südlich vom Flughafen Tempelhof. Man habe dort stark belegte Fremdarbeiterlager vorgefunden, wo das überraschende Erscheinen der schwer bewaffneten Verbände der Brigade, ihre Disziplin und ihr frisches Auftreten (im Sommer 1944 keine Selbstverständlichkeit mehr) einen großen Eindruck gemacht haben.

Mehrmals wurde die Besprechung unterbrochen, Stauffenberg wurde immer wieder abgerufen und mußte Oberstleutnant Stirius zweimal bitten, im Vorzimmer zu warten. Dort traf Stirius einen alten Bekannten, der bei ihm in der Division »Großdeutschland« Bataillonsadjutant gewesen war, bis er ein Bein verlor, und der nun als Adjutant bei Generaloberst Fromm Dienst tat: Rittmeister Heinz-Ludwig Bartram. Stirius wollte wissen, warum es im Hause so unruhig sei, aber auch Bartram konnte es sich nicht erklären. Er hatte keine Ahnung von dem, was bevorstand, als er am selben Nachmittag Stauffenberg bei Hauptmann Pieper, dem Ia des Kommandanten des Führerhauptquartiers, zur Abholung und zur sonstigen Betreuung anmeldete [382].

Schließlich stellte Stauffenberg an Stirius die überraschende Frage, in welcher Zeit die Brigade als kampfkräftiger Verband im »mot Marsch« den Raum südlich Hamburg erreichen könnte, und deutete die Möglichkeit englischer Landungsversuche in der Elbmündung an. Nach kurzer Berechnung – es handelte sich um eine Marschstrecke von etwa 360 km – erklärte Stirius, die Masse der Brigade könnte nach 18 Stunden, von der Marschbereitschaft an gerechnet, in Bergedorf südlich Hamburg eintreffen. Stauffenberg zeigte sich sehr befriedigt, auch über die Auskunft, daß die Brigade zur vorläufigen Zurückweisung eines Landungsversuches bei Zusammenwirken mit anderen Verbänden sowie mit Luftwaffe und Marine zweifellos in der Lage wäre, und wünschte der Brigade weiterhin Erfolg.

Von der Panzerschule Krampnitz abgesehen war die Panzer-Grenadier-Ersatz-Brigade »Großdeutschland« in Cottbus sicher der kampfkräftigste Verband des Heeres in der Nähe von Berlin, dessen Ausrüstung und Ausbildung besonders gepflegt wurden, dessen Einsätze an Brennpunkten der Front stets ruhmreich verliefen, und von dem Teile mit Stolz den Ärmelstreifen »Führer-Begleit-Bataillon ›Großdeutschland‹« trugen. Stauffenberg tat klug daran, sich besonders dieses Verbandes zu versichern, und diese Tatsache liefert ein Beispiel dafür (neben vielen anderen), wie umsichtig er sich um die Vollständigkeit der Vorbereitungen bemühte. Am selben Tag bat Mertz von Quirnheim telephonisch den Chef des Stabes der Generalinspektion der Panzertruppe, Generalmajor Thomale, den schon befohlenen Abtransport der Panzerlehrtruppen von Krampnitz nach Ostpreußen um ein paar Tage zu verschieben, weil die Truppen noch für eine »Walküre«-Übung benötigt würden. Nach telephonischer Rücksprache mit dem in Allenstein befindlichen Generalinspekteur, Generaloberst Guderian, teilte Thomale Mertz mit, der Antrag sei genehmigt [382a].

Am Nachmittag des 19. Juli hatte Stauffenberg noch eine zweistündige

6. Attentatversuche: Stauffenberg

Besprechung mit etwa dreißig Offizieren des Hauses abzuhalten [383]. Zugleich wurden Witzleben, Hoepner, Hase und viele andere Beteiligte, so auch die Offiziere des Grenadier-Ersatz-Bataillon 9 in Potsdam und Ludwig Freiherr von Leonrod in der Panzertruppen-Schule in Krampnitz, ersucht, sich für den kommenden Tag bereit zu halten bzw. unauffällig nach Berlin zu kommen. Witzleben war am 19. Juli schon in Berlin und bekam die Nachricht von Schwerin von Schwanenfeld: »›Herr Feldmarschall, es sind zu morgen Vorbereitungen zu treffen.‹« [384] Während Witzleben dann wieder nach Seesen zurückfuhr, blieb Hoepner, der ebenfalls am 19. Juli nach Berlin gekommen war, über Nacht im Hause seines Schwiegervaters in Wannsee [385]. Generalleutnant von Hase empfing etwa um 16 Uhr in der Stadtkommandantur den Besuch von Major i. G. Hayessen aus dem Stabe Olbrichts. Hayessen teilte mit, am nächsten Tag werde das Attentat stattfinden und besprach mit Hase noch einmal die dann vorgesehenen, von der Kommandantur zu ergreifenden Maßnahmen [386]. Am Abend fuhr Hase noch einmal zu demselben Zweck zu Olbricht.

Der Fahrer Stauffenbergs, der Gefreite Karl Schweizer, hatte am Nachmittag den Auftrag erhalten, »bei einem Oberstleutnant in Potsdam«, nämlich Oberstleutnant Fritz von der Lancken, der im Stabe Olbrichts Adjutant war, eine Aktentasche abzuholen [387]. Schweizer hatte die Tasche in Stauffenbergs Wohnung in die Tristanstraße 8 in Wannsee zu bringen und dort für die Reise am nächsten Morgen bereitzuhalten, er stellte sie deshalb in seinem, neben Stauffenbergs Zimmer gelegenen Schlafzimmer neben das Bett. Der Gefreite Schweizer wußte nur, daß sich in der gut fünf Pfund schweren Tasche ein oder zwei verschnürte Pakete befanden, über Stauffenbergs Plan war er nicht unterrichtet. Später ermittelte die Gestapo, daß Oberstleutnant von der Lancken jeweils zwischen den Attentatversuchen Stauffenbergs den Sprengstoff wieder in Verwahrung genommen hatte. Die Tasche enthielt die »Bombe«.

Am Abend traf Stauffenberg noch mit Trott zu Solz zusammen [388]. Auf der Heimfahrt nach Wannsee etwa gegen 21 Uhr ließ er den Fahrer an einer Kirche halten, in der gerade Andacht war, trat für eine Weile ein und ließ sich dann vollends nach Hause fahren [389]. Später am Abend kam noch Berthold Graf von Stauffenberg und blieb bei seinem Bruder bis zum nächsten Morgen [390].

XI. 20. Juli 1944

1. Wolfschanze

Gegen 7 Uhr in der Frühe des 20. Juli fuhr der Gefreite Schweizer seinen Herrn, Oberst i. G. Claus Schenk Graf von Stauffenberg und dessen Bruder Berthold zum Flugplatz Rangsdorf [1]. Nachdem Stauffenberg zum Vortrag ins Führerhauptquartier befohlen worden war, hatte er sich am 19. Juli noch mit dem Generalquartiermeister des Heeres, General der Artillerie Eduard Wagner, in Verbindung gesetzt, der das Flugzeug für den Rückflug zur Verfügung stellte, eine Heinkel »He 111« [2]. Auf dem Hinflug benützte Stauffenberg vermutlich die planmäßige Kuriermaschine, eine Junkers »Ju 52« [3]. Stauffenberg und sein Adjutant Oberleutnant von Haeften, der schon auf dem Flugplatz gewartet hatte, stiegen ein, Schweizer stellte die Aktentasche mit dem Sprengstoff neben seinen Chef ins Flugzeug. Haeften befahl Schweizer, sich in der Kleiderkammer in Spandau eine neue Uniform zu holen, damit könne er die Wartezeit ausnützen, bis Stauffenberg und er am Nachmittag wieder abzuholen seien. Als Schweizer wissen wollte, wozu er denn jetzt eine neue Uniform brauche, meinte Haeften, er werde noch viel mehr bekommen. Berthold Graf von Stauffenberg begab sich vom Flugplatz wieder in das Hauptquartier der Seekriegsleitung, die »Koralle« bei Bernau.

Der Ia des Kommandanten des Führerhauptquartiers, Hauptmann Pieper, hatte ein Kurierauto zum Flugplatz Rastenburg geschickt. Als Stauffenberg und Haeften um 10.15 Uhr landeten, konnten sie sofort einsteigen und die sechs Kilometer zur »Wolfschanze« fahren, auf der Landstraße in Richtung Lötzen bis zum Gut Queden, dann nach Norden zum südlichen Eingang des Sperrkreises II [4]. Generalmajor Stieff fuhr mit; er war anscheinend mit Stauffenberg und Haeften geflogen [5]. Während Stieff nach »Mauerwald« weiterfuhr und Haeften zunächst noch mit ihm zusammenblieb, um Stauffenberg erst später wieder in der »Wolfschanze« zu treffen, stieg dieser am Kasino II im Sperrkreis II ab, welches in dem »Kurhaus Görlitz« untergebracht war. In dem Gebäude befanden sich außer einem Speisesaal und je einem Kasino des Führerhauptquartiers und des Wehrmachtführungsstabes einige Wohnungen von Angehö-

1. Wolfschanze

rigen des Hauptquartiers, darunter die des Oberstabsarztes Dr. Erich Walker.

Vor dem Kasino war unter einer Eiche ein Tisch zum Frühstück gedeckt, an dem außer Stauffenberg noch Hauptmann Pieper, der Leiter der Zahnstation Dr. Wilhelm Tobias Wagner, Dr. Walker und der Adjutant im Stabe des Kommandanten des Führerhauptquartiers, Rittmeister von Möllendorff, teilnahmen. Zwischen 8 und 9 Uhr schon waren der Chef des Generalstabes beim Befehlshaber im Wehrkreis I (Königsberg), Generalleutnant Henning von Thadden, und ein begleitender Offizier ins Hauptquartier gekommen. Sie saßen schon beim Kaffee, als Stauffenberg dazukam [6]. Der dienstliche Anlaß des Besuches Stauffenbergs war die Aufstellung von sogenannten Sperr-Divisionen zur Verhinderung des weiteren Vordringens der Roten Armee in das Generalgouvernement und nach Ostpreußen, also in den Wehrkreis I. Generalleutnant von Thadden war eigens ins Führerhauptquartier befohlen worden, um sich die Ausführungen Stauffenbergs anzuhören [7]. Während des Frühstücks mußten Pieper und Möllendorff immer wieder telephonieren, Stauffenberg suchte noch seine Besprechungen festzulegen und telephonierte auch selbst einmal mit Major John von Freyend.

Gegen 11 Uhr begab er sich zu seiner ersten Besprechung in den Sperrkreis I zu General Buhle in die Baracke des Wehrmachtführungsstabes, wo er schon von Oberstleutnant i. G. Lechler erwartet wurde. Er wurde von dem Ordonnanzoffizier im Stabe des Kommandanten, Leutnant Jansen, begleitet, der ihm auch seine Tasche trug [8]. Haeften stieß nun im Sperrkreis I wieder zu Stauffenberg. An der Besprechung bei General Buhle nahm außer Stauffenberg noch Generalleutnant Henning von Thadden teil [9].

Ungefähr um 11.30 Uhr gingen alle zusammen, Buhle, Thadden, Stauffenberg, Haeften und Lechler, zu Keitel in das Gebäude, das demjenigen Jodls gegenüberlag [10]. Hier wurden die anstehenden Fragen und ihr Vortrag bei Hitler in der Lagebesprechung noch einmal durchberaten, was ungefähr dreiviertel Stunden dauerte. Man geriet aber nun in Zeitdruck, weil wegen des an diesem Tage erwarteten Besuches von Mussolini die Lagebesprechung von 13 auf 12.30 Uhr vorverlegt worden war. Hitlers Diener Linge rief gegen 12 Uhr eigens bei Keitel an, um daran zu erinnern [11]. Kurz nach 12 Uhr hielt draußen der Triebwagen, der zwischen »Wolfschanze« und »Mauerwald« entsprechend dem Bedarf des Hauptquartiers verkehrte, und Generalleutnant Heusinger stieg aus, um sich zur Lagebesprechung zu begeben. John von Freyend sah es und meldete Keitel, Heusinger sei schon da, worauf Keitel aufstand und zur Eile drängte.

Oberleutnant von Haeften wartete inzwischen im selben Gebäude in einem Aufenthaltsraum [12]. Als nun die Besprechung mit Keitel abgebrochen wurde und dieser sowie Buhle und John von Freyend sich anschickten, zur Lagebesprechung zu gehen, fragte Stauffenberg den Adjutanten Keitels, wo er sich etwas frisch machen könne, er wolle auch das Hemd wechseln. Er ging also zur Toilette und traf dann im Flur mit Haeften zusammen, beide gingen in den Aufenthaltsraum und begannen, sich mit den Aktentaschen und deren Inhalt zu beschäftigen [13]. Keitel, Buhle, John von Freyend, Lechler und Thadden warteten vor dem Gebäude, Keitel war unruhig und hatte es eilig. Da rief General Fellgiebel im OKW-Bunker an und wollte Stauffenberg sagen lassen, er möge noch einmal bei ihm anrufen. Jetzt war dazu freilich keine Zeit mehr, aber John von Freyend, der das Gespräch angenommen hatte, schickte den Oberfeldwebel Vogel zu Stauffenberg in das Gästezimmer mit der Nachricht vom Anruf Fellgiebels [13a] und zugleich mit der Aufforderung, er möge sich beeilen.

Als Vogel hineingehen wollte, stieß er in dem engen Raum mit der Tür an Stauffenberg. Er sah, so berichtete er am Abend seinem Vorgesetzten John von Freyend, wie Stauffenberg und Haeften sich mit einem Gegenstand beschäftigten. Auf Vogels Bitte an Stauffenberg, er möge sich beeilen, sagte dieser erregt und abrupt, er komme gleich. Im selben Moment rief John von Freyend vom Ausgang her: »Stauffenberg, so kommen Sie doch!« Vogel sah durch die offene Tür ins Zimmer und wartete, bis Stauffenberg herauskam.

Stauffenberg und Haeften hatten also den Sprengstoff in die Aktentasche gepackt, in der Stauffenberg seine Besprechungsunterlagen transportiert hatte, und Stauffenberg hatte mit der mitgebrachten und für die drei Finger seiner linken Hand eigens zurechtgebogenen Flachzange, deren Teile später am Ort des Attentats gefunden wurden, die Säureampulle des Zeitzünders zerdrückt. Aber Stauffenberg und Haeften waren gestört worden. Wenn sie vorgehabt hatten, die *beiden* mitgebrachten Sprengstoffpackungen von je etwa einem Kilogramm in Stauffenbergs Tasche zu verstauen, so hatten sie dazu nun keine Zeit mehr [14]. Während Stauffenberg sich beeilte, Keitel einzuholen, der schon etwas vorausgegangen war, verstaute Haeften das andere Sprengstoffpaket und die Papiere wieder in seiner Aktentasche und kümmerte sich um das Auto, mit dem beide wegfahren wollten. John von Freyend begleitete Stauffenberg.

Buhle ging auch gerade in der Richtung zur Lagebaracke, und Stauffenberg unterhielt sich lebhaft mit ihm. Lechler ging ein Stück in derselben Richtung, ehe er zum Kasino abbog, und erbot sich, Stauffenberg seine Aktentasche zu tragen, ebenso erfolglos wie John von Freyend, der auch dem

1. Wolfschanze

Einarmigen behilflich sein wollte[15]. Unterwegs begegnete man dem Adjutanten Albert Bormann, der gerade Hitler zur Lagebaracke begleitet hatte[16]. Erst kurz vor der Lagebaracke nahm Stauffenberg dann doch das Angebot Johns an und sagte etwa: »Könnten Sie mich bitte möglichst nahe beim Führer placieren, damit ich für meinen Vortrag nachher alles mitbekomme.«[17] Sei es, daß er damit auf sein beeinträchtigtes Gehör hinwies oder auf die Notwendigkeit, seine Unterlagen griffbereit zu haben, er brauchte jedenfalls einen Vorwand, um sich *sofort* nahe bei Hitler aufstellen zu können; denn die Zündung mußte bei dem warmen Sommerwetter in rund fünfzehn bis achtundzwanzig Minuten vom Augenblick des Zerdrückens der Ampulle an erfolgen[18].

Die Lagebesprechung hatte inzwischen schon angefangen. Kurz vor 12.30 Uhr hatte Oberst von Below als diensthabender Adjutant die wartenden und ankommenden Offiziere in das Lagezimmer gebeten, ein Diener hatte für Hitler an der südlichen Längsseite des großen Tisches einen Hocker zurechtgerückt und die geputzte Brille bereitgelegt. Pünktlich um 12.30 Uhr erschien der Führer und eröffnete die Konferenz[19]. General Warlimont hatte vor der Tür gewartet; Jodl war noch nicht da, er kam oft ein bißchen zu spät, weil er unnötiges Herumstehen nicht schätzte. Als Hitler aber gekommen war, ging Warlimont mit ihm hinein, Jodl kam kurz danach[20]. Göring und Himmler waren nicht gekommen, weil nicht viel Zeit zur Verfügung stand und ihre Adjutanten ihnen gesagt hatten, der Teilnehmerkreis solle möglichst klein gehalten werden.

Generalleutnant Heusinger trug zunächst die Lage an der Ostfront vor, und er sprach noch, als Stauffenberg, Buhle und John von Freyend eintraten, fünf bis zehn Minuten nach Beginn der Lagebesprechung[21].

Keitel meldete Hitler den Obersten Graf von Stauffenberg, der gekommen sei, um über die Neuaufstellungen zu berichten, Hitler gab ihm die Hand und wandte sich dann wieder Heusingers kurz unterbrochenem Vortrag zu[22]. John von Freyend verhalf Stauffenberg zu einem Standort auf der rechten Seite Hitlers, indem er den Ständigen Vertreter des Oberbefehlshabers der Marine im Führerhauptquartier, Konteradmiral Hans-Erich Voß, bat, dem Schwerbeschädigten ein wenig Platz zu machen, was Voß auch bereitwillig tat, indem er auf die andere Seite des Tisches ging. Nur sechs Personen hatten an der Längsseite des Tisches bequem Platz[23]. Die Aktentasche stellte John von Freyend etwa an die Stelle, wo Voß gestanden hatte, zwischen Generalleutnant Heusinger und dessen Gehilfen, Oberst i. G. Brandt.

Stauffenberg mußte immer noch ein wenig drängeln, um nahe genug an den Tisch heranzukommen, und er mußte vor allem die Aktentasche so abstellen, daß sie niemandem im Wege war. Trotz aller Bemühung kam er nur an die rechte Ecke des Tisches. Er nahm also die Tasche und stellte sie dort unter den Tisch. Hätte er versucht, sich zwischen Heusinger und Brandt zu drängen und die Tasche an der Innenseite des Sockels, also Hitler unmittelbar vor die Füße zu stellen, er hätte mit Sicherheit wegen eines solchen Verhaltens große Schwierigkeiten bekommen. Er konnte nicht anders, als sie rechts neben den rechten Tischsockel stellen. Da die Tasche noch etwas unter dem Tischrand hervorragte, ist es wohl möglich, daß sie Oberst i. G. Brandt im Wege war und daß dieser sie mit dem Fuß ein Stück weiter unter den Tisch schob, aber von der Innenseite des rechten Tischsockels an die Außenseite gestellt hat er sie nicht [24]. Stauffenberg murmelte oder flüsterte etwas und verließ den Raum. Während er sich rückwärts allmählich zur Tür zurückzog, gab er John ein Zeichen, worauf dieser sich mit Stauffenberg auf den Flur begab. Ein Vorwand zum Weggehen war nicht schwer zu finden, es konnte niemand auffallen, wenn Stauffenberg während des Vortrages von Heusinger noch telephonieren wollte. Bei den Lagebesprechungen herrschte ständiges, wenn auch rücksichtsvolles Kommen und Gehen, immer wieder wurden Teilnehmer hinausgerufen oder fanden es plötzlich nötig, mit irgendeiner Stelle zu telephonieren. Später, im Augenblick der Explosion von Stauffenbergs Sprengladung, war z. B. gerade Reichsaußenminister von Ribbentrop mit der Lagebaracke verbunden; er wollte seinen Verbindungsmann, den Gesandten Dr. von Sonnleithner sprechen.

Auf dem Flur bat Stauffenberg John von Freyend um eine telephonische Verbindung mit General Fellgiebel, der ihm hatte ausrichten lassen, er möge anrufen. John beauftragte also den Telephonisten, Wachtmeister Adam, mit der Herstellung der Verbindung, Stauffenberg nahm den Hörer in die Hand, und John ging wieder ins Lagezimmer zurück. Darauf legte Stauffenberg einfach den Hörer hin und ging hinaus, ohne Mütze und Koppel, denn sonst wäre sofort klar gewesen, daß er nicht wiederkommen wollte, und das konnte unter Umständen – etwa wenn der Zünder der »Bombe« versagte – zu äußerst unangenehmen Fragen führen [25].

Vor der Lagebaracke traf Stauffenberg mit Oberstleutnant Borgmann zusammen, der gerade hineinging [26]. Stauffenberg aber ging sofort zu dem etwa zweihundert Meter entfernten Gebäude aus Bunkern und verstärkten Baracken, in dem sich die Persönliche Adjutantur, die Ärzte, das Heerespersonalamt und die Adjutantur der Wehrmacht beim Führer befanden, wo auch der Wehrmachtnachrichtenoffizier Oberstleutnant Sander sein Dienstzimmer hatte [27]. Fellgiebel hatte Stauffenberg nicht mehr sprechen können, ehe dieser zur Lagebesprechung gegangen war, und so hatte er nun Sander gebeten, in der Lagebaracke anzurufen und dem dort diensttuenden Wachtmeister Adam zu befehlen, er solle Stauffenberg nach Beendigung der Lagebesprechung zu Sander bitten [28]. Stauffenberg hatte Fellgiebels Nachricht und Aufforderung noch im OKW-Gebäude erhalten; die Zeit an diesem Vormittag war sehr knapp geworden, und alle Einzelheiten ließen sich nicht planen und vorausbesprechen, aber Stauffenberg mußte erfahren, wo er Haeften und das Auto finden würde. Durch die Mitteilung Adams wußte er nun das Nötige.

Die Bereitstellung des Autos war nicht ganz ohne Schwierigkeiten und erst im letzten Augenblick gelungen. Kurz nachdem Stauffenberg zur Lagebaracke gegangen war, war Haeften bei Sander und Fellgiebel in Sanders Dienstzimmer erschienen und hatte Fellgiebel sehr aufgeregt bestürmt, sofort einen Wagen zu beschaffen, es sei keiner da [29]. Anscheinend sei der Stauffenberg zur Verfügung gestellte Wagen von der Kommandantur wieder zurückgezogen worden. Stauffenberg war mit dem Kommandanten Streve zum Mittagessen verabredet, und als Schwerverletzter hatte er einen Anspruch, nicht zu Fuß gehen zu müssen.

Fellgiebel war für die Beschaffung des Autos nicht zuständig, er konnte in der »Wolfschanze« niemandem Befehle geben, die nicht in sein Gebiet gehörten, er war Gast und Besucher. Sander dagegen war ständiger Bewohner dieses Sperrkreises, und hatte hier seine Dienstaufgaben und konnte auch Besucher einführen und Ausweise oder Autos für sie beschaffen.

Sander telephonierte also sofort mit der Dienststelle des Kommandanten; es muß um die Zeit gewesen sein, zu der Stauffenberg die Lagebaracke betrat [30]. Von der Kommandantur wurde Sander gebeten, Stauffenberg an seine Verabredung mit Streve zu erinnern; ein Auto wurde zugesagt.

Inzwischen erschien Stauffenberg selbst beim Adjutanturgebäude und meldete sich bei Fellgiebel, noch während Sander telephonierte. Stauffenberg und Fellgiebel traten vor das Gebäude, Sander kam nach und meldete, ein Wagen von der Kommandantur sei unterwegs. Aber Stauffenberg erwiderte, er verfüge schon über ein Auto, der Fahrer, Leutnant Kretz, hatte, von Haeften unbemerkt, schon auf Stauffenberg gewartet [31]. Wenige Augenblicke später erfolgte die Explosion in der Lagebaracke. Stauffenberg zuckte heftig zusammen, Fellgiebel zeigte sich bestürzt, aber Sander meinte, so etwas komme oft vor, immer wieder träten Tiere auf die zum Schutz der »Wolfschanze« ausgelegten Minen.

Nun verabschiedete Stauffenberg sich rasch mit der Erklärung, er werde doch nicht mehr, wie er erst beabsichtigt hatte, zur Lagebesprechung zurückkehren, sondern sich sofort zum Kommandanten zum Essen begeben. Haeften stieg in den Fond des 8-Zylinder-»Horch«, Stauffenberg setzte sich vorn neben den Fahrer [32]. Kretz machte Stauffenberg darauf aufmerksam, daß er Mütze und Koppel vergessen habe, aber Stauffenberg bedeutete ihm unwillig, er solle losfahren und sich nicht darum kümmern. Also fuhr der Wagen in der Richtung zur Wache I des Sperrkreises I ab. Beim Vorbeifahren konnten Stauffenberg und Haeften durch die Bäume sehen, wie über der Lagebaracke eine große Rauchwolke stand, wie verkohlte Papiere durch die Luft wirbelten, wie Menschen hin und her liefen und Verletzte weggetragen wurden [33].

Da Stauffenberg und Haeften sofort nach der Explosion weggefahren waren, war noch kein Alarm ausgelöst, als sie an die Wache I kamen, aber die Wachhabenden hatten natürlich die Explosion gehört und wohl auch bemerkt, wo sie geschehen war. Der zuständige Leutnant ordnete von sich aus Sperre an [34]. Stauffenberg und Haeften hatten aber Glück. Sie hatten gültige Ausweise, Stauffenberg sah mit seinen in Afrika erlittenen Verstümmelungen und durch sein edles, befehlendes Wesen achtunggebietend aus, er sagte, er müsse sofort zum Flugplatz, vielleicht sagte er auch etwas von »Führerbefehl«, und schließlich war er Oberst im Generalstab. Der Leutnant ließ ihn nach kurzem Halt durch.

Von der Wache I fuhr der Wagen ein kleines Stück nach Westen und bog dann in die Straße ein, die am Sperrkreis II entlang und bei der Außenwache Süd aus der Anlage herausführte. Hier gab es erhebliche Schwierigkeiten, ehe man passieren konnte. Der Schlagbaum war heruntergelassen, und der wachhabende Oberfeldwebel Kolbe wollte niemanden durchlassen. Auf der Ringtelephonleitung war inzwischen der Alarm durchgegeben worden [35]. Stauffenberg verlangte äußerst energisch, auf militärische Weise und in entsprechendem Ton, sofort durchgelassen zu werden, da er zum Flugplatz müsse, aber Kolbe ließ sich nicht überrumpeln und blieb unbeeindruckt. Stauffenberg mußte also in das Wachlokal gehen und mit der Kommandantur telephonieren, wo er Rittmeister von Möllendorff erreichte. Möllendorff kannte Stauffenberg, er hatte keinerlei Bedenken, ihn passieren zu lassen, zweifellos in Überschreitung seiner Kompetenzen, nachdem Alarm gegeben war. Möllendorff wußte noch nicht, welcher Art die Explosion war, die er gehört hatte, trotz dem Alarm aber sah er keinen Anlaß, gerade Stauffenberg damit in Verbindung zu bringen. Oberfeldwebel Kolbe ließ sich noch selbst von Möllendorff bestätigen, daß Stauffenberg passieren dürfe, dann rief er noch den Kurierfahrer Kretz herein und sagte ihm, er solle »aufpassen«, ohne jedoch diesen Begriff näher zu definieren [36].

Stauffenberg trieb Kretz nun zu höchster Eile an, die Straße war eng und kurvenreich [37]. Trotzdem bemerkte Kretz im Rückspiegel, wie Haeften einen Gegenstand aus dem offenen Kabriolett warf, der wie ein Paket aussah. Später meldete er seine Beobachtung, und das Paket wurde gefunden. Es enthielt 975 Gramm Sprengstoff, zwei Initialzündkörper und einen chemischen Zünder für 30 Minuten Verzögerung, das Ganze war in Packpapier eingewickelt [38]. In eiliger Fahrt passierte man dann das Gut Queden und bog etwa einen Kilometer danach von der Landstraße in westlicher Richtung zum Gut Wilhelmsdorf ab, wo das behelfsmäßige Flugfeld lag. Hier stiegen Stauffenberg und Haeften an der letzten Sperre vor einer der Flugplatzbaracken aus und legten die letzten hundert Meter zum Flugzeug zu Fuß zurück. Ob die Motoren schon liefen, hat der Fahrer nicht bemerkt, da er sofort wieder umdrehte und zurückfuhr [39]. Um 13.15 Uhr stieg die Maschine mit dem Ziel Berlin-Rangsdorf in Rastenburg auf — das ermittelte die Tatortkommission noch am selben Tage [40].

Kurz nachdem Stauffenberg die Lagebaracke verlassen hatte, waren noch der Chef des Generalstabes der Luftwaffe, General der Flieger Günther Korten, und der Generalstabsoffizier der Luftwaffe beim Chef des Wehrmachtführungsstabes, Major Herbert Büchs, die sich verspätet hatten, dort angekommen und ins Lagezimmer gegangen. Dem Attentäter waren sie nicht mehr begegnet [41]. Etwa zur gleichen Zeit, noch während des Vortrages von Generalleutnant Heusinger, kam ein Punkt zur Sprache, zu welchem Stauffenberg die nötigen Auskünfte hätte geben können, wie General Buhle bemerkte [42]. Aber da fehlte Stauffenberg. Buhle ging auf den Flur hinaus, um ihn zu suchen, vergeblich. Es war für ihn und auch für Keitel unangenehm, daß nun der vielgerühmte, brillante Oberst, den sie in die Lagebesprechung mitgebracht hatten, ausgerechnet in dem Augenblick nicht da war, als man ihn etwas fragen wollte. Buhle ging noch ein paarmal in den Flur und fragte den Telephonisten Adam nach Stauffenberg, doch ohne mehr zu erfahren, als daß Stauffenberg weggegangen sei. Mütze und Koppel waren ja noch da, er mußte jeden Augenblick zurück sein. Dann explodierte die Sprengladung unter dem großen Tisch. Es war zwischen 12.40 und 12.50 Uhr [43].

Im Augenblick der Explosion befanden sich vierundzwanzig Teilnehmer der Lagebesprechung im Raum. Ihre Standorte zu diesem Zeitpunkt lassen sich nur noch annähernd genau bestimmen. Es gab keine feste Ordnung, bis auf die gerade Vortragenden und Hitler war durch das häufige Kommen und Gehen alles etwas in Bewegung [44].

In der Mitte der Längsseite des Tisches, die der Tür zugewandt war, stand Hitler. Er hatte sich mit dem Oberkörper weit über den Tisch gebeugt, das Kinn stützte er in die Hand, der Ellenbogen lag auf der Tischplatte auf. Rechts neben ihm stand der vortragende Generalleutnant Heusinger; der Chef des Generalstabes der Luftwaffe, General der Flieger

Günther Korten, beugte sich gerade vor und erläuterte feindliche Anflüge auf deutsche Stellungen[45]. Rechts von Heusinger stand Oberst i. G. Brandt, der Erste Generalstabsoffizier der Operationsabteilung im Generalstab des Heeres, der Heusinger, dem Chef der Operationsabteilung, beim Vortrag Karten und sonstige Unterlagen bereithalten und vorlegen mußte. Etwas hinter Brandt, in der Gegend der Tischecke, hielt sich der Ständige Verbindungsoffizier des Reichsmarschalls beim Führer, General der Flieger Karl Bodenschatz, auf, an der östlichen Stirnseite des Tisches standen der Chefadjutant der Wehrmacht beim Führer und Chef des Heerespersonalamtes, Generalleutnant Schmundt, neben ihm ein Adjutant der Wehrmacht (Heer) beim Führer, Oberstleutnant Heinrich Borgmann. Etwas weiter vom Tisch entfernt in diesem östlichen Teil des Raumes hielten sich General Buhle und der Erste Generalstabsoffizier Jodls, Oberstleutnant d. G. Heinz Waizenegger, auf. Buhle ging wütend hin und her, nachdem er Stauffenberg vergeblich gesucht hatte, Waizenegger bereitete die Karten für den Vortrag Jodls vor.

An der Hitler gegenüberliegenden Längsseite des Tisches, dicht an der Ecke, saß der Stenograph Dr. Berger, hinter ihm lehnte am Fenstersims der Adjutant der Wehrmacht (Marine) beim Führer, Konteradmiral Karl Jesko von Puttkamer. Zur rechten Seite Bergers stand der Erste Admiralstabsoffizier im WFSt (Ia op M), Kapitän zur See Heinz Aßmann, rechts neben diesem stand nun der Adjutant (Heer) beim Chef des OKW, Major John von Freyend, neben diesem der Beauftragte des Führers für die militärische Geschichtschreibung des Krieges, Generalmajor Walther Scherff. Rechts neben Scherff, ziemlich genau gegenüber von Hitler, hatte Konteradmiral Voß, der Ständige Vertreter des Oberbefehlshabers der Marine beim Führer, Platz gefunden, hinter ihm und rechts hinter ihm hielten sich der Persönliche Adjutant des Führers, SS-Hauptsturmführer Otto Günsche, und der Adjutant der Wehrmacht (Luftwaffe) beim Führer, Oberst Nicolaus von Below, auf. Am Ende des Tisches saß der Stenograph Heinz Buchholz. In dem Raum an der westlichen Stirnseite des Tisches bzw. an einem Fenster der Nordwand hielten sich der Zweite Generalstabsoffizier beim Chef des WFSt, Major im Luftwaffenführungsstab Herbert Büchs und der Verbindungsoffizier der Waffen-SS beim Führer und spätere Schwager Hitlers, SS-Gruppenführer Hermann Fegelein, auf.

Links von Hitler an der südlichen Längsseite des Tisches standen der Chef des OKW, Generalfeldmarschall Wilhelm Keitel, der Chef des Wehrmachtführungsstabes, Generaloberst Alfred Jodl, der Stellvertretende Chef des Wehrmachtführungsstabes, General der Artillerie Walter Warlimont, und der Ständige Beauftragte des Reichsaußenministers beim

1. Wolfschanze

Führer, Gesandter I. Klasse Dr. Franz Sonnleithner.

Die Explosion wurde von den Anwesenden als gewaltige Druckwelle mit einer gelben oder blauen Stichflamme und einem ohrenbetäubenden Knall empfunden. Manchen standen sofort die durch den Druck gesträubten Haare in Flammen, fast allen wurden die Trommelfelle zerrissen. Allen waren die Hosen mehr oder weniger zerfetzt, wer gewöhnliche lange Hosen getragen hatte, ohne Reitstiefel darüber, dem hingen sie nun in langen Streifen herunter, so auch Hitler. Von denen, die in der Nähe der Fenster gestanden waren, hatten einige die Hosentaschen voll Glasscherben. Dr. Sonnleithner fand sich knietief in Glaswolle stehend, als er zur Besinnung kam. Fast alle Anwesenden wurden durch die Explosion zu Boden geschleudert, aber niemand flog in hohem Bogen zum Fenster hinaus, wie gelegentlich berichtet wurde [46]. Richtig ist, daß jeder versuchte, so schnell wie möglich der rauchgefüllten Stätte der Zerstörung zu entrinnen – niemand wollte ersticken oder gar ein Opfer der nächsten Explosion werden, es konnten ja noch mehr Sprengladungen da sein.

Die im Raum angerichtete Zerstörung war beträchtlich. Die Decken- und Wandverkleidungen aus weißer Strohpappe hingen in Fetzen herunter, Fensterrahmen waren zerbrochen, Vorhänge zerrissen, Glaswolle war überall verstreut, Papiere lagen herum, Stühle waren zertrümmert, und der große Tisch, dessen Platte zu mehr als der Hälfte zerschmettert war, war zusammengebrochen. Wo die Aktentasche gestanden hatte, klaffte im Fußboden ein Loch von etwa einem halben Meter Durchmesser. Hier war die Druckwelle zum Teil entwichen, hatte sich in dem Hohlraum zwischen Bretterfußboden und Barackenuntergrund aus Schlacke fortgesetzt und am Ende der Baracke und in den dort liegenden Räumen wieder beträchtliche Zerstörungen angerichtet; denn dort war durch Mangel an Fenstern und durch den Widerstand der Wände die Verdämmung wieder größer.

Die Teilnehmer der Lagebesprechung, die sich nach der Explosion in der Nähe von Fenstern wiederfanden, strebten meist zunächst einmal ins Freie. Sofern es ihre Verletzungen erlaubten, liefen sie dann um die Baracke herum und versuchten, den anderen Hilfe zu leisten. John von Freyend half bei der Bergung des schwerverletzten Oberst Brandt und schnitt dem ebenfalls schwerverletzten Generalleutnant Schmundt die Stiefel auf.

Sogleich hörte man auch den Ruf: »Wo ist der Führer?« Er kam von Keitel, doch schon nach wenigen Sekunden hatte er Hitler in dem rauchverhängten Trümmerhaufen ausfindig gemacht und stützte ihn beim Verlassen der verwüsteten Stätte [46a]. Der Persönliche Adjutant SS-Obergruppenführer Julius Schaub war inzwischen aus seinem in der Lagebaracke liegenden Zimmer herangeeilt, und auch Hitlers Diener, SS-Untersturmführer Heinz Linge, fand sich ein; sie begleiteten den etwas mitgenommenen Führer zu seinem Wohnbunker, wo er sich sofort umzog und sich von seinen Ärzten versorgen ließ. Zunächst legte Professor von Hasselbach, den Linge aus seinem an Sanders Büro angrenzenden Dienstzimmer herbeigeholt hatte, die ersten Notverbände an, dann übernahm Professor Morell die weitere Behandlung, während Hasselbach zum Lazarett Karlshof bei Rastenburg fuhr, um sich dort an der Versorgung der Schwerverletzten zu beteiligen. Inzwischen kamen auch immer mehr Sanitäter und Autos heran, der RSD begann mit der Absperrung des Geländes um die Lagebaracke [47].

Die Fachleute waren sich später einig, daß einerseits die von Stauffenberg in die Lagebesprechung gebrachte Sprengstoffmenge in einem wirklichen Bunker alle Anwesenden getötet hätte und daß andererseits die doppelte Sprengstoffmenge, also die Gesamtmenge, die Stauffenberg und Haeften in das Führerhauptquartier mitgebracht hatten, dieselbe Wirkung gehabt hätte [48]. Aber unter den in der Lagebaracke herrschenden Umständen und Verdämmungsverhältnissen waren die Verletzungen der Lageteilnehmer verhältnismäßig gering.

Hitler hatte am rechten Ellenbogen einen Bluterguß erlitten, aber das Gelenk funktionierte noch normal; am linken Handrücken hatte er oberflächliche Hautabschürfungen. Die lange schwarze Hose und darunter auch die lange weiße Unterhose hingen ihm in langen Streifen herunter, an den Beinen waren nur die Haare versengt. Das Hörvermögen war nicht feststellbar beeinträchtigt, obwohl beide Trommelfelle durchbrochen waren [49]. Der Führer war äußerst erregt, aber zugleich erleichtert. Er sagte immer wieder, er habe längst gewußt, daß in seiner weiteren Umgebung Verräter seien, und jetzt bestehe die Möglichkeit, die ganze Verschwörung auszuheben [50]. Er bedauerte den Verlust seiner neuen Hose [51].

Sehr schwer verletzt wurden jedoch Berger, Brandt, Korten und Schmundt. Berger wurden beide Beine abgerissen – er hatte der Bombe genau gegenüber gesessen – und er starb noch am selben Nachmittag. Brandt und Korten erlagen ihren Verletzungen am 22. Juli im Lazarett; Brandt hatte ein Bein verloren und Korten war ein großer Holzsplitter in den Leib gedrungen. Schmundt hatte schwere Oberschenkelverletzungen erlitten und starb am 1. Oktober 1944 im Lazarett Karlshof bei Rastenburg [52]. Mittlere, doch immer noch beträchtliche Verletzungen erlitten Bodenschatz, Borgmann, Scherff, Heusinger, Aßmann und Puttkamer, ferner Buhle, Waizenegger und Jodl. Die meisten von ihnen mußten einige Zeit im Lazarett zubringen. Alle übrigen bis auf Keitel und Hitler erlitten Gehirnerschütterungen und sonstige leichtere Verletzungen, bis auf Keitel sind auch allen Anwesenden die Trommelfelle geplatzt[53].

Aus der Art der Verletzungen und den angerichteten Zerstörungen läßt sich entnehmen, daß die Sprengladung in ihrer unmittelbaren Umgebung ganz erhebliche Wirkung hatte, trotz dem geringen Widerstand, dem die Druckwelle in allen Richtungen begegnete. Sie hat den Tisch zertrümmert, und von den in unmittelbarer Nähe stehenden Anwesenden sind nur der etwas vom Tisch entfernt stehende Bodenschatz und auf der anderen Seite des Tisches Aßmann am Leben geblieben. Heusinger stand schon weiter entfernt und war überdies, wie Hitler, durch die massive Tischstütze geschützt. Korten, Brandt, Schmundt, Borgmann und Berger sind dagegen umgekommen.

Da sich der Attentäter nicht darauf verlassen konnte, daß die Tasche im Augenblick der Explosion nahe bei Hitler stehen würde, sondern höchstens darauf, daß dieser überhaupt im Augenblick der Explosion im Raum anwesend sein würde, mußte die Sprengladung auf die Tötung aller Anwesenden berechnet sein. Dazu aber hatte die Sprengladung nicht ausgereicht.

Als man später den Fahrer verhörte, der Stauffenberg und Haeften zum Flugplatz gebracht hatte, erfuhr man, daß Haeften während der Fahrt durch den Wald ein Paket aus dem Auto geworfen hatte. Man ließ es durch eine Pioniereinheit suchen und fand, in Packpapier eingewickelt, einen Klumpen Plastiksprengstoff von 975 Gramm Gewicht, ferner zwei Initialzündkörper (Tetrylübertragungsladungen) und einen englischen Zeitzündstift für 30 Minuten Zündverzögerung[54].

Man stellte Vermutungen an, wozu der zweite Klumpen mitgebracht worden sei, und vielfach wurde die Meinung geäußert, es sollte damit die Nachrichtenzentrale im Sperrkreis I gesprengt oder aber Himmler umgebracht werden[55]. Die Sprengung der Nachrichtenzentrale sollte angeblich entweder Fellgiebel oder Stieff vornehmen; daß sie sinnlos und gar nicht beabsichtigt war, ist schon dargelegt worden[56]. Wie man *nach* der Explosion, die Hitler töten sollte, Himmler noch mit einer Sprengladung zu Leibe rücken wollte, die erst eine halbe Stunde nach der Zündung explodieren würde, alles unter der Voraussetzung, daß er in der »Wolfschanze«, aber nicht in der Lagebesprechung gewesen wäre, bleibt unerfindlich.

Die einzige Erklärung, die nicht auf Widersprüche in den Quellen und Beweisstücken stößt, ist die, daß Stauffenberg beim Umpacken und Vorbereiten der Sprengladung kurz vor der Lagebesprechung durch das Hereintreten des Oberfeldwebels Vogel so sehr gestört wurde, daß er keine Zeit mehr hatte, alles zu tun, was er vorhatte. Wahrscheinlich hoffte er unter diesen Umständen, die halbe Menge werde für die gewünschte Wirkung ausreichen. Man sollte auch versuchen, Stauffenbergs Lage in diesem Augenblick durchzudenken: er war dabei, eine Gruppe Menschen umzubringen, und zwar ausgerechnet einen wichtigen Teil der obersten Führung des in einen Krieg von ungeheuren Ausmaßen verstrickten Reiches. Da stört ihn jemand wenige Minuten vor der geplanten Explosion, und nach wenigstens zwei vergeblichen Anläufen in den letzten zehn Tagen, beim Einpacken und Zünden der Sprengladung – niemand kann von sich behaupten, seine Nerven wären da mit Sicherheit nicht ins Vibrieren gekommen. Wenn der Oberfeldwebel sich sofort entfernt hätte und wenn es auf eine halbe Minute Verspätung nicht mehr angekommen wäre, dann hätte Stauffenberg mit der Zurücklassung des anderen Pakets einen Fehler begangen. Die Größe der beiden Sprengstoffpakete – je etwa 32 mal 8 mal 3 cm – hätte die Unterbringung beider Packungen in der Aktentasche erlaubt[57]. Da aber die Störung durch Oberfeldwebel Vogel andauerte und die Gefahr der Entdeckung durch weitere Verzögerung zu groß schien, hat Stauffenberg zweifellos sein Mögliches getan. Wer hätte ihm in Berlin noch seine Erklärungen geglaubt, wenn er ein drittes Mal erfolglos zurückgekommen wäre? Die Verschwörung wäre wahrscheinlich auseinandergefallen[58].

Sofort nach dem Attentat erschien es notwendig, die höchsten Führer des Reiches zusammenzurufen. Niemand hatte einen Überblick über die Vorgänge, ein Einzeltäter (Hitler verdächtigte zunächst OT-Arbeiter, von denen täglich Hunderte zu den Bauarbeiten in den Sperrkreis I kamen [58a]), aber auch eine Verschwörung konnte für das Attentat verantwortlich sein, vielleicht waren Parallelanschläge gegen Göring und Himmler vorbereitet. Vor allem bestand zunächst keine Klarheit über den Grad des Erfolges des Attentats, man wußte noch nicht, wie schwer Hitler, Keitel, Jodl, Schmundt und andere wichtige hohe Führer verletzt waren, wie sich also die militärische und politische Führung würde aufrechterhalten lassen. Auch ein gewisses Mißtrauen gegenüber Göring und Himmler, vielleicht gegenüber Ribbentrop, könnte in einem solchen Kreis nicht überraschen, wo doch jeder das Bewußtsein oder das Gefühl hatte, daß diese Paladine zu vielem fähig waren und daß andererseits das Interesse Deutschlands und des deutschen Volkes die Beendigung des Krieges forderte. Ferner lag es im Interesse der Führung, die Nachricht von dem Attentat zunächst nicht nach außen dringen zu lassen; sie könnte ein Signal für Unruhen sein.

Oberst von Below war verhältnismäßig geringfügig verletzt, wenn auch

1. Wolfschanze

sein Gesicht voller Glassplitter und blutüberströmt war, und er hatte sofort die Notwendigkeit einer vorläufigen Nachrichtensperre erkannt. Genaues wußte er natürlich noch nicht, aber er hatte gesehen, daß wichtige Führungsoffiziere wie General Schmundt nicht mehr aktionsfähig waren und daß Hitler sich in verletztem Zustand in seinen Bunker begeben hatte. Er ging also sofort über das Sträßchen zum Vermittlungsbunker. Es muß etwa drei Minuten nach der Explosion gewesen sein, als er dort ankam. Below selbst konnte gegenüber den Nachrichtensoldaten die Sperre nicht anordnen, sie hatten die Befehle ihrer unmittelbaren Vorgesetzten zu befolgen, in deren Aufgabengebiet Below auch jetzt nicht einfach hineinbefehlen konnte. So bemühte er sich, vor allem den für das Nachrichtenwesen im Führerhauptquartier höchsten zuständigen Offizier, Oberstleutnant Sander, herbeizurufen. Kurz darauf erschien auch der Leiter des Nachrichtenbetriebes (LdN), Oberleutnant Hans Hornbogen, der kurz vor der Explosion weggegangen war, um ein Fernschreiben in das Büro von General Buhle zu bringen[59]. Seit der Explosion mochten nun vier oder fünf Minuten vergangen sein, es war also etwa 12.55 Uhr, sofern die zeitgenössischen Angaben zutreffen. Hornbogen erhielt den Auftrag, den Wehrmacht-Nachrichten-Offizier (WNO) Oberstleutnant Sander herbeizurufen, was auch sofort geschah. Sander begab sich eiligst in den Vermittlungsbunker, Fellgiebel schlug gemessenen Schrittes denselben Weg ein und kam allmählich nach.

Es ist möglich, daß er noch mit Oberst Hahn im Lager »Mauerwald« telephoniert und ihm das Stattfinden der Explosion mitgeteilt hat, ehe er Sander folgte, so daß dieser den Eindruck von Fellgiebels Zögern auf dem Weg zum Vermittlungsbunker erhielt. Bemerkt hat es niemand, zeitgenössische Aufzeichnungen hierüber sind nicht bekannt. Aber Fellgiebel hatte schon vorher mit Hahn telephoniert und ihm gesagt, daß nun das Attentat stattfinden werde, als er wußte, daß Stauffenberg in die Lagebesprechung gegangen war, womöglich sogar noch früher. Er mußte nun versuchen, die Nachrichtenverbindungen im Sinne der Verschwörung zu sichern. Eine Nachrichtensperre *nach* dem – erfolgreichen oder mißlungenen – Attentat konnte man rechtfertigen und als im Auftrag und im Sinn der Führung geschehen hinstellen. Der Befehl, daß nichts nach außen dringen dürfe, kam ja auch wirklich von dem Führungskreis um Hitler. Eine Sperre vor dem Attentat durfte nach dem Mißlingen nicht bekannt werden, aber die Maßnahmen zur nachrichtentechnischen Isolierung des Führerhauptquartiers »Wolfschanze« waren doch schon vor der Explosion angelaufen.

Oberst Hahn hatte schon davor, sei es auf unmittelbare Veranlassung

Fellgiebels oder entsprechend früherer Verabredung, mit den in der Nachrichtenzentrale »Zeppelin« in Zossen auf das Stichwort wartenden Verschwörern telephoniert und dem Major Burchardt, der gerade den Telephondienst versah, »gegen Mittag« gesagt: »›Das Nachrichtengerät geht ab.‹«[60] Das war nicht das endgültige Stichwort, welches für das erfolgte Attentat galt. Dieses hieß: »›Das Nachrichtengerät ist abgegangen.‹«[61] Der gleichfalls eingeweihte, in »Zeppelin« tätige Major Degner erinnert sich, das zweite Stichwort sei schon etwa um 11 Uhr vormittags gekommen, Burchardt aber berichtet, daß gegen Mittag, also gegen 12 Uhr, das erste, vorbereitende Stichwort eingegangen sei. Degner und Burchardt stimmen jedenfalls darin überein, daß vor dem Attentat schon ein Stichwort vorlag, welches sie zu einleitenden Sperrmaßnahmen veranlaßte. Burchardt hatte die Meldung Hahns aus »Mauerwald« sofort an Degner und Höpfner weitergegeben. Die Gestapo hat von dieser Vorwarnung nie etwas erfahren[62]. Fellgiebel, Hahn und auch die Nachrichtenoffiziere Thiele und Haßel in der Bendlerstraße in Berlin, soweit sie davon wußten, haben die übrigen Eingeweihten vor dem Tode gerettet, indem sie über die Vorwarnung schwiegen; dazu kam allerdings, daß man nicht alle Fachleute hinrichten konnte, wenn der Krieg noch weitergeführt werden sollte[63].

Wann Fellgiebel zum zweiten Mal mit Hahn telephoniert hat, ließ sich nicht feststellen. Es kann von Sanders Dienstzimmer aus gewesen sein, oder auch im Vermittlungsbunker, etwa im Klinkenumschalterraum, wo es nicht unbedingt jemand bemerkt haben muß[64]. Sowohl Sander in der »Wolfschanze« als auch Fellgiebels Ordonnanzoffizier Arntz in »Mauerwald« waren nur Zeugen des späteren Gesprächs, das Fellgiebel mit Hahn führte, nachdem er das Überleben Hitlers festgestellt hatte[65].

Während Sander noch auf dem Weg von seinem Dienstzimmer zum Vermittlungsbunker war, wollte Below ein Gespräch mit Himmler vermittelt haben. Die Verbindung wurde hergestellt, und da kam auch schon Sander dazu. Below gab den Sperrbefehl mit den hastig hervorgestoßenen Worten an Sander: »Attentat auf den Führer, Führer lebt. Nichts darf nach außen dringen! Beordern Sie persönlich den Reichsmarschall und den Reichsführer SS zum Führer!«[66]

Sander befahl dem Vermittlungspersonal, alle Stöpsel aus den Klappenschränken zu ziehen und mit den Stühlen einen Meter von den Tischen abzurücken, um den Sperrbefehl auszuführen. Alle bestehenden Gesprächsverbindungen wurden sofort getrennt, dem übrigen Fernmeldepersonal wurde der Zutritt zur Handvermittlung sofort untersagt. Danach sprach Sander mit Himmler und ersuchte ihn ohne Angabe von Gründen, sofort ins Führerhauptquartier zu kommen. Himmler fragte sofort, ob alle

1. Wolfschanze

Sicherheitsmaßnahmen ergriffen seien, worüber Sander ziemlich erstaunt war; aber Himmler mußte von Below schon eine Andeutung über das Attentat erhalten haben, Below wird beim Eintreffen Sanders diesem den Hörer übergeben haben, da er selbst mit seinen geplatzten Trommelfellen kaum hören konnte. Sander antwortete Himmler, fernmeldemäßig sei alles Erforderliche veranlaßt [67]. Darauf rief Sander bei Göring an und verlangte den Reichsmarschall selbst zu sprechen, was nicht ohne Geplänkel mit dessen Adjutanten abging, aber schließlich doch gelang. Auch Göring wurde ersucht, sofort in die »Wolfschanze« zu kommen.

Below war nach seinen ersten Anordnungen wieder in Hitlers Sondersperrkreis, den »Führersperrkreis« zurückgegangen, wo inzwischen Martin Bormann am Explosionsort angekommen war. Below meldete die eingeleiteten Maßnahmen und Benachrichtigungen und ging dann in die Revierbaracke im Sperrkreis II, um sich verbinden zu lassen. Beim Vermittlungsbunker begegnete er Fellgiebel, der inzwischen herangekommen war und nun, nachdem er im Vermittlungsbunker kurz telephoniert hatte, auf dem Sträßchen zwischen diesem Bunker und dem Führersperrkreis auf und ab ging, um sich über die Lage zu orientieren.

Sander wurde zu dieser Zeit zu Hitler befohlen, der wissen wollte, wie schnell die nötigen Vorbereitungen für eine Rundfunkansprache getroffen werden konnten. Er hatte sich inzwischen umgezogen und ließ seinen Wohnbunker nach Sprengkörpern durchsuchen. Nun ging er in seinem Sperrkreis spazieren, und das sah Fellgiebel. Sander aber ärgerte sich, weil er einmal von Schmundt den Auftrag erhalten hatte, persönliche Begegnungen zwischen Hitler und dem als Defätist verschrieenen Fellgiebel möglichst zu vermeiden, der nur wegen seiner Unentbehrlichkeit bisher nicht abgelöst worden war. Mit einiger Mühe lotste Sander Fellgiebel von der Straße weg zurück in die Vermittlung.

Zu Hitler sagte Sander, die Vorbereitungen für die Rundfunkansprache könnten um 18 Uhr beendet sein [68]. Man hatte die nötigste Ausrüstung dazu im Führerhauptquartier, aber weil man ganz sicher gehen wollte, daß Hitlers Ansprache zur gleichen Zeit über alle deutschen Sender verbreitet wurde und daß Hitler wegen möglicher Störungen nicht zweimal sprechen mußte, waren doch umfangreiche Vorbereitungen erforderlich. Sander mußte mit dem Funkhaus des Deutschlandsenders in Berlin und mit dem Propagandaministerium Verbindung aufnehmen, das konnte er erst, nachdem die von den Verschwörern verfügte Nachrichtensperre aufgehoben war, und später hatte man sowohl im Propagandaministerium als auch im Funkhaus noch einige andere Sorgen, als die Verschwörer beide Komplexe in ihre Gewalt zu bringen suchten. Die Rede Hitlers sollte zugleich in Ostpreußen und in Berlin auf Platten aufgenommen und ebenfalls zur gleichen Zeit gesendet werden, u. a. über den Deutschlandsender und den Sender Königsberg, danach konnte man die Ausstrahlung beliebig oft wiederholen. Auf alle Fälle wollte Sander noch einen Aufnahme- und Übertragungswagen aus Königsberg kommen lassen. Man sagte ihm zu, daß er sofort entsandt werde. Aber die Bedienungsmannschaft war nach Cranz gefahren und badete in der Ostsee, und auch aus anderen Gründen verzögerte sich die Ansprache noch – Mussolinis Besuch nahm den ganzen Nachmittag in Anspruch, die Ansprachen Hitlers, Dönitz' und Görings mußten erst verfaßt und genehmigt werden, und überall, auch im Teehaus, wo Hitler später die Ansprache hielt, suchte man nach weiteren Sprengkörpern.

In der Vermittlung im Sperrkreis I der »Wolfschanze« hatte sich, da die bei der Lagebesprechung anwesend gewesenen Marineoffiziere ziemlich aktionsunfähig waren, kurz nach dem Attentat der Gehilfe von Konteradmiral Voß, Fregattenkapitän Ulrich Meier, eingefunden. Voß hatte Below gebeten, den Großadmiral Dönitz zu verständigen und Below hatte offenbar Meier benachrichtigt [69]. Gegen 13.15 Uhr ging der Anruf in der »Koralle« ein: Dönitz solle sofort ins Führerhauptquartier kommen, Gründe wurden nicht gegeben. Dönitz ärgerte sich über den Befehl, weil ihm die gewohnte gründliche und präzise Vorbereitung natürlich unmöglich war, wenn er nicht wußte, worum es sich handelte. Um 14.50 Uhr flog er mit seinem Admiral z. b. V., Konteradmiral Gerhard Wagner, nach Rastenburg ab.

Inzwischen erschien Fellgiebel in der Vermittlung und ließ sich über die angeordnete Unterbrechung der Telephonverbindungen berichten, die er guthieß. Die Unterbrechung wurde natürlich nicht total, sondern sinngemäß durchgeführt. Gewiß sollte nichts nach außen dringen, aber bei Führern wie Keitel, Jodl oder auch Fellgiebel selbst wurde damit gerechnet, daß sie die Geheimhaltung auch ohne Zwang durchführen würden. Sie konnten trotz der Sperre telephonieren – soweit diese lediglich von der »Wolfschanze« ausging. Fellgiebel beauftragte Sander, den Generalleutnant Thiele in Berlin anzurufen, der aber nicht sofort zu erreichen war. Eine Verbindung mit einer Sekretärin kam zustande, und Sander sagte ihr, sie solle Thiele melden, daß auf Hitler ein Attentat verübt worden sei, welches dieser überlebt habe. Fellgiebel nahm Sander den Hörer aus der Hand und schärfte der Sekretärin selbst noch ein, wie wichtig die Meldung sei, sie müsse unbedingt weitergegeben werden.

Einige Minuten später (Sander mußte sich schon wieder entfernt haben, da er nichts davon weiß) bekam Fellgiebel doch Verbindung mit Thiele

1. Wolfschanze

persönlich. Er wiederholte die Mitteilung von dem Attentat und seinem Mißlingen, und er muß auch die Notwendigkeit angedeutet haben, die vorgesehenen Maßnahmen trotzdem auszuführen. Der einzige bisher aufgetauchte Zeuge dieses Gespräches zwischen Fellgiebel und Thiele, der sich mit großer Lebhaftigkeit an die Szene erinnert, kann über den Inhalt keine Mitteilung machen, weil ihm das Gespräch in der verschlüsselten Geheimsprache, die Fellgiebel und Thiele anscheinend verabredet hatten, völlig unverständlich war [70].

Nach dem Gespräch mit Thiele rief Fellgiebel Oberst Hahn im Lager »Mauerwald« an und teilte ihm das Ergebnis seiner Ermittlungen beim Führersperrkreis mit. Er mußte damit rechnen, daß Hahn das Mißlingen erfuhr und dann vielleicht die eingeleiteten Maßnahmen rückgängig machte bzw. gar nicht ausführen ließ. Fellgiebel sagte zu Hahn: »Es ist etwas Furchtbares geschehen: der Führer lebt.« Darauf Hahn: »Was sollen wir tun?« Fellgiebel: »Alles blockieren!« Das hieß offenbar nicht, der Staatsstreich sollte blockiert werden, sondern die Nachrichtenverbindungen mit der »Wolfschanze«. Fellgiebel hatte also die Geistesgegenwart und den Mut, das Richtige zu tun: die Ausführung des Umsturzversuches konsequent fortzusetzen. Die Verschwörung war vor der Aufdeckung nicht zu bewahren, der Erfolg war aber durch entschlossenes Handeln noch erreichbar [71]. Wenig später fuhr Fellgiebel nach »Mauerwald« zurück und begegnete beim Verlassen des Sperrkreises I Himmler, der gerade, etwa um 13.45 Uhr, mit seinem kleinen Gefolge eintraf [72]. Hahn rief inzwischen Thiele in Berlin an, etwa zwischen 13.10 und 13.30 Uhr, und teilte ihm persönlich mit, was er von Fellgiebel erfahren hatte [73]. Thiele hat also kurz nach 13 Uhr aus mindestens zwei Quellen die Nachricht von dem mißlungenen Attentat bekommen.

Stauffenberg war natürlich nach dem Attentat vermißt worden, aber zunächst war die Verwirrung zu groß, um daraus Konsequenzen zu ziehen. Als Sander gegen 14 Uhr wieder zur Lagebaracke ging, um sich über die Reparaturmöglichkeiten der dortigen Fernmeldeanlagen ein Bild zu machen, fand er den Wachtmeister Adam noch vor, obwohl der da eigentlich nichts mehr zu suchen hatte. Er ließ ihn das mit der beim Militär üblichen Deutlichkeit wissen, aber Adam hatte etwas zu melden. Er gehörte zu der Art Menschen, die alles sehen, mit oder ohne Auftrag, und die dann auch von ihren Entdeckungen Gebrauch machen wollen. Nun erklärte er Sander, daß Stauffenberg der Attentäter gewesen sein müsse, weil dieser ohne seine Aktentasche sowie ohne Mütze und Koppel sehr eilig weggegangen sei [74]. Offenbar war es Adam bisher nicht gelungen, seine Beobachtungen wirksam vorzubringen. Von Major Wolf hatte er nur zur Antwort erhalten: »›Wenn Sie glauben, das melden zu müssen, dann tun Sie das.‹« Jetzt wurde er auch von Sander wegen der ungeheuerlichen Verdächtigung eines so hochverdienten Offiziers gewaltig »angeblasen«. Sander wollte sich die Erzählung gar nicht ganz anhören und sagte, wenn Adam meine, das melden zu müssen, so solle er doch zu Högl vom RSD gehen. Darauf ging Adam mit seiner Meldung zu Martin Bormann, und der brachte ihn zu Hitler[75]. Bald stellten sich Adams Hinweise als zutreffend und brauchbar heraus, und der eifrige Soldat erhielt eine Beförderung, 20000 Mark und ein Häuschen bei Berlin[76].

Zwischen 14 und 15 Uhr sind nun die Maßnahmen zur Ergreifung Stauffenbergs in Gang gekommen, aber sie waren immer noch auffallend träge. Allerdings konnte man ihn zunächst wegen der Sperre noch im Hauptquartier vermuten. Nachfragen bei Sander mußten ergeben, daß Stauffenberg zum Kommandanten Streve zum Essen gefahren sei, erst allmählich stellte sich dann heraus, daß er die »Wolfschanze« verlassen hatte. Erkundigungen auf dem Flugplatz ergaben, daß er nach Rangsdorf abgeflogen sei[77]. Ob er dort wirklich landen würde, war damit nicht gesagt. Jedenfalls wurde Stauffenberg bei der Ankunft in Berlin nicht verhaftet, erst am Spätnachmittag erschien in der Bendlerstraße ein SS-Mann mit dem Auftrag, den Chef des Stabes beim Chef H Rüst u BdE zu einer »Besprechung« ins RSHA zu bitten bzw. festzunehmen.

Die von der »Wolfschanze« aus angeordnete legitime Nachrichtensperre blieb zunächst noch in Kraft. Eingehende Gespräche wurden nicht angenommen, nur die höchsten Führungsoffiziere im Hauptquartier durften telephonieren[78]. Später fanden sich zur Überwachung noch einige RSD-Beamte in der Vermittlung ein, die von Sander in ihre Aufgaben eingewiesen wurden. Die Angaben über die Dauer der Nachrichtensperre in der »Wolfschanze« schwanken erklärlicherweise ziemlich stark. Denn tatsächlich bestand auf der höchsten Ebene gar keine Beschränkung, während andererseits selbst von der Front her eingehende Gespräche wenigstens eine Zeitlang, mindestens eine halbe bis ganze Stunde lang, unter dem Vorwand von Leitungsstörungen nicht weiterverbunden wurden. Gespräche auf den unteren Ebenen wurden bis zu zwei Stunden lang unterbrochen, was jedoch nicht für Gespräche innerhalb der »Wolfschanze« galt. Gespräche aus Berlin oder anderen Orten des Reichsgebietes wurden längere Zeit, wenigstens eine Stunde lang, nicht angenommen. Gegen 15 Uhr wurde die Sperre in der »Wolfschanze« von Oberstleutnant Sander mit Billigung von Himmler wieder aufgehoben.

Diese von innerhalb des Führerhauptquartiers angeordnete Sperre, die Fellgiebel selbst überprüft und gutgeheißen hatte, war so vollständig, wie

1. Wolfschanze

sie unter den Umständen sein konnte. Sie entsprach zwar auch den Interessen und Wünschen des nach wie vor bestehenden Regimes, doch hat Fellgiebel zum Nutzen der Verschwörung noch nachgeholfen, soweit er konnte. Es war nicht möglich, die Zentrale in der »Wolfschanze« ganz außer Betrieb zu setzen, auch eine Sprengung hätte das nur zeitweise vermocht und hätte die zweite Zentrale im Sperrkreis II überhaupt nicht berührt. Es war weder sinnvoll noch möglich, den Versuch zur totalen nachrichtentechnischen Isolierung der »Wolfschanze« gewaltsam zu unternehmen, wie bei der Darstellung der Umsturzvorbereitungen des näheren ausgeführt wurde [79]. Da sich die Befehls- und Machtverhältnisse im Hauptquartier nicht im geringsten geändert hatten, konnte Fellgiebel auch keine weitergehenden Befehle erteilen, als sie den Absichten der Führung ohnehin entsprochen hätten.

Zu dem Eindruck einer effektiven und gründlichen, wenn auch nicht ganz vollständigen Sperrre trug jedoch noch ein weiterer Umstand bei. Wie verabredet und wie von Fellgiebel in seinen beiden Gesprächen mit Oberst Hahn angeordnet, wurde kurz nach 13 Uhr versucht, die Verstärkerämter außer Betrieb zu setzen, auf die die Vermittlungen und Verbindungen der »Wolfschanze« abgestützt, d. h. über die deren Verbindungen geschaltet waren.

Nachdem Fellgiebel von der »Wolfschanze« aus Hahn das Stattfinden des Attentats mitgeteilt hatte, erteilte Hahn dem Oberleutnant d. R. Arntz den Befehl, die Ämter »Anna« in »Mauerwald« und »Emma« in Lötzen abschalten zu lassen [80]. Arntz rief sofort bei beiden Ämtern an und gab im Auftrag von Fellgiebel den Befehl, sämtliche Gespräche zu unterbinden, die Verstärkerämter abzuschalten, die Klemmverbindungen zu trennen. Zum Amt »Anna« schickte er den Hauptmann Jahnke und begab sich dann, nach nochmaliger Verständigung mit Hahn, der inzwischen von Fellgiebel das Mißlingen des Anschlages erfahren hatte, selbst mit einem Beiwagenmotorrad in das Verstärkeramt »Emma« in Lötzen und ließ dort ebenfalls alle Klemmverbindungen auftrennen. Von etwa 14 bis gegen 17 Uhr blieb Arntz dort, dann wurde er von einem auf Veranlassung von Oberst i. G. von Freytag-Loringhoven hingeschickten Abwehroffizier abgelöst, der die Wiederaufnahme der Verbindungen anordnete. Als Arntz gegen 18 Uhr nach »Mauerwald« zurückkam, fand er im Kasino Fellgiebel, Hahn und Freytag-Loringhoven vor, die Telephongespräche mit Berlin führten.

Die Sperrung der Verstärkerämter Insterburg und Rastenburg hatte Fellgiebel selbst übernommen, aber anscheinend nur unvollkommen durchführen können [81]. Jedenfalls war zu keiner Zeit die Verbindung zwischen »Wolfschanze« und Berlin *völlig* abgeschnitten, die Nachrichtenverbindungen waren nur außerordentlich erschwert.

Schließlich tat auch die von Zossen aus veranstaltete Teilblockierung der Nachrichtenverbindungen zur »Wolfschanze« ihre Wirkung und verstärkte den Eindruck der Sperre. Sie wurde bis in die späten Nachmittagsstunden aufrechterhalten [82].

Fellgiebel und seine Mitverschwörer in Ostpreußen hatten getan, was sie konnten. Berlin war spätestens um 13.30 Uhr über die Vorgänge in der »Wolfschanze« und über den Entschluß Fellgiebels, zu handeln, als wäre das Attentat geglückt, unterrichtet. Jetzt war es an der Berliner Zentrale, die Initiative zu ergreifen.

2. Berlin: *Auslösung*

In der Bendlerstraße wußte man kurz nach 13 Uhr, daß der Sprengstoffanschlag auf Hitler ausgeführt war, aber nur zwei der Verschworenen hier besaßen anscheinend dieses Wissen: Generalleutnant Thiele und General Olbricht. Nun hätten sofort die vorbereiteten und am 15. Juli teilweise »geübten« Maßnahmen in Gang gesetzt werden müssen, doch es geschah nichts [82a].

Der Hauptgrund für diese Untätigkeit war natürlich das Scheitern des Attentats. Der Tod Hitlers war offenbar so sehr conditio sin qua non für alles weitere, und das Vertrauen in die Wirksamkeit der von Stauffenberg mitgenommenen Sprengstoffmenge so groß, daß für den Fall, daß die Explosion stattfand, aber ohne die beabsichtigte Wirkung blieb, keine Vorsorge getroffen worden war. Dabei wußten Frontsoldaten, daß die Wirkung von Explosionen, außer in Räumen mit lückenloser Verdämmung, ziemlich unberechenbar ist und daß häufig z. B. dem Explosionsherd am nächsten Stehende überleben, während weiter Entfernte getötet werden. Außerdem hatte man sich durch die Verwendung der Zeitzündung teilweise der Kontrolle des Vorganges begeben, Hitler konnte sich unter Umständen schon vor der Explosion aus dem Raum entfernen.

Fellgiebel hatte etwas verschlüsselt berichtet, etwas Furchtbares sei geschehen, der Führer lebe. Daraus war noch nicht einmal mit Sicherheit zu entnehmen, ob die Sprengladung überhaupt explodiert war. Schließlich hatte sie den Weg ins Hauptquartier schon dreimal gemacht und war ungezündet wieder zurückgekommen. Man konnte diesmal nicht das Vorpreschen vom 15. Juli wiederholen, schon gar nicht in der ungeklärten Lage, und auch nicht, weil diesmal Fromm nicht weit weg in Ostpreußen,

2. Berlin: Auslösung

sondern in Berlin war. Fromm würde allenfalls auf die gesicherte Nachricht vom Tode Hitlers hin seine Zustimmung zu den Staatsstreichmaßnahmen geben; beim Fehlen solcher Nachricht würde er seine Mitwirkung oder Duldung verweigern und wahrscheinlich sogar Gegenbefehle erteilen – das war gewiß die Lehre aus seiner Reaktion auf die »Übung« des 15. Juli.

So überlegten Olbricht und Thiele, wie Olbricht Gisevius am Abend des Tages sagte, daß es das beste sei, zunächst gar nichts zu tun. Wenn das Attentat nur mißlungen, aber nicht entdeckt war, konnte Tätigkeit im Sinne des Umsturzes die Verschwörung nur sinnlos gefährden, weil ohne Hitlers Tod keine Aussicht auf Erfolg bestand. Wenn Stauffenberg sich erschossen hatte, wie man bei mißlungenem und entdecktem Attentat nicht ganz grundlos erwarten mochte, oder wenn er von Wachen erschossen worden war, bestand Aussicht, daß der Hintergrund des Anschlages unentdeckt bleiben würde. Nur wenn Fellgiebels Worte bedeuteten, das Attentat sei fehlgeschlagen, aber entdeckt, und Stauffenberg gefangen (oder zunächst entkommen), wäre das Handeln die unausweichliche Konsequenz gewesen. Man zog aber offenbar vor, an die Möglichkeiten zu glauben, die nicht zum Handeln zu zwingen schienen. Olbricht und Thiele beschlossen, nach Rücksprache mit General Wagner, der ihre Auffassung teilte, sich routinemäßig zu verhalten, d. h. sie fuhren mit Generaloberst Hoepner zum Mittagessen und kamen etwa um 15 Uhr wieder zurück[83].

General Fellgiebel freilich hat seine Durchsage nicht für mißverständlich gehalten. Als ihm gegen 16.30 Uhr, da man schon wieder lebhaft zwischen Berlin und Ostpreußen hin- und hertelephonierte, klar wurde, was in Berlin geschehen bzw. nicht geschehen war, sagte er zu seinem Ordonnanzoffizier: »Da täuscht sich Thiele, wenn er glaubt, daß er so aus der Sache rauskommt.«[84]

Auch die Nachrichten, die Oberst Hahn aus »Mauerwald« an die im Lager »Maybach II« bei Zossen wartenden Nachrichtenoffiziere gab, waren eindeutig und wurden richtig verstanden. Spätestens um 13.30 Uhr hat Oberst Hahn noch persönlich mit Generalleutnant Thiele telephoniert, und danach rief er Major Burchardt im Lager »Maybach II« an. Fellgiebel hatte Hahn befohlen, so zu handeln, als wäre das Attentat gelungen. Major Burchardt erhielt also zwar die Mitteilung: »Das Nachrichtengerät ist nicht abgegangen«, zugleich aber den Befehl, die Blockierung der Verbindungen von und über Zossen zur »Wolfschanze« vorläufig aufrechtzuerhalten. Nach wie vor seien Ferngespräche nur von einem bestimmten Personenkreis zu führen, zu dem u. a. die Generale Olbricht und Wagner sowie Oberst Graf von Stauffenberg gehörten, ebenso seien Fernschreiben nur weiterzugeben, wenn sie die Unterschrift von Mitgliedern dieses Personenkreises trügen, andernfalls seien sie lediglich anzunehmen; in Zweifelsfällen solle bei Fellgiebel oder Hahn rückgefragt werden [85]. Es geschah also auf ausdrücklichen Befehl Fellgiebels genau das, was er den Verschwörern zu tun zugesagt hatte, soweit es in seiner Macht stand: Offenhalten der Leitungen für die Verschwörer, Sperre für die Gegenseite. Die Leitungen »Zeppelin«–»Wolfschanze« waren gesperrt, die Verbindung »Zeppelin«–»Mauerwald« war beschränkt benützbar [86].

Major Burchardt blieb an seinem Posten und gab die Anweisungen Hahns an die Majore Degner und Höpfner weiter. Major Degner hatte schon im Kabelrangierraum die mit einfachen technischen Kunstgriffen präparierten Leitungen, auf denen die Verbindungen zur »Wolfschanze« geschaltet waren, getrennt, nachdem das vorläufige Stichwort »Das Nachrichtengerät geht ab« eingegangen war. Das Betreten des Raumes durch andere Offiziere wurde unterbunden; die Wechselstrommeßstelle erhielt die Weisung, ihre Messungen an Fernleitungen bis auf weiteres einzustellen. Zugleich wurde die vorbereitete Geheimvermittlung in Betrieb genommen. Der Leiter der Gruppe Drahtnachrichtenverbindungen in der Dienststelle »Zeppelin« in Zossen, Oberstleutnant Beichele, notierte sich um 13.55 Uhr: »›Höpfner übermittelt telephonisch von Oberst Hahn: Ab sofort alle Privatgespräche gesperrt. Ab sofort dürfen über die Ämter Anna-Bu, Emma-Bu und Nora-Bu u. Alarich nur noch Gespräche geführt werden, die von Offizieren überwacht werden.‹« [87]

Alle Gespräche mußten nun kontrolliert und abgehört werden, die Nachrichtensoldaten und Nachrichtenhelferinnen durften kein Gespräch mehr selbständig vermitteln. Die Nachrichtenhelferinnen mußten die Fernplätze räumen und an der gegenüberliegenden Wand Platz nehmen, die drei Sonderplätze (für vorrangige Gespräche) waren von den dort diensthabenden Soldaten weiter zu bedienen, jedoch unter besonderer Aufsicht von Offizieren. Die gesamte Vermittlung mußte von Offizieren unmittelbar überwacht werden. Nach fünf Minuten waren diese Befehle ausgeführt. Offiziere beantworteten jetzt alle eingehenden Anrufe mit dem Bescheid, es könne zur Zeit nicht vermittelt werden. Ein Hauptmann überwachte im Verstärkeramt »Zeppelin« ständig die Leitung nach »Wolfschanze«, indem er am Tonrufumsetzer des Verstärkers mithörte. Der LdN Oberleutnant Büchner wurde angewiesen, Oberst Negendanck, Major Dr. Hoch, Oberstleutnant Kecker und Major Poppe zu einer Besprechung ins Zimmer des LdN zu bitten. Zugleich gab Beichele den Befehl Höpfners an Poppe, an den LdN und an zwei andere Offiziere weiter. Höpfner begab sich, nachdem er die Anweisungen gegeben hatte, zum Generalquar-

2. Berlin: Auslösung

tiermeister General Eduard Wagner, der schon etwa um 13.30 Uhr von Oberst Hahn die Nachricht vom Attentat bekommen hatte: »›Ein Unglück in der Wolfschanze passiert. Der Führer lebt Gottseidank, ebenso Keitel und Jodl. Mehrere Verletzungen. Sonst keine Nachrichten zu erhalten.‹« [88]

Zu der Besprechung, bei der Oberstleutnant Beichele und Oberst Negendanck das Wort führten, wurde auch der Betriebsleiter der Reichspost in »Zeppelin«, Telegraphen-Oberinspektor Senor Wille, befohlen, und Beichele teilte ihm den von Fellgiebel erhaltenen Befehl mit: Der gesamte Gesprächsverkehr von der Durchgangsvermittlung nach außen sei zu sperren; es sei beabsichtigt, alle Verstärkerämter militärisch besetzen zu lassen. Oberst Negendanck verlangte darauf von Wille die Mitwirkung bei der weiteren technischen Ausführung des Befehls. Wille sträubte sich dagegen mit dem Hinweis, er dürfe nur Befehle seiner Postvorgesetzten entgegennehmen, solange diese noch telephonisch erreichbar seien, man möge also zuerst die entsprechenden Anweisungen dieser Vorgesetzten an Wille herbeiführen. Das ging natürlich nicht, die Postbürokratie hätte zu langsam und vielleicht überhaupt nicht reagiert, jedenfalls aber an Stellen rückgefragt, deren Auskünfte den in »Zeppelin« versammelten Offizieren peinlich sein mußten; auch galt die Post unter Führung des Ministers Ohnesorge als ziemlich stramm nationalsozialistisch, und nicht umsonst hatte man sich immer gescheut, Postbeamte in die Staatsstreichvorbereitungen einzuweihen. Jedoch konnte nur die Mitwirkung Willes bei der Durchführung der Sperre ihren vollen Erfolg gewährleisten; denn über das Dienstleitungsnetz der Reichspost, zu dem auch Verbindungen von und über »Zeppelin« nach »Wolfschanze« gehörten, hatte die Wehrmacht keine unmittelbare Kontrolle, und dasselbe galt für die nur den Posttechnikern bekannten Schaltungen von Partei- und SS-Dienststellen. So konnte eine Anzahl von Fernleitungen durch die Nachrichtenoffiziere weder abgeschaltet noch auch mit den Überwachungseinrichtungen der Wehrmacht erfaßt werden. Man drang also weiter in Wille ein, und schließlich schlug dieser einen Kompromiß vor, mit dem Oberst Negendanck und Oberstleutnant Beichele einverstanden waren: Wille werde sofort einen Inspektor mit der Überwachung des gesamten Gesprächsverkehrs in den Dienstleitungen der Post beauftragen und inzwischen die Weisungen seiner Vorgesetzten abwarten. So war also die Sperre nicht ganz vollständig, aber mehr war nicht zu erreichen, Gewaltanwendung schien in der unklaren Lage nicht angebracht [89].

Die Vorgesetzten Willes – dieser hatte sich direkt an das Reichspostministerium gewandt – telephonierten jeweils wieder mit ihren Vorgesetzten und erreichten so schließlich den Minister. Der entschied am Spätnachmittag dieses Tages: das Fernamt Berlin in der Winterfeldstraße solle die Dienststellen in der Bendlerstraße abwechselnd und stundenweise abschalten und wieder einschalten, wieder abschalten usw. Ehe ein vollständiger Zyklus dieser salomonischen Regelung abgelaufen war, wurde die Rundfunknachricht vom Überleben Hitlers bekannt, man durchschaute den Staatsstreichversuch und stellte den früheren Zustand wieder her.

In »Zeppelin« hatte man also getan, was man konnte. Die Sperre wurde dort aufrechterhalten, bis eindeutige Gegenbefehle eintrafen. Das war etwa um 16 Uhr. Sofern jedoch die Besetzung von Rundfunksendern und Telegraphenämtern durch Angehörige der Nachrichtentruppe vorgesehen war, sollte sie im Sinne der Anweisungen Hahns nun – jedenfalls von »Zeppelin« aus – unterbleiben[90].

Etwa um 15 Uhr oder wenig später hörte man plötzlich wieder von Generalleutnant Thiele. Er rief Major Degner an und fragte, ob die Leitungen nach »Wolfschanze« gestört seien. Degner bejahte und Thiele befahl ihm: »Sehen Sie zu, daß die Leitungen wieder betriebsfertig werden.« Sofort danach legte Thiele den Hörer auf. Degner wollte eine Erklärung, er hatte doch von seinem Vorgesetzten Oberst Hahn in »Mauerwald« einen entgegenlautenden Befehl. Er rief also selbst bei Thiele in der Bendlerstraße an: er habe vorhin nicht genau verstanden. Aber Thiele sagte ihm nur: »Tun Sie, was ich Ihnen gesagt habe.« Dann legte er wieder auf. Die Befehlsgewalt über die Zentrale »Zeppelin« stand nicht Thiele, sondern Fellgiebel zu. Thiele hatte versucht, sich das Amt »Zeppelin« unterstellen zu lassen, doch offenbar nur mit dem Erfolg, daß die Befehlsverhältnisse jetzt nicht ganz klar waren[91].

Nun erfuhr auch Degner von Burchardt, »das Nachrichtengerät sei nicht abgegangen«; er ging sofort zu Burchardt, um sich mit ihm zu besprechen. Während dieser Zeit rief Hahn in »Zeppelin« an und konnte Degner nicht unter seiner Nummer erreichen, wie sich Beichele notierte.

Die Sperre war nie total gewesen, aber zwischen 15 und 16 Uhr wurde sie in keiner Richtung mehr rigoros ausgeführt. Unter den Umständen – Überleben Hitlers und Nichthandeln der Zentrale in der Bendlerstraße – ließ sie sich nicht länger durchführen. Um 16.05 Uhr rief Oberst Hahn erneut aus »Mauerwald« an und hob die Sperre auf. Oberstleutnant Beichele notierte: »16.05 Oberst Hahn normaler Verkehr. Standort-Verm. Zossen ist außer Betrieb, Standort-Verm. Wünstorf 02-Wahl gesperrt bei uns ebenso J2-Wahl [die Leitung zur »Wolfschanze«] gesperrt. Oblt. Gebhard fährt eben zu den Außenvermittlungen u. überprüft (15.56). 16.05 Ab sofort Dienstgespräche wieder durchlassen (nur Stichproben). Fegelein (Wolfsch)-O'Gruppfhr. Jüttner: ›.. [Worte unleserlich] Ähnlich wie in Mün-

2. Berlin: Auslösung

chen. Führer wohlauf.‹« [92] Kurz nach 16 Uhr gab es keine Sperre mehr. Durch das zwischen Fegelein und Jüttner geführte und abgehörte Gespräch war man nun in »Zeppelin« völlig im Bilde, jedenfalls über die Vorgänge in der »Wolfschanze«. Was in Berlin geschah, was dort erst jetzt geschah und also nur noch wenig Aussicht auf Erfolg hatte, das wußte man in »Zeppelin« nicht.

Der Flug Stauffenbergs von Rastenburg nach Berlin dauerte etwa zwei Stunden [93]. Da Stauffenberg etwa um 13.15 Uhr in Rastenburg abgeflogen ist, muß er etwa zwischen 14.45 und 15.15 Uhr in Berlin gelandet sein, wahrscheinlich in Rangsdorf. Auf dem Flugplatz Rastenburg galt als Ziel des Fluges Berlin-Rangsdorf. Nach der Landung ließ Stauffenberg seinen Adjutanten in der Bendlerstraße anrufen, um seine Ankunft mitzuteilen und nach dem Fortgang der Maßnahmen zu fragen [94]. Zum ersten Mal sagte jemand – Haeften – den in der Bendlerstraße wartenden Verschwörern, Hitler sei tot. Dann ließ sich Stauffenberg ein Auto geben und traf etwa um 16.30 Uhr mit Haeften in der Bendlerstraße ein [95].

Gegen 15 Uhr waren trotz der Nachrichtensperre auf verschiedenen Wegen Andeutungen und Einzelheiten über die Vorgänge in der »Wolfschanze« zur Bendlerstraße durchgesickert. Reichskriminaldirektor Nebe wußte seit 13.15 Uhr durch die Beorderung Kaltenbrunners und des Kriminalrats Dr. Wehner ins Führerhauptquartier, daß das Attentat stattgefunden hatte; General Wagner hatte durch Oberst Hahn und Major Höpfner Nachricht; in der Dienststelle von Oberst d. G. Meichßner in Potsdam wußte man sehr wahrscheinlich auch schon Bescheid; Generalleutnant Thiele tauchte gegen 15 Uhr wieder in der Bendlerstraße auf. Irgendeine Verbindung zwischen dem Amt »Zeppelin« und einer oder mehreren der genannten Stellen ist höchst wahrscheinlich [96].

Die Generale in der Bendlerstraße lavierten nach wie vor bedächtig. Um 15.15 Uhr sagte Thiele General Olbricht und Generaloberst Hoepner, die gerade wieder in die Bendlerstraße gekommen waren, es sei ein Kommuniqué aus dem Führerhauptquartier zu erwarten. Er schlug vor, das Radiogerät einzuschalten, doch das Kommuniqué kam nicht. Thiele erhielt den Auftrag, noch einmal im Führerhauptquartier anzurufen und nach dem Inhalt des zu erwartenden Kommuniqués zu fragen. Olbricht bemühte sich ebenfalls weiter um Klärung.

Während dieser ganzen Zeit versuchte Mertz von Quirnheim fieberhaft, die Dinge voranzutreiben. Einige Alarmbefehle hatte er schon kurz nach 14 Uhr herausgegeben [97], immer wieder suchte er den zögernden Olbricht zum Handeln zu bewegen, und schließlich handelte er einfach selbständig und hat Olbricht »überfahren«, wie dieser später sagte: Mertz unterschrieb die ersten Befehle selbst und gab sie hinaus [97a]. Olbricht aber, der am 15. Juli verzögert und gebremst hatte, wollte auch jetzt, nach Stauffenbergs Mitteilung, Hitler sei tot, eigentlich nicht auslösen. Zu Gisevius sagte er später: »Der Mertz hat mich überspielt.« Ebenso berichtete es Schulenburg der Gestapo [97b]. Glaubte Olbricht die Nachricht Stauffenbergs, so gab es keinen Grund mehr zum Zögern; glaubte er sie nicht, konnte er entweder Stauffenberg fallenlassen und sich von allem konsequent distanzieren (was nicht seinem Charakter entsprach) oder, da die Karten auf dem Tisch lagen, konsequent zuende spielen. Das lag, wie er selbst wußte, eigentlich auch nicht in seinen Fähigkeiten, aber er hat jedenfalls versucht, diesen Weg zu gehen und Hitlers Tod als Tatsache wenigstens nach außen hin zu akzeptieren. Als Thiele zu ihm kam, sagte er ihm, Hitler sei tot. Thiele sagte darauf, während einer Besprechung im Führerhauptquartier habe eine Explosion stattgefunden, bei der eine größere Anzahl von Offizieren schwer verletzt worden sei, wie er soeben in einem Gespräch mit dem Hauptquartier erfahren habe [98].

Der Zeitpunkt des Anrufes Haeftens vom Flugplatz aus mit der Nachricht, Hitler sei tot, war nach Unterlagen, die Freisler in der Volksgerichtshofverhandlung am 7. August Hoepner vorhielt, 15.50 Uhr. Von diesem Zeitpunkt an sträubte sich Olbricht nicht länger gegen das Drängen von Mertz, die vorbereiteten Befehle aus dem Panzerschrank zu nehmen und Fromm vorzulegen [99]. Mertz rief die leitenden Generalstabsoffiziere des AHA zusammen und erklärte ihnen, Hitler sei einem Attentat zum Opfer gefallen, die Wehrmacht habe unter dem Oberbefehl von Generalfeldmarschall von Witzleben die Vollziehende Gewalt übernommen, um Ruhe und Ordnung zu erhalten und den Kampf gegen den äußeren Feind weiterzuführen, die Gesamtführung des Reiches habe Generaloberst Beck übernommen. Der zuständige Sachbearbeiter im Stabe des AHA, der Leiter des Referats Ia/I/1, Major i. G. Harnack, erhielt den Befehl, sofort an alle Wehrkreise und insbesondere an die um Berlin liegenden Lehr- und Ersatztruppen das Stichwort »Walküre 2. Stufe« telephonisch und durch Fernschreiben auszugeben. Das geschah [100].

Ebenfalls kurz vor 16 Uhr wurde Major i. G. von Oertzen mit den vorbereiteten Befehlen, darunter denjenigen zur Auslösung von »Walküre«, zum Wehrkreiskommando III am Hohenzollerndamm entsandt [101]. Noch ehe Oertzen sich auf den Weg machte, ging er mit fünf von ihm selbst vorbereiteten handgeschriebenen Befehlen für die Wehrmachtstandort-Kommandantur zu Oberstleutnant Bernardis und ersuchte ihn, die Befehle auf Weisung von Oberst Mertz von Quirnheim durchzugeben, was Bernardis dann auch veranlaßte. Tatsächlich wurden die »Walküre«-

2. Berlin: Auslösung

Befehle sowohl kurz vor oder um 16 Uhr vom OKH/AHA an die Schulen durchgegeben, und zwar von Harnack und von Bernardis, und dann noch einmal etwas später vom Wehrkreiskommando III aus. Da die Befehle durchaus nicht überall mit Energie ausgeführt wurden, war das sicher sinnvoll, andererseits konnte es auch Verwirrung stiften. Das war wegen der teilweise unklaren Unterstellungsverhältnisse nicht ganz zu vermeiden. Die Verbindungsoffiziere – Oertzen beim Wehrkreiskommando, Hayessen bei der Wehrmachtstandort-Kommandantur (Stadtkommandantur) – sollten eben solche eventuellen Verwirrungen auflösen helfen.

Kurz vor 16 Uhr rief Olbricht noch persönlich beim Wehrmachtstandortkommandanten von Berlin, Generalleutnant von Hase an, der seine Dienststelle Unter den Linden 1 hatte. Major i. G. Hayessen vom Stab AHA war zur Koordination der Maßnahmen der Stadtkommandantur und als Verbindungsoffizier des OKH ausersehen und hatte sich bei Hase schon um 12 Uhr für den Nachmittag angemeldet. Doch noch ehe er um 16.30 Uhr in der Kommandantur eintraf, ergriff Hase die befohlenen (und verabredeten) Maßnahmen[102]. Um 16.10 Uhr erreichte sein Alarmbefehl das Wachbataillon »Großdeutschland« in Moabit, Rathenowerstraße 10.

Nachdem Olbricht seine ersten Anweisungen und Befehle kurz vor 16 Uhr erteilt hatte, ging er mit seinem Chef des Stabes zum Befehlshaber, dem Generaloberst Fromm. Es war, nach dem Bericht von Hoepner, ziemlich genau in dem Augenblick, als Haeften in der Bendlerstraße anrief und die Rückkunft Stauffenbergs meldete[103]. Hoepner war dafür, erst noch bis zum Eintreffen Stauffenbergs zu warten, damit man klarsehe, aber Olbricht fand, das könnte zu lange dauern, eine halbe bis dreiviertel Stunde könnte bis dahin vergehen[104]. Olbricht meldete also Fromm, der Führer sei einem Attentat zum Opfer gefallen, er habe es von Generalleutnant Thiele erfahren, dem es General Fellgiebel aus der »Wolfschanze« mitgeteilt habe. Er, Olbricht, schlage vor, nunmehr das Stichwort für innere Unruhen auszugeben und die Exekutive durch das Heer übernehmen zu lassen.

Fromm war nicht überzeugt. Vor fünf Tagen hatte Olbricht eigenmächtig »Walküre« für die Schulen um Berlin ausgelöst, ebenfalls unter der Voraussetzung, daß Hitler tot sei oder es in Kürze sein werde. Fromm war so weit im Bilde, daß er die Hintergründe jenes Alarms durchschaute. Aber Olbricht war seiner Sache sicher und ließ selbst eine Blitzgesprächsverbindung zwischen Fromm und Keitel herstellen.

Kurz vor 16 Uhr sprach Fromm mit Keitel und fragte ihn, was denn im Führerhauptquartier im Gange sei, es gebe in Berlin allerhand wilde

Gerüchte vom Tod des Führers [105]. Keitel erklärte die Gerüchte für Unsinn, ein Attentat habe zwar stattgefunden, aber Hitler sei nur unwesentlich verletzt worden; wo denn übrigens Fromms Chef des Stabes, der Oberst i. G. Graf Stauffenberg sei? Der sei noch nicht zurück, meinte Fromm [106].

Olbricht hatte das Gespräch mitangehört und konnte über Fromms Entscheidung, »vorerst« nichts zu unternehmen und das Stichwort nicht an die stellvertretenden Generalkommandos auszugeben, nicht verwundert sein. Als Hoepner in Fromms Zimmer ging, um dessen Amt zu übernehmen und Fromm begegnete, als er gerade herauskam, da begründete Fromm die Verweigerung seiner Teilnahme am Staatsstreich mit dem Überleben Hitlers: »›Ja, Höppner, es tut mir leid, aber ich kann nicht anders; meiner Ansicht nach ist der Führer nicht tot, und Sie irren.‹« [106a] Olbricht entschloß sich aber nun dennoch zu handeln und wollte mit allen Kräften den Staatsstreich zum Erfolg führen.

Olbricht ging zurück in sein Zimmer, wo Hoepner wartete, und sagte: »›Der Fromm will nicht unterschreiben.‹« [107] Inzwischen aber lief die Aktion an. Hauptmann Friedrich Karl Klausing, der zum AHA-Stab gehörte und am Nachmittag zum Ordonnanzoffizierdienst bei Oberst Mertz von Quirnheim befohlen war, erhielt von diesem den Befehl, die Durchgabe einiger Fernschreiben zu veranlassen. Gegen 16.30 Uhr eilte er mit dem ersten in das Büro des zuständigen Leiters des Nachrichtenbetriebes (LdN), Leutnant Röhrig, auf demselben (2.) Stockwerk. Auf der einen Seite des Korridors befand sich das LdN-Zimmer, auf der gegenüberliegenden Seite führte eine Panzertür in die Nachrichtenzentrale, die zur Sicherheit ähnlich wie einige der Gebäude im Führerhauptquartier »Wolfschanze« umbunkert worden war. Klausing stürzte zu Röhrig herein, warf den Fernschreibenentwurf auf den Tisch und sagte dazu: »›Sofort absetzen!‹« [108]

Röhrig dachte noch, was hat der denn, daß er so nervös ist, dann sah er den Satz: »Der Führer Adolf Hitler ist tot.« Das war nun wirklich kein gewöhnliches Fernschreiben; aber es waren, so erinnert sich Röhrig, weder Geheimhaltungsgrad noch Dringlichkeitsstufe darauf angegeben. Der LdN mußte oft die scheinbar trivialsten Mitteilungen über Materiallieferungen und Ersatzanforderungen mit hohen Dringlichkeits- und Geheimhaltungsstufen befördern, und nun sollte so etwas Wichtiges nicht geheim und nicht eilig sein. Daß es gerade hier eigentlich kaum der Geheimhaltung bedurfte, da sie bei aller Vorsicht nicht möglich war, fiel ihm erst später ein. Zunächst rannte er Klausing nach, erreichte ihn noch am Ende des Flures und fragte ihn, ob denn da nicht die höchste Geheimhaltungs- und Dringlichkeitsstufe erforderlich sei. Klausing antwortete

2. Berlin: Auslösung

sehr barsch, ja, ja, Röhrig solle es nur so machen. Röhrig vermerkte also auf seinem Exemplar »FRR«, die höchste Dringlichkeitsstufe, und »gKdoS«, d. h. Geheime Kommandosache, die höchste Geheimhaltungsstufe. Dann gab er das Schreiben in den »G-Raum«, wo die von vier Fernschreiberinnen unter Aufsicht eines Unteroffiziers bedienten »G-Schreiber« standen. Mit dem Absetzen wurde sogleich begonnen [109].

Der Absetzvorgang war langwierig, weil jedes Schreiben einzeln abgesetzt werden mußte; allein das erste war mehr als eine Druckseite lang. Die Sekretärinnen von General Olbricht, Fräulein Ziegler und Fräulein Lerche, mußten weitere Exemplare der Fernschreiben auf der Maschine schreiben [109a], damit möglichst alle Fernschreiber gleichzeitig benützt werden konnten. Ein weniger geheimes Schreiben hätte man durch Konferenzschaltung an alle zwanzig Empfänger zugleich befördern können, aber bei der Verwendung des empfindlichen Geheimschreibers, bei dem jeder unerwünschte elektrische Impuls zu Textverstümmelungen führen konnte, war die Störungsgefahr zu groß. Voraussetzung wäre gewesen, daß die Leitungen überall »ruhig« waren, und damit konnte man nicht rechnen [110].

Das Schreiben begann mit der Erklärung, Hitler sei tot, »eine gewissenlose Clique frontfremder Parteiführer« habe in dieser Lage versucht, der schwerringenden Front in den Rücken zu fallen und die Macht an sich zu reißen, deshalb habe die Reichsregierung den militärischen Ausnahmezustand verhängt und dem Unterzeichneten, Generalfeldmarschall von Witzleben, den Oberbefehl über die Wehrmacht und die Vollziehende Gewalt übertragen. Diese delegiere Witzleben für das Heimatgebiet auf den Befehlshaber des Ersatzheeres, den er gleichzeitig zum Oberbefehlshaber im Heimatkriegsgebiet ernenne, bzw. auf die territorialen (Wehrkreis-) Befehlshaber [111]. In den verschiedenen besetzten Gebieten wurde die Vollziehende Gewalt sinngemäß auf die dortigen militärischen Oberbefehlshaber übertragen. Allen Inhabern der Vollziehenden Gewalt unterstellt wurden die in ihrem jeweiligen Bereich befindlichen Dienststellen und Einheiten der Wehrmacht, der Waffen-SS, des Reichsarbeitsdienstes (RAD), der Organisation Todt (OT), aller öffentlichen Behörden, der gesamten Polizei, der NSDAP und aller ihr angeschlossenen Verbände und Gliederungen, ferner die Verkehrs- und Versorgungsbetriebe. Die nächsten Aufgaben der Inhaber der Vollziehenden Gewalt umfaßten: Aufrechterhaltung der Ordnung, Sicherung der Nachrichtenanlagen, Ausschaltung des Sicherheitsdienstes (SD) der SS. Alle Befehlshaber seien verpflichtet, die Inhaber der Vollziehenden Gewalt nach Kräften zu unterstützen; von der Tatkraft des deutschen Soldaten hänge die Erfüllung der geschichtlichen Aufgabe ab, vor der er stehe: die Rettung Deutschlands.

Beim Absetzen des Schreibens über G-Schreiber hatten zwei Damen mindestens drei Stunden zu tun, wenn man für einen Absetzvorgang fünfzehn Minuten annimmt. Nach dem offiziellen Bericht der Amtsgruppe Nachrichten im AHA sind dem LdN, Leutnant Röhrig, schon gegen 18 Uhr Bedenken über die Rechtmäßigkeit der Durchgabe gekommen, in denen er nach 18.30 Uhr durch die Rundfunkmeldungen »bestärkt« wurde [112]. Gleichwohl heißt es in demselben Bericht, das Schreiben und mehrere folgende seien bis nach 21 Uhr abgesetzt worden. Trotz wiederholten Rundfunkmeldungen und zunehmender Verwirrung in der Bendlerstraße hat also der LdN der Herausgabe der Fernschreiben nichts Ernstliches in den Weg gelegt [113].

Kurz nach der Überbringung des ersten Schreibens kam Hauptmann Klausing wieder und brachte ein zweites, welches ebenfalls sogleich abgesetzt wurde [114]. Es war mit dem Namen von Generaloberst Fromm als »Oberbefehlshaber im Heimatkriegsgebiet« versehen, ohne sein Wissen, und Stauffenbergs Name erschien ebenfalls unter dem Befehl, welcher Ausführungsbestimmungen zu dem zuerst ergangenen allgemeinen Befehl enthielt: Militärische Sicherung aller Gebäude und Anlagen des »Post-Wehrmachtnachrichtennetzes« einschließlich der Funkanlagen, Verstärkerämter, Durchgangsvermittlungen, Großfunkstellen, Fernsprech- und Telegraphenämter, Verstärker- und Batterieräume, Betriebsräume usw.; Verhaftung aller Gauleiter, Reichsstatthalter, Minister, Oberpräsidenten, Polizeipräsidenten, Höheren SS- und Polizeiführer, Gestapoleiter, SS-Dienststellenleiter, Kreisleiter und Leiter der Propagandaämter; »beschleunigte« Besetzung der Konzentrationslager, Verhaftung bzw. Kasernierung der Lagerkommandanten und Wachmannschaften, Aufrechterhaltung der Ordnung; Verhaftung aller illoyalen oder der Illoyalität verdächtigen Waffen-SS-Führer, notfalls Entwaffnung der Einheiten; Besetzung der Gestapo- und SD-Dienststellen; Verbindungsaufnahme und gemeinsames Handeln mit den Befehlshabern der Kriegsmarine und der Luftwaffe. Ferner wurden für alle Wehrkreise Politische Beauftragte angekündigt (und in späteren Fernschreiben einzeln ernannt), die mit den Wehrkreisbefehlshabern zusammenarbeiten, »bis auf weiteres die Aufgaben des Verwaltungschefs« übernehmen und für die »Bearbeitung aller politischen Fragen, die sich aus dem militärischen Ausnahmezustand ergeben«, zuständig sein sollten. Zur gegenseitigen Unterrichtung über Lage und Absichten werde der Stab des Oberbefehlshabers im Heimatkriegsgebiet zu jedem Wehrkreisbefehlshaber einen Verbindungsoffizier entsenden [115]. Schließlich seien Willkür- und Racheakte bei der Ausübung der Vollziehenden Gewalt keinesfalls zu dulden: »Die Bevölkerung muß

2. Berlin: Auslösung

sich des Abstandes zu den willkürlichen Methoden der bisherigen Machthaber bewußt werden.« Das bedeutete Staatsstreich und Umsturz, nicht Kampf für das Regime gegen seine inneren Feinde.

Fragen drängen sich auf, die sich nicht entscheiden lassen: Wäre die Wirkung stärker und durchschlagender gewesen, wenn dieser oder ein ähnlicher Satz am Anfang des Schreibens, nicht nur verschämt am Schluß gestanden hätte? War es realistisch, gegen die »bisherigen Machthaber«, die keine Skrupel kannten, mit Methoden erfolgreich vorgehen zu wollen, die sich von denen der Machthaber deutlich abhoben? Mußte man das nicht auf die Zeit nach dem Umsturz verschieben? Manch einer, wie Gerstenmaier und Gisevius, haben diese letzte Frage mit Nachdruck bejaht, aber sie drangen nicht durch gegen die, deren Menschlichkeit ihnen zum Nachteil im Kampf gegen die Unmenschlichkeit ausschlug.

Etwa zur selben Zeit, zu der dieses Fernschreiben abgesandt wurde, wurde für alle Wehrkreise »Walküre 2. Stufe« befohlen; auf der den Gestapo-Berichten beiliegenden Abschrift ist 18.15 Uhr vermerkt[116]. An den Wehrkreis III war der Befehl durch Kurier zu überbringen, er war schon längst dort. Auch die Auslösung von »Walküre« in den meisten übrigen Wehrkreisen hatte telephonisch und teils auch fernschriftlich schon gegen 16 Uhr begonnen, und zwar durch Major i. G. Harnack.

Es folgte dann ein Befehl, in dem Generaloberst Hoepner von Generalfeldmarschall von Witzleben zum Oberbefehlshaber im Heimatkriegsgebiet ernannt wurde (nachdem Fromm die Teilnahme verweigert und sich hatte verhaften lassen, wie unten zu sehen sein wird), sodann ein Fernschreiben, in dem der vom Rundfunk verbreiteten Nachricht, daß Hitler am Leben sei, widersprochen und die Durchführung der angeordneten Maßnahmen »mit höchster Beschleunigung« angemahnt wurde; ferner fünf Standrechtverordnungen mit dem Verbot von Versammlungen und Kundgebungen aller Art, mit Einzelanordnungen über die Weiterführung der Verwaltung des Reiches, mit dem Verbot jeglicher Tätigkeit für alle Amtsträger der Partei und ihrer Gliederungen, der Anordnung der Beschlagnahme von Partei- und anderen Akten, der Androhung von Strafen für Widerstand gegen die Maßnahmen der militärischen Befehlshaber, für Anstiftung zum Aufruhr und für Plünderung, schließlich mit der Erweiterung der Befugnisse der militärischen Standgerichte auf eine Anzahl von Straftatbeständen. Die letzte, fünfte Standrechtverordnung scheint nicht mehr abgesetzt worden zu sein, die Abschrift trägt keinen Absetzvermerk; nach dem Bericht der Ag N/HNV wäre schon die zweite Standrechtverordnung nicht mehr befördert worden, deren Abschrift aber noch den Absetzvermerk »20.20« trägt[117].

Leutnant Röhrig hat die Befehle der jeweiligen Gewalthaber gewissenhaft ausgeführt. Er hat weder von Anfang an oder auch nur bald die Befehle der Verschwörer schleppend weiterbefördert, wie nachher zur Rechtfertigung von ihm und vor allem von seinem Vorgesetzten, dem Oberst Köllner, klugerweise behauptet wurde, noch hat er die Befehle der Verschwörer mit besonderem Eifer oder besonderer Eile befördert, nachdem sie ihm schon bald, spätestens nach der Verbreitung der ersten Rundfunknachricht zwischen 17 und 18 Uhr, bedenklich erschienen waren [118]. Die Fernschreiben wurden schließlich nicht mehr alle befördert, weil sie sich häuften und die Schreiberinnen sie nicht bewältigen konnten; sie blieben ganz einfach liegen, und als man für sie Zeit gehabt hätte, war der Putsch vorbei. Als man aber nachher etwa sechs Fernschreiben »übrig« hatte, die nicht mehr hatten befördert werden können, da wies man sie natürlich vor und sagte, man habe sie »angehalten« und absichtlich liegen gelassen.

Als es Röhrig nach 18 Uhr schwül zumute war, hatte er mit seinem Bruder telephoniert, der sich in der Infanterie-Schule Döberitz als Leutnant der Heeres-Flak zu einem Bataillonsführerlehrgang aufhielt [119]. Er wollte wissen, was eigentlich los sei – in Döberitz war man marschbereit, nachdem zwischen 16 und 17 Uhr »Walküre« befohlen worden war – und dachte sich unmittelbar an der Quelle zu informieren. Der LdN war sehr aufgeregt, bei ihm sei der Teufel los, überallhin gingen Befehle heraus, in denen es heiße, daß Hitler tot sei, was das baldige Ende des Krieges bedeuten könnte. In einem weiteren Gespräch, etwa zwischen 19 und 20 Uhr, erhielt Dr. Röhrig in Döberitz den Eindruck, sein Bruder befinde sich in der Bendlerstraße zwischen zwei Gruppen in großer Gefahr und riet ihm zu äußerster Vorsicht. Die ließ der LdN walten, indem er sein Verhalten so einrichtete, daß die Verschwörer, mit denen er sympathisierte, nicht gerade sabotiert wurden, indem er sich aber für alle Handlungen bei seinem Vorgesetzten Oberst Köllner Rückendeckung sicherte. Er enthielt sich jeglicher selbständiger Entscheidung und Initiative, führte aber alle Befehle ihm vorgesetzter Offiziere aus.

Röhrig war nicht eingeweiht worden, und nun sah er sich plötzlich widersprechenden Behauptungen gegenüber: die einen sagten, Hitler sei tot, die anderen sagten, er sei es nicht, und wer es behaupte, sei ein Staatsfeind. Außer Klausing und Haeften bekam Röhrig keinen der Verschwörer zu sehen, die eine Gruppe war für ihn ebenso nebelhaft wie die andere. Er hatte eine gesunde Angst um seinen Kopf, zum Heldentum fühlte er sich nicht geboren. So hat er keiner Seite willentlich geholfen oder geschadet [120].

2. Berlin: Auslösung

Inzwischen waren Stauffenberg und Haeften in die Bendlerstraße gekommen, nicht lange ehe das Absetzen des ersten Fernschreibens mit der Nachricht »Der Führer Adolf Hitler ist tot« begonnen hatte, also ungefähr um 16.30 Uhr [121]. Erst gingen sie in Stauffenbergs Zimmer, wo sie Dr. Berthold Graf Stauffenberg, Fritz-Dietlof Graf von der Schulenburg, Oberst Jäger, Kleist und Fritzsche vorfanden [121a]. Stauffenberg sagte ohne Begrüßung: »›Er ist tot. Ich habe gesehen, wie man ihn hinausgetragen hat.‹« [121b] Stauffenberg und Haeften gingen dann in Olbrichts Zimmer, wo Hoepner noch wartete. Hier gab Stauffenberg auf die Aufforderung Olbrichts hin seinen Bericht von der Wirkung des Attentats: »›Ich habe alles das von außen gesehen; ich habe außerhalb der Baracke zusammen mit General Fellgiebel gestanden; da ist eine Explosion in der Baracke erfolgt, und da habe ich nur noch gesehen, wie eine große Anzahl Sanitäter herüber gelaufen sind, Wagen hingebracht worden sind; diese Detonation war so, als ob eine 15-cm-Granate hineingeschlagen hätte: da kann kaum noch jemand am Leben sein.‹« [122] Stauffenberg war demnach überzeugt, daß die Bombe die beabsichtigte Wirkung getan hatte.

Im Bewußtsein des Gelingens konnte man nun den Staatsstreich energisch betreiben. Olbricht erklärte Stauffenberg, daß Fromm die Beteiligung verweigere und wegen der Auslösung von »Walküre« seinen Chef des Stabes, Oberst Mertz von Quirnheim, verhaften wolle. Man müsse sofort noch einmal mit Fromm reden. Stauffenberg und Olbricht gingen zusammen hin, dieser erklärte, Stauffenberg habe ihm soeben den Tod Hitlers bestätigt. Fromm: »›Das ist doch unmöglich, Keitel hat mir das Gegenteil versichert.‹« [123] Aber da hatte Stauffenberg eine schwer zu widerlegende Entgegnung bereit: »›Der Feldmarschall Keitel lügt wie immer, ich habe selbst gesehen, wie man Hitler tot hinausgetragen hat.‹« [124] Olbricht setzte hinzu, angesichts dieser Lage habe man – er sagte »wir« – das Stichwort »Walküre« für innere Unruhen an die Wehrkreiskommandos ausgegeben.

Das war für Fromm zu viel. Schließlich war er der Befehlshaber, und Befehle erteilte der Befehlshaber. Hier machten seine Untergebenen einfach, was sie wollten, und Hitler war wahrscheinlich nicht einmal tot. Er schlug also mit der Faust auf den Tisch und schrie: das sei ja glatter Ungehorsam, das sei Revolution und Hochverrat, darauf stehe die Todesstrafe, wer überhaupt diesen Befehl gegeben habe? Olbricht sagte, sein Chef des Stabes, Oberst Mertz, habe den Befehl gegeben. Darauf erklärte Fromm Olbricht, Stauffenberg und den zur Bestätigung der Stichwortausgabe herbeigeholten Mertz für verhaftet, das Weitere werde sich finden. Stauffenberg aber erklärte mit großer Ruhe, es sei umgekehrt, nicht er, sondern

Fromm sei hiermit verhaftet. Er selbst habe die Bombe gezündet und wisse sicher, daß Hitler tot sei. Fromm erwiderte, dann müsse sich Stauffenberg sofort erschießen; denn das Attentat sei mißlungen [125]. Als Stauffenberg das kühl ablehnte, sprang Fromm erregt auf und ging mit erhobenen Fäusten auf ihn los, die beiden Ordonnanzoffiziere Kleist und Haeften zogen ihre Pistolen und traten dazwischen, Kleist drückte Fromm den Lauf seiner Pistole in den Bauch, worauf Fromm sofort jeden Widerstand aufgab. Stauffenberg sagte: »Herr Generaloberst haben fünf Minuten Bedenkzeit.« Dann verließen er und die Mitverschworenen den Raum. Nach fünf Minuten ging Olbricht wieder hinein und ersuchte Fromm um seine Entscheidung. Der Generaloberst sagte: »Unter diesen Umständen betrachte ich mich als außer Kurs gesetzt.« Dann wurde er mit seinem Adjutanten Bartram in dessen Zimmer gedrängt und dort unter Bewachung festgehalten. Die Telephonverbindung wurde getrennt, die beiden Ausgänge des Zimmers vorläufig besetzt. Fromm ließ alles ohne Widerstand über sich ergehen. Das war etwa um 17 Uhr.

Da Olbricht Stauffenberg berichten konnte, »Walküre« sei ausgegeben und die vorbereiteten Befehle für die Übernahme der Vollziehenden Gewalt durch das Ersatzheer seien fernschriftlich an die Empfänger unterwegs, war im Augenblick nicht viel zu tun. Man mußte das Eintreffen der nach Berlin gerufenen Truppen abwarten. Generaloberst Beck war inzwischen erschienen, er war von Graf Schwerin von Schwanenfeld hergefahren worden. Er hatte mit Bedacht davon abgesehen, seine Uniform zu tragen, um den Gedanken an einen Militärputsch gar nicht erst aufkommen zu lassen [126]. Hoepner war das Recht zum Tragen seiner Uniform aberkannt worden, er hatte sie sich aber in die Bendlerstraße mitgebracht, wo er sie auch während des Abends trug. Man unterrichtete sich kurz gegenseitig über den Stand der Aktion und verteilte die Rollen. Hoepner, sagte Olbricht, habe jetzt die Stelle Fromms als Befehlshaber zu übernehmen, unter dem Titel »Oberbefehlshaber im Heimatkriegsgebiet«, er gab ihm sogar einen schriftlichen dahinlautenden Befehl, und Hoepner setzte sich in Fromms Zimmer. Er ging auch noch zu Fromm hin und sprach ihm sein Bedauern über den Gang der Dinge aus, worauf Fromm erwiderte, es tue ihm leid, aber er könne nicht mittun, weil seiner Ansicht nach Hitler nicht tot sei [127]. Sonst fand Hoepner zunächst nichts zu tun, die Befehle gingen ja erst hinaus.

Stauffenberg rief inzwischen bei General Wagner in Zossen an und sagte ihm, der Führer sei einem Attentat zum Opfer gefallen und sei tot. Er selbst, Stauffenberg, sei eben von der »Wolfschanze« zurückgekommen. Er übergebe jetzt das Gespräch an Generaloberst Beck [128]. Beck sagte

2. Berlin: Auslösung

Wagner, er habe »»heute den Befehl übernommen«« und wünsche, daß seine Weisungen befolgt werden. Der neue Oberbefehlshaber der Wehrmacht, Generalfeldmarschall von Witzleben, werde in Kürze nach Zossen kommen und dort die Befehlsgewalt übernehmen (die Bendlerstraße als Sitz von Dienststellen hauptsächlich des OKH war als Kommandozentrale längst nicht so geeignet wie das Hauptquartier in Zossen, zur Zentrale des Staatsstreichversuches wurde die Bendlerstraße nur als Sitz des Befehlshabers des Ersatzheeres). Seinem Bericht zufolge hätte Wagner auf alle diese Ansinnen und Mitteilungen ablehnend reagiert, auch als ihm wenig später Mertz von Quirnheim die Übernahme der Vollziehenden Gewalt durch das Heer und die Auslösung von »Walküre« mitteilte [129]. Als kurz darauf Generalmajor Stieff anrief und sagte, er höre vom BdE, daß Vollziehende Gewalt verkündet sei und dies für völligen Wahnsinn erklärte, hat Wagner ihm seinem Bericht zufolge befohlen, sofort alles, einschließlich der verschiedenen Telephonanrufe aus der Bendlerstraße bei Wagner, an Keitel zu melden.

Dann erschien ungefähr um 17 Uhr der Berliner Polizeipräsident Graf von Helldorf mit seinen Begleitern, dem Potsdamer Regierungspräsidenten Gottfried Graf von Bismarck und dem Abwehrbeauftragten und Vizekonsul Gisevius in der Bendlerstraße; Olbricht hatte ihn herbefohlen [130]. Olbricht gab Helldorf gegenüber eine kurze förmliche Erklärung ab, Hitler sei einem Attentat zum Opfer gefallen, die Wehrmacht habe die Exekutive übernommen und die Berliner Polizei werde hiermit direkt dem OKW unterstellt, die erforderlichen Maßnahmen seien sofort zu treffen. Helldorf wollte schon gehen, da ließ sich Beck vernehmen: Helldorf müsse wissen, daß aus dem Führerhauptquartier der Behauptung vom Tode Hitlers widersprochen werde. Olbricht wollte eine Diskussion von vornherein verhindern und rief mehrfach dazwischen, das seien Lügen von Keitel. Aber Beck wußte, warum er darauf bestand, Helldorf zu unterrichten: in Kürze konnte es der Gegenseite gelingen, ihre Behauptung über den Rundfunk oder telephonisch und telegraphisch zu verbreiten, man mußte schon vorher wissen, wie man darauf reagieren würde. Beck sah klar: »»Für mich ist dieser Mann tot.«« Auf dieser Grundlage habe alles Weitere zu geschehen, gleichgültig, ob die Annahme stimmte oder nicht. Der Gegenbeweis könnte vom Hauptquartier aus frühestens in einigen Stunden geführt werden, bis dahin aber müsse alles erledigt, müsse die Macht tatsächlich übernommen sein [131]. Helldorf versprach, alle zwanzig Minuten in der Bendlerstraße anzurufen und begab sich in seine Kommandostelle in der Karlstraße, von wo aus er die Sicherheitspolizei alarmierte, jedoch entsprechend der Vereinbarung noch nicht in

Marsch setzte [132]. Major i. G. Hayessen war am Mittag, etwa um 12 Uhr, bei Helldorf gewesen, um sich die Zusage der für die ersten Verhaftungen vorgesehenen Kriminalbeamten bestätigen zu lassen [133].

Seit etwa 16 Uhr begann man auch, Mitverschworene und Hilfskräfte in die Zentrale zu rufen. Um 16.30 Uhr hatte Klausing am verabredeten Sammelpunkt, im Hotel »Esplanade«, angerufen, Oppen war ans Telephon gekommen und hatte die Aufforderung erhalten, er möge sogleich mit Kleist, Hauptmann Dr. Fritzsche und Ludwig Freiherr von Hammerstein ins AHA zu General Olbricht kommen. Sie hatten seit 13 Uhr auf den Anruf gewartet, gingen sofort in die Bendlerstraße und wurden kurz vor dem Bendlerblock von Schwerin und Beck überholt, die im Auto herfuhren. Sie wurden in das Zimmer Klausings gebracht und dann als Ordonnanzoffiziere eingesetzt. Als sie kamen, waren Oberleutnant d. R. Graf von der Schulenburg, Oberleutnant d. R. Oberregierungsrat Graf Yorck von Wartenburg, Dr. Berthold Graf Stauffenberg (in blauer Marineuniform) und Oberst Fritz Jäger, Ritterkreuzträger und Kommandeur der Panzertruppen XXI, schon da [134]. Kleist war, wie berichtet, schon bei der Verhaftung Fromms tätig geworden, Fritzsche hatte vor dem Zimmer Fromms Wache zu stehen und im Flur für die Sicherheit des AHA zu sorgen. In Fromms Zimmer ging Generaloberst Hoepner, noch in Zivil, aus und ein. Fritzsche hatte von Stauffenberg den Auftrag, Beck, wenn er komme, den Generaloberstenrock zu geben, der im Schrank sei. Fritzsche verwechselte Hoepner mit Beck und zog jenem den Rock an [135].

Dr. Goerdeler sollte herbeigeholt werden, aber erst nach einer Weile fand sich jemand, der wußte, wo er zu finden wäre [136]. Doch sah man davon ab, ihn herzuholen, es war zu früh, ehe wenigstens die Rundfunksender besetzt waren.

Dr. Otto John hatte von seinem Büro im Tempelhofer Flughafengebäude am Nachmittag in der Bendlerstraße angerufen; er wollte wissen, ob Oberst Hansen, mit dem er am engsten zusammenarbeitete, schon dort sei. Die Sekretärin Stauffenbergs teilte mit, weder Hansen noch Stauffenberg seien da, aber John möge zwischen 17 und 18 Uhr wieder anrufen [137]. Als er kurz nach 17 Uhr wieder mit der Bendlerstraße Verbindung bekam und Stauffenberg verlangte, meldete sich Haeften: »›Wir machen vollziehende Gewalt‹, sagte er eilig. ›Kommen Sie gleich her!‹« John sagte Dr. Klaus Bonhoeffer Bescheid, der mit ihm bei bei der Lufthansa arbeitete; sie wollten sich später telephonisch verständigen [137a]. John war der vierte Zivilist nach Beck (der seinen zivilen Status ausdrücklich unterstrich), Gisevius und Bismarck (Schulenburg, Yorck, Kleist u. a. waren eigentlich im gleichen Sinne keine Berufssoldaten, sondern von Haus aus

2. Berlin: Auslösung

»Zivilisten«), der an diesem Tage in die Bendlerstraße kam, um sich am Staatsstreich zu beteiligen. John war nicht wenig erschrocken, als er am Aufgang zum zweiten Stock dem Oberst Fritz Jäger begegnete, der weder Mütze noch Koppel trug, dafür aber von zwei mit aufgepflanztem Bajonett und Stahlhelm bewehrten Wachen und einem SS-Führer flankiert war. Der Schwarze war der SS-Oberführer Dr. Achamer-Pifrader, der vom RSHA in die Bendlerstraße geschickt worden war, um Stauffenberg zu verhaften, und statt dessen von Oberst Jäger in Haft genommen worden war. Er wurde später unter Assistenz von Ludwig Freiherr von Hammerstein und Ewald Heinrich von Kleist entwaffnet [138]. Sonst waren Gegenmaßnahmen vonseiten der SS nicht zu bemerken. Zwar wurden von SS-Obergruppenführer Jüttner, dem das SS-Führungshauptamt und somit das Kommando über die Allgemeine SS und über die Waffen-SS unterstand, gegen 15 Uhr durch das Stichwort »Scharnhorst« die Alarmierung aller Ersatz- und Ausbildungseinheiten der SS im Reich sowie ihre Aufstellung als einsatzfähige Truppenteile angeordnet [138a]. Die Fernschreibverbindungen der SS funktionierten. Die aufgerufenen Einheiten blieben aber in Bereitschaft.

John fragte nach der Lage und nach Oberst Hansen. Haeften sagte: »›Hitler ist nicht mehr. Keitel behauptet, er wäre nicht tot, nur leicht verwundet. Gibt es gar nicht!‹« Schwerin von Schwanenfeld gab ihm kurz Auskunft. Der Deutschlandsender verbreite eine Meldung, wonach Hitler nicht tot sei, aus dem Führerhauptquartier kämen Gegenbefehle, Beck wolle aber die Sache eisern durchziehen. Ob John neue Nachrichten aus Lissabon habe? Das nicht, meinte John, aber er wolle lieber Beck selbst berichten. Er dachte daran, zu Popitz zu fahren, blieb noch etwas in der Bendlerstraße, wo anscheinend energische und jedenfalls rege Tätigkeit herrschte, hat sich aber dann doch ziemlich bald und so unauffällig wie möglich entfernt.

Zwischen 17 und 17.30 Uhr erhielt Dr. Eugen Gerstenmaier, Theologe, Leiter des Ökumenischen Referats im Kirchlichen Außenamt der Evangelischen Kirche und in enger Verbindung sowohl mit den Verschwörern im Auswärtigen Amt als auch im Kreisauer Kreis, in der Wohnung, die er in Berlin-Lichterfelde mit Graf Yorck teilte, dessen Anruf, er möge in die Bendlerstraße kommen, »›die Sache sei gestiegen‹« [139]. Ja, aber das Attentat sei doch mißlungen, wie man eben über den Rundfunk habe hören können? Nein, sagte Yorck, das sei eine unwahre Zweckmeldung. Gerstenmaier fuhr also los, mit der Straßenbahn, weil kein Auto verfügbar war, und erhielt in der Bendlerstraße von Generaloberst Hoepner seine Bestallung zum Militärbevollmächtigten für Kultus- und Kirchenangelegenheiten.

Die Stimmung war schon etwas gedrückt, aber Stauffenberg war jetzt mit seinen Adjutanten unablässig am Telephon und suchte mit Energie den Staatsstreich in den Wehrkreisen voranzutreiben. Yorck und Schulenburg unterrichteten Gerstenmaier über die Lage: anscheinend sei das Attentat mißglückt, aber der Umsturzplan werde ausgeführt, bis jetzt sei alles planmäßig verlaufen. Gerstenmaier fand zwar (auch Gisevius vertrat diese Auffassung), die Verschwörer gehen gegen die Gegner viel zu behutsam vor. Er selbst hatte außer der Bibel auch eine Pistole in der Tasche. An einem solchen Tag, und wenn man schon eine Revolution gegen Leute wie die Nationalsozialisten und die SS mache, da müsse eben auch geschossen werden, meinte er, da könne Rücksicht nur den Erfolg und das Leben der Verschwörer unnötig aufs Spiel setzen. Aber die Verschwörer befanden sich im Dilemma; denn sie wollten ja eben aus Humanität und Rechtlichkeit das Regime beseitigen, welches jeden Rechtsweg mit Füßen trat. Ihre eigenen Grundsätze und Ziele hemmten nun ihr Handeln auf ebendiese Ziele hin.

Doch war in der Bendlerstraße alles auf einigermaßen gutem Wege, alle vorgesehenen Einheiten waren alarmiert und aufgerufen, in den Wehrkreisen begannen die ersten Maßnahmen, ebenso in Paris. Mertz von Quirnheim telephonierte etwa um 17 Uhr mit seinem Freund Oberst i. G. Eberhard Finckh und sagte ihm, in Berlin laufe alles, er möge den Feldmarschall von Kluge informieren. Das Stichwort für die Auslösung des Staatsstreiches war schon etwas früher nach Paris ergangen [140].

Der Befehlshaber im Wehrkreis III, General der Infanterie Joachim von Kortzfleisch, hatte sich auf Olbrichts durch Oertzen übermittelten Wunsch in die Bendlerstraße begeben. Dort wurde er zunächst von Hoepner, Beck und Olbricht hingehalten, da er eigentlich zu Fromm bestellt war und diesen auch zu sehen verlangte, was aber nun nicht ging. Das Ansinnen, wegen des Todes des Führers für die Truppen des Wehrkreises III »Walküre« zu befehlen, lehnte Kortzfleisch ab, an dem Staatsstreich, der da offenbar versucht wurde, wollte er sich nicht beteiligen. Er rief immer wieder: »›Der Führer ist nicht tot! Der Führer ist nicht tot!‹« [140a] Darauf wollte er wieder gehen. Er hatte gemerkt, daß er mit Vorwänden festgehalten und auch mehr oder minder auffällig bewacht wurde. Plötzlich entwich er aus dem neben Olbrichts Dienstraum liegenden Zimmer und rannte den Flur hinunter. Olbrichts Adjutant, Oberstleutnant von der Lancken, stürzte zu seinem Vorgesetzten herein und rief: »›Der General ist weg!‹« Ludwig Freiherr von Hammerstein war gerade bei Olbricht, rannte hinaus und brüllte: »›Achtung Ausgang!‹« Am Ausgang standen Kleist und ein »zuverlässiger« Unteroffizier, die Kortzfleisch ihre Pistolen vor die Nase hielten. Hammerstein geleitete den außer Atem geratenen General in das

2. Berlin: Auslösung

ihm angewiesene Zimmer zurück und mußte ihn für den Rest des Abends bewachen. Kortzfleisch tobte noch eine Weile und brüllte verschiedenes vom Fahneneid, beruhigte sich dann aber und meinte, einen Staatsstreich könne man von ihm nicht verlangen, so einer Sache sei er nicht gewachsen; er wolle nach Hause und in seinem Garten Unkraut jäten. Wenn er aber über Nacht bleiben solle, so müßten doch nun Vorbereitungen für seine Übernachtung getroffen werden [141]. Das war zwischen 18 und 19 Uhr.

Anstelle von Kortzfleisch ernannten die Verschwörer den zu ihnen gehörenden Inspekteur des Wehrersatzwesens in Berlin, Generalleutnant Karl Freiherr von Thüngen, der sich schon zwischen 16 und 17 Uhr in der Bendlerstraße eingefunden hatte, zum Befehlshaber im Wehrkreis III. Thüngen verfügte sich aber erst nach 19 Uhr und ohne große Eile zum Wehrkreiskommando am Hohenzollerndamm [142], wo er auch dann keine energischen Maßnahmen ergriff.

Inzwischen, d. h. um 17.30 Uhr, lagen im Wehrkreiskommando III am Hohenzollerndamm außer den »Walküre«-Befehlen für die Schulen und Garnisonen auch die anderen Befehle der Verschwörer vor, namentlich derjenige, mit dem das Heer die Vollziehende Gewalt übernahm. Die »Walküre«-Anweisungen waren wenigstens zweimal eingegangen, einmal durch Major von Oertzen und dann noch einmal durch Fernschreiben, zu allererst wahrscheinlich schon durch Major Harnack [143]. Nun überbrachte Oertzen noch eine Liste der wichtigsten Behörden der SS, der Regierung und der Partei, welche besetzt werden sollten. Adressen waren angegeben sowie Nummern, die den auf einem Stadtplan eingezeichneten Zahlen entsprachen [144]. An erster Stelle standen die SS-Dienststellen vom RSHA bis zur SS-Funkstelle, sodann die obersten Parteidienststellen samt den Parteidruckereien und -verlagen, Propaganda-, Innen-, Post- und Preußisches Staatsministerium, die Dienststellen der SA-Führung, der Gauleitung, der HJ-Führung, der Arbeitsfront und des SD im Berliner Leitabschnitt; danach folgten die Objekte zweitrangiger Wichtigkeit vom Auswärtigen Amt über die Motor-Obergruppe Ost bis zur Stadtverwaltung, zum Oberpräsidium für Brandenburg und dem Pressepolitischen Amt. Auch das Forschungsamt für Fernsprechüberwachung und den Einsatzstab des Höheren SS- und Polizei-Führers hatte man nicht vergessen.

Der Chef des Stabes im Wehrkreiskommando III, Generalmajor Otto Herfurth, war etwas ratlos, obwohl Oertzen bei ihm war. Er meinte, ohne den Befehlshaber könne er doch derartiges nicht befehlen. Er war nicht völlig eingeweiht und gewonnen worden, General von Kortzfleisch aber hatte man wohlweislich nicht unterrichtet, ehe er zur Bendlerstraße fuhr. Herfurth fürchtete, daß die Befehle »unecht« sein oder auf falschen Voraussetzungen beruhen könnten, aber schließlich entschied er sich doch für die Weitergabe [145]. Zur Besetzung der in der Liste aufgeführten Objekte freilich fehlte es vorerst noch an Truppen. Immerhin gingen zwischen 18 und 19 Uhr im Wehrkreiskommando Bestätigungen von den alarmierten Schulen und Garnisonen ein, überall wurde Marschbereitschaft hergestellt [146]. Der IIa Oberst von Wiese und Kaiserswaldau, der nach Berlin gekommen war, um sich beim Befehlshaber Unterschriften zu holen und dessen Abteilung in der Ulanenkaserne in Fürstenwalde untergebracht war, mußte die dort liegenden Einheiten telephonisch alarmieren. Manche Schulen bemerkten, sie hätten dieselben Befehle schon vom OKH/AHA bekommen, und dem Kommandeur des Panzergrenadier-Ersatz-Regiments »Großdeutschland« in Cottbus fiel auf, daß der vom Wehrkreiskommando III eingegangene Befehl vom Amtschef des AHA, General Olbricht, gegengezeichnet war, obwohl das Regiment territorial dem Wehrkreis III unterstand [147]. Trotz solchen Zweifeln, die oft erst im Rückblick eine Rolle spielten, war die Aktion, soweit sie in den Händen des Wehrkreiskommandos lag, um 18 Uhr im Gange.

Bei der Wehrmachtstandort-Kommandantur Berlin, meist Stadtkommandantur genannt, betrieb man die Anfangsmaßnahmen bedeutend energischer, und hier zeigte sich, wieviel von den Persönlichkeiten abhing [148].

Nach dem vorgesehenen Zeitplan sollte Generalleutnant von Hase schon am Tag vor der Auslösung den Befehl für eine »Walküre«-Übung erhalten, aber nach den Erfahrungen des 15. Juli mußte man davon natürlich absehen [149]. Am Morgen war Hayessen bei Hase gewesen, hatte die Einzelheiten mit ihm und seinen Sachbearbeitern besprochen und mitgeteilt, das Attentat werde in der Mittagsstunde geschehen. Dann war Hayessen zu Helldorf gegangen und hatte mit ihm noch einmal die Einzelheiten der Gestellung von Kriminalbeamten für die Stoßtrupps besprochen, die die Minister verhaften sollten; Helldorf hatte Gisevius dazu gerufen. Die Polizei sollte alarmiert in den Unterkünften warten [149a]. Der zweite Befehl wurde gegen 16 Uhr telephonisch an Hase durchgegeben; er verkündete den Ausnahmezustand und die Übernahme der Vollziehenden Gewalt durch das Heer, und befahl das Wachbataillon mit allen verfügbaren Kompanien zur Wehrmachtstandort-Kommandantur Unter den Linden 1. Der Stadtkommandant selbst sollte sich zum Befehlsempfang zum Chef H Rüst u BdE in die Bendlerstraße begeben. Inzwischen waren alle Einheiten im Standort Berlin, insbesondere die Garnison Spandau und die Feuerwerker- und die Waffenmeister-Schule zu alarmieren; 270 t Automobiltransportraum standen in Bernau zur Verfügung. Befehl Nr. III gab die zu sper-

2. Berlin: Auslösung

renden Straßen an und befahl die Verhaftung von Goebbels [149a]. Die Absperrung des Wachbataillons werde in Kürze durch Einheiten der Panzer-Truppen-Schule verstärkt werden, weitere Verstärkungen solle der Kommandant von Berlin aus der Spandauer Garnison und der Feuerwerker- und der Waffenmeister-Schule entnehmen.

Dieser dritte Befehl sollte Hase in der Bendlerstraße erklärt werden, man sah aber davon ab, weil Major i. G. Hayessen, der in der Bendlerstraße noch die Verhaftung Fromms erlebt hatte, nun in der Kommandantur war und alles erklären konnte [149b]. Hase befahl von der Kommandantur aus Major Remer zu sich und die Kommandeure der Heeres-Feuerwerker-Schule, der Heeres-Waffenmeister-Schule und der in Berlin liegenden Landesschützen-Bataillone [150]. Während die Absperrung des Regierungsviertels hauptsächlich durch das Wachbataillon und später auch durch die Einheiten der Panzer-Truppen-Schule Krampnitz erfolgen sollte, mußten die anderen der Wehrmachtstandort-Kommandantur unterstehenden Einheiten bei der Besetzung der obersten Reichsbehörden, der Nachrichtenanlagen und der Zeitungs- und Presseeinrichtungen mitwirken. Die Objekte waren die auch in der für das Wehrkreiskommando III bestimmten Liste aufgeführten, auf die in dem Befehl für Hase ausdrücklich hingewiesen wurde. Ausgenommen und der Besetzung durch Truppen des Wehrkreises vorbehalten waren nur der Sender Tegel, die Funktürme und das Funkhaus in der Masurenallee.

Die Polizei hatte Anweisung, mit dem Heer zusammenzuarbeiten und am Autobahnring Berlin Sperren und Kontrollen zu errichten. Sobald bei der Standortkommandantur genügend Truppen zur Verfügung standen – die Heeres-Waffenmeister-Schule sollte das Schloß besetzen und die Feuerwerker-Schule das Zeughaus –, waren dreißig Stoßtrupps zu bilden. Diese sollten unter Führung von Kriminalbeamten, die Reichskriminaldirektor Nebe zur Verfügung stellte und bereithielt, zu den einzelnen Reichsbehörden entsandt werden und dort die wichtigsten Funktionäre und Würdenträger verhaften. Für die Nachrichtenanlagen sollten sinngemäß Nachrichtenoffiziere eingesetzt werden, die sich ebenfalls bei Hase melden sollten. Zehn Nachrichtenoffiziere sollte Generalleutnant Thiele vom OKW bereitstellen, zehn wollte Oberst Haßel vom OKH einsetzen. Als Thiele wegen des Mißlingens des Attentats seinen Anteil nicht leisten wollte, veranlaßte Haßel, daß statt zehn zwanzig Offiziere aus seinem Befehlsbereich zur Kommandantur geschickt wurden [151]. Schließlich sollten von der Division »Brandenburg« noch fünfzig Mann auf Lastwagen herangeführt werden.

Auch die Waffen-SS und das in Tegel stationierte Regiment »Hermann

Göring« wurden nicht vergessen. Ein General sei, hieß es in demselben Befehl Nr. III, mit einem Stoßtrupp zum SS-Standortkommandanten Berlin entsandt, um diesem den Befehl zur Eingliederung der Waffen-SS in das Heer zu übermitteln. Dem Regiment »Hermann Göring« sollte die Wehrmachtstandort-Kommandantur das alarmbereite Verbleiben in den Unterkünften befehlen und den Kommandeur mit seinem Adjutanten zum Empfang weiterer Befehle zur Kommandantur zitieren.

Um 16.15 Uhr wurden auf das Stichwort »Walküre« die in Moabit liegenden Teile des Wachbataillons »Großdeutschland«, die gerade nicht auf Wache ausgerückt waren, alarmiert. Ein Zug der vierten Kompanie befand sich auf Wachdienst in der Bendlerstraße, andere Züge waren an verschiedenen Punkten Berlins eingesetzt bzw. dienstfrei. Entsprechend dem erhaltenen Befehl fuhr der Kommandeur Major Remer zur Wehrmachtstandort-Kommandantur Unter den Linden 1 und meldete sich bei Generalleutnant von Hase [152]. Dieser eröffnete ihm, das Heer übernehme die Vollziehende Gewalt, das Wachbataillon habe die Aufgabe, das Regierungsviertel abzusperren, begrenzt durch Potsdamer Platz, Saarlandstraße, Anhalter Straße, Wilhelmstraße, Kochstraße, Friedrichstraße, Dorotheenstraße und Hermann-Göring-Straße. Die Polizei habe bei der Absperrung Hilfe zu leisten, Personen dürften vorläufig (bis zur Beendung der Verhaftungen) nicht durchgelassen werden, die öffentlichen Verkehrsmittel müßten umgeleitet werden oder aber leer durchfahren. Die ersten drei Kompanien seien zur Absperrung einzusetzen, die vierte Kompanie als Eingreifreserve beim Lustgarten bereitzuhalten. Diese war jedoch schon anderswo auf Wachdienst und stand nicht zur Verfügung.

Remer sagte: »Jawohl, Herr Generalleutnant.« Dann fuhr er wieder nach Moabit zurück; einen Oberstleutnant von der Abteilung Nachschubtruppen (In 8) beim Chef H Rüst u BdE, Franz Wilhelm Wolter, den ihm Hase beigegeben hatte, brachte er mit [152a]. Remer rief seine Offiziere zusammen und teilte anhand eines Stadtplans die Kompanien auf das Absperrungsgebiet auf. Nach den Berichten der unmittelbar Beteiligten – Remer, Hagen und Schlee – hatten diese schon jetzt den furchtbaren Verdacht, da werde geputscht. Leutnant Dr. Hagen, der beim Bataillon zwischen 15 und 16 Uhr im Auftrag des Propagandaministeriums einen weltanschaulichen Vortrag gehalten hatte, glaubte unterwegs in einem Personenauto den Generalfeldmarschall von Brauchitsch in voller Uniform durch die Straßen Berlins fahren gesehen zu haben, was ihm bedenklich und verdächtig erschien; auch Major Remer und Leutnant Schlee war es angeblich von vornherein nicht wohl bei der Sache. Als sie dies berichteten, wußten sie natürlich, daß es um ihre Köpfe ging.

2. Berlin: Auslösung

Zunächst sind sie aber marschiert. Die Kompanien wurden verladen und in die Stadtmitte gefahren, wo sie ihre Stellungen einnahmen und das Regierungsviertel absperrten, Remer fuhr wieder in die Kommandantur Unter den Linden 1. Um 18.30 Uhr war die Absperrung vollzogen und Remer kontrollierte die ausgestellten Sicherungen persönlich.

Ursprünglich war beabsichtigt, Remer auch mit der Verhaftung des Ministers Dr. Goebbels zu beauftragen, aber davon wurde Abstand genommen auf den vom Ia der Kommandantur, Oberstleutnant i. G. Schöne, gegenüber Hase geltend gemachten Einwand hin, Goebbels sei der Schirmherr des Wachbataillons, es wäre eine zu große Belastung für die Truppe. Hase wollte dann einem anderen Offizier, der erst noch bestimmt werden sollte, die Verhaftung von Goebbels übertragen[153]. Remer hörte, wie Schöne und Hase leise darüber sprachen, als er von seiner Inspektion in die Kommandantur zurückkam. Wie er später berichtete, stimmte ihn die geplante Verhaftung Goebbels' »besonders bedenklich«, aber er tat nach wie vor alles, was ihm befohlen wurde. Er meldete Hase den Vollzug der Absperrungen und wies noch darauf hin, daß die Absperrung an der Anhalter Straße beim RSHA verstärkt werden müßte.

Während Remer also offensichtlich gutgläubig handelte oder gar nicht viel nachdachte, sondern eben Befehle ausführte, scheinen Dr. Hagen sehr früh wirkliche Zweifel gekommen zu sein[154]. Er erzählte Remer schon nach der Einweisung der Offiziere in Moabit, er habe Brauchitsch in der Stadt an sich vorbeifahren sehen und die ganze Sache sei ihm nicht geheuer. Was denn Brauchitsch jetzt in Berlin tue? Er wolle auf alle Fälle zu seinem Minister, Dr. Goebbels, fahren und sich orientieren[155]. Das konnte Remer nur recht sein. Er war Soldat und hatte die Befehle seiner Vorgesetzten, in diesem Falle Generalleutnant von Hase, auszuführen. Wessen Befehle unrechtmäßig oder rechtmäßig waren, ob unrechtmäßige Befehle gegeben wurden, konnte er um 17 Uhr noch nicht übersehen, Hagens Vorstoß könnte aber vielleicht die Lage klären. Dieser begab sich also zu Goebbels und wurde vom Minister um 17.25 Uhr empfangen. Es dauerte über eine Stunde, bis es Hagen nach seinem Gespräch mit Goebbels dann gelang, auf dessen Befehl hin Remer in die Ministerwohnung zu holen. Erst zwischen 18.35 und 19.00 Uhr war Remer dort und führte das berühmte Telephongespräch mit Hitler. Damit war die Peripetie im Drama des Wachbataillons schon überschritten, der Fortgang wird im 5. Abschnitt wieder aufzunehmen sein.

In Cottbus bei der Ersatz-Brigade »Großdeutschland« traf der »Walküre«-Befehl kurz vor 16 Uhr ein. Der Adjutant (IIa) der Brigade, Oberleutnant Kurt Delius, nahm den telephonischen Anruf von Oberstleutnant

i. G. Bernardis entgegen: Der Führer sei tot, es bestehe die Gefahr innerer Unruhen, es gelte das Stichwort »Walküre«, Vollziehende Gewalt beim Heer. Die Ersatz-Brigade habe den Deutschlandsender bei Herzberg und die Sendeanlagen in Königswusterhausen zu besetzen, ferner alle wichtigen Straßen- und Brückenpunkte in der Umgebung von Cottbus. Kommandeur und Adjutant der Brigade haben sich darauf beim Wehrkreiskommando III am Hohenzollerndamm zu melden [156]. Der Kommandeur der Brigade, Oberst Hermann Schulte-Heuthaus, war gerade bei Übungen von Einheiten der Brigade unterwegs. Delius benachrichtigte also den Kommandeur des Panzergrenadier-Ersatz- und Ausbildungs-Regiments der Brigade und Stellvertreter des Brigadekommandeurs, Oberstleutnant Stirius, den er um 16.25 Uhr in seiner Wohnung erreichte, nachdem er sich durch Rückruf den Befehl von Bernardis hatte bestätigen lassen.

Gegen 16.45 Uhr traf Oberstleutnant Stirius wieder in der Kaserne ein, wo ihm der inzwischen schriftlich eingegangene und entschlüsselte Befehl aus dem OKH vorgelegt wurde. Als weitere Einzelheit enthielt er noch die Anweisung für die Hauptkräfte der Brigade, die Bereitstellungsräume in Berlin-Süd zu beziehen, wie es schon am 15. Juli geprobt worden war. Oberstleutnant Stirius ließ den Befehl sofort ausführen und die Brigade in Marschbereitschaft versetzen, aber es berührte ihn doch eigenartig, daß der Befehl von Olbricht unterzeichnet war und aus dem OKH/AHA kam, statt vom Wehrkreiskommando III, dem die Brigade territorial unterstand.

Nach 15 Minuten meldete sich bei Oberstleutnant Stirius befehlsgemäß der Chef der Panzerfunkkompanie; er erhielt die Anweisung, mit einer gemischten Kompanie aus zwei Zügen Panzerpionieren und einem Zug Panzerfunker unverzüglich zum Deutschlandsender Herzberg zu fahren und diesen zu besetzen. Etwaige Wachen, besonders solche der SS, seien zu unterstellen und erforderlichenfalls zu entwaffnen. Danach sei Funk- und Funksprechverbindung mit der Brigade aufzunehmen, der Vollzug des Auftrages an den Kommandeur persönlich zu melden. Wenig später, etwa um 17.15 Uhr, wurde dem Kommandeur des IV. Bataillons der Brigade in Guben ein dem Sinne nach gleichlautender Befehl erteilt für die Besetzung der Sendeanlagen in Königswusterhausen. Zwischen 17.15 und 18 Uhr erhielten auch die anderen aus den Standorten nach und nach eintreffenden Kommandeure von Oberstleutnant Stirius ihre Marschbefehle. Alles funktionierte bestens. Die örtlichen Partei- und SA-Führer, auch SS-Einheiten unterstellten sich der Ersatz-Brigade »Großdeutschland« [157].

Inzwischen kam der Brigadekommandeur von seinen Inspektionsfahrten zurück, aber effektiv behielt Oberstleutnant Stirius das Kommando in Cottbus; denn der Kommandeur sollte ja nach dem Abmarsch der auf-

2. Berlin: Auslösung

gerufenen Einheiten sofort zum Wehrkreiskommando in Berlin kommen. Da fuhr nun Oberst Schulte-Heuthaus mit seinem IIa Delius hin, etwa gegen 18 Uhr. Sie meldeten sich bei Generalmajor Herfurth, aber die Lage war sehr unklar, der Befehlshaber, General von Kortzfleisch, war in der Bendlerstraße, und niemand wußte zu sagen, warum er nicht wiederkam. Es herrschten Durcheinander und allseitiges Mißtrauen.

In Cottbus fragte inzwischen etwa um 18 Uhr Major von Oertzen telephonisch an, wieweit »Walküre« angelaufen sei. Er erhielt Auskunft, konnte aber selbst zur Lage in Berlin nur spätere Unterrichtung in Aussicht stellen. Gegen 18.45 Uhr meldete der Kompaniechef der Panzerfunkkompanie aus Herzberg die Besetzung des Deutschlandsenders. Die SS-Wache sei ohne Schwierigkeit abgelöst, und Hitler [sic] werde später einen Aufruf an das deutsche Volk erlassen. Gegen 20 Uhr meldete das IV. Bataillon aus Königswusterhausen, es habe die Sendeanlagen dort besetzt und die bisherige Besetzung durch einen Truppenteil der Panzer-Truppen-Schule II abgelöst. Seit 18 Uhr aber begannen sich für die uneingeweihten Soldaten die Anzeichen zu häufen, daß ein Anschlag auf Hitler verübt und zu einem Umsturzversuch ausgenutzt worden sei. Von da an glitten alle Aktionen der Ersatz-Brigade wie von selbst in die Hände der nationalsozialistischen Machthaber zurück.

In der Infanterie-Schule in Döberitz gingen die Dinge nicht ganz so glatt wie in Cottbus. Der Kommandeur, Generalleutnant Otto Hitzfeld, war wegen eines Trauerfalls nicht in Döberitz, sein Vertreter war Oberst Ringler, Taktiklehrer im Regimentsführerlehrgang [158]. Am Nachmittag zwischen 16 und 17 Uhr wurde bekannt, daß »Walküre« ausgelöst sei, und die Marschbereitschaft der für »Walküre« in Frage kommenden Einheiten wurde hergestellt, Truppen marschierten ab. Aber dann waren sich die Oberstleutnante und die Obersten nicht einig, was weiter zu tun sei. Über den Rundfunk hörte man vom Attentat, die einen wollten befehlsgemäß marschieren, andere rieten ab oder verlangten schriftliche Befehle. Seit etwa 18 Uhr waren Einheiten der Infanterie-Schule marschbereit; als um 20.30 Uhr Oberst Wolfgang Müller vom OKH/In 2 von einer Dienstfahrt nach Berlin in die Schule zurückkehrte, wohin sein Büro ausgelagert war, standen sie noch immer herum.

Der damals in der Schule anwesende Taktiklehrer Major Jakob, Ritterkreuzträger, wurde von Oberst Ringler über die eingegangenen Befehle unterrichtet und hatte den (nicht ganz eindeutigen) Eindruck, daß Oberst Ringler den abwesenden Kommandeur vertrete. Jakob erhielt den mündlichen Auftrag, das Funkhaus in der Masurenallee zu besetzen und den Vollzug sofort telephonisch unter einer ihm angegebenen Nummer zu melden.

Im Funkhaus sollte er alle Sendungen einstellen lassen und mit einem dort anzutreffenden Nachrichtenoffizier des OKH Verbindung aufnehmen [159].

Major Jakob fuhr mit seiner voll bewaffneten und auf Lastwagen verladenen Truppe los. Man nahm auch Maschinengewehre und Granatwerfer mit [160]. Unterwegs begegnete man Truppen, die im Gelände lagerten.

Die Besetzung des Funkhauses bereitete keinerlei Schwierigkeiten. Jakob ging einfach mit ein paar Offizieren hinein und erklärte der Wache, er habe den Auftrag zur militärischen Sicherung des Funkhauses und die Wache sei ihm vorläufig unterstellt. Ein SS-Offizier wollte telephonieren, Jakob unterband es. Etwa zehn der Postschutzleute in SS-Uniform reinigten gerade ihre Waffen und blieben gehorsam in ihrem Raum. Die beiden SS-Posten vor dem Gebäude ließ Jakob stehen, gab ihnen aber zwei Heeressoldaten bei, und da er das Gebäude gegen jedermann zu verteidigen hatte, ließ er außen Maschinengewehre und in den Innenhöfen Granatwerfer aufstellen.

Auftragsgemäß verlangte Jakob vom Intendanten auch die Einstellung aller Sendungen, was dieser zusagte. Man führte Jakob in den Hauptschaltraum und sagte ihm, alles sei abgeschaltet. Da Jakob nichts vom Funk verstand und der Nachrichtenoffizier des OKH nicht gekommen war, konnte er die Richtigkeit der Behauptung nicht nachprüfen. Tatsächlich wurde der Sendebetrieb nie unterbrochen. Der zentrale Schaltraum und die Sprechstudios befanden sich damals nicht mehr im Funkhaus, sondern in einem Bunker nebenan, der wie ein Luftschutzbunker aussah.

Man hat also Major Jakob an der Nase herumgeführt. Die Besetzung des Funkhauses hatte ohne die Mitwirkung von Experten bzw. ohne das nötige rücksichtslose Vorgehen von eingeweihten und entschlossenen Verschwörern keine praktische Bedeutung. Major Jakob wußte nichts von seiner Funktion im Staatsstreichplan und konnte daher bald »umgedreht« werden. Alles hing von Hitlers Tod ab, sofern man nicht fast alle in Frage kommenden Truppenführer eingeweiht und gewonnen hatte, was unmöglich war.

Die Experten mit zugleich militärischer Autorität sollten die von Oberst Haßel und von Generalleutnant Thiele zu entsendenden Nachrichtenoffiziere sein. Oberst Haßel, der Chef der Amtsgruppe Nachrichtenwesen im OKH/AHA, hatte etwa um 16.15 Uhr die Anweisung gegeben, daß sich die zehn von ihm zu stellenden Nachrichtenoffiziere zur Wehrmachtstandort-Kommandantur verfügten [161]. Da Thiele sich weigerte, seinen Anteil zu übernehmen und auch zehn Offiziere zu schicken, befahl Haßel zwanzig Nachrichtenoffiziere zu Hase [161a]. Sie sollten Sendeanlagen, Funkhaus und Telegraphen- und Fernsprechämter sichern helfen; ihr Anführer befand, dazu genügen drei Offiziere und zog mit den übrigen ab. Die drei erhielten in der Verwirrung keine Befehle und wurden später in

2. Berlin: Auslösung

der Kommandantur festgesetzt. Von der zunächst erfolgreichen militärischen Besetzung des Funkhauses und der Sender Nauen und Tegel haben sie nichts erfahren [162].

Ähnlich wie beim Berliner Funkhaus ging es beim Überseesender Nauen und dem Sender Tegel. Der auf den »Walküre«-Befehl hin am Nachmittag in Döberitz aufgestellten Kampfgruppe des Lehrstabes I – ein starkes Bataillon aus 3 Schützen-Kp., 1 M. G.-Kp., 1 Granatwerfer-Kp., 1 Pz.-Abwehr- und Infanterieschützen-Kp., 1 Kp. Personalreserven – wurde zwischen 19 und 20 Uhr befohlen, die beiden Sender zu besetzen und den Sendebetrieb bis zum Eintreffen von Fernmeldeoffizieren zu unterbinden [162a]. Der SS-Postschutz sei zu entwaffnen und festzunehmen, die Sender zur Rundumverteidigung einzurichten und gegen jeden Angriff zu halten. Diese Befehle wurden ausgeführt, etwa um 21 Uhr waren die beiden Sender in den Händen der Kampfgruppe. Der leere Senderaum wurde besetzt. Ob der Sendebetrieb tatsächlich unterbrochen wurde, konnten freilich die Führer der Döberitzer Einheiten auch nicht sicher feststellen, und die angekündigten Fernmeldeoffiziere kamen nicht. Um Mitternacht wurden die Einheiten telephonisch angewiesen, wieder in die Unterkünfte nach Döberitz zurückzukehren.

Der General der Artillerie beim Chef H Rüst u BdE Fritz Lindemann hielt sich unterdessen in Zossen bei General Wagner bereit, um den ersten Aufruf an die Öffentlichkeit zu verlesen [163]. Er sollte nach Beginn des Staatsstreiches nach Berlin kommen und einen als Rundfunkkommentator tätigen Angehörigen des Propagandaministeriums, Dr. Fritz Theil, treffen, der eng mit Hofacker, Schulenburg und Trott zusammenarbeitete. Gemeinsam sollten sie sich unter Polizei- oder Militärschutz ins Funkhaus begeben, wo auch Theil eine Ansprache verlesen sollte. Am Nachmittag hatte dieser mit Trott im Auswärtigen Amt noch einmal seinen Entwurf überarbeitet und sich dann, als die Absperrung des Regierungsviertels begann, auf Trotts Wunsch zum Auslandpresseklub am Leipziger Platz begeben, um nicht im entscheidenden Moment durch die Sperren behindert zu sein. Aber der Wagen, der Theil abholen sollte, kam nie, Trott vertröstete ihn telephonisch von Mal zu Mal, bis er ihm endlich etwa um 21.30 Uhr riet, schleunigst die Flucht zu ergreifen [164]. General Lindemann blieb angesichts des Mißlingens bis gegen 19 Uhr in Zossen, bis Wagner ihn in die Bendlerstraße entsandte, um »festzustellen, was in Berlin los sei« [165].

Als Oberst Müller etwa um 20.30 Uhr nach Döberitz zurückkam und den Staatsstreichversuch nach Kräften fördern wollte, da war es eigentlich schon zu spät. Er fand die Offiziere der Schule in Kriegsratstimmung vor, sie konnten sich nicht einigen, ob Befehle aus der Bendlerstraße über das bisher Geschehene hinaus zu befolgen seien oder nicht. Müller stellte fest, die Schule habe Befehl, sofort die Sender Nauen und Tegel sowie die Konzentrationslager Oranienburg I und II zu besetzen. Er versuchte (ohne Berechtigung dazu), das Kommando zu übernehmen, stieß aber auf Widerstand, und er erfuhr auch nicht, daß Nauen und Tegel schon besetzt waren. Eine Anfrage Oberst Ringlers in Lörrach, wo sich Hitzfeld aufhielt, ergab die Weisung Hitzfelds, sich von Oberst Müller ja nicht verdrängen zu lassen, wenn er nicht einen schriftlichen Befehl vorweisen könne. Weitere Ferngespräche mit Generalleutnant Hitzfeld führten nach Darstellung der Lage zu der Weisung, die von Hitzfeld für rechtmäßig gehaltenen Befehle aus der Bendlerstraße auszuführen und sofort energisch gegen die angeblich putschende SS vorzugehen. Darauf wurde endlich wieder marschiert, aber nicht weit. Oberst Müller fuhr inzwischen mit seinem Adjutanten Oberleutnant Goedecke gegen 21.30 Uhr in die Bendlerstraße, um sich bei General Olbricht die nötigen schriftlichen Vollmachten für die Übernahme des Befehls über die Döberitzer Truppe zu holen. Als er dann damit zurückkam, war es für weitere Aktionen zu spät[166].

In der Panzer-Truppen-Schule II in Krampnitz sollte der Kommandeur Oberst Gorn den Alarmbefehl aus der Bendlerstraße empfangen, aber am 20. Juli führte an seiner Stelle Oberst Glaesemer das Kommando. Oberst Gorn hatte mit Wirkung vom 21. Juli 1944 die Führung der 561. Volksgrenadier-Division zu übernehmen[167]. Gegen 16 Uhr rief Major von Oertzen in der Schule an und übermittelte den Befehl: Innere Unruhen, Ausnahmezustand, Vollziehende Gewalt beim Heer; der Kommandeur der Schule habe mit den eigenen drei »Walküre«-Bataillonen sowie mit ihm unterstellten »Walküre«-Einheiten der Fahnenjunkerlehrgänge der Infanterie aus Potsdam (ein Bataillon mit fünf Kompanien) und der Unteroffizierschule Potsdam (ein Bataillon mit drei Kompanien) sofort »im motorisierten Marsch« nach Berlin in den Raum Tiergarten–Bendlerstraße bei der Siegessäule zu rücken; eine Spähwagen-Kompanie und eine Grenadier-Kompanie »unter energischen Führern« haben handstreichartig die Sender Königswusterhausen und Zeesen zu besetzen, eventueller Widerstand der bei Zeesen stationierten Kompanie der Waffen-SS sei mit Gewalt zu brechen, politische Sendungen seien zu verhindern, bis zum Eintreffen von Verstärkungen sei der Sender zu halten. Zusätzliche Kraftfahrzeuge zum Transport der Truppen seien aus Kanin, 24 Kilometer südwestlich von Potsdam, heranzuziehen[168]. Der Kommandeur schließlich hatte den Auftrag, seiner Truppe vorauszufahren und sich beim Chef H Rüst u BdE in der Bendlerstraße 11 zu melden.

2. Berlin: Auslösung

Hier sollte er den zweiten Befehl erhalten [169]: Zwei seiner Bataillone seien zur Verstärkung der Absperrung des Regierungsviertels dem Wehrmachtstandort-Kommandanten von Berlin zu unterstellen; die Mehrheit der Panzer-Truppen-Schule übernehme den Schutz der Dienststellen in der Bendlerstraße und halte sich dem Wehrkreiskommando III »für beweglichen Einsatz« zur Verfügung; mit der Abteilung Ia im Wehrkreiskommando III sei Verbindung zu halten; nach Süden sei in Richtung der Kasernen der Waffen-SS in Lichterfelde und Lankwitz aufzuklären, etwaige Bewegungen der SS seien zu unterbinden; eine Kompanie, möglichst mit Spähwagen, habe abrufbereit zu sein zur Abholung des Befehlshabers und des Chefs BdE vom Flugplatz Tempelhof (für den Fall, daß Fromm mit Stauffenberg im Führerhauptquartier sein würde); endlich hatte sich eine Kompanie mit schweren Waffen »als Stoßtrupp für Entsendung zum SS-Standort-Kommandanten Berlin« bereitzuhalten.

Als die Nachricht von Hitlers angeblichem Tod in Krampnitz eingetroffen war, hatte der Kommandeur der Reit- und Fahr-Schule Krampnitz I und Standortälteste Oberst Harald Momm gerufen: »›Ordonnanz, eine Flasche Schampus, das Schwein ist tot!‹« [170] Oberst Glaesemer war keineswegs so begeistert, aber er führte doch, zögernd, alle Befehle aus und meldete sich in der Bendlerstraße, wohin die Panzer abgerückt waren. Es war nach 19 Uhr. Oberst Momm war am Spätnachmittag schon von Major John von Freyend, dem Adjutanten Keitels, angerufen worden und hatte erfahren, daß die Befehle aus der Bendlerstraße ungültig seien und nichts unternommen werden dürfe [171]. Obwohl z. B. Oberst Momm persönlich zur Ausführung der Putschbefehle durchaus bereit war, hatte sich der Abmarsch hingezogen, weil Oberst Glaesemer (der dem Standortältesten, Oberst Momm, unterstand) sich den Befehl, der auf einen SS-Putsch hindeutete, von seinem höheren Vorgesetzten, dem Abteilungschef der Inspektion der Panzertruppen (In 6, am Fehrbelliner Platz) und Chef des Stabes des Inspekteurs der Panzertruppen im OKH/AHA, Oberst Ernest Bolbrinker, bestätigen lassen wollte [172]. Da bei dem Einsatz teilweise neues Gerät verwendet werden sollte, hatte ein technischer Beamter schon protestiert. Der Generalinspekteur der Panzertruppe, Generaloberst Guderian, war auf Inspektionsreise bzw. inzwischen zu Hause auf seinem Gut Deipenhof und schwer zu erreichen [173]. So beschied Bolbrinker den Oberst Glaesemer, er solle warten, bis er bei Olbricht rückgefragt habe, dem die In 6 unterstand. Eine Weile später erhielt Glaesemer den Bescheid, der Befehl sei echt und zu befolgen. Unterwegs hörte er die Nachricht, Hitler sei am Leben, aber er fuhr trotzdem weiter in die Bendlerstraße und ließ die »Walküre«-Einheiten der Panzer-Truppen-Schule nachkommen [174].

Der Kommandeur der Lehrgruppe Panzer-Grenadiere fügte sich den Befehlen der Bendlerstraße erst auf die Drohung Olbrichts mit standrechtlicher Erschießung, stellte bei den SS-Kasernen völlige Ruhe fest und fand dann am Großen Stern auch die Spitze des Panzer-Grenadier-Bataillons unter Major von Nagel [174a].

Glaesemer ging zu Olbricht und fragte, was denn nun eigentlich im Gange sei. Olbricht bekräftigte die Behauptung von Hitlers Tod; Mertz werde weitere Befehle ausgeben. Aber Glaesemer wollte nicht mehr und sagte Mertz, das sei ja ein Dolchstoß wie 1918, worauf Mertz auf seine Dienste verzichtete und ihm ein Zimmer im vierten Stock anwies. Als dann auch Bolbrinker erschien, schickte Mertz diesen in seine Dienststelle am Fehrbelliner Platz zurück.

In der Heeres-Waffenmeister-Schule I in Berlin-Treptow, die zum Wehrmachtstandort Berlin gehörte und also dem Generalleutnant von Hase unterstand, war der Kommandeur, Generalmajor Walter Bruns, schon lange in die Verschwörung eingeweiht und hatte seine aktive Teilnahme zugesagt. Am 20. Juli nachmittags um 16.15 Uhr wurde er ans Telephon gerufen und Hase gab ihm selbst die Alarmnachricht: »Walküre« sei ausgelöst, Hitler sei tödlich verunglückt. Generalmajor Bruns befahl sofortige Marschbereitschaft und die für diesen Fall vorgesehene Heranziehung von 18 Lastkraftwagen, die durch die Wehrmachtstandort-Kommandantur zur Verfügung gestellt werden sollten. Dann fuhr er selbst in einem Beiwagenmotorrad zur Kommandantur Unter den Linden 1 [175].

Bruns kannte seine Aufgabe, die Besetzung des Stadtschlosses, und konnte nach der Meldung bei Hase getrost wieder zur Schule zurückfahren. Dort stellte er fest, daß zwei Kompanien marschbereit auf dem Kasernenhof standen, die Lastwagen aber nicht eingetroffen waren. Die erste Kompanie war abmarschiert, ohne weiter auf die Autos zu warten, und versuchte mit öffentlichen Verkehrsmitteln, vor allem der Straßenbahn, in die Stadt zu gelangen. Bruns rief bei Hase in der Kommandantur an, es war inzwischen gegen 19 Uhr, und fragte nach den Lastwagen. Hase erklärte, er habe sie beordert, er wisse nicht, wo sie bleiben, aber es habe auch schon andere Störungen gegeben. Jetzt sei er eben zum Propagandaministerium befohlen worden.

Darauf befahl Bruns den drei noch wartenden Kompanien, auf schnellstem Wege, im Fußmarsch und mit Ausnützung aller erreichbaren Verkehrsmittel, also wieder mit der Straßenbahn, zum Schloß zu marschieren. Er selbst fuhr wieder im einzigen Beiwagenmotorrad der Heeres-Waffenmeister-Schule zur Kommandantur, wo er etwa um 21 Uhr oder später ankam [176]. Die Kommandantur war schon von Einheiten des Wachbataillons »Großdeutschland« besetzt.

2. Berlin: Auslösung

Die drei Kompanien der Heeres-Waffenmeister-Schule marschierten weiter. Gegen Mitternacht erst trafen die 2. und 3. Kompanie beim Schloß ein und besetzten es, gegen den Protest von Offizieren des Wachbataillons. Die 1. Kompanie war schon früher in Berlin gewesen, war jedoch kurz vor dem Schloß, nach 21 Uhr, von einem Generalstabsoffizier zum Bendlerblock umdirigiert worden und dort gegen 21.45 Uhr einmarschiert [177]. Aber hier wimmelte es auch schon von Soldaten des Wachbataillons, und dem Kompanieführer wurde von Hauptmann Cords klargemacht, daß nichts mehr zu retten sei.

Um dieselbe Zeit wie Generalmajor Bruns in der Heeres-Waffenmeister-Schule I erhielt auch der Kommandeur der Heeres-Feuerwerker-Schule I in Berlin-Lichterfelde, Oberst Helmuth Schwierz, während einer Besprechung des 18. Fahnenjunker-Lehrgangs von seinem Adjutanten Hauptmann Hradetzki die Mitteilung von dem Aufruf der »Walküre«-Verbände durch Generalleutnant von Hase: Er möge sogleich zu ihm in die Kommandantur kommen. Dort fand Schwierz schon den Kommandeur der Heeres-Waffenmeister-Schule I, Generalmajor Bruns vor, auch Major Remer war da und wurde zuerst von Hase hereingerufen. Als Schwierz an der Reihe war, sagte ihm Hase: Hitler sei tödlich verunglückt, es müsse mit Unruhen in Berlin gerechnet werden, das Heer übernehme die Vollziehende Gewalt, sofort sei das vorgesehene Kommando der Schule unter einem älteren Offizier zu entsenden [178]. Schwierz fuhr also sofort wieder nach Lichterfelde zurück. Nach dem für Unruhen oder Katastrophen im Einvernehmen mit dem Wehrmachtstandort-Kommandanten von Hase und mit dem Chef des Generalstabes im Wehrkreiskommando III (bis Mai 1944) Generalmajor von Rost vorbereiteten Alarmplan hatten die kampffähigen Teile der Schule sofort zu der Straße zwischen Zeughaus und Ehrenmal Unter den Linden zu marschieren und ihre Ankunft in der Kommandantur zu melden. Als Schwierz nun zwischen 17 und 18 Uhr wieder in Lichterfelde ankam, erfuhr er schon vom Mißlingen des Attentats. Generalleutnant von Hase hatte absichtlich nur von einem tödlichen Unfall gesprochen, um niemand unnötig mit dem Wissen vom Putsch zu belasten, was später auch vielen das Leben gerettet hat.

In der Kaserne der Heeres-Feuerwerker-Schule I war inzwischen die Marschbereitschaft von 10 Stoßtrupps zu je 30 Mann hergestellt worden [179]. Die übrigen Offiziere und Soldaten sollten zur Sicherung in der Kaserne bleiben, insbesondere wegen der Nähe der SS-Leibstandarte »Adolf Hitler« in der ehemaligen Hauptkadettenanstalt. Trotz eigenen Bedenken und Gegenvorstellungen von einigen Offizieren, besonders von Major Korff, ließ Oberst Schwierz die Einsatztruppe abmarschieren, er selbst blieb in der Kaserne, wo jedoch wider Erwarten alles ruhig blieb. Major Korff und Hauptmann Maître führten die Stoßtrupps.

Gegen 18 Uhr meldeten sie sich und ihre Einheiten auf der Kommandantur, zusammen mit anderen in ähnlicher Weise herbefohlenen Offizieren. Sie mußten die Zahl der mitgebrachten Soldaten und Waffen auf Zettel schreiben, die nach einiger Zeit eingesammelt wurden. Dann kam ein Ritterkreuzträger und Oberst auf die beiden Offiziere zu und bat sie hinaus [180]. Auf etwas geheimnisvolle Weise, mit Beiseitenehmen erst des einen, dann des anderen Offiziers, weihte der Oberst die beiden in ihren Auftrag ein: die zehn Stoßtrupps sollten das Propagandaministerium umstellen, besetzen und ausheben, einschließlich des Ministers. Zum Schluß meinte der Oberst: »›Ein schwerer Befehl, aber Befehl ist Befehl!‹« Etwas verdutzt blieben Korff und Maître zurück, als sich der Oberst wieder entfernte. Maître mußte nun den Befehl ausführen, Korff hatte die Aufsicht über die ganze Aktion.

Korff hatte noch andere Befehle zu erteilen, Aufstellungsplätze zu rekognoszieren. Zwei Stoßtrupps der Heeres-Feuerwerker-Schule sollten das Funkhaus besetzen. So gingen Maître und die Masse der Kampfeinheit zunächst allein in die Wilhelmstraße vor. In der Nähe des Propagandaministeriums wurde die Einheit in Bereitschaft belassen und Maître begab sich auf Erkundung ins Ministerium. Er wollte nicht blindlings agieren, der erste Schuß konnte leicht zu einer Katastrophe führen. Im Ministerium erfuhr Maître, der Minister sei in seiner Wohnung in der Hermann-Göring-Straße [181], und er verfügte sich also dorthin. Mit einiger Mühe schuf er sich Durchgang durch Absperrungen des Wachbataillons, konnte aber schließlich in Erfahrung bringen, daß ein Offizierputsch stattgefunden habe und darauf Major Remer von Hitler persönlich zum Kommandanten von Berlin ernannt worden sei [182]. Darauf unterstellte er sich Remer, der über den Truppenzuwachs sehr erfreut war. Im Park gegenüber der Ministerwohnung, beim Tiergarten, wurde die Einheit bis zum Abmarsch am nächsten Morgen in Bereitstellung belassen.

Inzwischen hatte Korff ganz ähnliche Erlebnisse [183]. Während die Einheiten der Heeres-Feuerwerker-Schule schon in der Wilhelmstraße Aufstellung nahmen, begab sich auch Korff in das Ministerium, um Goebbels zu suchen. Er fand ihn schließlich in seiner Wohnung an einem Schreibtisch und sagte ihm, er müsse ihn verhaften, er habe den Befehl von der Kommandantur. Da kam Remer dazu und erklärte, nicht von Goebbels und den Parteiführern, sondern von Kreisen, die zum Teil in der Kommandantur zu finden seien, sei der Anschlag auf Hitler ausgegangen. Korff wollte sich in der Kommandantur vergewissern, konnte aber weder

2. Berlin: Auslösung

dort noch in Lichterfelde jemanden erreichen. Da Remer sagte, er sichere das Propagandaministerium nach außen, beschloß Korff, dasselbe zu tun. So dachte er sowohl die Befehle der Kommandantur auszuführen, die für ihn ja formal bindend waren, als auch die Frontstellung gegen andere Heereseinheiten, nämlich Remers Wachbataillon, zu vermeiden. Kurz danach telephonierte Remer mit Hitler und Korff hörte, wie Hitler dem Kommandeur des Wachbataillons befahl, den Putsch in Berlin niederzuschlagen. Von da an gab es für Korff wie für Remer keinen Zweifel mehr, wer die rechtmäßigen Befehle erteilte.

Auch ein weiterer Versuch, Goebbels' habhaft zu werden, verlief im Sande. Oberst Jäger wurde von der Bendlerstraße zur Kommandantur geschickt, um von dort aus mit zwei starken Stoßtrupps des Wehrmacht-Streifendienstes, dessen Berliner Leitung damals Oberstleutnant Heinz hatte, Goebbels zu verhaften. Danach sollte er auch das Reichssicherheitshauptamt besetzen. Gegen 19 Uhr standen die beiden Stoßtrupps, verstärkt durch Landesschützen und Soldaten der Heeres-Feuerwerker-Schule, an der Ecke Linden- und Wilhelmstraße bereit [184]. Aber die Landesschützen und die Feuerwerker unterstellten sich dem Major Remer, die Aktion Jägers scheiterte.

Es war also immer dasselbe an diesem Spätnachmittag: zuerst wurden die Befehle der Bendlerstraße ziemlich bereitwillig ausgeführt, vor allem, wenn sie von der Wehrmachtstandort-Kommandantur oder vom Wehrkreiskommando übermittelt wurden, aber auch selbst dann noch, wenn sie von Fromm unterzeichnet waren und dieser nicht zur Bestätigung erreicht werden konnte. Die Auslösung war jedenfalls in Berlin und im Wehrkreis III gelungen. Aber die Nachricht vom Mißlingen des Attentats und die raschen Gegenmaßnahmen des Regimes haben fast überall schon im Anlauf den Maßnahmen den Schwung genommen.

Beides, die Rundfunkmeldung vom Mißlingen des Attentats und die Gegenwirkungen vor allen Keitels, haben nahezu gleichzeitig mit der Auslösung der Staatsstreichmaßnahmen eingesetzt. Es ist ein Funkspruch Keitels an den Befehlshaber im Wehrkreis IX (Kassel), General Schellert, erhalten, wonach Hitler lebe und völlig gesund sei, und Befehle von Fromm, Witzleben und Hoepner nicht ausgeführt werden dürfen, Himmler sei jetzt Oberbefehlshaber des Ersatzheeres; der Funkspruch trägt den Vermerk »16.15 Uhr« des Kommandeurs der Führer-Nachrichten-Abteilung in der »Wolfschanze«, Major Wolf [185]. In der Bendlerstraße bestand von Anfang an Unsicherheit über den Tod Hitlers, nachdem Generaloberst Fromm sofort nach dem ersten Ansinnen von General Olbricht, »Walküre« auszulösen, kurz vor 16 Uhr, mit Generalfeldmarschall Keitel telephoniert hatte. Trotz Stauffenbergs gegenteiligen Versicherungen hörte die Unsicherheit nicht auf, sondern verbreitete sich noch und wurde wesentlich genährt und gestärkt durch die wiederholt vom Rundfunk ausgestrahlten Nachrichten.

Die erste Meldung einer deutschen Rundfunkstation, wonach auf Hitler ein mißglücktes Attentat verübt worden war, ist nach der Erinnerung zahlreicher Zeugen der Vorgänge schon etwa um 17 Uhr ausgestrahlt worden[186]. Der Abhördienst der British Broadcasting Corporation (BBC) hat die erste Meldung vom Inlanddienst des Deutschen Nachrichten-Büros um 17.42 Uhr doppelter englischer Sommerzeit aufgefangen, was genau 17.42 Uhr deutscher Sommerzeit entsprach, die damals in Deutschland galt[187]. Allerdings konnte diese frühe Meldung mit gewöhnlichen Rundfunkgeräten nicht abgehört werden. Die nächste Meldung kam um 18.28 Uhr vom Deutschlanddienst des Deutschen Rundfunks, sie wurde zu gleicher Zeit im telegraphischen Dienst für den Fernen Osten ausgestrahlt und noch je einmal um 18.38 und 18.42 Uhr. Um 19 Uhr ging die Meldung im Dienst für die Niederlande über den Äther, um 19.01 Uhr wieder über den deutschen Dienst und zugleich in einer für Afrika ausgestrahlten Sendung in englischer Sprache. Um 19.15 Uhr sendete sie wieder der Deutschlanddienst, um 19.16 Uhr der deutsche telegraphische Dienst für den Fernen Osten, um 19.30 Uhr der Europäische Dienst auf portugiesisch, zugleich wieder auf englisch für Großbritannien, um 19.40 Uhr auf arabisch aus Athen, um 19.45 Uhr im Europäischen Dienst auf türkisch, um 20.00 Uhr wieder im Deutschlanddienst, um 21.21 Uhr im deutschen telegraphischen Dienst für den Fernen Osten, um 21.45 Uhr im europäischen Dienst für Dänemark, um 22 Uhr wieder im Deutschlanddienst, usw. Spätestens seit 17.42 Uhr war jedenfalls die Nachricht immer wieder zu hören. Dies erklärt viele abweichende Zeiterinnerungen an die »erste« Rundfunknachricht, und es erklärt auch die rasche und gründliche Verbreitung der Nachricht, ohne die der Staatsstreich sicher nicht so rasch gescheitert wäre.

3. Wehrkreise

Ähnlich wie in Berlin und im Wehrkreis III sind auch in den meisten anderen Wehrkreisen die ersten Staatsstreichmaßnahmen nicht so sehr in Unkenntnis der Nachricht vom mißlungenen Attentat, als trotz der Nachricht und trotz entgegenlautenden Befehlen aus dem Führerhauptquartier angelaufen. Die Fernschreiben der Bendlerstraße sind zum größten Teil durch eine entsprechende Schaltung, von der freilich die Verschwörer

3. Wehrkreise

nichts ahnten, ab 16 Uhr nicht nur an die Wehrkreiskommandos, sondern auch in die »Wolfschanze« gelangt [188]. Spätestens durch das Telephongespräch mit Generaloberst Fromm hat Generalfeldmarschall Keitel erfahren, was sich in der Bendlerstraße zusammenbraute, wenn es ihm nicht schon durch Generalleutnant Thiele oder durch Generalmajor Stieff bekanntgeworden war [189]. Der Kriegstagebuchführer im WFSt, Professor Dr. Percy Ernst Schramm, berichtet im Anschluß an eine Aufzeichnung über das Ergebnis der Suche nach Stauffenberg, der in Berlin wieder gelandet sei: »Stutzig machte zuerst eine Rückfrage des Chefs der Org.-Abt. des Gen.St.d.H., des General Stief [sic], der meldete, der BdE wolle den Ausnahmezustand befehlen. Er fragte, wie es sich damit verhalte. Dadurch ergab sich der Eindruck, der BdE wolle eine neue Regierung bilden. Aus weiteren Nachrichten ergab sich, daß der General-Feldm. v. Witzleben, die Führung der Wehrmacht, der General Höppner, früher OB der 4. Pz. Armee, die Stelle des BdE einnehmen sollten... Darauf übertrug der Führer dem Reichsführer SS die Führung des Ersatzheeres. Es wurde die Weisung ausgegeben, daß dieses nur Befehle vom Reichsführer bzw. vom Chef OKW entgegennehmen dürfe. Sämtliche Befehlshaber im Heimatkriegsgebiet wurden angerufen, wobei sich ergab, daß sie schon Befehle anderer Art erhalten hatten.« Die Befehlsgewalt über das Ersatzheer wurde Himmler schon am Nachmittag, etwa um 16 Uhr übertragen [190]. Zwischen 16 und 17 Uhr telephonierte Generalmajor Stieff von »Mauerwald« aus mit General Wagner in »Zeppelin« und sagte, von der Dienststelle des BdE sei mit Unterschrift von Generaloberst Fromm Übernahme der Vollziehenden Gewalt verkündet, ob Wagner Näheres wisse. Wagner sagte Stieff, daß Stauffenberg und Beck in diesem Sinne angerufen haben und daß Stieff das alles sofort Keitel melden solle [191]. Stieff hat offenbar schon am Nachmittag den Aufstandversuch verloren gegeben und versucht, Aktionen zu hindern und Eingeweihte zu warnen [191a]. Später am Abend sagte Stauffenberg, Stieff sei ja nun auch ausgebrochen [192].

Ab 16 Uhr benachrichtigten die Adjutanten Keitels systematisch alle Wehrkreiskommandos telephonisch oder durch Funk. An den Befehlshaber im Wehrkreis IX (Kassel) erging schon um 16.15 Uhr folgender Funkspruch Keitels, der durch Aushändigungsbestätigung beantwortet werden mußte: »Blitz-Funkspruch! An den Befehlshaber im Wehrkreis IX, Herrn General der Infanterie Schellert, Kassel. Funkspruch! Der Führer lebt! Völlig gesund! Reichsführer SS OB Ersatzheer, nur seine Befehle gelten. Befehle von Generaloberst Fromm, Feldmarschall von Witzleben, Generaloberst a. D. Hoepner nicht ausführen! Verbindung mit Gauleiter und Höheren Polizeiführer halten! Keitel, Generalfeldmarschall Chef OKW.« [193]

Als nun etwa um 17 Uhr die ersten Fernschreiben aus Berlin im Wehrkreiskommando I (Königsberg) eingingen – sie wurden von der Fernschreibstelle beim Nachrichtenführer des Luftgaukommandos aufgenommen –, da suchte man Bestätigung bzw. Aufklärung nicht in Berlin, sondern in der nahen »Wolfschanze« und in benachbarten Wehrkreiskommandos. Es gab hier zwar von Stauffenberg eingeweihte Offiziere, nämlich den Ia, Oberstleutnant Hans Otto Erdmann und den Kommandeur der Panzer-Aufklärungs- und Ausbildungs-Abteilung Meiningen, Ritterkreuzträger Major Roland Richard von Hößlin. Erdmann sollte für die Ausführung der Berliner Befehle in Königsberg und im Wehrkreis I sorgen, Hößlin hatte die besondere Aufgabe, die Gauleitung, die »Regierung«, das Telegraphenamt und andere öffentliche Gebäude in Königsberg zu besetzen, wozu seine Einheit noch durch eine Kompanie vom Panzer-Grenadier-Bataillon 413 in Insterburg verstärkt werden sollte[194]. Aber die Nachricht von dem mißlungenen Attentat kam gleichzeitig mit oder sogar noch vor dem Fernschreiben, in dem Hitlers Tod und die Übernahme der Vollziehenden Gewalt durch das Heer verkündet wurden.

Am Nachmittag etwa um 17 Uhr wurde der IIa, Oberst i. G. Herbert Kandt, vom Nachrichtenführer des Luftgaukommandos angerufen: er möge bitte kommen und ein besonders wichtiges Fernschreiben abholen. Erdmann war nicht Generalstabsoffizier, und so fungierte Kandt in Abwesenheit des Chefs des Generalstabes, Generalmajor Henning von Thadden, als dessen Vertreter. Thadden war von seinem Besuch in der »Wolfschanze« noch nicht zurück, wo er mit Stauffenberg an Besprechungen über die Sperrdivisionen für die Ostfront, die ja nun bald mit der ostpreußischen Provinzgrenze zusammenfallen würde, teilgenommen hatte. Kandt meinte zuerst, er sei doch kein Briefträger, der Nachrichtenführer solle einen Kurier schicken. Aber darauf gab ihm der Luftwaffenoffizier die Nachricht vom Attentat gegen Hitler und überzeugte den IIa von der Wichtigkeit der Sache. Kandt fuhr also hin. Während er noch in der Fernschreibstelle des Luftgaukommandos mit dem Nachrichtenführer über den möglichen Täterkreis sprach und (wie dieser) Himmler verdächtigte, ging schon das Fernschreiben ein, welches Graf von Dohna-Tolksdorf zum Verbindungs-Offizier des OKH und Graf von Lehndorff zum Politischen Beauftragten für den Wehrkreis I ernannte. Kandt nahm es auch mit.

Als er wieder im Wehrkreiskommando war, meldete er ein Telephongespräch zur »Wolfschanze« an, um den Chef des Generalstabes zu benachrichtigen und eventuell weitere Einzelheiten zu erfahren. Aber ehe die Verbindung hergestellt war, kam Thadden zurück und berichtete vom

3. Wehrkreise

Attentat und dem Verdacht gegen Stauffenberg. Kurz darauf rief Keitel in Königsberg an und verlangte die Entsendung eines Übertragungswagens des Reichssenders Königsberg zur »Wolfschanze«. Die Besatzung des Wagens war beim Baden in Cranz, was man Keitel nicht sagte, so daß der Übertragungswagen im Laufe des Nachmittags noch mehrmals angemahnt wurde. Bei seinem ersten Anruf schon versicherte Keitel, daß Hitler am Leben sei, daß man die Fernschreiben aus Berlin in der »Wolfschanze« kenne und daß die darin gegebenen Befehle nicht zu befolgen seien.

Der Befehlshaber im Wehrkreis I, General der Artillerie Albert Wodrig, war an diesem Nachmittag auf die Jagd gefahren. Oberst Kandt suchte ihn irgendwo telephonisch zu erreichen, was aber zunächst nicht gelang. Inzwischen rief Thadden die benachbarten Wehrkreiskommandos II (Stettin), XX (Danzig) und XXI (Posen) an, wo man die Befehle auch erhalten, aber nichts unternommen hatte. Vorher schon waren sich Thadden und Kandt einig, daß die Berliner Befehle im Wehrkreis I nicht ausgeführt werden konnten. In Königsberg standen nur ein Pionier-Ersatz-Bataillon mit zwei Kompanien und ein schwaches Wachbataillon zur Verfügung. Die übrigen Ersatztruppen waren in den Partisanengebieten des Wehrkreises eingesetzt, zu dem u. a. auch die polnischen Gebiete um Zichenau, Bialystok und Grodno gehörten. Bald erfuhr man auch, daß der Gauleiter Erich Koch seine SA und eine mit Panzern ausgerüstete ihm unterstellte Sondertruppe alarmiert und in die Stadt gezogen hatte. Bürgerkrieg wäre unvermeidlich gewesen, während andererseits die Voraussetzung für das Befolgen der Berliner Befehle, nämlich Hitlers Tod und der Putsch einer Parteiverschwörung, offenbar nicht bestand.

Nach einiger Zeit, gegen 18 Uhr, erreichte man den Befehlshaber, dieser begab sich sofort ins Wehrkreiskommando. Nachdem man ihm die eingegangenen Fernschreiben vorgelegt hatte, setzte er sich mit Keitel in Verbindung und erhielt Aufklärung und die Bestätigung, daß nur Befehle des OKW Gültigkeit haben [195]. In dieser Zeit kam auch ein Anruf von Stauffenberg aus Berlin. Er wollte zuerst Thadden und dann Kandt sprechen, aber beide lehnten das ab, und so sprach Stauffenberg mit Erdmann. Erdmann konnte ihm nur sagen, daß Hitler am Leben geblieben sei und im Wehrkreis I nichts geschehen könne.

Thadden und Kandt hatten schon vor der Rückkunft Wodrigs den Gauleiter zu einer Besprechung in das Wehrkreiskommando gebeten, aber Koch war vorsichtig und traute dem Frieden nicht. Nachdem General Wodrig sich dann orientiert hatte, entschloß er sich, mit seinem IIa selbst zum Gauleiter zu fahren, wo man sich gegenseitig versicherte, daß die Berliner Befehle ungültig seien. Kandt erhielt den Auftrag, den im Gebiet des Wehrkreises lebenden entlassenen Generalfeldmarschall von Küchler zu einem Ergebenheitstelegramm an Hitler zu veranlassen, was dieser jedoch ablehnte [196]. In Königsberg aber war der Umsturzversuch schon zu Ende, er hatte gar nicht richtig begonnen.

Im Wehrkreis II (Stettin) empfing man die erste Berliner Proklamation – »Der Führer Adolf Hitler ist tot. Eine gewissenlose Clique frontfremder Parteiführer hat es unter Ausnutzung dieser Lage versucht, der schwerringenden Front in den Rücken zu fallen...« – über die Marinedienststelle, da diese mit dem für Geheime Kommandosachen benützten Geheimschreiber ausgerüstet war. Zwischen 17 und 18 Uhr brachte der Hauptmann d. R. Karau das Schreiben in das Wehrkreiskommando zum Chef des Generalstabes, Oberst i. G. Hans-Heinrich Staudinger. Der Befehlshaber, General der Infanterie Werner Kienitz, war beim Gauleiter von Pommern, Franz Schwede-Coburg, der sein zehnjähriges Dienstjubiläum feierte [197]. Staudinger überlegte, ob er den Befehlshaber benachrichtigen und damit vielleicht gegenüber dem Gauleiter in eine unangenehme Lage bringen, ja vielleicht diesen zu sofortigen Gegenmaßnahmen provozieren sollte. In dem Fernschreiben hieß es ja, alle Parteifunktionäre seien den militärischen Befehlshabern nun unterstellt. Während Staudinger noch überlegte, hörte er die Rundfunknachricht vom mißlungenen Attentat. Nun galt es um so mehr, besonders gegenüber dem Gauleiter vorsichtig zu sein und vor allem die Lage zu klären.

So rief er erst einmal bei den benachbarten Wehrkreisen an, um zu hören, ob sie ähnliche Befehle bekommen hatten und was sie zu unternehmen gedachten. Solche Fühlungnahmen tätigte man fast überall, sie hatten nichts mit Unentschlossenheit zu tun, sondern entsprachen den Vorschriften. Nach Süden war der Wehrkreis III der nächste; dort hieß es, der Befehlshaber, General von Kortzfleisch, sei in die Bendlerstraße gefahren, und der Chef, Generalmajor Herfurth, sei nicht erreichbar. Im Wehrkreiskommando IV (Dresden) war vom Befehlshaber, General von Schwedler, nur zu erfahren, daß die Lage unklar sei und daher zunächst nichts unternommen werde. Die Chefs des westlichen und des östlichen Nachbarn im Wehrkreis X (Hamburg) und I (Königsberg) gaben ähnliche Auskünfte. Da konnte man also auch nur abwarten.

Kurz nach der Rundfunknachricht, also gegen 18 Uhr, oder, wenn Staudinger erst die zweite Meldung gehört hat, nach 18.30 Uhr, kam das zweite lange Fernschreiben aus der Bendlerstraße in Stettin an. Das Schreiben enthielt Ausführungsbestimmungen zu dem ersten – Nachrichtenanlagen sollten besetzt, Gauleiter, Reichsstatthalter, Minister, Ober-

3. Wehrkreise

präsidenten, Polizeipräsidenten, Höhere SS- und Polizeiführer, Gestapoleiter, Leiter von SS-Dienststellen, Kreisleiter sollten verhaftet werden usw. Nun wurde endgültig klar, daß ein gewaltsamer Umsturz im Gange war, sofern die Rundfunknachricht vom Attentat und vom Überleben Hitlers richtig war.

Oberst Staudinger beschloß, den Befehlshaber nicht zu holen, sondern abzuwarten, bis er selbst von der Feier beim Gauleiter zurückkommen würde. Inzwischen bat er alle Generale und Regimentskommandeure zu 20 Uhr in das Wehrkreiskommando und bereitete Befehle an die Standorte vor, wonach erhöhte Bereitschaft einzurichten und nur Befehle vom Befehlshaber im Wehrkreis II entgegenzunehmen seien.

Kurz nach 20 Uhr verließ General Kienitz die Festversammlung im Gauhause, nachdem dort die Attentatnachricht bekanntgemacht und diskutiert worden war. Er ging in seine Wohnung, wo er nach kurzer Zeit vom Chef des Generalstabes, Oberst i. G. Staudinger, und vom Ia, Major Schubert, aufgesucht wurde. Noch ehe diese Offiziere bei Kienitz eintrafen, erhielt er einen Anruf von Generalfeldmarschall Keitel aus der »Wolfschanze«: »Der Stauffenberg hat das Attentat gemacht.« Der Mitteilung folgte ein langer Wortschwall, offenbar mit der Absicht, Kienitz alle etwaigen Zweifel auszutreiben, schließlich mit dem Bemerken, er, Keitel, fasse Kienitz »ans Portepee«. Die darin liegende Kränkung wollte Kienitz nicht auf sich sitzen lassen, und Keitel mußte sich entschuldigen.

Jedenfalls war Kienitz vollständig unterrichtet, als kurz darauf Generaloberst Hoepner anrief: ob die Befehle eingetroffen seien? Kienitz hatte sie noch nicht gesehen und sagte es Hoepner, auch daß eben Keitel angerufen hatte. Darauf gab Hoepner den Fernsprecher an General Olbricht, der kurz und bündig auf der Ausführung der Berliner Befehle bestand. Kienitz konnte auch Olbricht nur sagen, er habe von Keitel, also einem viel höheren Vorgesetzten, entgegenlautende Nachrichten und Befehle[198]. Während des Gespräches mit Hoepner und Olbricht kamen Staudinger und Schubert mit den dechiffrierten Berliner Befehlen herein. Kienitz ging mit ihnen zum Wehrkreiskommando, um sich auf dem Wege über sein Verhalten klarzuwerden. Er schrieb später, daß ihn diese schwersten Stunden seines Lebens innerlich zerbrochen haben und daß er seinen Offizieren damals sagte: »›Es ist furchtbar, mit dem Herzen auf der einen Seite, mit dem Verstand und der Pflicht auf der anderen Seite zu stehen.‹« Aber auf dem Wege zum Wehrkreiskommando wurde er sich klar, daß »nach Lage der Dinge« eine Beteiligung am Putsch »ganz unmöglich« war, »so furchtbar schwer« es ihm auch fiel, »die alten Kameraden in dieser verzweifelten Stunde im Stich zu lassen«.

Den inzwischen versammelten Generalen und Kommandeuren erklärte Kienitz im Wehrkreiskommando die Lage und seine Entscheidung, die auch akzeptiert wurde [199]. Es waren äußerste Bereitschaft und im übrigen Abwarten erforderlich.

Bald danach erschien im Wehrkreiskommando ein Abgesandter des Gauleiters, der Stellvertretende Gauleiter Simon. Er trug höchst seltsamerweise Zivil, obgleich er noch am Nachmittag in voller Parteiuniform an den Festlichkeiten teilgenommen hatte. Nun wollte er wissen, was für Befehle aus Berlin eingegangen seien. Kienitz sagte, er habe Gegenbefehle von Keitel und nur die seien für ihn gültig; später wolle er den Gauleiter aufsuchen. Inzwischen gingen im Lauf des Abends noch einige Fernschreiben aus der Bendlerstraße ein, darunter eines, das auf Hitlers Tod bestand, die Standrechtverordnung Nr. 1, und schließlich spät in der Nacht ein Schreiben von Fromm, wonach dieser wieder die Befehlsgewalt übernommen habe. Darauf hieß es dann in einem Schreiben von Himmler, daß Fromms Schreiben ungültig sei.

Nach Mitternacht begaben sich Kienitz und Staudinger zum Gauleiter, ohne die Berliner Schreiben mitzubringen. Der Gauleiter hat ihnen das nie vergessen, er fühlte sich mißachtet und düpiert. Aber es handelte sich ja um Geheime Kommandosachen, er hatte kein Recht, sie zu sehen. Wohl zeigte man ihm den Befehl von Keitel, wohl befleißigte man sich militärisch-korrekter, nicht feindseliger Haltung, und schließlich gab man auch einen Teil des Inhalts der Befehle preis [200].

Nachdem man gemeinsam beim Gauleiter den Ansprachen Hitlers, Dönitz' und Görings gelauscht hatte, verlangte Gauleiter Schwede-Coburg plötzlich von Kienitz die Abgabe einer Loyalitätserklärung. Kienitz war sich der Demütigung bewußt, aber er sah keinen Ausweg, wenn er nicht sich und andere in dem nun beginnenden Wahnsinn der Verfolgung sinnlos opfern wollte.

Im Wehrkreiskommando IV (Dresden) traf das erste Fernschreiben mit der Meldung von Hitlers Tod nach Dienstschluß, zwischen 17 und 18 Uhr ein. Die meisten Stabsoffiziere waren nach Hause gegangen oder gefahren, im Wehrkreiskommando nahm ein Offizier vom Dienst, der von einigen seiner Kameraden als etwas einfältig beschrieben wird, das Fernschreiben entgegen. Selbstverständlich konnte er nichts entscheiden, aber er telephonierte sofort überallhin, rief die erreichbaren Offiziere des Wehrkreiskommandos zusammen und verständigte auch gleich die Gestapo, indem er anfragte, was das Schreiben zu bedeuten habe. Dieses war eine Geheime Kommandosache und ging die Gestapo gar nichts an, und auch dem Ia, Oberstleutnant i. G. Werner Bühlmann, hätte der O. v.

D. den Inhalt des Schreibens nicht telephonisch mitteilen dürfen, aber auf energisches Drängen Bühlmanns, der wissen wollte, warum er denn nun wieder ins Wehrkreiskommando sollte, sagte der O. v. D., Hitler sei tot [201].

Der Befehlshaber, General der Infanterie Viktor von Schwedler, ein allseits verehrter, vornehmer und gütiger Mann, war im Auftrag von Dr. Goerdeler durch Kunrat Freiherr von Hammerstein so weit in die Pläne der Verschwörung eingeweiht, daß er den Sinn der Schreiben sofort verstehen mußte; auch der Chef des Generalstabes, Generalmajor Wilhelm Kirchenpaur von Kirchdorff, und der Leiter der Abwehrstelle, Oberst Hans Reinheckel, waren von der Verschwörung unterrichtet. Auf den Vortrag des Chefs des Generalstabes ließ General von Schwedler »Walküre«-Alarmmaßnahmen befehlen: Das Gebäude des Wehrkreiskommandos wurde durch besondere Wachen gesichert und Truppenteile wurden in Alarmbereitschaft versetzt [202]. Aber sonst ist nichts geschehen, irgendwelche Besetzungen, Verhaftungen oder bedeutende Marschbewegungen fanden nicht statt.

Ungefähr gleichzeitig mit dem Eintreffen des ersten Berliner Fernschreibens war General von Schwedler von Keitel angerufen worden: Er werde in den nächsten Stunden einige mysteriöse Fernschreiben erhalten, wonach Hitler tot und die Führung der Wehrmacht von Witzleben übernommen sei, das sei aber alles falsch und er möge sich nicht zu übereilten Handlungen hinreißen lassen. Etwas später, etwa um 18 Uhr, telephonierte Schwedler auch mit dem AHA in der Bendlerstraße sowie mit den benachbarten Wehrkreiskommandos, in denen man »abwartende Haltung« einnahm. Alles zusammen – vorzeitige Verständigung der Gestapo, Anruf von Keitel, wenig ermutigende Nachrichten aus Berlin, Untätigkeit der anderen Wehrkreiskommandos – mußte Schwedler überzeugen, daß die Ausführung der Berliner Befehle sinnlos wäre. Nach Lage der Dinge konnten sie nur zu einem kurzen Bürgerkrieg im Wehrkreis IV führen, zu mehr nicht. Die Rundfunknachricht von dem mißglückten Attentat machte das Maß der Hiobsbotschaften voll; denn Schwedler hatte durchaus auf der Seite der Verschwörung gestanden.

Als dann am Abend klar war, daß der Aufstand zusammenbrach, schlug der IIa, Oberst Dr. Sommerlad, seinem Befehlshaber vor, mit dem Reichsverteidigungskommissar des Wehrkreises, Gauleiter Mutschmann, Verbindung aufzunehmen und zu ihm hinzufahren, damit er nicht etwa einen falschen Verdacht hege. Schwedler lehnte das ab; er habe nichts getan, worüber er dem Gauleiter Rechenschaft schuldig sei. Später aber, nachdem er eine sehr maßvolle und von tiefer Hoffnungslosigkeit erfüllte Ansprache an die Offiziere des Wehrkreiskommandos gehalten hatte, mußte Schwedler doch zum Gauleiter: dieser hat den Befehlshaber zu sich hinbestellt. Das war eine Demütigung, aber es machte deutlich, wer die Macht hatte.

Gegen Mitternacht also fuhr General von Schwedler mit seinem Adjutanten, Oberst Sommerlad, zu Mutschmann. In dessen Villa wimmelte es von SS-Uniformen, die Besucher mußten ihre Waffen in der Garderobe ablegen und dann warten, während der Inspekteur der Sicherheitspolizei, SS-Gruppenführer »Bubi« von Alvensleben, der offenbar die Untersuchung in diesem Stadium leitete, telephonierte und Direktiven einholte. Er kam dann wieder auf die Offiziere zu und erklärte, an der völlig einwandfreien Haltung des Generals von Schwedler habe es selbstverständlich nie einen Zweifel gegeben; gegenseitige Loyalitätsversicherungen folgten. Dann wurde der Chef des Generalstabes noch herzitiert und stehend befragt, ihm traute man gar nicht. Man forderte von ihm die Aufhebung der internen Alarmierung der Ersatztruppen, was zum Teil schon geschehen war, zum anderen Teil daraufhin verfügt wurde. In den nächsten Tagen wurde er dann verhaftet und später aus dem Offizierkorps entlassen. Auch der Abwehroffizier Oberst Reinheckel mußte in der Villa des Gauleiters erscheinen und sollte Alvensleben eine Liste der im Sinne des Nationalsozialismus unzuverlässigen Offiziere des Wehrkreiskommandos zusammenstellen, worauf er aber in scharfem Ton erklärte, solche Offiziere gebe es nicht.

Das war das Ende des Umsturzversuches im Wehrkreis IV. Am nächsten Tag wurden beim Ia, Oberstleutnant i. G. Bühlmann, sämtliche eingegangenen Fernschreiben von der Gestapo beschlagnahmt. Auf den Elbwiesen in Dresden wurde eine Treuekundgebung der Parteiorganisationen abgehalten, an der General von Schwedler mit seinem Adjutanten teilnehmen mußte – inmitten einer tobenden Menge von Braunhemden, die zehn Monate später ebenso tobend, aber ohne braune Hemden, die rote Fahne durch die zerstörten Straßen Dresdens trug; denn da war die Stadt von der Roten Armee besetzt.

Im Wehrkreis V (Stuttgart) pflegte man im Kameradenkreise ebenso offen über die Lage und den voraussichtlich nicht mehr zu gewinnenden Krieg zu sprechen, wie anderswo. Der jetzige Chef des Generalstabes im Wehrkreiskommando III, Generalmajor Herfurth, war bis vor kurzem in Stuttgart Chef des Generalstabes gewesen und seine Einstellung war bekannt. Aber sein Nachfolger, Oberst i. G. Kurt Adam, war in die Verschwörung nicht eingeweiht. Vom Befehlshaber des Wehrkreises, General der Panzertruppen Rudolf Veiel, weiß man nur, daß er später seiner Stellung enthoben wurde [203]. Im Laufe des Abends sind auch hier die Berliner Befehle eingegangen, doch kamen in der Olgastraße 11 schon sehr früh Zweifel auf an der Grundlage für den Putsch, so daß die Stuttgarter Ereignisse sich durch Farblosigkeit auszeichnen.

Bis zum Dienstschluß um 18 Uhr war überhaupt nichts geschehen. Wie immer verließen die Offiziere des Stabes das Wehrkreiskommando. Der Adjutant, Oberst von Tümpling, ging ins Hotel »Zeppelin« zum Abendessen und erfuhr dort vom Oberkellner von dem Attentatversuch – zu seiner großen Überraschung, wie man sich denken kann. Aber alarmiert fühlte sich Tümpling gleichwohl nicht; denn er ging anschließend in seine Wohnung, um dort über das Radio Näheres zu erfahren. Aus dem Wehrkreiskommando rief ihn niemand an. Spät in der Nacht erhielt Tümpling dagegen einen Anruf aus der »Wolfschanze«. Generalleutnant Burgdorf war am Telephon und wollte wissen, was Tümpling zur Zeit tue. Dieser antwortete, er sei mit der Aufstellung der Volksgrenadier-Divisionen in Münsingen beschäftigt. Darauf sagte Burgdorf, der offenbar im Wehrkreiskommando niemand hatte erreichen können, Tümpling solle seinem Chef des Generalstabes sagen, die etwa eingegangenen Berliner Befehle seien ungültig und die dafür Verantwortlichen schon erschossen [204].

Daraufhin rief Tümpling Oberst i. G. Adam und den Ia, Oberst i. G. Steiger, an. Adam war aber längst unterrichtet und sagte, es sei ohnehin nichts veranlaßt worden. »Während des Versuches, eine Klärung herbeizuführen, wurde das Scheitern des Unternehmens bekannt.« [205] Damit hatte sich die Sache erledigt. Keine Einheit war alarmiert worden, der Dienstablauf war kaum gestört. Am nächsten Tag machte General Veiel bei Gauleiter Murr einen Höflichkeitsbesuch, der in den angenehmsten Formen verlief [206].

Im Wehrkreis VI (Münster) blieb der Tag ebenfalls ziemlich farblos. Am Spätnachmittag rief Oberstleutnant i. G. Bernardis seinen Freund Oberstleutnant Martin Bärtels in Münster an, der dort die Stelle des Ib bekleidete. Schon früher hatte er mit ihm die Möglichkeit eines Umsturzes besprochen und wollte nun wissen, ob alles glattgehen werde; Bärtels versprach, das Seine zu tun. Da der Befehlshaber, General der Infanterie Franz Mattenklott, nicht eingeweiht war, wollte Bärtels versuchen, ihn zu einer Inspektionsreise zu veranlassen [207]. Bald darauf, zwischen 16 und 17 Uhr, traf der erste Befehl aus der Bendlerstraße ein: »Der Führer Adolf Hitler ist tot...« Wenig später kam auch der nächste Befehl, wonach Gauleiter, Kreisleiter und SS-Führer zu verhaften waren. Schon kamen Bedenken auf wegen der Unterschrift »Der Oberbefehlshaber der

Wehrmacht von Witzleben, Generalfeldmarschall«, und unter dem nächsten Befehl »Der Oberbefehlshaber im Heimatkriegsgebiet«, den es doch bisher gar nicht gegeben hatte und der angeblich von Witzleben ernannt worden war. Man war in Münster verwirrt und sah auch keine Möglichkeit, etwas anderes zu tun als abzuwarten.

Immerhin wurden alle gerade im Gange befindlichen Übungen der Ersatztruppenteile abgebrochen und die Einheiten in die Unterkünfte zurückbeordert. Dann suchte man Verbindung mit dem OKH in Berlin und mit dem OKW in der »Wolfschanze«. In Berlin wollte der Ia, Oberst i. G. Kuhn, den Ia im Stabe Fromms, Oberstleutnant i. G. Sadrozinski, sprechen, aber es meldete sich Stauffenberg, der wissen wollte, ob die Befehle ausgeführt wurden. Da war wohl der zweite Befehl, der die Verhaftungen anordnete, noch gar nicht eingetroffen; denn der Ia in Münster schien nicht zu verstehen, welche Befehle denn ausgeführt werden sollten. Darauf hat Stauffenberg nach der Erinnerung von Oberst i. G. Kuhn gesagt: »›Auch Sie haben den Bezugsbefehl nicht..‹, auf die Nachrichtler ist kein Verlaß. Der Befehl, der alles klärt, ist unterwegs, wird Sie in Kürze erreichen, dann verstehen Sie auch den ›Oberbefehlshaber‹. Ich verlasse mich auf Sie, daß alles prompt durchgeführt wird.‹«

Bald danach kam die Verbindung mit der »Wolfschanze« zustande, ob auf die Initiative Keitels oder des Wehrkreiskommandos VI, ist in diesem Falle nicht mehr festzustellen. Keitel klärte auf, Hitler sei lediglich leicht verletzt und werde noch am selben Abend im Rundfunk sprechen, der Attentäter sei beim Chef H Rüst u BdE zu suchen, Befehle von dort seien nicht auszuführen. »Dadurch wurde die Lage klar... Führerhauptquartier hatte Bendlerstraße überrundet. Befehle im Sinne des BdE (Attentäter) sind vom St. Gen. Kdo. nicht ergangen.« So berichtet sehr treffend ein Angehöriger des dortigen Stabes. Danach, so schloß er seine Mitteilungen, hatten die allmählich noch eingehenden Berliner Fernschreiben nur noch historischen Wert.

Im Wehrkreis VII (München) sind die Berliner Befehle überhaupt nicht eingegangen, ehe der Aufstandversuch zusammenbrach. Durch die Luftangriffe der Tage vorher waren dort bis auf einige kümmerliche Funkverbindungen die Nachrichtenmittel stark zerstört und unterbrochen[208]. Das Stichwort »Walküre«, das eine Anzahl anderer Wehrkreise erhalten hat, ohne recht zu wissen, was damit zu tun sei, da es meist erst nach der Rundfunknachricht und nach den Gegenbefehlen Keitels kam, ist in München gar nicht eingegangen. Erst am Spätnachmittag erhielt der Ia, Oberstleutnant Grosser, einen Führungsblitz-Anruf aus Berlin, er solle sofort Graf von Stauffenberg in der Bendlerstraße anrufen, aber zu dem

3. Wehrkreise

Gespräch kam es nicht mehr, »da inzwischen durch Rundfunk das Scheitern des Aufstandes bekannt war« [209].

So ereignislos verlief der Staatsstreichversuch in München, obwohl nicht unbeträchtliche Vorbereitungen getroffen waren. Oberstleutnant Grosser war einige Tage vor dem Attentat von Oberst i. G. von Linstow, dem Chef des Stabes beim Militärbefehlshaber Frankreich, unterrichtet worden, daß der Umsturz dieser Tage vonstatten gehen solle. Er hatte daher vorsorglich verfügbare Einheiten der Infanterie, der Pioniere und der Panzertruppen in die Gegend Starnberg–Berg zur Geländeausbildung verlegt. Das Wehrkreiskommando war wegen der Luftangriffe nach Kempfenhausen an den Starnberger See verlegt, war also in nächster Nähe der Truppe. Doch die Voraussetzung für das Handeln war eben nicht geschaffen worden. Hitler war noch am Leben und hatte das Kommando, jedes Vorgehen wäre Meuterei gewesen und die hätte wahrscheinlich – so dachten jedenfalls die Offiziere – das Heer zerbrochen.

Im Lauf des Abends rief Keitel aus der »Wolfschanze« an, sehr erregt, und wollte wissen, wie die Lage im Wehrkreis VII sei. Man konnte ihm nur versichern, es sei alles ruhig. Man telephonierte noch mit dem benachbarten Wehrkreiskommando XIII (Nürnberg) und fragte sich vorsichtig gegenseitig aus, mit dem Ergebnis, daß hier wie dort nichts zu unternehmen sei. Es kam nun vor allem darauf an, die Spuren der Vorbereitungen zu verwischen und die konzentrierten Einheiten wieder möglichst unauffällig in ihre Kasernen zurückzuführen.

Der schlesische Wehrkreis VIII (Breslau) gehörte wie der Wehrkreis I schon zu den frontnahen Gebieten, in denen sich Partisanen und Banden herumtrieben, die in bewaffneten Raubzügen, teils in Rudeln bis zu 300 Mann, die Lande durchstreiften und Gehöfte überfielen. Zugleich litten die Ersatztruppen großen Mangel an Bekleidung, Ausrüstung, Waffen und Munition. Manchen Posten konnte im Winter nicht einmal ein Mantel gegeben werden. Der Gauleiter von Niederschlesien dagegen, der zugleich Oberpräsident war und der in Hitlers Testament vom 29. April 1945 zum Reichsführer SS ernannt wurde, Karl Hanke, hatte im Keller seines Dienstgebäudes 90 schwere Maschinengewehre mit Munition aufbewahrt, die er dem Ersatzheer 1944 nur nach erbittertem Ringen mit dem Befehlshaber des Wehrkreises VIII, General der Kavallerie Rudolf Koch-Erpach, zur Hälfte und gegen Leihschein überließ. Dieser Mann, der später rigoros und skrupellos die Verteidigung Breslaus durchsetzte, selbst aber dann im Flugzeug entfloh, mußte also von Koch-Erpach in allem, was er tat, ebenso in Rechnung gestellt werden, wie die Banden und Partisanen [210].

Als der Chef des Generalstabes, Generalmajor Ludwig Freiherr Rüdt von Collenberg, um 18.30 Uhr die Rundfunknachricht von dem mißglückten Attentat auf Hitler hörte, hatte er von irgendwelchen im Wehrkreiskommando eingegangenen Befehlen noch gar keine Kenntnis. Es schien ihm nicht wahrscheinlich, daß der Wehrkreis von dem Ereignis irgendwie direkt betroffen werden könnte, es war also nichts zu unternehmen. Der Befehlshaber war auf Inspektionsreise – nichts Ungewöhnliches, 1943 hatte er 265 Tage außerhalb Breslaus verbringen müssen –, und wenn er im Auto saß, war er unerreichbar. Er kehrte erst um 23 Uhr nach Breslau und in das Wehrkreiskommando zurück, wo er auch seine Wohnung hatte.

Der erste Berliner Befehl muß etwa um 17 Uhr oder wenig danach in Breslau eingelaufen sein, aber der Chef des Generalstabes bekam ihn erst viel später zu sehen. Zwischen 19 und 20 Uhr, noch ehe der erste der Befehle ihm vorgelegt war, rief ihn Stauffenberg aus Berlin an und erklärte, der Befehl des OKH sei sofort auszuführen; er meinte damit offenbar den Befehl, der das Stichwort »Walküre 2. Stufe« ausgab [211]. Aber Rüdt von Collenberg mußte ihm sagen, er habe überhaupt noch keinen Befehl bekommen, worauf Stauffenberg meinte, der müsse dann jeden Augenblick eintreffen. Über den Inhalt sagte er am Telephon nichts, es handelte sich um eine Geheime Kommandosache. Sofort nach diesem Gespräch rief Generalleutnant Burgdorf aus dem Führerhauptquartier in Breslau an und teilte mit, Stauffenberg habe das Attentat ausgeführt und es sei befohlen, nur von Himmler erlassene Befehle auszuführen.

Davor und danach telephonierte Rüdt von Collenberg nach allen Seiten hin, wie es in solchen Fällen vor der Befehlserteilung vorgeschrieben war, um sich über die Lage in den benachbarten Wehrkreisen Klarheit zu verschaffen, auch mit Berliner militärischen Stellen stand er in Kontakt, und vom Chef des Generalstabes im Wehrkreiskommando Generalgouvernement in Krakau wurden Auskünfte eingeholt [211a]. Das Ergebnis war überall: Attentat mißlungen, Hitler am Leben, nirgends wurde etwas unternommen. Die Panzer-Ersatz-Division in Liegnitz hatte sogar schon von der Dienststelle des Inspekteurs der Panzertruppen die vorbeugende Weisung erhalten, keine Befehle des Wehrkreiskommandos auszuführen.

Nun erst, nach 20 Uhr, wurden Rüdt von Collenberg die Berliner Befehle, zunächst der erste von Witzleben unterzeichnete, dechiffriert vorgelegt. Das Ergebnis aller Überlegungen des Chefs des Generalstabes war, »daß die Entscheidung gegen den Staatsstreich gefallen war, bevor ich oder ein anderer Angehöriger des Wehrkreiskommandos das erste Wort davon erfahren hatten«. Es war auf den Befehl Witzlebens hin

3. Wehrkreise

nichts zu unternehmen, weil die Voraussetzungen fehlten, und es konnte nichts unternommen werden, weil die Machtmittel fehlten bzw. in den Händen der Gegenseite waren, die im Wehrkreis VIII mit Sonderformationen, Waffenlagern und SS-Einheiten besonders stark war.

Gegen 23 Uhr kehrte General Koch-Erpach in das Wehrkreiskommando zurück und nahm dort den Bericht seines Chefs des Generalstabes entgegen. Von der Dienststelle des Gauleiters und Oberpräsidenten war schon mehrfach angerufen und dringend nach dem Befehlshaber gefragt worden. Man hatte Rüdt von Collenberg bedeutet, der Gauleiter erwarte Koch-Erpach nach dessen Rückkehr umgehend bei sich. Nach einem Attentat und Umsturzversuch gegen Hitler aus Kreisen der Armee hatte diese plötzlich keinen sehr guten Stand, die sattsame Bekanntschaft mit den Methoden der Gestapo und der Parteiherrscher tat ein übriges. General Koch-Erpach fuhr also mit seinem Ia, dem Major i. G. Fritz Roos, ungesäumt zum Gauleiter; jeder steckte sich eine Browningpistole in die Tasche. Erst im Oberpräsidium, das im Zentrum der Stadt lag, konnte der Befehlshaber nähere Einzelheiten über den Staatsstreichversuch erfahren. Der Gauleiter kannte schon die aus der Bendlerstraße ergangenen Befehle. Seit spätestens 20 Uhr ließ Bormann alle Gauleiter ständig über die Vorgänge und Neuigkeiten, zumal über Zusammenhänge und Hintergründe des Aufstandes, durch Fernschreiben aus dem Führerhauptquartier unterrichten [212].

Dem Befehlshaber ist nicht mitgeteilt worden, warum er so eilig zum Gauleiter hatte kommen sollen, es gab nichts Dringendes zu besprechen, da ja die Entscheidung längst ohne ihn gefallen war. Aber der Gauleiter wollte sich wohl gegen Überraschungen sichern. Während Koch-Erpach noch im Oberpräsidium war, sollte der von den Verschwörern designierte Verbindungsoffizier Rittmeister Scholz-Babisch verhaftet werden, wogegen der Befehlshaber scharfen Einspruch erhob, da er als Wehrkreisbefehlshaber die Befehls- und Disziplinargewalt über Scholz-Babisch habe. Darauf ließ man zunächst von ihm ab, holte ihn aber dann doch noch während der Nacht. Eine Verbindung mit dem Politischen Beauftragten Dr. Lukaschek ist überhaupt nicht zustande gekommen [213]. Erst gegen 2 Uhr morgens konnte der Befehlshaber wieder in das Wehrkreiskommando zurückkehren.

Auch hier stellte sich die Lage den verantwortlichen Offizieren so dar, daß die eingegangenen Befehle der Verschwörer nur durch Meuterei und einen aussichtslosen, isolierten Bürgerkrieg in die Tat umgesetzt werden konnten. Die wirkliche Macht war beim Gauleiter, nicht beim militärischen Befehlshaber.

Im Wehrkreis IX (Kassel) war der Befehlshaber, General der Infanterie Otto Schellert, an diesem Tage auch dienstlich unterwegs, als der Staatsstreichversuch von Berlin aus begann [214]. Er war nicht in die Verschwörung eingeweiht und hatte auch keine Ahnung, wie gründlich einige seiner Stabsoffiziere in Kassel den Umsturz vorbereitet hatten.

Die Brüder Hermann und Ludwig Kaiser, die seit 1940 im Stabe des Chef H Rüst u BdE bzw. des Chefs des AHA im OKH tätig und zugleich schon lange in der Opposition tätig waren, stammten aus Kassel. Sie hatten hier schon 1935 mit Generalmajor Ludwig von Nida, der bis Ende März 1944 Chef des Generalstabes im Wehrkreiskommando IX war, Verbindung aufgenommen. Im Sommer 1943, anläßlich der katastrophalen Folgen der Bombardierung der Edertalsperre, war versucht worden, die »Walküre«-Pläne mit einem förmlichen Vertrag zwischen dem Wehrkreiskommando und der Gauleitung für Kurhessen über die Übertragung der Vollziehenden Gewalt auf den Wehrkreisbefehlshaber für den Fall der Wiederholung einer solchen Katastrophe zu erweitern. Aber die Gauleitung in Frankfurt hatte den Vorschlag dem Höheren SS- und Polizeiführer, Erbprinz zu Waldeck geschickt, der den Plan als Versuch zum Hochverrat erkannte und bezeichnete. Mit Memoranden und Berichten wand man sich mühsam aus dem Fiasko. Trotzdem war am 20. Juli der Wehrkreis IX besser auf den Umsturz gerüstet als die meisten anderen Wehrkreise. Der Ia, Oberst i. G. Fritz von Vethacke, war von Nida eingeweiht worden und paßte die »Walküre«-Pläne soweit möglich den Absichten der Verschwörer an. Der Nachfolger von Generalmajor von Nida als Chef des Generalstabes war Oberst i. G. Claus-Henning von Plate, ein Jahrgangskamerad von Graf Stauffenberg und mit diesem gut bekannt. In die Staatsstreichvorbereitungen war er zwar nicht eingeweiht, aber Stauffenberg verließ sich auf ihn, weil er ihn kannte und weil auch Generalmajor von Nida weiterhin in Kassel wohnte. Nida hätte Kommandant von Kassel werden sollen, mußte aber wegen Diphtherie und Folgeerscheinungen fast drei Monate im Reservelazarett Kassel-Lindenberg verbringen.

Die erste Nachricht von dem Attentat auf Hitler erreichte Oberst i. G. von Plate etwa um 18 Uhr oder etwas später. Er war gerade in der Besprechung einer vor kurzem durchgeführten Übung an der Edertalsperre mit anderen Offizieren des Wehrkreises. Gegen 19.30 Uhr wurden ihm die ersten langen Fernschreiben aus Berlin vorgelegt, deren erstes mit der Mitteilung von Hitlers Tod begann; das Stichwort »Walküre« war jedoch in Kassel bis dahin nicht eingegangen. Darauf telephonierte Plate sofort mit Graf von Stauffenberg, um sich die Richtigkeit der Fernschreiben

3. Wehrkreise

bestätigen zu lassen. Stauffenberg versicherte, Hitler sei tot. Plate sah zwei Parteien im Kampf: Göring und Himmler auf der einen, Witzleben und Fromm auf der anderen Seite. Auf welcher Seite er und das Wehrkreiskommando stehen würden, war ihm keinen Augenblick zweifelhaft, wie er auch später zu Oberstleutnant Beck sagte, der Verbindungsoffizier der Wehrmacht zu den nichtmilitärischen Dienststellen des Wehrkreises war. Aber zunächst suchte er den Befehlshaber zu erreichen, der unterwegs war. Das war kein Zögern, sondern bei der Wichtigkeit der zu treffenden Entscheidungen völlig richtig. Plate glaubte ja die Versicherungen Stauffenbergs und würde also durchaus legitim handeln, wenn er seine Weisungen ausführte. Vor der Rückkehr des Befehlshabers jedenfalls wurden keine Befehle vom Wehrkreiskommando ausgegeben, sondern nur vorbereitet [215].

Als General Schellert gegen 21 Uhr in das Wehrkreiskommando zurückkehrte, trug ihm Oberst i. G. von Plate sofort vor und befürwortete die Ausführung der Berliner Befehle. Aber General Schellert konnte sich zu keiner klaren Stellungnahme durchringen. Die Rundfunknachrichten und der Funkspruch Keitels, daß Hitler am Leben und »völlig gesund« sei, daß er Himmler zum neuen Oberbefehlshaber (»OB«) des Ersatzheeres ernannt habe, daß Befehle von Fromm, Witzleben und Hoepner ungültig seien und der Befehlshaber im Wehrkreis IX mit dem Gauleiter und dem Höheren Polizeiführer Verbindung halten solle, sind Oberst i. G. von Plate um oder gegen 20 Uhr zur Kenntnis gelangt. Da der Funkspruch schon um 16.15 Uhr vom Führerhauptquartier abgesandt war, muß die Verzögerung, wie wohl auch bei den Fernschreiben aus Berlin, an der Nachrichtenzentrale des Wehrkreiskommandos gelegen haben. Der Chef des Generalstabes hatte dann versucht, noch einmal mit Stauffenberg oder Mertz von Quirnheim zu telephonieren, konnte sie aber nicht erreichen; es hieß, sie seien in Besprechungen.

Plate konnte den Funkspruch und die Radionachricht seinem Befehlshaber natürlich nicht einfach unterschlagen und hielt das auch nicht für erforderlich, da er ja von der Unrichtigkeit dieser Mitteilungen auf Grund seines Gespräches mit Stauffenberg überzeugt war. Nun trug er seinem Befehlshaber die Lage vor und drängte ihn zu einer Entscheidung. Schellert aber neigte viel eher dazu, sofort zum Gauleiter zu fahren und sich bei diesem Rat zu holen. Plate, überzeugt von der Richtigkeit der Stauffenbergschen Mitteilungen, fand im Gegenteil, daß vor allem die drei im Wehrkreis IX residierenden Gauleiter Sauckel, Sprenger und Gerland verhaftet werden müßten. Auf das Drängen Plates hat sich Schellert dann widerstrebend die Zustimmung dazu abgerungen [216].

Plate erteilte nun, gegen 21 Uhr, mit dem Ia Vethacke zusammen die entsprechenden Befehle: Bestimmten im Wehrkreis liegenden Ersatztruppen wurde Marschbereitschaft befohlen, das Gebäude des Wehrkreiskommandos wurde durch aufgerufene Einheiten des Infanterie-Ersatz-Bataillons 163 besonders gesichert, Vorbereitungen zur Verhaftung der Gauleiter, Parteifunktionäre und des Höheren SS- und Polizeiführers wurden getroffen, ferner zur Sicherung der Nachrichtenverbindungen; der Reichsarbeitsdienst und der Generalarbeitsführer Neuerburg wurden dem Wehrkreiskommando unterstellt. In Eisenach ist auf den von Oberstleutnant Witzel übermittelten Befehl und das Stichwort »Walküre« eine Kompanie der Panzer-Versuchs-, Ersatz- und Ausbildungs-Abteilung (Fkl.) 300 mit fünfzehn bis achtzehn Panzern unter Major Wollschläger alarmiert worden. Sie verfügte über ferngesteuerte Sprengstoffträger, eine sehr gefährliche Waffe. Nach der Erinnerung von Wollschläger und Beck waren die Panzertruppen »unterwegs im Anrollen auf Kassel«, aber die Berichte der militärischen und Parteistellen in Erfurt behaupteten später, die Truppen hätten nach Herstellung der Marschbereitschaft den Kasernenbereich nicht verlassen. Sie können also keinesfalls sehr weit gefahren sein. An anderen Standorten wurden ähnliche Maßnahmen eingeleitet, aber marschiert sind die aufgerufenen Einheiten nicht, abgesehen von Frankfurt, wo Post- und Telegraphenämter, Hauptbahnhof und Rundfunk besetzt wurden. Es war schon recht spät, als die Befehle überhaupt erst erteilt wurden, so daß die Zeit bis zum Widerruf nur kurz war.

Zufällig war an diesem Tag der Kommandeur der Waffen-SS im Bereich des Wehrkreises IX mit vielen Offizieren seines Stabes im Wehrkreiskommando anwesend, er hatte an der erwähnten Besprechung teilgenommen, an die sich ein gemeinsames Essen angeschlossen hatte, und nun saß er im Kasino und wurde dort hingehalten. Des Gauleiters von Kurhessen konnte man jedoch nicht habhaft werden, er saß mit allen seinen Amtsleitern auf der Wasserkuppe in der Rhön, und auch der Reichsstatthalter Sprenger sowie Sauckel wurden nicht verhaftet.

Eigentlich war alles nun auf dem besten Wege. Aber zugleich häuften sich Anfragen aus dem Wehrkreis, ob denn alles seine Richtigkeit habe, die Nachricht vom mißlungenen Attentat wurde immer wieder verbreitet und diskutiert, und das Ausbleiben weiterer Befehle aus Berlin, besonders der Mangel an weiteren konkreten Weisungen zum Handeln, machten Plate schließlich argwöhnisch. Sollte es sich doch um einen Putsch ohne die von Stauffenberg mit solcher Sicherheit behauptete Voraussetzung handeln? Zugleich erwies es sich trotz allen Bemühungen als unmöglich, mit der Berliner Gruppe unter Generalfeldmarschall von Witzleben noch

3. Wehrkreise

einmal Verbindung zu bekommen. Schließlich versuchte man, ebenfalls ohne sofortigen Erfolg, mit dem Führerhauptquartier zu telephonieren. Seinem Befehlshaber, General Schellert, riet Plate nun, die Befehle vorerst zu stoppen und die weitere Klärung der Lage abzuwarten.

Etwa um 22.30 Uhr rief dann Keitel von sich aus in Kassel an. Schellert führte gerade ein anderes Telephongespräch, so daß Plate das Gespräch annahm. Er zweifelte noch immer, als Keitel ihm sagte, Hitler lebe und Stauffenberg, Witzleben, Hoepner u. a. seien Verräter, alle auf ihre Weisung erteilten Befehle seien sofort zu widerrufen. Aber dann ergaben Nachfragen bei vertrauenswürdigen Kameraden, zumal in Dresden und in Wiesbaden, daß man anderwärts längst nur noch auf Befehle aus der »Wolfschanze« bzw. vom neuen Befehlshaber des Ersatzheeres reagierte, und dann kehrte auch der Gauleiter gegen 23.30 Uhr nach Kassel zurück und begann, sich in die Ereignisse einzuschalten. Plate rief nach dem Gespräch mit Keitel und nach den anderen Erkundigungen nach 23 Uhr alle Stellen an, die von ihm Befehle erhalten hatten, hob die erteilten Weisungen auf und hielt vor allem die eingeleitete Festnahmeaktion an.

Plate hatte Keitel gegenüber mit seinen Zweifeln an der Richtigkeit der Keitelschen Darstellung der Dinge, ja sogar an der Echtheit Keitels selbst, nicht zurückgehalten, wofür Keitel auch Verständnis zeigte. Zum Beweis für seine Behauptungen sagte er, Hitler werde um 23 Uhr im Rundfunk sprechen. Dies trat aber nicht ein, so daß Plate sich in seinen Zweifeln bestätigt fühlte. So waren nun die Befehle im Wehrkreis IX zwar storniert, aber die Ungewißheit dauerte an.

Nach Mitternacht bekam Plate Verbindung mit einem Oberstleutnant Weiß im Heerespersonalamt in Berlin, wodurch er endgültig Klarheit über die Lage erhielt: Stauffenberg und einige seiner Kameraden waren erschossen worden, der Putsch war zusammengebrochen. Nun wurden schleunigst alle in Hessen und in Thüringen verfügten Alarmierungen aufgehoben.

Nach Mitternacht erschien der Gauleiter mit etlichen Begleitern in braunen Parteiuniformen im Wehrkreiskommando und verlangte den Befehlshaber zu sprechen. Schellert mußte Rede und Antwort stehen, warum die Alarmbefehle ergangen seien, und sein Chef des Generalstabes, Plate, nahm die Verantwortung für die Ausgabe der meisten Weisungen auf sich. Dann wollte Gerland die aus Berlin eingegangenen Fernschreiben und sonstigen Befehle, auch die Unterlagen für die von Kassel aus erteilten Weisungen sehen. Es gelang dem Oberstleutnant Beck, ihn so lange hinzuhalten, bis die Obersten von Plate und Vethacke

Zeit gehabt hatten, die gefährlicheren der Befehle, insbesondere den über die Ernennung des Verbindungs-Offiziers, Oberstleutnant Freiherr von Sell, und des Politischen Beauftragten, des Reichsministers a. D. Gustav Noske, zu beseitigen. Das half freilich nichts, weil die von Plate geführten Telephongespräche schon seit 19 Uhr von Partei- oder SD-Stellen abgehört worden waren und weil in der Frühe des 21. Juli alle in der Bendlerstraße erreichbaren Unterlagen beschlagnahmt wurden. Vieles hatten die Verschwörer vor ihrer Verhaftung verbrennen können, aber nicht alle in die Fernschreibzentrale gegebenen Unterlagen.

Im Wehrkreis X (Hamburg) waren der Befehlshaber, General der Infanterie Wilhelm Wetzel, und der Chef des Generalstabes, Generalmajor Friedrich-Wilhelm Prüter, ebenfalls nicht im Dienstgebäude des Wehrkreiskommandos in der Knochenhauerstraße, als die ersten Fernschreiben aus Berlin einliefen. Der Befehlshaber war im Munster-Lager, und der Chef hatte sich schon in seine Unterkunft begeben [217]. Beide wurden vom Adjutanten des Wehrkreiskommandos, Oberst Völckers, angerufen und gebeten, sofort ins Wehrkreiskommando zu kommen, wo ihre Anwesenheit dringend erforderlich sei.

Als Prüter gegen 19 Uhr in der Knochenhauerstraße eintraf, übergab ihm Völckers zwei aus Berlin gekommene Fernschreiben, deren erstes mit der Feststellung begann, daß Hitler tot sei [218]. Das zweite befahl bestimmte Sicherungsmaßnahmen und Verhaftungen.

Darauf hat Prüter als erstes ein Gespräch zum Befehlshaber des Ersatzheeres, Generaloberst Fromm, angemeldet, um Rückfrage zu halten. Die Verbindung war sehr rasch hergestellt, ein Ordonnanzoffizier meldete sich und teilte mit, daß der Befehlshaber nicht zu sprechen sei, die Befehle hätten aber ihre Richtigkeit und müßten unverzüglich ausgeführt werden. So rief der Chef des Generalstabes alle führenden Partei- und SS-Leute in Hamburg an und bat sie, sogleich ins Wehrkreiskommando zu kommen. Die meisten von ihnen befanden sich allerdings mit anderen Prominenten bei einem Vortrag des Staatssekretärs Dr. Naumann, des ersten Mitarbeiters von Goebbels, im großen Saal des Hotels »Atlantic«. Dort war auch der Gauleiter Karl Kaufmann. Prüter entsandte den Wehrmachtstandort-Kommandanten von Hamburg, Generalmajor Kurt Heyser, zum Hotel, um den Gauleiter herzubitten.

Nach diesen Vorkehrungen befahl Prüter zwei in Hamburg liegende Ersatz-Bataillone ins Wehrkreiskommando, für alle Fälle. Es kam freilich nur eines, das andere hatte nach der inzwischen erfolgten Rundfunkmeldung mit untergeordneten Parteidienststellen Rücksprache gehalten und darauf von dem Marsch zur Knochenhauerstraße Abstand genommen.

3. Wehrkreise

Auch außerhalb Hamburgs liegende Standorte erhielten Alarmbefehle, in Rendsburg z. B. machte der Kommandeur des Schutzbereiches Anstalten, das Postamt zu besetzen [218a]. Da der Kreisleiter sich sofort mit dem stellvertretenden Gauleiter in Verbindung setzte und Gegenmaßnahmen vorbereitete, entstand für ein paar Stunden eine explosive Situation, die aber noch rechtzeitig entschärft wurde, als der dem Kommandeur gegebene Einsatzbefehl zurückgezogen wurde. Sodann führte Prüter Gespräche mit den Chefs der Generalstäbe der benachbarten Wehrkreise mit dem Ergebnis, daß nur in Berlin überhaupt etwas unternommen worden war, auch dort aber die Maßnahmen schon wieder rückgängig gemacht wurden. Es muß unterdessen schon zwischen 19 und 20 Uhr gewesen sein.

Der Gauleiter war kurz vor Beginn des Vortrages von Staatssekretär Dr. Naumann von diesem ganz fragmentarisch von dem versuchten Militärputsch unterrichtet worden, Genaues wußte Naumann selbst noch nicht. Der Vortrag begann pünktlich, es muß zwischen 16 und 17 Uhr gewesen sein. Kaum hatte Naumann seine Ausführungen begonnen, da wurde er ans Telephon gerufen, kam zurück und setzte seinen Vortrag fort, wurde aber wenig später noch einmal hinausgebeten. Goebbels war am Telephon und sagte, er sei in seinem Haus von Truppen eingeschlossen, der Staatssekretär solle sofort nach Berlin zurückkehren. Naumann brach also seinen Vortrag ab und flog mit einem Flugzeug der Luftwaffe nach Berlin zurück; noch vor 20 Uhr traf er bei Goebbels ein [218b]. Die Veranstaltung wurde nicht sogleich aufgelöst, aber bald erschien der Wehrmachtstandort-Kommandant und bat den Gauleiter flüsternd, mit ins Wehrkreiskommando zu kommen. Kaufmann wollte wissen, warum, aber Heyser wußte es selbst nicht genau und konnte nur sagen, es sei wohl ein Alarm ausgelöst worden.

Als Kaufmann in der Knochenhauerstraße erschien, trafen auch die anderen Gäste schon ein: der Staatssekretär Georg Ahrens, der Höhere SS- und Polizeiführer Georg-Henning Graf von Bassewitz-Behr, der Kommandeur der Sicherheitspolizei Retzlaff, der Führer der Hamburger SA Herbert Fust, der Führer des NSKK und der Leiter der Obersten Parteidienststelle, ferner der Kommandeur der Kriegsmarine in Hamburg, Vizeadmiral Lohmann, und der Chef des Generalstabes im Luftgaukommando XI, Oberst Laicher. Alle, auch der Gauleiter, wurden gebeten, das Eintreffen des Befehlshabers abzuwarten. Auf die Frage Kaufmanns erklärte Prüter, aus Berlin sei »Walküre« befohlen und es seien mysteriöse Fernschreiben eingegangen. Da zwischen dem Wehrkreiskommando und dem Gauleiter Kaufmann, der vor der Invasion einmal von Generalfeldmarschall Rommel in diskreter Weise zur Mitarbeit bei einem Umsturz aufgefordert worden war, stets ein sehr gutes, sachliches Verhältnis geherrscht hatte, teilte Prüter dem Gauleiter und den übrigen Anwesenden den Inhalt der eingegangenen Fernschreiben ohne weiteres mit. Da erfuhren diese nun, daß sie alle verhaftet werden sollten.

Es wäre seltsam, wenn nicht jedem von ihnen der Gedanke gekommen wäre, er sei in eine Falle gegangen, auch der Gauleiter konnte sich dieses Eindrucks nicht ganz erwehren. Prüter sagte aber gleich dazu, als Kaufmann scherzte, er solle doch seines Amtes walten, die Entscheidung darüber wolle er lieber dem Befehlshaber überlassen. Indem er jedem ein Glas Wermut oder Sherry anbieten ließ, suchte er die Momente der doch nicht ganz erfreulichen Spannung zu überbrücken, und inzwischen befolgte er auch den Rat des Gauleiters, einmal in der Bendlerstraße anzurufen [219]. Darauf kam ein Gespräch zwischen Prüter und Graf von Stauffenberg zustande, der den angeblichen Tod Hitlers und die Übernahme des Oberbefehls über die Wehrmacht durch Generalfeldmarschall von Witzleben bestätigte und auf der Ausführung der Befehle bestand. Aber Prüter blieb dabei, das Eintreffen des Befehlshabers abzuwarten, womit er den Anwesenden seinen guten Willen beweisen konnte [220].

General Wetzel ließ nun auch nicht mehr lange auf sich warten. Als er kam, begrüßte er herzlich wie immer den anwesenden Gauleiter. Nachdem er sich von Generalmajor Prüter hatte vortragen lassen und mit Erschütterung von dem Inhalt der eingegangenen Fernschreiben Kenntnis genommen hatte, trat er zu Kaufmann und sagte ihm: »›Gauleiter, wir beide werden nicht aufeinander schießen.‹« [221] Dann ließ sich Kaufmann an Ort und Stelle mit Bormann im Führerhauptquartier verbinden, erfuhr von diesem die Einzelheiten des mißglückten Attentats und erhielt den Auftrag, die Ausführung der Berliner Befehle in Hamburg unter allen Umständen zu verhindern. Das war aber gar nicht nötig. General Wetzel hatte fast ebenso wenig Sympathie mit dem so kläglich mißlungenen Staatsstreichversuch wie der Gauleiter Kaufmann.

Als Kaufmann das Wehrkreiskommando verlassen hatte, ließ er die Parteidienststellen, die Polizei und die Verwaltung in einen gemäßigten Alarmzustand versetzen. Das Wehrkreiskommando aber hob auch die wenigen vom Chef des Generalstabes erlassenen Anordnungen wieder auf.

Im Wehrkreis XI (Hannover) gingen am Spätnachmittag und Abend die beiden ersten Fernschreiben der Verschwörer ebenso überraschend ein, wie in den meisten anderen Wehrkreisen. Das erste teilte mit, Hitler sei tot und die Vollziehende Gewalt werde von der Wehrmacht übernommen, das zweite kam über eine Stunde später und gab Einzelweisungen für die Übernahme der Vollziehenden Gewalt durch die Befehlshaber der Wehrkreise; u. a. wurde die Alarmierung der unterstellten Truppen, die Verhaftung der Gauleiter und einer Anzahl höherer Partei- und SS-Funktionäre, die Besetzung der Funk-, Telegraphen- und Telephonzentralen befohlen. Der Chef des Generalstabes, Generalmajor Rudolf Kütt, und der Ia, Oberst i. G. z. V. Kroeger, legten dem Befehlshaber, General der Infanterie Benno Bieler, die eingegangenen Fernschreiben vor [222].

Der Befehlshaber bat seine beiden Offiziere zunächst, ihn allein zu lassen. Er wollte sich die Lage überlegen und sich Klarheit verschaffen. Er rief Graf von Stauffenberg in Berlin an und stellte ihm etwa folgende Fragen: 1. Wer hat Regierungsgewalt und militärischen Oberbefehl? 2. Wie verhalten sich Himmler, Goebbels und Göring, d. h. die gefährlichsten Exponenten des Regimes außer Hitler? 3. Welche Absichten hat die neue Regierung für Fortführung und Beendigung des Krieges?

Stauffenberg war natürlich eilig und ungeduldig. Er wollte vor allem die Ausführung der Befehle vorantreiben, er wußte, daß der Umsturz verloren war, wenn nicht rasch und energisch gehandelt wurde, auf Diskussionen konnte er sich doch nicht einlassen. Kein Wunder also, daß der Befehlshaber in Hannover seine Auskünfte als unbefriedigend empfand. Für diesen aber kam ja alles so überraschend, plötzlich sollte er sich einem Putsch anschließen, dessen Grundlage ganz unsicher war und über den man ihn überhaupt nicht vorher sondiert hatte, obwohl er erst vor zwei Wochen anläßlich einer Kommandeurbesprechung in Potsdam ein langes persönliches Gespräch mit Stauffenberg geführt hatte. Die führenden Persönlichkeiten dieses Staatsstreichs schienen Bieler nicht ganz geeignet zu sein, und wie SS und Polizei sich verhalten würden, konnte ihm Stauffenberg nicht sagen. Die Stäbe der Wehrkreiskommandos und der Ersatztruppen, auch in Hannover, waren mit Nationalsozialisten, Parteimitgliedern wie Nichtmitgliedern, stark durchsetzt, auch das mußte bedacht werden. Stauffenberg mahnte dringend die Ausführung der ergangenen Befehle an, aber Bieler sah voraus, daß er auf Widerstand stoßen würde, wenn er seine Truppen alarmierte und in Marsch setzte.

Kurze Zeit danach, es wird zwischen 20 und 21 Uhr gewesen sein, rief Generalfeldmarschall Keitel in Hannover an. Er war sehr aufgeregt und teilte fast schreiend mit, Stauffenberg habe das (inzwischen über den Rundfunk bekannt gewordene) Attentat begangen, Hitler sei völlig gesund, gegen die Meuterer in der Bendlerstraße werde schon mit militärischen Maßnahmen vorgegangen und sie würden in kurzer Zeit »unschädlich gemacht« sein. Unter keinen Umständen seien Befehle des bisherigen Befehlshabers des Ersatzheeres zu befolgen.

Da stand also nicht das Militär, die Wehrmacht gegen die Reste des seines Führers beraubten Regimes, sondern eine Gruppe von Verschwörern innerhalb des Führungsstabes des Ersatzheeres gegen die ganze übrige Wehrmacht und gegen die völlig intakte Führung des Dritten Reiches. Das war etwas anderes. Zur Sicherheit fragte General Bieler im Laufe des Abends noch einmal in Berlin an, wie denn dort die Lage sei. Ein Nachrichtenoffizier sagte ihm, im Hause werde geschossen, es herrschen Verwirrung und Unruhe.

Damit stand für Bieler fest, »daß eine aktive Beteiligung zugunsten der Berliner Umsturzbewegung nicht mehr sinnvoll war und für alle daran aktiv Beteiligten verhängnisvoll sein mußte.« Er ordnete daher an, »daß die Truppe nicht zu alarmieren sei und der Wehrkreis die weitere Entwicklung der Dinge abzuwarten hätte.« Davon setzte er auch die Befehlshaber der beiden Nachbarwehrkreise X (Hamburg) und IX (Kassel) in Kenntnis, die mit seiner Auffassung übereinstimmten.

Im Wehrkreis XII (Wiesbaden) war die Lage ganz ähnlich wie in Stuttgart und Hannover. Die Fernschreiben aus Berlin gingen spät ein, es dauerte eine Zeitlang bis sie entschlüsselt waren, und ehe man Zeit für Entscheidungen hatte, war der Aufstand schon zusammengebrochen. Der »Walküre«-Befehl konnte, wenn er überhaupt noch spät am Abend eingegangen ist, nicht mehr ausgeführt werden. Rückfragen in Stuttgart und Hannover ergaben, daß man sich dort ebenso verhielt [223].

Im Wehrkreis XIII (Nürnberg) dagegen ist etwas mehr geschehen. Nach dem 20. Juli wurden der Befehlshaber, General der Infanterie Mauritz von Wiktorin, der Chef des Generalstabes, Oberst i. G. Victor Kolbe, und der IIa, Oberst Hans Liphart, aus ihren Stellungen entfernt, weil sie zu bereitwillig gewesen waren, die Berliner Befehle auszuführen [224]. Auch hier hatte man am Spätnachmittag die Fernschreiben über Hitlers Tod, die Übernahme der Vollziehenden Gewalt und die Weisung zur Verhaftung der Partei- und SS-Funktionäre erhalten, und auch hier hatte man zunächst in Berlin rückgefragt. Aber nach seinem Gespräch mit Graf von Stauffenberg hat der Chef des Generalstabes, Oberst i. G. Kolbe, die entsprechenden Anordnungen und Befehle ohne Zögern ausgegeben.

Währenddessen telephonierte der IIa, Oberst Liphart, bei den benachbarten Wehrkreisen herum. In München hatte man sich schon gegen die Ausführung der Befehle entschieden, es muß also schon etwa 19 Uhr oder später gewesen sein: nur das Führerhauptquartier sei maßgebend, erfuhr Liphart von dort. In Stuttgart traf man Vorbereitungen, verhielt sich aber eher abwartend, wie sich aus einem Gespräch mit dem dortigen IIa, Oberst Wolf von Tümpling, ergab. In Wiesbaden dagegen zeigte man sich unwillig, die Berliner Anweisungen zu befolgen.

Nun versuchte man, mit Generaloberst Fromm zu sprechen, aber der war nicht erreichbar, so versuchte man es im Führerhauptquartier. Der Befehlshaber sprach selbst mit Keitel, der ihm in schroffem Ton erklärte, Hitler sei am Leben und werde noch am selben Abend im Rundfunk sprechen, nur Keitels Befehle seien auszuführen. Darauf rief der IIa wieder in Berlin an und sprach selbst mit Graf von Stauffenberg, der ihm sagte: »›Liphart, es handelt sich um eine Mystifikation. Der Führer ist tot. Die Befehle des Befehlshabers des Ersatzheeres sind auszuführen.‹«

Nun schien die Lage aber so unsicher, daß ein energisches Handeln nicht verantwortbar erschien, zumal auch die anderen Wehrkreise überhaupt nichts taten. Wenn es so an der Einheitlichkeit der Auffassung und des Vorgehens fehlte, da schien die Sache doch aussichtslos. Wie sollte man in Nürnberg entscheiden, welche der beiden Parteien mit ihren Behauptungen recht hatte? Sollte man als offenbar einziger Wehrkreis in Süddeutschland einen Bürgerkrieg beginnen und so wirklich der Front in den Rücken fallen, sei es auch für eine würdige, aber verlorene Sache? Das wollte man offenbar nicht: »Auf diese widersprüchlichen Befehle hin nahm auch das stellv. Gen. Kdo XIII. A. K. abwartende Stellung ein.« Vorsichtshalber wurden die vorbereiteten Befehle unter Aufsicht des IIa im WC von zwei Offizieren verbrannt und hinuntergespült [225].

Im Wehrkreis XVIII (Salzburg) hat der Befehlshaber, General der Gebirgstruppen Julius Ringel, der als sehr regimetreu galt, die aus Berlin eingegangenen Befehle überhaupt nicht zu Gesicht bekommen. Er war an diesem Tag auf einer Inspektionsreise [226]. Bis etwa 18 Uhr wurden sie auch dem Chef des Generalstabes, Oberst i. G. Glasl, nicht vorgelegt. Glasl war nach Dienstschluß in sein Quartier im Hotel »Bristol« in Salzburg gegangen und wurde dort schon beim Betreten des Hotels vom Portier ans Telephon gebeten. Es meldete sich Generalleutnant Burgdorf aus der »Wolfschanze« und fragte, ob in Salzburg Befehle aus Berlin eingegangen seien. Glasl antwortete, das sei nicht der Fall, und Burgdorf erklärte Glasl, es habe ein Attentat auf Hitler stattgefunden, dieser sei aber unverletzt, Befehle aus der Bendlerstraße in Berlin seien unautorisiert und nicht zu befolgen.

Darauf, es war noch vor 18 Uhr, begab sich Oberst i. G. Glasl in das Dienstgebäude des Wehrkreiskommandos zurück, wo ihm von einem Nachrichtenoffizier sogleich die zwei bis dahin eingegangenen Fernschreiben vorgelegt wurden. Das erste begann mit den Worten »Der Führer Adolf Hitler ist tot«, das zweite enthielt die Anweisung, Gauleiter, SS-Führer und andere Funktionäre unverzüglich zu verhaften. Dem widersprach aber der Anruf von Generalleutnant Burgdorf. Nun rief etwa um 18 Uhr auch der IIa, Oberst Ryll, im Wehrkreiskommando bei Glasl an;

er war selbst von Keitels Adjutant Major John von Freyend aus der »Wolfschanze« angerufen worden mit der Mitteilung, ein Attentat sei gegen Hitler versucht worden und sei mißglückt, außerdem sei in Berlin eine Meuterei ausgebrochen, deren Befehle aber ja nicht auszuführen seien. Das gab Ryll nun sofort an Glasl weiter, der ihm sagte, ja, er bekomme gerade eine Menge ihm unerklärlicher Fernschreiben auf den Schreibtisch, offenbar seien sie aber durch die Nachrichten aus der »Wolfschanze« schon erledigt. Er bat Ryll gleichwohl, sich ins Wehrkreiskommando zu begeben.

Nicht nur die widersprechenden Nachrichten legten Oberst i. G. Glasl, der wegen der Abwesenheit des Befehlshabers zunächst allein entscheiden mußte, nahe, erst einmal nichts zu unternehmen. Der Wehrkreis XVIII war auch politisch einer der uninteressantesten, dem Wehrkreiskommando unterstanden kaum Ersatztruppen, die großen zum Führerhauptquartier in Berchtesgaden gehörenden Anlagen und Dienststellen waren selbständig bzw. dem OKW unterstellt, die Bewachung oblag hauptsächlich der SS. Alle verfügbaren Verbände des Wehrkreises waren zur Bandenbekämpfung im Grenzgebiet Steiermark und Slowenien eingesetzt.

Die »Walküre«-Pläne sahen für den Wehrkreis XVIII im Bedarfsfalle die Aufstellung eines verstärkten Regiments vor, und am 5. Juli 1944 hatte das Wehrkreiskommando den Chef des Stabes beim Chef H Rüst u BdE, Graf von Stauffenberg, um Genehmigung zur Aufstellung dieses verstärkten Regiments gebeten, damit man es für die Bandenbekämpfung einsetzen könne. Stauffenberg vermittelte die Ermächtigung und sagte Glasl noch bei dem telephonischen Gespräch, er solle sich das Regiment aber ja nicht aus der Hand nehmen lassen. Dennoch wurde es nach seiner Aufstellung sogleich dem Höheren SS- und Polizeiführer Rösener unterstellt. So standen also dem Wehrkreiskommando keinerlei nennenswerte Truppenverbände zur Verfügung. Wegen der Nähe des »Berghofes« lagen außerdem so viele SS-Einheiten im Wehrkreis, besonders und gerade in der Gegend von Salzburg, daß die Ausführung der Berliner Befehle kaum ernsthaft erwogen werden konnte. Der Befehlshaber, General Ringel, war übrigens Träger des Goldenen Parteiabzeichens. Unter solchen Umständen war es auch kaum verwunderlich, daß im Wehrkreiskommando XVIII niemand von den Staatsstreichvorbereitungen unterrichtet war, außer dem inzwischen versetzten früheren Chef des Generalstabes, Oberst i. G. Wilhelm Freiherr von Salza und Lichtenau.

Als der Ia des Wehrkreises XVIII, Oberstleutnant Rendel, gegen 19 Uhr die Nachricht vom Attentat auf Hitler erhielt, befand er sich mit einigen Kameraden der Gruppe Ia im Kasino im Hotel »Europa« bei dem wöchentlichen Knobelabend; man spielte das beliebte Würfelspiel »Hindenburg«[227] Man ließ sich nicht stören. Etwas später aber, es wird etwa um 20 Uhr gewesen sein, kam ein Leutnant und berichtete von den eingegangenen Fernschreiben. Rendel versuchte, Glasl anzurufen, konnte ihn aber gerade nicht erreichen und begab sich schließlich ins Dienstgebäude zurück, wo während des Abends noch eine Anzahl weiterer Fernschreiben einging[228].

Gegen 20 Uhr kam der Befehlshaber, General Ringel, wieder zurück und erschien im Dienstgebäude des Wehrkreiskommandos. Er veranlaßte aber nichts, da Befehle weder ausgeführt noch rückgängig gemacht werden konnten. Das einzige, was noch zu tun blieb, war die Bekräftigung des guten Einvernehmens mit der Gauleitung. Auch Oberst i. G. Glasl hatte schon dort angerufen[229].

Der Gauleiter Dr. Scheel hat am 20. Juli in Heidelberg in seiner Eigenschaft als Reichsstudentenführer einen Vortrag gehalten und war gerade auf der Rückfahrt über die Schwäbische Alb, als er im Autoradio die erste Nachricht von dem Attentat auf Hitler vernahm. Er ließ halten und rief von einer Autobahntankstelle aus in Salzburg an, um sich über die dortige Lage unterrichten zu lassen. Dann ließ er sich so schnell wie möglich nach Salzburg bringen. Er kam gegen oder nach 20 Uhr an und begab sich sogleich in seine Wohnung. Vor dem Haus standen auffallenderweise mehrere Soldaten, die sich später als Begleiter der Herren erwiesen, die Dr. Scheel schon aufgesucht hatten, vor allen General Ringel und SS-Obergruppenführer Rösener. Man versicherte sich gegenseitig, daß die Berliner Befehle keinerlei Bedeutung haben. Nach der Erinnerung von Dr. Scheel waren auch der Vertreter des Höheren SS- und Polizeiführers, Schulz, der Regierungspräsident Dr. Laue und der Befehlshaber der Sicherheitspolizei in seiner Wohnung versammelt, das kann aber auch erst später gewesen sein.

Da sich Glasl und Rendel mit großer Bestimmtheit daran erinnern, der Gauleiter sei nicht in seiner Wohnung von den Offizieren des Wehrkreiskommandos aufgesucht worden, sondern vielmehr selbst in das Wehrkreiskommando gekommen, wo man ihm die eingegangenen Fernschreiben gezeigt habe, ist das natürlich nicht auszuschließen. Dr. Laue dagegen berichtet, er habe mit General Ringel die Lage besprochen, anscheinend ohne den Gauleiter, und währenddessen sei das Fernschreiben eingetroffen, welches »Walküre 2. Stufe« befahl, und Dr. Scheel erinnert sich nicht, sich in das Wehrkreiskommando begeben zu haben.

Sicher ist dieses: das Verhältnis zwischen Wehrkreiskommando und Gauleitung erfuhr in Salzburg am 20. Juli 1944 nicht die geringste Trübung. Irgendwelche Truppenteile sind nicht alarmiert oder auch nur in

Alarmbereitschaft versetzt worden. Im Gegenteil wurde den Standorten Innsbruck und Graz noch eigens befohlen, keinerlei Befehle auszuführen, die nicht vom Wehrkreiskommando kamen; diese Standorte hatten eigene Funkstellen und es war denkbar, daß sie direkte Weisungen aus Berlin erhielten. Zum Abschluß des Tages wurde das Mißlingen des Attentats beim Gauleiter mit einigen Gläsern Wein gefeiert, wobei vom Wehrkreiskommando zumindest General Ringel anwesend war. Gemeinsam hörte man die Ansprachen Hitlers, Dönitz' und Görings.

Im Wehrkreis XX (Danzig) war ein Vertrauter der Verschwörer in wichtiger Stellung: Oberstleutnant i. G. Hasso von Boehmer war dort Ia. Aber der Befehlshaber war General der Infanterie Bodewin Keitel, ein Bruder des Generalfeldmarschalls und Chefs des OKW [230]. Überdies gehörte der Wehrkreis schon beinahe zum Kampfgebiet.

Der Befehlshaber war mit dem IIa gerade am 20. Juli auf einer Inspektionsreise und erfuhr in Graudenz über den Rundfunk von dem Attentat auf Hitler. Darauf fuhren sie sofort nach Danzig zurück. Der Befehlshaber setzte sich dort mit dem Gauleiter Forster und wohl auch mit seinem Bruder in Verbindung. Aus Berlin waren die bekannten Fernschreiben eingegangen, auch die übrigen kamen im Lauf des Abends. Keiner der Berliner Befehle ist im Sinne der Verschwörung ausgeführt worden.

Im Wehrkreis XXI (Posen) ist es ähnlich zugegangen. Der Wehrkreis war schon mehr oder minder Kampfgebiet, wenigstens wegen der Partisanen, und es gab hier so gut wie keine Ersatztruppen, die man hätte einsetzen können. Am 20. Juli fand eine Besichtigung einiger Lager des Reichsarbeitsdienstes statt, an der eine größere Anzahl höherer Heeres- und SS-Führer teilnahm, so daß die wichtigsten Offiziere zur kritischen Zeit nicht erreichbar waren. Ohnehin scheint hier niemand eingeweiht gewesen zu sein [231]. Die Fernschreiben aus Berlin trafen nach 18 Uhr ein, nach den Vermerken in den der Gestapo vorgelegten Niederschriften sogar erst nach 20 Uhr. Noch ehe der zweite Befehl entschlüsselt vorlag, kam ein Anruf aus dem Wehrkreiskommando I (Königsberg), aus dem zu entnehmen war, daß die Berliner Befehle dort nicht befolgt würden [232]. Der Chef des Generalstabes fragte daher bei den Wehrkreiskommandos in Danzig, Breslau und Wiesbaden an, um zu erfahren, ob dort die Berliner Weisungen befolgt würden. Dies war nicht der Fall. Auch mit Generaloberst Fromm suchte man Verbindung herzustellen, jedoch vergeblich. Es war klar, daß der Aufstand zusammengebrochen war, zumal auch im Laufe des Abends Generalleutnant Burgdorf aus der »Wolfschanze« anrief und den Befehlshaber über Hitlers Überleben und die Niederschlagung des Putsches orientierte.

3. Wehrkreise

Im Wehrkreis Generalgouvernement (Krakau) sind ebenfalls die Befehle aus Berlin eingegangen, aber sie wurden hier so wenig befolgt, wie in den benachbarten Wehrkreisen. Der Befehlshaber, General der Infanterie Siegfried Haenicke, war auch hier auf Inspektionsreise, und die Befehle wurden dem Chef des Generalstabes, Generalmajor Max Bork, gegen 21 Uhr vorgelegt[233]. Schon um 18.45 Uhr hatte er aber die Rundfunknachricht von dem mißglückten Attentat erhalten und um 19.20 und 19.30 Uhr vor den Offizieren bzw. Soldaten des Wehrkreiskommandos »dem Dank über die Errettung des Führers Ausdruck« verliehen. Erst gegen 21 Uhr kam das Berliner Fernschreiben. Um 22 Uhr rief Generalmajor Stieff an und sagte Bork, Befehle des BdE seien nicht entgegenzunehmen, sondern nur Befehle des Reichsführer SS, der heute Oberbefehlshaber des Ersatzheeres geworden sei; jeder Verkehr mit Hoepner, Witzleben, Fromm und Stauffenberg sei abzulehnen; Generaloberst Guderian vertrete General Zeitzler, Generalleutnant Heusinger werde durch Generalleutnant Wenck vertreten. Als kurz darauf Generalleutnant Burgdorf anrief, konnte ihm gesagt werden, die Befehle von Witzleben seien vor einer Stunde eingegangen, aber auf Grund des Anrufes von Stieff sei schon das Erforderliche veranlaßt: um 22.16 Uhr erging der Befehl, »alle militärischen Anlagen im Einvernehmen mit dem örtlichen SS- und Polizeiführer sofort zu besetzen«, besonders Nachrichtenanlagen, Kasernen und Rüstungsbetriebe. Nach 22 Uhr sprach Bork auch telephonisch mit Bormann und Keitel und unterrichtete den Generalgouverneur und den Höheren SS- und Polizeiführer Ost, die beide noch keine Kenntnis von den Vorgängen hatten. Um 23.50 Uhr sprach er noch mit dem Chef des Generalstabes im Wehrkreis XX, Oberst i. G. Saal, und erfuhr, daß Befehle und Gegenbefehle auch dort eingetroffen seien und sich der Wehrkreis »fest in der Hand des Führers« befinde. Dasselbe erfuhr Bork 9 Minuten später von Generalleutnant von Thadden in Königsberg, und von Generalmajor Rüdt von Collenberg aus Breslau um 0.05 Uhr.

Im ganzen war es also in fast allen Wehrkreisen dasselbe: Fast gleichzeitig mit den Berliner Befehlen, oft schon vorher, trafen die Gegenbefehle aus der »Wolfschanze« ein. Wo das nicht oder nicht eindeutig der Fall war, haben die Rundfunknachricht und die unklaren Verhältnisse in Berlin, die dort anscheinend herrschende Unsicherheit und teils auch Entschlußlosigkeit, für Verwirrung in den Wehrkreisen gesorgt. Hier und da sind wohl Maßnahmen angelaufen und Truppen marschiert, ohne daß dies in Dokumenten oder in der Erinnerung höherer Stabsoffiziere einen Niederschlag gefunden haben muß; denn hinterher wollte niemand etwas damit zu tun haben, viele Aktionen wurden erfolgreich vertuscht. Nach 22 Uhr kamen dann selbst aus der Bendlerstraße nur noch Gegenbefehle. Soweit Befehlshaber und Stabsoffiziere in den Wehrkreisen zum Umsturz bereit gewesen wären, konnten sie sich angesichts des Fehlens der nötigen Voraussetzung, des Todes Hitlers und der effektiven Übernahme der Führung der Wehrmacht durch die Verschwörer, nicht tätig beteiligen. Auch die übrigen hätten nur durch effektive Führung seitens der Staatsstreichpartei mitgerissen werden können, nicht aber gegen die intakte Autorität des Führerhauptquartiers.

4. Prag, Wien, Paris

Besondere Verhältnisse herrschten in drei Bereichen, in denen die Umsturzbewegung am 20. Juli erfolgreicher war als in den meisten Wehrkreisen. In Prag waren die deutschen Truppen von einer feindseligen tschechischen Bevölkerung umgeben und zugleich wurde das Protektorat Böhmen und Mähren immer mehr zum Partisanen- und Frontgebiet. Die Lage aller deutschen Wehrmacht- und SS-Einheiten war hier so prekär, daß sie sich nicht die geringste Uneinigkeit und Schwächung erlauben konnten. Die Durchführung der von Berlin am 20. Juli 1944 befohlenen Maßnahmen konnte also kaum erwartet werden, dennoch war sie ziemlich weitgehend. Auch Österreich betrachtete sich als besetztes Land, in Wien hatte niemand ein Interesse daran, das Regime in irgendeiner Weise zu stützen, und doch verlangten die Berliner Befehle scheinbar gerade das. Da es in Wien nur wenige Eingeweihte gab, die die wahre Bedeutung der Befehle kannten, ist auch hier ihre recht weitgehende Befolgung einigermaßen erstaunlich. Endlich war Paris in ganz ähnlicher Lage, inmitten einer zunehmend feindlichen Etappe und bedroht von dem bevorstehenden Durchbruch der amerikanischen Armee in der Normandie. Wohl waren die hohen Stäbe hier besonders stark mit Anhängern der Opposition durchsetzt, aber der Aufstandsversuch war doch ein außerordentlich gewagtes Spiel in solcher Umgebung.

In *Prag* war im Mai 1942 der Stellvertretende Reichsprotektor für Böhmen und Mähren, SS-Obergruppenführer Reinhard Heydrich, von tschechischen Patrioten ermordet worden. Daraufhin hat sein Nachfolger, der Deutsche Staatsminister Karl Hermann Frank, das Dorf Lidice zerstören und alle männlichen Einwohner erschießen lassen [234]. Frank und die SS herrschten nahezu unbeschränkt in Böhmen und Mähren, auch als 1943 der bisherige Reichsminister des Innern, Dr. Wilhelm Frick, Reichsprotektor wurde. Mit Frank, nicht mit Frick, hatte sich der »Wehrmacht-Be-

4. Prag, Wien, Paris

vollmächtigte beim Deutschen Staatsminister und Befehlshaber im Wehrkreis Böhmen und Mähren«, General der Panzertruppen Ferdinand Schaal, hauptsächlich zu verständigen; im übrigen unterstand er als Befehlshaber im Wehrkreis dem Chef H Rüst u BdE, Generaloberst Fromm, und als Wehrmacht-Bevollmächtigter dem Chef OKW, Generalfeldmarschall Keitel[235]. Schaal bemühte sich um Zusammenarbeit mit Frank, aber dieser war vor allem SS-Führer, und Spannung und Mißtrauen waren unvermeidlich.

Das erste Fernschreiben aus Berlin, welches im Wehrkreiskommando in Prag einging, trug den Absendevermerk »16.45 Uhr«, aber es wurde in Prag erst um 18.30 Uhr aufgenommen. Der Deutsche Staatsminister Frank, der Befehlshaber im Wehrkreis General Schaal und viele andere Würdenträger nahmen gerade an einer Feier anläßlich der Eröffnung einer SS-Junkerschule teil. Die Feier fand in der Technischen Hochschule am Wehrmachtplatz in Prag statt. Während die Gäste vor dem Abendessen ein Bier zu sich nahmen, kam der Adjutant der Schule herein und brachte die Nachricht von dem Attentat, die gerade über den Rundfunk verbreitet worden war. Kurze Zeit später, zwischen 18.30 und 19 Uhr, wurden sowohl Frank als auch Schaal von ihren Dienststellen aus telephonisch zurückgebeten[236].

Um 19 Uhr las Schaal im Wehrkreiskommando das erste Berliner Fernschreiben. Das Attentat war vom Rundfunk als mißlungen gemeldet worden, und nun wollte der längst nicht mehr im Dienst befindliche Generalfeldmarschall von Witzleben als Oberbefehlshaber der Wehrmacht die Vollziehende Gewalt übernehmen und den Wehrkreisbefehlshabern befehlen, SS- und Partei-Organisationen unschädlich zu machen. Durchzusehen war da nicht ohne weiteres, aber Zögern, Abwarten und Zurückhaltung konnte man sich in Böhmen und Mähren angesichts der Untergrundbewegungen und der Feindschaft der Bevölkerung nicht leisten. Die Machtverhältnisse in der deutschen Führung mochten sein wie sie wollten, in Böhmen und Mähren mußten Sicherungsmaßnahmen ergriffen werden, da man allein schon auf die Nachricht vom Attentat hin mit Unruhen rechnen mußte. Diese Erwägungen waren entscheidend für das weitere Verhalten von General Schaal[237].

Das Stichwort für die Auslösung von Maßnahmen zum Schutz der wichtigsten militärischen Gebäude, Brücken, Nachrichtenanlagen und Kraftwerke lautete in Böhmen und Mähren »Odin« statt »Walküre«. Dieses Stichwort gab General Schaal nun kurz nach 19 Uhr heraus[238]. Um sich zu vergewissern, daß er richtig und im Sinne der Führung handle (falls es zwei Führungen gab, ob er im Sinne der rechtmäßigen handle), ließ er sich mit seinem unmittelbaren Vorgesetzten in Berlin, Generaloberst Fromm, verbinden. Er wollte wissen, ob auf die Wehrkreisbefehlshaber die Vollziehende Gewalt tatsächlich delegiert sei, wie es in dem eingegangenen Fernschreiben geheißen hatte. Die Verbindung kam rasch zustande, aber Fromm war nicht erreichbar. Um 19.13 Uhr sprach Schaal statt mit Fromm mit Graf Stauffenberg, der ihm bestätigte, daß Fromm die Vollziehende Gewalt auf die Wehrkreisbefehlshaber übertragen habe, ein entsprechendes Fernschreiben sei unterwegs (da Schaal anscheinend nicht gesagt hat, daß er es schon in der Hand hatte). Weiter berichtet Schaal von Stauffenberg die Worte: »»Der Führer ist tot, ich bin selbst dabei gewesen. Bisheriges und wohl noch weitere Kommuniqués des Rundfunks sind falsch. Eine neue Regierung ist in der Bildung. Befohlene Maßnahmen gegen den SD sind beschleunigt durchzuführen.«« [239]

General Schaal handelte nach dieser Bestätigung weiter nach den Berliner Befehlen, zugleich aber allgemein im Sinne und im Interesse der deutschen Stellung in dem gefährlichen Wehrkreis Böhmen und Mähren. Er bestätigte die Alarmierung der Heereseinheiten im Wehrkreis. Ehe er jedoch auch die in der besonderen Prager Situation angezeigte Auslösung der Stichworte für die SS-Verbände – »Götterdämmerung« und »Feuerzauber« – veranlassen wollte, gedachte er die Lage mit dem Deutschen Staatsminister Frank zu besprechen. Diesem galt also das nächste Telephongespräch.

Frank war, als Schaal anrief, in seiner Dienststelle nicht mehr zu erreichen. Er hatte sich zu gleicher Zeit wie Schaal von der Feier entfernt, war auf seine Dienststelle im Czernin-Palais zurückgekehrt und hatte dort seine nächsten Untergebenen unterrichtet und auch Alarmbereitschaft befohlen. Dann war er auf sein Gut Jungfern-Breschan gefahren [240]. So erreichte Schaal nur den Vertreter Franks, den SS-Standartenführer Ministerialrat Dr. Gies; diesen bat er, ins Wehrkreiskommando zu kommen. Dr. Gies machte sich sogleich auf den Weg, offenbar im Einverständnis mit Frank.

Gies traf gegen 19.45 Uhr im Wehrkreiskommando ein und wurde von General Schaal über die Lage unterrichtet: er habe die Vollziehende Gewalt in Böhmen und Mähren übernommen. Im übrigen bat man den SS-Führer, noch im Hause zu warten. Etwa zur selben Zeit erreichte Schaal auch Frank auf seinem Gut, schilderte ihm die Lage in gleicher Weise und ersuchte ihn, zur näheren Besprechung und Koordinierung der Maßnahmen ins Wehrkreiskommando zu kommen. Frank sagte es zu [241].

Inzwischen traf um 20.10 Uhr das zweite Berliner Fernschreiben ein, in dem die Verhaftung der Gauleiter, Reichsstatthalter, Minister, Oberpräsidenten, Polizeipräsidenten, Höheren SS- und Polizeiführer, Gestapoleiter und Leiter der SS-Dienststellen, Leiter der Propagandaämter und Kreisleiter befohlen wurde. Demnach wären nun sowohl Dr. Gies als auch Staatsminister Frank zu verhaften gewesen.

Frank hatte unterdessen selbst den Eindruck, daß die »Zuverlässigkeit« des Wehrkreisbefehlshabers nicht recht sicher sei. Da Gies nicht mehr zurückkehrte, vermutete er, daß dieser festgehalten würde. Er ließ bei Schaal anrufen, um Gies zurückzubefehlen, doch ohne Erfolg. Schaal andererseits bat die führenden SS-Leute in seine Dienststelle. So erschien dort der SS-Gruppenführer und Generalleutnant der Polizei Hitzegrad und erfuhr von Gies, daß er hingehalten werde und von Schaal keine klaren Auskünfte bekomme. Schaal bat Hitzegrad dann in sein Dienstzimmer und zeigte ihm in Gegenwart des ebenfalls herbeigerufenen Kommandeurs der Prager Landesschützen-Division 539, Generalleutnant Wilhelm Thomas, die aus Berlin eingegangenen Fernschreiben, wonach bestimmte Personen zu verhaften seien. Schaal und Hitzegrad waren sich jedoch einig, daß dies unter den Prager Verhältnissen möglichst vermieden werden sollte. Andererseits, meinte Schaal, könne er seit längerer Zeit keinerlei Verbindung mit Generaloberst Fromm bekommen, um sich seine eigene Lagebeurteilung und seinen Entschluß, die Verhaftungen nicht auszuführen, bestätigen zu lassen. Es schien undenkbar und überaus gefährlich, der tschechischen Bevölkerung irgendwelche Anzeichen von Uneinigkeit unter den deutschen Machthabern vor Augen zu führen.

Während General Schaal nun nach Beratung mit seinem Ia, Oberstleutnant z. V. i. G. Kurt Engelschall, auf alle Fälle besondere Maßnahmen zur Sicherung und Überwachung der Nachrichtenanlagen anordnete, nahm er auf entsprechende Anfrage des Nachrichtenführers Oberst Ruprecht das Czernin-Palais von dieser Maßnahme aus und bemühte sich nach Kräften, mit Frank zu einem Einverständnis und »Ehrenabkommen« zu gelangen [242].

Zunächst bemühte sich der Befehlshaber noch einmal, mit Generaloberst Fromm zu sprechen, und ließ eine Verbindung zur Bendlerstraße herstellen. Fromm war aber wieder nicht zu erreichen, und statt seiner meldete sich nun, etwa um 20.45 Uhr, der 1942 entlassene Generaloberst Hoepner. Das Fernschreiben über seine Ernennung zum Oberbefehlshaber im Heimatkriegsgebiet war in Prag noch nicht eingegangen, aber Hoepner stellte sich selbst als zuständig vor. Also gab Schaal ihm seine Darstellung der Lage in Prag und bat um Ermächtigung zur Zusammenarbeit mit dem Deutschen Staatsminister. Hoepner stellte das dem Prager Befehlshaber frei, sofern dieser nur die Vollziehende Gewalt in den

Händen behalte. Im übrigen bilde Generaloberst Beck eine neue Regierung und alles sei noch in der Entwicklung [243].

Währenddessen machte Dr. Gies immer energischere Anstrengungen, aus dem Wehrkreiskommando fortzukommen. Er hätte ja längst dem Deutschen Staatsminister über die Lage dort berichten sollen, und dieser hatte auch schon nach ihm telephoniert. Da aber Frank seine Zusage, ins Wehrkreiskommando zu kommen, nicht eingehalten hatte, wollte Schaal seine Trümpfe nicht aus der Hand geben. Er mißtraute der SS und wollte erst die Frage Zusammenarbeit oder Feindschaft geklärt wissen, ehe er den Vertreter des Staatsministers fortließ. Er verbot ihm sogar die Rückkehr zu Frank, und Dr. Gies mußte sich als verhaftet betrachten [244].

Etwa um 20.50 Uhr telephonierte Schaal mit Frank und forderte ihn auf, seiner Zusage entsprechend zu kommen, aber Frank antwortete hinhaltend und meinte, die Lage sei nicht so, wie Schaal sie sehe. Schaal andererseits betrachtete sich als Inhaber der Vollziehenden Gewalt und konnte nicht gut selbst zu Frank gehen, der ihm wenigstens vorläufig unterstellt sein mußte. Frank erklärte dagegen, er habe Nachrichten und Befehle direkt aus dem Führerhauptquartier, er sei direkt dem Führer unterstellt und brauche von Schaal keine Befehle entgegenzunehmen [245]. Um 21 Uhr rief Schaal noch einmal bei Frank an und erfuhr von seinem Vorzimmer, der Staatsminister sei zu Schaal abgefahren. Das traf aber nicht zu.

Dann kam um 21.05 Uhr das Fernschreiben aus Berlin, in dem der »Befehlshaber des Ersatzheeres und Oberbefehlshaber im Heimatkriegsgebiet« (ohne Nennung seines Namens) mitteilte, der Führer sei entgegen der vom Rundfunk verbreiteten Meldungen tot, die angeordneten Maßnahmen seien »mit größter Beschleunigung« durchzuführen [246]. Schaal war überzeugt, daß Hitler tot sei, und er sah, daß ein Kampf um die Macht ausgebrochen war. Er fand aber auch, daß dieser Kampf in Berlin und nicht in Prag, im feindlichen Ausland, entschieden werden müsse, wo überdies die SS-Truppen so überlegen waren, daß die Niederlage des Heeres gegen die SS – ein unerträglicher Gedanke – von vornherein feststand [247]. Schien also der Umsturzversuch noch Aussicht auf Erfolg zu haben – von Prag aus schien es so, vom OKW in der »Wolfschanze« hatte Schaal noch gar nichts gehört –, so mußte doch hier jeder Zusammenstoß vermieden werden, sowohl im Interesse des bisherigen wie auch des angeblich sich neu bildenden Regimes [248].

Etwa um 21.45 Uhr versuchte Schaal nochmals, mit Fromm zu sprechen und erreichte wieder nur Hoepner [249]. Nun hatte aber Hoepner über die doch nicht alltägliche Lage so wenig zu sagen – es gebe nichts Neues –, daß Schaal sich zu eigener Initiative entschloß, um die Zusammenkunft

4. Prag, Wien, Paris

mit Frank endlich zu bewerkstelligen[250]. Generalleutnant Hitzegrad übernahm die Vermittlung, man einigte sich auf eine Zusammenkunft an »drittem Ort«, nämlich in der Dienststelle des Befehlshabers der Waffen-SS im Protektorat Böhmen und Mähren, des SS-Brigadeführers Graf von Pückler, bei gegenseitiger Zusicherung freien Geleits. Soweit also war General Schaals Erkenntnis der wirklichen Machtverhältnisse schon fortgeschritten; denn das von der SS versprochene freie Geleit bedeutete nichts. Zugleich wurde Dr. Gies aus der Haft entlassen.

Darauf machte sich General Schaal zu Staatsminister Frank auf, wurde aber von einem Ordonnanzoffizier noch einmal zurückgerufen, als um 22.10 Uhr ein Anruf von Generalleutnant Burgdorf aus der »Wolfschanze« einging. Dieser teilte mit, »daß v. Witzleben, Fromm, Hoeppner, Olbricht usw. Verräter« und alle von ihnen erteilten Befehle ungültig seien, Himmler sei Befehlshaber des Ersatzheeres, nur seine und Keitels Befehle hätten Gültigkeit. Zugleich wurde Schaal ein ebenso lautendes, um 22 Uhr aus der »Wolfschanze« eingegangenes Fernschreiben von Keitel vorgelegt[251].

Zwischen 22.15 und 22.40 Uhr traf Schaal auf dem »Gefechtsstand« von Graf Pückler ein und fand dort endlich den Staatsminister Frank vor[252]. Frank verlangte von Schaal sofortige Aufhebung aller Alarmbefehle (»Odin« und »Johannes«) und sein Ehrenwort, daß er sich ihm politisch unterstelle. Wenn Schaal sich weigere, müsse Frank ihn verhaften. Vom freien Geleit war nun, da Schaal sich in Franks Hände begeben hatte, nicht mehr die Rede. Schaal aber war inzwischen überzeugt, daß Hitler nicht umgekommen sei und also der Anlaß seiner Alarmbefehle, nämlich die Gefahr durch Hitlers Tod ausgelöster Unruhen, hinfällig war. Er hatte Bedenken, Franks Forderungen ohne weiteres zu erfüllen. Darauf konnte er zum Wehrkreiskommando zurückkehren, jedoch bat ihn Frank, ihn am nächsten Vormittag wieder aufzusuchen und am folgenden Abend mit ihm in ein Konzert oder in eine Theateraufführung zu gehen, um die Eintracht der deutschen Machthaber vor aller Welt zu demonstrieren.

Zu dem Konzertbesuch kam es aber nicht mehr. Als General Schaal sich am nächsten Morgen um 11 Uhr bei Frank einfand, hatte dieser schon von Himmler den Befehl bekommen, den General zu verhaften. Man sprach von Ehrenhaft, die nur kurz dauern werde, aber Schaal wurde bis zum Zusammenbruch im April 1945 gefangengehalten[253].

Im Wehrkreiskommando XVII *(Wien)* war längst Dienstschluß, als die ersten Fernschreiben der Berliner Verschwörer eintrafen, aber einige Offiziere waren noch im Hause, darunter der Chef des Generalstabes Oberst i. G. Heinrich Kodré und der Ib/org, Hauptmann Karl Szokoll. Der Befehlshaber, General der Infanterie Albrecht Schubert, befand sich seit Anfang Juli zur Kur in der Slowakei[254]. Als Stellvertreter hatte das Heerespersonalamt den General der Panzertruppen Hans-Karl Freiherr von Esebeck abgeordnet, der Anfang Juli nach Wien gekommen war. Er kannte Stauffenberg, wenigstens schon seit sie 1939 gemeinsam in der 1. Leichten Division gekämpft hatten[255].

Etwa um 18 Uhr traf das erste Berliner Fernschreiben in Wien ein und wurde vom Ordonnanzoffizier Fritz Bollhammer um 18.20 Uhr dem Chef des Generalstabes vorgelegt. Bollhammer war schon um 18 Uhr von dem Eingang verständigt worden und hatte, da es sich um eine Geheime Kommandosache handelte, sofort den Chef und den Ib/org gebeten, das Schreiben noch abzuwarten, ehe sie das Gebäude verließen[256].

Kaum hatte Kodré das Schreiben gelesen, da befahl er dem Ordonnanzoffizier, den General von Esebeck aus dem »Haus des Heeres« in das Wehrkreiskommando zurückzurufen, »da etwas ›Großes‹ geschehen sei«. Zur Bewachung und Sicherung des Wehrkreiskommandos wurde ein kriegsmäßig ausgerüsteter Schützenzug des Wachbataillons Groß-Wien mit einem schweren Maschinengewehr herbeordert, der unter Führung eines Feldwebels nach einigem Hin und Her um 20.20 Uhr eintraf und Stellung bezog. Kurz darauf kam ein zweites Fernschreiben an, worin die Verhaftungen befohlen wurden. Oberst i. G. Kodré stellte sofort eine Liste von Offizieren zusammen, die zu einer dringenden Besprechung auf 19 Uhr in das Wehrkreiskommando eingeladen werden sollten. Ordonnanzoffizier Hauptmann Bollhammer wurde mit der Benachrichtigung beauftragt, aber weil nur noch wenig Zeit war, mußte die Ordonnanz Obergefreiter Kroehl mithelfen, und auch Kodré selbst tätigte einige Telephonate. Ferner erhielt Hauptmann Szokoll Anweisung, »Walküre«-Maßnahmen einzuleiten. Allzu ungewöhnlich war das wenigstens im Wehrkreis XVII nicht, da man dort schon mehrfach zu dieser Art der Alarmierung gegriffen hatte, wenn rasch Ersatz an die Front zu schaffen war[257]. Szokoll begann sogleich mit der Benachrichtigung der Standorte im Wehrkreis XVII nach festgelegtem Plan.

Inzwischen, während diese Maßnahmen im Gange waren, traf General von Esebeck im Wehrkreiskommando am Stubenring 1 ein und wurde sofort von Oberst i. G. Kodré unterrichtet. Nachdem er den Inhalt der beiden Fernschreiben zur Kenntnis genommen hatte, stimmte er der Auffassung Kodrés zu, daß die Befehle auszuführen seien. Beide hielten die Fernschreiben und die darin aufgestellten Behauptungen für »echt«, also rechtmäßig[258]. Nach den Vorschriften war eine Rückfrage in Berlin nicht erforderlich, aber Esebeck hielt sie angesichts der ungewöhnlichen

4. Prag, Wien, Paris

Befehle und der überraschenden Tatsache, daß einer von Witzleben als dem Oberbefehlshaber der Wehrmacht unterzeichnet war, doch für ratsam, ehe er sich endgültig entscheiden wollte. So rief Kodré seinen Kollegen als Chef des Stabes, Graf Stauffenberg in Berlin an, der ihm die Richtigkeit der Fernschreiben bestätigte und auf beschleunigte Durchführung drängte. Kodré meldete das Esebeck, der darauf die von Kodré vorgeschlagenen und zum Teil schon eingeleiteten Maßnahmen guthieß. Dann berieten der Befehlshaber und der Chef des Generalstabes, wie das mit den befohlenen Festnahmen zu machen wäre. Kodré schlug vor, »die betreffenden Herren in das Wehrkreiskommando zu bitten«, ihnen den Inhalt der Fernschreiben zu sagen und sie zu ersuchen, sich »zur Verfügung« zu halten. Man wollte nur im Notfall Gewalt gebrauchen. Esebeck war einverstanden und »die betreffenden Herren« wurden benachrichtigt [259].

Inzwischen trafen nach und nach die zuvor herbeigerufenen Offiziere im ehemaligen Kriegsministerium am Stubenring 1 ein. Soweit sie nicht sofort kommen konnten, wurden sie ersucht, so rasch wie möglich zu erscheinen. Es versammelten sich: der Kommandant von Wien, Generalleutnant Adolf Sinzinger, Träger des Goldenen Ehrenzeichens der NSDAP; in Vertretung des dienstlich abwesenden Kommandeurs der 177. Division, Generalmajor Erich Müller-Derichsweiler, kamen Major Schramm und Hauptmann Sedlmayr; der Kommandeur der 417. Division z. b. V., Generalleutnant Adalbert Mikulicz, war ebenfalls dienstlich unterwegs und wurde von den Majoren Meyer und Dr. Futter vertreten; der Kommandeur der Panzertruppen im Wehrkreis XVII, Generalmajor Hans Koelitz, hielt sich gerade in Döllersheim auf und wurde durch Hauptmann Morell vertreten; ferner erschienen der Leiter des Meldegebietes Wien, Oberst Otto Armster, der in die Verschwörung eingeweiht war; der Ia im Stabe des Wehrkreiskommandos, Oberst Seiffert; der Ib Oberst Marx; der Kommandeur der Nachrichtentruppen im Wehrkreis XVII, Oberst von Dobeneck; der Ia/I Hauptmann Sandau; der Ib/org Hauptmann Szokoll; der Kommandant des Hauptquartiers und Luftschutzleiter Hauptmann Ammon und der Ic, Major Neumayr. Wegen der Kürze der Zeit konnte die Besprechung nicht pünktlich beginnen und mußte auf 19.20 Uhr verschoben werden. Die Herren wurden von Oberst i. G. Kodré in dessen Zimmer in Anwesenheit von General von Esebeck kurz über die Lage unterrichtet und, soweit noch nicht geschehen, zur Herstellung der Alarmbereitschaft in ihren Bereichen angewiesen. Generalleutnant Sinzinger erhielt den Befehl, in seinem Kompetenzbereich als Stadtkommandant die entsprechenden Verhaftungen insbesondere lokaler Parteigrößen vorzunehmen;

er nahm den Befehl auch ohne weiteres entgegen [260]. Gleichzeitig liefen die militärischen Alarmmaßnahmen in den Garnisonen und Standorten, Hauptmann Szokoll nahm Vollzugsmeldungen über Bereitstellungen und Besetzungen bestimmter Gebäude entgegen [261].

Für 20 Uhr waren die zu verhaftenden Herren in das Wehrkreiskommando bestellt. Soweit sie sich in Wien aufhielten, kamen sie fast alle arglos herbei: Für den wegen eines Todesfalles nicht in Wien anwesenden Reichsleiter und Gauleiter von Wien, Baldur von Schirach, kam der stellvertretende Gauleiter SS-Brigadeführer Karl Scharizer; für den dienstlich abwesenden Standortkommandanten der Waffen-SS, Generalmajor Goedicke, kam der SS-Obersturmführer Ludwig; für den abwesenden Reichsstatthalter des Gaues Niederdonau, Dr. Hugo Jury, kam sein Adjutant, SS-Obersturmführer Köhler; der Höhere SS- und Polizeiführer im Wehrkreis XVII, SS-Obergruppenführer Rudolf Querner, kam persönlich mit seinem Adjutanten; für den Befehlshaber der Ordnungspolizei, der erst später eintraf, kam sein Chef des Stabes, Oberstleutnant Frodien. Etwas später erschien auch der Gaupropagandaleiter Eduard Frauenfeld.

Einige der Herren waren bewaffnet und mißtrauisch, so der stellvertretende Gauleiter Scharizer mit zwei Adjutanten. Mit manchen hatte man sogar einige Mühe, bis man sie in das Gebäude hereinbrachte. Oberstleutnant Robert Prinz von Arenberg von der Abwehrgruppe hatte die Aufgabe übernommen, den Leiter der Wiener Gestapo- und SD-Stelle, SS-Standartenführer Dr. Rudolf Mildner, und dessen Stellvertreter, den Regierungsrat und SS-Obersturmbannführer Dr. Karl Ebner, zu verhaften, ferner sollte er im Bereich des Wehrkreiskommandos alle Konzentrationslager ermitteln [262]. Oberstleutnant Wackerhagen, Leiter der Gruppe III, der im Gegensatz zu den meisten im Wehrkreiskommando anwesenden Herren die Rundfunknachricht von dem mißlungenen Attentat schon gehört hatte, ehe er gekommen war, fand die Lage undurchsichtig und beschloß, noch einmal ins Hotel zu gehen und die Uniform anzuziehen. Im Hotel traf er Oberst Armster, aß auch einen Bissen zu Abend und kehrte dann mit Armster ins Wehrkreiskommando zurück. So handelte Arenberg also allein, und, wie er berichtet, mit Genugtuung und Vergnügen. Da er nicht wußte, wie und wo er Mildner und Ebner finden sollte, gab er einem inzwischen gekommenen Offizier der Waffen-SS die Weisung, die beiden Herren herzubitten. Deren Eintreffen zog sich hin, und da Arenberg wußte, daß die Wachen vor dem Gebäude verstärkt worden waren und fürchtete, dies könnte seine Arrestanten abschrecken, ging er hinaus auf die Straße, um nach ihnen Ausschau zu halten. Mildner entdeckte er in einiger Entfernung neben einem Auto, konnte sich aber erst durch Fragen von seiner

4. Prag, Wien, Paris

Identität überzeugen, da er ihn nicht kannte. Deshalb hatte er auch Ebner verfehlt, der von Mildner vorausgeschickt worden war, nun aber nicht mehr herauskonnte, weil die Wachen niemanden ohne Wehrmachtuniform hinausließen. Mit einiger Mühe überwand Arenberg das Mißtrauen Mildners und bewegte ihn, mit zu Esebeck zu kommen, Ebner schloß sich bei der Wache an. Dann aber führte Arenberg die Gestapoleute nicht zu Esebeck, sondern in ein vorbereitetes Zimmer, wo sie trotz heftigen und lauten Protesten in schonender Form in Haft gehalten wurden.

Die übrigen SS- und Parteiführer, die sich bei Kodré in Gegenwart von General von Esebeck und des IIa, Oberst Hermann Dyes, versammelten, hörten sich die Eröffnungen des Stellvertretenden Befehlshabers ohne ernsthafte Proteste an: er habe Befehl, sie zu verhaften, wolle aber so harte Maßnahmen lieber vermeiden und bitte daher die Herren, bis zur Klärung der Lage dazubleiben. Alle erkannten die von Esebeck vorgezeigten Fernschreiben als rechtmäßig und gültig an, niemand verlangte etwa telephonische Verbindung mit dem OKW oder mit Himmler. General Querner wollte nicht einmal die Fernschreiben sehen, er habe doch keinen Grund, meinte er, an den Worten der Offiziere zu zweifeln [263]. Anschließend wurden alle mit Kognak und Zigaretten bewirtet, die Pistolen ließ man ihnen, aber wenigstens anfangs erhielten sie verschiedene Räume zum Aufenthalt angewiesen. Wenn das auch keine energisch durchgeführte Verhaftungsaktion im Sinne des Staatsstreiches war, so hatte man sich doch der hauptsächlichen Wiener Machthaber der Gegenseite versichert und war darin nun jedenfalls wesentlich weiter gegangen, als die meisten anderen Wehrkreiskommandos.

Draußen in Wien, in Wiener-Neustadt, in St. Pölten und an anderen Orten des Wehrkreises marschierten inzwischen Truppen des Ersatzheeres, besetzten militärische Objekte und hier und da auch Postämter und Bahnhöfe. Der Stadtkommandant von Wien, Generalleutnant Sinzinger, entwaffnete persönlich den Polizeipräsidenten von Wien, SS-Brigadeführer Dr. Leo Gotzmann, die Ordnungspolizei wurde der Wehrmacht unterstellt, und an der Unterstellung der Waffen-SS unter die Wehrmacht fehlte nur sehr wenig, hatte doch General Querner die Berliner Befehle Oberst i. G. Kodré gegenüber als rechtmäßig anerkannt [264]. Aber zugleich begann die rückläufige Bewegung.

Zwischen 20 und 21 Uhr kam im Wehrkreiskommando XVII das Fernschreiben an, welches die beiden Politischen Beauftragten, Seitz und Reither, und den Verbindungsoffizier des OKH, Oberst Graf von Marogna-Redwitz, benannte [265]. Obwohl Kodré nicht in die Vorbereitungen eingeweiht war, wußte er doch sofort genau, welcher Art diese Leute waren:

Seitz war Sozialist und ehemals Bürgermeister von Wien, Reither war christlich-sozialer Bauernführer, Marogna-Redwitz war »ein ausgesprochen konservativer, sehr klerikal orientierter Mann«, jedenfalls in den Augen von Kodré. Die Nennung dieser drei als führende Politiker bzw. Koordinatoren für den Wehrkreis erhellte plötzlich die gegen das ganze bisherige Regime gerichtete Tendenz aller Ereignisse des Abends. Mit einem Parteiputsch, so fand Kodré, war die Benennung von Seitz, Reither und Marogna-Redwitz nicht mehr zu erklären [266].

Etwa um diese Zeit, jedenfalls zwischen 20.30 und 22 Uhr, sprachen Kodré und Esebeck auch mit Generaloberst Hoepner, als sie vergeblich Generaloberst Fromm zu erreichen suchten. Als sie ihm von den widersprüchlichen Nachrichten berichteten, meinte Hoepner, wenn sie sich nicht entscheiden könnten, sollten sie eben nach Keitels Befehl handeln [267]. Zur Klärung konnte diese Auskunft freilich kaum beitragen.

Oberst Kodré ging mit dem Fernschreiben, das die Politischen Beauftragten und den Verbindungsoffizier ernannte, zu seinem Vorgesetzten, General von Esebeck, und trug es ihm vor. Auf Esebecks Fragen klärte er ihn auch über die darin genannten Personen auf. Wenn es noch zweifelhaft gewesen wäre, inwieweit Esebeck den Putsch als solchen erkannt hatte und sich für ihn zu exponieren bereit war, so wurde dies jetzt durch seine Reaktion auf das Fernschreiben eindeutig geklärt: er ließ den stellvertretenden Gauleiter Scharizer hereinkommen, um mit ihm über Seitz und Reither zu sprechen [268]. Wesentlich ist dabei nicht, welche Haltung Scharizer einnahm, der anscheinend vorsichtig taktierte, da niemand (wie in den Fällen anderer Regime-Funktionäre) von ihm irgendwelche Proteste berichtet, sondern vielmehr die Haltung Esebecks, der, ununterrichtet und zweifelnd, auf der Seite des legalen Regimes blieb. Nicht lange nach dem Gespräch zwischen Esebeck und Scharizer erschien der Gaupropagandaleiter Frauenfeld, der von Anfang an Verdacht geschöpft hatte, und sagte zu Kodré: »›Herr Oberst, ich glaube nicht daran [an den Tod Hitlers]; da ist irgend etwas im Gange.‹« Kodré antwortete, er wisse auch nicht mehr als Frauenfeld und man könne nur die weitere Entwicklung abwarten [269].

Dann kam ein viertes Fernschreiben, worin der Rundfunkmeldung widersprochen wurde: Hitler sei doch tot, alle Maßnahmen seien »mit höchster Beschleunigung« durchzuführen [270]. Auch damit ging Kodré sogleich zu Esebeck, der noch immer mit Scharizer und Frauenfeld konferierte, und meldete ihm den Inhalt. Frauenfeld trat in dramatischer Weise auf Kodré zu, schlug sich an die Brust und sagte: »›Herr Oberst! Das ist bestimmt nicht richtig; der Führer lebt; das fühlt man!‹« Die militärischen Maßnahmen im Wehrkreis liefen noch immer, aber die Zweifel

4. Prag, Wien, Paris

verstärkten sich, es fehlte nur noch irgendeine authentische Bestätigung, daß alles eine »Mystifikation« sei, und man würde sofort alles rückgängig machen.

In dieser Lage kam ein Anruf aus dem Führerhauptquartier. Generalleutnant Burgdorf rief an, und dann sprach Generalfeldmarschall Keitel mit Oberst i. G. Kodré. Es muß etwa 22 Uhr gewesen sein[271]. Keitel ließ einen Schwall von Worten auf Kodré niederprasseln, so daß er gar nicht zu Worte kam: Ob er verrückt geworden sei, man werde ihn vor ein Kriegsgericht stellen usw. Da Kodré den Anruf im Zimmer des Befehlshabers entgegennahm und dieser gerade eintrat, hielt er ihm einfach den Hörer hin. Esebeck meldete sich dann und Keitel »klärte auf«, Hitler sei gar nicht tot, die Berliner Befehle seien ungültig und müßten sofort rückgängig gemacht werden.

Sofort nach diesem Gespräch rief Stauffenberg aus Berlin an: »›Kodré, was ist denn los? Ihr werdet doch nicht ausspringen wollen?‹«[272] Er setzte also voraus, daß Kodré die Maßnahmen als Staatsstreichversuch erkannt und unterstützt habe. Aber Kodré konnte Stauffenberg lediglich antworten, eben habe Keitel angerufen, da war die Verbindung schon unterbrochen.

Hauptmann Szokoll war nach dem Gespräch zwischen Esebeck und Keitel mit unterschriftreifen Befehlen für die Eingliederung der SS in die Wehrmacht und die Übernahme der politischen Verwaltung durch Seitz und Reither in das Zimmer des Chefs des Generalstabes gekommen, wo ihm aus dem Stimmengewirr von Bewachern und Bewachten heraus zugerufen wurde, Keitel habe gerade mitgeteilt, es sei alles Verrat, Hitler sei am Leben, in Berlin werde geputscht[273]. Szokoll war darauf sofort in sein Zimmer zurückgelaufen und hatte sich mit Stauffenberg verbinden lassen. Stauffenbergs Stimme klang müde und entmutigt, und als er hörte, Esebeck sei auf Keitels Anruf hin »umgefallen«, sagte er: »›Ihr werdet doch nicht auch schlappmachen wollen‹«, dann wurde das Gespräch getrennt. Szokoll schwankte noch, als er aber etwas später sah, wie Kodré und Esebeck sich bei den bis dahin verhafteten SS-Leuten und Parteifunktionären entschuldigten, da mußte auch er jeden Gedanken an die Weiterführung des Umsturzes aufgeben.

Von Esebeck und Kodré wurden zwischen 22 und 23 Uhr Gespräche mit Generalfeldmarschall von Witzleben in Berlin, General Schaal in Prag und General Ringel in Salzburg angemeldet. Das Führungsblitzgespräch (höchste Dringlichkeitsstufe) mit Witzleben kam nicht mehr zustande; General Ringel traf erst nach 23 Uhr in seiner Dienststelle ein und rief dann selbst in Wien an[274]. Bei Generalleutnant Burgdorf aber hielt man Rückfrage, er bestätigte etwa um 22.40 Uhr die Ungültigkeit der Berliner Fernschreiben, und so wurden nun schleunigst alle Maßnahmen rückgängig gemacht [275].

General von Esebeck bat der Reihe nach die festgehaltenen Funktionäre und Würdenträger zu sich, um ihnen sein Bedauern über den unglücklichen Verlauf der Dinge auszusprechen und sich förmlich bei ihnen zu entschuldigen. Niemand erhob Beschwerde, niemand machte dem Befehlshaber Vorwürfe. Als erster verließ der stellvertretende Gauleiter Scharizer das Haus, nachdem er sich in humorvoller Weise seine »Kanone« aus dem Panzerschrank des Ordonnanzoffiziers Hauptmann Bollhammer zurückerbeten hatte, eine Viertelstunde später gingen Querner und sein Adjutant. Der Adjutant des unerreichbaren Gauleiters Jury, SS-Obersturmführer Köhler, hatte sich schon früher entfernt, um den Regierungspräsidenten des Reichsgaues Niederdonau Dr. Gruber zu holen, war aber nicht wiedergekommen. Frauenfeld, der immer wieder betonte, er habe es ja gleich nicht geglaubt, blieb noch eine Weile bei Kodré, bis er vom Gaupropagandaamt dringend abberufen wurde; dort mußten inzwischen die Anweisungen Bormanns eingegangen sein.

Dann kamen Dr. Mildner und Dr. Ebner zu Oberst Kodré. Sie waren fast als einzige sehr ungehalten über ihre Verhaftung und verlangten mit gewissem Stimmaufwand Aufklärung [276]. Kodré gab ihnen die eingegangenen Fernschreiben zu lesen, und dann hatten es beide Herren sehr eilig, in ihre Dienststelle zu kommen. Zuvor telephonierten sie noch vom Apparat Bollhammers und gaben der Gestapo den Befehl, die Alarmkartei auszulösen und Seitz und Reither sofort zu verhaften.

Anschließend saßen Esebeck, Kodré und Dyes in dessen Wohnung zusammen beim Kognak und hörten sich Hitlers Ansprache an. Der Aufstandversuch in Wien war zu Ende, und niemand wollte mehr etwas damit zu tun haben. Man hatte Befehle ausgeführt, die man für rechtmäßig gehalten hatte, sie hatten sich als falsch erwiesen, und so hatte man sie rückgängig gemacht. Das war alles.

Am nächsten Morgen aber erschien General Schubert, der seine Kur abgebrochen hatte, und erklärte, in seiner Anwesenheit hätte es zu einer solchen Schweinerei nicht kommen können. Zur Sicherheit wollte Esebeck bei Gauleiter von Schirach gut Wetter machen, woran auch Generalleutnant Sinzinger sehr interessiert war, er ging also mit. Esebeck mochte gehofft haben, mit Hilfe des Alten Kämpfers der NSDAP, der das Goldene Ehrenzeichen trug, weiter zu kommen. Das Gegenteil war aber der Fall, Schirach war äußerst wütend und riß Sinzinger eigenhändig das Abzeichen von der Uniform [277]. Für Esebeck und Kodré begann eine lange Leidens-

4. Prag, Wien, Paris

zeit in Gestapogefängnissen und Konzentrationslagern, die erst mit der Befreiung durch alliierte Truppen endete.

In *Paris* ging die erste Mitteilung, daß heute der Umsturz versucht werde, schon am Vormittag des 20. Juli ein. Der Oberquartiermeister West, Oberst i. G. Eberhard Finckh, erhielt sie von seiner vorgesetzten Dienststelle in Zossen, die dem Generalquartiermeister, General Wagner, unterstand [278]. Das Stichwort lautete »Übung«, und es wurde heute schon zum dritten Mal innerhalb von vierzehn Tagen durchgegeben und bedeutete, daß der Anlauf zum Attentat im Gange sei. »Übung abgelaufen« sollte das Stichwort für die erfolgte Ausführung sein.

Auf das erste Stichwort hin nahm Finckh die vorbereiteten Papiere, die Aufstellungen und Befehle aus seinem Panzerschrank, dann gab er das Stichwort an den Offizier z. b. V. im Stabe Stülpnagels, Oberstleutnant Dr. Cäsar von Hofacker, im Hotel »Majestic« weiter.

Nach 14 Uhr erhielt Finckh das zweite Stichwort, die Übung sei abgelaufen, ebenfalls von der Dienststelle des Generalquartiermeisters [279]. Darauf fuhr Finckh von seiner Dienststelle in der Rue de Surène nach St. Germain zum Hauptquartier des Oberkommandos West und meldete dort dem Chef des Generalstabes, General der Infanterie Günther Blumentritt, in Berlin habe ein Gestapo-Putsch stattgefunden, Hitler sei einem Attentat zum Opfer gefallen, und Generalfeldmarschall von Witzleben, Generaloberst Beck und Dr. Goerdeler haben eine neue Regierung gebildet [280].

Blumentritt war nicht eingeweiht, aber er glaubte Finckh die Nachricht, als dieser sagte, er habe sie vom Militärbefehlshaber Frankreich, und verlangte sofort eine Telephonverbindung nach La Roche-Guyon zum Gefechtsstand der Heeresgruppe B. Dorthin hatte Generalfeldmarschall von Kluge sein eigenes Hauptquartier verlegt, damit es der Front näher war. Kluge war gerade an der Front, und es meldete sich der Chef des Generalstabes der Heeresgruppe B, Generalleutnant Dr. Speidel; andeutungsweise informierte ihn Blumentritt, dann fuhr er selbst nach La Roche-Guyon. Das war schon gegen 17 Uhr [281].

Wegen der besonderen Verhältnisse, die durch Rommels Ausfall am 17. Juli und durch Kluges Übernahme des Kommandos der Heeresgruppe B am 19. Juli abends bestimmt waren, traf die Nachricht vom Attentat Generalleutnant Speidel unvorbereitet. Obwohl Kluge inzwischen, nach anfänglichem Optimismus und der durch Hitlers Überzeugungskunst bewirkten, für Kluges Umgebung äußerst irritierenden »Berchtesgadener« Euphorie, Rommels Standpunkt eingenommen hatte, daß die Front nur noch kurze Zeit halten und dann zusammenbrechen werde, obwohl Kluge wieder mehr und mehr zum Erwägen von Umsturzplänen bereit war, hatte Speidel in der kurzen Zeit keine Gelegenheit gefunden, den Feldmarschall mit den laufenden Plänen und der von Rommel schon in Angriff genommenen Aktion vertraut zu machen. Speidel selbst war für die letzten Tage und für den 20. Juli auch nicht vorgewarnt worden. Ohnehin war fraglich, ob die Heeresgruppe B zur Befreiung einen wesentlichen Beitrag leisten konnte, nicht nur weil Rommel fehlte. Auf alle Fälle sollte ja die Front gehalten werden, mit oder ohne Hitler; denn nach ihrem Zusammenbruch würde der Gegner auch mit einer Regierung Beck–Goerdeler nicht über Waffenstillstand verhandeln, sondern vollends nach Deutschland durchstoßen wollen. Für Speidel blieb also zunächst nichts zu tun, als die Rückkunft Kluges und das Eintreffen Blumentritts abzuwarten [282].

Im Hauptquartier des Militärbefehlshabers im Hotel »Majestic« erhielt Oberstleutnant von Hofacker nach 16 Uhr durch einen Anruf Stauffenbergs die Nachricht, Hitler sei tot und der Staatsstreich im Gange. Sofort teilte er sein Wissen dem Militärbefehlshaber und dem Freiherrn von Teuchert mit, der es wieder Bargatzky und anderen Eingeweihten im Stabe weitergab [283].

Der Militärbefehlshaber, General von Stülpnagel, schritt sofort zur Tat. Er rief seine Mitarbeiter zusammen, vor allen den Chef des Stabes, Oberst i. G. von Linstow, den Höheren Nachrichtenführer, Generalleutnant Eugen Oberhäußer, den Chef der Militärverwaltung, Ministerialdirektor Dr. Michel, und den weitgehend eingeweihten und vorbereiteten Kommandanten von Groß-Paris, Generalleutnant Hans Freiherr von Boineburg-Lengsfeld. Er gab ihnen nacheinander das Stichwort, und sie beeilten sich, ihre sorgfältig geplanten Aufgaben zu erfüllen. Generalleutnant von Boineburg-Lengsfeld, der zwischen 17 und 18 Uhr mit seinem Chef des Stabes, Oberst von Unger, zu Stülpnagel kam, erhielt den Befehl, alle SS-Leute und ihre Führer einschließlich des Höheren SS- und Polizeiführers, SS-Gruppenführer Oberg, festzunehmen und bei Widerstand niederzuschießen [284]. Dazu übergab ihm Stülpnagel eine Planskizze mit den SS- und SD-Unterkünften, die auf den Stand der letzten Tage gebracht war [285].

Noch vom Hotel »Majestic« aus alarmierte Generalleutnant von Boineburg-Lengsfeld das Regiment Nr. 1 der 325. Sicherungs-Division, die ihm unterstand, und traf die nötigen Vorbereitungen (über die Lage der Stadtquartiere der SS und des SD hatten er und sein Chef des Stabes sich schon vorher eingehend orientiert), ordnete aber die Verhaftungs- und Entwaffnungsaktion erst für 23 Uhr an, um den Franzosen nicht unnötig einen

4. Prag, Wien, Paris

Kampf zwischen Deutschen vorführen zu müssen, und um der Anwesenheit der zu Verhaftenden in den Unterkünften sicher zu sein [286]. Der Kommandeur des Sicherungs-Regiments, Oberstleutnant von Kraewel, sollte die Verhaftungsaktion leiten. Er hatte seine Dienststelle schon verlassen und mußte nun erst gesucht werden.

Beim Militärbefehlshaber rief unterdessen kurz nach 18 Uhr Generaloberst Beck aus Berlin an. Stülpnagel versicherte ihm, er werde sich und die ihm unterstehenden Truppen voll einsetzen, und zwar »auf alle Fälle«, obwohl Beck mitteilte, der Schlag sei gefallen, doch wisse man noch nichts Genaues über den Erfolg. Was Kluge tun werde, konnte Stülpnagel Beck nicht sagen, am besten würde Beck selbst mit ihm telephonieren; er ließ das Gespräch gleich nach La Roche-Guyon weiterverbinden [287].

Nur wenige Minuten später, nachdem Beck mit Kluge gesprochen hatte, rief etwa um 18.15 Uhr Generalleutnant Dr. Speidel bei Stülpnagel an: Kluge bitte ihn und seinen Chef des Generalstabes auf 20 Uhr zu einer wichtigen Besprechung zum Gefechtsstand der Heeresgruppe B in La Roche-Guyon zu kommen. Der Chef, Oberst i. G. von Linstow, blieb aber zurück, damit ein vollgültiger Vertreter in der Zentrale war. Kurz nach 19 Uhr fuhr Stülpnagel in Begleitung von Oberstleutnant von Hofacker, Dr. Horst (Schwager Speidels) und seines Persönlichen Ordonnanzoffiziers Dr. Baumgart nach La Roche-Guyon [288].

Generalfeldmarschall von Kluge kam gegen 18 Uhr von seiner Frontfahrt zurück, erfrischte sich etwas und ging sogleich wieder an die Arbeit. Bei seinem Chef, Generalleutnant Dr. Speidel, erkundigte er sich nach den wichtigsten Meldungen des Tages. Speidel gab ihm einige Frontmeldungen, und zum Schluß die Attentatnachricht. Blumentritt und Hofacker hätten sie etwa um 17 Uhr telephonisch mitgeteilt, aber inzwischen sei über den Rundfunk das Mißlingen des Anschlages gemeldet worden [289]. Kluge mußte spätestens zwischen 18 und 18.10 Uhr dagewesen sein, weil kurz danach das Gespräch zwischen ihm und Beck stattfand [290]. Beck sagte, Hitler sei nun endlich tot, in Berlin und für das Reich sei der militärische Ausnahmezustand erklärt, ob man auf Kluges Mitwirkung zählen könne (»»Herr Kluge, es geht jetzt um Deutschland!««)? Kluge meinte, er müsse noch überlegen, er werde aber gleich wieder bei Beck anrufen. Bald darauf kam Blumentritt.

Zwar hatte Blumentritt durchgesagt, und wiederholte es nun, Hitler sei tot, aber der Rundfunk sagte das Gegenteil und war demnach nicht einmal in der Hand der Verschwörer. So rief Kluge den Generalmajor Stieff in »Mauerwald« an, der dort Chef der Organisationsabteilung im OKH war und den Kluge gut kannte. Er fragte ihn, ob Hitler tot sei, und Stieff, anscheinend schwer atmend, antwortete: »›Nein. Mein Generalstabsoffizier, der Major i. G. Ferber, hat eine Stunde nach dem Attentat mit ihm gesprochen.‹« [291] Darauf rief Kluge in der Bendlerstraße an, wo sich Stauffenberg meldete. Kluge verlangte Fromm, Stauffenberg sagte, der sei nicht mehr zu sprechen, er übergebe an Fromms Nachfolger, Generaloberst Hoepner. Dieser erklärte sofort, die Meldungen vom Mißlingen des Attentats seien Machenschaften der SS, fernschriftliche Befehle für die Heeresgruppe seien schon unterwegs. An dieser Stelle brach die Verbindung ab. Kluge verzichtete ausdrücklich auf ihre Wiederherstellung [292].

Dann rief noch der am 14. Juli dienstenthobene ehemalige Militärbefehlshaber in Belgien und Nordfrankreich, General von Falkenhausen, bei Kluge an, nachdem er seinerseits von Beck angerufen worden war. Aber Kluge sagte ihm, auch er sei von Berlin aus angerufen worden, und er glaube nicht an den Tod Hitlers [293].

Gegen 20 Uhr trafen die bekannten Berliner Fernschreiben in La Roche-Guyon ein. Sie wurden vom Hauptquartier in St. Germain vom Ia, Oberst i. G. Bodo Zimmermann weitergegeben. Das erste der Schreiben verkündete die Übernahme der Vollziehenden Gewalt durch die Wehrmacht und trug den Befehlshabern auf, die in ihren Bereichen befindlichen Einheiten der Waffen-SS, des RAD und der OT, alle Behörden, alle Amtsträger und Gliederungen der NSDAP und der ihr angeschlossenen Verbände sich zu unterstellen, ferner die Nachrichtenanlagen zu sichern und den SD auszuschalten. Außerdem ging in La Roche-Guyon das Schreiben ein, worin der Rundfunknachricht widersprochen wurde: Hitler sei doch tot. Kluge schwankte wieder, glaubte nun an Hitlers Tod und sagte zu Blumentritt: »›Eine historische Stunde ist gekommen.‹« Dann beriet er mit seinem Chef des Generalstabes Einzelheiten und Schritte, mit denen die Feuereinstellung im Westen herbeizuführen wäre. Das war gegen 20 Uhr [294].

Aber dann kam das Fernschreiben von Keitel aus der »Wolfschanze«: Hitler sei durchaus und allen Behauptungen zum Trotz am Leben und völlig gesund. Sofort war Kluge wieder unsicher und beauftragte Blumentritt, so lange überall herumzutelephonieren, bis er herausgebracht habe, was nun wahr sei, und bis dahin bleibe alles beim alten [295].

In der »Wolfschanze« konnte Blumentritt weder Keitel noch Jodl oder Warlimont erreichen. Nach längerem Warten hieß es, Warlimont konferiere mit Keitel und könne nicht telephonieren. Seltsam, so fand auch Kluge. Man rief beim SS-Gruppenführer Oberg, dem Höheren SS- und Polizeiführer in Frankreich an, aber der wußte auch nichts und kannte nur die Rundfunkmeldung. Dagegen konnte Generalmajor Stieff in

4. Prag, Wien, Paris

»Mauerwald« wiederum die Auskunft geben, daß Hitler lebte. Also stimmte die Rundfunknachricht doch. Stieff wollte von Blumentritt wissen, woher denn die Mitteilung von Hitlers Tod überhaupt gekommen sei. Da griff Kluge selbst zum Hörer und antwortete Stieff: »›Durch ein Fernschreiben.‹« Stieff: »›Nein, Hitler lebt.‹« [296]

Also fiel Kluge wieder um: »›Ja, es ist eben ein mißglücktes Attentat‹«, sagte er zu Speidel und Blumentritt. Eine halbe Sache war das, an der er sich nicht beteiligen wollte. Der Staatsstreich mochte sonst im Gange sein oder nicht, solange Hitler noch lebte, konnte er nach Kluges Meinung gar nicht gelingen [297].

Welche seltsame Logik – von der des Erfolges abgesehen – es Kluge erlaubt hätte, nach Hitlers Tod mit dem Feinde zu verhandeln, zu Lebzeiten des Tyrannen aber nicht, das bleibt dunkel, es sei denn, die Loyalität Kluges sei die des Landsknechts gegenüber dem Kondottiere gewesen. Gewiß gehörte sein Herz seiner Truppe, aber weniger, weil die Soldaten Menschen mit dem Recht zu leben, als vielmehr weil sie das Instrument der Kriegführung und der Macht waren. Generalfeldmarschall von Kluge war kein starker, unabhängiger Charakter, das hatte schon die Affäre mit dem Gut und der großen Dotation gezeigt, die er von Hitler angenommen hatte [298]. Aber Kluge war ehrgeizig. Wenn er den Kampf gegen Hitler wagte, konnte er unterliegen und sein Kommando verlieren. Als er noch die Heeresgruppe Mitte geführt hatte, war er sehr stolz darauf gewesen, eine der größten Armeen zu kommandieren, über die je ein Feldherr verfügt hatte. Dann hatte er die Heeresgruppe in Rußland in einem fürchterlichen Zustand der Zerschlagung und Auflösung zurücklassen müssen, um an der Normandiefront an die Stelle Rommels zu treten, eine sehr zweischneidige Ehre, die in ihm viele widersprüchliche Gefühle wecken mußte. Dazu kamen andere Überlegungen, wie die Gefahr des Bruderkrieges. Zynisch war Kluge gewiß nicht, und er hatte auch den Mut zum persönlichen Einsatz, er scheute nicht die physische Gefahr. Aber er hatte den unüberwindlichen Drang, sich einem Stärkeren, unerreichbar Höheren zu unterstellen, der wirklich befehlen konnte, in diesem Falle Hitler. Die innere Unabhängigkeit, die zur Vernunft nötig ist, fehlte Kluge, und seine Verpflichtung gegenüber Deutschland stand ihm in Wirklichkeit nicht im Vordergrund. So wollte er, da es nun mißlungen war, von dem Attentat und seinen Folgen nichts wissen, mit den Führern des Aufstandes nichts gemein haben. Zu Blumentritt sagte er, »eine fremde Stimme« habe ihn heute zur Teilnahme am Umsturz aufgefordert, »von unbekannter Seite aus dem Reich« sei er angerufen worden [299].

Gegen 20 Uhr erschien bei Kluge in La Roche-Guyon Generalfeldmarschall Hugo Sperrle, der Oberbefehlshaber der Luftflotte 3. Kluge hatte ihn hergebeten, aber es gab nun nicht viel zu besprechen. Von den Putschvorgängen wußte Sperrle nichts, außer dem, was der Rundfunk verbreitet hatte. Nach einer Viertelstunde fuhr er wieder nach Paris zurück in sein Hauptquartier im Palais Luxembourg [300].

Kurz danach kamen Stülpnagel und seine Begleiter. Zunächst versammelten sich bei Kluge und Blumentritt der Militärbefehlshaber sowie Oberstleutnant von Hofacker und Dr. Horst. Hofacker sprach fünfzehn Minuten lang über Plan und Ausführung des Staatsstreiches sowie über seine eigene Rolle als Verbindungsmann zwischen Beck und Stauffenberg einerseits und der Pariser Gruppe um General Stülpnagel andererseits. Zum Schluß appellierte er eindringlich und leidenschaftlich an Kluge, sich von Hitler loszusagen und im Westen die Führung der Befreiungsaktion zu übernehmen [301].

Kluge zeigte keinerlei Reaktion. Schließlich sagte er nur: »›Ja, meine Herren, eben ein mißglücktes Attentat!‹« Als Stülpnagel meinte, Kluge wisse aber doch wohl Bescheid, da sagte Kluge scharf: »›Nein, .. keine Ahnung habe ich!‹« [302] Stülpnagel kochte vor Zorn und Enttäuschung, aber er wußte, daß inzwischen in Paris schon gehandelt wurde, daß dort Tatsachen geschaffen wurden. Vielleicht würde Kluge seine Haltung noch ändern, wenn er davon erfuhr.

Die gesellschaftlichen Formen pflegte Kluge stets zu wahren, wenn auch anderen die Spannung unerträglich schien. Er bat nach nebenan zum Abendessen, und Generalleutnant Dr. Speidel kam auch dazu. Gegen Ende der Mahlzeit bat Stülpnagel den Feldmarschall um ein Gespräch unter vier Augen, und die beiden Herren gingen in einen Nebenraum. Nach wenigen Minuten wurde Blumentritt dazu gerufen. Empört über Stülpnagels Eigenmächtigkeit sagte Kluge, der Militärbefehlshaber habe ja den ganzen SD samt dem Höheren SS- und Polizeiführer Oberg verhaften lassen, ohne Rückfrage oder Meldung bei dem vorgesetzten Oberbefehlshaber West, nämlich Kluge! Unerhört! Blumentritt solle sofort den Befehl Stülpnagels rückgängig machen [303]. Blumentritt telephonierte also mit dem Chef des Stabes Oberst i. G. von Linstow, aber der bedauerte; die Truppen seien schon in Marsch gesetzt, es sei nichts mehr zu ändern.

Man setzte sich wieder zum unterbrochenen Essen, die Formen blieben gewahrt, aber die Konversation hörte völlig auf, die Stimmung war gedrückter als zuvor [304]. Gegen 23 Uhr hob Kluge die Tafel auf und sagte zu Stülpnagel, während er ihn hinausbegleitete, er solle nun schleunigst nach Paris zurückfahren und die Verhafteten wieder freilassen (zu anderen Maßnahmen war es noch nicht gekommen). Stülpnagel erwiderte,

4. Prag, Wien, Paris

man könne doch jetzt nicht mehr zurück, und auch Hofacker appellierte noch einmal mit aller seiner Überzeugungskraft an Kluge. Aber Kluge blieb bei seinem Nein [305]. Im übrigen habe sich Stülpnagel als des Dienstes enthoben zu betrachten. Und schließlich, am Auto, gab ihm der Feldmarschall, den man im Heer den Klugen Hans nannte, den guten Rat: »›Verschwinden Sie in Zivil irgendwohin.‹« [306] Aber das war nicht Stülpnagels Art, und auch Kluge selbst hätte das schwerlich getan.

In Paris war inzwischen die Überwältigung der SS- und Gestapo-Leute reibungslos vor sich gegangen. Die kommandierenden Offiziere waren hier offenbar entschlossener als in Berlin, der Zusammenhalt war stärker und die Einflüsse von außen geringer. Von der Rundfunknachricht ließen sich die dem Militärbefehlshaber unterstehenden Kommandeure nicht in ihrer Auffassung beirren, daß die SS gegen Hitler geputscht habe, während man ja in Berlin sehr schnell sah, daß das nicht stimmte. Telephonanrufe aus der »Wolfschanze« oder Beschwörungen von Dr. Goebbels drangen in Paris nicht durch. Außerdem waren sowohl der Kommandant von Groß-Paris, Generalleutnant von Boineburg-Lengsfeld, wie auch sein Chef des Stabes, Oberst von Unger, sehr weitgehend eingeweiht [307].

Generalmajor Brehmer, Träger des Blutordens der Partei von 1923 und Stellvertreter des Kommandanten von Groß-Paris, stellte sich selbst an die Spitze des Stoßtrupps, der die obersten SS-Führer verhaften sollte [308]. Um 22.30 Uhr setzten sich auf kurze Pfiffe hin die eingeteilten Stoßtrupps von der Avenue am Bois de Boulogne aus in Bewegung [309]. Etwas später wurden alle SD- und SS-Quartiere mit vorgehaltenen Maschinenpistolen und Pistolen völlig überraschend besetzt, zu Handgemengen oder Schüssen kam es nirgends, von einem einzigen versehentlichen Schuß ohne Folgen abgesehen. Alle in den Quartieren Anwesenden wurden für verhaftet erklärt, wer trotz des Zapfenstreiches (22 Uhr) noch nicht im Quartier war, wurde mit Hilfe der Alarmanlage herangeholt und verhaftet. Die Festgenommenen, etwa 1200 Mann, wurden mit Lastwagen in das Wehrmachtgefängnis Fresne und in das alte Fort de l'Est in St. Denis gefahren und eingesperrt. SS-Gruppenführer Oberg wurde von Generalmajor Brehmer persönlich verhaftet [310]. Auf die Erklärung, die SS habe in Berlin geputscht, gab Oberg jeden Protest auf und fand nur noch, es müsse da ein Mißverständnis vorliegen. Der Oberste SD-Führer, SS-Standartenführer Dr. Knochen, wurde von einem seiner Unterführer aus einem Nachtlokal herbeitelephoniert und dann im Hauptquartier des SD in der Avenue Foch von Oberstleutnant Kraewel verhaftet. Mit den anderen höheren SS-Führern wurde er im Hotel »Continental« in der Rue Castiglione festgesetzt [311].

Die Überrumpelung war also vollständig gelungen. Einige der unteren SD-Führer sind allerdings durch Hintertüren und Gärten den Stoßtrupps entwichen. Sie benachrichtigten den Kommandeur der 12. SS-Panzer-Division »Hitlerjugend«, SS-Oberführer Meyer, dieser verständigte den Kommandeur des I. SS-Panzer-Korps, SS-Obergruppenführer Sepp Dietrich, während andere ein Fernschreiben an das Reichssicherheitshauptamt schicken konnten, da man die Besetzung einer Fernschreibstelle des SD versäumt hatte. Auf den Gang der Dinge in Paris hatte das so gut wie keinen Einfluß. Sepp Dietrich konnte sein Wissen auch nur nach oben weitermelden, und das RSHA reagierte erst um 2 Uhr morgens auf die Mitteilung der Getreuen aus Paris[312]. Inzwischen sollten noch in der Nacht Standgerichte über Schuld oder Unschuld der Verhafteten entscheiden. Im Hof der École Militaire, der Unterkunft des Sicherungs-Regiments Nr. 1, waren um Mitternacht schon die Sandsäcke aufgeschichtet, die für die vermutlich durch Standgerichte zu verhängenden Erschießungen als Kugelfang gebraucht wurden[313].

Im Hotel »Raphael«, wo das Kasino und viele Quartiere von Angehörigen des Stabes des Militärbefehlshabers untergebracht waren, wartete währenddessen die Pariser Gruppe auf General von Stülpnagel und auf den Ausgang der Bemühungen um Generalfeldmarschall von Kluge. Gegen 22 Uhr hatte Oberst i. G. von Linstow berichtet, es sei noch nichts entschieden, aber in Berlin gehe alles gut voran. Da rief ihn nach 22 Uhr Stauffenberg aus Berlin an und sagte, es sei aus, seine Schergen lärmten schon draußen auf dem Flur[314]! Linstow telephonierte sofort mit General Blumentritt, der noch in La Roche-Guyon war und ihm sagte, die Aktion gegen den SD müsse abgeblasen werden. Linstow erwiderte, sie sei schon im Gange. Dann unterrichtete er Teuchert, Bargatzky und die anderen. Was folgte, war nur noch die Liquidation des Aufstandes.

General Stülpnagel fuhr nach 23 Uhr von La Roche-Guyon nach Paris zurück und kam kurz nach Mitternacht mit seinen Begleitern Hofacker, Baumgart und Horst ins Kasino im Hotel »Raphael«. Dort fand man Boineburg-Lengsfeld und Linstow in wenig optimistischer Stimmung vor. Auf ihre Fragen sagte ihnen der Militärbefehlshaber, Kluge habe sich bis zum nächsten Morgen Bedenkzeit ausgebeten[315]. Das war natürlich Unsinn, schien aber besser als die ganze Wahrheit, und vielleicht hoffte Stülpnagel selbst noch, die Sache durchzuziehen. Etwa um 1 Uhr früh wurden die Reden von Hitler, Dönitz und Göring übertragen. Stülpnagel mußte in Gegenwart der Uneingeweihten das Gesicht wahren und zuhören. Kurz darauf, zwischen 1.30 und 2 Uhr, rief Oberst von Unger an und berichtete seinem Vorgesetzten Generalleutnant von Boineburg-

4. Prag, Wien, Paris

Lengsfeld, der Oberbefehlshaber des Marinegruppenkommandos West, Admiral Theodor Krancke, dem über 1000 Marinesoldaten unterstanden, habe angerufen und gedroht, er werde den SD von seinen Truppen befreien lassen, wenn die Verhaftungen nicht sofort aufgehoben werden [316].

Um 21.20 Uhr war bei Kranckes Dienststelle das erste Berliner Fernschreiben eingegangen, das von Witzleben unterzeichnet war. Krancke rief sogleich nach der Vorlage den Großadmiral Dönitz im FHQ an, der versicherte, Hitler sei am Leben und es seien nur Befehle von Himmler zu befolgen [317]. Danach versuchte Krancke, mit Kluge zu telephonieren, erfuhr aber lediglich, der Feldmarschall sei in einer Konferenz und nicht zu sprechen. Als dann General Blumentritt anrief, tauschte Krancke mit ihm die bisher erhaltenen Nachrichten aus. Blumentritt sagte, beim Oberbefehlshaber West sei das Schreiben auch eingegangen, aber Warlimont habe über die wirkliche Situation Aufklärung gegeben und es sei »alles in Ordnung«. Um 23 Uhr ging ein Fernschreiben von Dönitz ein, dessen Inhalt schon früher telephonisch durchgegeben worden war: Eine Verschwörung habe stattgefunden, an der Fromm und Hoepner beteiligt seien; Himmler sei zum Befehlshaber des Ersatzheeres ernannt; für die Marine sei Bereitschaft befohlen; die Marine habe nur Befehle ihres Oberbefehlshabers bzw. anderer höherer Marineoffiziere zu befolgen; Forderungen des Reichsführer SS müssen ebenfalls befolgt werden; lang lebe der Führer. Kurze Zeit später, um 23.40 Uhr, kam ein Fernschreiben mit ähnlichem Inhalt von Generalfeldmarschall Keitel. Um 24 Uhr gab der Kommandeur der Nachrichtenanlagen den Befehl zu erhöhter Wachsamkeit aus, unter Umständen sei sofort das Feuer zu eröffnen.

Um 0.30 Uhr wurde Krancke klar, daß Heereseinheiten den SD gefangensetzten, und er rief sogleich wieder Kluge an. Dieser bedankte sich für die Mitteilung und versprach, nach dem Rechten zu sehen. Krancke befahl auf alle Fälle seinen Truppen um 0.45 Uhr Gefechtsbereitschaft. Als er dann wieder bei Kluge anrufen wollte, hieß es, der sei nicht zu sprechen, und Krancke schöpfte argen Verdacht. Um 1.07 Uhr setzte Kranckes Chef des Stabes, Admiral Hoffmann, dem Kommandeur des Sicherungs-Regiments Nr. 1, das die Verhaftungen ausgeführt hatte, Oberstleutnant von Kraewel, auseinander, er sei das Opfer eines ganz schweren Mißverständnisses. Kraewel wollte sogleich mit dem Kommandanten von Groß-Paris darüber sprechen. Sofort nach der Ansprache von Dönitz, um 1.11 Uhr, ließ Krancke seinen Chef des Stabes Blumentritt anrufen: man könne Kluge nicht erreichen und Kraewel habe Oberg und den ganzen SD verhaftet [317a]. Blumentritt erklärte: er sei beauftragt, Stülpnagel abzulösen und Oberg freizulassen. Er werde das in Kürze erledigen.

Aber Krancke war damit noch nicht zufrieden. Um 1.37 Uhr versuchte er, Generalleutnant von Boineburg-Lengsfeld anzurufen, ohne ihn zu erreichen, konnte aber bei dessen Chef des Stabes, Oberst von Unger, anbringen, was er zu sagen hatte: wenn Oberg und der SD nicht augenblicklich freigelassen würden, werde er, Krancke, sie von seinen Truppen befreien lassen; Stülpnagel sei abgesetzt, und was denn eigentlich los sei. Unger erwiderte, er könne nur Befehle von Stülpnagel ausführen. Darauf setzte sich der eifrige Krancke noch mit Oberst i. G. von Linstow in Verbindung, aber dieser konnte die Drohung abbiegen: das Sicherungs-Regiment Nr. 1 habe schon den Befehl zur Freilassung Obergs und des SD, es sei ein Mißverständnis passiert, man habe im Hauptquartier des Militärbefehlshabers an einen Gestapo-Putsch geglaubt.

Die Aktion der Marinesoldaten und das Blutvergießen durch sie konnten verhindert werden, ebenso wie eine Aktion einer Luftwaffen-Stabskompanie, die der Kommandant der Luftwaffe in Paris, General der Flieger Hanesse, gegen Mitternacht alarmieren ließ, um damit den SD herauszuhauen. Oberst von Unger hörte von der Alarmierung und rief Hanesse an: nicht Maquisards, wie Hanesse glaube, haben den SD überrumpelt, sondern deutsche Soldaten, und er werde in dieser Nacht noch mehr merkwürdige Dinge hören [318]. So wurde auch dieser Vorstoß noch verhindert. Aber der Druck von seiten der Marine- und Luftwaffenstellen in Paris wurde für die dem Militärbefehlshaber unterstehenden Offiziere des Heeres immer stärker, wenn er auch für die Wende nicht entscheidend war.

Die Drohung Krauckes erreichte General von Stülpnagel im Hotel »Raphael« zwischen 1.30 und 2 Uhr. Der Militärbefehlshaber behielt sich eine halbe Stunde Bedenkzeit vor. Seine Amtsenthebung und die Ernennung Blumentritts zu seinem interimistischen Nachfolger erfuhr Stülpnagel erst gegen 2 Uhr, von Blumentritt selbst [319]. Aber nach kurzem Überlegen mußte er schon davor einsehen, daß alles verloren war: Hitler hatte selbst gesprochen, die Nachrichten aus Berlin mußten wohl zutreffen, und nun drohte die Marine, auf das Heer zu schießen. Wie lange ihm seine Truppen überhaupt noch gehorchen würden, war fraglich, von den Folgen ganz zu schweigen. Es blieb also nur noch die Aufhebung der früher gegebenen Befehle, damit wenigstens sinnloses Blutvergießen vermieden wurde. Boineburg erhielt die Weisung, Oberg und Genossen freizulassen, und als Krancke kurz darauf mit Linstow sprach, konnte dieser ihm sagen, der Freilassungsbefehl sei schon erteilt, worauf Krancke seinen Alarm für die Marinetruppen kurz vor 2 Uhr milderte [320].

Generalleutnant von Boineburg aber fuhr ins Hotel »Continental«,

4. Prag, Wien, Paris

wahrte das Gesicht und erklärte den verhafteten SS-Führern mit verbindlichem Lächeln und mit dem gewohnten Monokel im Auge, sie seien frei und er bitte Oberg, mit ihm gleich zum Militärbefehlshaber ins »Raphael« zu fahren. Oberg war empört, fuhr aber mit [321]. Auch die Untergebenen Obergs wurden anschließend entlassen, wobei es zu sehr bezeichnenden Szenen kam. Viele der SS-Leute weigerten sich, ihren Gewahrsam zu verlassen mit den Worten: »›Wir gehen hier nicht raus. Den Vers kennen wir – auf der Flucht erschossen.‹« [322]

Im Hotel »Raphael« war inzwischen auch der deutsche Botschafter Otto Abetz aufgetaucht, und seiner Vermittlung war es zu danken, daß sich Stülpnagel und Oberg sogar die Hand gaben. Blinden Fanatismus gab es wohl in Frankreich ebensowenig wie die Art von Opportunismus, die in Berlin von Fromm und Offizieren seines Stabes an diesem Abend an den Tag gelegt wurde, und die ganze Atmosphäre im besetzten Land des Gegners tendierte mehr zur Kameradschaftlichkeit, selbst zwischen Heer und SS, freilich auch besonders unter den jetzigen Umständen, da sich zeigte, daß beide sich nicht mit Ruhm bedeckt hatten. Jedenfalls galt es, soviel wie möglich zu glätten und zu beruhigen, die Bedeutung der Vorfälle möglichst herunterzuspielen, und das gelang durch Abetz' versöhnliche Worte und durch anschließend genossene Gläser Champagner recht gut. Bald saß man zahlreich und in gelöster Stimmung im Kasino und besprach die Ereignisse.

Um 2.45 Uhr kam Blumentritt mit dem befreiten Dr. Knochen zu der Runde. Der Chef des Generalstabes beim Oberbefehlshaber West und nunmehrige interimistische Militärbefehlshaber war gegen 1 Uhr in seinem Hauptquartier in St. Germain angekommen und von dort kurz nach 2 Uhr nach Paris gefahren [323]. Unterwegs hielt er bei der Dienststelle des Höheren SS- und Polizeiführers Frankreich und hörte dort, daß Oberg und Knochen schon wieder frei seien, dann ließ er noch beim Stabsquartier der Marinegruppe am Bois de Boulogne anhalten, um notfalls abzuwiegeln und aufzuklären. Man trank hier auf das Wohl des Führers [323a]. Schließlich hielt er beim SD in der Avenue Foch und fuhr von dort mit Dr. Knochen ins »Raphael«. Unterwegs fiel das Zauberwort »Sprachregelung«, das dann auch im Kreise des Stabes des Militärbefehlshabers und des Höheren SS- und Polizeiführers dankbar aufgegriffen wurde. Man wollte in allen Berichten nach oben eine gemeinsame Darstellung geben [324]. Im Hotel »Raphael« reichte man sich am 21. Juli in früher Stunde allerseits die Hand, an den Tischen saßen SS-Leute und Soldaten des Heeres und feierten. Am nächsten Tag gab Generalleutnant von Boineburg-Lengsfeld eine Einladung für den SD, und Oberg revanchierte sich mit einem Bierabend. Der Aufstand war auch in Paris zu Ende, die Verfolgung der Verschwörer aber lief, anders als in Berlin, erst einige Zeit später an.

5. Berlin: Zusammenbruch

Kurz vor 16 Uhr hatten die Verschwörer im Stabe des Befehlshabers des Ersatzheeres im ehemaligen Kriegsministerium in der Berliner Bendlerstraße damit begonnen, das Stichwort »Walküre« an die in und bei Berlin gelegenen Schulen des Heeres auszugeben. Seit 16.10 Uhr hatte das Berliner Wachbataillon die ersten Befehle. Die Fernschreiben an die Wehrkreise und an die Militärbefehlshaber in den besetzten Gebieten wurden von der Nachrichtenzentrale seit 16.45 Uhr abgesetzt. Stauffenberg war zwischen 16 und 17 Uhr in die Bendlerstraße zurückgekommen und bemühte sich seitdem unermüdlich, die bald einsetzenden zahlreichen Anfragen aus den Wehrkreisen zu beantworten und auf die Ausführung der Befehle zu drängen. Beck, Hoepner, Schulenburg, Gisevius, John, Gerstenmaier, Yorck und andere Beteiligte der Verschwörung waren in der Bendlerstraße versammelt und warteten auf Truppen und auf die Besetzung der Rundfunkstationen und der Nachrichtenanlagen.

Etwa um 17 Uhr war der Befehlshaber im Wehrkreis III (Berlin), General der Infanterie von Kortzfleisch, auf Ersuchen Olbrichts zu einer Besprechung mit Fromm in die Bendlerstraße gekommen. Fromm war aber inzwischen von den Verschwörern festgesetzt worden, und so wurde Kortzfleisch zunächst hingehalten und dann zwischen 18 und 19 Uhr auch in Haft genommen, als er sich weigerte, in seinem Wehrkreis »Walküre« zu befehlen. Generalleutnant von Thüngen, der Inspekteur des Wehrersatzwesens in Berlin, wurde an seiner Stelle zum Befehlshaber im Wehrkreis III ernannt. Dies führte freilich zu Verzögerungen und Unklarheiten. Der Chef des Stabes im Wehrkreiskommando, Generalmajor Herfurth, konnte sich angesichts der Abwesenheit seines Befehlshabers erst gegen 18 Uhr, nach einigem Schwanken und Zweifeln an der »Echtheit« der ihm zugegangenen Befehle entschließen, die Besetzung wichtiger Ämter und Dienststellen in Berlin ausführen zu lassen. Erst wollte er dem Überbringer der Befehle, Major i. G. von Oertzen, die Verantwortung für die Ausführung übertragen, dann bat er seinen IIa, Oberst von Wiese, und seinen Ia, Oberstleutnant Mitzkus, zur Beratung in ein Nebenzimmer, sank dort auf ein Feldbett und erklärte sich für krank. Überhaupt könne man solche Befehle nicht ausführen, man wisse ja gar nicht, ob da nicht geputscht werde. Beim OKH hatte er schon rück-

5. Berlin: Zusammenbruch

gefragt, Olbrichts Chef des Stabes, Oberst i. G. Mertz von Quirnheim, hatte die Richtigkeit der Anordnungen bestätigt. Schließlich rang er sich dazu durch, die Befehle für bindend zu halten und beruhigte sich damit, daß die Truppenbewegungen einige Zeit dauern würden, während der man weitere Klarheit gewinnen könne [325]. Wenn das Wehrkreiskommando dann über Truppen verfügen würde – insbesondere über die Panzer aus Krampnitz und die Panzertruppen aus Cottbus –, sollte Herfurth sämtliche SS-Dienststellen einschließlich des RSHA und der SS-Funkstelle, die obersten Parteidienststellen, die Parteidruckereien, die wichtigsten Ministerien, die SD-Stellen, das Forschungsamt für Fernsprechüberwachung u. a. besetzen bzw. »sichern« lassen. Aber die Truppen waren eben noch nicht da, alles hatte viel zu spät begonnen. Der von den Verschwörern ernannte Befehlshaber für den Wehrkreis III, Generalleutnant von Thüngen, kam erst zwischen 19 und 20 Uhr in das Wehrkreiskommando und hat auch dann nicht mit Energie gehandelt [326].

Zunächst war in Berlin nur der Wehrmachtstandort-Kommandant, Generalleutnant von Hase, in seiner Kommandantur Unter den Linden 1 überhaupt aktionsfähig. Den ihm unterstehenden Truppen war aufgetragen, eben die Objekte zu besetzen, die auch auf der Liste des Wehrkreiskommandos standen, mit Ausnahme des Senders Tegel, der Funktürme und des Funkhauses in der Masurenallee, und zwischen 16 und 17 Uhr machte sich Hase mit Energie an die Ausführung der Befehle, die freilich schon mit verhängnisvoller Verspätung eingegangen waren. Die Kommandeure des Wachbataillons und der »Walküre«-Einheiten der Heeres-Feuerwerker-Schule I, der Heeres-Waffenmeister-Schule und der um Berlin liegenden Landesschützen-Bataillone wurden zu Hase in die Kommandantur befohlen, aus den eintreffenden Truppen wurden Stoßtrupps gebildet, die unter Führung der von Reichskriminaldirektor Nebe bereitgestellten Kriminalbeamten die wichtigsten Funktionäre des Regimes in Berlin verhaften sollten. Man hatte nichts Wesentliches vergessen, die nötigen Befehle waren gegeben.

Ein Teil der Befehle wurde auch ausgeführt. Major Remer ließ das Regierungsviertel von Einheiten des Wachbataillons umstellen und abriegeln, um 18.30 Uhr waren die dahingehenden Befehle Hases ausgeführt. Remer kontrollierte selbst noch die Absperrungen. Aber kurz danach hatten die Bemühungen des NS-Führungsoffiziers Dr. Hagen Erfolg, den Kommandeur des Wachbataillons mit seinem vorgesetzten Minister Dr. Goebbels zusammenzubringen, der als Gauleiter von Berlin, Reichsverteidigungskommissar und als einer der wichtigsten und einflußreichsten Reichsminister über weitgehende Vollmachten in der Reichshauptstadt verfügte. Damit wurde die magische Kette von Befehl und Befehlsausführung innerhalb der Heereseinheiten zerrissen.

Schon in Moabit bei der Befehlsausgabe durch Remer an die Kompanieführer, etwa um 17 Uhr, hatte Hagen – seinem eigenen Bericht zufolge – den Verdacht geäußert, daß die ganze Sache nicht mit rechten Dingen zugehe. Dann hatte er Remer überredet, ihn zu Goebbels fahren zu lassen, um dort die Lage zu erkunden. Danach wollte Hagen Remer berichten. Remer gab ihm ein Motorrad samt Fahrer, und Hagen ließ sich zum Propagandaministerium fahren [327]. Dort fand er im Ministeramt den Regierungsrat Dr. Heinrichsdorff, mit dem er befreundet war, und veranlaßte ihn durch seinen Bericht über einen möglichen Militärputsch, ihn sofort und unmittelbar zu Goebbels in dessen Wohnung in der Hermann-Göring-Straße führen zu lassen. Hagen berichtete Goebbels etwa um 17.30 Uhr, und als er zu dem Befehl an das Wachbataillon kam, sprang Goebbels auf und rief: »›Das ist doch unmöglich!‹« Hagen zeigte zum Fenster hinaus, wo gerade ein Lastwagen voll Soldaten vorbeirollte [327a].

Hagen schlug vor, Remer herbeizuholen und ihm Gegenbefehle zu geben, aber Goebbels war mißtrauisch und zunächst auch etwas ratlos. Erst als Hagen seinen Kopf für die Loyalität Remers verpfändete, stimmte Goebbels dem Vorschlag zu. Er alarmierte die SS-Leibstandarte »Adolf Hitler« in Berlin-Lichterfelde, ließ sie aber vorläufig in Sitzbereitschaft. Der SS traute Goebbels sicher nicht mehr als dem Heer, und Blutvergießen zwischen SS und Heer durfte nicht ohne Not riskiert werden [327b].

Goebbels hatte zwischen 17 und 18 Uhr auch mit Hitler telephoniert und erfahren, daß im ganzen Reich ein Militärputsch im Gange sei, er hielt die Lage für sehr ernst und steckte sich für alle Fälle einige Giftpillen in die Tasche. Durch unermüdliches Telephonieren stellte er fest, daß von allen Seiten Truppen auf Berlin marschierten, und es machte ihn besonders mißtrauisch, daß gerade um diese Zeit Himmler telephonisch unerreichbar war. Dagegen hatte er Rüstungsminister Speer sofort erreicht und dieser – wegen seiner notwendig engen Zusammenarbeit mit Generaloberst Fromm nun in den Kreis der Verdächtigen geraten – war auch auf Goebbels' Aufforderung hin unverzüglich in dessen Wohnung geeilt. Speer war von Stauffenberg schon am 17. Juli für den 20. zum Mittagessen mit anschließender Besprechung bei Fromm gebeten worden; nur wegen eines Vortrages, den er an diesem Tag um 11 Uhr im Propagandaministerium vor Ministern und Staatssekretären halten wollte, hatte er absagen müssen. Obwohl völlig uneingeweiht und unbeteiligt, war Speer nun nur zufällig zur Zeit des Putsches nicht in dessen Zentrale anwesend.

Hagen fuhr also wieder zurück nach Moabit. Unterwegs unterrichtete

5. Berlin: Zusammenbruch

er schon am Brandenburger Tor den Chef der 1. Kompanie des Wachbataillons, Ritterkreuzträger Oberleutnant Blumenthal: alles sei Verrat, er solle sich nur im Sinne des rechtmäßigen Regimes verhalten. In Moabit traf Hagen Remer nicht mehr an und fuhr also zurück zur Wehrmachtstandort-Kommandantur, wo Remer schon seinen »Gefechtsstand« bezogen hatte.

Der Major und Ritterkreuzträger führte alle Befehle des Wehrmachtstandort-Kommandanten, seines Vorgesetzten, ohne Einwände aus, nach der Erinnerung mancher Zeugen sogar eifrig [328]. Zweimal hat er nach seinem eigenen Bericht die aufgestellten Sperren persönlich kontrolliert, einmal zwischen 18 und 18.30 Uhr, das zweite Mal kurz nach 18.30 Uhr [329].

Zuerst hatte es geheißen, ein Zug des Wachbataillons solle Goebbels verhaften, Remer war Zeuge eines Gesprächs darüber zwischen Generalleutnant von Hase und Oberstleutnant i. G. Schöne in der Kommandantur Unter den Linden, etwa um 18 Uhr. Später war beabsichtigt, den Minister durch Soldaten der Heeres-Feuerwerker-Schule I unter Major Korff und Hauptmann Maître festnehmen zu lassen, bevor sie aber zum Zuge kamen, hatte sich Remer schon auf die Seite von Goebbels gestellt. Etwa zur selben Zeit, als Major Korff und Hauptmann Maître in Marsch gesetzt wurden, war auch die Rede davon, Goebbels durch zwei Stoßtrupps des Wehrmachtstreifendienstes, verstärkt durch Soldaten eines Landesschützen-Bataillons und der Heeres-Feuerwerker-Schule, unter Oberst Jäger festzusetzen, der eigens von der Bendlerstraße geschickt wurde [330]. Alles das, was er da sah und hörte, mag Remer, wie er nachher berichtete, »bedenklich« gestimmt haben, aber seine Befehle hat er weiter ausgeführt.

Zunächst hatte Hagen Schwierigkeiten bei dem Versuch, die Verbindung mit Remer wiederherzustellen. Er kam nach 18 Uhr zur Kommandantur, bekam aber Remer nicht zu Gesicht [331]. Den Leutnant Buck, der zum Wachbataillon gehörte, unterrichtete er und befahl ihm, Remer zu sagen, ein Putsch sei im Gange, die rechtmäßige Regierung sei aber die alte, Remer solle sofort zu Goebbels kommen. Als Leutnant Buck den Auftrag ausführte, wurde Remer natürlich stutzig, ob er aber, wie er ein paar Tage darauf berichtete, sogleich erkannte, »daß sich die Lage völlig geändert habe«, ist doch fraglich. Jedenfalls wollte er noch nicht ohne Einverständnis seines Vorgesetzten handeln.

Mit Leutnant Buck zusammen ging er also zu Generalleutnant von Hase hinein. Vorsichtshalber ließ Remer Buck selbst berichten, was dieser von Hagen erfahren hatte, nämlich, daß sich »die Lage geändert« habe und Remer zu Goebbels solle [332]. Remer schien nach wie vor ein braver Befehlsempfänger zu sein, wenn auch nun kein ganz ahnungsloser mehr.

Angesichts des Hin und Her um die Verhaftung oder Sicherung des

Reichspropagandaministers und der unklaren Lage machte Remer dann den Vorschlag, selbst zu Goebbels zu fahren. Da Hase und die übrigen Verschwörer immer noch an der Fiktion des Schutzes der rechtmäßigen Regierung gegen einen Putsch aus gewissen Partei- oder SS-Kreisen festhielten, war nicht eindeutig, auf welcher Seite Goebbels stand. Remer konnte noch nicht wissen, ob der Minister zu denen gehörte, die Hase zufolge Hitler stürzen wollten, oder ob er vielmehr auf der Seite der rechtmäßigen Regierung stand, so daß Hase zur »falschen« Seite gehörte. Was Remer damals wirklich gedacht hat, wird man wohl nie ganz erfahren, aber jedenfalls muß man ihm die Schwierigkeit der Entscheidung zugute halten zwischen dem formal rechtmäßigen Befehl eines Vorgesetzten und der Aufforderung eines formal nur indirekt zuständigen Ministers, der aber vielleicht die »rechtmäßige« Gewalt gegenüber einer Putschgruppe repräsentierte, vielleicht aber auch selbst zur Putschgruppe gehörte. Aber bei solcher Naivität würde Remer schwerlich im Sinne Hases und der Verschwörung handeln, wenn er tatsächlich Goebbels gegenüberstand, und wahrscheinlich kannte er schon die Rundfunknachricht vom Überleben Hitlers: diesen Mann durfte Hase nicht zu Goebbels schicken. Er sagte ihm: »›Remer, Sie bleiben hier!‹« [333]

Darauf verließ Remer das Zimmer Hases und ging auf die Straße Unter den Linden hinaus. Seinem Adjutanten, Leutnant Siebert, gegenüber äußerte er sich über den Zwiespalt, in dem er sich befand: »›Jetzt geht es um meinen Kopf. Es scheint sich doch um einen Militärputsch zu handeln. Hagen hat mir sagen lassen, daß ich zu Dr. Goebbels kommen soll. Der General hat es verboten.‹« [334] Es war also immer noch unklar, ob Hase recht hatte oder nicht. Remer ging etwas spazieren, um zu überlegen. Nach einiger Zeit entschloß er sich, zu Goebbels zu fahren. Einige Offiziere seines Bataillons, die er vor der Kommandantur antraf, hat er »nacheinander«, also einzeln, »ins Bild gesetzt und ihnen gesagt, daß größte Aufmerksamkeit geboten ist« [335]. Da Remer sich noch nach keiner Seite hin sicher fühlte, gab er Instruktionen für den Fall, daß er gegen seinen Willen festgehalten werden sollte. Dann fuhr er zu Goebbels [336].

Zwischen 19 und 20 Uhr kam Remer in der Hermann-Göring-Straße an und wurde sogleich von Hagen zu Goebbels gebracht [337]. Remer berichtete, er habe Befehle zur Absperrung des Regierungsviertels, weil ein Putsch gegen den Führer im Gange und dieser vermutlich tödlich verletzt sei [338]. Goebbels wollte erst gar nicht glauben, was Remer sagte (so schien es diesem), noch vor wenigen Minuten habe er selbst am Telephon mit dem Führer gesprochen. Ob Remer Nationalsozialist sei? Ja, sagte Remer, ganz und gar. Von Goebbels wollte er dann wissen, was die Wahrheit über das Schicksal des Führers sei. Goebbels sagte es ihm, aber Remer war noch immer mißtrauisch und fragte Goebbels, ob er Nationalsozialist sei und ob er hinter dem Führer stehe. Goebbels bejahte und gab Remer sein Ehrenwort, wie Remer auch in seinem Bericht vom 22. Juli 1944 schrieb: »Der Herr Reichsminister beteuerte mir, daß er im Auftrage des Führers handele. Der Führer sei überhaupt nicht verletzt.« Das Ganze sei ein gemeiner Militärputsch einiger Offiziere gegen den Führer. Remer erklärte, er werde auf alle Fälle als anständiger Offizier »getreu dem Eide zum Führer« seine Pflicht tun [339]. Ob er wohl mit dem Führer sprechen könnte?

In der »Wolfschanze« waren nach der Explosion alle möglichen Vermutungen über die Hintermänner aufgetaucht, erst nach einiger Zeit, etwa um 14 Uhr, wurde der Verdacht gegen Stauffenberg akut, aber noch immer vermutete man nicht annähernd, welche weitverzweigte und gefährliche Verschwörung dahintersteckte. Dann war um 14.30 Uhr Mussolini mit seiner Begleitung zu einem Besuch im Führerhauptquartier eingetroffen und von Hitler am Bahnhof Görlitz empfangen worden. Hitler zeigte ihm die verwüstete Lagebaracke. Noch immer herrschte großes Durcheinander, immer wieder diskutierte man das unerhörte Ereignis, das Zusammensein der beiden Diktatoren hatte etwas Gespenstisches [340]. Zeitweise vergaßen Hitler, Göring und Ribbentrop völlig, daß sie Gäste hatten, besprachen hemmungslos unter sich das Vorkommnis und gerieten sogar in Streit, während Mussolini und seine Begleiter verloren dabeisaßen. Aber erst als Generaloberst Fromm etwa um 16 Uhr anfragte, ob er »Walküre« auslösen solle, wurde man hellhörig und erkannte dann nach kurzer Zeit, daß von Berlin aus ein Putsch versucht wurde. Die in der »Wolfschanze« eingehenden Fernschreiben lieferten den eindeutigen Beweis dafür, die Unerreichbarkeit Fromms seit etwa 16.30 Uhr, die bald einsetzenden Anfragen aus den Wehrkreisen und nun die Nachrichten, die man von Goebbels über die Truppenbewegungen erhielt, taten ein übriges [341]. Es war klar, daß man rasch und entschlossen Gegenmaßnahmen ergreifen mußte [342].

Goebbels ließ sofort die von Remer gewünschte Verbindung herstellen, etwa um 19 Uhr sprach Hitler selbst mit dem Major. Ob Remer ihn an seiner Stimme erkenne? Er sei völlig unverletzt. Remer sagte, er erkenne Hitler. Dann nahm er dessen Befehle entgegen: Remer sei ihm, dem Führer, direkt unterstellt, bis der Reichsführer SS, der zum Befehlshaber des Ersatzheeres eingesetzt sei, in Berlin eingetroffen sein werde. Remer sei dem Führer inzwischen für die Sicherheit der Reichshauptstadt verantwortlich und habe alle Mittel zur Unterdrückung jeglichen Widerstandes anzuwenden [343]. Remer versprach, die Befehle auszuführen.

Erst damit war das Eis zwischen Remer und Goebbels ganz gebrochen. Wie nahe Goebbels daran gewesen war, verhaftet zu werden, hat er nachträglich nicht unnötig betont, andere Berichterstatter wollten den mächtigen Mann auch nicht in Verlegenheit bringen. Aber bis zu Remers Gespräch mit Hitler stand die Sache auf des Messers Schneide.

Für den Staatsstreichversuch überhaupt trifft dies allerdings nicht zu. Die Entscheidung Remers hat sicher viel Verwirrung und vielleicht auch Blutvergießen verhindert, aber die Entscheidung gegen den Staatsstreich war längst gefallen: durch Hitlers Überleben, durch die allgemeine Verbreitung der Nachricht davon zu derselben Zeit, in der die Putschbefehle ausgeführt werden sollten, durch die fast gleichzeitig einsetzenden Gegenbefehle aus der »Wolfschanze« und durch die teilweise daraus folgende Unsicherheit der Kommandeure nicht nur des Wachbataillons, sondern auch aller anderen Staatsstreichtruppen, und zwar schon vor der Einwirkung Remers, und auch durch die Zersplitterung der Befehlsverhältnisse in der Wehrmacht, die Hitler im Lauf der Jahre herbeigeführt hatte [344].

Remer fuhr sofort zur Wehrmachtstandort-Kommandantur Unter den Linden zurück, um dort das Erforderliche zu veranlassen und seine Offiziere über die wirkliche Lage aufzuklären. Mit Goebbels wollte er alle zwanzig Minuten Telephonverbindung aufnehmen. Dann befahl er, das ganze Wachbataillon von den Absperrungspunkten abzuziehen und im Garten der Wohnung von Goebbels in der Hermann-Göring-Straße 20 zu sammeln. Die Kommandeure der in der Nähe der Kommandantur lagernden Einheiten der Landesschützen, der Heeres-Feuerwerker-Schule und des Wehrmachtstreifendienstes wurden ebenfalls entsprechend unterrichtet und unterstellten sich Remer. Generalleutnant von Hase war nicht mehr in der Kommandantur, als Remer gegen 20 Uhr hinkam, er war schon zum Wehrkreiskommando am Hohenzollerndamm gefahren [345].

Anschließend begab sich Remer wieder zu Goebbels in die Hermann-Göring-Straße und bat ihn, zu den im Garten versammelten Soldaten zu sprechen. Dem Leutnant Buck befahl er, am Brandenburger Tor alle heranmarschierenden Truppenteile anzuhalten und zu Remer in die Hermann-Göring-Straße zu leiten. Dann sprach Goebbels zu den Soldaten des Wachbataillons, und danach erklärte ihnen Remer, er habe vom Führer persönlich den Auftrag, jeglichen Aufstandsversuch rücksichtslos niederzuschlagen [346]. Sodann ließ er durch zwei Kompanien den Gebäudeblock zwischen Hermann-Göring-Straße, Wilhelmstraße, Voßstraße und Unter den Linden zur Verteidigung einrichten, wobei auch die Einheiten der Heeres-Feuerwerker-Schule einbezogen wurden [347]. Die übrigen beim Ehrenmal liegenden Schultruppen und die in der Kaserne in Moabit zurückgebliebenen Einheiten des Wachbataillons, vor allem die Stabskompanie, wurden ebenfalls zu Remer befohlen, vom Brandenburger Tor her umgeleitete Truppen, z. B. der Heeres-Waffenmeister-Schule, trafen nach und nach ein und wurden von Remer eingeteilt, größere Munitionsmengen wurden herangeschafft. Alle eintreffenden Offiziere wurden jeweils von Remer über die tatsächliche Lage unterrichtet und ersucht, auch ihren Kommandeuren sogleich davon Meldung zu machen. An den hauptsächlichen Anmarschstraßen setzte Remer Offiziere seines Wachbataillons ein, die anrückende Einheiten unterrichten und einweisen sollten [348]. So wurden zwar die ausgestellten Sperren und Wachen um das Regierungsviertel zwischen 20 und 21 Uhr zurückgezogen, gleichzeitig aber die verfügbaren Truppen auf engerem Raum erneut in Stellung gebracht.

Mit den Panzertruppen aus Krampnitz gab es allerdings zuerst Schwierigkeiten, als Leutnant Dr. Hagen sie zur Verbindungsaufnahme mit Remer bewegen wollte. Die »Walküre«-Einheiten der Schule waren entsprechend dem Befehl aus dem Wehrkreiskommando III, den Major von Oertzen übermittelt hatte, nach Berlin in Richtung Siegessäule marschiert. Der Kommandeur der Einheit, Oberst Glaesemer, hatte sich den Befehl noch eigens von General Olbricht über seinen eigenen Vorgesetzten, den Chef der Abteilung In 6 (Panzertruppen) im OKH/AHA und Chef des Stabes des Inspekteurs der Panzertruppen, Oberst Ernest Eberhard Bolbrinker, bestätigen lassen [349]. Eine Panzereinheit hatte im Tiergarten Stellung bezogen, nur wenige hundert Meter westlich von Goebbels' Wohnung. Der Kommandeur, Oberst Glaesemer, hatte sich dann in die Bendlerstraße zu General Olbricht begeben, weigerte sich aber, weitere Befehle auszuführen, als er erfuhr, daß Hitler nicht tot war und die SS nicht putschte. Daraufhin wurde er von Oberst Mertz von Quirnheim in einem Zimmer im vierten Stock der Bendlerstraße in Ehrenhaft genommen. Dort erreichte ihn einer seiner Offiziere, Hauptmann Graf von Rothkirch und Panthen, mit der Nachricht, die Truppe sei nunmehr bei der Siegessäule eingetroffen, doch solle Oberst Glaesemer sie auf Befehl von Oberst Bolbrinker sofort zum Fehrbelliner Platz zurückführen, Befehle von Olbricht seien nicht zu befolgen. Das war etwa um 21.30 Uhr. Die Anweisungen beruhten auf Befehlen des Generalinspekteurs der Panzerwaffe, Generaloberst Guderian. Unter einem Vorwand gelang es Oberst Glaesemer aus der Bendlerstraße zu entkommen und zu seinen Truppen am Fehrbelliner Platz zu gelangen [350].

Als nun Dr. Hagen zu den Panzertruppen kam und ihnen Weisungen geben wollte, da sagte man ihm, die gepanzerten Kräfte haben sich auf Befehl von Generaloberst Guderian am Fehrbelliner Platz zu sammeln, wer nicht gehorche, würde erschossen. Die Mitteilung, Remer sei vom Führer persönlich eingesetzt worden, um für Ordnung zu sorgen, verfing nicht. Über die gepanzerten Kräfte habe nur Guderian die Befehlsgewalt, sagte man dem Leutnant.

Mit diesem Ergebnis begab sich Hagen wieder zu Remer in die Wohnung von Goebbels. Da erschien gerade der frühere Kommandant des Wachbataillons, Oberstleutnant Gehrke, und erbot sich, Verbindung zum Fehrbelliner Platz aufzunehmen und festzustellen, »auf welcher Seite die gepanzerten Kräfte eingesetzt würden, da ich mir über die Stellungnahme des Generalobersten Guderian nicht im klaren gewesen war«, wie Remer berichtete. Gehrke brachte nach kurzer Zeit die Meldung, die Panzertruppen seien völlig auf der Seite des Führers [351]. Inzwischen rief Remer überdies in Cottbus bei der Panzer-Ersatz-Brigade an und bat um schwere Waffen und Panzer, die, wenn nötig, gegen die Streitmacht Guderians eingesetzt werden könnten, falls dieser zu den Aufrührern gehörte. Ein Cottbuser Bataillon, das Remer zur Verfügung gestellt werden sollte, konnte aber bei Rangsdorf angehalten werden, weil die Loyalität Guderians bzw. der Krampnitzer Truppen inzwischen festgestellt war [352].

Ein Teil des Wachbataillons hatte Wachdienst in der Bendlerstraße, auch an diesem Tage. Um 16.15 Uhr wurde die Wachabteilung unter Leutnant Arnds durch Hauptmann Klausing auf Befehl von General Olbricht alarmiert und erhielt den Befehl, auf etwa eintreffende SS-Truppen sofort zu schießen; der Führer sei tot und das Heer habe die Vollziehende Gewalt übernommen [353]. Nun, da Remer seine Kräfte zu konzentrieren suchte, gab er in der Kommandantur seinem Oberleutnant Rudolf Schlee, der bis dahin die ausgestellten Wachen und Absperrungen überprüft hatte, den Befehl, mit der Wache in der Bendlerstraße Verbindung aufzunehmen [354]. Im übrigen klärte er Schlee darüber auf, daß ein Militärputsch im Gange sei, doch solle er noch über die tatsächliche Lage schweigen. Schlee fuhr also zur Bendlerstraße, wo er nicht lange vorher schon die Wachen überprüft hatte, und gab Leutnant Arnds »Anordnungen für unser weiteres Verhalten«, die vor allem darin bestanden, nur Befehle von Major Remer auszuführen [355]. Da aber Remer weiter nichts befohlen hatte, änderte das an der Haltung der Wachtruppe zunächst wenig.

Als Schlee wieder zur Kommandantur zurückfuhr, sah er unterwegs, daß sich Angehörige des Wachbataillons vor Goebbels' Wohnung versammelten. Auf Fragen erfuhr er, der Gefechtsstand des Bataillons sei jetzt hier, und er kam gerade dazu, wie Goebbels im Garten zu den Soldaten des Wachbataillons sprach. Nun erst sah Schlee »klar«. Anschließend erhielt er von Remer Befehl, die Wache vom Bendlerblock in die Hermann-Göring-Straße 20 zu bringen.

Schlee fuhr also zum dritten Mal in die Bendlerstraße und gab Leutnant Arnds die entsprechenden Weisungen. Ein Hauptmann, wahrscheinlich Helmuth Cords, der am Haupteingang den Wachdienst überwachte, veranlaßte Schlee jedoch, erst zu General Olbricht zu gehen, da die Befehle, die er von Remer brachte, mit den Anweisungen Olbrichts nicht harmonierten [356]. Im Vorzimmer Olbrichts befahl ihm Oberst Mertz von Quirnheim, die Remerschen Befehle nicht ausführen zu lassen und zunächst im Zimmer zu bleiben, aber als Mertz zu Olbricht hineinging, entwischte Schlee und konnte das Haus unangefochten verlassen. Ein Hauptmann lief ihm noch nach und sagte, er habe gemerkt, daß die Offiziere vom Wachbataillon die Lage durchschaut hätten, er sei der Nachrichtenoffizier des OKW und halte die Nachrichtenzentrale mit eigenen Kräften besetzt, die Anführer des Putsches halten sich im OKW-Gebäude auf, und er habe ihre Befehle nicht weitergegeben [357]. Mit diesen Nachrichten begab sich Oberleutnant Schlee auf dem schnellsten Wege wieder zu Major Remer: die Verschwörerzentrale sei in der Bendlerstraße.

Remer war bei Goebbels, und durch Vermittlung von Leutnant Hagen wurde Schlee sogleich zu ihm geführt und brachte seine Meldung vor. Darauf telephonierte Goebbels mit Hitler und ließ sich die Ermächtigung zum Besetzen des Bendlerblocks geben. Schlee bekam über Remer den entsprechenden Befehl, mit der dort befindlichen Wache und zusätzlichen Kräften das Gebäude zu besetzen und »sämtliche Generale« festzunehmen [358]. Inzwischen hieß es, in der Bendlerstraße sei schon eine loyale Panzerschützenkompanie, und so wurde der Abmarsch Schlees bis zur Verständigung mit dieser Einheit aufgeschoben. Dann stellte sich heraus, daß diese gar nicht angekommen oder wieder abgerückt sei.

Nun beeilte sich Schlee mit Leutnant Arnds und Leutnant Schady, zur Bendlerstraße zu marschieren. Sie stellten um den ganzen Block eine Postenkette auf und besetzten den Haupteingang, wo ein wüstes Durcheinander herrschte und mehrere Offiziere mit Maschinenpistolen versuchten, Anordnungen zu treffen. Schlee ließ alle, die seine Befehle nicht befolgen wollten, festnehmen und in die Pförtnerloge sperren. Durch seine Entschlossenheit und durch die Verwirrung der am Eingang durcheinanderlaufenden Offiziere gelang es, jede Schießerei zu vermeiden. Nach der Besetzung des Eingangs schickte Schlee eine Abteilung von 20 Mann in die Nachrichtenzentrale, ließ an allen Ausgängen Maschinengewehre aufstellen und begab sich an die Verhaftung der Verschwörer im Innern des Gebäudes. Aber dabei zeigte sich, daß hier schon »treue deutsche

Offiziere zur Selbsthilfe gegriffen«, Generaloberst Fromm befreit und fünf der Anführer festgenommen hatten [359]. Oberstleutnant Gehrke, der inzwischen von seiner erfolgreichen Mission zurückgekehrt war, kam gerade zur Befreiung Fromms dazu, und als Remer später von den von Fromm befohlenen Erschießungen hörte, kam er auch noch. Als er dann nach 1 Uhr früh wieder in die Hermann-Göring-Straße zurückkehrte, fand er dort Himmler vor, der nun sein Vorgesetzter war, und berichtete ihm. Damit war für Remer und das Wachbataillon der Putsch zu Ende [360].

Generalleutant von Hase war gegen 20 Uhr mit seinem Ia, dem Oberstleutnant i. G. Hermann Schöne, zum Wehrkreiskommando am Hohenzollerndamm gefahren. Man hatte ihn gebeten, zu kommen, und Hase konnte in der Kommandantur ohnehin nichts mehr ausrichten, da er die Kontrolle über die ihm unterstehenden Truppen völlig verloren hatte [361]. Im Wehrkreiskommando fand Hase sowohl Generalmajor Herfurth, den Chef des Stabes, als auch Generalleutnant von Thüngen, den von den Verschwörern ernannten Befehlshaber, ziemlich unschlüssig vor. Thüngen meinte, es sei ja alles ruhig, es sei doch wohl nirgends zu Blutvergießen gekommen. Aber im übrigen verhielt er sich passiv, er hatte längst gehört, daß das Attentat mißlungen war. Hase telephonierte mit Olbricht, der die Rundfunkmeldung für unzutreffend erklärte, und daraufhin drängte er Thüngen, etwas zu tun, als Befehlshaber müsse er doch irgend etwas befehlen. Aber Thüngen meinte, die Lage sei ja ganz undurchsichtig, man wisse gar nicht, ob Hitler nun eigentlich lebe oder nicht. Thüngen befahl nichts. Nach 21 Uhr, nach Telephongesprächen mit Generalleutnant Burgdorf und dem General Hoffmann, dem Kommandeur im Luftgau III, erklärte Thüngen dem Stabe des Wehrkreiskommandos, er führe keine Befehle des OKH mehr aus. Dann begannen Thüngen, Herfurth und der Ia Oberstleutnant Mitzkus gegen 22 Uhr mit dem Rückgängigmachen der im Lauf des Abends gegebenen Anordnungen. Thüngen verließ das Wehrkreiskommando etwa um 22.30 Uhr und kam nicht wieder.

Hase und sein Ia Oberstleutnant Schöne waren gegen 21 Uhr wieder in die Kommandantur zurückgefahren, nachdem Hase durch ein Telephongespräch mit Major i. G. Hayessen erfahren hatte, daß Remer sich auf die Seite Goebbels' geschlagen habe. Kurz nach 21 Uhr waren sie dort. Um 21.15 Uhr rief der Chef des Allgemeinen Wehrmachtamtes, General Reinecke, von seiner Dienstwohnung aus in der Kommandantur an und verlangte unter Berufung auf Generalfeldmarschall Keitel, daß sofort alle aufgerufenen Truppen ihm unterstellt würden, um damit den Bendlerblock zu besetzen. General Reinecke hatte schon ungefähr um 20 Uhr

5. Berlin: Zusammenbruch

Genaueres über die Vorgänge in der Bendlerstraße erfahren, als Generalleutnant Thiele zu ihm gekommen war [362]. Etwa um 21.10 Uhr hatte Keitel bei Reinecke angerufen und ihm den Auftrag gegeben, Hases Truppen sich zu unterstellen und mit ihnen den Bendlerblock zu besetzen. Daraufhin hatte Reinecke bei Hase angerufen, dieser hatte gegenüber Reinecke Befehle Fromms erwähnt, jedoch versprochen, entsprechend den nun von Reinecke übermittelten Weisungen zu handeln. Hase sollte dann Reinecke melden, welche Truppen er wo bereitgestellt habe, dazu kam es aber nicht mehr [363]. Hase schickte einen Offizier zu Remer und ließ ihm befehlen, in die Kommandantur zu kommen [364]. Remer ließ Hase erwidern, er könne nicht kommen, er handle im direkten Auftrag des Führers, stelle aber Hase anheim, in Begleitung zweier Feldwebel des Wachbataillons in Goebbels' Ministerwohnung zu kommen. Hase fuhr hin, wohl in der Meinung, er müsse zeigen, daß er ein gutes Gewissen habe.

In der Ministerwohnung wurde Hase von Goebbels begrüßt und erklärte dem Minister, er habe Remer auf Befehl Reineckes den Auftrag zur Besetzung des Bendlerblocks zu überbringen, aber Goebbels sagte, das sei nicht mehr nötig, da Remer bereits vom Führer direkte Weisungen erhalten habe. Man ersuchte Hase, im Hause zu bleiben, und ließ ihm auf seinen Wunsch ein Abendessen servieren. In aller Ruhe besprach Hase mit Goebbels die Frage, ob er Rhein- oder Moselwein dazu trinken sollte [365]. Später wurde Hase von der Gestapo abgeholt.

Ebenso wie mit den Truppen des Wachbataillons, der Heeres-Feuerwerker-Schule I und der Panzer-Truppen-Schule II Krampnitz erging es den Verschwörern auch mit den übrigen von ihnen aufgerufenen bewaffneten Einheiten.

Die »Walküre«-Einheiten der Panzer-Ersatz-Brigade in Cottbus waren bis zum Stadtrand von Berlin vormarschiert, einzelne Abteilungen hatten die Sendeanlagen in Herzberg und Königswusterhausen besetzt, was sie auch ihrem Kommandeur meldeten, aber mit dem Zusatz, Hitler werde noch am Abend über den Rundfunk sprechen. Die Truppen waren völlig loyal geblieben, und die Besetzung der Sender war für die Verschwörer wertlos, weil Hitler und damit sein Regime an der Macht und funktionsfähig geblieben waren, und weil von den Studios im Funkhaus in der Masurenallee keine Verlautbarungen der Verschwörer kamen. Im Wehrkreiskommando III konnte der stellvertretende Kommandeur der Brigade, Oberstleutnant Stirius, keine Befehle oder befriedigende Aufklärung erhalten und erfuhr schließlich, daß die »Walküre«-Maßnahmen zurückgezogen und die eingesetzten Truppen auf dem Rückmarsch seien [366].

In der Infanterie-Schule Döberitz war es dem Oberst Wolfgang Müller gegen 21 Uhr gelungen, einen weiteren Teil der marschbereiten Einheiten in Bewegung zu setzen. Er selbst traf gegen 22 Uhr in der Bendlerstraße ein und wollte sich von General Olbricht schriftliche Vollmachten für den Einsatz und die Führung der Schule geben lassen, da ihr Kommandeur verreist war [367]. Dem Oberst i. G. Mertz von Quirnheim, den er gefaßt, aber niedergeschlagen vorfand, berichtete Müller, er habe mit Mühe den Befehl zur Besetzung der Funkanlagen in Nauen und Tegel durchgesetzt und schlage nun vor, nicht wie ursprünglich befohlen die Konzentrationslager Oranienburg I und II besetzen zu lassen, sondern die dafür vorgesehene Truppe zur Bendlerstraße zu beordern. Mertz war einverstanden und diktierte den entsprechenden Befehl, ließ ihn von General Olbricht unterschreiben und übergab ihn Oberst Müller. Aber als dieser etwa um 23 Uhr wieder in Döberitz im Kommandeurzimmer eintraf, half ihm der schriftliche Befehl auch nicht mehr weiter, man verweigerte ihm den Gehorsam und bedeutete ihm, der Putsch sei zusammengebrochen, Rückfragen bei Goebbels hätten das ergeben. Oberst Müller mußte einsehen, daß er nichts mehr retten konnte, er entschloß sich zum Rückzug, blies die ganze Aktion ab, fuhr selbst zu Goebbels und stellte sich diesem zur Verfügung. Erst mehrere Tage später wurde Müller verhaftet, auf Denunziationen aus dem Kreis der Kameraden hin, aber die Tarnung und Verschleierung der Vorgänge war so gut gelungen, daß es nicht zum Prozeß gekommen ist.

Eine Einheit der Infanterie-Schule Döberitz hatte unter Führung von Major Jakob das Funkhaus an der Masurenallee ohne Schwierigkeiten besetzen können, und Jakob hatte die Unterbrechung der Sendungen verlangt. Aber er verstand nichts von der Rundfunktechnik und konnte nicht nachprüfen, ob es auch geschäh, wie man ihm zusagte. Der angekündigte Nachrichtenoffizier des OKH kam nicht, weil er in der Stadtkommandantur von Hase keine Befehle erhalten hat, und Hase konnte keine Befehle geben, weil es an Truppen für die Ausführung fehlte. Von dem Erfolg Jakobs hat Hase keine Kenntnis erhalten, da Jakob mit seinem Versuch, den Vollzug zu melden, nicht durchdrang. Er hatte Anweisung, nach der Besetzung des Funkhauses unter einer bestimmten Telephonnummer in der Bendlerstraße anzurufen, versuchte es, erreichte aber niemand. So hat man dort gar nicht erfahren, daß das Funkhaus besetzt worden war [368].

Nach 18 Uhr wurde Major Jakob im Funkhaus gemeldet, eine starke SS-Formation sei im Anmarsch auf das Gebäude. Als sie eintraf, gab es eine scharfe Auseinandersetzung mit dem Kommandeur, einem SS-Obersturmbannführer, der erklärte, er habe ebenfalls den Auftrag, das Funk-

5. Berlin: Zusammenbruch

haus zu »sichern«. Jakob forderte ihn auf, ihm seine Einheit zu unterstellen, da er, Jakob, den Auftrag ja schon ausgeführt habe. Der SS-Führer und seine Truppe nahmen nun keine feindselige Haltung ein, und man einigte sich auf gemeinsame Besetzung des Funkhauses [369]. Um 19 Uhr war also das Funkhaus in der Hand von Heer und SS, und zwar unter Kontrolle der bisherigen Machthaber.

Nach 19 Uhr trat Major Remer telephonisch mit Major Jakob in Verbindung und vermittelte ein Gespräch zwischen diesem und Goebbels. Jakob war gegenüber der Aufklärung durch Goebbels mißtrauisch, Goebbels könnte ja zu den Verrätern gehören, und er wollte Befehle nur von der Infanterie-Schule annehmen. Aber als Goebbels ihn ersuchte, alles zu lassen, wie es war, konnte Jakob nichts einwenden – das entsprach genau seinen Befehlen [370]. Gegen 21 Uhr erschien dann der Lehrgruppen-Kommandeur, dem Jakob unterstand, und hielt einen aufklärenden Vortrag zur Lage. Am Morgen des 21. Juli zog die SS ab, am Nachmittag die Truppe des Major Jakob.

Hätten die geplanten Maßnahmen funktioniert – einige Stunden früher wäre das wahrscheinlich der Fall gewesen –, so wäre die Rundfunkmeldung von Hitlers Überleben wohl unterblieben. Freilich hätte es dazu der wirksamen, nicht nur der äußerlichen Kontrolle des Funkhauses und der Sender bedurft. Der Erfolg des Umsturzes wäre damit aber noch nicht gesichert gewesen. Der Kampf zwischen Bendlerstraße und »Wolfschanze« um die Wehrkreisbefehlshaber und um die Ausführung bzw. Unterlassung der Putschmaßnahmen wäre erbitterter und schwieriger gewesen. Hitler hätte spätestens ab 16 Uhr, als die Verbindungen auf Befehl der alten Führung wieder offen waren, persönlich mit den Befehlshabern telephonieren können, und dagegen wären Hoepner, Olbricht, Beck und Stauffenberg auch ohne die Rundfunkmeldung schwerlich aufgekommen. Dennoch hätte die Beherrschung und sinnvolle Nutzung des Rundfunks durch die Verschwörer ein Element in den Ablauf der Ereignisse gebracht, dessen Wirkung unvorhersehbar war und das den Ausschlag hätte geben *können*.

Die »Walküre«-Truppen der Heeres-Waffenmeister-Schule I in Treptow waren kurze Zeit nach dem Eingang des Befehles aus Berlin marschbereit gewesen. Aber weil die nötigen Lastwagen nicht eintrafen, mußten die Soldaten zu Fuß und mit der Straßenbahn nach Berlin marschieren [371]. Ihr Kommandeur, Generalmajor Bruns, begab sich im einzigen Beiwagenmotorrad der Schule zum zweiten Male nach Berlin, konnte aber, als er ungefähr um 21 Uhr anlangte, nur noch unter Schwierigkeiten bis zur Wehrmachtstandort-Kommandantur vorstoßen. Generalleutnant von Hase, dem er unterstand, traf er nicht mehr an, es hieß, der sei bei Goebbels.

Mühsam wand er sich durch die Absperrungen schließlich zur Hermann-Göring-Straße durch, um nach seinem Vorgesetzten zu fahnden, konnte aber dort von den vielen im Hause anwesenden Soldaten, SS- und Parteileuten keine brauchbaren Auskünfte bekommen. Nur zufällig konnte er gegen 22 Uhr einen Blick durch eine von SS-Männern bewachte Tür werfen; da sah er Generalleutnant von Hase beim Abendessen sitzen.

Unter diesen Umständen schien es Bruns, daß die Dinge für den Umsturz nicht gut standen, wenn nicht schon alles verloren war, er wollte wieder zu seinem Bataillon zurück. Beim Verlassen des Hauses bemerkte er, wie sich beim Tiergarten Teile der Heeres-Feuerwerker-Schule und des Wachbataillons schwerbewaffnet und anscheinend drohend gegenüberlagen [372]. Bruns versuchte, mit den Truppen der Heeres-Feuerwerker-Schule Verbindung aufzunehmen, doch zwangen ihn die Soldaten des Wachbataillons, innerhalb der Absperrungen auf demselben Wege zur Kommandantur zurückzukehren, auf dem er gekommen war. Bei der Kommandantur waren inzwischen Panzer aufgefahren, am Schloß aber, wo Bruns seine Truppe zu finden dachte, war niemand. Er fuhr also wieder in die Schule nach Treptow zurück, um das Bataillon abzufangen, aber dieses hatte Abkürzungswege nach Berlin eingeschlagen, und Bruns verfehlte es.

Von Treptow aus rief er in der Kommandantur an und erreichte gegen Mitternacht den Ia, Oberstleutnant i. G. Schöne. Von ihm erfuhr er, inzwischen sei die 1. Kompanie der Schule dagewesen, von einem Generalstabsoffizier kurz vor dem Schloß zum Bendlerblock umdirigiert worden, und dort etwa um 21.45 Uhr teilweise einmarschiert [373]. Bald darauf erhielt Bruns von einem Nachrichten-Radfahrer seines Bataillons die Meldung, auch die 2. und 3. Kompanie seien nunmehr an ihrem Marschziel, nämlich am Schloß eingetroffen, das sie nach einem scharfen Wortwechsel mit einem Offizier des Wachbataillons besetzt hätten und nun halten wollten. Der Chef der 2. Kompanie bat um Granatwerfer, um die in der Kommandantur Eingeschlossenen herauszuhauen, nämlich den Chef der 1. Kompanie mit seinen Begleitern, was aber Bruns für sinnlos hielt, weil die Eingeschlossenen gar nicht in Gefahr waren. Statt dessen erreichte Bruns telephonisch die Entlassung des Kompanieführers, der um 6 Uhr morgens wieder in der Kaserne in Treptow eintraf. Die verlangten Granatwerfer hätte Bruns ohnehin nicht schicken können, weil die Lastwagen immer noch nicht gekommen waren [374].

Schon um 2 Uhr in der Frühe des 21. Juli konnte der älteste Zugführer der 1. Kompanie seinem Kommandeur in der Kaserne Bericht erstatten: Er war der Kompanie auf dem Fahrrad zur Bendlerstraße vorausgeeilt und hatte dort von aufgeregten Offizieren des OKH den Befehl erhalten, die

Eingänge zu sichern. Dann hörte er in der Nähe des Zimmers, wo man ihn eingewiesen hatte, einen Schuß und die Worte »du Schwein«, worauf er verwirrt die Treppe hinuntereilte und auf einen anscheinend vernünftigen Hauptmann des Wachbataillons stieß, der ihn über den Zusammenbruch des Staatsstreichversuches aufklärte und ihm dringend riet, keine solchen »Geschichten zu machen«, wie etwa die »Sicherung« der Eingänge, die Gebäude des Bendlerblocks würden nämlich jetzt vom Wachbataillon und von der SS besetzt, die auch schon anrollten. Der Zugführer mußte sich selbst überzeugen, daß der vernünftige Hauptmann recht hatte. Er hielt die noch nicht anmarschierten Soldaten der Heeres-Waffenmeister-Schule wieder an und führte sie in die Schule nach Treptow zurück.

Unter solchen Bedingungen war kein Staatsstreich möglich. So war es denn auch kein Wunder, daß die Verschwörer in der Bendlerstraße im Laufe des Abends immer mutloser wurden und schließlich das Unternehmen aufgaben.

Zunächst aber, während die Marschbefehle hinausgingen und zum Teil schon ausgeführt wurden, mit denen das Ersatzheer zur Machtübernahme eingesetzt werden sollte, versuchten Stauffenberg, Olbricht und Mertz, auch die Dienststellen im Hause in den Griff zu bekommen und für den Umsturz einzusetzen, namentlich die Amtsgruppe Nachrichtenwesen im OKH/AHA, den Stab des Chef H Rüst u BdE und den Stab des AHA.

Etwa um 15.45 Uhr war Oberst Haßel, der Chef der Amtsgruppe Nachrichtenwesen, durch Olbrichts Adjutanten, Oberstleutnant von der Lancken, in seiner Dienststelle im Lager Düppel angerufen und gebeten worden, sofort in die Bendlerstraße zu kommen[375]. Haßel nahm einen Major seines Stabes mit und traf etwa um 16.15 Uhr bei Olbricht ein, von dem er hörte, Hitler sei tot, Stauffenberg habe es soeben telephonisch mitgeteilt, »Walküre« sei ausgelöst und Haßel möge nun veranlassen, daß sich die zwanzig vorgesehenen Nachrichtenoffiziere – je zehn aus seinem und aus Thieles Befehlsbereich – auf der Stadtkommandantur melden. Haßel gab in Düppel die entsprechenden Weisungen und ging dann zu Thiele, der sein Büro in der Bendlerstraße hatte. Aber Thiele sagte, das gehe jetzt nicht, weil die Sache da draußen nicht so laufe wie sie solle und weil auch die Nachrichtensperre für die »Wolfschanze« nicht funktioniere (deren Aufhebung Thiele selbst von Major Degner kategorisch verlangt hatte). Auf Wunsch Olbrichts ließ Haßel dann zehn weitere Offiziere aus Düppel entsenden.

Etwa um 16.30 Uhr kam Generaloberst Hoepner, in Zivil und mit einem Koffer in der Hand, in Olbrichts Zimmer, wo Generaloberst Beck auf dem Sofa saß. Olbricht beschloß, mit Thiele zu sprechen, aber der war bei Fromm, so ging Olbricht zu diesem hinein. Als er wieder herauskam, rief er: »Der Führer lebt ja! Ich muß sofort mit Fellgiebel sprechen.«³⁷⁶ Haßel ließ die Verbindung herstellen und sagte Fellgiebel, Olbricht wolle ihn sprechen. Fellgiebel sagte: »Das hat jetzt alles keinen Zweck mehr«, und beendete das Gespräch. Olbricht sagte: »Das ist der erste, der abspringt«, aber Haßel bezweifelte es. Fellgiebels Äußerung bedeutete: jetzt muß man handeln, nicht reden, gleichgültig, ob Hitler lebt oder nicht. Thiele rief darauf beim Chef des Amtes VI (SD-Ausland) im RSHA, Walter Schellenberg, an, der seit Übernahme der Abwehr durch die SS auch Chef des Amtes Mil im RSHA war, und fragte ihn, was eigentlich gespielt werde. Schellenberg sagte, es scheine ein Putsch zu sein, Thiele antwortete, das glaube er auch. So hoffte er sich wohl zu sichern. Kurz darauf fuhr Thiele weg – in die Berkaerstraße zu Schellenberg.

Da die Übernahme des Rundfunks durch die Verschwörer nicht klappte, wollte Haßel etwa um 18 Uhr den Major Ludwig Kempe zum Deutschlandsender schicken, damit er die Dinge in die Hand nähme, aber Kempe verlangte einen schriftlichen Befehl. Unnötig wollte sich Haßel auch nicht exponieren und sagte Kempe, dafür sei keine Zeit. Also fuhr Kempe auch nicht zum Deutschlandsender³⁷⁷. Dann ging Haßel noch einmal zu Thiele, der sagte, das sei ja nun mißlungen und er müsse hier raus, und von Thiele ging Haßel zu Stauffenberg. Dieser sagte auf Haßels Frage, wie denn die Dinge stehen: »Der Kerl ist ja nicht tot, aber der Laden läuft ja; man kann noch nichts sagen.« Es müsse mal jemand zu den Telegraphenämtern und zum Deutschlandsender geschickt werden, der immer noch spiele. Haßel konnte darauf nur sagen, wie alles gegangen war: er habe die zwanzig Offiziere zur Stadtkommandantur geschickt, aber die militärische Besetzung müsse von dort veranlaßt werden. Dann ließ er sich einen Ausweis für sich und Major Rufer geben und fuhr in seine Wohnung. Im Büro in Düppel befürchtete er, eventuell in seiner Handlungsfreiheit behindert zu werden. Im Lauf des Abends erboten sich verschiedene in der Bendlerstraße anwesende Verschwörer noch zu einem Handstreich auf den Deutschlandsender, darunter Dr. Gerstenmaier, aber es fehlte immer an den Truppen; denn von der erfolgten, ohnehin ineffektiven Besetzung des Funkhauses und der Sender Nauen und Tegel wußte man nichts³⁷⁸.

Gegen 17 Uhr befahl der Chef des Stabes des AHA, Mertz von Quirnheim, dem Gruppenleiter Ia/I, Oberstleutnant i. G. Pridun, und seinem Referatleiter Ia/I/1, Major i. G. Harnack, sofort für das gesamte Ersatzheer »Walküre«-Befehle auszugeben³⁷⁹. Während Harnack begann, die Befehle telephonisch und durch Fernschreiben auszugeben bzw. ausgeben zu lassen, wandte sich Pridun an den Ib, Oberstleutnant i. G. Franz Herber, da dieser für die Organisation von Transportraum und Waffen für die aufgerufenen Einheiten zuständig war. Den Einheiten mußte durch Zusätze zu den Befehlen mitgeteilt werden, wo sie ihre Fahrzeuge, Waffen und sonstige Ausrüstung zu entnehmen hätten, was je nach Marschrichtung und Einsatzzweck entschieden werden mußte. Herber fand, da müsse er erst genauer über die Absichten des Einsatzes unterrichtet werden, worauf Pridun bei Mertz anrief und um die in solchen außerordentlichen Fällen übliche Orientierung der Generalstabsoffiziere bat.

Darauf bat Mertz die leitenden Offiziere seines Stabes in sein Dienstzimmer, wo sie sich zwischen 17 und 18 Uhr versammelten, und erklärte ihnen, der Führer sei einem Attentat zum Opfer gefallen, hinter dem Partei- und SS-Kreise stehen; zur Aufrechterhaltung der Ordnung und zur Fortführung des Kampfes an den Fronten habe die Wehrmacht die Vollziehende Gewalt übernommen, die Polizei habe sich dem Heer unterstellt; die Angehörigen des Hauses haben in ihren Dienststellen zu bleiben und wie bisher ihre Pflicht zu erfüllen. Dann begaben sich die Herren wieder auf ihre Dienstzimmer.

Ganz im Sinne der Anordnung Mertz' wies Herber den ihm unterstehenden Gruppenleiter Major Fließbach an, der für Munitionsfragen zuständig war, für die Bewaffnung der Angehörigen des AHA Sorge zu tragen, da nach den Worten des Chefs des Stabes mit Unruhen zu rechnen sei. Dann ging Herber in das am Matthäi-Kirchplatz gelegene Kasino zum Abendessen, um sich für den erwarteten langen Abend zu stärken. Beim Verlassen des Hauses hatte er Schwierigkeiten und mußte sich erst eine offizielle Genehmigung von Olbricht geben lassen, wobei er ihm auch meldete, daß die Beschaffung von Waffen veranlaßt sei. Olbricht hieß das gut und gab Herber die Genehmigung zum vorübergehenden Verlassen des Gebäudes. Außer dem Doppelposten an der Bendlerstraße begegnete Herber nichts Auffälliges, und auch Pridun hatte zunächst keine weiteren Erlebnisse.

Etwa zur gleichen Zeit wie die Offiziere des AHA-Stabes wurden auch die Herren des Stabes beim Chef H Rüst u BdE unterrichtet. Gegen 17.15 Uhr wurden sie zum Befehlshaber gebeten und versammelten sich im ersten Stock auf Weisung Haeftens im Zimmer des Chefs des Stabes, des Oberst i. G. Graf von Stauffenberg. Nach einiger Zeit kam Generaloberst Hoepner in Uniform ohne Stauffenberg herein, fragte, ob alle da seien, und erklärte dann: der Führer sei tot, Generaloberst Beck habe die Führung des Reiches übernommen, Generalfeldmarschall von Witzleben die Führung der Wehrmacht, und er, Hoepner, sei mit der Führung der Geschäfte des Befehlshabers des Ersatzheeres betraut worden. Zum Abschluß wies Hoepner auf die Notwendigkeit weiterer vertrauensvoller

Zusammenarbeit in dieser großen Stunde hin und ging hinaus in das zwischen den Zimmern von Stauffenberg und Fromm gelegene Kartenzimmer [380]. Oberst von Roell, der Leiter der Gruppe II, schickte die mit ihm gekommenen Offiziere seiner Gruppe, Major Ruhe, Hauptmann Komp und Hauptmann Waizenegger, wieder in ihre Geschäftszimmer. Er selbst wartete mit Generalmajor Dr. Werner Kennes, dem Leiter der Gruppe Ib, im Vorzimmer Stauffenbergs, um von diesem Näheres besonders über Generaloberst Fromm zu erfahren. Während dieser Wartezeit kam im Vorzimmer ein Telephonanruf von Generalfeldmarschall Keitel an, der aber nicht zum Zimmer des Befehlshabers, sondern zum AHA weiterverbunden wurde.

Kurz vor oder um 18 Uhr bat Stauffenberg die drei Gruppenleiter – Generalmajor Kennes, Oberstleutnant i. G. Joachim Sadrozinski (I) und Oberst von Roell, ferner Oberstleutnant d. R. Franz Kleber und Oberst Rohowsky von der Gruppe III – in sein Zimmer und sagte ihnen, Hitler sei tot, Generaloberst Fromm habe sich der Notwendigkeit der Stunde versagt und sei in Schutzhaft, die Vollziehende Gewalt sei an die Wehrkreisbefehlshaber übergegangen, die Polizei überall diesen unterstellt. Kennes bat um Aufklärung, wie sich die weitere Zusammenarbeit seiner Gruppe mit dem Reichsministerium für Rüstung und Kriegsproduktion nun gestalten werde, aber Stauffenberg konnte nicht darauf antworten, weil er in dem Augenblick von General Olbricht in das anstoßende Kartenzimmer gebeten wurde. Als Roell dann wieder auf sein Dienstzimmer ging, begegnete er im Vorzimmer Stauffenbergs dessen Bruder, Berthold Graf von Stauffenberg, in Seeoffiziersuniform, und dem Ritterkreuzträger Oberst Fritz Jäger [381].

Während Generaloberst Beck und Generaloberst Hoepner nicht viel tun konnten, als den Erfolg der eingeleiteten Aktionen abzuwarten, bemühten sich Olbricht, Mertz und Stauffenberg fieberhaft um die Ausführung der Befehle, sie waren jetzt die eigentlichen Führer des Aufstandes. Da war zwischen 17 und 18 Uhr noch der zweite große Fernschreibbefehl abzuschreiben, weitere Ausführungsbefehle wurden von Mertz diktiert, Ausweise zum Verlassen und Betreten des Hauses mußten ausgestellt und unterzeichnet werden, Telephonanrufe waren zu beantworten, die Rückfragen aus den Wehrkreisen und von den anderen Empfängern der Umsturzbefehle kamen fast pausenlos, Mertz und Stauffenberg mußten immer wieder die Richtigkeit der Befehle bestätigen und die vielen Fragen nach dem Verbleib von Generaloberst Fromm beantworten. Die anderen Verschwörer, die sich in der Bendlerstraße eingefunden hatten, so Gisevius, Schulenburg, Yorck, aber auch viele Offiziere, die beim Umsturz besondere

5. Berlin: Zusammenbruch

Aufgaben erhalten sollten, waren in diesen Stunden wenig mehr als Statisten. Sie sollten längst in Aktion getreten sein, aber das Anlaufen des Staatsstreiches hatte sich ja sehr verzögert, und bis zum Ablauf der ersten zwei bis drei Stunden, bis die Truppen da waren und die ersten und wichtigsten Besetzungen und Sicherungen ausgeführt waren, konnten sie nichts tun. Nur der Leutnant von Kleist hatte einen Auftrag: gegen 18 Uhr schickte Olbricht ihn zum Regierungsviertel, um nach dem Stand der Dinge zu sehen. Kleist konnte melden, das Wachbataillon habe die befohlenen Absperrungen vorgenommen, auf der Ost-West-Achse seien Panzer aufgefahren, und in der Hermann-Göring-Straße habe er SS-Leute in kleinen Gruppen gesehen, die von den Soldaten Major Remers entwaffnet worden seien[382]. Später, gegen 21.30 Uhr, wurde Kleist von Olbricht noch einmal zu Hase in die Stadtkommandantur geschickt, um Verstärkung für die Bendlerstraße heranzuholen. Er konnte aber nur noch von der völligen Verwirrung und Verkehrung der Zustände berichten, in der Stadtkommandantur herrsche »ein komplettes Durcheinander«.

Kurz nach 18 Uhr fragte Generaloberst Beck nach Generalfeldmarschall von Witzleben. Gisevius sagte, es heiße, daß Witzleben unterwegs sei nach Zossen, wo er den Oberbefehl über die Wehrmacht übernehmen wolle. Dort befand sich zum großen Teil der Generalstab des Heeres, und dort war der Generalquartiermeister des Heeres, General der Artillerie Eduard Wagner, der Vertreter des Chefs des Generalstabes des Heeres, Generaloberst Zeitzler[383]. Beck fand, der Oberbefehlshaber gehöre nicht nach Zossen, sondern nach Berlin und in die Bendlerstraße[384]. Etwa um 18 Uhr kam Witzleben im Lager »Maybach II« an und meldete sich bei General Wagner, doch fand er hier keine aktive Zentrale der Verschwörung vor und fuhr kurz darauf nach Berlin[385].

Während im Vorzimmer Olbrichts die Sekretärinnen Fernschreibenvorlagen abschrieben und Oberstleutnant Bernardis bei Fräulein Lerche saß und das Geschriebene überprüfte, stand am Fenster mit zusammengebissenen Zähnen Olbrichts Ia, Oberstleutnant i. G. Bolko von der Heyde, der nicht mittat, aber auch nicht verhaftet war, grimmig dreinblickte und zwischendurch den Sekretärinnen seinen Jammer um den getöteten Führer klagte; übrigens werde er essen gehen, wenn es doch nichts zu tun gebe[386]. Als Stauffenberg davon hörte, befahl er der Torwache, die Ausgangssperre durchzusetzen und niemand ohne gültigen Ausweis hinauszulassen.

Kurz nach dieser Szene kam der vom RSHA hergeschickte SS-Oberführer Dr. Achamer-Pifrader, um Stauffenberg zu einer Besprechung bei SS-Gruppenführer Heinrich Müller, dem Chef der Gestapo, zu bitten[387]. Stauffenberg ließ ihn samt einem Begleiter einsperren und gab ihn in die Obhut von Oberst Jäger. Dr. Otto John begegnete dem Trio im Flur, als er gerade selbst, von der Zentrale der Lufthansa in Tempelhof kommend, im Zentrum der Verschwörung eintraf.

John war mit seinen Eindrücken von der Tätigkeit der Führungsgruppe dieses Staatsstreiches ebenso unzufrieden wie Gisevius. Er hatte von dem »überlegen und nüchtern arbeitenden Generalstab« eine Vorstellung, die nicht zu dem hier anscheinend herrschenden hektischen Durcheinander paßte [388]. John wußte nicht, daß man wertvolle Anlaufzeit verloren und deshalb von Anfang an gegen die mächtigere Strömung anzukämpfen hatte, daß hier eine Sache ohne solide Erfolgschancen verfolgt, also ganz ungeneralstabsmäßig gearbeitet wurde. Gisevius hatte diese Lage erfaßt und drängte auf Tätigkeit. Als Stauffenberg wieder erschien, schlug er ihm vor, bis zum Eintreffen der Truppen die Zeit zu nützen und mit Offizieren das RSHA und das Propagandaministerium zu besetzen sowie den Gestapochef Müller und den Minister Goebbels über den Haufen zu schießen [389]: ob denn Stauffenberg nicht sehe, von was für Versagern er hier umgeben sei, und man müsse ein paar Leichen haben, um den Aufstand für alle unwiderruflich zu machen. Stauffenberg war nicht abgeneigt und wollte mit Oberst Jäger sprechen. Dieser wurde in die Wehrmachtstandort-Kommandantur geschickt, wo er Stoßtrupps übernehmen und die Aktionen durchführen sollte. Aber ehe es dazu kam, hatten die Rundfunknachricht vom Überleben Hitlers und die Einwirkung von Goebbels und Remer jedes Handeln gelähmt. Mangels Truppen konnte Jäger nichts mehr unternehmen.

Graf von Helldorf ließ durch seinen Adjutanten bei Gisevius nach dem Fortgang der Dinge fragen. Da es sonst nichts zu tun gab, fuhr Gisevius gleich mit dem Adjutanten zu Helldorf zurück [390]. Gegen 19 Uhr war er im Polizeipräsidium und hörte sich Helldorfs Beschwerden an [391]: Seit zwei Stunden sei der ganze Polizeiapparat stillgelegt und in Bereitschaft, aber nichts geschehe, es kämen keine Anweisungen, längst schon hätte Generalleutnant von Hase mit Helldorf in Verbindung treten müssen, um die für die Verhaftungen vorgesehenen Kriminalbeamten anzufordern, und das Wachbataillon tue ja wohl auch nicht, was es solle. Im RSHA und bei Goebbels sei man guten Mutes, wie sich aus Telephongesprächen mit Müller und Goebbels ergeben habe, es heiße, daß SS-Truppen im Anmarsch seien und im Rundfunk eine Erklärung über Hitlers Wohlbefinden veröffentlicht werde [392]. Gisevius erklärte die Verzögerungen mit der vorausgegangenen und erwarteten Spanne des Anlaufens und mit den Schwierigkeiten wegen der Haltung des Befehlshabers im Wehrkreis III, General von Kortzfleisch, womit er zweifellos recht hatte, aber

5. Berlin: Zusammenbruch

doch die Besorgnisse wegen des Ausgangs der Unternehmung nicht zerstreuen konnte.

Tatsächlich lag es nicht nur an der unumgänglichen Anlaufzeit, daß der Umsturz nicht vorwärtskam, sondern auch an der Halbherzigkeit, mit der viele Verschwörer sich jetzt verhielten, da Hitlers Überleben wahrscheinlich und zunehmend sicher erschien. Längst nicht alle besaßen die Konsequenz und den Mut von Stauffenberg, Olbricht, Mertz, Schulenburg, Yorck, Haeften und anderen, als sie der Wahl zwischen der Förderung eines fast sicher zum Scheitern verurteilten Unternehmens, das mit Tod und Qual enden würde, und dem schwachen Hoffnungsschimmer des Davonkommens konfrontiert wurden. Als Gisevius – nach seiner Erinnerung zwischen 19 und 20 Uhr – wieder in die Bendlerstraße zurückkam, war Generalleutnant von Thüngen immer noch da, anscheinend auf ein Auto wartend, aber ohne sonderliche Eile. General Olbricht berichtete von der Rundfunknachricht, die inzwischen bekanntgeworden war, und daß er nun nicht mehr am Überleben Hitlers zweifle. Ob Gisevius glaube, daß man noch zurück könne? Nein, Gisevius glaubte es nicht [393].

Dr. John wollte wissen, wie nun eigentlich die Lage sei und wandte sich an Hauptmann d. R. Graf Schwerin. Wie es wirklich stand, wußte Schwerin auch nicht, sagte aber, Beck wolle die Sache eisern durchziehen, und fügte hinzu: »›Wenn nur die Besetzung des Rundfunks geklappt hätte!‹« [394] Überdies würden aus dem Führerhauptquartier schon Gegenbefehle gegeben, und mit der Wehrmachtstandort-Kommandantur Unter den Linden habe man keine Verbindung mehr [395]. Da der Oberst Hansen, Johns spezieller Kontaktmann, nicht gekommen war und für diesen Abend auch nicht mehr erwartet wurde, da es überdies nicht wahrscheinlich war, daß John schon heute seine Weisungen für den Kontakt zu den westlichen Alliierten erhalten könnte – Schwerin erklärte für ganz ausgeschlossen, daß John bei dem herrschenden Betrieb mit Beck oder Olbricht darüber sprechen könne –, blieb für ihn eigentlich nichts zu tun, als wieder zu gehen [396]. Er wollte zu Popitz fahren und etwas über die Besprechung zwischen Witzleben und Gereke hören. Aber zunächst blieb er doch noch da und beobachtete, wie Offiziere hin und her liefen, wie Berthold Graf von Stauffenberg in seiner Marineuniform gedankenvoll auf und ab ging, wie Olbricht und Stauffenberg fieberhaft telephonierten und die Offiziere in den Wehrkreiskommandos beschworen, die ergangenen Befehle auszuführen, alles habe seine Richtigkeit, aus dem Führerhauptquartier seien Gegenbefehle zu erwarten, aber nicht zu befolgen, die seien nicht authentisch, Keitel lüge, Hitler sei bestimmt tot, das Reich sei in Gefahr, die Wehrmacht habe die Vollziehende Gewalt, alle Nachrichtenzentren seien vordringlich zu besetzen usw. Im Lauf der Stunden, zwischen 18 und 19 Uhr, kam es auch zu dem Gespräch zwischen Beck und Kluge, dessen Ergebnis die Weigerung Kluges zur Teilnahme am Umsturz war [397].

Um 20 Uhr rief John seinen Bruder an, wie er ihm versprochen hatte, wurde aber nach kurzer Zeit von einer Telephonistin unterbrochen, die Leitung wurde gebraucht. Einige Generale standen herum und warteten auf eine angesetzte Besprechung, eine Sekretärin brachte kalte Platten, Generalfeldmarschall von Witzleben und sein Adjutant Major Graf von Lynar trafen endlich ein, eine Sekretärin konnte einen Wehrkreisbefehlshaber nicht erreichen, weil der zum Abendessen gegangen war, Haeften gab Anweisungen für die Festsetzung einiger verhafteter und »unzuverlässiger« Offiziere [398]. John fand das ungeheuer beruhigend, sicher würde es noch Zusammenstöße mit den Truppen Himmlers geben, aber im großen ganzen war doch alles auf gutem Wege, das Heer marschierte, so schien es ihm.

Da er nichts tun konnte, beschloß er, sich nun doch zu verabschieden. »›Wenn Sie morgen früh anrufen, werden wir wissen, was los ist‹«, sagte ihm Schwerin [399]. Auf dem Flur traf er Haeften und sagte ihm, er gehe, werde aber morgen früh um acht Uhr anrufen. »›Dann hängen wir vielleicht schon alle‹«, sagte Haeften trocken, lächelte aber und sagte »›auf Wiedersehen‹« [400]. John kam gerade noch vor Beginn der Gegenaktion hinaus.

Inzwischen hatte Gisevius Beck, Stauffenberg und Schulenburg von seinem Ausflug zum Polizeipräsidium berichtet. Stauffenberg sagte, er habe Hase schon angewiesen, sofort mit Helldorf Fühlung zu nehmen [401]. Dazu war es aber nun zu spät; denn zu dieser Zeit gehorchten Hase keine Truppen mehr, und er machte sich auf den Weg zum Wehrkreiskommando III. Es wurde auch schon etwa um 19 Uhr erwogen, Major Remer einfach abzulösen und zu ersetzen, aber das hing alles in der Luft, Remer ließ sich von den Verschwörern nichts mehr befehlen, und diesen fehlte es an Machtmitteln und an Autorität [402].

Immer wieder sprach Beck vom Rundfunk und der Notwendigkeit, einen Aufruf der Staatsstreichführung zu verbreiten. Der General der Artillerie beim Chef H Rüst u BdE, Fritz Lindemann, hätte den ersten Aufruf im Rundfunk verlesen sollen [403]. Jetzt war er aber nicht aufzufinden, vielleicht wartete er in der Stadtkommandantur oder versuchte, dorthin zu kommen (tatsächlich war er zwischen 19 und 20 Uhr auf dem Weg von Zossen nach Berlin). So fragte Beck nun Gisevius, ob er bereit sei, einen entsprechenden Aufruf zu verlesen und auch zuerst zu entwerfen, da Lindemann das einzige Exemplar bei sich habe. Beck meinte, er selbst könne jetzt nicht von hier weg. Allerdings wollte er später auch selbst im Rundfunk sprechen, und zwar ehe Hitler dies tun könnte, wie er zu Hoepner sagte, als dieser ihm von der Radiomeldung über das Attentat und der Möglichkeit einer Ansprache Hitlers Mitteilung machte [404]. Beck meinte, ob Hitler lebe oder nicht, die Gegenseite werde so oder so behaupten, daß er lebe, und falls Hitler lebe, müsse er an einer Rundfunkansprache unbedingt gehindert werden.

Gisevius fing also an zu entwerfen, aber in dem Trubel konnte er nichts niederschreiben. Immer wieder hörte er Stauffenberg am Telephon die Wehrkreisoffiziere beschwören, kurz abfertigen, zu überreden suchen, immer wieder wurde er selbst nach dem Verhalten der Polizei gefragt, während doch Helldorf und Nebe auf Weisungen von Hase oder vom Wehrkreiskommando warteten [405]. Dann wieder sagte Beck, Gisevius müsse jeden Moment damit rechnen, vor das Rundfunkmikrophon gestellt zu werden. Auf Gisevius' Einwand, daß ja die Sender gar nicht besetzt worden seien, sagte Stauffenberg, das werde bald geschehen sein, sowie die Panzer da sein würden, bis 20 Uhr werde das soweit sein. Also besprach Beck mit Gisevius die Grundgedanken des Aufrufes: Gleichgültig, was die Goebbelssche Propaganda auch verkünde, ein Führer, in dessen engster Umgebung solche Gegensätze und Zweifel aufbrechen, daß einer seiner nächsten Mitarbeiter mit Hilfe einer bedeutenden Gruppe hoher Offiziere gegen ihn ein Bombenattentat unternimmt, ist moralisch tot [406]. Gisevius notierte sich die Gedanken, und auch die Stichworte, die ihm dazwischen von Stauffenberg, Olbricht, Hoepner, Yorck, Schwerin und Schulenburg zugerufen wurden.

Dann telephonierten Stauffenberg und Beck um 19.55 Uhr mit dem Chef des Generalstabes der Heeresgruppe Nord, die in Kurland schon fast von der Roten Armee abgeriegelt war. Beck gab den Befehl zum sofortigen Rückzug [407]. Darauf ordnete er an, daß in der Bendlerstraße von seinem Befehl eine Aktennotiz angefertigt werde, weil das für künftige Historiker wichtig sei, niemand könne wissen, wie die nächsten Stunden verlaufen und ihr Ergebnis könnte die Ausführung des Befehles verhindern und ein neues Stalingrad besiegeln.

Endlich traf, wie schon erwähnt, etwa um 20 Uhr Generalfeldmarschall von Witzleben mit seinem Adjutanten Graf von Lynar in der Bendlerstraße ein, sie kamen von der Dienststelle des Generalquartiermeisters General Wagner, wo sie erfahren hatten, daß das Attentat durchgeführt, aber gescheitert war [408]. Beide blickten finster und waren offenbar mit dem Gang der Dinge unzufrieden. Als Stauffenberg sich bei Witzleben meldete, sagte dieser zur Antwort: »›Schöne Schweinerei, das.‹« [409] Dann meldete er sich bei Beck zur Stelle, der ja beim Staatsstreich sein Vorgesetzter war, und beide gingen in Fromms Zimmer. Beck berichtete, was bisher geschehen war, vom Hinausgehen der Befehle an die Wehrkreise, von den Gegenbefehlen, von der Meldung, daß Hitler das Attentat überlebt habe. Die Aussprache wurde erregt, nach kurzer Zeit wurden Stauffenberg und Schwerin hineingerufen und von Witzleben mit schweren Vorwürfen überschüttet, ab und zu schlug der Feldmarschall mit der Faust auf den Tisch. Stauffenberg und Beck bestanden darauf, die Meldung von Hitlers Überleben sei eine Lüge, Witzleben wollte es nicht glauben. Unbezweifelbar war jedoch, daß weder die Reichshauptstadt noch die Rundfunkanlagen in den Händen der Verschwörer waren. Eine dreiviertel Stunde dauerte die erregte Auseinandersetzung, dann fuhr Witzleben zornig wieder weg, zurück nach Zossen und zu General Wagner. Dieser sagte ihm, nachdem er den Bericht des Feldmarschalls gehört hatte: »Wir fahren nach Hause.«[410] Die Zeugen des Gesprächs zwischen Beck und Witzleben sind alle nicht mehr am Leben und haben auch vor ihrem Tode nicht ausführlich berichtet, aber das Ergebnis sagt genug: mit einer so schlecht geführten Sache – nicht einmal Truppen hatte man zur Verfügung! – wollte Witzleben nichts zu tun haben, er wollte nicht Befehle erteilen, wenn er schon vorher wußte, daß sie nicht ausgeführt würden.

In der Zwischenzeit, schon früher am Abend, hatte General Olbricht die anderen Amtschefs, die meist das Haus schon verlassen hatten, zu einer Besprechung wegen des Attentats auf Hitler in die Bendlerstraße gebeten; nach und nach trafen sie ein, unter ihnen der Generalinspekteur des Führernachwuchses, Generalleutnant Karl-Wilhelm Specht, und der Chef des Ausbildungswesens im Ersatzheer, General der Pioniere Walter Kuntze, mit seinem Chef des Stabes und Vertreter, Major i. G. Rittmann[411]. Stauffenberg rief die eingetroffenen Generale zwischen 19 und 20 Uhr zu Olbricht hinein, der ihnen eröffnete, Hitler sei einem Anschlag zum Opfer gefallen und eine neue Regierung unter Witzleben und Beck sei gebildet worden[412]. Specht fragte, was man denn nun glauben solle, der Rundfunk habe doch gemeldet, daß Hitler am Leben sei, worauf Olbricht keine klare und zufriedenstellende Antwort geben konnte. Die Generale Kuntze, Specht und noch ein dritter General erhoben sich und sagten, sie hätten dem Führer einen Eid geschworen, und mit den gegebenen Auskünften können sie nichts anfangen, auf dieser Grundlage können sie nicht weiterarbeiten[413]. Dann verließen sie den Raum, niemand versuchte, sie zurückzuhalten.

Während in den Räumen Fromms und Olbrichts die oben geschilderten

5. Berlin: Zusammenbruch

Vorgänge stattfanden, während also mangels erfüllter Voraussetzungen für den Erfolg – Tod Hitlers, Vorsprung vor den Machthabern – und mangels militärischer Macht, aber auch mangels persönlichen Einsatzes der am Staatsstreich beteiligten Generale wie Hase, Thüngen, Thiele, der Umsturzversuch in sich zusammenfiel, kam in den beiden Stäben Fromms und Olbrichts, im Stab des Chef H Rüst u BdE und im Stab des Allgemeinen Heeresamtes, etwa zu gleicher Zeit eine Gegenbewegung in Gang.

Nachdem Fromm und sein Adjutant, Rittmeister Bartram, gegen 17 Uhr verhaftet worden waren, ließ sich Bartram zuerst einmal von Fromm über die Lage aufklären – als einer der ersten im Hause anwesenden Nichtverschwörer erfuhr er, daß ein Putsch im Gange war[414]. Nachdem Fromm sich beruhigt hatte, überlegten beide, was zu tun sei. Fromm meinte, es müßten Truppen her, um die Clique auszuheben, er dachte an die Infanterie-Schule in Döberitz und Bartram dachte an das Wachbataillon vom Panzerkorps »Großdeutschland«, dem er selbst angehört hatte. Das Telephon in dem Bartram und Fromm angewiesenen Zimmer war abgeschaltet, im Vorzimmer war ein schwerbewaffneter Doppelposten aufgestellt, Fromm hatte keine Waffe bei sich und Bartram nur einen Dolch. Der Raum hatte aber noch einen wenig bekannten zweiten Ausgang zu einer Treppe, die zum Obergeschoß führte, in dem überaus verwinkelten Gebäude und dem dunklen Flur, auf den er führte, war er leicht zu übersehen. Dieser Ausgang war unbewacht. Bartram gelangte unbemerkt hinaus und die Treppe hinauf zu Generalmajor Kennes. Diesem berichtete er die Vorgänge und überbrachte ihm den Befehl von Fromm, Döberitz zu alarmieren, aber Kennes unternahm nichts[415].

Später, nachdem Kennes mit anderen Gruppenleitern zu Stauffenberg gerufen und unterrichtet worden war, glaubte er zwar an den Putsch, wagte aber nicht zu telephonieren in der Annahme, daß die Telephone überwacht würden[416]. Auch ein Versuch, aus dem Hause zu kommen, schlug Kennes fehl. Er rief dann die Herren seiner Gruppe zusammen und trug ihnen auf, womöglich den Bendlerblock zu verlassen und auf Befehl von Generaloberst Fromm Truppen zur Aushebung der Verschwörer zu alarmieren. Das führte aber alles zu nichts, weil die Truppen schon andere Befehle hatten und ohnehin marschierten, und dann wurden sie Remer unterstellt und auch ohne Fromms Zutun in dem von ihm gewünschten Sinne eingesetzt.

Nach der Unterrichtung über den Tod Hitlers und die Übernahme der Vollziehenden Gewalt durch die Wehrmacht war Oberst von Roell wieder auf sein Dienstzimmer gegangen. Dort hörte er, während er über das Erlebte nachdachte, Bruchstücke einer Rundfunknachricht, worin vom

Attentat und vom Wohlbefinden des Führers die Rede war. Er beschloß, mit Generalleutnant Burgdorf, dem stellvertretenden Chef des Heerespersonalamtes, zu telephonieren und meldete ein Gespräch nach »Mauerwald« an. Inzwischen bat Oberst von Roell Generalmajor Kennes, Oberst Rohowsky und Oberstleutnant Kleber (von der Gruppe III) zu sich, um sie sofort vom Ergebnis des Gesprächs mit Generalleutnant Burgdorf unterrichten zu können. Während sie warteten, kam auch Bartram zu Roell und erzählte, was ihm und Fromm widerfahren war.

Als die Verbindung mit Burgdorf hergestellt war, sagte ihm Roell, »daß Gen. Obst. Hoepner als neuer BdE eingetroffen sei«, und bat um Befehle [417]. Burgdorf schien zum erstenmal von den Berliner Vorgängen zu hören und befahl Roell und den übrigen Herren strikt, sich augenblicklich zu ihm [418] oder zu Generalmajor Maisel nach Lübben zu begeben. Roell unterrichtete die Anwesenden und außerdem noch die Hauptleute Komp und Waizenegger.

Der Versuch, den Bendlerblock zu verlassen, mißlang zunächst, die Herren hatten keine Ausweise. Da schickte Oberst von Roell den Hauptmann Komp in das Vorzimmer Olbrichts mit dem Auftrag, Passierscheine auf die entsprechenden Namen zu besorgen, was groteskerweise ohne Schwierigkeiten gelang. Ungefähr um 20 Uhr, nach der Ankunft von Generalfeldmarschall von Witzleben, fuhren die Herren mit einem Auto ihrer Gruppe über die Potsdamer Straße nach Tempelhof und in Richtung Lübben. Unterwegs hielten sie beim Truppenübungsplatz Zossen in Leber See, wo Generaloberst Fromm seine Wohnung hatte, und sagten seiner Frau, er werde diese Nacht nicht nach Hause kommen. In Lübben meldete sich Roell bei Maisel und unterrichtete ihn. Maisel vergewisserte sich in Gegenwart Roells beim Adjutanten des Chefs des Heerespersonalamtes, Oberstleutnant Weiß, »daß alle Wehrkreise die erforderlichen Gegenbefehle erhalten hatten«.

Bartram war unterdessen in der Bendlerstraße unermüdlich tätig, um eine Gegenaktion in Gang zu bringen, Angehörige des Hauses von der Verhaftung Fromms und von dem Putsch zu unterrichten und Möglichkeiten des Entkommens zu erspähen. Jedesmal nach einem solchen Ausflug berichtete Bartram seinem Befehlshaber über die Lage. Sie überlegten, ob nicht auch Fromm durch den unbewachten Ausgang entkommen könnte, fanden aber, daß ein so hochgewachsener Generaloberst wie Fromm in voller Uniform nicht damit rechnen könne, so wenig aufzufallen, wie der harmlos wirkende, beinamputierte Rittmeister, den kaum jemand kannte. Sie wollten daher bis zum Einbruch der Dunkelheit warten und dann über ein vermutlich unbewachtes Geleise für Loren, die

5. Berlin: Zusammenbruch

beim Bau des Luftschutzbunkers im Hof des Bendlerblocks verwendet wurden, zur Tiergartenstraße entkommen, wohin einer der Herren der Abteilung Kennes' den Fahrer Fromms beordert[419].

Bei einem seiner Ausflüge hatte Bartram den General von Kortzfleisch getroffen, als dieser noch nicht verhaftet war, und hatte ihn zu Fromm gebracht, später gelang ihm dasselbe mit General Kuntze und Generalleutnant Specht. Man unterrichtete sich gegenseitig, und Fromm befahl seinem jeweiligen Besucher, Truppen zu mobilisieren und eine Gegenaktion einzuleiten. Specht und Kuntze zeigte er den geheimen Ausgang, durch den diese auch tatsächlich das Gebäude verlassen konnten, lehnte aber ihren Vorschlag ab, selbst mitzukommen. Specht und Kuntze gelangten nach Potsdam, wo die Truppenschulen für den Einsatz gegen die Verschwörung in Bereitschaft versetzt wurden, der dann allerdings später sich als überflüssig erwies. Zwischendurch hörten Fromm und Bartram die Rundfunkmeldungen über das Mißlingen des Attentats und das Überleben Hitlers – mindestens ein Beweis, daß der Umsturz schlecht verlief, da die Rundfunkstationen nach wie vor in den Händen der alten Machthaber waren und entsprechend genützt wurden[420].

Aber die von Fromm so oft in Auftrag gegebene Gegenaktion ließ auf sich warten, es wurde dunkel, und so mußte Fromm nun wohl oder übel selbst etwas unternehmen. Zunächst ließ er Generaloberst Hoepner durch Bartram bitten, in seine Wohnung gehen zu dürfen und versprach unaufgefordert, er werde nichts unternehmen und auch nicht telephonieren. Das war etwa um 21 Uhr[421]. Fromm erhielt die Erlaubnis, und ein bewaffneter Posten bezog vor seiner Wohnungstür Stellung. Jetzt hatte Fromm ein Telephon zur Verfügung, telephonierte aber nicht, sei es, um sein Versprechen zu halten (wozu er sich in seiner Lage nicht verpflichtet zu fühlen brauchte), sei es aus Furcht vor Entdeckung, sei es, um den angeblichen Ausbruchsversuch nicht zu gefährden, den er mit so wenig Energie verfolgte. Mit Bartram überlegte er weiter, wie sie die Wachen überlisten könnten, wozu es jetzt eigentlich zu spät war, denn Fromm hatte den Vorteil des unbewachten Zimmerausgangs ohne Not aufgegeben. Gegen 22 Uhr schickte er seinen Adjutanten in das Zimmer, wo beide zuerst festgehalten worden waren, um das dort stehende Rundfunkgerät zu holen, und unterwegs stieß Bartram endlich auf die Gegenaktion, die ohne Fromms Zutun zustande gekommen war.

Die uneingeweihten und an dem Staatsstreichversuch nicht beteiligten Offiziere des Stabes des Allgemeinen Heeresamtes wurden durch die Widersprüche zwischen den Behauptungen von Olbricht, Hoepner und Stauffenberg einerseits und den Meldungen des Rundfunks andererseits immer stutziger. Oberstleutnant i. G. Herber, Oberstleutnant i. G. von der Heyde, Oberstleutnant i .G. Pridun und Major i. G. Harnack besprachen die Lage und kamen zu dem Ergebnis, daß nicht nur die Beseitigung Hitlers, sondern hier in der Bendlerstraße auch die Beseitigung der nationalsozialistischen Regierung überhaupt versucht worden sei [422]. Die Rundfunkmeldung, daß Himmler zum Befehlshaber des Ersatzheeres ernannt worden sei, die um 21 Uhr ausgestrahlt wurde, tat ein übriges [423]. Man beschloß, vom vorgesetzten Amtschef, General Olbricht, Aufklärung zu verlangen, Herber als dienstältester Offizier wollte es arrangieren.

Darauf wurden die Offiziere des Stabes zu Olbricht befohlen, etwa um 21 Uhr versammelten sie sich dort [424]. Aber Olbricht gab nicht die erhoffte Aufklärung, sondern Anweisungen für den Schutz des Hauses. Die herbeorderte Wache des Wachbataillons sei wieder abgerückt, es müsse jetzt das Gebäude verteidigt werden, woran jeder Generalstabsoffizier teilzunehmen habe. Die übrigen Dienstgeschäfte seien vorläufig zurückzustellen. Sonst gab er zur Lage nur vage Andeutungen von der Notwendigkeit, eine drohende Katastrophe zu verhindern, weshalb verantwortungsbewußte Männer die Initiative ergriffen hätten. Die von Herber bestellten Waffen waren übrigens noch nicht eingetroffen.

Damit waren Herber, Heyde, Harnack und andere Offiziere nicht zufrieden. Nachdem Olbricht sie entlassen hatte, besprachen sie sich weiterhin auf dem Flur und im Dienstzimmer Heydes. Es schien ihnen deutlich, daß ein Putsch im Gange war, anscheinend gegen die bestehende Regierung. Sie fanden sich nun in der Lage, als nicht eingeweihte und nicht beteiligte Untergebene der Verschwörer zu einem Zeitpunkt zur Beteiligung heran- und noch nicht einmal ins Vertrauen gezogen zu werden, als der Staatsstreich schon zusammenbrach. Gewiß hatten sie der Verschwörung, die sie andeutungsweise erkannten, anfangs nichts in den Weg gelegt, aus welchen Motiven auch immer, und gewiß hatten sie, als die Rundfunkmeldung gegen die Behauptungen der Verschwörer stand, für keine Seite Partei ergriffen. Um so weniger sahen sie aber jetzt einen Anlaß, die scheiternde Verschwörung verteidigen zu helfen. Im Gegenteil, da sie sich an die Verschwörer ebensowenig gebunden fühlten wie an das auch ihnen nicht besonders sympathische Regime, blieb ihnen unter den Umständen nur noch übrig, ihre Haut zu retten [425].

Sechs Generalstabsoffiziere waren von Olbricht als erste Schicht zur Bewachung der sechs Ausgänge des Gebäudes eingeteilt worden. Unter ihnen befanden sich Harnack, Herber, Heyde und Pridun. Der Putsch wurde Gewißheit, der Zusammenbruch des Versuches aber ebenso. Wer seinen Kopf retten wollte, mußte sofort loyal handeln. Oberstleutnant i. G.

5. Berlin: Zusammenbruch

Pridun erinnert sich: »Die bei Oberstl. von der Heyde versammelten Herren, zu denen auch ich gehörte, brachten klar zum Ausdruck, auch in dieser Lage von ihrem Soldateneid nicht abzurücken.« Sie beschlossen, zunächst noch genauere Aufklärung von Olbricht zu verlangen, insbesondere über den Zweck der Wache und gegen wen sie eigentlich gerichtet sei. Inzwischen waren auch die Waffen eingetroffen, und die Herren griffen zu einigen Maschinenpistolen, Pistolen und Handgranaten [426]. Herber nahm eine Pistole und steckte eine Handgranate in die Hosentasche. Dann übernahm er wiederum die Führung als dienstältester Offizier der Gruppe.

Wieder antwortete Olbricht auf die Vorstellungen und Fragen Herbers ausweichend: es gebe Nachrichten vom Tode des Führers, aber auch vom Gegenteil. Herber sagte, diese Auskünfte seien ungenügend und er müsse auf Unterrichtung durch Generaloberst Fromm bestehen, worauf ihn Olbricht auf Hoepner verwies und sich bereit erklärte, mitzugehen.

Während dieser Unterredung fielen im Flur Schüsse, offenbar aus Nervosität. Wer da auf wen geschossen hatte, ließ sich nur noch unvollständig feststellen. Wenn plötzlich Dutzende von Offizieren mit bloßen Waffen in der Hand herumliefen, war es natürlich kaum zu vermeiden, daß in der Aufregung der eine oder andere einen Schuß abgab, nur um irgendeiner ausgestoßenen Drohung oder Forderung Nachdruck zu verleihen oder einen Flüchtenden anzuhalten. Sicher erscheint jedoch, daß Hauptmann Klausing einen Schuß in Richtung auf den aus Olbrichts Räumen kommenden Oberstleutnant Herber abgegeben hat, den dieser erwiderte. Der Fahrer Stauffenbergs erinnert sich, daß der Oberst, nachdem er seine belgische Armeepistole mit dem rechten Armstummel an die Hüfte geklemmt und mit den drei Fingern der linken Hand durchgeladen hatte, einen Schuß auf Oberstleutnant i. G. Pridun abgegeben hat. Die Sekretärin von Oberst i. G. Mertz von Quirnheim und eine Sekretärin von Generaloberst Fromm erinnern sich, daß eine ganze Serie von Schüssen abgegeben und Stauffenberg am linken Oberarm bzw. am Schulterblatt verletzt wurde. Gerstenmaier mußte, als er später abgeführt wurde, über eine große Blutlache steigen [427]. Stauffenberg wollte sich nach seiner Verwundung von Fromms Sekretärin mit Paris verbinden lassen, dort schien noch Hoffnung auf eine Aktion, die den Durchbruch für den Staatsstreich bringen konnte. Aber die Verbindung kam nicht zustande [428]. Den ganzen Tag über hatte Stauffenberg die schwarze Kappe über der leeren Augenhöhle getragen. Nun hatte er sie abgelegt, ein Zeichen für Ermüdung und Irritation [429].

Trotz der Schießerei gelangten Olbricht und Herber unangefochten in das Dienstzimmer von Generaloberst Fromm, wo Generaloberst Hoepner sie empfing, Mertz gesellte sich dazu, Beck, Haeften und Stauffenberg waren auch da. Herber warf Hoepner vor, durch die »Walküre«-Befehle den Nachschub für die Front unterbrochen zu haben, und überhaupt wolle er endlich wissen, was hier gespielt werde, und er verlange mit Fromm zu sprechen. Hoepner sagte, er selbst wisse auch nichts Genaues und warte auf Befehle von Witzleben. Im übrigen verwies er Herber auf Fromm, der in seiner Dienstwohnung sei. Auf dem Fußboden verbrannte Haeften Papiere. Stauffenberg sagte um diese Zeit zur Sekretärin von Generaloberst Fromm mit unbeschreiblich trostlosem Gesicht: »›Sie haben mich ja alle im Stich gelassen!‹« [430]

Fromm war tatsächlich noch immer in seiner Wohnung, Rittmeister Freiherr von Leonrod stand davor und hielt Wache, Bartram wurde im Flur vor der Wohnung angetroffen. Auf die Frage, was Fromm tue, sagte Bartram, der wolle Radio hören, die neuesten Meldungen [431]. Ein Offizier des Hauses hatte sich mit den anderen bewaffnet, die Vorgänge mit Olbricht und die Schießerei erlebt. Nun klingelte er bei Fromm, wurde eingelassen und unterrichtete den Generaloberst über die Lage. Nach kurzer Überlegung ging Fromm mit ihm zu seinen Diensträumen. Der Posten vor Fromms Wohnung war nun verschwunden [432].

In Fromms Dienstzimmer fand der Befehlshaber, der nun wieder in seine Rechte zu treten versuchte, seinen Chef des Stabes, Oberst i. G. Graf von Stauffenberg vor, der ihn finster anblickte, ferner Oberst i. G. Mertz von Quirnheim, Oberleutnant von Haeften, Generaloberst Beck, General Olbricht, Generaloberst Hoepner. Sie wurden von bewaffneten Generalstabsoffizieren in Schach gehalten. Es war etwa 22 Uhr oder etwas später. Fromm erklärte die Verschwörer für verhaftet: »›So, meine Herren, jetzt mache ich es mit Ihnen so, wie Sie es heute mittag mit mir gemacht haben.‹« [433] Die Waffen seien abzugeben, die Herren seien auf frischer Tat beim Hochverrat ertappt worden und daher durch ein Standgericht abzuurteilen. Der Staatsstreich war zu Ende.

XII. Untergang der Opposition

1. Standrecht

Nachdem Generaloberst Fromm die Führer des Umsturzversuches – Generaloberst Beck, Generaloberst Hoepner, General Olbricht, Oberst i. G. Graf von Stauffenberg, Oberst i. G. Mertz von Quirnheim, Oberleutnant von Haeften – für verhaftet und die übrigen Anwesenden für ein Standgericht erklärt hatte, verlangte er die Ablieferung der Waffen. Generaloberst Beck bat, seine Pistole »zum privaten Gebrauch« behalten zu dürfen, und Fromm gestattete es ihm mit der Bemerkung, er möge sich beeilen[1]. Darauf hob Beck die Waffe, versuchte einige Worte über die lange Zeit der Kameradschaft mit Fromm zu sagen, aber dieser unterbrach ihn brüsk und ersuchte ihn erneut, sich zu beeilen. Beck schoß sich an die Schläfe, wankte und wurde von Stauffenberg gestützt. Dann schoß er noch einmal auf sich und brach zusammen, lebte aber noch.

Nach Becks Selbstmordversuch fragte Fromm die Verhafteten, ob sie noch letzte Wünsche hätten. Generaloberst Hoepner sagte, er habe mit der ganzen Sache nichts zu tun und wolle sich rechtfertigen, Fromm erlaubte ihm widerstrebend, etwas niederzuschreiben. Olbricht bat um die gleiche Erlaubnis und erhielt sie. Das Abfassen der Schreiben dauerte gegen eine halbe Stunde, Fromm wurde ungeduldig und wollte die Erschießung der Anführer des Staatsstreiches nicht mehr länger hinauszögern. Als ihm das Eintreffen einer Abteilung des Wachbataillons »Großdeutschland« gemeldet wurde, erklärte er: »»Im Namen des Führers hat ein von mir bestelltes Standgericht das Urteil gesprochen: es werden der Oberst im Generalstab von Mertz, General Olbricht, der Oberst – den ich mit Namen nicht nennen will – und der Oberleutnant von Haeften zum Tode verurteilt‹.«[2]

Stauffenberg, der bisher zornig geschwiegen hatte, ergriff das Wort und nahm in einigen kurzen, bestimmten Sätzen die Verantwortung für alles Geschehene auf sich, alle anderen hätten als Soldaten und als seine Untergebenen gehandelt und nur seine Befehle ausgeführt[3]. Fromm, an der Türöffnung stehend, sagte nichts. Dann trat er zur Seite, die Aufforderung war eindeutig. Stauffenberg, Mertz von Quirnheim, Olbricht und Haeften gingen an ihm vorbei zur Türe hinaus, alle in ruhiger, gefaßter Haltung. Eine Stunde zuvor hatte Haeften noch dem Fahrer Stauffenbergs, dem Gefreiten Schweizer, Anweisungen für eine Flucht gegeben, aber jetzt war er ganz ruhig[4]. Hoepner sollte eigentlich auch erschossen werden, er sprach nun auf Fromm ein, dieser schüttelte den Kopf. Dann bat Hoepner um eine Unterredung unter vier Augen, die Fromm gewährte, man ging in Stauffenbergs Dienstzimmer. Was da gesprochen wurde, hat niemand erfahren, aber Fromm kam anschließend heraus und sagte, der Generaloberst Hoepner sei zu bewachen, er selber begebe sich jetzt zu Reichsminister Dr. Goebbels[5].

Während Beck zweimal die Pistole auf sich abschoß, ohne sich zu töten, hatte Generaloberst Fromm seinem Adjutanten, Rittmeister Bartram, befohlen, ein Erschießungskommando von zehn Mann unter Führung eines Offiziers bereitzustellen[6]. Bartram eilte die Treppe hinunter zur Wache, begegnete aber unterwegs schon dem Oberstleutnant Gehrke und Oberleutnant Schlee[7]. Er bat Schlee im Auftrage von Fromm um das Erschießungskommando, Schlee bestimmte dazu den Leutnant Werner Schady und zehn Unteroffiziere[8]. Der eingeteilte Offizier meldete sich bei Generaloberst Fromm und erhielt den Befehl zur Erschießung der vier Verurteilten und zur Verbringung von Generaloberst Hoepner in das Wehrmacht-Untersuchungsgefängnis in der Lehrter Straße. Da Beck noch immer lebte, gab Fromm einem Generalstabsoffizier den Befehl, ihn zu erlösen. Dieser bestimmte einen Angehörigen des Wachbataillons, der Beck den Gnadenschuß geben sollte[9].

Während Haeften die Treppe hinunterging, bäumte sich noch einmal der Wille zum Leben in ihm auf, er wehrte sich verzweifelt und wollte sich losreißen. Aber als die Verurteilten auf dem Hof ankamen, wo sie erschossen werden sollten, war er wieder ruhig und gefaßt[10].

Einzeln wurden die Offiziere vor einen bei Bauarbeiten im Hof aufgeworfenen Haufen sandiger Erde geführt. Die Fahrer der im Hof geparkten Fahrzeuge wurden angewiesen, diese so aufzustellen, daß die Scheinwerfer die nötige Beleuchtung lieferten. Zuerst wurde General Olbricht erschossen, dann war die Reihe an Oberst i. G. Graf von Stauffenberg[11]. Stauffenberg rief laut: »›Es lebe das heilige Deutschland!‹« Dann krachte die Salve, aber Oberleutnant von Haeften hatte sich vor ihn geworfen und wurde zuerst erschossen, erst die nächste Salve tötete Stauffenberg. Dann folgte Oberst i. G. Ritter Mertz von Quirnheim. Es war gegen 0.30 Uhr[12].

Darauf hielt Generaloberst Fromm im Hof des Bendlerblocks von einem offenen Militärfahrzeug aus eine zündende Ansprache an die anwesenden Soldaten, worin vom geliebten Führer und von der Vorsehung die Rede war. Zum Abschluß verfehlte er nicht, ein dreifaches donnerndes »Sieg Heil!« auf den Führer auszubringen. Dann fuhr er zu Goebbels [13].

2. Verhaftungen

Zusammen mit Beck, Hoepner, Stauffenberg, Olbricht, Mertz und Haeften waren noch eine Anzahl weiterer Offiziere und Zivilisten verhaftet worden, insbesondere Graf Yorck von Wartenburg, Graf von der Schulenburg, Graf Schwerin von Schwanenfeld, Berthold Graf von Stauffenberg, Oberstleutnant i. G. Bernardis, Oberstleutnant z. V. von der Lankken, der unbeteiligte und uneingeweihte Ordonnanzoffizier Olbrichts, Rittmeister d. R. Barnim von Ramin, und Dr. Eugen Gerstenmaier.

Dr. Otto John war der Verhaftung mit knapper Not entgangen, ohne es selbst zu wissen, und konnte am 24. Juli mit einem Flugzeug der Lufthansa nach Madrid entkommen [14]. Der Schwiegersohn von General Olbricht, Major der Luftwaffe Friedrich Georgi, hatte auf Grund der Fürsprache Olbrichts, und weil er Luftwaffenuniform trug, noch das Haus verlassen können, als die Einheiten des Wachbataillons schon alles abgesperrt hatten [15]. Später verfiel Georgi allerdings der Sippenhaft. Ebenso konnte Hauptmann Klausing nach 23 Uhr und vor dem Eintreffen des SD entkommen, ferner Oberleutnant Ludwig Freiherr von Hammerstein, der von seiner Kindheit her, als sein Vater Chef der Heeresleitung war und im Hause die Dienstwohnung hatte, jeden Winkel kannte, und Hauptmann Dr. Hans Fritzsche, der sich eines hilflos aussehenden, sehr alten österreichischen Obersten von der Wehrmacht-Propaganda-Abteilung annahm, sich als dessen Adjutanten bezeichnete und so mit ihm durch die Sperren kam [16]. Leutnant von Oppen kam hinaus, indem er sich einem SS-Führer anschloß, den er am Nachmittag sehr schonend festgesetzt hatte. Später wurden Fritzsche und Oppen dann doch noch verhaftet [17]. Dagegen machte Leutnant Ewald Heinrich von Kleist, nachdem er von seiner Mission bei der Stadtkommandantur und beim Polizeipräsidium in die Bendlerstraße zurückgekehrt war, zwei vergebliche Fluchtversuche, wobei er einen Offizier und dann noch einen Soldaten niederschlug, der ihn mit aufgepflanztem Bajonett bewachte; aber auf der Suche nach einem Fenster zum Hinausspringen geriet Kleist in ein Zimmer voller SS-Leute [18].

Die Verhafteten sollten, diesen Eindruck hatte Dr. Gerstenmaier, und er war damit nicht allein, als nächste erschossen werden [19]. Eine Gruppe – Yorck, Schulenburg, Schwerin, Berthold Graf von Stauffenberg, Bernardis, Lancken und Gerstenmaier – fand sich in Stauffenbergs Zimmer zusammengedrängt und von Bewaffneten in Schach gehalten, hatte sich aber noch nicht eigentlich ergeben und verbrannte alle erreichbaren Dokumente des versuchten Staatsstreiches. Dann wollten einige von ihnen versuchen, die Absperrung auf dem Flur zu durchbrechen, wurden aber dabei endgültig gefangengenommen. Dr. Gerstenmaier wurde sogleich einem Exekutionskommando übergeben, wie er aus den um ihn geführten Reden und Befehlen entnahm, aber in diesem Augenblick, kurz nach 0.30 Uhr, drang eine SS-Abteilung in den Bendlerblock ein unter Führung von Sturmbannführer Otto Skorzeny, der sich im September 1943 durch die tollkühne Befreiung Mussolinis aus der Gefangenschaft auf dem Gran-Sasso-Massiv hervorgetan hatte.

Als Remers Truppen, noch auf Befehl von Generalleutnant von Hase, Regierungsviertel und Reichssicherheitshauptamt umstellten, hatte die Gestapo Verteidigungs- und Gegenmaßnahmen eingeleitet, die allerdings erst nach 20 Uhr, als die im Stadtzentrum gelegenen Regierungsstellen nach dem Frontwechsel des Wachbataillons wieder Bewegungsfreiheit gewannen, auf einen der Lage angemessenen Stand gebracht werden konnten.

Vom Attentat hatte man im Reichssicherheitshauptamt natürlich sehr früh erfahren, schon gegen 14 Uhr wurde ein Sonderkommando der Sabotagekommission unter Führung von Kriminalrat Kopkow mit dem Flugzeug nach Rastenburg entsandt [20]. Im Lauf des Nachmittags fiel der Verdacht auf Stauffenberg, aber bei der Entsendung Dr. Achamer-Pifraders in die Bendlerstraße rechnete man noch nicht mit einem von dort ausgehenden Putsch. Auch als zwischen 18 und 19 Uhr spätestens klar sein mußte, was wirklich geschah, hat es noch ziemlich lange gedauert, ehe energische Gegenmaßnahmen seitens der SS und des RSHA ergriffen wurden. Die von Jüttner alarmierten SS-Einheiten blieben in Bereitschaft, und erst gegen 18.45 Uhr befahl SS-Gruppenführer Müller, das RSHA in Verteidigungsbereitschaft zu versetzen, ein Zug der Wachkompanie des RSHA zog auf, ferner ein Zug der 2. Panzerwerkstattkompanie der SS-Leibstandarte »Adolf Hitler« von insgesamt 51 Mann [21]. Aber erst zwischen 22 und 23 Uhr konnten die zusammengezogenen Wachtruppen und ihre Ausrüstung mit Waffen und Munition als genügend angesehen werden, erst in der Frühe des 21. Juli kurz nach 1 Uhr, als das alles keine Rolle mehr spielte, trafen beim RSHA zur Verstärkung ein Panzerkampfwagen und ein Panzerspähwagen der Polizei ein. Schon gegen 5 Uhr früh wurden die meisten Maßnahmen durch Himmler wieder aufgehoben [22]. Welche anderen Motive auch mitgespielt haben mögen, über die Himmler natürlich nie gesprochen hat, im Vordergrund standen

2. Verhaftungen

zweifellos zunächst die Überraschung, und dann die Tatsache des Umschwenkens Remers und der Niederschlagung des Putsches in Berlin durch Einheiten des Heeres selbst als Gründe für das zögernde Vorgehen der SS. Dazu kam ohne Zweifel auch der Wunsch, Blutvergießen zwischen SS und Soldaten des Heeres zu vermeiden [23].

Als der Leiter des Amtes VI (SD-Ausland), SS-Brigadeführer Walter Schellenberg, am Spätnachmittag von den Vorgängen in Berlin hörte, ließ er sofort Skorzeny aus einem Zug nach Wien holen. Gegen 19 Uhr war Skorzeny im Amt VI in der Berkaer Straße und wurde von Schellenberg zu Gegenmaßnahmen eingesetzt [24]. Nach einigen Erkundungsfahrten in Berlin, u. a. zur SS-Leibstandarte »Adolf Hitler« und zu Fallschirmjägergeneral Student, erhielt er gegen Mitternacht den Befehl, zur Unterstützung von Major Remer mit einer Kompanie SS in die Bendlerstraße zu fahren [25].

Als Skorzeny gegen 1 Uhr am Morgen des 21. Juli in die Bendlerstraße einbog, begegnete er noch dem Chef des RSHA, SS-Obergruppenführer Dr. Kaltenbrunner, und Generaloberst Fromm, der mit Hitler telephonieren und auf jeden Fall zu Goebbels fahren wollte, aber auch einmal sagte, er fahre jetzt nach Hause [26]. Major Remer war inzwischen auch da und begrüßte Skorzeny an der Toreinfahrt des Bendlerblocks. Es war etwa eine halbe Stunde nach der Vollstreckung der Todesurteile, als Skorzeny sich im ersten Stock von den Anführern der »Gegenbewegung« berichten ließ [27].

Weitere Exekutionen kamen nun zunächst nicht in Frage, Skorzeny hatte dazu weder Autorität noch Anlaß, er mußte sich erst einen Überblick verschaffen und konnte unmöglich auf bloße Behauptungen von irgendwelchen Generalstabsoffizieren, die vielleicht nur zur Tarnung sich der Gegenbewegung angeschlossen hatten, Erschießungen vornehmen lassen. Als Kleist verhaftet und mit Handschellen gefesselt auf Vernehmung und Abtransport wartete, traf Skorzeny ihn bei einer Inspektion des Hauses, verbeugte sich leicht und stellte sich vor: »›Skorzeny.‹« Kleist stand auf und verbeugte sich gleichfalls: »›Kleist.‹« Erst dann sah Skorzeny die Handschellen, murmelte »›ach so‹« und wandte sich ab [28]. Zu dieser völligen Unübersichtlichkeit kam, daß einerseits die Dienststellen des Hauses die am Nachmittag unterbrochene Arbeit wieder aufnehmen und die Angehörigen des Hauses sich in ihren jeweiligen Diensträumen aufhalten sollten, was Skorzeny das beste Mittel zur Wiederherstellung der Ordnung schien. Zugleich aber fehlten die Häupter der Organisation, und niemand wollte in dieser Lage Verantwortung auf sich nehmen, so daß Skorzeny ständig um Entscheidungen über Ersatz- und Nachschubfragen angegangen wurde, von denen er nicht viel verstand [29].

Erst allmählich glätteten sich im Hause die Wogen, als nach und nach Dr. Kaltenbrunner, General Reinecke und Generalleutnant Thiele, schließlich auch SS-Obergruppenführer Jüttner als Stellvertreter Himmlers in dessen neuer Eigenschaft als Chef H Rüst u BdE eintrafen und halfen, die Zügel wieder in die Hand zu nehmen.

Inzwischen waren schon die Leichen der fünf Toten, Beck, Olbricht, Stauffenberg, Mertz und Haeften, auf einem Lastwagen abtransportiert und zum Friedhof der Matthäikirche in Schöneberg gebracht worden [30]. Dort wurden sie noch in der Nacht in ihren Uniformen und mit allen Orden und Ehrenzeichen begraben. Aber am nächsten Tag ließ Himmler sie wieder ausgraben, noch einmal identifizieren und verbrennen. Die Asche wurde über Felder gestreut.

In der Bendlerstraße zogen die Verhaftungen trotz und wegen der erwähnten Verwirrung zunächst noch weitere Kreise, Unbeteiligte wurden festgenommen und manche Eingeweihte blieben unentdeckt. Ein Hauptmann, der mit der Sache gar nichts zu tun hatte, wurde wegen eines Telephongesprächs mit seiner Frau in der Nacht in das Gestapogefängnis im Keller des RSHA in der Prinz-Albrecht-Straße gebracht, wo er eine Anzahl der Verschwörer antraf und die ersten Vernehmungen zum Teil miterlebte. Erst nach vier Tagen wurde er ohne Angabe von Gründen wieder entlassen und kehrte in seine Dienststelle zurück, wo er mit Erstaunen begrüßt wurde. Bei seiner Verhaftung hatten seine Kameraden geflissentlich die ausgestreckte Hand übersehen, mit der er sich verabschieden wollte [31]. Außer den schon Genannten wurden im Laufe der Nacht und des folgenden Tages noch der Ia Fromms, Oberstleutnant Sadrozinski, verhaftet, ferner Major Freiherr von Leonrod und Hauptmann Helmuth Cords [32]. Zunächst wußten die vernehmenden Beamten kaum, wo sie anfangen und fahnden sollten, aber, wie der Leiter der Auswertungsgeschäftsstelle der sofort gegründeten Sonderkommission 20. Juli, SS-Obersturmbannführer Dr. Georg Kießel, berichtete, »der männliche Standpunkt der Idealisten [brachte] sofort einiges Licht in das Dunkel... Sie versuchten zwar ihre Kameraden zu decken, aber für den erfahrenen Kriminalisten war es ein Leichtes, nunmehr Baustein auf Baustein zu fügen.« [33] Es füllten sich Gefängnisse und Lager.

Angesichts der großen Zahl der Verhaftungen im Zusammenhang mit dem 20. Juli 1944 – Kießel spricht von 600 Personen – ist es nicht möglich, auch nur einen größeren Teil der Namen und der Umstände im einzelnen anzuführen, abgesehen davon, daß längst nicht alle Namen der Verhafteten und selbst der später Hingerichteten überhaupt bekanntgeworden sind. Der Zweck dieses und des folgenden Abschnitts kann nur

2. Verhaftungen

sein, einen Überblick über die Folgen des Staatsstreichversuches für die Widerstandsbewegung und über Ausmaß und Methoden der Verfolgung zu geben. Jedoch seien hier noch einige Mitteilungen über die ersten Maßnahmen des Regimes an den Brennpunkten der Erhebung aufgenommen.

Die Ironie der Ereignisse wollte es, daß Generaloberst Fromm, der sich – nach dem Mißlingen – zum Niederschlagen des Putsches entschlossen hatte, fast gleichzeitig mit den ersten Verschwörern festgenommen und zunächst »interniert« wurde, nachdem er sich zu Dr. Goebbels begeben hatte, wo auch schon Generalleutnant von Hase festgehalten wurde [34]. Später wurde Fromm wegen angeblicher Feigheit der Prozeß gemacht.

In der Kommandantur Unter den Linden 1 hatten Remers Truppen inzwischen versucht, einfach alle Anwesenden bis zur weiteren Klärung festzuhalten, konnten sich aber nicht immer gegen das selbstbewußte Auftreten mancher Offiziere durchsetzen [35]. Noch in der Nacht wurde hier Major i. G. Hayessen verhaftet, und zwar von dem Mitverschwörer Oberstleutnant i. G. Schöne, dem es aber bald ebenso erging, wie auch dem Abteilungsleiter Ia/Org in der Kommandantur, Major z. V. Adolf-Friedrich Graf von Schack, der mit Hayessen Papiere verbrannt hatte. Schöne hatte es gesehen, aber nicht verhindert.

Im Wehrkreiskommando am Hohenzollerndamm hatte man nach dem Zusammenbruch des Putsches kurz nach Mitternacht offiziell Verdacht geschöpft, und zwar vor allem gegen Generalleutnant von Thüngen und gegen Major i. G. von Oertzen. Thüngen konnte sich in der Nacht noch ungehindert entfernen, auch Generalmajor Herfurth, der Chef des Stabes, wurde nicht sofort verhaftet. Oertzen aber hielt man fest, verhörte ihn, er verwickelte sich in Widersprüche, als er leicht nachweisbare Tatsachen zu leugnen suchte, z. B., daß er im Herbst 1943 schon einmal zum Wehrkreiskommando III kommandiert gewesen war [36]. Nach der ersten Vernehmung Oertzens, die noch Generalleutnant von Thüngen auf Anweisung des etwa um 23 Uhr in das Wehrkreiskommando zurückgekehrten General von Kortzfleisch zusammen mit dem IIa, Oberst von Wiese, durchgeführt hatte, und deren Ergebnis Kortzfleisch vorgelegt wurde, meinte dieser, Oertzen sei ja wohl nur zufällig oder unwissend in den Putschkomplex hineingeraten, aber man müsse ihn zunächst in »Schutzhaft« nehmen. Oberst von Wiese eröffnete also Oertzen seine Verhaftung und nahm ihm die Pistole ab. Am Morgen des 21. Juli gelang es Oertzen bei einem Gang zur Toilette, zunächst noch belastende Schriftstücke zu verbrennen und hinunterzuspülen und auf dem Rückweg zwei Gewehrsprenggranaten in Löschsandtüten zu verstecken, die auf dem

Flur standen. Gegen 10 Uhr bat Oertzen seinen Bewacher, Leutnant Hentze, die Toilette wieder aufsuchen zu dürfen. Danach wollte er auf dem Flur noch »Luft schnappen«, verschaffte sich unbemerkt eine der Gewehrsprenggranaten und zog sie an seinem Kopf ab. Der hinzuspringende Leutnant wurde verwundet, Oertzen selbst brach schwerverletzt zusammen und wurde für tot gehalten, ein Arzt wurde gerufen, der Schauplatz abgesperrt. Inzwischen schleppte sich Oertzen etwa zwei Meter weit zur nächsten Löschsandtüte, holte die zweite Gewehrsprenggranate heraus, nahm sie in den Mund und zog sie ab, so daß sie ihm den Kopf zerriß. Die umstehenden Offiziere hatten gerade noch Zeit gehabt, in Deckung zu gehen. Kurze Zeit später kam General von Kortzfleisch, der loyale Nationalsozialist, dazu. Immerhin sei der Major von Oertzen anständig gestorben, meinte er.

Am 21. Juli wurde auch schon Generalfeldmarschall von Witzleben verhaftet, der nach dem zweiten Besuch bei General Wagner am Abend des 20. Juli wieder auf das Gut des Grafen von Lynar nach Seesen gefahren war[37].

Zugleich begannen die Verhaftungen von Persönlichkeiten, die dem Regime längst als Gegner bekannt waren, für deren Zusammenhang mit den konkreten Umsturzplänen es aber zunächst keine Beweise gab. So wurden Reichsminister a. D. Dr. Schacht und Generaloberst Halder verhaftet, ferner Minister Dr. Popitz, Reichsminister a. D. Noske, Generalmajor Oster und Admiral Canaris[38]. Sie wurden verhört, aber meist zunächst ohne brauchbares Ergebnis. Witzleben leugnete in seinem ersten Verhör jeden Zusammenhang mit der Verschwörung[39]. Er wußte nicht, wieweit sie sich durch ihre Aktionen bloßgestellt hatte. Niemand verdient einen Vorwurf dafür, daß er sein Leben retten wollte, und Aufrichtigkeit konnte in dieser Lage nicht nur Gefahr für das eigene, sondern auch für das Leben der Mitverschwörer bedeuten. Witzleben handelte durchaus der Sachlage entsprechend und realistischer als manche seiner verhafteten Kameraden. Später und vor allem in dem Prozeß vor dem Volksgerichtshof bewies er gegenüber dem Präsidenten Freisler eine hinsichtlich seiner eigenen Beteiligung völlig offene, überlegene und würdevolle Haltung, trotz der absichtlich entwürdigenden äußeren Umstände.

General der Artillerie Eduard Wagner war bald klargeworden, daß er nach der Verhaftung von Witzleben, Fellgiebel, Stieff und anderen nicht außerhalb der Ermittlungen bleiben würde. Er war durch die beiden Besuche Witzlebens am 20. Juli und durch die Beschaffung des Flugzeugs für Stauffenberg schon sehr stark belastet. Am 23. Juli um 12.41 Uhr erschoß er sich in Zossen[40].

2. Verhaftungen

Ebenfalls in den ersten Tagen nach dem Attentat tätigte man umfangreiche Festnahmen auf Grund der Fernschreiben, mit denen die Politischen Beauftragten und die Verbindungsoffiziere zu den Wehrkreisen ernannt worden waren. Wären sie nicht in der Bendlerstraße gefunden worden, so hätte man sie in den Wehrkreisen oder an verschiedenen Stellen, an welche die Fernschreiben irrtümlich oder durch Sabotage der Nachrichtensoldaten und -helferinnen gelangten, leicht ermitteln können. Im übrigen fanden sich in der Bendlerstraße oder sonstwo keinerlei Listen, wie manche Legenden behaupten, vielmehr mußte die Gestapo in wochenlanger und mühevoller Arbeit eine (immer noch unvollständige) Regierungsliste rekonstruieren. Auch ein bedeutender Dokumentenfund im September in einem Panzerschrank in Zossen, der vieles von Hans von Dohnanyi, Hans Oster und Dietrich Bonhoeffer gesammelte und aufbewahrte Material u. a. über die Umsturzversuche von 1938 enthielt, brachte die Gestapo nicht eigentlich weiter, als sie schon war. In der Hauptsache wurden Belastete, gegen die nach Freislerschen Maßstäben das Material zur Verurteilung schon reichte, noch mehr belastet. Das für die Verschwörer gefährlichste Material, z. B. die Berichte über Sondierungen am Vatikan, half den Ermittlern wenig, weil es im Rahmen der Spionagetätigkeit des Amtes OKW/Ausland/Abwehr erarbeitet worden und auch zum Teil als »Spielmaterial« getarnt war. Wo die Spionage zum Mittel des Doppelagenten und des Doppelspiels greift, ist wirklicher Verrat von scheinbarem Verrat zur Täuschung des Gegners praktisch nicht zu unterscheiden, außer durch nachträgliche Feststellung dessen, was »verraten« worden ist, was man aber in den seltensten Fällen kann, weil dazu die gegnerischen Archive geöffnet werden müßten[41]. Es eignete sich aus Gründen der Geheimhaltung nicht zur Vorlage bei einem Gericht.

Im Hauptquartier in Ostpreußen wurde als einer der ersten der Verschwörung der General der Nachrichtentruppen Erich Fellgiebel verhaftet. Schon am Nachmittag des 20. Juli hatte der stellvertretende Leiter des Reichssicherheitsdienstes, Kriminalrat Högl, General Fellgiebel von »Mauerwald« in die »Wolfschanze« zurückbitten lassen[42]. Man hatte schon Graf Stauffenberg als Attentäter in dringendem Verdacht, und seine wiederholten Kontakte mit Fellgiebel an diesem Tag waren aufgefallen. Fellgiebel war eigentlich unmotiviert in die »Wolfschanze« gekommen – der Wehrmacht-Nachrichtenoffizier Oberstleutnant Sander war sehr irritiert, weil der General sich den ganzen Vormittag bei ihm aufhielt, ohne etwas Bestimmtes zu wollen, Sander konnte nicht recht arbeiten und fand das ungewöhnliche Verhalten des immer vielbeschäftigten Generals sehr mysteriös, bis sich dann im Laufe des Abends die Zusammenhänge klärten. Fellgiebel war nach seinem zweiten Besuch in der »Wolfschanze« am Spätnachmittag wieder nach »Mauerwald« zurückgefahren, aber spät am Abend wurde er erneut in die »Wolfschanze« zitiert, diesmal im Auftrag von Generalfeldmarschall Keitel, der Befehl kam an Oberstleutnant Sander, dieser gab ihn an den Kommandeur der Führer-Nachrichten-Abteilung, Major Wolf, weiter.

Nun wußte Fellgiebel natürlich, daß man ihn verdächtigte, es wäre nun Zeit gewesen, in der einen oder anderen Weise sich dem schrecklichen Schicksal zu entziehen, das ihn erwartete. Aber die wenigsten Verschwörer waren auf die sadistische Grausamkeit Hitlers gefaßt, man nahm allgemein an, daß die gefaßten Hochverräter die Kugel treffen würde. Vielleicht konnte sich auch mancher nicht vorstellen, daß eine deutsche Regierung Persönlichkeiten, die zu den führenden Offizieren und Beamten des Heeres und des Reiches gehörten, so unmenschlich foltern und schließlich aufhängen lassen würde – ihre Untergebenen freilich kannten sich in den Niederungen der deutschen Obrigkeit besser aus. Fellgiebels Ordonnanzoffizier, Oberleutnant Dr. Arntz, fragte den von ihm verehrten General, ob er eine Pistole habe. Aber Fellgiebel antwortete: »Man steht, man tut das nicht.«[43] Er wollte sich auch die Gelegenheit nicht entgehen lassen, seinen Vernehmern – wie sollten es nicht Offiziere eines Kriegsgerichtes sein? – die Wahrheit über die verbrecherische Führung des Reiches ins Gesicht zu sagen. Er begab sich also ohne Widerstreben wieder in die »Wolfschanze«, wo er verhaftet wurde. Beim Abschied sagte er zu Dr. Arntz: »Wenn ich an die Ewigkeit glaubte, würde ich sagen ›auf Wiedersehen‹.«[44] Der Fahrer kam später weinend ohne seinen General nach »Mauerwald« zurück.

Allein die Tatsache, daß Fellgiebels Chef des Stabes in Ostpreußen, Oberst Hahn, erst am 12. August verhaftet wurde, ist ein beredtes Zeugnis für die bewundernswürdige Standhaftigkeit Fellgiebels. In der französischen Widerstandsbewegung galt es als ausgemacht, daß man von keinem, der von den Deutschen gefaßt wurde, mehr als vierundzwanzig Stunden lang die Verweigerung wahrheitsgemäßer Aussagen erwarten durfte, man kannte die Methoden der Gestapo[45]. Bis dahin mußten eben die Spuren verwischt, die Kompromittierten verschwunden sein. Fellgiebel wurde sehr gefoltert, gab aber die Namen seiner mitverschworenen Kameraden wenigstens drei Wochen lang nicht preis, wenn er auch hinsichtlich seiner eigenen Rolle ganz aufrichtig und offen Auskunft gab. Natürlich hätte man ihm mit oder ohne Leugnen nie geglaubt, daß er alle Sperrmaßnahmen allein durchgeführt habe, es wurde klar, daß wenigstens seine nächsten Untergebenen – Hahn, Thiele und Haßel – nicht bloß als Befehlsempfän-

2. Verhaftungen

ger gehandelt hatten. Durch die Vernehmung anderer Beteiligter, vor allen Oberstleutnant i. G. Bernhard Klamroth, kam die Gestapo auf die Spur der Vorbesprechungen zu diesem Punkte, der Umfang der Vorbereitungen auf dem Gebiet des Nachrichtenwesens zeichnete sich in nebelhaften Umrissen ab [46].

Generalleutnant Thiele war in den Tagen nach dem 20. Juli als Nachfolger Fellgiebels nach »Mauerwald« gekommen und hatte zu seinem Amtsantritt eine wegen ihrer Verlogenheit und Würdelosigkeit die meisten Zuhörer abstoßende Ansprache gehalten, in der er den von ihm bisher verehrten General Fellgiebel als Schandfleck des Heeres und der Nachrichtentruppe bezeichnete [47]. Er wurde darauf von den meisten Angehörigen seines Stabes gemieden, war überaus nervös und reizbar, neigte zu Wutausbrüchen und sah sich überall verdächtigt, wodurch er nicht wenig zu seiner eigenen Entdeckung beitragen mußte. In seiner Ratlosigkeit suchte er Zuflucht im Alkohol. Nachdem er am 11. August, noch einen Tag vor Hahn, verhaftet worden war, hat er zweifellos zu einer tapferen Haltung zurückgefunden; denn die vielen anderen Eingeweihten – Burchardt, Degner, Arntz, Höpfner, Haßel, Köllner, um nur die wichtigsten zu nennen – blieben ziemlich unbehelligt. Manche von ihnen, so Oberstleutnant Haßel, wurden zwar verhaftet, lange festgehalten und übel behandelt, aber keinem von ihnen wurde der Prozeß gemacht. Der Nachfolger Thieles, General der Nachrichtentruppen Albert Praun, der am 12. August vom neuen Chef des Generalstabes des Heeres, Generaloberst Guderian, berufen wurde, erhob sofort bei Kaltenbrunner Einspruch gegen weitere Verhaftungen und Verfolgungen im Bereich des Nachrichtenwesens, er könne nicht arbeiten und die Nachrichtenverbindungen aufrechterhalten, wenn man ihm die Angehörigen seines Stabes weghole und belaste. Am Tag nach Prauns Berufung, am 13. August, hatte sich der Führer der Leitstelle für Nachrichtenaufklärung in Lötzen, Oberstleutnant von der Osten, das Leben genommen [48]. Kaltenbrunner verwies Praun an den Gestapo-Chef Müller, und dieser sagte Praun, der Selbstmord Ostens sei überflüssig gewesen, man habe ihm nichts nachweisen können. Es sei auch nicht beabsichtigt, weitere Stabsangehörige zu verdächtigen.

Weil man die Fachleute brauchte, mußte man haltmachen, aber nicht nur deshalb, das sei ausdrücklich gesagt. Viele Stabsangehörige verdanken ihr Leben der vorsichtigen Praxis Fellgiebels, die Einweihung der Mitwisser auf das notwendigste Maß zu beschränken, der Standhaftigkeit der Verhafteten und nicht zuletzt der Umsicht von Kameraden wie Oberstleutnant Sander, Oberstleutnant John von Freyend und Major von Szymonski.

Zu den Verhafteten der ersten Stunden gehörte in Ostpreußen auch der Chef der Organisationsabteilung des Generalstabes des Heeres, Generalmajor Stieff, er wurde schon um Mitternacht im Lager »Mauerwald« festgenommen [49]. Sogleich half der Gestapo ein Phänomen weiter, das schon erwähnt wurde, nämlich die unglaubliche Offenheit, mit der vor allen die hohen Offiziere ihre Aussagen machten, wie Generaloberst Guderian Mitte August dem Nachfolger Fellgiebels und Thieles, General Praun, anvertraute: »Sie waren gewohnt, als Offiziere vor Ehrengerichten ihrer Standesgenossen auszusagen, nicht vor den Untersuchungsführern der Gestapo.« [50] So hat schon die Vernehmung Stieffs am 22. Juli ergeben, daß der Chef der Organisationsabteilung mit Generalleutnant Heusinger, General Wagner und General Lindemann über ein Attentat gegen Hitler gesprochen habe [51]. Trotzdem dauerte es aber noch sechs Tage, während denen Stieff mit großer Sicherheit gefoltert wurde, bis Stieff Einzelheiten über die Vorbereitung des Attentats zu Protokoll gab. Im Gestapo-Bericht an Bormann vom 28. Juli heißt es, »das nunmehr von Generalmajor Stieff abgelegte Geständnis sowie die Vernehmungen Schulenburgs und verschiedener anderer [geben] *wesentliche Aufschlüsse*«. Dabei belastete er immer noch fast nur tote Kameraden und sich selbst [52].

Schon am 25. Juli war die Gestapo ziemlich eingehend über die Beschaffungen von Attentatsprengstoff unterrichtet, man hatte Anhaltspunkte für die Rollen von Stieff, Oertzen, Oberleutnant Albrecht von Hagen, Oberstleutnant Klamroth und Major Kuhn, die bis auf Oertzen und Kuhn alle schon verhaftet waren (Kuhn entzog sich der Verhaftung, indem er zur Roten Armee überlief) [53]. Nun mußten die anderen Beteiligten auch mit Verhaftung rechnen: Oberstleutnant Werner Schrader nahm sich am 28. Juli in seiner Wohnbaracke in Zossen das Leben, auf dem Tisch lag ein Zettel mit den Worten: »›Ich gehe nicht ins Gefängnis, ich lasse mich nicht quälen!‹« [54] Der Chef der Heereswesen-Abteilung im OKH, Oberst i. G. Wessel Freiherr von Freytag-Loringhoven hatte schon am 23. Juli Selbstmord begangen [55]. Aber es dauerte noch bis Ende Juli/Anfang August, ehe die Gestapo-Berichte eine größere Anzahl neuer Namen vermelden konnten, wozu ihr insbesondere das aufgefundene Tagebuch des Hauptmanns d. R. Hermann Kaiser mit seinen unschwer zu entschlüsselnden Decknamen und die eben erwähnten Selbstmorde Anhaltspunkte gaben [56].

Dennoch bewegten sich die Ermittlungen noch wochenlang in einem verhältnismäßig engen Kreis, bis sie durch intensive Auswertung des Ermittelten, durch Dokumentenfunde und schließlich durch die Aussagen Dr. Goerdelers, der am 12. August nach wochenlanger erfolgreicher Flucht

2. Verhaftungen

verhaftet wurde, wieder einen Schritt weiter kamen [57]. Goerdeler machte in seinen Vernehmungen »außerordentlich *weitgehende Angaben*«, und zwar, wie sein Biograph Gerhard Ritter sich überzeugte, nicht unter der Folter, nicht um sein Leben zu verlängern, und auch nicht in erster Linie, um die Gestapo mit Material zu überschwemmen, über deren Verarbeitung sie vom Kriegsende überrascht werden würde, sondern ganz einfach, um der Wahrheit ans Licht zu verhelfen. Er wollte, daß die Gestapo und damit das nationalsozialistische Regime ganz genau erfahren, welcher Art und wie groß die Opposition war. Er hoffte noch immer, Hitler zur Umkehr zu bewegen und vielleicht selbst ihm oder Himmler gegenübergestellt zu werden, um sie zu überzeugen. Andererseits täuschte oft die Genauigkeit der Details, die Goerdeler angab, die Gestapo über die tatsächliche Irreführung, der sie erlag, wie ja schon die amtliche Darstellung der Vorgänge in der Nachrichtenzentrale der Bendlerstraße durch große Genauigkeit der Angaben über die Verschleierung der Vorgänge täuschte [58]. Tatsächlich sind mehrere der Freunde Goerdelers der Gestapo ganz entgangen, und zwar nicht ohne seine Hilfe, da er ihre möglichen Aufenthaltsorte und ihre führende Beteiligung an der Verschwörung selbstverständlich genau kannte, so z. B. Jakob Kaiser, Dr. Elfriede Nebgen, Hans Walz und Ernst Lemmer.

Die sogenannte Gewitteraktion des 22. August 1944, bei der rund 5000 Parlamentarier und Funktionäre der alten Parteien, darunter auch Konrad Adenauer und Kurt Schumacher »schlagartig« verhaftet und in Konzentrationslager gebracht wurden, stand in keinem direkten Zusammenhang mit den Ermittlungen über den 20. Juli 1944, sondern hatte ihren Ursprung schon in lange davor zurückreichenden Plänen der Gestapo [59]. Sie verdient aber Erwähnung als indirekte Folge des 20. Juli, wegen ihres Umfangs und weil sie später die Schätzungen der Verhaftungszahlen beeinflußt hat. Sie ist auch ein Zeichen der Ratlosigkeit der Gestapo.

Sogar ein so prominenter Flüchtling wie General der Artillerie Fritz Lindemann konnte erst nach wochenlangen Ermittlungen am 3. September in Berlin festgenommen werden. Er versuchte dabei, aus einem Fenster des dritten Stockwerkes zu springen, wurde aber von Polizeibeamten durch zwei Beinschüsse und einen Bauchschuß daran gehindert. Man hat ihn sofort operiert, um ihn vor Gericht stellen zu können, aber er ist am 22. September an seinen Verletzungen gestorben [60]. Fünf seiner Fluchthelfer aber, bei denen bzw. mit deren Hilfe sich Lindemann zu verschiedenen Zeiten zwischen dem 22. Juli und dem 3. September verborgen gehalten hatte, wurden vom Volksgerichtshof am 27. November und am

1. Dezember zum Tode verurteilt [61]. Zwei von ihnen waren als »jüdische Mischlinge ersten Grades«, eine weitere Helferin als Witwe eines Juden selbst schon aufs höchste gefährdet gewesen, jeden Tag konnten sie abgeholt und in ein Vernichtungslager gebracht werden, und überdies hatten sie schon einmal einem Verfolgten beim Untertauchen geholfen. Nun teilten sie ihre Wohnung mit General Lindemann und stellten ihn der Umwelt als Major und Journalist namens Exner vor. Sie ließen sich natürlich nicht im geringsten beirren, als Mitte August eine Belohnung von 500 000 Reichsmark auf Lindemanns Ergreifung ausgesetzt wurde.

Ebenso gelang es dem Reichskriminaldirektor Arthur Nebe lange Zeit, durch kriminalistisches Geschick und durch die Hilfsbereitschaft von Freunden, den Verfolgern zu entgehen [62]. Er gab sich zunächst den Anschein, bei der Aufdeckung der Verschwörung eifrig mitzuwirken, mußte aber nach der Verhaftung des Grafen von Helldorf am 24. Juli fliehen [63]. Durch fingierte Abschiedsbriefe und Hinterlassung von Gegenständen, z. B. wertvoller Lebensmittel und Ausweise, die ein Lebender damals nie ohne Zwang einfach liegengelassen hätte, täuschte er Selbstmord vor, tauchte unter falschem Namen und mit gefärbten Haaren unter und konnte sich mit Hilfe von Freunden verborgen halten, bis er am 16. Januar 1945 verhaftet wurde. Dr. Gisevius, der zusammen mit Nebe geflüchtet und untergetaucht war, konnte am 23. Januar 1945 mit falschen Papieren in die Schweiz entkommen [64].

In den Wehrkreisen und in den Bereichen der Militärbefehlshaber der besetzten Gebiete blieben die Verhaftungen auf ein verhältnismäßig geringes, der tatsächlichen Verbreitung der Verschwörung nicht entsprechendes Maß beschränkt. In Wien hat der Gauleiter von Schirach nach seiner Rückkunft von einer Reise dem Stadtkommandanten, Generalleutnant Sinzinger, eigenhändig sein Goldenes Parteiabzeichen von der Uniform gerissen, weil er Berliner Befehle ausgeführt und SS-Leute verhaftet hatte [65]. Der Chef des Generalstabes im Wehrkreiskommando, Oberst i. G. Kodré, wurde mehrfach von der Gestapo verhaftet und erst bei Kriegsende aus dem Konzentrationslager Mauthausen befreit [66]. General von Esebeck ging es ähnlich, und natürlich wurden die Politischen Beauftragten und zahlreiche nationalösterreichische Politiker, die seit je verdächtig waren, verhaftet. Auch in anderen Wehrkreisen wurden Offiziere verhaftet, die, als Uneingeweihte oder Mitwissende, die Berliner Befehle auszuführen suchten. Aber kaum einer verlor sein Leben.

Sogar in den Stäben der Militärbefehlshaber in Belgien und Nordfrankreich bzw. Frankreich hielten sich Verhaftungen und Verfolgungen in

2. Verhaftungen

ziemlich engen Grenzen. General Freiherr von Falkenhausen wurde am 29. Juli verhaftet[67]. In Paris suchten nach dem Zusammenbruch des Aufstandes sowohl dessen Führer wie auch die Opfer auf seiten der SS und des SD das Ganze öffentlich als Alarmübung und intern als Mißverständnis hinzustellen. Der Höhere SS- und Polizeiführer Oberg, der SD-Chef Dr. Knochen und der Chef des Generalstabes beim Oberbefehlshaber West, General Blumentritt, einigten sich auf eine »Sprachregelung« für ihre Berichte nach oben[68]. Ohne diese Gemeinsamkeit der Interessen – die Offiziere hatten die Berliner Befehle mit Eifer ausgeführt, die SS-Leute hatten sich nahezu ohne Widerstreben den Befehlen, die auch sie für »echt« hielten, gefügt – hätten die Verhaftungen in Frankreich große Kreise gezogen.

Der Militärbefehlshaber Frankreich, General von Stülpnagel, konnte allerdings nicht mehr in sein Kommando eingesetzt werden, von dem er noch in der Nacht vom 20. auf den 21. Juli durch Generalfeldmarschall von Kluge entbunden worden war. Er war allzu kompromittiert, und eine förmliche Untersuchung gegen ihn war unvermeidlich. General Blumentritt versuchte, die Tätigkeit Stülpnagels am 20. Juli zu decken und zu rechtfertigen, aber Kluge konnte sich von dem Umsturzversuch nun nicht eifrig genug distanzieren, er hatte Stülpnagels Tätigkeit schon beim OKW gemeldet. Am Morgen des 21. Juli erhielt Stülpnagel den Befehl, sich zur Berichterstattung in Berlin zu melden. Inzwischen vernichteten Oberstleutnant Dr. von Hofacker, Dr. Horst, Dr. Teuchert und Dr. Thierfelder die schriftlichen Unterlagen des Staatsstreiches und warnten die anderen Eingeweihten[69].

Stülpnagel beschloß, mit dem Auto nach Berlin zu fahren. Auf dem alten Schlachtfeld an der Maas, nördlich von Verdun, ließ er halten, schickte den Wagen ein Stück voraus, ging an den Maas-Kanal und schoß sich von rechts durch den Kopf, ohne sich zu töten. Seine Begleiter kehrten auf den Schuß hin um, fanden ihn im Wasser treibend und brachten ihn in ein Lazarett in Verdun. Noch in der Nacht operierte man Stülpnagel, er war außer Lebensgefahr, aber erblindet. Die Begleiter vermuteten zuerst einen Partisanenüberfall, aber bald war der Selbstmordversuch deutlich, er konnte fast nur als Schuldbekenntnis aufgefaßt werden, man suchte nach weiteren Eingeweihten. Die Version von dem Mißverständnis glaubte spätestens seit Kluges Anzeige niemand mehr[70].

Einer der Fahrer Stülpnagels gab in stundenlangem Verhör in der Nacht vom 22. auf den 23. Juli zu, im Stabe des Militärbefehlshabers halte man den »Überfall« für einen Selbstmordversuch, und Oberst i. G. von Linstow, der Chef des Stabes, habe ihn gebeten, bei seiner von ihm selbst anfänglich geglaubten Version vom Überfall zu bleiben, weil man das »unserm General schuldig« sei [71]. Angesichts der Weisungen aus dem RSHA und angesichts der Vorgänge nach dem 20. Juli konnte nun auch Oberg nicht länger stillhalten und so tun, als gäbe es keine Verdachtsmomente. Am 23. Juli wurde Linstow verhört, unter Hausarrest gestellt und am 27. Juli verhaftet. Hofacker wurde am 25. Juli verhaftet. Der Oberquartiermeister West, Oberst i. G. Finckh, der Wirtschaftsbeauftragte Rittmeister d. R. Dr. Gotthard Freiherr von Falkenhausen, ferner die ebenfalls in der Wirtschaftsverwaltung Frankreichs tätigen Dr. Ernst Röchling, Geheimrat Kreuter und Freiherr von der Osten-Sacken wurden gleichfalls verhaftet [72]. Dann flaute die Verhaftungswelle in Frankreich ab. General Blumentritt blieb, und Generalfeldmarschall von Kluge zunächst auch, obwohl sich gegen ihn sofort Verdacht erhoben hatte. Der Stadtkommandant von Boineburg-Lengsfeld und Generalmajor Brehmer wurden strafversetzt, Oberst von Kraewel blieb unbehelligt [73].

Als die Ermittlungen dann doch ihre Schatten noch weiter warfen und als Kluge, wie er meinte, seinen ehrlichen Soldatennamen mit der Schlacht um Frankreich zu verlieren schien, war der Feldmarschall am 15. August in den Kessel von Falaise gefahren, vermutlich um den Tod zu suchen. Da er auf dem Weg dahin lange Zeit durch Jagdbomber am Vorwärtskommen gehindert war und auch seinen Funkwagen verlor, war er viele Stunden verschollen, vom OKW aus konnte man ihn nicht mehr erreichen, und Hitler glaubte am Abend des Tages schon, der Feldmarschall sei übergelaufen. Ohne weiter zu warten, ernannte er Generalfeldmarschall Model zum Nachfolger Kluges als Oberbefehlshaber West. Kluge kehrte dann wieder auf seinen Gefechtsstand zurück, wurde aber von dem Kommandowechsel erst eine Stunde vor dem Eintreffen Models unterrichtet, der am 17. August das Kommando übernahm. Am 19. August, auf der Fahrt nach Deutschland bei einer Rast in der Nähe der alten Schlachtfelder des Ersten Weltkrieges, nahm Kluge Zyankali [74].

Ein halbes Jahr nach dem Beginn ihrer umfangreichen Ermittlungen war die Gestapo noch immer weit entfernt davon, genau über die Widerstandsbewegung unterrichtet zu sein, wie die Berichte der Sonderkommission 20. Juli zeigen [75]. Dabei wurden die Ermittlungen mit Energie geführt, erst in den letzten Monaten des Krieges ließ diese Energie nach, teils, weil die Organisation durch Bombenangriffe und Verlagerungen gelähmt wurde, teils, weil viele Gestapoleute sich angesichts des nahen Endes nicht mehr unnötig kompromittieren wollten, was aber nicht ausschloß, sondern vielmehr notwendig machte, daß sie sich mit aller Energie gerade in den letzten Tagen noch derer entledigten, die Unerfreuliches über sie aussagen konnten.

2. Verhaftungen

Der erwähnte Mangel an Informationen und an Einblick ist um so erstaunlicher, als die Leute Himmlers jedes denkbare Mittel anwandten, wenn sie Aussagen erzwingen wollten. Nur ein Teil ihres Mißerfolges geht auf das Konto der begrenzten Intelligenz der Gestapobeamten, der größere Teil auf das Konto der Standhaftigkeit der Opfer. Z. B. wurden so prominente Verschwörer wie Hauptmann Freiherr von dem Bussche, Rittmeister von Breitenbuch, Generalmajor Freiherr von Gersdorff, General Lanz, Oberst Graf von Strachwitz überhaupt nicht verhaftet, obwohl viele Verhaftete und später Verurteilte genau über ihre Beteiligung unterrichtet waren. Dabei hat man durchaus nicht mit Foltern aller Art gespart.

Andererseits hätte manch einer der Verschwörer wohl die Möglichkeit gehabt, mit falschen Papieren zu entfliehen, unterzutauchen, sich bei Freunden zu verstecken, für viele Beteiligte hätten sich Türen geöffnet. Die Erlebnisse des Generals Fritz Lindemann sind ein Beispiel dafür, aber auch für das, was die Helfer zu erwarten hatten. Die meisten der Gefährdeten dachten nicht daran, ihre sonst unverdächtigen Freunde in solche Gefahr zu bringen. Viele warteten einfach auf ihre Verhaftung, wie z. B. Ulrich von Hassell, der nach dem 20. Juli in den Straßen von Berlin umherirrte und schließlich am Schreibtisch seine Häscher erwartete [76].

Aber das war es nicht allein. In dem teuflischen System der nationalsozialistischen Herrschaft gab es auch die mit angeblich germanischen Bräuchen bemäntelte »Sippenhaft«, die freilich zugleich mit ihrer Unmenschlichkeit eine vom Standpunkt der Opposition aus erwünschte klärende Wirkung hatte. In seiner Rede vor den Gauleitern am 3. August 1944 sagte Himmler darüber: »Wenn sie [die germanischen Vorfahren der Deutschen] eine Familie in die Acht taten und für vogelfrei erklärten oder wenn eine Blutrache in einer Familie war, dann war man maßlos konsequent. Wenn die Familie vogelfrei erklärt wird und in Acht und Bann getan wird, sagten sie: Dieser Mann hat Verrat geübt, das Blut ist schlecht, da ist Verräterblut drin, das wird ausgerottet. Und bei der Blutrache wurde ausgerottet bis zum letzten Glied in der ganzen Sippe. Die Familie Graf Stauffenberg wird ausgelöscht bis ins letzte Glied.« [77]

Die »Sippenhaft« war aber nicht nur Foltermittel, sondern auch ideologisch verbrämte Rache. Das ganze »Verrätergeschlecht Stauffenberg« sollte »unschädlich« gemacht werden. Man verhaftete daher nicht nur die Frauen von Claus und Berthold Graf von Stauffenberg, den Bruder Professor Alexander Graf von Stauffenberg und die drei- bis achtjährigen Kinder der Brüder Stauffenberg, sondern auch Vettern, Onkel und Tanten, ja sogar angeheiratete Verwandte in großer Zahl, und außer den kleinen Kindern auch Greise, z. B. den fünfundachtzigjährigen Vater eines Vetters des Attentäters, seine Mutter, seine Schwiegermutter Freifrau von Lerchenfeld, und andere Verwandte und Bekannte [78]. In ähnlicher Weise wurden viele Angehörige der Familien Goerdeler, Lehndorff, Schwerin von Schwanenfeld, Tresckow, Seydlitz, Hagen, Freytag-Loringhoven, Hase, Lindemann, Bernardis, Hansen, Hofacker, Finckh, Yorck von Wartenburg, Moltke, Hoepner, Oster, Dohnanyi, Bonhoeffer, Haushofer, Trott zu Solz, Leber, Leuschner, Jakob Kaiser, Hammerstein, Popitz, Harnack, Kleist, Haeften, Haubach, Schulenburg, um nur einige Namen zu nennen, verhaftet. Es gab aber keinerlei einheitliche Richtlinien für die Sippenhaft, sie wurde »von Fall zu Fall«, d. h. willkürlich gehandhabt. Himmler hat es ausdrücklich abgelehnt, irgendwelche Grundsätze dafür aufzustellen[79].

Die Gefangenen wurden dann zum Teil mit Viehwagen von Gefängnis zu Gefängnis und von Konzentrationslager zu Konzentrationslager geschleppt. Unter den Stationen ihres unverdienten und unverschuldeten Leidensweges waren so berüchtigte Lager wie Stutthof, Lauenburg, Buchenwald, Sachsenhausen und Dachau. Viele von ihnen kamen von Dachau am Ende des Krieges mit dem berühmten Prominententransport nach Tirol, wo sie schließlich beim Herannahen der amerikanischen Truppen von der SS alle erschossen werden sollten, jedoch auf Befehl des in der Nähe als Oberbefehlshaber Südwest kommandierenden Generaloberst Heinrich von Vietinghoff genannt Scheel durch Soldaten des Heeres befreit wurden, die die SS-Bewacher entwaffneten [80].

Nicht nur der Täter also sollte verfolgt und bestraft werden, sei es für die Tat oder für den Versuch, sondern der Geist der Tat. Es sollte der Geist der Menschlichkeit, des Friedens, des Rechtes zugleich ausgerottet werden. Dazu wollte man nicht bloß einzelne, sondern ihre »Sippen«, ihre Familien, in denen stets der Geist der Freiheit und der Widerstand gegen Unrecht und Willkür zuerst wächst und gepflegt wird, beseitigen. Eigentlich hätte das Regime ganze Gesellschaftsschichten physisch vernichten müssen, um sein Ziel auch nur annähernd zu erreichen. Eine solch radikale soziale Revolution war schon mehrfach von Hitler um anderer, kurzfristiger erreichbarer Ziele, besonders zur Befriedigung seines Kriegswillens, hinausgeschoben worden, die inneren Widersprüche in der Partei halfen ebenfalls, sie zu verhindern, und schließlich verbot der totale Krieg Eingriffe, die das Gefüge des Staates so gründlich erschüttern würden. Auch jetzt konnte man nicht so konsequent sein, wie man wollte.

Die Sippenhaft war eine besonders raffinierte Art der Folter. Beim Verhör Verdächtiger konnten die Gestapobeamten ganz legal mit der Miß-

2. Verhaftungen

handlung der Frau und der Kinder, der Eltern, Geschwister und anderen Verwandten der Verhafteten drohen. Niemand kann ermessen, wie schwer in solcher Lage das Verweigern der geforderten Aussagen, das Verbergen des Wissens war. Nicht allen gelang es, gerade so viel zu sagen, daß die Geheimpolizisten die Aussage glaubten und also – vielleicht – die Familie geschont wurde und daß zugleich kein Lebender verraten oder über das hinaus belastet wurde, was die Gestapo ohnehin schon wußte.

Dazu kamen andere Arten der Folter. Es gab sie ganz offiziell, kein Leugnen der nach dem Kriege vor Gericht gestellten Gestapobeamten konnte daran etwas ändern, und sie hieß »Verschärfte Vernehmung«. Man ging wohl etwas verschämt damit um, ein gutes Gewissen hatte niemand dabei. Schon 1936 fand sich der damalige Chef des Geheimen Staatspolizeiamtes der Preußischen Geheimen Staatspolizei, Reinhard Heydrich, veranlaßt, unter dem 28. Mai an alle Dienststellenleiter zu schreiben und »darauf hinzuweisen, daß die Anwendung verschärfter Vernehmungsmethoden auf keinen Fall aktenkundig gemacht werden darf.«[81] Selbst 1941 wollte man den Bogen noch nicht überspannen, es bedurfte, wie Heydrich wieder in einem Schreiben an die Dienststellenleiter in Erinnerung bringen mußte, der Einhaltung gewisser Vorschriften. Verschärfte Vernehmung war ohne weiteres nur auf »kommunistische bzw. marxistische Funktionäre, Bibelforscher und Saboteure« anzuwenden[82]. »Wenn darüber hinaus in besonders wichtigen Fällen eine verschärfte Vernehmung vertretbar und erforderlich [!] sein sollte«, sei grundsätzlich die Genehmigung Heydrichs einzuholen, allerdings nicht bei der verschärften Vernehmung von Polen und Sowjetrussen. Aber unter dem 12. Juni 1942 gab der Chef der Sicherheitspolizei und des SD, Heinrich Müller, den zuständigen Beamten »im Zuge der Vereinfachung« eines Erlasses vom 1. Juli 1937 über die Verschärfte Vernehmung die Neuregelung bekannt: Verschärfte Vernehmung dürfe nur angewendet werden, wenn festgestellt sei, daß der Häftling »über wichtige staats- oder reichsfeindliche Sachverhalte« Auskunft geben *kann*, seine Kenntnisse aber nicht preisgeben *will*[83]. Auch dann noch war grundsätzlich der ohne besondere Genehmigung zugelassene Personenkreis beschränkt auf »Kommunisten, Marxisten, Bibelforscher, Saboteure, Terroristen, Angehörige der Widerstandsbewegungen [der besetzten Gebiete], Fallschirmagenten, Asoziale, polnische oder sowjetrussische Arbeitsverweigerer oder Bummelanten.« Mit Genehmigung waren Ausnahmen erlaubt. Dasselbe galt für die Bestimmung: »Zur Herbeiführung von Geständnissen über eigene Straftaten darf die verschärfte Vernehmung nicht angewendet werden ... Ausnahmefälle bedürfen ebenfalls meiner vorherigen Genehmigung.«

Auch die Methoden wurden in dem Schreiben Müllers wenigstens angedeutet: »einfachste Verpflegung (Wasser und Brot), hartes Lager, Dunkelzelle, Schlafentzug, Ermüdungsübungen« sind schreckliche Foltermittel. Man stelle sich vor, daß ein Mensch mit Gewalt tage- und nächtelang am Schlafen gehindert oder zum regungslosen Stehen (Ermüdungsübung) gezwungen wird. Aber dazu konnte auch noch die »Verabreichung von Stockhieben« kommen, bei mehr als zwanzig Hieben auf einmal mußte ein Arzt zugezogen werden, aber wer wollte da zählen und die Vernehmungsbeamten kontrollieren, und wozu etliche Ärzte bereit waren, das haben die KZ-Prozesse der Nachkriegszeit gezeigt.

Kennt man diese offiziellen dienstlichen Vorschriften, so wird man auch so manche eigenartige Wendung in den Berichten an Bormann und Hitler über die Vernehmungen und Ermittlungen der Sonderkommission 20. Juli besser verstehen. Wenn es etwa heißt: »Erst nach mehrtägiger Pause in den Vernehmungen gab Schlabrendorff offen Einblick ..«, so braucht man auch bei mäßiger Kenntnis der Materie nicht lange zu raten, was in der Pause vor sich gegangen ist. Tatsächlich ist Fabian von Schlabrendorff so schwer gefoltert worden, daß er schließlich sein anfängliches Schweigen aufgeben mußte und Aussagen machte, in denen er sich selbst und Tote belastete. Nur auf diese Weise glaubte er, Folterungen entgehen zu können, bei denen er vielleicht die Kontrolle über sich und das, was er sagte, verlieren würde. Die Gestapo hatte herausgebracht, daß Kontakte zwischen dem als Verbindungsoffizier für den Wehrkreis I vorgesehenen Graf von Lehndorff und Schlabrendorff bestanden; Lehndorff konnte nicht abstreiten, daß der inzwischen, im September 1944, längst als Hauptverschwörer erkannte Generalmajor von Tresckow, der sich am 21. Juli 1944 an der Ostfront das Leben genommen hatte, eng mit Schlabrendorff zusammengearbeitet hatte, und Schlabrendorff war am 17. August verhaftet worden. Aber erst unter dem 18. September konnte die Kommission melden, er habe endlich Aussagen gemacht [84]. Inzwischen war Schlabrendorff gefoltert worden, mehrfach sahen seine Mitgefangenen im Gestapo-Keller in der Prinz-Albrecht-Straße 8, wie er bewußtlos von den »Vernehmungen« in seine Zelle zurückgebracht wurde. Der Fall von Fabian von Schlabrendorff eignet sich in einzigartiger Weise als Beispiel, weil die Folterungen noch vor dem Ende des Dritten Reiches gerichtsnotorisch geworden sind und auch die Gestapobeamten sie weder damals noch später abstreiten konnten [85].

Als erste Stufe wurden Schlabrendorff die Hände auf dem Rücken gefesselt und die Finger alle einzeln in einen Apparat eingespannt, in jede Fingerspitze drückte sich ein Stachel. Durch Drehung einer Schraube wur-

2. Verhaftungen

den die Stacheln immer tiefer in die Finger gepreßt. Als das nichts half, wurde der Häftling auf eine Art Bettgestell geschnallt, seine Beine steckten in Röhren, die innen mit spitzen Metalldornen besetzt waren und langsam enger gedreht wurden, so daß sie allmählich tiefer in das Fleisch eindrangen. Der Kopf steckte dabei in einer Art Topf und war mit einer Decke bedeckt, damit man die Schreie des Gefolterten nicht so hörte. Zwischendurch gab man ihm Schläge mit Bambusstöcken und Lederpeitschen. Im dritten Stadium wurde mit Hilfe desselben vielseitigen Gestells der Körper des Opfers gestreckt, entweder kurz und heftig oder langsam fortschreitend. Wurde der Häftling bewußtlos, so erfrischte man ihn mit Eimern kalten Wassers. Auch diese Quälerei hatte aus Schlabrendorff noch kein Geständnis herausgepreßt, und so schritt man zu einer anderen Methode: er mußte gefesselt vornübergebeugt stehen, ohne sich rückwärts oder seitwärts bewegen zu können, und wurde dann von hinten mit schweren Stöcken geschlagen. Bei jedem Schlag fiel er nach vorn mit voller Wucht auf das Gesicht. Diese Foltern wurden alle am selben Tag gegen Schlabrendorff angewandt, aber das einzige Ergebnis war, daß er das Bewußtsein verlor. Am nächsten Tag erlitt er einen Herzschlag und konnte sich mehrere Tage nicht bewegen. Aber als er sich erholt hatte, wurden die Folterungen fortgesetzt. Schließlich entschloß sich Schlabrendorff zu der Aussage, er habe gewußt, daß Tresckow häufig von der gewaltlosen oder auch gewaltsamen Ausschaltung Hitlers gesprochen und kurz vor dem 20. Juli ungewöhnliche Betriebsamkeit entfaltet und Major von Oertzen nach Berlin entsandt habe, ohne daß Schlabrendorff jedoch genauer unterrichtet gewesen wäre. Das schien der Gestapo als Ermittlungsergebnis vorläufig zu genügen, es reichte zur Verurteilung wegen Mitwisserschaft. Schlabrendorff wurde eine Zeitlang in Ruhe gelassen.

Viele andere wurden ebenso geschlagen und gefoltert, meistens von berüchtigten Schlägern wie dem zum Sonderkommando Lange innerhalb der Sonderkommission 20. Juli gehörenden Kriminalkommissar Stawizki. Admiral Canaris z. B. wurde an Händen und Füßen gefesselt und durch ständiges grelles Licht und Offenlassen der Zellentür gequält, General Fellgiebel, Dr. Walter Bauer, Dr. Carl Langbehn, Graf von Bismarck, Walter Cramer, Staatssekretär a. D. Erwin Planck, Dr. Eugen Gerstenmaier, Leuschner, Hofacker, Dr. J. Müller, Kleist-Schmenzin, um nur einige zu nennen, wurden schwer geschlagen, mißhandelt und gefoltert[86]. Bei einer Vernehmung von Dr. Walter Bauer wurde in seiner Gegenwart telephoniert und die Anweisung zur Verhaftung seiner Frau, seiner Kinder, seines Vaters und seiner Geschwister gegeben, dann wurde er wieder zusammengeschlagen, während zur Übertönung der Schreie der Geprügelten in voller Lautstärke Kinderlieder von einer Schallplatte abgespielt wurden. Dr. Bauer wurde über einen Stuhl gelegt und so lange mit dem Gummiknüppel geprügelt, bis er am Boden lag und sich bereit erklärte, ein Geständnis über seine Teilnahme an der Vorbereitung des Staatsstreiches zu unterschreiben. Sobald er sich nach ein paar Tagen erholt hatte, widerrief er es. In wenigstens einem Fall – Adam von Trott zu Solz – wurde die Vollstreckung des Todesurteils aufgeschoben, um noch weitere Aussagen zu erpressen: »Da Trott zweifellos sehr stark zurückgehalten hat, wurde das Todesurteil des Volksgerichtshofes noch nicht vollstreckt, so daß von Trott für eine weitergehende Klärung noch zur Verfügung steht.«[87]

Angesichts solcher Umstände und der großen Zahl der Verhafteten ist es erstaunlich und bewunderungswürdig, wie vielen der Beteiligten die verhafteten Patrioten durch Leiden, Schweigen und Irreführung das Leben retten konnten. Dieser Widerstand, auch noch nach dem Zusammenbruch der Opposition, als gegen das Regime nichts mehr zu erreichen und das ganze Unternehmen gescheitert war, ist nur aus den Quellen zu erklären, aus denen der Widerstand gegen den Nationalsozialismus und die Regierung Hitlers sich von allem Anfang an gespeist hatte, nämlich aus der ethischen Verpflichtung, gegen das Unrecht, gegen das Verbrechen und das Zerstörerische schlechthin zu kämpfen, auch mit dem Einsatz des eigenen Lebens.

3. Volksgerichtshof, Hinrichtung, Konzentrationslager

Der »Volksgerichtshof« war 1934 eingerichtet worden, um dem »gesunden Volksempfinden« gegen Feinde der Volksgemeinschaft Geltung zu verschaffen[88]. Tatsächlich war daran alles fragwürdig: sowohl diese angebliche Absicht, als auch, daß das Volksempfinden gesund sei, ferner, daß die Sprüche des Gerichtshofes diesem Empfinden entsprechen würden und daß die zu Richtenden Feinde der Volksgemeinschaft seien, selbst wenn sie für »schuldig« befunden wurden. In Wirklichkeit war der Volksgerichtshof von Anfang an gedacht als ein Instrument der politischen Herrschaft der nationalsozialistischen Regierung, des allen humanistischen, liberalen Rechtsvorstellungen und rechtsstaatlichen Grundsätzen und Überlieferungen ins Gesicht schlagenden »nationalsozialistischen Rechts«, des Terrors und der Unterdrückung jeglicher Opposition. Seine Urteile waren längst vor dem 20. Juli 1944 oft sogar nach den geltenden Rechtssätzen rechtswidrig und willkürlich. In vielen Fällen standen sie schon vor der Verhandlung fest, oder sie wurden auf Weisung der Regierung aufgehoben und umgewandelt, wenn sie nicht genehm waren.

Am 11. August 1944 erhielt der Gruppenleiter Inland II im Auswärtigen Amt von Vizekonsul Dr. Sonnenhol folgende Meldung schriftlich vorgelegt: »Bei heutiger Besprechung mit SS-Oberführer Panzinger[89] ergab sich folgendes: 1) von Trott zu Solz wird auf der nächsten Tagung des Volksgerichtshofs, voraussichtlich Dienstag oder Mittwoch nächster Woche, zum Tode verurteilt werden.«[90]

Am 22. Dezember 1942 schrieb SS-Gruppenführer Heinrich Müller als Chef des Amtes IV im Reichssicherheitshauptamt an Himmler, Ministerialdirektor Lehmann vom OKW habe ihm mitgeteilt, daß die gegen die Gruppe Schulze-Boysen (Rote Kapelle) gefällten Todesurteile vom Führer bestätigt worden seien; aber: »Nicht bestätigt hat der Führer die Urteile [6 bzw. 10 Jahre Zuchthaus] gegen Frau Harnack und Gräfin Brockdorff. Der Führer hat vielmehr entschieden, daß beide nochmals von einem anderen Senat abgeurteilt werden sollen.«[91] Sie wurden dann auch richtig zum Tode verurteilt und enthauptet.

Seit September 1939 konnten auch nach geltendem Verfahrensrecht Strafsachen, die sonst in die Gerichtsbarkeit der Wehrmacht fielen, von Gerichten der »allgemeinen Gerichtsbarkeit« und also nach der herrschenden Terminologie auch vom Volksgerichtshof, der nach rechtsstaatlichen Grundsätzen eher als Sondergericht anzusehen ist, behandelt werden, sofern einer oder mehrere Beteiligte der allgemeinen Gerichtsbarkeit, einer oder mehrere andere ebenfalls Beteiligte aber der Wehrmachtgerichtsbarkeit unterlagen[92]. Bei der Verschwörung des 20. Juli war das natürlich der Fall. Ausdrücklich wurde in dem Gesetz festgelegt, daß Strafverfahren, für die das Reichskriegsgericht zuständig ist, unter der obigen Voraussetzung »auch durch eine Vereinbarung des Chefs des Oberkommandos der Wehrmacht und des Reichsministers der Justiz dem Volksgerichtshof zur Verbindung [der zivilen und der militärischen Gerichtsbarkeit] überwiesen werden« können. Um ganz sicher zu gehen, wurde noch folgender Passus in das Gesetz aufgenommen: »Der Führer und Oberste Befehlshaber der Wehrmacht kann in einem durch rechtskräftiges Urteil geschlossenen Verfahren die Erneuerung der Hauptverhandlung anordnen.« Man nannte so etwas damals das Führerprinzip. In irgendeiner mystischen Weise verkörperte der Führer die Lebensinteressen, den Geist und auch das Recht des Volkes, so etwa sagte man. In Wahrheit war das die reine Willkür, mit »gesetzlichen« Bestimmungen nur oberflächlich bemäntelt. Auch die Erweiterung der Befugnisse der allgemeinen Gerichtsbarkeit auf politische Straftaten von Soldaten im

September 1944[93] diente nicht der Gerechtigkeit, sondern der besseren Kontrolle über die Wehrmacht, die sich noch eine gewisse Unabhängigkeit bewahrt hatte.

Immerhin war das Verfahren noch so kompliziert und die formalen Hindernisse wegen der (begrenzten) Eigenständigkeit der Wehrmacht noch so groß, daß man es vorzog, die der Militärgerichtsbarkeit unterstehenden Verdächtigen des 20. Juli auch formal und einzeln der allgemeinen Gerichtsbarkeit, d. h. dem Volksgerichtshof, zu unterstellen. Zu diesem Zwecke wurde ein »Ehrenhof« eingesetzt, der die Verdächtigen ohne Anhörung, ohne Beweisverfahren, ohne Schuldspruch, auf den Vortrag der Ermittlungsergebnisse der Geheimen Staatspolizei hin, dem Führer zur Ausstoßung aus der Wehrmacht vorschlug. Das erschien auch deshalb als praktische Lösung, weil der Nachweis des gemeinsamen Handelns mit Zivilisten nicht immer geführt werden konnte, die ersten Prozesse aber um der propagandistischen Wirkung willen sehr rasch abgewickelt werden sollten. Dem Ehrenhof gehörten Generalfeldmarschall Keitel, Generaloberst Guderian, General der Infanterie Walter Schroth, General der Infanterie Karl Kriebel, später auch der General der Infanterie Karl-Wilhelm Specht, Generalleutnant Heinrich Kirchheim als Vertreter Guderians und Generalfeldmarschall von Rundstedt als Vorsitzender an. Auch Generalmajor Ernst Maisel und Generalleutnant Wilhelm Burgdorf nahmen an den Sitzungen des Ehrenhofes teil[94].

Die Verhandlung vor dem Volksgerichtshof gegen die erste Gruppe der Verschwörer fand am 7. und 8. August im Großen Saal des Kammergerichts in Berlin unter dem Vorsitz von Dr. Roland Freisler statt. Er trug einen blutroten Talar, an den Wänden hingen große Hakenkreuzfahnen, im sorgfältig ausgewählten Publikum sah man vorwiegend Uniformen der Wehrmacht, der SS, SA und Polizei. Es sollte ein für die Goebbelssche Propaganda, aber auch zur Erbauung des rachsüchtigen Führers geeigneter Schauprozeß werden. Hinter den Fahnen waren Tonfilmaufnahmegeräte verborgen, die jeweils auf ein Klopfzeichen Freislers in Gang gesetzt wurden, der fast allein die Vernehmungen und Verhandlungen führte. Jeweils wenn er das Zeichen gegeben hatte, hob Freisler ein unmäßiges, oft unflätiges Gebrüll gegenüber den Angeklagten an, die damit vollends seelisch vernichtet und als jämmerliche, moralisch minderwertige, von niederen Motiven beseelte Verbrecher hingestellt werden sollten[95].

Der propagandistische Zweck wurde nicht erreicht, die Filme später nur zum Teil der Öffentlichkeit gezeigt. Selbst die dazu eigens ausgewählten Ausschnitte hatten noch das Gegenteil des beabsichtigten Erfolges zur Folge. Sämtliche Angeklagte zeichneten sich durch aufrechte, mutige Hal-

3. Volksgerichtshof, Hinrichtung, Konzentrationslager 647

tung aus und wurden in dem, was sie sagten, selbst zu Anklägern des Regimes. Durch ihre ruhige, durch die Leiden der Haft eher abgeklärte Würde machten sie den Gegensatz zu ihrem schreienden, sich wie ein Berserker gebärdenden, würdelosen Richter um so deutlicher.

In der ersten Verhandlung gegen Generalfeldmarschall von Witzleben, Generaloberst Hoepner, Generalmajor Stieff, Oberleutnant von Hagen, Generalleutnant von Hase, Oberstleutnant i. G. Bernardis, Hauptmann Klausing, Oberleutnant d. R. Graf Yorck von Wartenburg sprach vor allen Witzleben überaus furchtlos mit Freisler und blieb ihm nichts schuldig, aber auch die anderen zeigten durchweg aufrechte und tapfere Haltung und ließen sich von Freislers Gebrüll nicht beeindrucken. Witzleben hatte man die Hosenträger weggenommen, und Hoepner erschien in einer Strickjacke vor Gericht. Selbst Freisler war das peinlich, und er ordnete in der Verhandlungspause am Mittag an, daß den betreffenden Herren ein etwas würdigerer Auftritt ermöglicht werden müsse [96]. Trotz strengen Verbots war bei der Zahl der Zuhörer nicht zu vermeiden, daß Einzelheiten der Verhandlung nach außen drangen, Freisler selbst war deshalb unsicher und suchte sich gelegentlich zu versichern, daß nur autorisierte Zuhörer da waren [97]. So wurde von Witzleben berichtet, er habe Freisler entgegengehalten: »›Sie können uns dem Henker überantworten. In drei Monaten zieht das empörte und gequälte Volk Sie zur Rechenschaft und schleift Sie bei lebendigem Leibe durch den Kot der Straßen.‹« [98]

Freisler versuchte, meist mit Erfolg, die Angeklagten an Äußerungen über ihre Motive zu hindern. Stieff machte mehrere Ansätze zu Erklärungen, die Freisler jedesmal unterdrückte. Trotzdem gelang es vielen Angeklagten, zu sagen, wofür sie gehandelt hatten. Fritz-Dietlof Graf von der Schulenburg sagte: »›Wir haben diese Tat auf uns genommen, um Deutschland vor einem namenlosen Elend zu bewahren. Ich bin mir klar, daß ich daraufhin gehängt werde, bereue meine Tat aber nicht und hoffe, daß sie ein anderer, in einem glücklicheren Augenblick, durchführen wird.‹« [98a] Mehr als zwanzig der Verschwörer nannten der Gestapo oder dem Gericht die Judenverfolgung als Motiv für ihre Beteiligung [98b]. Graf Schwerin von Schwanenfeld erwähnte »die vielen Morde in Polen«, ehe ihm Freisler ins Wort fiel [99]. Stieff: »Für Deutschland!« [100] Yorck: »Das Wesentliche ist, was alle diese Fragen verbindet, der Totalitätsanspruch des Staates gegenüber dem Staatsbürger unter Ausschaltung seiner religiösen und sittlichen Verpflichtungen Gott gegenüber.« [101] Während der ganzen Verhandlung bewies Yorck eine besonders furchtlose und aufrechte Haltung [102]. Hans-Bernd von Haeften: »Nach der Auffassung, die ich von der weltgeschichtlichen Rolle des Führers habe, nämlich, daß er ein großer Vollstrecker des Bösen ist...« [103]

Rechtsanwalt Josef Wirmer, der wußte, daß er sein Leben nicht retten konnte, schleuderte dem Präsidenten Freisler entgegen: »›Wenn ich hänge, habe nicht ich die Angst, sondern Sie!‹« Und als Freisler höhnte: »›Bald werden Sie in der Hölle sein!‹« Da schlug Wirmer ohne Zögern zurück: »›Es wird mir ein Vergnügen sein, wenn Sie bald nachkommen, Herr Präsident!‹«[104] Auch Ulrich von Hassell wirkte vor dem Volksgerichtshof selbst eher als Ankläger, denn als Angeklagter, Hermann Maaß verzichtete mit grenzenloser Verachtung für Freisler auf ein Schlußwort, nachdem dieser ihm zweimal völlig unbeherrscht dazwischengebrüllt hatte, Fritz-Dietlof Graf von der Schulenburg goß seinen Sarkasmus über Freisler aus, und General Fellgiebel rief seinem Richter zu, er möge sich mit dem Aufhängen beeilen, sonst werde Freisler eher hängen als die Angeklagten[105]. Die Verhandlungsführung Freislers war mitunter so würdelos, daß selbst die nationalsozialistischen Berichterstatter und der Justizminister Thierack sich bei Bormann darüber beschwerten[106].

Die Prozesse wurden bis wenige Wochen vor Kriegsende fortgeführt. Gerade in dieser Zeit, als nichts mehr den Zerfall des Regimes und seine militärische Niederlage verbergen konnte, wütete Hitlers Willkür so ungehemmt, daß nur selten und nur zaghaft der eine oder andere Justizbeamte wagte, ein Verfahren zu verschleppen und so dieses oder jenes Leben zu retten, mitunter auf Kosten anderer Beschuldigter, wenn die Akten eines Falles etwa in einem großen Stoß von oben nach unten verschoben wurden[106a].

Fabian von Schlabrendorff stand am 21. Dezember 1944 mit fünf anderen Angeklagten vor dem Volksgerichtshof, aber das Gericht war überlastet und die Fälle von Reichsminister a. D. Dr. Andreas Hermes, Staatssekretär a. D. Dr. Franz Kempner, Schlabrendorff und Oberst Wilhelm Staehle kamen an diesem Tage nicht mehr an die Reihe[107]. Am 3. Februar 1945 sollte gerade die Verhandlung gegen Schlabrendorff beginnen, als die Sirenen an diesem Vormittag Fliegeralarm gaben; Gericht und Angeklagter mußten die Keller aufsuchen. Während des Bombenangriffs erhielt der Volksgerichtshof einen Volltreffer, ein Balken der herabstürzenden Kellerdecke erschlug den Präsidenten Freisler in seiner blutroten Robe. Schlabrendorffs Verteidiger sagte ihm nachher, der Richter habe noch die Anklageakten gegen ihn in der Hand gehabt[108]. Der Termin wurde erneut angesetzt, auf den 16. März 1945. Weil es Schlabrendorff gelang, die erlittenen Folterungen ausführlich zu schildern mit dem Hinweis, Friedrich der Große habe das Foltern in Preußen schon vor zweihundert Jahren verboten, und weil auch von der Gestapo die Folterungen nicht bestritten wurden, sprach ihn das Gericht unter dem Vorsitz von Dr. Crohne frei und hob den Haftbefehl auf. Aber am Ausgang wurde er von der Gestapo in Empfang genommen. Einige Tage später erklärte man ihm, das Urteil des Volksgerichtshofes sei offenbar falsch und er werde zwar nun nicht aufgehängt, wohl aber erschossen werden. Durch seine Unterschrift mußte Schlabrendorff den Empfang dieser Mitteilung bestätigen. Nach einigen weiteren Tagen wurde er mit anderen Gefangenen nach Flossenbürg gebracht, wo Canaris, Oster und Dietrich Bonhoeffer gehängt wurden und wo er erschossen werden sollte. Die Räumung des Lagers vor den anrückenden Amerikanern rettete ihm zunächst das Leben, dann wurde er mit den schon erwähnten Gefangenen nach Dachau, endlich nach Südtirol gebracht und dort befreit[109].

Auch dem Generaloberst Fromm wurde erst im März 1945 der Prozeß gemacht. Man warf ihm vor, er habe die Vorschriften über militärische Standgerichte mißachtet, als er die Führer der Verschwörung in der Nacht vom 20. auf den 21. Juli erschießen ließ. Verurteilt wurde er wegen Feigheit. Der Berichterstatter Dr. Hopf schrieb jedoch an Bormann, zwar sei zum Glück der Vorsitzende nicht darüber gestolpert, aber juristisch stehe das Urteil gegen Fromm auf sehr schwachen Füßen, weil gar nicht auszuschließen sei, daß Fromm nicht aus Feigheit, sondern aus Sympathie zu den Verschwörern und um beim Erfolg der Erhebung auf der richtigen Seite zu sein, sich so passiv verhalten habe. Wenn das Gericht dies jedoch angenommen hätte, so wäre Fromm doch wegen Hochverrats zu verurteilen gewesen[110].

Als Hinrichtungsart für die Verschwörer hatte Hitler selbst das Erhängen angeordnet, später im Jahre 1944 wurden auch wieder die bis 1942 üblich gewesenen Enthauptungen ausgeführt (Soldaten wurden bis zum 20. Juli 1944 gewöhnlich erschossen). Die ersten acht Angeklagten des 7. und 8. August – Witzleben, Hoepner, Stieff, Hagen, Hase, Bernardis, Klausing, Yorck – wurden schon am Nachmittag nach der Urteilsverkündung am 8. August im Beisein von Generalstaatsanwalt Dr. Hanssen in der Strafanstalt in Plötzensee gehängt. Alle gingen aufrecht und ohne Klage in den Tod, obwohl nicht allen, und nicht allen nach ihnen, das Sterben leicht geworden ist. Die Hinrichtung durch Erhängen ist in jedem Falle grausam, man erinnert sich an die entsetzlichen Bilder von den Nürnberger Prozessen nach dem Kriege. In Plötzensee aber machte man es auf Hitlers eigene Anordnung besonders bestialisch. Die Guillotine stand noch im Hinrichtungsraum, der Scharfrichter und seine Gehilfen stärkten sich mit Schnaps, und Tonfilmaufnahmen hielten das Sterben der nackten Verurteilten, denen man nach dem Aufhängen die Hosen auszog, für Hitler fest. Der Film wurde sofort ins Führerhauptquartier gebracht und dort auch vorgeführt. Photographien der Gehenkten lagen noch am 18. August auf Hitlers großem Kartentisch. Die Verurteilten wurden einzeln mit dem Seil an Haken gehängt, die an einer quer durch den Raum gehenden Schiene an der Decke befestigt waren. Da der Hinrichtungsschuppen die Bomben und Granaten des Krieges überstanden hat und zu einer Gedenkstätte eingerichtet wurde, sind diese Einrichtungen außer der Guillotine noch heute dort zu sehen. Der Tod konnte langsam und qualvoll sein, selbst wenn dies nicht beabsichtigt gewesen sein sollte. Jedoch wird glaubwürdig von zwei Augenzeugen berichtet, daß zunächst angeordnet war, das Sterben der Opfer hinzuziehen. Wenn der Gefangene nach dem Festmachen des Seiles am Haken von den Gehilfen des Scharfrichters hochgehoben und mit Wucht fallengelassen wird, hat er Aussicht, sich das Genick zu brechen oder wenigstens das Bewußtsein zu verlieren, wird er aber behutsam hingehängt oder ein kleiner Schemel unter ihm langsam weggezogen, so wird er nur allmählich erwürgt. Vielsagend ist in diesem Zusammenhang die Vorschrift, auch bei der zuerst erwähnten Methode, die Verurteilten zwanzig Minuten lang hängen zu lassen. Nach jeder Erhängung wurde ein Vorhang vor den zuletzt Erhängten gezogen, ehe der nächste Verurteilte herangebracht wurde[111]. Der Vollstreckungsvorgang war stets kurz und dauerte nur Sekunden. In den Protokollen werden gewöhnlich Zeiten zwischen 7 und 20 Sekunden genannt, in denen der Delinquent hereingeführt, von den Scharfrichtern gepackt und gehängt oder enthauptet wurde[112]. Aber nur beim Enthaupten ist mit dem Ende der Vollstreckung auch das Leben und Leiden mit Sicherheit zu Ende. Bei den Enthauptungen ging alles schneller, der Verurteilte wurde vorgeführt und sofort blitzschnell von den Gehilfen des Scharfrichters ergriffen, in die Maschine geschnallt und geköpft. Ende 1944 war man wieder zu dieser Methode übergegangen, nachdem monatelang im Abstand von etwa zwei Wochen Erhängungen ausgeführt worden waren[113]. Aber im März 1945 hat man anläßlich der Hinrichtung Nebes wieder auf das Hängen zurückgegriffen, offenbar, weil es als schwerere Strafe galt[114]. Dagegen war es offenbar ein Gnadenerweis für Fromm und auch entsprechend der gegen ihn erkannten Schuld (Feigheit) eher angemessen und üblich, daß er – am 12. März 1945 – im Zuchthaus Brandenburg an der Havel erschossen wurde[115].

Viele im Zusammenhang mit dem 20. Juli Verurteilte wurden schon am Tag ihrer Verurteilung hingerichtet. Da sehr oft, vielleicht meistens, das Urteil vorher feststand, verwundert es nicht, wenn das Gnadenverfahren nicht einmal formal eingehalten wurde. In ein paar Stunden kann sich ja niemand mit dem Protokoll eines eben geführten Prozesses auf

3. Volksgerichtshof, Hinrichtung, Konzentrationslager

Leben und Tod vertraut machen und alle Umstände gewissenhaft prüfen. Andererseits wurden, wie berichtet, in zahlreichen Fällen die Vollstreckungen aufgeschoben, aber nicht, um das Gnadenverfahren abzuwarten, sondern um aus den Todeskandidaten noch mehr Informationen über die Verschwörung und über ihre Mitverschwörer herauszuholen. Major Hans-Georg Klamroth und Adam von Trott zu Solz wurden am 15. August 1944 verurteilt, das Urteil wurde am selben Tage bestätigt, aber vollzogen wurde es erst am 26. August, im Falle von Trott, da dieser »zweifellos sehr stark zurückgehalten hat«[116]. Fellgiebel, Hansen, Sadrozinski mußten jeweils etwa einen Monat auf den Tod warten, Leber wurde am 20. Oktober 1944 verurteilt, das Urteil am selben Tage bestätigt, aber erst am 5. Januar 1945 vollzogen[117]. Goerdeler mußte vom 8. September 1944 bis zum 2. Februar 1945 auf die Vollstreckung warten[118]. Auch das gehört zu den Grausamkeiten und Unmenschlichkeiten des nationalsozialistischen Regimes. Aber es gab noch genug andere.

Die Verschwörergruppe in Frankreich war dank der dortigen Verhältnisse und dank der Standhaftigkeit ihrer gefaßten Mitglieder mit verhältnismäßig geringen Verlusten aus den Verfolgungen hervorgegangen. Am 30. August 1944 wurden Stülpnagel, Hofacker, Linstow und Finckh zum Tode verurteilt und mit Ausnahme von Hofacker, der bis zum 20. Dezember warten mußte, auch hingerichtet[119]. Generalfeldmarschall von Kluge hatte sich schon das Leben genommen, aber inzwischen war auch die Rolle Rommels immer deutlicher geworden. Hitler scheute vor einem Prozeß gegen den populärsten seiner Heerführer zurück und wollte den gerade von seinen schweren Verletzungen Genesenden lieber unauffällig beseitigen. Am 14. Oktober 1944 schickte er Generalmajor Maisel und Generalleutnant Burgdorf zu Rommel nach Herrlingen bei Ulm, wo dieser zu Hause war, und ließ ihn vor die Wahl stellen, ein mitgebrachtes Gift einzunehmen und ein Staatsbegräbnis zu erhalten, oder aber vor den Volksgerichtshof gestellt zu werden – mit allen Folgen für seine Familie. Rommel hätte, von der Rücksicht auf seine Familie abgesehen, vielleicht gern die Gelegenheit ergriffen, vor dem Volksgerichtshof selbst zum Ankläger zu werden. Andererseits war er wohl über die Methoden des Verfahrens unterrichtet und überdies überzeugt, gar nicht lebend bis Berlin zu kommen, selbst wenn er sich mit einem Prozeß einverstanden erklärt hätte. So blieb nichts als das Gift. Nach einstündiger Unterredung mit Maisel und Burgdorf, während das Dorf von SS-Truppen umstellt wurde, nahm Rommel von seiner Familie Abschied. Zu seiner Frau sagte er: »›In einer Viertelstunde bin ich tot.‹« Dann stieg er mit den Offizieren in ein Auto. Auf der Fahrt nach Ulm wurde gehalten, Rommel nahm das Gift, in Ulm wurde ein Staatsbegräbnis angeordnet, als Todesursache eine Embolie auf Grund früherer Verletzungen bekanntgegeben [120].

Im April 1945 hörten endlich die offiziellen, vom Justizministerium bzw. von den Verwaltungen der Strafanstalten registrierten Hinrichtungen auf. Im Zuchthaus Brandenburg wurden am 20. April 1945, am Geburtstag des Führers, die letzten 28 Menschen hingerichtet [121]. Insgesamt wird die Zahl der Hinrichtungen für 1945 auf 800 geschätzt, was aber sicher zu niedrig gegriffen ist. Für das ganze Jahr 1944 registrierte das Justizministerium 5764 Hinrichtungen, für das Jahr 1943 5684 [122]. Allerdings sind längst nicht alle diese Menschen im Zusammenhang mit dem 20. Juli getötet worden, wie nach dem Kriege auf Grund eines Berichtes der Britischen Admiralität angenommen wurde. Die Zahl dieser Hinrichtungen wird vielmehr auf etwa 200 geschätzt [123].

Während noch die offiziellen Hinrichtungen vonstatten gingen, gab es auch halboffizielle und inoffizielle. Diese hörten bis in die letzten Tage des Krieges nicht auf. Ein besonders schreckliches Beispiel für die halboffizielle Art der Hinrichtung ist das Schicksal der Gruppe um Canaris. Man hatte offenbar nicht gewagt, dieser Gruppe von ehemaligen Abwehrangehörigen vor dem Volksgerichtshof den Prozeß zu machen. Sie verteidigten sich damit, daß die ihnen vorgeworfenen Handlungen zu ihrer Spionageabwehrtätigkeit gehört haben, und das war kaum zu widerlegen. Jedenfalls wäre die umständliche Erörterung ihrer Tätigkeit vor einem Gericht inopportun gewesen. Aber dann wurde im April das vollständige Tagebuch von Admiral Canaris entdeckt [124], und es erregte Hitlers Zorn so sehr, daß er die Hinrichtung der Gruppe befahl, die man wohl ohnedies nicht am Leben zu lassen beabsichtigte, ebensowenig wie die später nach Südtirol verbrachten Häftlinge, deren Hinrichtung durch das Näherrücken der Front nur mehrfach aufgeschoben wurde und die schließlich in der schon erwähnten Weise befreit wurden.

Am 7. April kam SS-Standartenführer Walter Huppenkothen nach Flossenbürg und brachte besondere Weisungen aus Berlin für die Beseitigung gewisser Häftlinge und für den Abtransport anderer, unter diesen Halder, Thomas, Schacht, Schuschnigg, Falkenhausen, Best (englischer Geheimdiensthauptmann), Leutnant Wassilij Kokorin (Neffe Molotows), Oberst i. G. von Bonin, die zunächst nicht umgebracht werden, sondern sogar gut behandelt werden sollten [125]. Unterwegs machte er am 6. April im Konzentrationslager Sachsenhausen Station, wohin am frühen Morgen Dr. Hans von Dohnanyi gebracht worden war, der sich mit Hilfe einer von seiner Frau eingeschmuggelten Speise eine schwere Infektion beigebracht hatte und deshalb bis dahin im Staatskrankenhaus der Polizei gelegen hatte. Der dortige Arzt gab ihm vor seinem Abtransport nach Sachsenhausen nochmals schwere Drogen, um ihn verhandlungsunfähig zu machen und ihn so am Leben zu erhalten. Aber mit solchen Lappalien hielt man sich jetzt nicht mehr auf, man machte dem halb besinnungslosen Dohnanyi, der auf einer Bahre lag, kurzerhand und flüchtig den standgerichtlichen Prozeß. Soweit man weiß, ist Dohnanyi am 9. April hingerichtet worden [126]. Dann war Huppenkothen am 7. April weitergefahren nach Flossenbürg bei Weiden in der Oberpfalz. Der SS-Richter Dr. Otto Thorbeck war aus Nürnberg ebenfalls dorthin bestellt und mußte die letzten 20 Kilometer von Weiden nach Flossenbürg mit dem Fahrrad zurücklegen.

Hier war inzwischen alles für das Standgericht gegen Canaris, Oster, Heeresrichter Dr. Sack, Hauptmann Dr. Strünck, Hauptmann Gehre und Dr. Dietrich Bonhoeffer vorbereitet worden. Am Abend des 8. April wurden die Angeklagten zum Tode verurteilt. Während der Verhandlung wurde zumindest Canaris, wie schon früher, schwer geschlagen. In der Frühe des 9. April 1945 wurden die Verurteilten im Lager Flossenbürg nackt gehängt [127].

Am selben Morgen wurde eine Gruppe anderer Gefangener von Flossenbürg nach Dachau gebracht, unterwegs nahm man auch Häftlinge des etwa 160 Kilometer südlich gelegenen Lagers Schönberg mit. Als sich am 12. April der Gefechtslärm dem Lager Flossenbürg näherte, wurden die letzten Gefangenen nach Dachau abtransportiert. Dort waren schließlich weit über hundert mehr oder minder prominente Häftlinge versammelt, unter ihnen Dr. Josef Müller, Dr. Franz Maria Liedig, Schlabrendorff, Schacht, Halder, General von Falkenhausen, Schuschnigg und seine Frau, Thomas, Bonin, Best, Kokorin, Dr. Hermann Pünder, Frau Goerdeler und viele andere Sippenhäftlinge [128]. Sie kamen schließlich in Südtirol in amerikanische Obhut und wurden im Laufe des Sommers 1945 entlassen.

Ein Beispiel der anderen, inoffiziellen Art der Beseitigung ist das Sterben der Gefangenen im Zellengefängnis Moabit in der Lehrter Straße in Berlin. Dort waren u. a. Dr. Klaus Bonhoeffer und Dr. Rüdiger Schleicher in Haft, wurden gefoltert und mußten zwei Monate lang auf die Vollstreckung ihres Todesurteils warten [129]. Mit ihnen warteten viele andere Häftlinge in der Sonderabteilung Gestapo auf ihr Schicksal, darunter die zum Tode verurteilten Dr. Andreas Hermes, Theodor Steltzer, Dr. Hans John, Friedrich Justus Perels, Wilhelm zur Nieden, Carl Marks, Hans Ludwig Sierks [130]. Elf der weniger belasteten bzw. (noch) nicht zum Tode verurteilten Häftlinge wurden am 21. April, als russische Artilleriegranaten in das Gefängnis einzuschlagen begannen, entlassen. Unter ihnen befanden sich die Industriellen Dr. Walter Bauer [130a] und Arnold Bistrick, der Kaufmann Georg Stöhr, Staatsfinanzrat Hermann Schilling, Amtsgerichtsrat Dr. Plewe, die Oberstleutnants Dr. Holm Erttel und Ferdinand Zeh, der Bruder von Professor Albrecht Haushofer, Dr. Heinz Haushofer, und Theodor Baensch. Dr. Bauer begab sich am folgenden Morgen ins Justizministerium zu dem ihm bekannten Ministerialrat Dr. Eggensperger und bedrängte ihn, sofort die Entlassung aller noch in der Lehrter Straße festgehaltenen politischen Häftlinge zu verfügen, damit diese nicht in letzter Minute beseitigt würden oder in den Kampfhandlungen zu Schaden kämen.

Es stellte sich aber heraus, daß der Justizminister Dr. Thierack in der Nacht vom 20. auf 21. April Berlin verlassen hatte und daß nach seinen Anweisungen für Begnadigungen von Volksgerichtshofsachen der Oberreichsanwalt beim Volksgerichtshof, für andere Fälle der Generalstaatsanwalt Berlin zugleich in seiner Eigenschaft als Justizbeauftragter des Reichsverteidigungskommissars Dr. Goebbels zuständig war. Dieser aber befand sich noch im Bunker der Reichskanzlei bei Hitler, während Berlin unter russischem Beschuß in Trümmer sank, und man wußte, wie schnell Menschen in Berlin in diesen letzten zehn Tagen wegen Befehlsverweigerung, Zuwiderhandlungen oder sonstigen jetzt häufigen Delikten erschossen wurden; man konnte nicht schalten und verfügen, wie es die Menschlichkeit gebieten mochte, wenn man am Leben bleiben wollte.

Trotzdem gelang es Dr. Eggensperger, der sich sehr einsetzte, endlich, am Nachmittag des 23. April, den Vertreter des Justizministers, Ministerialdirigent Hesse, zu einer Fahrt zum Gefängnis Moabit zu bewegen, wo sie zusammen die sofortige Entlassung der politischen Gefangenen durchsetzen konnten. Von Moabit wollten sie zur Lehrter Straße, kamen aber wegen angeblich inzwischen geschlossener Panzersperren an diesem Tage nicht mehr dorthin durch. Sie wären freilich ohnehin zu spät gekommen, um das Massaker noch zu verhindern, das inzwischen schon beschlossen und in Gang gesetzt worden war. Eine frühere Aktion zur Befreiung der Gefangenen war wohl nicht möglich, weil der 22. April ein Sonntag war.

Auch wenn es noch nicht zu spät gewesen wäre, war der Erfolg weiterer Bemühungen mehr als fragwürdig: als am Abend des 23. April Generalstaatsanwalt Hanssen von Dr. Eggensperger hörte, die Moabiter Gefangenen seien entlassen worden, sagte er ihm, in solchen Sachen verstehe der Reichsverteidigungskommissar Dr. Goebbels keinen Spaß, wer in Moabit die Tore aufgemacht habe, hafte dafür mit Kopf und Kragen.

3. Volksgerichtshof, Hinrichtung, Konzentrationslager

Er, Hanssen, werde sofort dafür sorgen, daß sich eine solche »Schweinerei« in der Lehrter Straße nicht wiederhole. Das war aber nicht mehr nötig.

Schon am Abend des 22. April, noch ehe Dr. Bauers Intervention bei Dr. Eggensperger zu dessen Fahrt mit Hesse nach Moabit geführt hatte, war mit der Auflösung des Gefängnisses Lehrter Straße durch die Gestapo begonnen worden. Zunächst wurden einundzwanzig Gefangene entlassen, darunter der Generaldirektor der »Nordsee«-Verkaufsbetriebe Wilhelm Roloff, ferner Hans Lukaschek, Kraft Freiherr von Palombini, der Goerdeler während dessen Flucht Quartier gegeben hatte, der Abteilungsleiter bei der Deutschen Lufthansa Lothar Francke [131], Hermann Freiherr von Lüninck und Otto Kunze. Dann wurden gegen 23 Uhr anscheinend auf Befehl des berüchtigten SS-Obersturmbannführers Kriminalkommissar Stawizki sechzehn weitere Gefangene aufgerufen. Man teilte ihnen mit, sie würden vom Reichssicherheitshauptamt in der Prinz-Albrecht-Straße aus entlassen und müßten deshalb nun zunächst dorthin überstellt werden.

Gegen Mitternacht wurden die in zwei Gruppen aufgeteilten Gefangenen auf die Lehrter Straße hinausgeführt und mußten die eben wegen ihrer Entlassung empfangenen Papiere und Wertsachen wieder abgeben, ihr Gepäck wurde auf einen bereitstehenden Kübelwagen verladen, etwa dreißig SS-Leute nahmen die Gefangenen in Empfang [132]. Zu den ersten acht gehörten die zum Tode verurteilten Dr. Rüdiger Schleicher, Dr. Klaus Bonhoeffer, Dr. Hans John, Carl Marks, Friedrich Justus Perels, Wilhelm zur Nieden, Hans Ludwig Sierks und der nicht zum Tode verurteilte Vortragende Legationsrat Dr. Richard Künzer. Während sie noch im Gefängnishof darauf warteten, hinausgeführt zu werden, war eine weitere Gruppe von acht Gefangenen aufgerufen und schon auf die Straße hinausgeführt worden, wo man ihnen sagte, sie würden zum Potsdamer Bahnhof geführt. Kurz darauf kamen die anderen acht.

Gegen 1 Uhr in der Frühe des 23. April wurden alle sechzehn die Lehrter Straße hinunter und dann über die Invalidenstraße auf das Gelände des Universal-Landes-Ausstellungs-Parks (Ulap) geführt, wo sie wieder in zwei Gruppen getrennt wurden. Hinter jedem der Gefangenen ging ein SS-Mann mit schußbereiter Pistole oder Maschinenpistole. Auf ein Kommando erhielten alle Gefangenen von hinten einen Genickschuß.

In der zweiten Gruppe befanden sich Oberst Wilhelm Staehle, Oberstleutnant Ernst Munzinger, Major d. R. Hans Victor von Salviati, Professor Dr. Albrecht Haushofer, ferner ein russischer Kriegsgefangener namens Sergej Sossimow, ein Herr Carlos Moll und die Kommunisten Max Jennewein und Herbert Kosney [133]. Kosney drehte den Kopf in dem

Augenblick, als der SS-Mann hinter ihm schoß. Die Kugel ging durch Kosneys Hals und Backe, er brach zusammen, blieb aber bei Bewußtsein und stellte sich tot. Als die SS-Männer weggegangen waren, verband er sich notdürftig und schleppte sich zu einer Verbandstelle des Volkssturms. Auf seinen Bericht hin stellte man den Verbleib der Leichen der ersten Gruppe fest, und drei Wochen nach dem Mord wurden auch die Leichen der Gruppe Kosneys gefunden. Albrecht Haushofer hielt noch das Heft mit den von ihm im Gefängnis verfaßten Moabiter Sonetten in der Hand, als sein Bruder ihn fand.

Für die im Gefängnis Lehrter Straße Zurückgebliebenen war die entsetzliche Ungewißheit über ihr eigenes Schicksal noch nicht zu Ende. Der frühere Gewerkschaftsführer Johannes Albers, der am 20. April 1945 zum Tode verurteilt worden war, wurde am 23. April zur Hinrichtung nach Plötzensee gebracht, dann aber dort von der Roten Armee befreit[134]. Ebenso erging es dem gleichfalls zum Tode verurteilten Diplomingenieur Kurt Sorge, dem Rittmeister d. R. Dr. Paul van Husen und einem Herrn Wilhelm Schmidt. Einige andere dagegen wurden am 23. April entlassen: Dr. Joachim Wrede, Hermann Moritz, der Architekt Carl Bassen, ein Herr Paul Herpich und ein schwedischer SS-Untersturmführer. Am Abend des 23. April übergab die Gestapo das ganze Gefängnis Lehrter Straße an die Justizbehörden, was nichts Gutes bedeuten konnte; denn für die Ermordung an die Justiz übergebener Gefangener konnte man die SS nachher nicht verantwortlich machen, so dachten jedenfalls die Gestapo- und SS-Leute. Als am selben Abend die Gestapo abrückte, schien das Schlimmste überstanden. Aber gegen 1 Uhr am Morgen des 24. April kamen noch einmal – zum letzten Mal – SS-Leute und nahmen drei Gefangene mit: Albrecht Graf von Bernstorff, Karl Ludwig Freiherr von Guttenberg und den Gewerkschaftsführer Ernst Schneppenhorst. Sie wurden ermordet. Das gleiche Schicksal erlitt eine nicht bekannte Anzahl von Gestapo-Gefangenen in der Prinz-Albrecht-Straße zwischen dem 20. und 22. April[135].

Am 25. April endlich gelang es den übrigen Gefangenen, den Direktor Regierungsrat Berg zu überzeugen, daß er sie freilassen müsse und könne. Am überzeugendsten war das Argument, daß Berg andernfalls sehr wahrscheinlich von der Roten Armee erschossen werde. Um 18 Uhr wurden die politischen Häftlinge entlassen, unter ihnen Oberst Otto Armster, Eberhard Bethge, Hauptmann Helmuth Cords, der Mitarbeiter im OKW/Ausland/Abwehr Justus Delbrück, Professor Constantin von Dietze, Friedrich Ernst, Friedrich Erxleben, Dr. Maximilian von Hagen, Oberst Kurt Haßel, Dr. Andreas Hermes, Fregattenkapitän Dr. Sydney Jessen, Professor Adolf Lampe, Diplomingenieur Friedrich Leon, Dr. Fiszel Majnemer, Reichswehrminister a. D. Gustav Noske, Major d. R. Oskar Graf von Pilati, Jesco von Puttkamer-Nippoglense, Hans-Joachim von Reclam-Schlee, Professor Gerhard Ritter, Pater Augustinus Rösch SJ, Oberst Hans-Joachim von Steinaecker, Theodor Steltzer, Hans Detlof von Winterfeldt, Willi Wiegand, Berengar von Zastrow, Friedrich-Carl von Zitzewitz-Muttrin. Sie waren gerettet, aber der Schatten der Opfer lag auf ihnen für den Rest ihres Lebens.

Länger als diese »Hochverräter« und »Staatsfeinde« mußten die als Sippenhäftlinge festgehaltenen Kinder auf ihre Befreiung warten. An die fünfzig von ihnen, vom Säuglingsalter aufwärts, waren im Herbst 1944 nach Bad Sachsa gebracht worden, wo ihnen verboten war, ihre Namen zu nennen. Nach einiger Zeit erfuhren die älteren Kinder von einer Kindergärtnerin, es sei ursprünglich beabsichtigt gewesen, die jüngeren Kinder zwei Monate in Bad Sachsa festzuhalten, derweil ihre Eltern und größeren Geschwister umzubringen und dann die übrigen Kinder teils in SS-Schulen, teils in SS-Familien zu verteilen. Dieser Plan sei allerdings jetzt aufgegeben [136]. Einige Kinder wurden im Oktober in Schulen und zum Teil nach Hause entlassen, die anderen mußten bleiben. Im Februar kamen Dr. Goerdelers Enkelkinder Rainer (4 Jahre) und Karl (³/4 Jahre); Rainer weinte und klagte der Tochter Dr. Caesar von Hofackers auf schwäbisch, er wolle heim. Am 12. April 1945 besetzten amerikanische Truppen Bad Sachsa, aber erst am 4. Mai eröffnete sich die Aussicht auf Heimkehr, als der neue Bürgermeister die Kinder unter seinen Schutz nahm: »›Und jetzt heißt ihr wieder so wie früher, ihr braucht euch eurer Namen und Väter nicht zu schämen, denn sie waren Helden!‹« [137]

Aber die Angehörigen, die noch lebten, konnten zum Teil wegen der Wirren der ersten Nachkriegswochen selbst noch nicht nach Hause oder wußten nicht, wo ihre Kinder waren. Die Mutter der Brüder Stauffenberg wurde zwar schon im Herbst 1944 aus der Gestapo-Haft in Balingen nach Lautlingen entlassen, und auch eine Tante der Brüder, Gräfin von Üxküll-Gyllenband, kam schon nach kurzer Haft wieder nach Lautlingen zurück. Aber sie mußten dort unter Gestapo-Bewachung bis zur Befreiung durch französische Truppen aushalten, und erst Anfang Juni gelang es der Gräfin von Üxküll-Gyllenband, die in Bad Sachsa festgehaltenen Kinder nach Lautlingen zu bringen. Es war ein großer Glücksfall, daß ein hier gut behandelter ehemaliger französischer Kriegsgefangener in Lautlingen Ortskommandant wurde und ein Militärauto zur Verfügung stellte; denn die Stellen der amerikanischen und französischen Militärregierung und des Roten Kreuzes erklärten auf entsprechende Anfragen, um deutsche Kinder würden sie sich nicht kümmern. Von Melitta Gräfin von Stauffenberg, bekannt als Fliegerin, der Frau von Alexander Graf von Stauffenberg, hatte die Gräfin Üxküll noch vor dem Tod der Fliegerin den Aufenthaltsort der Kinder erfahren. Nun kam sie mit dem französischen Militärauto am 6. Juni nach Nordhausen, einen Tag, ehe die Russen dort einrücken sollten. Am 7. Juni konnten die Kinder, deren Verbringung in das Konzentrationslager Buchenwald nur durch einen Bombenangriff auf den Bahnhof Nordhausen verhindert worden war, nach Westen fahren. Das Vermächtnis und das Erbe des Widerstandes gegen Hitler ist so in vielfacher Weise lebendig.

Anhang

Anmerkungen

I. Das Jahr 1933

1 Bruno Gebhardt, Handbuch der deutschen Geschichte, Bd. IV, Stuttgart ⁸1963, S. 346-347. Vgl. zum Folgenden auch Gerhard Ritter, Carl Goerdeler und die deutsche Widerstandsbewegung, Stuttgart ³1956, S. 99-102.
2 Paul Kluke, »Der Fall Potempa«, VfZ 5 (1957), S. 279-297.
3 Hans Rothfels, Die deutsche Opposition gegen Hitler: Eine Würdigung, Fischer Bücherei, Frankfurt/M.-Hamburg 1958, S. 52.
4 Gebhard IV, 352.
5 Die Fälle sind zitiert aus »100 Einzelfälle, Anlage zur Denkschrift über die Notlage der Arbeiterschaft, vom Gesamtverband der christlichen Gewerkschaften vom 16. 9. 1932« bei Helmut J. Schorr, Adam Stegerwald: Gewerkschafter und Politiker der ersten deutschen Republik. Ein Beitrag zur Geschichte der christlich-sozialen Bewegung in Deutschland. Recklinghausen 1966, S. 259.
6 Karl Dietrich Bracher, Wolfgang Sauer, Gerhard Schulz, Die nationalsozialistische Machtergreifung: Studien zur Errichtung des totalitären Herrschaftssystems in Deutschland 1933/34, Köln-Opladen ²1962, S. 62-63, 246-247, auch zum Folgenden; abweichend Ritter, Goerdeler, S. 100-101; Thomas Weingartner, Stalin und der Aufstieg Hitlers, Berlin 1970.
7 Bracher-Sauer-Schulz, S. 63; Hans Mommsen, »Der Reichstagsbrand und seine politischen Folgen«, VfZ 12 (1964), S. 384-388, 411-413.
8 Rothfels, Opposition, S. 52; Bracher-Sauer-Schulz, S. 63-64. Vgl. die scharfe Kritik des SPD-Führers Dr. Julius Leber an der Haltung seiner Partei, zitiert bei Ritter, Goerdeler, S. 469 Anm. 7.
9 Bracher-Sauer-Schulz, S. 54-55, auch zum Folgenden.
10 Mommsen, S. 352-354, 382-396.
11 Vgl. Hermann Mau und Helmut Krausnick, Deutsche Geschichte der jüngsten Vergangenheit 1933-1945, Tübingen-Stuttgart 1956, S. 26-27; Gebhardt IV, 191.
12 Mau-Krausnick, S. 28-32; Gebhardt IV, 192; vgl. auch Max Domarus, Hitler: Reden und Proklamationen 1932-1945, 2 Bde., Neustadt a. d. Aisch 1962/1963, S. 1067-1068.
13 Gebhardt IV, 192-193, 196; Mau-Krausnick, S. 28-32.
14 Gebhardt IV, 196.
15 Bracher-Sauer-Schulz, S. 64-65, auch zum Folgenden.
16 Gebhardt IV, 196.
17 Bracher-Sauer-Schulz, S. 72-73, auch für das Folgende.
18 Bracher-Sauer-Schulz, S. 136-138.

19 Bracher-Sauer-Schulz, S. 139-144, auch für das Folgende.
20 Ritter, Goerdeler, S. 68.
21 Bracher-Sauer-Schulz, S. 155-158, auch zum Folgenden.
22 Bracher-Sauer-Schulz, S. 163-168.
23 Bracher-Sauer-Schulz, S. 178-186, auch zum Folgenden.
24 Bracher-Sauer-Schulz, S. 198-199.
25 Bracher-Sauer-Schulz, S. 205-214.
26 Bracher-Sauer-Schulz, S. 317-319.
27 Friedrich Baumgärtel, Wider die Kirchenkampf-Legenden, Neuendettelsau/ Mfr. ²1959, S. 32-33; Bracher-Sauer-Schulz, S. 326-347, auch zum Folgenden; ferner Liste der besonderen Maßnahmen gegen die Bekennende Kirche (Stand vom Dezember 1939), Groscurth-Papiere, BA Koblenz EAP 21-X-15/1. Vgl. Ritter, Goerdeler, S. 110-122; Friedrich Zipfel, Kirchenkampf in Deutschland 1933-1945, Berlin 1965.
28 Bracher-Sauer-Schulz, S. 341-347, auch zum Folgenden.
29 Vgl. Heinrich Portmann, Kardinal von Galen: Ein Gottesmann seiner Zeit, Münster i. W. ⁸1959, passim.
30 Bracher-Sauer-Schulz, S. 289-290; dazu die scharfsinnigen Bemerkungen von Carl Friedrich von Weizsäcker, Die Tragweite der Wissenschaft, B. I, Stuttgart 1964, S. 12.
31 Bracher-Sauer-Schulz, S. 290-307.
32 Bracher-Sauer-Schulz, S. 863.
33 Bracher-Sauer-Schulz, S. 864-865, 871-873, auch zum Folgenden.
34 Günther Weisenborn, Der lautlose Aufstand: Bericht über die Widerstandsbewegung des deutschen Volkes 1933-1945, rororo-Taschenbuch, Hamburg 1962, S. 30.
35 Eric H. Boehm (Hrsg.), We Survived: The Stories of Fourteen of the Hidden and the Hunted of Nazi Germany, New Haven, Connecticut 1949, S. VIII; die Angaben beruhen auf Gestapo-Dokumenten, wie auch diejenigen bei Gabriel A. Almond, »The German Resistance Movement«, Current History 10 (1946), S. 409-527.
36 Weisenborn, S. 30.
37 Der Prozeß gegen die Hauptkriegsverbrecher vor dem Internationalen Militärgerichtshof Nürnberg 14. November 1945 - 1. Oktober 1946. Bd. XXXVIII, Nürnberg 1949, S. 362-365; Rothfels, Opposition, S. 18 übersah offenbar, daß sich die Zahl nur auf die genannten sechs Lager bezog, als er schrieb, es habe dem SS-Dokument zufolge »bei Kriegsausbruch 21 400 Internierte« gegeben. S. ferner Martin Broszat, »Nationalsozialistische Konzentrationslager 1933 bis 1945«, in Martin Broszat, Hans-Adolf Jacobsen, Helmut Krausnick, Konzentrationslager, Kommissarbefehl, Judenverfolgung, Olten-Freiburg i. Br. 1965, S. 158-159.
38 Weisenborn, S. 31-32; Dr. Emil Mertens, Tagebuch (über Haft im Zuchthaus Brandenburg mit Bericht von Nikolaus von Halem), IfZ ED 106.
39 Rudolf Pechel, Deutscher Widerstand, Erlenbach-Zürich 1947, S. 326-338; Walter Hammer, Hohes Haus in Henkers Hand: Rückschau auf die Hitlerzeit, auf Leidensweg und Opfergang Deutscher Parlamentarier, Frankfurt/M. ²1956, S. 114; Mikrofilm des »Mordregisters« im BA, EC 941 N.
40 Annedore Leber, Das Gewissen entscheidet: Bereiche des deutschen Wider-

standes von 1933–1945 in Lebensbildern, Berlin–Frankfurt/M. ⁴1960, S. 21.
41 »Fuehrer Conferences on Naval Affairs, 1939–1945«, Brassey's Naval Annual 59 (1948), S. 405.
42 BA EAP 173-a-10/64.

II. Formen des Widerstandes

1 Rudolf Pechel, Deutscher Widerstand, Erlenbach–Zürich 1947, S. 262–265; Friedrich Hoßbach, Zwischen Wehrmacht und Hitler 1934–1938, Göttingen ²1965, S. 81; Gerhard Ritter, Carl Goerdeler und die deutsche Widerstandsbewegung, Stuttgart ³1956, S. 146–147; Bruno Gebhardt, Handbuch der deutschen Geschichte, Bd. IV, Stuttgart ⁸1963, S. 224–225.
2 Thilo Vogelsang, »Neue Dokumente zur Geschichte der Reichswehr 1930 –1933«, VfZ 2 (1954), S. 434–435.
3 Hoßbach, S. 83–85.
4 Pechel, Widerstand, S. 262–266; vgl. Max Domarus, Hitler: Reden und Proklamationen 1932–1945, 2 Bde., Neustadt a. d. Aisch 1962–1963, passim, und Ian Colvin, Vansittart in Office, London 1965, S. 156–160; Louis P. Lochner, Die Mächtigen und der Tyrann (Tycoons and Tyrant): Die deutsche Industrie von Hitler bis Adenauer, Darmstadt 1955, S. 212–216.
5 Vgl. hierzu und zu den intensiven Bemühungen einer Gruppe der konservativen Opposition in England: Eugen Spier, Focus: A Footnote to the History of the Thirties, London 1963, S. 9–14, 122–129. Die Gruppe nannte sich »Focus in Defence of Freedom and Peace« und bildete ein Forum insbesondere für Churchill, als er in den dreißiger Jahren kein Amt innehatte; man pflegte sich in einem Hotel zu treffen, um über die Beeinflussung der Regierung und der führenden Kreise zu beraten und um gewissermaßen einen Widerstand der europäischen Staaten gegen Hitler zu organisieren.
6 Ernst Niekisch, Gewagtes Leben: Begegnungen und Begebnisse, Köln–Berlin 1958, S. 140–141, 145–150; Harry Proß, Literatur und Politik: Geschichte und Programme der politisch-literarischen Zeitschriften im deutschen Sprachgebiet seit 1870, Olten–Freiburg i. Br. 1963, S. 274–277; Pechel, Widerstand, S. 73; Fabian von Schlabrendorff, Offiziere gegen Hitler, Fischer Bücherei, Frankfurt/M.–Hamburg 1959, S. 26; Günther Weisenborn (Hrsg.), Der lautlose Aufstand: Bericht über die Widerstandsbewegung des deutschen Volkes 1933–1954, rororo-Taschenbuch, Hamburg 1962, S. 184–185; Ritter, Goerdeler, S. 476 Anm. 8; ferner James Donohoe, Hitler's Conservative Opponents in Bavaria 1930–1945: A Study of Catholic, Monarchist, and Separatist Anti-Nazi Activities, Leiden 1961, S. 18–21; J. Donohoe hat die Volksgerichtshofakten aus dem Berliner Document Center verarbeitet.
7 Niekisch, Leben, S. 250–251.
8 Pechel, Widerstand, S. 73; Schlabrendorff, Offiziere, S. 26.
9 Niekisch, Leben, S. 246–247.
10 Pechel, Widerstand, S. 74–75; Schlabrendorff, Offiziere, S. 21.
11 Niekisch, Leben, S. 246–248.
12 Schlabrendorff, Offiziere, S. 20–21; Niekisch, Leben, S. 247–248.
13 Vgl. Hans Rothfels, Die deutsche Opposition gegen Hitler: Eine Würdigung, Fischer Bücherei, Frankfurt/M.–Hamburg 1958, S. 57.

14 Schlabrendorff, Offiziere, S. 22–24; Helmut Krausnick, »Vorgeschichte und Beginn des militärischen Widerstandes gegen Hitler«, in Vollmacht des Gewissens I, Frankfurt/M.–Berlin 1960, S. 223.
15 Rothfels, Opposition, S. 19; zur ganzen Situation siehe auch Wilhelm Hoffmann, Nach der Katastrophe, Tübingen und Stuttgart 1946.
16 Kurt Kliem, Der sozialistische Widerstand gegen das Dritte Reich dargestellt an der Gruppe »Neu Beginnen«, Diss. Marburg 1957 (Masch.), S. 5–7; vgl. Ritter, Goerdeler, S. 102; Hans J. Reichhardt, »Möglichkeiten und Grenzen des Widerstandes der Arbeiterbewegung«, in Der deutsche Widerstand gegen Hitler: Vier historisch-kritische Studien, hrsg. von Walter Schmitthenner und Hans Buchheim, Köln–Berlin 1966, S. 200–209. Vgl. die Übersicht über die Tätigkeit einer ähnlichen Gruppe bei H[ans] R[othfels] (Hrsg.), »Die Roten Kämpfer: Zur Geschichte einer linken Widerstandsgruppe«, VfZ 7 (1959), S. 438–460.
17 Kliem, S. 35–40.
18 Kliem, S. 45, 55–57.
19 Kliem, S. 60–63; Erich Matthias, »Der Untergang der Sozialdemokratie 1933«, VfZ 4 (1956), S. 199 Anm. 15.
20 Kliem, S. 66.
21 Kliem, S. 67–75.
22 Ebenda; vgl. Rothfels, Opposition, S. 53.
23 Rothfels, Opposition, S. 54.
24 Kliem, S. 165–168, 236–248.
25 Emil Henk, »Sozialdemokratischer Widerstand im Raum Mannheim«, in 100 Jahre SPD in Mannheim: Eine Dokumentation, hrsg. von der SPD, Kreis Mannheim, Mannheim 1967, S. 68–73.
25a Vgl. die zusammenfassende Übersicht von Arnold Krammer, »Germans against Hitler: The Thaelmann Brigade«, The Journal of Contemporary History 4 (1969), S. 65–83.
26 Emil Henk, Die Tragödie des 20. Juli 1944: Ein Beitrag zur politischen Vorgeschichte, Heidelberg ²1946, S. 8; vgl. Horst Duhnke, Die KPD von 1933 bis 1945, Köln 1972, S, 114–115.
27 Weisenborn, S. 157–158; Gertrud Glondajewski [und] Heinz Schumann, Die Neubauer-Poser-Gruppe: Dokumente und Materialien des illegalen antifaschistischen Kampfes (Thüringen – 1939 bis 1945), Berlin 1957; Walter Hammer, Hohes Haus in Henkers Hand: Rückschau auf die Hitlerzeit, auf Leidensweg und Opfergang Deutscher Parlamentarier, Frankfurt/M. ²1956, S. 70.
28 Siehe dazu unten, S. 50; z. Folg. Anklage u. Urteil gegen R. Mewes, BDC.
29 Friedrich Schlotterbeck, Je dunkler die Nacht, desto heller die Sterne: Erinnerungen eines deutschen Arbeiters 1933 bis 1945, Zürich 1945 (erweiterte Ausgabe Berlin 1948); ders., ... Wegen Vorbereitung zum Hochverrat hingerichtet..., Stuttgart [²1946].
30 Rothfels, Opposition, S. 16.
31 [Kurt Gerstein], »Augenzeugenbericht zu den Massenvergasungen«, VfZ 1 (1953), S. 177–194. Wiederabgedruckt in Dokumentation zu den Massenvergasungen, Bonn 1955, und in Helmut Franz, Kurt Gerstein: Außenseiter des Widerstandes der Kirche gegen Hitler, Zürich 1964.
32 Hierzu: Gebhardt IV, 298–299, wo auch Quellen und Literatur zu finden

Kapitel II

sind; vgl. Max Bierbaum, Nicht Lob, nicht Furcht: Das Leben des Kardinals von Galen nach unveröffentlichten Briefen und Dokumenten, Münster ⁵1962, S. 361-366; Evangelische Dokumente zur Ermordung der »unheilbar Kranken« unter der nationalsozialistischen Herrschaft in den Jahren 1939-1945, hrsg. von Hans Christoph von Hase, Stuttgart 1964, ebenfalls mit vielen Quellenhinweisen.

33 Kunrat Freiherr von Hammerstein, Spähtrupp, Stuttgart 1963, S. 39-43. Vgl. Gebhardt IV, 179-180 und die dort angegebenen Quellen, darunter ein Bericht Busches (Frankfurter Allgemeine Zeitung, 5. Februar 1952), auf den sich auch Kunrat Freiherr von Hammerstein bezieht, und ein Bericht des Generalobersten von Hammerstein, der ebenfalls von seinem Sohn benützt wird. Bussche datiert die Vorsprache bei Hindenburg auf den 27. Januar; s. ferner Ritter, Goerdeler, S. 134-137; Krausnick, Vorgeschichte, S. 196-220.

34 Hammerstein, S. 40.

35 Hammerstein, S. 44-49.

36 Vgl. Hammerstein, S. 11-94, bes. S. 40, 46, 50-51, 54-61; Krausnick, Vorgeschichte, S. 203. Schlabrendorff, Offiziere, S. 24, ist also im Irrtum mit seiner Behauptung, Hammerstein habe erwogen, »mit Hilfe der Reichswehr die Machtübernahme Hitlers im Keime zu ersticken«, sich aber nicht dazu entschlossen, weil das auch ein Handeln gegen Hindenburg bedeutet hätte. In der englischen Neuausgabe, The Secret War Against Hitler, New York–Toronto–London 1965, S. 47-48, ist die Behauptung, die von einer so nahen Quelle wie Hammersteins Sohn bestritten wird, wiederholt. Daß Hammerstein *später* oft sich und andere fragte, ob gewaltsames Vorgehen gegen Hindenburg nicht doch richtig gewesen wäre, wie Schlabrendorff weiter berichtet, ist gleichwohl wahrscheinlich. Vgl. R. G. Graf von Thun-Hohenstein, Der Verschwörer: General Oster und die Militäropposition, Berlin 1982.

37 Hammerstein, S. 64-65; Karl Dietrich Bracher, Wolfgang Sauer, Gerhard Schulz, Die nationalsozialistische Machtergreifung, Köln–Opladen ²1962, S. 733.

38 Krausnick, Vorgeschichte, S. 211, 214-215; Hammerstein, S. 66. Es gibt einen noch andauernden Streit darüber, ob Generaloberst von Hammerstein untätig und nachlässig gewesen sei; vgl. dazu Hammerstein, S. 79-94.

39 Bracher–Sauer–Schulz, S. 743; Wolfgang Keilig, Das deutsche Heer 1939-1945: Gliederung – Einsatz – Stellenbesetzung, (Loseblattwerk) Bad Nauheim 1956 ff., 211/91.

40 Krausnick, Vorgeschichte, S. 227.

41 Ebenda; Ritter, Goerdeler, S. 127-128.

42 Hammerstein, S. 68.

43 [Johann A.] Graf [von] Kielmansegg, Der Fritschprozeß 1938: Ablauf und Hintergründe, Hamburg 1949, S. 27.

44 Vgl. die Dokumentation von T(heodor) E(schenburg), »Zur Ermordung des Generals Schleicher«, VfZ 1 (1953), S. 71-95; Hermann Mau, »Die ›Zweite Revolution‹ – der 30. Juni 1934«, VfZ 1 (1953), S. 119-137; Hammerstein, S. 68-79; z. Ganzen K.-J. Müller, Das Heer und Hitler, Stuttgart 1969, S. 88-141.

45 Vgl. Gebhardt IV, 197; Krausnick, Vorgeschichte, S. 220.

46 Hammerstein, S. 69-70.

47 Krausnick, Vorgeschichte, S. 224-226.

48 Krausnick, Vorgeschichte, S. 224–229.
49 Mau, S. 133.
50 Hammerstein, S. 71; Krausnick, Vorgeschichte, S. 229.
51 Krausnick, Vorgeschichte, S. 230.
52 Ebenda.
53 Krausnick, Vorgeschichte, S. 226, 233.
54 Krausnick, Vorgeschichte, S. 234.
55 Krausnick, Vorgeschichte, S. 218; Ritter, Goerdeler, S. 128, 174.
56 Gebhardt IV, 198.
57 Zit. bei Krausnick, Vorgeschichte, S. 236 Anm. 161; im Wortlaut abgedruckt bei Walther Hofer, Der Nationalsozialismus: Dokumente 1933–1945, Fischer Bücherei, Frankfurt/M.–Hamburg 1957, S. 63–64.
58 Zit. bei Krausnick, Vorgeschichte, S. 237.
59 Abdruck bei Hofer, S. 71 und Krausnick a. a. O.; vgl. Edgar Röhricht, Pflicht und Gewissen: Erinnerungen eines deutschen Generals 1932 bis 1944, Stuttgart 1965, S. 76–79.
60 Domarus, S. 447. Hitler hatte schon ein Jahr vorher, im Juli 1933, die Revolution für beendet erklärt; aber damals *konnte* er offenbar der Zügellosigkeiten der SA noch nicht Herr werden. S. hierzu Mau, S. 120; Domarus, S. 286.
61 Rothfels, Opposition, S. 55; Ritter, Goerdeler, S. 127–128; vgl. oben, S. 43.
62 Pechel, Widerstand, S. 76–77; Edmund Forschbach, »Edgar Jung und der Widerstand gegen Hitler«, Civis 6 (1959), S. 84–85.
63 Krausnick, Vorgeschichte, S. 227. Bei Rothfels, Opposition, S. 55 ist Jung nur der Inspirator, nicht der Verfasser der Rede; Pechel, Widerstand, S. 77 nennt jedoch Jung als den alleinigen Verfasser, ebenso Hans Bernd Gisevius, Bis zum bitteren Ende: Vom Reichstagsbrand bis zum 20. Juli 1944, Sonderausgabe, Hamburg o. J. (ca. 1964), S. 139. Forschbach, S. 87–88 betont die Autorschaft Jungs und berichtet, er sei selbst bei der von Gisevius erwähnten Diskussion des Inhalts der Rede in einem Berliner Lokal dabeigewesen.
64 Ein Auszug der Rede ist abgedruckt in Hofer, S. 66–68.
65 Forschbach, S. 88; Krausnick, Vorgeschichte, S. 227–228.
66 Mau, S. 126–130, 135–137.
67 Givesius, S. 157, 193–194.
68 Pechel, Widerstand, S. 77.
69 Forschbach, S. 88.
70 Pechel, Widerstand, S. 78; Gisevius, S. 194.
71 Ernst Wiechert, »Der Dichter und seine Zeit«, Deutsche Blätter 1 (1943) H. 6, S. 4–8; Weisenborn, S. 207; Ernst Wiechert, Häftling Nr. 7188: Tagebuchnotizen und Briefe, München 1966, S. 6–7.
72 Wolfgang Abendroth, »Das Problem der Widerstandstätigkeit der ›Schwarzen Front‹« VfZ 8 (1960), S. 181–187; Donohoe, S. 15–18.
73 Pechel, Widerstand, S. 80–81; Dr. Helmuth Mylius und Arnold Bistrick (mündliche Mitteilungen an d. Verf. 22. Mai bzw. 3. Juni 1971) führten weit rechts Gruppen aus (bis zu 160) Angehörigen des Jungdeutschen Ordens, der Schwarzen Front, des Stahlhelm, der Anhänger des ehemaligen SA-Führers Stennes und früherer Freikorps, die 1935 einen Putsch und die Beseitigung Hitlers vorbereiteten, dazu die SS infiltrierten, aber ihrerseits von der Gestapo infiltriert wurden. Bistrick wurde 1935 verhaftet, übergab 1938 Teile

seiner Gruppe an Major F. W. Heinz, der damals die Ermordung Hitlers plante; 1943 stand Bistrick mit Goerdeler und Graf Schwerin von Schwanenfeld in Verbindung und diente im Abwehr-Regiment »Brandenburg«.

74 Pechel, Widerstand, S. 81–84; Niekisch, Leben, S. 155; Schlabrendorff, S. 76 bis 77, 141; vgl. oben, S. 36; Ernst Röhm, Die Geschichte eines Hochverräters, München 1928, S. 100, 109, 123, 159–160.

75 Rudolf Pechel, »Tatsachen«, Deutsche Rundschau 69 (1946), S. 179; Pechel, Widerstand, S. 82–83.

76 Pechel, Tatsachen, S. 179; bei Pechel, Widerstand, S. 82–83 ist kein Datum für die Entlassung aus Dachau angegeben, aber der Eindruck, Römer sei nach der Verhaftung von 1934 sehr rasch wieder entlassen worden, ist wohl falsch.

77 Pechel, Tatsachen, S. 179: am 19. Juni; Pechel, Widerstand, S. 84: am 25. September; ebenso Harald Poelchau, Die letzten Stunden: Erinnerungen eines Gefängnispfarrers, Berlin 1949, S. 96–99.

78 Pechel, Tatsachen, S. 179.

79 Poelchau, S. 97–98; Weisenborn, S. 158–160; Anklageschrift des Oberreichsanwalts beim Volksgerichtshof vom 15. Feb. 1944 gegen Robert Uhrig, Walter Budeus, Kurt Lehmann, Willy Sachse, Fritz Riedel, Karl Frank, Leopold Tomschik, Franz Mett, Rudolf Grieb, Erich Kurz, Paul Gesche, Otto Klippenstein, BDC.

80 Pechel, Widerstand, S. 82–84 und Weisenborn, S. 99, auch zum Folgenden; ferner Aussagen von Otto Aster, einem Mitglied der engeren Römergruppe, in Protokoll aus der Verhandlung Halder [vor der] Spruchkammer X München [15.–21. Sept. 1948], vervielf. Protokoll B der Anklagebehörde der Spruchkammer München X, Az. BY 11/47, S. 126–127. Vgl. Rothfels, Opposition, S. 57–59.

81 Schlabrendorff, Offiziere, S. 29–30; Niekisch, Leben, S. 249; Annedore Leber (Hrsg.), Das Gewissen entscheidet: Bereiche des deutschen Widerstandes von 1933–1945 in Lebensbildern, Berlin–Frankfurt/M. ⁴1960, S. 221–224.

82 Annedore Leber, Das Gewissen entscheidet: S. 221–222. Vgl. Weisenborn, S. 92; Donohoe, S. 105–113, 256–267; Ger van Roon, Neuordnung im Widerstand: Der Kreisauer Kreis innerhalb der deutschen Widerstandsbewegung, München 1967, S. 222. Guttenberg war an dem Halem-Römerschen Attentatplan offenbar beteiligt; Franz Sonderegger an den Präsidenten des Landgerichts München I 14. Jan. 1951, IfZ ZS.

83 Schlabrendorff, Offiziere, S. 76–77; Pechel, Widerstand, S. 83. Ob Römer nach seiner Verhaftung oder ob ein anderer Beteiligter Verbindung und Plan verraten hat, ist nicht klar; Pechel: es »fand sich in Römers nächster Umgebung ein Lump, der ihn anzeigte«. Nach Niekisch, Leben, S. 249–250 hatte Halem »einen Mann aufgespürt«, der zu einem Attentat auf Hitler bereit war und dem er »eine Sinekure beim Grafen Schaffgotsch verschafft« hatte, der aber dann »keinen Finger rührte«; ähnlich Karl von Winkler, Erinnerungsniederschrift 1945, Nl. G. v. Nostitz. Nach Schlabrendorff, Offiziere, S. 76–77 dauerte Halem die von Römer geforderte Vorbereitungszeit zu lange, Halem wurde ungeduldig, die Scheinstellung, die er Römer verschafft hatte, »wurde nicht mehr aufrecht erhalten«, mit verheerenden Folgen; denn der ganze Kreis wurde bis auf wenige Ausnahmen verhaftet, Römer gestand alles und wurde mit vielen Mitwissern 1944 hingerichtet. Schlabrendorff, Offiziere. S. 141.

84 Pechel, Widerstand, S. 84; vgl. Hammerstein, S. 200-205.
85 Pechel, Widerstand, S. 83; Heinrich von Brentano, Gedenkrede des Bundesministers Dr. von Brentano bei der Enthüllung der Ehrentafel für die Opfer des 20. Juli im Auswärtigen Amt am 20. Juli 1961, [Bonn] 1961, passim.
86 Brentano, passim; Gräfin von Reventlow (Hrsg.), Albrecht Bernstorff zum Gedächtnis, Privatdruck, Altenhof 1952, passim.
87 Reventlow, S. 42, 53-56, 64, 68, 74; vgl. Kurt von Stutterheim, Die Majestät des Gewissens: In Memoriam Albrecht Bernstorff, Hamburg 1962, passim.
88 Die »Teegesellschaft« war eine Geburtstagsfeier. Lagi Countess Ballestrem-Solf, »Tea Party«, in Eric H. Boehm (Hrsg.), We Survived: The Stories of Fourteen of the Hidden and the Hunted of Nazi Germany, New Haven, Connecticut 1949, S. 135-149; Brentano; Pechel, Widerstand, S. 88-93; Führerinformation 1944 Nr. 181 des Reichsministers der Justiz vom 18. Juli 1944, StA Nürnberg NG 1249. Vgl. Schlabrendorff, Offiziere, S. 30-31.
89 Vgl. Peter Paret, »An Aftermath of the Plot Against Hitler: the Lehrterstraße Prison in Berlin, 1944-5«, Bulletin of the Institute of Historical Research 32 (1959), S. 88-102.
90 Ballestrem-Solf, S. 135-149; Führerinformation; nach Aussage von Kriminalkommissar Franz Sonderegger, einem Gestapobeamten, der viele Angehörige des Widerstandes vernommen hat, hätte Reckzeh »von sich aus spontan Anzeige erstattet«, nachdem er durch Zufall in den Kreis – Sonderegger nennt ihn »Thadden-Kreis« – gekommen sei; Niederschrift der Unterredung des Herrn Franz Xaver Sonderegger .. am 12. Oktober 1952 mit Dr. Frhr. v. Siegler und Dr. Helmut Krausnick, IfZ ZS 303/I. Nach dem Bericht der Tochter von Dr. Wilhelm Solf, Lagi Gräfin von Ballestrem-Solf, wurde die Gruppe schon bald nach der Tee-Party, noch im September 1943, von Graf von Moltke gewarnt, Dr. Reckzeh sei ein Gestapo-Agent (Ballestrem-Solf, S. 135; Freya von Moltke, Michael Balfour, Julian Frisby, Helmuth James von Moltke 1907-1945: Anwalt der Zukunft, Stuttgart 1975, S. 286 bis 287). Zur Identiät des Dr. Reckzeh: Es gab damals in Berlin zwei, 1. Dr. Paul Reckzeh, Arzt, Berlin-Grunewald, Seebergsteig 20 a; 2. Professor Dr. Paul Reckzeh, Chefarzt, Berlin-Charlottenburg, Bleibtreustr. 13. Der Professor ist verstorben, sein Sohn vermutlich nach Ostberlin umgezogen, von wo keine Auskünfte zu erhalten sind. Eingehende Ermittlungen stellte Irmgard von der Lühe an, in: Elisabeth von Thadden: Ein Schicksal unserer Zeit, Düsseldorf-Köln 1966, S. 192-216, 224-227. Irmgard von der Lühe beschreibt ausführlich das Einschleichen von Dr. Reckzeh (den sie nur »Reck« nennt, um seine Angehörigen zu schonen) in den Kreis und seine Zwischenträgerdienste für die Gestapo sowie die Verhaftungen der Mitglieder des Kreises. Reckzeh wird als Sohn des Professors bezeichnet, ebenso bei Hammerstein, Spähtrupp, S. 230.
91 Führerinformation; Annedore Leber (Hrsg.), Das Gewissen steht auf: 64 Lebensbilder aus dem deutschen Widerstand 1933-1945, Berlin-Frankfurt/M. ⁹1960, S. 143-144.
92 Vgl. E. A. Bayne, »Resistance in the German Foreign Office«, Human Events III (1946), no 14, S. 1.
93 Dazu die umfassende Arbeit von Ger van Roon, Neuordnung im Widerstand, passim; ferner Eugen Gerstenmaier, »Der Kreisauer Kreis: Zu dem

Buch Gerrit van Roons ›Neuordnung im Widerstand‹« VfZ 15 (1967), S. 221 bis 246.
94 Vgl. unten, S. 255-261.
95 S. dazu: Rainer Hildebrandt, Wir sind die Letzten: Aus dem Leben des Widerstandskämpfers Albrecht Haushofer und seiner Freunde, Neuwied-Berlin o. J., S. 138-160; David J. Dallin, Die Sowjetspionage: Prinzipien und Praktiken, Köln 1956, S. 275-307; Paul Leverkuehn, Der geheime Nachrichtendienst der deutschen Wehrmacht im Kriege, Frankfurt/M. ²1957, S. 86-90; W. F. Flicke, Spionagegruppe Rote Kapelle, Wels 1957, passim; Schlabrendorff, Offiziere, S. 77-84; Axel von Harnack, »Arvid und Mildred Harnack: Erinnerungen an ihren Prozeß 1942/43«, Die Gegenwart 2 (1947) Nr. 1/2, S. 15-18. Schulze-Boysen wurde schon 1937 in einem Agentenbericht (Dr. Karl Graf von Meran) als geschickt getarnter Kommunist mit einer Reihe ebenso verdächtigter Mitarbeiter im RLM bezeichnet; SS-Oberstumf. von Hadeln (RF SS/Pers.Stab) am SD-Hauptamt 3. Juni 1937, BA NS 19/308.
96 Joachim G. Leithäuser, Wilhelm Leuschner: Ein Leben für die Republik, Köln 1962, S. 107-156; Weisung der Geheimen Staatspolizei betr. Telephonüberwachung für Wilhelm Leuschner, Masch.-Durchschlag, Berlin 8. Juni 1938, BA II A 2/38 g; Walter Theimer, »Wilhelm Leuschner: ›Einigkeit!‹«, Das Parlament, 20. Juli 1952, S. 3. Elfriede Nebgen, Jakob Kaiser: Der Widerstandskämpfer, Stuttgart 1967, S. 39-48, 54-59, 99-106, 114-115.
97 Roon, S. 129-130; vgl. Leber, Gewissen steht auf, S. 211.
98 Leber, Gewissen steht auf, S. 216; Otto John, »Männer im Kampf gegen Hitler (VI): Carl Mierendorff, Theodor Haubach, Adolf Reichwein«, Blick in die Welt 2 (1947), H. 11, S. 14-15; Roon, S. 186-187; vgl. Briefe Haubachs im BA, Nachlaß Alma de l'Aigle Nr. 14 und Alma de l'Aigle, Meine Briefe von Theo Haubach, Hamburg 1947, passim.
99 Eberhard Zeller, Geist der Freiheit: Der zwanzigste Juli, München ⁵1965, S. 119-122; Roon, S. 207.
100 Pechel, Widerstand, S. 84-86.
101 Gesetz gegen heimtückische Angriffe auf Staat und Partei und zum Schutz der Parteiuniform vom 20. Dezember 1934, RGBl. 1934 I, 1269. Zur Frage des Wissens um die Judenmorde im Kriege vgl. Lawrence D. Stokes, »The German People and the Destruction of the European Jews«, Central European History VI (1973), S. 167-191.

III. Führungskrise

1 Hugh Redwald Trevor-Roper, »Hitlers Kriegsziele«, VfZ 8 (1960), S. 121-133; Gerhard Ritter, Carl Goerdeler und die deutsche Widerstandsbewegung, Stuttgart ³1956, S. 245. S. auch eine Mitteilung Hitlers von 1936 (sic) an einige Minister, welche einen Krieg gegen Rußland voraussetzte, in den Akten des sogen. Wilhelmstraßen-Prozesses (Anklagedokumenten-Band 118 a = Schacht Exhibit Nr. 48 in Defense Documents Book, Supplement: Nürnberger Dokument 4955 NI), zit. bei Ritter, Goerdeler, S. 83. Zur Krise vgl. auch Nicholas Reynolds, Beck. Gehorsam und Widerstand, Wiesbaden, München 1977, S. 107-132.
2 Friedrich Hoßbach, Zwischen Wehrmacht und Hitler, Göttingen ²1965, S. 13

bis 14, 181–192; Der Prozeß gegen die Hauptkriegsverbrecher vor dem Internationalen Militärgerichtshof Nürnberg 14. November 1945 bis 1. Oktober 1946, Bd. XXV, Nürnberg 1947, S. 403–413; Peter Graf Kielmansegg, »Die militärisch-politische Tragweite der Hoßbach-Besprechung«, VfZ 8 (1960), S. 268–275; Walter Bussmann, »Zur Entstehung und Überlieferung der ›Hossbach-Niederschrift‹«, VfZ 16 (1968), S. 373–384; Akten zur deutschen auswärtigen Politik 1918–1945, Serie D (ADAP D), B. I, Baden-Baden 1950, Nr. 19, S. 25–32.
3 Hoßbach, S. 20, 39, 45, 96–97.
4 Hoßbach, S. 191.
5 Vgl. hierzu [Johann A.] Graf [von] Kielmansegg, Der Fritschprozeß 1938: Ablauf und Hintergründe, Hamburg 1949, S. 32–33.
6 Walther Hofer, Die Entfesselung des Zweiten Weltkrieges. Eine Studie über die internationalen Beziehungen im Sommer 1939, Fischer Bücherei, Frankfurt/M.-Hamburg 1960, S. 61–71; für die zweite Besprechung auch [Franz] Halder, Kriegstagebuch, Bd. I, Stuttgart 1962, S. 23–26. Protokoll der Besprechung vom 23. Mai, Prozeß, B. XXXVII, Nürnberg 1949, S. 546–556; ferner ADAP D Bd. VI, S. 477–483 und Bd. VII, S. 167–172; Documents on British Foreign Policy 1919–1939 (DBFP), Third Series, vol. VII, London 1954, Dok. 314, S. 257–260; Prozeß, Bd. XXVI, Nürnberg 1947, S. 338–344 und in Bd. XLI, Nürnberg 1949, S. 16–25 derselben Publikation.
7 Hoßbach, S. 190–192; vgl. Ernst von Weizsäcker, Erinnerungen, München 1950, S. 147.
8 Wolfgang Foerster, Generaloberst Ludwig Beck: Sein Kampf gegen den Krieg, München 1953, S. 80–82, auch zum Folgenden.
9 Foerster, S. 58.
10 Hoßbach, S. 119; Kielmansegg; Bussmann.
11 Abgedruckt bei Hoßbach, S. 59–62.
12 Hoßbach, S. 120–121; Aufzeichnungen d. Adj. Görings, Karl Bodenschatz, 1952, IfZ ZS 10.
13 So wenigstens nach dem Bericht von Kielmansegg, S. 35, der leider den Beleg dafür schuldig bleibt; Hitler hat im Februar 1939 eine Rede an Generale und Truppenkommandeure gehalten, die Max Domarus, Hitler: Reden und Proklamationen 1932–1945, 2 Bde., Neustadt a. d. Aisch 1962/1963, ohne Wiedergabe erwähnt; Niederschrift im BA, NS II/28.
14 Dem Sinne nach äußerte sich Hitler so mehrfach zu Göring, zu seinem Adjutanten Engel und zu anderen: Helmut Krausnick, »Vorgeschichte und Beginn des militärischen Widerstandes gegen Hitler«, Vollmacht des Gewissens I, Frankfurt/M.-Berlin 1960, S. 283; Kielmansegg, S. 104.
15 Zum Blomberg-Skandal und zur Fritsch-Krise besonders: [Alfred Jodl], »Dienstliches Tagebuch«, auszugsweise in Prozeß, Bd. XXVIII, Nürnberg 1948, S. 345–390 (S. 356 nennt Jodl als Tag, an dem Hitler die Erlaubnis zu Blombergs Heirat gab, den 23. Dez. 1937); Hoßbach, S. 105–106, 164–171; Hermann Foertsch, Schuld und Verhängnis: Die Fritsch-Krise im Frühjahr 1938 als Wendepunkt in der Geschichte der nationalsozialistischen Zeit, Stuttgart 1951, passim; Kielmansegg, passim; Bodenschatz; Protokoll zur ... Befragung Herrn K. J. v. Puttkamers ... am 12. 3. 52, IfZ ZS 285; [Protokoll der Vernehmung von Generaloberst Frh. v. Fritsch durch Min.-Dir. Dr. W.

Best und Reg.-Rat Franz Josef Huber, 27. Jan. 1938], IfZ Fa 197; Freispruch vom 18. März 1938 in Der Spiegel Nr. 36, 1. Sept. 1965, S. 46–57; Edgar Röhricht, Pflicht und Gewissen: Erinnerungen eines deutschen Generals 1932 bis 1944, Stuttgart 1965, S. 111–118; Hans Bernd Gisevius, Bis zum bittern [sic] Ende, Bd. I, Zürich 1946, S. 383–459; ders., Bis zum bitteren [sic] Ende: Vom Reichstagsbrand bis zum 20. Juli 1944, vom Verfasser auf den neuesten Stand gebrachte Sonderausgabe, Hamburg o. J. (künftig zit. als Sonderausgabe), S. 265–332; ders., Wo ist Nebe? Erinnerungen an Hitlers Reichskriminaldirektor, Zürich 1966, S. 271–288; ferner die Biographie des Heeresrichters – seit 20. Jan. 1938 Reichskriegsgerichtsrat – Dr. Karl Sack: Hermann Bösch, Heeresrichter Dr. Karl Sack im Widerstand: Eine historisch-politische Studie, München 1967, bes. Kap. III; Fritz Wiedemann, Der Mann der Feldherr werden wollte: Erlebnisse und Erfahrungen des Vorgesetzten Hitlers im 1. Weltkrieg und seines späteren Persönlichen Adjutanten, Velbert-Kettwig 1964, S. 109–120; Rudolf Pechel, Deutscher Widerstand, Erlenbach-Zürich 1947, S. 140–150; Friedrich Wilhelm Heinz, Von Wilhelm Canaris zur NKWD, Masch., o. O. ca. 1949, NA Mikrofilm R 60.67, S. 73 ff.; John W. Wheeler-Bennett, The Nemesis of Power: The German Army in Politics 1918–1945, New York ²1964, S. 353 bis 382; Alan Bullock, Hitler: Eine Studie über Tyrannei, Düsseldorf 1959, S. 415–419, mit vielen Irrtümern und Ungenauigkeiten, die auch in der Neuausgabe nur teilweise beseitigt sind: ders., Hitler: A Study in Tyranny, Harper Torchbooks, New York-Evanston ²1964, S. 415–420; Krausnick, Vorgeschichte, S. 282–305; Bruno Gebhardt, Handbuch der deutschen Geschichte, Bd. IV, Stuttgart ⁹1976, S. 464–468; Klaus-Jürgen Müller, Das Heer und Hitler, Stuttgart 1969, S. 255–299, wo jedoch die Hintergründe für Fritschs Entfernung über das bisher Bekannte hinaus und die Frage des Zusammenhangs zwischen Brauchitschs Ernennung und seiner Scheidungssache nicht geklärt sind; ähnlich Harold C. Deutsch, Hitler and His Generals, Minneapolis [1974].
16 Hoßbach, S. 120–121.
17 Hoßbach, S. 121.
18 Himmler an Göring 29. Juli 1942, BA EAP 104/3. Schmidt wurde also viel später erschossen, als z. B. Ritter, Goerdeler, S. 151, vermutlich – ein Beleg fehlt – aus Hitlers Ansprache in Barth am 13. Juni 1938 annahm; vgl. unten, S. 62.
19 Kielmansegg, S. 98–99; Krausnick, Vorgeschichte, S. 286–287; für Funk vgl. Gisevius, Sonderausgabe, S. 295.
20 Hoßbach, S. 119.
21 Hierzu und zum Folgenden: Gebhardt IV, 464–468; Hoßbach, S. 124; Wolf Keilig, Das deutsche Heer 1939–1945: Gliederung – Einsatz – Stellenbesetzung (Loseblattwerk), Bad Nauheim 1956ff., 211/43, 91, 160; Domarus, S. 782–785.
22 So Domarus, S. 783; Bullock, S. 418: 16 Generale.
23 Hoßbach, S. 125.
24 Keilig, 203/16–22; vgl. Hoßbach, S. 125.
25 Hoßbach, S. 125.
26 Vgl. Röhricht, S. 111–118.
27 Hoßbach, S. 121–123; vgl. Foerster, S. 92–93.
28 Krausnick, Vorgeschichte, S. 289.

29 Hoßbach, S. 122.
30 Reynolds, S. 132; Foertsch, S. 129-131; Krausnick, Vorgeschichte, S. 301-303; Foerster, S. 94-96; Müller, S. 270. Domarus erwähnt weder die Ansprache vom 5. Februar noch die vom 13. Juni; zur Datierung auf den 5. Februar (abweichend von Krausnick, Vorgeschichte, S. 293): Wolfgang Eberhard (Adj. Keitels), Tagebuch-Notizen 1938, IfZ ED 100; Erhard Milch, Kalender 1938, ebd.; Werner Frh. v. Fritsch, Aufzeichnung 27. Sept. 1938, ebd.; David Irving, The War Path, New York 1978, S. 15.
31 Keilig, 211/91; Foertsch, S. 131.
32 Gerd Brausch, »Der Tod des Generalobersten Werner Freiherr von Fritsch«, MGM 1970 Nr. 1, S. 95-112.
33 Krausnick, Vorgeschichte, S. 289-290; Hoßbach, S. 122-123.
34 Krausnick, Vorgeschichte, S. 300-303, bes. Anm. 247 und 254; Gisevius, Sonderausgabe, S. 330 (nicht in der ersten Ausgabe).
35 Hierzu und zum Folgenden: Röhricht, S. 109-118; Ritter, Goerdeler, S. 169 bis 170 u. bes. Anm. 23; Krausnick, Vorgeschichte, S. 292-296, 305-310; Spiegelbild einer Verschwörung: Die Kaltenbrunner-Berichte an Bormann und Hitler über das Attentat vom 20. Juli 1944. Geheime Dokumente aus dem ehemaligen Reichssicherheitshauptamt, Stuttgart 1961, S. 430-431; Gisevius I, 407-450 (Sonderausgabe, S. 288-328). In seinen Aufzeichnungen während der Haft im Herbst 1944 berichtet Goerdeler von den verschiedenen Bemühungen während der Fritsch-Krise, die er in Zusammenhang stand: über Vorstellungen bei Justizminister Gürtner, bei Finanzminister Graf Schwerin von Krosigk, bei Schacht, bei General der Artillerie Walter Heitz (Präsident des Reichskriegsgerichts, nicht wie Ritter, Goerdeler, S. 482 Anm. 40 schreibt, des Reichsmilitärgerichts), bei General Wilhelm List in Dresden (seit 4. Februar 1938 Oberbefehlshaber des Gruppenkommandos 2, dann ab 1. April 1938 OB. des Gr. Kdo 5) (Keilig, 211/201), bei Oberst Hermann Hoegner, dem Stabschef General Rundstedts, des OB. des Gr. Kdo 1 (Keilig, 211/281).
36 Krausnick, Vorgeschichte, S. 294 Anm. 216. In seinen Vernehmungen durch die Gestapo im Herbst 1944 bestätigte Oster die Existenz dieses »Planes« für die Zeit der Fritsch-Krise: Spiegelbild, S. 430.
37 Röhricht, S. 112; Alix von Winterfeldt (Sekretärin b. Befh. d. Ers.-Heeres, Fromm), mündliche Mitteilungen an d. Verf. vom 30. Aug. 1966.
38 Gisevius I, 410 (Sonderausgabe, S. 290). Trotz der Aussichtslosigkeit tat Goerdeler im März oder April eine Äußerung, wonach bald ein Gewaltstreich gegen Hitler stattfinden werde, die zu Brauchitsch durchsickerte und beträchtliche Schwierigkeiten verursachte; Ritter, Goerdeler, S. 171.
39 Röhricht, S. 112-114.
40 Röhricht, S. 116-118.
41 Gisevius I, 407-409 (Sonderausgabe, S. 289); Jodl, Tagebuch, Prozeß XXVIII, 365; Spiegelbild, S. 430; Krausnick, Vorgeschichte, S. 308-309; vgl. Reynolds, S. 130-131.
42 Gisevius I, 437-447 (Sonderausgabe, S. 318-326); bestätigt von Frau Elisabeth Gärtner-Strünck (Gattin des Versicherungsdirektors und Abwehroffiziers Hauptmann Strünck), IfZ ZS 1811.
43 Gisevius, Sonderausgabe, S. 290-292.
44 [Walter] Huppenkothen, Der 20. Juli 1944, Masch.-Abschr., o. O. [1953],

IfZ ZS 249/II, zit. bei Krausnick, Vorgeschichte, S. 309, wonach Generalmajor Graf von Brockdorff-Ahlefeldt, Kdr. der Potsdamer Division, damals schon an den Plänen beteiligt war; Witzleben war wohl ebenfalls damals schon zur Teilnahme bereit, aber durch seine Krankheit verhindert.
45 Spiegelbild, S. 430.
46 Georg Thomas, »Gedanken und Ereignisse«, Schweizer Monatshefte 25 (1945), S. 541; schriftliche Mitteilungen von Frau von Hase (Witwe des ehem. Wehrmachtstandort-Kommandanten von Berlin) an den Verf. vom 8. März 1964; vgl. Krausnick, Vorgeschichte, S. 309; Albert Krebs, Fritz-Dietlof Graf von der Schulenburg: Zwischen Staatsraison und Hochverrat, Hamburg 1964, S. 164.
47 Mitteilungen von Frau von Hase, 8. März 1964; Krebs, S. 164; vgl. Krausnick, Vorgeschichte, S. 309.
48 Gisevius I, 419-420, 427, 429-430 (Sonderausgabe, S. 298, 305, 307).
49 Gisevius I, 417-420 (Sonderausgabe, S. 296-298).
50 Gisevius I, 450, 457-458 (Sonderausgabe, S. 328, 330); Hoßbach, S. 172; Heinz, S. 75; Ritter, Goerdeler, S. 150.
51 Jodl, Tagebuch, Prozeß XXVIII, 361-362; Krausnick, Vorgeschichte, S. 297 bis 300.
52 Ebenda; Charlotte von Brauchitsch, Befragungsprotokoll, Hohenrode 20. Mai 1952, IfZ 674/52; Dr. Hans-Heinrich Lammers an Dr. Heinrich Uhlig 19. Juli 1953, IfZ ZS 353; [Hermann Kaiser, Tagebuch], 12. Mai 1943 und Ludwig Kaiser, Ein Beitrag zur Geschichte der Staatsumwälzung vom 20. Juli 1944 (Goerdeler-Bewegung), NA Record Group 338 Ms no. B-285; Ulrich von Hassell, Vom andern Deutschland, Frankfurt/M. 1964, S. 71, 212; Peter Hoffmann, Rez. von Deutsch, Hitler in MGM 1976 Nr. 2, S. 197-199.
53 Hierzu und zum Folgenden: Hoßbach, S. 113-126; Foerster, S. 87-99; Gisevius I, 396-399, 456 (Sonderausgabe, S. 279-280, 312-313); Krausnick, Vorgeschichte, S. 295-305.
54 Foerster, S. 87, nach einer Aufzeichnung Becks, die Foerster nach Becks eigener Verabschiedung gelesen hat, die dann aber im Lauf der Kriegsereignisse verlorengegangen ist.
55 Foerster, S. 87; Peter Bor, Gespräche mit Halder, Wiesbaden 1950, S. 112-113. Hoßbach, S. 113, berichtet, es sei ihm am nächsten Morgen, also am 27. Januar, gelungen, Becks Zweifel über die Art der Intrige zu beseitigen.
56 Krausnick, Vorgeschichte, S. 306-307. Eberhard Zeller, Geist der Freiheit: Der zwanzigste Juli, München ⁵1965, S. 13-33 stellte eine ausgezeichnete biographische Skizze über Beck an den Beginn seines Buches, jedoch fehlt – nicht in dem Buche, aber in diesem Kapitel – die Vorgeschichte. Es entsteht der Eindruck, als sei Beck eigentlich der erste gewesen, der an einflußreicher Stelle an Umsturz gedacht habe.
57 Protokoll aus der Verhandlung Halder [vor der] Spruchkammer X München [15.-21. Sept. 1948] vervielf. Protokoll B der Anklagebehörde der Spruchk. München X, Az. BY 11/47, S. 67, IfZ; Bor, S. 112-113.
58 Protokoll .. Halder, S. 67.

IV. Sudetenkrise und Staatsstreichversuch 1938

1 Bruno Gebhardt, Handbuch der deutschen Geschichte, Bd. IV, Stuttgart ⁸1963, S. 231–236, auch zum Folgenden; Ernst von Weizsäcker, Erinnerungen, München 1950, S. 148–151.
2 Vgl. Der Prozeß gegen die Hauptkriegsverbrecher vor dem Internationalen Militärgerichtshof Nürnberg..., Bd. XXXI, Nürnberg 1948, S. 367 und Fritz Wiedemann, Der Mann der Feldherr werden wollte, Velbert–Kettwig 1964, S. 121–122, wonach Göring von Berlin aus den Text des »Hilferufes« an Seyß-Inquart telephonisch durchgab und die Durchgabe mit den Worten beendete: »›So – ich habe hiermit also Ihr Telegramm bekommen!‹«
3 Hierzu und zum Folgenden Gebhardt IV, 237–244; Weizsäcker, Erinnerungen, S. 162–190.
4 Vgl. Max Domarus, Hitler: Reden und Proklamationen 1932–1945, 2 Bde., Neustadt a. d. Aisch 1962/1963, S. 837–838.
5 Trial of the Major War Criminals before the International Military Tribunal: Nuremberg 14 November 1945–1 October 1946, vol. XXV, Nürnberg 1947, S. 414–427 und vol. XXVIII, Nürnberg 1948, S. 372–373, teilweise abgedruckt bei Walther Hofer, Der Nationalsozialismus: Dokumente 1933–1945, Fischer Bücherei, Frankfurt/M. 1957, S. 202–203; vgl. Helmut Krausnick, »Vorgeschichte und Beginn des militärischen Widerstandes gegen Hitler«, Vollmacht des Gewissens I, Frankfurt/M.–Berlin 1960, S. 310–312; Gebhardt IV, 239 erwähnt diese Dokumente nicht, so daß hier der Eindruck entstehen kann, als seien militärische Maßnahmen von deutscher Seite erst nach dem 20. Mai angelaufen. Vgl. zu den internen Vorgängen in der deutschen militärischen Führung Klaus-Jürgen Müller, Das Heer und Hitler: Armee und nationalsozialistisches Regime 1933–1940, Stuttgart 1969, S. 300–344.
6 Trial XXV, 433–439, 445–447; Teilabdruck bei Hofer, Nationalsozialismus, S. 203–204. Am 28. Mai hatte eine Konferenz Hitlers mit Göring, Keitel, Brauchitsch, Raeder, Beck, Ribbentrop und Neurath in der Reichskanzlei stattgefunden, bei der Hitler seine Absichten mündlich ausgeführt hatte. In wenigstens zwei öffentlichen Reden, am 12. September 1938 und am 30. Januar 1939, hat Hitler selbst erklärt, er habe am 28. Mai den Befehl zur Vorbereitung militärischer Maßnahmen gegen die Tschechoslowakei gegeben; am 30. Januar sprach er sogar von dem »Befehl zur Vorbereitung des militärischen Einschreitens gegen diesen Staat mit dem Termin des 2. Oktober«; Domarus, S. 868–869.
7 Domarus, S. 875.
8 Krausnick, Vorgeschichte, S. 312–313.
9 Jodl, Tagebuch, Trial XXVIII, 373–374.
10 Ebenda.
11 Jodl, Tagebuch, Trial XXVIII, 374–375; Erich Kordt, Nicht aus den Akten: Die Wilhelmstraße in Frieden und Krieg, Stuttgart 1950, S. 238–239.
12 Trial XXV, 460–462; Domarus, S. 880, 883.
13 Trial XXV, 460–462. Kursiv gesetzte Worte im Orig. unterstrichen.
14 Trial XXV, 462–469.
15 Trial XXV, 469–475; vgl. Jodl, Tagebuch, Trial XXVIII, 381–382, allgem. 372–389.

Kapitel IV

16 Domarus, S. 889–906.
17 Domarus, S. 922–933.
18 Hierzu und zum Folgenden: Gebhardt IV, 240–244.
19 Gebhardt IV, 242.
20 Vgl. Gerhard Ritter, Carl Goerdeler und die deutsche Widerstandsbewegung, Stuttgart ³1956, S. 174.
21 Hierzu und zum Folgenden: Ritter, Goerdeler, S. 21, 26–27, 47, 50, 59.
22 Ritter, Goerdeler, S. 68. Vgl. dazu die Dokumentation H[elmut] von Kr[ausnick], »Goerdeler und die Deportation der Leipziger Juden«, VfZ 13 (1965), S. 338–339.
23 Ritter, Goerdeler, S. 71; Elfriede Nebgen, Jakob Kaiser: Der Widerstandskämpfer, Stuttgart 1967, S. 132.
24 Ritter, Goerdeler, S. 71–76.
25 Ritter, Goerdeler, S. 76–78.
26 Ritter, Goerdeler, S. 86.
27 Ebenda; in einem privaten Gespräch hatte Goerdeler schon im Frühjahr 1936 sein Bleiben von dem Schicksal des Mendelssohn-Denkmals abhängig gemacht: Harold C. Deutsch, The Conspiracy against Hitler in the Twilight War, Minneapolis 1968, S. 11–12.
28 Hierzu und zum Folgenden: Ritter, Goerdeler, S. 157–161; Otto Kopp, »Die Niederschrift von Hans Walz ›Meine Mitwirkung an der Aktion Goerdeler‹«, in Otto Kopp (Hrsg.), Widerstand und Erneuerung: Neue Berichte und Dokumente vom inneren Kampf gegen das Hitler-Regime, Stuttgart 1966, S. 98–120.
29 Über alle Reisen berichtete Goerdeler ausführlich in schriftlichen Ausarbeitungen an Krupp, Bosch, Göring, Schacht, Fritsch, Beck, Halder und Thomas, anfangs auch noch an die Reichskanzlei, die Ritter verarbeitete.
30 Ritter, Goerdeler, S. 166–167; A. P. Young, The ›X‹ Documents, London 1974, passim u. bes. S. 24–25, 45, 49, 73, 113–162, 173–181, 222, 231–240.
31 Pierre Bertaux, mündliche Mitteilungen an d. Verf. vom 9. Juni 1965; ders., Auszüge aus dem Tagebuch 1938, d. Verf. mitgeteilt mit Brief vom 10. Mai 1967; Ritter, Goerdeler, S. 167–173 (ohne Einzelheiten dieser Kontakte).
32 Da sich Bertaux nicht mit völliger Sicherheit erinnert, ob Goerdeler mit Schairer zusammen kam, und da ein nur vier Wochen später liegender Tagebucheintrag auf eine mit Goerdeler gehabte Unterredung »vor einigen Monaten« hinweist, könnte es auch etwas früher, vielleicht sogar im August 1937, gewesen sein, was aber Bertaux selbst nicht für wahrscheinlich hält. Die von Ritter, Goerdeler, S. 170 und S. 484 Anm. 25 verwertete Information, wonach Goerdeler vom 15. März bis 14. April 1938 in London war, ist also unvollständig; vgl. dazu Ritter, Goerdeler, S. 160, wo dieser selbst feststellt, Goerdeler sei anläßlich dieser Reise auch in Paris gewesen.
33 Ian Colvin, Vansittart in Office, London 1965, S. 150, 154–155 (häufig ohne Herkunftangaben bei Quellenabdrucken). Nach Ian Colvin, Master Spy, New York 1951, S. 70–71 soll Vansittart ungefähr dasselbe über Kleist-Schmenzin geäußert haben: »›Of all the Germans I saw‹, Lord Vansittart told me years afterwards, ›Kleist had the stuff in him for a revolution against Hitler. But he wanted the Polish Corridor, wanted to make a deal.‹« Allerdings fügt Colvin hinzu, es gebe sonst keinen Hinweis dafür, daß Kleist-Schmenzin über Polen gesprochen habe. Vgl. zur Mission Kleist unten, S. 82–86.

34 Ritter, Goerdeler, S. 170-171, betont dies ausdrücklich; Young, S. 148-149, 154-156, 233-240; The Diaries of Sir Alexander Cadogan O. M. 1938-1945, London 1971, S. 128-129; Hermann Graml, »Die außenpolitischen Vorstellungen des deutschen Widerstandes«, in Der deutsche Widerstand gegen Hitler: Vier historisch-kritische Studien, hrsg. v. Walter Schmitthenner u. Hans Buchheim, Köln–Berlin 1966, S. 29, sagt zu diesem Punkte nichts Neues.

35 Bernd-Jürgen Wendt, München 1938: England zwischen Hitler und Preußen, Frankfurt/M. 1965, S. 13; Graml, Vorstellungen, S. 15-29. Beide hier zitierten Untersuchungen bemühen sich, mit einigem Erfolg, dem außenpolitischen Denken in der deutschen Opposition möglichst ohne Vorurteil gerecht zu werden, wobei zwar, wie erwähnt, wenig Neues zutage kam, aber doch die Akzente anders gesetzt wurden als etwa bei Ritter und Rothfels, die sich sehr viel mehr mit dem Wollen der Opposition als mit den Gegebenheiten auf der Gegenseite beschäftigten. Zum Mißtrauen gegen Goerdeler ferner Eugen Spier, Focus: A Footnote to the History of the Thirties, London 1963, S. 133-134; Young, S. 232-240.

36 Wendt, S. 17-28, auch zum Folgenden; Graml, Vorstellungen, S. 15-29. Zur englischen und französischen sowie zur gesamteuropäischen Politik während der Sudetenkrise (März–Okt. 1938) siehe Documents on British Foreign Policy 1919-1939, Third Series (künftig zit. DBFP), vol. I, London 1947, vol. II, London 1948; Documents on German Foreign Policy 1918-1945, Series D (künftig zit. DGFP), vol. II, Washington 1949; Keith Feiling, The Life of Neville Chamberlain, London 1946, S. 363-382; Boris Celovsky, Das Münchner Abkommen 1938, Stuttgart 1958; Helmuth K. G. Rönnefarth, Die Sudetenkrise in der internationalen Politik: Entstehung–Verlauf–Auswirkung, 2 Bde., Wiesbaden 1961 (dort auch eigene Abschnitte über die Tätigkeit der Opposition, die aber keineswegs als abschließend gelten können, trotz breiter Grundlage); Hans Rothfels, Die deutsche Opposition gegen Hitler: Eine Würdigung, Fischer Bücherei, Frankfurt/M.–Hamburg 1958, S. 63-70; Ritter, Goerdeler, S. 183-203.

37 Wendt, S. 29-35, 45-51, 64; ebenso Graml, Vorstellungen, S. 29.

38 Vgl. die entsprechenden Äußerungen Chamberlains in seiner Rundfunkansprache vom 26. Nov. 1939, Keesing's Contemporary Archives, vol. III, 1937 bis 1940, Keynsham, Bristol [1937–1940], S. 3819-3820.

39 Vgl. auch hierzu und zum Folgenden Wendt, S. 36-45.

40 Kopp, Niederschrift Walz, S. 106.

41 Chamberlain an Halifax 19. Aug. 1938, DBFP II, 686.

42 Graml, Vorstellungen, S. 29; Colvin, Vansittart, S. 310.

43 Ritter, Goerdeler, S. 205.

44 Colvin, Vansittart, S. 152-155 und passim; Young, S. 45-96, 220-224, 228-229.

45 Colvin, Vansittart, S. 154; Young, S. 222.

46 Colvin, Vansittart, S. 201-202, 206.

47 Colvin, Vansittart, S. 199.

48 Die Argumente, die John W. Wheeler-Bennett, The Nemesis of Power: The German Army in Politics 1918-1945, New York ²1964, S. 415, zur Erklärung der britischen Haltung vorbringt, sind tendenziös und treffen den Kern nur teilweise. Es ist einfach nicht wahr, daß die meisten der Männer, die nun

von England und Frankreich eine feste Haltung verlangten, begeisterte Anhänger Hitlers gewesen und erst durch die Erkenntnis bekehrt worden seien, daß Hitler nichts mehr für Deutschland gewinnen könne, ohne das Gewonnene wieder zu gefährden. Das Gegenteil ist der Fall. Die meisten dieser Männer haben Hitler von allem Anfang an bekämpft, soweit es in ihrer Macht stand. Vgl. im übrigen Rothfels, Opposition, und Ritter, Goerdeler, die sich in den Anmerkungen vielfach mit Wheeler-Bennetts Verzerrungen auseinandersetzen.

49 Colvin, Vansittart, S. 216–217; vgl. Ritter, Goerdeler, S. 186–187; Rothfels, Opposition, S. 63–70, 137–139; Hans Rothfels, »Trott und die Außenpolitik des Widerstandes«, VfZ 12 (1964), S. 300–305.

50 Zur Mission Wiedemann: Wiedemann, S. 158–167; Young, S. 59, 64–66; Winston S. Churchill, The Second World War, vol. 1, London 1948, S. 290; DBFP I, no. 510, 511; Kordt, Nicht, S. 234; Rönnefarth, Sudetenkrise, Teil I, S. 362–366. Im Bericht Lord Halifax' über die Unterredung (DBFP I, no. 510) findet sich zwar die Erklärung Wiedemanns, Hitlers Geduld sei nicht unerschöpflich, und ein schwerer Zwischenfall könnte wohl ein deutsches Eingreifen zur Folge haben; aber zugleich versicherte Wiedemann diesem Bericht zufolge, soweit man in die Zukunft sehen könne, sei eine Gewaltlösung nicht vorgesehen. Es ist denkbar, daß Wiedemann den Termin März 1939 gleichwohl genannt, jedoch Halifax gebeten hat, ihn nirgends schriftlich festzuhalten. Vgl. Rönnefarth, Sudetenkrise, Teil I, S. 364–365.

51 S. dazu Rudi Strauch, Sir Nevile Henderson: Britischer Botschafter in Berlin von 1937 bis 1939, Bonn 1959, S. 134–138, zit. bei Wendt, S. 13–14.

52 DBFP II, no. 595, zit. bei Wendt, S. 14.

53 Wendt, S. 14.

54 Colvin, Vansittart, S. 210–211; als Zeitpunkt für diese Zusammenkunft mit Kleist ist hier angegeben »just after the fall of Austria«. In Colvins Buch über Canaris, Master Spy, das noch weit unsorgfältiger gearbeitet ist als die Vansittart-Biographie, ist für Colvins erste Zusammenkunft mit Kleist Februar 1938 angegeben (S. 5) und für Gespräche der hier erwähnten Art April 1938 (S. 57) und Anfang Mai 1938 (S. 58–60). Die Weitergabe der Ergebnisse an Ogilvie-Forbes ist in Vansittart viel stärker betont und ausgeführt, aber mit dem Hinweis, daß schriftliche Belege für die Weitergabe durch den britischen Botschaftsrat in Berlin, Sir Ogilvie-Forbes, nicht aufgetaucht seien. Fabian von Schlabrendorff, Offiziere gegen Hitler, Fischer Bücherei, Frankfurt/M.–Hamburg 1959, S. 41 berichtet ebenfalls nichts über den Vorgang. Das alles besagt nicht, daß er nicht stattgefunden habe. Die übrige Tätigkeit Kleists und Schlabrendorffs Urteil über Colvin (»klug und vorsichtig, kühn, und diskret«) lassen ihn glaubwürdig erscheinen. Rothfels, Opposition, S. 65–66 und Ritter, Goerdeler, S. 184 erwähnen diesen ersten Vorstoß von seiten der Opposition nicht; Ritter meint wohl ebenso wie Rothfels, die erste Warnung der Opposition an die englische Regierung sei durch Kleist erfolgt, aber eben erst im August 1938. Vgl. zu den Vorgängen um die Reise Kleists auch Wendt, S. 14–16; Rönnefarth, Sudetenkrise, Teil I, S. 402–404.

55 Colvin, Vansittart, S. 218.

56 Colvin, Vansittart, S. 206, 216, 218–221.

57 Colvin, Vansittart, S. 221–229; Schlabrendorff, Offiziere, S. 41–42; Fabian von

Schlabrendorff, The Secret War against Hitler, New York–Toronto–London 1965, S. 91–95. Vgl. zum Folgenden auch Ritter, Goerdeler, S. 184–187 und Rothfels, Opposition, S. 66, die beide die zentrale Rolle Colvins bei der Vorbereitung der Mission Kleists bezweifeln; Hans Rothfels, »The German Resistance in Its International Aspects«, International Affairs 34 (1958), S. 479–480; ferner die Darstellung bei Wheeler-Bennett, S. 409–413. Nach Mitteilungen des Sohnes von Kleist, Ewald-Heinrich von Kleist, und Schlabrendorffs an Dr. Helmut Krausnick (Vorgeschichte, S. 330) stammte die *Initiative* zu der Reise von Kleist selbst. Colvin hatte nach seinem Bericht am Zustandekommen der Mission insofern einen Anteil, als er Kleist seinem Freund Lord Lloyd ankündigte und empfahl; ferner habe er, so berichtet Colvin, auf Anfragen britischer Paßbeamter und Militärattachés die Auskunft gegeben, Kleist besitze Einführungsschreiben an Winston Churchill und Lord Lloyd und sei einer der geheimen Gegner Hitlers. Colvin, Vansittart, S. 221–223. Vgl. Schlabrendorff, Offiziere, S. 41 und War, S. 91, sowie die Zweifel Ritters (Goerdeler, S. 488 Anm. 49) und Rothfels' (Opposition, S. 190 Anm. 46) an der Vermittlertätigkeit Colvins.
58 Colvin, Vansittart, S. 223. Das Schreiben ist in DBFP II nicht abgedruckt, aber in einem speziellen Anhang über »nichtoffizielle deutsche Kontakte« im August und September 1938 erwähnt (S. 683).
59 Colvin, Vansittart, S. 223 und Master Spy, S. 67.
60 Colvin, Master Spy, S. 69–70 und Vansittart, S. 223 berichten, Kleist sei schon am 17. August in London angekommen, nach allen anderen und besonders den zeitgenössischen Berichten kam Kleist erst am 18. August; DBFP II, S. 683–696. Vgl. zur Kleist-Mission Krausnick, Vorgeschichte, S. 330–333.
61 Siehe den Bericht Vansittarts an den Außenminister Lord Halifax, den Colvin in Vansittart, S. 223–227 abdruckt, ohne mitzuteilen, daß er schon 1949 veröffentlicht wurde in DBFP II, S. 683–686.
62 Tatsächlich wurde der britischen Regierung am Tag von Kleists Ankunft in London von ihrem Militärattaché in Berlin, Oberst F. N. Mason-MacFarlaine, Ende September als geplanter Angriffstermin gemeldet: Ritter, Goerdeler, S. 186 nach DBFP II, no. 658.
63 Diese Mitteilung an Lord Lloyd mochte von Colvin stammen, aber Colvin war zweifellos nicht der einzige Kontaktmann Lord Lloyds in Deutschland.
64 DBFP II, no. 658 und S. 685; vgl. Colvin, Vansittart, S. 230.
65 Chamberlains Brief an Halifax: DBFP II, S. 686–687. Colvin, Vansittart, S. 227–228 druckt ihn auch ab.
66 Schlabrendorff, Offiziere, S. 43–44; Schlabrendorff, War, S. 93–94.
67 DBFP II, no. 648.
68 Ebenda.
69 Weizsäcker Exhibit 38 W. Doc. 38, W.-Doc.-Book 1c, Case 11, zit. in Gesuch der Verteidiger Warren E. Magee und Hellmut Becker vom 28. April 1949 um Änderung des Urteils und Haftentlassung für Ernst Freiherr von Weizsäcker, mimeogr. Die Akten bzw. Kopien davon befinden sich im StA Nürnberg bzw. in den NA in Washington.
70 Niederschrift über das Gespräch Churchills mit Kleist: DBFP II, S. 687–688. Aus Gründen der Sicherheit soll Churchills Brief nach Colvin, Vansittart, S. 229 über einen britischen Diplomaten in Berlin an Colvin und von diesem

erst an Kleist geleitet worden sein. Schlabrendorff, Offiziere, S. 42 und War, S. 95 berichtet, der Brief sei in der englischen Diplomatenpost nach Berlin gelangt, von ihm bei der englischen Botschaft abgeholt und dann an Kleist übergeben worden. Der Text des Briefes findet sich in DBFP II, S. 688–689, und auszugsweise in einer vom Auswärtigen Amt hergestellten Zusammenfassung ausländischer Stimmen zur Sudetenkrise und der Möglichkeit eines Krieges in DGFP II, no. 436.

71 Auszug in DBFP II, S. 172–175.
72 Colvin, Vansittart, S. 234.
73 Colvin, Master Spy, S. 72. In seinem Bericht vom 18. August schrieb Vansittart, Kleist werde am Dienstag zurückreisen, das wäre der 23. August gewesen; Colvin, Vansittart, S. 226.
74 Schlabrendorff, Offiziere, S. 42; Ritter, Goerdeler, S. 488 Anm. 49; DGFP II, no. 436. Colvin, Vansittart, S. 233–234, druckt seinen Brief an Lord Lloyd vom 30. August 1938, ab, in dem er Kleists Eindruck von der Wirkung seiner Mission in Berlin wiedergibt.
75 Krausnick, Vorgeschichte, S. 333–334; Einzelheiten s. unten, S. 106–108.
76 Vernehmung von Böhm-Tettelbach in Protokoll aus der Verhandlung Halder [vor der] Spruchkammer X München [15.–21. Sept. 1948], vervielf. Protokoll B der Anklagebehörde der Spruchkammer München X, Az. BY 11/47, IfZ, S. 3, 69–70, 87; dieselbe Quelle liegt der Darstellung bei Peter Bor, Gespräche mit Halder, Wiesbaden 1950, S. 121 zugrunde; Hans Böhm-Tettelbach, »Ein Mann hat gesprochen«, Rheinische Post, 10. Juli 1948, S. 2; Wheeler-Bennett, S. 413–414; dazu die Richtigstellung bei Ritter, Goerdeler, S. 489 Anm. 55; Krausnick, Vorgeschichte, S. 339–340 mit weiteren Zeugnissen Halders u. Böhm-Tettelbachs; vgl. Hans Bernd Gisevius, Bis zum bittern Ende, Bd. II, Zürich 1946, S. 66; ders., Bis zum bitteren Ende: Vom Reichstagsbrand bis zum 20. Juli 1944, vom Verfasser auf den neuesten Stand gebrachte Sonderausgabe, Hamburg o. J. (künftig zit. als Sonderausgabe), S. 370; Kordt, Nicht, S. 258. Sozusagen von allen Seiten versuchte man auf Hitler einzuwirken, selbst von der Moskauer Deutschen Botschaft aus: Um den 20. August erklärte der Privatsekretär des deutschen Botschafters Graf Friedrich Werner von der Schulenburg einem britischen Kollegen, nur eine ganz kategorische Erklärung Englands könne Hitler überzeugen, daß es im Falle eines deutschen Angriffes gegen die Tschechoslowakei eingreifen werde; den Berichten der deutschen Diplomaten werde Hitler es nie glauben. Krausnick, Vorgeschichte, S. 353 zit. dazu DBFP II, no. 673.
77 Krausnick, Vorgeschichte, S. 339–341.
78 Krausnick, Vorgeschichte, S. 340 implizit; Wheeler-Bennett, S. 414.
79 Krausnick, Vorgeschichte, S. 340.
80 Krausnick, Vorgeschichte, S. 340; Kordt, Nicht, S. 244.
81 Wheeler-Bennett, S. 416–417 beschuldigt Weizsäcker, er habe sich erst in seinem Prozeß vor dem Nürnberger Militärgerichtshof zum Mitglied der Widerstandsbewegung erklärt, jedoch davon vorher in den geheimen Verhören durch die Alliierten nie gesprochen; er sei nicht gegen einen Krieg gewesen, durch den der Bestand des Deutschen Reiches nicht gefährdet worden wäre; er habe nie wirklich gegen Hitlers Kriegspolitik protestiert. Weizsäcker hatte zu wählen zwischen scharfem, offenem Protest von der Art, wie Beck ihn

erhoben hat und wie er Rücktritt oder Entlassung zu Folge haben mußte, und dem Versuch, die Außenpolitik Hitlers, die zum Kriege führte, zu sabotieren. Von außen, nach seinem Ausscheiden aus dem Dienst, konnte Weizsäcker nichts mehr bewirken, wenn er dann auch als besonders aufrechter Ehrenmann dastehen mochte. Dafür, daß er das von innen versucht hat, übrigens in der Voraussicht, darin mißverstanden zu werden, gibt es unangreifbare Zeugen: Carl J. Burckhardt, Meine Danziger Mission 1937–1939, München ²1960, S. 67–68, 145, 181–183; Aussagen des norwegischen Bischofs Berggrav und des Bischofs von Chichester vor dem Militärgerichtshof im Prozeß gegen Weizsäcker, ferner Zitate von Äußerungen Sir Nevile Hendersons, François-Poncets, Lord Halifax', Churchills, in Trials of War Criminals before the Nuernberg Military Tribunals under Control Council Law No. 10, vol. XIV (The Ministries Case, genannt Case 11), Washington 1952, S. 98, 104–105, 109, 112, 125; Hellmut Becker, Plaidoyer für Ernst von Weizsäcker, mimeogr., Nürnberg 1948, StA Nürnberg, und im Gesuch um Haftentlassung (Anm. 69). Die Weizsäcker-Papiere 1933–1950, hrsg. v. L. E. Hill, Frankfurt/M., Berlin, Wien 1974, S. 128–146. Sir Nevile Henderson sagte 1938, nach der Beilegung der Sudetenkrise, zu Gottfried von Nostitz (damals im Referat Pol I M des AA): »»Wenn *einer* von Ihren Leuten bereit war, alles für die Erhaltung des Weltfriedens zu tun, so war es Ihr Staatssekretär.«« G. v. Nostitz, Eidesstattliche Erklärung, Stuttgart 28. April 1948, Nl. Nostitz.

82 Kordt, Nicht, S. 177–183; Ritter, Goerdeler, S. 191.
83 Weizsäcker, Erinnerungen, S. 173–177; Burckhardt, S. 182.
84 Hierzu und zum Folgenden: Kordt, Nicht, S. 241–244.
85 Burckhardt, S. 181–183; DBFP II, 242; Weizsäcker, Erinnerungen, S. 179. Bei Weizsäcker ist als Zeitpunkt »Ende August« genannt, aber Burckhardt berichtet auf Grund seiner Aufzeichnungen, er sei am folgenden Tage, und zwar am 2. September, in Bern eingetroffen.
86 Burckhardt, S. 183–187; der Brief ist sowohl hier in deutscher Sprache als auch in DBFP II, S. 689–692 im englischen Original abgedruckt. Merkwürdigerweise ist ein Telegramm von Sir George Warner an Lord Halifax erst vom 5. September spätnachmittags datiert (DBFP II, Nr. 775), obwohl auch aus dem Brief Stevensons hervorgeht, daß Burckhardts Gespräch mit Weizsäcker am 1. September stattgefunden habe und Burckhardt am nächsten Tag schon in Bern gewesen sein muß. Vgl. Weizsäcker-Papiere, S. 145.
87 So im Original; Burckhardt, S. 185 übersetzt irrtümlich »Außenminister«.
88 Kordt, Nicht, S. 246–249; Weizsäcker, Erinnerungen, S. 177–179; Krausnick, Vorgeschichte, S. 340–342; vgl. Wheeler-Bennett, S. 417–419; Rothfels, Opposition, S. 64–65; Rothfels, German Resistance, S. 480–481; Ritter, Goerdeler, S. 191–192. Alle Darstellungen beruhen fast ausschließlich auf den Mitteilungen der Brüder Kordt. – Erwähnenswert sind die von Vansittart nach dem Kriege für die Nürnberger Verfahren unter dem 12. und 31. August 1948 in London abgegebenen Affidavits, StA Nürnberg NG 5786 und NG 5786A. Vansittart charakterisiert die Brüder Kordt hier als Opportunisten, die keinen wirklichen Widerstand geleistet haben, was schon daraus zu sehen sei, daß sie Hitler bis zuletzt gedient und Gelegenheiten zur Desertion nicht ergriffen haben. Rothfels, Opposition, S. 190–191, Anm. 47 weist auf eine mögliche Erklärung für Vansittarts seltsame Gedächtnisschwäche hin,

den Satz im zweiten Affidavit: »Die ganze Grundlage meiner Haltung gegenüber Deutschland war die Überzeugung, daß dort eine wirkliche und wirksame Opposition weder bestand noch bestehen würde.« Es ist kaum möglich, den haßerfüllten Unterton in Vansittarts weiteren Äußerungen zu überhören. Sein Biograph Colvin geht in Vansittart, S. 325 noch etwas weiter und spricht von der »heftigen Enttäuschung und der Ablehnung alles dessen, was deutsch war, die für Vansittart in den Kriegsjahren und danach charakteristisch waren.« Und im gleichen Absatz: »Daß er von Kordt am oder um den 16. Juni [1939] eindringliche Warnungen über die deutsch-russischen Verhandlungen erhalten hat, daran zu zweifeln gibt es keinen Grund.«

89 Jodl erwähnt im Tagebuch nur 5 aktive u. 14 Landwehr-Div.; Trial XXVIII, 388.
90 Kordt, Nicht, S. 249–252.
91 Kordt, Nicht, S. 279; DGFP II, no. 382; Wendt, S. 136 Anm. 17. Wendt erklärt den Widerspruch zwischen Theo Kordts offiziellem Bericht (DGFP II, no. 382) und dem an seinen Bruder Erich Kordt (Kordt, Nicht, S. 279) weniger aus dem Zwang zur Tarnung und zur Benützung der Sprache des Regimes, als daraus, daß Weizsäcker und die Gebrüder Kordt dieselbe Politik wie Hitler – Annexion des Sudetenlandes – verfolgten und nur Hitlers Methode ablehnten. Ferner T. P. Conwell-Evans, None so Blind, London 1947, S. 140–144.
92 Wheeler-Bennett, S. 418.
93 Kordt, Nicht, S. 279.
94 Kordt, Nicht, S. 250–252 und 279–281, auch zum Folgenden.
95 Wendt, S. 68–71, verweist auf den Widerspruch zwischen Kordts Eröffnungen und Weizsäckers in dessen Erinnerungen dargestellter Haltung. Demnach hätte Weizsäcker entweder vergessen, daß er Kordt viel schärfere Instruktionen gegeben hatte, als nur die, auf eine möglichst deutliche, aber auch möglichst geheime und für Hitler möglichst wenig verletzende Warnung hinzuwirken, oder die Brüder Kordt wären im Einvernehmen mit dem revolutionären Oster weiter gegangen, als Weizsäcker wollte.
96 Rothfels, Opposition, S. 68, ohne Quellenangabe. Rönnefarth, Sudetenkrise, Teil I, 506 u. Teil II, 247 Anm. 41 auf Grund der Aussage Theo Kordts im Wilhelmstraßen-Prozeß am 14. Juli 1948, Prot. 12029.
97 Ritter, Goerdeler, S. 489–490 Anm. 57.
98 DBFP II, Nr. 811, 815; vgl. Krausnick, Vorgeschichte, S. 354–355.
99 DBFP II, Nr. 819, 823; ferner S. 646–655 im selben Band.
100 DBFP II, Nr. 825.
101 DBFP II, Nr. 837 Anm. 1.
102 DBFP II, S. 680–682.
103 Kordt, Nicht, S. 256–257.
104 Vgl. Domarus, S. 897–906.
105 Friedrich Hoßbach, Zwischen Wehrmacht und Hitler 1934–1938, Göttingen ²1965, S. 193; Wolfgang Foerster, Generaloberst Ludwig Beck: Sein Kampf gegen den Krieg, München 1953, S. 84, 141–142; Schlabrendorff, Offiziere, S. 37–38 (nicht mehr in der englischen Neuausgabe, Secret War, S. 79–81) berichtet von einer »Unterhaltung« zwischen Beck und Hitler, die aber als solche nicht stattgefunden hat. Ebenso irrt Rudolf Pechel, Deutscher Widerstand, Erlenbach-Zürich 1947, S. 152: Beck habe im Herbst 1938 von Hitler

in einer Unterredung Garantien gegen militärische Unternehmungen verlangt und sei auf deren Verweigerung hin zurückgetreten. Erzählungen über die angebliche Unterredung kursierten vielfach; es war schwer zu glauben, der Chef d. Gen. St. d. Heeres habe nicht selbst mit Hitler, dem Obersten Befehlshaber der Wehrmacht, sprechen können. Sogar Otto John, »Männer im Kampf gegen Hitler (IV): Wilhelm Leuschner«, Blick in die Welt 2 (1947) H. 9, S. 20, berichtete von der »Unterredung«, obwohl er den Vorgängen selbst nahestand.

106 Hoßbach, S. 136.
107 Rudolf Beck, Beiträge zur Lebensgeschichte und Charakteristik des Generaloberst [sic] Ludwig Beck, Masch., o. O. o. J., vermutlich vor 1952, S. 2; Foerster, S. 90–91; vgl. die bei Domarus, S. 1047–1067 wiedergegebene Rede vom 30. Januar 1939, in der Hitler öffentlich mitteilte, er habe am 28. Mai 1938 den Befehl erteilt »zur Vorbereitung des militärischen Einschreitens gegen diesen Staat [die Tschechoslowakei] mit dem Termin des 2. Oktober [1938]«. Klaus-Jürgen Müller, Heer, S. 210–254 und »Staat und Politik im Denken Ludwig Becks«, HZ 215 (1972), S. 607–631 meint, Beck habe sich erst zum aktiven Widerstand hinbewegt, gar durchgerungen, als und weil er die Heeresführung von der ihr seiner Ansicht nach zukommenden Beteiligung an außen- und innenpolitischen Entscheidungen ausgeschlossen sah. Da Beck gegen Hitlers Politik um so mehr opponierte, je mehr sie zum Krieg hintrieb, ist Becks Forderung nach Mitbestimmung von den komplexen Anlässen nicht zu trennen. Dies war Becks Tragik: *weil* er die Kriegspolitik ablehnte und ihr entgegenwirken wollte, mußte er Argumente benützen, die *nicht* die Kriegspolitik selbst unmittelbar angriffen, sondern Zeitpunkt und Umstände der Ausführung. Die Alternative war Rücktritt, Ausschluß von Wirkungsmöglichkeiten. Gewiß war das ein Machtkampf im Staat, dem Heer drohte stets ein »30. Juni«, der abgewandelt mit der Blomberg-Fritsch-Krise auch eintrat. Beck ging so weit zu fordern, der Feldherr müsse sich dem Staatsmann »mit allen Mitteln« widersetzen, wenn die Leistungsfähigkeit des Heeres, so durch die Konfrontation mit einer übermächtigen Koalition, überfordert würde (Beck, Studien, S. 122). Becks Tragik ist auch, daß nach Ausschöpfung aller anderen Möglichkeiten der Opposition schließlich auch das letzte Mittel, der Staatsstreich, nicht zum Zuge kam (1938) bzw. mißlang (1944). Müller vereinfacht also bis zum völligen Mißverstehen, wenn er meint, es sei Beck vor allem um das gleichberechtigte Zusammenwirken von politischer und militärischer Führung (d. h., nach Beck, für Deutschland vor allem Heeresführung) gegangen und allenfalls in zweiter Linie um den Inhalt des Zusammenwirkens. So geht auch die Behauptung am Wesen der Opposition Becks vorbei, diese sei a) opportunistisch, also nicht gegen die Ziele der Politik, sondern gegen Zeitpunkt und Umstände ihrer Ausführung gerichtet gewesen, und b) eine Funktion des wehrmachtinternen Konflikts um den Vorrang von OKW bzw. Heeresleitung bei Entscheidungen über eventuelle Kriegführung und damit zusammenhängende innen- und außenpolitische Entscheidungen.
Müller begründet seine Thesen damit, daß Beck die Notwendigkeit der »Bereinigung« des tschechoslowakischen Problems (jedoch nicht unbedingt mit kriegerischen Mitteln) anerkannt habe. Das war jedoch einmal zu der

Zeit, als die Tschechen mit Hilfe französischer Ingenieure einen Festungsgürtel an ihrer Westgrenze bauten; im Januar 1937 berichtete der Militärattaché, Geyr von Schweppenburg, aus London, russische und tschechische Militärs träfen Vorbereitungen für die Benützung tschechischer Flugplätze gegen Deutschland (Irving, War Path, S. 61). Waren einerseits äußere Anlässe zu entsprechenden Überlegungen gegeben, so knüpfte Beck daran doch Bedingungen, die nach seiner und nach Hitlers Einschätzung nicht eintreten würden: Nichtintervention der Westmächte (vor allem Frankreichs und Englands, in einem längeren Konflikt auch der Vereinigten Staaten). Da Hitler schließlich auch Rußland angreifen wollte, wäre die Koalition, gegen die Deutschland hätte Krieg führen müssen, noch viel tödlicher und unüberwindlicher gewesen als Beck voraussetzte.

Weiter nimmt Müller die Ausführung des Befehls Hitlers vom 10. März 1938, sofort einen Mobilisierungsplan gegen Österreich auszuarbeiten, als Beweis für Becks grundsätzliche Übereinstimmung mit den Zielen Hitlers – sofern nur dadurch das Reich nicht gefährdet würde und solange nur die Führung des Heeres von der politischen Führung beteiligt würde. Müller teilt nicht mit, warum Beck die außenpolitische Lage als günstig angesehen haben soll, und der unausweichlichen Konsequenz, nämlich, daß Beck im Sommer 1938 hätte verlangen müssen, den Befehl zur Vorbereitung der Besetzung der Tschechoslowakei von Hitler unmittelbar zu erhalten, verschließt Müller sich. Es ist allerdings ebenso unerfindlich, wie Beck durch die Befehlsgebung vom 10. März seine Forderungen hätte erfüllt sehen können.

Am 9. März kündigte Schuschnigg für den 13. eine Volksabstimmung an über die Frage, ob die Österreicher Österreicher bleiben wollten, die vermutlich überwiegend mit Ja beantwortet werden würde und den Anschluß an das Reich behindern würde. Am 10. März, als gerade die Verhandlung des Gerichts des Obersten Befehlshabers der Wehrmacht im Fall Fritsch begonnen hatte, telephonierte Keitel mit Beck und teilte ihm Hitlers Befehl mit, sofort über die gegen Österreich getroffenen Vorbereitungen Vortrag zu halten. Beck hatte es seit Jahren abgelehnt, solche Vorbereitungen zu treffen, und wandte nun gegenüber Hitler auch ein, Frankreich und die Tschechoslowakei könnten intervenieren, worauf Hitler meinte, dann werde er einfach die SA und die SS einsetzen, wenn es das sei, was Beck wolle. Nun arbeitete Beck mit Manstein die Vorschläge aus. Hierzu: Wilhelm Keitel, Testimony 27. Aug. und 8. Okt. 1945, NA Record Group 238; ders., Generalfeldmarschall Keitel: Verbrecher oder Offizier? Göttingen, Berlin, Frankfurt/M. 1961, S. 95, 178; Erich von Manstein, Aus einem Soldatenleben 1887–1939, Bonn 1958, S. 320–325 (Datum abweich.). Hoßbach, S. 128; Heinz Guderian, Panzer Leader, London 1952, S. 49–50; Irving, S. 82.

Müller meint, durch die unmittelbare Befehlsgebung sei Becks Forderung nach Beteiligung der Führung des Heeres an politischen Entscheidungen erfüllt worden. Wäre das der Fall gewesen, dann hätte Beck sich wohl nicht beklagt, daß er kaum einmal fünf Minuten mit Hitler habe reden können; es würde auch bedeuten, daß es Beck um eine bloße Formsache zu tun gewesen wäre. Tatsächlich lag in der Situation eine Überrumpelung: Die Österreicher hatten sich zweimal, 1918 und 1931, für engere Bindungen, ja für Anschluß an das Reich ausgesprochen; Frankreich hatte keine Regierung, in England war Wahlkampf; der Einsatz von SA und SS könnte ein schwerer Schlag gegen die Integrität des Heeres sein; der Fall Fritsch, ebenfalls ein Angriff auf das Heer, war in der Schwebe und sollte nicht versanden; eine Weigerung Becks gegenüber einem unmittelbar gegebenen Befehl hätte eine andere Qualität gehabt als die bisher, ohne akute Situation, betriebene Ressortobstruktion und das Verfassen von Denkschriften, eine Weigerung gegenüber einem direkten Befehl des Staatsoberhaupts und Obersten Befehlshabers der Wehrmacht hätte den Ruch der Desertion gehabt, der von Beck abgelehnten Meuterei (Ritter, Goerdeler, S. 146, 283). Keitel [S. 178] schrieb: »Es blieb Beck nichts anderes übrig, als zu gehorchen...«

Vgl. Nicholas Reynolds, Beck: Gehorsam und Widerstand, Wiesbaden und München 1977, S. 86–89, wo bei Verwendung vielen neuen Materials das Urteil ambivalent bleibt.

108 Alix von Winterfeldt, damals Sekretärin beim Befehlshaber des Ersatzheeres Gen. Fromm, mündliche Mitteilungen an d. Verf. vom 30. Aug. 1966; Heinz Guderian, Erinnerungen eines Soldaten, Heidelberg 1951, S. 26–27; Ulrich von Hassell, Vom andern Deutschland: Aus den nachgelassenen Tagebüchern 1938–1944, Fischer Bücherei, Frankfurt/M. 1964, S. 314; Foerster, S. 137–138; Eduard Spranger, »Generaloberst Beck in der Mittwochsgesellschaft: Zu dem Buch: Ludwig Beck ›Studien‹«, Universitas 11 (1956), S. 192 [»Es lag eine weise Ruhe über Ludwig Beck..«]; Ritter, Goerdeler, S. 147; [Günther] Blumentritt, Stellungnahme zu dem Buch »Offiziere gegen Hitler«. Nach einem Erlebnisbericht von Fabian v. Schlabrendorff bearbeitet und herausgegeben von Gero v. S. Gaevernitz 1946 Europa Verlag Zürich, Masch., o. O. 1946, Sammlung John, Mappe 2, S. 20; hauptsächlich auf den hier ohnehin verarbeiteten Veröffentlichungen beruht Gert Buchheit, Ludwig Beck, ein preußischer General, München 1964.

109 Foerster, S. 90; ebenso Spranger, S. 192.

110 Ritter, Goerdeler, S. 177; zu Brauchitsch s. die Charakteristik auf Grund von Mitteilungen Halders bei Deutsch, S. 34–35.

111 Jodl, Tagebuch, Trial XXVIII, 360.

112 Trial of the Major War Criminals before the International Military Tribunal: Nuremberg 14 November 1945–1 October 1946, vol. XX, Nürnberg 1948, S. 624; nach der deutschen Ausgabe zit. bei Ritter, Goerdeler, S. 181.

113 Ritter, Goerdeler, S. 177–183, auch zum Folgenden; Edgar Röhricht, Pflicht und Gewissen: Erinnerungen eines deutschen Generals 1932 bis 1944, Stuttgart 1965, S. 131–136.

114 Ritter, Goerdeler, S. 179.

115 Abdruck der Denkschrift aus Becks Papieren bei Foerster, S. 100–105; unterz. Masch.-Entwurf im BA/MA H 08–28/4: Müller, Heer, S. 301.

116 Müller, Heer, S. 305.

117 Foerster, S. 107; Trial XXV, 434.

118 Abgedruckt bei Foerster, S. 109–113; s. ferner Foerster, S. 106–109; Krausnick, Vorgeschichte, S. 310–312.

119 Foerster, S. 98; eigenh. Entw. Becks im BA/MA H 08–28/3: Müller, Heer, S. 309–313, 318. Müller meint auch, Becks scheinbare Übereinstimmung

mit Hitlers Zielen (Lebensraum, gewaltsame Zerschlagung der Tschechoslowakei) entspreche Becks damaliger Überzeugung. Man soll nach Müller ferner glauben, daß nach Becks Überzeugung der voraussichtliche Erfolg Maßstab der Entscheidung für oder gegen gewaltsames Vorgehen gegen die Tschechoslowakei hätte sein müssen. Vgl. Ritter, Goerdeler, S. 174–175. Vgl. Weizsäcker, S. 174; Spranger, S. 185–186, 193.
119a Foerster, S. 309.
120 Trial XXV, 434–439; Jodl, Tagebuch, Trial XXVIII, 373.
121 Foerster, S. 114–116; BA/MA H 08–28/3: Müller, Heer, S. 651–654.
122 Am 12. Januar 1938 wurde die Übung für »27.4.–10.5.1938« festgesetzt: K.-J. Müller, General Ludwig Beck, Boppard 1980, S. 268 Anm. 119.
123 Etwa dasselbe sagte Beck noch 1943 zu Ritter (Goerdeler, S. 492 Anm. 200): ein französischer Angriff hätte nach der damaligen Ansicht des Generalstabes bestenfalls bei Gotha zum Stehen gebracht werden können.
123a Vgl. P. Hoffmann, »Generaloberst Ludwig Becks militärpolitisches Denken«, HZ 234 (1982), S. 114–117.
124 Foerster, S. 115; Röhricht, S. 120.
125 Röhricht, S. 120–121.
126 Röhricht, S. 121–123.
127 Foerster, S. 116–121 (Auszüge); von Beck unterz. Masch.-Durchschlag im BA/MA H 08–28/4; Müller, Heer, S. 317–326.
128 Foerster, S. 120.
128a Dieser zwingende Schluß ist Müller, Heer, S. 317–326 entgangen; Foerster, S. 58–60, 62–63; Müller, Heer, S. 210–214, 235–237; Reynolds, S. 86–89, 127 bis 129; zur Frage von Becks Motiven und zur Ausführung des Mobilisierungsbefehls vom 10. März vgl. oben, Anm. 107.
129 Foerster, S. 121–124. Vgl. zu Becks Denkschriften und Vorträgen die Darlegungen bei Krausnick, Vorgeschichte, S. 317–327; Ritter, Goerdeler, S. 174–183.
130 Foerster, S. 122; BA/MA H 08–28/4: Müller, Heer, S. 321–326.
130a Müller, Heer, S. 324 liest aus Becks Worten »›klärende Auseinandersetzung zwischen Wehrmacht und SS‹« den Wunsch Becks heraus, den radikalen Beraterkreis Hitlers auszuschalten, den Beck für die Ursache von Hitlers Kriegspolitik gehalten habe, und der Heeresführung den ihr gebührenden Einfluß auf die Staatsführung wieder zu sichern. Offenbar steckte mehr dahinter.
131 Auszug bei Foerster, S. 124–125; BA/MA H 08–28/4: Müller, Heer, S. 326 bis 328.
132 Foerster, S. 124; vgl. Ritter, Goerdeler, S. 130–153.
133 Foerster, S. 125.
134 Erich Kosthorst, Die deutsche Opposition gegen Hitler zwischen Polen- und Frankreichfeldzug, Bonn ³1957, S. 54, ist der Meinung, Beck sei während seiner Amtszeit nicht zu einem Staatsstreich bereit gewesen; Müller, Heer, S. 329–332 erklärt, Becks Gedanken seien »eindeutig ein Reformprogramm«, kein Umsturzprogramm, und Beck habe noch nicht gewußt, daß die Reform ohne Umsturz aussichtslos war – trotz 30.6.34, 5.11.37, Österreich-Besetzung und der Fritsch von Hitler widerfahrenen Behandlung. Müllers Argumente gegen Staatsstreichabsichten Becks (S. 330–331) sind nicht zwingend. Z. B.: Die erhoffte Beschränkung der inneren Auseinandersetzung auf Berlin sei »illusionär und unrealistisch« – das müßte dann ebenso für

die Hoffnung auf Reform ohne Umsturz gelten, was Müller später (S. 332) selbst sagt; die Ausschaltung der SS-Führung »etwa so wie am 30. Juni 1934 die SA-Führung« sollte Beck ohne Staatsstreich gegen Hitlers Regime für möglich gehalten haben – das müßte dann auch als illusionär bezeichnet werden, von der ziemlich ungeheuerlichen Unterstellung abgesehen, Beck könnte ein Vorgehen gegen die SS »etwa so wie am 30. Juni 1934« als einseitige Säuberungsmaßnahme, also nicht im Rahmen eines bürgerkriegähnlichen Kampfes, erwogen haben; »›daß sich das Heer auf einen möglichen Krieg‹« vorbereiten sollte, ist selbstverständliche Aufgabe jeden Heeres zu jeder Zeit, aber Müller gibt der untergeordneten Klausel (»›daß sich das Heer nicht nur auf einen möglichen Krieg, sondern auf eine innere Auseinandersetzung.. vorbereitet‹«) gerade das Gewicht, das bei Beck durch Satzstellung und »›sondern‹« auf die innere Auseinandersetzung fällt. Schließlich widersprechen die von Müller, S. 341 zit. Äußerungen Becks v. Aug. u. Nov. 1938 (er habe sich geweigert, »›irgendwelche nationalsozialistischen Abenteuer zu billigen. Ein endgültiger deutscher Sieg ist eine Unmöglichkeit‹«; er konnte »›nicht untätig mitansehen, wie diese Verbrecherbande einen Krieg vom Zaune brach‹«) mit aller Klarheit den Thesen Müllers, daß Beck Illusionen über die Art des Regimes und über seine Reformierbarkeit gehabt habe. – Ob Beck zum Staatsstreich die innere Kraft gehabt hätte, ist eine unlösbare Frage; daß er keinen versucht hat, ist aus äußeren Gründen, vor allem der Weigerung Brauchitschs, völlig hinreichend erklärt, da Beck allein und als Chef d. Gen. St. ohne Befehlsgewalt nichts tun konnte.

135 Aus den Akten des OKM, 1. Abt., Skl, Ia betr. »Fall Grün«, auszugsweise abgedruckt bei Krausnick, Vorgeschichte, S. 314–315 und bei Walter Baum, »Marine, Nationalsozialismus und Widerstand«, VfZ 11 (1963), S. 22–23; vgl. Müller, Heer, S. 316–317.
136 Auszüge aus derselben Quelle wie die Aufzeichnungen Guses abgedruckt bei Krausnick, Vorgeschichte, S. 316–317.
137 Vgl. oben, S. 81–82. Diesen Wendepunkt als »ersten Kern für eine Staatsstreichplanung« zu bezeichnen, wie Rothfels, Opposition, S. 64 und Max Braubach, Der Weg zum 20. Juli 1944: Ein Forschungsbericht, Köln-Opladen 1953, S. 16, zit. bei Rothfels, S. 190 Anm. 41 es tun, erscheint angesichts der vielfältigen Wurzeln der Pläne doch nicht gerechtfertigt bzw. zu sehr vereinfachend, wenngleich der Betonung der für diesen Zeitpunkt eindeutigen Staatsstreichbereitschaft Becks zuzustimmen ist.
138 Foerster, S. 125–128: Auszug aus Becks Vortragsnotizen vom 29. Juli.
139 Ebenda.
140 Ursprünglich hatte Beck unmittelbar nach dem Eintreffen schon für Ende August erwarteter französischer und englischer Protestnoten handeln wollen: Foerster, S. 124, 127.
141 Lutz Graf Schwerin von Krosigk, Es geschah in Deutschland: Menschenbilder unseres Jahrhunderts, Tübingen-Stuttgart ³1952, S. 191–192.
142 Foerster, S. 126–127, 136–137, auch zum Folgenden; Krausnick, Vorgeschichte, S. 329.
143 Hoßbach, zit. bei Foerster, S. 127–128 und S. 170 Anm. 83; Gisevius II, S. 20 (Sonderausgabe, S. 336–339); vgl. Krausnick, Vorgeschichte, S. 320–321; dagegen Müller, Heer, S. 326–332.

144 Auszüge bei Foerster, S. 128–137.
145 Vgl. Foerster, S. 145; [Curt] Bernard (Gen.-Maj., Chef d. Gen. St. Gru. Kdo. IV), Bericht vom 28. Mai 1945, IfZ ED 106.
146 Foerster, S. 138–142; Krausnick, Vorgeschichte, S. 322–324; beide stützen sich vor allem auf den Bericht von Generaloberst (damals Gen. d. Inf.) Wilhelm Adam, Krausnick noch auf den Bericht des späteren Generalfeldmarschall Freiherr von Weichs. Vgl. Ferdinand Sauerbruch, Das war mein Leben, München 1960, S. 530–534, dem Beck 1939 diese Vorgänge berichtet hat; Wilhelm Adam, Eidesstattliche Erklärung Nr. 2: betrifft: Stimmung unter den höheren Generalstabsoffizieren bald nach der »Machtergreifung«, Masch., o. O. o. J., IfZ ZS 6, und Colonel General Wilhelm Adam, Masch., o. O. o. J., Sammlung John, Mappe 3; ausführlich Müller, Heer, S. 334–337.
147 Foerster, S. 138–142 und Krausnick, Vorgeschichte, S. 322–324: nach Adam von Beck, nach Weichs von Brauchitsch.
148 Das hat Adam Ende August bei einer Besichtigungsfahrt mit Hitler entlang dem Westwall getan: Colonel General Wilhelm Adam, S. 3; bestätigt von Generalleutnant a. D. Gerhard Engel in Protokoll .. Halder, S. 81.
149 Jodl, Tagebuch, Trial XXVIII, 378, zit. bei Krausnick, Vorgeschichte, S. 327.
150 Hoßbach, S. 129, 171–173. Zum Folgenden: Jodl, Tagebuch, Trial XXVIII, 373–374; vgl. Müller, Heer, S. 338; Domarus, S. 880.
151 Foerster, S. 142–143.
152 Foerster, S. 145; vgl. Krausnick, Vorgeschichte, S. 333–335; Ritter, Goerdeler, S. 486 Anm. 44.
153 Trial XXV, 477; Foerster, S. 151–152; Hoßbach, S. 193.
154 Ludwig Beck, Studien, Stuttgart 1955, S. 53; vgl. Foerster, S. 148–150.
155 Beck, Studien, S. 60–64.
156 So in seinen am 24. April 1940 bzw. im Juni 1942 vor der Mittwochsgesellschaft gehaltenen Vorträgen »Betrachtungen über den Krieg« (Studien, S. 118 bis 120) bzw. »Die Lehre vom totalen Kriege« (Studien, S. 251–258). Zur Mittwochgesellschaft, einer Runde von Gelehrten, die alle zwei Wochen zusammenkamen, vgl. Eberhard Zeller, Geist der Freiheit: Der zwanzigste Juli, München ⁵1965, S. 497–498.
157 Beck, Studien, S. 257.
158 Beck, Studien, S. 258.
159 Waldemar Erfurth, »Generaloberst a. D. Halder zum 70. Geburtstag (30. 6. 1954)«, Wehrwissenschaftliche Rundschau 4 (1954), S. 242–243; Weizsäcker, Erinnerungen, S. 174; Krausnick, Vorgeschichte, S. 335–339 stützt sich auf das reichhaltige Zeugenschrifttum (ZS) im Archiv des Instituts für Zeitgeschichte in München; s. auch Kurt Sendtner, »Die deutsche Militäropposition im ersten Kriegsjahr«, Vollmacht des Gewissens I, Frankfurt/M.-Berlin 1960, S. 397–405, 486–490. Zu Halder allgemein, ohne neue Erkenntnisse zu seiner Beteiligung am Umsturzversuch: Heidemarie Gräfin Schall-Riaucour, Aufstand und Gehorsam: Offizierstum und Generalstab im Umbruch. Leben und Wirken von Generaloberst Franz Halder. Generalstabschef 1938–1942, Wiesbaden 1972.
160 Gisevius II, 23, 26 (Sonderausgabe, S. 345); Weizsäcker, Erinnerungen, S. 174; Halder, Aussagen in Protokoll .. Halder, S. 68; Krausnick, Vorgeschichte, S. 339; Erfurth, S. 243; Trials of War Criminals before the Nuernberg Mili-

tary Tribunals under Control Council Law No. 10, vol. X (The High Command Case), Washington 1951, S. 543.
161 Vgl. Adolf Heusinger in Protokoll.. Halder, S. 100; Rothfels, Opposition, S. 69, 83.
162 [Franz] Halder, Kriegstagebuch, Bd. I, Stuttgart 1962, S. 362, 374–375; Hermann Graml, »Die deutsche Militäropposition vom Sommer 1940 bis zum Frühjahr 1943«, Vollmacht des Gewissens II, Frankfurt/M.–Berlin 1965, S. 421 bis 425; Deutsch, S. 182–183.
163 Diese Widersprüche werden Halder nicht ganz bewußt gewesen sein, doch lassen sie gewisse Vorbehalte ihm gegenüber geboten erscheinen. Kosthorst z. B., bes. S. 51–56, spricht Halder »hohe Glaubwürdigkeit« zu und warnt eindringlich vor ungerechten Vorwürfen gegen ihn; aber sein Beleg für Halders Entschlossenheit zum Handeln (1938) ist hauptsächlich, »daß es Teilnahme im hohen Maße bedeutet, wenn Halder bereit war, den Auslösungsbefehl für einen von anderen im einzelnen vorbereiteten Staatsstreich zu geben und damit einen in der Geschichte seines Amtes unerhörten revolutionären Schritt zu tun.« Das war wenig sinnvoll für jemanden, der von sich selbst ständig sagte, er habe gar keine richtige Befehlsgewalt gehabt; vgl. Protokoll.. Halder, passim; Trial XX, 596. Man vgl. auch Halders Behauptungen mit seiner Haltung 1939/40, unten, S. 145–214. – Otto John hat sich mehrfach über Halders Untätigkeit geäußert: Some Facts and Aspects of the Plot against Hitler, Masch., London 1948, S. 23–24; Der 20. Juli 1944, Masch., London o. J., S. 4; »Zum Jahrestag der Verschwörung gegen Hitler – 20. Juli 1944«, Wochenpost Nr. 138, 18. Juli 1947, S. 4. Oberst a. D. Friedrich Wilhelm Heinz, der an den Planungen 1938 unmittelbar beteiligt war (s. unten, S. 121–125), wirft Halder vor, immerzu von Canaris und Oster die Ermordung Hitlers verlangt, selbst aber nichts getan zu haben: Friedrich Wilhelm Heinz, Von Wilhelm Canaris zur NKWD, Masch., o. O. o. J. [ca. 1949], S. 82–83, 119–120, NA Mikrofilm Nr. R 60.67. Ebenso Gisevius II, 30 und Sonderausgabe, S. 347: Halder habe immer nur erste Schritte getan, ohne je den zweiten zu wagen. Dagegen berichtet Halder, er sei selbst ständig zum Handeln gedrängt worden, auch von Canaris; gegen den Vorwurf, er habe den Staatsstreich nicht energisch genug betrieben, verteidigt er sich mit dem Hinweis, er habe ständig die Gefahr eines Bürgerkrieges vor Augen gehabt, für den ihm die Verantwortung aufgeladen worden wäre: Halder, Aussage im OKW-Prozeß, Trials of War Criminals X, 545; Halder, Aussagen in Protokoll.. Halder, S. 62; Bor, S. 120; Halders Bericht bei Hjalmar Schacht, Abrechnung mit Hitler, Berlin–Frankfurt/M. [1949], S. 79–80.
164 Halder, Aussagen in Protokoll.. Halder, S. 69; Krausnick, Vorgeschichte, S. 341.
165 Krausnick, Vorgeschichte, S. 341–342; [Franz] Halder, Kriegstagebuch, Bd. III, Stuttgart 1964, S. 534; Wolf Keilig, Das deutsche Heer 1939–1945: Gliederung – Einsatz – Stellenbesetzung (Loseblattwerk), Bad Nauheim 1956 ff., S. 211/117 macht Halder für damals irrtümlich zum Chef des Stabes der 6. Division, die in Bielefeld lag.
166 Gisevius II, 72 (Sonderausgabe, S. 375); Charakteristik: Krausnick, Vorgeschichte, S. 342; Hermann Graml, »Der Fall Oster«, VfZ 14 (1966), S. 26–39; Annedore Leber, Das Gewissen steht auf: 64 Lebensbilder aus dem deutschen Widerstand, Berlin–Frankfurt/M. ⁸1960, S. 155–156.

167 Schacht war seit Ende 1937 nicht mehr Wirtschaftsminister, jedoch weiterhin Reichsminister ohne Geschäftsbereich. Am 22. Januar 1943 wurde er vorläufig, am 23. Juli 1943 endgültig »amtsenthoben«: Bertold Spuler, Regenten und Regierungen der Welt: Minister-Ploetz, Teil II, Band 4, Würzburg ²1964, S. 151. Zu Schachts Verbindung mit der Verschwörung: Schwerin von Krosigk, S. 182–183; Aussagen Schachts in Protokoll.. Halder, S. 121–122, wo Schacht auch die Richtigkeit der Darstellung Gisevius' im wesentlichen bestätigt; Schacht, Abrechnung, S. 79–81 (ebenso); Berichte über Zeugenaussagen für bzw. gegen Schacht in dessen Spruchkammerverhandlung: »Der ›Mann der Vernunft‹: Starke Entlastungsaussagen im Schacht-Prozeß«, Die Welt, 24. April 1947; »Ersing belastet Schacht«, Der Tagesspiegel, 24. April 1947; »Entlastungszeugen im Schacht-Verfahren«, Der Tagesspiegel, 25. April 1947; »Für und wider Schacht: CDU-Vorsitzende Kaiser und Müller als Zeugen geladen«, Die Welt, 26. April 1947; »Dokumente im Schacht-Verfahren«, Der Tagesspiegel, 26. April 1947; »Schacht und der 20. Juli: Widersprüchliche Zeugenaussagen in Stuttgart«, Die Neue Zeitung, 28. April 1947; »Kaiser über Schacht: Kein aufrichtiger Gefolgsmann Hitlers, aber umstrittene Rolle«, Die Welt, 29. April 1947; »Für und wider Schacht: Beteiligung in der Widerstandsbewegung umstritten«, Die Welt, 30. April 1947; ferner Krausnick, Vorgeschichte, S. 343; Ritter, Goerdeler, S. 490 Anm. 59.

Es ist heute noch schwierig, ein genaues Bild der Staatsstreichvorbereitungen von 1938 zu erarbeiten, da sich schon 1945 die wenigen überlebenden Hauptbeteiligten über manche Einzelheiten nicht einig waren – eine alltägliche Erfahrung. Eine im wesentlichen zuverlässige Rekonstruktion ist dennoch möglich, da die Hauptquellen unabhängig voneinander entstanden und genügend ausführlich sind: Gisevius II und Sonderausgabe; Protokoll.. Halder mit den Aussagen Halders und anderer Zeugen; Heinz, Canaris; Spiegelbild, S. 430–431; [Walter] Huppenkothen, Der 20. Juli 1944, Masch.-Abschr., o. O. [1953], IfZ ZS 249/II; Krausnick, Vorgeschichte, passim, mit Verwendung vieler unveröffentlichter Zeugnisse.
168 Gisevius II, 20–21.
169 Schacht, Aussagen in Protokoll.. Halder, S. 121; Gisevius II, 28 (Sonderausgabe, S. 346).
170 Gisevius II, 28 (Sonderausgabe, S. 346).
171 Gisevius II, 29 (Sonderausgabe, S. 347); Aussagen Gisevius' im Nürnberger Prozeß, Trial of the Major War Criminals before the International Military Tribunal: Nuremberg 14 November 1945–1 October 1946, vol. XII, Nürnberg 1947, S. 212; Schacht, Abrechnung, S. 81; vgl. Eduard Wagner, Der Generalquartiermeister: Briefe und Tagebuchaufzeichnungen, München–Wien 1963, S. 62–63.
172 Nach Schachts Erinnerung war es »eines Sonntags«: Aussagen Schachts, Protokoll.. Halder, S. 122. Es kommen wohl nur der 28. August und der 4. September in Frage; man kann nicht annehmen, daß Halder noch am 27. August mit Oster und schon am nächsten Tage mit Schacht gesprochen hätte, noch ehe er sich in seine neue Stellung eingearbeitet hatte. Nach Krausnick, Vorgeschichte, S. 343 Anm. 403 soll Schacht »als Zeitpunkt dieses Besuches [Halders] einen Sonntag Anfang September« genannt haben, was jedoch an der von Krausnick herangezogenen Stelle (Schacht, Abrechnung, S. 81) nicht der

Fall ist. Tatsächlich nennt Schacht als Zeitpunkt lediglich »Sommer 1938« (Abrechnung, S. 79). Nach einer auch von Krausnick zitierten Angabe Halders für Schachts Verteidiger im Nürnberger Prozeß berichtete Halder: daß »kurz nach meinem Dienstantritt im September 1938 auf Vermittlung von General Oster Präsident Schacht« zu ihm gekommen sei und zwar zusammen mit Oster und Gisevius (Schacht, Abrechnung, S. 80). Bei diesem überaus knappen und auch von Schacht als »unvollständig« bezeichneten Bericht bezog sich Halder auf die zweite Besprechung; die erste erwähnte er nur implizit (er habe Schacht vor dieser (zweiten) Besprechung nur »von amtswegen« gekannt). Auf die Begegnung im Winter 1937/38 könnte er sich allerdings auch bezogen haben; aber dann hätte er gleichwohl seinen Besuch bei Schacht unterdrückt, an dessen Stattfinden nichts außer den unvollständigen und ungenauen Berichten Halders zu Zweifeln Anlaß gibt; vgl. Schacht, Abrechnung, S. 79–80. Gisevius berichtete nach dem Protokoll des Nürnberger Prozesses, Trial XII, S. 211–212: Wenige Tage nach seinem Amtsantritt habe Halder sich auf eigene Initiative hin mit Oster besprochen, der Schacht als Partner für politische Gespräche empfohlen habe, worauf Halder Oster um Vermittlung gebeten habe und dieser durch Gisevius an Schacht herangetreten sei; es sei dann Ende Juli 1938 zu einem Besuch Halders bei Schacht gekommen. In den Nürnberger Protokollen steht so manches, was mißverstanden oder gar nicht gesagt worden ist, angesichts der anderweitigen Bestätigung wird man aber die Bestimmung »wenige Tage nach seinem Amtsantritt« festhalten dürfen und kommt also wiederum auf den 4. September als den bewußten Sonntag.

173 Gisevius II, 29–30 (Sonderausgabe, S. 347); hier heißt es »Übernahme der Regierungsgeschäfte«, und in Gisevius' Nürnberger Aussage ist von einer »führenden Position« für Schacht die Rede (Trial XII, S. 212). Schacht selbst berichtete in Protokoll.. Halder, S. 122, Halder habe ihn gefragt, ob er sich »für die außenpolitischen Angelegenheiten« zur Verfügung stellen würde.

174 Schacht, Aussagen in Protokoll.. Halder, S. 122.

175 Gisevius II, 30 (Sonderausgabe, S. 347); Trial XII, 212, 288–290; Heinz, Canaris, S. 98.

176 Nach Gisevius' Aussage in Nürnberg (Trial XII, S. 212) könnte es schon am 5. September gewesen sein, jedenfalls sehr kurz nach Halders Gespräch mit Schacht, wonach Halder Oster schon am nächsten Morgen nach einem Sachverständigen für Polizeifragen fragte. Nach Gisevius, Sonderausgabe, S. 348 (nicht in der ersten Ausgabe, Bd. II, S. 31) war die Besprechung »an einem Abend der ersten Septemberwoche«.

177 Gisevius II, 32 (Sonderausgabe, S. 349); Trial XII, 212.

178 Gisevius II, 43, 50; Trial XII, 212.

179 Gisevius II, 35–36 (Sonderausgabe, S. 350–351); Trial XII, 213.

180 Schacht, Abrechnung, S. 79–80; Gisevius II, 30, 35–39 (Sonderausgabe, S. 347, 350–352).

181 Gisevius II, 36 (Sonderausgabe, S. 350–351); vgl. Foerster, S. 115–116; Röhricht, S. 119; Ritter, Goerdeler, S. 492 Anm. 73.

182 Gisevius II, 31, 44 (Sonderausgabe, S. 348); Schacht, Aussagen in Protokoll.. Halder, S. 122; vgl. Ritter, Goerdeler, S. 490 Anm. 59.

183 Gisevius II, 33–34 (Sonderausgabe, S. 349, jedoch ohne den letzten Gedanken).

Kapitel IV

184 Gisevius II, 33–34 (Sonderausgabe, S. 350).
185 Gisevius II, 38 (Sonderausgabe, S. 351–352); Aussagen Gisevius' in Trial XII, 213.
186 Sendtner, S. 401; vgl. unten, S. 121–122, 167.
187 Gisevius II, 39 (Sonderausgabe, S. 352).
188 Gisevius II, 67 (Sonderausgabe, S. 371); Domarus, S. 888–889.
189 Domarus, S. 900–905.
190 Gisevius sagte in Nürnberg aus, »einige Wochen lang« habe man von Halder nichts mehr gehört; als die außenpolitische Lage sich immer mehr zugespitzt habe, sei man ungeduldig geworden: Trial XII, 213; ebenso Gisevius II, 42–43. In der Sonderausgabe, S. 355 ist als Zeitpunkt für Schachts Besuch bei Halder Mitte September angegeben. Diese Angaben bestätigen zugleich die Annahme, daß die erste Besprechung zwischen Schacht und Halder am 4. September stattgefunden habe.
191 Gisevius II, 43 (Sonderausgabe, S. 355).
192 Schlabrendorff, Offiziere, S. 38.
193 Gisevius II, 43 (Sonderausgabe, S. 355). Die Besprechung fand sicherlich nach dem 12. September, frühestens am 13. September abends statt, aber nicht nach dem 13. September, sofern die Angaben bei Gisevius II, 64–76 (Sonderausgabe, S. 367–378) zutreffen.
194 Gisevius' Aussagen in Trial XII, 213; Gisevius II, 43 (Sonderausgabe, S. 355).
195 Gisevius II, 44 (Sonderausgabe, S. 356); Gisevius in Trial XII, 213: 48 Stunden vorher werde Halder es mit Sicherheit wissen.
196 Gisevius II, 44 (Sonderausgabe, S. 356).
197 Jodl, Tagebuch, Trial XXVIII, 376.
198 Jodl, Tagebuch, Trial XXVIII, 376–379. Vgl. das Protokoll über die Besprechung in Trial XXV, 464–469 und 485–486, auch zum Folgenden.
199 Gisevius II, 44; Gisevius' Aussagen in Trial XII, 214.
200 Gisevius II, 44, 49; Gisevius' Aussagen in Trial XII, 214. In Gisevius, Sonderausgabe, S. 360, fehlt die an den beiden vorgenannten Stellen gemachte Angabe, *nun erst* habe Oster sich dazu bestimmen lassen, Witzleben zu gewinnen. Es heißt in der Neuausgabe auch nicht mehr, Witzleben habe erst jetzt die Hintergründe der Fritsch-Krise erfahren, sondern im Juni, zu welcher Zeit er auch über den gegen die Tschechoslowakei geplanten Krieg unterrichtet worden sei. Wenn die bisherigen Zeitberechnungen des Verf. und die Reihenfolge der Ereignisse von Anfang bis Ende September in Gisevius' Liste (Gisevius II, 64–76, bes. 67–68 bzw. Sonderausgabe, S. 369–378, 370–371) stimmen, so muß Witzleben schon vor diesem Gespräch mit Halder in den engeren Kreis der Verschwörer mit einbezogen gewesen sein. Andere Zeugnisse bestätigen dies. Nach Heinz, Canaris, S. 96, 98 war es vor allen Oster, dessen Wohnung Schauplatz der entscheidenden Besprechungen gewesen sei, der Witzleben gewonnen hat; Beck und Goerdeler seien auch beteiligt gewesen.

Schacht behauptet, *er* habe Witzleben gewonnen, und zwar schon im Frühsommer 1938: Schacht, Aussagen in Protokoll.. Halder, S. 121; bestätigt von Oberstleutnant Dr. Reinhard Brink, der 1940–1942 in Witzlebens Stab tätig war: Schacht, Abrechnung, S. 158–159; ferner von Gisevius in seinen Nürnberger Aussagen: Trial XII, 214.

Der Widerspruch zwischen Schacht, Brink und Gisevius (in seinen Nürn-

berger Aussagen) einerseits und Gisevius II, 49-50 (Sonderausgabe, S. 360) andererseits wird daher rühren, daß zwar Witzleben längst grundsätzlich zur Beteiligung bereit war, daß er aber zur Teilnahme an einem konkreten Plan, der ja auch jetzt erst entstand, erst in der von Oster vermittelten Unterredung mit Schacht bestimmt wurde. Dies auch gegen Ritter, Goerdeler, S. 490 Anm. 61: Nach Gisevius II, 50 hätte Oster Witzleben gewonnen; offenbar ein Mißverständnis, da nach Gisevius II, 51 Schachts Darlegungen gegenüber Witzleben und Brockdorff-Ahlefeldt von entscheidender Bedeutung waren.
201 Gisevius II, 49 (Sonderausgabe, S. 360); Keilig, 211/368.
202 Gisevius II, 50 (Sonderausgabe, S. 360); Schacht, Abrechnung, S. 79, Schacht, Aussagen in Protokoll .. Halder, S. 121; vgl. Der Prozeß gegen die Hauptkriegsverbrecher vor dem Internationalen Militärgerichtshof Nürnberg 14. November 1945-1. Oktober 1946, Bd. XXXIII, Nürnberg 1949, S. 354.
203 Gisevius II, 50 (Sonderausgabe, S. 360); Gisevius' Aussagen in Trial XII, 214.
204 Gisevius II, 51 (Sonderausgabe, S. 361); Krausnick, Vorgeschichte, S. 344.
205 Das ist auch die Reihenfolge bei Gisevius II, 66-69 (Sonderausgabe, S. 370 bis 371), obwohl man vorher (Gisevius II, 44-51; Sonderausgabe, S. 355 bis 361; ferner Gisevius' Aussagen in Trial XII, 214) den Eindruck gewinnen mußte, erst sei das zweite Gespräch zwischen Schacht und Halder und danach der Besuch Witzlebens bei Schacht gewesen. Schacht erinnerte sich 1948 ebenfalls, daß zuerst Halder, dann Witzleben zu ihm kamen und er selbst dann zu Halder ging: Aussagen in Protokoll .. Halder, S. 122; ähnlich Schacht, Abrechnung, S. 159-160 und Schacht, Aussagen in Protokoll .. Halder, S. 121: ständige Zusammenarbeit Schachts mit Witzleben in den Sommermonaten 1938, dann erst mühsame Gewinnung Halders.
206 Gisevius II, 51 (Sonderausgabe, S. 361); Gisevius in Trial XII, 214.
207 Gisevius II, 52 (Sonderausgabe, S. 361).
208 Bor, S. 122.
209 Halder, Aussagen in Protokoll .. Halder, S. 62.
210 Gisevius II, 52 (Sonderausgabe, S. 362); Bor, S. 121; Schacht, Abrechnung, S. 79, 159.
211 Schacht, Abrechnung, S. 159.
212 Gisevius II, 53-55.
213 Gisevius II, 55-56.
214 Gisevius II, 58 (Sonderausgabe, S. 362-363).
215 Aussagen von General Burkhart Müller-Hillebrand in Protokoll .. Halder, S. 88; Gisevius II, 59 (Sonderausgabe, S. 363). In der ersten Ausgabe (Gisevius II, 38-39) hatte Gisevius noch die irrige Behauptung, Halder selbst habe »Befehlsgewalt über die Truppe« gehabt; sie ist aber in der Sonderausgabe (S. 352) weggelassen. 1939 bestimmte ein neues Handbuch für den Generalstabsdienst im Kriege, Generalstabsoffiziere haben lediglich Gehilfen zu sein, nicht mehr verantwortliche Teilhaber der Entschlüsse der Befehlshaber (Krausnick, Vorgeschichte, S. 372). Vgl. Aussagen Mansteins, Trial XX, 596.
216 Gisevius II, 59.
217 Gisevius II, 59-62.
218 Gisevius II, 63.
219 Halder, Protokoll .. Halder, S. 69; Krausnick, Vorgeschichte, S. 344, 346.
220 Gisevius II, 63 (Sonderausgabe, S. 365); Halder in Schacht, Abrechnung, S. 80.

221 Vgl. zur Charakteristik Brauchitschs Hermann Foertsch, Schuld und Verhängnis: Die Fritsch-Krise im Frühjahr 1938 als Wendepunkt in der Geschichte der nationalsozialistischen Zeit, Stuttgart 1951, S. 203; Ritter, Goerdeler, S. 251-252; Deutsch, S. 34-35.
222 Halder, Aussagen in Protokoll .. Halder, S. 69; Bor, S. 121. Ritter ist demnach im Irrtum mit seiner im übrigen unbelegten Mitteilung: »Der Generalissimus Brauchitsch sollte den Putsch auslösen ..« (Goerdeler, S. 192); Otto John, Zweimal kam ich heim, Düsseldorf-Wien 1969, S. 34, 66-67; ders., »Der Putsch der Generäle gegen Hitler fand nicht statt«, Süddeutsche Zeitung 29. Aug. 1970.
223 Bor, S. 121.
224 Vgl. unten, S. 128.
225 Gisevius II, 63 (Sonderausgabe, S. 365); Schacht, Abrechnung, S. 79-80, 159 bis 160. Vgl. den Bericht Becks über den Umsturzplan, den dieser 1939 Sauerbruch gab: Sauerbruch, S. 533-534. Ferner Halders Aussagen im OKW-Prozeß, Trials of War Criminals X, 543-544.
226 Gisevius II, 63 (Sonderausgabe, S. 362); Heinz, Canaris, S. 98. Die »kommenden vierzehn Tage« hat Gisevius so nach seinem Bericht (II, 63) verbracht; er muß also schon um den 5. oder 6. September herum mit seiner Arbeit begonnen haben. In der Sonderausgabe, S. 365 ist allerdings nur noch undeutlich von »jenen dramatischen Wochen« die Rede.
227 Gisevius II, 61, 63 (Sonderausgabe, S. 364-365).
228 Dies nach Auskunft von Major a. D. Josef Wolf, mündliche Mitteilungen an d. Verf. vom 27. Feb. 1965, der während der letzten Jahre des Krieges die Führer-Nachrichten-Abteilung im Führer-Hauptquartier leitete, die u. a. für die ständige Aufrechterhaltung der Nachrichtenverbindungen der obersten Führung des Reiches und der Wehrmacht zuständig war.
229 Gisevius II, 61 (Sonderausgabe, S. 364); Bor, S. 121.
230 Gisevius II, 62 (Sonderausgabe, S. 364).
231 Gisevius II, 63-64 (Sonderausgabe, S. 365).
232 Halder, Aussagen in Protokoll .. Halder, S. 6, 69, 71; vgl. Krausnick, Vorgeschichte, S. 345.
233 Joachim Kramarz, Claus Graf Stauffenberg 15. November 1907-20. Juli 1944: Das Leben eines Offiziers, Frankfurt/M. 1965, S. 60-61, 71.
234 Ebenda; Gisevius II, 71 (Sonderausgabe, S. 374); Krausnick, Vorgeschichte, S. 346; Sauerbruch, S. 533-534; LSSAH-Befehle 14., 16., 19., 22., 26. Sept. 1938, NA T-354 Rolle 214/3878609-43 und T-354 Rolle 612/000250-304; James J. Weingartner, Hitler's Guard, Carbondale, Edwardsville [1974], S. 31; Guderian, S. 57.
235 Halder, Aussagen in Protokoll .. Halder, S. 69; Krausnick, Vorgeschichte, S. 345.
236 Halder, Aussagen in Protokoll .. Halder, S. 70; Krausnick, Vorgeschichte, S. 358-359; Stellenbesetzung in Trial XXV, 477.
237 Nach Krausnick, Vorgeschichte, S. 345 erklärte sich jedoch Gen. Adam spätestens im Aug. 1938 Halder gegenüber zur aktiven Teilnahme an einem Putsch bereit.
238 Margarethe von Hase, Mitteilungen an d. Verf. vom 3., 8. und 31. März 1964; Krausnick, Vorgeschichte, S. 309, 344 Anm. 407a.
239 Gisevius II, 67 (Sonderausgabe, S. 371); E[lisabeth] Gärtner-Strünck, Akten-

notiz, Masch., Frankfurt/M. 20. April 1964; Rhona Churchill, »Widow Strunk [sic] goes to Nuremberg«, Daily Mail, 28. März 1946; Krausnick, Vorgeschichte, S. 346.
240 Hoßbach, S. 136.
241 Albert Krebs, Fritz-Dietlof Graf von der Schulenburg: Zwischen Staatsraison und Hochverrat, Hamburg 1964, S. 137, 154.
242 Krebs, S. 84–86, 89, 111–113, 132–135.
243 Krebs, S. 163.
244 Krebs, S. 95, 158, 164; Albrecht von Kessel, Verborgene Saat: Das »Andere« Deutschland, Masch., Vatikanstadt 1944–1945, S. 76, 105.
245 Nach Halder, Aussagen in Protokoll .. Halder, S. 69, wäre sogar ihr aktiver Einsatz zugesagt gewesen. Gisevius II, 66 berichtet, man habe Helldorf offen zur Beteiligung aufgefordert und dieser habe sie zugesagt (vgl. Sonderausgabe, S. 370); in der Sonderausgabe, S. 361–362 dagegen heißt es, man habe Helldorf vorsichtig und anscheinend nicht vollständig eingeweiht. Der damalige Leiter der Berliner Politischen Polizei, Regierungspräsident Paul Kanstein, berichtet von der Festlegung einer nur neutralen Haltung der Berliner Polizei bei einer Besprechung, bei welcher auch der Kommandeur der Schutzpolizei, General von Kamptz, zugegen gewesen sei; Krebs, S. 170. Vgl. Krausnick, Vorgeschichte, S. 345. Schulenburg selbst scheint überzeugt gewesen zu sein, daß es in Berlin zu einem Kampfe kommen würde: am 22. September schickte er Frau und Kinder überstürzt aufs Land, »»wegen der Unsicherheit der Lage in Berlin«« und am 28. September telephonierte er ihnen, sie können nun wieder kommen (Krebs, S. 170); Schulenburgs Besorgnis mag freilich ebenso der Kriegsgefahr gegolten haben, da man im Falle des Kriegsausbruchs sofortige Bombenangriffe erwartete.
246 Gisevius II, 55–57 (Sonderausgabe, S. 340–341).
247 Gisevius II, 38 (Sonderausgabe, S. 351–352).
248 Ebenda. Nach dem Kriege erklärte Halder, er habe den Meuchelmord immer abgelehnt als ersten Schritt auf das Ziel, für das die Widerstandsbewegung kämpfte, wenn er auch »die heißherzige Jugend« verstehe. Damals, 1948, mußte Halder natürlich erklären, warum er nicht bei einer der vielen Gelegenheiten, die er hatte, Hitler selbst getötet habe. Aussagen Halders in Protokoll .. Halder, S. 78a, 78c; ferner die Aussage von Dr. Hermann Pünder, Protokoll .. Halder, S. 104–105, wonach Halder 1934 und 1935 gegen offene Gewaltanwendung und gegen Mord gesprochen habe, offenbar mit den von Gisevius verzeichneten Motivierungen; Sendtner, Militäropposition, S. 401. Weiteres zu dieser Frage s. unten, S. 167, 176, 179.
249 Otto John, »Männer im Kampf gegen Hitler (VII): Hans von Dohnanyi«, Blick in die Welt 2 (1947) H. 12, S. 16–17; Otto A. W. John, »Am achten Jahrestag der Verschwörung«, Das Parlament, 20. Juli 1952, S. 2; John, Zweimal, S. 34. Pechel, S. 151 berichtet ausdrücklich, man wollte Hitler nicht ermorden, sondern vor Gericht stellen. Ferner Rainer Hildebrandt, Wir sind die Letzten: Aus dem Leben des Widerstandskämpfers Albrecht Haushofer und seiner Freunde, Neuwied–Berlin o. J., S. 93; Gisevius II, 57 (ausführlicher in Sonderausgabe, S. 341). Gisevius ist nicht ganz fair in seinem Hohn auf diese Gedanken; denn er selbst war ja der Auffassung, daß das Regime auch zu überwinden war, ohne daß Hitler sofort festgenommen oder gar getötet

wurde; Gisevius II, 55–56 (Sonderausgabe, S. 340–341), bestätigt von Heinz, Brief an den Verf. 22. März 1966.
250 Hierzu: Ritter, Goerdeler, S. 195–196, 491 Anm. 64 auf Grund von brieflichen Mitteilungen Heinz' sowie von Bestätigungen dritter Beteiligter; ferner briefliche Mitteilungen Heinz' an den Verf.; Heinz, Canaris, S. 98–100; Aussagen Heinz' bei Sendtner, Militäropposition, S. 436–439. Gert Buchheit, Der deutsche Geheimdienst: Geschichte der militärischen Abwehr, München 1966, S. 146–149 erwähnt die beiden zuletzt genannten Quellen nicht, verwendet aber persönliche Mitteilungen Heinz'. S. ferner Hildebrandt, S. 93.
251 Dazu die Aussagen von Fregattenkapitän Franz Maria Liedig in Headquarters United States Forces European Theater Military Intelligence Service Center, Special Interrogation Report (CSIR) No. 6: Events of 20 July 44, Hoover Library Ts Germany, USA 7 F 697, jetzt auch zugänglich in NA; Heinz, Canaris, S. 101; Ritter, Goerdeler, S. 168–169, 491 Anm. 64; vgl. Kap. VI. Die in einem Verfassungsentwurf von Professor SchmidNoerr niedergelegten Gedanken gehen noch wesentlich weiter in dieser Absage an alle »Parteiungen«; Friedrich Alfred SchmidNoerr, Dokument des Widerstandes: Entwurf einer deutschen Reichsverfassung (geschrieben im Sommer 1937), Sonderdruck aus »Voran und beharrlich«, Heft 33/34 (1961), passim.
252 Wheeler-Bennett, S. 386 Anm. 2; John, Zweimal, S. 46–47.
253 Heinz, Canaris, S. 102–104; Ritter, Goerdeler, S. 296–299; Krausnick, Vorgeschichte, S. 348–349; auch zum Folgenden. Ritter, Goerdeler, S. 195–196, 491 Anm. 64 bringt dazu eine Bestätigung des Heinzschen Berichts von I. K. H. Prinzessin Wilhelm von Preußen, die sich erinnert, wie »vor Mitte August« in Klein-Obisch einen ganzen Tag lang eine Verfassungsdenkschrift mit Prinz Wilhelm beraten wurde, die vom Kreis Oster–Schulenburg–Heinz ausgearbeitet hatte. Krebs, der Biograph Schulenburgs, berichtet hiervon nichts; dagegen zitiert er (S. 176) Hassell, S. 214–215, als Beleg dafür, daß Schulenburg die Rückkehr des Kronprinzen persönlich scharf ablehnte.
254 Heinz, Canaris, S. 103–104; Ritter, Goerdeler, S. 296–299.
255 Ritter, Goerdeler, S. 195; Krausnick, Vorgeschichte, S. 347; Heinz, Canaris, S. 99; Heinz an d. Verf. 8. März 1966. Goerdelers Teilnahme wird nur von Heinz, Canaris, S. 99 berichtet. Nach Ritter, Goerdeler, S. 160 kann Goerdeler nicht dabei gewesen sein. Buchheit, Geheimdienst, S. 147 erwähnt ihn – auf Grund von Heinz' Bericht – auch nicht, dafür aber noch Major Groscurth und Dohnanyi.
256 Heinz, Canaris, S. 99; Krausnick, Vorgeschichte, S. 347.
257 Heinz, Canaris, S. 78, 96, 98; Ritter, Goerdeler, S. 195–196; Heinz an d. Verf. 8. März 1966. Joachim G. Leithäuser, Wilhelm Leuschner: Ein Leben für die Republik, Köln 1962, S. 179. Von Hermann Maaß sind auch spätere aktive Bemühungen um die Ausführung eines Attentates gegen Hitler bezeugt: Gotthold Müller an d. Verf. 18. Nov. 1966. Liedig berichtet in Special Interrogation Report (CSIR) No. 6 von dem »Verhaftungsplan« erst für 1939.
258 Leithäuser, S. 182; John, Männer im Kampf IV.
259 Heinz, Canaris, S. 123–124, 133; vgl. dazu die bei Gisevius, Sonderausgabe, S. 407 zit. Äußerungen von Lahousen. Buchheit, Geheimdienst, S. 148 nennt auf Grund persönlicher Mitteilungen Heinz' als Stoßtruppteilnehmer noch Konrad Graf von Finkenstein, Albrecht Erich Günther, Hans-Jürgen Graf

von Blumenthal (nach dem 20. Juli 1944 hingerichtet), Haubold Graf von Einsiedel, den späteren Hauptmann Freiherr Treusch von Buttlar-Brandenfels, Graf von der Recke, den späteren Leutnant Bistrick (Baulehrregiment Brandenburg), und die Studentenführer Junker und Hoffmann. Halder, Kriegstagebuch I, 32.

260 Heinz, Canaris, S. 98; Krausnick, Vorgeschichte, S. 347; Buchheit, Geheimdienst, S. 148.
261 Heinz, Canaris, S. 99. Hildebrandt, S. 93 nennt die Gruppe um Heinz »Sozialrevolutionäre«.
262 [Erwin Lahousen, damals als Oberstleutnant d. G. ebenfalls in der Abwehr tätig], Sidelights on the Development of the »20 July« in the Foreign Countries/Intelligence Service (Amt Ausland/Abwehr) for the Period of Time from the End of 1939 to the Middle of 1943, Masch., o. O. o. J. (vermutlich August 1945), S. 2, NA Record Group 238.
263 Heinz, Canaris, S. 99–100; Heinz an d. Verf. 8. März 1966; Krausnick, Vorgeschichte, S. 348 zit. dazu Hildebrandt, S. 93; Buchheit, Geheimdienst, S. 148.
264 Heinz, Canaris, S. 104; Lahousen, S. 2.
265 Halder, Aussagen in Protokoll .. Halder, S. 69; Krausnick, Vorgeschichte, S. 342–343.
266 Kordt, Nicht, S. 258–259.
267 Vgl. oben, S. 74–94.
268 Kordt, Nicht, S. 262. Unzutreffend ist die Behauptung Wheeler-Bennetts, S. 423, auf Chamberlains Besuch vom 15. September hin haben die Verschwörer ihre Pläne endgültig aufgegeben; vgl. Ritter, Goerdeler, S. 491 Anm. 66.
269 Ritter, Goerdeler, S. 196–197; Krausnick, Vorgeschichte, S. 362.
270 Kordt, Nicht, S. 259.
271 Ritter, Goerdeler, S. 199; Krausnick, Vorgeschichte, S. 362–363.
272 Gebhardt IV, 240.
273 DBFP II, no. 1111. John, Zweimal, S. 26–27 berichtet, Dohnanyi und Klaus Bonhoeffer hätten fest geglaubt, Halifax und Chamberlain seien seit November 1937 entschlossen gewesen, Hitler mit Waffengewalt entgegenzutreten, wenn er im Osten Expansion treibe, was eine Illusion gewesen sei.
274 Jodl, Tagebuch, Trial XXVIII, 388, zit. bei Krausnick, Vorgeschichte, S. 365. Ritter, Goerdeler, S. 201; Domarus, 937; Gisevius, Aussagen, Trial XII, 218 bis 219; Gisevius II, 73 (Sonderausgabe, S. 376); Colvin, Vansittart, S. 263; William L. Shirer, Berlin Diary: The Journal of a Foreign Correspondent 1934–1941, New York 1941, S. 142–143; Wiedemann, S. 176–177; Kordt, Nicht, S. 259–260, 265–268; Weizsäcker, S. 188.
275 DBFP II, no. 1127 zit. bei Ritter, Goerdeler, S. 200; DBFP III, no. 1129; s. auch Kordt, Nicht, S. 270.
276 Krausnick, Vorgeschichte, S. 365.
277 Ebenda.
278 Vgl. Krausnick, Vorgeschichte, S. 325–326.
279 Documents on German Foreign Policy 1918–1945, Series D (1937–1945), vol. VII, Washington 1956, no. 192 und 193; Documents on British Foreign Policy 1919–1939, Third Series, vol. VII, London 1954, Nr. 314; Trial of the Major War Criminals before the International Military Tribunal: Nuremberg 14 November 1945–1 October 1946, vol. XXVI, Nürnberg 1947, S. 338

bis 344, und vol. XLI derselben Publikation, Nürnberg 1949, S. 16-25. Vgl. unten, S. 143-146.
280 Jodl, Tagebuch, Trial XXVIII, 387.
281 Aussagen Gisevius', Trial XII, 218.
282 Jodl, Tagebuch, Trial XXVIII, 387.
283 Jodl, Tagebuch, Trial XXVIII, 388.
284 Weizsäcker, S. 187; Krausnick, Vorgeschichte, S. 367.
285 Nebgen, S. 107 auf Grund des Berichts von Hammersteins Sohn Ludwig von 1965.
286 Gisevius II, 74 (Sonderausgabe, S. 376); Gisevius, Aussagen, Trial XII, 219; nach Kordt, Nicht, S. 268-269, der Oster die Schriftstücke gab, war es erst am 28. früh; vgl. Ritter, Goerdeler, S. 200-201.
287 Gisevius, Aussagen, Trial XII, 219; Kordt, Nicht, S. 269, 278; vgl. Krausnick, Vorgeschichte, S. 367.
288 Jodl, Tagebuch, Trial XXVIII, 388; Krausnick, Vorgeschichte, S. 367.
288a Nach John, Zweimal, S. 34 sagte ihm Brauchitsch 1947 im englischen Kriegsgefangenenlager Bridgend sogar, »daß damals kein Mensch mit einem Plan zum Sturze Hitlers an ihn herangetreten sei« und daß er weder damals würde erwogen haben, einen Umsturzbefehl zu geben, noch sich nachträglich zum Werkzeug einer Verschwörung gegen Hitler machen lassen wolle; das Volk sei damals mit Hitler und seinen Erfolgen sehr zufrieden gewesen, und die, die es besser wußten, hätten eben Hitler beseitigen sollen.
289 Gisevius, Aussagen, Trial XII, 219; Gisevius II, 74 (Sonderausgabe, S. 377).
290 Kordt, Nicht, S. 270.
291 Kordt, Nicht, S. 263, 270.
292 Gisevius II, 74 (Sonderausgabe, S. 377).
293 Kordt, Nicht, S. 271; Bor, S. 122 legt die im letzten Moment verhinderte Putschauslösung auf den 14. September: »Pünktlich, am 14. September, gab Halder das Stichwort zur Auslösung des Staatsstreiches.« Dies ist mit Sicherheit nicht richtig, obwohl man durchaus auch schon Mitte September mit dem Ausbruch des Konfliktes rechnen konnte; vgl. Gisevius II, 68 (Sonderausgabe, S. 372); Kordt, Nicht, S. 258. Den Erinnerungen des Freiherrn von Weizsäcker zufolge (S. 193) hätten ebenfalls konkrete Pläne für den 14. September bestanden; nach Pechel, S. 151, war der »Termin .. auf Anfang September festgelegt, sobald Hitler von Berchtesgaden nach Berlin kommen würde«. Bor irrte dann nur insofern, als er den 14. September als den einzigen Tag hinstellte, an dem die Auslösung unmittelbar bevorstand.

Gegen die Annahme des 14. September als eines vorgesehenen Auslösetages spricht: 1) Nur Halder in Bor, S. 122, und Weizsäcker, S. 193, berichten dieses Datum. Pechel, S. 151: »Anfang September«. Halder berichtet überall sonst nur von *einer* Gelegenheit, bei der die Auslösung befohlen werden sollte oder schon befohlen war; sie läßt sich überall, außer bei Bor, jeweils für Ende September verstehen. 2) Halder wollte erst und nur dann auslösen, wenn Hitler Einmarsch und also Krieg befohlen hätte; das konnte auf keinen Fall vor 30. Sept. oder (urspr. Termin:) 1. Okt. sein, wie Halder genau wußte.

Unzutreffend ist mit Sicherheit auch Halders Aussage (Protokoll .. Halder, S. 70), Hitler sei überraschend von Berchtesgaden zurückgekehrt und Halder habe darauf Witzleben zu sich befohlen; Hitler war mindestens seit

dem 26. September, an welchem Tage er im Sportpalast eine große Rede hielt, in Berlin (Domarus, S. 921–933), wahrscheinlich aber schon seit dem 24. September (Kordt, Nicht, S. 262). Ähnlich ungenau ist der Bericht Halders, den Schacht wiedergibt (Abrechnung, S. 80–81). Auch Gisevius ist begreiflicherweise nicht in allen Punkten zutreffend unterrichtet, z. B. II, 68 (Sonderausgabe, S. 372), wo es heißt, Hitler habe sich erst in der ersten Septemberhälfte zur Bekanntgabe – an sich schon ein ungenauer Ausdruck – des Termins »für das Losschlagen« entschlossen; der Termin für den Abschluß der Vorbereitungen für den Fall Grün lag seit dem Frühjahr fest. Gleichwohl ist bei der Ungenauigkeit Halders, die ihn oft verschiedene und zeitlich auseinanderliegende Ereignisse zusammenziehen läßt, der Darstellung Gisevius' der Vorzug zu geben. Der von Halder so dramatisch geschilderte Vorgang, er habe gerade dem in seinem Dienstzimmer anwesenden General von Witzleben den Befehl zum Losschlagen geben wollen, da sei sein Adjutant Rittmeister Hauser hereingetreten mit der Meldung vom Zustandekommen der Münchner Konferenz, wird sich wohl eher nicht so abgespielt haben; Witzleben dürfte kaum stundenlang in Halders Zimmer gewartet haben. Berichte Halders: Aussagen, Protokoll .. Halder, S. 3, 70; Kurt Assmann, Deutsche Schicksalsjahre: Historische Bilder aus dem Zweiten Weltkrieg und seiner Vorgeschichte, Wiesbaden ²1951, S. 471–472; Schacht, Abrechnung, S. 80–81. Nach Kordts Bericht, Nicht, S. 278 soll Halder die Marschbefehle »an Truppenteile in Potsdam und Hof« schon ausgegeben gehabt haben, als die Meldung von der Einberufung der Münchner Konferenz eintraf.
294 S. hierzu Hitlers eigene Anweisung in Trial XXV, 475.
295 DBFP II, no. 615; vgl. Spier, S. 127.
296 Wendt, S. 7 und passim, verteidigt die englische und die französische Regierung gegen diesen Vorwurf seitens Kordt, Schacht, Gisevius, Rothfels, Ritter und Krausnick. So begreiflich das Gefühl der Opposition war, im Stich gelassen worden zu sein, so nötig ist es auch, besonders angesichts der offen verkündeten außenpolitischen Zielsetzungen der Opposition, für die Haltung der westlichen Regierungen Verständnis aufzubringen. Vgl. oben, S. 74–94. Die in den Vorwürfen gegen England und Frankreich implizite Argumentation, Hitlers Regime sei von Grund aus böse und deshalb mit allen Mitteln zu bekämpfen gewesen, würde einer Kreuzzugspolitik das Wort reden, welche andere Völker zu ethisch »richtigem«, nicht-bösem Verhalten zu zwingen suchte. Der Vergleich mit der Politik westlicher Mächte gegenüber der Sowjetunion und »Rotchina« drängt sich da auf.

V. Staatsstreichpläne 1939–1940

1 Bruno Gebhardt, Handbuch der deutschen Geschichte, Bd. IV, Stuttgart ⁸1963, S. 242, auch zum Folgenden.
2 Gebhardt IV, 244–249, auch zum Folgenden. Vgl. Walther Hofer, Die Entfesselung des Zweiten Weltkrieges, Fischer Bücherei, Frankfurt/M.–Hamburg 1960, passim.
3 Vgl. Erich Kordt, Nicht aus den Akten: Die Wilhelmstraße in Frieden und Krieg, Stuttgart 1950, S. 290; Helmut Krausnick, »Judenverfolgung«, in Mar-

Kapitel V

tin Broszat, Hans-Adolf Jacobsen, Helmut Krausnick, Konzentrationslager, Kommissarbefehl, Judenverfolgung, Olten–Freiburg i. Br. 1965, S. 281–448.

4 Helmut Krausnick, »Vorgeschichte und Beginn des militärischen Widerstandes gegen Hitler«, Vollmacht des Gewissens I, Frankfurt/M.–Berlin 1960, S. 368–371.

5 Krausnick, Vorgeschichte, S. 373.

6 Krausnick, Vorgeschichte, S. 376; Wolf Keilig, Das deutsche Heer 1939–1945, Bad Nauheim 1956 ff., S. 211/368; [Georg] von Sodenstern, Zur Vorgeschichte des 20. Juli 1944, Frankfurt/M. 1947, NA RG 338 MS no. B-499, auch z. Folg.

7 Gisevius fuhr am 20. August hin. Hans Bernd Gisevius, Bis zum bitteren Ende: Vom Reichstagsbrand bis zum 20. Juli 1944, vom Verfasser auf den neuesten Stand gebrachte Sonderausgabe (künftig zit. als Sonderausgabe), Hamburg o. J., S. 395–396.

8 Krausnick, Vorgeschichte, S. 376.

9 John W. Wheeler-Bennett, The Nemesis of Power: The German Army in Politics 1918–1945, New York ²1964, S. 427, auf Grund einer Aussage Halders im Februar 1946.

10 Krausnick, Vorgeschichte, S. 376.

11 Gisevius, Sonderausgabe, S. 384; zur Haltung Halders in jenen Monaten s. auch Klaus-Jürgen Müller, Das Heer und Hitler: Armee und nationalsozialistisches Regime 1933–1940, Stuttgart 1969, S. 378–421.

12 Trial of the Major War Criminals before the International Military Tribunal: Nuremberg 14 November 1945–1 October 1946, vol. XII, Nürnberg 1947, S. 221.

13 Gisevius, Sonderausgabe, S. 383–384.

14 Krausnick, Vorgeschichte, S. 376; Aussagen Halders in Protokoll aus der Verhandlung Halder [vor der] Spruchkammer X München [15.–21. Sept. 1948], vervielf. Protokoll B der Anklagebehörde der Spruchkammer München X, Aktenzeichen BY 11/47, S. 6, IfZ; Peter Bor, Gespräche mit Halder, Wiesbaden 1950, S. 124.

15 Walter Warlimont, Inside Hitler's Headquarters 1939–45, New York 1964, S. 24–25, 590 Anm. 34 (die deutsche Ausgabe stand dem Verf. nicht zur Verfügung). Nach Warlimont wären die Zeittafeln erst 1939 (Sommer?) eingeführt worden. Demnach, und wie Warlimont feststellt, ist Halders Behauptung unrichtig, daß Hitler die Zeittafeln aus Mißtrauen gegen das OKH eingeführt habe und um jederzeit feststellen zu können, wo sich jede Division des Heeres befand und was sie tat. An Hitlers Mißtrauen ist nicht zu zweifeln, aber der zweite Punkt folgt daraus nicht notwendigerweise.

16 Vgl. Bor, S. 125; Halder in Protokoll .. Halder, S. 6–7.

17 S. unten, Kap. X.

18 Mitteilungen von Konteradmiral a. D. Karl-Jesko von Puttkamer an Dr. Heinrich Uhlig, IfZ ZS 285.

19 [Franz] Halder, Kriegstagebuch, Bd. I, Stuttgart 1962, S. 30–34; Halder, Aussagen in Protokoll .. Halder, S. 6–7; Bor, S. 125. Die von Halder berichtete Wiederholung dieses Vorgangs am 30. August geht aus seinem Kriegstagebuch (I, 44–46) nicht hervor, hier steht der (richtige) Angriffstag 1. 9.

20 Otto John, »Männer im Kampf gegen Hitler (IV): Wilhelm Leuschner«, Blick in die Welt 2 (1947) H. 9, S. 20; Joachim G. Leithäuser, Wilhelm

Leuschner: Ein Leben für die Republik, Köln 1962, S. 182; Eberhard Zeller, Geist der Freiheit: Der zwanzigste Juli, München ⁵1965, S. 114; Elfriede Nebgen, Jakob Kaiser: Der Widerstandskämpfer, Stuttgart 1967, S. 114–115.

21 Hierzu und zum Folgenden: Albrecht von Kessel, Verborgene Saat: Das »Andere« Deutschland, Masch., Vatikanstadt 1944–1945, S. 139–140; Kessel an d. Verf. 15. Juli 1970. Nach Kessel wandte man sich an Falkenhausen, der am 1. Sept. 1939 das Stv. Gen. Kdo. in Dresden übernahm, als das dortige Korps zum IV. A. K. aktiviert wurde; vgl. Keilig, S. 211–79, 211–313.

22 Otto Kopp, »Die Niederschrift von Hans Walz ›Meine Mitwirkung an der Aktion Goerdeler‹« in Otto Kopp (Hrsg.), Widerstand und Erneuerung: Neue Berichte und Dokumente vom inneren Kampf gegen das Hitler-Regime, Stuttgart 1966, S. 107–108.

23 Kopp, Niederschrift Walz, S. 109–110.

24 Gerhard Ritter, Carl Goerdeler und die deutsche Widerstandsbewegung, Stuttgart ³1956, S. 204–213.

25 Ritter, Goerdeler, S. 216–219, auch zum Folgenden.

26 Ritter, Goerdeler, S. 219–222.

27 Ebenda; Gisevius in Trial XII, 221; A. P. Young, The ›X‹ Documents, London 1974, S. 113–162, 173–181, 231–240.

28 Ritter, Goerdeler, S. 222–223; Young, S. 148–149, 154–156, 233–240.

29 Ritter, Goerdeler, S. 223–225. Hermann Graml, »Die außenpolitischen Vorstellungen des deutschen Widerstandes«, in Der deutsche Widerstand gegen Hitler: Vier historisch-kritische Studien, hrsg. v. Walter Schmitthenner und Hans Buchheim, Köln–Berlin 1966, S. 27–29, wird Goerdeler sicher nicht gerecht, wenn er feststellt: »Goerdelers Revisionspolitik verwandelte sich allmählich in Großmachtpolitik, nicht ohne erste greifbare Beimischungen eines fürsorglich-patriarchalisch gemeinten mitteleuropäisch-imperialen Denkens – in Ausmaß und Stil wiederum eine bezeichnende Verbindung nationalliberal-großdeutschen und preußisch-etatistischen Geistes.« Richtig ist an dem Satz lediglich, daß im Ausland dieser *Eindruck* entstehen mußte.

30 Ritter, Goerdeler, S. 225.

31 Ebenda.

32 Ritter, Goerdeler, S. 496 Anm. 30 prüft in diesem Zusammenhang die Frage, ob Schairer, wie Gisevius behauptet (Hans Bernd Gisevius, Bis zum bittern Ende, Bd. II, Zürich 1946, S. 100, jedoch nicht mehr in der Sonderausgabe), Goerdelers Prognosen über die innere Schwäche Deutschlands in Paris und London bekannt gemacht und u. a. mit Daladier gesprochen habe; Ritter zitiert einen Brief Schairers an ihn, in dem beide Fragen verneint werden.

33 Gisevius in Trial XII, 221; Ritter, Goerdeler, S. 224.

34 Gisevius in Trial XII, 221.

35 Trial XII, 222.

36 Ebenda.

37 Trial XII, 222; Young, S. 166–169; Ritter, Goerdeler, S. 225.

38 Ritter, Goerdeler, S. 225, äußert gewisse Zweifel, ob dieser letzte Teil der Botschaft wirklich mit Goerdelers Zustimmung und Wissen, wenn überhaupt, übermittelt worden sei, wie Gisevius in Nürnberg berichtete (Trial XII, 222). Möglicherweise glaubte der Optimist Goerdeler, Hitler werde mit dem Korridor und Danzig zufrieden sein, wenn er sie bekomme. Für die

westlichen Regierungen aber muß es seit Prag mehr als klar gewesen sein, daß Hitler nie nur das wollte, was er gerade verlangte.

39 Ritter, Goerdeler, S. 229–230; vgl. Wheeler-Bennett, 440–441 (ungenau).
40 Ian Colvin soll nach Wheeler-Bennett, S. 437, am 29. März 1939 Botschaften der deutschen Opposition an die britische Regierung übermittelt und so zur Versteifung der britischen Haltung beigetragen haben. Colvin selbst berichtet nicht darüber: Ian Colvin, Master Spy, New York 1951, S. 87. Vgl. Ritter, Goerdeler, S. 229 und 497 Anm. 36.
41 Hierzu und zum Folgenden: Documents on German Foreign Policy 1918–1945, Series D, vol. VI, Washington 1956 (künftig zit. DGFP), Nr. 497; David Astor, »The mission of Adam von Trott«, The Manchester Guardian Weekly, 7. Juni 1956, S. 7; ders., »Why the Revolt against Hitler Was Ignored: On the British Reluctance to Deal with German Anti-Nazis«, Encounter XXXII (1969) no. 6, S. 6–8; Christabel Bielenberg, The Past is Myself, London 1968, S. 40–42; vgl. Christopher Sykes, Troubled Loyalty: A Biography of Adam von Trott zu Solz, London 1968, S. 214; Hans Rothfels, Die deutsche Opposition gegen Hitler: Ein Würdigung, Fischer Bücherei, Frankfurt/M.–Hamburg 1958, S. 141–145, 191 Anm. 50; ders., »Trott und die Außenpolitik des Widerstandes«, VfZ 12 (1964), S. 300–303; ders., »The German Resistance in Its International Aspects«, International Affairs 34 (1958), S. 482–483; Wheeler-Bennett, S. 441–443 (er hat damals selbst mit Trott gesprochen).
42 Hierzu: Fabian von Schlabrendorff, Offiziere gegen Hitler, Fischer Bücherei, Frankfurt/M.–Hamburg 1959, S. 42–44; Freya von Moltke, Michael Balfour, Julian Frisby, Helmuth James von Moltke 1907–1945, Stuttgart 1975, S. 90–94; Rothfels, Opposition, S. 138; Wheeler-Bennett, S. 441–443. Der mit Trott befreundete Rechtsanwalt Peter Bielenberg unternahm Mitte August eine ähnliche Mission nach London, ohne jemanden anzutreffen, da Regierung und Parlament in den Ferien waren; Bielenberg, S. 45–47.
43 Eugen Spier, Focus: A Footnote to the History of the Thirties, London 1963, S. 127.
44 Schlabrendorff meint zweifellos: für den Fall, daß die außenpolitischen Voraussetzungen dafür so gegeben seien, wie das die Opposition für nötig hielt.
45 Wheeler-Bennett, S. 441.
46 Rudolf Pechel, Deutscher Widerstand, Erlenbach–Zürich 1947, S. 153, 292 bis 293; Müller, Heer, S. 407; Fritz Rieter, »Zwanzig Jahre nach dem Attentat auf Hitler«, Schweizer Monatshefte 44 (1964), S. 313; Ulrich von Hassell, »Das Ringen um den Staat der Zukunft«, Schweizer Monatshefte 44 (1964), S. 314–327.
47 Hierzu: Kordt, S. 310–319; Ernst von Weizsäcker, Erinnerungen, München 1950, S. 234–235, 244–262; Astor, »Why ..«, S. 7.
48 Kordt, S. 336.
49 Kordt, S. 337.
50 Ritter, Goerdeler, S. 235.
51 Ritter, Goerdeler, S. 236.
52 S. oben, Anm. 6; Müllers Feststellung (Heer, S. 399–403), »die übrige Opposition [sei] untätig und gelähmt« gewesen zu dieser Zeit, trifft so nicht zu.
53 Friedrich Wilhelm Heinz, Von Wilhelm Canaris zur NKWD, Masch. auf Mikrofilm, o. O. o. J. (ca. 1949), S. 110, NA R 60.67; Kessel, S. 138 bestätigt diese Absichten allgemein.

54 Leithäuser, S. 184.
55 Testimony of Mr. Louis P. Lochner, taken at Berlin, Germany, on 25 July 1945, by Colonel John H. Amen, IGD, NA Record Group 238; Louis P. Lochner, What About Germany? New York 1942, S. 1–5 mit Teilabdruck der Niederschrift; Lochner an d. Verf. 12. Jan. 1967; Documents on British Foreign Policy 1919–1939, Third Series, vol. VII, London 1954, Nr. 314; Halder, K.T.B. I, 23–26; Ulrich von Hassell, Vom andern Deutschland: Aus den nachgelassenen Tagebüchern 1938–1944, Fischer Bücherei, Frankfurt/M. 1964, S. 66; Gisevius, Sonderausgabe, S. 397; Ritter, Goerdeler, S. 498–500 Anm. 55 mit quellenkritischen Ausführungen. Winfried Baumgart, »Zur Ansprache Hitlers vor den Führern der Wehrmacht am 22. August 1939: Eine quellenkritische Untersuchung«, VfZ 16 (1968), S. 120–149 ist entgangen, daß Lochner schon am 25. Juli 1945, also nicht erst am 25. Juli 1949 im Manstein-Prozeß, vor Nürnberger Vernehmern, erklärt hatte, er habe die Niederschrift von Hermann Maaß erhalten.
56 Kordt, S. 322–329; Weizsäcker, S. 244–262.
57 Jodl, Tagebuch, in Trial of the Major War Criminals before the International Military Tribunal: Nuremberg 14 November 1945–1 October 1946, vol. XXVIII, Nürnberg 1948, S. 390; Kordt, S. 328–329.
58 Kordt, S. 337–338.
59 Hierzu und zum Folgenden: Keilig, 40/1939/4, 41/1; Gisevius, Sonderausgabe, S. 391–394; Aussagen Gisevius' in Trial XII, 224; Georg Thomas, »Gedanken und Ereignisse«, Schweizer Monatshefte 25 (1945), S. 542–543 (dies sind die Erinnerungen von Thomas, die den meisten Autoren, die über die Opposition schreiben, nur in mimeographierter Form bekannt sind und daher von ihnen als unveröffentlicht bezeichnet werden); Schlabrendorff, Offiziere, S. 46–47; Fabian von Schlabrendorff, The Secret War against Hitler, New York 1965, S. 110–111.
60 Schlabrendorff, Offiziere, S. 46 nennt dieselben ohne Wittke und Gisevius.
61 Thomas, S. 542–543. Gisevius in Trial XII, 224–225 weicht hiervon insofern ab, als er Beratung, Unterbreitung und Zurückweisung *beider* Denkschriften als vor dem 25. August geschehen darstellt. In Wirklichkeit scheint die Vorlage der zweiten Denkschrift – Gisevius sagt Memorandum, kann aber damit nur die Tabellen und Übersichten meinen, von denen Thomas spricht – chronologisch und sachlich fast unlösbar mit all den anderen mehr oder minder hektischen Bemühungen jener Tage zur Rettung des Friedens verknüpft gewesen zu sein. In Gisevius II, 112–114 und in der Sonderausgabe, S. 391 bis 393 ist die Darstellung von Thomas übernommen. Schlabrendorff, Offiziere, S. 47 und Secret War, S. 111 scheint der Auffassung zu sein, daß auch diese Darlegungen Thomas' nicht über Keitel hinausgelangt seien.
62 Gisevius' in Trial XII, 224; Gisevius II, 112–114 (Sonderausgabe, S. 403–404).
63 Gisevius, Sonderausgabe, S. 404.
64 Gisevius' Aussagen, Trial XII, 224–225; Gisevius II, 132–133; ders., Sonderausgabe, S. 404–406; Aussage Schachts, Protokoll .. Halder, S. 123.
65 Gisevius' Aussagen, Trial XII, 225; Gisevius, Sonderausgabe, S. 407–408.
66 Kordt, S. 329; Weizsäcker, S. 257; Gisevius, Sonderausgabe, S. 408, bringt dafür außerdem die Bestätigung der Haltung Canaris' durch Lahousen, nicht jedoch eine Aufhellung der etwas vagen Phrase Canaris': »Alles würde nun

seinen wunschgemäßen Gang nehmen.« War damit das Rebellieren oder die Gehorsamsverweigerung der militärischen Führer gemeint, oder das Insichzusammenfallen der NS-Diktatur?
67 Gisevius, Sonderausgabe, S. 409–410; Gisevius' Aussage in Trial XII, 225.
68 Hassell, S. 72–75; Weizsäcker, S. 260–261. Wheeler-Bennett, S. 453, meint, das Ergebnis hätte nur ein Zurückweichen Polens oder ein Zurückweichen Hitlers gewesen sein können, beides höchst unwahrscheinlich.
69 Schlabrendorff, Offiziere, S. 45–46; ders., Secret War, S. 105–106.
70 Schlabrendorff, Offiziere, S. 45–46; ders., Secret War, S. 105–106; Pechel, S. 153; Halder, K.T.B. I, 61 Anm. 4; Kunrat Freiherr von Hammerstein, Spähtrupp, Stuttgart 1963, S. 79; vgl. Hans-Adolf Jacobsen, Fall Gelb: Der Kampf um den deutschen Operationsplan zur Westoffensive 1940, Wiesbaden 1957, S. 4. Hammerstein war Oberbefehlshaber der Armee-Abteilung A vom 9. Sept. bis 10. Okt. 1939: Kriegstagebuch Nr. 1 der Armee-Abteilung A, BA W2h (NA Microcopy T-312, Roll 1612); »Armeegruppe A« bei Keilig, 211/218 ist unrichtig, ebenso der dort angegebene Zeitraum 10.–21. Sept. 1939. Erich Kosthorst, Die deutsche Opposition gegen Hitler zwischen Polen- und Frankreichfeldzug, Bonn ³1957, S. 21 bezeichnet Hammersteins Plan kurz als Utopie. Vgl. Allen Welsh Dulles, Verschwörung in Deutschland, Kassel 1949, S. 74 mit unrichtig wiedergegebenen Berichten Schlabrendorffs.
71 Sir George Ogilvie-Forbes hat dies nach dem Kriege gegenüber Wheeler-Bennett schriftlich bestätigt; Wheeler-Bennett, S. 458 Anm. 4.
72 Wheeler-Bennett, S. 459; vgl. Otto A. W. John, »Am achten Jahrestag der Verschwörung«, Das Parlament, 20. Juli 1952, S. 2: Hitler sollte ohne Gerichtsverfahren »unschädlich« gemacht werden.
73 Pechel, S. 154; vgl. Hassell, S. 78. Dulles, S. 90, berichtet einen fast gleichlautenden Ausspruch von Beck, aber erst für die Zeit Ende 1942/Anfang 1943; Rothfels, Opposition, S. 78 übernahm Becks Ausspruch von Dulles und stellte ihn in den Zusammenhang des Herbstes 1939; Wheeler-Bennett, S. 459 verwechselte die beiden Aussprüche und bemerkte, Dulles habe den von Pechel als Hammersteins Ausspruch berichteten Satz irrtümlich Beck zugeschrieben.
74 Halder, K.T.B. I, 84; Max Domarus, Hitler: Reden und Proklamationen 1932–1945, 2 Bde., Neustadt a. d. Aisch 1962/1963, S. 1347–1354, 1366–1368, 1376, 1434; Hans Baur, Ich flog Mächtige der Erde, Kempten 1956, S. 187; Walther Hubatsch, »Das dienstliche Tagebuch des Chefs des Wehrmachtsführungsamtes im Oberkommando der Wehrmacht, Generalmajor Jodl, für die Zeit vom 13. Okt. 1939 bis zum 30. Jan. 1940«, Die Welt als Geschichte 13 (1953), S. 64.
75 Ritter, Goerdeler, S. 239. Müller, Heer, S. 471–573 berichtet auch über die Überlegungen in Oppositionskreisen, was man tun *könnte*; hier sind sie, soweit sie nicht zu Aktionen führten, meist beiseite gelassen.
76 Vgl. Mitteilung Canaris' an den Verbindungsoffizier der Abwehr Groscurth, (Kriegstagebuch 23. Sept. 1939): »Admiral Canaris teilt mit, daß die Einsatzkommandos bei 14. Armee (Woyrsch) geradezu grauenvoll sich betätigten. Eingreifen sei erforderlich.« [Helmuth Groscurth], Tagebuch [der] Verb. Gruppe OKW Ausl. Abw. zu OKH ab 1. 9. 39–26. 9. 39, BA EAP 21 X 15/1. Die Tagebücher und weitere Dokumente liegen jetzt gedruckt vor: Helmuth

Groscurth, Tagebücher eines Abwehroffiziers 1938–1940, hrsg. v. Helmut Krausnick und Harold C. Deutsch [und] Hildegard von Kotze, Stuttgart 1970.
77 Hierzu und zum Folgenden: Rothfels, Opposition, S. 141–145; ders., German Resistance, S. 483–484; ders., »Adam von Trott und das State Department«, VfZ 7 (1959), S. 318–332 mit der Denkschrift und anderen Dok.; ders., Trott und die Außenpolitik, S. 300–318, ebenfalls mit Niederschriften von Trott; Margret Boveri, Wir lügen alle: Eine Hauptstadtzeitung unter Hitler, Olten-Freiburg i. Br. 1965, S. 636–641; Bielenberg, S. 72–74; Alexander B. Maley, »The Epic of the German Underground«, Human Events 3 (1946), Nr. 9, 27. Feb. 1946, S. 4–5. Die Darstellung von Wheeler-Bennett, S. 486–488, der seine persönliche Verbindung mit Trott anläßlich von dessen Mission im Spätjahr 1939 verschweigt, wird durch keinerlei Quellenangabe gestützt; vgl. Sykes, S. 287–292; H. O. Malone an d. Verf. 25. Jan. 1979 auf Grund von Mitteilungen Bosanquets vom Mai 1971 und J. Edgar Hoover an Adolf A. Berle Jr. 17. Nov. 1939 (Akten des Department of State, Washington, D. C.).
78 Boveri, S. 638.
79 Wenn sich Scheffer, der von dieser Meinungsverschiedenheit fast zwanzig Jahre später berichtete, richtig erinnerte, daß nämlich Trott einen entsprechenden Satz gestrichen haben wollte und ihn auch unterdrückt habe, so kann es sich um ein Mißverständnis oder aber, noch wahrscheinlicher, um eine Frage der Schicklichkeit und der Taktik gehandelt haben. Trott hatte eigentlich dieselben Gedanken, aber schriftlich niedergelegt und ausdrücklich auf die Opposition bezogen hätten sie ihn wohl doch zu sehr kompromittiert. Vgl. Boveri, S. 639; Rothfels, Adam von Trott, S. 321, 329, 332. Es ist auch denkbar, daß nicht im Entwurf die Rede von der vorzuziehenden Niederlage war, sondern daß Trott ohne Erfolg auf der Aufnahme eines solchen Passus bestand und diesen, wie aus den bekanntgewordenen Dokumenten deutlich hervorgeht, dann dem Sinne nach mündlich vorgetragen hat; Rothfels deutet dies auch an mit der Bemerkung, Trott habe sich in einem sehr charakteristischen Punkte sogar von der Denkschrift distanziert: Adam von Trott, S. 318–319.
80 Boveri, S. 639–640; Rothfels, Adam von Trott, S. 321; Rothfels, Trott und die Außenpolitik, S. 306; Ritter, Goerdeler, S. 257.
81 Rothfels, Adam von Trott, S. 321–322.
82 Boveri, S. 640; Mary Alice Gallin O. S. U., Ethical and Religious Factors in the German Resistance to Hitler, Washington 1955, S. 110–111.
83 Rothfels, Adam von Trott, S. 322–329, auch zum Folgenden.
84 Gallin, S. 110–111, 205.
85 Gallin, S. 111, 205.
86 Vgl. Gallin, S. 205.
87 S. auch Hans Rothfels, »Zwei außenpolitische Memoranden der deutschen Opposition (Frühjahr 1942)«, VfZ 5 (1957), S. 390–391; Sykes, S. 303; Astor, »Why..«, S. 6; [Clarita von Trott zu Solz], Adam von Trott zu Solz. Eine erste Materialsammlung.., [1958], S. 184–186.
88 Hans Mommsen, »Gesellschaftsbild und Verfassungspläne des deutschen Widerstandes«, in Der deutsche Widerstand gegen Hitler: Vier historisch-kritische Studien, hrsg. v. Walter Schmitthenner und Hans Buchheim, Köln-Berlin 1966, S. 94–95.

89 Maley, S. 5.
90 Rothfels, Trott und die Außenpolitik, S. 305, 313–315; Malone.
91 Rothfels, Trott und die Außenpolitik, S. 306, 316–318. Zur Rolle Wheeler-Bennetts s. Astor, »Why ...«, S. 8–11.
92 Rothfels, Adam von Trott, S. 332. Nach Abschluß des Manuskripts der vorliegenden Arbeit ist eine Spezialstudie über die Tätigkeit der Opposition zwischen Ende September 1939 und Anfang Mai 1940 erschienen: Harold C. Deutsch, The Conspiracy against Hitler in the Twilight War, Minneapolis 1968. Deutsch stützt sich u. a. auf die vom Verf. ebenfalls ausgewerteten Diensttagebücher des ins OKH als Verbindungsoffizier vom OKW/Amt Ausland/Abwehr entsandten Major, später Oberstleutnant d. G. Helmuth Groscurth. Vgl. oben, Anm. 76. Zudem konnte Deutsch die privaten Tagebücher Groscurths benützen, die d. Verf. damals noch nicht zugänglich waren, und ferner eine Anzahl in mehr als 20 Jahren zusammengetragener mündlicher und schriftlicher Mitteilungen. Diese sind allerdings zum Teil Wiederholungen früherer Niederschriften (wie z. B. der Aussagen von [Franz Maria] Liedig, Special Interrogation Report (CSIR) No. 6: Events of 20 July 44, Masch., o. O. [1945], Hoover Library Ts Germany USA 7 F 697), was Deutsch oft entgangen ist. Sein Werk konnte noch während der Drucklegung dieses Ms. zur Überprüfung, Ergänzung und gelegentlich zur Berichtigung herangezogen werden; es wurde jeweils zitiert, wenn Deutsch zu abweichenden oder vollständigeren Ergebnissen gelangt ist als d. Verf. Zur Frage des Erfolges der Mission Trotts vermutet Deutsch, S. 157, die Mission habe in London die Geneigtheit zu positivem Bescheid auf die Sondierungen Dr. Müllers (s. unten, S. 203–207) günstig beeinflußt.
93 Kordt, S. 339–340; Weizsäcker, S. 273.
94 Kordt, S. 367. Nach dem Bericht von Otto John, Zweimal kam ich heim: Vom Verschwörer zum Schützer der Verfassung, Düsseldorf–Wien 1969, S. 62–63 arbeitete Conwell Evans damals schon für den britischen Geheimdienst und sollte Th. Kordt aushorchen.
95 New York Times, 5. Sept. 1939, S. 6.
96 Domarus, 1389–1392; Weizsäcker, S. 267–268.
97 Abgedruckt in Trial of the Major War Criminals before the International Military Tribunal: Nuremberg 14 November 1945–1 October 1946, vol. XXXVII, Nürnberg 1949, S. 466–486, und Walther Hubatsch, Hitlers Weisungen für die Kriegführung 1939–1945: Dokumente des Oberkommandos der Wehrmacht, Frankfurt/M. 1962, S. 32–33; vgl. Kosthorst, S. 33.
98 Halder, K.T.B. I, 84–90; Jacobsen, Fall Gelb, S. 8. Zur Besprechung am 27. Sept. 1939: Deutsch, S. 69–70 nennt auch Keitel, Warlimont, Raeder und Göring als anwesend, doch geht das aus der von ihm zit. Quelle – Halder, K.T.B. I, 86–90 – nicht hervor.
99 Zusammenfassender Bericht über die Ansprache in den Papieren der Abt. z.b.V. des OKW/Amt Ausland/Abwehr, der Verbindungsgruppe der Abwehr beim OKH, übermittelt von Oberst Oster: [Helmuth Groscurth], Kriegstagebuch der Abt. z.b.V. 27. 9.–14. 11. 39, 25. Okt. 1939 und Anlage 13, BA EAP 21 X 15/1.
100 Domarus, S. 1395–1399; Wheeler-Bennett, S. 463–466; Kosthorst, S. 27.
101 Halder, K.T.B. I, 114; Wheeler-Bennett, S. 464–466.

102 Vgl. Kordt, S. 355-356.
103 The Parliamentary Debates, Official Report, 5th Series: House of Commons, vol. 352, London 1939, 12. Okt. 1939, Spalten 565-566.
104 Kordt, S. 367-368, 442-443; zu dem Mißverständnis Rothfels, Opposition, S. 139 und 202 Anm. 7; Wheeler-Bennett, S. 467-469.
105 Kosthorst, S. 82-83, zitiert dafür unveröffentlichte Dokumente aus dem Weizsäcker-Prozeß. Nach diesen haben Besprechungen zwischen Theo Kordt und Conwell Evans in Bern am 25., 27. und 29. Oktober stattgefunden. Vgl. Deutsch, S. 160-163. Zur Fortsetzung der Kontakte s. unten, S. 197-198.
106 Zum Obigen und zum Folgenden: S. Payne Best, The Venlo Incident, London 1950, S. 7-46; Wheeler-Bennett, S. 476-479; Wheeler-Bennett benützte niederländische Quellen und die Nürnberger Prozeßakten, namentlich einen von Reichsminister des Innern Frick und von dem Reichsführer SS und Chef der Deutschen Polizei Himmler unterzeichneten Bericht vom 29. März 1940, ferner einen Bericht der Staatspolizeileitstelle Düsseldorf vom 9. November 1939, beide StA Nürnberg, NG 4672. Kurt Sendtner, »Die deutsche Militäropposition im ersten Kriegsjahr«, in Vollmacht des Gewissens I, Frankfurt/M., Berlin 1960, S. 456-457 Anm. 76 bringt einen Bericht von Stevens; ferner Walter Schellenberg, Memoiren, Köln 1956, S. 79-95. Zum britischen Mißtrauen auch D. G. Osborne an Halifax 12. Jan. 1940, Peter Ludlow, »Papst Pius XII., die britische Regierung und die deutsche Opposition im Winter 1939/40«, VfZ 22 (1974), S. 331.
107 Hassell, S. 76-80.
108 Oster hatte sich von dem Schweden über seine Besprechungen mit Göring berichten lassen und über die Verbindungsgruppe beim OKH auch den Chef des Generalstabes unterrichtet. Groscurth-Tagebuch, 27. Okt. 1939 und Anlage 15, BA EAP 21 X 15/1.
109 Hassell, S. 82-84.
110 Hassell, S. 84.
111 Hassell, S. 82, 89.
112 Gisevius, Sonderausgabe, S. 413.
113 Hierzu und zum Folgenden: Christine v[on] Dohnanyi, Aufzeichnungen, Masch., o. O. o. J., IfZ ZS 603, John, Männer IV; Hassell, S. 84; Nebgen, S. 114-115; vgl. Emil Henk, Die Tragödie des 20. Juli 1944: Ein Beitrag zur politischen Vorgeschichte, Heidelberg ²1946, S. 10-15, wo die Vorgänge teilweise aus durch Beteiligung gewonnener, aber doch ungenauer Kenntnis angedeutet werden. Deutsch, S. 88-91 gibt einen guten Überblick über Dohnanyis Laufbahn; Dr. Peter Möser an d. Verf. Jan. 1985.
114 Heinz Boberach (Hrsg.), Meldungen aus dem Reich, Neuwied 1965, S. 8-9 und Anm. 1.
115 Dohnanyi; Otto John, »Männer im Kampf gegen Hitler [I]«, Blick in die Welt 2 (1947) H. 6; ders.; Männer im Kampf IV; ders., Some Facts and Aspects of the Plot against Hitler, Masch., London 1948, S. 28 (hier spricht John nur von »Zusammenarbeit« und »Zusammenbringen«, was schon während des Polenfeldzuges begonnen habe). Vgl. Kosthorst, S. 19. Leuschner ist also nicht, wie Jakob Kaiser und Habermann, erst in der zweiten Hälfte des Jahres 1941 mit Beck zusammengetroffen, wie Nebgen, S. 124-127 annimmt.
116 Dohnanyi; vgl. Henk, S. 9.

117 Dohnanyi. S. ferner die Aufzeichnungen von Frau Christine von Dohnanyi von 1945/46 zu den nach dem 20. Juli 1944 von der Gestapo in Zossen aufgefundenen Akten, einschließlich der »Chronik« Dohnanyis, die abgedruckt sind bei Eberhard Bethge, Dietrich Bonhoeffer: Theologe, Christ, Zeitgenosse, München 1967, S. 1096–1101; vgl. Deutsch, S. 89–90, der den Abdruck nicht erwähnt; ferner die bei Ritter, Goerdeler, S. 501 Anm. 10 zit. Aussage Huppenkothens in dessen Schwurgerichtsprozeß in München im Februar 1951, wonach die in Zossen aufgefundenen Akten von der Gestapo vernichtet worden sind; und [Walter] Huppenkothen, Der 20. Juli 1944, Masch.-Abschrift, o. O. [1953], S. 2, IfZ ZS 249/II; Franz Sonderegger, Brief an den Präsidenten des Landgerichts München I vom 14. Jan. 1951, Kopie im IfZ.

118 Kordt, S. 355; Ritter, Goerdeler, S. 243–245.

119 Kosthorst, S. 32.

120 Ein Exemplar fand sich in den Groscurth-Papieren: BA EAP 21 X 15/2 (gedruckt in Groscurth, S. 474–478); wenigstens ein weiteres wird sich bei den am 22. September 1944 von der Gestapo in dem Zossener Panzerschrank gefundenen Papieren befunden haben: Franz Sonderegger an den Präsidenten des Landgerichts München I 14. Jan. 1951, S. 2–3, Kopie im IfZ. – Der Leserkreis der Denkschrift ist nicht mehr festzustellen, aber es ist nicht zu bezweifeln, daß sie Brauchitsch oder wenigstens Halder vorgelegt, zumindest aber von Groscurth zu seinen Vorträgen bei Halder verwendet wurde. Vgl. Groscurth-Tagebuch, passim; Sendtner, Militäropposition, S. 412. Das bei den Groscurth-Papieren befindliche Exemplar der Denkschrift enthält eine Reihe kritischer, ja bissiger und unfreundlicher Randbemerkungen von Generalmajor von Tippelskirch, der nicht wußte, wer der Verfasser war; vgl. Groscurth, S. 474–478, 211.

121 BA EAP 21 X 15/2, gedruckt in Groscurth, S. 479–483.

122 Hassell, S. 108; Keilig, 32/6, 211/193–194; Halder, K.T.B. I, 20; Jacobsen, Fall Gelb, S. 2–3. Bis 1. Sept. hieß die HGr C »HGr 2«.

123 Hans-Adolf Jacobsen, »Das ›Halder-Tagebuch‹ als historische Quelle«, Festschrift Percy Ernst Schramm zu seinem siebzigsten Geburtstag von seinen Schülern und Freunden zugeeignet, hrsg. v. Peter Classen und Peter Scheibert, Bd. II, Wiesbaden 1964, S. 259–260. Abdruck der Denkschrift mit dem Begleitschreiben an Brauchitsch bei Kosthorst, S. 159–166; vgl. Halder, K.T.B. I, 104. Kosthorst behauptet auf S. 44, auch der Oberbefehlshaber der Heeresgruppe B, Generaloberst von Bock, habe eine Abschrift erhalten, bringt dafür aber keinen Beleg, während der im Begleitschreiben an Brauchitsch enthaltene Verteiler nur vier Ausfertigungen erwähnt: die erste für Brauchitsch, die zweite für Halder, die dritte für Leeb selbst, die vierte – zugleich der Entwurf – für Leebs Ia, Oberst i. G. Vincenz Müller. Leebs Verteidiger vor dem Nürnberger Gericht, Dr. Laternser, berichtet jedoch als bewiesene Behauptung, die Denkschrift sei Bock vorgelegt worden: [Hans] Laternser, Verteidigung deutscher Soldaten: Plädoyers vor alliierten Gerichten, Hamburg 1950, S. 298. Vgl. ferner Jacobsen, Fall Gelb, S. 44–45.

124 Der Brief ist gedruckt bei Kosthorst, S. 167–168; vgl. Jacobsen, Fall Gelb, S. 45.

125 Kosthorst, S. 47–48; Laternser, S. 298. Jacobsen, Fall Gelb, S. 15, 44–45 erwähnt die Denkschrift Bocks nur indirekt.

126 Halder, K.T.B. I, 99; wahrscheinlich war auch schon am 4. Oktober so eine

Besprechung, an der auch Leeb teilgenommen hat, aber für eine bestimmte Annahme reicht die Andeutung in Halder, K.T.B. I, 97, nicht aus.
127 Die an Brauchitsch gerichtete Denkschrift Rundstedts ist abgedruckt bei Kosthorst, S. 169–173; vgl. Halder, K.T.B. I, 117; Jacobsen, Fall Gelb, S. 45.
128 Vgl. die bei Halder, K.T.B. I, 84 resp. 98 wiedergegebenen Erfahrungen von Bock resp. Generalmajor Friedrich-Wilhelm von Chappuis (damals Chef d. Gen. St. des XIV. A. K.) im Polenfeldzug, wonach die Infanterie »auch nicht annähernd« den Kampfwert der 1914 ins Feld gestellten Truppen habe.
129 Halder, K.T.B. I, 105. Bis zur Bearbeitung des Originals des Tagebuches durch Kosthorst und durch Hans-Adolf Jacobsen war wegen einer inkorrekten Abschrift die unrichtige und auch dem ganzen Zusammenhang widersprechende Version im Umlauf, wonach es hieß: »OB 3 Möglichkeiten: Angriff abwarten, grundlegende Veränderungen.« Dabei hätte eine der »3 Möglichkeiten« gefehlt. Siehe dazu Kosthorst, S. 40 Anm. 46a; Halder, K.T.B. I, 105 Anm. 1. »OB« könnte sich in diesem Zusammenhang auch auf die Oberbefehlshaber von Armeen, Armeekorps oder Heeresgruppen beziehen. Brauchitsch wird in Halders Tagebuch meist als »ObdH« bezeichnet, an vielen Stellen nur als »OB«, in vielen Fällen bezieht die Abkürzung sich nicht oder nicht eindeutig auf den ObdH. Vgl. Jacobsen, Fall Gelb, S. 26.
130 Halder, Aussagen im OKW-Prozeß, Trials of War Criminals before the Nuernberg Military Tribunals under Control Council Law No. 10, vol. X (The High Command Case), Washington 1951, S. 545; Dohnanyi, S. 6. Vgl. Kosthorst, S. 41; Jodl in Walther Hubatsch, »Das dienstliche Tagebuch des Chefs des Wehrmachtsführungsamtes im Oberkommando der Wehrmacht, Generalmajor Jodl, für die Zeit vom 13. Okt. 1939 bis zum 30. Jan. 1940«, Die Welt als Geschichte 12 (1952), S. 280; Hassell, S. 94.
131 Jodl in Hubatsch, Tagebuch, S. 280.
132 Keilig, 80/10, 211/264.
133 Halder, K.T.B. I, 106; Deutsch, S. 72–74.
134 Hierzu und zum Folgenden: Deutsch, S. 72–73 (der die Besprechung vom 25. Okt. offenbar irrtümlich auf den 30. Okt. legt); Halder, K.T.B. I, 113–117.
135 Deutsch, S. 74–77; Einzelheiten s. unten, S. 215.
136 Groscurth-Tagebuch, 20. Okt. 1939, BA EAP 21 X 15/1.
137 Sendtner, S. 405, auf Grund von Halders Spruchkammeraussagen.
138 John, Männer im Kampf IV; Deutsch, S. 47.
139 Hierzu und zum Folgenden: Groscurth, S. 223; Deutsch, S. 196–197, 217–218, 288. Auch Deutsch spricht nur von »Halder's half-intention to kill Hitler personally«.
140 Kordt, S. 356–357; Hasso von Etzdorf, Aussagen in Halders Spruchkammerverfahren, Protokoll .. Halder, S. 139; [Hasso von Etzdorf], Niederschrift der Unterredung zwischen Herrn Ministerialdirigent Dr. v. Etzdorf, Bonn, Auswärtiges Amt, Länderabteilung (Ermekeilstraße 27, Block E), und Herrn Dr. H. Krausnick, im Auftrage des Instituts für Zeitgeschichte München, durchgeführt am 26. September 1953 in Bonn, Masch.-Abschr., 12. Juni 1958, IfZ ZS 322; Ritter, Goerdeler, S. 246; Kosthorst, S. 57, auf Grund der Erinnerungen und Mitteilungen Halders; vgl. Sendtner, S. 405. Huppenkothen, 20. Juli, S. 3; Sonderegger an Landgericht, S. 2; Dohnanyi, S. 7; Sendtner, S. 413 Anm. 33 auf Grund der Aussagen von Dr. Josef Müller; Deutsch, S. 201, 204. Nach

den auch sonst oft vagen Aussagen Halders vor der Spruchkammer (Protokoll .. Halder, S. 32) hätte es sich lediglich um Überlegungen gehandelt; dies mag für Halder selbst zutreffen, die anderen Verschwörer waren entschlossener. Ritter, Goerdeler, S. 503 Anm. 23, konstatiert Ungenauigkeit, aber auch »viel innere Wahrscheinlichkeit« in Huppenkothens Angaben. Deutsch, S. 199 verwendet auch Mitteilungen der damaligen Sekretärin Groscurths; die Angaben Huppenkothens sind nach seiner wohlfundierten Meinung zuverlässig (Deutsch, S. 118-119, 200). Müller, Heer, S. 491, 494, 496, 498-505, 511-514 versucht, nicht ganz schlüssig, aber mit starken Indizien, den Nachweis zu führen, daß Halder vor dem 31. Okt. keinen entsprechenden Auftrag erteilt haben könne. Zweifelsfrei weist Müller jedoch nach, was z. T. schon bekannt war, daß am 31. Okt. und am 2. oder 3. Nov. Aufträge von Halder und Stülpnagel an Groscurth ergangen sind. Vgl. Groscurth, S. 222-224.

141 Hoepner war Kommandeur des XVI. A.K., zu dem die 1. Panzerdivision gehörte, welche seit 23. Sept. in Thüringen lag; Keilig 103/2, 211/159.

142 Keilig 211/111, 90/4; dem XIX. A.K. unterstand die 2. Panzerdivision: Keilig 90/4, 103 I/1; Dohnanyi, S. 7; [Alexander Frhr.] v. Falkenhausen, [Bericht über meine Stellung zur N. S. D. A. P. und ihrem Regime], 15. Nov. 1946, NA RG 338 MS no B-289.

143 Kosthorst, S. 57. Diese wären also zum Frontheer zu rechnen, somit nicht dem Befehlshaber des Ersatzheeres, General d. Art. Fromm unterstellt gewesen.

144 Sowohl der von Groscurth ausgearbeitete Aktionsplan als auch diese Studie sind verloren. Die Studie ist 1944 von der Gestapo gefunden, aber wahrscheinlich 1945 verbrannt worden. Der Plan Groscurths oder jedenfalls die damals unter Kontrolle Halders befindlichen Pläne dürften schon im November 1939 vernichtet worden sein; vgl. Anm. 148 und 149.

145 Sonderegger an Landgericht, S. 2; Huppenkothen, 20. Juli, S. 3. Vgl. dazu Sendtner, S. 413 Anm. 33, der auf Grund von Mitteilungen von Dr. Josef Müller Ausarbeitungen Osters – als »Skizzen« – erwähnt, »die eine Art Programm für die beim Staatsstreich durchzuführenden Maßnahmen darstellten«, sie aber eben nur für Skizzen und Entwürfe, nicht für ein demjenigen von 1938 an Reife und Brauchbarkeit vergleichbares Aktionsprogramm hält. Ritter, Goerdeler, S. 502 Anm. 13 erklärt, die von Halder befohlenen Vorbereitungen Groscurths müßten zunächst – bis etwa 2. November – unabhängig von und ohne Einweihung der Gruppe Beck-Oster-Gisevius betrieben worden sein; dagegen seien sie Etzdorf und anderen Angehörigen des Auswärtigen Amtes bekannt gewesen und Goerdeler habe »wohl schon vor dem 29. 10. etwas davon erfahren, als er Hassell nach Berlin zu kommen bat.« Wenn alle diese Verschwörer etwas wußten, ist – ohne sonstigen zwingenden Grund oder Beleg – nicht anzunehmen, daß Oster davon nichts wußte. Nach Gisevius, Sonderausgabe, S. 415 hat Gisevius am 1. November von einer von der Gruppe im OKH geplanten »Großaktion« erfahren, doch wohl von Oster oder Groscurth. Halder mag versucht haben, die ständige Unterrichtung Osters zu unterbinden, aber Groscurth dürfte sich kaum an eine entsprechende Weisung gehalten haben.

146 Huppenkothen, 20. Juli, S. 3; Dohnanyi, S. 7; Sendtner, S. 413 Anm. 33. Deutsch, S. 201 nimmt an, daß Hitler, Göring, Goebbels, Ribbentrop, Himmler, Heydrich und »Dietrich« getötet werden sollten.

147 Huppenkothen, 20. Juli, S. 3–4; Groscurth-Tagebuch, 15. Nov. 1939; Sendtner, S. 413 Anm. 33 nennt auf Grund der Mitteilungen von Dr. Müller das Panzerregiment von Stargard. Vgl. Kosthorst, S. 62, 94. [Leo Freiherr] Geyr von Schweppenburg, The Critical Years, London 1952 (enthält gegenüber der deutschen Ausg. – Erinnerungen eines Militärattachés: London 1933–1937, Stuttgart 1949 – wichtige Zusätze), S. 203–204 berichtet, er habe das Ansinnen des damaligen Oberquartiermeisters I, General Karl-Heinrich von Stülpnagel, sich an einem Staatsstreich zu beteiligen, als unmöglich abgelehnt, weil die Mehrheit der Offiziere nach dem Sieg über Polen zu sehr an Hitler hingen und auch die Truppe ihnen nicht gehorcht hätte.

148 Sie wurden wenigstens zum Teil 1944 von der Gestapo gefunden, vermutlich vor Kriegsende vernichtet und aus der Erinnerung von Huppenkothen und Sonderegger beschrieben: Huppenkothen, 20. Juli, S. 3–4; Sonderegger an Landgericht, S. 2; Deutsch, S. 202–203, auch zum Folgenden.

149 Huppenkothen, 20. Juli, S. 4; vgl. zu Canaris' Tagebuch Deutsch, S. 305 Anm. 155.

150 Ritter, Goerdeler, S. 246 u. Anm. 13.

150a John, Zweimal, S. 63–64, auch zum Folgenden.

151 Kordt, S. 358–366, daselbst Abdruck des erhaltenen Fragments; dasselbe im BA EAP 21 X 15/2; Groscurth, S. 498–503; vgl. Müller, Heer, S. 503–505.

152 Die Betonung des in der Revolution von oben ganz unvermeidlichen autoritären Elements und die verschiedenen Erklärungen, wonach »die Volksstimmung« für den Umsturz entweder günstig genug oder aber nicht so wichtig sei, haben gelegentlich zu schweren Mißverständnissen der politischen Absichten der Opposition geführt. Gewiß gab es starke Abneigung gegen die durch das »System« von Weimar scheinbar diskreditierten demokratischen und parlamentarischen politischen Formen im Verfassungsdenken der Widerstandskreise, aber man darf sie nicht mit den die Volksstimmung betreffenden Argumenten ad hominem (d. h. Halder und Brauchitsch) abstrakt und außerhalb ihres historischen Zusammenhanges belegen. Vgl. Mommsen, S. 123–126; s. unten, S. 181, 190, 193, 209, 362, 366.

153 Die weitere Ausführung und ein Abschnitt über eine künftige deutsche Verfassung gehören zu den verlorenen Teilen der Denkschrift: Kordt, S. 366; das Exemplar im BA, EAP 21 X 15/2, S. 13–15 enthält noch die für einen öffentlichen Aufruf bestimmten Grundsätze, welche bei Kordt fehlen.

154 Brief Groscurths an Witzleben vom 31. Okt. 1939, BA EAP 21 X 15/2; Deutsch, S. 207.

155 Halder, K.T.B. I, 111; Jacobsen, Fall Gelb, S. 39.

156 Halder, K.T.B. I, 112.

157 Groscurth-Tagebuch, 25. Okt. 1939.

158 Halder, K.T.B. I, 113; Jodl in Hubatsch, Tagebuch, S. 280; Jacobsen, Fall Gelb, S. 39. Für den Ort der Besprechung: Am 24. u. 26. Okt. war Hitler in der Reichskanzlei, der 25. war ein Mittwoch; vgl. Domarus, S. 1402–1403; daß Hitler sich für so wenige Stunden nach Berchtesgaden begeben hätte, ist unwahrscheinlich und wäre auch bei Domarus oder Halder vermerkt.

159 Halder, K.T.B. I, 114; Jodl in Hubatsch, Tagebuch, S. 282; Jacobsen, Fall Gelb, S. 40–41; Domarus, S. 1403.

160 Halder, K.T.B. I, 114–115.

161 Halder, K.T.B. I, 115; Jodl in Hubatsch, Tagebuch, S. 282.

162 Halder, K.T.B. I, 115-116; Kosthorst, S. 60-62; vgl. Jacobsen, Fall Gelb, S. 45; Sendtner, S. 406-411. Von wochenlangen Frontreisen Stülpnagels, die man aus den Aussagen Halders vor der Spruchkammer entnehmen könnte (Protokoll .. Halder, S. 31-32), kann wohl kaum die Rede sein, wie auch Sendtner feststellt. Wohl mag Stülpnagel aber in diesen Wochen wiederholt an die Front gefahren sein. Nach Halders Aussage in Trials of War Criminals X, 858, hätten Frontreisen Stülpnagels erst nach dem 23. November stattgefunden; ebenso Ritter, Goerdeler, S. 505 Anm. 38. Es muß sich hierbei um *weitere* Frontreisen Stülpnagels handeln. Vgl. Deutsch, S. 208.

163 Halder, Aussagen in Protokoll .. Halder, S. 31; vgl. Müller, Heer, S. 508-510.

164 Halder, K.T.B. I, 115-116. Deutsch, S. 208-209 hält für ausgeschlossen, daß auf das so negative Ergebnis von Stülpnagels Reise der einzige wirklich weitgehende Entschluß Halders zum Staatsstreich gefolgt sein könne, und folgert, daß daher die Reise Stülpnagels mit diesem so negativen Ergebnis später stattgefunden haben müsse. Es ist wohl möglich, daß der hinsichtlich der Umsturzbereitschaft der angesprochenen Generale negativste Bericht, den Stülpnagel an Halder gab, erst Ende November zu datieren ist, wie Halder selbst in Trials of War Criminals X, 858 aus frischerer Erinnerung als später gegenüber Kosthorst und Deutsch berichtet hat. Aber zwingend ist das Argument nicht. Denn: hier datiert Halder unzutreffend *alle* Frontreisen Stülpnagels in die Zeit von Ende November und danach; wenn die Logik Deutschs anzuwenden wäre, müßten auch die anderen schweren Mißerfolge Halders aus der Zeit kurz vor dem 5. Nov. in eine spätere Periode zu verlegen sein; weitere Widersprüche s. Deutsch, S. 212-215. Ferner kannte Halder längst die Haltung von Generalen wie Bock, Rundstedt, Manstein, wie Deutsch, S. 211 auch feststellt, ebenso wie er die abweichende Haltung von Generalen wie Leeb und Witzleben kannte. Zur gleichen Zeit wie der nicht ganz gesicherte Bericht Stülpnagels erreichten Halder die Denkschriften von Leeb, Bock und Rundstedt (vgl. oben, S. 161-164), von denen nur die von Leeb Bereitschaft zum Umsturz erkennen ließ. Der vielleicht unsicherste Faktor in Deutschs Kalkulation ist der wirkliche Grad der Entschlossenheit Halders zu irgendeinem Zeitpunkt, den man immer nur vermuten kann, da es bei Halder nie zu einem »Durchbruch nach vorn« gekommen ist.

165 Protokoll .. Halder, S. 31-32; Kosthorst, S. 60-62. In der Spruchkammeraussage ist das begreiflicherweise etwas dramatisiert und ohne Erwähnung Leebs, wenn auch im ganzen zutreffend gesagt.

166 Kosthorst, S. 61.

167 Kosthorst, S. 62; Jacobsen, Fall Gelb, S. 45; vgl. Hassell, S. 108; vgl. Sendtner, S. 410 Anm. 28.

168 Deutsch, S. 212 Anm. 99 hat dieses Datum als so gut wie sicher ermittelt; Sendtner, S. 419 u. Kosthorst, S. 62, neigen eher zu den ersten Novembertagen.

169 Mitteilung Haseloffs bei Sendtner, S. 424-425. Kosthorst, S. 62, auf Grund einer Mitteilung von Röhricht, die dieser aber in seinem Buche (Edgar Röhricht, Pflicht und Gewissen: Erinnerungen eines deutschen Generals 1932 bis 1944, Stuttgart 1965, S. 153-159) nicht wiederholt, sondern lediglich indirekt und sehr allgemein für die Zeit um den 23. November andeutet.

170 Sendtner, S. 425.

171 Kosthorst, S. 62-63.

172 S. unten, S. 203–207.
173 Kosthorst, S. 93.
174 BA EAP 21 X 15/2; Groscurth, S. 483–486.
175 Ob der Vermerk in Groscurths Tagebuch für 31. Oktober, 18 Uhr, »Besprechung des Abteilungschefs [Groscurth] mit General Halder über innenpolitische Lage«, als Hinweis darauf gewertet werden kann, ließ sich nicht feststellen.
176 United States of America Congressional Record: Proceedings and Debates of the 76th Congress, Second Session, vol. 85, part 1, Washington 1939, S. 1024–1027.
177 Keesing's Contemporary Archives: Weekly Diary of Important World Events, vol. no. III, 1937–1940, Keynsham, Bristol [1937–1940], S. 3772.
178 Halder, K.T.B. I, 117; Jacobsen, Fall Gelb, S. 45–46.
179 Halder, K.T.B. I, 117–118.
180 Halder, K.T.B. I, 119.
181 Halder, K.T.B. I, 119; Gisevius, Sonderausgabe, S. 414–417; Ritter, Goerdeler, S. 247–248; Sendtner, S. 475–476. Ritter, Goerdeler, S. 503 Anm. 21 zit. Gisevius II, 154–156, wonach die Besprechung Thomas-Halder am 2. November stattgefunden habe; dies ist mit großer Sicherheit unrichtig. In der Sonderausgabe, S. 416, legt Gisevius die Unterredung auf den 4. November, was mit Halders Aufzeichnung übereinstimmt, aber bedeutet, daß Gisevius seine angeblich zeitgenössischen Zettel geändert hat.
182 Hierzu und zum Folgenden: Sendtner, S. 413–414; Kosthorst, S. 95; Kessel, S. 179; Gisevius, Sonderausgabe, S. 415–417; Deutsch, S. 215–218; Ritter, Goerdeler, S. 248, 504 Anm. 25; Dr. Hasso von Etzdorf, mündl. Mitt. an d. Verf. 24. Aug. 1972. Müller, Heer, S. 511–516. Goerdeler war in Stockholm und kehrte am 4. Nov. zurück. Abweichend von Sendtner, Kosthorst und Ritter hat Deutsch, S. 215–217 und 217 Anm. 113 anhand des Privattagebuches und eines Briefes von Groscurth mit großer Sicherheit ermittelt, daß Halder das »Stichwort« schon am 31. Okt., vor seiner Frontreise, gegeben haben müsse. Wenn er am 5. Nov. losschlagen wollte (falls Hitler dann den endgültigen Angriffsbefehl gab, der sieben Tage vor dem Angriff ergehen mußte), konnte er nicht erst bei seiner Rückkehr am 3. Nov. das »Stichwort« für die Auffrischung der alten Pläne von 1938 und für die sonstigen Vorbereitungen zum Staatsstreich geben. Dies auch gegen Deutsch, S. 220 und unzuverlässige Datierungen bei Gisevius.
183 Kessel, S. 179. Dazu paßt, was Deutsch, S. 222–223 mitteilt: Dr. Werner Haag vom Auswärtigen Amt sich den Verschwörern über Etzdorf und Groscurth an mit dem Plan, Hitler bei einer feierlichen Gelegenheit, etwa einer Kranzniederlegung, mit in den Blumen verborgenem Sprengstoff umzubringen. Das Angebot wurde als zu wenig aussichtsreich abgelehnt. Es war anzunehmen, daß Blumen und Kränze untersucht werden würden, ehe Hitler sie zum Niederlegen in die Hand bekam, der Trick war zu bekannt.
184 Kordt, S. 369–376; Gisevius, Sonderausgabe, S. 463; Etzdorf, S. 4; Kosthorst, S. 87–88; Sendtner, S. 412. Einzelheiten zu beiden Attentatversuchen siehe unten, Kap. VIII, 3. Halders Haltung war widersprüchlich: er war gegen ein Attentat, mit dem er oder die Armee belastet werden und welches an peinliche Vorgänge wie den Kapp-Putsch erinnern könnte, bekundete jedoch sein

Verständnis für den Fall, wie er sagte, daß die heißherzige Jugend sich zu so etwas durchringen würde, und anscheinend sprach er selbst auch spontan von einem Attentat. Halder, Aussagen in Protokoll ... Halder, S. 78a, 78c; Ritter, Goerdeler, S. 249-250. Vgl. die oben, S. 113, 167 berichteten Äußerungen Halders.

185 Jacobsen, Fall Gelb, S. 46, 141.
186 Hierzu und zum Folgenden: Halder, K.T.B. I, 119-120; Halder in Protokoll .. Halder, S. 15-16; Aussage Brauchitschs in Trial of the Major War Criminals before the International Military Tribunal: Nuremberg 14 November 1945-1 October 1946, vol. XX, Nürnberg 1948, S. 575; Groscurth-Tagebuch, 5. Nov. 1939; Helmuth Greiner, Die Oberste Wehrmachtführung 1939-1943, Wiesbaden [1951], S. 66-69; Kordt, S. 372; Wheeler-Bennett, S. 470-471 (Berichtigungen bei Deutsch, S. 227 Anm. 140); Kosthorst, S. 98 bis 99; Jacobsen, Fall Gelb, S. 46-47; Deutsch, S. 226-229.
187 Halder, K.T.B. I, 120; Jacobsen, Fall Gelb, S. 46-49; Deutsch, S. 229. In seinen Aussagen vor der Spruchkammer (Protokoll .. Halder, S. 16) sagte Halder, er habe »erst viel später .. von diesem zurückhaltenden Mann [Brauchitsch] Bruchstücke des Besprechungsinhaltes erfahren.« Dem widerspricht Halders Tagebuch. Charakteristisch ist die Divergenz für Halders Tendenz, in der Erinnerung vieles anders zu berichten, selbst wenn Belege für das Gegenteil leicht beizubringen sind. Ähnlich steht es mit Halders Behauptung, Brauchitsch sei zwischen 5. und 22. Nov. 1939 nicht mehr von Hitler empfangen worden; dem K.T.B. I, 120-131 zufolge war Brauchitsch in dieser Zeit wenigstens dreimal bei Hitler. Z. Ganzen, auch z. Folg., Müller, Heer, S. 520-527.
188 Wheeler-Bennett, S. 471; Zeller, S. 57 ohne Beleg; Sendtner, S. 414 übernahm den Vorgang offenbar von Zeller; Ritter, Goerdeler, S. 249, 504 Anm. 27 verweist dafür auf Wheeler-Bennett, S. 471, der seine Darstellung auf Aussagen Brauchitschs und Halders stützt. Kosthorst, S. 99 ohne Belege bzw. anscheinend lt. Halder; Deutsch, S. 228-229. In seinen Aussagen vor der Spruchkammer hat Halder in einigen Punkten die Besprechungen vom 5. Nov. und vom 23. Nov. verwechselt; seine Zuordnung der Vorgänge zur jeweiligen Konferenz ist daher nur bedingt zuverlässig; Protokoll .. Halder, S. 15-17.
189 Jacobsen, Fall Gelb, S. 49.
190 Gisevius, Sonderausgabe, S. 418; Kosthorst, S. 99-100; Sendtner, S. 415 ohne Beleg. Groscurth schrieb am 4. Nov. 1939 in sein Diensttagebuch: »20.00 [Uhr] Abt. Chef [Groscurth] bespricht mit O.Qu. I [Stülpnagel] etwa notwendige Sicherung des Hauptquartiers. Nichts zu veranlassen.« Vgl. Deutsch, S. 219. Wurde die vorhandene »Sicherung« als genügend betrachtet, verließ man sich auf die ohnehin heranzuziehenden Truppen? Die Anlagen in Zossen unterstanden dem OKW, und mit dessen Billigung hätte die Gestapo wohl in das OKH eindringen können, wenn keine besonders zuverlässigen Einheiten zur Gegenwehr zur Verfügung standen.

In zahlreichen Darstellungen wird noch ein Vorgang berichtet, der sich an demselben Tage zugetragen haben soll: Zeller, S. 496-497 Anm. 24 mit dem Hinweis auf Kessel als Quelle; ferner Dulles, S. 76-77 vermutlich auch auf Grund von Kessel; Sendtner, S. 415 mit starken Zweifeln an der Authentizität des Vorganges; nach Rainer Hildebrandt, Wir sind die Letzten: Aus dem Leben des Widerstandskämpfers Albrecht Haushofer und seiner Freunde,

Neuwied, Berlin o. J., S. 78, hätte Albrecht Haushofer ihm den Vorgang im Herbst 1940 erzählt. In Kessels Aufzeichnungen, S. 179–180 lautet die entsprechende Stelle: »Am 5. November hatte der General, in dessen Händen alle Fäden zusammenliefen – seinen Namen habe ich nicht erfahren und auch nicht danach gefragt –, seinen üblichen Vortrag bei Hitler. Am Schluß des Vortrages fragte ihn dieser [sic] plötzlich, was er vorhabe. Der General, noch nicht stutzig, zählte ihm ruhig eine Reihe von Dienstgeschäften auf, die er zu erledigen habe. Darauf Hitler: ›Nein, das meine ich nicht, ich sehe es Ihnen doch an, daß Sie sonst noch etwas vor haben.‹ Der General, sich mit Mühe meisternd, heuchelt Erstaunen und Unverständnis und wird in Gnaden entlassen. Er stürzt davon und erklärt dem Generalstab, es müsse alles verraten sein. Äußerster Schrecken befällt alle Beteiligten, sofort werden die notwendigen Maßnahmen eingeleitet, um jede Spur des Plans zu verwischen, die Truppen erhalten den Befehl, an die Westfront abzurücken. Nach einigen Tagen stellt sich heraus, daß nichts verraten worden war, Hitler nichts hatte wissen können.« Nach Gisevius, Sonderausgabe, S. 418 wäre Brauchitsch »der General« gewesen. Vom Verlauf der Besprechung selbst abgesehen paßt der Vorgang auf Brauchitschs Vortrag am 5. Nov. Aber den Kern der Sache, Hitlers Äußerung, die auf einen bestimmten Verdacht schließen ließ, wird man für eine apologetische Legende halten müssen, die ihren Weg in das Auswärtige Amt und so zu Kessel gefunden hat. Vgl. den von Deutsch, S. 204 nach Erinnerungen Th. Kordts berichteten Vorgang.

191 Ritter, Goerdeler, S. 502 Anm. 19 auf Grund der Aussagen von Zeugen im Huppenkothen-Prozeß; Deutsch, S. 232. Später, als Dohnanyi verhaftet war, drängte er auf Vernichtung der Papiere, aber nun wollte sie Beck als Belege für Wollen, Geist und frühen Beginn der Opposition erhalten wissen. Am 22. Sept. 1944 wurden sie von der Gestapo in Zossen entdeckt.

192 Halder, K.T.B. I, 120–122; Groscurth-Tagebuch, 5.–9. Nov. 1939.

193 Groscurth, 5. Nov. 1939, S. 225; Deutsch, S. 213–232; Müller, Heer, S. 524. Müller, Heer, S. 518–520 betont, daß Halder die Putschauslösung nicht als automatische Folge eines anderen Ereignisses zugesagt habe, teilt aber nicht mit, was für Halder Auslösekriterien gewesen seien, wenn nicht Hitlers Angriffsbefehl und Brauchitschs Teilnahme oder Duldung eines Putsches.

194 Gisevius, Sonderausgabe, S. 418; Müller, Heer, S. 525–529 übernimmt diese Mitteilung von Gisevius, die Groscurths Privattagebuch vom 5. Nov. 1939 bestätige, als korrekt, verstrickt sich aber bei seiner gewohnten umständlichen Erörterung der Situation, der vermutlichen Gemütsverfassung und Motive Halders usw. in Fehlschlüsse und Widersprüche, ohne die Nichtausnützung der guten Gelegenheit zu erklären. John, Zweimal, S. 34, 66–67 berichtet, was Brauchitsch ihm 1947 im Kriegsgefangenenlager bei Bridgend gesagt hat: Man hätte ihn zwischen Polen- und Frankreichfeldzug sowenig für einen Staatsstreich gewinnen können wie 1938. Die Möglichkeit der Duldung eines Staatsstreiches durch Brauchitsch ist dadurch nicht eingeschränkt.

195 Deutsch, S. 235–236 nimmt an, Halders Nerven haben versagt; die Vorgänge von 1938 und andere Episoden zeigen, daß dies »Versagen« häufig war.

196 Gisevius, Sonderausgabe, S. 149, als Zeuge dieses Vorgangs; Deutsch, S. 233 Anm. 151; Bestätigung in Groscurths persönlichem Tagebuch v. 5. Nov. 1939; Müller, Heer, S. 526–527.

Kapitel V

197 Gisevius, Sonderausgabe, S. 419; Deutsch, S. 234.
198 Heinz, Canaris, S. 51; Karl Heinz Abshagen, Canaris: Patriot und Weltbürger, Stuttgart 1949, S. 132; Gisevius, Sonderausgabe, S. 420.
199 Gisevius, Sonderausgabe, S. 419.
200 Groscurth-Tagebuch, 6. Nov. 1939; Groscurths Privattagebuch, zit. bei Deutsch, S. 237, bestätigt den Bericht von Gisevius, Sonderausgabe, S. 420–422.
201 Gisevius, Sonderausgabe, S. 421.
202 Gisevius, Sonderausgabe, S. 421; Groscurth-Tagebuch, 6. Nov. 1939. Die Angaben von Gisevius und Groscurth hierzu stimmen fast genau überein. Gisevius konnte bei der Abfassung seines Buches das Tagebuch Groscurths nicht kennen. Weitere Bestätigung aus holländischen Quellen bei Deutsch, S. 96.
203 Groscurth, 5. u. 6. Nov. 1939, S. 225; nach Gisevius, Sonderausgabe, S. 421–422, hat Witzleben am folgenden Morgen noch selbst mit Canaris telephoniert.
204 Gisevius, Sonderausgabe, S. 422; vgl. Kosthorst, S. 107 auf Grund von Gisevius II, 162–165 (Sonderausgabe, S. 422–424) u. Halder; Halder, K.T.B. I, 126. Vom 7. Nov. 1939 datiert ist Keitels Mitteilung an die Oberkommandos der Wehrmachtteile, der Angriff sei »zunächst um 3 Tage verschoben«; Trial of the Major War Criminals before the International Military Tribunal: Nuremberg 14 November 1945–1 October 1946, vol. XXXIV, Dok. 072-C, S. 284; vgl. Jacobsen, Fall Gelb, S. 49; Groscurth-Tagebuch, 7. und 8. Nov. 1939.
205 Gisevius, Sonderausgabe, S. 422; Deutsch, S. 96. Einzelheiten zu Osters Mitteilungen an Sas s. unten, S. 215–219.
206 Gisevius, Sonderausgabe, S. 422.
207 Gisevius, Sonderausgabe, S. 422; Deutsch, S. 238–239 nach damaligen Aufzeichnungen Müllers in Vincenz Müller, Ich fand das wahre Vaterland, Berlin 1963, S. 369. Müller, Heer, S. 532 übernahm die irrige Datierung Kosthorsts.
208 Gisevius, Sonderausgabe, S. 423. Das war also nur zwei oder drei Tage vor Halders angeblichem Entschluß zum Staatsstreich.
209 Ebenda. Diese Auffassung hat auch Halder immer wieder vorgebracht; vgl. z. B. Trials of War Criminals X, 546, 858.
210 Gisevius, Sonderausgabe, S. 423–424; Halder, K.T.B. I, 126; Deutsch, S. 249 bis 252 und Müller, Heer, S. 543–546, auch zum Folgenden.
210a Groscurth, 10. Dez. 1939, S. 236; Hassell, S. 93; Halder, K.T.B. I, 133; Thomas, Gedanken, S. 513.
211 Halder, K.T.B. I, 121–122; Groscurth-Tagebuch, 7. und 8. Nov. 1939; Jodl in Hubatsch, S. 285; Baur, S. 183; Ritter, Goerdeler, S. 250.
212 Halder, K.T.B. I, 122; Groscurth-Tagebuch, 8. Nov. 1939; Jacobsen, Fall Gelb, S. 49 und 277 Anm. 25; Deutsch, S. 72–79 und 243–244 nach Rothfels, Opposition, S. 195–196 Anm. 84. Auf Grund einer überarbeiteten Ausgabe des Werkes von Rothfels nennt Deutsch auch noch die belgische Gesandtschaft. Die Warnungen an Belgien führten nach Deutsch, S. 244 dazu, daß König Leopold mit dem Auto von Brüssel nach Den Haag fuhr und dort mit Königin Wilhelmine das Friedensvermittlungsangebot verabredete.
213 Groscurth-Tagebuch, 8. Nov. 1939; zu den Zeitangaben s. Peter Hoffmann, Die Sicherheit des Diktators, München, Zürich 1975, S. 123.
214 Ebenda.
215 Groscurth-Tagebuch, 9. Nov. 1939. Heinz, Canaris, S. 117–119, berichtet, Canaris habe schon am Nachmittag des 8. November das Attentat voraus-

gesagt, aber auch, daß Hitler die Offensive erst in der Nacht vom 8. auf den 9. November abgeblasen habe. Beides ist unrichtig. Ritter, Goerdeler, S. 250, bezeichnet es als »kaum noch zweifelhaft«, daß das Attentat nur ein Propagandatrick gewesen sei. Anton Hoch, »Das Attentat auf Hitler im Münchner Bürgerbräukeller 1939«, VfZ 17 (1969), S. 383–413 kam zu dem Ergebnis, Elser habe ganz allein gehandelt. S. Kap. VIII.
216 Vgl. Groscurth-Tagebuch, 10. Nov. 1939; Gisevius, Sonderausgabe, S. 424 bis 427.
217 Jacobsen, Fall Gelb, S. 49.
218 Hierzu und zum Folgenden: Gisevius, Sonderausgabe, S. 425–426; Deutsch, S. 256; Müller, Heer, S. 535–536; Groscurth, 12. 11. 39, S. 229.
219 Hierzu und zum Folgenden: Gisevius, Sonderausgabe, S. 426–429; Deutsch, S. 241–242.
220 Kosthorst, S. 49; Berichtigung des Datums Kosthorsts (10. Nov.) bei Jacobsen, Fall Gelb, S. 50 und 277 Anm. 28; Laternser, S. 298–299; Groscurth-Tagebuch, 9. Nov. 1939.
221 Laternser, S. 299.
222 Laternser, S. 299; Kosthorst, S. 49, 106–107.
223 Hierzu und zum Folgenden: Halder, K.T.B. I, 121–123; Jodl in Hubatsch, Tagebuch, S. 285–287; Jacobsen, Fall Gelb, S. 49–51.
224 Halder, K.T.B. I, 131–132; Jodl in Hubatsch, Tagebuch, S. 59; Protokoll .. Halder, S. 16–17; Aussage Halders im OKW-Prozeß, Trials of War Criminals X, 545–548; vgl. Röhricht, S. 149–152; Kordt, S. 376–377; Sendtner, S. 418 bis 423. Die Darstellung bei Wheeler-Bennett, S. 474, ist nur teilweise richtig; irrig ist z. B. die Mitteilung, Hitler habe nach seiner Hauptansprache Brauchitsch gleich noch dabehalten zu einer persönlichen Lektion über den Geist von Zossen.
225 Jodl in Hubatsch, Tagebuch, S. 59; Halder, K.T.B. I, 131; Kosthorst, S. 108 bis 109; Jacobsen, Fall Gelb, S. 59–63. Die Rede ist (in drei verschiedenen inoffiziellen Versionen) erhalten: Trial of the Major War Criminals before the International Military Tribunal: Nuremberg 14 November 1945–1 October 1946, vol. XXVI, Nürnberg 1947, S. 327–336; Hans-Adolf Jacobsen, 1939–1945: Der zweite Weltkrieg in Chronik und Dokumenten, Darmstadt 1959, S. 133–139; Domarus, S. 1421–1427; Documents on German Foreign Policy 1918–1945, Series D (künftig zit. als DGFP), vol. VIII, Washington 1954, Nr. 384. Einer Fußnote an der zuletzt genannten Stelle zufolge wurde die Niederschrift, deren Autorschaft unbekannt ist, 1945 in den OKW-Akten in Flensburg aufgefunden. Halder gab aus dem Gedächtnis den Inhalt wieder im OKW-Prozeß: Trials of War Criminals X, 548, 856–858. Halders Darstellung in diesem Prozeß stimmt mit dem in seiner Spruchkammerverhandlung gegebenen Abriß im wesentlichen überein, ebenso mit der vorerwähnten Version. Ausführlich zu dieser Frage Jacobsen, Fall Gelb, S. 60, wo auch die anderen Versionen und Überlieferungen genannt sind.
226 Trial XXVI, 330.
227 Halder, K.T.B. I, 131; Jodl in Hubatsch, Tagebuch, S. 59. Halder nennt als Zeitpunkt 14.30 Uhr, Jodl 13.30 Uhr. Jacobsen, Fall Gelb, S. 63–64 und 281 Anm. 39 (übernimmt Halders Zeitangabe); Inhalt der Ausführungen Hitlers ebenda.

Kapitel V

228 Hierzu und zum Folgenden: Brauchitschs Aussage in Trial XX, 575; Halders Aussagen in Trials of War Criminals X, 857; Protokoll .. Halder, S. 16–17; Halder, K.T.B. I, 132. Jacobsen, Fall Gelb, S. 64; vgl. Ritter, Goerdeler, S. 255.
229 Er selbst berichtete später, daß Hitler den Vorwurf erhoben habe: Protokoll .. Halder, S. 16–17.
230 Kosthorst, S. 50, 105.
231 Aussage Halders im OKW-Prozeß, Trials of War Criminals X, 545–546, 858.
232 Hierzu und zum Folgenden: Thomas, S. 543, 546–548; Halder, K.T.B. I, 133; Huppenkothen, 20. Juli, S. 4; Hassell, S. 92–95; vgl. oben, S. 180.
233 Gisevius, Sonderausgabe, S. 431. Halders Tagebucheintrag über den Vortrag von Thomas lautet: »Popitz. Schacht – Thomas. [Anmerkung:] ObdH.« Nirgends wird berichtet, daß Thomas nicht allein bei Halder gewesen sei; der Eintrag wird also besagen, Thomas habe sich auf Popitz und Schacht berufen, um seinen Darlegungen Gewicht zu geben. Thomas, S. 548 nannte noch Goerdeler, Beck und Oster, nicht aber Schacht. Kosthorst, S. 111 Anm. 53 erklärt das damit, daß Thomas Halder gegenüber nur die Namen genannt habe, die ihm am wirksamsten erschienen seien. Vgl. Deutsch, S. 266–268.
234 Bor, S. 125. Am 26. Dezember 1939 sagte Halder zu Dr. Walter Conrad, einem Beamten des Innenministeriums, der mit ihm im selben Haus wohnte: er, Halder, zweifle, ob man während des Krieges das Hitlerregime beseitigen könne; nach dem Kriege, ja; aber erst einmal müsse man den Krieg glücklich beenden. Auf die Entgegnung Conrads, ein siegreicher Hitler könne nie gestürzt werden, stimmte Halder »grundsätzlich« zu, sagte aber, in den gegenwärtigen Verhältnissen sei nicht weiterzukommen, weil die Dolchstoßlegende in der Vorstellungswelt der Soldaten zu tief verankert sei. Dr. Walter Conrad, Meine Besprechungen mit Generaloberst Halder über die Beseitigung Hitlers, undatiert, BA – MA N 124/28.
235 Hassell, S. 94–95; Huppenkothen, 20. Juli, S. 4.
236 »Eine Wendung im bisherigen Krieg?« Masch., o. O. 20. Nov. 1939, BA EAP 21 X 15/2; Groscurth, S. 486–490.
237 Bei Feierlichkeiten zur Wiedereröff. der Kriegsakad. in Berlin am 15. Okt. 1935.
238 »Betrachtung über die deutsche Lage um die Jahreswende 1939/40«, BA EAP 21 X 15/2; Groscurth, S. 493–497.
239 BA EAP 21 X 15/2. Vgl. die Analyse bei Mommsen, Gesellschaftsbild, S. 90–91.
240 Groscurth-Tagebuch, 18., 19., 20., 21. Dez. 1939; Deutsch, S. 281–283.
241 Halder, K.T.B. I, 145 und Anm. 1 zu 22. 12. 39; vgl. Hassell, S. 108.
242 Halder, K.T.B. I, 160.
243 Groscurth-Tagebuch, 5. Jan. 1940; Durchschlag eines Briefes von Groscurth an Ulrich Graf Schwerin von Schwanenfeld (damals Adjutant bei Witzleben) vom 17. Feb. 1940, BA EAP 21 X 15/2. Nach Halder, K.T.B. I, 160 und Anm. 1 gab es von Blaskowitz eine Denkschrift unter dem Datum 6. Feb. 1940. Aber am 18. Jan. 1940 schon äußerte sich Canaris zu Halder über Blaskowitz' Berichte und über die Zustände in Polen. Groscurth vermutete sicher mit Recht, die Verwendung geheimer Berichte von Blaskowitz bei seiner Westreise habe zu Groscurths »Sturz« als Leiter der Abt. z. b. V. des Amtes Ausland/Abwehr beim OKH beigetragen. Er war aber schon am 1. Feb. 1940 dienstenthoben, so daß es sich nicht um diese spätere Denkschrift Blaskowitz' gehandelt haben kann. Vgl. Groscurth-Tagebuch, 1. Feb. 1940; Deutsch, S. 180.

244 BA EAP 21 X 15/2.
245 Vgl. oben, Anm. 152.
246 Halder, K.T.B. I, 152-153; vgl. unten, Abschn. 4.
247 Vgl. oben, Anm. 152.
248 Hassell, S. 100.
249 Hassell, S. 100, 106; Kosthorst, S. 117-118. Offenbar sind die Gedanken ein Widerschein der Versuche Osters und Gisevius', Witzleben wieder irgendwie für die Opposition zu aktivieren.
250 Hassell, S. 102.
251 Hassell, S. 96-97, 103-106; Jodl in Hubatsch, Tagebuch, S. 61-69 (dort sind auch die ständigen Verschiebungen jeweils notiert); Halder, K.T.B. I, 137 bis 237; Jacobsen, 1939-1945, S. 23; Jacobsen, Fall Gelb, S. 90-93, 141 (hier Tabelle mit allen Angriffsterminen und ihren Verschiebungen).
252 Halder, K.T.B. I, 159; Huppenkothen, 20. Juli, S. 4 auf Grund der Vernehmungen nach dem 20. 7. 44 und einer Aufzeichnung Becks, die der Gestapo in die Hände fiel; Schlabrendorff, Offiziere, S. 49. Kosthorst, S. 118, möchte ein früheres Datum annehmen, weiß aber nicht, welches und hat auch keinen Beleg außer einer vagen Erinnerung Halders und der Meinung, daß »es am 16. Januar in der Luft hängen würde.« Weiterer Bericht über die Unterredung bei Kosthorst, S. 118-120, ohne Belege, jedoch anscheinend auf Grund der Mitteilungen Halders an Kosthorst. Vgl. ferner Deutsch, S. 275-276.
253 Halder, K.T.B. I, 159 Anm. 4; Kosthorst, S. 118.
254 Huppenkothen, 20. Juli, S. 4; Schlabrendorff, Offiziere, S. 49-50; Kosthorst, S. 118-119.
255 Kosthorst, S. 119, auch zum Folgenden.
256 Nach Schlabrendorff, Offiziere, S. 50 begründete Halder seine Ablehnung damit, daß Brauchitsch anderer Auffassung sei und nicht glaube, das Heer werde einen Staatsstreich ausführen, und schließlich kämpfe England nicht nur gegen Hitler, sondern zugleich gegen das deutsche Volk. Nach dem viel späteren Bericht Halders, den Kosthorst, S. 119 wiedergibt, hätte Halder zu Beck gesagt: Brauchitschs Zögern nehme er nicht so ernst, er könnte ihn schon mitreißen. Aber die Sache könne nur Erfolg haben, wenn eine breite deutsche Front dahinterstehe und zur Weiterführung des Umsturzes entschlossen sei. Daran fehle es also, der Umsturz wäre eine Art Kapp-Putsch, und für einen Putsch mit so geringen Erfolgschancen könne er den guten Namen des Oberbefehlshabers des deutschen Heeres nicht riskieren. Vgl. zu Halders Haltung oben, S. 185.
257 Halder, K.T.B. I, 195.
258 S. unten, S. 211, 213.
259 Groscurth, S. 238, 241; vgl. Deutsch, S. 285.
260 Groscurth-Tagebuch, 5. Jan. 1940.
261 Hierzu und zum Folgenden: Abdruck des Erlasses bei Jacobsen, 1939-1945, S. 569-570; [Theodor] Groppe, Erlebnisse eines alten Soldaten während der Nazi-Zeit 1933-1945, Masch., Hanau 9. Nov. 1945, NA RG 338 MS no. B-397, S. 7-18 mit dem Erlaß und darauffolgender Korrespondenz; ders., Ein Kampf um Recht und Sitte: Erlebnisse um Wehrmacht, Partei, Gestapo, Trier ²1959, passim; Halder, K. T. B. I, November 1939-Januar 1940, passim;

Groscurth-Tagebuch, Nov. 1939-Jan. 1940, passim; Groscurth an Schwerin von Schwanenfeld, 17. Feb. 1940, BA EAP 21 X 15/2.
262 Halder, K.T.B. I, 160; hierzu und zur Untätigkeit Brauchitschs auch Deutsch, S. 180–189.
263 Halder, K.T.B. I, 170–171.
264 Groscurth-Tagebuch, 26., 27., 29., 31. Jan. 1940.
265 Groscurth-Papiere, BA EAP 21 X 15/2. Zur Ablösung Groscurths s. ferner Etzdorf, Niederschrift. – Die 75. Div. unterstand – wenigstens nach dem Stand vom 10. Mai 1940 – Witzlebens 1. Armee, die ihrerseits zu Leebs HGr C gehörte: Halder, K.T.B. I, Kartenbeilage »Lage West vom 10. 5. 1940«.
266 Groscurth-Tagebuch, 1. Feb. 1940; Halder, K.T.B. I, 202–203; Deutsch, S. 284 bis 287.
267 Hassell, S. 94, 97.
268 Bericht des schwedischen Gesandten Richert vom 5. Januar 1940, in Übers. abgedr. in »›Widerstand ist vaterländische Pflicht‹: Aus den Akten des Schwedischen Ministerium [sic] des Äußeren«, Politische Studien 10 (1959), S. 435 bis 439.
269 Kosthorst, S. 126–129.
270 Ritter, Goerdeler, S. 258; Sumner Welles, The Time for Decision, New York 1944, S. 90, 120–121; Welles war in Berlin vom 1. bis 5. März; Kopp, Niederschrift Walz, S. 111.
271 Ebenda.
272 Ritter, Goerdeler, S. 258.
273 Ebenda.
274 Ritter, Goerdeler, S. 258–259 (ohne die Namen der beiden Abgesandten und des Begleiters von Dr. Wirth); vgl. Lothar Kettenacker, Hrsg., Das »Andere Deutschland« im Zweiten Weltkrieg, Stuttgart 1977, S. 181–183.
275 Ritter, Goerdeler, S. 259.
276 Ritter, Goerdeler, S. 259–260.
277 Ebenda.
278 Vgl. dazu oben, S. 74–94.
279 Es scheint sich um ein Versagen des ehemaligen Reichwehrministers Geßler zu handeln, der aber bestreitet, überhaupt etwas damit zu tun gehabt zu haben. Hassell, S. 126 und 129 dagegen berichtet unter dem 22. März und unter dem 6. April von entsprechenden persönlichen Mitteilungen Geßlers an ihn. S. dazu Ritter, Goerdeler, S. 260 und S. 507 Anm. 49; vgl. über Wirth auch Deutsch, S. 132 Anm. 91.
280 Hierzu und zum Folgenden: Kordt, S. 379–383; Ritter, Goerdeler, S. 260–261; Deutsch, S. 158–166; vgl. oben, S. 142, 154–156.
281 Groscurth-Tagebuch, 15. Nov. 1939.
282 Kosthorst, S. 90.
283 Kordt, S. 381, wo der Brief im Wortlaut abgedruckt ist.
284 S. Young, S. 233–240; Sir Alexander Cadogan, The Diaries, London 1971, S. 128–129; Ritter, Goerdeler, S. 261.
285 Hierzu und zum Folgenden: Hassell, S. 103, 112–115; J[ames] Lonsdale Bryans (in Hassells Tagebuch »Mr. X.«), Blind Victory (Secret Communications, Halifax-Hassell), London 1951, S. 36–81; J[ames] Lonsdale Bryans, »Zur

britischen amtlichen Haltung gegenüber der deutschen Widerstandsbewegung«, VfZ 1 (1953), S. 348–350; Ritter, Goerdeler, S. 261–263; Wheeler-Bennett, S. 488–490; Sendtner, S. 472–473.

286 Lonsdale Bryans, Zur britischen amtlichen Haltung, S. 348 behauptet, Halifax habe ihm sofort vollen diplomatischen Charakter zuerkannt, was aber sicherlich zu weit geht, er konnte ja nicht einmal eine schriftliche Instruktion erhalten, mit der er sich gegenüber Hassell hätte legitimieren können.

287 Nach Ritter, Goerdeler, S. 261, hätte es sich um einen Wunsch der Opposition gehandelt; aber Hassell, S. 113, bezeichnet diesen Punkt ausdrücklich als das »Ziel von X«.

288 Abgedruckt bei Hassell, S. 114–115.

289 Graml, Vorstellungen, S. 33; Nebgen, S. 120.

290 Graml, Vorstellungen, S. 33–34.

291 [House of Commons], Session 28 November 1939 – 20 November 1940, vol. XII u. 29 November 1944 – 15 June 1945, vol. X, London 1939– 1940 u. 1944–1945.

292 Vgl. Ritter, Goerdeler, S. 262.

293 Lonsdale Bryans, Zur amtlichen britischen Haltung, S. 349–350 und Cadogan, S. 256–257, auch zum Folgenden; ferner Ritter, Goerdeler, S. 263.

294 Cadogan, S. 256–257. Vgl. zur Mission Dr. Müllers unten, S. 203–207. Gegen Ritter, Goerdeler, S. 263, s. Hassell, S. 131, er habe Lonsdale Bryans geantwortet, er glaube zu wissen, um welchen anderen Weg es sich da handle, nämlich um eine »ernsthafte Aktion«, »die auf unserer Seite an die gleiche Gruppe gelangt sei, mit der ich in Verbindung stehe«. Die Botschaft an Dr. Wirth ist aber nicht an die Verschwörer in Deutschland gelangt. Wheeler-Bennett, S. 490, nimmt ohne weiteres an, daß es sich um die Vatikan-Gespräche handelte. Dies wiederum ist nach Sendtner, S. 472 Anm. 88, höchst unwahrscheinlich, weil die Vatikan-Gespräche schon im Januar abgeschlossen wurden, also die Zeitangabe »eine Woche vorher« nicht stimmen kann. Deutsch, S. 170 nimmt an, Cadogan habe sich versprochen und »Woche« statt »Monat« gesagt, also sich auf die Bestätigung der britischen Haltung bezogen, die im März an Dr. Müller gelangt war. Ebensogut könnte sich Lonsdale Bryans verhört oder irrtümlich erinnert haben.

295 Hassell, S. 130–131; Ritter, Goerdeler, S. 263 las ungenau: 15. April.

296 Ritter, Goerdeler, S. 263.

297 Hassell, S. 131–132. Was Deutsch, S. 170 dazu berichtet – Hassell habe gesagt, das sei nicht das, was die Opposition brauche – findet sich nicht an der von Deutsch angegebenen Stelle.

298 Vgl. Ritter, Goerdeler, S. 265, der das angebliche Imstichgelassensein der Opposition eine Legende nennt.

299 Hierzu und zum Folgenden sind die Hauptquellen: Bericht von Dr. Müller über seine Besprechungen am Vatikan zwischen 6. und 12. November 1939, BA EAP 21 X 15/2 (Groscurth-Papiere); der sogenannte X-Bericht, der von Dohnanyi verfaßt und im Frühjahr 1940 Halder und Brauchitsch vorgelegt wurde, anscheinend am 22. Sept. 1944 bei den Zossener Akten von der Gestapo aufgefunden, von Halder während der Haft nochmals durchgesehen, danach aber verschwunden und wahrscheinlich 1945 mit anderen Gestapo-

akten verbrannt worden ist (vgl. Ritter, Goerdeler, S. 264; Aussagen Müllers im Huppenkothen-Prozeß, [Josef Müller], »Für das anständige Deutschland«, Telegraf, 15. Okt. 1952; Josef Müller, Bis zur letzten Konsequenz, München [1975], S. 80–141. Müller schrieb über seine Mission in Kenntnis und teilweise auf Grund der seit 1945 erschienenen Literatur und der seit 1969/1970 zugänglichen Akten des Foreign Office. Sendtner, S. 464–469); Hassell S. 124, 129; Halder, Aussagen in Protokoll .. Halder, S. 32–34, 75; Thomas, S. 546 bis 547; Spiegelbild, S. 509; Gisevius, Aussagen in Trial XII, 229–231; Robert Leiber SJ, »Pius XII. †«, Stimmen der Zeit 163 (1958), S. 98–99; John, Some Facts, S. 29–31; Huppenkothen, 20. Juli, S. 4–5; Sonderegger an Landger. München I, S. 2–4; Aussagen Sondereggers vor dem Arbeitskreis Europäische Publikation e. V. am 15. Okt. 1952, IfZ ZS 303/II; Dohnanyi, S. 7–8; Deutsch, S. 111–148; Ritter, Goerdeler, S. 248, 502–503 Anm. 20, S. 263 bis 266; Sendtner, S. 442–506; Kosthorst, S. 130–146; Gert Buchheit, Der deutsche Geheimdienst: Geschichte der militärischen Abwehr, München 1966, S. 294–296.

300 Ritter, Goerdeler, S. 120, 248; Wheeler-Bennett, S. 492; Deutsch, S. 111–114.
301 Nach Sendtner, S. 450 jedoch erst etwa Anfang November, nachdem die Bereitschaft der Engländer zu Verhandlungen schon festgestellt war. Ebenso Buchheit, S. 294, ohne Einzelbelege.
302 Ritter, Goerdeler, S. 248; Sendtner, S. 445; vgl. Kosthorst, S. 131.
303 Spiegelbild, S. 509; Deutsch, S. 114.
304 BA EAP 21 X 15/2; Groscurth, S. 506–509; Ludlow, S. 299–341.
305 Sendtner, S. 445; Kosthorst, S. 131 ist nur sicher, daß es vor November 1939 geschah; vgl. Buchheit, S. 293–294 und Deutsch, S. 117–119.
306 Kosthorst, S. 133.
307 Sendtner, S. 446; Kosthorst, S. 132–133.
308 Sendtner, S. 446. Die genauen Daten für Dr. Müllers Reisen konnten bisher nicht festgestellt werden, auch nicht von Deutsch, da Dr. Müller sich nicht mehr an sie erinnert: Sendtner, S. 445; Deutsch, S. 117–119. Pater Leiber hat spätestens im Juli 1944 alliierten Geheimdienstleuten über die frühen Umsturzversuche berichtet; OSS Research and Analysis Branch Summaries Index File 88111S, NA RG 226. Nach Müllers Erinnerung hätten die Kontakte im September 1939 begonnen, nach Leiber im Oktober (Deutsch, S. 117 bis 119). Nach Ludlows Ermittlungen (S. 299–315) ist die Kontaktkette Opposition-Vatikan-Foreign Office nicht vor Dezember 1939 hergestellt und Papst Pius XII. nicht vor 9. Januar 1940 über den eigentlichen Zweck der Mission Müllers informiert worden. Die bisher gefundenen Dokumente bestätigen den Inhalt, nicht den zeitlichen Ablauf der Kontakte, wie Müller und Leiber sie berichtet haben; sie widerlegen ihn aber auch nicht allein durch ihre scheinbaren Lücken. Leiber meint, *sachliche* Verhandlungen mit Beteiligung des Papstes seien jedenfalls vor dem 31. Oktober nicht möglich gewesen, da an diesem Tag erst der Papst aus seinem Sommersitz Castel Gandolfo zurückgekehrt sei und in Castel Gandolfo keine ausländischen Diplomaten zu empfangen pflegte. Siehe hierzu auch den von Huppenkothen in seinem Prozeß 1952 zitierten Aktenvermerk vom 18. Oktober, wonach Dr. Müller gerade aus Rom zurückgekommen war: Ritter, Goerdeler, S. 502 Anm. 20.

309 Sendtner, S. 446; Deutsch, S. 111.
310 Nach Deutsch, S. 119 war das nach dem 5. und vor dem 18. Okt., an welchem Tag Müller schon von seiner zweiten Romreise zurückkam.
311 Kosthorst, S. 132; vgl. Deutsch, S. 120 Anm. 50, 121–122 Anm. 56; Sendtner, S. 448 hält für wahrscheinlich, daß auch auf diese Frage die Antwort schon kurz nach Mitte Oktober vorlag. Deutsch, S. 119 bestätigt diese Vermutung.
312 Kosthorst, S. 132–133; Sendtner, S. 448.
313 Kosthorst, S. 132–133; Sendtner, S. 448; Groscurth-Tagebuch, 20. Okt. 1939; Deutsch, S. 119 auf Grund der Aussagen Huppenkothens, der die Notizen Dohnanyis genau kannte; Ludlow, S. 303, 312, 325–341; Kettenacker, S. 172 bis 174. J. Müller, S. 88, 106, 109, 125, 130–132 betont seine Vorsicht, auch seine ungenaue Erinnerung für den Zeitablauf. Am 4. Nov. verwendete Thomas bei Halder Mitteilungen Müllers; s. oben, S. 176.
314 Sendtner, S. 449; Kosthorst, S. 133; Deutsch, S. 124–126. Weitere Gesprächspartner Dr. Müllers in Rom waren Prälat Dr. Ludwig Kaas, früher Zentrumsführer, 1934 emigriert; Monsignor Dr. Johann Schönhöffer von der Propaganda Fides; Pater Dr. Ivo Zeiger SJ, Rektor des Collegium Germanicum in Rom. In Dr. Müllers Bericht sind sie unter durchsichtigen Decknamen genannt: »Onkel Ludwig« ist Prälat Dr. Kaas; »Giovanni« ist Msgr. Schönhöffer; usw. Zum Folgenden: Die von Dr. Müller aufbewahrten Schriftstücke Pater Leibers sind nach dem Zeugnis Huppenkothens nicht mit den anderen Zossener Papieren in die Hände der Gestapo gefallen; Deutsch, S. 147–148; vgl. Ritter, Goerdeler, S. 264; Sendtner, S. 453–454; Kosthorst, S. 134 lt. Müllers Rundfunkvortrag in Günther Weisenborn, Der lautlose Aufstand: Bericht über die Widerstandsbewegung des deutschen Volkes 1933–1945, Hamburg 1953, S. 241–242.
314a Erlasse und Berichte betr. Pater Leiber 26. 6. 40–28. 7. 41, AA/PA Nl. Makkensen Handakten Bd. 4; J. Müller, S. 92–99, 145–154. Pater Leiber wurde der Weitergabe militärischer Informationen (Angriffstermine) verdächtigt.
315 Sendtner, S. 449–450; vgl. Bericht Dr. Müllers über »Besprechungen in Rom beim Vatikan« (wie Groscurth darüberschrieb), BA EAP 21 X 15/2.
316 Sendtner, S. 456–458; Müller, Besprechungen; Deutsch, S. 136–137, 157, 173–174.
317 Kosthorst, S. 134; Sendtner, S. 455, 460; vgl. Groscurth-Tagebuch, 2. Jan. 1940; Ritter, Goerdeler, S. 264; vgl. Deutsch, S. 289–315.
318 Müllers Aussage im Huppenkothenprozeß, Telegraf, 15. Okt. 1952; Sendtner, S. 448, 460–462; Deutsch, S. 137–139, 297; Halifax an Osborne 17. Feb. 1940, Ludlow, S. 334, 336–337.
319 Ludlow, S. 318–322, 334–337.
320 Ludlow, S. 322–323; Sendtner, S. 468–469; Kosthorst, S. 136–137, teilt mit: Halder, »dessen gutes Gedächtnis sich wiederholt erwiesen« habe, erinnere sich auf Grund der ihm später über Dr. Müllers Sondierungen vorgelegten Unterlagen, daß nicht nur alle Ostfragen (Korridor; ehemalige Tschechei wiederherzustellen, aber als deutsches Einflußgebiet) und das Schicksal Österreichs ganz »im deutschen Sinne gelöst werden« sollten, sondern auch »im Westen die deutsche Grenze von 1914 wiederhergestellt werden«, also Elsaß und Lothringen Frankreich weggenommen werden sollte! Da sich sonst niemand an eine solche Zusicherung erinnert, die auch Kosthorst grotesk erscheint, andererseits aber Halders Gedächtnis so gut ist, beschließt Kost-

horst, diesen Punkt »zunächst außer Ansatz« zu lassen. Auch später löst er den Widerspruch nicht. Pater Leiber bezeichnet in Pius XII., S. 98–99 die angebliche Zusage Pius' XII. auf Wiederherstellung der deutschen Grenzen von 1914 gegenüber Polen als »gänzlich frei erfunden. Der Papst hätte zu einer Auflösung oder Aufteilung Polens nie und nimmer seine Hand gereicht«. Das müsse eine Fälschung sein. John, Some Facts, S. 29, berichtet nichts, was irgendwie die Westgrenze betrifft, dagegen ganz allgemein als Angebot der Westmächte die Wiederherstellung des nach Abschluß des Münchener Abkommens gültigen Zustandes. Vgl. Ritter, Goerdeler, S. 264.

321 Ludlow, S. 320–323, 335; Cadogan, S. 255.
322 S. oben, S. 180; Ludlow, S. 337.
323 Ritter, Goerdeler, S. 264; Kosthorst, S. 135; Sendtner, S. 464; Müller, Heer, S. 558–566.
324 Vgl. Kosthorst, S. 134–135; Halder in Protokoll .. Halder, S. 33.
325 Hassell, S. 124; Sendtner, S. 464–467; Thomas, S. 546; der letzte Punkt findet sich nicht in Halifax' Instruktion vom 17. Februar 1940; Ludlow, S. 337. J. Müller, S. 131 meint, es habe geheißen »freie Hand für Verhandlungen im Osten«.
326 Thomas, S. 546–548. Thomas sprach nie von einem »X-Bericht«, sondern immer von dem »Bericht aus Rom«; er hatte im April 1940 einen Bericht an Halder überbracht, aber nicht selbst gelesen; vgl. Kosthorst, S. 135–136. Nach seinem eigenen Bericht kannte Thomas lediglich aus der Zeit der Verhöre eine ihm von Huppenkothen vorgelegte »Aktennotiz« Dohnanyis, die mit dem X-Bericht identisch sein *konnte* – nur konnte es Thomas nicht wissen, weil er den an Halder überbrachten Bericht im April 1940 nicht gelesen hatte. Sendtner, S. 467 nimmt an, ohne einen Beleg zu haben, Thomas habe den X-Bericht gekannt. In diesem Zusammenhang verdient Erwähnung, daß Hassells Tagebucheintrag vom 19. März 1940, S. 124 nur »außerordentlich interessante Papiere über Gespräche eines katholischen Vertrauensmannes mit dem Papst« erwähnt, die Dohnanyi und Oster Hassell an diesem Tag vorgelegt hatten, aber nicht einen bestimmten »Bericht« oder eine zusammenfassende Ausarbeitung. Kosthorst, S. 134–135 und Sendtner, S. 469 nehmen wiederum ohne Beleg an, Hassell habe den X-Bericht gesehen. Ferner: dem Bericht von Frau von Dohnanyi, S. 8 zufolge hat Dohnanyi »in einem Memorandum an die Generale, das ihnen zugleich mit dem Ergebnis der Friedensfühler – dem sogenannten X-Bericht – übermittelt wurde«, zu der Sorge vor einer neuen Dolchstoßlegende sich eingehend geäußert; dies könnte die von Thomas erwähnte Aktennotiz gewesen sein.
327 Bei Kosthorst, S. 136 heißt es auf Grund der Erinnerungen Halders »Tschechei«, bei Halder in Protokoll .. Halder, S. 33 »Tschechoslowakei«.
328 Kosthorst, S. 134–146 befaßt sich eingehend und auf Grund mündlicher Mitteilungen Halders mit dem X-Bericht und verwickelt sich in Widersprüche, weil er Halder einmal für glaubwürdig, ein anderes Mal für unglaubwürdig hält. Vgl. Sendtner, S. 464–471; Leiber, S. 98; Deutsch, S. 300 bis 302. Halder in Protokoll .. Halder, S. 33: »Ich habe diesen Bericht stundenlang in den Verhören der Gestapo vor mir liegen gehabt und immer wieder durchgelesen. Er ist mir infolgedessen in der Erinnerung scharf haften geblieben.« Kosthorst, S. 134–135 teilt mit, Halder glaube, in den

Verhören sei ihm der X-Bericht vorgelegt worden (den er kennen mußte, da er ihn im April 1940 genau gelesen hatte; s. unten, S. 211–212), aber das sei nicht wahrscheinlich, weil er das fragliche Dokument nicht in die Hand bekommen habe und ihm 1940 »offensichtlich ein stark modifizierter Text vorgelegt« worden sei. Das ist wenig überzeugend. Entscheidend ist jedoch die Frage, ob das, was Halder im April 1940 vorgelegt wurde, und das, was man ihm im Verhör zeigte, dasselbe war. Weiter unten, S. 137–138 besteht Kosthorst wieder auf der Zuverlässigkeit des Halderschen Gedächtnisses.

Halders Tendenz, die man nur eindeutig widerlegen könnte, wenn man den X-Bericht hätte, ist durchweg dahin gerichtet, das Unseriöse und Unglaubwürdige des X-Berichtes hervorzukehren. Halder bemängelt, der Bericht habe weder Überschrift noch Unterschrift gehabt, aber phantastische Zusagen, die für »uns Soldaten« wenigstens zum Teil längst uninteressant waren, und die im Fall von Elsaß-Lothringen auch der politisch weniger Bewanderte als unerfüllbar erkennen mußte. Ernste Zweifel an der Richtigkeit der Erklärung Halders, warum der X-Bericht nicht den Umsturz durch das Heer bewirken konnte, sind also angezeigt.

Deutsch, S. 300–302 neigt zu der Auffassung, die Halder am 4. April 1940 vorgelegte Version des X-Berichtes habe die unglaubliche Erwähnung Elsaß-Lothringens nicht enthalten; Halder habe, vielleicht unbewußt, in seinen Nachkriegsberichten der Tendenz Raum gegeben, den X-Bericht abzuwerten, da er ja darauf seine endgültige Absage an die Opposition erteilt hatte. Vgl. die Übersicht über die Aussagen betr. den Inhalt des X-Berichtes bei Deutsch, S. 302. Gegen Halders Darstellung vom Inhalt des Berichtes spricht auch die Bereitschaft Hassells – sofern er den Bericht gekannt haben sollte –, das Papier an Halder zu überbringen, und schließlich – dieses wichtige Argument ist Deutsch entgangen – die Tatsache, die jedenfalls Halder stets berichtete, daß er, Halder, das von ihm beschriebene Dokument empfehlend an Brauchitsch weitergereicht habe. Das wird man ihm wohl nicht zutrauen sollen.

329 Leiber, S. 98 meinte, der Termin sollte im Februar sein; J. S. Conway, »The Vatican, Great Britain, and Relations with Germany, 1938–1940«, The Historical Journal 16 (1973), S. 162–165 auf Grund von Osbornes Berichten an Halifax vom 16. und 19. März 1940; Ludlow, S. 339.

330 Sendtner, S. 474; Kosthorst, S. 136; Huppenkothen, 20. Juli, S. 5; Halder, K.T.B I, 245; Ludlow, S. 340–341.

331 Solche Vermutungen äußern Kosthorst, S. 139–141 und Sendtner, S. 483–486, 489. Deutsch, S. 303–304 führt als mögliche Erklärung außer der Mission von Sumner Welles ohne konkreten Anhaltspunkt den von ihm vermuteten Wunsch an, den nächsten Ansturm auf die Generale nach dem zu erwartenden Scheitern der Expedition gegen Norwegen zu unternehmen. John, Zweimal, S. 69 berichtet, der X-Bericht sei so lange nicht vorgelegt worden, weil man in der Opposition geglaubt habe, die ständigen Verschiebungen des Angriffstermins bedeuten, daß Brauchitsch immer mehr zu der Erkenntnis komme, daß jetzt gehandelt werden müsse; logischerweise hätte das aber die Vorlage des Berichts beschleunigen müssen. S. auch J. Müller, S. 135–137.

332 Vgl. Groscurth-Tagebuch, 16. Nov. 1939, 2. Jan. 1940, 12. Jan. 1940, 19. Jan. 1940, 1. Febr. 1940; Hassell, S. 111–112, 123.

333 Hassell, S. 109–110.

334 Hassell, S. 111.
335 Hassell, S. 111–115.
336 Hassell, S. 112–115, 119–121, 123; Welles, S. 90, 120–121; vgl. Keesing's Contemporary Archives 1937–1940, S. 3963.
337 Hassell, S. 121.
338 Hassell, S. 115, 122.
339 Hassell, S. 123.
340 Ritter, Goerdeler, S. 265–267.
341 Deutsch, S. 307, meint, unbelegt, die Beck-Oster-Gruppe habe von Goerdelers Besuchen bei Halder nichts gewußt; ähnlich J. Müller, S. 135, Goerdeler habe die Gruppe Beck-Oster nicht verständigt.
342 Hassell, S. 123–124.
343 Hassell, S. 124.
344 Hassell, S. 125–126; Halder, K.T.B. I, 231: »Besprechung mit Dr.« muß sich dem Zusammenhang nach auf Goerdeler beziehen.
345 Halder, K.T.B. I, 231.
346 Hassell, S. 125.
347 Kosthorst, S. 143.
348 Hassell, S. 125–126.
349 Ebenda.
350 Der Brief ist nicht erhalten, sein Datum nicht bekannt, doch ist er mehrfach belegt. S. dazu Ritter, Goerdeler, S. 266 und Anm. 62; Schlabrendorff, S. 50; ferner Huppenkothen, 20. Juli, S. 4 (hier ist als Datum »Ostern 1940« angegeben, das wäre der 24. oder 25. März); Hjalmar Schacht, Abrechnung mit Hitler, Berlin, Frankfurt/M. [1949], S. 162 (»April 1940«); Thomas, S. 546; Hassell, S. 128–129. Ein dritter Besuch Goerdelers bei Halder, der von Deutsch, S. 306–307 für den 1. April angenommen wird, ist nur vage belegt. Indirekt könnte er aus Hassells Bemerkung, S. 128–129, erschlossen werden, Goerdeler habe ihm berichtet, daß Halder bei der Erwähnung seiner großen Verantwortung geweint habe, und gegenüber Kosthorst (S. 141) hat Halder von drei Besuchen Goerdelers berichtet.
351 Kosthorst, S. 144, knüpft an die Darstellung von Goerdelers und Hassells Kontakten mit Halder die Bemerkung, dem X-Bericht sei so bei Halder kein guter Boden bereitet gewesen und erweckt, sicherlich ohne Absicht, den Eindruck, der Boden wäre ohne diese Kontakte besser gewesen. Das kann ohne Selbsttäuschung niemand glauben, der die Ereignisse des 5. Nov. 1939 kennt.
352 Halder, K.T.B. I, Dezember 1939 – März 1940, passim und S. 237; Oster und Dohnanyi erzählten Hassell davon am 3. April; Hassell, S. 129.
353 Halder, K.T.B. I, 227.
354 Halder, K.T.B. I, 230–231.
355 Halder, K.T.B. I, 231.
356 Halder, K.T.B. I, 240–244.
357 Halder, K.T.B. I, 245; Aussagen in Protokoll .. Halder, S. 32–33; Hassell, S. 129; Huppenkothen, 20. Juli, S. 5; Sendtner, S. 474–477; Kosthorst, S. 136; Wheeler-Bennett, S. 493 Anm. 1, ist im Irrtum mit seiner Angabe, das Datum der Überreichung des X-Berichtes sei nicht bekannt.
358 Hassell, S. 134.
359 Halder, Aussage in Protokoll .. Halder, S. 33; Wheeler-Bennett, S. 492; z. Folg.

auch John, Zweimal, S. 69: Brauchitsch bestätigte 1947 die Erwiderung Halders, Brauchitsch müsse ihn dann verhaften. – Brauchitsch dachte wohl nicht daran, daß eine Weltanschauung von Menschen gedacht und vertreten wird, ihnen also auch ausgeredet werden könnte; ferner, daß es sich in der Hauptsache nicht um die Weltanschauung eines »Millionenvolkes«, sondern Hitlers handelte; vgl. oben, S. 56. Zur »Westgrenze von 1914«: Von etwa Juni 1940 bis etwa Juni 1943 glaubte z. B. Jakob Kaiser, Straßburg und das Elsaß könnten bei Deutschland bleiben, wenn dieses sich selbst befreie; Nebgen, S. 159–160.

360 Halder, K.T.B. I, 248. Im April 1945 im Konzentrationslager Dachau meinte Halder gegenüber Dr. Müller, man hätte ihm ja die Aufzeichnungen Pater Leibers auf dem päpstlichen Papier mit dem Fisch-Wasserzeichen und den Buchstaben P.M. (Pontifex Maximus) gar nicht gezeigt (dies ist nach den Hinweisen auf »Unterlagen« – Plural – unwahrscheinlich), und wenn er doch nur Dr. Müller damals schon gekannt hätte; J. Müller, S. 135–136. Kurz nach dem Krieg hat Halder folgende Gründe dafür angegeben, daß er damals den Staatsstreich nicht mehr betrieben hat: er habe kein Vertrauen zu Goerdeler, einem redegewandten Spieler, gehabt; die Haltung Englands sei unsicher gewesen; die Armee wäre nur ein Revolutionshandlanger gewesen ohne weiteren Einfluß nach dem Umsturz; er habe nicht gewußt, wer außer der Gruppe um Beck hinter dem Plan stand; das norwegische Unternehmen habe die Lage verändert. C.S.D.I.C. (U. K.) G. G. Report: Report on information obtained from Senior Officer PW on 8–13 Aug. 45, G.R.G.G. 344, Masch., o. O. 21. Aug. 1945.

361 Huppenkothen, 20. Juli, S. 5.
362 Halder, K.T.B. I, 259.
363 Halder, K.T.B. I, 268.
364 Schlabrendorff, S. 50. Vgl. Wheeler-Bennett, S. 493.
365 Hassell, S. 129, 133–134; Ritter, Goerdeler, S. 268, 510 Anm. 67. Bei Hassell, S. 129, heißt es in einer Anmerkung d. Hrsg., Groscurth sei für die Rundreise ausersehen gewesen, was nach dessen Versetzung unwahrscheinlich war und wohl auf einer Verwechslung mit seiner Rundreise im Dez. 1939 beruht.
366 Wahrscheinlich am 29. oder 30. April; Sendtner, S. 498–505; vgl. Sonderegger, Bl. 8; Deutsch, S. 336, 341. Nach Kosthorst, S. 145, ohne besonderen Beleg oder Erörterung der Abweichung seiner Darstellung von derjenigen Sendtners: ».. am 1. oder 2. Mai ..«
367 Sendtner, S. 492–506. Einzelheiten über weitere Warnungen und Kontakte Dr. Müllers bei Deutsch, S. 331–349 und J. Müller, S. 139–141, 145–150. Über Quellen, aus denen geplante Angriffstermine dem Gegner bekannt wurden, s. Sendtner, S. 495–506, 518–531; ferner den Bericht des schwedischen Gesandten in Berlin, Richert, vom 5. Jan. 1940 über Mitteilungen von Ewald von Kleist-Schmenzin, »›Widerstand ist vaterländische Pflicht‹«, S. 435–439.
368 Entscheidungen des Reichsgerichts in Strafsachen, Bd. 65, Berlin, Leipzig 1931, S. 422–433; »Deutsche Gespräche über das Recht zum Widerstand«, in Vollmacht des Gewissens I, Frankfurt/M., Berlin 1960, S. 31–42.
369 Siehe zum Zusammenhang der Widerstandstätigkeit Osters die eingehende Studie von Hermann Graml, »Der Fall Oster«, VfZ 14 (1966), S. 26–39; ferner Dulles, S. 80–84; Buchheit, Geheimdienst, S. 286–289, 296–307; Sendtner,

S. 507–517; Deutsch, S. 51–55, 92–101, auch auf Grund belgischer und holländischer Quellen.
370 Deutsch, S. 74–77, 143–145, auch zum Folgenden.
371 Deutsch, S. 96–97 auf Grund holländischer und belgischer Quellen.
372 Halder, K.T.B. I, 151, 161–162, 165, 281–282.
373 Deutsch, S. 319–323; J. Müller, S. 139–141.
374 Halder, K.T.B. I, 283.
375 Sendtner, S. 510; Graml, Fall, S. 36.
376 Sendtner, S. 510–511.
377 Halder, K.T.B. I, 286; Sendtner, S. 511; Graml, Fall, S. 37–39.
378 Hierzu und zum Folgenden: Sendtner, S. 511–515; Graml, Fall, S. 37–39. Deutsch, S. 326 nimmt ohne Beleg an, daß Beck von den Beziehungen zwischen Oster und Sas nicht unterrichtet gewesen sei.
379 Das von Graml genannte Motiv der Verlängerung der Frist, welche den Generalen zum Putschen zur Verfügung stehen würde, wenn die Offensive verraten und daraufhin als zu wenig aussichtsreich abgeblasen wurde, überzeugt nicht recht, es sei denn für die kurzen Wochen zwischen Mitte Oktober und 7. November, an welchem Tage Oster Sas sagte, er rechne nicht mehr mit einem Umsturzversuch der Generale; Graml, Fall, S. 38.
380 Sendtner, S. 516–517.
381 Graml, Fall, S. 39.
382 Ebenda.
383 Hierzu und zum Folgenden: Bruno Gebhardt, Handbuch der deutschen Geschichte, Bd. IV, Stuttgart ⁹1976, S. 503–548, 563–569.
384 Vgl. hierzu Peter Tompkins, Italy Betrayed, New York 1966.
385 Hierzu und zum Folgenden: Gebhardt IV, 528–539, 554–569, 581–585; vgl. F. W. Winterbotham, The Ultra Secret, New York [1974]; Patrick Beesley, Very Special Intelligence, London 1977.

VI. Innenpolitische Pläne

1 Hans Rothfels, Die deutsche Opposition gegen Hitler: Eine Würdigung, Fischer Bücherei, Frankfurt/M.–Hamburg, 1958; Gerhard Ritter, Carl Goerdeler und die deutsche Widerstandsbewegung, Stuttgart ³1956; Eberhard Zeller, Geist der Freiheit: Der zwanzigste Juli, München ⁵1965; Hans Mommsen, »Gesellschaftsbild und Verfassungspläne des deutschen Widerstandes«, in Walter Schmitthenner und Hans Buchheim (Hrsg.), Der deutsche Widerstand gegen Hitler: Vier historisch-kritische Studien, Köln–Berlin 1966, S. 73 bis 167; Ger van Roon, Neuordnung im Widerstand: Der Kreisauer Kreis innerhalb der deutschen Widerstandsbewegung, München 1967; Ulrich von Hassell, Vom andern Deutschland: Aus den nachgelassenen Tagebüchern 1938–1944, Fischer Bücherei, Frankfurt/M. 1964, S. 332, 348; Ritter, Goerdeler, Anhang (mehrere teils vollständig abgedruckte Dokumente); Theodor Steltzer, Von deutscher Politik: Dokumente, Aufsätze und Vorträge, hrsg. v. Friedrich Minssen, Frankfurt/M. 1949, S. 154–169 (Kreisauer Dokumente); dasselbe in Theodor Steltzer, Sechzig Jahre Zeitgenosse, München 1966, Anhang; Wilhelm Ritter von Schramm (Hrsg.), Beck und Goerdeler: Gemein-

schaftsdokumente für den Frieden 1941-1944, München 1965 (mit schweren Mißverständnissen d. Hrsg.); Roon, Anhang.
2 Franz Josef Furtwängler, Männer, die ich sah und kannte, Hamburg 1951, S. 215-216; Otto John, »Männer im Kampf gegen Hitler (II)«, Blick in die Welt 2 (1947), H. 7; ders., »Männer im Kampf gegen Hitler (IV): Wilhelm Leuschner«, Blick in die Welt 2 (1947), H. 9, S. 20.
3 Julius Leber, Ein Mann geht seinen Weg, Berlin-Schöneberg, Frankfurt/M. 1952, S. 285; Zeller, S. 297; Freya von Moltke, Michael Balfour, Julian Frisby, Helmuth James von Moltke 1907-1945: Anwalt der Zukunft, Stuttgart 1975, S. 283-284; Dorothea Beck, Julius Leber, Berlin 1983.
4 Wolfgang Treue, Deutsche Parteiprogramme seit 1861, Göttingen ⁴1968, S. 116.
5 Spiegelbild einer Verschwörung: Die Kaltenbrunner-Berichte an Bormann und Hitler über das Attentat vom 20. Juli 1944, Stuttgart 1961, S. 206, 212, 235; [Theodor Haubach] [Notizen für seine Verteidigung vor dem Volksgerichtshof], IfZ ED 106/48; Leber, Mann, S. 284.
6 Spiegelbild, S. 501; Aussage von Theodor Haubach vor dem Volksgerichtshof, Volksgerichtshof-Prozesse zum 20. Juli 1944: Transkripte von Tonbandfunden, [Frankfurt/M.] 1961, S. 99-100; dies auch gegen Christian Müller, Oberst i. G. Stauffenberg, Düsseldorf [1970], S. 406: die Formulierung mit Ständen, Schichten und Gauen war dem Denken Lebers fremd.
7 Spiegelbild, S. 501.
8 Ebd.; Haubach, Volksgerichtshof-Prozesse, S. 100.
9 Vgl. Treue, S. 117-118.
10 Treue, S. 119; Spiegelbild, S. 234, 316-317.
11 Hierzu und zum Folgenden: Treue, S. 118; Spiegelbild, S. 316-317; vgl. Willy Brandt, »Regierungserklärung vor dem Bundestag am 28. Oktober 1969«, [Willy] Brandt, Reden und Interviews, Hamburg 1971, S. 22-23; Otto John, Zweimal kam ich heim, Düsseldorf, Wien 1969, S. 61.
12 Hierzu und zum Folgenden: Spiegelbild, S. 233-234, 315, 468, 499; Joachim G. Leithäuser, Wilhelm Leuschner, Köln 1962, S. 248. Die Angabe im Gestapo-Bericht vom 19. August 1944 (Spiegelbild, S. 264) ist also offenbar mißverständlich, wonach »sich Leuschner von seiner anfänglichen Auffassung, bei verlorenem Krieg und dadurch bedingtem Regierungswechsel die ›Deutsche Gewerkschaft‹ auf die Beine zu stellen, durch Goerdeler *abbringen* ließ«; denn der folgende Satz sagt: »Er hat sich zuletzt mit dem Gewerkschaftsklüngel eindeutig *an die Mord- und Umsturzpläne angehängt.*« Das ist eher dahin aufzufassen, daß Leuschner sich durch Goerdeler von der Kreisauer Hauptlinie des Wartens und Hinarbeitens auf den Zusammenbruch hat abbringen lassen. Vgl. Moltke, S. 275 und Moltkes Briefe im Nl. Moltke.
13 Hierzu und zum Folgenden: S. unten S. 453-454; John, Zweimal, S. 152 bis 153; Spiegelbild, S. 364, 415, 499-500; Volksgerichtshof-Prozesse, S. 114; Ritter, Goerdeler, S. 471 Anm. 19; Annedore Leber, »Dr. Leber und Stauffenberg«, Telegraf 16. Juni 1946.
14 Friedrich Alfred SchmidNoerr, »Dokument des Widerstandes: Entwurf einer Deutschen Reichsverfassung«, Voran und beharrlich, H. 33/34, 1961, S. 1-12.
15 Vgl. Mommsen, S. 162-163.
16 Abgedruckt bei Hassell, S. 332-336; dazu »Gesetz über die Wiederherstellung geordneter Verhältnisse im Staats- und Rechtsleben« (hauptsächlich von

Kapitel VI

Popitz), Hassell, S. 336–344; »Richtlinien zur Handhabung des Gesetzes über den Belagerungszustand« (hauptsächlich von Popitz; das Gesetz selbst ist verlorengegangen), Hassell, S. 345–348. Ferner dazu Rothfels, Opposition, S. 109–111; Ritter, Goerdeler, S. 315–317; Mommsen, S. 126–132.

17 Vgl. Mommsen, S. 128.
18 Hassell, S. 336–344; vgl. Mommsen, S. 128–132; zu Popitz' Werdegang s. Lutz-Arwed Bentin, Johannes Popitz und Carl Schmitt, München 1972, bes. S. 53–77.
18a Otto John, Zweimal kam ich heim: Vom Verschwörer zum Schützer der Verfassung, Düsseldorf-Wien 1969, S. 46–47, 61–62, 75–78.
19 Hierzu und zum Folgenden Ritter, Goerdeler, S. 315–317; Hassell, S. 33–34; Bentin, S. 69–72.
20 Die Richtlinien sind abgedruckt bei Hassell, S. 345–348.
21 Bei Ritter, Goerdeler, im Auszug: »Gedanken eines zum Tode Verurteilten – September 1944 im Gefängnis«, S. 569–576; Auszug aus »Das Ziel«, S. 577 bis 578; Friedensplan, S. 585; Friedensplan, wahrscheinlich vom Spätsommer 1943, S. 586–592; Geheime Denkschrift für die Generale vom März 1943, S. 593–611; Entwurf von Goerdelers Brief an Generalfeldmarschall von Kluge vom 25. Juli 1943, S. 612–616. Bei Schramm, Beck und Goerdeler: »Das Ziel«, S. 81–166 (zur Urheberschaft Goerdelers, im Gegensatz zur These von Schramm, vgl. Mommsen, S. 266–267 Anm. 68; zur Datierung im Gegensatz zu Ritter und Schramm Mommsen, S. 269–270 Anm. 109); ferner eine Denkschrift, welche der Hrsg. Schramm »Der Weg« nennt und nicht datieren kann, S. 167–232; »Regierungserklärung«, S. 233–246 (früher schon von Ritter veröffentlicht: »Das Regierungsprogramm vom 20. Juli 1944«, Die Gegenwart I (1946), H. 12/13, S. 11–14); Rundfunkansprache, S. 247–253; Friedensplan Goerdelers, hier als »Ausarbeitung Goerdelers«, S. 255–264. In Spiegelbild ein Auszug aus »Das Ziel«, S. 119–123; Friedensplan Goerdelers (hier ohne Titel), S. 249–255; »Das Regierungsprogramm vom 20. Juli 1944«, hier als »Regierungserklärung«, S. 147–156; Rundfunkansprache, hier unter dem Titel »Rundfunk«, S. 213–217.
22 Hierzu und zum Folgenden: Ritter, Goerdeler, S. 280–288; Mommsen, S. 132 bis 146; vgl. Constantin von Dietze, »Die Universität Freiburg im Dritten Reich«, Mitteilungen der List Gesellschaft Fasc. 3 (1960/61) Nr. 3, S. 95–105; Nebgen, S. 128.
23 Schramm, Beck und Goerdeler, S. 81–166; Ritter, Goerdeler, S. 569–576 (Goerdeler, »Gedanken...«). Auch im Folgenden stützt sich die Darstellung auf diese beiden Quellen.
24 Elfriede Nebgen, Jakob Kaiser, Stuttgart 1967, S. 90–91, 95.
25 Vgl. dazu die nach den Feststellungen der Gestapo geplante Organisation der Einheitsgewerkschaft in BA EAP 105/26, nach Bl. 113 (nicht in Spiegelbild); Nebgen, S. 90–91, 95, 122, 128, 149–150; Ritter, Goerdeler, S. 292. Nebgen, S. 122 bezeichnet die Aussagen Leuschners vor der Gestapo, wie sie in Spiegelbild, S. 383 ff. wiedergegeben sind, zumindest betr. die geplante Gewerkschaftsorganisation als zutreffend. Gegen die angebliche Auffassung von Mommsen, S. 162, damit sei eine Art demokratischer Ständestaat von Kaiser, Leuschner und Habermann angestrebt worden, wendet sich Nebgen, S. 90–91, aber Mommsen behauptet das an der zit. Stelle nicht.
26 Nebgen, S. 64–65. Zum Folgenden auch [Hans] Walz, Gedanken zur politischen Zielsetzung von Carl Goerdeler, Masch., [Stuttgart] Mai 1968.

27 Nebgen, S. 151–155 und John, Zweimal, S. 46–47, 61–62, 75–78, auch zum Folgenden.
28 Vgl. Mommsen, S. 138–139.
29a Schramm, Beck und Goerdeler, S. 105–107; Goerdeler, Gedanken eines zum Tode Verurteilten über die deutsche Zukunft, S. 37–38, BA Nl. Goerdeler 26. Schramms Kommentar (S. 275 Anm. 20) ist unzutreffend.
30 Zum Kreisauer Kreis gibt es ein grundlegendes Werk von Ger van Roon, Neuordnung im Widerstand: Der Kreisauer Kreis innerhalb der deutschen Widerstandsbewegung, München 1967. Hier werden wesentliche, bisher unbekannte Dokumente veröffentlicht, Quellen und Literatur sind in großem Umfang, jedoch nicht vollständig, erfaßt. Die Einleitung gibt einen Überblick über die bisherigen Quellenveröffentlichungen, deren wichtigste sich schon bei Steltzer, Politik, S. 154–169 und ders., Sechzig Jahre, S. 298–320 finden, und über die Literatur zur Widerstandsbewegung. Wichtige Bemerkungen und Korrekturen zu Roon bringt Eugen Gerstenmaier, »Der Kreisauer Kreis: Zu dem Buch Gerrit van Roons ›Neuordnung im Widerstand‹«, VfZ 15 (1967), S. 221–246. Dazu ferner Eugen Gerstenmaier, mündliche Mitteilungen an d. Verf. vom 17. Aug. 1965. Zu den Kreisauer Tagungen: Roon, S. 248–256.
31 Den Gedanken, die Programme der Kreisauer seien durch Mehrheitsbeschlüsse verabschiedet worden, lehnt Dr. Eugen Gerstenmaier, einer der am intensivsten an den Beratungen Beteiligten, entschieden ab; es habe sich, sofern überhaupt Beschlüsse gefaßt worden seien, stets um freie Übereinkünfte gehandelt. Gerstenmaier, Kreisauer Kreis, S. 227. Bei der letzten Redaktion der Entwürfe im Sommer 1944 durch Dr. Haubach und Dr. Gerstenmaier fehlten Dr. Mierendorff, der im Dezember 1943 bei einem Luftangriff in Leipzig ums Leben gekommen war, und Graf von Moltke, der im Januar 1944 verhaftet worden war. Gerstenmaier, Mitteilungen.
32 Vgl. Mommsen, S. 132–146; »Grundsätze für die Neuordnung« und »Reichsaufbau« s. Steltzer, Sechzig Jahre, S. 298–303. Vgl. Gerstenmaier, Kreisauer Kreis, S. 239–241.
33 Vgl. dazu die wenig zuverlässigen Angaben bei Werner Münchheimer, »Die Verfassungs- und Verwaltungsreformpläne der deutschen Opposition gegen Hitler zum 20. Juli 1944«, Europa-Archiv 5 (1950), S. 3188–3195; Albert Krebs, Fritz-Dietlof Graf von der Schulenburg: Zwischen Staatsraison und Hochverrat, Hamburg 1964, S. 269–285; Mommsen, S. 101–104 mit kritischer Stellungnahme dazu; Roon, S. 394–396, zit. einen im Kreisauer Kreis beratenen Kartenentwurf mit Ländereinteilung, der in je einem Exemplar im Besitz von Dr. Paulus van Husen und Gräfin Yorck von Wartenburg erhalten ist; Bestätigung der Autorschaft Schulenburgs bei Gerstenmaier, Kreisauer Kreis, S. 228.
34 Vgl. Mommsen, S. 145–146. Roon, S. 407–408, der das reichhaltigste bisher zusammengetragene Quellenmaterial zum Kreisauer Kreis zur Verfügung hatte, geht leider auf diese Fragen nicht ein.
35 Wie Roon, S. 408 zu dem folgenden Schluß kommen konnte, ist unerfindlich: »Die Zusammensetzung des Reichsrates sollte eine Honorierung des föderativen Elements verbürgen.« Der Zentralismus ist doch offensichtlich. Mommsen, S. 146 stellt sogar fest, die Kreisauer Konstruktion hätte »die nationalsozialistische Gleichschaltung der Länder als fait accompli angesehen.« Ritter, Goerdeler, S. 308 übersieht wie Roon den Zentralismus

des Kreisauer Entwurfs: »Der künftige Reichstag wird also ebenso wie der ›Reichsrat‹ völlig von den Vertretern des Länderpartikularismus beherrscht.«
36 Vgl. Mommsen, S. 139-140.
37 Hierzu und zum Weiteren Gerstenmaier, Kreisauer Kreis, S. 239-241; Gerstenmaier, Mitteilungen.
38 Gerstenmaier, Kreisauer Kreis, S. 240.
39 Gerstenmaier, Kreisauer Kreis, S. 240-241.
40 Das Illiberale daran scheint Roon, S. 428-429, entgangen zu sein.
41 Im Kreisauer Entwurf vom 9. August 1943 heißt es: »Schlüsselunternehmen des Bergbaues, der eisen- und metallschaffenden Industrie, der Grundchemie und Energiewirtschaft werden in das Eigentum der öffentlichen Hand überführt werden.« S. Abdruck bei Roon, S. 566; Steltzer, Sechzig Jahre, S. 304; Gerstenmaier, Kreisauer Kreis, S. 229 meint gleichwohl, »als ganzes« würden sich »die Kreisauer« keineswegs für die in dem Aufrufentwurf vom 14. Juni 1943 »von Mierendorff proklamierte ›Enteignung der Schlüsselbetriebe der Schwerindustrie ... als Grundlage der sozialistischen Ordnung der Wirtschaft‹ ausgesprochen« haben.
42 Vgl. Mommsen, S. 137.
43 Mommsen, S. 117, 142.
44 Mommsen, S. 157. Vgl. Kap. X, Abschn. 5; Peter Hoffmann, »Claus Graf Stauffenberg und Stefan George: Der Weg zur Tat«, Jahrbuch der Deutschen Schillergesellschaft 12 (1968), S. 520-542. Leider trägt Kramarz in seinem Buch über Stauffenberg zu diesen Fragen nichts oder wenig bei.

VII. Kontakte zu den Kriegsgegnern 1940-1944

1 Ger van Roon, Neuordnung im Widerstand: Der Kreisauer Kreis innerhalb der deutschen Widerstandsbewegung, München 1967, S. 301-302.
2 Roon, Neuordnung, S. 305-306.
3 Walter Stubbe, »In memoriam Albrecht Haushofer«, VfZ 8 (1960), S. 237. Stubbe war Assistent bei A. Haushofer. Siehe ferner zu Albrecht Haushofer: Rainer Hildebrandt, Wir sind die Letzten: Aus dem Leben des Widerstandskämpfers Albrecht Haushofer und seiner Freunde, Neuwied/Berlin o. J.; Edmund A. Walsh, »Die Tragödie Karl Haushofers«, Neue Auslese 2 (1947) H. 3, S. 27-28; Edmund A. Walsh SJ, Total Power: A Footnote to History, Garden City, New York 1948, S. 52-59; Ursula Michel, Albrecht Haushofer und der Nationalsozialismus: Ein Beitrag zur Zeitgeschichte, Diss. Kiel 1964; In memoriam Albrecht Haushofer: Gedenkworte von Adolf Grimme, Carl F. v. Weizsäcker, Walter Stubbe, hrsg. v. Rolf Italiaander, Hamburg 1948; Rolf Italiaander, Besiegeltes Leben. Begegnungen auf vollendeten Wegen: Gerhart Hauptmann, Ulrich von Hassell, Albrecht Haushofer, Goslar 1949, S. 11-53.
4 Hildebrandt, S. 34-39; Stubbe, S. 238-239.
5 Hildebrandt, S. 51-53; Stubbe, S. 239. S. unten auf dieser Seite.
6 Michel, S. 49-53, 64-66, 119-127, 154, 161, 206, 214.
7 Michel, S. 233 und Anhang, S. 53.
8 Hildebrandt, S. 130.

9 Zit. bei Stubbe, S. 240.
10 Zit. bei Stubbe, S. 241.
11 Stubbe, S. 243-244.
12 Italiaander, S. 29; Stubbe, S. 250; Michel, S. 244-262.
13 Documents on German Foreign Policy 1918-1945, Series D (künftig zit.: DGFP), vol. XI, Washington 1960, no. 12. Vgl. zum ganzen Vorgang James Douglas-Hamilton, Motive for a Mission, London and Basingstoke 1971, S. 132-151.
14 Heß an K. Haushofer 10. Sept. 1940, DGFP XI, no. 46; [Albrecht Haushofer], Gibt es noch Möglichkeiten eines deutsch-englischen Friedens? Masch., o. O. 8. Sept. 40, BA Nachlaß Haushofer/HC 833; Abdruck: Stubbe, S. 246-248; Michel, S. 244.
15 Michel, S. 244. Abdrucke bei Stubbe, S. 246-248; DGFP XI, no. 61, ferner no. 76.
16 DGFP XI, no. 46.
17 Englisch: DGFP XI, no. 76; deutsch: BA Nachlaß Haushofer/HC 833; Abdruck bei Stubbe, S. 248-249.
18 DGFP XI, no. 76, Enclosure 2 und Anm. 7, no. 93, no. 94; hiernach wäre Stubbe, S. 250 im Irrtum mit seiner Annahme, der Brief habe den Duke of Hamilton nie erreicht; vgl. Trial of the Major War Criminals before the International Military Tribunal Nuremberg 14 November 1945 - 1 October 1946, vol. XXXVIII, Nürnberg 1949, S. 175; Michel, S. 251-254.
19 Stubbe, S. 250; Hildebrandt, S. 109-110 (oft unsicher und tastend).
20 DGFP XI, no. 76, Enclosure 2 Anm. 7; Trial XXXVIII, 175 (Dok. 116-M: Bericht von Wing Commander the Duke of Hamilton über sein Gespräch mit Heß am 11. Mai 1941); Douglas-Hamilton, S. 146-147.
21 Stubbe, S. 250-251 meint, ohne sonstige Details, Haushofer habe nach Nov. 1940 seine Absicht, mit offiz. Deckung als inoffiz. Bote, zugleich als Repräsentant der Opposition mit England Fühlung zu nehmen, durchsetzen können.
22 Bericht Albrecht Haushofers an Hitler über seine Tätigkeit im Auftrage von Heß, niedergeschrieben auf dem Obersalzberg am 12. Mai 1941, BA Nachlaß Haushofer/HC 833; abgedruckt in Stubbe, S. 252-255 und Documents on German Foreign Policy 1918-1945, Series D, vol. XII, Washington 1962, no. 500. Dazu die Berichtigungen von Prof. Burckhardt bei Stubbe, S. 251-253, Anm. 25. Bei der Niederschrift seines Berichtes, kurz nach Heß' Flug nach England, war Haushofer verhaftet und in Lebensgefahr. Er mußte sich vor Hitler rechtfertigen und zugleich nachweisen, daß ihn für Heß' Flug keine Verantwortung traf, was die Entstellungen in Haushofers Bericht weitgehend erklärt.
23 Ulrich von Hassell, Vom andern Deutschland: Aus den nachgelassenen Tagebüchern 1938-1944, Fischer Bücherei, Frankfurt/M. 1964, S. 162; vgl. Hildebrandt, S. 110. Möglicherweise hat Burckhardt Hassell oder seiner Frau die Grüße an Haushofer aufgetragen; vgl. Stubbe, S. 251-252; Hassell, S. 182 bis 183.
24 Hassell, S. 165.
25 Stubbe, S. 251.
26 Nach Hildebrandt, S. 111, hat er seinem im Auswärtigen Dienst tätigen ehemaligen Schüler Herbert (Vorname so lt. AA an d. Verf. 9. Jan. 1978) Stahmer den Auftrag gegeben, diese Einladung zu beschaffen. Vgl. Stubbe, S. 251.
27 Stubbe, S. 251.
28 James Leasor, The Uninvited Envoy, New York–Toronto–London 1962, pas-

sim; Douglas-Hamilton, S. 152–171; vgl. Max Domarus, Hitler: Reden und Proklamationen 1932–1945, Neustadt a. d. Aisch 1962/63, S. 1709–1718; Hildebrandt, S. 112–115.
29 Stubbe, S. 251; vgl. Hassell, S. 182.
30 A[lbrecht] H[aushofer], Englische Beziehungen und die Möglichkeit ihres Einsatzes, Masch., Obersalzberg 12. Mai 1941, BA Nachlaß Haushofer/HC 833.
31 Hassell, S. 182; Stubbe, S. 253 Anm. 25.
32 Vgl. Hildebrandt, S. 113.
33 Hassell, S. 191, 200.
34 Hans Rothfels, Die deutsche Opposition gegen Hitler: Eine Würdigung, Fischer Bücherei, Frankfurt/M.–Hamburg 1958, S. 155; Abdruck der Charta in Hans-Adolf Jacobsen, 1939–1945: Der zweite Weltkrieg in Chronik und Dokumenten, Darmstadt ^{5}1961, S. 264–265.
35 Rothfels, Opposition, S. 155.
36 Hassell, S. 194–195.
37 Hassell, S. 222–223.
38 Ebenda.
39 Hierzu: Hassell, S. 179, 190, 199–201, 203–204; Korrespondenz zwischen RSHA bzw. Himmlers Persönlichem Stab und dem Auswärtigen Amt 6. Nov. 1941–15. Jan. 1942 mit Anlagen, BA NS 19/414; Mother Mary Alice Gallin, Ethical and Religious Factors in the German Resistance to Hitler, Washington, D. C. 1955, S. 123–124, 204; vgl. Rothfels, Opposition, S. 151, 204–205 Anm. 29. Colonel William Donovan (Leiter des amerikanischen Geheimdienstes, als »Coordinator of Information«, später Leiter des Office of Strategic Services) an Präsident Roosevelt [1. Okt. 1941], W. D. Whitney an Donovan 1. Okt. 1941, PSF Safe/Germany, Franklin D. Roosevelt Library, Hyde Park, N.Y.; auch zum Folgenden.
40 Rothfels, Opposition, S. 204–205 Anm. 29 vermutet, bei der »Proposition« habe es sich um den Gedanken einer monarchischen Restauration gehanddelt, und stützt sich dabei auf den Bericht eines Mitglieds des Nachrichtendienstes der amerikanischen Marine (Alexander B. Maley, »The Epic of the German Underground«, Human Events (Washington) III (1946) no. 9, February 27, 1946, S. 6). Hiernach hätte Stallforth erst am 1. Dezember Washington erreicht und Präsident Roosevelt nicht vor dem 7. Dezember gesprochen. Tatsächlich hat Stallforth Donovan und W. D. Whitney am 30. September in Washington über seine Kontakte in Deutschland Bericht erstattet. Der Bericht von Maley enthielt noch einige weitere Details: Räumung aller seit 1933 besetzten Gebiete außer der Saar, Österreich und Danzig; Tausch des polnischen Korridors gegen Ostpreußen; keine Reparationen.
41 Maley, S. 6.
42 Hierzu und zum Folgenden: Louis P. Lochner, Stets das Unerwartete: Erinnerungen aus Deutschland 1921–1953, Darmstadt 1955, S. 355–357; Otto John, Zweimal kam ich heim: Vom Verschwörer zum Schützer der Verfassung, Düsseldorf-Wien 1969, S. 75–80; Rothfels, Opposition, S. 145–147; Gallin, S. 124, 145–147; Lochner an Mr. Lauchlin Currie, 19. Juni 1942, Franklin D. Roosevelt Library, Hyde Park, N. Y.., O. F. 198–a.
43 Allen W. Dulles, Verschwörung in Deutschland, Kassel 1949, passim; Gallin, Quellenverzeichnis, S. 203–207.

43a Foreign Relations of the United States. Diplomatic Papers: The Conferences at Malta and Yalta 1945, Washington 1955, S. 361–384, 389– 400, 593 bis 594, 698, 759, 768–769, 836, 894–897.
44 Zum Ganzen dieser Kontakte: Roon, Neuordnung, S. 295–322; Eberhard Bethge, Dietrich Bonhoeffer: Theologe, Christ, Zeitgenosse, München 1967, passim, bes. S. 811–866.
45 Abdruck mit Vorbemerkung von Hans Rothfels: »Zwei außenpolitische Memoranden der deutschen Opposition (Frühjahr 1942)«, VfZ 5 (1957), S. 392–395 bzw. 388–392. Möglicherweise stand derselbe Kreis hinter dem Memorandum, der Lochner mit seiner Mission betraut hatte; Hinweise auf den Zusammenhang der Lochner-Mission, des Trott- bzw. Kreisau-Memorandums und der Begegnung von Schönfeld und Bonhoeffer mit dem Bischof von Chichester in Stockholm finden sich verschiedentlich in den Dokumenten, wo es wiederholt heißt, die Opposition habe sich im Herbst 1941 »kristallisiert«; so z. B. im Memorandum Trotts (Rothfels, Memoranden, S. 394) und im Bericht des Lord Bischofs (Dietrich Bonhoeffer, Gesammelte Schriften, Bd. 1, München 1958, S. 373).

Nach der Erinnerung von Eugen Gerstenmaier, »Der Kreisauer Kreis: Zu dem Buch Gerrit van Roons ›Neuordnung im Widerstand‹«, VfZ 15 (1967), S. 236–237 kam die Anregung zu dem Memorandum von Schönfeld. Gerstenmaier schrieb einen Entwurf im Winter 1941/42 und übergab diesen an Trott und Haeften mit der Bitte um Überarbeitung. Trott, Haeften und Gerstenmaier saßen dann mehrere Abende darüber, Schönfeld nahm ihn schließlich nach Genf mit, wo er möglicherweise noch von Schönfeld selbst und von Albrecht von Kessel, damals Konsul am Deutschen Konsulat, überarbeitet wurde. Gerstenmaier betont gegen Roon, Neuordnung, S. 302 (»eine Kreisauer Arbeit«) ausdrücklich, das Memorandum stamme nicht »aus dem Kreisauer Kreis«, sondern von Persönlichkeiten, die zu diesem gehörten, und es habe dann im Kreisauer Kreis die außenpolitische Diskussion mitbestimmt.
46 George K. A. Bell, »Die Ökumene und die innerdeutsche Opposition«, VfZ 5 (1957), S. 369.
47 Keesing's Contemporary Archives: Weekly Diary of Important World Events, vol. III, 1937–1940, Bristol [1937–1940], S. 3700.
48 Vgl. Gerstenmaier, Kreisauer Kreis, S. 237.
49 Hierzu ausführlich, samt seinem Briefwechsel mit Eden: Bell, Ökumene, S. 362–378; Memorandum von Hans Schönfeld und Vorbemerkung von Rothfels, Memoranden, S. 388–397; Memorandum des Bischofs für den britischen Außenminister, Memorandum Schönfelds für den Bischof, Briefe Bonhoeffers an den Bischof, Briefwechsel des Bischofs mit Eden abgedruckt in Bonhoeffer I, S. 372–389, 488–503. Ferner: Maley, S. 6; Rothfels, Opposition, S. 147–150; Roon, Neuordnung, S. 308–314; Bethge, S. 813–866.
50 Bethge, S. 1127–1128; ders., »Dietrich Bonhoeffer und die Juden« in Ernst Feil u. Ilse Tödt, Hrsg., Konsequenzen, München 1980, S. 171–214 bes. 199f.
51 Zu den einzelnen Kontakten Bonhoeffers s. Bethge, S. 815–819.
52 Bethge, S. 824–835.
53 Bethge, S. 848–850.
54 Gerhard Ritter, Carl Goerdeler und die deutsche Widerstandsbewegung, Stuttgart ³1956, S. 328 meint, Goerdeler sei hinter Schönfelds Kontaktver-

such gestanden, was Rothfels, Opposition, S. 204 Anm. 22, als unwahrscheinlich bezeichnet. Ferner zum Folgenden Elfriede Nebgen, Jakob Kaiser, Der Widerstandskämpfer, Stuttgart 1967, S. 134.
55 Vgl. dazu Hassell, S. 279.
56 Hassell, S. 228.
57 Bethge, S. 850–866.
58 Bethge, S. 834.
59 Bell, Ökumene, S. 369.
60 Foreign Relations of the United States, Diplomatic Papers, 1944, vol. I General, Washington 1966, S. 484–579; Dokumente zur Deutschlandpolitik, I. Reihe B. 1, bearb. v. R. A. Blasius.
60a W. S. Churchill, Blood Sweat und Tears: Speeches, Toronto 1941, S. 328.
61 Hans Bernd Gisevius, Wo ist Nebe? Erinnerungen an Hitlers Reichskriminaldirektor, Zürich 1966, S. 221.
61a Henrik Lindgren, »Adam von Trotts Reisen nach Schweden 1942–1944«, VfZ 18 (1970), S. 274–277; Dr. Ivar Anderson, [Tagebuch], Königl. Bibliothek, Stockholm, Ivar Anderson papper L 91:3.
62 Dulles, Verschwörung, S. 164–166, mit wörtlicher Wiedergabe von Bemerkungen Trotts, auch zum Folgenden. Die Darstellung in der ersten und zweiten Aufl. des vorliegenden Werkes, wonach Schulze-Gaevernitz im Januar 1943 der Vermittler gewesen sei, beruhte auf Roon, S. 311–312, der Mitteilungen von Schulze-Gaevernitz verwendete, sie aber durch dessen Erinnerungsungenauigkeit mißverstand. Die Aufklärung verdankt d. Verf. H. O. Malone (dessen Diss. über Trott vor dem Abschluß steht) sowie einem Gespräch mit Dr. Visser't Hooft in Genf am 26. Aug. 1978.
63 Hassell, S. 287. Vgl. zu weiteren Kontaktversuchen im Zusammenhang mit Himmler: Foreign Relations 1944 I, 484–579.
64 Dulles, Verschwörung, S. 40; Josef Müller, Bis zur letzten Konsequenz, München 1975, S. 158–161.
64a Freya von Moltke, Michael Balfour, Julian Frisby, Helmuth James von Moltke 1907–1945, Stuttgart 1975, S. 211–221, 252–257; Anderson, Tagebuch 22.–26. März 1943; vgl. Ger van Roon, »Graf Moltke als Völkerrechtler im OKW«, VfZ 18 (1970), S. 47–58. Das englische Original des Briefes an Curtis ist gedruckt in Lindgren, S. 283–289 (vgl. S. 277–278) und in Michael Balfour and Julian Frisby, Helmuth von Moltke, London and Basingstoke [1972], S. 215–224.
64b Moltke, S. 184–186, 221, ebenso Balfour, S. 186, 224 ohne Anmerkung, also auf Grund eigener Kenntnis Balfours, der während des Krieges in der Political Warfare Executive tätig war; Lindgren, S. 278 berichtet, offenbar ohne Kenntnis von Balfours Wissen, daß Curtis sich mit dem Brief an den Geheimdienst gewandt habe, sei undenkbar.
65 Hierzu Roon, Neuordnung, S. 317–322. Trott war vom 17. Juni bis 3. Juli 1943 in der Türkei zu Besprechungen über Fragen der Opposition, u. a. mit Leverkuehn und Papen; [Clarita von Trott zu Solz], Adam von Trott zu Solz, o. O. [1958], S. 253.
66 Roon, S. 317–322; Balfour, S. 270; Moltke, S. 261–262; vgl. Moltkes Brief an Curtis (Anm. 64a).
67 Vgl. Wilhelm Wengler, »Vorkämpfer der Völkerverständigung und Völker-

rechtsgelehrte als Opfer des Nationalsozialismus: 9. Graf von Moltke (1906–1945)«, Die Friedens-Warte 48 (1948), S. 297–305. Wengler war wissenschaftlicher Hilfsarbeiter in der Abwehr; Roon, Neuordnung, S. 318.
68 Roon, S. 320.
68a Die Berichte mit einem deutschen und englischen Exposé zur Beendigung des Krieges mit Hilfe der innerdeutschen Opposition in den Papieren von Frau Freya von Moltke (Norwich, Vermont); sie hat sie durch Wilbrandt erhalten. Hierzu und zum Folgenden ferner: Kirk an Balfour 21. Mai und 28. Juni 1971 in Balfour, S. 271; Balfour, S. 223, 271–274; Moltke, S. 219, 262–264; Aufzählung der Hindernisse einer Begegnung Moltke-Kirk auf Briefbogen des Militärattachés der amerikanischen Botschaft in Ankara, anscheinend von Tindall, und Bericht Tindalls vom 29. Dez. 1943, Tindall an Alfred Schwartz 30. Dez. 1943, ferner OSS-Bericht DOGWOOD 234 vom 30. Dez. 1943, alle in den Papieren Frau von Moltkes. Tindall schrieb am 29. Dez. 1943 in einem Bericht, er habe mit Moltke nur indirekt diskutieren können; der OSS-Vertreter in Istanbul schrieb in seinem DOGWOOD-Bericht 234 vom 30. Dez. 1943, in den viele Wendungen Tindalls wörtlich übernommen sind: »we arranged a meeting between Gen. Tyndal [sic] and Hermann [OSS-Deckname für Moltke] before he had to return to Germany«. Das Exposé der Vorschläge Moltkes, das Wilbrandt und Rüstow nach Moltkes Rückreise in deutscher Sprache verfaßten, ist gedruckt in Roon, S. 582 bis 586 (vgl. S. 320); eine Kopie befindet sich in den Papieren Frau von Moltkes, ebenso eine Kopie der englischen Übersetzung, die nach Amerika gelangte (gedruckt in Balfour, S. 273–277); in Moltke, S. 264–268 ist eine Rückübersetzung aus dem Englischen, also kein Originalwortlaut gedruckt. Vgl. ferner Moltke an Freya von Moltke 7. Jan. 1944 in Moltke, S. 285; Moltke an Freya von Moltke 18. Juni und 28. Juli 1943 (unveröff. im Nl. Moltke): Erklärungen von Stalin hätten die Lage grundlegend verändert; vermutlich ist das Gründungsmanifest des National-Komitees »Freies Deutschland« gemeint (The Times 23. Juli 1943), oder auch schon Stalins Erklärungen vom 28. Mai zur Auflösung des Komintern, die den kommunistischen Parteien das Stigma der Steuerung von Moskau aus nehmen und die Zusammenfassung der »progressiven« Kräfte »ohne Rücksicht auf Partei oder religiöses Bekenntnis« im Kampf gegen den Hitler-Faschismus ermöglichen sollte (Keesing's Contemporary Archives 1943, Keynsham, Bristol 1943, S. 5789). Zur Koordinierung der Auffassungen Moltkes mit denen Trotts, Mierendorffs, Gerstenmaiers, Yorcks, Reichweins, Lebers, und der Vorbereitungen für die Kooperation mit den Westmächten geben die Briefe im Nl. Moltke (u. a. 10., 22., 30. August 1943) Bestätigungen und Aufschlüsse, auch gegen E. Gerstenmaier, Streit und Friede hat seine Zeit, Frankfurt/M. 1981, S. 170–171; vgl. Moltke, S. 232, 257. Für das Verständnis des Exposés ist, außer der Erkenntnis, daß tatsächlich die Gedanken Moltkes und seiner Freunde wiedergegeben sind, auch die Überlegung nützlich, daß es dazu dienen sollte, die Westmächte zur Zusammenarbeit mit der Opposition zu bewegen, und daß man in der Opposition wahrscheinlich die Verlautbarungen des NKFD zu sehr für bare Münze nahm und zu wenig als Mittel Stalins, seine Verhandlungsposition in Teheran zu verbessern. Vgl. Michael Balfour, »Another Look at ›Unconditional Surrender‹«, International Affairs 46 (1970), S. 719–736.

Kapitel VII

68b Die »Fusion« nationaler, kommunistischer und pro-russischer Tendenzen betrieb u. a. das NKFD; vgl. unten, S. 447–448.
68c Tindall 29. Dez. 1943; DOGWOOD 234 30. Dez. 1943. Zum Folgenden: William J. Donovan an Roosevelt 29. Juli 1944, FDR Library, Hyde Park, N. Y., PSF/OSS. Gewisse Ungereimtheiten im Exposé, die aus Zeitdruck oder aus hastigen Änderungen entstanden sein mögen, wogen offenbar bei der amerikanischen Entscheidung nicht schwer. Vgl. auch Bernd Martin, »Verhandlungen über separate Friedensschlüsse 1942–1945«, MGM 1976 Nr. 2, S. 95–113.
69 Dies und das Folgende nach Karl Brandt, Gedenkrede zum Gedächtnis der Toten des 20. Juli 1944 gehalten anläßlich der Feier am 20. Juli 1965 .. zu Berlin, mimeogr., Frankfurt/M. 1965, S. 9; ders. an d. Verf. 11. Mai und 6. Aug. 1968. Gert Buchheit, Der deutsche Geheimdienst: Geschichte der militärischen Abwehr, München 1966, S. 427 berichtet auf Grund von Albert C. Wedemeyer, Der verwaltete Krieg, Gütersloh/Westf. 1959, S. 470–471 und Franz von Papen, Der Wahrheit eine Gasse, München 1952, S. 594 ff.: Admiral Canaris sei zusammen mit Botschafter von Papen in Ankara an den US-Marineattaché George H. Earle herangetreten, mit dem Vorschlag, in Verbindung mit einem demnächst auszuführenden Staatsstreich ein Kapitulationsangebot zu unterbreiten. Präsident Roosevelt habe darauf erwidern lassen, alle derartigen Gesuche seien an General Eisenhower zu richten. Die bisher verfügbaren Unterlagen (anhand der in Washington noch sekretierten Dokumente müßte es sich natürlich leicht klären lassen) erlauben nicht den Schluß, daß es sich bei dem von Prof. Brandt berichteten Kontaktversuch um denjenigen gehandelt habe, von dem Wedemeyer und Papen Mitteilungen machen.
70 Brandt an d. Verf. 11. Mai 1968 berichtet, dies sollte in einer Kabinettsitzung geschehen.
71 Abgedruckt bei Roon, Neuordnung, S. 591–593. Nach Gerstenmaier, Kreisauer Kreis, S. 243, hat Moltke nicht damit *gerechnet*, bald verhaftet zu werden, wie Gerstenmaier ausdrücklich im Gegensatz zu Roon betont. Das schließt entsprechende Befürchtungen Moltkes nicht aus, waren doch schon seit Monaten Bonhoeffer und Dohnanyi in den Händen der Gestapo, wie übrigens auch Mitglieder der holländischen und dänischen Widerstandsbewegungen, mit denen Moltke Verbindung gehabt hatte.
72 Roon, Neuordnung, S. 321–322; am 6. Jan. 1944 schrieb Moltke seiner Frau von einer möglichen Türkei-Reise im März (Moltke, S. 284).
73 Hassell, S. 271; Roon, Neuordnung, S. 313, 316–317; Bericht des amerikanischen Gesandten in Stockholm, Johnson, an den Secretary of State, Cordell Hull, vom 12. Sept. 1944, Foreign Relations 1944 I, 550–551. Zu Trott s. auch Christopher Sykes, Troubled Loyalty: A Biography of Adam von Trott zu Solz, London 1969; Trott, S. 241; Anderson, 17. Sept. und 6. Okt. 1943, ferner zum Folgenden 30. Okt. 1943; Hassell, S. 297.
74 Ähnliche Winke mit der Gefahr der russischen Vorherrschaft in Europa, aber auch mit der Möglichkeit eines Sonderfriedens im Osten wurden von Hassell und dem ehemaligen deutschen Botschafter Friedrich Werner Graf von der Schulenburg damals erwogen; Hassell, S. 297.
75 Anderson, passim; Bertold Spuler, Regenten und Regierungen der Welt:

Minister-Ploetz, Teil II, Band 4, ²1964, S. 510; Roon, Neuordnung, S. 313 hat »John Günther«.
76 Roon, Neuordnung, S. 316, nennt ihn einen »Minister der Churchill-Regierung«; von Spuler, S. 267–271 wird er in dem von Churchill 1940–45 geführten Kabinett nicht genannt; Who's Who 1961, New York 1961: Walter Turner Monckton, 1957 zum 1st Viscount Monckton of Brenchley erhoben, 1940 Deputy Under-Secretary of State for Foreign Affairs, 1941–42 Director-General of British Propaganda and Information Services in Kairo. Vgl. Hans Rothfels, »Trott und die Außenpolitik des Widerstandes«, VfZ 12 (1964), S. 309.
77 Trott, S. 243–245; Sykes, S. 403–405, 413; Rothfels, Trott, S. 309; Johnson an Secretary of State 12. Sept. 1944, Foreign Relations 1944 I, 551.
78 Sykes, S. 399–406, ohne Benützung der Quellen in Foreign Relations 1944 I; zu MacEwen s. unten S. 290–291.
79 Abgedruckt in Rothfels, Trott, S. 318–322; dazu die Bemerkungen von Rothfels, Trott, S. 308–309; vgl. Roon, Neuordnung, S. 309; Trott, S. 241–243; Gottfried von Nostiz, mündliche Mitteilungen an d. Verf. 29. Juli 1971; Dr. W. Visser't Hooft, mündliche Mitteilungen an d. Verf. 26. Aug. 1978; H. O. Malone an d. Verf. 10. Dez. 1978.
80 Anderson, 14. und 18. März 1944; Trott, S. 251; Rothfels, S. 309. Trott war ungefähr vom 14. bis 16. Juni 1944 in Stuttgart und traf sich mit dem Schweizer Philipp Mottu, der in die Vereinigten Staaten flog, und ferner mit Dr. Gerstenmaier, dessen Schwester Maria, dessen Frau, Dr. Plappert, Dr. Schönfeld, und Dr. Wilhelm Hoffmann, u. a. zu Besprechungen über die nach Hitlers Sturz einzusetzenden Landesverweser und anderen Zivilverwaltungsbeamten; Trott, S. 227, 247 mit Verschiebung des Datums um einen Tag; Trott an Clarita von Trott 18. Juni 1944; Dr. Clarita von Trott an d. Verf. 5. Feb. und 8. März 1979; mündliche Mitteilungen von Dr. Gerstenmaier am 27. Mai 1977, von Frl. Maria Gerstenmaier 27., 28., 29. und 30. Mai und 2. Juni 1977, Dr. Wilhelm Hoffmann 27. und 31. Mai 1977, Dr. Otto Pfleiderer 27. Mai 1977. – Mit dem unten erwähnten Sozialdemokraten muß Leber gemeint sein: Mierendorff war tot, Leuschner seit August 1943 nicht mehr im engeren Kreis um Trott und Moltke; Moltke an Freya von Moltke 4., 6. und 10. Aug. 1943, Nl. Moltke; vgl. Moltke, S. 275.
81 Memoranden Roosevelts, mit seinem Kommentar zur Forderung der bedingungslosen Kapitulation, vom 17. Januar und 1. April 1944, Foreign Relations 1944 I, 493–494, 501–502.
82 Foreign Relations 1944 I, 513–514.
83 Churchill an Roosevelt, 25. Mai 1944, Foreign Relations 1944 I, 517–518.
84 Stalin an Roosevelt, 26. Mai 1944, Foreign Relations 1944 I, 519.
85 Stalin an Roosevelt, 26. Mai 1944 und Churchill an Roosevelt, 25. Mai 1944, Foreign Relations 1944 I, 519, 517–518.
86 Zum März-Besuch s. die folgenden, in allen wesentlichen Punkten übereinstimmenden Berichte: Johnson an Cordell Hull, 12. und 14. Sept. 1944, Foreign Relations 1944 I, 550–553; Bericht von Willy Brandt im Stockholmer *Dagens Nyheter*, 12. Sept. 1944, Inhaltswiedergabe in den Akten des AA in Bonn, Inland IIg 59; ferner Bericht über Gespräche zwischen Albrecht von Kessel, Legationssekretär Erster Klasse an der deutschen Botschaft beim Vati-

kan, und W. H. C. Frend von der britischen Psychological Warfare Branch des Allied Forces Headquarters, in der Zeit zwischen 22. Juli und 2. August 1944 in Rom, Foreign Relations 1944 I, 532–537; Albrecht von Kessel, Verborgene Saat: Das »Andere« Deutschland, Masch., Vatikanstadt 1944/45, S. 257; Abdruck eines Auszuges des Ms. in Rothfels, Trott, S. 322–323. Kessel ist seinem Bericht zufolge nur über den März-Besuch direkt von Trott unterrichtet worden und zwar in der zweiten Maihälfte 1944 in Venedig, nachdem eine frühere Verabredung in Genf nicht eingehalten werden konnte. Kessels Bericht wird sich also, auch wo dies nicht ohne weiteres deutlich ist, nur auf den März-Besuch beziehen.

87 Vgl. unten, S. 462.

88 Diese angebliche Auffassung Stauffenbergs, offenbar aus der Zeit vor der Invasion, berichtete Trott der Gestapo, nachdem die Vollstreckung seines Todesurteils ausgesetzt worden war, um von ihm noch »eine weitergehende Klärung« zu bekommen; Spiegelbild einer Verschwörung, Stuttgart 1961, S. 175, 249, 367, 505, 507. Es ist nicht zweifelhaft, daß Trott gefoltert worden ist. Nach seinen Aussagen vor der Gestapo und vor dem Volksgerichtshof hätte Trott Stauffenberg berichtet, die Westmächte dächten nicht an Verhandlungen, nun, da sie den Sieg vor Augen hätten; rückläufige militärische Operationen seien ein schlechter Ausgangspunkt für Friedensverhandlungen, »Voraussetzung für jeden Friedensschluß sei die überzeugende Festigung unseres militärischen Widerstands«. Spiegelbild, S. 111; Urteil des VGH vom 15. August 1944 gegen B. Klamroth u. a., NA T-120 Rolle 1038. Oberst Hansen gab Trotts Bericht so wieder (Spiegelbild, S. 101): »daß man *auf der Feindseite verhandlungsbereit sei, sobald dafür die Voraussetzung, ein völliger Wechsel des Regimes, geschaffen werde.*«

89 Vgl. die Berichte über Kontakte Himmlers und Ribbentrops mit den Alliierten, Foreign Relations 1944 I, 484–579.

90 Foreign Relations 1944 I, 497–498, 506–507.

91 Bericht von Schulze-Gaevernitz bei Dulles, Verschwörung, S. 171–174; vgl. Berichte von Dulles an das Office of Strategic Services in Washington vom März und Mai 1944, Foreign Relations 1944 I, 505–507, 510–513.

92 Hierzu: Trott, S. 244–245; H. O. Malone an d. Verf. 13. Dez. 1978. Sykes, S. 413 kannte die Identität des Beamten nicht; noch obskurer erschien die Sache C. Müller, S. 415. S. auch Lindgren, S. 281–282, 289–291; Johnson an Secretary of State 26. Juni und 14. Sept. 1944, Foreign Relations 1944 I, 523 bis 553; Rothfels, Trott, S. 309–310; Roon, Neuordnung, S. 316–317. Roon, Neuordnung, S. 311–312 Anm. 29 berichtet von einer Mitteilung Schulze-Gaevernitz' wonach Trott mit diesem im Juni in der Schweiz zusammengetroffen sei; dies ist ein Irrtum und beruht möglicherweise auf Verwechslung mit Trotts Schweizer Besuch im April 1944: H. O. Malone an d. Verf. 10. Dez. 1978.

93 Vgl. Roon, Neuordnung, S. 317, der von diesem Kontaktversuch keine genaue Kenntnis hat, obwohl schon Rothfels, Trott, S. 309 auf Grund der Quellen davon berichten konnte; Johnson 26. Juni 1944. Vgl. Theodor Steltzer, Sechzig Jahre Zeitgenosse, München 1966, S. 158.

94 Vgl. z. B. Foreign Relations 1944 I, 510 Anm. 90, 537–540, 571–572.

94a Foreign Relations 1944 I, 510–511, auch zum Folgenden; Rothfels, Trott, S. 309; Lindgren, S. 282; s. auch den nächsten Abschnitt.

95 Trott, S. 245-246.
96 Ebd.; Gottfried von Nostitz, Abschied von Freunden: Ein Bericht, August 1945, Nl. Nostitz; Spiegelbild, S. 101; Roon, Neuordnung, S. 149, 317; Zeller, S. 151.
97 Hans Bernd Gisevius, Bis zum bittern Ende, Neuausgabe Zürich [1954] (zit. Gisevius 1954), S. 414, 474; ders., mündliche Mitteilungen an d. Verf. 8. Sept. 1972; ders. an d. Verf. [Dez. 1973]; Dulles, Verschwörung, S. 158-159; J. Müller, S. 92-103, 145-154.
98 Gisevius 1954, S. 486-487; vgl. Spiegelbild, S. 503.
99 Gisevius 1954, S. 489-490; Allen Welsh Dulles, Germany's Underground, New York 1947, S. 128; Spiegelbild, S. 248, 364, 503-504, 506.
100 Gisevius 1954, S. 490.
101 Dulles, Verschwörung, S. 167; Foreign Relations 1944 I, 510-513; vgl. Martin, passim.
102 Dulles, Underground, S. 148, 162; Walter Schellenberg, The Schellenberg Memoirs, London 1956, S. 428; Foreign Relations 1944 I, 485-486, 489; vgl. Christabel Bielenberg, The Past is Myself, London 1968, S. 82-88.
103 Gisevius 1954, S. 523-525; Dulles, Verschwörung, S. 169-171.
104 Gisevius 1954, S. 521-523; ders. 8. Sept. 1972 auf Grund seines Taschenkalenders für 1944; Hassell, S. 289; Spiegelbild, S. 503-504; Rothfels, Opposition, S. 156; Roon, Neuordnung, S. 308, 311-312; Dulles, Verschwörung, S. 169-171; Gallin, S. 129; Foreign Relations 1944 I, 497-498; Gerstenmaier, Kreisauer Kreis, S. 245.
105 Moltke an Freya von Moltke 4. und 10. Aug. und 6. Nov. 1943, Nl. Moltke; Moltke, S. 275; Leber, Mann, S. 290-291; Dr. W. Visser't Hooft, mündliche Mitteilungen an d. Verf. 26. Aug. 1978.
106 Foreign Relations 1944 I, 505-507, 510-513; OSS Research and Analysis Branch Summary L 39970 vom 18. Juli 1944 und L 39971 vom 22. Juli 1944, NA RG 226; OSS-Telegramme aus Bern vom 29. Jan., 3. Feb. und 16. Mai 1944, OSS-Archiv der Central Intelligence Agency, Washington, D. C.; englischer Wortlaut einiger Berichte Dulles' in Peter Hoffmann, The History of the German Resistance 1933-1945, London 1977, S. 746-753; der Bericht vom 16. Mai 1944 ist auch gedruckt in Foreign Relations 1944 I, 510-513; bei Dulles, Verschwörung, S. 170 sind Auszüge ohne Kennzeichnung der Lükken wiedergegeben; Gisevius 1954, S. 524 bestätigt, daß er und Waetjen Vorschläge machten, »wie sich unter Umständen eine Kapitulation im Osten, wenigstens während der Vorgespräche, vermeiden ließ«.
107 Oberstleutnant Bruno Grosser, Ia im Stab des Stellv. Generalkommando VII (Wehrkreis VII, München) an d. Verf. 18. Juli 1964.
108 Leber, Mann, S. 286.
109 S. oben, Anm. 106.
110 Gisevius 1954, S. 547.
111 S. oben, Anm. 106.
112 Vgl. unten, Abschnitt 10. Zu Rommels Haltung u. a. Tagebuch von Vizeadmiral Friedrich Ruge, dem Marineverbindungsoffizier bei der HGr B (Ruge begleitete Rommel oft auf Frontfahrten und führte viele vertraute Gespräche mit ihm), 20. Dez. 1943 - 1. Aug. 1944, Selected Documents on the Life and Campaigns of Field-Marshal Erwin Rommel (zusammenge-

stellt von David Irving), E. P. Microform Film 97049/2 und IfZ. David Irving, The Trail of the Fox, New York 1977, S. 380-414 gibt die entsprechenden Stellen in irreführender Form und zum Teil verändert wieder; obwohl Irving die Quellen kennt und oft anführt, die Rommels Beteiligung an den Überlegungen der Verschwörer belegen, berichtet er mit der unhaltbaren Tendenz, daß Rommel entweder die Gedanken an eine eigenmächtige Öffnung der Westfront gar nicht verstanden oder aber abgelehnt habe – der Widerspruch illustriert die Absurdität der Irvingschen Thesen. S. 413 bis 414, in der deutschen Ausgabe, Rommel, Hamburg 1978, S. 556, gibt Irving ein Gespräch Rommels mit Oberstleutnant Elmar Warning, dem Ia der 17. Luftwaffen-Felddivision am 16. Juli 1944 wieder: Auf Warnings Frage, was denn werden solle, sagte Rommel, Kluge und er hätten Hitler ein Ultimatum gestellt, die politischen Konsequenzen aus dem verlorenen Krieg zu ziehen, und auf die Frage, was geschehen solle, wenn Hitler ablehne: »›Dann mache ich die Westfront auf‹«.

113 Theodor Steltzer, Von deutscher Politik, Frankfurt/M. 1949, S. 80-81, Abdruck der Denkschrift S. 81-96; ebenso in Steltzer, Sechzig Jahre, S. 285-297; Roon, Neuordnung, S. 328-329. Steltzer war im Kriege Transportoffizier beim Wehrmachtbefehlshaber Norwegen in Oslo; Steltzer, Sechzig Jahre, S. 120-148; Roon, Neuordnung, S. 139, 324.

114 Plan Goerdelers, niedergeschrieben 19./20. Mai 1943 in Stockholm, BA Nl. Goerdeler 23 (das hs. Original ist im Besitz von Jacob Wallenberg); ders., Unsere Idee, Nov. 1944, BA Nl. Goerdeler 26, wo der Friedensplan als ausführlicher Anhang erscheint, also den von Goerdeler bei Jacob Wallenberg zurückgelassenen und von diesem 1952 Gerhard Ritter zugesandten »Plan« als authentisch bestätigt; Jacob Wallenberg, mündliche Mitteilungen an d. Verf. 16. Sept. 1977; Ritter, Goerdeler, S. 333-338.

115 In der Abschrift im BA steht »1938«, was aber keinen Sinn gibt; in »Mein Friedensplan«, dem Anhang zu Unsere Idee, steht das richtige Datum 1. 9. 1939.

116 Ritter, Goerdeler, S. 337; Wallenberg. Auch eine Anfrage des amerikanischen Gesandten in Stockholm, Herschel V. Johnson, an das State Department blieb ohne Antwort; Donovan an Roosevelt 20. März 1944, PSF Safe File Box 4, FDR Library.

117 Gesandter Richert, Pro Memoria angående svensk-tyska förhandlinger rörande Göteborgs trafiken i Berlin den 1-2 december 1943, Königl. Außenministerium Stockholm H 60 G/Allm. 1.-30. 11. 43; Verhandlungen über technische Fragen des Göteborgverkehrs am 3. Januar 1944, und Amtschef Ståhle an Chargé d'Affaires Eric von Post (Berlin) 5. Jan. 1944, ebd. 1. 1. bis 29. 2. 44; K.T.B. OKM/1. Skl. Teil C VIII 12. Jan. 1944, BA – MA RM 7/219; Walter Baum, »Marine, Nationalsozialismus und Widerstand«, VfZ 11 (1963), S. 30; Ritter, Goerdeler, S. 396, 550 Anm. 104: »Es gibt Gründe, zu vermuten..« Hauptmann d. R. Hermann Kaiser berichtete der Gestapo von zwei Verbindungen Stauffenbergs zu den Alliierten; Spiegelbild, S. 126. Der Kontaktversuch Berthold Graf Stauffenbergs und Kranzfelders wird überliefert von Frau Ruth Graf geb. Klaeger, die mit Kranzfelder verlobt war und von ihm die Mitteilung bei dessen Rückkehr aus Stockholm erhalten hatte: Ruth Graf, [Bericht], Landau 28. Okt. 1950 und mündliche Mitteilungen an

d. Verf. 28. Aug. 1978; Jacob Wallenberg an d. Verf. 16. März 1977 (»I have no definite memory of Dr. Berthold Graf Schenk von Stauffenberg, but I do not deny that I may have met him in Sweden.«) und mündliche Mitteilungen 16. Sept. 1977; Dr. Marcus Wallenberg an d. Verf. 3. Jan. 1979.
118 Spiegelbild, S. 175; dort kursiv gesetzt.
119 Gemeint ist vermutlich der Regierungspräsident von Potsdam, Gottfried Graf von Bismarck-Schönhausen; vgl. Ritter, Goerdeler, S. 550 Anm. 104; Spiegelbild, S. 247-248 und Index.
120 Goerdeler, Unsere Idee. Unverständlich ist, warum Goerdeler (wie auch in ähnlichen Fällen) Bismarck damit belastete, der noch am Leben war. Vgl. Volksgerichtshof-Prozesse zum 20. Juli 1944: Transkripte von Tonbandfunden, hrsg. vom Lautarchiv des Deutschen Rundfunks, Masch. vervielf., Frankfurt/M. 1961, S. 104-105. Graf Bismarck-Schönhausen ist 1955 verstorben; Ritter hat ihn anscheinend nicht befragt. Fabian von Schlabrendorff, der mit der Familie Bismarck verschwägert ist, hält die ganze Sache für unwahrscheinlich; Schlabrendorff an d. Verf. 30. Mai 1968. Vgl. den Bericht von Generallt. Dr. Speidel über eine Kontaktmöglichkeit mit dem Hauptquartier Eisenhowers im Frühsommer 1944 über den kriegsgefangenen Colonel J. E. Smart, der früher in Eisenhowers Stab gewesen war; Hans Speidel, Invasion 1944: Ein Beitrag zu Rommels und des Reiches Schicksal, Tübingen [5][1964], S. 87 f. (Smart an d. Verf. 22. Jan. 1969 bestreitet Speidels Version). Ferner berichtet Frau Elisabeth Wagner, die Witwe des Generalquartiermeisters, dieser habe etwa eine Woche vor dem 20. Juli 1944 geäußert, »daß man jetzt das Ergebnis der Verhandlungen mit Eisenhower über die Sorbonne nicht mehr abwarten könne, da es höchste Zeit zum Handeln sei.« Eduard Wagner, Der Generalquartiermeister: Briefe und Tagebuchaufzeichnungen, München–Wien 1963, S. 235-236. Zeller, S. 341-342 berichtet wie Ritter von Stauffenbergs ungeklärten angeblichen Verbindungen zu Churchill und Eisenhower. Vgl. Spiegelbild, S. 247-248, 506-507. Joachim Kramarz, Claus Graf Stauffenberg 15. November 1907 - 20. Juli 1944, Frankfurt/M. 1965, S. 175-181 und Christian Müller, Oberst i. G. Stauffenberg, Düsseldorf [1970], S. 413-416 (der auch von den hier zit. Quellen nur zum Teil Notiz nimmt) tragen zu dieser Frage nichts bei. Auf die Fragwürdigkeit von Aussagen vor der Gestapo (vgl. Spiegelbild, S. 507) ist auch in diesem Zusammenhang hinzuweisen, auch für die Aussage Hansens oder Strüncks: »Alle Sondierungen in der Schweiz haben eindeutig dafür gesprochen, daß Verhandlungen mit England möglich wären..« Spiegelbild, S. 248. Dies soll das Ergebnis eines Gesprächs am 17. Juli 1944 zwischen Gisevius, Strünck und Hansen gewesen sein; aber es ist nicht wahrscheinlich, daß Gisevius so ohne Einschränkung berichtet hat. Vgl. ferner John, Zweimal, S. 152-153.
121 Hierzu: Roon, Neuordnung, S. 323-344; ders., »Oberst Wilhelm Staehle«, VfZ 14 (1966), S. 209-223; ders., Wilhelm Staehle: Ein Leben auf der Grenze 1877-1945, München 1969; Bericht Albrecht von Kessels vom Juli 1944, Foreign Relations 1944 I, 536.
122 Roon, Neuordnung, S. 323-324.
123 Roon, Neuordnung, S. 326-327.
124 Roon, Neuordnung, S. 338-339; Alfred Joachim Fischer, »Retter der dänischen Juden: Einen Massenmord auf ›Führerbefehl‹ verhindert«, Stuttgarter

Zeitung 20. Apr. 1970, S. 3; Moltke, S. 258–260; vgl. Leni Yahil, The Rescue of Danish Jewry, Philadelphia 1969, S. 187, 239.
125 Roon, Neuordnung, S. 329–334.
126 Roon, Oberst Wilhelm Staehle, S. 209–223.
127 Spiegelbild, S. 363; Hermann Reinecke, mündliche Mitteilungen an d. Verf. vom 30. April 1965.
128 Ritter, Goerdeler, S. 376.
129 Ritter, Goerdeler, S. 379.
130 S. unten S. 447–448.
131 S. unten S. 308, 447.
132 Nina Gräfin von Stauffenberg, mündliche Mitteilungen an d. Verf. 23. Aug. 1969 und Brief 19. Jan. 1973; bestätigend Frau Erika Dieckmann (Schwester Mertz') an d. Verf. 30. Jan. 1979; Spiegelbild, S. 507. Für Verbindungen oder Kontaktversuche der »Gruppe Stauffenberg« zum NKFD, wie sie Kurt Finker, Stauffenberg und der 20. Juli 1944, Berlin ⁴1973, S. 251–253 behauptet, u. a. indem er KPD in Deutschland und NKFD in der Sowjetunion gleichsetzt, gibt es tatsächlich keine Beweise. Zwar erklärte M. Bormann schon am 20. Juli 1944 um 21.20 Uhr in einem Fernschreiben an alle Gauleiter, also ohne die Möglichkeit, irgendwelche Untersuchungsergebnisse zu verwerten: »das reaktionaere verbrechergesindel hat offenbar nach verabredung mit dem nationalkomitee freies deutschland in moskau (general von seydlitz und graf einsiedel) den anschlag gegen den fuehrer und die dem fuehrer treu ergebenen offiziere inszeniert.« NA T-84 Rolle 21. In einer von Finker, S. 252 als Beleg angeführten Rednerinformation der Reichspropagandaleitung(!) der NSDAP vom 11. August 1944 werden Redner angewiesen, die Verschwörer so darzustellen. Aber nach langen vergeblichen Bemühungen, solche Verbindungen festzustellen, kam die Gestapo im November 1944 zum gegenteiligen Ergebnis: Spiegelbild, S. 507. Der Bericht eines Angehörigen der Sonderkommission 20. Juli des RSHA, SS-Obersturmbannführer Dr. Georg Kießel, kann auch nicht zum »Beweis« für Stauffenbergs dort behaupteten Wunsch nach »Anlehnung an die Sowjetunion« herangezogen werden (Georg Kiesel [sic], »SS-Bericht über den 20. Juli«, Nordwestdeutsche Hefte 2 (1947) H. 1/2, S. 24 ist die redaktionell veränderte und teilweise unrichtig wiedergegebene Druckfassung des Ms. Kießels unter seinem richtigen Namen und hs. signiert: Georg Kießel, Das Attentat des 20. Juli 1944 und seine Hintergründe, Sandbostel 6. Aug. 1946); denn hier steht z. B. auch, Trotts Verbindung zu den Westmächten sei über die Brüder Wallenberg gelaufen; Kießel erinnerte sich in vielen Einzelheiten unzutreffend.
133 Spiegelbild, S. 507. Frau Hilde Mertz von Quirnheim, mündliche Mitteilungen an d. Verf. 9. Sept. 1972 und Briefe vom 18. Dez. 1978 und 28. Jan. 1979; Frau Erika Dieckmann an d. Verf. 30. Jan. 1979. Beide stimmen überein, daß die Äußerungen der anderen Schwester Mertz', Frau Gudrun Korfes, nicht auf wirklicher Erinnerung beruhen können. Frau Hilde Mertz von Quirnheim ist sicher, daß ein Kontakt mit dem NKFD bis zum Tod ihres Mannes am 20. Juli 1944 nicht *bestand*, obwohl natürlich die *Möglichkeit* diskutiert worden sein möge; die gelegentlich aufgetauchten Flugblätter, die zum Teil durch die Front sickerten, hätten aber Mißtrauen erregt. Vgl. Bodo Scheurig, Verrat hinter Stacheldraht? München 1965, S. 77–83, 218–246.

134 S. unten Anm. 159; Martin, S. 101–103; Goerdeler, Unsere Idee; Moltke, S. 178.
135 Hierzu und zum Folgenden: Ritter, Goerdeler, S. 382, 546–547 Anm. 74 und 76; Rothfels, Opposition, S. 163–164, 206 Anm. 61; Gisevius II, 278 (für April 1944); Willem A. Visser't Hooft, Die Welt war meine Gemeinde, München 1972, S. 192; ders., Mitteilungen.
136 S. oben, S. 305–306, 745; Furtwängler an Frau C. v. Trott 8. Juli 1947, Trott, S. 240; Roon, Neuordnung, S. 585; Lindgren, S. 290–291. Zum Folgenden auch Spiegelbild, S. 402, bestätigt von Oberst i. G. a. D. Sauerbruch, mündliche Mitteilungen an d. Verf. 9. Feb. 1977, inhaltlich ebenso Dr. Gotthard Freiherr von Falkenhausen an Dr. Clemens Plassmann 24. März 1947; vgl. Spiegelbild, S. 175, 226; Leber, Mann, S. 286.
137 Annedore Leber, Den toten, immer lebendigen Freunden, Berlin 1946, S. 11; Ritter, Goerdeler, S. 471 Anm. 19 (Frau Reichwein zufolge hat auch F. D. Graf von der Schulenburg zugestimmt); Fritz Sänger, »Stauffenberg: Auch mit der KP«, Die Zeit Nr. 34, 18. Aug. 1978, S. 7 (Fritz Sänger berichtet bisher als einziger, auch Goerdeler habe zugestimmt); Finker, S. 199 gibt den einschränkenden Bericht von Frau Rosemarie Reichwein wieder: »›Ich nehme an, daß Stauffenberg darüber orientiert war.‹«
138 Vgl. Dietrich Zboralski, »Zur Geschichte der Zusammenarbeit aggressiver angloamerikanischer Kreise mit der geschlagenen faschistischen Armee und die Versuche, deren Kader zu retten«, Protokoll der wissenschaftlichen Tagung in Leipzig vom 25. bis 30. November 1957 in zwei Bänden, Bd. II: Probleme der Geschichte des Zweiten Weltkrieges, Berlin 1958, S. 220–231; Arthur L. Smith, Churchill's German Army: Wartime Strategy and Cold War Politics 1943–1947, Beverly Hills, London 1977.
139 Finker, S. 178; Daniel Melnikow, »Der ›Kreisauer Kreis‹ und die Gruppe Stauffenberg«, Zeitschrift für Geopolitik 13 (1965), S. 310; Otto Korfes, »Zur Geschichte des Nationalkomitees ›Freies Deutschland‹«, Zeitschrift für Geschichtswissenschaft 6 (1958), S. 1296. Noch 1957 schrieb Wilhelm Ersil, »Zur Verfälschung des Charakters der Verschwörung vom 20. Juli 1944 durch die westdeutsche Geschichtsschreibung«, Protokoll Bd. II, S. 385, von der Westlösung »die die Öffnung der Front im Westen und die Weiterführung des Krieges im Osten vorsah. Wir wissen, mit welcher Hoffnung die militärische Verschwörung bis zu Tresckow und Stauffenberg im ersten Halbjahr des Jahres 1944 auf diese volksfeindliche Aktivität der Pariser Verschwörung blickte.« Davon, daß Stauffenberg etwa in den ersten zwanzig Tagen des Juli seine Ansicht noch geändert hätte, sagt Ersil nichts. In demselben Sammelwerk schreibt G. N. Goroschkowa, »Die außenpolitischen Pläne der Verschwörer des 20. Juli 1944 im Lichte der westdeutschen Geschichtsschreibung«, Protokoll Bd. II, S. 398, Stauffenberg sei bestimmter als die Kreisauer »für eine Zusammenarbeit mit der Sowjetunion« eingetreten (ohne Beleg; der Bezug auf Ritter, Goerdeler, S. 374 f., 381 in der dritten Auflage 1956, stützt die Behauptung nicht; die Quelle ist vermutlich der Kießel-Bericht; vgl. oben Anm. 132); der springende Punkt, Stabilisierung der Umsturzregierung durch Teilwaffenstillstand, wird dabei umgangen. Finker, S. 167: Auch Stauffenberg habe es »noch 1943 und in den ersten Monaten des Jahres 1944 für die beste Lösung [gehalten], mit England und den USA sofort Frieden zu schließen, um die Front im Osten halten zu können. Die mili-

tärischen Erfolge der Roten Armee sowie eigene politische Erfahrungen führten ihn schließlich zu der Erkenntnis, daß Frieden und gutnachbarliche Beziehungen zu allen Staaten, einschließlich der Sowjetunion, hergestellt werden müssen.« Es gilt dasselbe wie für die oben angeführten Stellen: entweder sind hier Binsenwahrheiten ausgesprochen, denn die zit. Sätze enthalten ja keine Gegensätze; oder, wenn mehr gesagt sein soll, so sind unbelegte Behauptungen aufgestellt, die durch Wiederholung, zweifelhafte Quellenbelege und Assoziation (S. 222–223, 253) gestützt werden sollen.

Dulles, Verschwörung, S. 218–219 berichtete, Gisevius habe ihm nach seiner Flucht in die Schweiz Anfang 1945 erzählt, »Stauffenberg habe sogar mit dem Gedanken gespielt, eine Revolution der Arbeiter, Bauern und Soldaten herbeizuführen. Er habe gehofft, die Rote Armee würde ein nach dem russischen Muster organisiertes kommunistisches Deutschland unterstützen. Andere unter den Verschwörern, vor allem einige der jüngeren Leute des Kreisauer Kreises, darunter die Brüder Haeften und Trott, sympathisierten mit ähnlichen Ansichten. Bei den einen war es eine Frage der Ideologie, bei den anderen eine der Politik. Einige waren zu dem Entschluß gekommen, daß mit dem Westen doch nichts Konstruktives erreicht werden könne, und bei den anderen hatte die Sowjetpropaganda ihre Wirkung getan.« Diese versprach ein freies Deutschland mit starker demokratischer Staatsmacht usw. Ferner berichtete Dulles aus seinen geheimdienstlich erworbenen Erkenntnissen (S. 175–176): noch am 13. Juli 1944 habe er nach Washington berichtet – also auf Strüncks Bericht hin –, die Verschwörer wünschten, »soviel von Deutschland wie nur möglich vor der russischen Besetzung zu retten«, und gleichzeitig mit einem Rückzug im Westen sollten »die besten Divisionen Deutschlands nach dem Osten geworfen« werden, »um dort die Grenze zu verteidigen«. Am 27. Januar 1944 hatte Dulles nach Washington berichtet (Telegramm Nr. 1890-3, OSS-Archiv): »Western orientation is preferred by the Breakers [die Verschwörer in Berlin] over Eastern orientation, but they fear that their nation is being directed by events toward the influence of the East. They are in favor of extensive social changes.« Später habe Dulles erfahren, schrieb er 1945, »daß, kurz ehe Graf Stauffenberg seine Bombe placierte, die Verschwörer sich bereit erklärt hatten, sich den russischen wie auch den amerikanischen und britischen Streitkräften bedingungslos zu ergeben, sobald Hitler umgebracht war«. Dulles berichtet noch S. 221 (ohne Angabe der Herkunft der Nachricht), nach der gelungenen Invasion Frankreichs und nach ihren ersten Erfolgen habe Stauffenberg vorgeschlagen, »die Kommunisten in die Koalition hereinzunehmen«. Gisevius selbst, auf den sich Dulles (S. 218–219) u. a. stützen, spricht (II, 303, 309 bis 319) nur vom Einverständnis Stauffenbergs mit dem Kontakt Lebers zu den Kommunisten, und wiederholt seine Behauptung von Stauffenbergs »Ostorientierung« ohne sich festzulegen: er beruft sich schließlich darauf, sie »verspürt« zu haben, nachdem er von dem Gespräch am 12. Juli 1944 berichtet hatte, in dem er Stauffenberg zum ersten Mal getroffen und in dem Stauffenberg von theoretischer Erörterung der denkbaren Optionen gesprochen und für den gegenwärtigen Augenblick die Rolle des advocatus diaboli eingenommen hatte. Gisevius bezeichnete auch das Vorgehen Stauffenbergs, mit den Worten Hansens, als »spielerisch«. Von der behaupteten

Ostorientierung bleibt also als wirklich fester Kern allenfalls die Warnung an die amerikanische Adresse vor einer – sicherlich aufrichtig – befürchteten kommunistischen Entwicklung Deutschlands, die ja auch Trott immer wieder vorgebracht hatte. Vgl. auch Hilde Mertz von Quirnheim (Anm. 133 oben); Rudolf Fahrner, mündliche Mitteilungen an d. Verf. 9. Mai 1977; Falkenhausen an Plassmann (s. oben Anm. 136); Spiegelbild, S. 111, 402; alle mit Belegen für die vorwiegende Orientierung nach Westen.

140 Ritter, Goerdeler, S. 385–386.
141 Hassell, S. 287–288.
142 S. oben, S. 294.
143 Spiegelbild, S. 308.
144 Steltzer berichtete Dr. Ivar Anderson in Stockholm am 17. Sept. 1943 den Plan; Anderson, Tagebuch 17. Sept. 1943. Ferner Spiegelbild, S. 308, 507; Ritter, Goerdeler, S. 386–387; Edgar Röhricht, Pflicht und Gewissen, Stuttgart 1965, S. 206–207: Bericht über ein Gespräch mit Tresckow im Januar 1944, in dem Tresckow für die ernsthafte Erwägung der Verständigung mit dem Osten eintrat, weil offenbar vom Westen nichts zu erwarten, Rußland aber auf dem Kontinent der Sieger des Krieges sein werde.
145 John, Zweimal, S. 153–154.
146 Ritter, Goerdeler, S. 386–389, auch zum Folgenden; vgl. Peter Kleist, Zwischen Hitler und Stalin 1939 bis 1945, Bonn 1950, S. 239–280.
147 William J. Donovan an Roosevelt 20. März 1944, FDR Library, Hyde Park, N. Y., Safe File Box 4; Martin, S. 101–103.
148 So schloß auch die Gestapo: Spiegelbild, S. 492–495, 502–508.
149 Annedore Leber, Das Gewissen steht auf, Berlin, Frankfurt/M. ⁹1960, S. 134 bis 136. Zum Folgenden: Otto John, Some Facts and Aspects of the Plot against Hitler, London 1948, S. 41–47; ders., »Zum Jahrestag der Verschwörung gegen Hitler – 20. Juli 1944«, Wochenpost: Zeitung für Kriegsgefangene (London) Nr. 138, 18. Juli 1947, S. 4–6; ders., Berichte über seine Spanien-Reisen im Februar und März 1944, Abschriften im Nl. Dr. Walter Bauer, Fulda; Bericht von Allen W. Dulles aus Bern von Ende Januar, Foreign Relations 1944 I, 496–498; Anklageschrift vom 20. Dez. 1944 gegen Dr. Klaus Bonhoeffer, Dr. Rüdiger Schleicher, Dr. Hans John, Friedrich Justus Perels und Dr. Hans Kloß, Abschrift im Besitz der Stiftung »Hilfswerk 20. Juli 1944«; vgl. Buchheit, Geheimdienst, S. 427–437.
150 Hierzu und zum Folgenden: Dulles an OSS Nr. 1888–9 und 1890–3 vom 27. Jan. 1944, OSS-Archiv; John, Zweimal, S. 139–141, 145–147.
151 John, Berichte; gedruckt in John, Zweimal, S. 361–368, vgl. 150.
152 Dulles an OSS Nr. 1888–9 und 1890–3 vom 27. Jan. 1944, OSS-Archiv; Dulles schrieb, seine deutschen Kontaktleute bezweifeln, daß man John gesagt habe, Verhandlungen würden durch Einsetzung einer neuen deutschen Regierung des Militärs erleichtert werden; er fuhr fort: er bitte um Mitteilungen, was man durch den Kontakt mit den Breakers (Deckname der von Beck und Goerdeler geleiteten Verschwörung, als deren Verbindungsleute Gisevius, Waetjen und Strünck fungierten) erreichen wolle: »I do not understand what our policy is and what offers, if any, we could give to any resistance movement.« S. ferner Bericht Dulles', Foreign Relations 1944 I, 498; John, Facts, S. 44–45; ders., Zum Jahrestag, S. 5.

153 Buchheit, Geheimdienst, S. 427 auf Grund von Wedemeyer, S. 470-471 und Papen, S. 594 ff.
154 Hierzu und zum Folgenden: John, Zum Jahrestag, S. 5; ders., Facts, S. 41-47; ders., »Am achten Jahrestag der Verschwörung«, Das Parlament, Sonderausgabe »20. Juli«, 20. Juli 1952, S. 2; eine etwas abweichende Version von Johns Bericht über den 20. Juli bei Heinrich Fraenkel und Roger Manvell, Der 20. Juli, Frankfurt/M.–Berlin ²1965, S. 227-230; John, Zweimal, S. 157 bis 158; Kramarz, S. 179-181. Kramarz berichtet von dem Optimismus Stauffenbergs hinsichtlich der Verhandlungsmöglichkeiten nach dem Umsturz und von dem Kontakt, den er mit dem Hauptquartier Eisenhowers hergestellt zu haben glaubte, aber nicht, durch wen der Kontakt zustande gekommen war. Vgl. Spiegelbild, S. 126-127, 249, 367, 505, 507.
155 Neben den Anm. 154 gen. Qu. bes. John, Some Facts, S. 42, Ritter, Goerdeler, S. 395 bis 396 nach John W. Wheeler-Bennett, The Nemesis of Power: The German Army in Politics 1918-1945, New York ²1964, S. 626, der es von John hat.
156 Zeller, S. 362-363.
157 John, Zweimal, S. 159.
158 In Johns Bericht Zum Jahrestag, S. 5 werden diese Auffassungen Hansen zugeschrieben, der sie aber offenbar als Stauffenbergsche Ansichten referierte; in dem bei Fraenkel und Manvell, S. 227-230 abgedruckten Bericht Johns werden sie Stauffenberg zugeschrieben, ebenso bei John, Zweimal, S. 159.
159 John, Zweimal, S. 158.

Gegen Ende Mai soll Stauffenberg nach Kramarz, S. 180-181 und 188 durch den Kriegstagebuchführer im Stabe des Chefs H Rüst u BdE, Hauptmann d. R. Hermann Kaiser, Stauffenbergs Verbindungsmann zu Goerdeler, ein Programm der deutschen Forderungen für die Verhandlungen mit dem alliierten Oberkommando haben entwerfen lassen. Ritter, Goerdeler, S. 550-551, Anm. 104 schreibt ebenfalls das Programm Stauffenberg zu; ähnlich Zeller, S. 340-341. Von hier übernahmen es die Herausgeber von 20. Juli 1944, Bonn ⁴1961, S. 94-95. Kramarz unterließ die kritische Prüfung der Herkunft u. des Inhalts der Liste; die in Spiegelbild nicht abgedruckten Prozeßberichte und Urteile, die vieles Quellenmaterial enthalten, hat Kramarz nicht bearbeitet.

Wenn man das Programm liest, wird man schwerlich glauben können, es sei ein Programm Stauffenbergs gewesen (vgl. dazu die 1. Aufl. des vorliegenden Werkes 1969, S. 750). Es lautete, nach dem Zitat im Urteil des VGH gegen Kaiser in der Verhandlung vom 17. Jan. 1945, BA EAP 105/30 (Abweichungen von dem Abdruck in Spiegelbild, S. 126-127, der Kramarz als Vorlage diente, sind im Folgenden in [] angemerkt):

»1. sofortiges Einstellen des Luftkriegs,
2. Aufgabe der feindlichen [›feindlichen‹ fehlt in Spiegelbild] Invasionspläne,
3. Vermeidung weiterer Blutopfer,
4. die Erhaltung der dauernden Verteidigungsfähigkeit im Osten nach [›nach‹ fehlt in Spiegelbild, dort statt dessen ein Komma] Räumung aller besetzten Gebiete im Norden, Westen, Süden [in Spiegelbild: ›.. Westen und Süden(!)‹],
5. Vermeiden jeder Besetzung des Reiches,
6. freie Regierung mit eigener selbstgewählter Verfassung [Spiegelbild: ›freie Regierung, selbständige selbstgewählte Verfassung‹],
7. vollkommene Mitwirkung bei der Abfassung von [Spiegelbild: ›bei der

Durchführung der‹] Waffenstillstandsbedingungen und [Spiegelbild: Komma statt ›und‹] bei der Vorbereitung und [Spiegelbild: ›der‹ statt ›und‹] Gestaltung des Friedens,

8. Garantie der Reichsgrenzen von 1914 im Osten; Erhaltung der Alpen- und Donaugaue und des Sudetengaues und Autonomie Elsaß–Lothringens [Spiegelbild: ›Reichsgrenze von 1914 im Osten, Erhaltung Österreichs und der Sudeten beim Reich, Autonomie Elsaß–Lothringen, Gewinnung Tirols bis Bozen, Meran‹],

9. tatkräftiger Wiederaufbau mit Mitwirken [Spiegelbild: ›Mitwirkung‹] am Wiederaufbau Europas,

10. Selbstabrechnung mit Verbrechern im Volk!!! [Spiegelbild: ›(!)‹]

11. Wiedergewinnung von Ehre, Selbstachtung und Achtung !!! [Spiegelbild: statt ›!!!‹ folgt ein Punkt.]«

Nach dem Gestapo-Bericht in Spiegelbild, S. 126, handelt es sich bei dem wiedergegebenen Programm um eine Notiz, die Kaiser am 25. Mai »für Stauffenberg« ausgearbeitet hat. »Für Stauffenberg« heißt noch nicht »im Auftrag Stauffenbergs«, und der Bericht stammt vom 2. August, als Goerdeler noch nicht verhaftet war. Nach der ausführlichen Darstellung Freislers im Urteil gegen Kaiser vom 17. Januar 1945 aber trug Kaiser das Programm in sein Tagebuch unter dem 25. Mai (ein Schreibfehler »25. 1.« berichtigt sich durch das darauf Folgende im Text des Urteils) als »eine Gegenüberstellung derjenigen Punkte ein, die nach seiner Verräterauffassung für den Plan Stauffenbergs sprechen, und wagt es, als Vorteile dieses Verrates zu nennen .. [Im Urteil des VGH folgt hier das eben wiedergegebene Programm.]«

Der Plan Stauffenbergs war der Umsturz, nicht diese Liste von Forderungen. Der Schluß, daß die von Kaiser »für Stauffenberg« ausgearbeiteten Punkte Stauffenbergs Auffassungen wiedergeben, ist nicht zwingend und nicht naheliegend; er wird unhaltbar im Lichte der Äußerungen Kaisers in seinem Prozeß. Er sagte da aus, »das alles sei nur die Abschrift des Inhalts eines Briefes, den er damals im Auftrage von Goerdeler an Graf von Stauffenberg überreicht habe.« Damals lebte Goerdeler noch, wenn auch Kaiser dies vielleicht nicht sicher wußte, aber warum sollte er jetzt Goerdeler belasten und nicht den sicher toten Stauffenberg? Andererseits konnte die Gestapo kaum Interesse an Belastungsmaterial gegen Goerdeler haben, der längst alles gestanden hatte und verurteilt worden war. Man wird also wohl *dafür* gegenüber Kaiser keinen Zwang angewendet haben. Tatsächlich sollte die Liste seinerzeit dazu dienen, Stauffenberg anzutreiben. Am 26. Mai 1944, einen Tag nach dem Tagebucheintrag Kaisers, fand in dessen Dienstzimmer eine Besprechung zwischen Goerdeler und Stauffenberg statt, nach welcher Goerdeler zu Kaiser sagte: Stauffenberg brauche man nicht anzutreiben, dieser habe eine Gewaltaktion ehrenwörtlich versprochen (Urteil gegen Kaiser). Goerdelers Optimismus wird bestätigt von Gisevius, Sonderausgabe, S. 473: Goerdeler glaubte am 12. Juli 1944 noch, die Alliierten würden nach dem Umsturz von innen nicht auf bedingungsloser Kapitulation bestehen. Vgl. Lebers Eintreten für Verzicht auf Ostpreußen, Elsaß-Lothringen, Sudetenland »usw.« in einer Besprechung am 16. Juni 1944, wobei andere, anscheinend Goerdeler, vielleicht Beck, gegen Lebers Ansichten heftig protestiert hätten; Spiegelbild, S. 118.

160 Speidel, S. 55–59, 98.

161 In seiner Niederschrift An Eye Witness's Account of the 20th July 1944 Plot

Against Hitler That Failed, Masch., London 5. Juli 1946, S. 1 (s. ferner S. 2, 10) schrieb John: »I had repeatedly tried to convince them [Stauffenberg und Hansen] that they must be prepared for ›Unconditional Surrender‹ in order to put an end to the war. They seemed to be unable to envisage it.« Dagegen in dem vermutlich später abgefaßten Ms. Der 20. Juli 1944, London o. J., S. 11 über die Vorwürfe, die er sich am 20. Juli gemacht habe: »Es bleibt die Tatsache, daß ich bewußt und absichtlich gegen mein besseres Wissen, also vorsätzlich, die bestehenden Illusionen über die Möglichkeit eines Verhandlungsfriedens nicht nur nicht zerstört, sondern unterhalten habe.« Der Widerspruch läßt sich nur zum Teil klären, wenn man annimmt, daß hier in erster Linie »die Generale« gemeint sind, und daß John glaubte, Illusionen dadurch »unterhalten« zu haben, daß er Kontakt mit den Westalliierten für möglich erklärte (er selbst hatte ja einen hergestellt).

162 John, Account, S. 1; ders., Zweimal, S. 159–160.
163 Aussage von Peter Graf Yorck von Wartenburg vor der Gestapo und vor dem Volksgerichtshof, Der Prozeß gegen die Hauptkriegsverbrecher vor dem Internationalen Militärgerichtshof Nürnberg 14. November 1945 – 1. Oktober 1946, Bd. XXXIII, Nürnberg 1949, S. 423.
163a Ebenso zu Goerdeler, 18. Juli: Hammerstein, Spähtrupp, S. 291.
164 Gisevius, Sonderausgabe, S. 475–476, 482–484. Oberst Hansen hat aus Stauffenbergs Frage anscheinend ein viel weitergehendes Programm gemacht oder herausgelesen, wenn er am 13. Juli 1944 zu Gisevius sagte, Stauffenberg »denke .. an den gemeinsamen Siegeszug der grau-roten [deutschen und russischen] Armeen gegen die Plutokratien.« Gisevius, Sonderausgabe, S. 482. Zum Folgenden John, Account, und ders., Zweimal, S. 159–160.

VIII. Attentatversuche 1933–1942

1 Geheimer Bericht des Oberreichsanwalts an den Reichsminister der Justiz vom 1. Juni 1933 und Schriftwechsel zwischen Justizministerium und Reichskanzlei darüber, BA R 43 II/1519; vgl. Max Domarus, Hitler: Reden und Proklamationen 1932–1945, Neustadt a. d. Aisch 1962/1963, S. 216 bis 217. Zu Mylius: Dr. Helmuth Mylius, Niederschrift vom 21. Jan. 1969. Zu den Attentatversuchen der Jahre 1938–1939 u. Ansichten betr. Attentate in der Opposition vgl. oben, S. 33, 50, 113, 122, 157, 166–167, 176–184, 248. P. Hoffmann, Die Sicherheit des Diktators, München, Zürich 1975.
2 Hierzu und zum Folgenden: Günther Weisenborn (Hrsg.), Der lautlose Aufstand: Bericht über die Widerstandsbewegung des deutschen Volkes 1933 bis 1945, rororo, Hamburg 1962, S. 301–302, Anm. 4; Wolfgang Abendroth, »Das Problem der Widerstandstätigkeit der ›Schwarzen Front‹«, VfZ 8 (1960), S. 186; vgl. Henry Picker, Hitlers Tischgespräche im Führerhauptquartier 1941–1942, hrsg. von P. E. Schramm, Stuttgart 1963, S. 306; helmut hirsch 21. 1. 1916–4. 6. 1937, schriften des bundes deutscher jungenschaften 31, Bad Godesberg [1967], S. 3–4, 8–9, 15–21, 26–29, 36–50 mit ausführlichen Auszügen aus dem Urteil des VGH; [William E. Dodd], Ambassador Dodd's Diary 1933–1938, New York 1941, S. 402–404, 410–412, 414; Otto Dietrich, 12 Jahre mit Hitler, München 1955, S. 183 betont ausdrücklich, es seien nur die beiden Attentate des 8. November 1939 und des 20. Juli 1944 gegen Hit-

ler verübt worden. Dietrich war 1933–1945 Hitlers Pressechef. Hitler wußte von weiteren ernsten *Versuchen*: Picker, S. 306.
3 Picker, S. 211; Abendroth, S. 186; BA an d. Verf. 25. Feb. 1969; Weisenborn, S. 301–302; Urteil des Volksgerichtshofes vom 2. Juli 1940 gegen Karl Hoffmann, Erich Schulz, Willi Tosch und Alfred Jurzik, BDC; Akten des Volksgerichtshofes und der Strafanstalt Plötzensee (Hinrichtungsvermerke), BDC.
4 Stapo Oppeln an Gestapo Berlin 5. März 1937, Abschr. in BA RG 1010/3183.
4a Stapo-Leitst. Koblenz an Landräte (usw.) 5. Apr., 13. Mai, 3. Juni, 1. Juli, 14. Juli 1938; SD Koblenz an Außenstellen 28. Apr. 1938; BA NS 29/vorl. 435.
4b SD-Unterabschnitt Koblenz an Außenstellen 1. Sept. 1938, BA NS 29/vorl. 435.
4c Der Spiegel Nr. 32, 4. Aug. 1969, S. 18; Ewen Butler, »I talked of plan to kill Hitler«, The Times 6. Aug. 1969, S. 1. Zur Wohnung Mason-MacFarlanes. Einzelheiten in Peter Hoffmann, Hitler's Personal Security, London and Basingstoke 1979, S. 99.
5 Alhard Gelpke, Exposé Nr. 2: Über einige Comités, die während der Hitlerzeit im Dienste des Abendlandes wirkten, Masch., o. O. Mai 1956, Hoover Library Ts Germany G 321 (die Authentizität dieses Berichts ist ungesichert); The Times, 5. Febr. 1936, S. 12; 6. Feb. 1936, S. 14; 7. Feb. 1936, S. 13; 13. Feb. 1936, S. 12; 10. Dez. 1936, S. 13; 15. Dez. 1936, S. 15. Vgl. Emil Ludwig, Der Mord in Davos, Amsterdam 1936; Domarus, S. 572–575.
6 Gelpke, Exposé Nr. 2.
7 Hierzu und zum Folgenden: Gelpke, Exposé Nr. 2; Bericht Nr. 28 [über ein Tischgespräch mit Hitler am 6. Sept. 1941], Masch., Führerhauptquartier 7. Sept. 1941, von Rosenbergs Verbindungsmann bei Hitler (nicht in Picker), BA R 6 o. Nr.; Führerinformation [des Reichsministers der Justiz] 7. Sept. 1942, Masch., BA R 22/4089; Führerinformation [des Reichsministers der Justiz] 1942 Nr. 131, Berlin 14. Okt. 1942, BA R 22/4089; Lagebericht des Oberreichsanwalts beim Volksgerichtshof an den Reichsminister der Justiz vom 3. Okt. 1942, BA R 22/3090; Dr. Heinz Boberach (Bundesarchiv) an d. Verf. 25. Nov. 1968; vgl. Hitlers Tischgespräch vom 3. Mai 1942 (Picker, S. 306, 387); Peter Hoffmann, »Maurice Bavaud's Attempt to Assassinate Hitler in 1938«, Police Forces in History, hrsg. v. George L. Mosse, London [1975], S. 173–204.
8 S. oben, S. 49–53.
9 Franz Sonderegger an den Präsidenten des Landgerichts München I, 14. Jan. 1951, Kopie im IfZ; Rudolf Pechel, Deutscher Widerstand, Erlenbach–Zürich 1947, S. 82–84; Ernst Niekisch, Gewagtes Leben: Begegnungen und Begebnisse, Köln–Berlin 1958, S. 155, 249–250; Fabian von Schlabrendorff, Offiziere gegen Hitler, Fischer Bücherei, Frankfurt/M.–Hamburg 1959, S. 76 bis 77, 141; Eberhard Zeller, Geist der Freiheit: Der zwanzigste Juli, München ⁵1965, S. 177; Weisenborn, S. 99, 158–160; Harald Poelchau, Die letzten Stunden: Erinnerungen eines Gefängnispfarrers aufgezeichnet von Graf Alexander Stenbock-Fermor, Berlin 1949, S. 96–99; Karl von Winkler, Erinnerungsniederschrift, 1945, Nl. Nostitz.
10 Dies und das Folgende vor allem nach Botho von Wussow, Einige Sätze zu dem SS-Bericht über den 20. Juli 1944, der in den Nordwestdeutschen Heften veröffentlicht wurde u. z. 1947 Heft 1/2, Masch.-Abschrift, o. O. 1947.
11 Albert Zoller, Hitler privat: Erlebnisbericht seiner Geheimsekretärin, Düsseldorf 1949, S. 177; Trial of the Major War Criminals before the Interna-

tional Military Tribunal: Nuremberg 14 November 1945 – 1 October 1946, Bd. XXVI, Nürnberg 1947, S. 339.
12 Trial XXVI, 332.
13 Picker, S. 306.
14 Picker, S. 386–387.
15 Picker, S. 258.
16 Picker, S. 307–308.
17 Picker, S. 258.
18 Zur Lebensweise Hitlers und zum Schutze seiner Person s. unten, Exkurs.
19 Vgl. S. 122, 702 Anm. 250, 257, 259 und die dort genannten Quellen. Ob Halem mit diesem Versuch in Verbindung stand, ist bisher nicht bekannt.
20 Hans-Adolf Jacobsen, Fall Gelb: Der Kampf um den deutschen Operationsplan zur Westoffensive 1940, Wiesbaden 1957, S. 279 Anm. 4.
21 Vgl. oben, S. 125–129.
22 Hierzu und zum Folgenden: Erich Kordt, Nicht aus den Akten: Die Wilhelmstraße in Frieden und Krieg, Stuttgart 1950, S. 370–376; Hans Bernd Gisevius, Bis zum bitteren Ende: Vom Reichstagsbrand bis zum 20. Juli 1944, vom Verfasser auf den neuesten Stand gebrachte Sonderausgabe, Hamburg o. J., S. 463; Niederschrift der Unterredung zwischen Herrn Ministerialdirigent Dr. v. Etzdorf.. und Herrn Dr. H. Krausnick, 26. September 1953, IfZ ZS 322; Dr. Hasso von Etzdorf, mündliche Mitteilungen an d. Verf. 24. Aug. 1972; Konsulin a. D. Susanne Simonis an d. Verf. 8. März 1971; Friedrich Wilhelm Heinz an d. Verf. 8. März 1966; Erich Kosthorst, Die deutsche Opposition gegen Hitler zwischen Polen und Frankreichfeldzug, Bonn ³1957, S. 87–88; Kurt Sendtner, »Die deutsche Militäropposition im ersten Kriegsjahr«, Vollmacht des Gewissens I, Frankfurt/M.–Berlin 1960, S. 412; Erwin Lahousen, Zur Vorgeschichte des Anschlages vom 20. Juli 1944, IfZ ZS 658.
23 Kordt, S. 371. Am 11. Nov. wäre das Attentat vermutlich noch rechtzeitig, aber nicht verfrüht gekommen, weil da der Angriffsbefehl, wenn er für 12. Nov. gegeben war, kaum noch widerrufen werden konnte.
24 Gisevius, Sonderausgabe, S. 416; Harold C. Deutsch, The Conspiracy against Hitler in the Twilight War, Minneapolis 1968, S. 225, auch zum Folgenden.
25 Lahousen, Vorgeschichte.
26 Als von Oster vermutete Quellen des Sprengkörpers, den Elser verwendet hat, sind bei der Gesprächswiedergabe durch Kordt, S. 373 angedeutet: Laboratorium der Abwehr auf dem Quenzgut bei Brandenburg unter Major Marguerre; Görings »Forschungsapotheke«; »die Firma Himmler–Heydrich«. Lahousen, Vorgeschichte nennt ein Labor der Abwehr II in Tegel.
27 [Erwin] Lahousen, Tagebuch (OKW-Abwehr Aug. 1939–[3. Aug. 1943]), NA OKW 2280 (Mikrofilm), Abschrift im IfZ (Archiv-Nr. 154/59), S. 26–27. Lahousen erklärte eidesstattlich am 1. Juli 1947: »Major Marguerre, der nicht zu unserem Kreise gehörte, befolgte diese Vorschriften auf das genaueste. Es war mir damals infolgedessen nicht möglich, den mir weitergegebenen Auftrag durchzuführen ohne Aufsehen zu erregen und dadurch das Unternehmen zu gefährden.«
28 Vgl. den Bericht von Paul Leverkuehn Der geheime Nachrichtendienst der deutschen Wehrmacht im Kriege, Frankfurt/M. ²1957, S. 32, wonach Himmler persönlich nach dem 8. November mit einem Adjutanten dem Abwehr-Laboratorium in Tegel einen unerwarteten Besuch machte.

29 Hierzu nun ausführlich auf breiter Quellengrundlage Anton Hoch, »Das Attentat auf Hitler im Münchner Bürgerbräukeller 1939«, VfZ 17 (1969), S. 383-413. Die folgende kurze Darstellung beruht auch auf: Aktenstücken der Gestapo München, BA RG 1010/3035; Franz Xaver Rieger, Schilderung des Aufgriffs des Georg Elser, Täter des Münchener Attentats vom 8. November 1939, Masch., Konstanz 15. Dez. 1939, und Waldemar Zipperer, Schilderung des Aufgriffs des Georg Elser, Täter des Münchner Anschlags vom 8. November 1939, Masch., Konstanz 15. Dez. 1939, MFA W 01-6/301 (OKW 788); [Kurt Geißler], Befragung [von Krim.-Dir. Kurt Geißler] über das Bürgerbräu-Attentat 1939, o. O. 19. Dez. 1939, BA NS 20/65; Völkischer Beobachter, 7., 8., 9. und 10. Nov. 1939; [Helmuth Groscurth], Kriegstagebuch Abt. z.b.V. 27. 9.-14. 11. 39, BA EAP 21 X 15/1, 8., 9., 15. Nov. 1939; Bericht Nr. 28 [von Alfred Rosenbergs Verbindungsmann über ein Tischgespräch bei Hitler am 6. Sept. 1941], Masch., Führerhauptquartier 7. Sept. 1941, BA R 6 o. Nr; Friedrich Wilhelm Heinz, Von Wilhelm Canaris zur NKWD, Masch., o. O. o. J. [ca. 1949], NA Reel No. R 60.67, S. 117-119; Hans Baur, Ich flog Mächtige der Erde, Kempten 1956, S. 183-185; Leverkühn, S. 32; Walter Schellenberg, Memoiren, Köln 1959, S. 90-95; Picker, S. 210, 306; Domarus, S. 1404-1416; Hans Bernd Gisevius, Wo ist Nebe? Erinnerungen an Hitlers Reichskriminaldirektor, Zürich 1966, S. 195-200, 209-212, 214-215 auf Grund des Berichtes von Nebe; S. Payne Best, The Venlo Incident, London 1950, Reprod. eines Briefes von Heinrich Müller (Leiter von Amt IV/Gestapo im RSHA) an den Kommandanten des KZ Dachau vom 5. April 1945 zwischen S. 208 und 209; Nerin E. Gun, The Day of the Americans, New York 1966, S. 113-115, 147-153; Hans Langemann, Das Attentat: eine kriminalwissenschaftliche Studie zum Kapitalverbrechen, Hamburg [1956], S. 292-296, verwendet einen Bericht des damaligen Gruppenchefs im Reichskriminalpolizeiamt (RKPA), Kriminalrat Hans Lobbes; ferner mündliche Mitteilungen eines damals an der Untersuchung beteiligten Chemikers des Kriminaltechnischen Instituts des RKPA an d. Verf. vom 30. Juli 1968.
30 Hoch, S. 396-398, 404-405, 412; Oswald Bumke, Erinnerungen und Betrachtungen, München 1952, S. 181; Heinz, Canaris, S. 118 behauptet, Canaris habe ihm und Oster am 8. Nov. nachmittags erzählt, die Westoffensive sei endgültig für den 12. Nov. befohlen, und zur Entflammung der bisher fehlenden Begeisterung sei ein Attentat, eine Zugentgleisung o. ä. geplant. Erst auf der Rückreise nach Berlin in der Nacht vom 8. auf 9. Nov. habe sich Hitler entschlossen, den Angriff abzublasen. Der Termin war aber schon am 7. Nov. verschoben worden; s. Kap. V, S. 183. Hitler selbst (Picker, S. 210-211) meinte noch 1942, vor allen sei Otto Strasser für den Anschlag verantwortlich.
31 Völkischer Beobachter, 7. Nov. 1939.
32 Völkischer Beobachter, 7., 8., 9., 10. Nov. 1939.
33 Baur, S. 183-185; Bericht Nr. 28 [von Alfred Rosenbergs Verbindungsmann über ein Tischgespräch bei Hitler am 6. Sept. 1941, nicht in Picker], Masch., Führerhauptquartier 7. Sept. 1941; hier sagte Hitler, die Rettung bei dem Anschlag verdanke er »lediglich dem Umstand, daß im letzten Augenblick wegen des schlechten Wetters die Benutzung des Flugzeuges unterblieb und dafür entsprechend früher mit dem Sonderzug gefahren wurde.« So erinnert sich auch der Pilot Baur, nur dramatisiert er nicht so den »letzten Augen-

Kapitel VIII

blick« und weiß nichts vom Sonderzug. Vgl. Kursbuch der Deutschen Reichsbahn, Sommerfahrplan 1939 (gültig bis 30. November in diesem Jahr), Berlin 1939, S. 5, 7. Bundesbahndirektion Nürnberg an d. Verf. 11. Juni 1970, Hoch, S. 410–411 und Hoch an d. Verf. 8. Juni 1970 bestätigen, daß ein Sonderzug benützt wurde. Heinrich Hoffmann, Hitler Was My Friend, London 1955, S. 119: Innere Unruhe trieb Hitler früher weg.

34 Nach Allen Welsh Dulles, Verschwörung in Deutschland, Kassel 1949, S. 77, zeigen Photos neben Hitler einen SS-Mann mit der Uhr in der Hand: Hitler durfte den Sonderzug nicht verpassen, dessen Abfahrt man nicht kurzfristig ändern konnte; vgl. Hoffmann, Sicherheit, S. 82–84, 122–124.

35 Rieger, Zipperer.

36 Best, Repr. S. 208 u. 209; Schreibweisen sic; Hoch, S. 413.

37 Eugen Gerstenmaier, mündliche Mitteilungen an d. Verf. vom 17. Aug. 1965; ders., »Der Kreisauer Kreis: Zu dem Buch Gerrit van Roons ›Neuordnung im Widerstand‹«, VfZ 15 (1967), S. 233 (hier datiert Gerstenmaier den Plan 1942; nach G.'s mündl. Bericht wurde er seit Sommer 1940 verfolgt, 1942 aufgegeben); in Streit und Friede hat seine Zeit: Ein Lebensbericht, Frankfurt/M. 1981, erwähnt G. den Plan nicht; Fabian von Schlabrendorff (Hrsg.), Eugen Gerstenmaier im Dritten Reich: Eine Dokumentation, Stuttgart 1965, S. 27, 31; Ger van Roon, Neuordnung im Widerstand: Der Kreisauer Kreis innerhalb der deutschen Widerstandsbewegung, München 1967, S. 189–193; Albert Krebs, Fritz-Dietlof Graf von der Schulenburg: Zwischen Staatsraison und Hochverrat, Hamburg 1964, S. 191–202.

38 Baur, S. 192; Albert Speer, Erinnerungen, Berlin 1969, S. 186–187; Domarus, S. 1534; Kriegstagebuch des Oberkommandos der Wehrmacht (Wehrmachtführungsstab), Bd. IV, Frankfurt/M. 1961, S. 1869; vgl. Picker, S. 134, 480; [Franz] Halder, Kriegstagebuch, Bd. II, Stuttgart 1962, S. 22, 24, 28. Kriegstagebuch Nr. 3: Führer-Hauptquartier 15. Feb. 1940 – 31. Juli 1940, NA OKW/162, Microcopy T-78 Roll 351, erwähnt einen Besuch Hitlers in Paris mit Stadtrundfahrt am 23. Juni 1940: 3.30 Uhr Abflug von Gros Caillou nach Paris; 10.00 Uhr Wiedereintreffen Hitlers im Hauptquartier »Wolfsschlucht«.

39 Aussage Schachts in Protokoll aus der Verhandlung Halder [vor der] Spruchkammer X München [15.-21. Sept. 1948], Protokoll B der Anklagebehörde der Spruchkammer München X, Az BY II/47, S. 124.

40 Graf von Waldersee an d. Verf. 21. und 30. Juli 1965; Marianne Gräfin Schwerin von Schwanenfeld, Ulrich-Wilhelm Graf Schwerin von Schwanenfeld, Masch., Heidelberg o. J.; vgl. Rudolf Pechel, Deutscher Widerstand, Erlenbach-Zürich 1947, S. 156; Frau Gisela von Voß an d. Verf. 22. Jan. 1975.

41 Ulrich von Hassell, Vom andern Deutschland: Aus den nachgelassenen Tagebüchern 1938-1944, Fischer Bücherei, Frankfurt/M. 1964, S. 159–160; Wolf Keilig, Das deutsche Heer 1939-1945: Gliederung – Einsatz – Stellenbesetzung, Bad Nauheim 1956 ff., 211/333.

42 Vgl. Gerhard Ritter, Carl Goerdeler und die deutsche Widerstandsbewegung, Stuttgart ³1956, S. 274.

43 Graf von Waldersee hält für möglich, daß die Truppen schon im Anmarsch waren. K.T.B. 1. 1. 41-30. 6. 41 [des] H. Gru. Kdo. D Ia, NA Microcopy T-311, Roll 12; vgl. [Franz] Halder, Kriegstagebuch, Bd. II, Stuttgart 1963, S. 389.

44 Waldersee; Schwerin.

45 Achim Oster, mündliche Mitteilungen an d. Verf. vom 26. Mai 1964; RSHA-Schnellbrief (Amt IV A 4a), Berlin, 3. März 1942, EAP 173-e-10-12/90a, NA Microcopy T-175 Roll 490.
46 SS-Gruppenführer Heinrich Müller an SS-Oberführer Johann Rattenhuber und Reichsführer SS H. Himmler, Fernschreiben vom 7. Mai 1942, BA NS 19/421.

IX. Tresckow und die Heeresgruppe Mitte

1 Hermann Graml, »Die deutsche Militäropposition vom Sommer 1940 bis zum Frühjahr 1943«, Vollmacht des Gewissens II, Frankfurt/M.-Berlin 1965, S. 421-425; s. oben, S. 189, 194.
2 S. dazu Heinrich Uhlig, »Der verbrecherische Befehl«, Vollmacht des Gewissens II, Frankfurt/M.-Berlin 1965, S. 287-410, bes. S. 304-305.
3 Abdruck des Kommissarbefehls bei Hans-Adolf Jacobsen, 1939-1945: Der zweite Weltkrieg in Chronik und Dokumenten, Darmstadt 1959, S. 571-573; siehe ferner Hans-Adolf Jacobsen, »Kommissarbefehl und Massenexekutionen sowjetischer Kriegsgefangener« in Martin Broszat, Hans-Adolf Jacobsen, Helmut Krausnick, Konzentrationslager, Kommissarbefehl, Judenverfolgung, Olten-Freiburg i. Br. 1965, S. 161-279.
4 Graml, Militäropposition, S. 430-431; Uhlig, S. 391-392.
5 Graml, Militäropposition, S. 427, 429-431, 447; H[ans] R[othfels], »Ausgewählte Briefe von Generalmajor Helmuth Stieff (hingerichtet am 8. August 1944)«, VfZ 2 (1954), S. 291-305.
6 Guides to German Records Microfilmed in Alexandria, Va., No. 52, Records of German Field Commands: Army Groups (Part II), Washington 1966, S. 45.
7 Nicht »Chef des Generalstabes der Heeresgruppe Mitte«, wie ihn z. B. Joachim Kramarz, Claus Graf Stauffenberg 15. November 1907-20. Juli 1944: Das Leben eines Offiziers, Frankfurt/M. 1965, S. 144, nannte.
8 Eberhard Zeller, Geist der Freiheit: Der zwanzigste Juli, München [5]1965, S. 193-194; Bodo Scheurig, Henning von Tresckow, Oldenburg und Hamburg 1973, S. 16-26, 50-56.
9 Handliste der Generalstabsoffiziere 1943, OKH/HPA Amtsgr. P 3, NA Microcopy T-78 Roll R 57. Gleiche Urteile bei Zeller, S. 194 bis 195.
10 Fabian von Schlabrendorff, Offiziere gegen Hitler, Fischer Bücherei, Frankfurt/M.-Hamburg 1959, S. 44.
11 Weisung Hitlers für die HGr. Mitte vom 20. Dez. 1941, Jacobsen, 1939-1945, S. 286-287.
12 Hierzu und zum Folgenden: Wolfgang Foerster, Generaloberst Ludwig Beck: Sein Kampf gegen den Krieg, München 1953, S. 171 Anm. 96; Friedrich Hoßbach, Zwischen Wehrmacht und Hitler 1934-1938, Göttingen [2]1965, S. 195; Schlabrendorff, Offiziere, S. 56-58; Handliste; Listen über verhaftete, entlassene und verurteilte Generalstabsoffiziere (1944-1945), OKH/HPA Ag P 3, BA EAP 105/2; Spiegelbild einer Verschwörung, Stuttgart 1961, S. 349, 378 bis 379; R. Chr. Frhr. v. Gersdorff, Bericht über meine Beteiligung am aktiven Widerstand gegen den Nationalsozialismus, Masch., München 1963; [Erich] v[on] Manstein, Richtigstellung zur Darstellung der Haltung des Feldmarschalls v. Manstein im Buch »Offiziere gegen Hitler«, Masch. o. O. [etwa

Kapitel IX

1950], Sammlung John, Mappe 4; Mitteilungen der Stiftung »Hilfswerk 20. Juli 1944«, Frankfurt/M.; Philipp Freiherr von Boeselager, mündliche Mitteilungen an d. Verf. vom 19. Nov. 1964; Oberst i. G. Berndt von Kleist an d. Verf. 26. Febr. 1965; Zeller, S. 198-203; Gisela von Voß (Witwe von Oberst von Voß) an d. Verf. 22. Jan. 1975. Vgl. auch Peter Hoffmann, »The Attempt to Assassinate Hitler on March 21, 1943«, Canadian Journal of History/Annales Canadiennes d'Histoire II (1967), S. 67-83.

13 Vgl. Amt V [des RSHA], Betrifft: Selbstmord des Majors Ulrich von Oertzen, Ia der Korps-Abteilung E der 2. Armee, im Dienstgebäude des Wehrkreiskommandos III, Masch., Berlin 22. Juli 1944, BA R 58/1051; Kriminaltechnisches Institut der Sicherheitspolizei, Abteilung: Chemie, Selbstmord des Majors Ulrich von Oertzen, 23. Juli 1944, BA R 58/1051.

14 Handliste; Erich Herrlitz, mündliche Mitteilungen an d. Verf. vom 14. Jan. 1965; J. Sinnhuber (1944 Kom. Gen. LXXXII. A. K.) an d. Verf. 27. Jan. 1964.

15 Eberhard von Breitenbuch, mündliche Mitt. an d. Verf. vom 8. Sept. 1966.

16 Schlabrendorff, Offiziere, S. 52.

17 Graml, Militäropposition, S. 432-437.

18 Graml, Militäropposition, S. 432, nennt irrtümlich Mai; das gilt nur für den Erlaß über die Einschränkung der Gerichtsbarkeit. Vgl. den Abdruck des Kommissarbefehls bei Jacobsen, 1939-1945, S. 571-573.

19 Abdruck bei Uhlig, S. 388-391.

20 Rudolf-Christoph Freiherr von Gersdorff, Aussagen vor dem Militärgerichtshof Nr. V im Fall XII (Vereinigte Staaten gegen Leeb u. a.), 16. April 1948, Protokoll S. 2120-2178, StA Nürnberg; Gersdorff, Beitrag zur Geschichte des 20. Juli 1944, Masch., Oberursel 1946; ders., Soldat im Untergang, Frankfurt/ M. 1977, S. 87-88.

21 Graml, Militäropposition, S. 433.

22 Gersdorff, Aussagen im Fall XII, S. 2130; Graml, Militäropposition, S. 433-434.

23 Graml, Militäropposition, S. 434.

24 Gersdorff, Aussagen im Fall XII, S. 2134-2135; Hans Bernd Gisevius, Wo ist Nebe? Erinnerungen an Hitlers Reichskriminaldirektor, Zürich 1966, S. 240-246; vgl. dagegen Helmut Krausnick, Hans-Heinrich Wilhelm, Die Truppe des Weltanschauungskrieges, Stuttgart 1981.

25 Graml, Militäropposition, S. 435.

26 Gersdorff, im Fall XII, S. 2158-2159; Gisevius, Nebe, S. 240- 246; Graml, Militäropposition, S. 441-442; H. C. Deutsch, The Conspiracy against Hitler in the Twilight War, Minneapolis 1968, S. 123; Gersdorff, Soldat, S. 99.

27 Gersdorff, Aussagen im Fall XII, S. 2133-2134.

28 Gersdorff, Aussagen im Fall XII, S. 2167; Schlabrendorff, Offiziere, S. 62-63; Herrlitz; Graml, Militäropposition, S. 441-442.

29 Kriegstagebuch Nr. 1 (Band Dezember 1941) des Oberkommandos der Heeresgruppe Mitte, geführt von Hauptmann d. R. z. V. Petersen, Anlage zu Seite 1943, Bericht v. Major i. G. Frhr. von Gersdorff vom 9. 12. 1941, Kopie im IfZ.

30 Graml, Militäropposition, S. 443.

31 Georg Thomas, »Gedanken und Ereignisse«, Schweizer Monatshefte 25 (1945), S. 543-544; Ulrich von Hassell, Vom andern Deutschland: Aus den nachgelassenen Tagebüchern 1938-1944, Fischer Bücherei, Frankfurt/M. 1964, S. 200; Graml, Militäropposition, S. 451 mit dem Hinweis, daß Thomas ent-

gegen dem Bericht Schlabrendorffs, Offiziere, S. 67, nicht mit dem Chef des Generalstabes der HGr. Süd, General von Sodenstern, gesprochen habe.
32 Hassell, S. 186-187.
33 Lt. Oster, Spiegelbild, S. 431, zit. von Graml, Militäropposition, S. 449.
34 Schlabrendorff, Offiziere, S. 64-66.
35 Ebenda. Vgl. Rudolf Pechel, Deutscher Widerstand, Erlenbach-Zürich 1947, S. 155, der diese Überlegungen auf Ende Dezember 1941 datiert; nach Schlabrendorff, Offiziere, S. 66-67 und Hassell, S. 204-205 müßte es Mitte Oktober gewesen sein. Schlabrendorffs Auftraggeber kann damals nicht Kluge gewesen sein, wie der Hrsg. des Hassell-Tagebuches meint, nur Tresckow.
36 [Franz] Halder, Kriegstagebuch, Bd. III, Stuttgart 1964, S. 390; Schlabrendorff, Offiziere, S. 66; Hassell, S. 222.
37 Schlabrendorff, Offiziere, S. 66-67.
38 Hassell, S. 204-205.
39 Hassell, S. 205.
40 Hassell, S. 205-207, 211-212. Von den zahlreichen Geldzuwendungen Hitlers an Feldmarschälle, Fahrer, Diplomaten, Minister, Gauleiter u. a. seien nur als Beispiele genannt: Keitel Dez. 1942 42 ha Wald für RM 739 340.76, Prinz zu Wied Sept. 1944 RM 250 000, Sauckel Okt. 1944 RM 250 000, Leeb Sept. 1941 RM 250 000, Neurath 2. Feb. 1943 RM 250 000, Ribbentrop 30. Apr. 1943 RM 500 000, Kleist Okt. 1942 ca. 100 ha Land für ca. RM 480 000, Rundstedt und Raeder 1941 je RM 250 000, Milch 1942 RM 250 000, Ley März 1940 RM 1 000 000; BA R 43 II/985a, 985c, 986, 1087a, 1092, 1092a, 1092b.
41 Hassell, S. 214-217; Halder III, 354-356.
42 Hassell, S. 218-222.
43 Hassell, S. 223.
44 Hassell, S. 224-229; Wolf Keilig, Das deutsche Heer 1939-1945: Gliederung - Einsatz - Stellenbesetzung, Bad Nauheim 1956 ff., 211/368; Halder III, 422.
45 Hassell, S. 228; Schlabrendorff, Offiziere, S. 72, 75.
46 Schlabrendorff, Offiziere, S. 61.
47 Vgl. Keilig, 211/168.
48 Schlabrendorff, Offiziere, S. 70.
49 Schlabrendorff, Offiziere, S. 70-71; Hermann Kaiser (als Hauptmann d. R. Kriegstagebuchführer im Stabe des Chefs der Heeresrüstung und Befehlshabers des Ersatzheeres), Tagebuch, 6. April 1943, in »Generäle: Neue Mitteilungen zur Vorgeschichte des 20. Juli«, Die Wandlung I (1945/46), S. 528 bis 537. Hitler selbst bestätigte die Dotation, als er sich in einer Lagebesprechung am 31. Aug. 1944 über Kluges Verrat beklagte; Helmut Heiber (Hrsg.), Hitlers Lagebesprechungen: Die Protokollfragmente seiner militärischen Konferenzen 1942-1945, Stuttgart 1962, S. 618.
50 Schlabrendorff, Offiziere, S. 71.
51 Schlabrendorff, Offiziere, S. 71-72; Gersdorff, Beitrag.
52 Schlabrendorff, Offiziere, S. 74-75; Hassell, S. 245, 251. Graml, Militäropposition, S. 464 datiert »wahrscheinlich im Oktober«; nach Goerdeler, Unsere Idee, S. 23, BA Nl. Goerdeler 26, wäre es eher September gewesen.
53 Hassell, S. 249-251; Gerhard Ritter, Carl Goerdeler und die deutsche Widerstandsbewegung, Stuttgart ³1956, S. 358.

54 Schlabrendorff, Offiziere, S. 75.
55 Schlabrendorff, Offiziere, S. 76, 90; Ludwig Kaiser, Ein Beitrag zur Geschichte der Staatsumwälzung vom 20. Juli 1944 (Goerdeler-Bewegung), Teilbericht, NA RG 338 MS no. B-285; Tagebuch Hermann Kaisers (Photokopie und Masch.-Transkript) 21. Jan. 1943, ferner 25. Jan., 6. und 19. Feb. 1943.
56 Schlabrendorff, Offiziere, S. 76.
57 So präzise und klar, wie es Schlabrendorff, Offiziere, S. 89–92 zusammenfassend darstellt, war die Arbeitsteilung zwischen dem »Feldheer« und der Zentrale um Oster in Wirklichkeit nicht.
58 Schlabrendorff, Offiziere, S. 88–90.
59 Gersdorff, Beitrag.
60 Vgl. z. B. die Äußerung Stauffenbergs bei Kramarz, S. 201 und die Tresckows bei Schlabrendorff, Offiziere, S. 154; ferner Gersdorff an d. Verf. 23. Jan. 1966; Axel Freiherr von dem Bussche an d. Verf. 9. Feb. 1966.
61 Bussche 9. Feb. 1966.
62 Gersdorff, Beitrag; ders., Bericht; ders., mündliche Mitteilungen an d. Verf. vom 25. Mai 1964 (künftig zit. als Mitteilungen I).
63 Hierzu und zum Folgenden: Gersdorff, Beitrag; ders., Bericht; ders., Mitteilungen I; ders., mündliche Mitteilungen an d. Verf. vom 16. Nov. 1964 (künftig zit. als Mitteilungen II); Herrlitz; Oberstleutnant a. D. Wilhelm Hotzel an d. Verf. August 1965; Schlabrendorff, Offiziere, S. 93–95. Die Aufgaben der Abwehr-Abteilungen waren analog der Organisation des Amtes Ausland/Abwehr verteilt: Abwehr I war für Offensivspionage zuständig und verfügte in der Gruppe über das Frontaufklärungskommando (FAK) 103 (Feindaufklärung), das von Oberstleutnant Erich Herrlitz geführt wurde; Abwehr II hatte das FAK 203 (Sabotage und Zersetzung) unter Oberstleutnant Wilhelm Hotzel; Abwehr III verfügte über das FAK 303 (Spionageabwehr) unter Oberstleutnant Tarbuck. Alle drei wurden, abgesehen von einer kurzen Zeit der Zusammenfassung unter Oberst Dr. Steffan, gegenüber dem Ic/AO von Oberstleutnant Herrlitz, dem Dienstältesten, vertreten.
64 Gersdorff, Beitrag; Spiegelbild, S. 128; Arnold von Tresckow (damals im OKH/Heereswaffenamt/WaPrüf 5, ein Vetter Henning von Tresckows), mündliche Mitteilungen an d. Verf. 5. Aug. 1968; Dr. Albert Widmann (Sprengstoffsachverständiger im Kriminaltechnischen Institut/Reichskriminalpolizeiamt/Reichssicherheitshauptamt V), mündliche Mitteilungen an d. Verf. 30. Juli 1968 und 24. Juni 1984; Peter Hoffmann, »Warum mißlang das Attentat vom 20. Juli 1944?« VfZ 32 (1984), S. 451–455.
65 S. Abbildung im Anhang S. 895; Hoffmann, Warum, S. 451–459.
66 Vgl. German Explosive Ordnance (Bombs, Fuzes, Rockets, Land Mines, Grenades and Ingniters), Washington, D. C. 1953, passim.
67 S. Abbildung im Anhang S. 895.
68 Hierzu Alexander von Pfuhlstein, Meine Tätigkeit als Mitglied der Berliner Verschwörerzentrale der deutschen Widerstandsbewegung vom 1. Oktober 1936–20. Juli 1944, mimeogr., Kreuzwertheim am Main 1946; ders., 12 Abhandlungen über persönliche Erlebnisse, Masch., Kreuzwertheim am Main 1946, IfZ ZS 592; [Erwin Lahousen], Sidelights on the Development of the »20 July« in the Foreign Countries/Intelligence Service (Amt Ausland/Abwehr) for the Period of the Time from the End of 1939 to the Middle of 1943,

Masch., o. O. (wahrscheinlich Aug. 1945), NA Record Group 238; ders., Zur Vorgeschichte des Anschlages vom 20. Juli 1944, Masch., München 1953, IfZ ZS 652; ders., Tagebuch (OKW-Abwehr Aug. 1939-[3. Aug. 1943]), NA OKW 2280; Friedrich Wilhelm Heinz, Von Wilhelm Canaris zur NKWD, Masch., o. O. [ca. 1949], Mikrofilm NA Reel No. R 60.67; Paul Leverkuehn, Der geheime Nachrichtendienst der deutschen Wehrmacht im Kriege, Frankfurt/M. ²1957; Dr. Johannes Erasmus (1944 Ia in der Div. »Brandenburg«) an d. Verf. 29. Aug. 1965; Spiegelbild, S. 370-371, 405-406; Gert Buchheit, Der deutsche Geheimdienst: Geschichte der militärischen Abwehr, München 1966, S. 307 bis 329. Buchheit, S. 307-308 hält die Verwendung der »Brandenburger« als Einsatzgruppe im Staatsstreich für »von voneherein« unmöglich und stützt sich für diese unbegründete Behauptung lediglich auf Karl Heinz Abshagen, Canaris: Patriot und Weltbürger, Stuttgart 1949, S. 237, der aber auch keine Belege bringt. – Hitler hielt sich vom 23. Nov. 1942 bis 17. Feb. 1943 in der »Wolfschanze« bei Rastenburg auf, vom 19. Feb. bis 13. März in seinem Hauptquartier »Wehrwolf« bei Winniza, dann kurz in Berlin und nochmals in der »Wolfschanze«; Kriegstagebuch des Oberkommandos der Wehrmacht (Wehrmachtführungsstab), Bd. III, Frankfurt/M. 1963, S. 136, 207; Heiber, S. 143, 181, 498; Max Domarus, Hitler: Reden und Proklamationen 1932–1945, Neustadt a. d. Aisch 1962/1963, S. 2314; Baur, S. 231.

69 Vgl. Listen über verhaftete, entlassene und verurteilte Generalstabsoffiziere, BA EAP 105/2; Marianne Gräfin Schwerin von Schwanenfeld, Ulrich-Wilhelm Graf Schwerin von Schwanenfeld, Masch., [Heidelberg] o. J.; Pfuhlstein, Tätigkeit; Heinz, Canaris, S. 149–151; Heinz an d. Verf. 8. März 1966. Heinz wurde im April 1943 als Kommandeur des IV. Regiments der Div. Brandenburg in Serbien eingesetzt.

70 Keilig, 211/250.

71 Heinz, Canaris, S. 149–151 beschuldigt Pfuhlstein dieses »Verrats« der Division an Jodl und Warlimont, mit denen Pfuhlstein gegen Canaris intrigiert habe: Von Heinz wird Pfuhlstein als überaus ehrgeizig geschildert. Er soll nach Heinz auch Nationalsozialisten als Ordonnanzoffiziere bevorzugt und einen hauptamtlichen NS-Funktionär als Kommandeur des I. Regiments eingesetzt haben. Dem allem widerspricht die Beurteilung Pfuhlsteins durch Canaris am 1. Nov. 1943 als unermüdlicher Förderer der Schlagkraft seiner Division, in der er sich abschließend für die vorläufige Belassung Pfuhlsteins in seiner Stellung ausspricht: Handliste des HPA Amtsgr. P 3 für 1943.

72 Lahousen, Sidelights, S. 3; nach Lahousen hätte Canaris an die Verwendbarkeit fest geglaubt, Oster jedoch nicht; Heinz an d. Verf. 8. März 1966. In ihren Aussagen vor der Gestapo machten weder Pfuhlstein noch Heinz einen solchen Unterschied. Sie waren in ihren Aussagen im übrigen zurückhaltend; sie betonten den Pessimismus Canaris' und Osters und deren Überzeugung, daß eine »Änderung« der Führung nötig sei, um wieder vernünftige militärische Führungsverhältnisse zu schaffen, berichteten aber nichts über wirklich gravierende Tätigkeiten ihrer ehemaligen Vorgesetzten. Spiegelbild, S. 370–371, 405–407.

73 Hierzu u. z. Folg.: Major d. R. Philipp Freiherr von Boeselager, mündliche Mitteilungen an d. Verf. vom 19. Nov. 1964; Akten über die Aufstellung des Reiterregiments »Boeselager« im Archiv Boeselager, Schloß Kreuzberg; Cord

v. Hobe, Walter Görlitz, Georg von Boeselager: Ein Reiterleben, Düsseldorf 1957, S. 96–101; Schlabrendorff, Offiziere, S. 93; Gersdorff, Beitrag; Herrlitz.
74 Archiv Boeselager, Akte 10a; Ulrich Gigas (Oberlt., Ib d. Kav. Rgt. »Mitte«) an Ph. Frh. v. Boeselager 28. Okt. 1969; Boeselager an d. Verf. 28. Aug. 1969.
75 Vgl. Kaiser, Tagebuch, Jan.-Feb. 1943, passim.
76 Vgl. Ritter, Goerdeler, S. 350.
77 Boeselager; Hobe, S. 97–98; Schlabrendorff, Offiziere, S. 131–132; Kleist an d. Verf. 26. Feb. 1965; Walther Schmidt-Salzmann an d. Verf. 14. Feb. 1966; Gersdorff, Beitrag; ders., Mitteilungen I. Nach Schlabrendorff a. a. O. und an d. Verf. 22. Okt. 1966 wäre eine Erschießung Hitlers erst nach dem 13. März 1943 geplant gewesen, aber die Boeselager nahestehenden Quellen berichten den Plan schon für die Zeit davor ausdrücklich. Auch Breitenbuch berichtet für 1943 und 1944 den Plan eines Kollektivattentats.
78 Vgl. Peter Hoffmann, Die Sicherheit des Diktators, München, Zürich 1975, S. 137, 165.
79 Philipp Freiherr von Boeselager, mündliche Mitteilungen an d. Verf. 21. Sept. 1983 u. 25. Juni 1984; ders. an d. Verf. 16. Aug. 1984; vgl. Dieter Ehlers, Technik und Moral einer Verschwörung, Bonn 1964, S. 118–124.
80 Hierzu und zum Folgenden: »Ein ›Plan Lanz‹ war Rommel bekannt«, Passauer Neue Presse, 21. Juli 1949, S. 3; Hubert Lanz, Ein Attentatsplan auf Hitler im Februar 1943, Masch., München 1965; Christine von Dohnanyi, Aufzeichnungen, S. 9, IfZ ZS 603; Hyacinth Graf von Strachwitz an d. Verf. 8. Jan. 1965 und 20. Jan. 1966; ders., Aufzeichnung für die Personalakten, Masch.-Abschrift, Garmisch 1945; ders., Ein Beitrag zur Geschichte des deutschen Widerstandes gegen das nationalsozialistische Regime, Allendorf 1947, NA RG 338 MS no. B-340; Generalmajor a. D. Paul W. Loehning, damals Kommandant von Charkow, Eidesstattliche Erklärung, Neu-Ulm 26. Aug. 1946; Hans Speidel [Erklärung], Hs., Freudenstadt 19. Mai 1946; ders. an d. Verf. 10. Juli 1965; Baur, S. 230–231; K.T.B. des OKW III, 136–137; Domarus, S. 1988; Wilhelm von Schramm, Aufstand der Generale: Der 20. Juli in Paris, Kindler Taschenbücher, München ²1964, S. 23 ist also über die Widerstandstätigkeit Speidels unvollständig unterrichtet.
81 Hierzu und zum Folgenden: Baur, S. 231; Hermann Teske, Die silbernen Spiegel: Generalstabsdienst unter der Lupe, Heidelberg 1952, S. 173.
82 Hierzu und zum Folgenden: Schlabrendorff, Offiziere, S. 86; Kaiser, Tagebuch, 19. Feb. 1953; Hans Bernd Gisevius, Bis zum bittern Ende, Zürich [1954] (zit. Gisevius 1954), S. 510–511.
83 Spiegelbild, S. 329; Josef Wolf (Kdr. d. Führer-Nachrichten-Abteilung), mündliche Mitteilungen an d. Verf. 27. Feb. 1965.
84 Schlabrendorff, Offiziere, S. 90; viele Angaben vor allen von Schlabrendorff werden bestätigt und ergänzt im zeitgenössischen Tagebuch von Hptm. d. R. Hermann Kaiser (vgl. oben, Anm. 55).
85 Hierzu: Schlabrendorff, Offiziere, S. 90–92; Lahousen, Vorgeschichte; Hotzel; Herrlitz; Gersdorff an d. Verf. 22. März 1966; Dohnanyi, S. 9–10; Otto John, »Männer im Kampf gegen Hitler [VII]: Hans von Dohnanyi«, Blick in die Welt 2 (1947) H. 12, S. 17.
86 Möglicherweise ist Treskow erst jetzt auf die »Clam« gestoßen. Ungefähr um dieselbe Zeit nahm man von dem Gedanken eines Kollektivattentats

vorläufig Abstand. Lahousen glaubt nicht, daß der mitgebrachte Sprengstoff »beim Schlabrendorff-Attentatsversuch Verwendung gefunden« hat, weiß es aber nicht. Vgl. Dohnanyi, S. 9–10.

87 Helmuth Greiner, Die Oberste Wehrmachtführung 1939–1943, Wiesbaden 1951, S. 441. Welche Rolle Schmundt und durch ihn Tresckow zur Beeinflussung Hitlers in dieser Richtung gespielt haben, ist nicht klar. Nach Schlabrendorff, Offiziere, S. 92–93 könnte man in den Bemühungen Tresckows und Schmundts die Hauptveranlassung für Hitlers Frontreise sehen.

88 Hierzu: K. T. B. des OKW III, 207; Teske, S. 172–173; Schlabrendorff, Offiziere, S. 95–99; Gersdorff, Mitteilungen I; Erich Kempka, mündliche Mitteilungen an d. Verf. vom 19. August 1965.

89 So lückenlos, wie Teske sich erinnert, standen sie nicht, wie Photographien im Besitz von Philipp Freiherr von Boeselager zeigen; vgl. Hoffmann, Sicherheit, S. 162–166.

90 Rittmeister a. D. Gustav Friedrich (damals Kav. Rgt. Mitte) an d. Verf. 19. Mai und 24. Juni 1971, auch zum Folgenden; König ließ einige Wochen später durchblicken, Hitler habe den vorher festgelegten Weg nicht eingehalten. Ferner Baur, S. 106; Picker, S. 244, 307, 386–387.

91 Ob Tresckow an diesem Tag oder bei anderer Gelegenheit versucht hat, einen Sprengkörper in die Seitentasche von Hitlers Auto zu praktizieren, ist nicht mehr festzustellen. Nach Schlabrendorff, Offiziere, S. 95, wurde es nicht am 13. März 1943 versucht, während Gersdorff, Mitteilungen I, meint, es sei an diesem Tag gewesen. Filmberichter Oblt. Walter Frentz, mündliche Mitteilungen an d. Verf. vom 1. Juni 1965, berichtet von einem Frontbesuch Hitlers Anfang 1943, wie er glaubt, in Minsk, wobei dem Arzt Professor Dr. Karl Brandt ein Päckchen mitgegeben worden sei, das dieser in der »Wolfschanze« zur internen Post gegeben habe; dort sei es vom RSD geöffnet und kontrolliert worden, wobei man eine Zeitzünderbombe entdeckt habe. Niemand sonst aus der Umgebung Hitlers erinnert sich an den gewiß nicht alltäglichen Vorfall. Zur Rolle Gehres s. auch Otto John, Zweimal kam ich heim: Vom Verschwörer zum Schützer der Verfassung, Düsseldorf–Wien 1969, S. 117–118.

91 a Brandt scheint das Päckchen weitergegeben zu haben; Fritz Eickenberg, Fahrer in Hitlers SS-Begleitkommando, mündliche Mitteilungen an d. Verf. 21. Juni 1984: er habe das Päckchen während des Fluges auf dem Schoß gehabt.

91 b Zu den Zündern vgl. technische Einzelheiten in Hoffmann, Warum, S. 457–459.

92 Vgl. K. T. B. des OKW III, 207.

93 In Schlabrendorff, Offiziere, S. 95, 98 ist immer von Cognac-Flaschen die Rede, in anderen Ausgaben heißt es Cointreau, so auch in der neuesten Ausgabe (Fabian von Schlabrendorff, The Secret War against Hitler, New York-Toronto-London 1965, S. 233), wo ausdrücklich auf die eckige Form der Flaschen hingewiesen ist, die auch tatsächlich allein der Form der paarweise verpackten Haftminen entspricht. Ferner zu dem Vorgang Gersdorff an d. Verf. 15. Jan. 1965; Schlabrendorff, mündl. Mitt. an d. Verf. v. 6. Aug. 1968.

93 a Hitlers Pilot Hans Baur a. d. Verf. 10. Jan. 1969: Die Warmwasserheizungen im Fluggastraum fielen manchmal aus; im Pilotenraum und im Gepäckraum gab es gar keine Heizung.

94 Hierzu und zum Folgenden: Völkischer Beobachter (Münchner Ausgabe) 11. März 1940, 17. März 1941, 16. März 1942, 22. März 1943; Reichsgesetzblatt: Teil I, 1943, Berlin 1943, S. 137: »Erlaß des Führers über den Heldengedenktag 1943. Vom 12. März 1943. In diesem Jahre ist der 21. März Heldengedenktag. Führer-Hauptquartier, den 12. März 1943. Der Führer Adolf Hitler Der Reichsminister und Chef der Reichskanzlei Dr. Lammers.« Ferner Schlabrendorff, Offiziere, S. 99; Gersdorff, Beitrag; ders., Bericht; ders., Mitteilungen I und II; Minutenprogramme für die Heldengedenktagfeiern 1940 (BA NS 10/126) und 1941 (MFA W 01-6/321); die für 1942 und 1943 wurden bisher nicht aufgefunden; Deutsche Wochenschau Nr. 655/1943 (14/1943), BA Filmarchiv; Daily Digest of World Broadcasts (From Germany and German-occupied territory), Part I No. 1343 für die Zeit von 00.01 am Sonntag, 21. März bis 00.01 am Montag, 22. März 1943 (Greenwich Mean-Time), BBC [London], 22. März 1943; BBC Monitoring Service an d. Verf. 8. Dez. 1965; Oberstleutnant a. D. Ernst John von Freyend (Adjutant Keitels), mündliche Mitteilungen an d. Verf. vom 14. Mai 1964; Konteradmiral a. D. Karl Jesko von Puttkamer (Marineadjutant Hitlers), mündliche Mitteilungen an d. Verf. vom 5. März 1964; Major a. D. Gerhard von Szymonski (Luftwaffenadjutant Keitels), mündliche Mitteilungen an d. Verf. vom 2. Juli 1964; Robert Bergschmidt (damals Referent für Großveranstaltungen im Propagandaministerium) an d. Verf. 9. Feb. 1965; Großadmiral a. D. Karl Dönitz an d. Verf. 5. Dez. 1964; Kapitänleutnant Freiwald (damals Adjutant von Dönitz, heute als Flottillenadmiral Kommandant der Flottenbasis Wilhelmshaven) an d. Verf. 7. Jan. 1965; Frentz; Oberstleutnant a. D. Walter Froneberg (damals im OKW, Allgemeine Abteilung, Referat IIc) an d. Verf. 3. Mai 1965; John von Freyend an d. Verf. 31. Mai 1965; Gen. d. Inf. a. D. Hermann Reinecke (damals Chef des Allgemeinen Wehrmacht-Amtes) an d. Verf. 16. Dez. 1964, 19. April 1965, 20. Dez. 1965; ders., mündliche Mitteilungen an d. Verf. vom 30. April 1965; Frau Charlotte de Blanc (Schwester der Vorzimmerdame von Oberst Hans Friede, dem Leiter der Allg. Abt. im OKW) an General Reinecke 15. Juli 1965; Oberst Dr. Alfred von Reumont (1941–1942 und wieder ab Ende 1943 im Allgemeinen Wehrmacht-Amt) an d. Verf. 14. März 1965; Schlabrendorff an d. Verf. 22. Okt. 1966; ders., mündl. Mitt. an d. Verf. vom 19. Juli 1964; K. T. B. des OKW III, 232; German Explosive Ordnance, passim; vgl. Hoffmann, Attempt, S. 67–83; Rudolf Christoph Frhr. v. Gersdorff, Soldat im Untergang, Frankfurt/M., Berlin, Wien 1977, S. 128–133.

95 Hierzu und zum Folgenden: German Explosive Ordnance, S. 283–327; Hoffmann, Warum, S. 457–460.

96 Zur Uhrzeit des Beginns: Daily Digest of World Broadcasts No. 1343 und BBC Monitoring Service an d. Verf. 8. Dez. 1965: 13.00 Uhr englischer Sommerzeit; das entsprach 12.00 Uhr Greenwich Mean Time (GMT). 12.00 Uhr GMT ist 13.00 Uhr Mitteleuropäischer Zeit (MEZ). In Deutschland galt Sommerzeit erst ab April: Reichsgesetzblatt 1940 Teil I, 232–233; Reichsgesetzblatt 1942 Teil I, 593–594; Reichsgesetzblatt 1943 Teil I, 542; Reichsgesetzblatt 1944 Teil I, 198. Also war 13.00 Uhr englischer Sommerzeit 13.00 Uhr MEZ in Berlin.

97 Nach den Berichten von Szymonski und John von Freyend, Adjutanten von Keitel, waren diese schon vor dem Haupteingang des Zeughauses mit

Gersdorff zusammengetroffen und dort bis zur Ankunft Hitlers im Gespräch geblieben. Diese Szene ist Gersdorff jedoch nicht erinnerlich und auch auf dem Wochenschaufilm nicht zu sehen.
98 In Gersdorff, Mitteilungen I und II: eine Art Museumsoffizier der Abwehrgruppe der Heeresgruppe Mitte.
99 Gersdorff, Mitteilungen II; Strachwitz an d. Verf. 20. Jan. 1966.
100 Daily Digest.
101 Nach den Berichten von Gersdorff hat Hitler in der unplanmäßigen Pause einige zwischen Zeughaus und Ehrenmal an der Westseite des Zeughauses aufgestellte russische Beutepanzer besichtigt. – Für das Mißlingen des Anschlages hat Gersdorff früher auch andere als die hier festgestellten Gründe gegeben: 1. Schmundt habe ihm bei Beginn der Besichtigung gesagt, es stehen nur höchstens 8–10 Minuten dafür zur Verfügung (Beitrag). Wenn das tatsächlich geschehen ist, vielleicht auf Gersdorffs begreiflicherweise besorgte Frage hin, so müßte es nach dem Eintritt Hitlers in die Ausstellungsräume gewesen sein, also auch nach dem Ingangsetzen der Zündung. Die Mitteilung selbst war also nicht die Ursache des Fehlschlages. 2. Bei Schlabrendorff, Offiziere, S. 99 steht: »Große Schwierigkeiten bereitete die Beschaffung eines kurzfristigen Zünders. Gersdorff fand eine Lösung, konnte aber das Sprengmittel nicht zünden, weil Hitler wohl zu der Veranstaltung erschien, sie aber nach einer kurzen Ansprache gleich wieder verließ.« Die Ungenauigkeit dieses Berichtes steht in Schlabrendorffs Buch nicht allein und ist überdies offensichtlich; alle Berichte der Teilnehmer, einschließlich der vom BBC-Monitoring Service *gleichzeitig* festgehaltenen Rundfunkübertragung, bestätigen im wesentlichen die Darstellung Gersdorffs, wie sie oben verwendet worden ist, wenngleich nur wenige Eingeweihte die Panne bei der Besichtigung bemerkten. Von der Suche nach Zündern hatte in Gersdorffs erstem Bericht (Beitrag) nichts gestanden, aber dann war Schlabrendorffs Buch erschienen, welches in der ersten Ausgabe das Mißlingen mit der Nichtbeschaffung geeigneter Zünder erklärte, was ja in dem Sinne stimmt, daß keine Simultanzünder gefunden werden konnten (dem Verf. stand nur die englische Erstausgabe zur Verfügung: They almost Killed Hitler, New York 1947, S. 61). Von da an erwähnte Gersdorff auch die Suche nach Zündern, und Schlabrendorff änderte seine Version in »Gersdorff fand eine Lösung«. In jedem Falle war Schlabrendorff nur kursorisch unterrichtet. Gersdorff sprach aus Bescheidenheit nicht gern über den Vorgang, und für andere wäre es taktlos gewesen, nach Einzelheiten zu forschen, ganz abgesehen davon, daß man damals andere Sorgen hatte und längst neue Versuche plante. 3. In einem Gepräch mit John von Freyend und Szymonski in dessen Hause in Köln, der ein entfernter Vetter Gersdorffs war, hatte Gersdorff Anfang der fünfziger Jahre bestritten, die Zündung betätigt zu haben. Damals und wohl auch in dem Bericht vom 1. Januar 1946 (Beitrag), tat er dies aus Rücksicht auf die noch Lebenden, insbesondere Graf von Hardenberg und Szymonski. Er wollte, nachdem die Sache mißlungen und er selbst nun einmal am Leben geblieben war, nicht als einer angesehen werden, der auch seine Freunde geopfert hätte, um den Verbrecher Hitler mit seinem Anhang zu beseitigen – obwohl wenigstens Graf von Hardenberg ebenfalls zum Opfer seines Lebens bereit gewesen wäre (Gersdorff an d. Verf. 22. März 1966). Nach dem Kriege sah alles anders

aus, und das Verständnis für Attentäter und Verschwörer sowie für die damalige Lage nahm rasch ab. – Die Glaubwürdigkeit des Freiherrn von Gersdorff wird durch diese Umstände nicht beeinträchtigt, wie d. Verf. sich vielfach überzeugen konnte. In allen wesentlichen Punkten, auch in solchen, die er niemals zu beweisen hoffen konnte (z. B. die tatsächliche Beschaffenheit der Haftminen, oder die unprogrammäßige Abkürzung der Besichtigung), konnte die Darstellung des Freiherrn von Gersdorff einwandfrei belegt werden.

102 Dr. E. K. Freiherr von Gersdorff an d. Verf. 2. und 10. Dez. 1964.
103 Guides No. 52, S. 94.
104 Vgl. [Erich] v[on] Manstein, Richtigstellung zur Darstellung der Haltung des Feldmarschalls v. Manstein im Buch »Offiziere gegen Hitler«, Masch., o. O. o. J.
105 Trial of the Major War Criminals before the International Military Tribunal: Nuremberg 14 November 1945–1 October 1946, vol. XX, Nürnberg 1948, S. 625, und vol. XII, Nürnberg 1947, S. 240–241; Kaiser, Tagebuch 6. Apr. 1943.
106 Gersdorff, Beitrag; ders. an Krausnick 19. Okt. 1956, IfZ ZS 47/II; ders., Mitteilungen I; ders., Bericht; vgl. Schlabrendorff, Offiziere, S. 126–127; Manstein, Richtigstellung; ders., Persönliche Notizen, Masch., Bridgend 1947; Trial XX, 625.
107 Manstein wird mit »legal« »effektiv« gemeint haben.
108 Manstein, Notizen; Schlabrendorff, Offiziere, S. 127.
109 Bericht Gersdorffs bei Graml, Militäropposition, S. 473–474.
110 Kaiser, Tagebuch, 6. April 1943, Generäle, S. 531–532. Stark vereinfachend und nur auf Grund einer Aussage Goerdelers vor der Gestapo berichtet Kramarz, S. 144, Kluge sei im September 1943 gewonnen worden, was so unrichtig ist.
111 Vgl. Kaiser, Tagebuch, passim.
112 Schlabrendorff, Offiziere, S. 100; Ritter, Gordeler, S. 365, 540 Anm. 43; Frau Eta von Tresckow an d. Verf. 26. Juli 1971.
113 Handliste der Generalstabsoffiziere; Keilig, 211/342 weicht in den Daten jeweils um wenige Tage ab.
114 Vgl. Kaiser, Tagebuch, 6. April 1943, Generäle, S. 531–532.
115 Heinz Guderian, Erinnerungen eines Soldaten, Heidelberg 1951, S. 272–273.
116 Kaiser, Tagebuch, 15., 20., 22. Feb. 1943.
117 Ritter, Goerdeler, S. 353–358.
118 Ritter, Goerdeler, zw. S. 352 und 353 (Faksimile-Wiedergabe), 358.
119 Vgl. Kaiser in Spiegelbild, S. 100–101; ders., Tagebuch 17. u. 19. Mai 1943, auch z. Folg.
120 Ferdinand Sauerbruch, Das war mein Leben, München 1960, S. 550; Hassell, S. 274; nach Kunrat Freiherr von Hammerstein, Spähtrupp, Stuttgart 1963, S. 211 wurde Beck am 8. März 1943 operiert.
121 Kaiser, Tagebuch, 6. April 1943, Generäle, S. 532.
122 Helmut von Gottberg (damals Oberleutnant und Adjutant im Inf.-Ers.-Btl. 9 in Potsdam) an d. Verf. 16. Juni 1966; Hassell, S. 273.
123 Albert Krebs, Fritz-Dietlof Graf von der Schulenburg, Hamburg 1964, S. 237, 245.

124 Hierzu: Hassell, S. 273, 289; Schlabrendorff, Offiziere, S. 101-102; Hans Bernd Gisevius, Bis zum bitteren Ende, Sonderausgabe, Hamburg o. J. S. 443-446; Ritter, Goerdeler, S. 352; Kaiser, Tagebuch, 6. April 1943, Generäle, S. 532; Ger van Roon, Neuordnung im Widerstand, München 1967, S. 74, 287; Franz Sonderegger (ehem. Gestapo-Beamter) an den Präsidenten des Landgerichts München I, 14. Jan. 1951, Bl. 8, Kopie im IfZ; Buchheit, Geheimdienst, S. 418-433; ausführlich Eberhard Bethge, Dietrich Bonhoeffer: Theologe, Christ, Zeitgenosse, München 1967, S. 877-885, 897-929; Josef Müller, Bis zur letzten Konsequenz, München [1975], S. 162-168.

125 Von ähnlicher Tätigkeit des damals im OKW/Amt Ausland/Abwehr eingesetzten Dr. A. Sommer berichtet Edgar Salin, »Über Artur Sommer, den Menschen und List-Forscher«, Mitteilungen d. List Gesellschaft Fasc. 6 (1967), S. 81-90.

126 M. Bormann an Reichsschatzmeister d. NSDAP 17. Jan. 1939, BDC; J. Müller, S. 168-197; Dr. Peter Möser an d. Verf. Jan. 1985 lt. Reichsstelle für Sippenforschung 11. März 1940, Nl. Dohnanyi; Bethge, S. 838.

127 Bethge, S. 877-885.

128 Keitel an Oster 16. Dez. 1943, MFA OKW 149.

129 Gisevius, Nebe, S. 230-233, 221.

130 Hierzu: Schlabrendorff, Offiziere, S. 101; Pfuhlstein, Tätigkeit, S. 6; vgl. Hermann Bösch, Heeresrichter Dr. Karl Sack im Widerstand: Eine historisch-politische Studie, München 1967, S. 85-88; Gisevius, Nebe, S. 263-265; »Fehlschlag«, Der Spiegel Nr. 27, 30. Juni 1969, S. 105.

131 Sack war seit 1. Oktober 1942 in seiner Stellung im OKH und führte bis 21. Dez. 1942 die Bezeichnung »Chefrichter des Heeres«; dann wurde er zum Ministerialdirektor ernannt. Seit 1. Mai 1944 lautete sein Titel »Generalstabsrichter«. Bösch, S. 61-62. Vorher war Sack bis November 1939 am Reichskriegsgericht tätig gewesen, dann auf eigenen Wunsch als Rechtsberater zur Heeresgruppe A (Rundstedt) an die Front versetzt worden, wo er Tresckow kennenlernte; Ende August 1941 wurde er in die Wehrmachtrechtsabteilung des OKW als Gruppenleiter berufen. Bösch, S. 61-64.

132 S. dazu Heinz Höhne, Der Orden unter dem Totenkopf: Die Geschichte der SS, Gütersloh 1967, bes. Kap. 17; zu Himmlers letzten Wochen vgl. Gerald Fleming, »Die Herkunft des ›Bernadotte-Briefs‹ an Himmler vom 10. März 1945«, VfZ 26 (1978), S. 571-600.

132a Albert Speer, Erinnerungen, Berlin 1969, S. 390 berichtet, wie er selbst Zeuge war, wie Himmler Hitler um die Erlaubnis bat, schreibt allerdings auch, es sei im Spätherbst 1943 gewesen. Am 30. Okt. 1943 sagte Trott zu Dr. Ivar Anderson, er glaube nicht daran, daß Himmler plane, Hitler beiseite zu schieben und sich selbst an die Macht zu bringen; Ivar Anderson, Tagebuch, 30. Okt. 1943, Königl. Bibliothek Stockholm, Ivar Anderson papper L 91 : 3.

133 Hierzu und zum Folgenden: Ritter, Goerdeler, S. 360-362, der auch die hauptsächlichen Quellen nennt (S. 539 Anm. 40): Allen Welsh Dulles, Verschwörung in Deutschland, Kassel 1949, S. 185-210, wo die Anklageschrift gegen Popitz und Langbehn abgedruckt ist; Urteil gegen Popitz und Langbehn vom 3. Okt. 1944, Abschrift aus dem Besitz von Dr. H. v. zur Mühlen; dazu Walter Schellenberg, Testimony, Nürnberg 13. Nov. 1945, S. 13-19, StA Nürnberg NG 4718; Spiegelbild, S. 351; Hassell, S. 279. T[heodor] E[schenburg], »Die Rede Himmlers vor den Gauleitern am 3. August 1944«, VfZ 1

(1953), S. 375–376. Goerdeler hatte die Möglichkeit in seinem Briefentwurf an Kluge vom 25. Juli ebenfalls angedeutet. Vgl. z. Termin Himmlers Terminkalender, 26. Aug. 1943, BA EAP 21-b/1-5 (NA Microcopy T-84, Roll R 25); Willy Litzenberg, Der 20. Juli 1944, Nürnberg 4. Juni 1946; [Walter Huppenkothen], Interrogation Report, [1945]. Der amerikanische Spionagedienst war über Himmlers Kontakte spätestens seit 23. August 1943 unterrichtet, wenn auch mit leicht verzeichneten Einzelheiten; OSS Research and Analysis Branch Summaries 41507S, NA RG 226.

133a Dulles, Verschwörung, S. 187.
134 Kaiser, Tagebuch, 7. Juni 1943, 19. Juli 1943 und 20. Feb. 1943 in Generäle, S. 531: Lt. Schulenburg und Olbricht war Fromm »faul, ohne Kühnheit, gehe auf die Jagd, lasse sich in den Kompetenzen immer mehr an die Wand drängen.« GFM von Bock warnte im Juli 1943 vor Fromm, er sei nicht verläßlich; Dulles, Verschwörung, S. 187. Hassell, S. 252, 261, 262 nennt Fromm wechselweise »miles gloriosus«, »Wetterfahne« mit tapferen Ansichten, und »Konjunkturist« (weil er meinte, jetzt im Frühjahr 1943, da sich die Lage an der Ostfront gebessert habe, sei »es«, nämlich der Umsturz, nicht mehr nötig). Dabei wußte Fromm spätestens seit 1942, daß der Krieg nicht mehr zu gewinnen war: Hammerstein, S. 209; Alix von Winterfeldt (ehem. Vorzimmerdame bei Fromm), mündliche Mitteilungen an d. Verf. vom 30. Aug. 1966. General Günther Blumentritt schrieb über Fromm in seiner Stellungnahme zu dem Buch »Offiziere gegen Hitler«: ›Ich *bedaure* jeden Kameraden vom 20. Juli. Ich *muß* aber bei Fromm bemerken, daß er schon lange vor dem Krieg stets zu sagen pflegte: ›Wir liegen immer richtig.‹ Er war ein *starker*, ehrgeiziger Mann, diplomatisch spielend.. Fromm konnte gar nicht genug ›Ämter‹ erhalten.« Ritter, Goerdeler, S. 358–359 nennt Fromm »Streber und Opportunist«. Gelobt werden an Fromm fast nur seine Klugheit und sein diplomatisches Geschick. Vgl. unten, S. 463.
135 Hassell, S. 267–268: Hammerstein, schon todkrank, warnte vor ungenügender Vorbereitung und Organisation des Staatsstreiches. Zu dem fast unlösbaren Zusammenhang zwischen Amt und Stellung, der in Deutschland besonders kraß entwickelt scheint, vgl. die Abhandlung von Ehlers, S. 36–37.
136 Hammerstein, S. 199.
137 Kaiser, Tagebuch, passim.
137a Hierzu und zum Folgenden: Kaiser, Tagebuch, 28. Mai, 2. und 9. Juni, 14. Juli 1943; Spiegelbild, S. 398–402.
138 Hassell, S. 287; Ritter, Goerdeler, S. 333–336.
139 Ritter, Goerdeler, S. 359–360, 612–616 (Abdruck); auszugsweiser Abdruck des Briefes auch schon in Generäle, S. 535–537.
140 Schlabrendorff, Secret War, S. 164–165; Schlabrendorff, Offiziere, erwähnt den Vorgang an der entspr. Stelle (S. 75) nicht; Ritter, Goerdeler, S. 360.
141 Kaiser, Tagebuch, 20. Feb. 1943, Generäle, S. 531.
142 Schlabrendorff, Offiziere, S. 101.
143 Kaiser, Tagebuch, 6. April 1943, Generäle, 531; s. oben, Anm. 111–113.
144 Vgl. oben, S. 368.
145 Ritter, Goerdeler, S. 336, 363.
146 Schlabrendorff, Offiziere, S. 100-105.
147 Ritter, Goerdeler, S. 365.

148 Vgl. Spiegelbild, S. 88 nach Aussagen von Stieff und Schulenburg.
149 Von »Falko«, lt. Kaisers Tagebuch einem Angehörigen des Stabes des BdE.
150 »Orgieff« lt. Kaisers Tagebuch; s. unten, S. 372; Spiegelbild, S. 88; Rothfels, Briefe, S. 305.
151 Ritter, Goerdeler, S. 363.
152 Ebenda.
153 Rothfels, Briefe, S. 291–305; Annedore Leber, Das Gewissen entscheidet, Berlin–Frankfurt/M. ⁴1960, S. 247–250.
154 Rothfels, Briefe, S. 305 Anm. 18 auf Grund eines Briefes von Stieff an seine Frau vom 28. Feb. 1943, worin er mitteilte, man sei an ihn herangetreten, um ihn zur Teilnahme an einem Attentat gegen Hitler zu bewegen; Stieffs Aussagen vor der Gestapo, Spiegelbild, S. 87–88, und vor dem VGH, Der Prozeß gegen die Hauptkriegsverbrecher vor dem Internationalen Militärgerichtshof Nürnberg 14. November 1945–1. Oktober 1946, Bd. XXXIII, Nürnberg 1949, S. 307–308.
155 Spiegelbild, S. 88; Rothfels, Briefe, S. 305; Aussagen Stieffs, Prozeß XXXIII, 308.
156 Rothfels, Briefe, S. 305. Die Frage ist berechtigt, aber nicht eindeutig zu beantworten, ob aus diesen Worten zwar der Entschluß zur Teilnahme, aber auch der Entschluß, nicht selbst ein Attentat auszuführen, zu entnehmen ist.
157 Spiegelbild, S. 88.
158 Spiegelbild, S. 88; Ritter, Goerdeler, S. 363. Die von Ritter vorgebrachten Vermutungen, Kluge habe sich noch nicht ganz entschieden gehabt, und Stieff habe Kluge in seinen Aussagen nicht belasten wollen, da er damals noch lebte, dürften beide zutreffen, die erste schon deshalb, weil Kluge immer geschwankt hat und also nie ganz entschlossen war. Jedoch läßt das unter dem 21. August in einem Brief geäußerte Vertrauen Stieffs in das Gelingen auf mehr schließen; Leber, Gewissen entscheidet, S. 250.
159 Ritter, Goerdeler, S. 363; vgl. Spiegelbild, S. 410–412 mit ausführlichem Bericht Goerdelers über die Besprechung; Schlabrendorff, Offiziere, S. 126.
160 Das war im Jahre 1943 zweifellos utopisch und mit bloßem Optimismus kaum mehr zu erklären. In seiner Aussage vor der Gestapo, in der Goerdeler dieses Programm aufstellte, behauptete er, er habe es Kluge gegenüber im September 1943 als ausführbar bezeichnet, und Jakob Wallenberg habe es ihm einen Monat später als die englische Auffassung mitgeteilt; Spiegelbild, S. 411; Ritter, Goerdeler, S. 363–364. Es liegt die Vermutung sehr nahe, daß Goerdeler a) Kluge gegenüber weit mehr in Aussicht gestellt hat, als er verantworten konnte, und b) gegenüber der Gestapo noch mehr übertrieben hat in der auch sonst durch Goerdeler selbst ausführlich dokumentierten Hoffnung, jetzt, im September 1944, noch als Vermittler eines Friedens dienen zu können. Vgl. Ritter, Goerdeler, S. 426–445. Am 8. September 1944 war Goerdeler zum Tode verurteilt worden; die Hoffnung, sein Leben als wichtige Quelle für Verbindungen, Auskünfte und fachmännischen Rat noch so lange zu fristen, bis die Befreiung durch die Alliierten erfolgen würde, wird nicht ohne Einfluß auf sein Verhalten und auf seine Aussagen gewesen sein. Kluge hatte inzwischen, am 18. August 1944, Selbstmord begangen, konnte also nun – Goerdeler machte seine Aussagen am 21. September – ge-

trost belastet werden; Hans Speidel, Invasion 1944: Ein Beitrag zu Rommels und des Reiches Schicksal, Tübingen-Stuttgart ⁵[1964], S. 159.

161 Ritter, Goerdeler, S. 337; vgl. Hammerstein, S. 219.
162 Ritter, Goerdeler, S. 365 betont den Ausfall Kluges als Grund für das Nichtstattfinden des Staatsstreiches im Herbst 1943 um eine Nuance zu stark. Roon, S. 284 berichtet auf Grund von Mitteilungen von Dr. Hans Lukaschek von einem Plan, wonach am 13. August 1943 Hitler in seinem Hauptquartier »Wolfschanze« festgesetzt werden sollte, was aber mißlungen sei, weil Hitler nicht gekommen sei. Um die Einzelheiten oder die Nachprüfung dieses Berichtes hat sich Roon nicht gekümmert. Gerstenmaier, Kreisauer Kreis, S. 231 übernimmt den Bericht Lukascheks als »verläßlich«, »wie ich glaube«. Dem Verf. liegt ein von Prof. Rothfels freundlicherweise überlassener Auszug aus Lukascheks Bericht vor, worin ebenfalls von dem für 13. August 1943 geplanten Anschlag die Rede ist; danach hatte Lukaschek sein Wissen von Moltke. »Er [Moltke] berichtete, daß Hitler mit Göring und Himmler am 13. 8. nach Wolfschanze, dem Hauptquartier in Ostpreußen, kommen würde. Die Panzerdivision, die die Bewachung dort führte, sei fest in der Hand von zur Tat entschlossenen Männern. Hitler und Genossen würden dort gefangengesetzt und anschließend vor ein Gericht gestellt werden... Er [Moltke] überreichte mir eine Urkunde, in der ich zum Reichskommissar für die Ostprovinzen ernannt wurde.. Nun – Hitler kam am 13. 8. nicht nach Wolfschanze. Die betreffende Panzerdivision wurde, wie üblich, verlegt.« Tatsächlich war Hitler den ganzen August über in der ›Wolfschanze‹, mit Ausnahme des 27.; vgl. Hoffmann, Sicherheit, S. 166. Andere Merkwürdigkeiten (an denen Roon und Gerstenmaier keinen sichtbaren Anstoß nahmen) verstärken die Zweifel: wer führte die Panzerdivision? Hatte Moltke mit dem Kommandeur eine Geheimabmachung, da sonst niemand davon berichtete? Können er und der Kommandeur wirklich so schlecht unterrichtet gewesen sein? Seltsam mutet die angebliche urkundliche Ernennung an. Berichte Lukascheks sind auch sonst unzuverlässig. Z. B. benützt Roon, S. 288, Angaben Lukascheks für seine Mitteilungen über Besprechungen der Kreisauer im April 1944; damals sollte Yorck Lukaschek gesagt haben, Stauffenberg sei »Stabschef des Heimatheeres« geworden, was in Wirklichkeit erst am 20. Juni/1. Juli eintrat; vgl. unten, S. 397–398, 463–464, und oben, S. 361–362, 368, 371.
163 Prof. Dr. Rudolf Fahrner an Prof. Dr. Walter Baum 25. Juli 1962, IfZ ZS 1790.
164 Vgl. Kaiser, Tagebuch 1943, passim.
165 General der Kavallerie a. D. Rudolf Koch-Erpach an d. Verf. 9. Mai 1964; vgl. die Übersicht im Anhang, S. 893.
166 [Franz] Halder, Kriegstagebuch, Bd. III, Stuttgart 1964, S. 345.
167 Halder, K.T.B. III, 347–348.
168 Befehl des Chef H Rüst u BdE betr. »Walküre« II AHA Ia VII Nr. 1720/42g Kdos vom 26. Mai 1942 unterz. von Olbricht, BA – MA RH 15/v. 175. Teilaufstellungen und -aufrufe waren 1942 unter den Stichworten »Brunhilde« und »Kriemhilde« vorbereitet: Verwendungsbereitschaft des Ersatzheeres, [Befehl des] Chef H Rüst u BdE Ia (I) Nr. 4810/42 g. Kdos. vom 13. Okt. 1942, BA – MA RH 15/v. 174. Generalmajor a. D. Freiherr Rüdt von Collenberg (Dez. 1942 – Sept. 1944 Chef Gen St im W. K. VIII) an d. Verf. 3. Feb.

1964; Generalmajor a. D. Hellmuth Reinhardt (damals Oberst, Chef d. Stabes bei Gen. Olbricht) an d. Verf. 12. Nov. 1967 und 2. Juli 1972 und ders., mündliche Mitteilungen an d. Verf. 1. Juli 1972.
169 Die zit. 83. Ausfertigung befindet sich im MFA unter der Signatur WK XVII/99. In Spiegelbild, S. 160–166 ist die 218. Ausfertigung abgedruckt, die lt. Verteiler zum Vorrat des AHA gehörte, zusammen mit einer Anordnung Stauffenbergs vom 11. Feb. 1944, die in den Aktenstücken des MFA fehlt. Der Abdruck beruht jedoch auf Abschriften, die mit Archivexemplaren der sogenannten Kaltenbrunner-Berichte zur Aufbewahrung in das Archiv der NSDAP in München gegeben wurden; der Abdruck vermerkt nicht, daß die Vorlagen Abschriften waren. Dieselben Vorlagen wurden zum Abdruck benützt in 20. Juli 1944, 1. u. 2. Aufl. bearb. v. Hans Royce, neubearb. u. erg. v. Erich Zimmermann und Hans-Adolf Jacobsen, Bonn 1961, S. 80–87. Kramarz, S. 146–152 geht auf die »Walküre«-Befehle und die vielen wichtigen, mit ihnen zusammenhängenden Fragen kaum ein; nicht nur fehlt die Entstehungsgeschichte (bzw. der Beleg für ein paar sehr stark vereinfachende Sätze auf S. 146), sondern man vermißt auch Aufschluß über den eventuellen Anteil Stauffenbergs an der Neufassung.
170 Zur Zahl dieser Ausländer Zeller, S. 303, nach einer Veröffentlichung des Deutschen Instituts für Wirtschaftsforschung in Berlin aus dem Jahre 1954: 1942 seien es schon über 4 Millionen gewesen, 1944 etwa 8 Millionen.
171 S. unten, S. 382–384.
172 Koch-Erpach.
172a Speer, S. 388; Speer nahm auch an der Besprechung teil. Ferner Walther Hubatsch (Hrsg.), Hitlers Weisungen für die Kriegführung 1939–1945, Frankfurt/M. 1962, S. 255–264. Vgl. unten, S. 469.
173 S. unten, Kap. XI, 2.
174 Spiegelbild, S. 26–28, 50–53 und 76–82 druckt die Listen bzw. Ernennungsbefehle ab; Aussagen über den Zweck der Verbindungsoffiziere Spiegelbild, S. 145, 334. Kramarz, S. 153 erwähnt nur diese Verbindungsoffiziere, also die zweite Kategorie. Zu den Verbindungsoffizieren s. unten Kap. X, 4. Vgl. Listen über verhaftete, entlassene und verurteilte Generalstabsoffiziere.
175 Über die Haltung des Chefs des Generalstabes, Oberst i. G. Wolfgang Hassenstein, konnte nichts festgestellt werden. Er wurde am 30. Jan. 1945 hingerichtet: Stellenbesetzungskartei des HPA/P 3, NA Microcopy T-78, Roll R 55.
176 S. z. Ganzen unten, Kap. X, 5 und XI, 3 und 4.
177 Spiegelbild, S. 145, 334; Namen der VO: Spiegelbild, S. 26–28, 50–53, 76–82.
178 Hierzu und zum Folgenden: Heinz-Günther Albrecht, Die militärischen Vorbereitungen der damaligen Führungsstelle der Widerstandsbewegung im Generalkommando Berlin im Hinblick auf den geplanten Regierungssturz, Masch., o. O. 1946/47; ders. an d. Verf. 27. Aug. 1967; Ehrengard Gräfin von Rantzau (geb. Gräfin von der Schulenburg), Erinnerungen an die Vorbereitungen zum 20. Juli 1944, Masch., o. O. o. J.; Bruno Mitzkus, Um den 20. Juli und das Ende im Wehrkreiskommando III Berlin, Masch., Bad Homburg v. d. H. 1947; Frau Margarethe von Hase, mündliche Mitteilungen an d. Verf. vom 31. März 1964; Helmut von Gottberg (damals Oberleutnant und IIa des Inf. Ers. Batl. 9 in Potsdam) an d. Verf. 22. Apr. 1966; Helmuth Schwierz, Bericht über meine Tätigkeit am 20. Juli 1944 und über meine

nachfolgende Inhaftierung durch die Gestapo, Masch., Siegen i. W. o. J.; ders. an d. Verf. 25. März 1965; Carl-Hans Graf von Hardenberg-Neuhardenberg, eidesstattliche Erklärung über Generalmajor von Rost, Kempfeld/Hochwald 12. Aug. 1946; Amt V [des RSHA], Betrifft: Selbstmord des Majors Ulrich von Oertzen.. vom 22. Juli 1944, BA R 58/1051; Wolfgang Müller, »Was geschah am 20. Juli 1944?« Das freie Wort 3 (1952) Nr. 29, 19. Juli 1952.

179 Stauffenbergs Werdegang s. Kap. X.
180 Hierzu hat als erster Eberhard Zeller den Versuch gemacht, die erreichbaren Quellen zusammenzufassen: Zeller, S. 253–255, 262–264, 270. Kramarz, S. 146 bis 154 konnte noch diese oder jene Einzelheit beitragen. S. ferner Hammerstein, S. 267; Schlabrendorff, Offiziere, S. 104–111; vgl. Krebs, Schulenburg, S. 259–268.
181 Schlabrendorff, Offiziere, S. 103; Nina Gräfin von Stauffenberg an d. Verf. 30. Juli und 13. Aug. 1968. Zeller, S. 255 berichtet, Stauffenberg habe die Operation verschoben und sich wahrscheinlich so kurzfristig entschlossen, nach Berlin zu fahren, weil er die Nachricht erhalten habe, daß Tresckow noch einige Wochen in Berlin sein könne; Kramarz, Stauffenberg, S. 135 übernimmt diese bloße Vermutung, macht sie zur positiven Feststellung und gibt die Quelle nicht an. Von Frau von Tresckow waren leider keine Auskünfte zu erhalten. – Nach Schlabrendorff, Offiziere, S. 100 war Tresckow vor dem Antritt seiner Stelle als Rgts-Kdr. »volle zehn Wochen«, also etwa seit Anfang August, in Neubabelsberg, das zu Potsdam gehörte, wo er in der Wohnung seiner Schwester wohnte. Weder Zeller noch Kramarz berücksichtigten diese Mitteilung.
182 Ritter, Goerdeler, S. 367 und 541 Anm. 48 betont auf Grund von Mitteilungen von Frau von Tresckow die Vorarbeit Tresckows; Stauffenberg habe die von Tresckow im August und September 1943 vorbereiteten Befehle, den Mobilmachungskalender, die Besetzungspläne, Aufrufe und »geheime Truppenanweisungen« *übernommen*. Das ist sicher richtig, bezieht sich aber doch nur auf die »Walküre«-Befehle, so wie sie eben im September 1943 vorlagen, nicht auf ihre Abänderungen, nicht auf die späteren Versionen der Aufrufe, die die Brüder Stauffenberg mit Professor Fahrner entwarfen (s. unten, Kap. X, 4), und nicht auf die Organisation des Netzes der Politischen Beauftragten und der Verbindungs-Offiziere des OKH zu den Wehrkreiskommandos. Scheurig, S. 162–171 bringt weder Neues noch Klärung.
183 Dies jedenfalls ist aus Schlabrendorff, Offiziere, S. 108 zu entnehmen; bestätigt von Hammerstein, S. 267 auf Grund eines Berichtes von Bussche, den Hammerstein Ende 1943 oder Anfang 1944 erhalten hat: Als Bussche im November 1943 zu der ersten geplanten Uniformvorführung (vgl. unten, Kap. X, 2) nach Ostpreußen fuhr, also in seinen und Hitlers vermeintlichen Tod, habe er sich die Freiheit genommen, einen ihm von Stauffenberg für einen höheren Offizier im FHQu bestimmten Briefumschlag zu öffnen, und der habe einen nachher zu verbreitenden Aufruf an Volk und Wehrmacht enthalten, wonach die SS Hitler umgebracht habe. Lange habe Bussche nicht verstanden, daß diese Version wahrscheinlich für die Aufrechterhaltung der Fronten, also für einen glatten Ablauf des Staatsstreiches, notwendig gewesen wäre.

184 Vgl. Ritter, Goerdeler, S. 373.
185 Zeller, S. 262-263; Kramarz, S. 148 nennt die fraglichen Entwürfe in Verkennung ihrer grundlegenden Bedeutung »Zusatzbefehle«. – Gelegentlich tauchen noch Kisten mit Dokumenten der Gestapo und anderer NS-Dienststellen auf; vgl. Simon Wiesenthal, The Murderers among Us, New York–Toronto–London–Sydney 1967, Kap. 5. Es besteht auch eine entfernte Möglichkeit, daß gewisse Aktenbestände in die Hände der Roten Armee gefallen sind und entweder noch in Rußland oder in Ostdeutschland unter Verschluß liegen.
186 Den Inhalt dieser Befehle, mit der Variante, daß jeder Weisung »›jeweils eine kurze Rechtsbegründung und Sinnbegründung‹« angefügt war, berichtete Professor Fahrner aus der Erinnerung gegenüber Kramarz, S. 150-151, als den Inhalt der Aufrufe und Befehle, welche er im Herbst 1943 mit den Brüdern Stauffenberg ausgearbeitet habe. Die bei Zeller, S. 328-329 skizzierten Aufrufe berücksichtigt Kramarz nicht, obwohl ihr Inhalt ebenfalls von Fahrner berichtet wurde.
187 Prof. Fahrner berichtete den Inhalt der mit Claus und Berthold Graf von Stauffenberg ausgearbeiteten Entwürfe an Zeller, S. 328-329 auf Grund von Aufzeichnungen, die er sich 1945 in der Kriegsgefangenschaft gemacht hatte. Der Inhalt weist große Ähnlichkeit auf mit dem in Goerdelers Papieren von der Gestapo gefundenen Entwurf »Aufruf an die Wehrmacht«, abgedruckt in Spiegelbild, S. 199-203. Natürlich hatten die meisten der Entwürfe aus dem Umkreis Goerdeler-Beck-Stauffenberg ähnlichen Inhalt. Vgl. Wilhelm Ritter von Schramm (Hrsg.), Beck und Goerdeler: Gemeinschaftsdokumente für den Frieden 1941-1944, München 1965, S. 233-253.
188 Schlabrendorff, Offiziere, S. 107-108; Hammerstein, S. 267; Rantzau; Kramarz, S. 147-148; Nina Gräfin von Stauffenberg an d. Verf. 30. Juli 1968.
189 Hierzu und zum Folgenden: Bericht von Gräfin von Hardenberg bei Kramarz, S. 148; kürzer bei Hammerstein, S. 267; ferner Nina Gräfin von Stauffenberg an d. Verf. 30. Juli 1968.
190 Schlabrendorff, Offiziere, S. 108.

X. Stauffenberg und das Ersatzheer

1 Joachim Kramarz, Claus Graf Stauffenberg 15. November 1907-20. Juli 1944: Das Leben eines Offiziers, Frankfurt/M. 1965, S. 15-18.
2 Eberhard Zeller, Geist der Freiheit: Der Zwanzigste Juli, München ⁵1965, S. 249-253.
3 Walter Baum, »Marine, Nationalsozialismus und Widerstand«, VfZ 11 (1963), S. 25.
4 Handliste der Generalstabsoffiziere 1943, OKH/HPA Amtsgr. P 3, NA Microcopy T-78, Roll R 57; Nina Gräfin von Stauffenberg an d. Verf. 30. Juli 1968.
5 Theodor Pfizer, »Die Brüder Stauffenberg«, in Robert Boehringer: Eine Freundesgabe, hrsg. v. Erich Boehringer und Wilhelm Hoffmann, Tübingen 1957, S. 487-509; Zeller, S. 225-255; Kramarz, passim; Christian Müller, Oberst i. G. Stauffenberg, Düsseldorf [1970]. Ferner: Ludwig Thormaehlen, »Die Grafen Stauffenberg, Freunde von Stefan George«, in Robert Boeh-

ringer: Eine Freundesgabe, S. 685-696; Max Rehm, »Claus Schenk Graf von Stauffenberg: Generalstabsoffizier, Widerstandskämpfer gegen Hitler 1907-1944«, in Lebensbilder aus Schwaben und Franken, Bd. 9, hrsg. v. Max Miller und Robert Uhland, Stuttgart 1963, S. 412-423. S. ferner Peter Hoffmann, »Claus Graf Stauffenberg und Stefan George: Der Weg zur Tat«, Jahrbuch der Deutschen Schillergesellschaft 12 (1968), S. 520-542. Unzureichend und unkritisch, gut nur (aber nicht immer), wo – ohne Hinweis – aus der Literatur abgeschrieben: Bodo Scheurig, Claus Graf Schenk von Stauffenberg, Berlin 1964. Kurt Finker, Stauffenberg und der 20. Juli 1944, Berlin [1967], 4. A. 1973, setzt die Versuche ostdeutscher Historiker fort, Stauffenberg und seine engeren Freunde als mit dem Kommunismus und dem Nationalkomitee »Freies Deutschland« und überdies mit einer vorrangigen Verständigung mit der Sowjetunion sympathisierend zu reklamieren, die mangels schlüssiger Quellenbelege erfolglos bleiben. Vgl. oben, S. 741-746.

6 So z. B. Generalmajor a. D. Dietrich Beelitz an d. Verf. 28. April 1964; vgl. eine Mitteilung in ähnlichem Sinne bei Kramarz, S. 36. Kunrat Freiherr von Hammerstein, Spähtrupp, Stuttgart 1963, S. 267 scheint so einem Mißverständnis zum Opfer gefallen sein, wenn er meint, Stauffenberg sei 1939 noch nicht »ablehnend« gewesen. Hans Bernd Gisevius, Bis zum bitteren Ende: Vom Reichstagsbrand bis zum 20. Juli 1944, vom Verfasser auf den neuesten Stand gebrachte Sonderausgabe, Hamburg o. J., S. 458 und 481 behauptet kurzerhand, Stauffenberg sei »lange Zeit ein glühender Anhänger der nationalsozialistischen Bewegung« gewesen und berichtet vom 13. Juli 1944 eine Äußerung von Oberst Hansen, wonach mit Stauffenberg, »dem überzeugten Nationalsozialisten«, früher »im Hauptquartier«, also in den Jahren 1941 und 1942, nicht zu reden gewesen sei. Vgl. unten, S. 394. Gisevius kannte Stauffenberg, den er so gnadenlos beurteilt, erst seit der Nacht vom 12. auf 13. Juli 1944. Sein Bericht über Stauffenbergs angeblichen Nationalsozialismus beruht also auf Hörensagen, wurde aber gleichwohl seit 1946, seit dem ersten Erscheinen des Buches von Gisevius, immer wieder kolportiert. – Gisevius fühlte sich mit Recht als »früherer« Verschwörer, und im Juli 1944 fand er sich von dem inneren Kreis der Offiziergruppe ausgeschlossen, die er gewissermaßen als Usurpatoren der Opposition ansah, obwohl doch nur sie den Umsturz herbeiführen konnten. Die Situation und die Herkunft der beiden Gruppierungen – Stauffenberg und seine Freunde einerseits, Gisevius, Helldorf, Nebe andererseits – macht die vorhandenen Ressentiments mehr als hinreichend verständlich. Dazu kommt noch das sehr begreifliche Mißtrauen Gisevius' gegenüber Stauffenbergs unbestimmten, wenn auch hochherzigen politischen und sozialen Ideen. Aus seiner Herkunft, Haltung und Persönlichkeit heraus war es Gisevius zudem offenbar unmöglich, Stauffenberg gerecht zu werden; vgl. Gisevius, Sonderausgabe, S. 474-479.

7 Beelitz, mündliche Mitteilungen an d. Verf. vom 21. April 1964; Oberst i. G. Hans Linemann (in den frühen dreißiger Jahren mit Mertz im Inf. Rgt. 8) an d. Verf. 9. Jan. 1971; Obstlt. i. G. Hellmuth Meyer (ebenfalls mit Mertz im IR 8) an d. Verf. 12. Juni 1970. Zur Freundschaft mit Stauffenberg: [Hilde Mertz von Quirnheim], Albrecht Ritter Mertz von Quirnheim, Oberst i. G., undatiert; dies., Tagebücher 1944 und 1945; Karl Dietrich Bracher, Wolfgang

Sauer, Gerhard Schulz, Die nationalsozialistische Machtergreifung: Studien zur Errichtung des totalitären Herrschaftssystems in Deutschland 1933/34, Köln–Opladen ²1962, S. 739. Vgl. Carl Zuckmayer, Als wär's ein Stück von mir: Horen der Freundschaft, Frankfurt/M. 1966, S. 452.

8 Zeller, S. 519 Anm. 19; Hermann Foertsch, Schuld und Verhängnis: Die Fritsch-Krise im Frühjahr 1938 als Wendepunkt in der Geschichte der nationalsozialistischen Zeit, Stuttgart 1951, S. 22.

9 Kramarz, S. 42–43.

10 Kramarz, S. 41–46 hat die Vorgänge untersucht; zu den irreführenden Mitteilungen bei Scheurig s. Kramarz, S. 44 Anm. 5.

11 Nach Kramarz, S. 45 Anm. 9 ist das Datum für den Vorgang unsicher, er könne sich auch viel später, am 6. März 1933, zugetragen haben. Zur Staatsflagge wurde die Hakenkreuzfahne erst durch das Reichsflaggengesetz vom 15. Sept. 1935; Reichsgesetzblatt Teil I 1935, S. 1145. Am 12. März 1933 bestimmte ein Erlaß des Reichspräsidenten: »Am heutigen Tage, an dem in ganz Deutschland die alten schwarz-weiß-roten Fahnen zu Ehren unserer Gefallenen auf Halbmast wehen, bestimme ich, daß vom morgigen Tage bis zur endgültigen Regelung der Reichsfarben die schwarz-weiß-rote Fahne und die Hakenkreuzflagge *gemeinsam* zu hissen sind. Diese Flaggen verbinden die ruhmreiche Vergangenheit des Deutschen Reichs und die kraftvolle Wiedergeburt der Deutschen Nation. Vereint sollen sie die Macht des Staates und die innere Verbundenheit aller nationalen Kreise des deutschen [sic] Volkes verkörpern! Die militärischen Gebäude hissen nur die Reichskriegsflagge.« RGBl. I 1933, S. 103.
Nach der Erinnerung des damaligen Ordonnanzoffiziers im Stabe des R. R. 17, Max Theodor Freiherr von Süßkind-Schwendi, fand der Vorgang im Februar statt; Freiherr von Süßkind-Schwendi an d. Verf. 22. Jan. 1966.

12 Süßkind-Schwendi. Erst im Februar 1934 wurde die Kokarde durch den Adler über dem Hakenkreuz ersetzt und zwar auf Befehl Blombergs, weil damit dem Kanzler die nötige Stoßkraft gegenüber der SA gegeben werde; Bracher–Sauer–Schulz, S. 917; K.-J. Müller, Das Heer und Hitler, Stuttgart 1969, S. 68. Am 14. März 1933 aber wurde verordnet, daß Wehrmachtangehörige an der Dienstmütze »im Eichenlaubkranz die Reichskokarde in den Farben der Reichskriegsflagge schwarz-weiß-rot zu tragen« haben; RGBl. I 1933, S. 133. Die frühere Wiedergabe d. Verf. der Mitteilung von Max Frhr. v. Süßkind-Schwendi, »niemand von den Offizieren des R. R. 17 war aber damals von der Machtergreifung begeistert«, ist zu relativieren.

13 Hierzu Zeller, S. 240–242 nach dem Bericht des mit den Brüdern Stauffenberg seit etwa 1934/35 befreundeten Prof. Dr. Rudolf Fahrner.

14 Kramarz, S. 24; Nina Gräfin Stauffenberg, mündliche Mitteilungen an d. Verf. 8. Feb. 1977 u. 12. Aug. 1982.

15 Pfizer, S. 487 auf Grund von Rainer Maria Rilke, Briefe, 2. Bd., Wiesbaden 1950, S. 125–126.

16 Vgl. Kramarz, S. 26.

17 Pfizer, S. 490; Kramarz, S. 24–32.

18 Robert Boehringer, Mein Bild von Stefan George, München, Düsseldorf ²1967, S. 188–191. Kramarz, S. 32 erwähnt 12 Freunde, mit denen die Brüder Stauffenberg am Totenbett Georges gestanden seien, ohne die Quelle dafür anzu-

geben (wahrscheinlich ist es Pfizer, S. 490); Boehringer dagegen war selbst dabei.
19 Spiegelbild, S. 448.
20 Kramarz, S. 49–50; Nina Gräfin von Stauffenberg an d. Verf. 13. Aug. 1968.
21 Bericht eines Buchhändlers in Wuppertal, bei dem Stauffenberg einzukaufen pflegte: Kurt Nettesheim an d. Verf. 22. Aug. 1968; vgl. Hoffmann, Stauffenberg, S. 533–535.
22 Zeller, S. 240, 242–244; Kramarz, S. 70, 72–73; Bestätigung von Nina Gräfin von Stauffenberg an d. Verf. 12. Feb. 1964.
23 Nettesheim.
24 Nina Gräfin von Stauffenberg an d. Verf. 11. Sept. 1968.
25 Nettesheim. Ähnlich Zeller, S. 242–243.
26 Zeller, S. 243–244; auch zum Folgenden; s. unten, Anm. 29.
27 Kramarz, S. 68, 113–114; Finker, S. 64.
28 Zeller, S. 243.
29 Ger van Roon, Neuordnung im Widerstand: Der Kreisauer Kreis innerhalb der deutschen Widerstandsbewegung, München 1967, S. 286; Hans-Christoph Freiherr von Stauffenberg, mündliche Mitteilungen an d. Verf. 28. Juli 1971 und 5. Juli 1972; ders., Rede, 2. Aug. 1963, gehalten in Bad Boll, mimeographiert. Vgl. oben, S. 311–312 und unten, S. 458–463.
30 Zeller, S. 244–249; Prof. Julius Speer (seit Jan. 1941 in d. Abt. Organisation der Versorgungstruppen b. Generalquartiermeister im OKH unter Major i. G. Finckh) an d. Verf. 22. Feb. 1966. Göring hat z. B. geprahlt, er werde Stalingrad aus der Luft versorgen, bis es entsetzt wäre; vgl. Ferdinand Prinz von der Leyen, Rückblick zum Mauerwald: Vier Kriegsjahre im OKH, München 1965, S. 86.
31 Speer berichtet, Stauffenberg habe sich deshalb selbst an die Front gemeldet; ähnlich Manstein bei Kramarz, S. 116.
32 Zeller, S. 244.
33 Kramarz, S. 113.
34 Kramarz, S. 114–115.
35 Hammerstein, Spähtrupp, S. 191; Kramarz, S. 115–116.
36 Hierzu und zum Folgenden: Nina Gräfin von Stauffenberg an d. Verf. 30. Juli, 13. Aug. 1968, 19. Jan. 1969; Dr. J. Rohwer an d. Verf. 7. Jan 1969. Wolf Keilig, Das deutsche Heer 1939–1945: Gliederung – Einsatz – Stellenbesetzung, Bad Nauheim 1956 ff., 36/17; Kramarz, S. 121–129, 132–135. Kramarz, S. 132–135 verwirrt d. Zeitfolge d. Aufenthalte Stauffenbergs im Sommer 1943.
37 Hierzu und zum Folgenden: So z. B. Ludolf Gerhard Sander (Oberstleutnant und Wehrmacht-Nachrichten-Offizier im FHQu, der wie Stauffenberg von der Kavallerie herkam), mündliche Mitteilungen an d. Verf. vom 24. und 25. April 1964. Gisevius, S. 481; Ferdinand Sauerbruch, Das war mein Leben, München 1960, S. 430–433 berichtet, Stauffenberg habe bis zu seinem Tode ein durch das Auge eingedrungenes Geschoß im Hinterkopf gehabt; Nina Gräfin von Stauffenberg an d. Verf. 11. Sept. 1968 bezweifelt dies.
38 Kramarz, S. 132; Hoffmann, Stauffenberg, passim; G. Ritter, Carl Goerdeler und die deutsche Widerstandsbewegung, Stuttgart [3]1956, S. 367, auch z. Folg.
39 Zeller, S. 489–490 ohne Angabe der Quelle; Bestätigung durch Prof. Fahrner bei Kramarz, S. 200–201; dem Sinne nach und teils sogar wörtlich findet sich der »Eid« auch in dem Gedicht »Vorabend: Berthold – Claus« in Alexander Schenk Graf von Stauffenberg, Denkmal, Düsseldorf-München 1964, S. 21–25.

40 Zeller, S. 227; Kramarz, S. 223–225, bringt Auszüge aus der Schrift nach dem Abdruck in Wissen und Wehr 19 (1938), S. 459–476.
40a S. oben, S. 361–362, 373, 763 Anm. 111–113.
41 Zeller, S. 330, 525 Anm. 1.
Auch von einem Termin im Oktober 1943 ist gelegentlich die Rede; vgl. [Carl Friedrich Goerdeler], Unsere Idee, Nov. 1944, S. 25, BA Nl. Goerdeler 26; R. Fahrner, mündliche Mitteilungen an d. Verf. 9. Mai 1977.
42 Kramarz, S. 154. Zum Komplex der Attentate und der persönlichen Sicherheit Hitlers s. Peter Hoffmann, Die Sicherheit des Diktators, München, Zürich 1975.
43 Kramarz, S. 155 berichtet ohne Beleg, Stieff habe regelmäßig Zutritt zu den Lagebesprechungen gehabt. Diese Annahme geht wohl auf Stieffs Aussage vor der Gestapo zurück, er habe den Anschlag nicht ausführen *wollen*, bzw. auf seine Erklärung den Mitverschwörern gegenüber, es sei unmöglich, den Sprengstoff unbemerkt in das Besprechungszimmer zu bringen; Spiegelbild einer Verschwörung, Stuttgart 1961, S. 89–90 bzw. Schlabrendorff, Offiziere, S. 132. Helmut Heiber (Hrsg.), Hitlers Lagebesprechungen: Die Protokollfragmente seiner militärischen Konferenzen 1942–1945, Stuttgart 1962, S. 13, 35–47 nennt Stieff nicht unter den dort aufgeführten regelmäßigen Teilnehmern der Lagebesprechungen. Zwei Photographien aus dem Jahr 1944 zeigen Stieff bei Uniform- bzw. Waffenvorführungen in unmittelbarer Nähe Hitlers: Henry Picker [und] Heinrich Hoffmann, Hitlers Tischgespräche im Bild, Oldenburg und Hamburg 1969, S. 50–51; Roger Manvell and Heinrich Fraenkel, »The Bomb Plot«, History of the Second World War, London 1966 bis 1969, S. 1965.
44 Der Prozeß gegen die Hauptkriegsverbrecher vor dem Internationalen Militärgerichtshof Nürnberg 14. November 1945–1. Oktober 1946, Bd. XXXIII, Nürnberg 1949, S. 310–312; Spiegelbild, S. 89–90; H[ans] R[othfels], »Ausgewählte Briefe von Generalmajor Helmuth Stieff (hingerichtet am 8. August 1944)«, VfZ 2 (1954), S. 291–305. Prof. Dr. Rudolf Fahrner berichtete in einem Brief an Prof. Dr. Walter Baum vom 25. Juli 1952, IfZ ZS 1790: Als er im Oktober 1943 von den Brüdern Stauffenberg nach Berlin gerufen wurde, sollte das Attentat unmittelbar bevorstehen, Stieff hätte sich zur Ausführung bereit erklärt. Die Auffassung, Stieff könne oder werde das Attentat ausführen, war in den Kreisen der Opposition verbreitet. Aus dem Umkreis von General Karl Heinrich von Stülpnagel in Paris wird sie z. B. auch berichtet von Erich Weniger, »Zur Vorgeschichte des 20. VII. 1944: Heinrich von Stülpnagel«, Die Sammlung 4 (1949), S. 490.
45 Berichte eines Angehörigen der von Meichßner geleiteten Berliner Standortstaffel des WFSt, Rittmeister Dr. Paulus van Husen, bei Kramarz, S. 163. Dem Zusammenhang nach muß das Gespräch vor der Invasion der Normandie stattgefunden haben, und nach Ende Februar, weil zur Zeit des Gesprächs das FHQu in Berchtesgaden war und die Unterhaltung im Zug dorthin geführt wurde. Spiegelbild, S. 89; Heinrich Himmler, Terminkalender für 3. Jan. bis 31. Mai 1944, NA T-84 Rolle R 25; Konteradmiral Gerhard Wagner an d. Verf. 17. Nov. 1964; Hoffmann, Sicherheit, S. 166–167, 197, 231. Zu Meichßner auch Theodor von Dufring (Schwager Meichßners, 1944 in Zossen tätig, während Meichßner in Potsdam-Eiche war) an d. Verf. 10. Aug. und 29. Sept. 1971.

46 Helmut von Gottberg an d. Verf. 22. April 1966; vgl. Albert Krebs, Fritz-Dietlof Graf von der Schulenburg: Zwischen Staatsraison und Hochverrat, Hamburg 1964, S. 289.
47 Hammerstein, Spähtrupp, S. 234–235; Krebs, S. 289.
48 S. oben, S. 363.
49 Hierzu und zum Folgenden: Axel [Freiherr] von dem Bussche, »Eid und Schuld«, Göttinger Universitätszeitung 2 (1947) Nr. 7, 7. März 1947, S. 1–4; Bussches Aussagen als Zeuge im OKW-Prozeß in Nürnberg, »Freiheitskämpfer gegen Hitler«, Die Zeit, 22. Juli 1948, S. 3; Bussche, Interview mit Daniel Schorr in der CBS-Fernseh-Sendung The Twentieth Century: The Plots Against Hitler, Part II (1. Dez. 1964); ders., Bericht auf der Schallplatte Der stille Befehl: Der Widerstand in Deutschland gegen Hitlers Tyrannei, harmonia mundi Schallplattengesellschaft Nr. PL 50115, Münster/Westf. o. J.; Bussche an d. Verf. 9. und 10. Feb. und 1. März 1966, 18. Sept. 1967, 22. Apr. 1970; Dr. Richard Frh. v. Weizsäcker (Regiments-Adj. im Gren.-Rgt. 9) an d. Verf. Mai 1970; Allen Welsh Dulles, Verschwörung in Deutschland, Kassel 1949, S. 93; Krebs, S. 215; Heinz-Günther Albrecht, Die militärischen Vorbereitungen der damaligen Führungsstelle der Widerstandsbewegung im Generalkommando Berlin im Hinblick auf den geplanten Regierungssturz, Masch.-Abschr. einer Niederschrift von 1946/47; ebenfalls zum Folgenden Gottberg an d. Verf. 22. 4. 1966; vgl. z. Verbot der Ritterlichkeit Werner Kienitz, Der Wehrkreis II vor dem Zusammenbruch des Reiches: Erlebnisse und Betrachtungen, Masch., Hamburg 1953, BA Ost-Dok. 8 Po 22; Max Domarus, Hitler: Reden und Proklamationen 1932–1945, Neustadt a. d. Aisch 1962/1963, S. 2045.
49a Prozeß XXXI, 446 ff.
50 Hammerstein, Spähtrupp, S. 235; zum Vorigen und Folgenden s. Anm. 49.
51 T[heodor] E[schenburg], »Die Rede Himmlers vor den Gauleitern am 3. August 1944«, VfZ 1 (1953), S. 357–394; Prozeß XXXIII, 313. Vgl. Hans W. Hagen, Zwischen Eid und Befehl, München ⁴1968 (abgesehen vom Bericht über eigene Erlebnisse überaus unzuverlässig), S. 44.
52 Weitere Einzelheiten der Sprengstoffbeschaffung s. im nächsten Abschnitt.
53 Hierzu: Aussagen Knaaks vor der Gestapo (»nunmehr«) kurz vor dem 30. August 1944, Spiegelbild, S. 318–319; ferner Spiegelbild, S. 88–89, 128 bis 129. Vgl. Kriegstagebuch des Oberkommandos der Wehrmacht (Wehrmachtführungsstab) 1940–1945, Bd. IV, Frankfurt/M. 1961, S. 856–857; Albert Praun, Soldat in der Telegraphen- und Nachrichtentruppe, Würzburg [1966], Kartenbeilage S. 24. Knaak und der von Kuhn zu Knaak entsandte Oberlt. d. R. von Hagen haben in den späteren Vernehmungen und Verhandlungen möglichst viel verschwiegen und verschleiert. Deshalb sind weder die scheinbar so präzisen Gestapo-Berichte noch das Stenogramm der Verhandlung vor dem VGH v. 7. und 8. Aug. 1944 ganz zuverlässig: Prozeß XXXIII, 299–530, bes. 305–342.
54 Nach seiner eigenen Aussage vor dem VGH, Prozeß XXXIII, 329–334 flog Hagen zur HGr Mitte; die war wohl in Minsk, Orscha war weiter östlich und nur 4–5 km hinter der Hauptkampflinie. Bussche meint, Hagen sei zu einem Pionierpark in der Nähe von Smolensk geflogen. Smolensk war aber damals schon wieder in russischer Hand.
55 Bussche an d. Verf. 9. Feb. 1966 und 18. Sept. 1967.
56 Was Zeller, S. 335 dazu auf Grund der Aussagen von Knaak und Stieff vor

der Gestapo (Spiegelbild, S. 89, 318-319) schreibt – man habe wieder neues Material besorgen müssen, weil das eben beschaffte wegen des 4½ Sekunden lang mit Geräusch laufenden Zünders sich als ungeeignet erwiesen habe –, ist so nicht richtig. Bussche hatte für seinen Versuch gerade dieses Material verlangt und eigens beschaffen lassen. Die übrigen Verschwörer mögen es für ungeeignet erachtet haben, aber die dahin gehende Erklärung Stieffs war eine Schutzbehauptung: Er habe ja nur ungeeignetes Material besorgt.
57 Albrecht, Vorbereitungen.
58 »Das Spiel ist aus – Arthur Nebe: Glanz und Elend der deutschen Kriminalpolizei«, Der Spiegel 4 (1950) Nr. 12, 23. März 1950, S. 31.
59 Zeller, S. 334-335 auf Grund eines Berichtes von Bussche.
60 Aus drei Quellen wird berichtet, ein Attentatversuch im Dezember 1943 sei am Nichterscheinen Hitlers bzw. an der Absage eines Termins gescheitert. Trott sagte zu Kessel in Venedig in der zweiten Hälfte des Mai 1944, im Dezember 1943 und im Februar 1944 seien je ein Attentatversuch am Nichterscheinen Hitlers gescheitert; Hans Rothfels, »Trott und die Außenpolitik des Widerstandes«, VfZ 12 (1964), S. 322, nach Kessels 1944 und 1945 in der Deutschen Botschaft am Vatikan abgefaßtem Bericht. Kessel scheint auch die Quelle gewesen zu sein für Dulles, S. 93: am 26. Dez. 1943 habe Stauffenberg versucht, Hitler zu ermorden. Vgl. Ulrich v. Hassell, Vom andern Deutschland: Aus den nachgelassenen Tagebüchern 1938-1944, Fischer Bücherei, Frankfurt/M. 1964, S. 301; Ritter, S. 375, 540 Anm. 44. Ferner gab Major Freiherr von Leonrod vor der Gestapo an, Stauffenberg habe ihn im Dezember für die Verschwörung als Verbindungsoffizier des OKH zum Wehrkreis VII geworben und ihm gesagt, er werde vielleicht noch vor Weihnachten gebraucht werden; Spiegelbild, S. 54, 258, 262; vgl. Kramarz, S. 156-157. Schließlich wurde im Urteil des VGH gegen Goerdeler festgestellt, daß dieser für die Tage 25.-27. Dezember 1943 »vorgewarnt« gewesen sei; Spiegelbild, S. 533; Volksgerichtshof-Prozesse zum 20. Juli 1944: Transkripte von Tonbandfunden, Masch. vervielf., [Frankfurt/M.] 1961, S. 113. Vgl. Zeller, S. 336 auf Grund von Dulles, S. 93 und Spiegelbild, S. 90 (wo nichts dergleichen steht): Stauffenberg sei Ende Dez. in Vertretung Olbrichts zu einer Besprechung im FHQu gewesen, die aber abgesagt worden sei, weil Hitler schon nach Berchtesgaden abgereist gewesen sei. Hitler war aber nach Heinz Linge, Record of Hitler's Activities 11 August 1943-30 December 1943, Masch.-Transskript o. O. 1952, NA Record Group 242 Misc. Box 13, den ganzen Dezember über in der »Wolfschanze«. Zum Vorigen und zum Folgenden auch Anm. 49.
61 Ewald Heinrich von Kleist, mündliche Mitteilungen an d. Verf. vom 19. Juli 1964; Kleist an d. Verf. 15. Sept. 1964 und 14. Sept. 1967; Gotthold Müller, Meine Beziehungen zum Grafen Fritz von der Schulenburg, Masch., Stuttgart 1961; Zeller, S. 336-337 anscheinend auf Grund eines nicht erwähnten Berichtes von Kleist; Krebs, S. 289; Hammerstein, Spähtrupp, S. 234-235.
62 Albrecht, Vorbereitungen, auch zum Folgenden; ferner Anm. 61.
63 Speer hat in Besprechungen mit Hitler vom 19. bis 22. Juni 1944 die Frage der Uniformvorführung vorgebracht; Zeitzler hatte Speer mitgeteilt, er betreibe eine Vorführung von sich aus (vielleicht wiederum auf Betreiben Wagners oder Stieffs?); Hitler erklärte sich einverstanden, daß ihm »die neuen Vorschläge für die Heeresbekleidung vorgelegt werden«; Willi A.

Boelcke, Hrsg., Deutschlands Rüstung im Zweiten Weltkrieg: Hitlers Konferenzen mit Albert Speer 1942–1945, Frankfurt/M. 1969, S. 385.
Vgl. dazu Aussagen eines Unbekannten vor dem VGH: es sei immer wieder versucht worden, »solche Besichtigungen anzusetzen«, bis das Führerhauptquartier dann [nach Berchtesgaden verlegt worden sei]; Volksgerichtshof-Prozesse, S. 122–123. Prof. Dr. Hans Karl von Hasselbach (einer von Hitlers Ärzten) schrieb dem Verf. unter dem 11. Okt. 1965, bei einer anderen Vorführung (Panzer und neue Felduniformen) am 20. April 1944 bei Schloß Kleßheim bei Salzburg an der Autobahn habe Hitler Soldaten mit Handschlag begrüßt. Ein Attentat sei geplant gewesen.

Von einem weiteren Plan berichten die damaligen Majore im OKH/Chef Heeres-Nachrichten-Wesen, Heinz Burchardt, Zugehörigkeit zur Widerstandsbewegung vom 20. Juli 1944, Masch.-Abschr., München 1946, im Bes. v. Friedrich Degner; ders., Kurze Darstellung der Ereignisse, Masch., Bonn-Dottendorf 1966; und Friedrich Degner, mündliche Mitteilungen an d. Verf. v. 24. u. 25. Aug. 1965, nach Mitteilungen des Obersten Hahn (Ch. d. St. bei Fellgiebel) an sie: Hitlers Flugzeug sollte auf dem Flug von Berchtesgaden nach Rastenburg abgeschossen werden. Näheres war bisher nicht festzustellen.

Endlich berichtete noch Rudolf Pechel, Deutscher Widerstand, Erlenbach–Zürich 1947, S. 164–166, von einem Versuch eines Leutnants Johann Hofmann und dessen Vater Oberst Josef Hofmann, bei einer Uniformvorführung vor Hitler am 20. Februar 1944 diesen zu töten; die Vorführung sei plötzlich um zwei Stunden vorverlegt worden, während die »Höllenmaschine« auf 11.05 Uhr, in Erwartung des Beginns um 11 Uhr, eingestellt gewesen sei. Das Sturmgepäck, das sie enthielt, sei wieder abgeliefert worden und auf einem Hof der »Reichskanzlei« explodiert. Vater und Sohn seien zum Tode bzw. zu Zuchthaus verurteilt worden. Dass. ohne Angabe der Herkunft bei Georges Blond, The Death of Hitler's Germany, New York 1954, S. 13.
64 Spiegelbild, S. 90; Domarus, S. 2117. S. oben, Anm. 43.
65 Schlabrendorff, Offiziere, S. 133.
66 Schlabrendorff, Offiziere, S. 133; vgl. Adolf Heusinger, mündliche Mitteilungen an d. Verf. vom 6. Aug. 1964, wo die Annäherungsversuche und die Einweihung Heusingers in die Verschwörung bestätigt werden.
67 Hierzu: Spiegelbild, S. 90; Schlabrendorff, Offiziere, S. 132; Roon, S. 157 bis 158, ohne Einzelbelege. Zum Folgenden: Ruth Müller, die Werner von Haeften gekannt hat, schrieb am 4. April 1947 an Ricarda Huch: »Seit [Werner von] Haeftens Beteiligung an der Vorbereitung des 20. Juli war der Spiegel seines Wesens für die, die ihn näher kannten, etwas getrübt. Er gehörte nicht zu den Menschen, die sich unsittlicher Mittel zur Erreichung ethisch erwünschter Erfolge bedienen können. Er war – und hierin liegt vielleicht der Schlüssel für den Mißerfolg des 20. Juli – kein Attentäter und hat an der für ihn gegebenen Unausweichlichkeit, es sein zu müssen, sehr gelitten. Er sagte mir einmal kurz vor dem Ende etwa: ›Und wenn man Hitler beseitigt, dann gibt es keine Ausflüchte davor, ein Mörder zu sein, diese Schuld zu tragen und sich ihr zu stellen mit allen Konsequenzen.‹«
68 Hierzu: Eberhard von Breitenbuch, mündliche Mitteilungen an d. Verf. vom 8. Sept. 1966; ders. an d. Verf. 8. Nov. 1966; Schlabrendorff, Offiziere, S. 137; Zeller, S. 337–338 auf Grund eines Berichtes von Breitenbuch.

69 Vgl. oben, S. 373.
70 Also nicht, wie Zeller, S. 338, nach offenbar ungenauerem Bericht Breitenbuchs schrieb, *für* 9. März.
71 Für die einwandfreie Identifizierung ist die Beschreibung Breitenbuchs aus der Erinnerung nicht genau genug. Es gab mehrere ähnliche Sprengkörper im deutschen Heer, die jedoch nicht aus der Schweiz beschafft werden mußten. Tresckow erwähnte dies vielleicht im Gedanken an das Nichtfunktionieren des Säurezünders am 13. März 1943, wovon Breitenbuch nichts wußte, was aber Tresckow sicher auf der Seele lag. Vielleicht stammte nur der Zünder aus der Schweiz. Ein Zünder der von Breitenbuch beschriebenen Art – zur Einstellung auf 1 Sekunde, 3 Sekunden und 3 Minuten – hat sich in deutschen Beständen nicht feststellen lassen; German Explosive Ordnance (Bombs, Fuzes, Rockets, Land Mines, Grenades and Igniters), Washington, D. C. 1953, S. 283–317. Dagegen spricht vieles dafür, daß der von Tresckow und Oertzen mitgebrachte und Breitenbuch angebotene Sprengkörper die deutsche Gewehrsprenggranate war: Die Maße stimmen einigermaßen mit der Beschreibung Breitenbuchs überein, und es war sehr wohl möglich, das Gerät mit einem chemischen oder elektrischen Zünder zu kombinieren; German Explosive Ordnance, S. 332–334, 309–312. Oertzen hat sich nach seiner Verhaftung am 22. Juli 1944 mit einer Gewehrsprenggranate das Leben genommen und die Annahme, es sei dieselbe, die er fünf Monate vorher Breitenbuch angeboten hatte, ist nicht zu weit hergeholt; s. hierzu den Bericht des Kriminaltechnischen Instituts der Sicherheitspolizei, Abteilung Chemie, Selbstmord des Majors Ulrich von Oertzen, Masch.-Durchschl., [Berlin] 23. Juli 1944, BA R 58/1051. Auch Tresckow hat mit einer Gewehrsprenggranate Selbstmord begangen; Schlabrendorff, Offiziere, S. 154. Schlabrendorff schreibt »Gewehrgranate«, aber die eigentlichen Gewehrgranaten ließen sich nicht von Hand abziehen, nur die Gewehrsprenggranate war auch als Handgranate verwendbar; German Explosive Ordnance, S. 331–337.
72 Ob der Zünder ein Geräusch gemacht hätte, konnte Breitenbuch nicht berichten, weil keine Versuchsexemplare zur Verfügung standen.
73 Breitenbuch, Mitteilungen.
74 Ebenda.
75 Vgl. dazu Sauerbruch, S. 432–433: Sauerbruch habe Stauffenberg noch Anfang Juli 1944 gesagt, sein Gesundheitszustand erlaube nicht die Belastungen des Umsturzversuches, weil seine Urteils- und Tatkraft von ihnen negativ beeinflußt werden könnte.
76 S. oben, Kap. IX, Abschnitt 2.
77 Dr. E. K. Freiherr von Gersdorff an d. Verf. 2. und 10. Dez. 1964; Rudolf-Christoph Freiherr von Gersdorff, mündliche Mitteilungen an d. Verf. vom 16. Nov. 1964 (künftig zit. als Mitteilungen II).
78 Hierzu und zum Folgenden: Spiegelbild, S. 54–55, 84, 89–91, 93, 128–130, 170, 194, 318–319; Prozeß XXXIII, 311–312, 330–335, 339–341, großenteils ebenfalls auf Grund der Gestapo-Berichte, teils auf Grund von Aussagen in der Verhandlung; Philipp Freiherr von Boeselager, mündliche Mitteilungen an d. Verf. vom 19. Nov. 1964; Bussche an d. Verf. 9. Feb. und 1. März 1966, 18. Sept. 1967, teils nach dem Bericht von Maj. i. G. Kuhn; [Rudolf-Christoph] Frh. v. Gersdorff, Beitrag zur Geschichte des 20. Juli 1944, Masch., Oberursel

1. Jan. 1946; ders., mündliche Mitteilungen an d. Verf. vom 25. Mai 1964 (künftig zit. als Mitteilungen I); ders., Mitteilungen II; Reproduktionen und Photographien der gefundenen Zünderreste sowie des zu dem weggeworfenen Sprengstoff gehörenden Zünders, NA EAP 105/14, Record Group 242; Kommentar dazu von einem Fachmann, der ungenannt bleiben will, an d. Verf. vom 5. Aug. 1964. Vgl. unten, S. 413–414, 895. Zeller, S. 335 stützt sich lediglich auf die Gestapo-Berichte.
79 In den Berichten der Gestapo wird meistens Lager »Fritz«, ein Teil von »Mauerwald«, genannt; vgl. K. T. B. des OKW IV, 1869.
80 Die Darstellung bei Schrabrendorff, Offiziere, S. 129 (aus 2. Hand), die Sicherheitsorgane seien durch Selbstzündung des Sprengstoffes aufmerksam geworden, wird nicht bestätigt; Busches Darstellung stammt von Kuhn. Oberstleutnant i. G. B. Klamroth berichtete gegenüber der Gestapo und vor dem Volksgerichtshof: Urteil des Volksgerichtshofes vom 15. Aug. 1944 gegen Bernhard Klamroth u. a., NA T–120 Rolle 1038; vgl. Hans von Herwarth, Zwischen Hitler und Stalin, Frankfurt/M. 1982, S. 301–304.
80a Arnold von Tresckow, mündliche Mitteilungen an d. Verf. 5. Aug. 1968.
81 Nach einer Äußerung Schraders, die im Bericht der Gestapo vom 3. Aug. 1944, Spiegelbild, S. 129 zitiert wird, hätte Freytag-Loringhoven das Material dann im Mauersee versenkt. Die Gestapo glaubte das nicht und meinte, es sei dies das beim Attentat verwendete Material. Gersdorff, Beitrag: Freytag-Loringhoven habe Sprengstoff u. Zünder der Art besorgt, wie Gersdorff sie in Smolensk für Tresckow beschafft hatte. Herwarth, S. 303, ohne Details.
82 Zitat aus einem Vernehmungsprotokoll (nicht aus einem der sog. Kaltenbrunner-Berichte), welches Freisler in der Verhandlung gegen Stieff am 7. August 1944 wörtlich zitierte; Prozeß XXXIII, 311. Nach der Aussage Knaaks in Spiegelbild, S. 318–319 handelte es sich um »3 Sprengbüchsen mit Brennzünder«. Stieff hat sehr weitgehende Aussagen vor der Gestapo gemacht, die er vor Gericht abzuschwächen suchte. Der Umfang der Aussagen Stieffs vor der Gestapo legt den Verdacht der Folterung nahe, um so mehr als Stieff gegenüber Freisler durchaus aufrechte Haltung gezeigt hat. Vgl. dazu unten, S. 647. Knaak hatte ebenfalls Interesse daran, die Bedeutung des Materials herunterzuspielen. – Nach Bussche handelte es sich um Standardsprengladungen für Brückensprengungen. Die Übereinstimmung und der Unterschied zum Plastikmaterial sind also trotz den verschiedenen Bezeichnungen deutlich.
83 Nach Prozeß XXXIII, 339 etwa am 25. Mai. Bestätigung der Lieferung durch Klamroth auf Veranlassung Stieffs: Klamroth, s. Anm. 80.
84 Hagen berichtete in seiner Vernehmung vor dem Volksgerichtshof am 7. August 1944, er habe mit Kuhn Ende November 1943 zwei Pakete mit Sprengstoff bei dem hölzernen Turm im Lager »Mauerwald« versteckt; dies bestätigt Bussche auf Grund des Berichtes von Major i. G. Kuhn. Beide Pakete kamen in die Heereswesen-Abteilung, eines blieb vorläufig dort, das andere bekam Kuhn sogleich zurück. Ein weiteres Paket englischen Plastiksprengstoffs – »eine *Originalpackung englisches Hexogen* und alles erforderliche Zubehör« – wurde (1943) von Oberst i. G. Henning von Tresckow an der Ostfront besorgt; Spiegelbild, S. 128, vgl. S. 55. Eines hat auch Georg Freiherr von Boeselager durch seinen Bruder Philipp Freiherr von Boeselager in einem Koffer zu Generalmajor Stieff bringen lassen. Als

Stieff im November in Urlaub ging, hat er den Koffer dem Diplomaten H. H. von Herwarth zum Aufbewahren gegeben, der ihn seinerseits zeitweise an General der Kavallerie Ernst August Köstring, den ehemaligen Militärattaché in Moskau, abgab; Boeselager, Mitteilungen Herwarth an d. Verf. 28. Okt. 1969. Auch der von Freiherr von Gersdorff bei seinem Bruder in Breslau aufbewahrte Sprengstoff kann zur Ahnenreihe des Stauffenbergschen Materials gehören, es war ebenfalls Plastikmaterial. Gersdorff holte es im Januar 1944 wieder bei seinem Bruder ab und nahm es mit zu einer Besprechung mit Stauffenberg, Tresckow, Schlabrendorff und Freytag-Loringhoven; Kramarz, S. 161 nach einem Bericht von Gersdorff. Die Argumentation von C. Müller, S. 583 Anm. 118 überwindet nicht die Widersprüche in den Gestapo-Berichten.
85 Spiegelbild, S. 129–130, 194.
86 Hierzu und zum Folgenden: WASAG-Chemie A. G. an d. Verf. 4. Dez. 1969, 17. Feb. 1970 und 17. März 1970; Dr. Walter Sauermilch (szt. Leiter des Sprengstofflaboratoriums im Werk Reinsdorf) an d. Verf. 6. Mai 1970, 13. Mai 1970 und 30. Mai 1970; Arnold von Tresckow an d. Verf. 17. Aug. 1968; mündliche Mitteilungen (sign. Niederschrift im Besitz d. Verf.) eines an der Untersuchung nach dem 20. Juli 1944 beteiligten Chemikers, Dr. Albert Widmann, an d. Verf. vom 30. Juli 1968.
87 Vgl. die Abbildungen im Anhang. Die Rissigkeit der Sprengmasse dürfte daher rühren, daß die darin eingelassenen rohrartigen englischen Tetrylübertragungsladungen ohne vorherige Aushöhlung hineingedrückt worden sind. In die Übertragungsladungen wurden dann erst die Zünder eingesetzt. Eigentlich brauchte man die Übertragungsladungen für das leicht zündbare Material gar nicht, wollte aber möglichst sicher gehen und eine Wiederholung des Mißerfolges vom 13. März 1943 vermeiden. Dazu gehört auch, daß das beim Attentat verwendete Sprengstoffpaket zwei Zeitzünder enthielt, was die Erfolgssicherheit erhöhen mußte, wenn beide in Gang gesetzt waren.
88 WASAG-Chemie A. G. an d. Verf. 17. März 1970.
88a Vgl. unten, S. 496–498.
89 S. zu Fellgiebels Charakteristik die unten in Anm. 92 angeführten Quellen.
90 Praun, S. 225.
91 Verlegt wurde damals der größte Teil des OKH, viele Abteilungen hatten den Umzug schon vollzogen, darunter einige des Stabes Chef HNW. Dazu übereinstimmend Angehörige der betr. Abt.: Arntz, Beichele, Burchardt, Degner, Jalaß (s. unten Anm. 92); ferner Militärischer Bericht Nr. 1217 des schweizerischen Geheimdienstes Hausamann vom 16. Juli 1944, mitgeteilt von Peter Dietz, Schaffhausen: das HQ im Raum Rastenburg scheine abgebaut zu werden, schon seien Flakverbände nach Westen in Marsch gesetzt, die bisher im Raum Rastenburg stationiert gewesen seien. – Fellgiebel hatte seine Vertrauensleute in beiden Zentren sitzen, aber die Umschaltvorgänge mögen hie und da als lästig oder störend empfunden worden sein. Es ist auch denkbar, daß bei Anwesenheit der genannten Eingeweihten in »Mauerwald« die dortigen Maßnahmen am 20. Juli straffer durchgeführt worden wären, insbesondere die Stillegung der Verstärkerämter. Vielleicht erklärt sich so der von Johann A. Graf v. Kielmansegg (damals in der Org.-Abt. des OKH) berichtete Ausruf Hahns kurz nach 15 Uhr am 20. Juli, dieser Tag

sei für das Attentat der allerungünstigste gewesen, weil da gerade alle Verbindungen über »Zeppelin« bei Zossen umgeschaltet werden sollten: Johann A. Graf [von] Kielmansegg, '»An jedem anderen Tag, nur heute nicht...‹ Am 20. Juli 1944 im Hauptquartier: Ein Erlebnisbericht«, Die Zeit, 21. Juli 1949. Das Obige auch zur Berichtigung der auf begrenzterem Quellenmaterial beruhenden Interpretation in Peter Hoffmann, »Zu dem Attentat im Führerhauptquartier ›Wolfsschanze‹ am 20. Juli 1944«, VfZ 12 (1964), S. 279–280, Anm. 124.

92 Zu den Fragen des Nachrichtenwesens im Zusammenhang mit den Staatsstreichversuchen standen dem Verf. folgende Quellen zur Verfügung: Mündliche Mitteilungen an den Verf. von Hellmuth Arntz vom 21. Nov. 1964; von Heinz Burchardt vom 13. Juli 1965; von Friedrich Degner vom 24. und 25. Aug. 1965; von Kurt Haßel vom 11. Dez. 1964; von Hans Hornbogen (damals als Leutnant Leiter des Nachrichtenbetriebes in der Führer-Nachrichten-Abteilung im FHQu »Wolfsschanze«) vom 14. Jan. 1965, dazu schriftliche Ergänzungen vom 4. April 1965; von Major Erich Jalaß (damals als Oberleutnant im Stabe von General Fellgiebel im OKH-Lager »Mauerwald«) vom 24. Juni 1965; von Josef Wolf (damals als Major Kommandeur der FNA in der »Wolfsschanze«) vom 27. Feb. 1965; von General Heusinger vom 6. Aug. 1964; von Oberst Sander vom 24. und 25. April 1964; ferner schriftliche Mitteilungen an d. Verf. von Oberpolizeirat a. D. Albert Beichele (damals als Oberstleutnant Leiter der Gruppe III (Drahtnachrichten-Verbindungen) im Amt Chef HNW) vom 18. Juni 1965, 14. Jan. 1966 und 31. Dez. 1967; von General Heinz Burchardt, Kurze Darstellung der Ereignisse, vom 9. Feb. 1966; von Gerhart Goebel vom Fernmeldetechnischen Zentralamt der Deutschen Bundespost vom 21. Jan. 1966; von Oberregierungsrat Christian Hofmann (damals als »Obfkm.« in der Gruppe II (Gerät) im Amt Chef HNW) vom 16. Jan. 1965; von Postoberamtmann Werner Jesek (damals aus dem Postdienst abgeordnet und als Unteroffizier in der FNA tätig) vom 24. Mai 1965; von Generalmajor a. D. Erich Kohlhauer (damals als Oberst Nachrichtenführer der HGr Mitte, früher im OKW/WNV) vom 7. März 1965; von Postoberamtmann Karl Kuhnert (damals als Amtmann technischer Beamter in der Heeresnachrichtenbetriebsleitung [HNB] des OKH) vom 1. Dez. 1964 und 17. Jan. 1965; von Brigadegeneral Herbert Maultzsch (bis 10. Juli 1944 als Oberstleutnant im Amt Chef HNW) vom 10. Mai 1965; von Postamtsrat a. D. Emil Pestinger (damals technischer Beamter in der HNB des OKH) vom 20. und 31. Dez. 1964 und 19. Jan. 1965; von Oberstleutnant Alfons Waberseck (damals als Major Referent für Drahtnachrichtenverbindungen im Amt Chef HNW) vom 4. Feb. 1965; [Senor] Wille (damals als Telegraphenoberinspektor Betriebsleiter der Reichspost in Zossen), Niederschrift über die Vorgänge beim Postamt Zossen 10 am 20. 7. 1944., Masch., [Zossen August 1944]; Wolf an d. Verf. 18. Dez. 1968; Auszug aus dem Fernsprechverzeichnis des OKH/Gen. St. d. H., Stand vom 1. März 1944, S. 41–42, mitgeteilt von Oberpolizeirat a. D. Beichele; ferner Rolf Göhring, »General Fellgiebel: Leben, Wirken und Tod eines genialen Vorkämpfers der Nachrichtentruppe«, Impulse, Juni 1960, S. 8–10; Praun, passim; Schlabrendorff, Offiziere, S. 125–126; Aussagen von Generalmajor Stieff in Prozeß XXXIII, 318–319; Spiegelbild, S. 98–99, 146,

225–226, 329–330, 376–378, 407; Zeller, S. 280–281, 310–313. S. die Skizzen im Anhang, S. 890–892.

93 Deutsches Fernkabelnetz (Maschenkarte) aus OKW/WFSt/Ag WNV/KFA IIc in den Papieren von Major Wolf; T[räger-]F[requenz]-Skizze aus OKL/Gen. Nafü. 2. Abt. II, ebenda; Leitungsskizze der Verbindungsmöglichkeiten »Wolfschanze«–Berlin, Stand vom 9. Aug. 1943 (der nach Auskunft von Maj. Wolf bis 20. Juli 1944 unverändert blieb) ebenda, abgedruckt im Anhang, S. 892.

94 Praun, S. 222.

95 So als prominenter Überlebender Schlabrendorff, Offiziere, S. 125; ferner Gisevius, Sonderausgabe, S. 509, 518; als prominenter Darsteller John W. Wheeler-Bennett, The Nemesis of Power: The German Army in Politics 1918–1945, New York [2]1964, S. 642; ferner Ludwig Jedlicka, Der 20. Juli 1944 in Österreich, Wien–München 1965, S. 59; Jürgen v. Kempski, »Betrachtungen zum 20. Juli«, Merkur III (1949), S. 807–816; Alexander Graf Stauffenberg, Die deutsche Widerstandsbewegung und ihre geistige Bedeutung in der Gegenwart, Rede im Amerika-Haus in Erlangen am 20. Juni [sic] 1951, mimeogr., o. O. o. J., im Besitz der Stiftung; Emil Henk, Rede anläßlich der Gedenkfeier zum 20. Juli 1944 am 24. 7. 1960, mimeogr., Frankfurt/M. 1961, im Besitz der Stiftung; Kunrat Frhr. v. Hammerstein, Flucht: Aufzeichnungen nach dem 20. Juli, Olten–Freiburg i. Br. 1966; S. 116; neuerdings auch Finker, S. 376 Anm. 31. Vgl. Zeller, S. 535 Anm. 53; Hoffmann, Attentat, S. 279 Anm. 124.

96 Spiegelbild, S. 329.

97 Beichele an d. Verf. 31. Dez. 1967 vermutet sogar, daß die bestehende, aber nicht benützte Vermittlung »Alarich« in Zossen eigens als Geheimvermittlung der Verschwörer eingerichtet worden sei, die am Tage des Umsturzes in Betrieb genommen werden sollte, während dann die anderen Vermittlungen abgeschaltet wären.

98 Zu den Kabelschächten besonders Jesek; ferner Bauzeichnungen der Kabelschächte aus den Papieren von Major Wolf, gezeichnet von Jesek.

99 Schematische Darstellung »T-Verbindungen Wolfschanze, Stand vom 21. 1. 43«, aus den Papieren von Major Wolf.

100 Leutnant [Karl-Friedrich] Albrecht, Auswertung der Aufbauübung der Vermittlung »Zeltstadt« am 1. u. 2. 10. 43, Masch., [Wolfschanze] 2. Okt. 1943, sowie Skizzen über Anordnung der Fahrzeuge, Verkabelung und Schaltschema, jeweils in den Papieren von Major Wolf; dazu Wolf, Mitteilungen.

101 Beichele an d. Verf. 18. Juni 1965; Kuhnert an d. Verf. 1. Dez. 1964. Kuhnert wurde am 5. Juli 1944 telegraphisch von der Heeresgruppe Nord ins OKH/Chef HNW zurückberufen und war überrascht, als er später in Zossen eintraf, dort »den größten Teil aller ehemaligen Chef-HNW-Angehörigen, wie z. B. Oberstleutnant von der Osten-Sacken (der sich nach dem 20. 7. in Zossen [richtig: in Lötzen] erschoß), Major Binder, Major Waberseck und viele andere mehr wiederzutreffen«. Den meisten wurde erst später klar, daß Fellgiebel seine alten Vertrauten hatte um sich haben wollen. Die Geheimhaltung und die Praxis der Teileinweihung führte dazu, daß nur wenige wußten, worum es ging, und daß auch diese wieder nur wenige andere Eingeweihte kannten.

Kapitel X

102 Spiegelbild, S. 329 auf Grund der Aussagen von Oberst Hahn.
103 Degner, Mitteilungen.
104 Deutsches Fernkabelnetz; Spiegelbild, S. 146; [Hellmuth] Arntz, Account of the Twentieth of July Putsch by One of the Minor Conspirators, C. S. D. I. C. (U. K.) S. I. R. 1610, Masch., o. O. 11. Apr. [sic] 1945, auch zum Folgenden.
105 Wolf an d. Verf. 18. Dez. 1968.
106 Vgl. Zeller, S. 361; Gisevius, Sonderausgabe, S. 485.
107 Dr. Sydney Jessen an Prof. Walter Baum 20. Sept. 1957, IfZ ZS 1484; Baum, S. 26–28.
108 Dies nach dem Bericht von Degner; bestätigt von Burchardt, Zugehörigkeit und Darstellung, wonach Burchardt jedoch in einen solchen Plan erst am 13. oder 14. Juni eingeweiht wurde. Anderweitige Bestätigung der Eisenbahnfahrt fehlt bisher. Vgl. zur Beschaffung von Sprengstoff für ein »Attentat auf Stalin« oben, S. 414.
109 Burchardt hat 13. oder 14. Juni, es muß aber nach den Berichten über die Verlegung »Mauerwald«–»Zeppelin« im Juli gewesen sein; so. oben Anm. 91.
110 Burchardt an d. Verf. 9. Feb. 1966; ebenso Degner, Mitteilungen. Hans Hornbogen, der am 20. Juli als Oberleutnant LdN in der Vermittlung der »Wolfschanze« war, als Fellgiebel von dort aus nach Berlin und nach »Mauerwald« telephonierte, berichtete auch dementsprechend von einem »völlig unverständlichen Code«, in welchem Fellgiebel gesprochen habe, so daß er, Hornbogen, nichts Brauchbares von dem Gesprächsinhalt erfassen konnte.
111 Es scheint, daß die Spannungen zwischen Haßel und Hahn einen Niederschlag gefunden haben in den Berichten mancher ehem. Nachrichtenoffiziere, bei denen gelegentlich Mißtrauen durchklingt.
112 Keilig, 56, I/2–3; Praun, S. 221, 227.
113 Keilig, 45/5; Praun, S. 226.
114 Keilig, 55/7; Praun, S. 227, mit einigen Abweichungen, denen wegen der häufigen Ungenauigkeit Keiligs der Vorzug gegeben wird. Die Bezeichnungen haben während des Krieges auch wiederholt gewechselt.
115 Sie befand sich nicht im Keller, wie es gelegentlich in Berichten heißt; z. B. Zeller, S. 389. Wolfram Röhrig (damals, im Sommer 1944, als Leutnant LdN in der Bendlerstraße), mündliche Mitteilungen an d. Verf. vom 29./30. Juni 1965.
116 Die Darstellung folgt hier hauptsächlich den Mitteilungen Haßels, auch im Folgenden. Er ist für viele Vorgänge der einzige noch lebende Zeuge und hat natürlich in seinem Bericht gegenüber der Gestapo (Spiegelbild, S. 376–378) nur die allerknappsten Angaben gemacht.
117 Nach Haßels Erinnerung fragte er schon damals General Olbricht, ob da nicht ein anderer Zweck dahinterstecke, worauf Olbricht ihn in großen Zügen eingeweiht – »wir kennen uns doch« – und ihm geraten habe, einmal mit Oertzen oder Stauffenberg zu sprechen. Dies läßt allerdings auf einen späteren Termin, etwa November 1943, schließen. Stauffenberg und Olbricht haben im Herbst 1942 noch nicht so zusammengearbeitet, wie es nach der Mitteilung Haßels der Fall gewesen sein müßte. Denkbar ist auch, daß Haßel im Januar oder Februar 1943 Gelegenheit gehabt hat, mit Stauffenberg und Oertzen zu sprechen; vgl. Kramarz, S. 121.

118 Spiegelbild, S. 376–377.
119 Haßel; Ludwig Kempe an d. Verf. 2. Jan. 1970. Weitere Einzelheiten unten, Kap. XI, 2 und 5. In Spiegelbild, S. 377 heißt es, Olbricht habe Haßel unterrichtet und dieser »wie üblich« Thiele; als Haßel diese Aussage vor der Gestapo machte, wußte er, daß Olbricht nicht mehr lebte, da dieser schon am Abend des 20. Juli erschossen worden war, und er wußte nicht oder konnte nicht sicher sein, ob Thiele noch lebte. Vermutlich hat Haßel die Aussage vor dem 4. September gemacht, an welchem Fellgiebel, Thiele und Hahn hingerichtet wurden; der Bericht in Spiegelbild, S. 376 bis 378 stammt vom 11. September.
120 Prof. Dr. Rudolf Fahrner an Prof. Dr. Walter Baum 25. Juli 1962, IfZ ZS 1790.
121 Vgl. zum Ganzen: Baum, Marine, S. 33–39; ferner Ritter, Goerdeler, S. 406.
122 Kienitz, Wehrkreis II, S. 6; Generalmajor a. D. Anton Glasl (damals als Oberst i. G. Chef des Stabes im Wehrkreis XVIII), mündliche Mitteilungen an d. Verf. vom 4. Dez. 1964; Generalmajor a. D. Max Ulich (damals als Oberst i. G. Chef des Stabes im W. K. VII) an d. Verf. 6. April 1964; vgl. Peter Hoffmann, »Der 20. Juli im Wehrkreis II (Stettin): Ein Beispiel für den Ablauf des Staatsstreichversuches im Reich«, Aus Politik und Zeitgeschichte, 14. Juli 1965, S. 26.
123 Jakob Kaiser, »Deutschlands Teilung war vermeidbar«, Das Parlament, 20. Juli 1954; vgl. Elfriede Nebgen, Jakob Kaiser: Der Widerstandskämpfer, Stuttgart 1967, S. 165, 177. Nach Ritter, Goerdeler, S. 543 Anm. 61 wurden die P. B. seit Herbst 1943 auf Drängen Stauffenbergs zusammengesucht, aber die Initiative stammte zweifellos von Beck; dies bestätigt Nebgen, S. 177 mit dem Zusatz, Fritz-Dietlof Graf von der Schulenburg sei die treibende Kraft gewesen. Ritter, Goerdeler, S. 374–375 und 545 Anm. 68 bezweifelt die Solidität und den Umfang der von Emil Henk nach dessen eigenem Bericht aufgebauten »Organisation«; vgl. Emil Henk, Die Tragödie des 20. Juli 1944, Heidelberg 1946, S. 46–51 (»tausend zuverlässige Männer« im Gebiet zwischen Heidelberg und Kassel). Zur Frage der Existenz einer oder mehrerer Organisationen von Vertrauensleuten, die gegebenenfalls helfen sollten, eine Massenbewegung in Gang zu setzen, vgl. auch Finker, S. 171–172. – Zum Folgenden auch Nebgen, S. 180–181.
124 Telephonisch wäre es kaum schneller, eher langsamer gegangen, und das offizielle Fernschreiben gab eine bessere Grundlage für die Autorität der Offiziere in den Wehrkreisen, die oft sehr viel ranghöhere Offiziere beeinflussen sollten. Die Behauptung, die Liste sei der Gestapo unnötigerweise in die Hände gefallen, ist unsinnig, da die Fernschreiben in allen Wehrkreisen und an anderen Stellen, z. B. in der »Wolfschanze«, eingingen und vorlagen.
125 Spiegelbild, S. 26–28, 50–53, 76–82, 145, 333–334, 256–261, und viele andere Stellen (vgl. Register); Listen über verhaftete, entlassene und verurteilte Generalstabsoffiziere (1944–1945), OKH/HPA P 3, BA EAP 105/2; Ritter, Goerdeler, S. 372–373, 620–621; Zeller, S. 273–289. Ferner Einzelhinweise im Folgenden.
126 Amt V (des RSHA), Betrifft: Selbstmord des Majors Ulrich von Oertzen, Ia der Korps-Abteilung E der 2. Armee, im Dienstgebäude des Wehrkreiskommandos III, Masch., Berlin 22. Juli 1944, BA R 58/1051; Zeller, S. 383.

127 Vgl. F. Zimmermann, Ludwig Freiherr von Leonrod: Ein Lebensbild aus der Tragödie unserer Tage, Waldsassen o. J., S. 18–21.
128 Spiegelbild, S. 259, 296.
129 Vgl. Spiegelbild, S. 312.
129a Augusta Freifrau von Sell an d. Verf. 6. Jan. 1971; die Angabe in Spiegelbild, S. 51, Sell sei Adjutant bei GFM von Mackensen gewesen, trifft nicht zu.
130 Personalakten der Stiftung »Hilfswerk 20. Juli 1944«; Spiegelbild, S. 312–313.
131 Vgl. Jedlicka, S. 115.
132 Vgl. die bei Günther Weisenborn, Der lautlose Aufstand: Bericht über die Widerstandsbewegung des deutschen Volkes 1933–1945, rororo-Taschenbuchausgabe, Hamburg 1962, S. 308 Anm. 21 geäußerte Vermutung, wonach ein Gewerkschaftssekretär Georg Conrad Kißling 1936 nach schweren Mißhandlungen durch die Gestapo Selbstmord begangen habe.
133 Vgl. Alfred Späth, »Zum Andenken an Nikolaus Graf von Üxküll«, VfZ 8 (1960), S. 188–192.
134 Spiegelbild, S. 395.
135 Philipp Frh. v. Boeselager, mündl. Mitteilungen an d. Verf. vom 19. Nov. 1964.
136 Die bisher umfassendste Darstellung der Ereignisse in Frankreich wurde zuerst 1953 und in ergänzter und überarbeiteter Fassung 1964 veröffentlicht: Wilhelm von Schramm, Aufstand der Generale: Der 20. Juli in Paris, Kindler Taschenbücher, München 1964. Zur Tätigkeit Schulenburgs in Paris berichtet ausführlich Krebs, S. 249–258. Vgl. Ritter, Goerdeler, S. 397–398.
137 Schramm, S. 11–13.
138 Schramm, S. 14.
139 Schramm, S. 15.
140 Schramm, S. 19–23; s. oben, S. 347–350. Schramm, S. 23 kennt die frühere Tätigkeit Speidels nicht. David Irving, The Trail of the Fox, New York 1977 (dt. Rommel, Hamburg 1978) bestreitet die Beteiligung Rommels an der Widerstandsbewegung und erhebt unbelegte Beschuldigungen gegen Dr. Speidel und andere Angehörige des Stabes. In den wesentlichen Punkten widerlegt Irving sich selbst durch seine Quellenzitate. Da er sein umfangreiches Interview-, Korrespondenz- und Niederschriftenmaterial dem IfZ übergeben und auch durch die Firma E. P. Microform (East Ardsley, Wakefield, Yorkshire, England) auf 11 Mikrofilmrollen mit dem Titel Selected Documents on the Life and Campaigns of Field-Marshal Erwin Rommel hat veröffentlichen lassen, ist leicht festzustellen, daß die Beweise für Rommels und Speidels Beteiligung *viel* zahlreicher, dichter und schlüssiger sind, als bisher bekannt war, und daß Irving die Quellen womöglich mit gegenteiliger Tendenz ausgewertet oder auch gar nicht beachtet hat. Die Sammlung Irvings enthält z. B. Niederschriften von Befragungen von Ic-Offz. Oberst i. G. A. Staubwasser, des Ord. Offz. H. Lang, Obstlt. E. Warning, Oberst H. Lattmann, Oberbürgermeister Manfred Rommel, Major E. Wolfram, das Tagebuch von Admiral F. Ruge, Niederschriften von Dr. Kurt Hesse, Dr. Speidel, Dr. Frh. von Falkenhausen, Korrespondenz von Dr. Speidel, Gen. d. Pz. Tr. H. Eberbach. Vgl. auch Irvings Quellenangaben in seiner Rommel-Biographie. Kurz: Irvings Tendenz und viele seiner Behauptungen über Rommels Stellung zum Widerstand und zur Frage des Umsturzes werden durch die von Irving angezogenen Quellen *nicht* bestätigt bzw. widerlegt.

141 Schramm, S. 32; Vernehmung von Alexander [Freiherr] von Falkenhausen 6. Nov. 1946, IfZ ZS 888; A. Frh. von Falkenhausen, Bericht über meine Stellung zur N.S.D.A.P. und ihrem Regime, 15. Nov. 1946, NA RG 338 MS no. B-289.

142 Friedrich Wilhelm Heinz, Von Wilhelm Canaris zur NKWD, Masch., (ca. 1949), NA Mikrofilm Nr. R 60.67; Wolf Jobst Siedler, Behauptungen, Berlin 1965, S. 60–61 ohne Quellenangabe.

143 Schramm, S. 24, 28; Hans Speidel, Invasion: Ein Beitrag zu Rommels und des Reiches Schicksal, Tübingen ⁵[1964], S. 83–84.

144 Speidel, S. 84–87; Schramm, S. 30.

145 Speidel, S. 84; Karl Kaufmann, mündliche Mitteilungen an d. Verf. vom 15. Jan. 1965; Schramm, S. 32.

145a A. Dulles berichtete aus Bern am 16. Mai 1944, also auf Grund von bis etwa 15. Mai erhaltenen Mitteilungen, Rommel sei noch nicht *gewonnen*; Dulles an OSS 16. Mai 1944, OSS-Archiv/CIA, und OSS Research and Analysis Branch Summary L 39971 vom 22. Juli 1944, NA RG 226. Ferner Hans Speidel, Zur Vorgeschichte des 20. Juli 1944, Freudenstadt 16. Juni 1947, NA RG 338 MS no. B-721. Die von David Irving gesammelten Niederschriften und Mitteilungen zahlreicher Offiziere u. a. bestätigen diese Auffassung: Selected Documents on the Life and Campaigns of Field-Marshal Erwin Rommel, E. P. Microform Filme 97049/1–11.

146 Speidel, S. 91–93.

147 Speidel, S. 97, 112–113; Domarus, S. 2106–2107; vgl. Hoffmann, Sicherheit, S. 212, 302–303.

148 Speidel, S. 112–113.

149 Speidel, S. 117–118.

150 Speidel, S. 119.

151 Schramm, S. 35 und 37 nimmt ohne jeden Beleg an, daß Rommel Hitler verhaften lassen wollte.

152 Schramm, S. 38; Spiegelbild, S. 46.

153 Schramm, S. 38; Keilig, 211/206.

154 Schramm, S. 38.

155 Speidel, S. 133–134. Nach dem Gespräch mit Rommel konnte Hofacker seinen Mitverschworenen in Paris berichten, der Feldmarschall sei zum Handeln völlig bereit, er sei kaum zu halten gewesen und habe am liebsten gleich losschlagen wollen. Schramm, S. 47.

156 Speidel, S. 135–136.

157 Speidel, S. 136–139.

158 Falkenhausen, Bericht; Schramm, S. 185–186.

159 Speidel, S. 134–135; Schramm, S. 48–52.

160 Cord v. Hobe, Walter Görlitz, Georg von Boeselager: Ein Reiterleben, Düsseldorf 1957, S. 99–100; Philipp Freiherr von Boeselager an d. Verf. 15. Jan. 1965; Ritter, Goerdeler, S. 400–401.

161 Speidel, S. 132.

162 Jedlicka, S. 12.

163 Adolf Schärf, Erinnerungen aus meinem Leben, Wien 1963, S. 166–168; Keesing's Contemporary Archives: Weekly Diary of Important World Events, vol. V 1943–1945, Keynsham, Bristol [1943–1945], S. 6074.

164 Schärf, S. 167; Nebgen, S. 147–149.
165 Jedlicka, S. 23–29, stützt sich auf Adolf Schärf, Österreichs Erneuerung 1945 bis 1955, Wien 1955, S. 19 f. (die Angaben sind wiederholt in Schärf, Erinnerungen, S. 166–168), ferner auf Otto Molden, Der Ruf des Gewissens: Der österreichische Freiheitskampf 1938–1945, Wien, München 1958, S. 148–151; s. ferner Lois Weinberger, Tatsachen, Begegnungen und Gespräche, Wien 1948, S. 124–143; Nebgen, S. 35–39, 82–93, 120–121, 140–141, 143–144, 147 bis 149, 157–158, auch zum Folgenden.
166 Jedlicka, S. 31 auf Grund von Weinberger, S. 144, und Spiegelbild, S. 358 bis 359; s. unten, S. 440–441.
167 Karl Szokoll, »Der 20. Juli 1944 in Wien«, Die Presse, 31. Jan. und 7. Feb. 1948, abgedr. (mit der Angabe 1. u. 7. Feb. 1948) bei Jedlicka, S. 136–140. Bestätigung vom Chef des Generalstabes, Oberst i. G. a. D. Heinrich Kodré in einem Brief vom 22. Sept. 1964 an d. Verf.
168 Jedlicka, S. 33–45; Prozeß XXXIII, 434–438; Szokoll; Kodré an d. Verf. 22. Sept. 1964.
169 Kodré in Jedlicka, S. 123.
170 Jedlicka, S. 43–44.
171 Ritter, Goerdeler, S. 372–373.
172 Spiegelbild, S. 256.
173 Quellen sind hauptsächlich Spiegelbild, S. 26–28, 50–53, 76–82, 256–261 und passim; ferner die Prozeßberichte und Urteile, die mit weiteren Anmerkungen jeweils einzeln zitiert werden; Nebgen, S. 177–181.
174 Meistens erscheint er deshalb mit dem Namen Dohna-Tolksdorf. Vgl. das »Mordregister« in 20. Juli 1944, hrsg. v. d. Bundeszentrale für Heimatdienst, Bonn ⁴1961, S. 210–211; Spiegelbild, S. 518; Handliste des OKH/HPA P 3; Keilig, 211/67; Annedore Leber, Das Gewissen entscheidet: Bereiche des deutschen Widerstandes von 1933–1945 in Lebensbildern, Berlin–Frankfurt/M. ⁴1960, S. 238–241; Hans Rothfels, Die deutsche Opposition gegen Hitler: Eine Würdigung, Fischer Bücherei, Frankfurt/M.–Hamburg 1958, Register.
175 Willisen an Institut für Zeitgeschichte 1. Sept. 1965.
176 Willisen; vgl. Annedore Leber, Das Gewissen steht auf: 64 Lebensbilder aus dem deutschen Widerstand 1933–1945, Berlin–Frankfurt/M. ⁹1960, S. 149 bis 150. Vorlage an den Reichsleiter. Betrifft: Verhandlung vor dem Volksgerichtshof gegen weitere Verräter des 20. Juli 1944, Masch.-Durchschlag, Berlin 23. Feb. 1945, BA EAP 105/30; vgl. Bodo Scheurig, Ewald von Kleist-Schmenzin: Ein Konservativer gegen Hitler, Oldenburg 1968, S. 185–186, 235 Anm. 62.
177 Leber, Gewissen entscheidet, S. 208–210; Prozeßbericht in Spiegelbild, S. 558 bis 559.
178 Albrecht Fischer, »Erlebnisse vom 20. Juli 1944 bis 8. April 1945«, in Otto Kopp (Hrsg.), Widerstand und Erneuerung: Neue Berichte und Dokumente vom inneren Kampf gegen das Hitler-Regime, Stuttgart 1966, S. 121–130; Prozeßbericht und Urteil im BA EAP 105/31.
179 Fischer, Erlebnisse, S. 149–152; Prozeßbericht und Urteil im BA EAP 105/31.
180 Prozeßbericht in Spiegelbild, S. 545–546; Walter Hammer, Hohes Haus in Henkers Hand: Rückschau auf die Hitlerzeit, auf Leidensweg und Opfergang Deutscher Parlamentarier, Frankfurt/M. 1956, S. 63; vgl. Hejo Schmitt, »Bern-

hard Letterhaus: Porträt eines Widerstandskämpfers«, DR 83 (1957), S. 155 bis 158; Nebgen, S. 178.
181 Vgl. Hammer, S. 43-44.
182 Vgl. Roon, S. 116-122 und passim.
183 Vgl. Leber, Gewissen entscheidet, S. 70-72; Hammer, S. 96-97; Nebgen, S. 179.
184 Vgl. Nebgen, S. 178 und Ritter, Goerdeler, S. 620.
185 Prozeßbericht im BA EAP 105/31; Hammer, S. 70-71; Nebgen, S. 180.
186 Bertold Spuler, Regenten und Regierungen der Welt: Minister-Ploetz, Bd. 4, Würzburg ²1964, S. 558-563; Nebgen, S. 180.
187 Hammer, S. 34-35; Nebgen, S. 180.
188 Vgl. Spuler, S. 419, 406; Hammer, S. 92-93; Nebgen, S. 178.
189 Prozeßbericht und Urteil im BA EAP 105/30.
190 Prozeßbericht und Urteil im BA EAP 105/30-31; Hammer, S. 65; Nebgen, S. 180.
191 Vgl. Prozeßbericht im BA EAP 105/31; Hammer, S. 85; Leber, Gewissen entscheidet, S. 67-68; Nebgen, S. 180.
192 Vgl. Prozeßbericht und Urteil im BA EAP 105/30-31; Nebgen, S. 178 bezeichnet die Schilderung der Gewinnung Koßmanns in Spiegelbild, S. 381 als zutreffend.
193 Vgl. Jedlicka, S. 76-77, 115; Nebgen, S. 178-179; Seitz' Nominierung scheint mit diesem nicht eindeutig vereinbart gewesen zu sein.
194 Jedlicka, S. 77-79, 115; Nebgen, S. 178-179.
195 Jedlicka, S. 78-79.
196 Jedlicka, S. 79-81.
197 Vgl. Prozeßbericht in Spiegelbild, S. 545 und im BA EAP 105/31.
198 Spiegelbild, S. 28.
199 Ritter, Goerdeler, S. 367.
200 Ritter, Goerdeler, S. 368.
201 Der Gestapo-Beamte Franz Sonderegger berichtete in seinem Brief an den Präsidenten des Landgerichts München I vom 14. Jan. 1951 (Kopie im IfZ), Dohnanyi habe auf die Frage nach dem Zweck der Sammlung des in Zossen aufgefundenen Materials geantwortet, man müsse beim Gelingen des Umsturzes den Generalen beweisen können, was die Nichtmilitärs geleistet hätten, sonst würden die Generale das ganze Verdienst (und damit die Macht) für sich allein in Anspruch nehmen. Über das ständige Bemühen Generaloberst Becks, Vorgänge im Zusammenhang mit der Opposition in Dokumenten festzuhalten, berichten Gisevius, Sonderausgabe, passim, und Wolfgang Foerster, Generaloberst Ludwig Beck: Sein Kampf gegen den Krieg, München 1953, passim.
202 Vgl. Krebs, S. 239; Eugen Gerstenmaier, »Der Kreisauer Kreis: Zu dem Buch Gerrit van Roons ›Neuordnung im Widerstand‹«, VfZ 15 (1967), S. 224; Gisevius, Sonderausgabe, S. 488.
203 Schlabrendorff, Offiziere, S. 154. Vgl. Hassell, S. 293.
204 Hierzu und zum Folgenden: Ritter, Goerdeler, S. 369 auf Grund des Urteils gegen Goerdeler, das inzwischen abgedruckt ist in Spiegelbild, S. 530-542; Ritter, Goerdeler, S. 618. Nebgen, S. 165.
205 Hassell, S. 260; Brief Dr. Eugen Gerstenmaiers an den ältesten Sohn Hassells,

Wolfgang Ulrich von Hassell vom 25. Juni 1946, Hassell, S. 331–332; Gerstenmaier, Kreisauer Kreis, S. 245; Roon, S. 270–271, 277; Aussagen Gisevius' in Trial of the Major War Criminals before the International Military Tribunal: Nuremberg 14 November 1945 – 1 October 1946, vol. XII, Nürnberg 1947, S. 240–242; Gisevius, Sonderausgabe, S. 441. Schulenburg ist bei Roon nicht als Teilnehmer genannt, dagegen bei Hassell und Gerstenmaier an W. U. von Hassell, Hassell, S. 260, 331. Vgl. oben, S. 350. Zu Moltkes Planungen und zu seiner konspirativen Organisationsarbeit s. Freya von Moltke, Michael Balfour, Julian Frisby, Helmuth James von Moltke 1907–1945, Stuttgart 1975, passim und S. 187–193; zur Tagung am 8. Jan. 1943 ebd. 204–208.

206 Nebgen, S. 136–138, auch zum Folgenden; s. oben, Anm. 205; Spiegelbild, S. 393–394.

206a Moltke an Freya von Moltke 8. Jan. 1943, Nl. Moltke; Moltke an Curtis 25. März 1943, Henrik Lindgren, »Adam von Trotts Reisen nach Schweden 1942–1944«, VfZ 18 (1970), S. 287.

207 Vgl. dazu oben, Kap. VI und Hans Mommsen, »Gesellschaftsbild und Verfassungspläne des deutschen Widerstandes«, in Der deutsche Widerstand gegen Hitler: Vier historisch-kritische Studien, hrsg. von Walter Schmitthenner und Hans Buchheim, Köln–Berlin 1966, S. 73–167.

208 Gerstenmaier, Kreisauer Kreis, S. 245. Moltke an Freya von Moltke 9. Jan. 1943 in Moltke, Balfour, Frisby, S. 204–205, ferner S. 205–207, 355–356 Anm. 4.

209 Roon, S. 277; vgl. Ursula von Kardorff, Berliner Aufzeichnungen aus den Jahren 1942 bis 1945, München 1962, S. 161.

210 Roon, S. 281.

211 Roon, S. 283–284.

212 Vgl. Gerstenmaier, Kreisauer Kreis, S. 231; vgl. oben, Kap. VII, 4–10. Aus vielen Gestapo-Berichten und aus Trotts Aussagen vor dem Volksgerichtshof ist seine und anderer führender Kreisauer Zusammenarbeit mit Stauffenberg mehr als deutlich. Spiegelbild, S. 101, 110–111, 173–176, 195, 198, 234, 264, 299–300; Lindgren, S. 289–291; Hans Rothfels, »Trott und die Außenpolitik des Widerstandes«, VfZ 12 (1964), S. 309; Dr. Reichelt, Niederschrift über die VGH-Verhandlung gegen Trott u. a. am 15. Aug. 1944; Film von der Verhandlung des 15. Aug. 1944 vor dem VGH, BA Filme M 1500, 3023-4.

213 Vgl. oben, S. 439–441. Zu nennen wären etwa die Namen Lehndorff, Leonrod, Üxküll, Dohna, Lukaschek, Dahrendorf.

214 Roon, S. 286 will eine lose Verbindung konstatieren; Gerstenmaier, Kreisauer Kreis, S. 236. Vgl. Roon, S. 288 über einen Besuch Delps bei Stauffenberg Anfang 1944. Will Roon, S. 286 Anm. 54 die Verbindung nur als weniger eng gelten lassen, so läuft das auf die Zurückweisung der bei Kramarz, S. 139 zit. Zeugnisse einer Tochter des Grafen Üxküll, Olga von Saucken, der Witwe des Grafen Yorck, Dr. Marion Gräfin Yorck von Wartenburg, sowie des von Roon oft als Autorität angeführten Dr. Paulus van Husen hinaus.

215 Das Argument von Gerstenmaier, Kreisauer Kreis, S. 230–231, wonach Moltke seinen Brief so abgefaßt habe, daß die vereinbarte Linie der Verteidigung der Kreisauer vor dem VGH nicht gestört werde und daß diese Linie gewe-

sen sei, den Kreis als ungefährlichen Schwatzverein hinzustellen, überzeugt nicht. Moltke sprach in seinem Brief vom 10. Januar 1945 ausdrücklich von den »Schutzbehauptungen, die wir alle aufgestellt haben: Polizei weiß, dienstliche Ursache, Eugen hat nichts kapiert, Delp ist immer gerade nicht dabei gewesen«; Freisler habe sie mit Recht gestrichen. Helmuth J. Graf von Moltke, Letzte Briefe aus dem Gefängnis Tegel, Berlin ⁰1963, S. 40-41; vgl. Roon, S. 139. Wenn das in die Hände der Gestapo fiel, wie sollte es nicht alles, was Moltke und die Kreisauer sagten, völlig unglaubwürdig machen? Die von Gerstenmaier behauptete und in seiner eigenen Verteidigung eingehaltene Linie wurde in dem Brief von Moltke selbst aufgegeben. Moltke betont auch in dem Briefe gar nicht, daß er nichts getan habe, als denken, sondern er betont, daß er für das Denken gehenkt werde und daß er es vorziehe, für diese »Schuld« zu sterben statt für irgendeine andere. Hat Moltke nicht für die Augen der Gestapo geschrieben, so hat er doch auch nicht seine eigene Handlungsweise zutreffend dargestellt, sondern auseinandergesetzt, was er nach dem Ergebnis von Ermittlungen, Anklage und Verhandlung getan haben und wofür er getötet werden sollte.

216 Roon, S. 271, 274-275, auch zum Folgenden; vgl. Hans Mommsen, »Pläne und Träume zum Tag X«, Der Spiegel 21 (1967) Nr. 36, 28. Aug. 1967, S. 94 bis 97 (Rezension des Buches von Roon); Nebgen, S. 175-176, auch zum Folgenden.

217 Roon, S. 274. Zur Geschichte des NKFD vgl. Bodo Scheurig, Freies Deutschland: Das Nationalkomitee und der Bund Deutscher Offiziere in der Sowjetunion 1943-1945, München ²1961; Finker, S. 203-218.

218 S. oben, S. 297 und 305 Anm. 132; Goerdeler, Unsere Idee, S. 25; Anton Ackermann, »Legende und Wahrheit über den 20. Juli 1944«, Einheit 2 (1947), S. 1172-1182, wo das Eindringen von Gestapo-Spitzeln bestritten wird; ebenso Albert Norden, »Die Bedeutung des 20. Juli«, Die Weltbühne 2 (1947) Nr. 13, S. 553-560 und Werner Plesse, »Zum antifaschistischen Widerstand in Mitteldeutschland 1939-1945«, Zeitschrift für Geschichtswissenschaft 2 (1954), S. 813-843; neuerdings noch die *sehr* kurze Darstellung von Finker, S. 176, der gleichfalls verschweigt, *warum* »Anfang Juli alle Beteiligten verhaftet wurden.« Bericht eines Zeugen: Rudolf Schmid, »Die Ereignisse des 22. Juni 1944: Wer kennt den Gestapospitzel Heim?« Telegraf, 3. Jan. 1947; mündliche Mitteilungen desselben an Ritter, Goerdeler, S. 109, 471 Anm. 19; mündliche Mitteilungen von Frau Rosemarie Reichwein an Ritter ebd.; Annedore Leber, »Dr. Leber und Stauffenberg«, Telegraf, 16. Juni 1946; dies., Den toten, immer lebendigen Freunden: Eine Erinnerung zum 20. Juli 1944, Berlin 1946, S. 11-12; aus naher Sicht Otto John, »Männer im Kampf gegen Hitler (VI): Carl Mierendorff, Theodor Haubach, Adolf Reichwein«, Blick in die Welt 2 (1947) H. 11, S. 14-15; ebenfalls aus unmittelbarer Kenntnis Gustav Dahrendorf, »Irrungen um Thomas«, Hamburger Echo, 4. Sept. 1946; ders., »Dr. Julius Leber: Mensch und Kämpfer«, Telegraf, 7. Jan. 1947; auf Grund von Aussagen und Dokumenten Franklin L. Ford, »The Twentieth of July in the History of the German Resistance«, American Historical Review 51 (1946), S. 609-626; vgl. James L. Henderson, Adolf Reichwein: Eine politisch-pädagogische Biographie, Stuttgart 1958, S. 159 bis 164; Ewald Thomas (Bruder Ferdinands) an d. Verf. 16. Aug. 1972; Mord-

register, BA EC 941 N mit Einträgen der Personalien, des Vollstreckungsdatums der Todesstrafe und der Begründung: »Der Vu. hat im fünften Kriegsjahr einer kommunistischen Organisation eine Gruppe marxistisch eingestellter Intellektueller zugeführt«; unbegründete Vermutungen bei Michal [sic] Vyvyan, »The German ›Opposition‹ and Nazi Morale«, The Cambridge Journal 2 (1948/49), S. 148–168. Verschiedentlich wurde behauptet, Ferdinand Thomas sei der Gestapospitzel gewesen, zuerst anscheinend auf Grund eines Berichtes von Dahrendorf; in seiner Zuschrift »Irrungen um Thomas« an das Hamburger Echo, 4. Sept. 1946, hat Dahrendorf das dann insoweit richtiggestellt, als nicht Thomas der Spitzel gewesen sei, sondern ein Unbekannter, der gelegentlich unter dem falschen Namen Thomas aufgetreten sei. Vgl. Roon, S. 274–275, und ausführlicher S. 288–289. Vgl. die unbelegten Vermutungen bei Hedwig Maier, »Die SS und der 20. Juli 1944«, VfZ 14 (1966), S. 305.

219 Leber, Dr. Leber und Stauffenberg; Bestätigung bei Schmid, Ereignisse.
220 Vgl. Ritter, Goerdeler, S. 371.
221 Hierzu u. z. Folg. Dr. Heinrich von zur Mühlen an Dr. Otto John 28. Mai 1948 u. John an zur Mühlen 11. Juni 1948, Sammlung John Mappe 4; Ritter, Goerdeler, S. 369–370 und 541–542 Anm. 54, 391 und 549 Anm. 96, teils auf Grund der Anklageschrift gegen Goerdeler u. a., teils auf Grund von Mitteilungen von Dr. Otto John und Dr. Günter Gereke [sic]; Otto John, Zweimal kam ich heim: Vom Verschwörer zum Schützer der Verfassung, Düsseldorf–Wien 1969, S. 151–152; Nebgen, S. 132–133; vgl. John W. Wheeler-Bennett, The Nemesis of Power, ²1964, S. 603.
222 Vgl. Prozeß XXXIII, 358.
223 Nach dem Bericht Gerekes an zur Mühlen war die entscheidende Besprechung zwischen Gereke und Witzleben am 19. Juli; andere waren vorausgegangen.
224 Ludwig Bergsträßer, »Erinnerungen an Wilhelm Leuschner«, Das Parlament 20. Juli 1954, S. 8; s. auch das Urteil gegen Goerdeler, Leuschner, Josef Wirmer, Hassell und Lejeune-Jung vom 8. Sept. 1944 in Spiegelbild, S. 530–542.
225 Ritter, Goerdeler, S. 374; Nebgen, S. 128 für Goerdelers Zusammenarbeit mit Kaiser, Leuschner und Habermann seit Ende 1941.
226 Das von Leuschner zum Ausdruck gebrachte Mißtrauen gegenüber dem Militär ist sicher verständlich und von seinem Gesichtspunkt aus auch berechtigt gewesen. Seit Jahren geschah nichts, und er erfuhr kaum etwas von den Vorbereitungen. Auch Nebgen, S. 184 konstatiert für Anfang 1944 »Unmut« bei vielen über die ständigen Verschiebungen des Losschlagens. In den Vernehmungen durch die Gestapo aber und in dem Bericht darüber kam es ganz übertrieben zum Ausdruck und so, als sei es der einzige Diskussionsbeitrag Lebers gewesen. Spiegelbild, S. 179, 211–212; Ritter, Goerdeler, S. 390–391 und 549 Anm. 96.
227 Das Urteil des VGH gegen Kaiser vom 17. Jan. 1945, BA EAP 105/30, zit. d. Tagebuch Kaisers; Spiegelbild, S. 118; John, Some Facts, S. 42; vgl. S. 312.
228 Schlabrendorff, S. 111; Nebgen, S. 140; Gisevius, Sonderausgabe, S. 472, 484. Bei Gisevius, Sonderausgabe, S. 472–479 (vgl. auch S. 457–464) folgt dann eine teilweise hemmungslose Polemik gegen Stauffenberg. Z. B.: »Stauffenberg will die Militärdiktatur der ›wahren‹ National-Sozialisten, wobei für

ihn der Tonfall auf den Sozialisten liegt... Weder will er auf das Totalitäre verzichten noch auf das Militärische, noch auf den Sozialismus.« Politiker sei Stauffenberg gewesen, nicht bloß idealistischer Soldat, er habe Ambitionen gehabt, möglichst bald Becks Nachfolger als Inhaber der höchsten Staatsgewalt zu werden, und er habe eine undefinierte Art von Revolution angestrebt, die »›ein rasendes Tempo annehmen‹« werde und niemand könne wissen, habe Stauffenberg selbst gesagt, was dann alles daraus entstehen werde (S. 460 nach Zeller). Stauffenberg sei, heißt es bei Gisevius weiter, erst im Zeichen von Stalingrad zur Fronde *hinübergewechselt* (S. 458, 478). Wegen seiner politischen Ambitionen sei Stauffenberg auch vom Schauplatz des Attentats weggefahren, ohne sich vom Erfolg zu überzeugen (S. 463 bis 464). Stauffenbergs Unentbehrlichkeit für den Staatsstreich in Berlin erwähnt Gisevius in diesem Zusammenhang mit keinem Wort, und ebenso wenig erklärt er, was Stauffenberg durch Dableiben hätte erreichen können, außer dem eigenen Tod oder der Verhaftung. Die herabsetzende Form macht Gisevius unglaubwürdig; aber sachlich ist die Kritik an Stauffenbergs vagen politischen Vorstellungen berechtigt.
229 Ritter, Goerdeler, S. 366-367, 396.
230 Goerdeler, Unsere Idee, S. 25. Ritter, Goerdeler, S. 540-541 Anm. 46; vgl. auch John, Zweimal, S. 112.
231 Ebenda.
232 Vgl. Kramarz, S. 163; Aussagen von Fritz-Dietlof Graf von der Schulenburg und Dr. Cäsar von Hofacker in Spiegelbild, S. 521-522; Ritter, Goerdeler, S. 372, 541 Anm. 52. Zum Folgenden auch Nebgen, S. 139, 164, 174, 184.
233 Urteil gegen H. Kaiser, BA EAP 105/30, auf Grund des Tagebuches von H. Kaiser; Gisevius, Sonderausgabe, S. 474 behauptet das Gegenteil: Goerdeler sei von Stauffenberg nicht unterrichtet worden. Das geht wohl auf Klagen Goerdelers zurück, und bei Gisevius darf man trotz aller sonstigen Zuverlässigkeit skeptisch sein, wenn die Rede auf Stauffenberg kommt.
234 Ritter, Goerdeler, S. 408; Spiegelbild, S. 177, 217.
235 Roon, S. 288.
236 Spiegelbild, S. 118, 211-212; Ritter, Goerdeler, S. 390-391 und 549 Anm. 96.
237 Roon, 289 auf Grund der Rede von Lukaschek, aber auch auf Grund von Mitteilungen Husens, nach welchen »schließlich alle mit dem Schritt einverstanden« waren; dies bemerkt Roon jedoch nur in einer Fußnote, läßt aber im Text den Eindruck bestehen, als hätten alle den Schritt abgelehnt. Da dies auf Lukascheks Bericht beruht, ist es zweifelhaft. Leuschner lehnte Kontakte mit Kommunisten u. a. gerade auf Grund seiner Erfahrungen im KZ ab; Nebgen, S. 175-176. Zum Folgenden Nebgen, S. 173-174.
238 Der Verf. folgt im wesentlichen der Darstellung bei Ritter, Goerdeler, S. 368 bis 371, 617-619; »nach Ritter, Goerdeler, a. a. O., S. 617 ff und Kaltenbrunner-Berichte vom Juli und August 1944« zusammengestellt, aber ungenau und unzuverlässig, ist eine Tabelle in 20. Juli 1944, S. 39, die von da wieder abgedruckt wurde in Hans-Adolf Jacobsen, 1939-1945: Der zweite Weltkrieg in Chronik und Dokumenten, Darmstadt 1959, S. 727. Völlig unzureichend ist die »Regierung des 20. Juli 1944« bei Spuler, S. 155-156.
Der »Stand der Regierungsbildung« vom Januar 1943 beruht hauptsächlich auf einer Dr. Otto Schniewind von Goerdeler vorgelegten Liste, der Stand

vom August 1943 auf einer Aufstellung, die Oberregierungsrat Friedrich Freiherr von Teuchert von Berlin nach Paris mitbrachte, wo er in der Militärverwaltung tätig war; ferner Roon, S. 271 (für Leber als Innenminister). Die Liste nach dem Stand vom Januar 1944 beruht auf Mitteilungen des ehemaligen christlichen Gewerkschaftsführers Josef Ersing an Professor Ritter und auch auf Aussagen, die Josef Wirmer vor der Gestapo machte.

Ganz nach den Ermittlungen der Gestapo und von dieser ohne Rücksicht auf den Zeitpunkt der Gültigkeit der jeweiligen Besetzung zusammengestellt sind die Listen in den Berichten vom 27. Juli 1944 (Spiegelbild, S. 59 bis 61), vom 14. August 1944 (Spiegelbild, S. 210) und in der Anlage zum Gestapobericht vom 6. September 1944 (BA EAP 105/25). Die letztgenannte ist eine graphische Darstellung, die in Spiegelbild, S. 361 nicht abgedruckt ist; s. den Abdruck in John J. McCloy II, Die Verschwörung gegen Hitler: Ein Geschenk an die deutsche Zukunft, Stuttgart 1963, S. 131; bei Ritter, S. 617 bis 619 Anm. 1 ist diese Zusammenstellung irrtümlich als Anlage zum Gestapobericht vom 29. Sept. 1944 bezeichnet, weil sie seinerzeit, als Ritter die Berichte in Alexandria, Virginia bearbeitete, in der Ordnung, in welcher sie dort aufbewahrt wurden und welche auch der vor der Rückgabe an die Bundesrepublik hergestellte Mikrofilm einhält, nach dem Bericht vom 29. September 1944 und nach den darin genannten Anlagen folgt, wo sie aber nicht hingehört. Der Stand vom Juli 1944 beruht auf Mitteilungen von Jakob Kaiser an Ritter; ferner Gisevius, Sonderausgabe, S. 473, 489–490; Paul Löbe, [Antwort auf einen Artikel von Horst Lommer], Der Tagesspiegel, 30. April 1947; Nebgen, S. 166–171. In der folgenden Zusammenstellung sind Vornamen und Titel weggelassen, damit die Liste übersichtlich bleibt; vgl. Index.

239 Ritter, Goerdeler, S. 389–390, 404; Kramarz, S. 182–183, vgl. S. 173; Spiegelbild, S. 112; Nebgen, S. 198.

240 Schlabrendorff, Offiziere, S. 88; Nebgen, S. 164, 184. C. Müller, S. 576 Anm. 12 kann seine abweichende Meinung nicht belegen; dagegen hat Freya von Moltke an d. Verf. 3. Feb. 1969 die Richtigkeit der Darstellung d. Verf. bestätigt; ebenso Michael Balfour, Julian Frisby, Helmuth von Moltke: A Leader against Hitler, London and Basingstoke 1972, S. 157, 165, 209–210, 213, 264, 270, 291–292, 303–306.

241 Vgl. Gerstenmaier, Kreisauer Kreis, S. 235; oben, S. 446–448.

242 Gerstenmaier, Kreisauer Kreis, S. 228–236; Roon, S. 157–158, 278–289.

243 Roon, S. 157–158; Spiegelbild, S. 90. In seinem Abschiedsbrief bekannte H.-B. v. Haeften, das 5. Gebot, das Gebot gegen das Töten, nicht heiliggehalten zu haben; H. Gollwitzer [u. a.], Hrsg., Du hast mich heimgesucht bei Nacht, München ³1962, S. 175.

244 Kramarz, S. 164 auf Grund einer Mitteilung von Oberst Peter Sauerbruch; Schlabrendorff, Offiziere, S. 132.

245 Eugen Gerstenmaier, mündliche Mitteilungen an d. Verf. vom 17. Aug. 1965; ders., Kreisauer Kreis, S. 232–233.

246 Roon, S. 139.

247 Gerstenmaier, Kreisauer Kreis, S. 232–233; ders., Mitteilungen; Eberhard Bethge, Dietrich Bonhoeffer: Theologe, Christ, Zeitgenosse, München 1967, S. 847.

248 Ritter, Goerdeler, z. B. S. 305, 321 spricht vom »Moltke-Kreis«. Auch Rothfels, Opposition, S. 133–135 hielt sich – notgedrungen – hauptsächlich an

Moltkes Brief aus dem Gefängnis Tegel vom Januar 1945 und den ihm dazu von der Gräfin von Moltke gegebenen Kommentar, betont aber die Bereitschaft Moltkes zur Teilnahme an Umsturzbemühungen, die durch seine Beteiligung an der Besprechung vom 8. Januar 1943 zum Ausdruck kam; außerdem ist Rothfels auf Grund von Moltkes eigenen Worten und auf Grund der Haltung der anderen Kreisauer nach dem Januar 1944, nach Moltkes Verhaftung, der Meinung, daß Moltke, wäre er in Freiheit geblieben, wahrscheinlich an den Attentatvorbereitungen aktiven Anteil genommen hätte.

249 Gerstenmaier, Mitteilungen; ders., Kreisauer Kreis, S. 232; Schramm, S. 20.
250 Gerstenmaier, Mitteilungen.
251 Roon, S. 336. Diese Erwähnung Moltkes wie auch seine Stellungnahme ist im Index bei Roon nicht aufgenommen und anscheinend auch Gerstenmaier, Kreisauer Kreis, S. 230–236 entgangen. Roon bringt kein Wort der Erklärung der schreienden Diskrepanz zwischen diesem Ausspruch und seiner Behauptung auf S. 285: »An dieser Stelle soll aber auch eindeutig festgestellt werden, daß Moltke, wie auch Goerdeler, immer gegen ein Attentat war.« In der Fußnote 44 zu diesem Satz räumt Roon zugleich ein, daß Moltke das Attentat (oder meint Roon wirklich, wie er schreibt, bloß die Frage danach?) »nicht nur schlechthin als ›nicht erlaubt‹ abgewiesen« habe. Vgl. Gerstenmaier, Kreisauer Kreis, S. 233.
252 Moltke, S. 39–40.
253 Moltke, S. 54; vgl. oben, S. 446–447.
254 Gerstenmaier, Kreisauer Kreis, S. 234. Roon, S. 290 berichtet von diesem letzten Gespräch auf Grund des Berichtes von Gerstenmaier an ihn und kommt zu dem Schluß, Moltke scheine Gerstenmaier schließlich zugestimmt zu haben, daß das Attentat erlaubt, wenn nicht gar nötig sei (Roon sagt es nicht genau), fügt dem aber unbegreiflicherweise hinzu: »Daraus darf jedoch nicht geschlossen werden, daß er schließlich doch einverstanden war.« Was darf dann daraus geschlossen werden? Vgl. Gerstenmaier, Kreisauer Kreis, S. 233.

Ebenso unhaltbar und unbegreiflich ist das Urteil Roons, S. 289, nach der Verhaftung am 4. bzw. 5. Juli 1944 seien Reichwein und Leber schwer gefoltert worden, ihre Freunde haben den Zugriff der Gestapo auf Grund etwa erpreßter Aussagen befürchtet: »Darum bemühten sie sich, das Militär zu einer baldigen Aktion zu bewegen.« Gleichermaßen zurückzuweisen ist Roons Behauptung im selben Absatz: »Jetzt erschien ihnen das Attentat als der letzte mögliche Ausweg, ohne deswegen ihre grundsätzliche Ablehnung aufzugeben.« So war es eben gerade nicht. Nicht erst, »als es uns selber an den Kragen ging«, wie es Gerstenmaier, Kreisauer Kreis, S. 232 ausdrückt, sondern als das Ausmaß des Krieges, des Mordens, der Verbrechen so ungeheuer wurde, daß die Haltung des passiven Widerstandes unverantwortlich erscheinen mußte, und das war nicht erst im Sommer 1944 so, haben auch die Befürworter unblutiger Methoden – bis auf ganz vereinzelte Ausnahmen, wie Steltzer – ihre Ablehnung von Staatsstreich und Attentat aufgegeben.

255 Zeller, S. 244 nach dem Bericht von Professor Julius Speer; vgl. oben, S. 393–394.
256 Vgl. zur Bereiterklärung Stauffenbergs Sauerbruch, S. 431; Alix von Winter-

feldt (Sekretärin bei Gen. Obst. Fromm), mündliche Mitteilungen an d. Verf. vom 30. Aug. 1966; Kramarz, S. 183, 189.
257 Schlabrendorff, S. 140; vgl. oben, S. 436.
258 Helmuth Spaeter, Die Geschichte des Panzerkorps Großdeutschland, Bd. II, Duisburg-Ruhrort 1958, S. 548; The Bormann Letters: The Private Correspondence between Martin Bormann and His Wife from January 1943 to April 1945, London 1954, S. 56–58.
259 Zeller, S. 364 nach dem Bericht von Fahrner.
260 Delia Ziegler (damals Sekretärin bei Stauffenberg), Bericht über den 20. 7. 1944, Masch., o. O. o. J. (vermutlich 1946), S. 2; im selben Sinne berichtet Erwin Topf, »Klaus Graf Stauffenberg«, Die Zeit, 18. Juli 1946.
261 Zeller, S. 359, 361.
262 Leber, Gewissen steht auf, S. 126.
263 Kramarz, S. 201 nach dem Bericht von Bernd von Pezold.
264 Nina Gräfin von Stauffenberg an d. Verf. 30. Juli 1968: Rechte Hand und Klein- und Ringfinger der linken fehlten. Karl Schweizer (der Fahrer Stauffenbergs), mündliche Mitteilungen an d. Verf. vom 18. Juni 1965: die rechte Hand, Zeige- und wahrscheinlich Mittelfinger der linken fehlten. Sauerbruch, S. 430: der rechte Arm und drei Finger der linken Hand fehlten.
265 Sauerbruch, S. 431.
266 Kramarz, S. 163 nach dem Bericht des damaligen Rittmeisters Dr. Paulus van Husen. Da die Unterredung zwischen Stauffenberg und Meichßner, deren Zeuge Husen gewesen ist, im Zug nach Berchtesgaden zum FHQu stattgefunden hat und dieses von Februar bis Anfang Juli mit geringen Unterbrechungen auf dem »Berghof« war, kann sie irgendwann zwischen Ende Februar und Anfang Juli stattgefunden haben. Husen erinnert sich nicht mehr genauer an den Zeitpunkt; Husen an d. Verf. 16. Jan. 1968.
267 Handliste.
268 Urteil des Volksgerichtshofes gegen B. Klamroth u. a.; Spiegelbild, S. 94; Prozeß XXXIII, 334–335; vgl. Zeller, S. 345; vgl. oben S. 413.
269 Spiegelbild, S. 90–91; Prozeß XXXIII, 316–320. Kramarz, S. 187 übernimmt von Zeller, S. 355 dessen unbelegte Behauptung, Oberst i. G. Finckh habe Rommel am 25. Juni gemeldet, Stauffenberg plane in Berlin ein Attentat.
270 Spiegelbild, S. 19.
271 Aussage Yorcks vor dem VGH, Prozeß XXXIII, 426. Hagen sagte vor der Gestapo, Stauffenberg habe ihm schon um den 25. Mai gesagt, er habe mit dem von Hagen überbrachten Sprengstoff ein Attentat auf Hitler vor; Prozeß XXXIII, 339.
272 Kramarz, S. 189.
273 Zit. aus Kaisers Tagebuch im Urteil gegen Kaiser vom 17. Jan. 1945, BA EAP 105/30. Vgl. Spiegelbild, S. 307, 395, 402, 404. C. Müllers Einwand, S. 588 Anm. 58, ist nicht stichhaltig, weil hier nur von dem *ungefähren* Datum des 24. Juni die Rede ist.
274 Schlabrendorff, Offiziere, S. 138–139, auch zum Folgenden; Hobe, S. 98–101; Boeselager, Mitteilungen.
274a Boeselager an d. Verf. 28. Aug. 1969; Ulrich Gigas (Oblt., Ib im Kav. Rgt. »Mitte«) an d. Verf. 28. Okt. 1969.
275 Nebgen, S. 193, auch zum Folgenden.

276 Zeller, S. 364–365.
277 Kramarz, S. 194–195 zit. den Bericht von Dr. Paulus van Husen über ein Gespräch in dessen Wohnung zwischen ihm, Stauffenberg, Yorck und Lukaschek: »›Als Stauffenberg dann zum Schlafwagen aufbrach, war sein letztes Wort: ›Es bleibt also nichts übrig, als ihn umzubringen.‹ Ich glaube, daß sich Stauffenberg in diesem Gespräch die letzte Bestätigung für seinen Entschluß abgerungen hat.‹« Das Datum des Gesprächs kann bei Kramarz indirekt aus einer Anmerkung als 14. Juli ermittelt werden. Husen an d. Verf. 16. Jan. 1968 nennt auch den 14. Juli, aber es besteht große Wahrscheinlichkeit, daß er sich irrt, wie auch Kramarz vermutet. Es könnte sich dann um den Vorabend eines anderen Besuches von Stauffenberg im Hauptquartier gehandelt haben, z. B. um den 6. oder 10. Juli. S. dazu unten, S. 468–470.
278 Spiegelbild, S. 90; nach dem Bericht des Leiters der Tatortkommission innerhalb der Sonderkommission 20. Juli 1944, Horst Kopkow-Cordes, Account of the Plot of 20 Jul 44, Masch., o. O. 9. Apr. 1946 sollte Stieff den Attentatversuch am »10. Juli« machen, aber Stieff habe, wie er Kopkow-Cordes gegenüber selbst zugegeben habe, nicht den Mut dazu gehabt.
279 Spiegelbild, S. 130.
280 Vgl. Zeller, S. 368. Zur Uniformvorführung in Kleßheim »7. 7. 44« Spiegelbild, S. 90; Prozeß XXXIII, 313.
281 Sauerbruch, S. 432; Stauffenbergs Fahrer erinnert sich an einen Besuch Stauffenbergs bei Sauerbruch etwa 6 Wochen vor dem 20. Juli: Schweizer, Mitteilungen.
282 Schlabrendorff, Offiziere, S. 144–145; Kramarz, S. 184–185.
283 »SS-Bericht über den 20. Juli: Aus den Papieren des SS-Obersturmbannführers Dr. Georg Kiesel«, Nordwestdeutsche Hefte 2 (1947) H. 1/2, S. 17; dieser vielzit. angebliche Vernehmungsbericht ist die anonyme Umarbeitung eines von Kießel (so die richtige, von K. selbst hs. verwendete Schreibweise) früher verfaßten und unterzeichneten Berichts, nach dem hier zit. wird: Dr. Georg Kießel, Das Attentat des 20. Juli 1944 und seine Hintergründe, Masch., Sandbostel 6. Aug. 1946, von Kießel sign., S. 14; vgl. [Walter Huppenkothen], Aussage Huppenkothen: Personelle Zusammensetzung und Aufgabenverteilung der Sonderkommission 20. Juli 1944, Masch.-Abschr., o. O. o. J. (vor März 1953), IfZ ZS 249/III; ferner oben, S. 394.
284 Hans Bernd Gisevius, Bis zum bittern Ende, Bd. II, Zürich 1946, S. 331. Ferner berichtete Dr. Clemens Plaßmann in einem Brief an Frau Annemarie Koch, die Witwe des von der Opposition als Reichsgerichtspräsident vorgesehenen Dr. Hans Koch, vom 10. März 1947 (Persönliche Berichte, im Bes. d. Stiftung »Hilfswerk 20. Juli 1944«), Dr. Koch habe ihm seinerzeit diese Äußerung Fromms wiedergegeben: »›Wenn Ihr Euer komisches Attentat macht, vergeßt mir meinen Freund Wilhelm Keitel nicht!‹« Generalmajor Hellmuth Reinhardt berichtete Obstlt. Heinrich Bücheler (Verf. v. Hoepner, Herford 1980) am 5. Jan. 1979, Fromm und Olbricht hätten in den Monaten vor dem Umsturzversuch in dem Sinn miteinander gesprochen, daß Fromm einen Staatsstreich, nicht aber ein Attentat gegen Hitler billigen würde; 1943 habe Fromm zu Olbricht und Reinhardt gesagt, »wir« müssen jetzt täglich damit rechnen, daß der Führer Selbstmord begehe, und auf den Tag danach müssen »wir« uns einstellen; Bücheler an d. Verf. 15. Sept. 1984.

285 Winterfeldt.
286 [Günther] Blumentritt, Stellungnahme zu dem Buch »Offiziere gegen Hitler«. Sammlung John Mappe 2, vgl. oben, S. 368 und 764–765 Anm. 134.
287 Hassell, S. 261–262.
288 »Generäle: Neue Mitteilungen zur Vorgeschichte des 20. Juli«, Die Wandlung 1 (1945/46), S. 531.
289 Hammerstein, Spähtrupp, S. 209; Dr. Hopf an M. Bormann [7. März 1945], NA T-84 Rolle 21.
290 Botho v. Wussow, Einige Sätze zu dem SS-Bericht über den 20. Juli 1944, der in den Nordwestdeutschen Heften veröffentlicht wurde u. z. 1947 Heft 1/2, Masch.-Abschrift, o. O. Frühjahr 1947, Orig. im Besitz der Gräfin Schwerin von Schwanenfeld.
290a OSS Research and Analysis Branch Summary L 39970 vom 18. Juli 1944 auf Grund der Berichte Dulles' aus Bern vom 13. und 15. Juli 1944 (»Breakers Cables nos. 4110–4114 and 4111–12«), NA RG 226.
291 Vgl. Urteil gegen Kaiser, BA EAP 105/30; Kramarz, S. 184; Winterfeldt.
292 Prozeßbericht von Dr. Hopf an Bormann vom 7. oder 8. März 1945, BA EAP 105/30. Dies kann natürlich die Ausflucht für eine viel drastischere Äußerung gewesen sein; s. auch Prozeß XXXIII, 397.
293 Prozeß XXXIII, 416.
294 Gisevius in Trial XII, 259–260; Gisevius, Sonderausgabe, S. 497; Ritter, Goerdeler, S. 408.
295 Leber, Den toten, S. 11–12; [Julius Leber], Ein Mann geht seinen Weg: Schriften, Reden und Briefe, Berlin–Frankfurt/M. 1952, S. 292.
296 Eine Zusammenstellung von Indizien, die sich bei näherem Zusehen zum Teil als bloße Behauptungen von Nachkriegsautoren erweisen, versuchte, ohne gründliches Quellenstudium, Hedwig Maier, »Die SS und der 20. Juli 1944«, VfZ 14 (1966), S. 299–316.
297 Harold C. Deutsch, The Conspiracy against Hitler in the Twilight War, Minneapolis 1968, S. 129–136; Heydrich an Ribbentrop 6. Nov. 1941, Masch.-Durchschl. mit Anlagen, BA NS 19/414; vgl. oben, S. 261–263.
298 Hassell, S. 236, 269, 273–274, 281, 292; Bethge, S. 877–885; Maier, S. 302, 308 (hier ohne Beleg die Behauptung, Dohnanyi sei nach einigen Monaten wieder auf freien Fuß gesetzt worden, wofür es sonst keinen Anhaltspunkt gibt); Anklageschrift gegen Langbehn und Popitz bei Dulles, S. 205; Lagi Countess Ballestrem-Solf, »Tea Party«, in Eric H. Boehm, We Survived, New Haven, Connecticut 1949 (photomech. Neudruck Santa Barbara, California 1966), S. 135–136; Ritter, Goerdeler, S. 371; Aussagen des ehem. Gestapobeamten Franz Sonderegger gegenüber Vertretern der Europäischen Publikation e. V., München 15. Okt. 1952, IfZ ZS 303 II, S. 12–14; vgl. E[schenburg], S. 375–376.
299 Spiegelbild, S. 363; Hermann Reinecke, mündliche Mitteilungen an d. Verf. vom 30. April 1965; s. oben S. 448 (zu Reichwein und Leber); Maier, S. 311 nennt für Lebers Verhaftung fälschlich und ohne Beleg den 9. Juni 1944.
300 Der Kontakt Himmlers mit Popitz ist nicht so ungeklärt, wie es Hedwig Maier, S. 304 scheint: vgl. oben, S. 367–368. Die Verfasserin (Landgerichtsdirektorin) ist in diesem Punkt besonders schlecht unterrichtet, z. B. mit der Behauptung

(S. 310), daß »aus Himmlers engster Umgebung« niemand mehr am Leben sei. Noch zur Zeit der Abfassung des Artikels befaßte sich ein deutsches Gericht mit dem ehemaligen SS-Obergruppenführer Karl Wolff, und auch der ehemalige SS-Obergruppenführer Gottlob Berger lebte damals noch; eine andere Frage ist freilich ihre Bereitschaft zu Auskünften. Von der bei Dulles, S. 190 bis 207 abgedruckten Anklageschrift gegen Popitz und Langbehn, in der die Kontakte ausführlich geschildert sind, nimmt Hedwig Maier keine Notiz.

301 Urteil des VGH gegen Nebe vom 2. März 1945, BA EAP 105/30; Gisevius, Sonderausgabe, S. 497; Ritter, Goerdeler, S. 408. Nebgen, S. 192–193: Goerdeler selbst erfuhr am 18. Juli davon.

302 Diese Hauptthese von Hedwig Maier ist nicht neu; durch gründliche Untersuchungen hätten vielleicht die Motive ermittelt werden können.

303 S. hierzu unten, S. 522–523 Anm. 138a und S. 594.

304 Dem Verf. mitgeteilt von Herrn Peter Dietz, Schaffhausen. Vgl. die inzwischen auszugsweise veröffentlichten Berichte eines anderen schweizerischen Dienstes, der ebenfalls verschiedentlich zutreffend über die deutsche Opposition berichtete: Kurt Emmenegger, Qn wußte Bescheid: Erstaunliche Informationen eines Schweizer Nachrichtenmannes aus den Kulissen des Hitlerkrieges, Zürich 1965, S. 44–51.

305 Gespräch mit dem früheren schweizerischen Militärattaché in Berlin, Burckhardt, heute Direktor in der Maschinenfabrik Bührle in Zürich-Oerlikon, Juli 1966, geführt von Herrn Peter Dietz.

306 Zeller, S. 343 berichtet ohne Beleg von einer angeblichen Reuter-Meldung von etwa Mitte Juni 1944, wonach schon der Offizier aus dem deutschen Generalstab bestimmt sei, der Hitler töten solle. Eine Durchsicht der Times für Juni 1944 hat dafür keinen Anhaltspunkt ergeben. Hans Baur, Ich flog Mächtige der Erde, Kempten 1956, S. 250 erwähnt ein entsprechendes Gerücht für Frühjahr 1944; nach Nicolaus von Below, »Hitlers Adjutant über den 20. Juli im FHQ: Ein Augenzeugenbericht«, Echo der Woche, 15. Juli 1949, S. 5 zeigte Hitler diesem im Februar 1944 eine ausländische Pressemeldung, wonach ein Attentäter, ein Offizier des Generalstabes, schon bestimmt sei. Die Times für Februar 1944 enthält keine Bestätigung.

307 Gisevius, Sonderausgabe, S. 465–466.

308 Dazu s. unten, S. 482–483.

309 Kritik der Vorbereitungen bei Gisevius, Sonderausgabe, S. 463, 479–482.

310 [Kurt] Peschel, [Aufzeichnung], Masch., [Wolfschanze] 22. Juli 1944, BA EAP 105/34; Oberst i. G. a. D. Franz Herber an den Verf. 25. Jan. 1966; Spiegelbild, S. 91; Albert Speer, Erinnerungen, Berlin 1969, S. 388.

311 Bartram, S. 7–8.

312 Spiegelbild, S. 91.

313 Fabian von Schlabrendorff hatte 1944 durch zwei Besuche im Hauptquartier »Wolfschanze« und anhand von Auskünften des im Stabe Jodls tätigen Oberstleutnants d. R. Dietrich von Bose schon Erkundigungen angestellt; Schlabrendorff, Offiziere, S. 130; ders., mündliche Mitteilungen an d. Verf. v. 6. Aug. 1968. Z. Folg. Nina Gräfin von Stauffenberg an d. Verf. 11. Sept. 1968.

314 Spiegelbild, S. 91; Prozeß XXXIII, 317–319.

315 Peschel; Spiegelbild, S. 130; Speer, S. 388.

315a Speer, S. 388 erinnert sich an die auffallend dicke Aktentasche Stauffenbergs.

Frau Hilde Mertz von Quirnheim, seit wenigen Wochen mit Oberst i. G. Mertz von Quirnheim verheiratet und am 3./4. Juli 1944 aus dem Schwarzwald nach Berlin gekommen, notierte sich anläßlich des Mißlingens des Attentatversuchs des 15. Juli: »Das war das 3. Mal seit ich in Berlin war, daß Stauff[enberg] seinen fürchterlichen Gang umsonst angetreten hatte.« Tagebuch von Frau H. Mertz von Quirnheim, 15. Juli 1945. Frau Mertz von Quirnheim hat im Juli 1945 an jedem Tag die genau ein Jahr vorher geschehenen Ereignisse eingetragen, die sie in verdeckter Fassung schon 1944 an den entsprechenden Tagen in das Tagebuch eingetragen hatte. Der Quellenwert und die Zuverlässigkeit der Tagebucheintragungen sind also besonders hoch zu veranschlagen und überdies für die Tage um den 15. Juli von Dr. Eberhard Siebeck (an d. Verf. 17. April 1973), der damals gerade bei Mertz zu Besuch und teilweise eingeweiht war, bestätigt.

316 S. oben, S. 463. Zeller, S. 367 berichtet von Äußerungen Stauffenbergs, wonach er sich *nun* endgültig entschlossen hätte, das Attentat selbst durchzuführen und auch anschließend in Berlin den Staatsstreich zu leiten, wozu er nach etwa zwei Stunden glaubte dort eintreffen zu können, aber leider erweist sich Zellers Beleg dafür als allzu dürftig; denn die angeführte Autorität schöpft ihrerseits aus ungenannten Quellen: Sebastian Haffner, »›Beinahe‹: Die Geschichte des 20. Juli 1944«, Neue Auslese 2 (1947) H. 8, S. 1–12. Doch findet sich bei Zeller, S. 368 ein etwas zuverlässigerer Anhaltspunkt für den Zeitpunkt von Stauffenbergs Entschluß, aus einem Bericht von Urban Thiersch zum 8. Juli: »Stauffenberg werde sich selber tun. Er [Thiersch?] möchte seinen Vorgesetzten Oberst Hansen davon unterrichten.«

317 Hierzu und zum Folgenden: Prozeß XXXIII, 319–320, 358–359, 384–394, 427, 432, 437; Spiegelbild, S. 44, 49, 91, 125, 130, 146; Urteil gegen Hauptmann d. R. Hermann Kaiser, BA EAP 105/30; Einstellungsverfügung im Verfahren gegen Ewald Heinrich von Kleist u. a., BA EAP 105/30; Peschel; Gisevius, Sonderausgabe, S. 468; Kramarz, S. 190–191 kennt nur die aus Spiegelbild und Prozeß XXXIII angeführten Stellen und bringt persönliche Mitteilungen von Prof. Dr. Percy Ernst Schramm, die jedoch, was Kramarz nicht vermerkt, im wesentlichen schon gedruckt waren in K. T. B. des OKW IV, 1754 Anm. 1; Zeller, S. 369 berichtet ganz kurz auf Grund der Stellen in Spiegelbild. Zwei Stellen in Spiegelbild, S. 125 und 146, lassen das Datum einer Zusammenkunft von Klamroth, Stieff, Fellgiebel und Stauffenberg offen: »um den 10. 7. 1944« bzw. »am 10. oder 11. Juli 1944«; das rührt von einer Unsicherheit der Vernommenen oder der Vernehmenden her. Auf Grund der anderen Quellen kommt für die Zusammenkunft nur der 11. Juli in Frage, nirgends gibt es einen Anhaltspunkt dafür, daß Stauffenberg zweimal, am 10. und am 11. Juli, die Reise von Berlin nach Berchtesgaden und zurück gemacht hätte.

318 So berichteten übereinstimmend Olbricht, Yorck von Wartenburg und Klausing, die es alle selbst von Stauffenberg erfahren hatten; s. Anm. 317.

319 Gisevius, Sonderausgabe, S. 484; vgl. Spiegelbild, S. 17, 21, 44, 49.

320 Spiegelbild, S. 130; Gisevius, Sonderausgabe, S. 468. Die Annahme, Stauffenberg habe schon vor Beginn der Besprechung gewußt, daß Himmler nicht kommen würde, wird weiter bestätigt durch Olbrichts Äußerung zu Hoepner in Berlin am 11. Juli, die dieser der Gestapo berichtete: »Man könne ganz plötzlich vor einer neuen Situation stehen, und deshalb habe er [Olbricht]

ihn – Hoepner – für diesen Tag nach Berlin geholt. Allerdings sei ihm eben die Mitteilung zugegangen, daß die vorgesehene Besprechung im Führerhauptquartier wohl nicht stattfinde, weil der Reichsführer-SS nicht eingetroffen sei.« Spiegelbild, S. 44.

321 Über Himmlers und Görings Gewohnheiten, besonders hinsichtlich ihrer Teilnahme an Lagebesprechungen, herrscht viel Unklarheit. Below, Adjutant, machte die Mitteilung, 1944 sei es schon fast ein Ausnahme gewesen, wenn Himmler und Göring bei der »Lage« fehlten. Hedwig Maier, S. 305 nahm neuerdings noch an, Himmler habe »in der Regel« an Lagebesprechungen teilgenommen, übrigens auf Grund von Heiber, S. 13, wo das gar nicht steht; hier heißt es nur, Göring, Dönitz, Himmler nahmen »ebenso an den Besprechungen teil« wie etwa herbefohlene Frontbefehlshaber u. a., wenn sie sich »gerade im Führerhauptquartier« aufhielten. Göring, Dönitz und Himmler hatten ihre eigenen Hauptquartiere, und zwar in einiger Entfernung vom »Berghof« oder von der »Wolfschanze«, bzw. in Berlin. Das von Hedwig Maier für Stauffenbergs Attentatversuch angegebene Datum – 12. Juli – ist übrigens auch falsch. Zu den Gewohnheiten Himmlers und Görings, Linge, Record; Heinrich Himmler Telephontagebuch, Hs., 21. Aug.–22. Nov. 1943, BA EAP 21-b/1-5; ders., Terminkalender, Hs., 2. Jan.–16. Dez. 1943, 3. Jan.–31. Mai 1944, BA EAP 21-b/1-5; ders., Notizen über Besprechungen mit Hitler u. a., Hs., Mai 1934–Dez. 1944, BA NS 19/275 und NS 19/331; ferner General a. D. Adolf Heusinger an d. Verf. 9. Sept. 1967; Konteradmiral a. D. Karl Jesko von Puttkamer an d. Verf. 10. Sept. 1967.

322 Nach Spiegelbild, S. 125 wäre es im »Berchtesgadener Hof« gewesen, s. aber Schramm in K.T.B. des OKW IV, 1754 Anm. 1 und bei Kramarz, S. 191. Ferner Dipl.-Ing. Otto Reheußer (damals Telegraphenbaureferent d. OPD München), mündliche Mitteilungen an d. Verf. 7. Aug. 1968.

323 Urteil gegen Kaiser; Gisevius, Sonderausgabe, S. 474 behauptet, Goerdeler sei nicht vorher unterrichtet worden.

324 Prozeß XXXIII, 350, 358–359.

325 Das Spiel ist aus, S. 23; Volksgerichtshof-Prozesse, S. 51; Gisevius, Sonderausgabe, S. 507.

326 Einstellungsverfügung 12. Dez. 1944; Hammerstein, Spähtrupp, S. 263.

327 Prozeß XXXIII, 433. Vor dem VGH zitierte Hoepner Olbricht aus einem Telephongespräch vom Freitagabend, 14. Juli: »›Heute‹, sagte er, ›ist Stauffenberg hin‹.« Prozeß XXXIII, 394. Demnach wäre Stauffenberg schon am Freitag, 14. Juli ins Führerhauptquartier abgereist und wohl mit der Eisenbahn gefahren, wie sich mit allen Einzelheiten auch sein Fahrer erinnert: er habe am 14. abends Stauffenberg zum Schlesischen Bahnhof gefahren. Schweizer, Mitteilungen; ders. an d. Verf. 2. Nov. 1967: 15. Juli; Husen: 14. Juli. General Reinecke erinnert sich, mit Stauffenberg im Kurierzug in der Nacht vom 15. auf 16. Juli nach Berlin zurückgefahren zu sein; Reinecke an d. Verf. 31. Mai 1964 und 7. Nov. 1967. Zwar muß die Aussage Hoepners, Olbricht habe ihm gesagt, »heute« sei Stauffenberg zur »Wolfschanze« gereist, für den 14. Juli gelten, wenn man den Zusammenhang wörtlich nimmt; es ist aber mindestens offen, ob Hoepner nicht von zwei verschiedenen Telephongesprächen sprach, und mißverständliche Ausdrucksweise ist in dem Verfahren, in dem Rede und Antwort so rasch wechselten,

in dem Freisler die Angeklagten ständig unterbrach und anschrie und in dem auch der Stenograph nicht alles richtig notierte, leicht möglich und tatsächlich häufig gewesen. Man darf an diese Quelle nicht dieselben Maßstäbe anlegen wie an ein mittelalterliches Manuskript, ganz abgesehen davon, daß der Prozeß überhaupt nicht der Wahrheitsfindung dienen sollte, sondern der physischen und bürgerlichen Vernichtung der Beschuldigten.

Hoepner sagte: »›Heute‹, sagte er [Olbricht], ›ist Stauffenberg hin‹.« Hoepner berichtete das als Äußerung aus einem Telephongespräch vom 14. Juli, aber zugleich als Antwort auf Freislers Vorhalt, Olbricht habe telephonisch zu Hoepner gesagt oder angedeutet: »›Aber es kann heute passieren!‹« Hieraus und aus dem weiteren Zusammenhang geht hervor, daß es sich doch um den 15. Juli handelt. Hoepner hat damals sehr oft mit Olbricht telephoniert. Der Vernehmungsbericht in Spiegelbild, S. 44 klärt die Sache auf; dort heißt es, bei seiner Ankunft in Berlin am 15. Juli habe Hoepner von Olbricht erfahren, daß Fromm und Stauffenberg an diesem Tag zum Führerhauptquartier geflogen seien. Hoepner war gekommen, nachdem ihn Olbricht am Abend vorher dazu aufgefordert hatte. Es muß sich also bei dem oben wiedergegebenen Zitat aus einem angeblichen Telephongespräch zwischen Hoepner und Olbricht vom 14. Juli um eine Verwechslung mit einem Gespräch am 15. Juli handeln.

Nur wenige Sätze später in der Vernehmung Hoepners vor dem VGH zitierte Freisler aus einem Bericht der Gestapo über eine Vernehmung Hoepners dessen Worte (die in Spiegelbild, S. 44 nur indirekt wiedergegeben sind): »Olbricht sagte mir, Fromm und Stauffenberg wären zum Führerhauptquartier geflogen; wenn dabei etwas Neues passierte, wäre es ihm lieb gewesen, wenn ich bei ihm gewesen wäre, damit er mir das gleich sagen könnte.« Prozeß XXXII, 394. Darauf Hoepner: »Das stimmt!«

So bleibt als Zeugnis für die Eisenbahnfahrt zur »Wolfschanze« am 14. Juli, wenn man von der ungenauen und mißverständlichen Aussage Hoepners vor dem VGH absieht, die er gewissermaßen selbst im gleichen Zusammenhang wieder korrigiert hat, nur noch die Erinnerung Husens und des Fahrers Schweizer, der wohl der Einzelheiten und Umstände, nicht aber des Datums völlig sicher ist. Beider Erinnerung kann sich auf einen anderen Tag beziehen. Franz Herber (Generalstabsoffizier im AHA), Was ich am 20. 7. 44 in der Bendlerstraße erlebte, Masch., o. O. o. J. (vermutlich 1948), BA H 90-3/4 berichtete, er sei »einige Tage vor dem Attentat im gleichen Schlafwagenabteil [mit Stauffenberg] ins Hauptquartier gefahren.« Aber auf die Frage nach Einzelheiten teilte Herber in einem Brief an d. Verf. vom 25. Jan. 1966 mit: »1. In den *ersten Juliwochen* 1944 machte ich mit Graf Stauffenberg keine gemeinsamen Reisen. Vorher war ich einmal mit ihm im Hauptquartier des OKH, bei einem zweiten Mal steht in meinem Tagebuch ›in der Reichskanzlei‹ und in ›Frankenstrupp‹. Ich glaube mich erinnern zu können, daß dies der Deckname für das Hauptquartier des OKH [bei Berchtesgaden] war. 2. Die erste Reise begann in Berlin am 29. 5. abends, Rückkehr am 31. 5. mittags. Die zweite Reise begann am 9. 6. abends in Berlin, Rückkehr am 12. 6. morgens. 3. Beide Male fuhren wir mit dem Nachtzug von Berlin aus allein gemeinsam im Schlafwagen. ... 8. Bei beiden Reisen fuhr ich mit St. im Schlafwagen zurück.«

Die anderen Quellen berichten von einem Flug zur »Wolfschanze«: Spiegelbild, S. 130; Klausing in Prozeß XXXIII, 394, 397, 427. Auch hier ist die Möglichkeit ungenauer Ausdrucksweise und Erinnerung nicht ganz auszuschließen. Schließlich aber hat Oberleutnant Geisberg vom Stab des Kommandanten des FHQu in einem schriftlichen Bericht vom 23. Juli 1944 gemeldet, daß er Fromm, Stauffenberg und Klausing am 15. Juli am Flugplatz Rastenburg abgeholt habe; BA EAP 105/34 bzw. NA Microcopy T-84, Roll 21, auch zum Folgenden; dazu ebenda ein bestätigender Bericht vom Kommandanten Streve vom 23. Juli 1944. Die Art und das Datum der Hinreise Stauffenbergs zum Führerhauptquartier müssen danach als geklärt gelten.

328 Vgl. oben, S. 416, 426; Hoffmann, Attentat, S. 257–258; Jodls Taschenkalendereintragungen: 8. Juli 1944 »Flug nach Wolfschanze«, 9. Juli »Rückflug nach Berchtesgaden«, 14. Juli 1944 »Flug nach Wolfschanze«; NA T-84 Rolle R 149; Walter Warlimont, Circumstances of the Attempt of 20 July 1944, 3. Aug. 1945, NA RG 238 ETHINT-5; später erinnerte sich Warlimont (Im Hauptquartier der deutschen Wehrmacht 1939–1945, Frankfurt/M. 1962, S. 468–469) nur noch an das Datum des 9. Juli.

329 S. die Skizzen im Anhang.

330 Skizze im Anhang. Nach 1945 hieß es in vielen Berichten über den 20. Juli und die vorangegangenen Versuche, der gewöhnliche Ort der Lagebesprechung sei ein Bunker gewesen, *nur am 20. Juli* habe man wegen Hitze (oder aus anderen Gründen) in einer leicht gebauten Baracke getagt. So z. B. Gisevius II, S. 371; Walter Theimer, »Die Verschwörung des 20. Juli: Tragisches Versagen ... in Berlin«, Die Welt, 19. Juli 1947, S. 3; Dulles, S. 20; Rothfels, Opposition, S. 86; Hagen, S. 49, 58; Chester Wilmot, Der Kampf um Europa, Frankfurt/M.–Berlin 1954, S. 390 erklärt ausdrücklich, die Lagebesprechung am 15. Juli habe »im Bunker« stattgefunden. Adolf Heusinger, Befehl im Widerstreit: Schicksalsstunden der deutschen Armee 1923–1945, Tübingen 1950, S. 352 beschrieb als Ort der Lagebesprechung am 20. Juli einen Anbau an Hitlers eigenen Bunker in der »Wolfschanze«, der in der Tat bis zur Verlegung des Führerhauptquartiers nach Berchtesgaden im Februar 1944 benützt worden war, und trug damit wesentlich zur allgemeinen Verwirrung bei. Die Darstellung bei Wheeler-Bennett, S. 637 ist ebenfalls irreführend. Auch der Zwillingsbruder von Berthold, Alexander Schenk Graf von Stauffenberg, hat zur Verbreitung der Legende von der am 20. Juli verlegten Lagebesprechung beigetragen, mit der abenteuerlichen Variante, die Verschwörer hätten den Betonbunker vorsorglich nachgebaut und darin Sprengversuche »mit eindeutigem Erfolg« angestellt; statt im Bunker habe die Besprechung dann im »Teehaus«, einer leicht gebauten Baracke stattgefunden. Alexander Graf von Stauffenberg, Der zwanzigste Juli 1944, Masch., o. O. 1946, im Besitz der Gräfin Schwerin von Schwanenfeld. Neuerdings hat Baum, S. 31 die Legende von der wegen der Hitze in eine Baracke verlegten Lagebesprechung wiederholt. Tatsächlich fanden vom 15. bis 20. Juli je einschließlich alle »Morgenlagen« in der Baracke bei dem damals von Hitler bewohnten Gästebunker statt, die Abendlagen in ebendiesem Bunker. Vgl. Hoffmann, Attentat, S. 257 und Sicherheit, S. 217, 218, 224–226.

331 Geisberg; Photographie von Heinrich Hoffmann, NA 242–HL –7233, im Anhang.

332 Peschel.

333 Mangels klarer Quellenbelege ist man für diese wichtige Frage auf Indizien angewiesen. Der Vorgang am 20. Juli läßt die eben geäußerte Annahme freilich zwingend erscheinen; s. unten, S. 487–488.

333a S. unten, S. 487–488.

333b Peschel; vgl. Hoffmann, Sicherheit, S. 198, 222.

333c Spiegelbild, S. 21, Aussage von Berthold Graf Stauffenberg, dem sein Bruder Claus kurz vor dem 20. 7. 44 die Aktentasche mit dem Sprengstoff und dem Hemd darüber gezeigt hat; am 20. 7. 44 sagte Claus Graf St. kurz vor der Lagebesprechung, er wolle sein Hemd wechseln: s. unten, S. 488.

333d Klausings Assistenz ist unwahrscheinlich, wenn dieser beim Auto auf Stauffenberg warten sollte, damit nach dem Anschlag sofort weggefahren werden konnte; Spiegelbild, S. 130. Zur Rolle Stieffs s. unten S. 474–475 u. Anm. 338a. Es mußte also zwei Aktentaschen gegeben haben.

334 Heinrich Himmler, handschriftliche Notizen über Besprechungen mit Hitler Mai 1934 bis Dez. 1944, BA NS 19/275 und 331. Spiegelbild, S. 49 erwähnt eine *geplante* weitere Besprechung mit Himmler, und daß »Stauffenberg nach einer ersten Besprechung auf dem Wege zu einer geplanten weiteren Besprechung mit dem Reichsführer-SS erfahren [habe], daß dieser nicht da war.« Die von C. Müller, S. 448, 593 Anm. 136 vermutete Besprechung Stauffenbergs mit Himmler ist in Geisbergs deutlich als lückenlos angelegtem Bericht nicht erwähnt (Geisberg fuhr und betreute Fromm, Stauffenberg u. a. bis zur Rückreise nach Berlin), obwohl die graphische Darstellung der Gestapo über den Sprengstoffweg (Spiegelbild, S. 194) annimmt, Stauffenberg oder Klausing oder beide seien am 15. Juli von »Wolfschanze« nach »Hochwald«, Himmlers »Feldkommandostelle« bei Großgarten (vgl. Hoffmann, Sicherheit, Tafel 16a) weitergefahren, ehe sie nach Berlin zurückkehrten; zur Bestätigung der sonst nirgends erwähnten Besprechung reicht das nicht aus, wenn auch der sachliche Anlaß zweifellos gegeben gewesen wäre.

335 Nach den Berichten von Gisevius, 1954, S. 588, Spiegelbild, S. 44, 49, 330, Prozeß XXXIII, 427 (Aussage Yorck) und 433 (Aussage Klausing) wurde die Auslösung zunächst wegen Himmlers Abwesenheit unterlassen; nach der Bestätigung der Berichte durch das Tagebuch von Frau Mertz von Quirnheim sieht sich d. Verf. gezwungen, seine Skepsis gegenüber den Berichten aufzugeben, also zu akzeptieren, daß Stauffenberg den Anschlag auch bei guter Gelegenheit unterlassen wollte, wenn Himmler fehlte.

335a Frau Mertz von Quirnheim notierte sich in ihrem Tagebuch am 15. Juli 1945 über den 15. Juli 1944: »Früh um 7 rief Albrecht den wachthabenden Offizier i. d. Bendlerstr. an u. befahl, nachdem er erst bei Stauff. angerufen u. erfahren hatte, daß er weg sei, nach einem Plan von dem er's ablas, die höchste Alambereitschaft für die verschiedenen Fahnenjunkerunteroffiziersschulen u. s. f. in Berlin, Potsdam Krampnitz u. Umgebung.«

335b S. unten, Anm. 349 u. S. 507, 513–514.

336 Hierzu ausführlich unten, S. 474–475. Nach unbelegter Mitteilung von Kramarz, S. 197 Anm. 23 soll Beck verlangt haben, daß nun das Attentat auf alle Fälle ausgeführt werde.

336a Spiegelbild, S. 330. Nach dem Bericht Geisbergs hat Stauffenberg sich sogleich nach seiner Ankunft im Kasino Kurhaus mit dem Amt »Anna« verbinden lassen und mit Stieff und Fellgiebel telephoniert.

337 Spiegelbild, S. 49; Gisevius, Sonderausgabe, S. 491–493; Mertz, Tagebuch.
338 Spiegelbild, S. 45; Gisevius, Sonderausgabe, S. 491; Prozeß XXXIII, 427.
338a Spiegelbild, S. 130–131; Prozeß XXXIII, 319–320. Stauffenberg hatte schon am 11. 7. 44 überlegt, ob er nicht auch bei Abwesenheit Himmlers handeln sollte; Spiegelbild, S. 130. Stieff hat auch behauptet, schon das Uniformattentat verhindert zu haben; Spiegelbild, S. 90; Prozeß XXXIII, 313. Ferner Gisevius II, 345, 350, 353–354 und 1954, S. 592–593, 596–597, 599. Gisevius gibt die Äußerung Becks wieder, Stauffenberg habe »den Sprung verweigert« und deutet an, Stauffenberg sei nicht durch äußere Umstände, sondern durch eigene Nervosität, gar »Kopflosigkeit«, nicht zum Zug gekommen. Stieff selbst berichtete nicht, daß er tätig geworden sei und die Aktentasche entfernt habe; seine vor der Gestapo und vor dem VGH vertretene Meinung, Stauffenberg habe seinen Versuch auf sein, Stieffs, Abraten hin aufgegeben, wäre sonst von Stieff selbst widerlegt worden. – Gisevius, 1954, S. 596 nennt den 15. Juli irrtümlich »Sonntagabend« statt Sonnabend, für C. Müller, S. 593 Anm. 137 ein Beweis für Gisevius' angebliche Unzuverlässigkeit; Gisevius II, 350 hat aber richtig »Sonnabend«, ebenso Gisevius 1954, S. 599.
339 Frau Mertz von Quirnheim, Tagebuch 15.7.44 und 15.7.45; Gisevius II, 339–340.
339a Frau Mertz von Quirnheim, Tagebuch 15. 7. 44 und 15. 7. 45; vgl. oben, S. 469. Siebeck: Dr. Eberhard Siebeck, damals Hauptmann auf der Kriegsakademie in Hirschberg, von seinem Freund Mertz wegen des bevorstehenden Umsturzes nach Berlin gerufen, verbrachte das Wochenende 15./16. 7. 44 bei Mertz; Siebeck an d. Verf. 1. Okt. 1971.

Gisevius II, 339–340 und 1954, S. 588 berichtet, Haeften habe den [ersten] Anruf Stauffenbergs entgegengenommen und Stauffenberg »von sich aus« gesagt, er solle auch bei Abwesenheit Himmlers und Görings zünden; Olbricht und Hoepner seien über die Eigenmächtigkeit empört gewesen. In einem Gespräch mit d. Verf. am 8. Sept. 1972 hielt es Gisevius aber für möglich, daß Helldorf ihm verkürzt berichtet habe; z. B. könnte Stauffenberg Haeften gefragt haben, ob noch andere im Zimmer seien, Haeften könnte das bejaht und Stauffenberg dann mit Mertz verbunden haben; die Frage Stauffenbergs an Haeften, ob er handeln solle, hielt Gisevius nun selbst für unwahrscheinlich, fand aber den wesentlichen Punkt – Rückfragen und Zögern – durch die Version von Mertz bestätigt.
339b Peschel; Spiegelbild, S. 21, 45; Gisevius 1954, S. 588–589, 596; Mertz, Tagebuch 15. 7. 44 und 15. 7. 45, ferner 16. 7. 44; Gisevius, mündliche Mitteilungen an d. Verf. 8. Sept. 1972.
339c Gisevius 1954, S. 597, 599.
340 Geisberg schreibt, »nach der Lage« habe sich Fromm mit einigen anderen Herren entfernt. Da er draußen gewartet hatte, wußte er nicht, daß in der verflossenen Zeit nicht nur die »Morgenlage«, sondern auch zwei »Sonderbesprechungen« stattgefunden hatten.
341 Geisberg schreibt in seinem Bericht, der Sonderzug »Braunschweig« sei an der Moysee-Haltestelle gestanden. Der Sonderzug »Braunschweig« war der Zug Keitels; vgl. oben, S. 399. Hitlers Zug hieß »Brandenburg«. Außerdem gab es noch »Franken I« und »Franken II«, die Sonderzüge des WFSt; vgl. Hoffmann, Sicherheit, S. 84.
342 Geisberg; Spiegelbild, S. 130–131. Vgl. C. Müller, S. 593 Anm. 135.

343 Spiegelbild, S. 130–131; Geisberg: »Kurz vor Abfahrt des Sonderzuges Braunschweig führte Oberst Graf Stauffenberg noch ein Telephongespräch mit Berlin. Wir fuhren dann zu dritt, also Oberst Graf Stauffenberg, Hauptmann Klausing und ich zum Feldmarschall-Zug. Dort führte ich die Herren zum Speisewagen und übergab sie an Hauptmann Starke.«
344 Reinecke an d. Verf. 30. Mai 1964 und 7. Nov. 1967. Bestätigung, daß Stauffenberg erst am 16.7.44 wieder in Berlin war, bei Frau Mertz von Quirnheim, Tagebuch für 15. und 16.7.44 bzw. 45 und Gisevius 1954, S. 592–593, 596–597.
345 Urteil gegen Hermann Kaiser, BA EAP 105/30; Ritter, Goerdeler, S. 404–405; Gisevius, Sonderausgabe, S. 487. Kramarz, S. 197 beachtet diese Quellen nicht und übernimmt aus dem sehr herabsetzenden Bericht der Gestapo in Spiegelbild, S. 362 die Behauptung, Goerdeler sei am 15. Juli verärgert bei (dem Hauptmann und Angehörigen der Abwehr) Strünck gesessen, ohne benachrichtigt zu werden. Tatsächlich wurden Beck, Gisevius und Strünck ebenso wenig benachrichtigt, daß das Attentat nicht stattgefunden hatte; möglicherweise war Olbricht zu beschäftigt, den durch die Voralarmierung entstandenen Auftrieb zu unterdrücken.
346 Prozeßbericht von Dr. Lorenzen an Bormann vom 2. März 1945 vom Prozeß gegen Nebe, BA EAP 105/30; Das Spiel ist aus, S. 23–26; vgl. Gisevius, S. 468.
346a Urteil des VGH gegen B. Klamroth u. a.
347 S. Anm. 346; Hammerstein, Spähtrupp, S. 263; Ludwig Freiherr von Hammerstein an Dr. Helmut Pigge 6. Apr. 1970.
348 Hagen, S. 14–15; Ritter, Goerdeler, S. 405 und 554 Anm. 125, doch hier irrtümlich: »Olbricht hatte absichtlich schon zwei Stunden vor Eintreffen der Nachricht vom Obersalzberg [sic] alarmiert, um allen Gegenmaßnahmen der SS zuvorzukommen.« Zeller, S. 371 ebenso, ohne Beleg, vermutlich von Ritter übernommen. Belege für die Zeit 11 Uhr finden sich bei Gisevius, Sonderausgabe, S. 486; Spiegelbild, S. 45; Prozeß XXXIII, 394. S. oben, Anm. 335a. Albert Bollmann, damals Hauptmann und Chef der Geschützinspektion in der Lehrgruppe III beim Lehrstab I (Schießschule) der Inf.-Schule Döberitz, an d. Verf. 29. Aug. 1971 berichtet, das Stichwort »Walküre II« sei dort am 15. Juli 1944 »etwa gegen 13.50 Uhr« eingegangen und die Aktion sei als Übung angesehen, aber exakt ausgeführt worden. Dr. Friedrich Georgi, Schwiegersohn Olbrichts, berichtete d. Verf. am 21. Mai 1973, Olbricht habe den Alarm erst nach Stauffenbergs Telephonanruf aus der »Wolfschanze« ausgelöst. Dies widerspricht dem Tagebuch von Frau Mertz von Quirnheim, wonach Olbricht Stauffenberg eher gar nicht zünden lassen wollte; möglicherweise hat Mertz, viel früher, den Alarm ohne Olbrichts Genehmigung ausgelöst. Es gibt auch Gründe zu Zweifeln, ob Dr. Georgi damals über diese Einzelheiten informiert gewesen sei: er hat seine Darstellung über Fellgiebels Durchsage an Olbricht kurz nach dem Attentat des 20.7.44 geändert (vgl. unten, S. 824–825), und eine Niederschrift Georgis aus der Nacht 20./21. Juli 1944 legt nahe, daß Dr. Georgi erst etwa zwei Stunden vor Olbrichts Tod über den Umsturzversuch informiert worden sei.
349 Hierzu und zum Folgenden: Bruno Mitzkus (ehem. Ia im W. K. III), Um den 20. Juli und das Ende im Wehrkreiskommando III, Berlin, Masch., Bad Homburg v. d. H. 1947; Wolfgang Müller, »Was geschah am 20. Juli 1944?« Das freie Wort 3 (1952) Nr. 29, 19. Juli 1952; Bericht des Amtes V des RSHA über den Selbstmord

von Major Ulrich von Oertzen; Fritz Harnack, mündliche Mitteilungen an d. Verf. vom 29. Aug. 1966; Prozeß XXXIII, 394; Gisevius, Sonderausgabe, S. 486; Spiegelbild, S. 45, 91, 158. Otto Hitzfeld (damals als Generalleutnant Kdr. d. Schule Döberitz), Brief an Gert Buchheit v. 5. Juli 1966, unterz. Durchschl. IfZ ZS 1858.

349a Gisevius 1954, S. 589; Frau Mertz von Quirnheim, Tagebuch für 15. 7. 44.

350 Gisevius, Sonderausgabe, S. 495 berichtet als einziger aus erster Hand von der Besprechung, kennt jedoch nur die Tatsache ihres Stattfindens, nicht ihren Inhalt. Zeller, S. 372-373 berichtet ohne Beleg, Stauffenberg und Beck haben die »Mängel« des 15. Juli besprochen, und Stauffenberg habe Beck sein Wort gegeben, das nächste Mal auf alle Fälle zu handeln. Kramarz, S. 198 berichtet wie Zeller, jedoch auf Grund von Wheeler-Bennett, S. 634 (er benützte die deutsche Ausgabe, daher seine Seitenzahl 655). Wheeler-Bennett hat für seine Behauptung jedoch auch keinen Beleg. Es ist erstaunlich, wie kritiklos Autoritäten manchmal von einander abschreiben. Aus wenigstens ebenso naher Kenntnis wie Gisevius berichtet Hammerstein, Spähtrupp, S. 269, Beck habe Stauffenberg *befohlen*, das Attentat zu unterlassen, wenn er dabei nicht am Leben bleiben könnte, weil nur er Kraft und Stellung zur Durchführung des Staatsstreiches in Berlin besitze.

351 Spiegelbild, S. 91, 101, 175; Urteil des VGH gegen B. Klamroth u. a., wo Mertz und Hansen nicht genannt sind; Ritter, Goerdeler, S. 408-409 auf Grund eines Teils der in Spiegelbild abgedruckten Verhörberichte, erwähnt nur beide Brüder Stauffenberg, Trott, Schulenburg und Hofacker; Zeller, S. 373 berichtet vollständiger; ebenso Kramarz, S. 198-199, ebenfalls auf Grund der Gestapo-Berichte; zur Besprechung am 16. 7. 44 in Stauffenbergs Wohnung: nach C. Müller, S. 451 wohnte Mertz bei Stauffenberg; tatsächlich war er aber Anfang Juli mit seiner Frau ins Harnack-Haus gezogen (Frau Mertz von Quirnheim, Tagebuch 4. 7. 44 u. folg.).

352 Spiegelbild, S. 91-92, 101; Gisevius, Sonderausgabe, S. 493-500; Hammerstein, Spähtrupp, S. 264.

353 Speidel, S. 91-93, 133-141. Zu Rommel vgl. im übrigen oben, Anm. 140.

354 Spiegelbild, S. 136; s. oben, S. 436.

355 Spiegelbild, S. 91, 101, 175; Urteil des VGH gegen B. Klamroth u. a.; zum Folgenden vgl. oben, S. 295-299.

356 S. oben, S. 414-428.

357 Speidel, S. 92, 139.

358 Gisevius, Sonderausgabe, S. 493-500; Nebgen, S. 192-193.

359 Leber, Gewissen steht auf, S. 126; Krebs, S. 297; Hammerstein, Spähtrupp, S. 266; Gisevius, Sonderausgabe, S. 499; Frau Margarethe von Hase, mündliche Mitteilungen an d. Verf. vom 31. März 1964.

360 Z. B. in letzter Zeit noch von Baum, S. 31.

361 Speidel, S. 140-141; Irving, Trail, S. 418.

362 Hierzu: Gisevius in Trial XII, 259-260; Gisevius, Sonderausgabe, S. 497-498; Bestätigung von einem Angehörigen der Sonderkommission 20. Juli 1944: Willy Litzenberg, Der 20. Juli 1944, Masch., Nürnberg 4. Juni 1946. Hiernach sollten auf Vorschlag von Gestapochef H. Müller an Himmler Goerdeler und Beck verhaftet werden; Himmlers Ablehnung traf ein paar Tage nach dem 20. 7. 44 bei Müller ein. Nebe gab vor dem Volksgerichtshof zu, am 17. oder 18. Juli Gisevius von der beabsichtigten Verhaftung Goerdelers Mitteilung ge-

macht zu haben; Urteil gegen Nebe. Ferner Hammerstein, Spähtrupp, S. 270 bis 271; vgl. Spiegelbild, S. 363. Gisevius nennt einen »Oberst St.«, der auf der Folter Goerdeler als Kandidat für die Nachfolge Hitlers genannt habe, und charakterisiert ihn als Schwätzer, was wohl nicht fair ist, wenn er seine Aussagen erst auf der Folter machte. Gemeint war Oberst Staehle: Gisevius, mündliche Mitteilungen an d. Verf. vom 4. Aug. 1971.
363 Gisevius, Sonderausgabe, S. 496.
364 Sollte Helldorf wirklich so wenig unterrichtet gewesen sein, so müßte man allerdings zugeben, daß seine Vergangenheit nicht vertrauenerweckend war. Gisevius selbst gibt weiter unten, Sonderausgabe, S. 503, Helldorfs eigene Auffassung wieder: »Helldorff sieht sogar ein, daß er persönlich auf die Dauer untragbar ist. Schon nach wenigen Tagen wird er abtreten müssen. Diese Einsicht finde ich erfreulich ..« Andererseits übertreibt Gisevius die angebliche Nichtunterrichtung Helldorfs und anderer in Äußerungen von Helldorf, Nebe, Hansen und Beck.
365 Gisevius, Sonderausgabe, S. 498.
366 Gisevius, Sonderausgabe, S. 501.
367 Gisevius, Sonderausgabe, S. 498.
368 Frau von Hase; F. W. Heinz, »Offener Brief an Herrn Remer«, Deutsche Wirklichkeit« Nr. 18, 1. Sept. 1949, S. 8–9.
369 Frau von Hase; [Alexander von Hase], Zur Sache Remer (Aussage für die Staatsanwaltschaft Oldenburg), Masch., o. O. [1950]; Müller, Was geschah; Gisevius, Sonderausgabe, S. 480–481.
370 Burchardt, Zugehörigkeit.
371 Spiegelbild, S. 158.
372 Oberst a. D. Hans-Werner Stirius an d. Verf. 2. Feb. 1967.
373 Ritter, Goerdeler, S. 408; Spiegelbild, S. 524; Nebgen, S. 192–193, auch z. Folg.
374 Spiegelbild, S. 21, 92, 110, 146; Prozeß XXXIII, 429, 437. L. Frh. v. Hammerstein an Dr. H. Pigge 6. Apr. 1970; Urteil des VGH gegen Klamroth u. a. Zeller, S. 374 berichtete auf Grund von Spiegelbild, S. 21, was dort nicht steht, am Nachmittag des 18. Juli sei in Berlin die »Aufforderung« an Stauffenberg eingetroffen, am 20. zum Vortrag im Hauptquartier zu erscheinen; in einer Anmerkung aber gibt Zeller, S. 529 Anm. 42 den Bericht Heusingers, S. 350 bis 352 wieder, wonach Keitel am 19. Juli bei der Lagebesprechung vorgeschlagen habe, Stauffenberg noch einmal kommen zu lassen, um ihn über die Möglichkeit des Freimachens weiterer Kräfte für die Ostfront zu hören. Auch Ernst John von Freyend (Adjutant Keitels), mündliche Mitteilungen an d. Verf. vom 14. Mai 1964, berichtet, Stauffenberg sei am 19. Juli für den 20. Juli in die »Wolfsschanze« bestellt worden, was allerdings ebenso wie der Bericht Heusingers die Möglichkeit offenläßt, daß er auch schon am 18., nur vielleicht nicht so endgültig, dazu aufgefordert worden war.
375 Philippa Gräfin von Thun-Hohenstein geb. Bredow an d. Verf. 24. Feb. u. 25. Mai 1970; vgl. die Darstellung nach Aussagen von Graf von Welsburg in dem »Kaltenbrunner-Bericht« vom 30. Aug. 1944, BA EAP 105/24 Bl. 55–59 (nicht in Spiegelbild, S. 319). Baum, S. 31–32. Baum folgt Jessens Bericht in seinem Urteil, die Auslösung am 20. Juli, an dem Himmler und Göring fehlten und außerdem die Lagebesprechung in einer Baracke statt wie sonst im Bunker stattgefunden habe, gehe auf dieses Gerücht zurück, das also den Erfolg

des Stauffenbergschen Anschlages verhindert habe. Dem Verf. liegt ein Bericht von Jessen vor (Aufzeichnung, Masch., o. O. 1946), der mindestens in allen wesentlichen Punkten mit dem identisch ist, der von Baum benützt wurde und der sich im IfZ in München befindet. Aus der vom Verf. gegebenen Schilderung der Zeit zwischen 1. und 18. Juli geht hervor, daß die Schlußfolgerungen Jessens nicht so stimmen können.

376 Tatsächlich ist das Gerücht, wie erwähnt, nicht über den Kreis hinausgelangt, in dem es entstanden war. Erst am 30. August 1944 war es der Gestapo mit Sicherheit genau bekannt: Bericht vom 30. August 1944, BA EAP 105/24; Spiegelbild, S. 318-320 druckt diesen Teil des Berichtes wegen der darin enthaltenen persönlichen Angaben über noch Lebende nicht ab. Der Berichterstatter straft darin ausdrücklich Hitlers Behauptung von der »ganz klein[en] Clique ehrgeiziger, gewissenloser und zugleich verbrecherischer dummer Offiziere« Lügen, indem er feststellt, allein bei dem Kreis, in dem sich Haeften und Jessen bewegten, handle es sich um einen »an sich sehr weitschichtigen« Personenkreis. Vgl. Hitlers Ansprache bei Domarus, S. 2127-2129; 20. Juli 1944, S. 185-186.

377 Spiegelbild, S. 55, 117.

378 Dafür spricht auch, daß anscheinend die Warnung Kranzfelders der Festlegung bzw. Voranmeldung des Termins für Stauffenberg vorausging; gegen 17 Uhr wurde der »Termin« bekannt, und ebenfalls gegen 17 Uhr traf Kranzfelder schon wieder in der »Koralle› ein. In diesem Punkt also hat Jessen recht, wie sich auch aus dem Folgenden ergibt.

379 Spiegelbild, S. 117; im Orig. unterstr., im Abdruck kursiv.

380 Jessen, Aufzeichnung.

381 Stirius an d. Verf. 2. Feb. 1967, auch zum Folgenden. Zeller, S. 375 und Kramarz, S. 200 berichten, der 19. Juli sei verlaufen wie jeder andere Tag auch.

382 Heinz Pieper, mündliche Mitteilungen an d. Verf. vom 24. Juli 1965.

382a Generalleutnant a. D. Wolfgang Thomale an d. Verf. 11. Aug. 1971.

383 Bericht eines Teilnehmers G. A. in »Letzte Begegnung mit Graf Stauffenberg«, Stuttgarter Zeitung, 20. Juli 1950, zit. bei Zeller, S. 375-376 u. 529 Anm. 43.

384 Prozeß XXXIII, 359; Zimmermann, S. 21.

385 Prozeß XXXIII, 395-396.

386 Prozeß XXXIII, 485-486 (Aussagen Hases).

387 Schweizer; Spiegelbild, S. 170, 194.

388 Kramarz, S. 200.

389 Zeller, S. 376 berichtet offenbar auf Grund der Mitteilungen Schweizers, die Zeller etwa 1948 von Schweizers Schwester erhalten hat, gibt aber keine Quelle an; er nennt eine Kirche in Dahlem. Schweizer glaubte sich 1965 an eine Kirche in Steglitz zu erinnern, zu der er Stauffenberg fahren mußte.

390 Zeller, S. 376; Kramarz, S. 200; jeweils ohne Einzelbeleg. Bestätigung durch Aussage Berthold Graf von Stauffenbergs am 22. Juli: Sein Bruder habe ihm am Abend des 19. Juli die Mappe mit dem Sprengstoff gezeigt, und er habe ihn am nächsten Morgen zum Flugplatz begleitet. Spiegelbild, S. 21.

XI. 20. Juli 1944

1 Karl Schweizer, mündliche Mitteilungen an d. Verf. vom 18. Juni 1965; Spiegelbild einer Verschwörung: Die Kaltenbrunner-Berichte an Bormann und Hitler über das Attentat vom 20. Juli 1944, Stuttgart 1961, S. 21; Frau Mertz von Quirnheim, Tagebuch 20. 7. 44 und 45.

2 Schweizer. Spiegelbild, S. 112 druckt unvermittelt im Anschluß an einen Bericht über Vernehmungen von Yorck, Trott und H. Kaiser ein Stück des Tatortberichtes der Sonderkommission 20. 7. 1944 des RSHA/Amt IV vom 26. Juli ab, der zu S. 86 gehört.

3 Dies kann entnommen werden aus dem Bericht in Spiegelbild, S. 86, 112. Herr Oberstudienrat Max Müller, der 1942 auf dem Flugplatz Rastenburg eingesetzt war, hat darüber Berechnungen angestellt und sie d. Verf. unter dem 26. Nov. 1967 mitgeteilt; ferner Mitteilungen von Herrn Max Müller an die Stiftung »Hilfswerk 20. Juli 1944« vom 31. Okt. 1967. Voraussetzung war, daß die in Spiegelbild, S. 22, 84, 86 angegebenen Zeiten und die von Müller angenommene Abflugzeit 7 Uhr zutreffen. Die langsame »Ju 52« – Höchstgeschwindigkeit 290 km/Stunde – hätte dann für die 555 km etwa drei Stunden gebraucht, bei einem Durchschnitt von etwa 180 km/Stunde. Schweizer erinnert sich, daß der Abflug bis etwa 8 Uhr verzögert worden sei; dann wäre die »Ju 52« nahe an der Höchstgeschwindigkeit geflogen. Oberst d. G. Meichßner berichtete an den Kriegstagebuchführer des WFSt, Prof. Schramm, auf Grund einer von Oberst der Luftwaffe Aldinger erhaltenen Information, Stauffenberg habe für Hin- und Rückflug das Flugzeug des Generalquartiermeisters General Wagner benützt; [Percy Ernst Schramm], »Mitteilungen des Oberst d. G. Meichsner [sic], Abt.-Leiter der Abt. Org., 23. 7., 9 Uhr«, StA Nürnberg PS 1808, abgedruckt in Herbert Kraus, Die im Braunschweiger Remerprozeß erstatteten moraltheologischen und historischen Gutachten nebst Urteil, Hamburg 1953, S. 148–150. Es kann also beide Male die »He 111« gewesen sein. Da diese schon 1940 eine Höchstgeschwindigkeit von 500 km/Stunde entwickelte, ist allerdings nicht ganz verständlich, warum Stauffenberg und Haeften nicht schon etwa um 14.15 Uhr wieder in Berlin waren. S. dazu unten, S. 510–511.

4 Zu den Sperrkreisen und den Verwirrungen hinsichtlich ihrer Bezeichnung vgl. Skizze im Anhang u. 2. A. dieses W., S. 659, 665–667. Heinz Pieper, mündliche Mitteilungen an d. Verf. vom 24. Juli 1965 berichtet, er habe einen Kurierfahrer, den Fahnenjunker Erich Kretz, zum Flugplatz geschickt, aber Kretz selbst erinnert sich nur, Stauffenberg und Haeften *mittags* zur Verfügung gestanden zu sein und sie zum Flugplatz *zurück*gebracht zu haben: Erich Kretz, mündliche Mitteilungen an d. Verf. vom 29. Aug. 1965 und vom 31. Aug. 1966 (künftig zit. als Mitteilungen I bzw. II). Vgl. Helmuth Spaeter, Die Geschichte des Panzerkorps Großdeutschland, Bd. II, Duisburg-Ruhrort 1958, S. 564. Zur Lage des heute kaum mehr erkennbaren Flugplatzes: Gedächtnisskizze von Max Müller vom 31. Okt. 1967. Vgl. zu den ganzen Vorgängen des 20. Juli 1944 im Führerhauptquartier Peter Hoffmann, »Zu dem Attentat im Führerhauptquartier ›Wolfsschanze‹ am 20. Juli 1944«, VfZ 12 (1964), S. 266–284. Die damaligen Feststellungen können inzwischen durch neu gewonnene Quellen wesentlich erweitert werden. Zur

Landungszeit: Spiegelbild, S. 84. Oberstleutnant a. D. Ernst John von Freyend (Adjutant Keitels, damals Major), mündliche Mitteilungen an d. Verf. vom 14. Mai 1965, behauptet mit Bestimmtheit, Stauffenberg sei schon um 9 Uhr oder etwas früher in Rastenburg gelandet, hat aber von Stauffenbergs Eintreffen erst telephonisch nach dessen Ankunft im Kasino des Sperrkreises II erfahren; ebenso der damalige Oberstleutnant i. G. Otto Lechler, damals Bearbeiter für Organisationsfragen beim Chef des Heeresstabes General Buhle, mündliche Mitteilungen an d. Verf. vom 5. Juni 1964; ebenso auch der damalige Major Eduard Ackermann (ebenfalls bei Buhle tätig), mündliche Mitteilungen an d. Verf. vom 20. Nov. 1964. John von Freyend, Lechler und Ackermann (dieser vielleicht abhängig von Lechler) sind die einzigen Zeugen, die von der frühen Ankunftzeit berichten, und gerade sie sind mit Stauffenberg nicht vor etwa 11 Uhr in Berührung gekommen. Ebenfalls ergibt sich aus dem Weiteren, daß Stauffenberg eineinhalb Stunden oder länger gefrühstückt haben müßte, wenn die Ankunftzeit 9 Uhr oder früher richtig wäre. Der auf Grund des Berichts der Tatortkommission verfaßte Gestapo-Bericht vom 26. Juli 1944 und der von ihrem Leiter, dem damaligen Kriminalrat Dr. Bernd Wehner, 1950 auf Grund seiner Erinnerung und nochmaliger Befragungen seiner Kollegen verfaßte Bericht dagegen geben 10.15 Uhr an: Spiegelbild, S. 84; [Bernd Wehner], »Das Spiel ist aus – Arthur Nebe: Glanz und Elend der deutschen Kriminalpolizei«, Der Spiegel 4 (1950) Nr. 12, 23. März 1950, S. 31. Wehner und seine Kommission haben damals natürlich nicht nur die Angehörigen des Führerhauptquartiers, sondern auch das Flugplatzpersonal befragt. Der in Spiegelbild, S. 84–86 und 112–113 abgedruckte »Bericht zum Attentat auf den Führer am 20. Juli 1944« stammt *nicht* unmittelbar von Dr. Wehner oder seiner Kommission, sondern verwertet nur deren Ermittlungsergebnisse; Dr. Bernd Wehner an d. Verf. 27. Okt. 1965 und 4. Dez. 1967. Dr. Wehner weiß nicht, was mit *seinem* Bericht geschehen ist; nachdem er ihn eingereicht hatte, hält aber für möglich, daß ungenaue Auszüge davon gemacht wurden, was manche Unstimmigkeit und Unvollständigkeit erklären würde. Pieper; Dr. Wilhelm Tobias Wagner, damals als Oberarzt (Z) Leiter der Wehrmachtzahnstationen in den Führerhauptquartieren, der am anschließenden Frühstück teilnahm, mündliche Mitteilungen an d. Verf. vom 29. Juli 1965; Dr. Erich Walker, damals Oberstabsarzt im Stabe des Kdt. des FHQu und des FBB, der gleichfalls am folgenden Frühstück teilnahm, mündliche Mitteilungen an d. Verf. vom 25. Juli 1965. Die vermutliche Flugzeit von eineinhalb bis zwei Stunden und die Mitteilung Schweizers über die Verschiebung des Abfluges sprechen dafür, daß 9 Uhr die *geplante* und übliche Ankunftzeit des Kurierflugzeuges war und so den Zeugen in Erinnerung geblieben ist, die Stauffenbergs Besprechungen mit Keitel und Buhle zu arrangieren hatten. Übrigens werden von vielen Zeugen für zahlreiche Vorgänge des 20. Juli frühere als die wirklichen Zeiten angegeben; vgl. z. B. unten, Anm. 11, zum Beginn der Lagebesprechung.

5 Im Bericht der Untersuchungskommission, Spiegelbild, S. 84 heißt es: »Generalmajor Stieff, Chef Organisationsabteilung OKH, und Oberleutnant von Haeften, Ordonnanzoffizier Stauffenbergs, kamen gleichzeitig [auf dem Flugplatz an].« In Berlin erfuhr Oberst d. G. Meichßner über die näheren

Umstände von Stauffenbergs Flug aus einer Orientierung durch Oberst der Luftwaffe Aldinger, »daß das von Stauffenberg benutzte Flugzeug das des Gen. Qu. gewesen war und daß dieses gleichzeitig von dem General Stief [sic] und dem Maj. d. G. Rall benutzt worden war.« [Schramm], Mitteilungen Meichßner. Sonst gibt es keine Hinweise dafür, daß Stieff von Berlin mitgeflogen wäre.

6 Pieper; Spaeter II, 564; Wagner; Walker; Oberst i. G. Herbert Kandt (II a im Stabe des Wehrkreiskommando I) an d. Verf. vom 11. Feb. und 13. März 1964; Thadden ist 1945 gestorben. Walker nennt noch den Kommandanten Oberstleutnant Streve, ebenso Spiegelbild, S. 84-85, beide wohl irrtümlich; Spaeter nennt noch Haeften, offenbar ebenfalls irrtümlich, läßt aber Wagner und Walker weg.

7 Die frühe Ankunft und das Warten Thaddens und seines Begleiters ist ein weiterer Hinweis auf die Verspätung Stauffenbergs und auf den *geplanten* früheren Zeitpunkt seines Eintreffens.

8 Lechler; Wagner; Walker. Pieper und Spaeter II, 564 (dieser offenbar auf Grund von Piepers Bericht) behaupten, Stauffenberg sei mit dem Kurierwagen gefahren, der die ganze Zeit beim Kurhaus gewartet habe; Pieper habe bemerkt, die Tasche sei aber schwer, worauf Stauffenberg gesagt habe, da seien auch Muster des Waffenamtes drin. Dr. Walker erinnert sich, daß Jansen die Bemerkung über die Tasche gemacht habe. Niemand berichtet, Stauffenberg habe *zu dieser Zeit* zwei Taschen bei sich gehabt. Als er zu den Besprechungen ging und Haeften nicht bei ihm war, der die andere Tasche haben mußte, kann Stauffenberg also schwerlich die Tasche mit dem Sprengstoff bei sich gehabt haben, sondern es muß die mit den Besprechungsunterlagen gewesen sein. So berichten denn auch Walker und die anderen Zeugen, die zuverlässiger sind als Pieper, und unabhängig von diesem, Stauffenberg sei mit Jansen zu Fuß gegangen; Walker fügt hinzu, Jansen habe die Bemerkung vom Gewicht der Tasche gemacht und Stauffenberg habe darauf gesagt, ja, es gebe heute viel zu besprechen. [Wehner], Das Spiel ist aus, S. 31 berichtet als einziger, Stauffenberg habe zwischen Kasino und Keitel/WFSt-Baracke (vgl. Skizze im Anhang) noch Fellgiebel getroffen; da Leutnant Jansen vor seinem Tode (1966) nicht gefunden werden konnte, gibt es dafür sonst keinen Anhaltspunkt. Der WNO Oberstleutnant Ludolf Gerhard Sander, mündliche Mitteilungen an d. Verf. vom 24. und 25. April 1964, berichtet, daß Fellgiebel an diesem Tage schon um 8 Uhr bei ihm in der »Wolfschanze« erschienen sei, ganz auffallenderweise, doch weiß er nichts von der von Wehner erwähnten Zusammenkunft Fellgiebels und Stauffenbergs.

9 Spiegelbild, S. 85; Briefe vom 11. Feb. und 13. März 1964 an d. Verf. vom Begleiter Thaddens, Oberst i. G. Kandt.

10 Also nicht im selben Gebäudekomplex, wie es in Hoffmann, Attentat, S. 267 auf Grund weniger vollständiger Quellen hieß. Spiegelbild, S. 85; John von Freyend; Lechler; Sander; Wehner.

11 Zum *Zeitpunkt* der Lagebesprechung: Nicolaus von Below, damals als Oberst Luftwaffen-Adjutant bei Hitler, mündliche Mitteilungen an d. Verf. vom 15. Mai 1964; ders., [Vernehmungsbericht] 032/Case No. 0279, Masch., o. O. 23. Jan. 1946; ders., »Hitlers Adjutant über den 20. Juli im FHQu: Ein Augen-

zeugenbericht«, Echo der Woche, 15. Juli 1949, S. 5; Heinz Buchholz (Stenograph), Das Attentat auf Adolf Hitler am 20. Juli 1944: Augenzeugenbericht von Regierungsrat Heinz Buchholz, ehemaliges Mitglied des Stenographischen Dienstes im F. H. Qu., Masch., Berchtesgaden 14. Juli 1945, University of Pennsylvania Library 46 M-25; ders., zit. in Percy Knauth, »The Hitler Bomb Plot«, Life 18 (1945) Nr. 22, 28. Mai 1945, S. 17-18, 20, 23 und in Percy Knauth, Germany in Defeat, New York 1946, S. 175-182; Herbert Büchs, damals Major im WFSt, mündliche Mitteilungen an d. Verf. vom 1. Juli 1964; John von Freyend; Konteradmiral a. D. Karl Jesko von Puttkamer, damals Marine-Adjutant bei Hitler, mündliche Mitteilungen an d. Verf. vom 5. März 1964; [Percy Ernst Schramm], »Mitteilungen des Stellv. Chefs WFSt [General der Art. Warlimont] 21. 7. 44 20 Uhr«, Kriegstagebuch des WFSt, Wolfschanze 22. 7. 1944, StA Nürnberg PS 1808, abgedruckt in Kraus, S. 142-145; Heinz Waizenegger, damals Oberstleutnant d. G. und Erster Generalstabsoffizier beim Chef des WFSt, mündliche Mitteilungen an d. Verf. 9. Sept. 1963; Wehner. Alle diese sind sich einig, daß die Lagebesprechung von der gewöhnlichen Zeit 13 Uhr auf 12.30 Uhr vorverlegt wurde. Nur Gen. d. Fl. Karl Heinrich Bodenschatz, damals Ständiger Verbindungsoffizier Görings bei Hitler, gab nach dem Kriege 12.30, aber auch 12.45 Uhr als Zeit des Beginns am 20. Juli 1944 an (Sammlung John, Mappe 5); Adolf Heusinger, Befehl im Widerstreit: Schicksalsstunden der deutschen Armee 1923-1945, Tübingen 1950, S. 352: 12 Uhr; und Heinz Aßmann, damals Kapitän zur See, Ia op M im WFSt, in Kurt Assmann, Deutsche Schicksalsjahre: Historische Bilder aus dem zweiten Weltkrieg und seiner Vorgeschichte, Wiesbaden ²1951, S. 453-460: Lagebeginn verlegt von 12.30 auf 12 Uhr; ebenso [Alfred Jodl], Der 20. Juli 1944 im Führerhauptquartier, Masch., o. O. [1946], S. 2. Bodenschatz, Heusinger und Aßmann sind auch sonst weniger zuverlässig.
12 Nach dem Bericht Johns von Freyend war Haeften erst jetzt wieder aufgetaucht, als er zwischen 11 und 12 Uhr bei John erschienen war und dieser ihn in den Aufenthaltsraum gesetzt hatte. Nach Lechler wäre er schon mit Stauffenberg zu Buhle gekommen, aber vielleicht verwechselt Lechler in der Erinnerung Haeften und Jansen. Zum Folgenden Werner Vogel, Betr.: 20. 7. 1944 – eigene Erlebnisse, 26. Juni 1970 (s. Abdruck im Anhang) und ders., mündliche Mitteilungen an d. Verf. 1. Juli 1971.
13 John von Freyend; Lechler; Vogel; ähnlich, doch ohne weitere Details, Spiegelbild, S. 85 und [Wehner], Das Spiel ist aus, S. 31; auch zum Folgenden. In der Aktentasche mit dem Sprengstoff befand sich auch ein Hemd, wie Berthold Graf von Stauffenberg zwei Tage später der Gestapo berichtete; Spiegelbild, S. 21.
13a So 1964 John von Freyend; Vogel erwähnt den Punkt nicht.
14 S. hierzu auch oben, S. 471-472, unten, S. 497-498; Abb. im Anhang; Peter Hoffmann, »Warum mißlang das Attentat vom 20. Juli 1944?« VfZ 32 (1984), S. 441-462.
15 Below, Adjutant; John von Freyend; Lechler; Vogel; Puttkamer; Sander; [Percy Ernst Schramm], »Vorgänge im FHQu am 20.7.44 (Attentat auf den Führer)«, StA Nürnberg PS 1808, abgedruckt in Kraus, S. 139-141; [Schramm], Mitteilungen Warlimont. Christian Müller, Oberst i. G. Stauffenberg, Düsseldorf [1970], S. 614-615 mit wenig plausiblen Erwägungen.

16 Albert Bormann an d. Verf. 15. Nov. 1964.
17 John von Freyend.
18 Zum Wetter: Aßmann, S. 454; Below, Adjutant; Büchs; John von Freyend; Sander; Vizeadmiral a. D. Hans-Erich Voß (Konteradmiral, Ständiger Vertreter des Ob. d. Marine im FHQu) an d. Verf. 17. März 1964. Sie sind sich einig, daß es ein warmer Tag mit Temperaturen von mindestens 20–25° C war. S. ferner Hoffmann, Warum, S. 458–460.
19 Below, Adjutant; [Schramm], Mitteilungen Warlimont.
20 [Schramm], Mitteilungen Warlimont; H[einz] W[aizenegger], »Der 20. Juli 1944 im ›Führerhauptquartier‹ / Von einem Augenzeugen«, Stuttgarter Zeitung, 20. Juli 1949, S. 3; Below, Adjutant.
21 Einige Zeugen berichten, Stauffenberg sei schon zu Beginn der Besprechung dagewesen und nicht zu spät gekommen: Aßmann, S. 455; Below, Adjutant; [Schramm], Vorgänge; Waizenegger, Mitteilungen. Die anderen sind sich aber einig, daß Keitel und Stauffenberg sowie Buhle (den nicht alle erwähnen) etwas zu spät gekommen seien: Buchholz, Attentat; Buchholz bei Knauth, S. 177; Heusinger, Befehl, S. 353; John von Freyend; Puttkamer; [Schramm], Mitteilungen Warlimont; Dr. Franz von Sonnleithner, damals als Gesandter I. Klasse und Ministerialdirigent Vertreter des Ständigen Beauftragten des Reichsaußenministers beim Führer, mündliche Mitteilungen an d. Verf. vom 16. Jan. 1964, hat die Variante, Stauffenberg sei allein gekommen; Voß an d. Verf. 17. März 1964. Die Zeitangaben für die Verspätung schwanken zwischen fünf und zehn Minuten.
22 Aßmann, S. 455; Buchholz, Attentat; Puttkamer; Sonnleithner; [Schramm], Mitteilungen Warlimont.
23 Vgl. die im Anhang wiedergegebene Photographie, auf der Göring u. a. den zerschmetterten Tisch besichtigen; John von Freyend. Voß an d. Verf. 17. März 1964 berichtet den Vorgang ohne Erwähnung der Rolle Johns von Freyend und meint sich zu erinnern, daß er zwischen Heusinger und Brandt gestanden sei, ehe er Stauffenberg Platz machte. Das ist unwahrscheinlich, weil Heusinger bei seinem Vortrag von Brandt Karten etc. vorlegen ließ und jedenfalls Stauffenberg kaum in die Lücke hätte treten können. Nach der Erinnerung von Voß standen an der Längsseite weit mehr Personen, als dort Platz finden konnten.
24 Adolf Heusinger, mündliche Mitteilungen an d. Verf. vom 6. Aug. 1964; Interview Joachim Fests mit Heusinger 17. Sept. 1970, Tonaufnahme, Bavaria Atelier GmbH. Walter Warlimont, Circumstances of the Attempt of 20 July 1944, 3. Aug. 1945, NA RG 238 ETHINT-5 bestätigt, daß Stauffenberg die Tasche von rechts außen an den Sockel gelehnt, also niemand die Tasche von ihrem ursprünglichen Platz entfernt hat. Johns Bericht, er habe Stauffenberg zwischen Heusinger und Brandt »placiert«, kann also höchstens für die ersten Augenblicke von Stauffenbergs Anwesenheit zutreffen; John selbst berichtet, daß das noch nicht der endgültige Standort Stauffenbergs war. Die zeitgenössischen Berichte enthalten keinen Hinweis darauf, daß die Tasche von der Innen- an die Außenseite gestellt worden wäre: mündliche Mitteilungen von Dr. A. Widmann vom Kriminaltechnischen Instituts im Reichskriminalpolizeiamt an d. Verf. vom 30. Juli 1968. Außer dem Bericht in Spiegelbild, S. 83–86 und 112–113 existiert eine

Aufzeichnung von ehemaligen Mitgliedern der Tatortkommission, darunter Dr. Wehner, in der die Standorte der Teilnehmer und der Aktentasche eingezeichnet sind: Alexander Harder, Kriminalzentrale Werderscher Markt: Die Geschichte des »Deutschen Scotland Yard«, Bayreuth 1963, zwischen S. 352 und 353. Jedoch ist diese Skizze erst später, wahrscheinlich für Wehners Bericht von 1950, Das Spiel ist aus, angefertigt worden; schwerlich hätte damals z. B. jemand »Adolf Hitler« statt »Führer« eingetragen. Dr. Wehner an d. Verf. 4. Dez. 1967. Ferner gibt es eine nach Abschluß der Tatortermittlungen angefertigte Skizze, die dem Volksgerichtshof am 7. Aug. 1944 vorlag und während der Vernehmung von Generalmajor Stieff auf den damals vom Prozeßverlauf hergestellten Film kam: Der 20. Juli 1944 vor dem Volksgerichtshof, BA Film Nr. 3023-2; vgl. Der Prozeß gegen die Hauptkriegsverbrecher vor dem Internationalen Militärgerichtshof Nürnberg 14. November 1945-1. Oktober 1946, Bd. XXXIII, Nürnberg 1949, S. 322-324, wo Freisler ausführlich die ihm vorliegenden Photographien und Skizzen beschreibt. Ferner: Aßmann, S. 455; Below, Adjutant; Heusinger, Befehl, S. 353; Heusinger, Mitteilungen; Puttkamer; Sonnleithner; Voß an d. Verf. 17. März 1964; W[aizenegger], 20. Juli; Waizenegger, Mitteilungen; Das Spiel ist aus, S. 32. Am 13. Feb. 1959 schrieb Voß an Hans Hagen (den Offizier, der am 20. 7. 44 in Berlin den Major Remer so wesentlich beeinflußte), er habe Stauffenbergs Tasche mit dem Fuß unter den Tisch und dichter an den Tischsockel herangeschoben; Hans W. Hagen, Zwischen Eid und Befehl: Tatzeugenbericht von den Ereignissen am 20. Juli 1944 in Berlin und »Wolfschanze«, München [2]1959, S. 68 Anm. 5a. Professor Dr. Hans Karl von Hasselbach, einer von Hitlers Ärzten, schrieb d. Verf. unter dem 11. Okt. 1965, Voß habe ihm 1965 berichtet, daß er selbst Stauffenbergs Tasche von da weggestellt habe, wo Stauffenberg sie placiert hatte, und daß er dann auf die andere Seite des Tisches gegangen sei; an d. Verf. schrieb Voß unter dem 17. März 1964, er sei auf die andere Seite des Tisches gegangen, um auf der Karte den Namen einer Ortschaft besser lesen zu können. Die Erzählung Voß' gegenüber Hasselbach wird auf einem Mißverständnis beruhen; Voß an d. Verf. und John von Freyend stimmen darin überein, daß Voß mit der Aktentasche nichts zu tun hatte, ehe er um den Tisch herum ging. Von den primären Zeugen berichtet als einziger Buchholz (Attentat und in Knauth, S. 178), die Aktentasche sei zunächst an der Innenseite des Sockels abgestellt und nach Stauffenbergs Weggang von Oberst i. G. Brandt an die Außenseite gestellt worden. Es ist wohl möglich, daß er als einziger das gesehen hat; aber er war mit dem Stenographieren beschäftigt und saß am diagonal entgegengesetzten Ende des Tisches. Brandt selbst ist tot. Erheblich ist die Frage der Ortsveränderung der Tasche für die Art der Attentatausführung durch Stauffenberg nicht. Er konnte den Erfolg unmöglich von dem genauen, vorherbestimmten Standort der Aktentasche abhängig machen. Der Plan war, alle Teilnehmer der Lagebesprechung zu töten, außer Hitler mindestens – sofern sie teilnahmen – Himmler und Göring. Da niemand wissen konnte, wo diese stehen würden, mußte die Explosion zur Tötung aller Anwesenden ausreichen. Weiter ist fraglich, ob Hitler getötet worden wäre, wenn die Tasche mit dem *einen* Sprengstoffpaket innen gestanden wäre. Nur vier der sechs bis acht Personen, die der Tasche so nahe waren, wie Hitler es gewesen wäre, wenn sie innen gestanden wäre, sind umgekommen, und nur zwei von ihnen innerhalb 48 Stunden (s. dazu unten, S. 496-497).

War der Standort der Tasche bzw. Hitlers, eventuell Himmlers und Görings in bezug zu ihr im Augenblick der Explosion des Sprengstoffes also sehr vom Zufall abhängig, so gilt das *nicht* im selben Maße für die Sprengstoff*menge*. Hier hatten – bei der Zurücklassung der Hälfte des mitgebrachten Sprengstoffes – willensbestimmte Handlungen des Attentäters offenbar größeren Einfluß. Zur vermutlichen Wirkung der doppelten Sprengstoffmenge: Hans Langemann, Das Attentat: Eine kriminalwissenschaftliche Studie zum politischen Kapitalverbrechen, Hamburg [1956], S. 348–349 und Anm. 57; Dr. Albert Widmann, damals Sprengstoffsachverständiger des Kriminaltechnischen Instituts des Reichskriminalpolizeiamtes, in Das Spiel ist aus, S. 30-31.

25 John von Freyend; Sonnleithner; Below, Adjutant; ähnlich Das Spiel ist aus, S. 32, wonach aber Stauffenberg dem diensttuenden Telephonisten gesagt habe, er *erwarte* ein Gespräch aus Berlin. Puttkamer berichtet, Adam habe später ausgesagt, Stauffenberg habe kein Gespräch angemeldet; Sander, der kurz nach dem Attentat mit Adam sprach und dessen Bericht anhörte, berichtet auch nichts von einem von Stauffenberg *angemeldeten* Gespräch, dagegen davon, daß er auf Anweisung Fellgiebels in der Lagebaracke anrufen und Stauffenberg nach der Besprechung ausrichten lassen mußte, er möge nachher noch zu Sander kommen – so wüßte dann Stauffenberg, wo er Fellgiebel und Haeften und damit auch das Auto finden würde. Hinausgerufen wurde Stauffenberg nur nach den weniger zuverlässigen Berichten von Buchholz, Attentat und bei Knauth, S. 178, und von Voß an d. Verf. 17. März 1964. Nach Heusinger, Mitteilungen, flüsterte er Brandt etwas zu und ging dann hinaus; nach Heusinger, Befehl, S. 353, sagte Stauffenberg leise zu Keitel: »Herr Feldmarschall, ich erledige noch rasch ein Telephongespräch und komme gleich wieder. Keitel nickt, Stauffenberg geht zu Oberst Brandt. Leise zu Brandt: ich lasse meine Mappe solange hier. Ich muß noch schnell telephonieren.« Dies stimmt genau überein mit dem Bericht von John von Freyend.
26 Hasselbach.
27 Sander; Hasselbach; Prozeßaussage Fellgiebels lt. Gen. d. Inf. a. D. Hermann Reinecke, damals Beisitzer beim VGH, an d. Verf. 31. Mai 1964.
28 Spiegelbild, S. 85; Sander.
29 Spiegelbild, S. 85; Sander; vgl. Das Spiel ist aus, S. 32.
30 Spiegelbild, S. 85; Sander.
31 Dies nach den Darstellungen Sanders gegenüber der Tatortkommission, Spiegelbild, S. 85-86, und gegenüber d. Verf.; ferner [Schramm], Mitteilungen Warlimont. Die Beschaffung des Autos ist in der Untersuchung nicht völlig aufgeklärt worden, wo natürlich so manches von den Beteiligten verschleiert worden ist; jeder wollte so wenig wie möglich mit dem Entkommen Stauffenbergs zu tun gehabt haben. Auch sei daran erinnert, daß der ursprüngliche Bericht der Tatortkommission nicht ohne Änderungen und Auslassungen in den Gestapo-Berichten wiedergegeben ist. Sicher ist aber, daß Sander um die Beschaffung eines Autos bemüht war, dies geht auch aus den Berichten anderer mittelbarer oder unmittelbarer Zeugen

im FHQu hervor: Nach dem Fortsetzer des Diensttagebuches von Schmundt, in Tätigkeitsbericht des Chefs des Heerespersonalamts General der Infanterie Schmundt, begonnen: 1. 10. 1942 [fortgef. bis 29. 10. 1944], NA Microcopy T-78, Roll 39, IfZ MA 474, auszugsweise abgedruckt bei Hans-Adolf Jacobsen, 1939–1945: Der zweite Weltkrieg in Chronik und Dokumenten, Darmstadt 1959, S. 475–478 hätte Fellgiebel das Auto beschafft; nach Warlimonts Bericht, den [Schramm], Mitteilungen Warlimont, am 22. Juli niederschrieb, hätte Sander das Auto beschafft; ebenso »hieß es allgemein«, Sander habe Stauffenberg das Auto beschafft, lt. Erich Schüler, damals Schlüsseloffizier in der FNA, mündliche Mitteilungen an d. Verf. vom 16. Juli 1965. Der Kurierfahrer Erich Kretz berichtete, er sei zwischen 12 und 13 Uhr zum Sperrkreis I geschickt worden, entweder von Pieper oder von Möllendorff, habe sich dort Stauffenberg zur Verfügung gestellt, und zwar habe er ihn direkt an der Lagebaracke abgeholt; Kretz, Mitteilungen II. Damit wäre klar, wie Stauffenberg sagen konnte, er habe schon ein Auto, und zugleich wäre die Tatsache erklärt, daß Haeften es nirgends hatte finden können. Jedoch: vor die Frage gestellt, ob er Stauffenberg an der Lagebaracke oder an der Adjutantur abgeholt habe, entschied sich Kretz stets für die Lagebaracke, beschrieb aber sowohl gegenüber dem Verf. (Mitteilungen I) als auch gegenüber Herrn Peter Dietz (Telephonisches Gespräch mit Erich Kretz, 27. Feb. 1966, Niederschrift im Bes. d. Verf.) die Lage der Adjutantur als diejenige der Lagebaracke. Erst als ihm d. Verf. eine Skizze vorlegte, zeigte er darauf auf die Lagebaracke selbst. Kretz erinnerte sich nicht, daß Stauffenberg nach dem Verlassen der Lagebaracke und vor dem Verlassen des Sperrkreises noch mit Fellgiebel gesprochen habe. Das braucht er aber auch nicht gesehen zu haben, während er beim Auto wartete. Er erinnert sich auch nicht, nach dem Einsteigen Stauffenbergs irgendwo gehalten zu haben, außer an der Wache. Dagegen erklärte er d. Verf. in zwei Gesprächen, zuerst sei Haeften zum Auto gekommen und dann erst Stauffenberg. Alles, außer Kretz' geographischer Erinnerung angesichts der ihm vorgelegten Skizze, spricht also dafür, daß er Stauffenberg und Haeften bei der Adjutantur, nicht bei der Lagerbaracke abholte und daß er die Adjutantur für die Lagebaracke hielt. Nimmt man aber Kretz' Fahrerdienste für Stauffenberg (lt. Kretz und Pieper) sowie Stauffenbergs Erscheinen bei Fellgiebel und Sander auf Grund der Zeugenaussagen und Ermittlungsberichte – Spiegelbild, S. 85 bis 86; Aßmann, S. 459; Buchholz, Attentat; Hasselbach; Sander; Wilhelm Scheidt, »Wahrheit gegen Karikatur: Eine deutsche Antwort an Gisevius«, Neue Politik 9 (1948) Nr. 11, 27. Mai 1948, S. 1–2; Schmundt; [Schramm], Mitteilungen Warlimont; Das Spiel ist aus, S. 32; Otto Dietrich, 12 Jahre mit Hitler, Köln [1955], S. 267, der angibt, der Parkplatz des von Stauffenberg für die Fahrt zum Flugplatz benützten Autos sei 150 m von der Lagebaracke entfernt gewesen; Dietrichs Pressebaracke war im Sperrkreis I, etwa 100 m südlich von der Lagebaracke – für erwiesen an, so *muß* Kretz einer Erinnerungslücke zum Opfer gefallen sein. Die nicht einheitliche Anwendung der Bezeichnung »Lagehaus« dürfte zu der Verwirrung wesentlich beigetragen haben: In dem Rundschreiben von [Albert] Bormann und Schmundt über die Schaffung eines Sperrkreises A innerhalb des Sperrkreises I vom 20. September 1943 werden als zum Sperrkreis A gehörend die Häuser

»8: Persönliche Adjutantur des Führers«, »13: Adjutantur der Wehrmacht beim Führer«, »813: HPA usw., Lagehaus« aufgeführt; BAEAP 105/33. Im Bericht der Sonderkommission, Spiegelbild, S. 85, ist immer vom »Bunker 88« die Rede, womit lt. Sander das Gebäude der Persönlichen Adjutantur gemeint ist. Alle die eben genannten Gebäude sind in einem Komplex zusammengebaut gewesen. Lagebesprechungen fanden bis März 1944 in Hitlers eigenem Bunker statt, nicht in dem Gästebunker, den er im Juli 1944 bewohnte, und zu Zeiten fanden sie auch im OKW-Gebäude statt. Im Juli 1944 wurden sie in der »Lagebaracke« abgehalten, doch erst seit ziemlich kurzer Zeit, seit 15. Juli. Die Verwirrung ist begreiflich und kann allein zum Zweifel an der Glaubwürdigkeit der Zeugen keinen Anlaß geben. Vgl. Hoffmann, Attentat, S. 275 Anm. 101. Alle Widersprüche werden sich nicht auflösen lassen.

32 Spiegelbild, S. 86; Sander; ders. in Annedore Leber und Freya Gräfin von Moltke, Für und wider: Entscheidungen in Deutschland 1918–1945, Berlin, Frankfurt/M. 1961, S. 205; Kretz, Mitteilungen II; Albert Praun, Soldat in der Telegraphen- und Nachrichtentruppe, Würzburg [1966], S. 220 auf Grund der Erzählung Sanders vom August 1944; Prozeßaussage Fellgiebels lt. Reinecke an d. Verf. 31. Mai 1964.

33 S. Stauffenbergs von Hoepner – zweifellos nicht ganz wörtlich – wiedergegebenen Bericht in Prozeß XXXIII, 402; Dietrich, S. 265–267; Eberhard Zeller, Geist der Freiheit: Der zwanzigste Juli, München ⁵1965, S. 432.

34 Spiegelbild, S. 86; Kretz, Mitteilungen I und II; Kurt Salterberg (FBB-Wache am Führersperrkreis), Führerhauptquartier »Wolfsschanze« in Rastenburg/Ostpreußen, Masch., Pracht 1984.

35 Spiegelbild, S. 86; Kretz, Mitteilungen I und II; Das Spiel ist aus, S. 32 berichtet im wesentlichen ebenso, nur heißt hier die Außenwache Süd »Tor III«; Pieper. Von den spanischen Reitern, die Wehner in Das Spiel ist aus erwähnt, ist Kretz nichts bekannt. S. den Lageplan des FHQu im Anhang.

36 Spiegelbild, S. 86; Kretz, Mitteilungen I und II; Das Spiel ist aus, S. 32.

37 Kretz, Mitteilungen I und II; Dietz.

38 Spiegelbild, S. 84; Kretz I und II; Widmann 30. Juli 1968; Abb. im Anhang.

39 Kretz, Mitteilungen I und II.

40 Spiegelbild, S. 86; [Schramm], Mitteilungen Meichßner, gibt noch genauer »13.13 Uhr« an.

41 Büchs.

42 Aßmann, S. 455 (nennt Buhle nicht, aber auch niemand anderen); Puttkamer (ist nicht sicher, ob Buhle oder Heusinger nach Stauffenberg fragte); Below, Adjutant (Keitel habe Stauffenberg vermißt und gesucht); Sander (Buhle habe Adam dreimal nach Stauffenberg gefragt).

43 Diese Zeit geben alle zeitgenössischen Quellen an: Bericht in Spiegelbild, S. 83 (»gegen 12.50 Uhr«); [Schramm], Mitteilungen Warlimont; [Schramm], Vorgänge; Schmundt. Spätere Berichte geben meist, aber nicht immer frühere Zeiten an: Buchholz bei Knauth, S. 178 (»exactly 12:45«); Buchholz, Attentat (»etwa um 12.45 Uhr«); Below, Adjutant (12.40 Uhr); Spaeter II, 563 (»genau 12.42 Uhr deutscher Zeit«); W[aizenegger], 20. Juli (12.40 Uhr); Waizenegger, Mitteilungen (12.40 Uhr); Dietrich, S. 266 (gegen 12.50 Uhr); ferner Warlimont, Circumstances (etwa 12.50 Uhr).

44 Von den vierundzwanzig leben nur noch zwölf, einer von ihnen will keine

Auskünfte mehr geben. Einer der Verstorbenen hat aber einen genauen Bericht hinterlassen, ein weiterer einen mäßig genauen. Nach langem Zögern hat am 6. Nov. 1972 endlich auch der Persönliche Adjutant SS-Hauptsturmführer Otto Günsche, noch sehr genaue Auskünfte gegeben. Die einzige zeitgenössische Quelle hierzu ist die abschließende Skizze der Ermittlungsbehörden, die dem Volksgerichtshof vorlag und während der Vernehmung von Generalmajor Stieff auf den damals hergestellten Film kam: Der 20. Juli 1944 vor dem Volksgerichtshof, BA Film Nr. 3023-2; vgl. Prozeß XXXIII, 322-324. Dem Ereignis sehr nahe ist noch der Bericht von Buchholz (Juli 1945), aber die übrigen Berichte – Aßmann, Below, Heusinger, Puttkamer, Sonnleithner, Voß, Waizenegger, um die hauptsächlichen zu nennen – wurden wenigstens einige Jahre nach dem Ereignis niedergelegt. Das Spiel ist aus, S. 28 nennt statt Buchholz Haagen als zweiten Stenographen, aber dieser Bericht ist auch sonst nicht fehlerfrei: Waizenegger ist auf der entgegengesetzten Seite des Raumes eingezeichnet, wo er wohl gewöhnlich bei Jodl stand, aber eben nicht im Augenblick der Explosion (s. unten); »Buhl« ist gegenüber Hitler statt auf der Ostseite eingezeichnet, Berger heißt »Bergert«, Günsche heißt »Günther« usw. S. ferner Hoffmann, Attentat, S. 271-272.

45 Heusinger war früher von Tresckow um Beteiligung an der Verschwörung angegangen worden, hatte aber weder eine aktive Rolle übernommen, noch eine völlig ablehnende Haltung gezeigt. Er sollte vor dem Anschlag gewarnt werden und vermutet, daß dies nicht geschah, weil Tresckow selbst nicht oder nicht zeitig genug vorgewarnt war. Heusinger, Mitteilungen.

46 Z. B. in Das Spiel ist aus, S. 30.

46a Albert Speer, Erinnerungen, Berlin 1969, S. 398-399 berichtet, Hitler habe am 21. Juli ihm und anderen erzählt, wie Keitel mit dem Ruf »›Mein Führer, Sie leben, Sie leben!‹« auf ihn zugestürzt sei und ihn umarmt habe.

47 Hasselbach; Jodl, S. 2; [Heinz] Linge, »Kronzeuge Linge berichtet: F. H. Qu. 20. Juli 1944 12⁵⁰ Uhr«, Revue Nr. 12, 24. März 1956, S. 26-30; Albert Zoller, Hitler privat: Erlebnisbericht seiner Geheimsekretärin, Düsseldorf 1949, S. 184; Kurt Haase, damals Sanitätsoberfeldwebel im FHQu, mündliche Mitteilungen an d. Verf. vom 9. Aug. 1965; Vernehmung des Julius Schaub am 12. 3. 1947 von 15.30-16.00 durch Dr. Kempner, IfZ ZS 137.

48 Dr. Widmann in Das Spiel ist aus, S. 29-31; Langemann, S. 349 Anm. 57; Sachverständiger, mündliche Mitteilungen an d. Verf. vom 30. Juli 1968; Hans Bernd Gisevius, Wo ist Nebe? Erinnerungen an Hitlers Reichskriminaldirektor, Zürich 1966, S. 173 auf Grund des Berichts, den ihm Nebe am 27. Juli auf der Flucht von den Ermittlungsergebnissen der Tatortkommission gab.

49 Hasselbach; Konsultationsnotizen von Prof. von Eicken vom 23. Juli 1944, NA ML 125, ML 125a, ML 131.

50 Hasselbach; Zoller, S. 184-186.

51 Haase; Linge; Rudolf Semmler, Goebbels – the man next to Hitler, London 1947, S. 141.

52 Schmundt, S. 172, 274; Bodenschatz, S.R.G.G. 1219 (C).

53 Schmundt; Bodenschatz; Spiegelbild, S. 83; Hoffmann, Attentat, S. 273.

54 Spiegelbild, S. 84; Das Spiel ist aus, S. 31 gibt für den Zünder 10 Minuten Verzögerung an; Kretz, Mitteilungen I und II; Sachverständiger.

55 Spiegelbild, S. 50; Wehner an d. Verf. 27. Okt. 1965; das behauptete und

Kapitel XI 819

verbreitete später vor allen Hans Bernd Gisevius, Bis zum bitteren Ende: Vom Reichstagsbrand bis zum 20. Juli 1944, vom Verfasser auf den neuesten Stand gebrachte Sonderausgabe, Hamburg o. J., S. 509.
56 S. oben, S. 416–423.
57 Hoffmann, Warum, S. 455; Reproduktionen in NA Record Group 242; Oberstleutnant Faber (Bundeswehrbeschaffungsamt Koblenz), mündliche Mitteilungen an d. Verf. vom 2. Juli 1964.
58 Vgl. den Bericht von Oberfeldwebel Vogel im Anhang.
Eberhard Zeller, Geist der Freiheit: Der zwanzigste Juli, München ³1956, S. 284 hat noch in dieser 3. Auflage seines grundlegenden Werkes der Vermutung geäußert, ein gewisser Offizier im FHQu, der ganz kurz vor dem 20. Juli plötzlich versetzt worden sei, habe eigentlich die zweite Sprengladung in die Lagebesprechung bringen sollen, durch seine Versetzung sei also vielleicht das Attentat mißlungen. In der 4. und 5. Auflage, München 1963 bzw. 1965, hat Zeller diese Vermutungen nicht mehr wiederholt. Nach den Feststellungen des Verf. handelte es sich bei dem plötzlich versetzten Offizier um den Persönlichen Adjutanten SS-Obersturmbannführer Friedrich Darges, der sich im FHQu auf verschiedene Weise mißliebig gemacht hatte. Am 18. Juli zog er sich den Zorn Hitlers zu, als er bei der »Morgenlage« unaufmerksam war und während eines Vortrags mit anderen Offizieren sprach; The Bormann Letters: The Private Correspondence between Martin Bormann und His Wife from January 1943 to April 1945, London 1954, S. 58. Es hieß auch, er habe gelacht, als sich Hitler bei einer Lagebesprechung von einer Fliege besonders gestört fühlte. Darges mußte sich auf Anweisung Hitlers an die Front versetzen lassen. In großen Zügen stimmen die vom Verf. eingeholten Berichte überein: Below, Büchs, Günsche, John von Freyend, Puttkamer, Sonnleithner, Waizenegger; vgl. Hoffmann, Attentat, S. 284. Darges selbst ging in einem Brief an d. Verf. vom 10. März 1965 auf eine entsprechende Frage nicht ein, schrieb aber am Schluß: »Im Gegensatz zu den anderen Angehörigen der ehem. Adjutantur gelang es mir immer wieder zu dem Fronttruppenteil zu kommen, dem ich bereits 1942 angehört hatte, der Pz. Div. Wiking.« Vgl. ferner Helmut Heiber (Hrsg.), Hitlers Lagebesprechungen: Die Protokollfragmente seiner militärischen Konferenzen 1942–1945, Stuttgart 1962, S. 36. Sehr wahrscheinlich hat zuerst W[aizenegger], 20. Juli, den Anlaß zu der Vermutung Zellers gegeben, indem er von der Versetzung des (ungenannten) Offiziers und dem nach dem Anschlag gegen diesen wie auch gegen die Bauarbeiter der Organisation Todt gerichteten Verdacht berichtete.
58a Speer, S. 391.
59 Hierzu und zum Folgenden: Professor Dr. Hellmuth Arntz (seit 1943 als Oberleutnant Ordonnanzoffizier bei General Fellgiebel), mündliche Mitteilungen an d. Verf. vom 21. Nov. 1964; Below, Adjutant; ders., Mitteilungen; »Fuehrer Conferences on Naval Affairs, 1939–1945«, Brassey's Naval Annual 59 (1948), S. 407; Hans Hornbogen, mündliche Mitteilungen an d. Verf. vom 14. Jan. 1965 mit schriftlichen Ergänzungen vom 4. April 1965; Werner Jesek (als Postbeamter in der Führer-Nachrichten-Abteilung, zur Zeit des Attentats im Wählvermittlungsraum des Nachrichtenbunkers im Sperrkreis I), schriftliche Mitteilungen an d. Verf. vom 24. Mai 1965; Sander,

Mitteilungen; ders., Bericht in Leber und Moltke, S. 205-206; Schaub; Vizeadmiral a. D. Hans-Erich Voß an Prof. Dr. Walter Baum 4. April 1957, IfZ ZS 1786; Konteradmiral a. D. Gerhard Wagner an d. Verf. 17. Nov. 1964; Major a. D. Josef Wolf, mündliche Mitteilungen an d. Verf. vom 27. Feb. 1965; Oberst Wolfgang Müller, Erich Fellgiebel, Masch.-Abschrift, o. O. o. J., aus dem Besitz von Walther-Peer Fellgiebel (Oberst Müller war nicht, wie in Hoffmann, Attentat, S. 279 Anm. 124 angegeben, im Stabe Fellgiebels tätig, sondern in der In 2 [Infanterie] im OKH, sein Büro war in Döberitz). [Hellmuth Arntz], [Bericht über General Erich Fellgiebel], Masch.-Abschrift, o. O. o. J., aus dem Bes. v. Walther-Peer Fellgiebel.

60 Heinz Burchardt, Zugehörigkeit zur Widerstandsbewegung vom 20. Juli 1944, Masch.-Abschrift, München 1946, im Bes. v. F. Degner, und ders., Kurze Darstellung der Ereignisse, Masch., Bonn-Dottendorf 9. Feb. 1966.

61 Friedrich Degner, mündliche Mitteilungen an d. Verf. vom 24. und 25. Aug. 1965; Degner an d. Verf. 1. Okt. 1968.

62 Spiegelbild, S. 330, legt den ersten Anruf Fellgiebels bei Hahn auf 13 Uhr. Burchardt: »Daß dies [die Nachrichtensperre] allerdings schon vor dem Befehl [Hitlers oder seiner Umgebung] und aus einem anderen Grunde erfolgt war, hofften wir verschleiern zu können, war ja die zeitliche Differenz nicht sehr groß.« Bestätigung der Warnung vor 12 Uhr: Kurt Albrecht, damals Leutnant in »Zeppelin«, an d. Verf. 30. Jan. 1969; ferner Herrmann Graske, damals Hptm. in »Zeppelin«, an Oberst a. D. Gottfried Kecker Jan. 1969 u. Kecker an d. Verf. 9. und 27. Jan. 1969.

63 Vgl. Praun, S. 219-222.

64 Wolf.

65 Arntz; Sander, Mitteilungen.

66 Sander, Mitteilungen.

67 Sander, Mitteilungen; Jodl, S. 3; auch zum Folgenden. Wolf (Mitteilungen 3. Juli 1971) berichtet dagegen, man habe Himmler nicht persönlich erreichen können, doch bezieht sich sein Bericht auf die Zeit etwa eine Viertelstunde nach dem hier beschriebenen, also auf ein weiteres Gespräch.

68 Sander, Mitteilungen; Wolf; zum Folgenden außerdem Oberst i. G. Kandt an d. Verf. 11. Feb. und 13. März 1964.

69 Gerhard Wagner, Hrsg., Lagevorträge des Oberbefehlshabers der Kriegsmarine vor Hitler 1939-1945, München 1972, S. 601-603; Fuehrer Conferences, S. 407; Sander, Mitteilungen, auch zum Folgenden. Voß an Prof. Baum 4. April 1957 berichtet nur, daß er Below mit der Benachrichtigung beauftragt habe.

70 Hornbogen. Sander weiß nichts von *diesem* Gespräch, war aber auch nicht ständig in der Vermittlung anwesend. Für den Ablauf des Umsturzversuches ist es von geringer Bedeutung, ob Thiele die Nachricht Fellgiebels von diesem persönlich oder durch eine seiner Sekretärinnen erhalten hat. Gesichert erscheint auf Grund der Erinnerungen von Arntz, Hornbogen und Sander, daß Thiele die Nachricht bekommen hat. Die beiden Sekretärinnen Thieles, Fräulein Ansorge (an d. Verf. 22. Aug. 1971) und Fräulein Meier (mündliche Mitteilungen an d. Verf. vom 26. Feb. 1965 bzw. 21. Juni 1965), berichten folgendermaßen und übereinstimmend: sie erinnern sich an nichts mehr; sie wissen nicht, wann Thiele in den fraglichen Stunden zwischen

12 und 16 Uhr in seinem Büro war und wann nicht; sie wissen nichts von Telephongesprächen mit der »Wolfschanze«; sie haben in der kritischen Zeit keinerlei relevante Wahrnehmungen gemacht. So berichteten sie schon früher gegenüber Frau Annedore Leber und anderen Forschern (Sander, Mitteilungen; Zeller, S. 434); weitere Belege aus dem Berliner Umkreis siehe im nächsten Abschnitt dieses Kapitels.

71 [Hellmuth] Arntz, Account of the Twentieth of July Putsch by One of the Minor Conspirators, C. S. D. I. C. (U. K.) S. I. R. 1610, Masch., o. O. 11. Apr. [sic] 1945; ders. an d. Verf. 24. Nov. 1964 bezeichnet etwas abweichend *dieses* als das erste Gespräch Fellgiebels mit Hahn seit der Explosion, während eines zweiten müsse er gerade im Kasino nach Hauptmann Jahnke (s. unten, S. 505) gesucht haben, es war aber wohl umgekehrt. Sander, Mitteilungen berichtet nicht von den Gesprächen Fellgiebels mit Hahn, er wird gerade nicht in der Vermittlung gewesen sein. Die auf den Aussagen Hahns beruhenden Feststellungen in Spiegelbild, S. 330 sind, wie schon erläutert, verschleiernd und unzuverlässig. Daß nach den Worten »Es ist etwas Furchtbares geschehen« nicht Komma, Punkt oder Semikolon folgen dürfen, wird von Arntz und Beichele (s. Anm. 80) aus der persönlichen Kenntnis von Fellgiebels sarkastischer Art ausdrücklich bestätigt.

72 Sander, Mitteilungen; Wolf; Heinrich Himmler, Geheimreden 1933–1945 und andere Ansprachen, Frankfurt/M., Berlin, Wien 1974, S. 217.

73 Arntz, Mitteilungen.

74 Sander, Mitteilungen; Spiegelbild, S. 85; Hornbogen; Pieper; Wolf.

75 Sander, Mitteilungen. Wolf an d. Verf. 18. Dez. 1968. Wolf meint, Adam sei bezeichnenderweise und aus eigenem Antrieb von ihm sofort zu M. Bormann gegangen, obwohl der Dienstweg über Sander geführt hätte.

76 Sander, Mitteilungen: 20 000 Mark und Häuschen; Wolf: 30 000 Mark, Häuschen und Beförderung zum Oberwachtmeister; Semmler, S. 143: 15 000 Mark.

77 Spiegelbild, S. 86.

78 Dies nach Below, Mitteilungen, sowie Wolf und Hornbogen entgegen der früheren Feststellung in Hoffmann, Attentat, S. 278, nur Sander und Fellgiebel hätten nach außen telephonieren können, was ausschließlich auf dem Bericht Sanders beruht hatte.

79 S. oben, S. 416–423.

80 Arntz, Mitteilungen; Praun, S. 222. In Account sagte Arntz, er habe die Ämter »Anna« und »Leopold« abschalten lassen; nach Albert Beichele (damals als Oberstleutnant Gr.-Ltr. III/Drahtnachrichten-Verbindungen im Amt Chef HNW in Zossen) an d. Verf. 31. Dez. 1967 und 24. April 1968 war »Leopold« die friedensmäßige Bezeichnung für die Standortvermittlung (Militäramt) in Lötzen, die nun, während des Krieges, ein Teil des umfangreicheren Amtes »Emma« war. Für die Zeitangaben wird dem früheren Bericht Arntz' (11. Apr. 1945) der Vorzug vor seinem späteren gegeben, wo die Angaben etwas abweichen.

81 Praun, S. 222.

82 S. den nächsten Abschnitt.

82a Die Annahme d. Verf. (1. und 2. Aufl. d. vorliegenden Werkes, S. 486–487), aus der Passivität Olbrichts und aus den Andeutungen in der Verhandlung des Volksgerichtshofs gegen Hoepner (Prozeß XXXIII, 399–402) müsse geschlossen werden, daß Thiele Olbricht nicht unterrichtet habe, kann nach weiteren Mitteilungen von Dr. H. B. Gisevius (8. Sept. 1972) über die Vorgänge in der Bendlerstraße nicht mehr aufrechterhalten werden. Zum Folgenden auch Hans Bernd Gisevius, Bis zum bittern Ende, II. Band, Zürich 1946, S. 366–372 und ders., Bis zum bittern Ende, Zürich [1954], S. 608, 613–614.

83 Olbricht und Hoepner aßen zusammen zu Mittag – Prozeß XXXIII, S. 398–399 – offenbar mit Thiele, was Hoepner schonenderweise nicht aussagte und was Olbricht nicht mehr aussagen konnte; Thieles Beteiligung an der Verschwörung war noch nicht aufgedeckt. Gisevius, mündliche Mitteilungen 8. Sept. 1972. Thiele war den Berichten von Sander, Arntz und Haßel zufolge etwa zwei Stunden lang nicht in seinem Büro erreichbar. Zu Sander sagte er später (als Nachfolger Fellgiebels in Ostpreußen), er sei so aufgeregt gewesen, er habe spazierengehen müssen; Arntz erfuhr, daß Thiele gegen 14 Uhr mit dem Auto weggefahren sei und den Nachmittag über in der Bendlerstraße nicht gesehen worden sei; Haßel konnte Thiele von etwa 12 bis 15 Uhr telephonisch nicht erreichen, fand ihn aber etwa um 16 Uhr in seinem Dienstzimmer vor, wo er sich weigerte, seinen vereinbarten Anteil am Staatsstreich (Abkommandierung von Nachrichtenoffizieren für die Besetzung der Rundfunkanlagen u. a.; vgl. unten, S. 532, 607–608) zu leisten. Arntz; Beichele an d. Verf. 18. Juni 1965 und 14. Jan. 1966; »Entscheidende Minuten am 20. Juli«, Hamburger Allgemeine Zeitung, 20. Juli 1949, S. 1–2; Generalmajor a. D. Kurt Haßel (damals Chef der Amtsgruppe Nachrichtenwesen im OKH, Olbricht unterstellt), mündliche Mitteilungen an d. Verf. vom 11. Dez. 1964; Postamtsrat a. D. Emil Pestinger (damals in der Bendlerstraße) an d. Verf. 31. Dez. 1964; Praun, S. 218–219; Sander, Mitteilungen. Joachim Kramarz, Claus Graf Stauffenberg 15. Nov. 1907–20. Juli 1944: Das Leben eines Offiziers, Frankfurt/M. 1965, S. 207, zit. keinen Beleg für seine Behauptung, Thiele habe die von Fellgiebel erhaltene Durchsage deshalb nicht weitergegeben, weil sie ihm »sehr vage erschien«.

84 Arntz, Mitteilungen.

85 Burchardt, Zugehörigkeit; ders., Darstellung; Degner; bestätigt von Herrn Gerhart Goebel vom Fernmeldetechnischen Zentralamt der Deutschen Bundespost an d. Verf. 21. Jan. 1966. Dank Oberpostdirektor Dipl.-Ing. Goebel stützt sich d. Verf. für d. Folg. auf einen Bericht aus Zossen von dem dort verantwortlichen Betriebsleiter der Reichspost, Telegraphen-Oberinspektor [Senor] Wille, Niederschrift über die Vorgänge beim Postamt Zossen 10 am 20.7.1944, Masch. [Zossen 9. Aug. 1944]. »Postamt Zossen 10« nannte die Reichspost die von ihr installierte Anlage des Heeres in Zossen.

86 Das bestätigt auch ein Uneingeweihter, Oberstleutnant a. D. Beichele (Anm. 80 und 87). Zu demselben Ergebnis kam Zeller, S. 435 auf Grund der Mitteilungen von Prof. Arntz: Fellgiebel hat am Nachmittag des 20. 7. 44, auch nach dem Befehl zur Aufhebung der Sperre in der »Wolfschanze«, die Nachrichtenverbindungen »›ausschließlich durch zuverlässige eigene Kräfte‹ benützen lassen«; dies gilt für »Mauerwald« und für »Zeppelin«. Die Vermutung Zellers, S. 436, die Leitungen zwischen Berlin und Ostpreußen seien zeitweise auch für Fellgiebel und andere gesperrt gewesen, ist widerlegt durch die Mitteilungen von Burchardt, Degner (auch zum Folgenden) und Beichele; vgl. unten, Anm. 88. In der Annahme, die plangemäße Übermitt-

lung des Stichwortes nach Berlin sei gelungen und betr. die Mitteilungen Wagners nach Paris ist Zeller, S. 437–438 durchaus auf der richtigen Spur.
87 Hierzu und zum Folgenden: Beichele an d. Verf. 14. Jan. 1966 und 31. Dez. 1967; Wille. Oberstleutnant a. D. Beichele erinnert sich mit Sicherheit, daß »Alarich« das insgeheim eigens für den Tag des Staatsstreiches vorbereitete und geschaltete Vermittlungsamt gewesen sei; vgl. oben, S. 416. »Anna-Bu«, »Emma-Bu« usw. bedeutete »Anna-Bunker«, d. h. »Anna-Zossen« bzw. »Emma-Bunker« d. h. »Emma-Zossen« usw.: Zur Vorbereitung der Verlegung des Hauptquartiers gehörte die Errichtung derselben Vermittlungen mit identischer Organisation und Schaltung in Zossen, wohin Anfang Juli das Hauptquartier übersiedeln sollte.
88 Hierzu und zum Folgenden: [Eduard] Wagner, Der Verlauf des 20. Juli (aus dem Gedächtnis), Masch., [Zossen] 21. Juli 1944, Photokopie im IfZ ED 95; Spiegelbild, S. 330; Wille; Prof. Dr. Dr. Kurt Timm (damals Präsident der Reichspostdirektion Berlin), mündliche Mitteilungen an d. Verf. vom 7. Aug. 1968; Albrecht; Beichele an d. Verf. 14. Jan. 1966 und 31. Dez. 1967; s. S. 581. General Wagner hat wahrscheinlich gegen 14 Uhr mit der Bendlerstraße, vielleicht mit General Olbricht, telephoniert. Auch auf anderen Wegen ist die Nachricht vom mißglückten Attentat und vom Überleben Hitlers schon vor 14 Uhr nach Berlin gelangt, sei es vor Eintreten der Nachrichtensperre oder außerhalb der Sperre: Schon zwischen 13 und 14 Uhr rief ein bei Berlin (vermutlich Potsdam) eingesetzter LdN bei Oberleutnant Hornbogen, dem LdN in der »Wolfschanze« an und fragte, ob es wahr sei, daß Hitler tot sei, worauf Hornbogen mitteilte, Hitler lebe; Hornbogen. Hornbogen erinnerte sich, daß die Dienststelle von Oberst d. G. Meichßner (die Org. Abt. des OKW/WFSt in Potsdam) an die Vermittlung angeschlossen war, von der aus der LdN angerufen hat, und daß der Anrufer ein Hauptmann Gehre gewesen sei. (Hauptmann Dr. Ludwig Gehre, Mitarbeiter des Amtes Ausland/Abwehr und Mitverschwörer, kann es schwerlich gewesen sein, da er schon seit der Verhaftung von Kiep, Moltke u. a. auf der Flucht war. Spiegelbild, S. 225; Zeller, S. 282.)
89 S. Anm. 88, auch zum Folgenden.
90 Burchardt, Zugehörigkeit; ders., Darstellung.
91 Beichele an d. Verf. 10. Sept. 1965 und 31. Dez. 1967.
92 Beichele an d. Verf. 14. Jan. 1966.
93 Rainer Graf von Kanitz (ehem. Ordonnanzoffizier des GenQuM Gen. d. Art. E. Wagner) an Frau Elisabeth Wagner 14. Juli 1972: »Flugzeit Berlin–Rastenburg: Ju 52 je nach Windverhältnissen 2½–3 Stunden, He 111 je nach Windverhältnissen 1½–2 Stunden.« Fuehrer Conferences, S. 407: Flugzeit Dönitz' von Berlin nach Rastenburg am 20. 7. 44 ca. 2 Stunden; ebenso die Flugzeit der Gestapo- und Kriminalpolizei-Leute Dr. Kaltenbrunner, Dr. Wehner, Kopkow u. a. am 20. 7. 44 von Tempelhof nach Rastenburg: Kurz nach dem Mittagessen, frühestens gegen 13.15 Uhr (da die Nachricht von Himmler kommen mußte, der sie selbst erst fünf oder zehn Minuten nach dem Attentat erhielt), erhielt Dr. Wehner den telephonischen Auftrag, sich sofort zum Flug nach Rastenburg bereit zu machen. Er fuhr von Weißensee in seine Wohnung, dann zu Nebe zum Werderschen Markt und von da nach Tempelhof; von der Abfahrt vom Werderschen Markt bis zum Abflug dauerte es

knapp zwanzig Minuten, es muß also nach all dem mindestens gegen 14 Uhr gewesen sein. Ebenso mündliche Mitteilungen von Dr. Widmann an d. Verf. 30. Juli 1968. Nach Gisevius, Sonderausgabe, S. 508 war der Abflug für 14.30 Uhr angesetzt. Das Flugzeug war eine Junkers »Ju 52«, die langsamer war als die »He 111«; man landete in Rastenburg gegen 16.30 Uhr. Das Spiel ist aus, S. 27. Die Mitteilung von Heinz Höhne, Der Orden unter dem Totenkopf: Die Geschichte der SS, Gütersloh 1967, S. 496, wonach Himmler um 16.30 Uhr in Berlin angekommen sei, ist wertlos: Himmler wurde von den Kriminalisten noch in der »Wolfsschanze« angetroffen (Das Spiel ist aus, S. 27); Höhne stützt sich auf »Zeller, a. a. O., S. 249«, offenbar in der 3. Auflage von 1956, während er bis dahin nach der 5. Auflage von 1965 zitiert hatte, ohne die verschiedenen Auflagen auseinanderzuhalten; an beiden Stellen steht nichts von Himmlers Flug nach Berlin. Zeller, S. 382–383, gibt Stauffenbergs Flugzeit ohne Beleg mit zweieinhalb Stunden an, die Abflugzeit mit 13.15 Uhr, die Ankunftzeit »nach der einen [Darstellung]«, die es darüber gibt und die Zeller nicht nennt (er meint sehr wahrscheinlich den Gestapo-Bericht in Spiegelbild, S. 22), mit etwa 15.45 Uhr, nach einer anderen aber mit 16.05 Uhr. Diese andere Darstellung, die übrigens nicht 16.05 Uhr, sondern »gegen 16 Uhr« angibt, findet sich in Leber und Moltke, S. 114–115 und stammt von Major i. G. a. D. Friedrich Georgi, einem Schwiegersohn Olbrichts, der sich in den Abendstunden des 20. 7. 44 in der Bendlerstraße aufgehalten hat und also auch nicht besser unterrichtet sein muß als die anderen Zeugen. Seiner Mitteilung, Olbricht habe unabhängig und vor Stauffenbergs Mitteilung von dem erfolgreichen Attentat die Auslösung von »Walküre« befohlen, widersprechen gewichtige andere Quellen, wie unten zu sehen sein wird. (Kramarz, S. 207 bringt auf Grund eines Berichtes von Georgi die Einzelheit, daß auf Georgis Schreibtisch an diesem Nachmittag, etwa zwischen 14 und 15 Uhr, vielleicht auch nach 15 Uhr, ein Befehl geflattert sei, wonach Stauffenbergs »He 111« abzuschießen sei, um den Attentäter an der Flucht ins Ausland zu hindern. Georgi habe als Eingeweihter den Befehl nicht weitergegeben.)

Als sicher muß man annehmen, daß Stauffenberg frühestens kurz vor 15 Uhr gelandet ist. Eine wesentlich kürzere Flugzeit als zwei Stunden erscheint nach allen Berichten unwahrscheinlich. Wenn die »He 111« so schnell geflogen ist, wie es möglich, tunlich und erlaubt war, also vermutlich zwischen 350 und 400 km/h je nach den Windverhältnissen, wäre eine Flugzeit von etwa eineinhalb Stunden plausibel, Landung also etwa 14.45 Uhr, da der Zeitpunkt des Abfluges, 13.15 Uhr, gesichert erscheint. Ein Gestapo-Bericht vom 24. Juli 1944 meldet allerdings, Stauffenberg und Haeften seien »gegen 15.45 Uhr« gelandet; Spiegelbild, S. 22. Ebenfalls gesichert ist der Zeitpunkt von Stauffenbergs Eintreffen in der Bendlerstraße: etwa 16.30 Uhr (s. unten, S. 511).

Warum Stauffenberg von 15 bis 16.30 Uhr gebraucht hat, um in die Bendlerstraße zu kommen, könnten – falls sie zutreffen – folgende Mitteilungen erklären: Die Sekretärin von General Olbricht, Frl. Delia Ziegler, erinnert sich, Oberleutnant von Haeften habe zwischen 14 und 15 Uhr vom Flugplatz aus angerufen, man solle sofort den Fahrer Schweizer zur Abholung hinschicken, der also demnach nicht bereitstand, was wieder auf einen anderen Flugplatz als Rangsdorf schließen läßt; Delia Ziegler an d. Verf. 8. Jan. 1968. Jedoch bürgt Frl. Ziegler ausdrücklich nicht für die Genauigkeit des von ihr angegebenen Zeitpunktes. Oberst d. G. Meichßner, Chef der Org.-Abt. des OKW/WFSt in Potsdam, berichtet ähnlich, einer Orientierung am 20. 7. 44 durch Oberst der Luftwaffe Aldinger zufolge habe Stauffenberg bei der Landung in Berlin kein Auto vorgefunden und daher von der Luftwaffe eines bekommen, mit dem er zum Schellhaus gefahren sei; dort sei er von einer Wache mit mehreren Offizieren erwartet worden. [Schramm], Mitteilungen Meichßner. Major Remer, der damalige Kommandeur des Wachbataillons in Berlin, sagte dazu 1946 in der Kriegsgefangenschaft: »Wie Karlchen Miesnick Revolution macht. Stauffenberg 1½ h auf Flugplatz ohne Benzin für das Auto!« [Wilhelm Grenzendörfer], Notizen von der Schilderung des Generalmajors Remer von den Vorgängen am 20. Juli 1944 in Berlin, gehalten am 24. Juni 1946 in dem englischen Internierungslager 2221/Q in Belgien, Xerokopie im Besitz d. Verf. Wenn also diese Mitteilungen zutreffen und erklären, warum Stauffenberg erst gegen 16.30 Uhr in die Bendlerstraße kam, so erklären sie doch noch nicht, warum er erst gegen 16 Uhr dort angerufen hat – es sei denn, er habe wegen der Nachrichtensperre keine Verbindung bekommen können. Zu diesem Punkt fehlen bisher Belege.

94 Georgi in Leber und Moltke, S. 114–115; dem Inhalt nach zu urteilen beruht Georgis Bericht auf dem Protokoll der VGH-Verhandlung des 7. und des 8. August 1944 sowie auf Gestapoberichten. Ferner Prozeß XXXIII, 401–402.

95 Aus den Plänen der Verschwörer für den »Tag X« geht hervor, daß Stauffenberg und Fromm von einem Panzerspähwagen auf dem Flugplatz *Tempelhof* abgeholt werden sollten; Spiegelbild, S. 40; BA EAP 105/20. Man nahm an, daß sie jeweils zusammen ins Hauptquartier fliegen würden. Rangsdorf als Landeort nennen: die Gestapo (nach Erkundigung in Rastenburg), Spiegelbild, S. 22, 86, 97; Freisler in der VGH-Verhandlung vom 7. Aug. 1944, bestätigt von Graf Yorck von Wartenburg, und Hoepner in seiner Aussage vom selben Tage, Prozeß XXXIII, 429 bzw. 401; Below, Adjutant; Schmundt, Tätigkeitsbericht, S. 164; ein ohne Angaben von Quellen verfaßter Bericht eines von Wülckenitz, »Was am 20. Juli 1944 wirklich geschah: Pläne, Rollen, Handlungen der Militärs«, Der Tagesspiegel, 20. Juli 1946; ferner Dr. Franz Bäke an d. Verf. 9. Aug. 1972 mit folgender Darstellung: »Am 20. Juli 1944 besuchte ich den Fliegerhorstkommandanten Dr. Eckel (inzwischen verstorben) auf dem Flugplatz Rangsdorf bei Berlin. Gegen 16 Uhr landete eine Maschine, ich glaube He 111. Major Eckel wunderte sich, da die Maschine nicht gemeldet war und ging raus um nachzusehen. Nach etwa 10 Min. kam er zurück und sagte mir, Oberst Graf Stauffenberg ist gelandet. Er geht gerade zum General der Schlachtflieger, um sich einen Wagen nach Berlin geben zu lassen. Da ich Stauffenberg gut kannte aber lange nicht gesehen hatte, sagte ich, daß er doch mit mir nach Berlin rein fahren könnte und ging auf den Flugplatz, um ihm dies zu sagen. Da kam er schon etwa 50 m von mir angefahren. Ich rief noch Stauffenberg und winkte. Er aber schien mich nicht zu sehen, was mir später begreiflich war, und fuhr hinter einer Hecke vorbei, die den Weg einsäumte.«

Yorck und Hoepner hatten ihre Information aus dritter oder vierter Hand, sie waren nicht selbst am Telephon, als Haeften anrief, können also bestenfalls als sekundäre Quellen gelten. Die übrigen haben ihr Wissen aus Ostpreußen, wo allenfalls das Reise*ziel*, jedoch ebenfalls nur aus zweiter und dritter Hand der Landeort bekannt sein konnte.

Schweizer behauptete, vergeblich in Rangsdorf auf Stauffenberg gewartet zu haben; schließlich habe man ihm gesagt, sein Chef sei schon in der Bendlerstraße, und da sei er dann auch hingefahren.

Semmler, S. 135, 143: Tempelhof. Wilhelm von Schramm, Aufstand der Generale: Der 20. Juli in Paris, Kindler-Taschenbücher, München 1964, S. 68 gibt ohne Beleg Staaken als Landeort an. Eugen Gerstenmaier, »The Church Conspiratorial«, in Eric H. Boehm (Hrsg.), We Survived: The Stories of Fourteen of the Hidden and Hunted of Nazi Germany, New Haven, Connecticut 1949, S. 185 bringt die sonst ebenfalls nirgends festgestellte Variante, Stauffenberg sei in Berlin-Adlershof gelandet (Adlershof-Johannisthal hieß ein Flugplatz bei Treptow). Die einzigen authentischen Quellen stimmen also indirekt darin überein, daß Rangsdorf nicht der Landeplatz war.

96 Hierzu und zum Folgenden: Aussagen Hoepners vor dem VGH, Prozeß XXXIII, 399; s. oben, Anm. 88; Georgi in Leber und Moltke, S. 114. Es ist also *nicht* richtig, daß Thiele, wie Gisevius, Sonderausgabe, S. 516 bis 517 schreibt, mit der von Fellgiebel erhaltenen Nachricht vom Attentat zu Olbricht und Hoepner *geeilt* sei. Was bei Gisevius dann folgt, sind ohnehin unhaltbare Spekulationen.

97 Vgl. Anm. 99. Heinrich V. Prinz Reuss (am 20. 7. 44 Offizier vom Dienst beim Inspekteur der Panzertruppen am Fehrbelliner Platz) erhielt den Anruf des O.v.D. beim Chef H Rüst u BdE (Bendlerstraße) mit der »Walküre«-Auslösung »zwischen 13 und 15 Uhr«, wenige Minuten danach einen Widerruf, dann etwa eine halbe Stunde später die Bestätigung des Stichworts (Briefe an d. Verf. 15. Mai 1972 und 31. Aug. 1978).

97a Schulenburg stellte das am 20. 7. 44 Gisevius so dar; Gisevius, Mitteilungen 8. Sept. 1972; ebenso der Gestapo: Spiegelbild, S. 97; vgl. die im Anhang abgedruckten Befehle: die beiden ersten tragen die hs. Paraphe von Mertz.

97b Gisevius 1954, S. 627 und mündliche Mitteilungen an d. Verf. 4. Aug. 1971; Spiegelbild, S. 97.

98 Prozeß XXXIII, 400. Zu den Räumlichkeiten in der Bendlerstraße vgl. die Skizze im Anhang, S. 894 auf Grund der Skizze von Oberstlt. a. D. Kleber.

99 Prozeß XXXIII, 400–401. Abdruck der vorbereiteten Befehle (mit Ungenauigkeiten) in Spiegelbild, S. 28–30, 37–41, 97; Druckvorlagen waren die den Gestapo-Berichten beigefügten Abschriften im BA EAP 105/21.

Generalleutnant Karl Freiherr von Thüngen, damals Wehrersatz-Inspekteur I im Wehrkreis III, gab vor der Gestapo an, Polizeipräsident Graf von Helldorf sei in die Bendlerstraße gerufen worden und gegen 16.15 Uhr bei Olbricht eingetroffen; Spiegelbild, S. 57. Gisevius, Sonderausgabe, S. 510: etwa 16.30 Uhr. Jedoch war der erste Anruf von Olbricht, daß es soweit sei, schon zwischen 15.45 und 16.00 Uhr bei Helldorf eingegangen. Eine Sekretärin von Generaloberst Fromm erinnert sich, daß die Tätigkeit Olbrichts im Sinne des Umsturzes an diesem Nachmittag etwa um 15.30 Uhr begonnen habe: Alix von Winterfeldt, mündliche

Mitteilungen an d. Verf. vom 30. Aug. 1966. In der Stadtkommandantur gingen gegen 16 Uhr bzw. »nach 3 Uhr« die ersten Nachrichten und Anweisungen ein; Bernardis und Hase vor dem VGH, Prozeß XXXIII, 438, 487; Margarethe von Hase, schriftliche Mitteilungen an d. Verf. vom 3. und 8. März 1964. Dies wird bestätigt durch den Zeitpunkt, zu dem beim Wachbataillon die Befehle aus der Kommandantur eingingen: Um 16.10 Uhr nach [Otto Ernst] Remer, Der Ablauf der Ereignisse am 20. 7. 1944 wie ich sie als Kommandeur des Wachbtl. Großdeutschland erlebte, Berlin 22. Juli 1944, BA EAP 105/32, abgedruckt in 20. Juli 1944, hrsg. v. d. Bundeszentrale für Heimatdienst, Bonn [4]1961, S. 145-152; um 16.15 Uhr nach dem Bericht des Chefs der 4. Kompanie des Wachbtl., Rudolf Schlee, Bericht, Berlin 23. Juli 1944, BA EAP 105/32, abgedruckt in 20. Juli 1944, S. 152-155; kurz nach 16.10 Uhr lt. [Hans W.] Hagen, »Tatbericht über meine Tätigkeit als Verbindungsoffizier des Wachbataillons ›Großdeutschland‹ zum Reichsministerium für Volksaufklärung und Propaganda am 20. Juli 1944«, Berlin (vor 25. Juli 1944), Spiegelbild, S. 12-15 und 20. Juli 1944, S. 155-159; Mitteilungen Hagens in Volkmar Hoffmann, »›Nie wieder bin ich solch einem Menschen begegnet‹: 20. Juli – 20 Jahre danach / Interview mit Stauffenbergs Sekretärin und anderen Beteiligten / ›Ich würde es wieder tun‹«, Frankfurter Rundschau, 18. Juli 1964, S. 3.

Remer hat nach dem Kriege voneinander abweichende Darstellungen gegeben: Am 15. August 1945 berichtete er einem amerikanischen Vernehmungsoffizier, etwa um 15 Uhr habe er am 20. 7. 44 »von der Dienststelle Generalleutnant von Hases telephonisch das Stichwort »Gneisenau« durchgegeben bekommen und sei auf den entsprechenden Befehl sofort zu Hase gefahren; Otto Remer, The 20 Jul. 44 Plot (Interview) PW Camp no. 26, Third U.S. Army, NA RG 338, ETHINT 63. Am 24. Juni 1946 schilderte er in der Kriegsgefangenschaft die Vorgänge des 20. Juli, wovon sich ein Mitgefangener Notizen anfertigte: Grenzendörfer. Hier gibt Remer an, der Befehl von der Kommandantur sei ihm um 14.30 Uhr zugegangen und er habe sich sofort hinbegeben. In seinem Prozeß 1949 sagte Remer ebenfalls aus, das Stichwort »Walküre« sei schon um 14.30 Uhr von der Stadtkommandantur aus bei ihm eingegangen und gegen 15 Uhr habe er sich schon bei Hase gemeldet (Der Oberstaatsanwalt bei dem Landgericht [Oldenburg] – 9 Js 164/49, Anlage zur Vernehmung); in Remers Buch, 20. Juli 1944, Hamburg-Neuhaus/Oste 1951, S. 8 heißt es »am frühen Nachmittag«. Hagen hat ebenfalls kurz nach dem Krieg eine andere Zeit angegeben, nämlich (indirekt) etwa 15 Uhr; sein Vortrag sei zu dieser Zeit beendet und Remer von seiner Fahrt zur Stadtkommandantur schon um 16 Uhr zurück gewesen: Hans W. Hagen, Größere und kleinere Fehler beim Bericht: »Remer und der 20. Juli 1944« von Otto John, o. O. o. J. (nach 1949), im Besitz der Stiftung »Hilfswerk 20. Juli 1944«, Persönliche Berichte II. Otto John, Remer und der 20. Juli 1944, Masch., o. O. o. J. BA H 91-1/2, hatte offenbar auf Grund flüchtiger Benützung des Hagen-Berichtes (Tatbericht) die dort angegebenen Zeiten verwendet. In seinen Mitteilungen von 1964 an Volkmar Hoffmann gab Hagen dann wieder an, der »Walküre«-Befehl sei kurz nach 16 Uhr beim Wachtbtl. eingegangen.

Ein Angehöriger des Stabes Olbrichts, Major i. G. Fritz Harnack, erinnert

sich mit Bestimmtheit, den Befehl zur Auslösung von »Walküre« schon
gegen 14 Uhr von Mertz, dem Chef des Stabes des AHA, erhalten zu haben:
[Fritz Harnack], Bericht über die Vorgänge des 20. 7. 44 in der Bendler-
straße, Masch., Braunschweig 20. 7. 48; ders., mündliche Mitteilungen an d.
Verf. vom 29. Aug. 1966; im selben Sinne Major a. D. Werner Rode, damals
Kdr. d. Lehrgruppe Panzergrenadiere an der Pz.-Tr.-Schule in Krampnitz, an
Dr. H. Pigge 24. Juli 1971 und an d. Verf. 14. Aug. 1971: die Schule sei gegen
16 Uhr alarmiert worden, er sei aber schon etwa um 14 Uhr auf einer von
Oberst Glaesemer befohlenen Aufklärungsfahrt gegen die SS-Kaserne in
Lichterfelde begriffen gewesen. Ebenfalls um oder gegen 14 Uhr: Obstlt.
a. D. Herbert Schobeß (damals Chef d. Schweren Kp. im Alarm-Btl. d. Inf.-
Schule Döberitz) an d. Verf. 9. Dez. 1971. Oberpostdirektor Dipl.-Ing. Gerhart Goebel an d. Verf. 16. Dez. 1968 gab den Bericht eines Ingenieurs Rudolf Jakob wieder, wonach am 20. 7. 44 schon von 15.15 Uhr ab das Funkhaus in der Masurenallee von Truppen der Verschwörer besetzt gewesen sei,
wozu also auch der Befehl schon früher gegeben worden sein müßte. Ebenso
Jakob an d. Verf. 28. Jan. 1969. Alle Berichte, die solche früheren Zeiten angeben, stammen aus der Zeit nach dem Kriege, sind aber kaum allein durch
Verschiebung der Erinnerung zu erklären, sondern auch durch Vorausalar-
mierungen, Anweisungen zur Alarmbereitschaft im Gegensatz zum eigentlichen »Walküre«-Befehl, und den Gegensatz zwischen der Dynamik Mertz
von Quirnheims und dem Abwarten Olbrichts.

Im Stv. Gen. Kdo. III. A. K. am Hohenzollerndamm war zwischen 15 und
16 Uhr bekannt, daß ein Attentat auf Hitler stattgefunden habe, und gerüchtweise verlautete auch, es sei »Walküre« ausgelöst: Bruno Mitzkus (Ia), Um
den 20. Juli und das Ende im Wehrkreiskommando III, Berlin, Masch., Bad
Homburg v. d. H. 1947; Dr. Martin Sobczyk, damals als Oberstleutnant Leitender Abwehroffizier im W. K. III, mündliche Mitteilungen an d. Verf.
vom 27. Aug. 1965. Gegen oder um 16 Uhr lag der »Walküre«-Befehl vor in
der Heeres-Feuerwerker-Schule I (Alexander Maître, damals als Hauptmann
Lehrer für Artilleristik, an d. Verf. 19. Feb. 1965); ebenso in der Panzer-
truppen-Schule in Krampnitz, übermittelt durch Major von Oertzen bzw.
Oberstleutnant Bernardis; Wolfgang Müller, »Was geschah am 20. Juli
1944?« Das freie Wort, 19. Juli 1952. In Cottbus bei der Pz. Gren. Ers. Brig.
»Großdeutschland« ging der »Walküre«-Befehl noch vor 16.25 Uhr ein; Hans-
Werner Stirius, damals als Obstlt. Kdr. des Pz. Gren. Ers. u. Ausb. Regt.
»Großdeutschland« u. stellv. Kdr. der Brigade, an d. Verf. 2. Feb. 1967.

100 Harnack, Bericht; ders., Mitteilungen. Remer und Hagen berichteten zwar
kurz nach dem Kriege ebenso, aber kurz nach dem 20. 7. 44 berichteten sie
anders, so daß sie Harnacks Darstellung nicht stützen. Die übrigen Berichte
lauten dahin, die erwähnte Besprechung sei etwa um 16 Uhr oder kurz danach abgehalten worden: Franz Herber, damals als Oberstleutnant i. G. Ib
im Stabe des AHA, Was ich am 20. 7. 44 in der Bendlerstraße erlebte, Masch.,
o. O. o. J. (vermutlich 1948), BA H 90–3/4; Herber gibt »kurz nach 17 Uhr«
an als die Zeit, zu welcher Harnack nach Erhalt des Befehls von Mertz zu
Herber gekommen sei, um dessen nach der Ordnung erforderliche Beteiligung
bei der Herausgabe der »Walküre«-Befehle zu veranlassen, da aber die Befehle
spätestens kurz nach 16 Uhr bei verschiedenen Stellen eingingen, muß sich

Herber um etwa eine Stunde irren. Ferner hierzu: Delia Ziegler in Volkmar Hoffmann; Bernardis vor dem VGH, Prozeß XXXIII, 438–439; Karl Pridun, damals als Oberstlt. i. G. Leiter d. Abt. Ia 1 im AHA, Vermerk. Betrifft: 20. Juli 1944, Stellungnahme, Masch., Bregenz 1953, IfZ ZS 1769.

101 Bericht des Amtes V im RSHA, Betrifft: Selbstmord des Majors Ulrich von Oertzen, Ia der Korps-Abteilung E der 2. Armee, im Dienstgebäude des Wehrkreiskommandos III, Masch., Berlin, 22. Juli 1944, BA R 58/1051; [Bruno] Mitzkus, Bericht über die Ereignisse im stellv. Generalkommando III. A. K. am 20. Juli 1944, Masch., o. O. 9. Aug. 1945, Stiftung »Hilfswerk 20. Juli 1944«, Persönliche Berichte I; Bernardis vor dem VGH, Prozeß XXXIII, 438; Abdruck der Befehle in Spiegelbild, S. 28–30, 37–41.

102 Hase vor dem VGH, Prozeß XXXIII, 487; Hagen in Spiegelbild, S. 12, 38–40; Hans W. Hagen, Zwischen Eid und Befehl, München ⁴1968, S. 17; Hans Siebert (damals als Lt. Adj. Remers) an d. Verf. 27. Okt. 1969; Remer, Ablauf; Schlee. Nach Gisevius, Nebe, S. 155–158, war Hayessen ungenügend vorbereitet und eingeweiht, daher ziemlich ratlos.

103 Hoepner vor dem VGH, Prozeß XXXIII, 401; Prozeßbericht von Dr. Hopf an Martin Bormann über die VGH-Verhandlung gegen Fromm vom 7. März 1945, BA EAP 105/30; Heinz-Ludwig Bartram, damals als Rittmeister Adjutant bei Fromm, 20. Juli 1944, Masch., o. O. [1954], BA H 90-3/4; Fabian von Schlabrendorff, Offiziere gegen Hitler, Fischer Bücherei, Frankfurt/M.-Hamburg 1959, S. 148–151, der teils Fromms Mitteilungen an ihn im Gefängnis, teils den Inhalt der Anklageschrift gegen Fromm wiedergibt.

104 Prozeß XXXIII, 402.

105 »Gegen 16 Uhr« heißt es im Bericht über Fromms Prozeß, ähnlich Hoepners Aussagen. Bartram gibt eine Zeit nach 16.15 Uhr an, sagt aber ein paar Zeilen später, Olbricht habe sich »gegen 16 Uhr« bei Fromm melden lassen.

106 Ob Keitel bei diesem Gespräch mit Fromm auch erfahren hat, daß Witzleben und Hoepner führend im Komplott waren, ist unklar, aber unwahrscheinlich. Wie unten bei der Darstellung der Gegenmaßnahmen zu zeigen sein wird, wußte Keitel spätestens kurz vor 16.15 Uhr von der Verwendung der Namen Fromms, Witzlebens und Hoepners bei der Ausgabe der »Walküre«-Befehle. Er kann davon durch Anrufe von Kommandeuren erfahren haben oder durch die inzwischen eingeleitete möglichst umfassende Überwachung aller Nachrichtenverbindungen; Sander, Mitteilungen; Waizenegger, Mitteilungen; Wolf. Vgl. Kramarz, S. 212–213, wo auf Grund des Berichtes von Oberst Rudolf Langhaeuser einige Einzelheiten der Nachrichtenübermittlung aus der Bendlerstraße mitgeteilt werden.

Nach dem Bericht des Adjutanten Fromms, Bartram, erklärte Olbricht dem Befehlshaber nach dessen Gespräch mit Keitel, es sei eine neue Regierung verantwortungsbewußter Männer gebildet worden, welche an die Stelle des bisherigen Regimes treten solle, und ob er sich als BdE beteilige. Weiter berichtete Bartram, Fromm habe Keitel gefragt, ob vom Ersatzheer irgendetwas zu veranlassen sei. Daran fügt Bartram jedoch unmittelbar Ereignisse an, die sich erst bedeutend später, gegen 17 Uhr, zugetragen haben. Es ist also zum Ablauf der Dinge den aus frischerer Erinnerung gegebenen Berichten Hoepners und Fromms zu folgen, sofern nicht Schutzbehauptungen darin zu sehen sind.

106a Prozeß XXXIII, 404.
107 Prozeß XXXIII, 401–402.
108 Hierzu und zum Folgenden: Meldung der Ag N/HNV vom 22. Juli 1944, Spiegelbild, S. 63–65; Aussagen Klausings vor dem VGH, Prozeß XXXIII, 433; Wolfram Röhrig, mündliche Mitteilungen an d. Verf. vom 29./30. Juni 1965; Amtsrat a. D. Emil Pestinger, damals in der HNB in der Bendlerstraße tätig, an d. Verf. 20. Dez. 1964. Nach Kramarz, S. 212–213 auf Grund von Mitteilungen von Generalmajor a. D. Rudolf Langhaeuser, dem Amtsvorgänger von Obstlt. i. G. Sadrozinski als Gruppenleiter I im Stabe des Chef H Rüst u BdE, sowie Langhaeuser, mündliche Mitteilungen an d. Verf. vom 22. Aug. 1969 war Langhaeuser am 20. 7. 44 in der Bendlerstraße, um sich eine Fahrkarte abzuholen, und besuchte u. a. seinen Nachfolger, Sadrozinski, der schwer herzkrank war und sich Umschläge machte. Sadrozinski bat Langhaeuser, ein Bündel FS, das er soeben unerledigt vom LdN zurückbekommen habe, noch einmal hinzubringen. Der LdN sagte Langhaeuser, er habe Befehl aus der »Wolfschanze«, die FS nicht abzusetzen. Darauf las Langhaeuser eines der FS; seiner Inhaltsbeschreibung nach war es das zweite (s. unten, S. 515). Es könnte sich hier um eine in anderen Berichten »vergessene« Episode handeln. – Aus den angeführten Stellen in Prozeß XXXIII, aus Spiegelbild, S. 182, und aus dem Abschiedsbrief Klausings im BA NS 6/50 könnte man den Eindruck erhalten, Klausing habe nur naiv Befehle befolgt und sei von anderen Verschwörern ausgenützt worden. Der Eindruck wäre falsch. Die bewußte, aktive Beteiligung Klausings bestätigt Axel von dem Bussche, »Eid und Schuld«, Göttinger Universitätszeitung 2 (1947) Nr. 7, 7. März 1947, S. 4.
109 In der Meldung der Ag N/HNV sind bis zu diesem Punkt des Berichts schon zwei Feststellungen falsch: 1. Der erste Satz des ersten Schreibens, »Der Führer Adolf Hitler ist tot«, wurde nicht gestrichen, sondern mit dem übrigen Text abgesetzt und ist auch bei den Empfängern angekommen. Die Behauptung des Berichts, Klausing habe nach etwa zehn Minuten das Schreiben noch einmal überbracht, nun aber sei der Satz gestrichen gewesen und Röhrig habe ihn dann noch so gründlich ausgestrichen, daß er gar nicht mehr lesbar gewesen sei, diente nach der Erinnerung Röhrigs zur Verschleierung der Bereitwilligkeit, mit der er, seine Untergebenen und zum Teil auch seine Vorgesetzten die Beförderung der Schreiben betrieben. Es ist natürlich denkbar, daß einer der Verschwörer – Olbricht, Hoepner oder Beck? – noch vor der Rückkunft Stauffenbergs und unter dem Eindruck der Nachrichten aus dem FHQu den Satz streichen und später wieder einfügen ließ. Dem widersprechen die Berichte aus den Wehrkreiskommandos, wie im nächsten Abschnitt dieses Kapitels zu sehen sein wird. Originale der *ersten* Version sind bisher nicht aufgetaucht. Alle bisher bekannten Kopien sind spätere Versionen, Abschriften oder Aufnahmekopien aus einzelnen W.-K.- Kdos. Auch der Abdruck im Mitteilungsblatt der Arbeitsgemeinschaft ehemaliger Offiziere Nr. 12/1968 u. Nr. 1–2/1969 wiederholt nur frühere Veröffentlichungen *ohne* die *erste* Version. Vgl. Abdruck der FS im Anhang.

Freisler zitierte in der Verhandlung des VGH am 7. Aug. 1944 ausdrücklich den Satz als den ersten des fraglichen Befehles; Prozeß XXXIII, 362. Vgl. den Abdruck aus unbekannter Provenienz bei Gerhart Binder, Epoche der Entscheidungen, Stuttgart-Degerloch 1960, S. 433. Es wird dann in dem Bericht weiter festgestellt, aber keineswegs erklärt, daß dasselbe Fernschreiben angeblich um 18.30 Uhr *nochmals*, also zum dritten Male zu Röhrig gebracht worden sei und dieser es immerhin, wenn auch zögernd, an Marine- und Luftwaffen-Dienststellen habe absetzen lassen. In diesem Schreiben war der Satz »Der Führer Adolf Hitler ist tot« nicht gestrichen, und es wurde noch um 19.28 Uhr beim Chef des Stabes der Seekriegsleitung so aufgenommen; MFA, Akten der Skl II M 1005/11. Das zu berichten hatte nur Sinn, wenn man die Tendenz zugrundelegt: Röhrig war ein braver, loyaler Soldat, der sich Befehlen von Vorgesetzten im Rahmen seiner Möglichkeiten widersetzte, als er sah, daß sie gegen das Regime gerichtet waren; er hat die verdächtigen Schreiben nur schleppend befördert und das gefährlichste Schreiben mit dem fatalen Satz von Hitlers Tod »lediglich an Marine und Luftwaffe«, welche die darin enthaltenen Befehle gar nicht ausführen konnten; er hat Marine und Luftwaffe überdies noch »später über die hier [in der Bendlerstraße] herrschenden Zweifel eingehend unterrichtet« bzw. unterrichten lassen.

2. Ferner ist die Behauptung unrichtig und muß als Schutzbehauptung angesehen werden, das erste Fernschreiben sei erst in der Zeit von 17.35 bis 21.03 Uhr befördert worden; vielmehr ist sofort mit dem Absetzen begonnen worden. Schon der Absetzvermerk »16.45« des ersten der Meldung der Ag N/HNV beigelegten Fernschreibens widerspricht auch der Behauptung, es sei erst eine Stunde nach seinem Eingang bei Röhrig abgesetzt worden (Spiegelbild, S. 65). Auf den beim Eingang der Fernschreiben bei den Empfängern hergestellten Aufzeichnungen wurde außer der Eingangszeit auch die vom Absender angegebene Absendezeit angegeben, so z. B. in Prag für das erste Schreiben die 16.45 Uhr, für das zweite 18 Uhr: Ferdinand Schaal, »Der 20. Juli 1944 in Prag: Der Attentatstag im Spiegel militärischer Befehle«, Schwäbische Zeitung (Überlingen), 26. Juli 1952.

Die weitere Behauptung, das Absetzen des zweiten Schreibens sei »nicht mehr mit der Eile wie bei dem ersten« betrieben worden, wird sogar schon im nächsten Satz desselben Berichts und auch durch den Absetzvermerk auf der Abschrift des Schreibens widerlegt: Im Bericht heißt es, das Schreiben sei von 18.30 bis 21.22 Uhr abgesetzt worden, also in weniger als drei Stunden, während das erste, etwa gleich lange Schreiben in mehr als dreieinhalb Stunden abgesetzt worden sei. Angeblich soll auch das Absetzen eines dritten Schreibens verzögert worden sein, weil die Leitungen noch durch das erste und dritte belegt waren, wogegen eigenartigerweise die Belegung der Leitungen durch das erste auf die Geschwindigkeit beim Absetzen des zweiten Schreibens keinerlei Einfluß gehabt zu haben scheint, da es ja sogar – immer nach der Meldung der Ag N/HNV – schneller ging. Das Absetzen begann auch nicht erst um 18.30 Uhr, sondern dem Vermerk auf der mit der Meldung eingereichten Abschrift zufolge schon um 18.00 Uhr. Die auf den Schreiben angegebenen Zeiten sind, wenn es sich um die Absetzkopie handelt, die Zeiten für den tatsächlichen Beginn des Absetzens (Wolf). Nach dem Bericht der Fernschreiberin Vera Noack in Klaus Haetzel, »Die längste Schicht am Fernschreiber«, Telegraf, 19. Juli 1964, S. 8 wurde etwa von 20.30 bis 21.30 Uhr ein Fernschreiben nicht weiterbefördert, das »›an sämtliche Wehrmachtstellen‹« gerichtet war; aber darin stand, daß der

Führer lebe usw. Das Zurückhalten, ganz im Sinne der Verschwörung, zu diesem späten Zeitpunkt ist immerhin bemerkenswert. Auch wurde ja das Absetzen der Auslösebefehle selbst nach dem gefärbten Bericht der Ag N/HNV, Spiegelbild, S. 63-65 wenigstens bis nach 21 Uhr nicht unterbrochen. Das angebliche Eingreifen von Oberst Köllner kam zu einer Zeit, als der Staatsstreich längst rückläufig war und gehört in die Gesamttendenz des Berichtes, die Beteiligten zu rechtfertigen.

Die Widersprüche sind also zahllos, und man hat offenbar mit einem Wust von Zeitangaben, Daten und Einzelheiten der Gestapo Sand in die Augen gestreut, während andererseits diese nicht so sehr an der Aufklärung aller Einzelheiten der Vorgänge wie an der Vernichtung der Opposition und der gefährlichen, führenden »Staatsfeinde« interessiert war.

Vom Verf. früher gegebene Darstellungen waren von der Annahme ausgegangen, daß die in der Meldung der Ag N/HNV angegebenen Zeiten dokumentiert, unfälschbar und ungefälscht gewesen seien und die in den Abschriften der Fernschreiben aufgetauchten Widersprüche auf Abschreibfehlern beruhten: Peter Hoffmann, »Zum Ablauf des Staatsstreichversuches des 20. Juli 1944 in den Wehrkreisen«, Wehrwissenschaftliche Rundschau 14 (1964), S. 377-397; ders., »Der 20. Juli im Wehrkreis II (Stettin): Ein Beispiel für den Ablauf des Staatsstreichversuches im Reich«, Aus Politik und Zeitgeschichte, 14. Juli 1965, S. 25-37. Hinsichtlich der Absetzzeiten und der Frage des ersten Satzes des ersten Schreibens (»Der Führer Adolf Hitler ist tot«) sind diese Darstellungen als überholt anzusehen.

109a Anni Lerche an Dr. Hans Bernd Gisevius 30. Juni 1946, aufgefangen u. übers. v. brit. Zensurstelle IRS 3 D. C. S., Masch., o. O. 17. Juli 1946.

110 Degner; Dr.-Ing. Claus-Peter Goetzke, damals als Oberleutnant d. R. technischer Leiter des Nachrichtenbunkers in der Bendlerstraße, an d. Verf. 14. Juli 1964.

111 S. Abdruck in Spiegelbild, S. 65-66.

112 Spiegelbild, S. 63-64.

113 Zeller, S. 439-440 folgt für die Tätigkeit Röhrigs offenbar nur der Meldung der Ag N/HNV, wie es auch der Verf. in früheren Veröffentlichungen getan hat, bis er in einer Besprechung mit Röhrig auf die Widersprüche in der Meldung gestoßen ist. Die angeblich absichtlich langsame Abwicklung ist zumindest für die Zeit bis gegen 21 Uhr eine für die Gestapo erfundene Fiktion. Ordensverleihung und Beförderungen, soweit sie stattfanden, beweisen nichts, als daß die Fiktion wirksam war.

114 Vgl. oben, Anm. 108; Abdruck in Spiegelbild, S. 66-67.

115 Abdruck der Ernennungsbefehle, auch für die Politischen Beauftragten, in Spiegelbild, S. 76-82.

116 Abdruck des Befehls in Spiegelbild, S. 68.

117 Abdruck in Spiegelbild, S. 70-75.

118 Röhrig, Mitteilungen.

119 Röhrig, Mitteilungen; Botschaftsrat Dr. Georg Röhrig an d. Verf. 15. März 1966.

120 In einem sonst nicht ernstzunehmenden Blatt erschien 1965 ein Artikel aus Tatsachen, Legenden und mißverstandenen Äußerungen, wonach Röhrig einem Reporter gegenüber erklärt haben sollte, er habe die Durchgabe der

Fernschreiben der Verschwörer absichtlich verzögert: Peter G. Eder, »Deutschland, deine Helden. 21 Jahre danach: Wer war was am 20. Juli 1944? Zeitung sprach mit Zeugen des Aufstandes«, Zeitung, 19. Juli 1965, S. 17–21. In ihrer Ausgabe vom 16. August 1965, mit der sie übrigens ihr Erscheinen einstellte, mußte die Zeitung eine Berichtigung veröffentlichen: Wolfram Röhrig, »Keine bewußte Initiative«, Zeitung, 16. August 1965, S. 57.

121 Hierzu und zum Folgenden: Hoepner vor dem VGH, Prozeß XXXIII, 402–404; Gisevius, Sonderausgabe, S. 511–514; Bartram, Schlabrendorff, Offiziere, S. 149–151 nach dem Bericht Fromms, im wesentlichen bestätigt im Bericht von Dr. Hopf an Bormann über die VGH-Verhandlung gegen Fromm, BA EAP 105/30.

121a Fritzsche, mündliche Mitteilungen an d. Verf. 14. Juli 1972; Fritzsche erinnert sich wohl irrtümlich, auch Gerstenmaier sei schon da gewesen; vgl. unten S. 521–523.

121b Fritzsche.

122 Prozeß XXXIII, 402. Vgl. die Aussage von Generalleutnant von Thüngen in seinem Prozeß vor dem VGH, es habe geheißen, Hitler sei auf einer Bahre herausgetragen worden; Volksgerichtshof-Prozesse zum 20. Juli 1944, Transkripte von Tonbandfunden, [Frankfurt/M.] 1961, S. 77. Dasselbe berichtete ein Unbekannter vor dem VGH aus dem Munde Stauffenbergs selbst während dessen Auseinandersetzung mit Fromm: »... aber jedenfalls wurde vom Generaloberst [Fromm] gefragt, waren Sie dabei? ... worauf Stauffenberg erklärte, er sei im Nebenzimmer gewesen, habe die Explosion – ich weiß nicht, ob diese Worte gefallen sind, aber so etwa dem Sinn nach muß es gewesen sein – gehört, habe nach dem Arzt rufen hören – auf diesen Satz kann ich mich noch besinnen – .. und habe selbst gesehen, wie der Führer weggetragen worden sei... Und dann schloß noch etwa ein Satz an, es sei also keine Hoffnung mehr oder es sei aus gewesen... F[reisler:] Damit bekräftigte er, als mit den eigenen Augen gesehen, der Führer sei tot. [Aussagender:] Jawoll.« Einige Sätze später im selben Verhör sagte der Unbekannte: »Stauffenberg erklärte mit einer ganz kolossalen Sicherheit, der Führer ist tot.« Volksgerichtshof-Prozesse, S. 80–81; ebenso Fromms Bericht über die Behauptungen Stauffenbergs bei Schlabrendorff, Offiziere, S. 149.

123 Schlabrendorff, Offiziere, S. 149; Volksgerichtshof-Prozesse, S. 80, 85 ff. C. Müller, S. 607 Anm. 10 irrt in der Annahme, Gisevius habe seine Kenntnis aus dem Buch Schlabrendorffs: Gisevius' Buch war viel früher abgeschlossen und noch während des Krieges im Ms. an Dulles übergeben worden; Gisevius, mündliche Mitteilungen an d. Verf. 8. Sept. 1972. Wahrscheinlich hat Fromm zwischen seinen beiden Gesprächen mit Stauffenberg noch einmal mit Keitel telephoniert und dabei mit den Worten geendet: »Herr Feldmarschall, ich kann mich also darauf verlassen, daß der Führer lebt.« Ewald Heinrich von Kleist an d. Verf. 2. Okt. 1968. Nach Gisevius, Sonderausgabe, S. 514–515 hat Olbricht Beck veranlassen wollen, Fromm doch noch zur Teilnahme am Staatsstreich zu gewinnen, aber Beck hatte abgelehnt, weil das zu sehr nach Überrumpelung aussehen würde.

124 Schlabrendorff, Offiziere, S. 149; Bartram trotz einigen Abweichungen im wesentlichen ebenso; Bestätigung bei Gisevius, Sonderausgabe, S. 519.

125 Schlabrendorff, Offiziere, S. 150; Bericht über die VGH-Verhandlung gegen

Fromm, BA EAP 105/30. Nach dem Bericht von Ewald Heinrich von Kleist an Volkmar Hoffmann sollte Fromm nach dem (zweiten) Telephongespräch mit Keitel zu Olbricht und Stauffenberg gesagt haben, während Haeften und Kleist im Hintergrund standen: »›Hitler ist nicht tot! Unter diesen Umständen betrachte ich mich als Mitverschworenen außer Kurs gesetzt.‹« Das ist nicht richtig; Kleist an d. Verf. 2. Okt. 1968; auch zum Folgenden.
126 Gisevius, Sonderausgabe, S. 521; Beck traf mit Schwerin etwa um 16.15 Uhr in der Bendlerstraße ein lt. Ludwig Frh. v. Hammerstein an Dr. H. Pigge 6. April 1970 (H. kam gerade mit Oppen, Fritzsche und Kleist zu Fuß in der Bendlerstraße an). Nach Wagners Bericht wäre Beck schon um 16 Uhr in der Bendlerstraße gewesen.
127 Prozeß XXXIII, 403–404; Schlabrendorff, Offiziere, S. 151.
128 Wagner, Verlauf, auch zum Folgenden.
129 Im Lichte der folgenden, vermutlich zutreffenden Behauptung Wagners wird man wohl annehmen müssen, daß er nicht mitmachen wollte. Vgl. Burchardt, Zugehörigkeit und ders., Darstellung: »Von Wagner, der in der Zwischenzeit vom Mißlingen des Attentats auch Kenntnis erhalten haben mußte, kam Höpfner unverrichteter Dinge und ohne auf einen Umsturz hindeutende Weisungen zurück.«
130 Gisevius, Sonderausgabe, S. 512; Volksgerichtshof-Prozesse, S. 47–51.
131 Gisevius, Sonderausgabe, S. 513–514.
132 Volksgerichtshof-Prozesse, S, 49–51.
133 Dr. Peter Boysen, damals Obstlt. u. Gr. Ltr. für Bekleidung im AHA, war etwa um 11 Uhr gerade bei Olbricht, als Helldorf kam (an d. Verf. 23. Juni und 6. Juli 1970); Volksgerichtshof-Prozesse, S. 48, 51.
134 Einstellungsbescheid des Oberreichsanwalts beim Volksgerichtshof im Ermittlungsverfahren gegen Ewald Heinrich von Kleist, Georg Sigismund von Oppen und Hans Fritzsche wegen Hoch- und Landesverrats vom 12. Dez. 1944, Az. O J 41/44 gRs., BA EAP 105/30; Lerche; Kunrat Freiherr von Hammerstein, Spähtrupp, Stuttgart 1963, S. 270–271, 279 nach dem Bericht seines Bruders Ludwig, wo als Zeit des Telephonanrufs einmal 16.30 Uhr und einmal 16.15 Uhr angegeben ist. Ferner Volkmar Hoffmann.
135 Fritzsche.
136 Gisevius, Sonderausgabe, S. 515, 521; Hammerstein, Spähtrupp, S. 270. Nach dem Bericht von Elfriede Nebgen, Jakob Kaiser: Der Widerstandskämpfer, Stuttgart 1967, S. 192–194 muß Goerdelers Aufenthalt am 20. 7. 44 in der Bendlerstraße genau bekannt gewesen sein.
137 Otto John, Der 20. Juli 1944, Masch., London o. J., S. 13; mit geringen Abweichungen ebenso in anderen Berichten, vor allen: Otto John, An Eye Witness's Account of the 20th July 1944 Plot against Hitler that Failed, Masch., [London] 1946; ders., »Zum Jahrestag der Verschwörung gegen Hitler – 20. Juli 1944«, Wochenpost, 18. Juli 1947, S. 4–6; ders., Some Facts and Aspects of the Plot against Hitler, Masch., London 1948, S. 61; ders., Zweimal kam ich heim: Vom Verschwörer zum Schützer der Verfassung, Düsseldorf–Wien 1969, S. 161–167. Gisevius, Nebe, S. 158–160 und Sonderausgabe, S. 474–479 berichtet, Hansen habe mit dem schlecht vorbereiteten Putsch nichts zu tun haben wollen und sei »ostentativ auf Urlaub gefahren«.
137a John, Zweimal, S. 162; Spiegelbild, S. 432.

138 John, Jahrestag; ders., Facts; Hammerstein, Spähtrupp, S. 279 f.; Cords.
138a Joachim Ruoff (SS-Standartenführer, Ia Jüttners) an d. Verf. 23. Nov. 1969. Himmler sagte noch in derselben Nacht, er habe die SS absichtlich nicht eingesetzt, damit das Heer selbst den kleinen Klüngel in seinen Reihen liquidiere; Goebbels stimmte ihm zu. Balzer (als Maj. Verb. Offz. d. OKW im Reichsmin. f. Prop. u. Volksaufkl.), Aktennotiz für Chef OKW/WPr persönlich, Masch.-Abschr., [Berlin] 21. Juni [richtig: Juli] 1944, BA NS 6/31; ebenso Himmler am 26. Juli 1944, Geheimreden, S. 218.
139 Hierzu und zum Folgenden: Eugen Gerstenmaier, mündliche Mitteilungen an d. Verf. vom 17. Aug. 1965; ders., »Zur Geschichte des Umsturzversuches vom 20. Juli 1944«, Neue Zürcher Zeitung, 23. und 24. Juni 1945; hiernach zahlreiche Abdrucke u. a. unter dem Titel »Entscheidende Stunden in der Bendlerstraße: Der Ablauf der Ereignisse im Oberkommando der Wehrmacht«, Die Welt, 19. Juli 1946 und in Der 20. Juli 1944: Beiträge zur Geschichte der deutschen Widerstandsbewegung, Schriften des Südkurier Nr. 1, Konstanz o. J.; Gerstenmaier, Church Conspiratorial, S. 183–189, mit Bestätigung der Zeit 17 Uhr für die Rundfunkmeldung. Vgl. Eugen Gerstenmaier, »Die Kreisauer und der 20. Juli« in ders., Reden und Aufsätze, Bd. II, Stuttgart 1962, S. 238–243; Lerche; Fabian von Schlabrendorff (Hrsg.), Eugen Gerstenmaier im Dritten Reich: Eine Dokumentation, Stuttgart 1965, S. 23.
140 Hammerstein, Spähtrupp, S. 279; Spiegelbild, S. 377; Schramm, Aufstand, S. 55–57; vgl. unten, Abschn. 4 dieses Kapitels.
140a Lerche.
141 Hammerstein, Spähtrupp, S. 281; Mitzkus, Bericht; Prozeß XXXIII, 409; Gisevius, Sonderausgabe, S. 525–526.
142 Aussage von Graf Yorck von Wartenburg, Prozeß XXXIII, 430; Aussage von Thüngen, Volksgerichtshof-Prozesse, S. 74–76; Urteil des VGH gegen Thüngen vom 5. Okt. 1944, BA EAP 105/30; Mitzkus, Bericht, gibt an, Thüngen sei mit Hase »cr 19 h« gekommen; Hase kam aber nicht schon kurz nach 19 Uhr (s. Abschn. 5); ferner Gisevius, Sonderausgabe, S. 526–528, 530.
143 Hierzu und zum Folgenden: Mitzkus, Bericht; Joachim von Wiese und Kaiserswaldau, damals als Oberst IIa im Wehrkreiskommando III mit Dienstsitz in der Ulanenkaserne in Fürstenwalde, an d. Verf. 10. Aug. 1964; Harnack; Bericht des Amtes V des RSHA über Oertzens Selbstmord vom 22. Juli 1964, BA R 58/1051.
144 Der Abdruck der Liste in Spiegelbild, S. 28–30 ist ungenau; vgl. also die Druckvorlage, BA EAP 105/20.
145 Dies u. d. Folg. nach Mitzkus; vgl. zum Zögern Herfurths Spiegelbild, S. 196.
146 So z. B. auch im Standort Potsdam; [Schramm], Mitteilungen Meichßner.
147 Stirius.
148 U. a. hat Wilhelm von Schramm, S. 7, 94 darauf hingewiesen, daß der Staatsstreich in Berlin zu sehr »vom Schreibtisch aus geleitet« worden sei.
149 Zeitplan und Befehle sind mit Fehlern abgedruckt in Spiegelbild, S. 37–41; vgl. die Druckvorlagen im BA EAP 105/20.
149a Rüstungsminister Albert Speer hatte etwa von 11 bis 13 Uhr im Propagandaministerium vor allen in Berlin anwesenden Ministern, Staatssekretären und anderen hohen Beamten, zusammen etwa 200 Personen, einen Vortrag über Rüstungsanstrengungen gehalten; Speer, S. 390–391; vgl. unten,

S. 595. Hätten die Verschwörer nicht wegen des Frühstarts vom 15. 7. 44 nun besondere Vorsicht üben müssen, so hätten sie hier mit einem Schlag den größten Teil der Regierungsfunktionäre verhaften können. Ferner Urteil des Volksgerichtshofes vom 15. Aug. 1944 gegen B. Klamroth u. a., NA T-120 Rolle 1038.

149b Urteil des VGH gegen B. Klamroth u. a.
150 Aussagen Hases, Prozeß XXXIII, 487–488.
151 Haßel; vgl. Spiegelbild, S. 377–378.
152 Hierzu und zum Folgenden: Hase vor dem VGH, Prozeß XXXIII, 487–488; Frau von Hase, Mitteilungen; Remer, Ablauf; Hagen, Tatbericht; Hagen, Zwischen, S. 17–37; Siebert; Schlee; Holm Erttel, »›Meine Herren, es ist so weit!‹ Eine Erinnerung an den 20. Juli 1944«, Das freie Wort, 19. Juli 1952; vgl. Hammerstein, Spähtrupp, S. 201; Vermerk von VGH-Berichterstatter Dr. Hopf für Bormann 24. Okt. 1944, und Kaltenbrunner an Parteikanzlei/ München 27. Okt. 1944, BA EAP 105/32. Das Wachbataillon lag in Moabit, nicht in Döberitz, wie John W. Wheeler-Bennett, The Nemesis of Power: The German Army in Politics 1918–1945, New York ²1964, S. 655 mitteilt; ebenso (Döberitz statt Moabit) u. a. die flüchtige Arbeit von Heinrich Fraenkel und Roger Manvell, Der 20. Juli, Berlin–Frankfurt/M.–Wien ²1965, S. 116.
152a Wolter sollte wohl auch Remer überwachen, was dessen eigener Eindruck war; Remer, Ablauf; Maj. d. R. Karl Lüthje (damals wie Wolter in der In 8) an d. Verf. 15. März 1971.
153 Remer, Ablauf; bestätigt durch Schöne in seinem Prozeß am 10. Okt. 1944, Vermerk von Dr. Hopf für Bormann 24. Okt. 1944, BA EAP 105/32.
154 Vielleicht hat Hagen schon die erste Rundfunkmeldung zwischen 17 und 18 Uhr gehört; s. unten, S. 539–540. Man ist für seine Tätigkeit auf seinen, Remers und Goebbels' Bericht (Rundfunkansprache vom 26. Juli 1944, Völkischer Beobachter, Berliner Ausgabe, 27. Juli 1944, S. 1; ferner Semmler, S. 132 bis 138) angewiesen; diese können wohl in gewissen Tendenzen, z. B. Angabe früherer als der tatsächlichen Zeitpunkte für das Aufkommen der Zweifel, gefärbt sein, schwerlich aber in den übrigen Tatsachenbehauptungen, die ja damals nachprüfbar waren.
155 In Hagens Bericht heißt es »zu meinem Minister Goebbels oder zum SD«. Daß er den SD schon zu diesem Zeitpunkt erwähnte, darf bezweifelt werden, wohl aber empfahl sich später die Erwähnung des SD, der nun mächtiger denn je geworden war. Hagen besteht noch heute darauf, er habe wirklich Generalfeldmarschall von Brauchitsch in voller Uniform durch die Stadt fahren sehen, ein Irrtum sei ausgeschlossen, es könne nicht etwa Witzleben gewesen sein: Hagen, Größere und kleinere Fehler. Witzleben war etwa um die fragliche Zeit, 14.15 Uhr, unterwegs nach Zossen. Wo war Brauchitsch? Die Gestapo-Berichte gehen darauf nicht ein. Zum Zeitpunkt von Hagens Erscheinen bei Goebbels auch Speer, S. 390–394.
156 Hierzu und zum Folgenden: Kurt Delius an d. Verf. 28. Juli 1965; Stirius; Generalmajor a. D. Hermann Schulte-Heuthaus an d. Verf. 20. Sept. 1965.
157 Nach einem bei Finker, S. 266–268 abgedruckten Zeugnis hatte denselben Befehl auch eine Pz-Aufklärungskompanie in Potsdam-Nedlitz, die ihn auch ausgeführt habe. Delius erinnert sich, daß »inzwischen«, also gegen 18 Uhr, der Brigade-Kommandeur Oberst Schulte-Heuthaus wieder zurückgekehrt sei;

Schulte-Heuthaus erinnert sich nur, tagsüber unterwegs gewesen zu sein; Stirius habe die »Walküre«-Befehle ausgeführt. Stirius berichtet nichts von der Rückkehr des Kommandeurs, betont aber, daß auch seine Erinnerung nicht lückenlos und unfehlbar sei. Der Verf. folgt dem Bericht Delius', da dieser sonst in allen wesentlichen Punkten mit Stirius übereinstimmt.

158 Wolfgang Müller, Gegen eine neue Dolchstoßlüge: Ein Erlebnisbericht zum 20. Juli 1944, Hannover ²1947, S. 42–43; Spiegelbild, S. 459–460; Dr. Georg Röhrig an d. Verf. 15. März 1966 u. 6. Feb. 1969. Müller berichtet, Hitzfeld sei eingeweiht gewesen; aber Hitzfeld verwahrt sich energisch dagegen. Hierzu Otto Hitzfeld an Gert Buchheit 5. Juli 1966 (Abschrift); ders. an Institut für Zeitgeschichte, München, 25. Sept. 1966; Wolfgang Müller an Hitzfeld 15. Okt. 1966 (Abschrift); Hitzfeld an Müller 18. Okt. 1966 (Abschrift); alle im IfZ ZS 1858. Müller scheint lediglich einem Mißverständnis zum Opfer gefallen zu sein: als auf telephonische Anfrage Hitzfeld sagte, die Befehle des OKH seien auszuführen (auch gegen die SS), glaubte Müller, Hitzfeld sei auf der Seite der Verschwörer und eingeweiht. Ausführliche Bestätigung der Vorgänge in Döberitz auf Grund zeitgenössischer Aufzeichnungen von Obstlt. a. D. H. Hüttner, damals Taktiklehrer in Döberitz, an d. Verf. 25. Jan. 1969; Hptm. a. D. Rolf Sturm an d. Verf. 1. Aug. 1971; Bollmann; Wilhelm Gaede (damals Oberltn. u. Inspektionschef bei der Lehrgruppe III d. Schießschule in Döberitz) an d. Verf. 7. Juni 1971. S. ferner Karl Schober, »Eine Chance blieb ungenutzt«, in Darauf kam die Gestapo nicht: Beiträge zum Widerstand im Rundfunk, Berlin 1966, S. 54–55 berichtet, der »Walküre«-Alarm sei schon vor 14 Uhr in Döberitz eingegangen. Dies auf Grund des Berichtes von Obstlt. a. D. Friedrich Jakob; Bestätigungen: F. Jakob an d. Verf. 3. Juni 1969; Ing. Rudolf Jakob (damals im Funkhaus tätig) an d. Verf. 28. Jan. 1969; Goebel an d. Verf. 16. Dez. 1968; Oskar Haaf (damals im Funkhaus Sendeleiter u. Stellv. d. Reichsintendanten Dr. Glasmeier); ebenso H. J. Pantenius (damals in Döberitz im Rgts-Führerlehrgang beim Lehrstab 2/Oberst Ringler) an d. Verf. 5. März 1970.

159 Hierzu und zum Folgenden: Otto Freundorfer (damals als Abteilungsleiter beim Reichsprogramm im Funkhaus tätig), mündliche Mitteilungen an d. Verf. vom 18. Feb. 1965; Paul Gnuva (ebenfalls damals im Funkhaus tätig) an d. Verf. 6. April 1965; Bericht von Major Jakob an seinen späteren Divisionskommandeur Generalmajor Ferdinand Brühl, niedergeschrieben (hs.) von diesem am 25. April 1947 im Gefangenenlager Brigdend in England, Sammlung John Mappe 5; Schober, S. 54–55; Utz Utermann (damals im Funkhaus tätig) an den Verf. März 1965; Finker, S. 268–269; Müller, Dolchstoßlüge, S. 42–47 erwähnt die Aktion Jakobs nicht, hat also anscheinend nichts Genaues darüber erfahren. Wheeler-Bennett, S. 654–655 verwendet den Bericht Jakobs in der Wiedergabe von Generalmajor Brühl.

160 Über die Zeit des Eintreffens beim Funkhaus schwanken die Angaben. Die meisten Zeugen nennen Zeiten zwischen 17 und 18 Uhr; so auch Erich Zielke an d. Verf. 20. Juli 1970. Vgl. Finker, S. 378 Anm. 39. Schober gibt an, es sei ein ganzes Bataillon von etwa 400 Mann zum Funkhaus gerückt; aus dem Kreise der Funkhausangehörigen wird nur von 80–100 Mann berichtet; Günter Bergeré an d. Verf. 15. Sept. 1971.

161 Haßel; Spiegelbild, S. 377.

161a So erinnert sich Haßel; der Anführer des von der In 7 ausgesandten Trupps, Oberstleutnant Friedrich Redlich, mündliche Mitteilungen an d. Verf. 3. Juli 1971, erinnert sich nur an eine Gruppe von zehn Offizieren.
162 Vgl. dazu den bei Kramarz, S. 212 wiedergegebenen Bericht eines gewissen Oberst a. D. R. K., der mit einer Gruppe von Funkern und Angehörigen der Propaganda-Abteilung (Wehrmacht-Propaganda-Abt. d. OKW?) den Deutschlandsender und den Sender Nauen besetzen sollte; Oberst R. K. habe sich (anscheinend etwa um 17 Uhr) bei Stauffenberg und Olbricht gemeldet, aber keinen Einsatzbefehl erhalten mit der Begründung, daß es noch zu früh sei.
162a Pantenius, auch zum Folgenden; Fritz Adam an d. Verf. 21. Aug. 1971 (Adam war damals Hptm. u, Kp.-Chef d. Stamm-Kp. d. Lehrgruppe I b. Lehrstab I d. Inf.-Schule Döberitz), der sich erinnert, es sei schon fast Nacht gewesen, als die Lkw in Richtung Tegel abgefahren seien.
163 Haßel; Wagner, Verlauf.
164 Fritz Theil an Marion Gräfin von Dönhoff 28. Mai 1948, Masch.-Abschr., u. ders., [Bericht], Masch., unterz., Godesberg o. J. (vermutlich 1956), Stiftung.
165 Wagner, Verlauf; Spiegelbild, S. 146.
166 S. unten, Abschn. 5. Hüttner (Anm. 158) bestätigt die Berichte Müllers.
167 Nach Müller, Was geschah, hielt sich Gorn aber noch in der Schule auf.
168 Befehl-Abschrift als Anlage zu den Gestapo-Berichten im BA EAP 105/20; Abdruck in Spiegelbild, S. 40; dem Sinne nach ebenso bei Wolfgang Müller, »Die Wehrmacht am 20. Juli: Neue Forschungsergebnisse zu Deutschlands Schicksalstag vor fünf Jahren«, Main-Post, 21. Juli 1949, lt. Glaesemer 23. Oktober 1945; Müller, Was geschah. Vgl. [Schramm], Mitteilungen Meichßner. Frau Elli Tzschöckell geb. Ehlers (damals Sekretärin im Vorzimmer der In 6 bei Oberst Bolbrinker) an d. Verf. 18. Okt. 1971; Oberst a. D. Werner Mildebrath (damals Gr. Ltr. Panzer in der In 6), 20. Juli 1944 in Berlin, Hannover [1971]; Heinrich V. Prinz Reuss.
169 S. Anm. 168.
170 Harald Momm, mündliche Mitteilungen an d. Verf. vom 19. Aug. 1968; Wagner, Verlauf. Später erklärte Momm der Gestapo, er habe »Sau« gesagt, das sei ein Jagdausdruck; nach Degradierung und Versetzung in die Einheit »Dirlewanger« erwarb sich Momm seinen alten Rang zurück.
171 John von Freyend; Momm. John zufolge sagte Momm darauf (ca. 17–18 Uhr): »Ja, klar, die Zossen reinführen, absatteln!«
172 Zur Dienststellung Bolbrinkers: Wolf Keilig, Das deutsche Heer 1939 bis 1945: Gliederung – Einsatz – Stellenbesetzung, Bad Nauheim 1956 ff., 211/38.
173 Vgl. Heinz Guderian, Erinnerungen eines Soldaten, Heidelberg 1951, S. 307 bis 308. Guderians Ch. d. St., Gen. Maj. Thomale, berichtete Bolbrinker nach 19 Uhr telephonisch aus »Mauerwald«, daß Hitler ein Attentat überlebt habe; Thomale an d. Verf. 11. Aug. 1972. Otto Skorzeny, Geheimkommando Skorzeny, Hamburg 1950, S. 207 berichtet, er habe im Lauf des Abends den »General der Panzertruppe B.« getroffen, also vermutlich Bolbrinker, der gesagt habe, alle Panzertruppen aus Wünsdorf seien nach Berlin marschiert und haben sich in der Nähe des Fehrbelliner Platzes versammelt, wo er sie gut in der Hand behalten könne. Er, B., habe einen Befehl, die Panzer gegen die Berliner Kasernen der Waffen-SS zu bewaffneter Aufklärung einzusetzen. Skorzeny riet ab und meinte, ein Bürgerkrieg sei doch zu vermeiden.

174 Müller, Was geschah; Tzschöckell; Mildebrath; Prinz Reuss; auch z. Folg.
174a Rode und Tzschöckell, auch zum Folgenden.
175 Walter Bruns, Vor, am und nach dem 20. Juli 1944, Masch., o. O. o. J. (zwischen 1945 und 1948), Sammlung John Mappe 5, auch zum Folgenden.
176 Dem Bericht nach fuhr er um 19.30 Uhr ab, aber wenn er, wie er weiter mitteilt, anschließend in die Hermann-Göring-Straße ging und dort Hase vorfand, muß er später als 19.30 Uhr die Schule in Treptow verlassen haben. Vgl. Finker, S. 281 und 379 Anm. 48; ferner unten, Abschn. 5, S. 606–607.
177 Müller, Dolchstoßlüge, S. 46.
178 Hierzu und zum Folgenden: Helmuth Schwierz, Bericht über meine Tätigkeit am 20. Juli 1944 und über meine nachfolgende Inhaftierung durch die Gestapo, Masch., Siegen i. W. o. J. (vermutlich 1963); Schwierz an d. Verf. 15. und 25. März 1965; Martin Korff, damals als Major Kdr. des Fahnenjunkerlehrgangs des HFS I, mündliche Mitteilungen an d. Verf. vom 25. Feb. 1965; Maître an d. Verf. 19. Feb. und 15. März 1965; Personalaktenauskunft der Zentralnachweisstelle des Bundesarchivs vom 29. Juni 1965. Wilhelm Küpper, damals als Oberst (W) Unterrichtsleiter an der HFS I, an d. Verf. 28. April 1965; Bescheinigung der Geheimen Staatspolizei/Staatspolizeistelle für den Landespolizeibezirk Berlin vom 16. Sept. 1944 über Schwierz' Haftzeit zur Vorlage beim Wirtschaftsamt; [Wilhelm] Burgdorf an das Stellv. Generalkommando IX. A. K. 3. Okt. 1944, Masch.-Abschrift, betr. Bewährungskommando für Schwierz an der Front.
179 Maître berichtet von 14 Stoßtrupps, der Beförderungsvorschlag der HFS I vom 12. Sept. 1944 für Major Korff wegen besonderer Verdienste bei der Niederschlagung des Putsches, in der Personalaktenauskunft des BA, erwähnt 10 Stoßtrupps.
180 Nach Korff hieß er Hoffmann; Bestätigung nirgends. Nach den Listen über verhaftete, entlassene und verurteilte Generalstabsoffiziere, BA EAP 105/2, war ein Oberstleutnant (a) Walter Horstmann, geb. 18. 1. 1900 (Stellung nicht angegeben) im Zusammenhang mit dem 20. 7. 44 verhaftet.
181 Korff; Maître: im Gästehaus des Ministeriums.
182 Das muß also etwa nach 18.45 Uhr gewesen sein. Maître scheint demnach nicht selbst bis zu Goebbels vorgedrungen zu sein, hat aber möglicherweise mitgeteilt, daß er den Auftrag zur Verhaftung von Goebbels habe. Vgl. Semmler, S. 133, der so berichtet, aber sein Wissen nicht aus eigener Anschauung hat und manches falsch wiedergibt.
183 Korff u. Maître berichten etwas verschieden; sie handelten nicht gemeinsam.
184 Zeller, S. 391 und 530–531 (Anm. 17) nach dem Bericht des einen der beiden Oberst Jäger unterstellten Führer des Stoßtrupps, Major d. R. Klapper; der andere, Hauptmann Johannes Dangschat, berichtete d. Verf. am 18. Juli 1971, der zusammengestellte Stoßtrupp habe an der Wilhelmstraße auf Oberst Jäger gewartet und Dangschat habe nach einer Weile einen Kradfahrer in die Kommandantur geschickt, wo Jäger nicht zu finden gewesen sei; der Trupp sei darauf zur Kommandantur gefahren, wo inzwischen Angehörige des Wachtbataillons die Gewalt übernommen und Maschinengewehre aufgestellt hatten; auf die Frage nach Oberst Jäger seien die Streifensoldaten aufgefordert worden, sich Remer zu unterstellen, was sie schließlich getan hätten, ohne weiteres zu unternehmen: »Uns war die Sache zu sauer.«

Ferner Hase vor dem VGH, Prozeß XXXIII, 488–493; Spiegelbild, S. 45; Remer, Ablauf.
185 Orig. in den Papieren von Major Wolf. Vgl. hierzu [Schramm], Mitteilungen Warlimont: »Die erste [Nachricht über das Verhalten der Berliner Stellen] erfolgte kurz vor 17 Uhr durch einen Anruf des Chef H Rüst und BdE, Gen. Oberst Fromm, über dessen Verhalten bis zur Stunde [21. Juli] noch keine Klarheit gewonnen ist. Er teilte dem Chef OKW mit, in Berlin liefen verschiedene Gerüchte um, und fragte, ob er den Belagerungszustand verhängen solle. Dieser [Keitel] antwortete ihm, dazu läge kein Anlaß vor. Auf die Gegenfrage, ob Stauffenberg in Berlin sei, lautete die Antwort, der wäre doch im FHQu.« Das muß vor 16.30 Uhr gewesen sein, nach den anderen Anhaltspunkten zu urteilen (s. oben, S. 518–520) etwa um 16 Uhr. Zum Zeitpunkt der Ernennung Himmlers zum Ob. d. Ersatzheeres heißt es bei Schramm, S. 9 »bereits am Nachmittag des 20. 7.«
186 Z. B. [Schramm], Mitteilungen Warlimont; ders., Mitteilungen Meichßner; er spricht von der Meldung um 18.30 Uhr ausdrücklich als einer Wiederholung. Ähnlich Röhrig, Mitteilungen; Bernardis in Prozeß XXXIII, 439. Vor 18 Uhr: Skorzeny, S. 205. Bestätigung für die Rundfunkmeldung vor 18 Uhr auch bei Franklin L. Ford, »Der 20. Juli«, Die Amerikanische Rundschau 3 (1947), H. 11, S. 5 (Übersetzung des vom gleichen Autor auf Grund seiner im amerikanischen Geheimdienst OSS erlangten Kenntnisse veröffentlichten Artikels »The Twentieth of July in the History of the German Resistance«, AHR LI (1945/46), S. 609–626).
187 17.42 Uhr Double British Summer Time entsprach 15.42 Uhr Greenwich Mean Time; dies entsprach 16.42 Uhr Mitteleuropäischer Zeit; deutsche Sommerzeit demnach 17.42 Uhr. Daily Digest of World Broadcasts, Part I, No. 1830, vom 21. Juli 1944 für die Zeit von 00.01 Uhr, Donnerstag, 20. Juli bis 00.01 Uhr Freitag, 21. Juli 1944, hrsg. vom Monitoring Service der BBC; zur deutschen Sommerzeit Reichsgesetzblatt, Teil I, Jahrgang 1943, Berlin 1943, S. 542; Jahrgang 1944, Berlin 1944, S. 198; Helmut Sündermann, Deutsche Notizen 1945/1965: Erlebnis – Widerspruch – Erwartung, Leoni a. Starnb. See ²1966, S. 63–64; Sündermann an d. Verf. 3. Dez. 1969.
188 Sander, Mitteilungen; Wolf.
189 Vgl. den vorigen Abschn. Anm. 185. [Schramm], Vorgänge.
190 [Schramm], Mitteilungen Warlimont.
191 Wagner, Verlauf. Der Fortsetzer des Diensttagebuchs des Chefs des Heerespersonalamts notierte ([Schmundt], S. 164–165), schon gegen 14 Uhr sei im FHQu bekannt geworden, daß die Führer der Revolte Witzleben als Reichsverweser, Hoepner als Chef H Rüst u BdE, und Beck als Chef des OKW einsetzen wollten. Aber der Berichterstatter teilt dann auch mit (und hier müßte er besser unterrichtet gewesen sein, weil er selbst in der Nähe war), Generalleutnant Burgdorf sei eine Stunde nach dem Attentat, also etwa um 14 Uhr, in die »Wolfschanze« gekommen, um die Geschäfte des (schwerverletzten) Chef HPA zu übernehmen. Dem Zusammenhang nach hätte GFM Keitel ihm sofort oder kurz darauf den Auftrag gegeben, sämtliche Wehrkreisbefehlshaber anzurufen und ihnen in Keitels Auftrag durchzusagen, alle aus der Bendlerstraße kommenden und von Hoepner, Witzleben, Olbricht oder Fromm unterzeichneten Befehle seien ungültig, es

gelten nur die Befehle des Reichsführers SS und des Chefs des OKW, die »Walküre«-Maßnahmen seien einzustellen und enge Verbindung mit den Gauleitern, Höheren SS- und Polizeiführern aufzunehmen, also dasselbe, was auch in dem oben, S. 539 zit. Funkspruch Keitels stand. Für solche Unterrichtung vor 16 Uhr und für die Auslösung von »Walküre« vor diesem Zeitpunkt gibt es aber keine Anhaltspunkte, außer den fehlerhaften Erinnerungen von Remer und Harnack.

191a Vgl. unten, S. 567 und 847 Anm. 233.
192 Gisevius, Sonderausgabe, S. 533; vgl. [Schramm], Vorgänge; Schramm, Aufstand, S. 75.
193 Original mit hs. Vermerken von Major Wolf und Oberstleutnant Sander sowie einem Richtigkeitsvermerk von einem Oberst d. G. in den Papieren von Major Wolf.
194 Listen des HPA, BA EAP 105/2; Spiegelbild, S. 372; Oberst i. G. Kandt, II a im Stabe des Wehrkreiskommandos I, an d. Verf. 11. Feb. und 13. März 1964. Zum Ganzen Hoffmann, Ablauf, S. 377–397; die hierin enthaltenen Angaben konnten inzwischen durch weitere Forschungen zum Teil wesentlich ergänzt oder berichtigt werden, aber die Absetzzeiten können auch jetzt nur zum Teil als geklärt gelten. Die Absetzzeiten in dem Bericht der Ag N/HNV, Spiegelbild, S. 63–65 sind zur Entlastung der Beteiligten und zur Verwirrung der Gestapo unrichtig angegeben und können nur noch teilweise festgestellt werden (s. Abdruck der FS im Anhang). – Die vollständige Bezeichnung der Wehrkreiskommandos, die territoriale und Ersatztruppenkorps-Kommandos zugleich waren, lautet (z. B.) »Wehrkreiskommando I und Stellvertretendes Generalkommando I. Armee-Korps«; der Einfachheit halber wird im Folgenden der zweite Teil gewöhnlich weggelassen.
195 Gen. d. Art. a. D. Albert Wodrig an d. Verf. 11. März 1964. Wodrig spricht von Funksprüchen aus Berlin und erinnert sich, sie schon »etwa gegen 16° nachm.« erhalten zu haben. Oberst i. G. Kandt berichtet, Thadden sei »unmittelbar nach dem Attentat« nach Königsberg zurückgefahren, die Fahrzeit betrage etwa eine Stunde. Selbst bei einer Fahrzeit von zwei Stunden wäre Thadden demnach schon etwa um 15 Uhr in Königsberg gewesen. Die Befehle aber waren vor seiner Ankunft schon da. Da es keinerlei Anhaltspunkte gibt für eine so frühe Ausgabe der Fernschreiben mit der Verkündung von Hitlers Tod, muß eine Verschiebung der Erinnerung bei General Wodrig angenommen werden. Oberst i. G. Kandt geht bei der Berechnung von dem Verlassen der »Wolfschanze« durch Thadden »unmittelbar nach dem Attentat« aus, aber dieses »unmittelbar« ist nur eine Annahme von Oberst Kandt bzw. es beruht auf offenbar ungenauer Berichterstattung Thaddens: wenn dieser schon vom Verdacht gegen Stauffenberg wußte, muß es mindestens nach 14 Uhr gewesen sein, als er wegfuhr; Thadden hat ja auch noch bei Streve zu Mittag gegessen, woran auch Stauffenberg teilnehmen sollte, was also nicht vor 13 Uhr beginnen konnte. Spiegelbild, S. 85. Für die Rückkehr Wodrigs vor 18 Uhr findet sich eine Bestätigung bei Prinz Louis Ferdinand von Preußen, Als Kaiserenkel durch die Welt, Berlin 1952, S. 357: kurz vor 18 Uhr telephonierte Generalfeldmarschall a. D. Küchler, bei dem sich Louis Ferdinand gerade aufhielt, mit General Wodrig, der ihm erklärte, er habe aus Berlin den Befehl er-

halten, den Gauleiter Koch zu verhaften, Hitler sei tot. Er habe aber sofort Keitel angerufen und erfahren, daß es damit nicht seine Richtigkeit habe.
196 Kandt an d. Verf. 11. Feb. 1964; Louis Ferdinand, S. 357.
197 Hierzu: Hoffmann, 20. Juli im Wehrkreis II, wodurch Hoffmann, Ablauf, S. 386 überholt ist. Hauptsächliche Quellen: Werner Kienitz, Der Wehrkreis II vor dem Zusammenbruch des Reiches: Erlebnisse und Betrachtungen, Masch., Hamburg 1953, BA Ost-Dok. 8 Po 22; ders., Bemerkungen zu den Bemerkungen des Herrn Oberst Staudinger über meine Ausarbeitung »Der Wehrkreis II vor dem Zusammenbruch des Reiches«, Masch., Hamburg 1954, BA Ost-Dok. 8 Po 22; Hans-Heinrich Staudinger, Bemerkungen zur Niederschrift von Herrn Gen. Kienitz: »Der Wehrkreis II vor dem Zusammenbruch des Reiches«, Masch., Schönböcken 1954, BA Ost-Dok. 8 Po 22; Staudinger an d. Verf. 31. Okt. 1964, 28. Jan. 1965, 12. Feb. 1965, 24. Sept. 1965; Oberst a. D. Walther Schroeder, damals IIa im Wehrkreiskommando II, an d. Verf. 9. Nov. 1964; Oberst von Uechtritz, damals Kommandeur der Nachrichtentruppen im W. K. II, an Staudinger 2. Juni 1954, BA Ost-Dok. 8 Po 22; Brigadegeneral Klaus Schubert, damals als Major i. G. Ia im Wehrkreiskommando II, an d. Verf. 30. Sept. 1964; Generalmajor a. D. Siegfried von Stülpnagel, damals Regimentskommandeur im W. K. II, an d. Verf. 1. Feb. und 7. April 1965. Hoffmann, 20. Juli im Wehrkreis II, S. 29 Anm. 19 ist durch Auskünfte des LdN in der Bendlerstraße, Wolfram Röhrig, und durch Prozeß XXXIII, 362 überholt.
198 S. dazu auch Prozeß XXXIII, 414; zum Folgenden Kienitz, Wehrkreis II, S. 8–9.
199 Generalmajor Siegfried von Stülpnagel an d. Verf. 7. April 1965 berichtet, er habe auf Kienitz' Referat der Berliner Befehle gesagt: »Da machen wir mit!« Kienitz an Staudinger 11. Jan. 1954 und Staudinger an d. Verf. 24. Sept. 1965 bestreiten das entschieden.
200 Landforstmeister Freiherr von Willisen, von den Verschwörern zum Politischen Beauftragen für Mecklenburg ernannt, besteht darauf (an das IfZ 1. Sept. 1965), daß Kienitz dies dem Gauleiter von Mecklenburg, Hildebrand, kurz nach Mitternacht telephonisch mitgeteilt und Willisen somit angezeigt habe. Kienitz' Darstellung läßt manche Fragen offen; andererseits wurde Willisen nicht in der Nacht verhaftet, obwohl er *nach* dem angeblichen Telephongespräch beim Gauleiter war. Die angebliche Mitteilung Kienitz' an den Gauleiter kann sich also allenfalls erst ausgewirkt haben, als ihr Inhalt dem Gauleiter auch schon aus anderen Quellen, wie Bormanns Fernschreiben, bekannt gewesen sein mußte und als die Namen aller Politischen Beauftragten den Machthabern längst bekannt waren.
201 Hierzu und zum Folgenden: Werner Bühlmann an d. Verf. 2. März 1965; Dr. Wilhelm Sommerlad, damals als Oberst IIa im Wehrkreiskommando IV, an d. Verf. 5. Okt. 1964; Dr. Ralph Jordan, damals in der Abwehrstelle des W.K. IV tätig, an d. Verf. 12. März 1965; Günther von Platen, damals als Major d. R. in derselben Abwehrstelle, an d. Verf. 17. März 1965; Hammerstein, Spähtrupp, S. 239–240. Nach Mitteilung von Dr. Jordan hat noch ein weiterer Angehöriger des Wehrkreiskommandos, Oberrat Ley, wie der O. v. D. aus Verwirrung und Aufregung, bei der Gestapo angerufen.
202 Dr. Sommerlad verweist dazu auf den damaligen Kdr. des Inf.-Ers.-Rgt. in

Dresden, Oberst Paul Huth; jedoch berichtete dieser dem Verf., er sei zwar in der Nacht von seinem Ib mit der Attentatnachricht geweckt worden, habe aber keine Truppen alarmiert; Huth, mündliche Mitteilungen an d. Verf. vom 14. Jan. 1965.
203 Nach Keilig, 211/348 wegen seiner Haltung am 20. 7. 44. Dem widersprechen Adam und Tümpling, die auch hauptsächlich zum Verlauf des Abends in Stuttgart berichten: Kurt Adam an d. Verf. 5. April 1964 und 8. Jan. 1968; Walter Hindenach, damals als Oberst Ib im Wehrkreiskommando V, an d. Verf. 2. März 1964; Wolf von Tümpling, damals als Oberst IIa im Wehrkreiskommando V, an d. Verf. 4. Jan. 1968; Spiegelbild, S. 108. General Veiel und der Ia, Oberst i. G. Adolf Steiger, sind verstorben. Max Waaser, damals Abwehroffizier im W. K.-Kdo. V. berichtete d. Verf. am 22. Mai 1971: »General Veiel hat nichts veranlaßt.«
204 Der Gestapo-Bericht in Spiegelbild, S. 108 gibt noch ein praktisch inhaltloses Gespräch zwischen Veiel und Hoepner wieder, offenbar nach einem Bericht Hoepners: »›Hier Veil [sic], wer ist dort?‹ Antwort: ›Hier Hoepner, Veil, was gibt es?‹ Antwort Veil: ›Es ist gut.‹ Hoepner: ›Was heißt, es ist gut?‹ Veil abschließend: ›Nun, es ist gut.‹ Damit war das Gespräch beendet.‹«
205 Adam.
206 Tümpling.
207 Martin Bärtels an d. Verf. 4. Sept. 1965; ferner Friedrich Kuhn, damals als Oberst i. G. Ia im Wehrkreiskommando VI, an d. Verf. 25. Sept. 1964; Georg von Issendorff, damals als Oberst IIa im Wehrkreiskommando VI, an d. Verf. Jan. 1964. Herr Dr. Dr. h. c. Hermann Pünder, damals als Major d. R. ebenfalls im Wehrkreiskommando VI tätig, im übrigen aber hauptsächlich durch seine Freundschaft mit Dr. Goerdeler mit der Opposition verbunden, hat sich leider zu Auskünften über seine Erlebnisse am 20. Juli 1944 nicht bereit gefunden.
208 Hierzu und zum Folgenden: Max Ulich, damals als Oberst Chef des Generalstabes im Wehrkreiskommando VII, an d. Verf. 6. April 1964; Bruno Grosser, damals als Oberstleutnant Ia im Wehrkreiskommando VII, an d. Verf. 18. Juli 1964; Spiegelbild, S. 63; Otto Reheußer, damals Telegraphenbaureferent der Oberpostdirektion München, mündliche Mitteilungen an d. Verf. 7. Aug. 1968.
209 Grosser berichtet als Zeit für die Aufforderung, in Berlin anzurufen, »am 20. Juli Mittags«; aber Stauffenberg war ja frühestens um 16.30 Uhr in der Bendlerstraße, es kann also schwerlich vor 16 Uhr gewesen sein.
210 Hierzu und zum Folgenden: Heiber, S. 886 Anm. 1; Rudolf Koch-Erpach, mündliche Mitteilungen an d. Verf. vom 28. März 1964; Ludwig Freiherr Rüdt von Collenberg, damals als Generalmajor Chef des Generalstabes im Wehrkreiskommando VIII, an d. Verf. 3. und 15. Feb. 1964; Joachim Bergener, damals als Oberst IIa im Wehrkreiskommando VIII, an d. Verf. 12. Mai 1964; Kurt Schindler, damals als Oberstleutnant Leiter des Wehrmeldeamtes Glatz, an d. Verf. 19. und 24. Feb. 1964; Ger van Roon, Neuordnung im Widerstand: Der Kreisauer Kreis innerhalb der deutschen Widerstandsbewegung, München 1967, S. 120.
211 Spiegelbild, S. 68.

211a S. unten, S. 567.
212 Rundschreiben Bormanns vom 20. Juli im BA EAP 105/31.
213 Roon, S. 120–121, gibt einen Bericht Lukascheks wieder, wonach Koch-Erpach den Befehl aus der Bendlerstraße erhalten habe, sich Lukaschek zu unterstellen, was so keinesfalls richtig ist; überdies kam der Befehlshaber erst etwa um 23 Uhr zurück, der Befehl über die Verbindungsoffiziere und Politischen Beauftragten muß aber schon wesentlich früher eingegangen sein und General Koch-Erpach dürfte andererseits gar keine Zeit gehabt haben, die Befehle alle zu lesen. Dann habe er, fährt Lukascheks Bericht fort, das Telegramm dem Gauleiter abgeliefert und Lukaschek sei am späten Abend verhaftet worden. Der Zusammenhang ist so sicher nicht richtig dargestellt. Der Gauleiter erhielt die Fernschreiben bzw. alles, was er von ihrem Inhalt wissen mußte, sehr bald schon aus dem Führerhauptquartier (von Bormann) mitgeteilt, in Berlin sammelte die Gestapo die Kopien der abgesetzten und der noch erreichbaren, nicht abgesetzten Fernschreiben ein, und in den Wehrkreiskommandos wurden die vorhandenen Unterlagen in den folgenden Tagen ebenfalls beschlagnahmt. Der Eindruck, Lukaschek sei wegen (angeblicher) Liebedienerei Koch-Erpachs gegenüber dem Gauleiter verhaftet worden, wird also zu Unrecht erweckt.
214 Hierzu und zum Folgenden: Otto Schellert an d. Verf. 1. Feb. 1964 und 2. Jan. 1968; Claus-Henning von Plate, damals als Oberst i. G. Chef des Generalstabes im Wehrkreiskommando IX, an d. Verf. 11. Aug. 1964, 19. Aug. 1964 und 14. April 1966; Wilhelm Reutter, damals als Oberst IIa im Wehrkreiskommando IX, an d. Verf. 13. März 1964; Ludwig Kaiser, Was wissen wir vom 20. Juli? Masch., Kassel 1964; Otto Schoener, damals als Oberstleutnant im Wehrkreiskommando IX tätig, an d. Verf. 21. Juli 1965; Ludwig von Nida, bis März 1944 als Generalmajor Chef des Generalstabes im Wehrkreiskommando IX, »Der 20. Juli 1944 in Kassel: Die Vorbereitungen«, Hessische Allgemeine, 18. Juli 1964; Hans Beck, damals als Oberstleutnant Verbindungsoffizier der Wehrmacht zu den nichtmilitärischen Dienststellen im Wehrkreis IX, »Der 20. Juli 1944 in Kassel: Unternehmen Walküre läuft an«, Hessische Allgemeine, 18. Juli 1964; Bericht der Außenstelle Eisenach, SD-Abschnitt Weimar, des Sicherheitsdienstes des Reichsführers SS vom 26. Juli 1944, BA RG 1010/1602; Bericht des Kreisleiters von Eisenach an die Gauleitung in Weimar v. 26. Juli 1944, BA RG 1010/1602; Bericht des Gauleiters von Hessen, Jakob Sprenger, Abschrift ohne Datum, BA NS 19/188-F 42.
215 Das würde erklären, warum benachbarte Wehrkreise zu dieser Zeit aus Kassel erfuhren, dort werde nichts unternommen, sondern abgewartet.
216 Oberst Reutter war am 20. Juli nicht in Kassel und berichtet nur auf Grund des Berichtes Schellerts an ihn. Das Bedürfnis Schellerts, sich nach dem 20. Juli von jedem Verdacht zu reinigen, erklärt zweifellos die Variante in Reutters Bericht zu demjenigen Plates, daß Schellert bei seiner Rückkunft vollzogene Tatsachen vorfand und daß der Befehl zur Verhaftung der Gauleiter schon erteilt gewesen sei. Begreiflicherweise enthält der Bericht Reutters auch sonst Abweichungen und Ungenauigkeiten. General Schellert erinnert sich nicht, daß ihm der Funkspruch vorgelegt worden sei; Schellert an d. Verf. 2. Jan. 1968. Plate muß den Inhalt ohne Vorlage vorgetragen haben. Z. Folg. auch Wollschläger an d. Verf. 24. Nov. 1971.

217 Hierzu und zum Folgenden: Friedrich-Wilhelm Prüter an d. Verf. 10. Feb. 1964; Tätigkeitsbericht des Wehrkreiskommandos, nach dem Kriege verfaßt von Major i. G. Bohnemeier, mitgeteilt von Oberstleutnant a. D. Hans Goverts an d. Verf. 3. Juni 1965; [Karl Kaufmann], damals Gauleiter in Hamburg, Der 20. Juli 1944 in Hamburg, Masch., [Bethel 1946]; Dr. Werner Naumann an d. Verf. 9. Apr. 1970; der Bericht von Prüter war für Hoffmann, Ablauf, S. 386–387 die einzige zur Verfügung stehende Quelle.

218 Prüter berichtet, er habe die FS schon früher, zwischen 17 und 18 Uhr im W. Kdo. vorgelegt bekommen. Dagegen berichtet Maj. i. G. Bohnemeier (Goverts an d. Verf. 3. Juni 1965), das erste FS sei gegen 18.15 Uhr gekommen, das zweite gegen 18.45 Uhr, und erst gegen 19 Uhr sei Prüter gekommen. Abschriften der beiden ersten in Hamburg eingetroffenen FS aus den Akten der Gauleitung Schleswig-Holstein, der sie am 21. Juli 1944 vom Höheren SS- und Polizeiführer Hamburg zur Information zugesandt worden waren, bestätigen Bohnemeier: die Eingangsvermerke lauten 18.17 Uhr bzw. 18.38 Uhr.

218a Peters (Kreisleiter u. Landrat von Rendsburg), Bericht über den Verlauf des 20. Juli 1944 im Kreis Rendsburg, Masch., Rendsburg 21. Juli 1944, Akten der Gauleitung Schleswig-Holstein (Kiel).

218b Dr. Werner Naumann an d. Verf. 9. Apr. 1970.

219 Die unbelegte Darstellung bei Walter Görlitz, Der deutsche Generalstab: Geschichte und Gestalt 1657–1945, Frankfurt/M. 1950, S. 644 Prüter habe mit dem Gauleiter erst einmal eine Flasche Wein geleert, scheint übertrieben.

220 Dies nach der Darstellung Kaufmanns; er berichtet von einem Gespräch mit dem FHQu nach dem Eintreffen des Befehlshabers. Prüter dagegen berichtet, vor dem Eintreffen Wetzels noch mit Generalleutnant Burgdorf im FHQu telephoniert und nach dem Weggang des Gauleiters und der übrigen Würdenträger ein zwischen 19 und 20 Uhr eingegangenes Gespräch von Stauffenberg nicht mehr angenommen zu haben. Das kann aus zeitlichen Gründen nicht stimmen, wahrscheinlich verwechselt Prüter die beiden Gespräche, weshalb d. Verf. hier dem sonst übereinstimmenden Bericht Kaufmanns folgt, auch im Gegensatz zu Hoffmann, Ablauf, S. 387.

221 Kaufmann.

222 Hierzu und zum Folgenden: [Benno] Bieler, Bericht über die Vorgänge um den 20. Juli 1944 im Wehrkreis XI, Hs., Dorfmark 1964. Die anderen führenden Stabsoffiziere – Chef, Ia, IIa – waren alle schon gestorben, als d. Verf. im Jahre 1963 begann, nach überlebenden Zeugen zu forschen.

223 Fritz Kober, damals als Oberst IIa im Wehrkreiskommando XII, an d. Verf. 6. Sept. 1964. Die Angaben für diesen Wehrkreis sind auch deshalb so mager, weil die Hauptpersonen – Komm. Gen., Chef, Ia – alle nicht mehr leben.

224 Hierzu und zum Folgenden: Hans Liphart an d. Verf. 9. Sept. 1964; Zeller, S. 533 Anm. 32 auf Grund des Berichtes eines nicht näher identifizierten K. Weller; Gen. d. Inf. M. v. Wiktorin, Gedächtnisnotizen [Juli 1944], hs. mit Anlagen, Special Collections, Brandeis University, Boston; der Ia, Obstlt. Günter Oppenländer war mit Wirkung v. 1. 7. 44 versetzt, aber der Nachfolger, Obstlt. Günther Wiegand, konnte die Stelle wegen einer Verwundung nicht antreten (Wiegand an d. Verf. 14. Okt. 1964).

225 Zeller, S. 533, berichtet auf Grund des Berichtes von »K. Weller«, in Nürnberg habe General Wiktorin einem Divisionskommandeur, dem General-

major Johann Meyerhöfer, die Berliner Fernschreiben gezeigt und ihn zum Schweigen verpflichtet, dieser aber habe dem Gauleiter Kenntnis gegeben, der daher sogleich seine Kräfte mobilisieren konnte. Meyerhöfer hat am 1. August 1944 den Chef des Generalstabes im Wehrkreiskommando XIII, Oberst i. G. Kolbe abgelöst; Keilig, 211/220. Auch Liphart berichtet von Mißtrauen und Anzeigen. Doch ist nicht deshalb der Aufstandversuch in Nürnberg zusammengebrochen. Daß die Gauleiter und sonstigen Regimefunktionäre schon am Abend von Bormann unterrichtet wurden, daß die Rundfunknachricht auch ihnen bekannt wurde, wurde schon erwähnt. Immerhin ist die Episode bemerkenswert als Anzeichen dafür, daß das Wehrkreiskommando mit etwaigen Befehlen im Sinne des Staatsstreiches auf Widerstand gestoßen wäre, so wie es in Hannover General Bieler auch als sicher angenommen hat.

226 Hierzu und zum Folgenden: Julius Ringel an d. Verf. 5. Feb. 1964; ders., mündliche Mitteilungen an d. Verf. vom 2. Juli 1965; Anton Glasl, damals als Oberst i. G. Chef des Generalstabes im Wehrkreiskommando XVIII, mündliche Mitteilungen an d. Verf. vom 4. Dez. 1964; Franz Rendel, damals als Oberstleutnant Ia im Wehrkreiskommando XVIII, mündliche Mitteilungen an d. Verf. vom 9. Dez. 1964; ders. an d. Verf. 8. März 1965; Edgar Ryll, damals als Oberst IIa im Wehrkreiskommando XVIII, an d. Verf. 29. Juli 1964; Dr. Wolfgang Laue, damals Regierungspräsident von Salzburg und Vertreter des Gauleiters, mündliche Mitteilungen an d. Verf. vom 1. Sept. 1966; Hugo Manz, damals als Oberstleutnant Leiter der Gruppe Ic im Wehrkreiskommando XVIII, an d. Verf. 23. Okt. 1965; Dr. Gustav Scheel, damals Gauleiter von Salzburg, mündliche Mitteilungen an d. Verf. vom 14. Jan. 1965; Herbert Mader, damals SA-Führer in Salzburg, an d. Verf. 9. März 1965. Die Wehrkreise XIV, XV, XVI und übrigens auch XIX hat es nicht gegeben; der Wehrkreis XVII (Wien) wird im nächsten Abschnitt zu behandeln sein. Ludwig Jedlicka, Der 20. Juli 1944 in Österreich, Wien, München 1965, bringt trotz dem umfassenden Titel seines Werkes so gut wie nichts über die Vorgänge in Salzburg.

227 Hauptmann a. D. Heinz Eder, regelmäßiger Teilnehmer der Knobelrunde, der heute noch in Salzburg wohnt, schrieb dem Verf. unter dem 18. Jan. 1965, er könne sich zwar nicht an besondere Vorkommnisse und auch nicht mit Sicherheit an die Knobelrunde für den 20. Juli 1944 erinnern, aber das Hotel, in welchem das Kasino untergebracht war, sei nicht, wie Rendel mitteilte, das »Excelsior«, sondern das »Europa« gewesen.

228 Rendel berichtet ziemlich stark abweichend, er sei in Abwesenheit des Chefs des Generalstabes dessen Vertreter gewesen; er habe Glasl ohne Erfolg suchen lassen, dieser sei spazierengegangen, während Ringel beim Angeln gewesen sei. Er habe dann den Gauleiter angerufen und hergebeten, der auch bald ins Wehrkreiskommando gekommen sei. Ebenso berichtet Rendel die übrigen Vorkommnisse als seine eigene Tätigkeit, die Glasl und Ryll als diejenige Glasls berichten, jedoch sonst im Ganzen übereinstimmend.

229 Über die Frage, ob der Gauleiter in das Wehrkreiskommando kam oder ob Ringel und Glasl zum Gauleiter gingen, sind sich die Berichterstatter nicht ganz einig; es scheint daran zu liegen, daß nicht alle alles erfahren haben, was die anderen taten, und es gibt wohl auch Erinnerungslücken. Ringel und Ryll wissen nichts über die Verbindungsaufnahme zwischen Gaulei-

tung und Wehrkreiskommando. Glasl berichtet, er habe den Gauleiter herbestellt und der sei auch gekommen; ebenso berichtet Rendel, nur mit der Variante, daß er den Gauleiter bestellt habe. Der damalige Regierungspräsident Dr. Laue legte sich nicht fest und erinnerte sich wohl nicht genau. Der Gauleiter selbst berichtet, er habe bei seiner Rückkunft von einer Reise in seiner Wohnung, die nicht in der Reichsstatthalterei in der Salzburger Residenz lag, Ringel und Glasl sowie den Vertreter des Höheren SS- und Polizeiführers, Schulz, den Regierungspräsidenten Dr. Laue und den Befehlshaber der Sicherheitspolizei vorgefunden. Des Gauleiters Adjutant Mader berichtet, Ringel habe ihn angerufen und sei später, nachdem er noch einmal Ringel angerufen hatte, von selbst in die Wohnung Scheels gekommen; den SS-Obergruppenführer Erwin Rösener habe er, Mader, hingebeten und der sei auch gekommen. Bei so widersprechenden, doch sicher nicht absichtlich unzutreffenden Berichten wird sich der Hergang in den Einzelheiten nicht mehr zweifelsfrei rekonstruieren lassen. Die Vorgänge können daher nur in allgemeiner Form wiedergegeben werden.

230 Hierzu und zum Folgenden: Mitteilungen von Frau Käthe von Boehmer an die Stiftung »Hilfswerk 20. Juli 1944« in Frankfurt/M. vom 1. Jan. 1953; Arno Helling, damals als Oberst IIa im Wehrkreiskommando XX, an d. Verf. 4. Sept. 1964; Listen des OKH/HPA/P 3, BA EAP 105/2. Der Chef des Generalstabes, Oberst Hans Saal, ist 1960 verstorben.

231 Der am 30. Jan. 1945 erschossene Chef d. Gen. St. im W. K. XXI, Oberst i. G. Wolfgang Hassenstein, war wahrscheinlich nicht eingeweiht; vgl. NA Microcopy T-78, Roll 55.

232 Wedige von der Schulenburg, damals als Oberst IIa im W. K. XXI, an d. Verf. 7. Dez. 1964; Abschriften der eingegangenen Fernschreiben im BA EAP 105/31.

233 Hierzu u. z. Folg.: Aktenvermerk über die Ereignisse am 20./21. 7. 1944, Abt. Ic, Wehrkreiskommando Generalgouvernement, Krakau, 21. Juli 1944, BA-MA RH 53-23/V. 34; Max Bork an d. Verf. 31. Jan. 1964 und sein damaliger IIb, Hptm. Horst Richter an d. Verf. 18. Aug. 1965 gaben für den Eingang der Fernschreiben zu frühe Zeiten an: die 1. u. 2. Aufl. dieser Darstellung sind insoweit zu revidieren.

234 Höhne, S. 458–459 auf Grund von Charles Wighton, Heydrich: Hitler's Most Evil Henchman, London 1962, S. 268–278.

235 Hierzu und zum Folgenden: Hoffmann, Ablauf, S. 392–396, im wesentlichen auf Grund folgender Quellen: Ferdinand Schaal, »Der 20. Juli 1944 in Prag: Der Attentatstag im Spiegel militärischer Befehle«, Schwäbische Zeitung (Überlingen), 26. Juli 1952; Dr. Max Ziervogel, damals als Generalmajor Chef des Generalstabes in Prag, an d. Verf. 16. Mai 1964; Spiegelbild, S. 106–107. Dazu nun noch: Ziervogel an d. Verf. 29. Juli 1964; SS-Gruppenführer und Generalleutnant der Polizei a. D. Ernst Hitzegrad an d. Verf. 23. Aug. 1964; Fritz Bollhammer, damals als Hauptmann Ordonnanzoffizier des Kommandierenden Generals im Stellvertretenden Generalkommando XVII. A. K., Wien, »Erinnerungsniederschrift über die Vorgänge in der Nacht vom 20./21. Juli 1944« vom 24. bis 29. Juli 1944, in Jedlicka, S. 111–116.

236 Hitzegrad; Schaal.

237 Schaal; Ziervogel.

238 Dazu wird von Generalleutnant Ziervogel noch ein weiteres Stichwort

»Johannes« erwähnt, das zu dem Komplex der Alarmauslösung gehörte; ebenso Spiegelbild, S. 106. Nach Ziervogels Bericht und nach den Feststellungen der Gestapo hätte Schaal die Stichworte »Odin« und »Johannes« nach dem Telephongespräch mit Berlin, nach Schaals eigenem Bericht aber schon davor ausgelöst. In Wien notierte der Ordonnanz-Offizier im dortigen Wehrkreiskommando, Hauptmann Bollhammer, um 19.48 Uhr die telephonische Mitteilung aus Prag: »Stichwort ›Odin‹ tritt in Kraft.« Jedlicka, S. 116.
239 Schaal; Ziervogel. Stauffenberg hat vielleicht nur den SD erwähnt, wenn die Erinnerung Schaals und seine Berichte zutreffen, weil er wußte, daß ein Kampf zwischen Heer und SS in Böhmen und Mähren hier zum Verlust der deutschen Position oder doch zu ganz unzuträglichen Verwicklungen führen müßte.
240 Schaal; Ziervogel; Hitzegrad.
241 Schaal; Ziervogel; Hitzegrad; Spiegelbild, S. 106.
242 Ziervogel; Hitzegrad; Schaal; Spiegelbild, S. 106.
243 Schaal; Ziervogel; Spiegelbild, S. 106–107.
244 Schaal; Ziervogel; Hitzegrad; Spiegelbild, S. 107.
245 Schaal; Ziervogel; Spiegelbild, S. 107.
246 Schaal; Ziervogel.
247 Schaal.
248 Daß Schaal aus der »Wolfschanze« noch nichts gehört hatte, war vielleicht eine Folge der »Sicherung« der Nachrichtenanlagen durch Oberst Ruprecht (Ziervogel), vielleicht aber auch die Folge der angeblichen Abschaltung des Wehrmachtnetzes im Protektorat durch die Waffen-SS (Spiegelbild, S. 107). Wenn überhaupt, so können diese Vermutungen jedoch nur teilweise zutreffen; denn um 21.45 Uhr telephonierte Schaal mit Berlin und um 22.10 Uhr mit der »Wolfschanze«.
249 Schaal; Ziervogel; Spiegelbild, S. 107.
250 So die Chronologie nach Schaal und Spiegelbild, S. 107; nach Hitzegrad wäre der Anstoß zur persönlichen Zusammenkunft schon früher von Frank ausgegangen, nach Ziervogel schon früher von Schaal. Im übrigen stimmen die angeführten Quellen jedoch überein; diese auch zum Folgenden.
251 Schaal; Ziervogel; Spiegelbild, S. 107. Hoffmann, Ablauf, S. 395 gab die Chronologie auf Grund des Berichtes von Ziervogel umgekehrt an, doch stützte sich Ziervogel hierzu auf Schaal und ist offenbar einem Irrtum zum Opfer gefallen.
252 Schaal; Hitzegrad.
253 Schaal; Hitzegrad.
254 Schubert an d. Verf. 1. Feb. 1964. Die wesentlichsten Quellen zu den Vorgängen in Wien sind verwertet und zum Teil abgedruckt bei Jedlicka, Der 20. Juli 1944 in Österreich. Darstellung: S. 50–70. Quellen: Robert Prinz Arenberg, Der Befreiungsversuch des 20. Juli 1944 im Generalkommando Wien, Abschrift einer Niederschrift von Anfang 1945, Jedlicka, S. 125–135; Fritz Bollhammer, damals Ordonnanzoffizier im Wehrkreiskommando XVII, Erinnerungsniederschrift über die Vorgänge in der Nacht vom 20./21. Juli 1944, Abschrift, Wien 24. bis 29. VII. 1944, Jedlicka, S. 111–116; Heinrich Kodré, 20. Juli 1944 in Wien, Niederschrift nach Tonbandaufnahme, Wien 1962, Jedlicka, S. 117–124. Ferner Karl Szokoll, »Der 20. Juli 1944 in Wien«,

Kapitel XI

Die Presse, 31. Jan. und 7. Feb. 1948, auch bei Jedlicka (mit unrichtigem Erscheinungsdatum), S. 136–140. Ferner Kodré an d. Verf. 22. Sept. 1964.
255 Keilig, 105.
256 Nach Bollhammer in Jedlicka, S. 111, dauerte es etwa 20 Minuten bis zur Entschlüsselung des Schreibens; damit war aber sicher nur die Niederschrift, Abfertigung und Beförderung gemeint. Handentschlüsselung hätte viel länger gedauert, der automatische Geheimschreiber aber gab beim Empfang den entschlüsselten Text wieder. Jedlicka druckt den Anfang des Fernschreibens ab, S. 54; es fehlt der Satz »Der Führer Adolf Hitler ist tot«. Da Jedlicka seine Vorlage nicht angibt, kann daraus noch nicht geschlossen werden, der erste Satz sei nach Wien nicht abgesetzt worden. Das Folgende und die Erinnerungen von Kodré an Jedlicka, S. 118 und Szokoll, 20. Juli, bestätigen vielmehr das Gegenteil. Szokoll erwähnt ausdrücklich die Nachricht von Hitlers Tod als zum Inhalt des ersten Fernschreibens gehörend.
257 Bollhammer in Jedlicka, S. 111; Kodré in Jedlicka, S. 118; Szokoll, 20. Juli gibt eine stark vereinfachte Darstellung: »Etwas nach 17 Uhr ließ mich Oberst Kodré, der Chef des Stellvertretenden XVII. Armeekommandos in Wien, im ehemaligen Kriegsministerium am Stubenring zu sich bitten und empfing mich mit den Worten: ›Bürgerkrieg ist!‹ Wissend blickte ich ihn an, dann eilte ich hinauf in mein Büro und löste das Stichwort aus. Die großen, schmiedeeisernen Tore des ehemaligen Kriegsministeriums am Stubenring fielen krachend ins Schloß, der Wachkommandant ließ scharfe Munition und Handgranaten ausgeben. Vor mir lag die Kopie des Telegramms, das vor einer halben Stunde aus der Bendlerstraße in Berlin, dem Sitz des Aufstandes, an die siebzehn Wehrkreise und Oberkommanden der Frontarmeen ausgesendet worden war... Der Führer Adolf Hitler ist tot. Eine gewissenlose Clique...«
258 Kodré in Jedlicka, S. 118.
259 Kodré in Jedlicka, S. 118; Bollhammer in Jedlicka, S. 112.
260 Bollhammer in Jedlicka, S. 112–113; Kodré in Jedlicka, S. 119.
261 Szokoll, 20. Juli.
262 Arenberg in Jedlicka, S. 128–131; Bollhammer in Jedlicka, S. 115; Ernst Wackerhagen an d. Verf. 24. Aug. 1969.
263 Kodré in Jedlicka, S. 119; Szokoll, 20. Juli.
264 Spiegelbild, S. 105; Szokoll, 20. Juli, berichtet etwas weitergehend, »Querner und Gotzmann erklärten sich bereit, an die Seite der neuen Machthaber zu treten.« In Parteikreisen herrschte später ziemliche Enttäuschung über die Haltung der Wiener Funktionäre und Führer; vgl. den bei Jedlicka, S. 68 bis 69 zit. Bericht von Reichsamtsleiter Helmuth Friedrichs mit Scharizers vernichtenden Beurteilungen der Persönlichkeiten und Fähigkeiten von Querner (zu ruhig), Schumann (es rieselt der Kalk), Gotzmann (gesundheitlich fertig, sturer Polizist), Goedicke (ein Greis), Hornung (Standortführer der Waffen-SS; mehr Zivilist als Soldat). Da hier Parteileute berichteten, ging es ohne große Hemmungen über die SS her, aber umgekehrt war man sicher nicht wohlwollender, und das Verhalten sowohl der SS- wie der Parteileute war im Sinne des Regimes schlapp gewesen.
265 Spiegelbild, S. 80; Jedlicka, S. 61; Bollhammer und Kodré geben in ihren Berichten keinen Zeitpunkt an.
266 Kodré in Jedlicka, S. 119–120.

267 Spiegelbild, S. 105–106.
268 Kodré in Jedlicka, S. 120; Bollhammer in Jedlicka, S. 115.
269 Kodré in Jedlicka, S. 120.
270 Spiegelbild, S. 70; Kodré in Jedlicka, S. 120.
271 Bollhammer in Jedlicka, S. 115–116; Kodré in Jedlicka, S. 120–121.
272 Kodré in Jedlicka, S. 120.
273 Szokoll, 20. Juli.
274 Bollhammer in Jedlicka, S. 116.
275 Bollhammer in Jedlicka, S. 115–116; Kodré in Jedlicka, S. 120–121; Spiegelbild, S. 105–106.
276 Kodré in Jedlicka, S. 121 erweckt den Eindruck, als seien sie zweimal bei ihm gewesen; es kann aber auch eine Wiederholung in der Erzählung sein, die ohnehin chronologisch nicht ganz einheitlich ist. Ferner Bollhammer in Jedlicka, S. 115; Arenberg in Jedlicka, S. 132 legt den Vorgang offenbar auf die Zeit gegen Mitternacht, was ungefähr zutreffen dürfte.
277 Kodré in Jedlicka, S. 121; Spiegelbild, S. 36.
278 Schramm, Aufstand, S. 53–56.
279 G. Blumentritt, Der »20. Juli 1944«, 1946; Schramm, Aufstand, S. 57.
280 Schramm, Aufstand, S. 57–58.
281 Blumentritt; Speidel, S. 142; Schramm, Aufstand, S. 59.
282 Schramm, Aufstand, S. 64–65.
283 Schramm, Aufstand, S. 68–69. Vgl. die Übersicht im Anhang, S. 899.
284 Schramm, Aufstand, S. 69–70 gibt für das Eintreffen Boineburg-Lengsfelds keine Zeit an und weist auch nicht auf die Widersprüche in den von ihm benützten Quellen hin, gibt aber weiter unten der späteren in den Quellen erwähnten und wohl richtigen Zeit den Vorzug. S. Schramm, S. 100–102. Vgl. Karl Reichert, »Der 20. Juli 1944 in Paris«, Frankfurter Rundschau, 20. Juli 1948 (Interview mit Boineburg-Lengsfeld); hier heißt es, Boineburg-Lengsfeld sei um 18 Uhr zu Stülpnagel gerufen worden. Dagegen berichtet Elmar Michel, Pariser Erinnerungen, o. O. o. J. (vor 1953), IfZ Archiv-Nr. 860/53, Boineburg-Lengsfeld sei schon etwa um 16.30 Uhr bei Stülpnagel gewesen. Friedrich Freiherr von Teuchert, [Aufzeichnungen], Masch., München [1946], im Besitz der Stiftung »Hilfswerk 20. Juli 1944«, berichtet wiederum, Boineburg-Lengsfeld sei nicht lange nach 17 Uhr bei Stülpnagel gewesen.
285 Schramm, Aufstand, S. 70.
286 Boineburg an Dr. H. Pigge 1970; Reichert; Schramm, Aufstand, S. 72, 100–102. Nach Schramm, S. 93, lief die Verhaftungsaktion Punkt 22.30 Uhr an.
287 Schramm, Aufstand, S. 70–71.
288 Schramm, Aufstand, S. 73, 87; Walter Bargatzky, Persönliche Erinnerungen an die Aufstandsbewegung des 20. Juli 1944 in Paris, mimeogr., Baden-Baden 20. Okt. 1945, aus dem Besitz der Stiftung, S. 8 (weniger vollständig: Walter Bargatzky, »20. Juli in Paris: Die letzte Runde im Komplott gegen Hitler«, Stuttgarter Rundschau 4 (1949), H. 7, S. 12–13); Teuchert, S. 18. Nach Schramm, Aufstand, S. 73 haben inzwischen nicht nur diejenigen Bediensteten im Stabe des Militärbefehlshabers, die in der Verschwörung keine Funktion hatten, das Gebäude verlassen, sondern auch viele, die man eigentlich später gebraucht hätte, die aber nicht verständigt worden seien. Für Bargatzky, Horst, Michel, Teuchert und Thierfelder trifft das nicht zu.

289 Speidel, S. 142–143. Diese und die folgenden Vorgänge berichtete Blumentritt schon 1945 in zahlreichen Vernehmungen britischen und amerikanischen Offizieren, u. a. in: C.S.D.I.C. (U.K.) G.G. Report: General der Infanterie Blumentritt, S.R.G.G. 1290 (C), Masch., o.O. 7. Juni 1945; C.S.D.I.C. (U.K.) G.G. Report: General der Panzertruppen Eberbach, General der Infanterie Blumentritt, S.R.G.G. 1347, Masch., o.O. 19. Aug. 1945; beide im Folg. zit. als »Blumentritt«.

290 Speidel gibt lediglich »zwischen 18 und 19 Uhr« an. Bei Schramm, Aufstand, S. 74 ohne Begründung abweichende Angaben: Speidel hätte Kluge gesagt, Blumentritt habe »›so gegen 15.30 Uhr‹« angerufen, Bestätigung der Attentat- und Todesnachricht fehle noch, von anderer Seite sei keine Meldung gekommen. Ferner Schramm, Aufstand, S. 74–76, 80 auf Grund einer Aufzeichnung des Ordonnanzoffiziers Hauptmann Ernst Maisch, auch zum Folgenden; vgl. Gisevius, Sonderausgabe, S. 536–537; für Becks Satz zu Kluge: Fritzsche, Mitt. 14. Juli 1972.

291 Schramm, Aufstand, S. 75 nach der Aufzeichnung Maischs. Vgl. dazu Stauffenbergs Äußerung »›Stieff ist ausgebrochen‹« bei Gisevius, Sonderausgabe, S. 533; ferner [Schramm], Vorgänge, Kraus, S. 139–141.

292 Schramm, Aufstand, S. 75–76.

293 A. Frh. v. Falkenhausen, Bericht 15. Nov. 1946; Schramm, Aufstand, S. 76–77, 164.

294 Schramm, Aufstand, S. 78–80.

295 Blumentritt; Schramm, Aufstand, S. 82.

296 Blumentritt; Speidel, S. 143; Schramm, Aufstand, S. 83.

297 Blumentritt; Schramm, Aufstand, S. 84.

298 Heiber, S. 618.

299 Schramm, Aufstand, S. 84–85.

300 Blumentritt; Schramm, Aufstand, S. 87.

301 Blumentritt; Schramm, Aufstand, S. 87–89.

302 Boineburg an Pigge; Blumentritt; Schramm, Aufstand, S. 89–90.

303 Blumentritt; Schramm, Aufstand, S. 91–92.

304 Speidel, S. 144: »wie in einem Totenhause«.

305 Blumentritt; Schramm, Aufstand, S. 92–93; bei dieser Gelegenheit soll Kluge gesagt haben, wie Hofacker später noch seinen Freunden in Paris erzählte: »›Ja, wenn das Schwein tot wäre!‹« Die Quelle teilt Schramm nicht mit, auch nicht, ob Dr. Horst die Äußerung bestätigt hat.

306 Blumentritt; Schramm, Aufstand, S. 93.

307 Schramm, Aufstand, S. 100–102. Die Erklärung Schramms, S. 94, für den glatten Ablauf der Aktion in Paris, dort sei eben nicht nur vom Schreibtisch aus »gehandelt« worden, trifft den Sachverhalt nur am Rande. In Berlin traten neue Herren auf – Witzleben, Hoepner, Beck –, der rechtmäßige bzw. gewohnte Befehlshaber verschwand spurlos (von außen gesehen), die Truppen mußten erst von außen herangeholt werden und kamen nur noch zum Ende des Putsches zurecht, die einzige in Berlin selbst verfügbare Truppe konnte von einem mißtrauischen NSFO und vom Reichsminister für Propaganda und Volksaufklärung »umgedreht« werden. Das alles sind Umstände, die von den Pariser Verhältnissen sehr verschieden sind und nichts mit der Frage Schreibtisch oder persönlicher Einsatz zu tun haben. Wenn

auch manche Kommandeure in und um Berlin nicht so entschlossen waren wie die in Paris, so waren andererseits einige von ihnen am fraglichen Tage unterwegs, die Vertreter naturgemäß nicht so verantwortungsfreudig. Sodann ging es in Paris lediglich gegen SS und SD, nicht gegen die Regierung, wie in Berlin. Auch Remer u. a., die anfänglich alle Befehle der Verschwörer ausführten, saßen nicht am Schreibtisch, wohl aber hatten sie im Gegensatz zu Boineburg-Lengsfeld, Brehmer und Unger sehr bald Gegenbefehle.

308 Schramm, Aufstand, S. 95.
309 Ebenda.
310 Schramm, Aufstand, S. 95-96.
311 Schramm, Aufstand, S. 96-97.
312 Schramm, Aufstand, S. 97.
313 Schramm, Aufstand, S. 139.
314 Schramm, Aufstand, S. 98-99.
315 Boineburg an Pigge; Schramm, Aufstand, S. 118-119.
316 Schramm, Aufstand, S. 121-122; die Telephongespräche dieser Nacht sind in einem Auszug aus dem Kriegstagebuch des Ob. Marinegruppenkommando West abgedruckt in Fuehrer Conferences, S. 410-412. Schramm verwertet den Teilabdruck in Anthony Martienssen, Hitler and His Admirals, New York 1949, S. 213-219. Zum Folgenden und zur Berichtigung der von Schramm angegebenen Zahl von 5000 Marinesoldaten, die Krancke unter sich gehabt haben soll: Krancke an d. Verf. 3. Juni 1970.
317 Fuehrer Conferences, S. 410-412; K.T.B. d. Marine-Gruppe West, S. 6675 bis 6682, BA–MA M 326 PG 37590; Krancke, auch zum Folgenden.
317a Krancke meint sich jedoch zu erinnern, daß das schon vor der Ansprache Hitlers (und Dönitz') gewesen sei.
318 Schramm, Aufstand, S. 106-109.
319 Schramm, Aufstand, S. 124-127.
320 Fuehrer Conferences, S. 412; Schramm, Aufstand, S. 122-123.
321 Schramm, Aufstand, S. 123-124.
322 Reichert.
323 Fuehrer Conferences, S. 412; Telephongespräche Kluge–Blumentritt 21.7.44, K.T.B. OB West, BA–MA H 11-10/39 A; K.T.B. d. Marine-Gruppe West; Schramm, Aufstand, S. 124-125, 128-130.
323a Krancke bestreitet den Besuch Blumentritts und das Feiern.
324 Blumentritt; Schramm, Aufstand, S. 131.
325 Mitzkus, Um den 20. Juli.
326 Gisevius, Sonderausgabe, S. 529-530; Mitzkus, Bericht.
327 Hierzu u. z. Folg.: Hagen, Tatbericht, Spiegelbild, S. 13-14; Remer, Ablauf.
327a Um diese Zeit wird Goebbels bei Speer angerufen haben – mit rauher, erregter Stimme, wie Speer, S. 392-394 berichtet; Speer solle sofort seine Arbeit unterbrechen und zu Goebbels kommen.
327b Vgl. S. 522 und 835 Anm. 138a. Zum Folgenden Speer, S. 390-393.
328 So Frau von Hase, Mitteilungen; vgl. oben, S. 528.
329 Remer, Ablauf.
330 S. oben, Abschn. 2, S. 538-539.
331 Hagens und Remers Berichte widersprechen sich in diesem Punkt: Hagen behauptet, er sei bis ins Vorzimmer Hases vorgedrungen, habe von dort aus

den Generalleutnant mit Remer sprechen hören, sei aus Mißtrauen gegen Hase nicht weitergegangen und habe zwei Leutnants des Wachbataillons, Siebert und Buck, über die Lage aufgeklärt; Buck sollte Remer melden, Hitler lebe, die Regierung sei in den alten Händen, Remer solle sofort zu Goebbels kommen und wenn er in zwanzig Minuten nicht dort sei, lasse Hagen die Kommandantur von der SS stürmen. Spiegelbild, S. 14–15. Remer dagegen berichtet, er habe erfolglos Verbindung mit Hagen gesucht, sei nach Rückkehr von seiner zweiten Inspektionsfahrt im Vorzimmer Hases gesessen und dort von Leutnant Buck aufgesucht, hinausgerufen und über Hagens Mitteilungen unterrichtet worden. Remer, Ablauf. Verschleiert ist also der Zeitpunkt, zu dem Hagen bzw. Remer bzw. beide auf der Kommandantur waren und nicht zusammenkamen, verschleiert sind auch die Umstände, unter denen Hagen in die Kommandantur (angeblich) hinein und wieder heraus kam, und die Umstände und Überlegungen, unter denen Remer dazu kam, zu Goebbels zu fahren.

332 Angeblich hatte Remer Buck verboten, von einem Militärputsch zu sprechen. Was Buck dann tatsächlich zu Hase gesagt hat, berichtet Remer nicht, andere Zeugen fehlen. Remer, Ablauf.

333 Remer, Ablauf; Grenzendörfer; Korff. In seiner Aussage vor der Oberstaatsanwaltschaft bei dem Landgericht Oldenburg im Jahre 1949 (Aktenzeichen 9 Js 164/49) sagte Remer, er selbst habe Hase seine Entsendung zu Goebbels zur Klärung der Lage vorgeschlagen; in seinem Buch, 20. Juli 1944, S. 10–11 berichtete er, er habe sich Hases Befehl, Goebbels zu verhaften, mit dem Einwand entzogen, er könne das nicht, weil Goebbels Schirmherr des Wachbataillons sei. Beide Darstellungen enthalten Tatsachen und Lücken; im Bericht vom 22. 7. 44 ist aber deutlich, daß Remer bis zu seinem Telephongespräch mit Hitler gegenüber der Haltung und den Befehlen des Soldaten Hase weit weniger mißtrauisch war als gegenüber Goebbels und seiner Umgebung.

334 Remer, Ablauf; bestätigt von Siebert.

335 Ebenda.

336 Remer, Ablauf; Grenzendörfer; Hagen, Tatbericht in Spiegelbild, S. 15; Siebert. Die Zeitpunkte für die jeweiligen Ereignisse scheinen in Hagens Bericht zu früh angesetzt. Um 18.35 Uhr kann Remer, wenn sein eigener Bericht zutrifft, noch nicht zu Goebbels geführt worden sein.

337 Hagen in Spiegelbild, S. 15.

338 Grenzendörfer; Remer, Ablauf; Speer, S. 394–395.

339 In seinem Bericht schrieb Remer sogar »als anständiger nationalsozialistischer Offizier«. Goebbels konnte spätestens seit 16 Uhr ungehindert mit der »Wolfschanze« telephonieren, hatte aber sicher schon kurz nach 13 Uhr Nachricht über das Attentat. Es wurde auch von kompetenten Nachrichtenfachleuten berichtet, die damals an entsprechender Stelle tätig waren, daß Goebbels *während* der Sperre gleichfalls ungehindert telephonieren konnte: nach Praun, S. 222, weil die Sperre wegen Nichteinweihung des mittleren und unteren Personals nicht vollständig war; nach Gerhart Goebel (Fernmeldetechnisches Zentralamt der Bundespost) an d. Verf. 21. Jan. 1966, weil Goebbels eine direkte Leitung zum Führerhauptquartier gehabt habe, die über einen Sonderplatz im Fernamt Berlin-Winterfeldstraße geschaltet war. Nach der Aufhebung der Sperre überwachten in die Verschwörung Einge-

weihte (Degner, Burchardt) und RSD-Beamte, Gestapoleute u. a. die Leitungen; viele Störungen erklären sich daraus. Auch Goebbels' Gespräch mit Hitler hätte durch eine »Störung« unterbrochen werden können, wenn einer der Eingeweihten es mitgehört und seine Bedeutung erkannt hätte – aber nur, wenn ihm die geheime Schaltung von Goebbels' Verbindung bekannt war.

Zum Folgenden: Remer, Ablauf; Grenzendörfer. Zeller, S. 424–425 bringt den angeblichen Wortlaut der Unterredung zwischen Hitler und Remer, aber ohne Angabe der Herkunft; ähnlich Gisevius, Sonderausgabe, S. 545. Remer, Ablauf, berichtete den Inhalt des Gespräches in Übereinstimmung mit der Aufzeichnung Grenzendörfers; ein weiterer Bericht stammt von Hitlers Diener: Linge, S. 30; hiernach hätte das Gespräch gegen 17 Uhr stattgefunden, was nicht stimmen kann, doch im übrigen mit dem von Remer berichteten Inhalt. Beide berichteten vielleicht auf Grund der Darstellungen im Völkischen Beobachter vom 27. Juli 1944. Zum Mißtrauen Remers: hier das Wort Hases, den Remer für einen Ehrenmann hielt, dort das von Goebbels, der gern den Mund ein bißchen voll nahm.

340 Paul Schmidt, Statist auf diplomatischer Bühne, Bonn 1949, S. 580–583; [Eugen] Dollmann, At FHQ After the Attempt, CSDIC/CMF/X 194 Interrogation Report, Masch., o. O. 20. Juli 1945; Eugen Dollmann, Call Me Coward, London 1956, S. 35–42.

341 Hornbogen; John von Freyend; Sander, Mitteilungen; Wolf.

342 Sicher hat Goebbels längst vor der Vorsprache Remers bei ihm mit dem FHQu telephoniert, doch fehlt ein unmittelbarer Beleg dafür, auch bei Zeller, S. 423, der genau 17.30 Uhr angibt. Vgl. Hagens Tatbericht in Spiegelbild, S. 14. Ebenso unbelegt ist die Annahme Zellers, S. 423, Hitler habe Goebbels beauftragt, sofort eine Rundfunkdurchsage über das Attentat zu veranlassen. Einigermaßen sicher erscheint aber, daß Hagens Mitteilungen die Verlautbarungen beschleunigt und Sicherungsmaßnahmen gegen eine Besetzung der Funkanlagen veranlaßt haben. Der Zusammenhang zwischen Hagens Meldung etwa um 17.30 Uhr und der Rundfunkmeldung um 17.42 Uhr liegt nahe.

343 Remer, Ablauf; Hagen, Tatbericht in Spiegelbild, S. 15; Rundfunkansprache Goebbels' vom 26. Juli 1944, Völkischer Beobachter, Berliner Ausgabe, 27. Juli 1944, S. 1. Die angebliche sofortige Beförderung zum Oberst berichten nur Linge und Dollmann, S. 41 (ohne Rangangabe); das kann nicht gut zutreffen, Hitler wußte ja noch gar nicht, wie sich Remer verhalten würde. Den Versuch, einen bewährten Frontsoldaten mit einer Beförderung zu bestechen, wird man ihm aber wohl zutrauen dürfen. Auch Korff, der seinem Bericht zufolge das Gespräch zwischen Remer und Hitler bei Goebbels mithörte, berichtet nur die Einsetzung Remers zum faktischen Kommandanten von Berlin, womit alle in der Stadt zusammengezogenen Einheiten ihm unterstellt bzw. an seine Weisungen gebunden wurden.

344 Vgl. Jürgen von Kempski, »Betrachtungen zum 20. Juli«, Merkur III (1949), S. 807–816; Skizze im Anhang, S. 893. Die Frage, ob es in Berlin an entschlossener Führung in der Staatsstreichpartei gefehlt hat (von Stauffenberg abgesehen), ist sehr delikat und nicht ohne weiteres mit ja oder nein zu beantworten. Die von Gisevius, Nebe, S. 19 und von Schramm, Aufstand, S. 94 (»in Paris nicht vom Schreibtisch aus«) erhobenen Vorwürfe werden der

Sache nicht gerecht. In Paris kamen nicht fast gleichzeitig mit den Marschbefehlen Gegenbefehle. Gewiß haben sich Hase, Olbricht, Thüngen u. a. nicht persönlich an die Spitze von Truppen gesetzt – sowenig wie Stülpnagel oder Speidel, und sowenig wie ein Div.-Kdr. einzelne Kompanien führt.

345 Remer, Ablauf; Hase in Prozeß XXXIII, 490.
346 Remer, Ablauf; Speer, S. 396.
347 Remer, Ablauf; Korff; Maître an d. Verf. 19. Feb. 1965.
348 Remer, Ablauf.
349 Müller, Wehrmacht; Müller, Was geschah; Remer, Ablauf; Siebert an d. Verf. 8. Juni 1970; Keilig, 211/38.
350 Müller, Wehrmacht; Müller, Was geschah; Remer, Ablauf; eine etwas abweichende Darstellung bei Hagen, Zwischen, S. 97–102; s. auch Speer, S. 396. Ferner Prinz Reuss; Tzchöckell; Mildebrath.
351 Remer, Ablauf; etwas abweichend mit der Behauptung (vielleicht ein Mißverständnis des Berichterstatters), Gehrke sei sogleich »festgesetzt« worden, bei Grenzendörfer.
352 Remer, Ablauf; Grenzendörfer; Bestätigung: Stirius an d. Verf. 2. Feb. 1967.
353 Schlee.
354 Remer, Ablauf.
355 Schlee.
356 Bericht von Helmuth Cords, Heidelberg 18. Sept. 1946, Durchschlag im Besitz von Helmuth Cords.
357 Schlee. Nach dem Bericht des LdN in der Bendlerstraße, Leutnant Röhrig, müßte dieser Hauptmann der Hauptmann Sieler gewesen sein, »ein fröhlicher Abenteurertyp«, der mehr neugierig und gewitzt als loyal war, aber für seinen angeblichen Anteil an der Niederwerfung des Putsches außer der Reihe zum Major befördert wurde, wie übrigens auch Schlee vorzugsweise Hauptmann geworden ist (BA/Zentralnachweisstelle PA 48231). Zu den Vorgängen um die Weitergabe der Befehle in der Bendlerstraße s. Abschn. 2, S. 517–518. Die Bezeichnung »OKW-Gebäude« ist irreführend, da sich nur wenige Dienststellen des OKW im Gebäude befanden, dagegen sehr viele des OKH, insbesondere die Dienststellen des Ersatzheeres.
358 Schlee; Remer, Ablauf.
359 Schlee.
360 Bartram; Schlee; Remer, Ablauf. Remer, Ablauf gebraucht einmal irrtümlich für den Aufenthaltsort von Goebbels an diesem Abend die Bezeichnung Propagandaministerium, spricht aber davor und danach immer von Goebbels' Wohnung; Hase sagt Propagandaministerium in Prozeß XXXIII, 493; Bruns desgl., gibt aber die Topographie der Wohnung Goebbels'; aus Balzers Bericht ist ebenfalls zu entnehmen, daß Goebbels den ganzen Abend über in seiner Wohnung war; ferner Hagen, Zwischen, passim.
361 Hierzu und zum Folgenden: Remer, Ablauf; Prozeß XXXIII, 490–494; Mitzkus, Bericht; ders., Um den 20. Juli.
362 [Percy Ernst Schramm], 3. Aufzeichnung über die Vorgänge des 20. 7. 44, K.T.B. des WFSt, Wolfschanze 22. Juli 1944, StA Nürnberg PS 1808, Abdruck in Kraus, S. 146–147.
363 Reinecke rief nach dem Gespräch mit Hase in der Bendlerstraße an und verlangte Fromm, aber da meldete sich Beck mit den Worten: »›Kluge, sind

Sie da?'« Dann sagte er, Fromm sei nicht zu sprechen und Reinecke halte sich besser aus der Sache heraus. Nun wußte Reinecke, daß Beck an der Verschwörung beteiligt war, und fühlte sich im schweren Gewissenskonflikt zwischen Kameradschaft und Verehrung für Beck und dem Befehl, eventuell auf ihn schießen lassen zu müssen. Aber der Entscheidung wurde er enthoben, weil er gar keine Truppen in die Hand bekam. Reinecke an d. Verf. 31. Jan./2. Feb. 1967. Es kann keine Rede davon sein, daß Reinecke den Putsch niedergeschlagen oder auch nur wesentlich zu seiner Niederschlagung beigetragen hätte. Vgl. Zeller, S. 400; Rudolf Pechel, Deutscher Widerstand, Erlenbach-Zürich 1947, S. 243. Erst nach Mitternacht gab Reinecke auf Befehl Keitels noch einige Anweisungen betr. die Zurücknahme von Fernschreiben. Vgl. Spiegelbild, S. 65. Gegen 1 Uhr in der Frühe des 21. Juli fuhr Reinecke in die Bendlerstraße, und danach noch zu Goebbels.
364 Prozeß XXXIII, 493; Remer, Ablauf. Bestätigung: Hermann Reinecke, Mein Erlebnis im Zusammenhang mit den Vorgängen des 20. Juli 1944, Masch., Hamburg 1964; ders., mündliche Mitteilungen an d. Verf. vom 30. April 1965; ders. an d. Verf. 31. Jan./2. Feb. 1967. Unklar ist, ob Hase, wie er es im Prozeß darstellte, auf Befehl Reineckes handelte oder aus eigener Initiative, um vielleicht noch etwas für die Ausführung der Staatsstreichmaßnahmen zu erreichen.
365 Remer, Ablauf; ders., Aussagen vor der Staatsanwaltschaft Oldenburg; Bruns; Hagen, Zwischen, S. 80–81; bestätigt von Siebert.
366 Stirius an d. Verf. 2. Feb. 1967.
367 Müller, Dolchstoßlüge, S. 44–47; Spiegelbild, S. 459–460. Bestätigung des Folgenden bis in die Einzelheiten von Hüttner (der selbst von Anfang an in Döberitz gegen den Putsch Stellung bezogen hatte) an d. Verf. 25. Jan. 1969.
368 Vgl. Abschn. 2, S. 531–532. Dort auch die Quellenbelege. Nach einem bei Finker, S. 268–269 abgedruckten Bericht des an der Funkhausbesetzung beteiligten Obergefreiten Walter Keirath hätte Jakob aus eigenem Entschluß die »›Geheimnummer von General Olbricht‹« nicht gewählt, sondern *statt dessen* Goebbels angerufen und sich von diesem jedes Handeln im Sinne der Verschwörer ausreden lassen. Bestätigung für diesen Bericht fehlt bisher.
369 Nach dem von Generalmajor Brühl wiedergegebenen Bericht Jakobs (s. oben, S. 837 Anm. 159) wäre die SS nach der Auseinandersetzung wieder abgezogen; Schober, S. 56–61 berichtet vom gemeinsamen »Sichern«. Nach Schober war die SS-Truppe, die auf Intervention von Ministerialdirektor Fritzsche im Propagandaministerium zum Funkhaus beordert worden war, etwa 200 Mann stark gewesen, während Jakob ein Bataillon von etwa 400 Mann kommandierte.
370 Nach Remers Aussage vor der Oberstaatsanwaltschaft Oldenburg erhielt Jakob auch die spezielle Anweisung, niemanden an das Mikrophon zu lassen, der nicht im Programm vorgesehen war; Bestätigung der Unterstellung Jakobs unter Remer und der Anweisung, am Programm nichts zu ändern, auch bei Balzer und Sündermann, Notizen, S. 65–66. Vgl. Anm. 368.
371 Bruns; vgl. oben, S. 536.
372 Bruns. Vgl. Anm. 360.
373 Müller, Dolchstoßlüge, S. 46; Obergefreiter Helmut Nake (HWS) bei Finker, S. 281 (vgl. S. 379 Anm. 48); vgl. oben, S. 606.

374 Bruns; Nake bei Finker, S. 281 und 379 Anm. 48, auch zum Folgenden.
375 Haßel, auch zum Folgenden; vgl. oben, S. 506-510. Vgl. die naturgemäß unvollständigen Darstellungen in Spiegelbild, S. 226, 330, 377.
376 Haßel; Spiegelbild, S. 377; [Walter] Schellenberg, [Vernehmungsbericht], hs. Auszüge von H. R. Trevor-Roper, o. O. 1946, auch zum Folgenden. Schellenberg zufolge soll Thiele ihm etwa um 18 Uhr am Telephon gesagt haben: »›Alles ist schiefgegangen.‹«
377 Haßel. Kempe an d. Verf. 2. Jan. 1970 bestätigt Haßel, aber mit anderen Tageszeiten und dem Ausdruck der Verwunderung darüber, daß Haßel ihm einen Befehl gegeben habe, ohne auf dessen Ausführung zu bestehen.
378 Gerstenmaier, Zur Geschichte des Umsturzversuches; s. oben, S. 604-605.
379 Hierzu und zum Folgenden: Harnack, Bericht; Herber, Was ich .. erlebte; B[olko] von der Heyde, »Die Verschwörung des 20. Juli: Beteiligte sagen aus«, Die Welt, 31. Juli 1947, S. 2; Pridun. Harnack gibt als Zeit für diesen ersten Befehl »etwa gegen 14.00 Uhr« an; lt. Harnack sagte Mertz dabei schon, Hitler sei einem Attentat zum Opfer gefallen, Herber berichtet dies nicht.
380 Hierzu und zum Folgenden: [Ernst Günter] von Roell, damals als Oberst Leiter der Gruppe II (oder IIa/II ?), Bericht über die Ereignisse des Nachm. und Abends des 20. 7. 1944, Masch., Berlin, 21. Juli 1944, BA H 90-3/2; etwas kürzer ebenso Hoepner vor dem VGH, Prozeß XXXIII, 407-408. Kramarz, S. 211 berichtet nach Spiegelbild, S. 191, auch Beck habe eine Ansprache an die Gruppenleiter gehalten, doch fehlen dafür sonstige Anhaltspunkte.
381 Kleber berichtete später, er habe zur Gruppe II unter Kennes gehört; aber Roell berichtet immer wieder, Kennes sei Leiter der Gruppe III gewesen, und Rohowsky und Kleber gehörten zu der Gruppe.
382 Volkmar Hoffmann; Kleist an d. Verf. 15. Sept. 1964 und 2. Okt. 1968; Hammerstein, Spähtrupp, S. 283.
383 Wagner, Verlauf.
384 Gisevius, Sonderausgabe, S. 525; z. Folg. auch Kanitz.
385 Wagner, Verlauf; Aussagen in Prozeß XXXIII, 370-371, 477-478; Ferdinand Prinz von der Leyen, Rückblick zum Mauerwald: Vier Kriegsjahre im OKH, München 1965, S. 150; Kanitz.
386 Delia Ziegler, »›Wer schoß auf Stauffenberg?‹«, Die Welt, 21. Aug. 1947, S. 2; Lerche; Gisevius, Sonderausgabe, S. 526 scheint die Szene irrtümlich in das Vorzimmer Stauffenbergs zu verlegen.
387 Gisevius, Sonderausgabe, S. 527; [Walter] Huppenkothen, Der 20. Juli 1944, Masch.-Abschrift, o. O. o. J. [1953], IfZ ZS 249/II, S. 1; John, Jahrestag. Huppenkothen gibt die Vorgänge um etwa eine Stunde zu früh an: gegen 16 Uhr sei die Rundfunkverlautbarung wiederholt worden, etwa gleichzeitig sollte er alle Beamten des RSHA, die nicht in ihren Dienststellen waren, veranlassen, sich dorthin zu begeben und auch selbst kommen, aber am Potsdamer Platz sei er mit der Straßenbahn nicht mehr weitergekommen; das muß also mindestens schon um 17 Uhr gewesen sein.
388 John, Jahrestag.
389 Gisevius, Sonderausgabe, S. 528; Gisevius zum Verf. 8. Sept. 1972.
390 Gisevius, Sonderausgabe, S. 528-529.
391 19 Uhr in der Sonderausgabe; in der Ausgabe von 1946, Bd. II, S. 387 gab Gisevius 18 Uhr an.

392 Gisevius, Sonderausgabe, S. 529-530.
393 Gisevius, Sonderausgabe, S. 530-531.
394 John, Eye Witnes's Account, S. 7-8; ders., Jahrestag; ders., Zweimal, S. 164.
395 John, 20. Juli, S. 23.
396 John, Eye Witnes's Account, S. 8; ders., Jahrestag; ders., Zweimal, S. 166.
397 S. Abschn. 4, S. 583; Gisevius, Sonderausgabe, S. 536-537, demzufolge das Gespräch erst gegen 20 Uhr stattgefunden hätte, was aber Schramm auf Grund seiner Forschungen nicht übernimmt.
398 John, Eye Witnes's Account, S. 8-11; ders., Jahrestag; ders., Some Facts, S. 64-69.
399 John, Eye Witnes's Account, S. 11; ders., 20. Juli, S. 23; ders., Jahrestag.
400 John, 20. Juli, S. 23; im Sinne gleichlautend ders., Eye Witnes's Account, S. 11; ders., Jahrestag; ders., Some Facts, S. 68. In seiner Zeitangabe, 23 Uhr, in 20. Juli, S. 24 irrt sich John; in Some Facts gibt er etwa richtig zwischen 21.30 und 21.45 Uhr an, und in allen Darstellungen, daß er das Haus vor Beginn der Gegenaktion verlassen habe.
401 Gisevius, Sonderausgabe, S. 531-532.
402 Zeller, S. 444.
403 Gisevius, Sonderausgabe, S. 532; Haßel; Wagner, Verlauf.
404 Prozeß XXXIII, 410-411.
405 Gisevius, Sonderausgabe, S. 532-535.
406 Gisevius, Sonderausgabe, S. 535.
407 Gisevius, Sonderausgabe, S. 537-538; Auszug aus dem Kriegstagebuch der H Gr Nord, in 20. Juli 1944, S. 139.
408 Gisevius, Sonderausgabe, S. 538-541, 551; John, Some Facts, S. 67; Roell; Adolf Bernt, »Der 20. Juli in der Bendlerstraße (Bericht eines Augenzeugen)«, Die Gegenwart II (1956), S. 598; Witzleben in Prozeß XXXIII, 360-370.
409 Gisevius, Sonderausgabe, S. 538.
410 Prozeß XXXIII, S. 370; Wagner, Verlauf; Gisevius, Sonderausgabe, S. 551.
411 Prozeß XXXIII, 409; [Schramm], Mitteilungen Meichßner; Rittmann, The Nature of An Insurrection, Extract from Interim No. 6, 27th Aug. 1945 (Auszug aus einem alliierten Vernehmungsbericht), aus der Sammlung John Mappe 5; ebenso mit geringen Abweichungen ders., Erlebnisbericht über die Ereignisse am 20. 07. 44 im OKH in der Bendlerstraße in Berlin, München 7. Feb. 1969; Bartram; John, Eye Witness' Account, S. 10; ders., Some Facts, S. 66. Die von Zeller, S. 446 gegebene Darstellung der Episode mit den drei Generalen beruht auf unzuverlässigen und unvollständigen Quellen.
412 Nach [Schramm], Mitteilungen Meichßner, hätte Generaloberst Hoepner diese Eröffnungen gemacht, verbunden mit der Aufforderung, die den Generalen unterstehenden Truppen für die neue Regierung mobil zu machen.
413 Rittmann; Hoepner in Prozeß XXXIII, 409; [Schramm], Mitteilungen Meichßner, nennt einen Gen. Strecker, der der dritte General gewesen sein könnte.
414 Hierzu und zum Folgenden: Bartram; Roell; Rittmann; Hopf, Vorlage an Herrn Reichsleiter Bormann: Betrifft: Prozeß um den Verrat am 20. 7. 1944 (gegen Fromm am 7. März 1945), Masch., Berlin 1945, BA EAP 105/30.
415 Nach Bartrams Bericht habe er den Rittmeister für übergeschnappt gehalten und kein Wort der Geschichte geglaubt.
416 Dies nach Bartram; hier heißt es auch, die »Abteilungschefs«, u. a. Kennes, seien von Hoepner unterrichtet worden, bei Roell aber, die »Gruppenleiter«

seien durch Stauffenberg unterrichtet worden, was Hoepner in Prozeß XXXIII, 407, bestätigt. Kennes, Sadrozinski und Roell waren Gruppenleiter, so daß in diesem Punkt Bartrams Bericht nicht zutrifft; Roell schrieb den seinen am 21. Juli 1944, Bartram im Jahre 1954. Die Unterrichtung kann durch Hoepner *und* durch Stauffenberg erfolgt sein.
417 Roell.
418 Vermutlich Irrtum; Burgdorf war ja in »Mauerwald« oder »Wolfschanze«.
419 Generalmajor a. D. Langhaeuser (Kramarz, S. 214; Langhaeuser, mündl. Mitt. an d. Verf. 22. Aug. 1969 u. an d. Verf. 28. Nov. 1969) erinnert sich, schon gegen 18.20 Uhr Fromm auf dem Flur getroffen zu haben; nach allen anderen Berichten wäre es wesentlich später gewesen. Fromm sagte zu Langhaeuser, er habe mit Keitel und Hitler telephoniert, dieser sei am Leben, hier sei ein Putsch im Gange und Langhaeuser müsse sich unbedingt in Sicherheit bringen, ehe er da hineinverwickelt werde. Langhaeuser ist überzeugt, daß Fromm aus ehrlicher Besorgnis um ihn sprach. Er wollte mit dem Schlafwagenzug nach München fahren und war nur in die Bendlerstraße gekommen, um sich bei der Gr. I des Stabes Fromms seine Fahrkarte zu holen.
420 Bartram; Rittmann; [Schramm], Mitteilungen Meichßner; auch z. Folg.
421 Bartram; Prozeß XXXIII, 416.
422 Hierzu und zum Folgenden: Harnack, Bericht; Herber, Was ich .. erlebte; Pridun; Prozeß XXXIII, 415–418, 439; Heyde; Ziegler, Wer schoß; Bernt, S. 598–599; vgl. Zeller, S. 394–395, 531; Urteil des VGH vom 17. Jan. 1945 gegen Hptm. d. R. Hermann Kaiser und Major Busso Thoma, BA EAP 105/30.
423 Ein direkter Beleg für diese angebliche Rundfunknachricht konnte nicht gefunden werden; eine Verwechslung mit Funksprüchen oder Fernschreiben über die Ernennung Himmlers ist möglich.
424 Nach Herber wären der Wunsch seiner Kameraden nach Aufklärung und Olbrichts Befehl zufällig zusammengetroffen; Harnack und Pridun jedoch berichten, daß die Besprechung auf Initiative Herbers zustandegekommen sei. Frl. Lerche legt die Besprechung auf etwa 22 Uhr.
425 Man hat Herber, Heyde, Pridun und Fließbach nach dem Kriege aus ihrer Tätigkeit beim Zusammenbruch des Staatsstreiches Vorwürfe gemacht, u. a., sie hätten sich zuerst beteiligt und seien später, als sie den Mißerfolg sahen, ihren Kameraden in den Rücken gefallen; so z. B. Ziegler, Wer schoß, und noch in der 5. Auflage Zeller, S. 449. Zur Charakteristik Herbers hat auch Leyen, S. 153 in ähnliche Richtung gehende Mitteilungen gemacht. Für die angebliche Bereitschaft zum Mittun hat der Verf. außer dem Bericht von Frl. Ziegler keine Anhaltspunkte gefunden, was nicht heißen muß, daß die Bereitschaft nicht vorhanden oder doch in den Augen der Verschwörer manifestiert war. Zweifellos ist auch die Frage der Beteiligung oder Nichtbeteiligung an einem Umsturzversuch gegen das NS-Regime seitens hoher Generalstabsoffiziere mit solchen Einblicken, wie sie Herber, Heyde, Pridun und Fließbach besaßen, in einem sehr bestimmten Sinne eine Charakterfrage. Dem Verständnis der Vorgänge nützt es aber nicht, wenn man von Nichtverschwörern mehr verlangt als von den Verschwörern und im Eifer Nichteingeweihte auf das einzelne und ungenaue Zeugnis eines ebenfalls Nichteingeweihten hin des Verrats beschuldigt. Die Betreffenden befanden sich in einer Zwangslage, jedes andere Verhalten wäre ihnen vielleicht nachher als

Feigheit oder Sympathie für die Verschwörer ausgelegt worden. Daß ihr Verhalten unerfreulich war, soll deswegen nicht bestritten werden. Dazu gehört auch, daß sie nach dem Kriege zum Teil wahrheitswidrig abgestritten haben, für ihr Verhalten befördert worden zu sein. Vgl. Schmundt, S. 223; Kunrat Frhr. v. Hammerstein, Flucht: Aufzeichnungen nach dem 20. Juli, Olten, Freiburg im Breisgau 1966, S. 51. Die Beförderungen konnten sie nicht ablehnen und doch die Behauptung besonders loyalen Verhaltens aufrechterhalten. *Bevorzugt* befördert wurden nach v. Verf. eingesehenen Akten u. a.: Maj. Herbert Fließbach am 1.8.44 mit Wirkung vom 26.8.44 zum Oberst; Oberstlt. Franz Herber am 1.8.44 zum Oberst; Oberstlt. Bolko von der Heyde am 1.8.44 zum Oberst; Oberstlt. Karl Pridun am 1.8.44 zum Oberst.

426 Bestätigung: Lerche. Nach Heyde waren die Waffen aus Küstrin beschafft worden, nach Bernt, S. 598, und Obstlt. C. v. Wildeiner gen. von Wildau (damals Ltr. d. Abt. II/Personal im OKH/Fz in Jüterbog) an d. Verf. 20. Juli 1970, aus d. Heereszeugamt Spandau, nach Ziegler, Wer schoß, aus Töpchin.

427 Ziegler, Wer schoß; Winterfeldt. Stauffenbergs Verletzung und seine Gegenwehr bestätigen Rittmann und als Augenzeuge Ludwig Freiherr von Hammerstein in Hammerstein, Spähtrupp, S. 281; Gerstenmaier, Mitteilungen; Herber habe auf Stauffenberg geschossen: Ludwig Frhr. von Hammerstein, mündliche Mitteilungen an d. Verf. 18. Juli 1984. Gerstenmaier soll auch Schüsse abgegeben haben: Bolko von der Heyde, [Leserzuschrift], Der Spiegel 27. Jan. 1969, S. 10.

428 Winterfeldt.

429 Winterfeldt; Buchholz, Attentat; Buchholz bei Knauth, S. 177; Hasselbach; Pieper; Spaeter II, 565; Dr. Wagner.

430 Winterfeldt.

431 Bernt, S. 599.

432 So Bernt und Bartram, dieser mit der Variante, er habe Fromm aus der Wohnung geholt, während Bernt berichtet, Bartram sei »ganz verstört an die Wand gelehnt« in der Nähe der Wohnung gestanden. Seine Lage kann man sich leicht ausmalen: Hier brach ein Putsch von selbst zusammen, durch den sein unmittelbarer Vorgesetzter und Befehlshaber abgesetzt worden war, und der konnte sich immer noch nicht zu irgendeiner Tätigkeit durchringen, Bartrams Loyalität und seine Verzweiflung über die Haltung Fromms konnten sich im Augenblick nur in Passivität erschöpfen.

433 Hoepner am 7. Aug. 1944 in Prozeß XXXIII, 416; etwa gleichlautend Herber, Was ich .. erlebte; Bernt, S. 599–600; Bartram.

XII. Untergang der Opposition

1 Der Prozeß gegen die Hauptkriegsverbrecher vor dem Internationalen Militärgerichtshof Nürnberg 14. November 1945–1. Oktober 1946, Bd. XXXIII, Nürnberg 1949, S. 417, 505–508; [Fritz Harnack], Bericht über die Vorgänge des 20. 7. 44 in der Bendlerstraße, Masch., Braunschweig 20. Juli 1948; Adolf Bernt, »Der 20. Juli in der Bendlerstraße (Bericht eines Augenzeugen)«, Die Gegenwart 11 (1956), S. 599–600; Ludwig Bartram, 20. Juli 1944, Masch., o. O. [1954], BA H 90–3/4; Franz Herber, Was ich am 20. 7. 44 in der Bendlerstraße erlebte, Masch., o. O. o. J., BA H 90–3/4; Fabian von Schlabrendorff, Offiziere

gegen Hitler, Fischer Bücherei, Frankfurt/M.-Hamburg 1959, S. 152-153.
2 Prozeß XXXIII, 417. In dem etwas fehlerhaften Abdruck der ebenfalls nicht fehlerfreien Prozeßniederschrift heißt es irrtümlich »Merz« und »Oberstleutnant von Haeften«. S. ferner Rudolf Schlee, Bericht, Masch.-Abschrift, Berlin 23. Juli 1944, BA EAP 105/32, Abdruck in 20. Juli 1944, bearb. v. Hans Royce, neubearb. u. erg. von Erich Zimmermann und Hans-Adolf Jacobsen, hrsg. v. d. Bundeszentrale für Heimatdienst, Bonn ⁴1961, S. 152-155; [Peter] Thelen, Revolution ohne Truppen: Die letzten Stunden in der Bendlerstraße am 20. Juli 1944, Frankfurt 1965 (Entwurf eines unveröffentlichten Artikels, dem Verf. von Herrn Thelen freundlicherweise zur Benützung überlassen); Karl Pridun, Vermerk. Betrifft: 20. Juli 1944, Stellungnahme, Masch., Bregenz 1953, IfZ ZS 1769; Bartram; Harnack.
3 Bernt, S. 600.
4 Karl Schweizer, mündliche Mitteilungen an d. Verf. vom 18. Juni 1965.
5 Bernt, S. 600.
6 Bartram.
7 Schlee; [Otto Ernst] Remer, Der Ablauf der Ereignisse am 20. 7. 1944 wie ich sie als Kommandeur des Wachbtl. Großdeutschland erlebte, Masch.-Abschrift, Berlin 22. Juli 1944, BA EAP 105/32, Abdruck in 20. Juli 1944, S. 145-152. Schlee und Remer berichten, Remer sei nach den Erschießungen in die Bendlerstraße gekommen. Bartram glaubt (und irrt sich wohl), er sei Remer schon auf der Treppe begegnet.
8 Schlee; Remer, Ablauf.
9 Dies nach Bartram; auch Dr. Georg Kießel, Das Attentat des 20. Juli 1944 und seine Hintergründe, Masch., Sandbostel [CIC-Lager] 6. Aug. 1946, von Kießel sign., S. 28 erwähnt den Gnadenschuß; zu der als »SS-Bericht« veröff. Version des Kießel-Berichtes s. oben, S. 796 Anm. 283. Bernt, S. 600: »Später erfuhr ich, daß jemand noch auf ihn [Beck] geschossen habe.«
10 Schweizer; Thelen; vgl. Eberhard Zeller, Geist der Freiheit: Der Zwanzigste Juli, München ⁵1965, S. 399 nach dem Bericht eines ungenannten Fahrers, der Zeuge der Erschießungen war.
11 Die Reihenfolge ist nicht gesichert, die bisher dem Verf. bekannten Zeugen weichen in ihren Angaben zu diesem Punkt voneinander ab. Schady ist 1945 gefallen. Zu den Erschießungen: Thelen, der einen Bericht von Schweizer verwendet; Schweizer; Alix von Winterfeldt, mündliche Mitteilungen an d. Verf. vom 30. Aug. 1966; Wolfram Röhrig, mündl. Mitt. an d.Verf. vom 29./30. Juni 1965; Schlee; Delia Ziegler, Bericht über den 20. 7. 1944, Masch., o. O. (ca. 1947), im Bes. d. Gräfin Schwerin von Schwanenfeld; Zeller, S. 399.
12 Zum Zeitpunkt: Schlee; Albert Speer, Erinnerungen, Berlin 1969, S. 396. Ein Fernschreiben Fromms an alle Wehrkreise und Militärbefehlshaber, wonach die Anführer des Putsches erschossen seien und er, Fromm, wieder die Befehlsgewalt übernommen habe, gelangte nach dem Bericht der Ag N/HNV, Spiegelbild einer Verschwörung: Die Kaltenbrunner-Berichte an Bormann und Hitler über das Attentat vom 20. Juli 1944. Geheime Dokumente aus dem ehemaligen Reichssicherheitshauptamt, Stuttgart 1961, S. 65, um 0.10 Uhr an den LdN Leutnant Röhrig, der nach dem selben Bericht sofort mit dem Absetzen begonnen habe. Die Abschrift in Spiegelbild, S. 76 trägt den Absetzvermerk 0.21 Uhr; Bestätigung dieser Absetzzeit bei [Percy

Ernst Schramm], Mitteilungen des Stellv. Chefs WFSt 21. 7. 44 20 Uhr, K.T.B. des WFSt, Wolfschanze 22. 7. 1944, StA Nürnberg PS 1808, abgedruckt in Herbert Kraus, Die im Braunschweiger Remerprozeß erstatteten moraltheologischen und historischen Gutachten nebst Urteil, Hamburg 1953, S. 142–145. Von den Zeitangaben für die Vorgänge vom Vorstoß der Gruppe Herbers bei Olbricht bis zu den Erschießungen erscheinen nur Anfang und Ende ziemlich sicher: 22.30 u. 0.30 Uhr. Die Erschießungen können kurz vor oder kurz nach Mitternacht erfolgt sein.

Der Ausruf Stauffenbergs wird so von Schweizer wiedergegeben, der in zwanzig Meter Entfernung Zeuge der Exekution war; er mußte zusammen mit anderen Fahrern den Hof erleuchten. Frau von Winterfeldt, damals Sekretärin im Vorzimmer Fromms, erinnert sich, durch das offene Fenster den Ausruf Stauffenbergs so gehört zu haben: »›Es lebe das geheiligte Deutschland!‹« Röhrig bestätigt diese Version, meint jedoch, es könne auch diejenige Schweizers die richtige sein. Delia Ziegler, Bericht, erinnerte sich an diese letzten Worte Stauffenbergs: »›Heiliges Deutschland.‹« Haeften hat Frl. Ziegler zufolge gerufen: »›Es lebe Deutschland.‹« Nach dem Bericht eines Wachtmeisters im Nachrichtendienst der Bendlerstraße, der es am 21. Juli 1944 von Kameraden erfuhr, rief Stauffenberg: »›Es lebe Deutschland!‹« Haeften: »›Es lebe die Freiheit!‹« [Otto Weerth], Interrogation Report on Otto Weerth, BA/907/INT, Masch., [Berlin] 23. Aug. 1945. Nach Anni Lerche (einer von Olbrichts Sekretärinnen) an Dr. Hans Bernd Gisevius 30. Juni 1946, aufgefangen und übers. von der britischen Zensurstelle IRS 3 D.C.S., Masch., o.O. 17. Juli 1946, der es ebenfalls von Augenzeugen berichtet wurde, rief Stauffenberg »Heiliges Deutschland«; Mertz habe sich vor Stauffenberg gestellt; Haeften sei ebenfalls mit einem Ruf auf Deutschland gestorben. Zeller, S. 399 gibt den Ausruf Stauffenbergs ohne Beleg, anscheinend auf Grund des Berichtes eines Fahrers (Schweizers oder des Fahrers Olbrichts?) so wieder: »›Es lebe unser heiliges Deutschland.‹« Neuerdings erinnerte sich auch Gerstenmaier, genau diese Worte gehört zu haben: Eugen Gerstenmaier, »›Den Dolch im Lorbeerstrauße tragen‹: Stefan Georges Einfluß auf Stauffenberg und den 20. Juli«, Christ und Welt, 19. Juli 1968, S. 22. Der Biograph Stauffenbergs, Joachim Kramarz, Claus Graf Stauffenberg 15. November 1907–20. Juli 1944: Das Leben eines Offiziers, Frankfurt/M. 1965, S. 220 konnte hierzu keine Feststellungen machen. Im Zusammenhang mit Stauffenbergs Zugehörigkeit zum Kreis um Stefan George ist auch die Vermutung aufgetaucht, der Ruf Stauffenbergs sei in Verbindung zu bringen mit dem Heimlichen oder Geheimen Deutschland, von welchem 1943 und 1944 unter dem Einfluß Stauffenbergs in Kreisen der Opposition gesprochen wurde; Edgar Salin, Um Stefan George: Erinnerung und Zeugnis, München–Düsseldorf ²1954, S. 324 Anm. 123. Theodor Pfizer, »Die Brüder Stauffenberg«, in Robert Boehringer: Eine Freundesgabe, hrsg. von Erich Boehringer und Wilhelm Hoffmann, Tübingen 1957, S. 490 berichtet von der Verpflichtung der Zwölf, unter ihnen die drei Brüder Stauffenberg, die sich am 4. Dezember 1933 am Totenbett Georges versammelt hätten, gegenüber dem wahren und nun, seit der Verfälschung durch die Nationalsozialisten, »dem ›geheimen‹ Deutschland«. Unzutreffend u. zu Legendenbildung geeignet ist die Zahl zwölf, es waren tatsächlich elf Personen, nicht alle von ihnen waren »Jünger«, und

die Zahl war zufällig; s. Robert Boehringer (der damals dabei war), Mein Bild von Stefan George, München–Düsseldorf ²1967, S. 188–191. Nina Gräfin von Stauffenberg an d. Verf. 11. Sept. 1968 schrieb, der Mentalität Stauffenbergs nach seien die Worte »»heiliges Deutschland«« allein wahrscheinlich; denn in einem solchen Augenblick befasse sich niemand mit Gedanken von »geheimen« oder »heimlichen« Kreisen.
13 Röhrig; Thelen; Otto Skorzeny, Geheimkommando Skorzeny, Hamburg 1950, S. 209.
14 Otto John, »Zum Jahrestag der Verschwörung gegen Hitler – 20. Juli 1944«, Wochenpost Nr. 138, 18. Juli 1947, S. 6; Lerche.
15 Herber, Was ich .. erlebte; nach Zeller, S. 397 (ohne Beleg) war es 23.05 Uhr.
16 Kunrat Freiherr von Hammerstein, Spähtrupp, Stuttgart 1963, S. 281–282, 285, auf Grund der Berichte von Ludwig von Hammerstein und Dr. Fritzsche; Zeller, S. 397 und 531 Anm. 24 auf Grund eines Berichtes von Dr. Fritzsche.
17 Hammerstein, Spähtrupp, S. 285–286.
18 Hammerstein, Spähtrupp, S. 283–284.
19 Eugen Gerstenmaier, »Zur Geschichte des Umsturzversuches vom 20. Juli 1944«, Neue Zürcher Zeitung, 23. und 24. Juni 1945; Hammerstein, Spähtrupp, S. 284 nach dem Bericht von Kleist. Zeller, S. 532 Anm. 29 zit. dafür etwas indirekt Skorzeny, S. 209, wo aber nichts dergleichen steht. Es gibt auch sonst kaum Anhaltspunkte für die objektive Richtigkeit der Annahme Gerstenmaiers. Dagegen hatte Fromm mit seiner zündenden Ansprache eigentlich die Aktion abgeschlossen und war dann weggegangen, anscheinend, ohne weitere Exekutionen angeordnet zu haben. Schlee und Remer, die sie hätten ausführen lassen müssen, berichten nichts davon, und bei dem Standgericht wurden auch nur die ausdrücklich genannten Offiziere verurteilt, niemand weiß etwas von weiteren Verurteilungen. Trotzdem war alles möglich, und die Reden der Bewacher ließen nichts Gutes erwarten.
20 [Walter] Huppenkothen, Der 20. Juli 1944, Masch.-Abschrift o. O. [1953], S. 1, IfZ ZS 249/II.
21 Treusch (oder Streusch oder Heusch; unleserlich), SS-Sturmbannführer, Vermerk über den Ablauf der Ereignisse vom 20. 7. auf 21. 7. 44, soweit sie auf den mir erteilten Auftrag Bezug haben, Masch., Berlin 21. oder 22. Juli 1944, Berlin Document Center; Skorzeny, S. 206; Joachim Ruoff (Ia Jüttners) an d. Verf. 23. Nov. 1969.
22 Ebenda.
23 Das gesamte Verhalten der SS war, wenn auch so wie in Paris nicht gerade entschlossen und tatkräftig, doch plausibel genug. Zu Vermutungen über ein Abwarten Himmlers, ob der Putsch vielleicht erfolgreich sein würde, reicht es nicht aus. Diese Vermutungen stehen und fallen mit der Frage, wieviel Himmler vorher vom Putsch gewußt und wieweit er mit den Verschwörern – aus welchen Gründen auch immer – sympathisiert habe. Vgl. oben, S. 465–467.
24 Skorzeny, S. 205–209.
25 Skorzeny, S. 207–209; Schlee berichtet, es sei »die Staatspolizei unter Obersturmbannführer Skorzeny« gewesen. Einige Gestapo-Beamte waren ohnehin im Haus, Achamer-Pifrader und sein Begleiter zumal, inzwischen hatte auch der Gestapo-Chef Heinrich Müller einen Fahndungstrupp zur Bendlerstraße entsandt, und schließlich hatte Kaltenbrunner auf die Nachricht von den Ver-

haftungen und von dem Standgericht ein Kommando der Gestapo zur Bendlerstraße geschickt. Huppenkothen, 20. Juli, S. 2, berichtet, dies sei auf ein Telephon Achamer-Pifraders aus der Bendlerstraße geschehen, worin dieser gegen 22 Uhr von den Erschießungen berichtet habe, was so beides nicht stimmen kann. Es könnte aber 23 Uhr gewesen sein, und Achamer-Pifrader könnte von den *angeordneten* Erschießungen berichtet haben, die jedoch tatsächlich erst einige Minuten nach Mitternacht stattfanden, nach dem Bericht des anwesenden Schlee sogar erst »etwa am 21. 7. 44 um 0.30 Uhr«.

26 Skorzeny, S. 209; Harnack, Bericht; Herber. Bestätigung des ungefähren Zeitpunktes: Speer, S. 396–397. Speer fuhr »kurz nach Mitternacht« von Goebbels' Wohnung weg zur Bendlerstraße, Remer und Bolbrinker saßen in seinem Auto. Beim Einbiegen in die Bendlerstraße wurden sie von SS-Leuten angehalten und fanden da Kaltenbrunner und Skorzeny vor; Speer sagte, er wolle zum Bendlerblock und das Standgericht Fromms verhindern, aber beide SS-Führer sagten ihm, das sei wohl schon vorbei, und die SS wolle sich da auch nicht einmischen. Dann erschien Fromm.

27 Skorzeny, S. 210.

28 Hammerstein, Spähtrupp, S. 284.

29 Skorzeny, S. 210–211.

30 Bernt, S. 601; T[heodor] E[schenburg], »Die Rede Himmlers vor den Gauleitern am 3. August 1944«, VfZ 1 (1953), S. 382; Dr.-ing. Claus-Peter Goetzke, damals als Oberleutnant d. R. technischer Leiter des Nachrichtenbunkers im Bendlerblock, an d. Verf. 14. Juli 1965; Zeller, S. 402 bringt weitere Einzelheiten ohne Beleg, in der dritten Auflage seines Buches von 1956, S. 261 spricht er von »einem Bericht, für den wir bisher sonst keine Bestätigung haben«, vermutlich Hans Bernd Gisevius, Bis zum bittern Ende, II. Bd., Zürich 1946, S. 416–417, deren Herkunft Gisevius erst in Wo ist Nebe? Erinnerungen an Hitlers Reichskriminaldirektor, Zürich 1966, S. 59–60 als von Helldorf stammend bezeichnet.

31 Bernt, S. 601.

32 Spiegelbild, S. 23.

33 Aussage von SS-Standartenführer Walter Huppenkothen, aus den Ermittlungsakten der Staatsanwaltschaft beim Landgericht München I, IfZ ZS 249/III; Kießel, S. 31. Kießel, S. 39 nennt in einem nach seiner Unterschrift angefügten und noch einmal mit vollem Namen signierten Zusatz folgende Zahlen mit der Bemerkung, »Alle anderen Zahlen sind also übertrieben«: Etwa 140 Personen wurden im Zusammenhang mit dem 20. Juli 1944 zum Tode verurteilt und hingerichtet; etwa 700 [sic] wurden verhaftet; etwa 6000 [sic] Namen wurden in Protokollen genannt und in Karteien erfaßt. Die in dem anonym umgearbeiteten, in den Nordwestdeutschen Heften veröffentlichten »SS-Bericht«, S. 33 genannten Zahlen – »7000 Personen verhaftet, 700 beteiligte Offiziere zum Tode verurteilt und hingerichtet« – sind also falsch. Etwa die gleichen Zahlen wie Kießel berichten andere an den damaligen Untersuchungen beteiligte Kriminalbeamte, und alle stimmen überein, daß die Zahl der Hinrichtungen im Zusammenhang mit dem 20. Juli unter 200 lag, die Zahl der Verhaftungen unter 1000: Willy Litzenberg, Der 20. Juli 1944, Masch., Nürnberg 4. Juni 1946; [Horst Kopkow-Cordes], Kopkow's Account of the Plot of 20 Jul 44, Masch., o. O. 9. Apr. 1946; Translation of

Statement Submitted by [Oberregierungsrat, Ltr. d. Gr. 2 in Sonderkommission 20. Juli 1944 des RSHA/Amt IV] Lischka on 1, 2 & 3 Apr 46; Walther Huppenkothen, Antworten, Masch., Hersbruck 17. Mai 1946. Vgl. Gisevius, Nebe, S. 155-160.

34 Bartram; Spiegelbild, S. 18; Speer, S. 397-398.

35 Walter Bruns, Vor, am und nach dem 20. Juli 1944, Masch., o. O. (ca. 1945 bis 1948), Sammlung John, Mappe 5, S. 12-14; Remer, Ablauf.

36 Hierzu und zum Folgenden: [Bruno] Mitzkus, Bericht über die Ereignisse im stellv. Generalkommando III. A. K. am 20. Juli 1944, Masch., o. O. 9. Aug. 1945, im Besitz der Stiftung; Bruno Mitzkus, Um den 20. Juli und das Ende im Wehrkreiskommando III, Berlin, Masch., Bad Homburg v. d. H. April 1947, im Besitz der Stiftung; Bericht des Amtes V im RSHA, Betrifft: Selbstmord des Majors Ulrich von Oertzen, Ia der Korps-Abteilung E der 2. Armee, im Dienstgebäude des Wehrkreiskommandos III, Masch., Berlin 22. Juli 1944, BA R 58/1051; Bericht der Abteilung Chemie des Kriminaltechnischen Instituts der Sicherheitspolizei (Amt V D) an den Chef des Amtes V, Reichskriminaldirektor Nebe, vom 23. Juli 1944, BA R 58/1051; Dr. Martin Sobczyk, damals als Oberstleutnant Leitender Abwehroffizier im Wehrkreis III, mündliche Mitteilungen an d. Verf. vom 27. Aug. 1965; Joachim von Wiese und Kaiserswaldau, damals als Oberst IIa im Wehrkreiskommando III, an d. Verf. 10. Aug. 1964; Klaus Hentze an d. Verf. 10. Feb. 1970.

37 Prozeß XXXIII, 370; [Schramm], Mitteilungen Warlimont; Spiegelb., S. 36-37.

38 Nach Skorzeny, S. 209, wurde Canaris am 20. Juli um etwa 22 Uhr von Schellenberg persönlich verhaftet. Walter Schellenberg, Memoiren, Köln 1959, S. 333-335 bestätigt, daß er die Verhaftung ausgeführt habe, aber erst »Anfang August 1944«; ebenso schon in [Walter] Schellenberg, [Vernehmungsbericht], hs. Auszüge von H. R. Trevor-Roper, o. O. 1946. Gert Buchheit, Der deutsche Geheimdienst: Geschichte der militärischen Abwehr, München 1966, S. 438, nennt den 23. Juli als Datum und gibt merkwürdigerweise Schellenbergs Memoiren als Quelle an. Ferner: Spiegelbild, S. 36: 21. 7. 44; Stiftung »Hilfswerk 20. Juli 1944«, Personalakten: 23. 7. 44.

39 Spiegelbild, S. 43.

40 Spiegelbild, S. 112, 33; Major Dr. Eckert, Meldung über Vorkommnisse im Stabe des Gen. Qu. [sic] am 21., 22. und 23. 7. 1944, [Zossen] 23. Juli 1944, IfZ ED 95; Ferdinand Prinz von der Leyen, Rückblick zum Mauerwald: Vier Kriegsjahre im OKH, München 1965, S. 155; Eduard Wagner, Der Generalquartiermeister: Briefe und Tagebuchaufzeichnungen, München und Wien 1963, S. 237-243.

41 Spiegelbild, S. 430-431; Franz Sonderegger, damals Kriminalkommissar der Gestapo, an den Präsidenten des Landgerichts München I 14. Jan. 1951, Kopie im IfZ; ders., Aussagen gegenüber Vertretern der Europäische Publikation e. V. in München am 15. Okt. 1952, Niederschrift im IfZ ZS 303 II; Aufzeichnungen von Christine von Dohnanyi 1945/46, IfZ ZS 603, abgedruckt nun bei Eberhard Bethge, Dietrich Bonhoeffer: Theologe, Christ, Zeitgenosse, München 1967, S. 1096-1101; Huppenkothen, 20. Juli, S. 2-6.

42 Hierzu und zum Folgenden: Ludolf Gerhard Sander, mündliche Mitteilungen an d. Verf. vom 24. und 25. April 1964; Kap. X, Abschnitt 2; Josef Wolf, mündliche Mitteilungen an d. Verf. vom 27. Feb. 1965; ders. an d. Verf.

18. Dez. 1968; [Hellmuth] Arntz, Account of the Twentieth of July Putsch by One of the Minor Conspirators, C.S.D.I.C. (U.K.) S.I.R. 1610, Masch., o.O. 11. Apr. [sic] 1945; ders., mündliche Mitteilungen an d. Verf. vom 21. Nov. 1964; Zeller, S. 435-436, nach einem anderen Bericht von Arntz.

43 Arntz, Mitteilungen und Account.

44 Arntz, Mitteilungen und Account; fast gleichlautend bei Zeller, S. 436.

45 Hans Rothfels, Die deutsche Opposition gegen Hitler: Eine Würdigung, Fischer Bücherei, Frankfurt/M.–Hamburg 1958, S. 14.

46 Spiegelbild, S. 91, 146. Zu den Folterungen als Augenzeuge u. a. Schweizer; Kießel, 33-34 bestätigt sie in gewundenen Worten; s. unten, S. 641-644.

47 Arntz, Mitteilungen; Albert Beichele, damals als Major Leiter der Gruppe III im OKH/Gen St d H/Chef HNW, an d. Verf. 18. Juni 1965 u. 31. Dez. 1967.

48 Albert Praun, Soldat in der Telegraphen- und Nachrichtentruppe, Würzburg [1966], S. 220-221; Albert Beichele an d. Verf. 6. Feb. 1967.

49 Auskunft der Stiftung aus den Personalakten der Opfer; Spiegelbild, S. 23.

50 Praun, S. 221.

51 Spiegelbild, S. 33.

52 Spiegelbild, S. 87-92.

53 Spiegelbild, S. 54-55; Liste I des HPA betr. in den 20. Juli verwickelte Offiziere, BA EAP 105/2.

54 Werner Wolf Schrader (Sohn von Oberstleutnant Schrader) an Graf von Hardenberg 16. Nov. 1946, im Besitz der Stiftung; Spiegelbild, S. 129.

55 Handliste der Generalstabsoffiziere, OKH/HPA Ag P 3, 1943 (mit späteren Ergänzungen), BA/Zentralnachweisstelle.

56 Spiegelbild, S. 100, 126-127, 128-134 und folgende Berichte; Kießel, S. 31.

57 Gerhard Ritter, Carl Goerdeler und die deutsche Widerstandsbewegung, Stuttgart ³1956, S. 415, 557-558 Anm. 7, 416-419; Spiegelbild, S. 232; Elfriede Nebgen, Jakob Kaiser: Der Widerstandskämpfer, Stuttgart 1967, S. 192-194. Vgl. Paul Ronge, »Warum ich Helene Schwärzel verteidigte«, Nordwestdeutsche Hefte 1 (1946) H. 9, S. 14-15.

58 Spiegelbild, S. 63-65; Ritter, Goerdeler, S. 419-424. *Daran* kann die Behauptung des Vernehmungsbeamten Kriminalkommissar Franz Xaver Sonderegger, Goerdeler habe so viel und so viele verraten, daß es selbst den Vernehmenden peinlich wurde, nichts ändern, wenn auch das Hereinziehen vieler Mitwisser, die sonst vielleicht unbehelligt geblieben wären, unbestreitbar scheint. [Franz Xaver Sonderegger], Niederschrift der Unterredung des Herrn Franz Xaver Sonderegger .. am 12. Oktober 1952 mit Dr. Frhr. v. Siegler und Dr. Helmut Krausnick, im späteren Verlauf auch mit Dr. Hermann Mau im Institut für Zeitgeschichte München, IfZ ZS 303/I. Ritter, Goerdeler, S. 420 bzw. 560 Anm. 19 zit. Aussagen des ehemaligen Oberreichsanwalts Ernst Lautz vom 17. Juni 1948 (vgl. das Expl. im StA Nürnberg NG 5405), wonach auf Grund der Aussagen Goerdelers »umfangreiche neue Verhaftungen« möglich geworden und »beim Volksgerichtshof zahlreiche neue Verfahren eingeleitet« worden seien. Lautz abschließend: »Allerdings sind nur wenige dieser Verfahren zur Durchführung gelangt.« Goerdelers Kalkulation war also im ganzen richtig. Ritter gibt jedoch keinen genauen Überblick über den betroffenen Personenkreis und die Zahl der Hinrichtungen. Nach Kunrat Frhr. v. Hammerstein, Flucht: Aufzeichnungen nach dem 20.

Kapitel XII

Juli, Olten–Freiburg i. Br. 1966, S. 55, 76, 143, wurde nur Fritz Elsas hingerichtet, weil Goerdeler auf der Flucht bei ihm übernachtet und dann darüber ausgesagt hatte. Zum Folgenden Nebgen, S. 195–224.

59 Dies ist das Ergebnis von Forschungen von Walter Hammer, »Die ›Gewitteraktion‹ vom 22. 8. 1944: Vor 15 Jahren wurden deutsche Parlamentarier zu Tausenden verhaftet«, Freiheit und Recht 5 (1959), H. 8/9, S. 15–18. Ein Rundschreiben der Gauleitung Franken vom 16. Aug. 1944 an alle Kreisleiter (BA Sammlung Schumacher 242) läßt jedoch Zweifel an den kategorischen Behauptungen Hammers zu: Auf Anordnung des Leiters der Parteikanzlei sei die »›rücksichtslose Ausmerzung aller Verräter, Defaitisten und ähnlicher Handlanger des Feindes‹« nötig. »›Damit wirklich alle Hintermänner erfaßt werden, richte ich auf Veranlassung des Sicherheitshauptamtes an Sie die Bitte, mir beeilt alle Personen bzw. Zusammenhänge, die mit dem 20. 7. 1944 in Verbindung stehen könnten, mitzuteilen.

Ich bitte Sie ferner um beschleunigte Namhaftmachung aller sonstigen Personen, die in Vergangenheit oder Gegenwart durch ihr Verhalten Anlaß zu Zweifeln an ihrer nationalsozialistischen Haltung und weltanschaulichen Festigkeit gegeben haben. Selbstverständlich muß den Personalien eine Begründung, die eine Nachprüfung oder sogar sofortiges Zupacken ermöglicht, beigefügt werden.‹

Im Auftrag des Gauleiters bitte ich [Gaustabsamtsleiter Kunstmann] Sie, möglichst umgehend um Benennung aller Frauen und Männer, die weltanschaulich nicht fest sind und eine Gefahr bilden. Hierzu gehören insbesondere alle ehemaligen Freimaurer, Judenknechte und Führer und Funktionäre der ehemaligen Systemparteien.«

60 Spiegelbild, S. 346; Mitteilung der Stiftung; Hammerstein, Flucht, S. 197.
61 Spiegelbild, S. 563–573 druckt die Prozeßberichte und zwei der Urteile ab.
62 Spiegelbild, S. 244–245; Lorenzen, Vorlage an Herrn Reichsleiter Bormann. Betrifft: Volksgerichtshofprozesse 20. 7. (hier: gegen Nebe), Masch.-Abschrift, Berlin 2. März 1945, und Urteil des Volksgerichtshofes, 1. Senat, Berlin, vom 2. März 1945 gegen SS-Gruppenführer und Generalleutnant der Polizei Arthur Nebe, Masch.-Abschrift, Berlin 2. März 1945, Az 1 L 54/45 O J 10/45 gRS, beide BA EAP 105/30; Gisevius, Nebe, S. 160–174 beschreibt die Flucht seines Freundes Nebe ausführlich.
63 Dem Urteil des VGH zufolge hätte Nebe geholfen, die Verhaftung Helldorfs zu ermöglichen; nach Gisevius, Nebe, S. 160–174 wurde Nebe gezwungen, der Festnahme Helldorfs bei einer Besprechung bei ihm, Nebe, zuzustimmen und hatte keine Möglichkeit, ihn zu warnen.
64 Hans Bernd Gisevius, Bis zum bitteren Ende: Vom Reichstagsbrand bis zum 20. Juli 1944, vom Verfasser auf den neuesten Stand gebrachte Sonderausgabe, Hamburg o. J., S. 565; Gisevius, Nebe, S. 54; Alexander Harder, Kriminalzentrale Werderscher Markt: Die Geschichte des »Deutschen Scotland Yard«, Bayreuth 1963, S. 399–413.
65 Spiegelbild, S. 36; Ludwig Jedlicka, Der 20. Juli 1944 in Österreich, Wien–München 1965, S. 121.
66 Jedlicka, S. 121–123.
67 Mitteilung der Stiftung »Hilfswerk 20. Juli 1944«; Ger van Roon, Neuordnung im Widerstand: Der Kreisauer Kreis innerhalb der deutschen Wider-

standsbewegung, München 1967, S. 336; Friedrich Wilhelm Heinz, Von Wilhelm Canaris zur NKWD, Masch., o. O. o. J. (ca. 1949), NA Mikrofilmrolle Nr. R 60.67, S. 188–189.
68 Wilhelm von Schramm, Aufstand der Generale: Der 20. Juli in Paris, Kindler Taschenbücher, München 1964, S. 131–134.
69 Schramm, S. 135, 137, 140–141.
70 Schramm, S. 143–151, 154–155, 175–176.
71 Schramm, S. 175–176.
72 Schramm, S. 180–183, 186, 192–193, 197; vgl. die Urteile und Prozeßberichte im BA EAP 105/31 (s. Quellenverzeichnis unter Urteil, Hopf und Lorenzen). Dr. Freiherr von Falkenhausen wurde am 15. Feb. 1945 aus der Haft entlassen mit der Maßgabe, daß er sofort zur Wehrmacht einzuziehen sei: Kaltenbrunner an Reichsfinanzminister Graf Schwerin von Krosigk 20. Feb. 1945, BA EAP 173–e–05.
73 Schramm, S. 200, 204.
74 Schramm, S. 210–226, 229; Auszug aus Privatbrief General Blumentritt an Generaloberst Jodl 19.8.1944, BA/MA RW 47/v. 2; Kießel, S. 38: Kluge habe seine Faust auf die Karte gelegt, wo Avranches ist, und gesagt: »›Hier habe ich meinen Namen als Feldherr verloren!‹« Ferner Speer, S. 403–404. Kluges Leiche war fast zwei Wochen lang in der Kirche in Böhme (Altmark) öffentlich aufgebahrt: Leiter Pro. i. V. Dipl. Ing. Sondermann an Staatssekretär im Propagandamin. Berlin, 5. Sept. 1944, BDC Sondermann-Dossier.
75 Spiegelbild, passim.
76 Ulrich von Hassell, Vom andern Deutschland: Aus den nachgelassenen Tagebüchern 1938–1944, Fischer Bücherei, Frankfurt/M. 1964, S. 325; Gisevius, Sonderausgabe, S. 565–566; vgl. Ritter, Goerdeler, S. 414; Nebgen, S. 195–218.
77 E[schenburg], S. 385; vgl. Isa Vermehren, Reise durch den letzten Akt, Hamburg 1947, S. 152.
78 Vgl. die Akten über die »Sippe« Stauffenberg in BA EAP 105/34; ferner Markwart Graf Schenk von Stauffenberg, Angaben des Markwart Graf Schenk von Stauffenberg und seiner Familie über die Haft etc. anläßlich des 20. Juli 1944, Masch., Amerdingen 4. Jan. 1947, und ebensolche Angaben von Clemens Schenk Graf von Stauffenberg vom 27. Okt. 1946, Akten der Stiftung; Alexander von Hase, Zur Sache »Remer« (Aussagen für die Staatsanwaltschaft Oldenburg), Masch., o. O. [1950], Sammlung John Mappe 1.
79 Der Chef der Sicherheitspolizei und des SD Ernst Kaltenbrunner an d. Leiter der Parteikanzlei Reichsleiter Martin Bormann 25. Okt. 1944, BA EAP 105/34. In vielen Fällen wurde das Vermögen der Hingerichteten bzw. ihrer Erben beschlagnahmt, insbesondere, soweit es sich um Landbesitz handelte. Auch Vermögen von Beschuldigten, aber nicht rechtmäßig Verurteilten wurde beschlagnahmt; Himmler an Lammers 27. Aug. 1944, BA Slg Schumacher 242; Reichsminister der Finanzen Graf Schwerin von Krosigk und Reichsminister der Justiz Dr. Thierack an Oberfinanzpräsidenten etc. 13. Nov. 1944, BA Slg Schumacher 242. Die Einziehungen wurden zum Teil durch das Vorrücken der Roten Armee bald gegenstandslos, und teilweise wurden sie noch vor Kriegsende oder auch in späteren Verfahren rückgängig gemacht, teilweise nur mit Einschränkungen ausgeführt. SS-Obergruppenführer Breithaupt wurde von Hitler mit der Versorgung der Hinterbliebenen beauftragt,

wozu er über Teile ihrer beschlagnahmten Vermögen verfügen konnte; ebd. So konnte z. B. die Familie Stauffenberg nur zeitweise nicht über ihren Besitz verfügen. Vgl. Thierack an Himmler 24. Okt. 1944, ebd.; Hans Beck, »Die Rettung der Sippe Stauffenberg«, Die Tagespost, Augsburg 17. Nov. 1949; Dr. Benno Martin (HSSPF und Polizeipräsident von Nürnberg), mündliche Mitteilungen an d. Verf. 3. Juni 1971.

80 Georg Thomas, »Gedanken und Ereignisse«, Schweizer Monatshefte 25 (1945), S. 554-555; Markwart Graf Schenk von Stauffenberg; Kurt von Schuschnigg, Austrian Requiem, New York 1946, S. 263-292, bes. 284-289 (die deutsche Ausgabe, Ein Requiem in Rot-Weiß-Rot, Zürich 1946, stand d. Verf. nicht zur Verfügung); Nebgen, S. 227-228 berichtet von diesen Vorgängen auf Grund der Erzählungen von Frau Jakob Kaiser, die dabei war.
81 BA NS 19/34.
82 Ebenda.
83 Ebenda.
84 Spiegelbild, S. 394-395; vgl. S. 87-92, 175; Schlabrendorff, Offiziere, S. 154.
85 [Sonderegger], Niederschrift; Alfred Heueck, »Der Mann, der Roland Freisler sterben sah: Fabian v. Schlabrendorff berichtet vom Martyrium der Widerstandskämpfer«, Frankfurter Rundschau, 27. Sept. 1955 (Bericht vom Prozeß gegen den Gestapo-Beamten Huppenkothen); Thomas, S. 550-551; Schlabrendorff, Offiziere, S. 155-171; ausführlicherer Bericht über die Folterungen in der früheren Ausgabe, die dem Verf. zur Überprüfung der Seitenzahlen nicht zur Verfügung stand (Fabian von Schlabrendorff, Offiziere gegen Hitler, Zürich 1946); der Bericht ist jedoch in den englischen Ausgaben enthalten, auch in der neuesten: Fabian von Schlabrendorff, The Secret War Against Hitler, New York-Toronto-London 1965, S. 311-313. S. ferner Fabian von Schlabrendorff, »Eine Quelle? Die ›Kaltenbrunner-Berichte‹ über das Attentat vom 20. Juli 1944«, Frankfurter Hefte 17 (1962), S. 18-19; Hans Rothfels, »Zerrspiegel historischer Wahrheit«, Die Zeit, 20. Okt. 1961, S. 3; ders., »Zerrspiegel des 20. Juli«, VfZ 10 (1962), S. 62-67. Allgemein zu den Folterungen: Schweizer; Kießel, S. 33-34.
86 Thomas, S. 552; Heueck; Schlabrendorff, War, S. 313; Kurt Haßel, mündliche Mitteilungen an d. Verf. vom 11. Dez. 1964; Kießel, S. 33-34; Bericht der Stiftung »Hilfswerk 20. Juli 1944« über die Verurteilung des ehem. Kriminalkommissars Josef Baumer, mimeogr., Kronberg i. T. 1959; Dr. Clemens Plaßmann an Frau Annemarie Koch 10. März 1947, Durchschlag in den Akten der Stiftung; Urteil der Großen Strafkammer des Landgerichts in Siegen vom 15. 12. 1953 gegen Regierungsrat a. D. Lic. Dr. phil. Karl Neuhaus, mimeogr. Abschr., o. O. o. J., Besitz der Stiftung. Hedwig Freier [und] Annemarie Wolff, Erinnerungen an die Gefängniszeit von Walter Bauer 15. 10. 44-21. 4. 45, Feb. 1971; Joachim G. Leithäuser, Wilhelm Leuschner, Köln 1962, S. 248; Fabian von Schlabrendorff, Hrsg., Eugen Gerstenmaier im Dritten Reich, Stuttgart, S. 39; Josef Müller, Bis zur letzten Konsequenz, München 1975, S. 226, 246, 256.
87 Spiegelbild, S. 249.
88 Hubert Schorn, Der Richter im Dritten Reich: Geschichte und Dokumente. Frankfurt/M. 1959, S. 67-68, auch zum Folgenden.
89 Vertreter des Gestapo-Chefs Müller als Leiter der Sonderkommission 20. Juli.

90 Vorlage von Dr. Sonnenhol an Gruppenleiter Inland II im AA vom 11. Aug. 1944, Politisches Archiv des AA Inland II g 59; Kommata im Zitat: sic.
91 Müller an Himmler 22. Dez. 1942, Fernschreiben-Abschrift, BA NS 19/416; Axel von Harnack, »Arvid und Mildred Harnack: Erinnerungen an ihren Prozeß 1942/43«, Die Gegenwart 2 (1947) Nr. 1/2, S. 16–17; Günther Weisenborn, Der lautlose Aufstand: Bericht über die Widerstandsbewegung des deutschen Volkes 1933–1945, rororo, Hamburg 1962, S. 194–195, 199.
92 Gesetz zur Änderung von Vorschriften des allgemeinen Strafverfahrens, des Wehrmachtstrafverfahrens und des Strafgesetzbuchs, vom 16. Sept. 1939, Reichsgesetzblatt 1939 Teil I, Berlin 1939, Nr. 183, S. 1841–1843.
93 Schorn, S. 171–172.
94 Hermann Reinecke, damals als Gen. d. Inf. Chef des Allgemeinen Wehrmachtamtes und Beisitzer beim VGH, mündliche Mitteilungen an d. Verf. vom 30. April 1965; ders. an d. Verf. 1. und 16. Feb. 1966; [Rudolf Schmundt], Tätigkeitsbericht des Chefs des Heerespersonalamts General der Infanterie Schmundt, begonnen: 1. 10. 1942 [fortgeführt bis 29. 10. 1944], NA Microcopy T-78 Roll 39, S. 187; Heinz Guderian, Erinnerungen eines Soldaten, Heidelberg 1951, S. 313–314; Kießel, S. 32. Gelegentlich lehnte der Ehrenhof die Ausstoßung eines Kameraden ab, anscheinend vor allem auf die Bemühungen Guderians hin; Wolfgang Müller, Gegen eine neue Dolchstoßlüge: Ein Erlebnisbericht zum 20. Juli 1944, Hannover ²1947, S. 91. Zeller, S. 539 Anm. 11 zit. Wilhelm Scheidt, »Gespräche mit Hitler«, Echo der Woche, 7. Okt. 1949, S. 5, wonach Hitler zu Scheidt gesagt habe: »›Diese Verbrecher.. werden aus der Wehrmacht ausgestoßen und kommen vor den Volksgerichtshof. Die sollen nicht die ehrliche Kugel bekommen, die sollen hängen wie gemeine Verräter!... Und innerhalb von zwei Stunden nach der Verkündung des Urteils muß es vollstreckt werden! Die müssen sofort hängen ohne jedes Erbarmen. Und das wichtigste ist, daß sie keine Zeit zu langen Reden erhalten dürfen. Aber der Freisler wird das schon machen. Das ist unser Wyschinski.‹« Wyschinski war der Ankläger in den Moskauer Schauprozessen der dreißiger Jahre. Vgl. Eugen Dollmann, Call Me Coward, London 1956, S. 40.
95 Stenographische Niederschrift der Verhandlung vom 7. und 8. August in Prozeß XXXIII, S. 299–530; zur Auffindung der Niederschrift nach dem Kriege Allen Welsh Dulles, Verschwörung in Deutschland, Kassel 1949, S. 109; Reinecke an d. Verf. 16. April u. 15. Okt. 1964; Filme Nr. 3023–1, 3023–2, 3179–1, 3179–3, 3179–4 mit Ausschn. aus den Verhandlungen d. VGH im BA/Filmarchiv; Bericht des Kameramanns Erich Stoll in 20. Juli 1944, S. 214.
96 Reinecke an d. Verf. 15. Okt. 1964. Die Niederschrift der Verhandlung enthält darüber nichts und weist auch sonst einige Lücken auf; vgl. Volksgerichtshof-Prozesse zum 20. Juli 1944: Transkripte von Tonbandfunden, [Frankfurt/M.] 1961, passim.
97 Prozeß XXXIII, 303–304.
98 Müller, S. 92. Zeller, S. 463 und 540 Anm. 16 zit. für den Ausspruch Müller; ohne Beleg, aber vermutlich ebenfalls auf Grund des Berichtes von Müller, findet er sich bei Annedore Leber, Das Gewissen entscheidet: Bereiche des deutschen Widerstandes von 1933–1945 in Lebensbildern, Berlin–Frankfurt/M. ⁴1960, S. 233. Niemand wagte offenbar, solche Äußerungen in das amtliche Verhandlungsprotokoll aufzunehmen.

98a Ursula von Kardorff, »Zum Gedenken an Graf von der Schulenburg: Porträt eines Edelmannes«, Frankfurter Allgemeine Zeitung 21./22. Juli 1956.
98b Spiegelbild, S. 471–474, 501; Volksgerichtshof-Prozesse, S. 100; vgl. Dr. Ivar Anderson, Tagebuch 14. Dez. 1942 (Besuch Dr. Steltzers); Schlabrendorff, Gerstenmaier, S. 43; Ger van Roon, »Graf Moltke als Völkerrechtler im OKW«, VfZ 18 (1970), S. 39, 51; Freya von Moltke, Michael Balfour, Julian Frisby, Helmuth James von Moltke 1907–1945, Stuttgart 1975, S. 215, 259–260.
99 Filme Nr. 3023-1 und 3179-2, BA/Filmarchiv.
100 Prozeß XXXIII, 307–309, 315, 322.
101 Prozeß XXXIII, 424.
102 Film Nr. 3179-1, BA/Filmarchiv.
103 Film Nr. 3179-1, BA/Filmarchiv, nach einem neuen Transkript; Frau Barbara von Haeften an d. Verf. 4. Sept. 1984; Oberarchivrat Dr. Heinz Boberach an d. Verf. 24. Okt. 1968. Müller, S. 92 gibt den Ausspruch so wieder: »›Ich stehe zu meinen Freunden vom 20. Juli. Ich verabscheue Mord, denn ich bin Christ. Aber in Hitler sehe ich das personifizierte Böse der Weltgeschichte.‹« G. v. N. (Gottfried von Nostitz), »In memoriam Hans-Bernd von Haeften: Hingerichtet am 15. August 1944«, Zeitwende 20 (1948/49), S. 221, zitiert: »Für mich und meine Freunde war Adolf Hitler die Inkarnation des Bösen.« Vgl. Zeller, S. 463 und 540 Anm. 16; Paul Sethe, »Roland Freisler: Der Dämon der Justiz«, Schwäbische Zeitung, 7. Mai 1946, wiedergedruckt in Paul Sethe, In Wasser geschrieben: Porträts, Profile, Prognosen, Frankfurt/M. 1968, S. 21–22: »›Weil ich den Führer für den Vollstrecker des Bösen in der Geschichte halte.‹«
104 Müller, S. 92.
105 Hassell, S. 328; Müller, S. 92; Zeller, S. 502 Anm. 10 zit. für die Äußerung Maaß', der zusammen mit Julius Leber und Adolf Reichwein am 24. Oktober 1944 vor dem VGH stand, den anonymen Bericht »Märtyrer der Freiheit: Die Angeklagten des 20. Juli vor Gericht«, Schwäbische Zeitung, 10. Mai 1946; in Julius Leber, Ein Mann geht seinen Weg: Schriften, Reden und Briefe von Julius Leber, Berlin–Frankfurt/M. 1952, S. 293, bezieht sich der Hrsg. auf d. Bericht v. Dr. Paul Sethe, der am Prozeß teilgen. hat; vgl. Anm. 103. Für Schulenburg zit. Zeller Ernst Jünger, Strahlungen, Tübingen ³1949, S. 569–570. Fellgiebels Äußerung berichtet Zeller, S. 463 ohne Beleg. Reinecke an d. Verf. 16. April 1964 bestätigt die mutige Haltung der Angeklagten.
106 20. Juli 1944, S. 207–208.
106a Dies geschah z. B. im Fall von Dr. Ludwig Kaiser, des Bruders von Hauptmann d. R. H. Kaiser, durch Dr. Schaffer: Dr. Ludwig Kaiser, mündliche Mitteilungen an d. Verf. 6. Juli 1971.
107 Schlabrendorff, Offiziere, S. 164–165; Hopf, FS an Reichsleiter Bormann betr. Prozeß vor d. VGH gegen Bolz, Pünder, Hermes, Kempner, Schlabrendorff, Staehle v. 21. Dez. 1944, Eingangskopie aus d. FHQu, BA EAP 105/30.
108 Schlabrendorff, Offiziere, S. 167–168; Heueck.
109 Schlabrendorff, Offiziere, S. 170–172; Heueck.
110 Hopf, Vorlage an Herrn Reichsleiter Bormann. Betrifft: Prozeß um den Verrat am 20. 7. 1944 [gegen Fromm] am 7. März 1945, Masch. [Berlin 7. März 1945], BA EAP 105/30.
111 [Wilhelm Leithold], Vernehmung, Polizei-Inspektion Wilmersdorf Abt.

K/E/O, Masch., Berlin-Wilmersdorf 16. Juli 1945 bestätigt sowohl die Strangulierung der ersten 8 vom 8. August als auch die Filmaufnahmen auf dem Weg von der Zelle zur Richtstätte und beim Hinrichtungsvorgang. Nach Leithold wurden noch etwa 100 weitere Verschwörer *auf dieselbe Weise* gehängt: Umlegen der Schlinge, starkes Zuziehen, dann erst an den Haken gehängt und dort etwa 25 Minuten belassen. Die Herstellung der Filme bestätigten die beiden Kameraleute: Erich Stoll, Kameramann der damaligen Deutschen Wochenschau, der am 8. Aug. 1944 den Weg der Verurteilten über den Gefängnishof zur Hinrichtungsstätte gefilmt hat, an d. Verf. 18. Juni 1970; und Heinz Sasse, der die Hinrichtungen selbst gefilmt hat, mündliche Mitteilungen an d. Verf. 1. Juli 1971. Ferner Kießel, S. 34, der weiter berichtet, Kaltenbrunner habe sich mit Erfolg dagegen gewandt, aber das Photographieren nicht hindern können; Graf von Helldorf sei vor seiner eigenen Hinrichtung gezwungen worden, drei vorhergehende mitanzusehen; Bestätigung durch einen Bericht aus dem Reichsministerium der Justiz, BA ZSG 1-197/2 (12); ferner Geoffrey Fraser, »Révélations sur l'exécution des conjurés antinazis«, XXe Siècle [Paris] 2 (1946) Nr. 13, 3. Jan. 1946, auf Grund von Mitteilungen eines im Gefängnis Plötzensee tätig gewesenen Hans Hoffmann (mit Einzelheiten: grelle Filmlampen, Filmkamera mit zwei Operateuren, auf einem Tisch eine Flasche Cognac mit Gläsern, kurze dünne Schnur, langsames Erwürgen, vollständige Entkleidung, Filmaufnahmen ununterbrochen bis zum Ende der Erhängungen); ferner Eduard Ackermann (damals im FHQ bei General Buhle tätig), mündliche Mitteilungen an d. Verf. vom 20. Nov. 1964; Gert Stegemann, früher bei der damaligen Deutschen Wochenschau tätig, Betr.: Filmmaterial zum Attentat auf Hitler am 20. Juli 1944, Masch., mitgeteilt von der Deutschen Wochenschau GmbH 3. Juni 1970. Speer, (S. 404) hat die Aufnahmen der Gehenkten – Witzleben u. a. – am 18. August 1944 auf Hitlers großem Kartentisch liegen gesehen und wurde zur Filmvorführung der Exekutionen am selben Abend eingeladen, ging aber nicht hin. Werner Vogel (vgl. oben, S. 488), mündliche Mitteilungen an d. Verf. 1. Juli 1971: Vogel hat die Bilder von Erhängten selbst in der Hand gehabt und erinnert sich noch an Hase und Stieff; die Erhängten waren völlig nackt. Walter Frentz (Filmberichter im FHQ und häufig Gast in Hitlers Abendrunde) an d. Verf. 6. Jan. 1970 bestätigt, daß die Filme in die »Wolfschanze« gelangt sind, doch habe nur Fegelein sie sich angesehen. Speer sah viele SS-Leute niederen Ranges zur Vorführung am 18. Aug. gehen, aber keine Offiziere der Wehrmacht. Frentz hat nach dem Krieg positiv erfahren, daß die Filme noch existieren. Harald Poelchau, Die letzten Stunden: Erinnerungen eines Gefängnispfarrers, Berlin 1949, S. 53–54, 86–87, 100, 107–108; Poelchau erklärt für wahrscheinlich – offenbar auf Grund von Mitteilungen von Zeugen, er selbst durfte in diesen Fällen die Verurteilten nicht begleiten, da ihnen geistlicher Beistand ausdrücklich versagt war –, daß einige von Hitler namentlich genannte Verurteilte langsam erdrosselt wurden. Ebenso Ruth Andreas-Friedrich, Der Schattenmann: Tagebuchaufzeichnungen 1938–1945, Berlin 1947, S. 178–180. Pölchau, S. 107 und Andreas-Friedrich, S. 178–180 bestätigen die Filmaufnahmen am 8. Aug. 1944; man begann mit Aufnahmen der Verurteilten in ihren Zellen kurz vor der Hinrichtung. John W. Wheeler-Bennett, The Nemesis of Power: The German Army in Politics 1918-1945, London ²1964, S. 684, berichtet auf Grund von Untersuchungen der alliierten Nachrichtendienste nach dem Kriege – er selbst gehörte einem britischen an –, die Verurteilten seien mit der Wucht ihres Körpers fallengelassen worden, jedoch habe eine besonders dünne Schlinge das Genick nicht gebrochen, sondern nur den Hals zugeschnürt und daher einen langen Todeskampf verursacht. Er bestätigt die Filmaufnahmen, die jedoch trotz der Herstellung mehrerer Kopien nicht gefunden worden seien. Schon am 10. August 1944 wußte der amerikanische Spionagedienst Einzelheiten der Hinrichtungsmethode (langsame Strangulierung) und der Herstellung der Filme; OSS Research and Analysis Branch Summaries L 48301, NA Record Group 226. Einer der Kameraleute berichtete, daß die Verurteilten mit Wucht fallengelassen worden seien, seines Erachtens sei der Tod »sehr bald« eingetreten. Auch hier ist aber vom Bruch des Genicks nicht die Rede, sonst müßte der Tod sofort eingetreten sein; Bericht von Sasse in 20. Juli 1944, S. 214-215. Sasse berichtete d. Verf. am 1. Juli 1971, er glaube, daß den Hingerichteten das Genick gebrochen worden sei, aber er erwähnte auch das nicht nur kurze, sondern einige Zeit andauernde Aufbäumen und Zukken, das auf einen längeren Todeskampf schließen läßt. Ebenso Walter Hammer, »Dienst an der Wahrheit«, Das freie Wort, 13. Sept. 1952: die Erhängungen seien auf die übliche Weise vollzogen worden. Hammer kennt aber nur die Vorgänge im Zuchthaus Brandenburg an der Havel genau. Seine Formulierung ».. daß der Schmerz der Erhängten nur kurze Zeit währt« scheint den Genickbruch auszuschließen. In seinem Buch Hohes Haus in Henkers Hand: Rückschau auf die Hitlerzeit, auf Leidensweg und Opfergang Deutscher Parlamentarier, Frankfurt/M. 1956, S. 17 verweist Hammer selbst betr. die Hinrichtungen in Plötzensee auf Zeller. Moltke pflegte seinen Mitgefangenen beim Rundgang zu ihrer Vorbereitung zuzuraunen: macht euch darauf gefaßt, es dauert zwanzig Minuten bis zum Tod; Hans Fritzsche, mündliche Mitteilungen an d. Verf. 14. Juli 1972. Die Anwendung der »österreichischen Methode« bestätigt ein auf Grund von Tagebüchern und Mitteilungen des Scharfrichters Johann Reichhart verfaßter Bericht: Erich Helmensdorfer, »Scharfrichter seit 200 Jahren«, Pitaval [München] 1949 Nr. 7, S. 22-24. Zu den Methoden der Hinrichtung und ihren Eigenarten siehe Kurt Rossa, Todesstrafen: Ihre Wirklichkeit in drei Jahrtausenden, Oldenburg-Hamburg 1966, passim, zum Hängen bes. S. 31-40. Vgl. »Der Henker des 20. Juli: Der Scherge Hitlers in Hannover festgenommen«, Hannoversche Neueste Nachrichten, 24. Aug. 1946: Ein Artikel über den Scharfrichter Wilhelm Friedrich Röttger und die von ihm angewandte Erhängungsmethode.

112 F. Zipfel, Plötzensee, Berlin ⁴1963, S. 21; Weisenborn, S. 268; Rossa, S. 49-55.
113 Ritter, Goerdeler, S. 420, 560 Anm. 23.
114 Lorenzen, Vorlage an Herrn Reichsleiter Bormann. Betrifft: Volksgerichtshofprozesse 20. 7. [hier: gegen Nebe 2. März 1945], Masch.-Abschrift, Berlin 2. März 1945, BA EAP 105/30.
115 Xerokopie der Sterbeurkunde im Besitz d. Verf. Walter Hammer, »Das Ende des Generalobersten Fromm«, Rhein-Neckar-Zeitung, 17. Sept. 1946; »Wie Generaloberst Fromm endete: Ein Augenzeugenbericht von der Erschießung«, Schwäbische Zeitung 13. Aug. 1949.

116 Rudolf Pechel, Deutscher Widerstand, Erlenbach-Zürich 1947, S. 328 (Auszug aus dem »Mordregister« des Justizministeriums); Spiegelbild, S. 249.
117 Pechel, S. 328–336.
118 Ritter, Goerdeler, S. 416.
119 Pechel, S. 335–336; Schramm, S. 241–247 mit Abdruck eines Prozeßberichtes nach einer Abschrift im IfZ.
120 Manfred Rommel, Erklärung, Riedlingen 27. April 1945; Hans Speidel, Invasion 1944, Tübingen 1949, S. 175–185; vgl. Zeller, S. 468–470.
121 Weisenborn, S. 240.
122 Ebd.; vgl. Walter Hammer, »Plötzensee«, Das freie Wort 3 (1952), 20. Sept. 1952.
123 Hammer, Gewitteraktion, S. 15. »Fuehrer Conferences on Naval Affairs, 1939–1945«, Brassey's Naval Annual 59 (1948), S. 405: »..according to one source, based on names and places, more than 4, 980 Germans were exterminated by the Nazis in the purge which followed July 20.« Die Authentizität dieser Zahl ist anzuzweifeln. Hammer, Gewitteraktion, S. 15 und mit ihm Zeller, S. 541 Anm. 21 glauben, sie beziehe sich auf die Gesamtzahl der Hinrichtungen von 1944. Zu den im »SS-Bericht«, S. 33 genannten falschen Zahlen und den von Kießel tatsächlich genannten etwa richtigen s. oben, S. 864, Anm. 33.
124 Vgl. Harold C. Deutsch, The Conspiracy against Hitler in the Twilight War, Minneapolis 1968, S. 181–182, 305 Anm. 155.
125 S. den Brief des Gestapo-Chefs Müller an den Kommandanten des Konzentrationslagers Dachau, SS-Obersturmbannführer Weiter, vom 5. April 1945, abgedruckt bei S. Payne Best, The Venlo Incident, London 1950, zwischen S. 208 und 209. Zum Ganzen Bethge, Bonhoeffer, S. 1018–1039; ferner Buchheit, Geheimdienst, S. 437–448. Beide haben Quellen verwendet, die zum Teil jeweils dem anderen nicht zugänglich waren. Vgl. ferner Hermann Bösch, Heeresrichter Dr. Karl Sack im Widerstand: Eine historisch-politische Studie, München 1967, S. 88–89; Schlabrendorff, Offiziere, S. 171–172.
126 Huppenkothen mußte sich deshalb von 1951–1955 vor deutschen Gerichten verantworten, die aber schließlich zu der Auffassung gelangten, daß er das scheingerichtliche Verfahren unter den damaligen Verhältnissen, als man oft weit weniger Federlesens machte, ehe man jemand umbrachte, im Sinne seiner Befehle und der bestehenden Vorschriften und Verfahrensweisen für rechtmäßig gehalten haben könne; Buchheit, Geheimdienst, S. 475 Anm. 9. Ein in vielen Punkten unzutreffender Bericht eines Häftlingssanitäters des Lagers Sachsenhausen, Max Geißler, ist abgedruckt in 20. Juli 1944, S. 215 bis 216; Zeller, S. 455 berichtet von der Hinrichtung Dohnanyis ohne Beleg.
127 Der Lagerarzt berichtet nach Bethge, Bonhoeffer, S. 1038, daß der Tod »›nach wenigen Sekunden‹« eingetreten sei. Wieviel Skepsis gegenüber den Aussagen von Lagerärzten angebracht ist, haben die Prozesse nach dem Kriege deutlich gemacht, aber im Einzelfall brauchen sie deshalb nicht unbedingt unglaubwürdig zu sein. Bethge übernimmt den Bericht wörtlich und ohne Kommentar, hauptsächlich wohl wegen des Mangels an sonstigen verläßlichen Quellen. Auch Buchheit, Geheimdienst, S. 445–446 berichtet keine Einzelheiten. Einige Einzelheiten finden sich bei J. Müller, S. 256. Bösch, S. 5 berichtet ohne Beleg, die Verurteilten seien »an Klaviersaiten gehenkt« worden. E. A. Bayne, »Resistance in the German Foreign Office«, Human

Events Nr. 14, 3. April 1946, S. 7 berichtete auf Grund nicht im einzelnen genannter Geheimdienstberichte, Canaris sei gehängt worden, bis er beinahe tot war, dann wiederbelebt, dann wieder gehängt worden usw.; erst bei der sechsten Erdrosselung sei er getötet worden.

128 Alexander [Freiherr] von Falkenhausen, Bericht 15. Nov. 1946, NA RG 338 no. B-289. Vgl. Schuschnigg, S. 263-292.

129 Bethge, Bonhoeffer, S. 1039-1044.

130 Schon im Mai und Juni 1945 haben Eberhard Bethge und Dr. Heinz Haushofer genaue und ergebnisreiche Ermittlungen über das Schicksal der Insassen dieses Gefängnisses angestellt, von denen eine Gruppe zu den letzten Toten der Opposition gehört. Dazu kamen Berichte von Helmuth Cords und Herbert Kosney, die beide dort gefangen waren und mit dem Leben davon kamen. Kosney überlebte sogar seine »Liquidierung«. [Eberhard] Bethge, Bericht über die Sonderabteilung der ehem. Staatspolizei im Zellengefängnis Moabit, Lehrterstr. 3, zusammengestellt am 14. 7. 1945, Photokopie im Besitz der Stiftung »Hilfswerk 20. Juli 1944«; Helmuth Cords, Brief an einen nahen Freund vom 18. Sept. 1946, Photokopie im Besitz der Stiftung »Hilfswerk 20. Juli 1944«; Eingangsbuch über Häftlinge (des Zellengefängnisses Lehrterstraße), RUSI Mil. Mss. 479 (d. Verf. dankt dem Council of the Royal United Service Institution, London, für die Überlassung einer Kopie des Eingangsbuches); diese und viele andere Quellen wurden zusammenfassend verwertet von Peter Paret, »An Aftermath of the Plot Against Hitler: the Lehrterstrasse Prison in Berlin, 1944-5«, Bulletin of the Institute of Historical Research 32 (1959), S. 88-102. Vgl. ferner Prozeßberichte und Urteile im BA EAP 105/30-31; Bethge, Bonhoeffer, S. 1040.

130a Nach dem Bericht von H. Freier und A. Wolff (beide dienstlich und freundschaftlich mit Dr. Bauer und seinen Brüdern verbunden) hatte ein gemeinsamer Freund, Alfred Möllers, dessen jüngster Sohn mit dem Sohn des Gestapochefs H. Müller in die Schule ging, den Gestapochef besucht und ihm angeboten, sich nach der Besetzung Berlins durch die Rote Armee um Müller Jr. anzunehmen und gebeten, dafür Dr. Bauer freizulassen. Dr. Bauers Name war als letzter auf der maschinengeschriebenen Liste der zu Entlassenden mit Bleistift eingetragen.

131 Vgl. Kap. VII, Abschn. 9.

132 Ein Teil der Gefangenen war zwei Tage vorher von der Gestapo in die Obhut der Justizbehörden innerhalb des Gefängnisses transferiert worden (Eingangsbuch), deshalb vermutlich die Ausgabe der Papiere und Wertsachen.

133 Bethge, Anlage 3 hält für möglich, daß statt Jennewein Dr. Edmund Danecke zu der Gruppe gehörte; nach dem Eingangsbuch wurde Jennewein wie die am 23. April Erschossenen am 23. den Justizbehörden überstellt.

134 Mitteilung der Stiftung »Hilfswerk 20. Juli 1944«; Paret, S. 99 Anm. 6; vgl. Spiegelbild, S. 381.

135 Paret, S. 98 zit. dafür Otto Lasch, So fiel Königsberg: Kampf und Untergang von Ostpreußens Hauptstadt, München 1958, S. 118.

136 Christa von Hofacker, Das schwere Jahr 1944/45 [Krottenmühl 1947], Abschrift im Besitz der Stiftung; A. Gräfin von Üxküll, Bericht, o. O. o. J., Abschrift im Besitz der Stiftung »Hilfswerk 20. Juli 1944«; dies., Aus einem Schwesternleben, Stuttgart ²1956.

137 Hofacker.

»Wolfschanze«, 15. Juli 1944; Begrüßung auf dem Vorplatz der »Lagebaracke«, im Hintergrund der frühere »Gästebunker«. Von links: Stauffenberg, Puttkamer, Bodenschatz, Hitler, Keitel; im Hintergrund ein RSD-Beamter (NA 242-HL-7233)

In der »Wolfschanze« vor dem früheren »Gästebunker«; Heusinger (2. v. r.) mit Krebs, Kienzl, Buhle und Büchs (NA 242-HL-7233)

Oben: Nach dem Attentat am 20. Juli 1944; Göring (ganz r.) mit Schaub (3. v. r.), Koller (3. v. l.) und Fegelein (Rücken zur Kamera) an dem zerstörten Lagetisch; im Hintergrund die Lagebaracke (NA 242-HL-7233)
Unten: Lagezimmer nach dem Attentat; rechts die 5 Fenster an der Stirnseite der Baracke.

Einzelteile der Aktentasche Stauffenbergs, die in der Lagebaracke gefunden wurden (NA EAP 105/16)

Links: In der Lagebaracke gefundene Zünderteile von Stauffenbergs »Bombe« (NA EAP 105/16). – Rechts: Die von Stauffenberg zum Ingangsetzen des Zünders benützte Flachzange, die für ihn so zurechtgebogen war, daß er sie mit drei Fingern bedienen konnte; sie wurde auch in der Lagebaracke gefunden (NA EAP 106/16)

Sprengstoff mit Tetrylübertragungsladungen, wie er von Stauffenberg am 20. Juli 1944 verwendet wurde. Die Abbildung zeigt das von Stauffenberg und Haeften bei ihrer Fahrt zum Flugplatz Rastenburg weggeworfene Paket (NA EAP 105/16)

Karten

Lage am 20. 7. 1944

Wehrkreise

Berlin und Umgebung

Plan von Berlin

Führer-Hauptquartier »Wolfschanze«

Lage des Führer-Hauptquartiers

Skizzen

F-Verbindungen Wolfschanze

T-Verbindungen Wolfschanze

Leitungsskizze

Befehlswege

Lagebaracke im Führer-Hauptquartier

Diensträume in der Bendlerstraße

Zeitzünder und Haftmine

Texte

Fernschreiben vom 20. 7. 1944

Bericht von Werner Vogel

Einige häufig genannte Stäbe

Aus: 20. Juli 1944, hrsg. v. d. Bundeszentrale für Heimatdienst, Bonn ⁴1961, Beilage.

Nach einer W.-K.-Karte aus MFA WK XIII/450.

Führerhauptquartier „Wolfschanze"
1941–1944 *
mit FLUGPLATZ

1 Kommandant, Flugleitung, Wetterstation, Platzmeister
2 Führersonderstaffel, OKW-Staffel, Führerkurierstaffel, Vermittlung, Fernschreibstelle, Küche Kdo
3 Werft- und Abstellhallen
4 Wasserturm
5 Offizierquartiere
6 Casino
7 Bodenpersonal
8 Bodenpersonal
9 Gut Wilhelmsdorf
10 Peiler (mot)
11 Küche, Mannschaftsmesse
12 Wachposten

0   500   1000   2000 m

* Qu. Hoffmann, Sicherheit des Diktators, Seite 320

Wolfschanze

890

F- VERBINDUNGEN WOLFSCHANZE

Stand vom 21.1.43

Gebiet Wolfschanze

- F. A. Angerburg
- D. V. Samld.
- Wendula
- LV 880
- Robinson
- Anna
- D. V. Mos.
- Hochwald
- Westfalen
- Wehrmacht-Sender
- Presse-Sender

Fernsprech-Vermittlung Wolfschanze

- OKW Berlin
- Zeppelin
- Spl. Bln.

Rastenburg

- Verst.-Amt
- F.-Amt
- W.-Amt
- Kurhaus
- Flak-Verm.
- Hindenburg
- Flugplatz

Aus den Papieren von Major a. D. Josef Wolf, ehem. Kdr. d. FNA.

T-VERBINDUNGEN WOLFSCHANZE
Stand vom 21.1.43.

☐ Klar-Schreiber
◼ G.-Schreiber
▥ Blatt-Schreiber

Gebiet Wolfschanze

Fernschr. St. „Führung" — Reichsl./Bormann

Arbeitsmasch. — Abfragemasch. — Arbeitsmasch.

Fernschreib-Vermittlung Wolfschanze

über Angerburg-Königsberg

Anschlüsse:
- Anna
- LV 880
- LV 7
- Hochwald
- Westfalen
- Partei-Kanzlei
- OKW HBZ
- R. Min. d. J.
- Kurfürst
- DNB
- Prop. Min.
- Verm. RF. SS
- Ausw. Amt
- Presse

Aus den Papieren von Major a. D. Josef Wolf, ehem. Kdr. d. FNA.

Aus den Papieren von Major a. D. Josef Wolf, ehem. Kdr. d. FNA.

Zusammengestellt von Peter Hoffmann.

Englischer chemischer Zeitzünder der von Tresckow/Schlabrendorff, Gersdorff und Stauffenberg verwendeten Art (NA EAP 105/16).

Englische Haftmine »Clam«, wie sie von Tresckow/Schlabrendorff und Gersdorff verwendet wurde (British Booby Traps: Field Engineering and Mine Warfare Pamphlet No. 9, London 1943).

Texte der wichtigsten Fernschreiben des 20. Juli 1944

Als Absetzvorlagen dienten, soweit nichts anderes angegeben ist, Originalvorlagen aus dem Besitz des damaligen Nachrichten-Wachtmeisters Bernd Ruland, die dieser am 20./21. Juli 1944 unbemerkt aus der Bendlerstraße mitnehmen konnte. Da es von jedem Schreiben wenigstens drei oder vier Exemplare als Vorlagen für die Fernschreiberinnen gab, so daß z. B. an einer FS-Maschine die Schreiben an W. K. I–V, an einer weiteren die an W. K. VI–XII usw. abgesetzt werden konnten, wurde das Fehlen einiger Vorlagen in der Verwirrung jener Stunden zunächst nicht bemerkt und konnte später evtl. damit erklärt werden, daß die Verschwörer, zumal die schon erschossenen, viele der Papiere vernichtet hätten. Die Vorlagen sind teilweise im Faksimile abgedruckt in Mitteilungsblatt der Arbeitsgemeinschaft ehemaliger Offiziere Nr. 12/1968, S. 9, 11; Nr. 1/1969, S. 6–8; Nr. 2/1969, S. 12–13. Ferner wurden herangezogen: Spiegelbild einer Verschwörung: Die Kaltenbrunner-Berichte an Bormann und Hitler, Stuttgart 1961, S. 66–82, und die den Kaltenbrunner-Berichten beigelegten Abschriften der FS (in Spiegelbild nur teilweise abgedruckt) im BA EAP 105/20–31.   * bezeichnet Stempel,   ** handschriftliche Vermerke,   *** handschriftlich gestrichen.

[Stempel mit Abgabevermerken,   I.**   HOKW*02160**
großenteils unleserlich]   20. Juli 1944*/18.15**

Geheim*   nach Eingang**

Geheime Kommandosache*

mit Anschriftenübermittlung
an
    Stellv. Gen. Kdo. I.–XIII.   KR*
    (III durch Kurier)
    XVII., XVIII., XX., XXI. A. K.   1552

1.) Walküre 2. Stufe für W. Kdo. I–XIII, XVII, XVIII, XX, XXI unter Rückgriff auf sämtliche Bestände des Feld- und Ersatzheeres, notfalls einschl. der Bestände der Zeugämter und Parke.

    X-Zeit   20. 7.   18.00 Uhr

2.) Entnommene Waffen, Großgeräte und Kfz. der OKH-Bestände aus Zeugämtern und Parken sind sofort an AHA Stab Ib durch FS zu melden.

3.) Gliederung, Stärken und Aufkommensorte der aufgerufenen Einheiten sind bis 21. 7. 12.00 Uhr durch KR-Fernschreiben an AHA Stab I zu melden.

4.) Die im W. Kdo. Böhmen/Mähren und W. Kdo. Gen. Gouv. getroffenen Maßnahmen sind entsprechend durchzuführen. Die aufgerufenen Einheiten sind gemäß Ziffer 3.) an AHA Stab I zum 21. 7. 12.00 Uhr zu melden.

OKH Chef H Rüst und BdE
AHA Stab I Nr. 4996/44 g. Kdos. v. 20. 7. 44
J. A.

Nach Abgang:
    AHA Stab I(1)   1. Ausf.
           II   2. „
           Ib   3. „   Mertz**
    Jn 3   4. „

Geheim*   FRR^{II}**   HOKW*02165*

nach Eingang**
Geheime Kommandosache*   20. Juli 1944*/1900**

Fernschreiben![1]

                                                         J 2   0590
I.) Der Führer Adolf H i t l e r ist tot!   20,30**

Eine gewissenlose Clique frontfremder Parteiführer hat es unter Ausnutzung dieser Lage versucht, der schwerringenden Front in den Rücken zu fallen und die Macht zu eigennützigen Zwecken an sich zu reißen.

II.) In dieser Stunde höchster Gefahr hat die Reichsregierung zur Aufrechterhaltung von Recht und Ordnung den militärischen Ausnahmezustand verhängt und mir zugleich mit dem Oberbefehl über die Wehrmacht die vollziehende Gewalt übertragen.

III.) Hierzu befehle ich:

   1.) Ich übertrage die vollziehende Gewalt – mit dem Recht der Delegation auf die territorialen Befehlshaber –
      in dem Heimatkriegsgebiet auf den
         Befehlshaber des Ersatzheeres
      unter gleichzeitiger Ernennung zum Oberbefehlshaber im Heimatkriegsgebiet,
      in den besetzten Westgebieten auf den
         Oberbefehlshaber West (Oberbefehlshaber der Heeresgruppe D),
      in Italien auf den
         Oberbefehlshaber Südwest (Oberbefehlshaber der Heeresgruppe C),
      in dem Südostraum auf den
         Oberbefehlshaber Südost (Oberbefehlshaber der Heeresgruppe F),
      in den besetzten Ostgebieten auf die
         Oberbefehlshaber der Heeresgruppen Südukraine, Nordukraine, Mitte, Nord und den Wehrmachtbefehlshaber Ostland für ihren jeweiligen Befehlsbereich,
      in Dänemark und

in Norwegen auf die
Wehrmachtbefehlshaber.

2.) Den Inhabern der vollziehenden Gewalt sind unterstellt:
   a) sämtliche in ihrem Befehlsbereich befindlichen Dienststellen und Einheiten der Wehrmacht einschl. der Waffen-SS, des RAD und der OT,
   b) alle öffentlichen Behörden (des Reichs, der Länder und der Gemeinden), insbesondere die gesamte Ordnungs-, Sicherheits- und Verwaltungspolizei,
   c) alle Amtsträger und Gliederungen der NSDAP und der ihr angeschlossenen Verbände,
   d) die Verkehrs- und Versorgungsbetriebe.

3.) Die gesamte Waffen-SS ist mit sofortiger Wirkung in das Heer eingegliedert.

4.) Die Inhaber der vollziehenden Gewalt sind für Aufrechterhaltung der Ordnung und öffentlichen Sicherheit verantwortlich. Sie haben insbesondere zu sorgen für:
   a) die Sicherung der Nachrichtenanlagen,
   b) die Ausschaltung des SD.
   Jeder Widerstand gegen die militärische Vollzugsgewalt ist rücksichtslos zu brechen.

5.) In dieser Stunde höchster Gefahr für das Vaterland ist Geschlossenheit der Wehrmacht und Aufrechterhaltung voller Disziplin oberstes Gebot. Ich mache es daher allen Befehlshabern des Heeres, der Kriegsmarine und der Luftwaffe zur Pflicht, die Inhaber der vollziehenden Gewalt bei Durchführung ihrer schwierigen Aufgabe mit allen zu Gebote stehenden Mitteln zu unterstützen und die Befolgung ihrer Weisungen durch die untergeordneten Dienststellen sicherzustellen.
   Der deutsche Soldat steht vor einer geschichtlichen Aufgabe. Von seiner Tatkraft und Haltung wird es abhängen, ob Deutschland gerettet wird.

Gleiches haben alle territorialen Befehlshaber, die Oberkommandos der Wehrmachtteile und die den Oberkommandos unmittelbar unterstehenden Kommandobehörden des Heeres, der Kriegsmarine und der Luftwaffe.

                                        Der Oberbefehlshaber der Wehrmacht
                                        gez. v. Witzleben
                                        Generalfeldmarschall   M.[*2]

Der Chef der Heeresrüstung und   Berlin, den 20. Juli 1944
Befehlshaber des Ersatzheeres [***]
    Stab   Nr. 4500/44 g.

                          Vorstehenden Erlass zur Kenntnis.

       zurück an AHA/Stab [**]   J. A.

*Fernschreiben*³

HOKW 02155
20. Juli 1944 18.00

An W.Kdo. I-XIII, XVII, XVIII, XX, XXI, W.Kdo. Gen. Gouv., Böhmen–Mähren.

Geheim!

I.) Auf Grund der mir vom Oberbefehlshaber der Wehrmacht erteilten Ermächtigung übertrage ich die vollziehende Gewalt in den Wehrkreisen den Stellv. Kd. Generalen und Wehrkreisbefehlshabern. Mit der vollziehenden Gewalt gehen auf die Wehrkreisbefehlshaber die Befugnisse der Reichsverteidigungskommissare über.

II.) Folgende Sofortmaßnahmen sind zu treffen:
a) Nachrichtenanlagen:
Die wichtigsten Gebäude und Anlagen des Post-Wehrmachtnachrichtennetzes (einschl. Funkanlagen) sind planmäßig militärisch zu sichern. Die hierzu eingesetzten Kräfte sind so stark zu bemessen, daß unbefugte Eingriffe und gewaltsame Zerstörungen verhindert werden. Wichtige nachrichtentechnische Anlagen sind mit Offizieren zu besetzen. Insbesondere sind zu sichern:
Verstärkerämter, Durchgangsvermittlungen des Heeresführungsnetzes sowie Großfunkstellen (Rundfunksender), Fernsprech- und Telegraphenämter, soweit wichtige Fernsprechleitungen durchlaufen, Verstärker- und Batterieräume, Antennen-, Sende- und Notstromanlagen sowie Betriebsräume. Das Fernmeldenetz der Reichsbahn ist im Einvernehmen mit den Transportdienststellen zu schützen. Funknetz ist aus eigenen Mitteln zu schaffen.
b) Verhaftungen:
Ohne Verzug ihres Amtes zu entheben und in besonders gesicherte Einzelhaft zu nehmen sind:
Sämtliche Gauleiter, Reichsstatthalter, Minister, Oberpräsidenten, Polizeipräsidenten, Höheren SS- und Polizeiführer, Gestapoleiter und Leiter der SD-Dienststellen, Leiter der Propagandaämter und Kreisleiter.
Ausnahmen befehle ich.
c) Konzentrationslager:
Die Konzentrationslager sind beschleunigt zu besetzen, die Lagerkommandanten zu verhaften, die Wachmannschaften zu entwaffnen und zu kasernieren. Den politischen Häftlingen ist zu eröffnen, daß sie sich bis zu ihrer Entlassung aller Kundgebungen und Einzelaktionen zu enthalten haben.
d) Waffen-SS:
Bestehen Zweifel am Gehorsam von Führern der Verbände der Waffen-SS oder der Standortältesten der Waffen-SS oder erscheinen sie ungeeignet, sind sie in Schutzhaft zu nehmen und durch Offiziere des Heeres zu ersetzen.
Verbände der Waffen-SS, deren uneingeschränkte Unterordnung zweifel-

haft ist, sind rücksichtslos zu entwaffnen. Dabei energisches Zugreifen mit überlegenen Kräften, damit stärkeres Blutvergießen vermieden wird.
e) Polizei:
Die Dienststellen der Gestapo und des SD sind zu besetzen.
Im übrigen ist die Ordnungspolizei zur Entlastung der Wehrmacht weitgehend einzusetzen.
Befehl ergeht durch den Chef der Deutschen Polizei auf dem polizeilichen Kommandowege.
f) Kriegsmarine und Luftwaffe:
Mit den Befehlshabern der Kriegsmarine und Luftwaffe ist Verbindung aufzunehmen. Gemeinsames Handeln ist sicherzustellen.

III.) Für die Bearbeitung aller politischen Fragen, die sich aus dem militärischen Ausnahmezustand ergeben, bestelle ich bei jedem Wehrkreisbefehlshaber einen Politischen Beauftragten. Dieser übernimmt bis auf weiteres die Aufgaben des Verwaltungschefs. Er berät den Wehrkreisbefehlshaber in allen politischen Fragen.

IV.) Bearbeitende Stelle des Oberbefehlshabers im Heimatkriegsgebiet in allen Angelegenheiten der vollziehenden Gewalt ist der Heimatführungsstab. Er entsendet zu den Wehrkreisbefehlshaber zur wechselseitigen Unterrichtung über Lage und Absichten einen Verbindungsoffizier (VO OKH).

V.) Bei Ausübung der vollziehenden Gewalt dürfen keine Willkür- und Racheakte geduldet werden. Die Bevölkerung muß sich des Abstandes zu den willkürlichen Methoden der bisherigen Machthaber bewußt werden.

Der Oberbefehlshaber im Heimatkriegsgebiet
Nr. 32160/44 geh.

gez. Fromm
Generaloberst
Graf Stauffenberg

F. d. R. gez. v. Mertz, Oberst i. G.

Blitz-Funkspruch!

An den
Befehlshaber im Wehrkreis IX,
Herrn General der Infanterie Schellert,

Kassel

Funkspruch!

Der Führer lebt! Völlig gesund!
Reichsführer SS OB Ersatzheer, nur seine Befehle gelten.
Befehle von Generaloberst Fromm, Feldmarschall von Witzleben,

Generaloberst a. D. Hoepner nicht ausführen!
Verbindung mit Gauleiter und Höheren Polizeiführer halten!

Wf. 20/7.16^{15} h**

Keitel, [unles.] Wolf**
Generalfeldmarschall
Chef OKW

F. d. R.**   Aushändigungsbestätigung!**
[unleserlich]**   Sdr**5
Oberst d. G.**

HOKW 75853*

Geheim*   FRR/Rg**6

20. VII. 44 19–47
KR-Fernschreiben   20. 7. 44

An

W. K. XX, XXI, W. K. Böhmen und Mähren, Gen. Gouvernement,
Wehrm. Befh. Dänemark 7

Das durch Rundfunk bekanntgegebene Communiqué
trifft nicht zu. Der Führer ist tot. Die angeordneten
Maßnahmen sind mit höchster Beschleunigung durchzuführen.

Der Befehlshaber des Ersatzheeres
und
Oberbefehlshaber im Heimatkriegsgebiet.
Stab/Nr. 5000/44 geh.

zurück an Stab/Ch H Rüst u BdE

St**8

[4 Abgabevermerke:
Hs. Eintragungen in Stempeln.
Abgabezeiten: 20.15, 20.20,
20.30, 21.05 Uhr.
Kein Abgabevermerk für Gen.Gouv.]

Fernschreiben [9]

Aufgenommen von WNOF** 20/7** 2035** [10]
FRR – WNOF 1336   20/7   2020

An Obbef. Südwest
Dt. Mil. Kdo. Italien
Ob Süd~~west~~*** Ost**
H. Gru. Nord
H. Gru. Mitte
H. Gru. Südukraine
H. Gru. Nordukraine
Ob West**
— Sofort vorlegen —

Der Führer hat mit sofortiger Wirkung den Reichsführer-SS Himmler zum Befehlshaber des Ersatzheeres ernannt und ihm alle entsprechenden Vollmachten gegenüber den Angehörigen des Ersatzheeres übertragen.
Es sind Befehle nur vom Reichsführer-SS und von mir entgegenzunehmen.
Etwaige Befehle von Fromm, von Witzleben oder Hoeppner sind ungültig.

Der Chef OKW – Keitel, Generalfeldmarschall

[5 Abgabevermerke mit
teils unleserlichen Eintragungen.
Abgabezeiten: 22.30, 22.38, 22.55,
23.05 und 0.50 Uhr.[11]]

[Fernschreiben] [12]

[20. 7. 44] 20.25 Uhr, eingegangen 20.34 Uhr.

W. K. XXI

Der politische Beauftragte im WK. XXI ist:
Min.Dir. Oberst Vollert, Prag.

VO (OKH) [13] zum W. K. XXI ist: Maj. Kießling, Tel.:
Trebnitz 406 Schlesien.
Die Genannten sind sofort heranzuziehen.

        Der Chef des Heimatführungsstabes
        gez.: Hoeppner
        Chef H. Rüst. u. BdE./AHA/Stab Nr. 32 161/44 geh.

[Fernschreiben] [14]

[20. 7. 44] 21.– Uhr, eingegangen 21.11 Uhr

W. Kdo. XXI

Zum Befehlshaber des Ersatzheeres und Oberbefehlshaber im Heimatkriegsgebiet ernenne ich den Generaloberst Hoeppner.

gez.: v. Witzleben

32 201/44 geh.

F. d. R.
gez. Olbricht, Gen. d. Inf.

[Fernschreiben] [15]

HOKW 451902 *

20. VII. 44   20–26 *

FRR

An   1934

W. Kdo. roem. 1–13, 17, 18, 20, 21
W. Kdo. Gen. Gouv., Böhmen-Mähren [16]

Standrechtverordnung Nr. 1

Für das gesamte Reichsgebiet ordne ich an:

I) Aufmärsche, Kundgebungen und Gruppenbildungen auf Straßen und Plätzen sowie Versammlungen in geschlossenen Räumen sind verboten.

II) Zum Tragen von Waffen sind nur die Wehrmacht und die ihr unterstellte Polizei sowie die dienstlich mit militärischen und sonstigen Bewachungsaufgaben betrauten Formationen berechtigt. Alle hiernach zum Tragen von Waffen nicht berechtigten Personen müssen den Besitz von Waffen jeglicher Art innerhalb von 24 Stunden nach Veröffentlichung dieser Anordnung bei den zuständigen Polizeirevieren und, soweit solche nicht vorhanden sind, bei den Ortspolizeibehörden melden.

III) Es ist untersagt, Flugblätter herzustellen und zu verteilen.

IV) Wer den vorstehenden Anordnungen zuwiderhandelt, verfällt dem Stand**recht.**

Der Oberbefehlshaber im Heimatkriegsgebiet

gez. Hoepner
Generaloberst

M **

Fernschreiben [17]

HOKW 451937**

21./7.** 0021**

FRR**

1) Heeresgruppe Südukraine
2)   „   Nordukraine
3) Oberbefehlsh. Südost
4) Heeresgruppe Mitte

Putschversuch von unverantwortlichen Generalen blutig niedergeschlagen. Sämtliche Anführer erschossen.
Befehle des Gen. Feldmarschall v. Witzleben, Genobst. Hoepner, General Beck und General Olbricht sind nicht zu befolgen.
Ich habe die Befehlsgewalt wieder übernommen, nachdem ich vorübergehend durch Waffengewalt festgenommen war.

gez. Fromm, Generaloberst

Fernschreiben [18]

HOKW 451946*

[21. 7.]   FRR**

An alle*** WKdo. Roem. 1–13, 17, 18, 20, 21
    WB Dänemark, WKrs. Kdo. Gen. Gouv., WB Böhmen u. Mähren.

Betr. Walküre

Fernschreiben AHA/Stab 4996/44 vom 20. 7. 44
ist für alle Dienststellen ungültig.

Reichsführer SS
gez. Himmler

[5 Abgabevermerke:
0200 an W. K. XIII (Nürnberg),
0210 an W. K. XI (Hannover),
0230 an W. K. XVII (Wien),
0230 an W. K. XVIII (Salzburg),
0245 an W. K. XII (Wiesbaden).]

Fernschreiben[19]

HOKW 453217*

FRR**

21. VII. 44 – – 4*

An Wkdo. Roem. 1, 2, 3, 4, 5, 6, 7, 8, 9,
10, 11, 12, 13, 18, 20, 21, Böhmen-Mähren,
WB Dänemark, WB Generalgouvernement
An alle nach Verteiler und Anordnung

Letzter Absatz des FS HOKW 451937 von Generaloberst Fromm ungültig. Laut Führerbefehl habe ich die Befehlsgewalt über das Ersatzheer übernommen. Nur meinem Befehl ist Folge zu leisten. Die Auslösung des Stichwortes »Walküre« wird mit sofortiger Wirkung aufgehoben.

gez. Himmler

F. d. R.
gez. Jüttner,
SS-Obergruppenführer
u. General d. Waffen-SS

[4 Abgabevermerke:
0431 Uhr an W. K. V (Stuttgart),
0435 Uhr an W. K. VI (Münster),
0448 Uhr an W. K. VIII (Breslau),
0500 Uhr an W. K. VII (München).]

Anmerkungen

1 Text in Maschinenschrift. Ob dieser Text oder die Version desselben Schreibens, die statt mit den Worten »Der Führer Adolf Hitler ist tot« mit den Worten »Innere Unruhen« beginnt (Eingangsvermerk des LdN: 16.45), zuerst abgesetzt worden ist, konnte bisher nicht völlig geklärt werden. Vgl. S. 830 Anm. 109.
2 Paraphe von Mertz von Quirnheim.
3 Vorlage: Abschrift im BA EAP 105/24 Bl. 91–93 mit dem Zusatz: »Abgesetzt zwischen 18.00 und 21.22 Uhr an Wehrkreiskdo. I–VI, VIII–XIII, XVII, XVIII, XXI.« Ferner Spiegelbild, S. 66–67.

4 Masch. mit hs. Vermerken. Aus den Papieren von Major Wolf.
5 Paraphe von Oberstleutnant Sander.
6 Paraphe von Röhrig.
7 An die anderen W. K. wurde das FS auf anderen FS-Maschinen abgesetzt, und nach anderen Kopien der Vorlage. Für den Abdruck in Spiegelbild, S. 70 lag die Abschrift der Kopie für W. K. XI, XII, XIII, XVII, XVIII vor; daher auch die andere HOKW-Nr., 75851.
8 Hs. Paraphe Stauffenbergs.
9 Aufnahmevordruck, Text in Klebestreifen, Aufnahme und Weitergabevermerke hs. im Vordruck und in Stempeln. Dieses Aufnahmeexemplar wurde zugleich als Abgabe-(Weitergabe-)Vorlage benützt, die Bendlerstraße war in diesem Fall nur Durchgangsvermittlung. Vgl. Spiegelbild, S. 75.
10 Hier folgen weitere Eintragungen und Unterschriften, größtenteils unleserlich.
11 Die FS an die Wehrkreise sind sicher nicht erst so spät abgesetzt worden wie an die Heeresgruppen, die ja ohnehin keine Befehle vom BdE entgegenzunehmen hatten.
12 Abschrift der Eingangskopie des W. K. XXI, aus den Akten der Gauleitung Posen, BA EAP 105/31. Vgl. Spiegelbild, S. 81, wo im Vorspann Dringlichkeitsstufe, Herkunft, Nummer, Datum und Zeit (Eingang der FS-Vorlage beim LdN) angegeben sind: KR – HOKW 75864 20. 7. 1944 19.49.
13 Verbindungs-Offizier des OKH.
14 Abschrift der Eingangskopie des W. K. XXI, aus den Akten der Gauleitung Posen, BA EAP 105/31. Vgl. Spiegelbild, S. 69 mit Dringlichkeitsstufe, Herkunft, Nummer, Datum und Zeit des Eingangs beim LdN: KR – HOKW 75866 20. 7. 1944 20.08.
15 Absetzvorlage für W. K. XIII, XVII, XVIII, XX, XXI, W. Kdo. Gen. Gouv., Böhmen-Mähren. Das FS wurde lt. Bericht der Ag N/HNV, Spiegelbild, S. 64 nur an W. K. I und X abgesetzt. Text in Masch.-Durchschlag, mit Stempeln und Paraphen.
16 XIII, XVII, XVIII, XX, XXI, Gen. Gouv., Böhmen-Mähren sind hs. 1)–7) numeriert: das war die vorgesehene Absetzreihenfolge.
17 Kontrollexemplar, Klebestreifen auf Vordruck mit hs. Abgabevermerken und Anschriften. Vgl. Spiegelbild, S. 76: Abdruck einer Abschrift der Vorlage für W. K. I-XIII, XVII, XVIII, XX, XXI, Gen. Gouv., Böhmen-Mähren.
18 Vordruck, Text in Maschinenschrift, mit Stempeln und hs. Vermerken.
19 Vordruck, Text in Maschinenschrift, mit hs. Abgabevermerken.

Werner Vogel den 26. Juni 1970

Betr.: 20. 7. 1944 – eigene Erlebnisse –

Am 20. 7. 44 gegen 11.40 Uhr kam ich vom Schutzbunker Chef OKW zur Dienstbaracke. Oberlt. v. Haeften begrüßte ich im Gäste-Aufenthaltsraum dieser Baracke. Der Gästeraum befand sich gegenüber der Verbindungstür Bunker-Baracke.

Beim Weitergehen durch den Barackengang bemerkte ich an der linken Wandseite – kurz vor meinem Dienstzimmer – einen in ein Stück Tarnzeltplane verpackten Gegenstand. Da dies ungewöhnlich war – der Gang war immer leer – ging ich zu Oberlt. v. Haeften zurück und fragte, ob die Sache ihm gehöre. Er bejahte und erklärte, dieses benötige Oberst Graf Stauffenberg zum Vortrag beim Führer. Daraufhin ging ich in mein Büro, erledigte Arbeiten und bemerkte dabei eine gewisse Unruhe bei unserem Gast: Oberlt. v. Haeften (fortwährendes Auf- und Abgehen im Gästeraum und vor der offen stehenden Tür des Gästeraumes).

Kurz vor 12.00 Uhr – bei erneutem Barackendurchblick von meinem Dienstzimmer aus – bemerkte ich den oben erwähnten Gegenstand nicht mehr, wollte jedoch Oberlt. v. Haeften auch nicht mehr danach befragen.

Bald darauf kamen dann m. W. der Chef (Generalfeldmarschall Keitel), Oberstlt. John v. Freyend, General Buhle, mit noch 2 Herren vom Arbeitsraum Chef OKW, den Barackengang entlang, an meinem Dienstraum vorbei und gingen dem vorderen Ausgang zu, vorbei am Gästeraum. In diesem Gästeraum befanden sich zu dieser Zeit Oberst Graf Stauffenberg mit Oberlt. v. Haeften, unterhielten sich flüsternd kurz und arbeiteten beide an einem Gegenstand. Ich sah dies während eines Durchgehens zum Bunker. Als die oben erwähnten 5 Herren vor der Baracke zusammenstanden, beauftragte mich Oberstlt. John v. Freyend – als ich aus der Bunker-Verbindungstür zurück zur Baracke trat – die 2 Herren im Gästeraum zur Eile zu ermahnen. Beim Öffnen der bereits wieder verschlossenen Tür zum Gästeraum bat ich die Herren (Stauffenberg und v. Haeften) zum Gehen, da Feldmarschall Keitel warte. Beide hantierten noch an derselben Sache. Auf meine Bitte reagierte Oberst Graf Stauffenberg sehr erregt und abrupt, daß er gleich komme. In diesem Moment rief auch nochmals Oberstlt. John v. Freyend von der Barackenausgangstür her: »Stauffenberg, so kommen Sie doch!«

Ich ließ die Tür zum Gästeraum offen und wartete im Barackengang. Als dann Oberst Graf Stauffenberg an die Ausgangstür der Baracke kam, wollte ihm Oberstlt. John v. Freyend die Aktentasche tragen, die schwer in den

3 Fingern der linken Hand lag. Der Oberst riß die Tasche jedoch an sich und sah fast beleidigt Oberstlt. John v. Freyend an. Ich bewunderte dabei die Energie und den Stolz des sehr schwerkriegsbeschädigten Oberst Graf Stauffenberg.

Oberlt. v. Haeften hatte sich während dieses Vorfalls mit der Bemerkung verabschiedet: er gehe zur Gästebaracke.

Nach dem Abgang der Herren verschloß ich den Gästeraum, in dem ich keine fremden Gegenstände mehr bemerkte, und die Baracken-Ausgangstür. Danach ging ich in den Kantinenraum unseres Sperrkreises zum Essen.

Nach dem Essen, während einer Unterhaltung mit Kameraden, erfolgte eine Detonation, die wir jedoch als keinen besonderen Vorfall ansahen. Bald kam von irgendeiner Seite der Ruf: »Sprengung« oder »Bombe« in der Lagebaracke! Ich lief sofort zurück zu unserer Baracke, schloß auf und bald darauf kamen Feldmarschall Keitel mit Oberstlt. John v. Freyend. Beide Herren waren ziemlich erregt und schlimm anzusehen. Oberstlt. John v. Freyend mußte sich sofort hinlegen und bekam später m. W. wohl auch eine Einspritzung.

Feldmarschall Keitel, dessen Uniformrock blutbespritzt und zerrissen war, verlangte nach einem neuen Hemd und neuer Uniform. Er wusch sich, wurde später wohl auch an einigen Körperstellen verbunden (hierbei kann ich mich nicht mehr an die Einzelheiten erinnern, denn ich mußte sofort verschiedene Aufträge ausführen und Telefonate erledigen).

Bald fanden sich verschiedene Herren im Arbeitsraum von Feldmarschall Keitel ein und ein hektisches Treiben begann. Unser Sperrkreis wurde von SS hermetisch abgeriegelt. Posten gingen Räume und Wege ab. Einzelheiten darüber sind mir auch völlig entgangen.

Über die von mir erwähnten und erlebten obigen Vorgänge unterhielt ich mich später nur mit unseren Adjutanten: Oberstlt. John v. Freyend und Major v. Szymonski (der an diesem Tag dienstlich abwesend war).

Von der Gestapo wurde ich nie befragt.

Völlig gegenwärtig ist mir folgender Vorfall:

Reichsführer SS Himmler wurde durch den Führer an diesem Tag zum Befehlshaber des Ersatzheeres eingesetzt. Den von Feldmarschall Keitel verfaßten Erlaß schrieb ich. Fünfmal mußte ich diese Führerorder schreiben, da mir jedesmal ein grober Schreibmaschinenfehler unterlief.

Feldmarschall Keitel stand in der Tür zu meinem Dienstzimmer und wartete auf die Fertigstellung des Erlasses, um diesen dem Führer zur Unterschrift vorzulegen. Ich wurde jedoch – unbewußt, ohne auch irgendwie aufgeregt zu sein – im Schreiben geführt und ohne daß es mir auffiel, unterlief mir immer wieder derselbe Fehler. Es war ein eigenartiger Vorfall.

[gez.] W. Vogel

Einige häufig genannte Stäbe

(Stand Juli 1944)

OKH/Chef H Rüst u BdE (Ersatzheer)

Befehlshaber:	Generaloberst Friedrich *Fromm*
Adjutant:	Rittmeister Heinz *Bartram*
Chef des Stabes:	Oberst i. G. Claus Schenk Graf von *Stauffenberg*
Adjutant:	Oberleutnant d. R. Werner von *Haeften*
Gr. I:	bis 30. 6. 1944 Oberst Rudolf *Langhaeuser*, dann Oberstleutnant i. G. Joachim *Sadrozinski*
[Ic]:	Hauptmann d. R. Harald *Kriebitzsch*
Gr. II:	Oberst Ernst Günther von *Roell*
Gr. III:	Generalmajor Dr. Werner *Kennes*
K.T.B.-Führer:	Hauptmann d. R. Hermann *Kaiser*

OKH/AHA

Amtschef:	General der Infanterie Friedrich *Olbricht*
Chef des Stabes:	1940–1943 Oberst Hellmuth *Reinhardt* Okt. 1943–Juni 1944 Oberstleutnant i. G. Claus Schenk Graf von *Stauffenberg* Juni–20. Juli 1944 Oberst i. G. Albrecht Ritter Mertz von *Quirnheim*
Ia:	Oberstleutnant i. G. Bolko von der *Heyde*
Ia/I, Gruppenleiter:	Oberstleutnant i. G. Karl *Pridun*
Ia/I/1, Referatleiter:	Major i. G. Fritz *Harnack*
Ib:	Oberstleutnant i. G. Franz *Herber*
Ic:	Oberst Willy *Nürnberg*
IIa:	Oberstleutnant Fritz von der *Lancken*

Stellvertretendes Generalkommando III. A. K. und Wehrkreiskommando III

Befehlshaber:	General der Infanterie Joachim von *Kortzfleisch*
Chef des Stabes:	bis Mai 1944 Generalmajor Günther von *Rost* ab Mai 1944 Generalmajor Otto *Herfurth*
Ia (Stellv.):	Oberstleutnant Bruno *Mitzkus*
Ic:	Oberstleutnant Martin *Sobczyk*
IIa:	Oberst Joachim von *Wiese und Kaiserswaldau*
Kommandeur des Wehrmachtstreifendienstes	Oberstleutnant Friedrich Wilhelm *Heinz*

Wehrmachtstandort-Kommandantur Berlin

Kommandeur:	Generalleutnant Paul von *Hase*
Ia:	Oberstleutnant i. G. Hermann *Schöne*
Ia/org, Abt. Ltr.:	Major z. V. Adolf-Friedrich Graf von *Schack*

Einige häufig genannte Stäbe

Ia/U, Abt. Ltr.:	Major d. R. Wolf Freiherr von *Massenbach-Salleschen*
IIa:	Oberstleutnant Dr. Holm *Erttel*

Oberbefehlshaber West (St. Germain)

Befehlshaber:	Generalfeldmarschall Gerd von *Rundstedt* ab 2. 7. 1944 Generalfeldmarschall Günther von *Kluge*
Chef des Stabes:	General der Infanterie Günther *Blumentritt*
Ia:	Oberst z. V. i. G. Bodo *Zimmermann*
Ic:	Major z. V. Dr. Reinhard *Brink*
IIa:	Oberst Richard *Abé*
Oberquartiermeister:	Oberst i. G. Eberhard *Finckh*

Militärbefehlshaber Frankreich

Befehlshaber:	General der Infanterie Karl-Heinrich von *Stülpnagel*
Chef des Stabes:	bis 10. 5. 44 Oberst i. G. Karl-Richard *Koßmann* dann Oberst i. G. Hans-Ottfried von *Linstow*
Ia:	Oberstleutnant i. G. Hans *Schwanbeck*
IIa:	Oberst Günther von *Scheven*
Höherer Nachrichtenführer:	Generalleutnant Hans *Oberhäußer*

Militärverwaltung beim Militärbefehlshaber Frankreich

Chef:	Ministerialdirektor Dr. Elmar *Michel*
unterstellt:	Regierungsrat Dr. Max *Horst*
	Kriegsverwaltungsoberrat Friedrich Freiherr von *Teuchert*
	Kriegsverwaltungsrat Dr. Rudolf *Thierfelder*

Kommandant von Groß-Paris

Kommandant:	Generalleutnant Hans Freiherr von *Boineburg*
Chef des Stabes:	Oberst Karl von *Unger*
Ia:	[nicht ermittelt]
IIa:	[nicht ermittelt]

Oberbefehlshaber der Heeresgruppe B (La Roche-Guyon)

Befehlshaber:	1. 1.–17. 7. 1944 Generalfeldmarschall Erwin *Rommel* dann Generalfeldmarschall Günther von *Kluge*
Chef des Stabes:	Generalleutnant Dr. Hans *Speidel*
Ia:	Oberst i. G. Hans-Georg von *Tempelhof*
IIa:	Oberst Lodegard *Freyberg*

Quellen und Literatur

I Unveröffentlichte Quellen

a. Archivalien *

[Adam, Wilhelm], Colonel General Wilhelm Adam, Masch., o. O. [England] o. J. [vor 1949], Sammlung John Mappe 3
Adam, Wilhelm, Eidesstattliche Erklärung Nr. 2: betrifft: Stimmung unter den höheren Generalstabsoffizieren bald nach der »Machtergreifung«, Masch., o. O. o. J., IfZ ZS 6
Akten über die Aufstellung des Reiterregiments »Boeselager«, Archiv der Familie Boeselager, Schloß Kreuzberg/Ahr
Akten über die Sippe Stauffenberg, BA EAP 105/34
Akten der Geheimen Staatspolizei, Staatspolizeileitstelle München, November 1939, BA RG 1010/3085
Aktenvermerk über die Ereignisse am 20./21. 7. 1944, Abteilung Ic, Wehrkreiskommando Generalgouvernement, Masch., Krakau 21. Juli 1944, BA – MA 53–23/ V. 34
Albrecht, Heinz-Günther, Die militärischen Vorbereitungen der damaligen Führungsstelle der Widerstandsbewegung im Generalkommando Berlin im Hinblick auf den geplanten Regierungssturz, o. O. 1946/47, Masch.- Abschrift, Juni 1966
Albrecht, [Karl-Friedrich], Auswertung der Aufbauübung der Vermittlung »Zeltstadt« am 1. u. 2. 10. 43, [Wolfschanze] 2. Okt. 1943, Papiere Wolf
Amt V [des RSHA], Betrifft: Selbstmord des Majors Ulrich von Oertzen, Ia der Korps-Abteilung E der 2. Armee, im Dienstgebäude des Wehrkreiskommandos III, Masch., Berlin 22. Juli 1944, BA R 58/1051
Anderson, Ivar, [Tagebuch], Königliche Bibliothek Stockholm, Ivar Anderson Papper L 91:3
Anklageschrift des Oberreichsanwalts beim Volksgerichtshof vom 17. Sept. 1943 gegen Reinhold Mewes, BDC
Anklageschrift des Oberreichsanwalts beim Volksgerichtshof vom 15. Feb. 1944 gegen Robert Uhrig, Walter Budeus, Kurt Lehmann, Willy Sachse, Fritz Riedel, Karl Frank, Leopold Tomschik, Franz Mett, Rudolf Grieb, Erich Kurz, Paul Gesche, Otto Klippenstein, BDC
Anklageschrift des Oberreichsanwalts Lautz vom 20. Dez. 1944 gegen Dr. Klaus Bonhoeffer, Dr. Rüdiger Schleicher, Dr. Hans John, Friedrich Justus Perels und Dr. Hans Kloß, Masch.-Abschrift, Stiftung

* Hierunter sind auch Dokumente aus privaten Händen angeführt (außer Mitteilungen an den Verfasser); wo nicht anders angegeben, befinden sich die Originale oder Kopien im Besitz des Verfassers.

Appendix »G«. Eye Witness Account of One of the Trials of the Principal Conspirators. Information obtained from PW KP/229533 Fw Sonderführer Goetsch-Gyx Fallschirm AOK (Propaganda Kompanie), Masch., o. O. o. J., Sammlung John Mappe 5

Arntz, [Hellmuth], Account of the Twentieth of July Putsch by One of the Minor Conspirators, C. S. D. I. C. (U. K.) S. I. R. 1610, Masch., o. O. 11. Apr. [sic] 1945.

[Arntz, Hellmuth], [Bericht über General Erich Fellgiebel], Masch.-Abschr., o. O. o. J.

Außenstelle Eisenach, SD-Abschnitt Weimar des Sicherheitsdienstes des Reichsführers SS, Bericht, Masch., Eisenach 26. Juli 1944, BA RG 1010/1602

Balzer, [Rudolf], Aktennotiz für Chef OKW/Wpr persönlich, Masch.-Abschrift, [Berlin] 21. Juni 1944 [richtig: 21. Juli 1944], BA NS 6/31

Bargatzky, Walter, Persönliche Erinnerungen an die Aufstandsbewegung des 20. Juli 1944 in Paris, mimeogr., Baden-Baden 20. Okt. 1945, Stiftung

Bartram, Heinz-Ludwig, 20. Juli 1944, Masch., o. O. [1954], BA H 90–3/4

Beck, Ludwig, Nachlaß, BA/MA N 104

[Beck, Ludwig], Zur Kriegslage nach Abschluß des polnischen Feldzuges, Masch., o. O. o. J., BA EAP 21–X–15/2 (jetzt BA/MA N 104/2)

[Beck, Ludwig], Das deutsche Friedensangebot vom 6. 10. 39 und der mögliche weitere Kriegsverlauf, Masch., o. O. 10. Okt. 1939, BA EAP 21–X–15/2 (BA/MA N 104/2)

[Beck, Ludwig], Zwischenpause nach dem Mißerfolg des deutschen Friedensangebotes, Masch., o. O. 31. Okt. 1939, BA EAP 21–X–15/2 (BA/MA N 104/2)

[Beck, Ludwig], Eine Wendung im bisherigen Krieg? Masch., o. O. 20. Nov. 1939, BA EAP 21–X–15/2 (BA/MA N 104/2)

[Beck, Ludwig], Die russische Frage für Deutschland, eine Skizze, Masch., o. O. [Herbst 1939], BA EAP 21–X–15/2 (BA/MA N 104/2)

[Beck, Ludwig], Betrachtung über die deutsche Lage um die Jahreswende 1939/40, Masch., o. O. 2. Jan. 1940, BA EAP 21–X–15/2 (BA/MA N 104/2)

Beck, Rudolf, Beiträge zur Lebensgeschichte und Charakteristik des Generaloberst Ludwig Beck, Masch., o. O. o. J., Sammlung John Mappe 3

Becker, Hellmut, Plaidoyer für Ernst von Weizsäcker, mimeogr., Nürnberg Nov. 1948, StA Nürnberg

Below, Nicolaus von, 032/Case No. 0279, Masch., o. O. 23. Jan. 1946

Bericht Nr. 28 [von Alfred Rosenbergs Verbindungsmann über ein Tischgespräch bei Hitler am 6. Sept. 1941], Masch., FHQu. 7. Sept. 1941, BA R 6 o. Nr.

Bericht der Stiftung »Hilfswerk 20. Juli 1944« über die Verurteilung des ehem. Krim.-Kom. Josef Baumer, Abschrift mimeogr., Kronberg i. T. 1959, Stiftung

Bernard, [Curt], [Bericht], Masch.-Abschr. 28. Mai 1945, IfZ ED 106/90

Bertaux, Pierre, [Auszüge aus dem Tagebuch 1938]

Bescheinigung zur Vorlage beim Wirtschaftsamt, ausgestellt von der Geheimen Staatspolizei, Staatspolizeileitstelle für den Landespolizeibezirk Berlin, Berlin [Sept. 1944], Orig. im Besitz von H. Schwierz

Bethge, [Eberhard], Bericht über die Sonderabteilung der ehem. Geheimen Staatspolizei im Zellengefängnis Moabit, Lehrterstr. 3, zusammengestellt am 14. 7. 1945, Masch., o. O., Stiftung

Beurteilungen von Gen. Stabs Offizieren bzw. Offizieren die zur Gen. Stabs Ausbildung kommandiert wurden, [1944/45], NA Microcopy T–78 Roll R 52

Bieler, [Benno], Bericht über die Vorgänge um den 20. Juli 1944 im Wehrkreis XI, Hs., Dorfmark 1964

Blumentritt, [Günther] an Generaloberst Jodl 18. Aug. 1944, BA/MA RW 47/v. 2

[Blumentritt, Günther], C. S. D. I. C. (U. K.) G. G. Report: General der Infanterie Blumentritt, S. R. G. G. 1290 (C), Masch., o. O. 7. Juni 1945

[Blumentritt, Günther], C. S. D. I. C. (U. K.) G. G. Report: General der Panzertruppen Eberbach, General der Infanterie Blumentritt, S. R. G. G. 1347, Masch., o. O. 19. Aug. 1945

Blumentritt, [Günther], Stellungnahme zu dem Buch »Offiziere gegen Hitler«. Nach einem Erlebnisbericht von Fabian v. Schlabrendorff bearbeitet und herausgegeben von Gero v. S. Gaevernitz 1946 Europa Verlag Zürich, Masch., [England] Nov. 1946, Sammlung John Mappe 2

Blumentritt, Günther, Der »20. Juli 1944«, Masch., England, Jan. 1946, NA RG 338 MS No. B–272

[Bodenschatz, Karl], S. R. G. G. 1919 (C) C. S. D. I. C. (U. K.) G. G. Report, Masch., o. O. 15. Mai 1945

Bodenschatz, [Karl], [Aufzeichnungen], Hs., o. O. [1952], IfZ ZS 10

[Bodenschatz, Karl], The Attempt as seen by eye witnesses [Zusammenfassung britischer Vernehmungen], mimeogr., o. O. o. J., Sammlung John Mappe 5

Boehmer, Käthe von, [Mitteilungen an die Stiftung »Hilfswerk 20. Juli 1944«], Masch., o. O. 1. Jan. 1953, Stiftung

Boineburg-Lengsfeld, Hans Freiherr von, Brief an Dr. Helmut Pigge, 1970

Bormann, Albert und [Rudolf] Schmundt, Rundschreiben, Masch., [Wolfschanze] 20. Sept. 1943, BA EAP 105/33

Bormann, M[artin], Brief an den Reichsschatzmeister [der NSDAP], Masch., München 17. Jan. 1939, Berlin Document Center

Bormann, [Martin], Rundschreiben (Fernschreiben) an die Gauleiter, Absetzkopien aus dem FHQu., Wolfschanze 20. Juli 1944, BA EAP 105/31

Bormann, M[artin], Fernschreiben an Dr. Friedrichs in der Parteikanzlei in München, Absetzkopie aus dem FHQu., [Wolfschanze] 20. Okt. 1944, BA EAP 105/32

Brandt, Karl, Gedenkrede zum Gedächtnis der Toten des 20. Juli 1944, mimeogr., Frankfurt/M. Juli 1965, Stiftung

British Booby Traps: Field Engineering Pamphlet No. 9, 1943, The War Office, [London] July 1943, reprinted in Canada Aug. 1944

Brühl, [Ferdinand], Niederschrift des Berichts von Major Jacob, Hs., Bridgend 25. April 1947, Sammlung John Mappe 5

Bruns, Walter, Vor, am und nach dem 20. Juli 1944, Masch., o. O. o. J. [zwischen 1945 und 1948], Sammlung John Mappe 5

Buchholz, Heinz, Das Attentat auf Adolf Hitler am 20. Juli 1944: Augenzeugenbericht von Regierungsrat Heinz Buchholz, ehemaliges Mitglied des Stenographischen Dienstes im F.H.Qu., Masch., Berchtesgaden 14. Juli 1945, University of Pennsylvania Library 46 M–25 Berchtesgaden Interrogations

Burchardt, Heinz, Zugehörigkeit zur Widerstandsbewegung vom 20. Juli 1944, Masch.-Abschrift, München 1946, im Bes. von F. Degner

Burchardt, Heinz, Eidesstattliche Erklärung, Masch., München 17. März 1947, sign., im Bes. von F. Degner

Burchardt, Heinz, Kurze Darstellung der Ereignisse, Masch., Bonn–Dottendorf 9. Feb. 1966

[Burckhardt, Peter], Gespräch mit dem früheren schweizerischen Militärattaché in Berlin, Burckhardt, heute Direktor in der Maschinenfabrik Bührle in Zürich-Oerlikon, Juli 1966, geführt von Herrn Peter Dietz, Masch., o. O. [1966]

Burgdorf, [Wilhelm], Brief an das Stellv. Generalkommando IX. A. K. vom 3. Okt. 1944, Masch.-Abschrift, Besitz von H. Schwierz

Conrad, Walter, Meine Besprechungen mit Generaloberst Halder über die Beseitigung Hitlers, Masch., o. O. o. J., MA/BA N 124/28

Cords, Helmuth, Brief an einen ungenannten Freund vom 18. Sept. 1946, Stiftung

Daily Digest of World Broadcasts (From Germany and German-occupied territory), Part I, No. 1343 [für 21. März 1943], mimeogr., [London] 22. März 1943

Daily Digest of World Broadcasts, Part I, No. 1830 [für 20. Juli 1944], mimeogr., [London] 21. Juli 1944

Dietz, Peter, Telephonisches Gespräch mit Erich Kretz, Masch., Zürich 27. Feb. 1966

Dohnanyi, Christine v[on], Aufzeichnungen, Masch.-Abschrift, o. O. o. J., IfZ ZS 603

Dollmann, [Eugen], At FHQ After the Attempt, CSDIC/CMF/X 194 Interrogation Report, Masch., o. O. 20. Juli 1945

Donovan, William J., Office Memorandum to President [Roosevelt], Hs., [Washington, D. C. 1. Okt. 1941], FDR Library PSF Safe Germany Box 2

Donovan, William J., Memorandum for the President [Roosevelt], Masch., [Washington, D. C. 20. März 1944, FDR Library PSF Safe File Box 4

[Dulles, Allen Welsh], Telegramme aus Bern 1944 ,OSS-Archiv, Central Intelligence Agency, Washington, D. C.

Eckert, [Max], Meldung über Vorkommnisse im Stabe des Gen. Qu. am 21., 22. und 23. 7. 1944, Masch., [Zossen] 23. Juli 1944, IfZ ED 95

Eicken, [Kurt] von, [Konsultations-Aufzeichnungen betr. Adolf Hitler], Masch.-Abschr., o. O. 23. Juli 1944, NA ML 125, 125a, 131

Eingangsbuch über Häftlinge [des Zellengefängnisses Lehrterstraße], Berlin 1944 bis 1945, London RUSI Mil. Mss. 479

Einstellungsverfügung im Ermittlungsverfahren gegen Ewald Heinrich von Kleist, Georg Sigismund von Oppen und Hans Fritzsche wegen Hoch- und Landesverrats, Oberreichsanwalt beim Volksgerichtshof O J 41/44 gRs, Masch.-Abschrift, Berlin 12. Dez. 1944, BA EAP 105/30

[Erinnerungsalbum für die Angehörigen des Heeresgruppenstabes der Heeresgruppe »Mitte«, gewidmet von Generalfeldmarschall Günther von Kluge], o. O. o. J., Archiv der Familie Boeselager, Schloß Kreuzberg/Ahr

[Etscheit, Alfred], Die innere und äußere Lage, Masch.-Abschrift, Berlin 1. Jan. 1940, BA EAP 21–X15/2 (BA/MA N 104/2)

[Etzdorf, Hasso von und Erich und Theodor Kordt], Das drohende Unheil, Masch., o. O. o. J. [1939], BA EAP 21–X–15/2 (BA/MA N 104/4)

[Etzdorf, Hasso von], Niederschrift der Unterredung zwischen Herrn Ministerialdirigent Dr. v. Etzdorf, Bonn, Auswärtiges Amt, Länderabteilung (Ermekeilstraße 27, Block E), und Herrn Dr. H. Krausnick, im Auftrage des Instituts für Zeitgeschichte München, durchgeführt am 26. September 1953 in Bonn, Masch.-Abschrift, 12. Juni 1958, IfZ ZS 322

[Etzdorf, Hasso von], s. auch Krausnick

F-Verbindungen Wolfschanze: Stand vom 21. 1. 43, Skizze, o. O. o. J., Papiere Wolf

Fahrner, Rudolf, Brief an Prof. Dr. Walter Baum vom 25. Juli 1962, Masch., IfZ ZS 1790

Archivalien

[Falkenhausen, Alexander Freiherr von], Vernehmung von Alexander von Falkenhausen durch Mr. Ortmann auf Veranlassung von Mr. Dobbs SS-Section am 6. Nov. 1946 von 13.30–15.30 Uhr, Interrogation Nr. 175, Masch. (Photokopie), [Nürnberg 1946], IfZ ZS 888

Falkenhausen, Dr. Gotthard Freiherr von, Brief an Dr. Clemens Plassmann, Masch.-Durchschlag, 24. März 1947

Deutsches Fernkabelnetz (Maschenkarte), OKW/WFSt/Ag WNV/KFA IIc, Stand vom 15. Feb. 1945, o. O. 1945, Papiere Wolf

Fernschreiben [»Der Führer Adolf Hitler ist tot.«], Aufnahmekopie der Skl. [Berlin] 20. Juli [1944] 19.28 [Uhr], MFA III M 1005/11

Fernschreiben der Verschwörer aus der Bendlerstraße, Masch.-Abschr. der im W.K. X eingegangenen Fernschreiben, [Hamburg] 20. Juli 1944, Akten der Gauleitung Schleswig-Holstein

Fernschreiben der Verschwörer aus der Bendlerstraße, Masch.-Abschriften der im W.K. XXI eingegangenen Fernschreiben, [Posen] 20. Juli 1944, BA EAP 105/31

Fernsprechverzeichnis des OKH/Gen. St. d. H., Stand vom 1. März 1944, Auszug aus dem Exemplar im Besitz von A. Beichele

Field Engineering (All Arms) Military Training Pamphlet No. 30 Part IV: Booby Traps, 1941, [The War Office, London 1941], reprinted in Canada Sept. 1941.

Filme von Volksgerichtshofverhandlungen, Nr. 3023–1, 3023–2, 3179–1, 3179–3, 3179–4, [Berlin 1944], BA Filmarchiv

Freier, Hedwig und Annemarie Wolff, Erinnerungen an die Gefängniszeit von Walter Bauer 15. 10. 44 – 21. 4. 45, Masch., o. O. Feb. 1971

[Freytag-Loringhoven, Bernd Freiherr von], Meine Begegnungen mit Wessel Freytag-Loringhoven während des Krieges, Masch., o. O. o. J., Stiftung

[Frick, Wilhelm], Brief an die Innenministerien der Länder, die Herren Ober- und Regierungspräsidenten pp., Masch.-Abschrift, [Berlin] 15. März 1936, BA RG 1010/3183

Friedrichs, [Helmuth], Fernschreiben an Herrn Reichsleiter Bormann im Führerhauptquartier vom 24. Okt. 1944, Absetzkopie aus der Partei-Kanzlei München, BA EAP 105/32

[Fritsch, Werner Freiherr von], [Protokoll der Vernehmung von Generaloberst Freiherr von Fritsch durch Min.-Dir. Dr. Werner Best und Reg.-Rat Franz Josef Huber, 27. Jan. 1938], Masch.-Durchschl., o. O. o. D., NA T–82 R. 272, IfZ Fa 197

[Fromm, Friedrich] Sterbeurkunde für den ehemaligen Generaloberst Friedrich Fromm, Nr. 853/1945, Masch., Brandenburg (Havel) 17. April 1946

Führerinformation [des Reichsministers der Justiz] 7. Sept. 1942, Masch., [Berlin 7. Sept. 1942], BA R 22/4089

Führerinformation [des Reichsministers der Justiz] 1942 Nr. 131, Berlin 14. Okt. 1942, BA R 22/4089

Führerinformation 1944 Nr. 181 des Reichsministers der Justiz vom 18. Juli 1944, StA Nürnberg NG 1249

Gärtner-Strünck, Elisabeth, Brief an Dr. H. Krausnick vom 27. März 62, IfZ ZS 1811

Gärtner-Strünck, E[lisabeth], Aktennotiz, Masch., Frankfurt/M. 20. April 1964, Stiftung

Geheime Staatspolizei, [Anweisung für Telephonüberwachung gegen Wilhelm Leuschner], Masch., Berlin 8. Juni 1938, BA II A 2/38g

Geisberg, [Wilhelm], Meldung, Masch., [Wolfschanze] 23. Juli 1944, BA EAP 105/34

[Geißler, Kurt], Befragung [von Kriminaldirektor a. D. Kurt Geißler] über das Bürgerbräuattentat 1939, Masch., o. O. 19. Dez. 1960, BA NS 20/65
Gelpke, Alhard, Exposé Nr. 2: Über einige Comités, die während der Hitlerzeit im Dienste des Abendlandes wirkten, Masch., o. O. Mai 1956, Hoover Library Ts Germany G 321
Georgi, Friedrich, [Niederschrift], Hs., Bernau 21. Juli 1944 0,10 Uhr
Gersdorff, Rudolf-Christoph Freiherr von, [Aussagen vor dem Militärgerichtshof Nr. V im Fall XII (Vereinigte Staaten gegen Leeb u. a.) am 16. April 1948], mimeogr. Protokoll S. 2120–2178, StA Nürnberg
Gersdorff, [Rudolf-Christoph] Fr[ei]h[er]r v[on], Beitrag zur Geschichte des 20. Juli 1944, Masch., Oberursel 1. Jan. 1946, Stiftung
[Gersdorff, Rudolf-Christoph Freiherr von], Unterhaltung mit General Rudolph v. Gersdorff am 15. 1. 1953, abends: Gedächtnisprotokoll, Masch.-Durchschlag, o. O. o. J., IfZ ZS 47/II
Gersdorff, R[udolf] Chr[istoph] [Freiherr von], Brief an Dr. [Helmut] Krausnick vom 19. Okt. 1956, Masch., IfZ ZS 47/II
Gersdorff, R[udolf] Chr[istoph] Fr[ei]h[er]r v[on], Bericht über meine Beteiligung am aktiven Widerstand gegen den Nationalsozialismus, Masch., München 1963
Gersdorff, R[udolf] Chr[istoph] Fr[ei]h[er]r v[on], Richtigstellung von Behauptungen des Dr. Max Domarus, die dieser in seinen Kommentaren zu dem von ihm herausgegebenen Dokumentationswerk »Hitler, Reden und Proklamationen 1932–1945« über den deutschen Widerstand gegen das nat. soz. Regime aufgestellt hat, Masch., München 1964
Gesamtliste der Generalstabsoffiziere des Heeres (1945), OKH/HPA Ag P 3, NA Microcopy T–78 Roll 51
[Goerdeler, Carl Friedrich], Das Ziel, Masch.-Durchschlag, o. O. [1941/42]
[Goerdeler, Carl Friedrich], [Plan], Masch.-Abschrift, [Orig.: Stockholm] 19.–21. Mai 1943, BA Nl. Goerdeler 23
[Goerdeler, Carl Friedrich], Gedanken eines zum Tode Verurteilten über die deutsche Zukunft, Masch.-Durchschlag, o. O. Sept. 1944, BA Nl. Goerdeler 26
[Goerdeler, Carl Friedrich], Unsere Idee, Masch.- Durchschlag, o. O. Nov. 1944, BA Nl. Goerdeler 26
Graf, geb. Klaeger, Ruth, [Bericht], Masch., Landau 28. Okt. 1950
[Grenzendörfer, Wilhelm], Notizen von der Schilderung des Generalmajors Remer von den Vorgängen am 20. Juli 1944 in Berlin, gehalten am 24. Juni 1946 in dem englischen Internierungslager 2221/Q in Belgien, Masch., o. O. o. J., im Besitz von Dr. Paul Collmer
Groppe, [Theodor], Erlebnisse eines alten Soldaten während der Nazi-Zeit 1933–1945, Masch., Hanau 9. Nov. 1945, NA RG 338 MS no. B–397
[Groscurth, Helmuth], Tagebuch Verb. Gruppe OKW Ausl. Abw. zu O.K.H. ab 1. 9. 39–26. 9. 39, Hs., BA EAP 21–X–15/1
[Groscurth, Helmuth], Kriegstagebuch Abt. z. b. V. [des OKW Amt Ausland/Abwehr zum OKH] 27. 9.–14. 11. 39, Hs., BA EAP 21–X–15/1
[Groscurth, Helmuth], Kriegstagebuch Abt. z. b. V. [des OKW Amt Ausland/Abwehr zum OKH] 15. November 1939 [–1. Feb. 1940], Hs., BA EAP 21–X–15/1
Groscurth, [Helmuth], Brief an Generaloberst Erwin von Witzleben, Masch.-Durchschlag, 31. Okt. 1939, BA EAP 21–X–15/2
Groscurth, [Helmuth], Brief an Graf Schwerin von Schwanenfeld, Masch.-Durchschlag, 17. Feb. 1940, BA EAP 21–X–15/2

Grundlagen für die Befehlserteilung bei der Abwehr von Fallschirmjägern, Masch., o. O. o. J. [1943/44], Papiere Wolf

Hadeln, SS-Obersturmführer von, an SD-Hauptamt 3. Juni 1937, BA NS 19/308

Hagen, Hans W., Größere und kleinere Fehler beim Bericht: »Remer und der 20. Juli 1944« von Otto John, Masch., o. O. o. J., Stiftung

[Halder, Franz], C. S. D. I. C. (U. K.) G. G. Report: Report on information obtained from Senior Officer PW on 8–13 Aug. 45, G. R. G. G. 344, Masch., o. O. 21. Aug. 45

[Halder, Franz, Spruchkammerverfahren] s. Protokoll

Hammerstein-Equord, Ludwig Freiherr von, [Niederschrift für Dr. H. Pigge], Masch., o. O. 6. April 1970

Handkartei der Generalstabsoffiziere, OKH/HPA Ag P 3, NA

Handliste der Generalstabsoffiziere 1943, OKH/HPA Ag P 3, NA Microcopy T–78 Roll R 57 und BA Zentralnachweisstelle

Handliste der Generalstabsoffiziere [1944], OKH/HPA Ag P 3, H 8/6a, NA Microcopy T–78 Roll R 48

Hardenberg-Neuhardenberg, Carl-Hans Graf v[on], Eidesstattliche Erklärung [über Generalmajor von Rost], Masch., Kempfeld/Hochwald 12. Aug. 1946, Stiftung

[Harnack, Fritz], Bericht über die Vorgänge des 20. 7. 44 in der Bendlerstraße, Masch., Braunschweig 20. Juli 1948, im Besitz von F. Harnack

[Hase, Alexander von], Zur Sache »Remer«, Aussage für die Staatsanwaltschaft Oldenburg, Masch., o. O. [1950], Sammlung John Mappe 1

[Hassell, Ulrich von] s. Korrespondenz

[Haubach, Theodor], [Notizen für seine Verteidigung vor dem Volksgerichtshof], Hs., o. O. [zwischen 11. Okt. 1944 und 23. Jan. 1945], IfZ ED 106/48

Haubach, Theodor, Briefe, BA Nachlaß Alma de l'Aigle

[Haushofer, Albrecht], Gibt es noch Möglichkeiten eines deutsch-englischen Friedens? Masch.-Durchschlag, o. O. 8. Sept. 1940, BA HC 833

[Haushofer, Albrecht], Brief an Rudolf Heß, o. O. 19. Sept. 1940, Masch.-Durchschlag, BA HC 833

H[aushofer], A[lbrecht], Englische Beziehungen und die Möglichkeit ihres Einsatzes, Masch., Obersalzberg 12. Mai 1941, BA HC 833

Heinz, Friedrich Wilhelm, Von Wilhelm Canaris zur NKWD, Masch., o. O. o. J. [ca. 1949], NA Mikrofilm No. R 60.67

Herber, Franz, Was ich am 20. 7. 44 in der Bendlerstraße erlebte, Masch., o. O. o. J. [ca. 1948], BA H 90–3/4

Heß, Rudolf, Anordnung Nr. 34/36, Masch.-Abschrift, o. O. 9. März 1936, BA RG 1010/3183

Heusinger, Adolf, Interview mit Joachim Fest 17. Sept. 1970, Tonband, Bavaria Atelier GmbH München

Heyde, Bolko von der, Der 20. Juli 1944 im OKH-AHA in der Bendlerstr., Masch., [Gütersloh 1972]

Heydrich, [Reinhard], Brief betr. Anwendung verschärfter Vernehmungsmittel an die Leiter der Staatspolizei(leit)stellen, Kommandeure der Sicherheitspolizei und des SD [usw.], Masch.-Durchschlag, Berlin 6. Okt. 1941, BA NS 19/34

Heydrich, [Reinhard], Brief an Reichsaußenminister von Ribbentrop, Masch.-Durchschlag mit Anlagen und zwei weiteren Briefen, Berlin 6. Nov. 1941, BA NS 19/414

Himmler, Heinrich, [Telephontagebuch], Hs., 21. Aug.–22. Nov. 1943, BA EAP 21–b/1–5

Himmler, Heinrich, [Terminkalender], Hs., 2. Jan.–16. Dez. 1943, 3. Jan.–31. Mai 1944, BA EAP 21–b/1–5

Himmler, Heinrich, [Notizen über Besprechungen mit Hitler u. a.], Hs., Mai 1934–Dez. 1944, BA NS 19/275 und NS 19/331

Himmler, Heinrich, Brief an Göring, Masch., 29. Juli 1942, BA EAP 104/3

Hitzfeld, Otto, Brief an Gert Buchheit, Masch.-Durchschlag, 5. Juli 1966, IfZ ZS 1858

Hitzfeld, Otto, Brief an Institut für Zeitgeschichte, Masch., 25. Sept. 1966, IfZ ZS 1858

Hitzfeld, Otto, Brief an Wolfgang Müller, 18. Okt. 1966, Masch.-Abschrift, IfZ ZS 1858

[Hofacker, Christa von], Das schwere Jahr 1944/45, Masch.-Abschrift, Krottenmühl 1947, Stiftung

[Hofacker, Christa von], Auszug aus Aufzeichnungen 1944/45 von Christa v. Hofacker, geb. 1931, die mit anderen Kindern nach dem 20. Juli 1944 in Bad Sachsa i. Harz interniert war, mimeogr., Kronberg i. T. 1958, Stiftung

Hopf, [Werner], [Fernschreiben an Reichsleiter Bormann betr. Volksgerichtshofverhandlung am 21. Dez. 1944 gegen Bolz, Pünder, Hermes, Kempner, Schlabrendorff, Staehle], Eingangskopie aus dem FHQu. 21. Dez. 1944, BA EAP 105/30

Hopf, [Werner], Fernschreiben an Reichsleiter Bormann [betr. Volksgerichtshofverhandlung am 18. Jan. 1945 gegen Klimpel und Palombini], Masch.-Abschrift, Berlin 18. Jan. 1945, BA EAP 105/31

Hopf, [Werner], [Fernschreiben] an Reichsleiter Bormann [betr. Volksgerichtshofverhandlung am 18. Jan. 1945 gegen H. Kaiser, Thoma, Lüdemann, Lösner, Schatter, Ulrich, Lehmann, Landwehr, Lilje], Eingangskopie aus dem FHQu. 18. Jan. 1945, BA EAP 105/31

Hopf, [Werner], Vorlage an Herrn Reichsleiter Bormann. Betrifft: Prozeß um den Verrat vom 20. 7. 1944 [gegen Lt. Lindemann am 22. Jan. 1945], Masch., Berlin 22. Jan. 1945, BA EAP 105/31

Hopf, [Werner], Vorlage an Herrn Reichsleiter Bormann. Betrifft: Prozeß um den Verrat vom 20. 7. 1944 [gegen Lüninck, Nieden, Maschke, Koßmann, Richter, Lenz, Zitzewitz, Noske, Korsch], Masch., Berlin 19. Jan. 1945, BA EAP 105/31

Hopf, [Werner], Vorlage an Herrn Reichsleiter Bormann. Betrifft: Prozeß um den Verrat am 20. 7. 1944 [gegen Fromm am 7. März 1945], Masch., [Berlin 7. März 1945], BA EAP 105/30

[Huppenkothen, Walter], Interrogation Report of Huppenkothen, Masch., Headquarters Counter Intelligence Corps United States Forces, European Theater [1945]

Huppenkothen, [Walter], Der 20. Juli 1944, Masch.-Abschrift, o. O. [1953], IfZ ZS 249/II

[Huppenkothen, Walter], Aussage Huppenkothen: Personelle Zusammensetzung und Aufgabenverteilung der Sonderkommission 20. Juli 1944, Masch.-Abschrift aus den Ermittlungsakten der Staatsanwaltschaft beim Landgericht München I, photok. für IfZ 24. März 1953, IfZ ZS 249/III

[Jakob, Friedrich] s. Brühl

Jahresbeurteilungen 1945: Chefs der Gen. St. und Ia's der Generalkommandos, u. Chefs d. Gen. St. Korück 583 u. 584 [1944/45], NA Microcopy T–78 Roll R 52

Jesek, [Werner], Schaltschacht Süd Wolfschanze, Zeichnungspause, [Wolfschanze] 10. Nov. 1942, Papiere Wolf
Jesek, [Werner], Lage der Kabelschächte Wolfschanze, Zeichnungspause, [Wolfschanze] 11. Nov. 1942, Papiere Wolf
Jessen, Sydney, Aufzeichnung, Masch.-Abschrift, o. O. 1946, Stiftung
Jessen, Sydney, Brief an Prof. Dr. Walter Baum vom 20. Sept. 1957, IfZ ZS 1484
Jodl, Alfred, [Taschenkalender für 1944 mit hs. Eintragungen], NA Microcopy T-84 Roll R 149
[Jodl, Alfred], Der 20. Juli im Führerhauptquartier, Masch., o.O. [1946], im Besitz von Frau Jodl
John, Otto, Bericht. Betrifft: Spanien/Portugal, Masch.-Abschrift, Feb./März 1944, im Besitz von Dr. Walter Bauer
John, Otto, Bericht [aus Madrid, für Oberst Hansen], Masch.-Abschrift, März 1944, im Besitz von Dr. Walter Bauer
John, Otto, Remer und der 20. Juli 1944, Masch., o. O. o. J., BA H 91–1/2
John, Otto, Der 20. Juli 1944, Masch., London o. J., Sammlung John
John, Otto, An Eye Witness's Account of the 20th July 1944 Plot against Hitler that Failed, Masch., [London] 1946, Sammlung John
John, Otto A. W., Some Facts and Aspects of the Plot against Hitler, Masch., London 1948, Sammlung John
John, Otto, Brief an Dr. Heinrich von zur Mühlen vom 11. Juni 1948, Sammlung John Mappe 4
Der 20. Juli vor dem Volksgerichtshof, o. O. o. J., Film Nr. 3023–2, BA Filmarchiv
[Kaiser, Hermann], [Tagebuch] Januar–August 1943, Hs., Photokopie
Kaiser, Ludwig, Ein Beitrag zur Geschichte der Staatsumwälzung vom 20. Juli 1944 (Goerdeler-Bewegung), Teilbericht, Masch., NA RG 338 MS no. B–285
Kaiser, Ludwig, Was wissen wir vom 20. Juli? Masch., Kassel 1964, Stiftung
Kaltenbrunner, Ernst, Brief an den Leiter der Parteikanzlei Reichsleiter Martin Bormann vom 25. Okt. 1944, Masch., BA EAP 105/34
Kaltenbrunner, [Ernst], Brief an Reichsfinanzminister Graf Schwerin von Krosigk, Masch., o. O. Feb. 1945, BA EAP 173–e–05
Kanitz, Rainer Graf von, Brief an Frau Elisabeth Wagner, Masch., 23. März 1964
[Kaufmann, Karl], Der 20. Juli 1944 in Hamburg, Masch. [Bethel 1946]
Keitel, [Wilhelm], Brief an Generalmajor [Hans] Oster vom 16. Dez. 1943, Masch.-Durchschlag, MFA OKW 149
Keitel, [Wilhelm], Blitz-Funkspruch an den Befehlshaber im Wehrkreis IX, Gen. d. Inf. Schellert, Kassel, Masch., [Wolfschanze] 20. Juli [1944], Papiere Wolf
Keitel, Wilhelm, Testimony, Masch., Nürnberg 27. Aug. und 8. Okt. 1945, NA RG 238
Kessel, Albrecht von, Verborgene Saat: Das »Andere« Deutschland, Masch., Vatikanstadt 1944/45, im Besitz von Gräfin Schwerin von Schwanenfeld
Kienitz, Werner, Der Wehrkreis II vor dem Zusammenbruch des Reiches: Erlebnisse und Betrachtungen, Masch., Hamburg Mai 1953, BA Ost-Dok. 8 Po 22
Kienitz, [Werner], Bemerkungen zu den Bemerkungen des Herrn Oberst Staudinger über meine Ausarbeitung »Der Wehrkreis II vor dem Zusammenbruch des Reiches«, Masch., Hamburg März 1954, BA Ost-Dok. 8 Po 22
Kienitz, Werner, Brief an Oberst i. G. a. D. Hans-Heinrich Staudinger v. 11. Jan. 1954
Kießel, Georg, Das Attentat des 20. Juli 1944 und seine Hintergründe, Masch., Sandbostel 6. Aug. 1946 (signiert)

[Kleist, Ewald Heinrich von] s. Einstellungsverfügung; Vorlage.
[Kopkow-Cordes, Horst], Kopkow's Account of the Plot of 20 Jul 44, Masch., o. O. 9. Apr. 1946.
[Korrespondenz betr. Botschafter a. D. Ulrich von Hassell zwischen dem RSHA bzw. dem Persönlichen Stab Himmlers und dem Auswärtigen Amt, 6. Nov. 1941–15. Jan. 1942 mit Anlagen], BA NS 19/414
[Krausnick, Helmuth], [Niederschrift über den Inhalt eines ihm von Dr. Hasso von Etzdorf vorgelesenen Fragmentes aus dem Groscurth-Tagebuch vom 14. Feb. 1940], Masch., Bonn 26. Sept. 1953, IfZ ZS 322
[Kriegstagebuch des Oberbefehlshabers West] 1944, Masch., BA/MA H 11–10/39A
Kriegstagebuch Nr. 1, Band Dezember 1941, des Oberkommandos der Heeresgruppe Mitte, geführt von Hauptmann d. R. z. V. Petersen, Anlage zu S. 943, Masch., o. O. 9. Dez. 1941, IfZ
Kriegstagebuch Nr. 1 [der Armee-Abt. A] 11. Sept. 1939–10. Okt. 1939, NA Microcopy T–312 Roll 1612
Kriegstagebuch Nr. 3: Führer-Hauptquartier 15. Feb. 1940–31. Juli 1940, NA Microcopy T–78 Roll 351
Kriegstagebuch Nr. 4: Führer-Hauptquartier 1. Aug. 1940–31. Dez. 1940, NA Microcopy T–78 Roll 351
Kriegstagebuch Nr. 6: Führer-Hauptquartier 1. Mai 1941–15. Juli 1942, NA Microcopy T–78 Roll 351
K.T.B. 1. 1. 41–30. 6. 41 [des] H. Gru. Kdo. D Ia, NA Microcopy T–311 Roll 12
K.T.B. (Text) 1.–31. 7. 44 der HGr D, NA Microcopy T–311 Roll 16
K.T.B., Tagesmeldungen 16. 5. 1944–31. 12. 1944, Befehlshaber im Heeresgebiet Generalgouvernement/Ia, NA Microcopy T–501 Roll 222
[Lagebericht des Oberreichsanwalts beim Volksgerichtshof an den Reichsminister der Justiz vom 3. Okt. 1942], Masch., [Berlin 3. Okt. 1942], BA R 22/3090
Lahousen, [Erwin], Tagebuch (OKW-Abwehr Aug. 1939–[3. Aug. 1943]), NA OKW 2280
[Lahousen, Erwin], Sidelights on the Development of the »20 July« in the Foreign Countries/Intelligence Service (Amt Ausland/Abwehr) for the Period of Time from the End of 1939 to the Middle of 1943, Masch., o. O. o. J. [ca. 1945], NA Record Group 238
Lahousen, Erwin, Eidesstattliche Erklärung, Masch.-Abschr., Seefeld/Tirol 1. 7. 1947
Lahousen, Erwin, Zur Vorgeschichte des Anschlages vom 20. Juli 1944, Masch.-Durchschlag, München 1953, IfZ ZS 652
Lammers, Hans-Heinrich, Brief an Dr. Heinrich Uhlig 19. Juli 1953, IfZ ZS 353
Lanz, Hubert, Ein Attentatsplan auf Hitler im Februar 1943, Masch., München 1965
[Lautz, Ernst], Erklärung unter Eid, Masch., Nürnberg 17. Juni 1948, StA Nürnberg NG 5405
[Leithold, Wilhelm], Vernehmung, Polizei-Inspektion Wilmersdorf Abt. K/E/O, Masch., Berlin-Wilmersdorf 16. Juli 1945
Leitungsskizze [der Kabel zwischen Berlin und Wolfschanze]: Stand vom 9. 8. 1943, Zeichnungspause, [Wolfschanze 1943], Papiere Wolf (s. Anhang, S. 892)
Lerche, Anni an Dr. Hans Bernd Gisevius 30. Juni 1946, aufgefangen und übersetzt von der britischen Zensurstelle IRS 3 D. C. S., Masch., o. O. 17. Juli 1946
[Liedig, Franz Maria], Die Bedeutung des russisch-finnischen Zusammenstoßes für die gegenwärtige Lage Deutschlands, Masch., o. O. [1939], BA EAP 21-X-15/2

Archivalien

[Liedig, Franz Maria], Special Interrogation Report (CSIR) No. 6: Events of 20 July 44, Masch., o. O. [1945], Hoover Library Ts Germany USA 7 F 697

Linge, Heinz, Record of Hitler's Activities 11 August 1943–30 December 1943, Masch., Transskript, o. O. 1952, NA Record Group 242 Misc. Box 13

Liste der besonderen Maßnahmen gegen die Bekennende Kirche (Stand vom Dezember 1939), Masch., o. O. o. J., BA EAP 21–X–15/1

[Listen über verhaftete, entlassene und verurteilte Generalstabsoffiziere, 1944-1945], OKH/HPA Ag P 3, Masch., o. O. o. J., BA EAP 105/2

Listen s. auch Beurteilungen; Gesamtliste; Handliste

Litzenberg, Willy, Der 20. Juli 1944, Masch., Nürnberg 4. Juni 1946

Lochner, Louis P., Brief an Mr. Lauchlin Currie vom 19. Juni 1942, Franklin D. Roosevelt Library O.F. 198–a

[Lochner, Louis P.], Testimony of Mr. Louis P. Lochner, taken at Berlin, Germany, on 25 July 1945, by Colonel John H. Amen, IGD, Masch., Berlin 25. Juli 1945, NA Record Group 238

Loehning, Paul W., Eidesstattliche Erklärung, Masch., Neu-Ulm 26. Aug. 1946, Orig. im Besitz von Graf von Strachwitz

Lorenzen, [Sievert], Fernschreiben an Reichsleiter Bormann [betr. Volksgerichtshofverhandlung am 9. Jan. 1945 gegen Moltke, Delp, Reisert, Sperr, Fugger von Glött], Eingangskopie aus dem FHQu., [Wolfschanze] 9. Jan. 1945, BA EAP 105/31

Lorenzen, [Sievert], [Fernschreiben] an Reichsleiter Bormann [betr. Volksgerichtshofverhandlung am 10. Jan. 1945 gegen Moltke, Gerstenmaier, Delp, Reisert, Sperr, Fugger von Glött], Eingangskopie aus dem FHQu., [Wolfschanze] 10. Jan. 1945, BA EAP 105/31

Lorenzen, [Sievert], [Fernschreiben] an Reichsleiter Bormann [betr. Volksgerichtshofverhandlung am 12. Jan. 1945 gegen Frank, Fischer, Röchling, G. Frh. v. Falkenhausen], Eingangskopie aus dem FHQu., [Wolfschanze] 12. Jan. 1945, BA EAP 105/31

Lorenzen, [Sievert], [Fernschreiben] an Reichsleiter Bormann [betr. Urteilsverkündung des VGH am 12. Jan. 1945 gegen Delp, Reisert, Sperr, Fugger von Glött, Moltke, Gerstenmaier, Hermes, Kempner], Eingangskopie aus dem FHQu., [Wolfschanze] 12. Jan. 1945, BA EAP 105/31

Lorenzen, [Sievert], [Fernschreiben] an Reichsleiter Bormann [betr. Volksgerichtshofverhandlung am 13. Jan. 1945 gegen Schwartz, Schwamb, Hermann, Timm], Eingangskopie aus dem FHQu., [Wolfschanze] 13. Jan. 1945, BA EAP 105/31

Lorenzen, [Sievert], [Fernschreiben] an Reichsleiter Bormann [betr. Volksgerichtshofverhandlung am 15. Jan. 1945 gegen Haubach, Groß, Steltzer], Eingangskopie aus dem FHQu., [Wolfschanze] 15. Jan. 1945, BA EAP 105/31

Lorenzen, [Sievert], Vorlage an Herrn Reichsleiter Bormann. Betrifft: Volksgerichtshofprozesse 20. 7. [hier: Verhandlung gegen Nebe am 2. März 1945], Masch.-Abschrift, Berlin 2. März 1945, BA EAP 105/30

Lorenzen, [Sievert], Vorlage an Herrn Reichsleiter Bormann. Betrifft: Volksgerichtshofprozesse 20. Juli [hier: Verhandlung gegen Hahn, Menge, Stöhr am 27. Feb. 1945], Masch., Berlin 7. März 1945, BA EAP 105/30

Magee, Warren E. und Hellmut Becker, Gesuch um Abänderung des am 14. April 1949 vom Amerikanischen Militärgericht Nr. IV im Fall 11 verkündeten Urteils gegen Ernst von Weizsäcker und sofortige Haftentlassung, mimeogr., Nürnberg 28. April 1949, StA Nürnberg

Manstein, [Erich] von, Persönliche Notizen, Masch., Bridgend 20. Mai 1947, Sammlung John Mappe 3

Manstein, [Erich] v[on], Richtigstellung zur Darstellung der Haltung des Feldmarschalls v. Manstein im Buch »Offiziere gegen Hitler«, Masch., o. O. o. J., Sammlung John Mappe 4

Mertens, Emil, Tagebuch, Hs. o. O. 1944/45, IfZ ED 106/105

Mertz von Quirnheim, Hilde, Tagebücher 1944-1945, Hs.

[Mertz von Quirnheim, Hilde], Albrecht Ritter von Quirnheim, Oberst i. G. Masch., o. O. o. J.

Michel, Elmar, Pariser Erinnerungen, Masch. o. O. o. J., IfZ Archiv Nr. 860/53

Mildebrath, Werner, 20. Juli 1944 in Berlin, Masch., Hannover [1971]

Militärischer Bericht Nr. 1217 [des schweizerischen Geheimdienstes Hans Hausamann], [Berlin] 16. Juli 1944, Masch.-Abschrift im Besitz von Peter Dietz

Minutenprogramm. Betr.: Führerbesuch beim Heer. 19. und 20. 8. 38, Masch., Stettin 15. Aug. 1938, MFA WK XIII/240

Minutenprogramm für den Heldengedenktag in Berlin (10. 3. 1940), Masch.-Abschrift, o. O. o. J., BA NS 10/126

Minutenprogramm für den Gedenktag zu Ehren der Gefallenen im Zeughaus zu Berlin (16. 3. 1941), Masch., Berlin 12. März 1941, MFA W 01-6/321

Mitgliederkartei der NSDAP, Berlin Document Center

Mitzkus, [Bruno], Bericht über die Ereignisse im stellv. Generalkommando III. A.K. am 20. Juli 1944, Masch., o. O. 9. Aug. 1945, Stiftung

Mitzkus, Bruno, Um den 20. Juli und das Ende im Wehrkreiskommando III, Berlin, Masch., Bad Homburg v. d. H. April 1947, Stiftung

Moltke, Freya von, Papiere, Norwich, Vermont

Moltke, Helmuth Graf von, Nachlaß, Norwich, Vermont

Mordregister, Index-Kartei, BA EC 941 N

Morgenthau Jr., Henry, Diary 1933-45, 864 B., FDR Library

Morgenthau Jr., Henry, Presidential Diaries 1938-45, 8 B., FDR Library

Mühlen, Heinrich von zur, Brief an Dr. Otto John vom 28. Mai 1948, Sammlung John Mappe 4

Müller, Brief an SS-Sturmbannführer Sanders im RSHA betr. Remer vom 20. Okt. 1944, BA EAP 105/32

Müller, Vermerk für Herrn Reichsleiter Bormann. Betreff: Oberst Remer, Masch., [Wolfschanze] 6. Nov. 1944, BA EAP 105/32

Müller, Gotthold, Meine Beziehungen zum Grafen Fritz von der Schulenburg, Masch.-Durchschlag, Stuttgart 1961, Stiftung

Müller, [Heinrich], [Fernschreiben] an SS-Oberführer [Hans] Rattenhuber und Reichsführer-SS und Chef der Deutschen Polizei [Heinrich] Himmler, Berlin 7. Mai 1942, BA NS 19/421

Müller, [Heinrich], Brief an alle Befehlshaber d. Sicherheitspolizei u. d. SD [usw.] betr. verschärfte Vernehmung, Masch.-Durchschl., Berlin 12. Juni 42, BA NS 19/34

Müller, [Heinrich], Brief an Heinrich Himmler vom 22. Dez. 1942, Fernschreiben-Abschrift, BA NS 19/416

[Müller, Josef], [Bericht über Besprechungen im Vatikan] 6.-9. 11. [1939], Masch., o. O. 1939, BA EAP 21-X-15/2

Müller, Max, Brief an Stiftung »Hilfswerk 20. Juli 1944« v. 31. Okt. 1967, Stiftung

Müller, Max, [Skizze zur Lage des Behelfsflugplatzes bei Rastenburg], Beilage zum Brief an die Stiftung »Hilfswerk 20. Juli 1944« vom 31. Okt. 1967, Stiftung

Müller, Ruth, Brief an Ricarda Huch 4. April 1947

Müller, Wolfgang, Erich Fellgiebel, Masch.-Abschrift, o. O. o. J.

Müller, Wolfgang, Brief an Otto Hitzfeld vom 15. Okt. 1966, Masch.-Abschrift, IfZ ZS 1858

[Nostitz, Gottfried von], Abschied von Freunden: Ein Bericht, Masch.-Durchschlag mit hs. Korr., Aug. 1945, Nl. Nostitz

Nostitz, Gottfried von, Eidesstattliche Erklärung[en], Masch.-Durchschläge, Stuttgart 3. Jan., 27. April, 28. April, 11. Mai, 30. Juli 1948, Nl. Nostitz

Oberreichsanwalt/Leipzig, Brief an den Reichsminister der Justiz/Berlin vom 1. Juni 1933 [mit kleinen Anlagen], BA R 43 II/1519

Office of Strategic Services, Research and Analysis Branch Summaries 1941–1946, NA RG 226

Personalakten der Stiftung »Hilfswerk 20. Juli 1944«

Peschel, [Kurt], [Aufzeichnung], Masch., [Wolfschanze] 22. Juli 1944, BA EAP 105/34 (NA Microcopy T–84 Roll 21)

Peters (Kreisleiter und Landrat von Rendsburg), Bericht über den Verlauf des 20. Juli 1944 im Kreis Rendsburg, Masch., Rendsburg 21. Juli 1944, Akten der Gauleitung Schleswig-Holstein (Kiel)

Pfuhlstein, Alexander von, Meine Tätigkeit als Mitglied der Berliner Verschwörerzentrale der deutschen Widerstandsbewegung vom 1. Oktober 1936–20. Juli 1944, mimeogr., Kreuzwertheim/M. Mai 1946, Stiftung

Pfuhlstein, Alexander von, 12 Abhandlungen über persönliche Erlebnisse, Masch., Kreuzwertheim/M. 1946, IfZ ZS 592

Pieper, [Heinz], Erziehungs- und Ausbildungs-Richtlinien für das Führer-Grenadier-Bataillon, mimeogr., FHQu. 10. Juli 1944, Papiere Wolf

Plaßmann, Clemens, Brief an Frau Annemarie Koch vom 10. März 1947, Masch., Pers. Ber. I, Stiftung

Pridun, Karl, Vermerk. Betrifft: 20. Juli 1944, Stellungnahme, Masch., Bregenz 30. Okt. 1953, IfZ ZS 1769

Protokoll aus der Verhandlung Halder [vor der] Spruchkammer X München [15.–21. Sept. 1948], mimeogr., [München 1948] (auch im BA/MA H 92–1/3)

[Prozeßberichte] s. Hopf; Lorenzen

[Puttkamer, Karl-Jesko von], Protokoll zur im Auftrag des Deutschen Instituts f. Zeitgeschichte durchgeführten Befragung Herrn K.-J. v. Puttkamers .. am 12. 3. 52, Masch., IfZ ZS 285

[Puttkamer, Karl-Jesko von], Niederschrift zur Unterredung [von Dr. Heinrich Uhlig] mit Konteradm. a. D. v. Puttkamer am 21. 3. 53, Masch., Köln 21. März 1953, IfZ ZS 285

Rantzau, Ehrengard Gräfin [von], Erinnerungen an die Vorbereitungen zum 20. Juli 1944, Masch., o. O. o. J., Stiftung

Reichelt, Niederschrift [über VGH-Verhandlung gegen Helldorf, B. Klamroth, H.-G. Klamroth, Hayessen, Haeften, Trott am 15. Aug. 1944], Masch., Berlin Sept. 1944, Nl. Nostitz

Reinecke, Hermann, Mein Erlebnis im Zusammenhang mit den Vorgängen des 20. Juli 1944, Masch., Hamburg 1964

Remer, [Otto Ernst], Brief an Heerespersonalamt vom 8. Aug. 1944 betr. vorzugsweise Beförderung des Oberleutnant Schlee, BA Zentralnachweisstelle PA 48231

Remer, Otto, The 20 Jul. 44 Plot, Interview, Masch., PW Camp No. 26 15. Aug. 1945, NA RG 338 ETHINT 63

[Remer, Otto Ernst], [Aussagen vor der Staatsanwaltschaft Oldenburg am 28. Okt. 1949, Az. 9 Js 164/49], Photokopie, Sammlung John Mappe 5

[Reproduktionen von Photographien (Reste der am 20. 7. 44 verwendeten Zünder und Sprengladung, das aufgefundene Paket Sprengstoff, Bilder der Zerstörungen)], NA Record Group 242, EAP 105/14 (s. Anhang)

Rieger, Franz Xaver, Schilderung des Aufgriffs des Georg Elser, Täter des Münchener Attentats vom 8. November 1939, Masch., Konstanz 15. Dez. 1939, MFA W 01–6/301 (OKW 788)

[Rittmann, Kurt], The Nature of An Insurrection: Extract from Interim No. 6, 27th Aug. 1945, Masch., o. O. [1945], Sammlung John Mappe 5

Rode, Werner, Brief an Dr. H. Pigge 24. Juli 1971, Masch.

Roell, [Ernst Günter] von, Bericht über die Ereignisse des Nachm. und Abends des 20. 7. 1944, Masch.-Durchschlag, Berlin 21. Juli 1944, BA H 90–3/2

Rommel, Manfred, Erklärung, Masch.-Abschrift, Riedlingen 27. April 1945

Rundschreiben Nr. 43/44 der Gauleitung Franken der NSDAP, Stabsamt, Masch., Nürnberg 16. Aug. 1944, BA Sammlung Schumacher 242

Salterberg, Kurt, Führerhauptquartier »Wolfsschanze« in Rastenburg/Ostpreußen, Masch., Pracht 1984

[Schaub, Julius], Vernehmung des Julius Schaub am 12. 3. 1947 von 15.30–16.00 durch Dr. Kempner, Masch., [Nürnberg 1947], IfZ ZS 137

Schellenberg, Walter, Testimony, Masch., Nürnberg 13. Nov. 1945, StA Nürnberg NG 4718

Schellenberg, [Walter], Vernehmungsbericht, hs. Auszüge von H. R. Trevor-Roper, o. O. 1946

Schmidt, Friedrich, Brief an den Vorsitzenden der Lagerspruchkammer Hammelburg vom 21. April 1947, Masch.-Durchschlag, im Besitz von F. Schmidt

Schmundt, [Rudolf], Befehl zur Verteidigung des Führerhauptquartiers Wolfsschanze, [Wolfschanze] 18. Juli 1944, Masch.-Abschrift, Papiere Wolf

[Schmundt, Rudolf], Tätigkeitsbericht des Chefs des Heerespersonalamts General der Infanterie Schmundt begonnen: 1. 10. 1942 [fortgeführt bis 29. 10. 1944], Masch., Mikrofilm IfZ MA 474 und NA T–84 Rolle 39

Schrader, Werner Wolf, Brief an Graf von Hardenberg v. 16. Nov. 1946, Stiftung

Schwerin von Schwanenfeld, Marianne Gräfin, Ulrich-Wilhelm Graf Schwerin von Schwanenfeld, Masch., Heidelberg o. J., Stiftung

Schwierz, Helmuth, Bericht über meine Tätigkeit am 20. Juli 1944 und über meine nachfolgende Inhaftierung durch die Gestapo, Masch., Siegen i. W. o. J. [ca. 1963]

SD-Außenstelle Eisenach, Bericht, Masch., Eisenach 26. Juli 1944, BA RG 1010/1602

SD-Unterabschnitt Koblenz an Außenstellen 28. Apr. 1938 u. 1. Sept. 1938, BA NS 29/vorl. 435

Selbstmord des Majors Ulrich von Oertzen (Bericht des Kriminaltechnischen Instituts der Sicherheitspolizei, Abt. Chemie), Masch.-Durchschlag, [Berlin] 23. Juli 1944, BA R 58/1051

Selbstmord des Majors Ulrich von Oertzen s. auch Amt V

Archivalien

Selbstmordstatistik für das Deutsche Reich (aus dem RSHA), o. O. [1942–1944], BA EAP 173-a-10/64

Sodenstern, [Georg] von, Zur Vorgeschichte des 20. Juli 1944, Masch., Frankfurt/M. März 1947, NA RG 338 MS no. B-499

Sonderegger, Franz [Xaver], Brief an den Präsidenten des Landgerichts München I vom 14. Jan. 1951, Kopie im IfZ

[Sonderegger, Franz Xaver], Niederschrift der Unterredung des Herrn Franz Xaver Sonderegger, geboren 19. Juli 1898, wohnhaft in Alt-Leiningen/ü. Grünstadt/Pfalz, Obere Bahnhofstr. 124, derzeit Trier Paulinstr. 15/b. Michel, durchgeführt am 12. Oktober 1952 mit Dr. Frhr. v. Siegler und Dr. Helmut Krausnick, im späteren Verlauf auch mit Dr. Hermann Mau im Institut für Zeitgeschichte München, Masch., [München 1952], IfZ ZS 303/I

Sonderegger, Franz [Xaver], [Niederschrift von Aussagen gegenüber Vertretern der Europäische Publikation e. V. in München am 15. Okt. 1952], Masch., [München 1952], IfZ ZS 303/II

Sonnenhol, [Gustav Adolf], [Vorlage an Gruppenleiter Inland II im Auswärtigen Amt], Masch., Berlin 11. Aug. 1944, AA Pol. Archiv Inland II g 59

Speidel, Hans [Erklärung], Hs., Freudenstadt 19. Mai 1946, im Besitz von Graf von Strachwitz

Speidel, Hans, Zur Vorgeschichte des 20. Juli 1944, Masch., Freudenstadt 16. Juni 1947, NA RG 338 MS no. B-721

Sprenger, [Jakob], Bericht, Masch.-Abschrift, o. O. o. J., BA NS 19/188-F 42

Staatspolizei Oppeln an Geheime Staatspolizei Berlin 5. März 1937, Masch.-Abschrift, BA RG 1010/3183

Staatspolizeileitstelle Koblenz an Landräte [usw.] 5. Apr., 13. Mai, 3. Juni, 1. Juli 1938, BA NS 29/vorl. 435

Staudinger, Hans-Heinrich, Bemerkungen zur Niederschrift von Herrn Gen. Kienitz: »Der Wehrkreis II vor dem Zusammenbruch des Reichs«, Masch., Schönböcken bei Lübeck 19. Feb. 1954, BA Ost-Dok. 8 Po 22

Stauffenberg, Clemens Schenk G[ra]f v[on], Zu Anfrage zwecks Ergänzung der Kartothek über Zusammenhänge mit dem 20. Juli 1944, Masch., Jettingen 27. Okt. 1946, Stiftung

Stauffenberg, Markwart Graf Schenk von, Angaben des Markwart Graf Schenk von Stauffenberg und seiner Familie über die Haft etc. anläßlich des 20. Juli 1944, Masch., Amerdingen 4. Jan. 1947, Stiftung

[Stegemann, Gert], Betr.: Filmmaterial zum Attentat auf Hitler am 20. Juli 1944, Masch., o. O. o. D., mitgeteilt von Deutsche Wochenschau GmbH 3. Juni 1970

[Stellenbesetzungskartei des OKH/HPA Ag P 3], NA Microcopy T-78 Roll R 55

Strachwitz, Hyazinth Graf [von], Aufzeichnung für die Personalakten, Masch.-Abschrift, Garmisch Mai 1945, im Besitz von Graf von Strachwitz

Strachwitz, Hyazinth Graf [von], Ein Beitrag zur Geschichte des deutschen Widerstandes gegen das nationalsozialistische Regime, Masch., Allendorf Feb. 1947, NA RG 338 MS no. B-340

T-Verbindungen Wolfschanze: Stand vom 21. 1. 43, Zeichnungspause, o. O. o. J., Papiere Wolf (s. Anhang, S. 895)

Teuchert, Friedrich Freiherr von, [Aufzeichnungen über den 20. Juli 1944], Masch., München [1946], Stiftung

Theil, Fritz, Brief an Marion Gräfin von Dönhoff, Bukarest 28. Mai 1948, Masch.-Abschrift, Stiftung

Theil, Fritz, [Bericht], Masch., Bad Godesberg o. J., Stiftung
Thelen, [Peter], Revolution ohne Truppen: Die letzten Stunden in der Bendlerstraße am 20. Juli 1944, Masch., Frankfurt 1965, im Besitz von P. Thelen
Thormaehlen, Ludwig, [Niederschrift über Claus Graf Schenk von Stauffenberg], Masch., [Bad Kreuznach 1946], im Besitz von Dr. W. Greischel
T[räger-]F[requenz]-Skizze: Stand vom 12. Jan. 1945, [verbessert] auf den Stand vom 5. April 1945, o. O. 1945, Papiere Wolf
Treusch [?], Vermerk über den Ablauf der Ereignisse vom 20. 7. auf 21. 7. 44, soweit sie auf den mir erteilten Auftrag Bezug haben, Masch., [Berlin Juli 1944], BDC
[Trott zu Solz, Clarita von], Adam von Trott zu Solz. Eine erste Materialsammlung, Sichtung und Zusammenstellung. Mimeogr. o. O. [1958]
Uechtritz, [Karl-Ernst von], Brief an Hans-Heinrich Staudinger vom 2. Juni 1954, BA Ost-Dok. 8 Po 22
Uexküll[-Gyllenband], G[rä]f[i]n [von], Bericht, Masch.-Abschrift, o. O. o. J., Stiftung
[Urteil der Großen Strafkammer des Landgerichts in Siegen vom 15. Dez. 1953 gegen Regierungsrat a. D. Lic. Dr. phil. Karl Neuhaus], mimeogr. Abschrift, o. O. o. J., Stiftung
Urteil des Volksgerichtshofes vom 2. Juli 1940 gegen Karl Hoffmann, Erich Schulz, Willi Tosch und Alfred Jurzik, BDC
Urteil des Volksgerichtshofes vom 2. November 1943 gegen Reinhold Mewes, BDC
Urteil des Volksgerichtshofes vom 15. Aug. 1944 gegen B. Klamroth, H.-G. Klamroth, Hayessen, Helldorf, Trott zu Solz und H. B. von Haeften Masch.-Abschrift, AZ 1 L 292/44 OJ 3/44gRs, [Berlin 15. Aug. 1944], NA T-120 Rolle 1038
[Urteil des Volksgerichtshofes, 1. Senat, vom 5. Okt. 1944 gegen Thüngen], Masch.-Abschrift, Az. 1 L 348/44 O J 6/44 g Rs, [Berlin 5. Okt. 1944], BA EAP 105/30
[Urteil des Volksgerichtshofes, 1. Senat, vom 21. Dez. 1944 gegen Bolz und Pünder], Masch.-Abschrift, Az. 1 L 460/44 O J 47 und 1 L 486/44 O J 48/44 g Rs, [Berlin 21. Dez. 1944], BA EAP 105/30
[Urteil des Volksgerichtshofes, 1. Senat, vom 12. Jan. 1945 gegen Fischer und Frank], Masch.-Abschrift, Az. 1 L 18/45 O J 42/44 g Rs, [Berlin 12. Jan. 1945], BA EAP 105/31
[Urteil des Volksgerichtshofes, 1. Senat, vom 28. Feb. 1945 gegen Hahn, Menge, Stöhr], Masch.-Abschrift, Az. 1 L 48/45 O J 55/44 g Rs, [Berlin 28. Feb. 1945], BA EAP 105/30
[Urteil des Volksgerichtshofes, 1. Senat, vom 19. Jan. 1945 gegen Lüdemann], Masch.-Abschrift, Az. 1 L 496/44 O J 50/44 g Rs, [Berlin 19. Jan. 1945], BA EAP 105/30
[Urteil des Volksgerichtshofes, 1. Senat, vom 17. Jan. 1945 gegen H. Kaiser und Thoma], Masch.-Abschrift, Az. 1 L 454/44 O J 7/44 g Rs, [Berlin 17. Jan. 1945], BA EAP 105/30
[Urteil des Volksgerichtshofes, 1. Senat, vom 2. März 1945 gegen Nebe], Masch.-Abschrift, Az. 1 L 54/45 O J 10/45, [Berlin 2. März 1945], BA EAP 105/30
[Urteil des Volksgerichtshofes, 1. Senat, vom 19. Jan. 1945 gegen Nieden, Maschke, Koßmann], Masch.-Abschrift, Az. 1 L 468/44 O J 40/44 g Rs, [Berlin 19. Jan. 1945], BA EAP 105/30

[Urteil des Volksgerichtshofes, 1. Senat, vom 3. Okt. 1944 gegen Popitz und Langbehn], Masch.-Abschrift, Az. 1 L 349/44 O J 26/44 g Rs, [Berlin 3. Okt. 1944], Stiftung
[Urteil des Volksgerichtshofes I. Senat, vom 19. Jan. 1945 gegen Richter, Lenz, Korsch], Masch.-Abschrift, Az. 1 L 510/44 O J 53/44 g, [Berlin 19. Jan. 1945], BA EAP 105/30
[Urteil des Volksgerichtshofes, 1. Senat, vom 12. Jan. 1945 gegen Röchling und G. Frh. v. Falkenhausen], Masch.-Abschrift, Az. 1 L 465/44 O J 42/44 g Rs, [Berlin 12. Jan. 1945], BA EAP 105/31
Vansittart, Robert Gilbert Baron, [Affidavit betr. die Gebrüder Erich und Theodor Kordt, deutsch], Masch., London 12. Aug. 1948, StA Nürnberg NG 5786
Vansittart, Robert Gilbert Baron, [Affidavit betr. die Gebrüder Erich und Theodor Kordt, deutsch], Masch., London 31. Aug. 1948, StA Nürnberg NG 5786–A
Verwendungsbereitschaft des Ersatzheeres, Befehl des ChefHRüstuBdE, AHA/Ia (I) Nr. 4810/42g.Kdos., Masch., o. O. 13. Okt. 1942, BA/MA RH 15/v. 174
Vorlage an den Reichsleiter. Betrifft: Verhandlung vor dem Volksgerichtshof gegen weitere Verräter des 20. Juli 1944 [hier: am 23. Feb. 1945 gegen E. H. v. Kleist], Masch.-Durchschlag, Berlin 23. Feb. 1945, BA EAP 105/30
Voß, Hans-Erich, Brief an Prof. Dr. Walter Baum vom 4. April 1957, IfZ ZS 1786
Wagner, [Eduard], Der Verlauf des 20. Juli (aus dem Gedächtnis), Masch., [Zossen] 21. Juli 1944, IfZ ED 95
Walküre II, Befehl des ChefHRüstuBdE, AHA/Ia VII Nr. 1720/42 g.Kdos., Masch., o. O. 26. Mai 1942, BA/MA RH 15/v. 175
Walküre [-Befehl mit Anlagen und späteren Zusätzen], Masch., Berlin 31. Juli 1943, MFA WK XVII/91
Walküre [-Ergänzungsbefehl], Masch., Berlin 6. Okt. 1943, MFA WK XVII/91
Walz, [Hans], Gedanken zur politischen Zielsetzung von Carl Goerdeler, Masch., [Stuttgart] 1968
Warlimont, Walter, Circumstances of the Attempt of 20 July 1944, Masch., o. O. 3. Aug. 1945, NA RG 238 ETHINT-5
[Weerth, Otto], Interrogation Report on Otto Weerth, BA/907/INT, Masch., [Berlin] 23. Aug. 1945
[Weisung der Geheimen Staatspolizei betr. Telephonüberwachung für Wilhelm Leuschner], Masch.-Durchschlag, Berlin 8. Juni 1938, BA II A 2/38g
[Weizsäcker, Ernst Freiherr von], Official Record, United States Military Tribunals. Nürnberg, Case No. 11 Tribunal IV (IV A), U. S. vs. Ernst von Weizsäcker et al., vol. 27, Transkripte [englisch] 2.–6. Juli 1948, mimeogr., NA
Wiktorin, Gen. d. Inf. von, Gedächtnisnotizen [Juli 1944], hs., Special Collections, Brandeis University, Boston
Wille, [Senor], Niederschrift über die Vorgänge beim Postamt Zossen 10 am 20. 7. 1944, Masch., [Zossen ca. 9. Aug. 1944]
Willisen, Achim Fr[ei]h[er]r v[on], Brief an das Institut für Zeitgeschichte München vom 1. Sept. 1965, IfZ ZS 1857
Winkler, Karl von, [Erinnerungsniederschrift], Masch., o. O. [1945], Nl. Nostitz
Deutsche Wochenschau Nr. 655/1943 (14/1943), BA Filmarchiv
Wolf, Josef, Papiere aus dem FHQu. (Handakten)
Wussow, Botho v[on], Einige Sätze zu dem SS-Bericht über den 20. Juli 1944, der in den Nordwestdeutschen Heften veröffentlicht wurde u. z. 1947 Heft 1/2, Masch., o. O. 1947, im Besitz von Gräfin Schwerin von Schwanenfeld

Ziegler, Delia, Bericht über den 20. 7. 1944, Masch., o. O. o. J. [ca. 1947], im Besitz von Gräfin Schwerin von Schwanenfeld
Zipperer, Waldemar, Schilderung des Aufgriffs des Georg Elser, Täter des Münchner Anschlags vom 8. November 1939, Masch., Konstanz 15. Dez. 1939, MFA W 01-6/301

b. Niederschriften mündlicher und schriftlicher Mitteilungen an den Verfasser

Ackermann, Eduard, 20. Nov. 1964
Ansorge, [Charlotte], 26. Feb. 1965
Arntz, Hellmuth, 21. Nov. 1964
Baur, Hans, 2. Juli 1965
Beelitz, Dietrich, 21. April 1964
Below, Nicolaus von, 15. Mai 1964
Berger, Gottlob, 21. Jan. 1965
Bertaux, Pierre, 9. Juni 1965
Boeselager, Philipp Freiherr von, 19. Nov. 1964; 21. Sept. 1983; 25. Juni 1984
Bothe, Karl Heinz, 25. Juni 1965
Breitenbuch, Eberhard von, 8. Sept. 1966
Büchs, Herbert, 1. Juli 1964
Burchardt, Heinz, 13. Juli 1965
Bussche, Axel Freiherr von dem, 27. Aug. 1978
Dangschat, Johannes, 18. Juli 1971
Degner, Friedrich, 24. und 25. Aug. 1965, ergänzt 14. Okt. 1966
Eickenberg, Fritz, 21. Juni 1984
Faber, [Walter], 2. Juli 1964
Fahrner, Rudolf, 9. Mai 1977
Frentz, Walter, 1. Juni 1965
Freundorfer, Otto, 18. Feb. 1965
Fritzsche, Hans, 14. Juli 1972
Georgi, Friedrich, 21. Mai 1973
Gersdorff, Rudolf-Christoph Freiherr von, 25. Mai 1964; 16. Nov. 1964
Gerstenmaier, Eugen, 17. Aug. 1965; 27. Mai 1977
Gerstenmaier, Maria, 27., 28., 29., 30. Mai, 2. Juni 1977
Gisevius, Hans Bernd, 4. Aug. 1971, 8. Sept. 1972
Glasl, Anton, 4. Dez. 1964
Graf, geb. Klaeger, Ruth, 28. Aug. 1978
Günsche, Otto, 6. Nov. 1972
Haase, Kurt, 9. Aug. 1965
Hammerstein, Ludwig Frhr. von, 18. Juli 1984
Harnack, Fritz, 29. Aug. 1966
Hase, Margarethe von, 31. März 1964
Haßel, Kurt, 11. Dez. 1964
Herre, Heinz Danko, 9. Sept. 1972
Herrlitz, Erich, 14. Jan. 1965
Heusinger, Adolf, 6. Aug. 1964
Hoffmann, Wilhelm, 27. und 31. Mai 1977

Hornbogen, Hans, 14. Jan. 1965
Hummel Edler von Hassenfels, Helmut, 9. Sept. 1966
Huth, Paul, 14. Jan. 1965
Jalaß, Erich, 24. Juni 1965
Jesek, Werner, 24. Mai 1965
John von Freyend, Ernst, 14. Mai 1964
Kanitz, Rainer Graf von, 28. Aug. 1972
Kaufmann, Karl, 15. Jan. 1965
Kempka, Erich, 19. Aug. 1965
Kleist, Ewald Heinrich von, 19. Juli 1964
Knör, Hans, 6. Sept. 1966
Koch-Erpach, Rudolf, 28. März 1964
Korff, Martin, 25. Feb. 1965
Kretz, Erich, 29. Aug. 1965, 31. Aug. 1966
Langhaeuser, Rudolf, 22. Aug. 1969
Lanz, Hubert, Ein Attentatsplan auf Hitler im Februar 1943, München 1965
Laue, Wolfgang, 1. Sept. 1966
Lechler, Otto, 5. Juni 1964
Maletzky, Hermann, 4. Aug. 1965
Martin, Benno, 3. Juni 1971
Meyer, [Ilse-Dörte], 21. Juni 1965
Möller, Josef, 10. Dez. 1964
Momm, Harald, 19. Aug. 1968
Mylius, Helmuth, 21. Jan. [1969]
Nostitz, Gottfried von, 29. Juli 1971
Oster, Achim, 26. Mai 1964
Pfleiderer, Otto, 27. Mai 1977
Pieper, Heinz, 24. Juli 1965
Puttkamer, Karl-Jesko von, 5. März 1964
Redlich, Friedrich, 3. Juli 1971
Reheußer, Otto, 7. Aug. 1968
Reinecke, Hermann, 30. April 1965
Reinhardt, Hellmuth, 1. Juli 1972
Rendel, Franz, 9. Dez. 1964
Ringel, Julius, 2. Juli 1965
Ruoff, Joachim, 3. Juni 1971
Röhrig, Wolfram, 29./30. Juni 1965
Sander, Ludolf Gerhard, 24. und 25. April 1964
Sasse, Heinz, 1. Juli 1971
Sauerbruch, Peter, 9. Feb. 1977
Scheel, Gustav Adolf, 14. Jan. 1965
Schiffler, Maria, 7. Sept. 1966
Schlabrendorff, Fabian von, 19. Juli 1964; 6. Aug. 1968
Schüler, Erich, 16. Juli 1965
Schweizer, Karl, 18. Juni 1965
Sobczyk, Martin, 27. Aug. 1965
Sonnleithner, Franz von, 16. Jan. 1964
Stauffenberg, Hans-Christoph Freiherr von, 28. Juli 1971, 5. Juli 1972

Stauffenberg, Nina Gräfin von, 23. Aug. 1969, 12. Aug. 1982
Szymonski, Gerhard von, 2. Juli 1964
Timm, Kurt, 7. Aug. 1968
Tresckow, Arnold von, 5. Aug. 1968
Visser't Hooft, Willem A., 26. Aug. 1978
Vogel, Werner, 26. Juni 1970, 1. Juli 1971
Waaser, Max, 22. Mai 1971
Wagner, Wilhelm Tobias, 29. Juli 1965
Waizenegger, Heinz, 9. Sept. 1963
Wallenberg, Jacob, 16. Sept. 1977
Warlimont, Walter, 30. Aug. 1964
Widmann, Albert, 30. Juli 1968; 24. Juni 1984
Winterfeldt, Alix von, 30. Aug. 1966
Wolf, Josef, 27. Febr. 1965, 3. Juli 1971

c. Briefe an den Verfasser

Adam, Carl, 11. Aug. 1971
Adam, Fritz, 21. Aug. 1971
Adam, Kurt, 5. April 1964; 8. Jan. 1968
Albrecht, H[einz]-G[ünther], 11. Mai 1966; 1. Aug. 1966; 27. Aug. 1967
Albrecht, Kurt, 30. Jan. 1969
Ansorge, Charlotte, 22. Aug. 1971
Arntz, Hellmuth, 24. Nov. 1964
Bärtels, Martin, 4. Sept. 1965
Baur, Hans, 10. Jan. 1969
Beelitz, Dietrich, 28. April 1964
Beichele, Albert, 18. Juni 1965; 14. Jan. 1966; 6. Feb. 1967; 31. Dez. 1967; 24. April 1968
Bergener, Joachim, 12. Mai 1964
Bergeré, Günter, 15. Sept. 1971
Bergschmidt, Robert, 9. Feb. 1965
Boberach, Heinz, 24. Okt. 1968
Boeselager, Philipp Freiherr von, 15. Jan. 1965; 28. Aug. 1969; 16. Aug. 1984
Bohnemeier s. Goverts
Bork, Max, 31. Jan. 1964
Bormann, Albert, 15. Nov. 1964
Boysen, Peter, 23. Juni, 6. Juli 1970
Brandt, Karl, 11. Mai 1968; 6. Aug. 1968
Breitenbuch, Eberhard von, 8. Nov. 1966
British Broadcasting Corporation, 8. Dez. 1965
Bücheler, Heinrich, 15. Sept. 1984
Bühlmann, Werner, 2. März 1965
Bundesbahndirektion Nürnberg, 11. Juni 1970
Bussche, Axel Freiherr von dem, 9. Feb. 1966; 10. Feb. 1966; 1. März 1966; 18. Sept. 1967; 22. Apr. 1970
Cords, Helmuth, 11. Apr. 1971

Briefe

Darges, Friedrich, 10. März 1965
Degner, Friedrich, 1. Okt. 1968
Delius, Kurt, 28. Juli 1965
Dönitz, Karl, 5. Dez. 1964
Dufring, Theodor von, 10. Aug., 29. Sept. 1971, 9. Jan. 1972
Eder, Heinz, 18. Jan. 1965
Erasmus, Johannes, 29. Aug. 1965
Freiwald, [Kurt], 7. Jan. 1965
Frentz, Walter, 6. Jan. 1970
Friedrich, Gustav, 19. Mai, 24. Juni 1971
Froneberg, Walter, 3. Mai 1965
Gaede, Wilhelm, 7. Juni 1971
Gersdorff, E. K. Freiherr von, 2. Dez. 1964; 10. Dez. 1964
Gersdorff, Rudolf-Christoph Freiherr von, 15. Jan. 1965; 23. Jan. 1966; 22. März 1966
Gigas, Ulrich, 28. Okt. 1969
Gisevius, Hans Bernd, [Dez. 1973]
Gnuva, Paul, 6. April 1965
Goebel, Gerhart, 21. Jan. 1966
Goetzke, Claus-Peter, 14. Juli 1964
Gottberg, Helmut von, 22. April 1966; 16. Juni 1966
Goverts, Hans, 3. Juni 1965
Grosser, Bruno, 18. Juli 1964
Günsche, Otto, 21. Jan. 1970
Haaf, Oskar, 19. Dez. 1969; 15. Jan. 1970; 18. Apr. 1970
Hase, Margarethe von, 3. März 1964; 8. März 1964
Hasselbach, Hans Karl von, 11. Okt. 1965
Heinz, Friedrich Wilhelm, 8. März 1966; 22. März 1966; 3. Mai 1966
Helling, Arno, 4. Sept. 1964
Hentze, Klaus, 10. Febr. 1970
Herber, Franz, 25. Jan. 1966
Herwarth von Bittenfeld, Hans, 28. Okt. 1969
Heusinger, Adolf, 9. Sept. 1967
Hindenach, Walter, 2. März 1964
Hitzegrad, Ernst, 23. Aug. 1964
Hoch, Anton, 8. Juni 1970
Hofmann, Christian, 16. Jan. 1965
Hotzel, Wilhelm, Aug. 1965
Hüttner, Hartmut, 25. Jan. 1969
Issendorff, Georg von, Jan. 1964
Jakob, Friedrich, 3. Juni 1969
Jakob, Rudolf, 28. Jan. 1969
John von Freyend, Ernst, 31. Mai 1965
Jordan, Ralph, 12. März 1965
Kandt, Herbert, 11. Febr. 1964; 13. März 1964
Karl, Gregor, 18. Mai 1966; 17. Febr. 1968
Kecker, Gottfried, 9. Jan. 1969; 27. Jan. 1969
Kempe, Ludwig, 2. Mai 1965; 2. Jan. 1970

Kessen, Wilhelm, 13. Sept. 1970
Kleist, Berndt von, 26. Feb. 1965
Kleist, Ewald Heinrich von, 15. Sept. 1964; 14. Sept. 1967; 2. Okt. 1968
Kober, Fritz, 6. Sept. 1964
Koch-Erpach, Rudolf, 9. Mai 1964
Kodré, Heinrich, 22. Sept. 1964
Kohlhauer, Erich, 7. März 1965
Krancke, Theodor, 3. Juni 1970
Küpper, Wilhelm, 28. April 1965
Kuhn, Friedrich, 25. Sept. 1964
Kuhnert, Karl, 1. Dez. 1964; 17. Jan. 1965; Mai 1965
Langhaeuser, Rudolf, 28. Nov. 1969
Linemann, Hans, 9. Jan. 1971
Linge, Heinz, 15. Apr. 1969
Liphart, Hans, 9. Sept. 1964
Lochner, Louis P., 12. Jan. 1967; 9. Feb. 1967
Lüthje, Karl, 15. März 1971
Mader, Herbert, 9. März 1965
Maître, Alexander, 19. Feb. 1965; 15. März 1965
Manz, Hugo, 23. Okt. 1965
Maultzsch, Herbert, 10. Mai 1965
Mertz von Quirnheim, Hilde, 18. Dez. 1978, 28. Jan. 1979
Meyer, Hellmuth, 12. Juni 1970
Ministry of Defence, London, 23. Nov. 1964
Moltke, Freya von, 3. Feb. 1969
Müller, Gotthold, 18. Nov. 1966
Müller, Max, 26. Nov. 1967
Naumann, Werner, 9. Apr. 1970
Nettesheim, Kurt, 22. Aug. 1968
Pantenius, H. J., 5. März 1970
Pentz, H. H. von, 13. Nov. 1969
Pestinger, Emil, 20. Dez. 1964; 31. Dez. 1964; 19. Jan. 1965
Plate, Claus-Henning von, 11. Aug. 1964; 19. Aug. 1964; 14. April 1966
Platen, Günther von, 17. März 1965
Prüter, Wilhelm, 10. Feb. 1964
Raiber, R., 19. Sept. 1969; 20. Okt. 1969
Reinecke, Hermann, 16. April 1964; 31. Mai 1964; 15. Okt. 1964; 16. Dez. 1964; 19. April 1965; 20. Dez. 1965; 2. Feb. 1967; 7. Nov. 1967
Reinhardt, Hellmuth, 12. Nov. 1967
Rendel, Franz, 8. März 1965
Reumont, Alfred von, 14. März 1965
Reuss, Heinrich V. Prinz, 15. Mai 1972, 31. Aug. 1978
Reutter, Wilhelm, 13. März 1964
Richter, Horst, 18. Aug. 1965
Ringel, Julius, 5. Feb. 1964
Rode, Werner, 29. Aug. 1971
Röhrig, Georg, 15. März 1966; 6. Feb. 1969
Rüdt von Collenberg, Ludwig Freiherr, 3. Feb. 1964; 15. Feb. 1964

Briefe

Ruoff, Joachim, 23. Nov. 1969
Ryll, Edgar, 29. Juli 1964
Sauermilch, Walter, 6. Mai 1970; 13. Mai 1970; 30. Mai 1970
Schellert, Otto, 1. Feb. 1964; 2. Jan. 1968
Schindler, Kurt, 19. Feb. 1964; 24. Feb. 1964
Schlabrendorff, Fabian von, 22. Okt. 1966; 30. Mai 1968
Schmidt, Friedrich, 8. Feb. 1966; 6. Okt. 1966; 4. Okt. 1967
Schmidt-Salzmann, Walther, 14. Feb. 1966
Schoener, Otto, 21. Juli 1965
Schroeder, Walther, 9. Nov. 1964
Schubert, Albrecht, 1. Feb. 1964
Schubert, Klaus, 30. Sept. 1964
Schulenburg, Wedige von der, 7. Dez. 1964
Schulte-Heuthaus, Hermann, 20. Sept. 1965
Schweizer, Karl, 2. Nov. 1967
Schwierz, Helmuth, 25. März 1965
Sell, Augusta, Freifrau von, 6. Jan. 1971
Selle, Herbert, 24. Okt. 1970
Siebeck, Eberhard, 17. Apr. 1973
Siebert, Hans, 27. Okt. 1969, 8. Juni 1970
Simonis, Susanne, 8. März 1971
Sinnhuber, Johann, 27. Jan. 1964
Smart, Jacob-Edward, 22. Jan. 1969
Sommerlad, Wilhelm, 5. Okt. 1965
Speer, Julius, 22. Feb. 1966
Speidel, Hans, 10. Juli 1965
Staudinger, Hans-Heinrich, 13. Okt. 1964; 28. Jan. 1965; 12. Feb. 1965; 24. Sept. 1965
Stauffenberg, Nina Gräfin von, 12. Feb. 1964; 30. Juli, 13. Aug., 11. Sept. 1968
Stirius, Hans-Werner, 2. Feb. 1967
Stoll, Erich, 18. Juni 1970
Strachwitz, Hyacinth Graf von, 8. Jan. 1965; 20. Jan. 1966
Stülpnagel, Siegfried von, 1. Feb. 1965; 7. April 1965
Sturm, Rolf, 1. Aug. 1971
Sündermann, Helmut, 3. Dez. 1969
Süßkind-Schwendi, Max Theodor Freiherr von, 22. Jan. 1966
Thomale, Wolfgang, 11. Aug. 1971
Thomas, Ewald, 16. Aug. 1972
Thun-Hohenstein, Philippa Gräfin von, 24. Feb. 1970; 25. Mai 1970
Tresckow, Arnold von, 17. Aug. 1968
Tresckow, Eta von, 26. Juli 1971
Trott zu Solz, Clarita von, 5. Feb., 8. März 1979
Tümpling, Wolf von, 4. Jan. 1968
Tzschöckell, geb. Ehlers, Elli, 18. Okt. 1971
Ulich, Max, 6. April 1964
Utermann, Utz, März 1965
Voss, Gisela von, 22. Jan., Sept. 1975
Voß, Hans Erich, 17. März 1964

Waberseck, Alfons, 4. Feb. 1965
Wackerhagen, Ernst, 24. Aug. 1969
Wagner, Elisabeth, 16. März 1972
Wagner, Gerhard, 17. Nov. 1964
Waldersee, [Alfred] Graf von, 21. Juli 1965; 30. Juli 1965
Wallenberg, Jacob, 16. März 1977
Wallenberg, Marcus, 5. Apr. 1978, 3. Jan. 1979
Warlimont, Walter, 30. März 1964
WASAG-Chemie A.G., 4. Dez. 1969; 17. Feb. 1970; 17. März 1970
Wehner, Bernd, 27. Okt. 1965; 4. Dez. 1967
Weizsäcker, Richard Freiherr von, Mai 1970
Wiegand, Günther, 14. Okt. 1964
Wiese und Kaiserswaldau, Joachim von, 10. Aug. 1964
Wildeiner gen. von Wildau, Christoph von, 20. Juli 1970
Witzig, [Apr. 1973]
Wodrig, Albert, 11. März 1964
Wolf, Josef, 18. Dez. 1968
Wollschläger, Arthur, 24. Nov. 1971
Zentralnachweisstelle des Bundesarchivs, 29. Juni 1965; 30. Juli 1965; 23. Dez. 1965; 11. Aug. 1966; 22. Aug. 1968; 26. März 1969
Ziegler, Delia, 8. Jan. 1968
Ziervogel, Max, 16. Mai 1964; 29. Juli 1964

II Veröffentlichte Quellen

A., G., »Letzte Begegnung mit Graf Stauffenberg«, Stuttgarter Zeitung 20. Juli 1950
Adreßbuch für München und Umgebung 1930, 1931, 1932, München o. J.
Adreßbuch s. auch Münchner Stadtadreßbuch
Akten zur deutschen auswärtigen Politik 1918–1945 Serie D (1937–1945), Bd. VI, VII, Baden-Baden 1956
Andreas-Friedrich, Ruth, Der Schattenmann: Tagebuchaufzeichnungen 1938 bis 1945, Berlin 1947
Arenberg, Robert Prinz, »Der Befreiungsversuch des 20. Juli 1944 im Generalkommando Wien«, in Ludwig Jedlicka, Der 20. Juli 1944 in Österreich, Wien–München 1965, S. 125–135
Aßmann, Heinz, [Bericht über den 20. Juli 1944 in der »Wolfschanze«] in Kurt Assmann, Deutsche Schicksalsjahre: Historische Bilder aus dem zweiten Weltkrieg und seiner Vorgeschichte, Wiesbaden ²1951
Assmann, Kurt, Deutsche Schicksalsjahre: Historische Bilder aus dem zweiten Weltkrieg und seiner Vorgeschichte, Wiesbaden ²1951
Astor, David, »The mission of Adam von Trott«, The Manchester Guardian Weekly 7. Juni 1956, S. 7
Astor, David, »Why the Revolt against Hitler Was Ignored: On the British Reluctance to Deal with German Anti-Nazis«, Encounter 32 (1969) Nr. 6, S. 3–13
Ballestrem-Solf, Lagi Countess, »Tea Party«, in Eric H. Boehm (ed.), We Survived, New Haven, Connecticut 1949, S. 132–149
Bargatzky, Walter, »20. Juli in Paris: Die letzte Runde im Komplott gegen Hitler«, Stuttgarter Rundschau 4 (1949), H. 7, S. 12–13

Veröffentlichte Quellen

Baur, Hans, Ich flog Mächtige der Erde, Kempten 1956
Beck, Hans, »Der 20. Juli 1944 in Kassel: Unternehmen Walküre läuft an«, Hessische Allgemeine 18. Juli 1964
Beck, Ludwig, Studien, Stuttgart 1955
Bell, George K. A., »Die Ökumene und die innerdeutsche Opposition«, VfZ 5 (1957), S. 362–378
Below, Nicolaus von, »Hitlers Adjutant über den 20. Juli im FHQ: Ein Augenzeugenbericht«, Echo der Woche 15. Juli 1949, S. 5
Völkischer Beobachter 1939–1944, Berliner Ausgabe
Bergsträsser, Ludwig, »Erinnerungen an Wilhelm Leuschner«, Das Parlament 20. Juli 1954, S. 8
Bernt, Adolf, »Der 20. Juli in der Bendlerstraße (Bericht eines Augenzeugen)«, Die Gegenwart 11 (1956), S. 597–601
Best, S. Payne, The Venlo Incident, London 1950
Besymenski, Lew A., Der Tod des Adolf Hitler: Unbekannte Dokumente aus Moskauer Archiven, Hamburg 1968
Bielenberg, Christabel, The Past is Myself, London 1968
Boberach, Heinz (Hrsg.), Meldungen aus dem Reich, Neuwied 1965
Bodenschatz, Karl, »Hitler prophezeite Bruderkrieg«, Der Hausfreund für Stadt und Land 26. Juni 1954, S. 2
Boehm, Eric H. (ed.), We Survived: The Stories of Fourteen of the Hidden and the Hunted of Nazi Germany, New Haven, Connecticut 1949
Böhm-Tettelbach, Hans, »Ein Mann hat gesprochen«, Rheinische Post 10. Juli 1948, S. 2
Boelcke, Willi A. (Hrsg.), Kriegspropaganda 1939–1941: Geheime Ministerkonferenzen im Reichspropagandaministerium, Stuttgart 1966
Boelcke, Willi A. (Hrsg.), Deutschlands Rüstung im Zweiten Weltkrieg: Hitlers Konferenzen mit Albert Speer 1942–1945, Frankfurt/M. 1969
Boineburg[-Lengsfeld], Hans von, »Der 20. Juli 1944 in Paris« s. Reichert
Bollhammer, Fritz, »Erinnerungsniederschrift über die Vorgänge in der Nacht vom 20./21. Juli 1944«, in Ludwig Jedlicka, Der 20. Juli 1944 in Österreich, Wien–München 1965, S. 111–116
Bonhoeffer, Dietrich, Gesammelte Schriften, 2 B., München 1958/59
Bor, Peter, Gespräche mit Halder, Wiesbaden 1950
[Bormann, Martin und Gerda Bormann], The Bormann Letters: The Private Correspondence between Martin Bormann and His Wife from January 1943 to April 1945, London 1954
Brandt, Karl, Tenth Anniversary of the Assassination of the German Elite: A Memorial Address, Washington 1954
Brandt, [Willy], Reden und Interviews, Hamburg 1971
Bumke, Oswald, Erinnerungen und Betrachtungen: Der Weg eines deutschen Psychiaters, München 1952
Burckhardt, Carl J., Meine Danziger Mission 1937–1939, München ²1960
Burckhardt, Carl Jacob, Memorabilien, München 1977
Bussche, Axel von dem, »Eid und Schuld«, Göttinger Universitätszeitung 7. März 1947, S. 1–4
[Bussche, Axel Freiherr von dem], [Interview mit Daniel Schorr in der CBS-Fernsehsendung The Twentieth Century: The Plots Against Hitler, Part II, gesendet 1. Dez. 1964]

Bussche, Axel Freiherr von dem, [Bericht auf der Schallplatte] Der stille Befehl: Der Widerstand in Deutschland gegen Hitlers Tyrannei, harmonia mundi Schallplattengesellschaft, Nr. PL 50115, Münster/W. o. J.

[Bussche, Axel Freiherr von dem] s. auch »Freiheitskämpfer gegen Hitler«

Butler, Ewen, »›I talked of plan to kill Hitler‹«, The Times 6. Aug. 1969

[Cadogan, Sir Alexander], The Diaries of Sir Alexander Cadogan O. M. 1938–1945, London 1971

Churchill, Winston S., Blood Sweat and Tears: Speeches, Toronto 1941

Conwell-Evans, T. P[hilip], None so Blind, London 1947

Delp SJ, Alfred, Im Angesicht des Todes, Frankfurt/M. ⁴1954

Dietrich, Otto, 12 Jahre mit Hitler, Köln [1955]

The Parliamentary Debates: Official Report, 5th Series, House of Commons, vol. 351/352, London 1939

Documents on British Foreign Policy 1919–1939, First Series, Second Series, and Third Series, London 1947 ff.

Documents on German Foreign Policy 1918–1945, Series D (1937–1945), Washington 1949 ff.

[Dodd, William E.], Ambassador Dodd's Diary 1933–1938, New York 1941

Dokumente zur Deutschlandpolitik, I. Reihe B. 1, bearb. v. Rainer A. Blasius, Frankfurt/M. 1984

Evangelische Dokumente zur Ermordung der »unheilbar Kranken« unter der nationalsozialistischen Herrschaft in den Jahren 1939–1945, Stuttgart 1964

Dollmann, Eugen, Call Me Coward, London 1956

Domarus, Max, Hitler: Reden und Proklamationen 1932–1945, 2 B. [Seiten durchnumeriert], Neustadt a. d. Aisch 1962/63

Dulles, Allen Welsh, Germany's Underground, New York 1947

Dulles, Allen Welsh, Verschwörung in Deutschland, Kassel 1949

Dulles, Allen, The Secret Surrender, New York–Evanston–London 1966

Elser, Johann Georg, Autobiographie eines Attentäters, Stuttgart 1970

Emmenegger, Kurt, Qn wußte Bescheid: Erstaunliche Informationen eines Schweizer Nachrichtenmannes aus den Kulissen des Hitlerkrieges, Zürich 1965

Erttel, Holm, »›Meine Herren, es ist so weit!‹ Eine Erinnerung an den 20. Juli 1944«, Das freie Wort 19. Juli 1952

E[schenburg], T[heodor], »Die Rede Himmlers vor den Gauleitern am 3. August 1944«, VfZ I (1953), S. 357–394

German Explosive Ordnance (Bombs, Fuzes, Rockets, Land Mines, Grenades and Igniters), Washington 1953

Fischer, Albrecht, »Erlebnisse vom 20. Juli 1944 bis 8. April 1945«, in Otto Kopp (Hrsg.), Widerstand und Erneuerung: Neue Berichte und Dokumente vom inneren Kampf gegen das Hitler-Regime, Stuttgart 1966, S. 122–166

Foertsch, Hermann, Schuld und Verhängnis: Die Fritsch-Krise im Frühjahr 1938 als Wendepunkt in der Geschichte der nationalsozialistischen Zeit, Stuttgart 1951

Foote, Alexander, Handbuch für Spione, Darmstadt 1954

Foreign Relations of the United States. Diplomatic Papers: The Conferences at Malta and Yalta 1945, Washington 1955

Foreign Relations of the United States. Diplomatic Papers: 1944, vol. I, Washington 1966

Forschbach, Edmund, »Edgar Jung und der Widerstand gegen Hitler«, Civis 6 (1959), S. 82–88
»Freiheitskämpfer gegen Hitler«, Die Zeit 22. Juli 1948, S. 3
[Fritsch, Werner Freiherr von], [Freispruch des] Gericht des Obersten Befehlshabers der Wehrmacht vom 18. März 1938, Der Spiegel Nr. 36, 1. Sept. 1965, S. 46–57
Fromm, Friedrich s. »Wie...«
»Fuehrer Conferences on Naval Affairs, 1939–1945«, Brassey's Naval Annual 59 (1948), S. 25–538
Furtwängler, Franz Josef, Männer, die ich sah und kannte, Hamburg 1951
»Generäle: Neue Mitteilungen zur Vorgeschichte des 20. Juli«, Die Wandlung 1 (1945/46), S. 528–537
Gersdorff, Rudolf-Christoph Frhr. v., Soldat im Untergang, Frankfurt/M., Berlin, Wien 1977
[Gerstein, Kurt], »Augenzeugenbericht zu den Massenvergasungen«, VfZ 1 (1953), S. 177–194
[Gerstein, Kurt], Dokumentation zur Massenvergasung, Bonn 1955
Gerstenmaier, Eugen, »Zur Geschichte des Umsturzversuches vom 20. Juli 1944«, Neue Zürcher Zeitung 23. und 24. Juni 1945
Gerstenmaier, Eugen, »Entscheidende Stunden in der Bendlerstraße: Der Ablauf der Ereignisse im Oberkommando der Wehrmacht«, Die Welt 19. Juli 1946
Gerstenmaier, Eugen, »The Church Conspiratorial«, in Eric H. Boehm (ed.), We Survived, New Haven, Connecticut 1949, S. 172–189
Gerstenmaier, Eugen, »Die Kreisauer und der 20. Juli«, in Eugen Gerstenmaier, Reden und Aufsätze, B. II, Stuttgart 1962, S. 238–243
Gerstenmaier, Eugen, Reden und Aufsätze, 2 B., Stuttgart 1956, 1962
Gerstenmaier, Eugen, »Der Kreisauer Kreis: Zu dem Buch Gerrit van Roons ›Neuordnung im Widerstand‹«, VfZ 15 (1967), S. 221–246
Gerstenmaier, Eugen, »›Den Dolch im Lorbeerstrauße tragen‹: Stefan Georges Einfluß auf Stauffenberg und den 20. Juli«, Christ und Welt 19. Juli 1968, S. 22
Gerstenmaier, Eugen, Streit und Friede hat seine Zeit: Ein Lebensbericht, Frankfurt/M., Berlin, Wien 1981
»Gesetz gegen heimtückische Angriffe auf Staat und Partei und zum Schutz der Parteiuniform« vom 20. Dez. 1934, Reichsgesetzblatt Teil I 1934, Berlin 1934, S. 1269
Geyr von Schweppenburg, [Leo] Frh., Erinnerungen eines Militärattachés: London 1933–1937, Stuttgart 1949
Geyr von Schweppenburg, [Leo Frh.], The Critical Years, London 1952
Gisevius, Hans Bernd, Bis zum bittern Ende, 2 B., Zürich 1946
Gisevius, Hans Bernd, Bis zum bittern Ende, Zürich [1954]
Gisevius, Hans Bernd, Bis zum bitteren Ende: Vom Reichstagsbrand bis zum 20. Juli 1944, v. Verfasser auf den neuesten Stand gebrachte Sonderausgabe, Hamburg o. J.
Gisevius, Hans Bernd, Wo ist Nebe? Erinnerungen an Hitlers Reichskriminaldirektor, Zürich 1966
Goebbels, Joseph, Tagebücher aus den Jahren 1942–1943, Zürich 1948
»Dr. Goerdeler an General Olbricht: Ein Dokument zur Vorgeschichte des Attentats vom 20. Juli 1944«, Die Wandlung 1 (1945/46), S. 172–175
Greiner, Helmuth, Die Oberste Wehrmachtführung 1939–1943, Wiesbaden [1951]

Groppe, Theodor, Ein Kampf um Recht und Sitte: Erlebnisse um Wehrmacht, Partei, Gestapo, Trier 1947 (²1959)

Groscurth, Helmuth, Tagebücher eines Abwehroffiziers 1938–1940, hrsg. von Helmut Krausnick und Harold C. Deutsch unter Mitarbeit von Hildegard von Kotze, Stuttgart 1970

Guderian, Heinz, Erinnerungen eines Soldaten, Heidelberg 1951

Guderian, Heinz, Panzer Leader, London 1952

Guides to German Records Microfilmed at Alexandria, Va. No. 39. Records of the Reich Leader of the SS and Chief of the German Police (Reichsführer SS und Chef der Deutschen Polizei) (Part III), Washington 1963

Guides to German Records Microfilmed at Alexandria, Va. No. 52. Records of German Field Commands: Army Groups (Part II), Washington 1966

Gun, Nerin E., The Day of the Americans, New York 1966

Haetzel, Klaus, »Die längste Schicht am Fernschreiber: ›Telegraf‹-Reporter sprach mit einer Augenzeugin des dramatischen Geschehens am 20. Juli 1944«, Telegraf 19. Juli 1964, S. 8

Hagen, [Hans W.], »Tatbericht über meine Tätigkeit als Verbindungsoffizier des Wachbataillons ›Großdeutschland‹ zum Reichsministerium für Volksaufklärung und Propaganda am 20. Juli 1944«, in Spiegelbild einer Verschwörung. Die Kaltenbrunner-Berichte an Bormann und Hitler über das Attentat vom 20. Juli 1944. Geheime Dok. a. d. ehem. Reichssicherheitshauptamt, Stuttgart 1961, S. 12–15

Hagen, Hans W., Zwischen Eid und Befehl: Tatzeugenbericht von den Ereignissen am 20. Juli 1944 in Berlin und »Wolfsschanze«, München ²1959, ⁴1968

Halder, [Franz], Kriegstagebuch, B. I–III, Stuttgart 1962, 1963, 1964

Hammerstein, Kunrat Freiherr von, Spähtrupp, Stuttgart 1963

Hammerstein, Kunrat Frh. v., Flucht: Aufzeichnungen nach dem 20. Juli, Olten–Freiburg i. Br. 1966

Hanfstaengl, Ernst, Unheard Witness, Philadelphia–New York 1957

Hansard s. Debates; House of Commons

Hassell, Ulrich von, »Das Ringen um den Staat der Zukunft«, Schweizer Monatshefte 44 (1964), S. 314–327

Hassell, Ulrich von, Vom andern Deutschland: Aus den nachgelassenen Tagebüchern 1938–1944, Fischer Bücherei, Frankfurt/M. 1964

Heiber, Helmut (Hrsg.), Hitlers Lagebesprechungen: Die Protokollfragmente seiner militärischen Konferenzen 1942–1945, Stuttgart 1962

Henk, Emil, Die Tragödie des 20. Juli 1944: Ein Beitrag zur politischen Vorgeschichte, Heidelberg ²1946

Henk, Emil, »Sozialdemokratischer Widerstand im Raum Mannheim«, in 100 Jahre SPD in Mannheim: Eine Dokumentation, Mannheim 1967, S. 68–73

Herwarth, Hans von, Zwischen Hitler und Stalin, Frankfurt/M., Berlin, Wien 1982

Heueck, Alfred, »Der Mann, der Roland Freisler sterben sah: Fabian v. Schlabrendorff berichtet vom Martyrium der Widerstandskämpfer«, Frankfurter Rundschau 27. Sept. 1955

Heusinger, Adolf, Befehl im Widerstreit: Schicksalsstunden der deutschen Armee 1923–1945, Tübingen 1950

Heyde, B[olko] von der, »Die Verschwörung des 20. Juli: Beteiligte sagen aus«, Die Welt 31. Juli 1947, S. 2

Heyde, Bolko von der, [Leserbrief], Der Spiegel Nr. 5, 27. Jan. 1969, S. 10
Hildebrandt, Rainer, Wir sind die Letzten: Aus dem Leben des Widerstandskämpfers Albrecht Haushofer und seiner Freunde, Neuwied–Berlin o. J.
Hillgruber, Andreas (Hrsg.), Staatsmänner und Diplomaten bei Hitler: Vertrauliche Aufzeichnungen über Unterredungen mit Vertretern des Auslandes 1939–1941, Frankfurt/M. 1967
Himmler, Heinrich, Geheimreden 1933 bis 1945 und andere Ansprachen, Frankfurt/M., Berlin, Wien 1974
Himmler, Heinrich s. auch Eschenburg
helmut hirsch 21. 1. 1916–4. 6. 1937. schriften des bundes deutscher jungenschaften, Bad Godesberg [1967]
Hitler, Adolf, Mein Kampf, München ³1930
Hofer, Walther, Der Nationalsozialismus: Dokumente 1933–1945, Fischer Bücherei, Frankfurt/M. 1957
Hoffmann, Heinrich, Hitler Was My Friend, London 1955
Hoffmann, Volkmar, »›Nie wieder bin ich solch einem Menschen begegnet‹: 20. Juli – 20 Jahre danach/Interview mit Stauffenbergs Sekretärin und anderen Beteiligten/›Ich würde es wieder tun‹«, Frankfurter Rundschau 18. Juli 1964, S. 3.
Hoßbach, Friedrich, Zwischen Wehrmacht und Hitler 1934–1938, Göttingen ²1965
[House of Commons], Accounts and Papers: Eight Volumes. (7.) State Papers. Session 28 November 1939 – 20 November 1940, vol. XII, [London] 1939–1940
[House of Commons], Accounts and Papers: Five Volumes. (4.) Law, Miscellaneous, State Papers. Session 29 November 1944 – 15 June 1945, vol. X, [London] 1944–1945
Hubatsch, Walther, »Das dienstliche Tagebuch des Chefs des Wehrmachtsführungsamtes im Oberkommando der Wehrmacht, Generalmajor Jodl, für die Zeit vom 13. Okt. 1939 bis zum 30. Jan. 1940«, Die Welt als Geschichte 12 (1952), S. 274–287 und 13 (1953), S. 58–71
Hubatsch, Walther, Hitlers Weisungen für die Kriegführung 1939–1945: Dokumente des Oberkommandos der Wehrmacht, Frankfurt/M. 1962
Italiaander, Rolf, Besiegeltes Leben, Goslar 1949
Jacobsen, Hans-Adolf, 1939–1945: Der zweite Weltkrieg in Chronik und Dokumenten, Darmstadt 1959
Jedlicka, Ludwig, Der 20. Juli 1944 in Österreich, Wien–München 1965
Jodl, [Alfred], Dienstliches Tagebuch [4. Jan. 1937 – 25. Aug. 1939], [1. 2. – 26. 5. 40], Der Prozeß gegen die Hauptkriegsverbrecher vor dem Internationalen Militärgerichtshof Nürnberg 14. November 1945 – 1. Oktober 1946, B. XXVIII, S. 345–390, 397–435
[Jodl, Alfred] s. auch Hubatsch
John, Otto, »Männer im Kampf gegen Hitler«, Blick in die Welt 2 (1947) H. 6
John, Otto, »Männer im Kampf gegen Hitler (II)«, Blick in die Welt 2 (1947) H. 7
John, Otto, »Männer im Kampf gegen Hitler (IV): Wilhelm Leuschner«, Blick in die Welt 2 (1947) H. 9, S. 20
John, Otto, »Männer im Kampf gegen Hitler (V): Helmuth James Graf von Moltke«, Blick in die Welt 2 (1947) H. 10
John, Otto, »Männer im Kampf gegen Hitler (VI): Carl Mierendorff, Theodor Haubach, Adolf Reichwein«, Blick in die Welt 2 (1947) H. 11, S. 14–15

John, Otto, »Männer im Kampf gegen Hitler (VII): Hans von Dohnanyi«, Blick in die Welt 2 (1947) H. 12, S. 16-17
John, Otto, »Zum Jahrestag der Verschwörung gegen Hitler – 20. Juli 1944«, Wochenpost 18. Juli 1947, S. 4-6
John, Otto A. W., »Am achten Jahrestag der Verschwörung«, Das Parlament 20. Juli 1952, S. 2
John, Otto, Zweimal kam ich heim: Vom Verschwörer zum Schützer der Verfassung, Düsseldorf–Wien 1969
John, Otto, »Der Putsch der Generäle gegen Hitler fand nicht statt«, Süddeutsche Zeitung 29. Aug. 1970
Jünger, Ernst, Strahlungen, Tübingen ³1949
Der 20. Juli 1944: Beiträge zur Geschichte der deutschen Widerstandsbewegung, Konstanz o. J.
20. Juli 1944, hrsg. v. d. Bundeszentrale für Heimatdienst, Bonn ⁴1961
[Kaiser, Hermann, Tagebuch] s. »Generäle:...«
Kaiser, Jakob, »Kämpfer der Gewerkschaftseinheit: Zum Todestage von Wilhelm Leuschner – 29. September 1944«, Neue Zeit 28. Sept. 1945
Kaiser, Jakob, »Der Aufstand des Gewissens«, Neue Zeit 2. Feb. 1947, S. 3-4
Kaiser, Jakob, »Deutschlands Teilung war vermeidbar«, Das Parlament 20. Juli 1954, S. 2
Kardorff, Ursula von, Berliner Aufzeichnungen aus den Jahren 1942 bis 1945, München 1962
Keesing's Contemporary Archives: Weekly Diary of Important World Events, vol. no. III, 1937-1940, Keynsham, Bristol [1937-1940]
 vol. no. V, 1943-1945, Keynsham, Bristol [1943-1945]
 vol. no. XII, 1959-1960, Keynsham, Bristol [1959-1960]
 vol. no. XIII, 1961-1962, Keynsham, Bristol [1961-1962]
 vol. no. XV, 1965-1966, Keynsham, Bristol [1965-1966]
Keilig, Wolf, Das deutsche Heer 1939-1945: Gliederung – Einsatz – Stellenbesetzung, Loseblattwerk, Bad Nauheim 1956ff.
[Keitel, Wilhelm], Generalfeldmarschall Keitel: Verbrecher oder Offizier? Erinnerungen, Briefe, Dokumente des Chefs OKW hrsg. von Walter Görlitz, Göttingen, Berlin, Frankfurt [1961]
Kielmansegg, Johann A. Graf [von], »›An jedem anderen Tag, nur heute nicht...‹: Am 20. Juli 1944 im Hauptquartier/Ein Erlebnisbericht«, Die Zeit 21. Juli 1949
[Kiesel, Georg] s. »SS-Bericht...«
Kleist, Peter, Zwischen Hitler und Stalin 1939-1945: Aufzeichnungen, Bonn 1950
Kodré, Heinrich, »20. Juli 1944 in Wien«, in Ludwig Jedlicka, Der 20. Juli 1944 in Österreich, Wien–München 1965, S. 117-124
Kopp, Otto, »Die Niederschrift von Hans Walz ›Meine Mitwirkung an der Aktion Goerdeler‹«, in Otto Kopp (Hrsg.), Widerstand und Erneuerung: Neue Berichte und Dokumente vom inneren Kampf gegen das Hitler-Regime, Stuttgart 1966, S. 98-120
Kopp, Otto (Hrsg.), Widerstand und Erneuerung: Neue Berichte und Dokumente vom inneren Kampf gegen das Hitler-Regime, Stuttgart 1966
Kordt, Erich, Nicht aus den Akten: Die Wilhelmstraße in Frieden und Krieg, Stuttgart 1950
Korfes, Otto, »Zur Geschichte des Nationalkomitees ›Freies Deutschland‹«, Zeitschrift für Geschichtswissenschaft 6 (1958), S. 1284-1298

Kraus, H[erbert] (Hrsg.), Die im Braunschweiger Remerprozeß erstatteten moraltheologischen und historischen Gutachten nebst Urteil, Hamburg 1953

Kr[ausnick], H[elmut], »Goerdeler und die Deportation der Leipziger Juden«, VfZ 13 (1965), S. 338-339

Kriegstagebuch des Oberkommandos der Wehrmacht (Wehrmachtführungsstab) 1940-1945, B. I-IV, Frankfurt/M. 1965, 1963, 1963, 1961

Kursbuch der Deutschen Reichsbahn: Sommerfahrplan 15. Mai-7. Okt. 1939, Berlin 1939

Lagevorträge s. Wagner, Gerhard

L'Aigle, Alma de, Meine Briefe von Theo Haubach, Hamburg 1947

Lasch, Otto, So fiel Königsberg: Kampf und Untergang von Ostpreußens Hauptstadt, München 1958

Laternser, [Hans], Verteidigung deutscher Soldaten: Plädoyers vor alliierten Gerichten, Bonn 1950

Leber, Annedore, »Dr. Leber und Stauffenberg«, Telegraf 16. Juni 1946

Leber, Annedore, Den toten, immer lebendigen Freunden: Eine Erinnerung zum 20. Juli 1944, Berlin 1946

[Leber, Julius], Ein Mann geht seinen Weg: Schriften, Reden und Briefe von Julius Leber, Berlin-Frankfurt/M. 1952

Leiber SJ, Robert, »Pius XII. †«, Stimmen der Zeit 163 (1958), S. 81-100

Leverkuehn, Paul, Der geheime Nachrichtendienst der deutschen Wehrmacht im Kriege, Frankfurt/M. ²1957

Leyen, Ferdinand Prinz von der, Rückblick zum Mauerwald: Vier Kriegsjahre im OKH, München 1965

[Linge, Heinz], »Kronzeuge Linge berichtet: F.H.Qu. 20. Juli 1944 12^{50} Uhr«, Revue 24. März 1956, S. 26-30

Lochner, Louis P., What About Germany? New York 1942

Lochner, Louis P., Die Mächtigen und der Tyrann (Tycoons and Tyrant): Die deutsche Industrie von Hitler bis Adenauer, Darmstadt 1955

Lochner, Louis P., Stets das Unerwartete: Erinnerungen aus Deutschland 1921-1953, Darmstadt 1955

Löbe, Paul [Bemerkungen zum 20. Juli 1944], Der Tagesspiegel 30. April 1947

Lonsdale Bryans, J[ames], Blind Victory (Secret Communications, Halifax-Hassell), London 1951

Lonsdale Bryans, J[ames], »Zur britischen amtlichen Haltung gegenüber der deutschen Widerstandsbewegung«, VfZ 1 (1953), S. 347-356

Louis Ferdinand, Prinz, von Preußen, Als Kaiserenkel durch die Welt, Berlin 1952

Ludlow, Peter, »Papst Pius XII., die britische Regierung und die deutsche Opposition im Winter 1939/40«, VfZ 22 (1974), S. 299-341

Mader, Julius, »Dokumentenfund zum 20. Juli 1944«, Mitteilungsblatt der Arbeitsgemeinschaft ehemaliger Offiziere, Nrn. 11-12/1968, 1-2/1969, S. 13-15, 9-12, 5-8, 11-13

Manstein, Erich v[on], Aus einem Soldatenleben 1887-1939, Bonn 1958

Martienssen, Anthony, Hitler and His Admirals, New York 1949

[Mason-Macfarlane, Noel], »»Widerwillen gegen Morde«», Der Spiegel Nr. 32, 4. Aug. 1969, S. 18

Meßtischblatt 1994 Rastenburg (Stand v. 1. 10. 38), [Berlin] o. J.

Meßtischblatt 640 Groß Stürlack Neue Nr. 1995 (Stand v. 1. 10. 38), [Berlin] o. J.

Moltke, Helmuth J. Graf von, Letzte Briefe aus dem Gefängnis Tegel, Berlin ⁸1963
[Müller, Josef], »Für das anständige Deutschland«, Telegraf 15. Okt. 1952
Müller, Josef, Bis zur letzten Konsequenz, München [1975]
Müller, Vincenz, Ich fand das wahre Vaterland, Berlin 1963
Müller, Wolfgang, Gegen eine neue Dolchstoßlüge: Ein Erlebnisbericht zum 20. Juli 1944, Hannover ²1947
Münchheimer, Werner, »Die Verfassungs- und Verwaltungsreformpläne der deutschen Opposition gegen Hitler zum 20. Juli 1944«, Europa-Archiv 5 (1950), S. 3188–3195
Münchner Stadtadreßbuch 1933–1937, München o. J.
Münchner Stadtadreßbuch 1938–1943, München 1937–1943
Neubronn, Alexander Freiherr von, »Als ›Deutscher General‹ bei Pétain«, VfZ 4 (1956), S. 227–250
Nida, Ludwig von, »Der 20. Juli 1944 in Kassel: Die Vorbereitungen«, Hessische Allgemeine 18. Juli 1964
Niekisch, Ernst, Hitler – ein deutsches Verhängnis, Berlin 1932
Niekisch, Ernst, Gewagtes Leben: Begegnungen und Begebnisse, Köln, Berlin 1958
N[ostitz], G[ottfried] v[on], »In memoriam Hans-Bernd von Haeften: Hingerichtet am 15. August 1944«, Zeitwende 20 (1948/49), S. 220–224
Papen, Franz von, Der Wahrheit eine Gasse, München 1952
Pfizer, Theodor, »Die Brüder Stauffenberg«, in Robert Boehringer: Eine Freundesgabe, hrsg. v. Erich Boehringer und Wilhelm Hoffmann, Tübingen 1957, S. 487–509
Picker, Henry, Hitlers Tischgespräche im Führerhauptquartier 1941–1942, Stuttgart ²1963
Picker, Henry [und] Heinrich Hoffmann, Hitlers Tischgespräche im Bild, hrsg. von Jochen von Lang, Oldenburg und Hamburg 1969
[Pius XI.], »Official Abstract of Pope's Encyclical on Germany«, The New York Times 23. März 1937, S. 5
Poelchau, Harald, Die letzten Stunden: Erinnerungen eines Gefängnispfarrers aufgezeichnet von Graf Alexander Stenbock-Fermor, Berlin 1949
Praun, Albert, Soldat in der Telegraphen- und Nachrichtentruppe, Würzburg [1966]
Der Prozeß gegen die Hauptkriegsverbrecher vor dem Internationalen Militärgerichtshof Nürnberg 14. November 1945–1. Oktober 1946, 42 B., Nürnberg 1947–1949
Reichert, Karl, »Der 20. Juli 1944 in Paris«, Frankfurter Rundschau 20. Juli 1948
Reichsgesetzblatt Teil I 1934, 1935, 1938, 1940, 1942, 1943, 1944, Berlin 1934, 1935, 1938, 1940, 1942, 1943, 1944
Remer, [Otto Ernst], »Der Ablauf der Ereignisse am 20. 7. 1944 wie ich sie als Kommandeur des Wachbtl. Großdeutschland erlebte«, in 20. Juli 1944, hrsg. von der Bundeszentrale für Heimatdienst, Bonn ⁴1961, S. 145–152
Remer, Otto Ernst, 20. Juli 1944, Hamburg–Neuhaus/Oste 1951
Rilke, Rainer Maria, Briefe: Zweiter Band 1914 bis 1926, Wiesbaden 1950
Röhm, Ernst, Die Geschichte eines Hochverräters, München 1928
Röhricht, Edgar, Pflicht und Gewissen: Erinnerungen eines deutschen Generals 1932 bis 1944, Stuttgart 1965
Röhrig, Wolfram, »Keine bewußte Initiative«, Zeitung 16. Aug. 1965, S. 57
R[othfels], H[ans] (Hrsg.), »Ausgewählte Briefe von Generalmajor Helmuth Stieff (hingerichtet am 8. August 1944)«, VfZ 2 (1954), S. 291–305

R[othfels], H[ans] (Hrsg.), »Zwei außenpolitische Memoranden der deutschen Opposition (Frühjahr 1942)«, VfZ 5 (1957), S. 388–397

R[othfels], H[ans] (Hrsg.), »Adam von Trott und das State Department«, VfZ 7 (1959), S. 318–332

Rothfels, Hans, »Trott und die Außenpolitik des Widerstandes«, VfZ 12 (1964), S. 300–323

Saefkow, Aenne, »Helden des antifaschistischen Widerstandes«, Neues Deutschland 18. Sept. 1947

Sänger, Fritz, »Stauffenberg: Auch mit der KP«, Die Zeit Nr. 34, 18. Aug. 1978, S. 7

Sander, Ludolf G., »Oberstleutnant Ludolf G. Sander zu den Vorgängen im Führerhauptquartier am 20. Juli 1944«, in Annedore Leber und Freya Gräfin von Moltke, Für und wider: Entscheidungen in Deutschland 1918–1945, Berlin–Frankfurt/M. 1961, S. 205–206

Sauerbruch, Ferdinand, Das war mein Leben, München 1960

Schaal, Ferdinand, »Der 20. Juli 1944 in Prag: Der Attentatstag im Spiegel militärischer Befehle«, Schwäbische Zeitung [Überlingen] 26. Juli 1952

Schacht, Hjalmar, Abrechnung mit Hitler, Berlin–Frankfurt/M. [1949]

[Schacht, Hjalmar] »Der ›Mann der Vernunft‹: Starke Entlastungsaussagen im Schacht-Prozeß«, Die Welt 24. April 1947

[Schacht, Hjalmar] »Ersing belastet Schacht«, Der Tagesspiegel 24. April 1947

[Schacht, Hjalmar] »Entlastungs-Zeugen im Schacht-Verfahren«, Der Tagesspiegel 25. April 1947

[Schacht, Hjalmar] »Für und wider Schacht: CDU-Vorsitzende Kaiser und Müller als Zeugen geladen«, Die Welt 26. April 1947

[Schacht, Hjalmar] »Dokumente im Schacht-Verfahren«, Der Tagesspiegel 26. April 1947

[Schacht, Hjalmar] »Schacht und der 20. Juli: Widersprüchliche Zeugenaussagen in Stuttgart«, Die Neue Zeitung 28. April 1947

[Schacht, Hjalmar] »Kaiser über Schacht: Kein aufrichtiger Gefolgsmann Hitlers, aber umstrittene Rolle«, Die Welt 29. April 1947

[Schacht, Hjalmar] »Für und wider Schacht: Beteiligung in der Widerstandsbewegung umstritten«, Die Welt 30. April 1947

Schärf, Adolf, Österreichs Erneuerung 1945–1955, Wien 1955

Schärf, Adolf, Erinnerungen aus meinem Leben, Wien 1963

Scheidt, Wilhelm, »Wahrheit gegen Karikatur: Eine deutsche Antwort an Gisevius«, Neue Politik 9 (1948) Nr. 7–11, 1., 15., 29. April 1948, 13., 27. Mai 1948, S. 1–4, 1–3, 1–3, 1–3, 1–2

Scheidt, Wilhelm, »Gespräche mit Hitler«, Echo der Woche 9. Sept. 1949, S. 5

Schellenberg, Walter, Memoiren, Köln 1959

Schlabrendorff, Fabian von, Offiziere gegen Hitler, Zürich 1946

Schlabrendorff, Fabian von, Offiziere gegen Hitler, Fischer Bücherei, Frankfurt/M.–Hamburg 1959

[Schlabrendorff, Fabian von], They Almost Killed Hitler, New York 1947

Schlabrendorff, Fabian von, The Secret War against Hitler, New York 1965

Schlabrendorff, Fabian von (Hrsg.), Eugen Gerstenmaier im Dritten Reich: Eine Dokumentation, Stuttgart 1965

Schlee, Rudolf, »Bericht«, in 20. Juli 1944, hrsg. v. d. Bundeszentrale für Heimatdienst, Bonn [4]1961, S. 152–155

Schlotterbeck, Friedrich, Je dunkler die Nacht, desto heller die Sterne: Erinnerungen eines deutschen Arbeiters 1933 bis 1945, Berlin ²1948

Schlotterbeck, Friedrich, ... Wegen Vorbereitung zum Hochverrat hingerichtet..., Stuttgart [²1946]

Schmid, Rudolf, »Die Ereignisse des 22. Juni 1944: Wer kennt den Gestapospitzel Heim?« Telegraf 3. Jan. 1947

SchmidNoerr, Friedrich Alfred, »Dokument des Widerstandes: Entwurf einer deutschen Reichsverfassung (geschrieben im Sommer 1937)«, Voran und beharrlich Heft 33/34, Sommer 1961

Schmidt, Paul, Statist auf diplomatischer Bühne 1923-45: Erlebnisse des Chefdolmetschers im Auswärtigen Amt mit den Staatsmännern Europas, Bonn 1949

Schober, Karl, »Eine Chance blieb ungenutzt«, in Darauf kam die Gestapo nicht: Beiträge zum Widerstand im Rundfunk, Berlin 1966, S. 52-66

[Schramm, Percy Ernst], »Vorgänge im FHQu am 20. 7. 44 (Attentat auf den Führer)«, in Herbert Kraus, Die im Braunschweiger Remerprozeß erstatteten moraltheologischen und historischen Gutachten nebst Urteil, Hamburg 1953, S. 139-141

[Schramm, Percy Ernst], »Mitteilungen des Stellv. Chefs WFSt 21. 7. 44, 20 Uhr«, in Herbert Kraus, Die im Braunschweiger Remerprozeß erstatteten moraltheologischen und historischen Gutachten nebst Urteil, Hamburg 1953, S. 142-145

[Schramm, Percy Ernst], »3. Aufzeichnung über die Vorgänge des 20. 7. 44«, in Herbert Kraus, Die im Braunschweiger Remerprozeß erstatteten moraltheologischen und historischen Gutachten nebst Urteil, Hamburg 1953, S. 146-147

Schr[amm, Percy Ernst], »Mitteilungen des Oberst d. G. Meichsner, Abt.-Leiter der Abt. Org., 23. 7., 9 Uhr«, in Herbert Kraus, Die im Braunschweiger Remerprozeß erstatteten moraltheologischen und historischen Gutachten nebst Urteil, Hamburg 1953, S. 148-150

[Schramm, Percy Ernst], »Mitteilung des Oberst Frhr. v. Süsskind (Ic/Abwehr)«, in Herbert Kraus, Die im Braunschweiger Remerprozeß erstatteten moraltheologischen und historischen Gutachten nebst Urteil, Hamburg 1953, S. 150

Schramm, Wilhelm Ritter von (Hrsg.), Beck und Goerdeler: Gemeinschaftsdokumente für den Frieden 1941-1944, München 1965

Schuschnigg, Kurt von, Austrian Requiem, New York 1946

Schuschnigg, Kurt von, Ein Requiem in Rot-Weiß-Rot, Zürich 1946

Schwerin von Krosigk, Lutz Graf, Es geschah in Deutschland: Menschenbilder unseres Jahrhunderts, Tübingen-Stuttgart ³1952

Semmler, Rudolf, Goebbels – the man next to Hitler, London 1947

Sethe, Paul, »Roland Freisler: Der Dämon der Justiz«, Schwäbische Zeitung 7. Mai 1946

Sethe, Paul, In Wasser geschrieben: Porträts, Profile, Prognosen, Frankfurt/M. 1968

Shirer, William L., Berlin Diary: The Journal of a Foreign Correspondent 1934-1941, New York 1941

Skorzeny, Otto, Geheimkommando Skorzeny, Hamburg 1950

Speer, Albert, Erinnerungen, Berlin 1969

Speidel, Hans, Invasion 1944: Ein Beitrag zu Rommels und des Reiches Schicksal, Tübingen ³1950

Spiegelbild einer Verschwörung: Die Kaltenbrunner-Berichte an Bormann und Hitler über das Attentat vom 20. Juli 1944. Geheime Dokumente aus dem ehemaligen Reichssicherheitshauptamt, Stuttgart 1961

Spier, Eugen, Focus: A Footnote to the History of the Thirties, London 1963
Spranger, Eduard, »Generaloberst Beck in der Mittwochsgesellschaft: Zu dem Buch: Ludwig Beck ›Studien‹«, Universitas 11 (1956), S. 183–193
»SS-Bericht über den 20. Juli: Aus den Papieren des SS-Obersturmbannführers Dr. Georg Kiesel«, Nordwestdeutsche Hefte 2 (1947) H. 1/2, S. 5–34
Stauffenberg, [Claus] Graf Schenk von, »Gedanken zur Abwehr feindlicher Fallschirmeinheiten im Heimatgebiet«, Wissen und Wehr 19 (1938), S. 459–476
Steltzer, Theodor, Von deutscher Politik: Dokumente, Aufsätze und Vorträge, Frankfurt/M. 1949
Steltzer, Theodor, Sechzig Jahre Zeitgenosse, München 1966
[Stieff, Helmuth] s. Rothfels
Sündermann, Helmut, Deutsche Notizen 1945/1965: Erlebnis – Widerspruch – Erwartung, Leoni am Starnberger See ²1966
Szokoll, Karl, »Der 20. Juli 1944 in Wien«, Die Presse 31. Jan. und 7. Feb. 1948
Teske, Hermann, Die silbernen Spiegel: Generalstabsdienst unter der Lupe, Heidelberg 1952
Thomas, Georg, »Gedanken und Ereignisse«, Schweizer Monatshefte 25 (1945), S. 537–559
Thormaehlen, Ludwig, »Die Grafen Stauffenberg, Freunde von Stefan George«, in Robert Boehringer: Eine Freundesgabe, hrsg. von Erich Boehringer und Wilhelm Hoffmann, Tübingen 1957, S. 685–696
The Times, London 1936, 1944
Topf, Erwin, »Klaus Graf Stauffenberg«, Die Zeit 18. Juli 1946
Treue, Wilhelm, Hrsg., »Rede Hitlers vor der deutschen Presse (10. November 1938)«, VfZ 6 (1958), S. 175–191
Treue, Wilhelm, Deutsche Parteiprogramme seit 1861, Göttingen ⁴1968
Trial of the Major War Criminals before the International Military Tribunal: Nuremberg 14 November 1945–1 October 1946, 42 vols., Nürnberg 1947–1949
Trials of War Criminals before the Nuernberg Military Tribunals under Control Council Law No. 10, 15 vols., Washington 1949–1953
Uxküll, A[lexandrine] Gräfin von, Aus einem Schwesternleben, Stuttgart 1956
United States of America Congressional Record: Proceedings and Debates of the 76th Congress, Second Session, vol. 85, Part I, Washington 1939
Vermehren, Isa, Reise durch den letzten Akt, Hamburg 1947
Visser 'tHooft, Willem A., Die Welt war meine Gemeinde: Autobiographie, München 1972
Vogelsang, Thilo, »Neue Dokumente zur Geschichte der Reichswehr 1930–1933«, VfZ 2 (1954), S. 397–436
Volksgerichtshof-Prozesse zum 20. Juli 1944: Transkripte von Tonbandfunden, [Frankfurt/M.] 1961
»Vor fünf Jahren: 20. Juli 12⁴⁰ in der Wolfsschanze. Ein Augenzeuge berichtet über die Vorgänge in Hitlers Hauptquartier«, Neue Frankfurter Illustrierte Juli 1949, Nr. 14, S. 9–11, 26–27
Wagner, Eduard, Der Generalquartiermeister: Briefe und Tagebuchaufzeichnungen, München–Wien 1963
Wagner, Gerhard, Hrsg., Lagevorträge des Oberbefehlshabers der Kriegsmarine vor Hitler 1939–1945, München [1972]
W[aizenegger], H[einz], »Der 20. Juli 1944 im ›Führerhauptquartier‹/Von einem Augenzeugen«, Stuttgarter Zeitung 20. Juli 1949, S. 3

[Walz, Hans] s. Kopp
Warlimont, Walter, Im Hauptquartier der deutschen Wehrmacht 1939-1945: Grundlagen, Formen, Gestalten, Frankfurt/M. 1962
Wedemeyer, Albert C., Der verwaltete Krieg, Gütersloh/W. 1958
Weinberger, Lois, Tatsachen, Begegnungen und Gespräche: Ein Buch um Österreich, Wien 1948
Weizsäcker, Ernst von, Erinnerungen, München 1950
[Weizsäcker, Ernst Freiherr von], Die Weizsäcker-Papiere 1933-1950, hrsg. von Leonidas E. Hill, Frankfurt/M., Berlin, Wien 1974
Welles, Sumner, The Time for Decision, New York-London 1944
Wengler, Wilhelm, »Vorkämpfer der Völkerverständigung und Völkerrechtslehre als Opfer des Nationalsozialismus: 9. H. J. Graf von Moltke (1906-1945)«, Die Friedens-Warte 48 (1948), S. 297-305
»›Widerstand ist vaterländische Pflicht‹: Aus den Akten des Schwedischen Ministerium des Äußeren«, Politische Studien 10 (1959), S. 435-439
»Wie Generaloberst Fromm endete: Ein Augenzeugenbericht von der Erschießung«, Schwäbische Zeitung 13. Aug. 1949
Wiechert, Ernst, »Der Dichter und seine Zeit«, Deutsche Blätter [Santiago de Chile] 1 (1943) H. 6, S. 4-8
Wiechert, Ernst, Häftling Nr. 7188: Tagebuchnotizen und Briefe, hrsg. v. Gerhard Kamin, München 1966
Wiedemann, Fritz, Der Mann der Feldherr werden wollte: Erlebnisse und Erfahrungen des Vorgesetzten Hitlers im 1. Weltkrieg und seines späteren Persönlichen Adjutanten, Velbert-Kettwig 1964
Winterbotham, F. W., The Ultra Secret, New York, Evanston, San Francisco, London [1974]
Young, A. P., The ›X‹ Documents, London 1974
Ziegler, Delia, »Wer schoß auf Stauffenberg?« Die Welt 21. Aug. 1947, S. 2
Ziegler, Hans Severus, Adolf Hitler aus dem Erleben dargestellt, Göttingen 1964
Zoller, Albert, Hitler privat: Erlebnisbericht seiner Geheimsekretärin, Düsseldorf 1949

III Literatur

Abshagen, Karl Heinz, Canaris: Patriot und Weltbürger, Stuttgart 1949
Almond, Gabriel A., »The German Resistance Movement«, Current History 10 (1946), S. 409-419, 519-527
Aronson, Shlomo, Reinhard Heydrich und die Frühgeschichte von Gestapo und SD, Stuttgart 1971
Balfour, Michael, »Another Look at ›Unconditional Surrender‹«, International Affairs 46 (1970), S. 719-736
Balfour, Michael and Julian Frisby, Helmuth von Moltke: A Leader against Hitler, London and Basingstoke [1972]
Baum, Walter, »Marine, Nationalsozialismus und Widerstand«, VfZ 11 (1963), S. 16-48
Baumgärtel, Friedrich, Wider die Kirchenkampflegenden, Neuendettelsau/Mfr. ²1959
Baumgart, Winfried, »Zur Ansprache Hitlers vor den Führern der Wehrmacht

am 22. August 1939: Eine quellenkritische Untersuchung«, VfZ 16 (1968), S. 120–149
Bayne, E. A., »Resistance in the German Foreign Office«, Human Events III (1946) Nr. 14, S. 1–8
Beck, Dorothea, Julius Leber: Sozialdemokrat zwischen Reform und Widerstand, Berlin 1983
Bethge, Eberhard, Dietrich Bonhoeffer: Theologe, Christ, Zeitgenosse, München 1967
Beck, Hans, »Die Rettung der Sippe Stauffenberg«, Die Tagespost (Augsburg) 17. Nov. 1949
Beesly, Patrick, Very Special Intelligence, London 1977
Bentin, Lutz-Arwed, Johannes Popitz und Carl Schmitt: Zur wirtschaftlichen Theorie des totalen Staates in Deutschland, München 1972
Bierbaum, Max, Nicht Lob, nicht Furcht: Das Leben des Kardinals von Galen nach unveröffentlichten Briefen und Dokumenten, Münster [5]1962
Binder, Gerhart, Epoche der Entscheidungen: Eine Geschichte des 20. Jahrhunderts, Stuttgart-Degerloch 1960
Blond, Georges, The Death of Hitler's Germany, New York 1954
Boehringer, Robert, Mein Bild von Stefan George, München–Düsseldorf [2]1967
Bösch, Hermann, Heeresrichter Dr. Karl Sack im Widerstand: Eine historisch-politische Studie, München 1967
Boveri, Margret, Wir lügen alle: Eine Hauptstadtzeitung unter Hitler, Olten-Freiburg i. Br. 1965
Boyens, Armin, Kirchenkampf und Ökumene 1933–1939, München 1969
Boyens, Armin, Kirchenkampf und Ökumene 1939–1945, München [1973]
Bracher, Karl Dietrich, Wolfgang Sauer, Gerhard Schulz, Die nationalsozialistische Machtergreifung: Studien zur Errichtung des totalitären Herrschaftssystems in Deutschland 1933/34, Köln–Opladen [2]1962
Braubach, Max, Der Weg zum 20. Juli 1944: Ein Forschungsbericht, Köln–Opladen 1953
Brausch, Gerd, »Der Tod des Generalobersten Werner Freiherr von Fritsch«, Militärgeschichtliche Mitteilungen 1970 Nr. 1, S. 95–112
Brentano, [Heinrich] von, Gedenkrede des Bundesministers Dr. von Brentano bei der Enthüllung der Ehrentafel für die Opfer des 20. Juli im Auswärtigen Amt am 20. Juli 1961, [Bonn] 1961
Broszat, Martin, Hans-Adolf Jacobsen, Helmut Krausnick, Konzentrationslager, Kommissarbefehl, Judenverfolgung, Olten–Freiburg i. Br. 1965
Broszat, Martin, »Nationalsozialistische Konzentrationslager 1933–1945«, in Martin Broszat, Hans-Adolf Jacobsen, Helmut Krausnick, Konzentrationslager, Kommissarbefehl, Judenverfolgung, Olten–Freiburg i. Br. 1965, S. 9–160
Bucher, Peter, Der Reichswehrprozeß: Der Hochverrat der Ulmer Reichswehroffiziere 1929/30, Boppard am Rhein [1967]
Buchheim, Hans, Die SS – das Herrschaftsinstrument: Befehl und Gehorsam, Olten–Freiburg i. Br. 1965
Buchheit, Gert, Ludwig Beck, ein preußischer General, München 1964
Buchheit, Gert, Der deutsche Geheimdienst: Geschichte der militärischen Abwehr, München 1966
Buck, Gerhard, »Das Führerhauptquartier: Seine Darstellung in der deutschen

Literatur«, Jahresbibliographie der Bibliothek für Zeitgeschichte/Weltkriegsbücherei Stuttgart, Jahrgang 38 (1966), Frankfurt/M. 1968, S. 549–566

Bullock, Alan, Hitler: Eine Studie über Tyrannei, Düsseldorf 1959

Bullock, Alan, Hitler: A Study in Tyranny, New York–Evanston ²1964

Bussmann, Walter, »Zur Entstehung und Überlieferung der ›Hossbach-Niederschrift‹«, VfZ 16 (1968), S. 373–384

Celovsky, Boris, Das Münchener Abkommen 1938, Stuttgart 1958

Churchill, Rhona, »Widow Strunk goes to Nuremberg«, Daily Mail 28. März 1946

Churchill, Winston S., The Second World War, 6 B., London 1948

Colvin, Ian, Master Spy: The Incredible Story of Admiral Wilhelm Canaris, New York 1951

Colvin, Ian, Admiral Canaris: Chef des Geheimdienstes, Wien–München–Zürich 1955

Colvin, Ian, Vansittart in Office: A historical survey of the origins of the second world war based on the papers of Sir Robert Vansittart Permanent Under-Secretary of State for Foreign Affairs 1930–38, London 1965

Conway, J[ohn] S., The Nazi Persecution of the Curches 1933–45, London 1968

Conway, J[ohn] S., »The Vatican, Great Britain, and Relations with Germany, 1938–1940«, The Historical Journal 16 (1973), S. 147–167

Dahrendorf, Gustav, »Irrungen um Thomas«, Hamburger Echo 4. Sept. 1946

Dallin, David J., Die Sowjetspionage: Prinzipien und Praktiken, Köln 1956

Darauf kam die Gestapo nicht: Beiträge zum Widerstand im Rundfunk, Berlin 1966

»Das Spiel ist aus – Arthur Nebe: Glanz und Elend der deutschen Kriminalpolizei«, Der Spiegel Nr. 12, 23. März 1950, S. 23–32

Deutsch, Harold C., The Conspiracy against Hitler in the Twilight War, Minneapolis 1968

Deutsch, Harold C., Hitler and His Generals: The Hidden Crisis, January-June 1938, Minneapolis [1974]

Dietz, P[eter], »Mut und Angst: Zum Attentat in der ›Wolfsschanze‹ am 20. Juli 1944«, Allgemeine Schweizerische Militärzeitschrift 130 (1964), S. 442–444

Dietz, P[eter], »Das Attentat auf Hitler am 20. Juli 1944«, Der Schweizer Soldat 40 (1964), S. 600–602

Dietz, Peter, »Das Attentat auf Hitler: Bilder und Gedanken in einem ›Führerhauptquartier‹«, Schaffhauser Nachrichten 18. Juli 1964

Dietze, Constantin von, »Die Universität Freiburg im Dritten Reich«, Mitteilungen der List Gesellschaft Fasc. 3 (1960/61) Nr. 3, S. 95–105

Donohoe, James, Hitler's Conservative Opponents in Bavaria 1930–1945: A Study of Catholic, Monarchist, and Separatist Anti-Nazi Activities, Leiden 1961

Douglas-Hamilton, James, Motive for a Mission: The Story Behind Hess' Flight to Britain, London and Basingstoke [1971]

Duhnke, Horst, Die KPD von 1933 bis 1945, Köln 1972

Eder, Peter G., »Deutschland, deine Helden. 21 Jahre danach: Wer war was am 20. Juli 1944? Zeitung sprach mit Zeugen des Aufstandes«, Zeitung 19. Juli 1965, S. 17–21

Ehlers, Dieter, Technik und Moral einer Verschwörung: Der Aufstand am 20. Juli 1944, Bonn 1964

»Ein ›Plan Lanz‹ war Rommel bekannt«, Passauer Neue Presse 21. Juli 1949, S. 3

»Entscheidende Minuten am 20. Juli«, Hamburger Allgemeine Zeitung 20. Juli 1949, S. 1–2

Erb, Alfons, Bernhard Lichtenberg: Dompropst von St. Hedwig zu Berlin, Berlin 1946

Erfurth, Waldemar, »Generaloberst a. D. Halder zum 70. Geburtstage (30. 6. 1954)«, Wehrwissenschaftliche Rundschau 4 (1954), S. 241–251

Ersil, Wilhelm, »Zur Verfälschung des Charakters der Verschwörung vom 20. Juli 1944 durch die westdeutsche Geschichtsschreibung«, Kommission der Historiker der DDR und der UdSSR, Protokoll der wissenschaftlichen Tagung in Leipzig vom 25. bis 30. November 1957 in zwei Bänden. B. II: Probleme der Geschichte des Zweiten Weltkrieges. Red.: Leo Stern, Berlin 1958, S. 379 bis 387

E[schenburg], T[heodor], »Zur Ermordung des Generals Schleicher«, VfZ 1 (1953), S. 71–95

»Fehlschlag«, Der Spiegel Nr. 27, 30. Juni 1969, S. 105

Feiling, Keith, The Life of Neville Chamberlain, London 1947

Finker, Kurt, Stauffenberg und der 20. Juli 1944, Berlin [1967], [4]1973

Fischer, Alfred Joachim, »Retter der dänischen Juden: Einen Massenmord auf ›Führerbefehl‹ verhindert«, Stuttgarter Zeitung 20. April 1970, S. 3

Fleming, Gerald, »Die Herkunft des ›Bernadotte-Briefes‹ an Himmler vom 10. März 1945«, VfZ 26 (1978), S. 571–600

Flicke, W. F., Spionagegruppe Rote Kapelle, Wels 1957

Foerster, Wolfgang, Generaloberst Ludwig Beck: Sein Kampf gegen den Krieg, München 1953

Ford, Franklin L., »The Twentieth of July in the History of the German Resistance«, AHR LI (1945/46), S. 609–626

Ford, Franklin L., »Der 20. Juli«, Die Amerikanische Rundschau 3 (1947) H. 11, S. 5–17

Fraenkel, Heinrich [u.] Roger Manvell, Der 20. Juli, Berlin–Frankfurt/M.–Wien [2]1965

Franz, Helmut, Kurt Gerstein: Außenseiter des Widerstandes der Kirche gegen Hitler, Zürich 1964

Gallin O.S.U., Mother Mary Alice, Ethical and Religious Factors in the German Resistance to Hitler, Washington 1955

Gebhardt, Bruno, Handbuch der deutschen Geschichte, B. 4, Stuttgart [8]1963, [9]1976

»Deutsche Gespräche über das Recht zum Widerstand«, in Vollmacht des Gewissens I, hrsg. v. d. Europäischen Publikation e. V., Frankfurt/M.–Berlin 1960, S. 13–136

Glondajewski, Gertrud [und] Heinz Schumann, Die Neubauer-Poser-Gruppe: Dokumente und Materialien des illegalen antifaschistischen Kampfes (Thüringen – 1939 bis 1945), Berlin 1957

Göhring, Rolf, »General Fellgiebel: Leben, Wirken und Tod eines genialen Vorkämpfers der Nachrichtentruppe«, Impulse Juni 1960, S. 8–10

Görlitz, Walter, Der deutsche Generalstab: Geschichte und Gestalt 1657–1945, Frankfurt/M. 1950

Goroschkowa, G. N., »Die außenpolitischen Pläne der Verschwörer des 20. Juli 1944 im Lichte der westdeutschen Geschichtsschreibung«, Kommission der Historiker .. [s. Ersil], S. 388–402

Graml, Hermann, »Die deutsche Militäropposition vom Sommer 1940 bis zum Frühjahr 1943«, in Vollmacht des Gewissens II, hrsg. v. d. Europäischen Publikation e. V., Frankfurt/M.–Berlin 1965, S. 411–474

Graml, Hermann, »Die außenpolitischen Vorstellungen des deutschen Widerstandes«, in Der deutsche Widerstand gegen Hitler: Vier historisch-kritische Studien, Köln-Berlin 1966, S. 15–72

Graml, Hermann, »Der Fall Oster«, VfZ 14 (1966), S. 26–39

Haffner, Sebastian, »›Beinahe‹: Die Geschichte des 20. Juli 1944«, Neue Auslese 2 (1947) H. 8, S. 1–12

Hammer, Walter, »Das Ende des Generaloberten Fromm«, Rhein-Neckar-Zeitung 17. Sept. 1946

Hammer, Walter, »Dienst an der Wahrheit«, Das freie Wort 3 (1952), 13. Sept. 1952

Hammer, Walter, »Plötzensee«, Das freie Wort 3 (1952), 20. Sept. 1952

Hammer, Walter, »Die ›Gewitteraktion‹ vom 22. 8. 1944: Vor 15 Jahren wurden deutsche Parlamentarier zu Tausenden verhaftet«, Freiheit und Recht 5 (1959) H. 8/9, S. 15–18

Hammer, Walter, Hohes Haus in Henkers Hand: Rückschau auf die Hitlerzeit, auf Leidensweg und Opfergang Deutscher Parlamentarier, Frankfurt/M. ²1956

Harder, Alexander, Kriminalzentrale Werderscher Markt: Die Geschichte des »Deutschen Scotland Yard«, Bayreuth 1963

Harnack, Axel v., »Arvid und Mildred Harnack: Erinnerungen an ihren Prozeß 1942/43«, Die Gegenwart 2 (1947) Nr. 1/2, S. 15–18

Harnack, Axel von, Ernst von Harnack (1888–1945): Ein Kämpfer für Deutschlands Zukunft, Schwenningen 1951

Henderson, James L., Adolf Reichwein: Eine politisch-pädagogische Biographie, Stuttgart 1958

Henk, Emil, Rede anläßlich der Gedenkfeier zum 20. Juli 1944 am 24. 7. 1960, mimeogr., Frankfurt/M. 1961

»Der Henker des 20. Juli: Der Scherge Hitlers in Hannover festgenommen«, Hannoversche Neueste Nachrichten 24. Aug. 1946

Herfeldt, Olav, Schwarze Kapelle: Spionagefall Berlin-Vatikan, Wels-München 1960

Hinsley, F. H. [et al.], British Intelligence in the Second World War, 3 B., London 1979

Hobe, Cord v. [und] Walter Görlitz, Georg von Boeselager: Ein Reiterleben, Düsseldorf 1957

Hoch, Anton, »Das Attentat auf Hitler im Münchner Bürgerbräukeller 1939«, VfZ 17 (1969), S. 383–413

Höhne, Heinz, Der Orden unter dem Totenkopf: Die Geschichte der SS, Gütersloh 1967

Hofer, Walther, Die Entfesselung des Zweiten Weltkrieges: Eine Studie über die internationalen Beziehungen im Sommer 1939, Fischer Bücherei, Frankfurt/M.–Hamburg 1960

Hoffmann, Peter, »Zu dem Attentat im Führerhauptquartier ›Wolfsschanze‹ am 20. Juli 1944«, VfZ 12 (1964), S. 254–284

Hoffmann, Peter, »Zum Ablauf des Staatsstreichversuches des 20. Juli 1944 in den Wehrkreisen«, Wehrwissenschaftliche Rundschau 14 (1964), S. 377–397

Hoffmann, Peter, »Der 20. Juli im Wehrkreis II (Stettin): Ein Beispiel für den Ablauf des Staatsstreichversuches im Reich«, Aus Politik und Zeitgeschichte 14. Juli 1965, S. 25–37

Hoffmann, Peter, »The Attempt to Assassinate Hitler on March 21, 1943«, Canadian Journal of History / Annales Canadiennes d'Histoire II (1967), S. 67–83

Hoffmann, Peter, »Claus Graf Stauffenberg und Stefan George: Der Weg zur Tat«, Jahrbuch der Deutschen Schillergesellschaft XII (1968), S. 520–542
Hoffmann, Peter, »Hitler's Personal Security«, Journal of Contemporary History 8 (1973) Nr. 2, S. 25–45
Hoffmann, Peter, »Maurice Bavaud's Attempt to Assassinate Hitler in 1938«, Georges L. Mosse, Hrsg., Police Forces in History, London [1975], S. 173–204
Hoffmann, Peter, Die Sicherheit des Diktators: Hitlers Leibwachen, Schutzmaßnahmen, Residenzen, Hauptquartiere, München, Zürich [1975]
Hoffmann, Peter, Hitler's Personal Security, London and Basingstoke 1979
Hoffmann, Peter, The History of the German Resistance 1933–1945, London 1977, Cambridge, Massachusetts 1977
Hoffmann, Peter, Widerstand gegen Hitler und das Attentat vom 20. Juli 1944, München, Zürich 1979, ²1984
Hoffmann, Peter, »Generaloberst Ludwig Becks militärpolitisches Denken«, Historische Zeitschrift 234 (1982), S. 101–121
Hoffmann, Peter, »Warum mißlang das Attentat vom 20. Juli 1944?« VfZ 32 (1984), S. 441–462
Hoffmann, Wilhelm, Nach der Katastrophe, Tübingen–Stuttgart 1946
Irving, David, The War Path: Hitler's Germany 1933–1939, New York 1978
Irving, David, The Trail of the Fox, New York 1977
Irving, David, Rommel: Eine Biographie, Hamburg 1978
Italiaander, Rolf (Hrsg.), In memoriam Albrecht Haushofer: Gedenkworte von Adolf Grimme, Carl F. v. Weizsäcker, Walter Stubbe, Hamburg 1948
Jacobsen, Hans-Adolf, Fall Gelb: Der Kampf um den deutschen Operationsplan zur Westoffensive 1940, Wiesbaden 1957
Jacobsen, Hans-Adolf, »Das ›Halder-Tagebuch‹ als historische Quelle«, Festschrift Percy Ernst Schramm zu seinem siebzigsten Geburtstag von seinen Schülern und Freunden zugeeignet, hrsg. v. Peter Classen u. Peter Scheibert, B. II, Wiesbaden 1964, S. 251–268
Jacobsen, Hans-Adolf, »Kommissarbefehl und Massenexekution sowjetischer Kriegsgefangener«, in Martin Broszat, Hans-Adolf Jacobsen, Helmut Krausnick, Konzentrationslager, Kommissarbefehl, Judenverfolgung, Olten–Freiburg i. Br. 1965, S. 161–279
Jacobsen, Hans-Adolf (Hrsg.), 20. Juli 1944: Die deutsche Opposition gegen Hitler im Urteil der ausländischen Geschichtsschreibung. Eine Anthologie, Bonn 1969
Jantar, Jerzy, Wilczy Szaniec: Dawna Kwatera Hitlera, Olsztyn 1963
Jedlicka, Ludwig, Der 20. Juli 1944 in Österreich, Wien–München 1965
Kempski, Jürgen von, »Betrachtungen zum 20. Juli«, Merkur III (1949), S. 807–816
Kettenacker, Lothar, Hrsg., Das »Andere Deutschland« im Zweiten Weltkrieg: Emigration und Widerstand in internationaler Perspektive, Stuttgart 1977
Kielmansegg, [Johann A.] Graf [von], Der Fritschprozeß 1938: Ablauf und Hintergründe, Hamburg 1949
Kielmansegg, Peter Graf, »Die militärisch-politische Tragweite der Hossbach-Besprechung«, VfZ 8 (1960), S. 268–275
Kliem, Kurt, Der sozialistische Widerstand gegen das Dritte Reich dargestellt an der Gruppe »Neu Beginnen«, Masch., Diss. Marburg 1957
Kluke, Paul, »Der Fall Potempa«, VfZ 5 (1957), S. 279–297
Knauth, Percy, »The Hitler Bomb Plot«, Life Nr. 22, 28. Mai 1945, S. 17–18, 20, 23

Knauth, Percy, Germany in Defeat, New York 1946
Kosthorst, Erich, Die deutsche Opposition gegen Hitler zwischen Polen- und Frankreichfeldzug, Bonn ³1957
Kosthorst, Erich, Jakob Kaiser: Der Arbeiterführer, Stuttgart 1967
Kramarz, Joachim, Claus Graf Stauffenberg 15. November 1907 – 20. Juli 1944: Das Leben eines Offiziers, Frankfurt/M. 1965
Krammer, Arnold, »Germans against Hitler: The Thaelmann Brigade«, The Journal of Contemporary History 4 (1969), S. 65–83
Krausnick, Helmut, »Vorgeschichte und Beginn des militärischen Widerstandes gegen Hitler«, in Vollmacht des Gewissens I, hrsg. v. d. Europäischen Publikation e. V., Frankfurt/M.–Berlin 1960
Krausnick, Helmut, »Judenverfolgung«, in Martin Broszat, Hans-Adolf Jacobsen, Helmut Krausnick, Konzentrationslager, Kommissarbefehl, Judenverfolgung, Olten–Freiburg i. Br. 1965, S. 281–448
Krausnick, Helmut [und] Wilhelm, Hans-Heinrich, Die Truppe des Weltanschauungskrieges: Die Einsatzgruppen der Sicherheitspolizei und des SD 1939–1942, Stuttgart 1981
Krebs, Albert, Fritz-Dietlof Graf von der Schulenburg: Zwischen Staatsraison und Hochverrat, Hamburg 1964
Krüger, Gabriele, Die Brigade Ehrhardt, Hamburg 1971
Laack-Michel, Ursula, Albrecht Haushofer und der Nationalsozialismus, Stuttgart [1974] (vgl. Michel)
Langemann, Hans, Das Attentat: Eine kriminalwissenschaftliche Studie zum politischen Kapitalverbrechen, Hamburg [1956]
Leasor, James, The Uninvited Envoy, New York–Toronto–London 1962
Leber, Annedore, Das Gewissen steht auf: 64 Lebensbilder aus dem deutschen Widerstand 1933–1945, Berlin–Frankfurt/M. ⁹1960
Leber, Annedore, Das Gewissen entscheidet: Bereiche des deutschen Widerstandes von 1933–1945 in Lebensbildern, Berlin–Frankfurt/M. ⁴1960
Leber, Annedore und Freya Gräfin von Moltke, Für und wider: Entscheidungen in Deutschland 1918–1945, Berlin–Frankfurt/M. 1961
Leithäuser, Joachim G., Wilhelm Leuschner: Ein Leben für die Republik, Köln 1962
Lindgren, Henrik, »Adam von Trotts Reisen nach Schweden 1942–1944: Ein Beitrag zur Frage der Auslandsverbindungen des deutschen Widerstandes«, VfZ 18 (1970), S. 274–291
Lorenz, Konrad, Das sogenannte Böse: Zur Naturgeschichte der Aggression, Wien 1963
Ludwig, Emil, Der Mord in Davos, Amsterdam 1936
Lühe, Irmgard von der, Elisabeth von Thadden: Ein Schicksal unserer Zeit, Düsseldorf–Köln 1966
»Märtyrer der Freiheit: Die Angeklagten des 20. Juli vor Gericht«, Schwäbische Zeitung 10. Mai 1946
Maier, Hedwig, »Die SS und der 20. Juli 1944«, VfZ 14 (1966), S. 299–316
Maley, Alexander B., »The Epic of the German Underground«, Human Events III (1946) Nr. 9, 27. Feb. 1946, S. 1–8
Manvell, Roger and Heinrich Fraenkel, »The Bomb Plot«, History of the Second World War, B. 5, London 1968, S. 1961–1975
Martin, Bernd, Friedensinitiativen und Machtpolitik im Zweiten Weltkrieg 1939–1942, Düsseldorf 1974, ²1976

Martin, Bernd, »Verhandlungen über separate Friedensschlüsse 1942–1945«, Militärgeschichtliche Mitteilungen 1976 Nr. 2, S. 95–113

Mastny, Vojtech, »Stalin and the Prospects of a Separate Peace in World War II«, AHR 77 (1972), S. 1365–1388

Matthias, Erich, »Der Untergang der Sozialdemokratie 1933«, VfZ 4 (1956), S. 179–226, 250–286

Mau, Hermann, »Die ›Zweite Revolution‹: Der 30. Juni 1934«, VfZ 1 (1953), S. 119–127

Mau, Hermann und Helmut Krausnick, Deutsche Geschichte der jüngsten Vergangenheit 1933–1945, Tübingen–Stuttgart 1956

McCloy II, John J., Die Verschwörung gegen Hitler: Ein Geschenk an die deutsche Zukunft, Stuttgart 1963

Melnikow, Daniil, Der 20. Juli 1944: Legende und Wirklichkeit, Hamburg ²[1968]

Melnikow, Daniel, »Der ›Kreisauer Kreis‹ und die Gruppe Stauffenberg«, Zeitschrift für Geopolitik 13 (1965), S. 241–247, 303–312

Michel, Karl, »Stauffenberg: Der neue Dynamismus. Ein Beitrag zur Geschichte des Offizierputsches gegen Hitler«, Die Tat 25. Nov. 1946

Michel, Karl, Ost und West: Der Ruf Stauffenbergs, Zürich 1947

Michel, Ursula, Albrecht Haushofer und der Nationalsozialismus: Ein Beitrag zur Zeitgeschichte, Masch., Diss. Kiel 1964

Miller, Max, Eugen Bolz: Staatsmann und Bekenner, Stuttgart 1951

Molden, Otto, Der Ruf des Gewissens: Der österreichische Freiheitskampf 1938–1945, Wien–München 1958

Moltke, Freya von, Michael Balfour, Julian Frisby, Helmuth James von Moltke 1907–1945: Anwalt der Zukunft, Stuttgart [1975]

Mommsen, Hans, »Der Reichstagsbrand und seine politischen Folgen«, VfZ 12 (1964), S. 351–413

Mommsen, Hans, »Gesellschaftsbild und Verfassungspläne des deutschen Widerstandes«, in Der deutsche Widerstand gegen Hitler: Vier historisch-kritische Studien, Köln–Berlin 1966, S. 73–167

Mommsen, Hans, »Pläne und Träume zum Tag X«, Der Spiegel Nr. 36, 28. Aug. 1967, S. 94–97

Müller, Christian, »19. Juli 1944«, in Hans-Adolf Jacobsen (Hrsg.), 20. Juli 1944: Die deutsche Opposition gegen Hitler im Urteil der ausländischen Geschichtsschreibung. Eine Anthologie, Bonn 1969

Müller, Christian, Oberst i. G. Stauffenberg, Düsseldorf [1970]

Müller, Klaus-Jürgen, »Staat und Politik im Denken Ludwig Becks«, Historische Zeitschrift 215 (1972), S. 607–631

Müller, Klaus-Jürgen, Das Heer und Hitler: Armee und nationalsozialistisches Regime 1933–1940, Stuttgart 1969

Müller, Klaus-Jürgen, General Ludwig Beck: Studien und Dokumente zur politisch-militärischen Vorstellungswelt und Tätigkeit des Generalstabschefs des deutschen Heeres 1933–1938, Boppard am Rhein 1980

Müller, Wolfgang, »Die Wehrmacht am 20. Juli: Neue Forschungsergebnisse zu Deutschlands Schicksalstag vor fünf Jahren«, Main-Post 21. Juli 1949

Müller, Wolfgang, »Was geschah am 20. Juli 1944?« Das freie Wort 3 (1952), 19. Juli 1952

Nebgen, Elfriede, Jakob Kaiser: Der Widerstandskämpfer, Stuttgart–Berlin–Köln–Mainz 1967

Norden, Albert, »Die Bedeutung des 20. Juli«, Die Weltbühne 2 (1947), S. 553–560

O'Neill, Robert J., The German Army and the Nazi Party, 1933–1939, London 1966

Paetel, Karl O., »Deutsche im Exil: Randbemerkungen zur Geschichte der politischen Emigration«, Außenpolitik 6 (1955), S. 572–585

Paret, Peter, »An Aftermath of the Plot Against Hitler: the Lehrterstrasse Prison in Berlin, 1944–5«, Bulletin of the Institute of Historical Research 32 (1959), S. 88–102

Pechel, Rudolf, »Tatsachen«, Deutsche Rundschau 69 (1946), S. 173–180

Pechel, Rudolf, Deutscher Widerstand, Erlenbach–Zürich 1947

Peterson, Edward Norman, Hjalmar Schacht: For and Against Hitler. A Political-Economic Study of Germany 1923–1945, Boston 1954

Peterson, Edward N., The Limits of Hitler's Power, Princeton, N. J. 1969

Pfeifer, Edda, Beiträge zur Geschichte der österreichischen Widerstandsbewegung des konservativen Lagers 1938–1940: Die Gruppen Karl Roman Scholz, Dr. Karl Lederer und Dr. Jakob Kastelic, Masch., Diss. Wien 1963

Plesse, Werner, »Zum antifaschistischen Widerstand in Mitteldeutschland 1939–1945«, Zeitschrift für Geschichtswissenschaft 2 (1954), S. 813–843

Portmann, Heinrich, Kardinal von Galen: Ein Gottesmann seiner Zeit, Münster i. W. [7/8]1959

Proß, Harry, Literatur und Politik: Geschichte und Programme der politisch-literarischen Zeitschriften im deutschen Sprachgebiet seit 1870, Olten–Freiburg i. Br. 1963

Rehm, Max, »Claus Schenk Graf von Stauffenberg: Generalstabsoffizier, Widerstandskämpfer gegen Hitler 1907–1944«, in Lebensbilder aus Schwaben und Franken B. 9, Stuttgart 1963, S. 412–423

Reichhardt, Hans J., »Möglichkeiten und Grenzen des Widerstandes der Arbeiterbewegung«, in Der deutsche Widerstand gegen Hitler: Vier historisch-kritische Studien, Köln–Berlin 1966, S. 169–213

Reventlow, Gräfin von, Albrecht Bernstorff zum Gedächtnis, Privatdruck, Altenhof 1952

Reynolds, Nicholas, Beck: Gehorsam und Widerstand. Das Leben des deutschen Generalstabschefs 1935–1938, Wiesbaden–München [1977]

Rieter, Fritz, »Zwanzig Jahre nach dem Attentat auf Hitler«, Schweizer Monatshefte 44 (1964), S. 313

[Ritter, Gerhard], »Lesson of the German Resistance: An Address by Dr. Gerhard Ritter«, Wiener Library Bulletin 9 (1955) Nr. 1–2, S. 4

Ritter, Gerhard, Carl Goerdeler und die deutsche Widerstandsbewegung, Stuttgart [3]1956

Rönnefarth, Helmuth K. G., Die Sudetenkrise in der internationalen Politik: Entstehung–Verlauf–Auswirkung, 2 Teile, Wiesbaden 1961

Ronge, Paul, »Warum ich Helene Schwärzel verteidigte«, Nordwestdeutsche Hefte 1(1946) H. 9, S. 14–15

Roon, G. van, »Oberst Wilhelm Staehle: Ein Beitrag zu den Auslandskontakten des deutschen Widerstandes«, VfZ 14 (1966), S. 209–223

Roon, Ger van, Neuordnung im Widerstand: Der Kreisauer Kreis innerhalb der deutschen Widerstandsbewegung, München 1967

Roon, Ger van, Wilhelm Staehle: Ein Leben auf der Grenze 1877–1945, München 1969

Rossa, Kurt, Todesstrafen: Ihre Wirklichkeit in drei Jahrtausenden, Oldenburg–Hamburg 1966

Rossmann, Gerhard, Der Kampf der KPD um die Einheit aller Hitlergegner, Berlin 1963
Rothfels, Hans, »The German Resistance in Its International Aspects«, International Affairs 34 (1958), S. 477-489
Rothfels, Hans, Die deutsche Opposition gegen Hitler: Eine Würdigung, Fischer Bücherei, Frankfurt/M.-Hamburg 1958, Neuausgabe 1969
R[othfels], H[ans], »Die Roten Kämpfer: Zur Geschichte einer linken Widerstandsgruppe«, VfZ 7 (1959), S. 438-460
Rothfels, Hans, »Zerrspiegel historischer Wahrheit«, Die Zeit 20. Okt. 1961, S. 3
Rothfels, Hans, »Zerrspiegel des 20. Juli«, VfZ 10 (1962), S. 62-67
Ruland, Bernd, »Die Verschwörung des 20. Juli: Die Standrechtsverordnungen Stauffenbergs«, Die Welt 2. Aug. 1947, S. 2
Ruland, Bernd, »Die Verschwörung des 20. Juli 1944 nach Dokumenten: Standrechtsverordnungen im Falle des Gelingens der Erhebung«, Passauer Neue Presse 23. Juli 1949
Salewski, Michael, Die deutsche Seekriegsleitung 1933-1945, 3 B., Frankfurt/M. 1970, 1975, 1973
Salin, Edgar, Um Stefan George: Erinnerung und Zeugnis, München-Düsseldorf ²1954
Salin, Edgar, »Über Artur Sommer, den Menschen und List-Forscher«, Mitteilungen der List Gesellschaft Fasc. 6 (1967) Nr. 4/5, S. 81-90
Schall-Riaucour, Heidemarie Gräfin, Aufstand und Gehorsam: Offizierstum und Generalstab im Umbruch. Leben und Wirken von Generaloberst Franz Halder, Generalstabschef 1938-1942, Wiesbaden [1972]
Scheurig, Bodo, Freies Deutschland: Das Nationalkomitee und der Bund Deutscher Offiziere in der Sowjetunion 1943-1945, München ²1961
Scheurig, Bodo, Claus Graf Schenk von Stauffenberg, Berlin 1964
Scheurig, Bodo, Ewald von Kleist-Schmenzin: Ein Konservativer gegen Hitler, Hamburg 1968
Scheurig, Bodo, Hrsg., Verrat hinter Stacheldraht? Das Nationalkomitee »Freies Deutschland« und der Bund Deutscher Offiziere in der Sowjetunion 1943-1945, München 1965
Schmitt, Hejo, »Bernhard Letterhaus: Porträt eines Widerstandskämpfers«, Deutsche Rundschau 83 (1957), S. 155-158
Schmitthenner, Walter und Hans Buchheim, Hrsg., Der deutsche Widerstand gegen Hitler: Vier historisch-kritische Studien, Köln-Berlin 1966
Schorn, Hubert, Der Richter im Dritten Reich: Geschichte und Dokumente, Frankfurt/M. 1959
Schorr, Helmut J., Adam Stegerwald: Gewerkschafter und Politiker der ersten deutschen Republik. Ein Beitrag zur Geschichte der christlich-sozialen Bewegung in Deutschland, Recklinghausen 1966
Schramm, Wilhelm Ritter von, Aufstand der Generale: Der 20. Juli in Paris, Kindler-Taschenbücher, München [²]1964
Sendtner, Kurt, »Die deutsche Militäropposition im ersten Kriegsjahr«, in Vollmacht des Gewissens I, hrsg. v. d. Europäischen Publikation e. V., Frankfurt/M.-Berlin 1960, S. 385-532
Siedler, Wolf Jobst, Behauptungen, Berlin 1965
Smith, Arthur L., Churchill's German Army: Wartime Strategy and Cold War Politics 1943-1947, Beverly Hills, London 1977

Spaeter, Helmuth, Die Geschichte des Panzerkorps Großdeutschland, B. II, Duisburg-Ruhrort 1958

Späth, Alfred, »Zum Andenken an Nikolaus Graf von Üxküll«, VfZ 8 (1960), S. 188–192

Spuler, Bertold, Regenten und Regierungen der Welt: Minister-Ploetz, Teil II, B. 4, Würzburg ²1964

Stauffenberg, Alexander Graf von, Der zwanzigste Juli 1944, Masch., o. O. 1946

Stauffenberg, Alexander Graf, Die deutsche Widerstandsbewegung und ihre geistige Bedeutung in der Gegenwart, mimeogr., o. O. [1951]

Stauffenberg, Alexander Schenk Graf von, Denkmal, Düsseldorf–München 1964

Stockhorst, [Erich], Fünftausend Köpfe: Wer war was im Dritten Reich, Velbert–Kettwig 1967

Stokes, Lawrence D., »The German People and the Destruction of the European Jews«, Central European History VI (1973), S. 167–191

Strauch, Rudi, Sir Nevile Henderson: Britischer Botschafter in Berlin von 1937 bis 1939, Bonn 1959

Stubbe, Walter, »In memoriam Albrecht Haushofer«, VfZ 8 (1960), S. 236–256

Stutterheim, Kurt von, Die Majestät des Gewissens: In memoriam Albrecht Bernstorff, Hamburg 1962

Sykes, Christopher, Troubled Loyalty: A Biography of Adam von Trott zu Solz, London 1969

Theimer, Walter, »Die Verschwörung des 20. Juli: Tragisches Versagen ... in Berlin«, Die Welt 19. Juli 1947, S. 3

Theimer, Walter, »Wilhelm Leuschner: ›Einigkeit!‹« Das Parlament 20. Juli 1952, S. 3

Thun-Hohenstein, Romedio Galeazzo Graf von, Der Verschwörer: General Oster und die Militäropposition, Berlin 1982

Trevor-Roper, Hugh Redwald, »Hitlers Kriegsziele«, VfZ 8 (1960), S. 121–133

Trevor-Roper, H[ugh] R[edwald], The Last Days of Hitler, New York ³1962

Uhlig, Heinrich, »Der verbrecherische Befehl«, in Vollmacht des Gewissens II, hrsg. v. d. Europäischen Publikation e. V., Frankfurt/M.–Berlin 1965, S. 287–410

Vogel, Heinrich, Der Prediger von Buchenwald: Das Martyrium Paul Schneiders. Geboren am 29. August 1897. Gestorben am 18. Juli 1939, Berlin ²1954

Vollmacht des Gewissens, 2 Bd., Frankfurt/M., Berlin 1960, 1965

Vyvyan, Michal, »The German ›Opposition‹ and Nazi Morale«, The Cambridge Journal 2 (1948/49), S. 148–168

Walsh SJ, Edmund A., »Die Tragödie Karl Haushofers«, Neue Auslese 2 (1947) H. 3, S. 19–29

Walsh SJ, Edmund A., Total Power: A Footnote to History, Garden City, New York 1948

[Wehner, Bernd], »Das Spiel ist aus ..« s. »Das Spiel ist aus ..«

Weingartner, James J., Hitler's Guard: The Story of the Leibstandarte SS Adolf Hitler 1933–1945, Carbondale and Edwardsville [1974]

Weingartner, Thomas, Stalin und der Aufstieg Hitlers, Berlin 1970

Weisenborn, Günther, Der lautlose Aufstand: Bericht über die Widerstandsbewegung des deutschen Volkes 1933–1945, Hamburg 1953

Weisenborn, Günther, Der lautlose Aufstand: Bericht über die Widerstandsbewegung des deutschen Volkes 1933–1945, rororo-Taschenbuch, Hamburg 1962

Weizsäcker, Carl Friedrich von, Die Tragweite der Wissenschaft, B. I, Stuttgart ²1966

Wendt, Bernd-Jürgen, München 1938: England zwischen Hitler und Preußen, Frankfurt/M. 1965

Weniger, Erich, »Zur Vorgeschichte des 20. VII. 1944: Heinrich von Stülpnagel«, Die Sammlung 4 (1949), S. 475–492

Wheeler-Bennett, John W., The Nemesis of Power: The German Army in Politics 1918–1945, New York ²1964

Who's Who 1961: An Annual Biographical Dictionary with Which Is Incorporated »Men and Women of the Time«, New York 1961

Who's Who in America, B. 18, 1934–1935, Chicago 1934

Wiesenthal, Simon, The Murderers Among Us, New York–Toronto–London–Sydney 1967

Wilmot, Chester, Der Kampf um Europa, Frankfurt/M.–Berlin 1954

Wirmer, E[rnst], Ansprache am 20. Juli 1958 am Denkmal in der Stauffenbergstraße anläßlich der Gedenkfeier in Berlin 1958, mimeogr., Kronberg i. T. 1958

Wülcknitz, von, »Was am 20. Juli 1944 wirklich geschah: Pläne, Rollen, Handlungen der Militärs«, Der Tagesspiegel 20. Juli 1946

Wunder, Gerd, Die Schenken von Stauffenberg, Stuttgart 1972

Yahil, Leni, The Rescue of Danish Jewry: Test of a Democracy, Philadelphia 1969

Zboralski, Dietrich, »Zur Geschichte der Zusammenarbeit aggressiver angloamerikanischer Kreise mit der geschlagenen faschistischen Armee und die Versuche, deren Kader zu retten«, Kommission der Historiker .. [s. Ersil], S. 220 bis 231

Zeller, Eberhard, Geist der Freiheit: Der zwanzigste Juli, München [1952], ²1954, ³1956, ⁴1963, ⁵1965

Zimmermann, F., Ludwig Freiherr von Leonrod: Ein Lebensbild aus der Tragödie unserer Tage, Waldsassen o. J.

Zipfel, Friedrich, Plötzensee, [Berlin] ⁴1963

Zipfel, Friedrich, Kirchenkampf in Deutschland 1933–1945, Berlin 1965

Zuckmayer, Carl, Als wär's ein Stück von mir: Horen der Freundschaft, Frankfurt/M. 1966

Abkürzungen

ADAP	Akten zur deutschen auswärtigen Politik
AHA	Allgemeines Heeresamt
AHR	American Historical Review
A. K.	Armee-Korps
BA	Bundesarchiv (Koblenz)
BA/MA	Bundesarchiv/Militärarchiv (Freiburg i. Br.)
BDC	Berlin Document Center
DGFP	Documents on German Foreign Policy
DR	Deutsche Rundschau
FBB	Führer-Begleit-Bataillon
FDR Library	Franklin D. Roosevelt Library
FFA	Führer-Flak-Abteilung
FHQ	Führerhauptquartier
FLNA	Führer-Luft-Nachrichten-Abteilung
FNA	Führer-Nachrichten-Abteilung
FS	Fernschreiben
HNB	Heeres-Nachrichten-Betriebsleitung
HNW	Heeres-Nachrichten-Wesen
HPA	Heeres-Personal-Amt
HStA	Hauptstaatsarchiv (Stuttgart)
HZ	Historische Zeitschrift
IfZ	Institut für Zeitgeschichte (München)
MFA	Militärgeschichtliches Forschungsamt (Freiburg i. Br.)
MGM	Militärgeschichtliche Mitteilungen
NA	National Archives (Washington)
NKFD	Nationalkomitee »Freies Deutschland«
NSFO	Nationalsozialistischer Führungsoffizier
OKH	Oberkommando des Heeres
OKL	Oberkommando der Luftwaffe
OKM	Oberkommando der Marine
OKW	Oberkommando der Wehrmacht
OSS	Office of Strategic Services
RG	Record Group
RKPA	Reichskriminalpolizeiamt
RSD	Reichssicherheitsdienst
RSHA	Reichssicherheitshauptamt
RUSI	Royal United Service Institution (London)
StA	Staatsarchiv (Nürnberg)
Stiftung	Stiftung »Hilfswerk 20. Juli 1944« (Frankfurt/M.)
VfZ	Vierteljahrshefte für Zeitgeschichte
VGH	Volksgerichtshof
WFSt	Wehrmachtführungsstab
WLB	Wiener Library Bulletin
WNV	Wehrmacht-Nachrichtenverbindungen
WNW	Wehrmacht-Nachrichtenwesen

Personen-, Orts- und Stichwortverzeichnis

Einige besonders häufig vorkommende Namen, z. B. Hitler, wurden nicht vollständig in das Verzeichnis aufgenommen, sondern nur mit einigen ausgewählten, besonders wichtigen Stellen. Begriffe wie Staatsstreich, die den Gegenstand des Werkes bilden, wurden ganz weggelassen. Andererseits sind viele Einträge noch weiter aufgeschlüsselt und zum Teil mit Querverweisen versehen.

Aachen 343
Abé, Richard, Oberst 910
Abegg, Dr. Wilhelm, Staatssekr. a. D. 317
Abessinien 35
Abetz, Otto, Deutscher Botschafter in Paris 1940–1944, 591
Abwehr s. Amt Ausland/Abwehr
Achamer-Pifrader, Dr. Humbert, SS-Oberführer 523, 611, 626, 863, 864
Achterberg 63
Ackermann, Eduard, Major 810
Adam, Arthur, Wachtmeister 491, 493, 503, 504, 815, 817, 821
Adam, Kurt, Oberst i. G. 548, 549, 843
Adam, Wilhelm, Generaloberst 106, 107, 120, 687, 693
Adenauer, Dr. Konrad, Oberbürgermeister v. Köln 635
Adlershof–Johannisthal 826
Ägypten 76, 221
Afrika (s. auch Nordafrika) 160, 221, 390, 540
Afrikakorps 221, 395
Aggression s. Angriffskrieg
Ahrens, Georg, Staatssekretär 559
Alarich 823
Albanien 221
Albers, Johannes, Gewerkschaftsführer 656
Albrecht, Heinz-Günther, Oberleutnant d. R. 381, 384, 405, 406

Aldinger, Hermann, Oberst i. G. 809, 811, 825
Alexandria, Virginia 793
Algerien 76
Algier 221, 282
Allenstein 423, 484
Almstrom s. Kempe
Althöfchen 377
Alvensleben, Ludolf von, SS-Gruppenführer 548
Alliierte (s. auch Westmächte) 190, 206, 223, 225, 278, 280, 281, 283, 284, 286–294, 296, 298–300, 302–304, 307, 309, 312, 313, 346, 369, 434, 441, 446, 457, 613, 741, 749, 766
Amerika s. Vereinigte Staaten
Ammon, Johann, Hauptmann z. V. 575
Amt Ausland/Abwehr 63, 83, 87, 110, 111, 115, 121, 122, 124, 125, 135, 145, 159, 165, 166, 176, 179, 181, 189, 203, 268, 295, 310, 311, 320 bis 322, 340, 343, 344, 350, 352, 363 bis 366, 398, 412, 431, 438, 440, 608, 631, 652, 667, 705, 751, 752, 757, 764, 842
Anderson, Dr. Ivar, Chefredakteur 276, 284, 286, 746
Angerburg 416, 418, 424
Angriff 83, 85, 91, 100, 114, 115, 127, 131–135, 144–146, 155, 161–165, 168, 169, 172–174, 176–178, 180 bis 183, 185–187, 191, 192, 195,

197, 198, 205, 208, 211–217, 254, 261, 726
Angriffskrieg 58, 83, 272
Ankara 49, 310, 736
Anna (s. auch Nachrichtenverbindungen) 424, 505, 823
Anschluß 70, 170, 200, 393, 437, 682 bis 684
Ansorge, Charlotte, Sekr. 820, 821
Arbeiterschaft 39–41, 50, 52, 159, 166, 168, 174, 226–230, 243–244, 266, 269, 281, 284, 289, 290, 370, 375, 438
Arbeitsdienst (s. auch Reichsarbeitsdienst) 234
Arbeitsfront s. Deutsche Arbeitsfront
Arbeitslosigkeit 17, 236
Arenberg, Robert Prinz von, Oberstleutnant 576, 577
Armee s. Heer; Wehrmacht
Armee-Abteilung – A 146, 147, 703
–, »Lanz«, 348
Armster, Otto, Oberst 431, 575, 656
Arnds, Herbert, Leutnant d. R. 600, 601
Arntz, Dr. Hellmuth, Oberlt. d. R. 424, 500, 505, 507, 632, 633, 783, 821, 822
Arosa 199, 202, 208
Ashton-Gwatkin, Frank, Counsellor im Foreign Office 76
Asien 224
Aßmann, Heinz, Kapitän zur See 494, 496, 497, 812
Aster, Otto 667
Astor, Lord David, Eigentümer des *Observer*, Vorsitzender des Royal Institute of International Affairs 139–140, 153
Athen 429, 540
Atlantik-Charta 261, 262, 270, 274
Attentat 33, 50, 113, 122, 136, 157, 166, 176, 177, 179, 181, 182, 184, 247, 276, 301, 311, 350–352, 386; Kap. VIII, IX, X, XI; 617, 694, 695, 712, 715, 716, 776, 777, 794–796, 799–804, 833
– Gerüchte 465–468, 482, 799, 808
– methoden (s. auch Pistolenattentat, Sprengstoffanschlag 339, 352, 408, 426, 759, 776, 783

Au 418
Aufrüstung 177
Aufrufe 125, 168, 182, 385–387, 429, 448, 450, 615, 731, 769, 770
Augsburg 277
Australien 160
Auswärtiges Amt 50–52, 86–90, 93, 110, 128, 139, 141, 166, 255, 265, 270, 295, 310, 320, 325, 420, 428, 523, 525, 533, 645, 709, 714
Avranches 225, 436

Backhus 157
Bad Bertrich 176
Bad Gallspach 256
Bad Godesberg 73, 93, 126
Bad Kissingen 470
Bad Kreuznach 158, 179, 182, 188, 193, 714
Bad Reichenhall 418, 424
Bad Sachsa 657
Baensch, Theodor 654
Bärtels, Martin, Oberstleutnant 381, 549
Bästlein, Bernhard, Feinmechaniker, Funktionär der illeg. KPD 40, 50
Bäuerle, Dr. Theodor 53
Balfour, Michael, Professor 278, 735
Balingen 657
Ballestrem, Dr. Carl Wolfgang Graf von, Industrieller 50
Ballestrem, Dr. Nikolaus von, Industrieller 50
Ballestrem-Solf, Lagi Gräfin von, 51, 668
Bamberg 305, 388, 389, 395, 431
Barbarossa 332
Bargatzky, Walter 582, 588, 850
Barth 62
Bartram, Heinz-Ludwig, Rittmeister 484, 520, 617–620, 622, 624, 858, 859, 861, 909
Basel 139
Bassen, Carl, Architekt 656
Bassewitz-Behr, Georg-Henning Graf von, Höherer SS- und Polizeiführer im W. K. X 559
Bauer, Richard, Archivar 12
Bauer, Dr. Walter, Industrieller 643, 644, 654, 655, 875

Personen-, Orts- und Stichwortverzeichnis

Baumer, Josef, Kriminalkommissar 868
Baumgart, Dr. Fritz, Oberleutnant d. R. 583, 588
Baur, Hans, Chefpilot Hitlers, SS-Gruppenführer 349, 409, 753
Bavaud, Maurice, Student 317, 752
Bayerische Volkspartei 21, 23
Bayern 23, 24, 25, 245, 438
Bayerischer Wald 120
BBC s. British Broadcasting Corporation
Beck, Hans, Oberstleutnant 382, 555–557
Beck, Ludwig, Generaloberst 45, 57, 58, 65–68, 71, 72, 83, 86, 87, 109, 110, 112, 117, 120, 122–124, 132, 133, 137, 143, 144, 158–162, 166, 168, 169, 174, 175, 176, 179, 182, 186–188, 191–193, 196–198, 233 bis 235, 237, 245, 253, 256, 262, 263, 270, 273, 275, 276, 294–299, 305, 313, 330, 335, 337, 338, 360–363, 365, 369, 372, 373, 416, 429–434, 436, 437, 443, 447–454, 460, 466, 467, 469, 474–482, 627, 673–675, 679, 681–687, 691, 693, 703, 706, 709, 714, 718, 725, 727, 746, 748, 763, 770, 784, 788, 792, 803–807, 830, 833, 834, 840, 851, 856, 857, 861
–, Rücktritt 72, 86, 107–109
– Denkschriften 94, 97–102, 106–108, 160, 161, 174, 175, 186, 187
–, Staatsstreichplan 1938 102–107
–, Friedensbemühungen 1938 94–108
– und Müllers römische Sondierungen 203–209
– und Osters Warnungen an Belgien und Holland 214–218
–, Tagung mit Goerdeler-Gruppe und Kreisauer Kreis 1943 444–446
– auf der Regierungsliste 453–454
–, Entschluß zum Handeln ohne alliierte Zusicherungen 462
– Haftbefehl 806
– am 20. 7. 44 512, 520–524, 541, 572, 581, 583, 586, 587, 592, 605, 608–611, 613–616, 622, 855, 856
–, Selbstmord 623–625, 628
Becker, Hellmut, Rechtsanwalt 678

Befehlshaber des Ersatzheeres 166, 173, 191, 373–388, 416, 427, 429, 431, 460, 468, 469, 481, 486–644, 840
Befehlswege 893
Beichele, Albert, Oberstleutnant 508 bis 510, 821, 822
Belagerungszustand 119, 239
Belgien 76, 79, 135, 140, 158, 161–165, 168, 169, 180, 186, 192, 215–218, 220, 254, 258, 276, 303, 320, 336, 433, 584, 636, 715
Belgrad 222
Bell, George Kennedy Allen, Bischof von Chichester 267–275, 278, 680, 734
Below, Nicolaus von, Oberst 72, 489, 494, 498–502, 798, 820
Bendlerblock s. Bendlerstraße
Bendlerstraße (heute Stauffenbergstraße) 306, 423, 425–430, 450, 459, 474, 475, 483, 504, 506–568, 592–628, 631, 823, 824, 829, 830, 835, 840, 843 bis 845, 849, 855, 856, 861–864, 894
Berchtesgaden 57, 92, 93, 125, 413, 416, 417, 424, 426, 435, 463, 467–470, 564, 581, 697, 710, 774, 777, 795, 799–802
Berendt 369
Berg 551
Berg, Regierungsrat 656
Berg, René Graf von, Leutnant d. R. 331
Bergedorf 484
Bergengruen, Werner 30
Berger, Gottlob, SS-Obergruppenführer 798
Berger, Heinrich, Regierungsrat 494, 496, 497, 818
Berggrav, Eivind, Bischof von Oslo 196, 205, 303, 680
Berghof (s. auch Führerhauptquartier) 57, 72, 107, 407, 409, 416, 418, 424, 460, 468–470, 564, 750, 795, 800
Bergsträsser, Dr. Ludwig, Professor 449
Berlin 17, 24, 27, 30, 32, 36, 37, 40, 50, 51, 55, 57, 64, 65, 73, 76, 79, 81, 82, 84, 85, 87, 92, 100, 105, 106, 111, 116 bis 121, 123–126, 130, 132–133, 135, 139, 142, 146, 147, 154, 158, 167, 173, 176, 181, 191, 195–199, 203, 204–211, 214–217, 225, 247, 254, 259, 260, 271,

279, 283, 284, 288, 296–299, 301, 302, 305, 311, 313, 314, 317, 319, 321–326, 334–336, 338, 343, 344, 350–352, 354, 361, 365, 368, 369, 371, 372, 376, 378 bis 389, 392, 395, 398, 400, 404–406, 410–413, 415–418, 422, 423, 425, 428 bis 434, 436, 438, 440, 443, 448, 454, 457, 460–462, 467, 469, 470, 473, 474, 476–478, 480–485, 498, 501–568, 575, 580, 583, 584, 588, 591–631, 635–637, 639, 643, 646, 651–654, 668, 673, 678, 694, 697, 745, 782, 783, 792, 793, 795, 799–802, 805–807, 811, 815, 821–826, 836, 838, 839, 841–844, 846–848, 851 bis 854, 882–885

Berliner Lösung 478

Bern 88, 89, 154, 197, 198, 264, 289, 294–296, 310, 317, 443, 464, 680, 706, 740, 746, 786, 797

Bernardis, Robert, Oberstleutnant i. G. 438, 477, 482, 513, 530, 549, 625, 640, 647, 649, 826, 827, 829

Bernau 425, 486, 526

Bernstorff, Albrecht Graf von, Botschaftsrat i. R. 51, 87, 181, 656

Bertaux, Pierre, Professor 77, 78, 138

Berufsgruppen 242–245, 250

Best, S. Payne, Hauptmann 156, 157, 181, 652, 653

Best, Dr. Werner, Reichskommissar 303

Bethge, Eberhard, Pfarrer 656, 875

Bethmann Hollweg, Theobald von, Reichskanzler 149, 431

Bialystok 543

Bielefeld 688

Bielenberg, Peter, Rechtsanwalt 701

Bieler, Benno, General der Infanterie 561, 562, 846

Binder, Ernst, Major 416, 782

Bingen 392

Birmingham 197

Bismarck 425

Bismarck, Otto von, Reichskanzler 35, 171, 241, 250

Bismarck-Schönhausen, Gottfried Graf von, Regierungspräsident von Potsdam 302, 521, 522, 643, 742

Bistrick, Arnold, Oberleutnant d. R. 654, 666, 696, 697

Björquist, Dr. Manfred, Leiter der Sigtuna-Stiftung 270, 271

Blaskowitz, Johannes, Generaloberst 189, 194, 327, 717

Blessing, Karl, Direktor bei der Reichsbank, Generaldirektor der Continental-Öl-A.G. 453, 454

Blomberg, Werner von, Reichswehrminister, Reichskriegsminister 36, 42–45, 55, 56, 58–60, 670, 682

Blum, Léon, Ministerpräsident 78

Blumenthal, Carl-Ludwig, Oblt. 595

Blumenthal, Hans-Jürgen Graf von, Major 306, 431, 595, 695

Blumentritt, Günther, General der Infanterie 412, 434, 435, 581–586, 588 bis 592, 637, 638, 765, 851, 900

Bock, Fedor von, Generalfeldmarschall 43, 50, 120, 161, 163–165, 172, 173, 180, 182, 183, 188, 271, 329, 331, 333, 334, 336, 337, 358, 359, 368, 707, 711, 765

–, Denkschrift 1939 163

Bodenschatz, Karl, General der Flieger 471, 494, 496, 497, 812

Böhm-Ermolli, Eduard Freiherr von, Generalfeldmarschall 355

Böhm-Tettelbach, Hans, Oberstleutnant a. D. 86–87, 679

Böhme (Altmark) 868

Böhme, Georg, Gewerkschaftsfunktionär 439, 441

Böhmen und Mähren 131, 140, 431, 441, 568–573, 848

Boehmer, Hasso von, Oberstleutnant i. G. 382, 431, 566

Boehringer, Dr. Robert 773

Börgermoor 53

Boeselager, Georg Freiherr von, Oberstleutnant 331, 345–347, 351, 436, 459, 779

Boeselager, Philipp Freiherr von, Oberleutnant 331, 345, 346, 412, 759, 760, 779

Boeselager s. auch Reiterabteilung »Boeselager«

Bohnemeier, Rolf, Major i. G. 845

Boineburg-Lengsfeld, Hans Freiherr

Personen-, Orts- und Stichwortverzeichnis 963

von, Generalleutnant 582, 583, 587, 588–591, 638, 850, 852, 900
Bolbrinker, Ernest Eberhard, Oberst 535, 536, 599, 600, 837, 838
Bollhammer, Fritz, Hauptmann 574, 580, 848, 850
Bolschewismus 80, 136, 169, 170, 188, 200, 266, 297, 305, 307, 327, 358, 368, 394
Bolz, Dr. Eugen, Ministerpräs. 425, 426
Bombe s. Sprengstoff
Bonhoeffer, Dr. Dietrich, Pfarrer 268, 270–273, 275, 296, 303, 365, 457, 466, 480, 631, 640, 649, 653, 734–737
–, englische Kontakte 1942 268–275
–, Verhaftung 364
–, Ermordung 652, 653
Bonhoeffer, Dr. Karl, Professor 122
Bonhoeffer, Dr. Klaus, Syndikus 124, 135, 158, 159, 245, 268, 522, 640, 653, 655, 696
Bonin, Bogislaw von, Oberst i. G. 652, 653
Bor, Peter 185
Borchardt, Rudolf 30
Bordeaux 311
Borgmann, Heinrich, Oberstleutnant d. G. 490, 494, 496, 497
Borissow 334
Bork, Max, Generalleutnant 567
Bormann, Albert, NSKK-Gruppenführer 469, 489, 816
Bormann, Martin, Sekretär des Führers, Reichsleiter 418, 419, 422, 423, 501, 504, 553, 560, 567, 580, 634, 642, 648, 649, 821, 844, 846
Bosanquet, Charles 152
Bosch, Robert, Industrieller 53, 76, 244, 675
Bose, Dietrich von, Oberstlt. d. R. 798
Bose, Herbert von, Oberregierungsrat 48, 49
Bouhler, Philipp, Chef der Kanzlei des Führers, Reichsleiter 323
Bozen 748
Bracher, Dr. Karl Dietrich, Professor 26
Brandenburg/Havel 36, 40, 343, 344, 650, 652, 662, 722, 871, 873

Brandenburg (Provinz) 525
Brandenburg (Sonderzug Hitlers) 417, 804
Brandenburg s. auch Division »Brandenburg«
Brandt, Heinz, Oberst i. G. 352, 353, 489, 490, 494–497, 813–815
Brandt, Dr. Karl, Professor 282, 283, 737
Brandt, Dr. Karl, Arzt, Professor 760
Brandt, Willy 39, 738
Brauchitsch, Walther von, Generalfeldmarschall 63, 65, 66, 72, 87, 88, 115, 119, 128, 129, 134, 145, 155, 159, 161 bis 169, 262, 304, 307–309, 310, 321, 322, 325–328, 332, 337, 415, 528, 529, 594, 672, 674, 684, 687, 693, 697, 707, 708, 710, 713, 714, 717–720, 724, 726, 836
– wird Oberbefehlshaber d. Heeres 60
– versagt Mitwirkung bei Becks Staatsstreichplan 1938 94–109, 696
– und die Staatsstreichpläne 1939/40 172–180, 182–186, 188, 191, 194, 197, 202, 206–214, 218, 697, 714
Braun, Otto, preußischer Ministerpräsident 317
Braunschweig (Sonderzug Keitels) 417, 476, 804, 805
Brazzà 336
Breakers 745, 746, 797
Brecht, Bertolt 30
Bredow, Diana von 482
Bredow, Ferdinand Eduard von, Generalmajor 45
Bredow, Hannah von 482
Bredow, Philippa von 482
Brehmer, Walther, Generalmajor 587, 638, 852
Breitenbuch, Eberhard von, Rittmeister 332, 639, 759, 778
–, Attentatversuch 407–410
Bremen 298
Brenner 208, 211
Breslau 360, 382, 407, 409, 411, 431, 440, 551–553, 567
Bridgend 697, 714, 837
Brink, Dr. Reinhard, Major z. V. 691, 900

British Broadcasting Corporation (BBC) 358, 359, 540, 840
Brockdorff, Erika Gräfin von 645
Brockdorff-Ahlefeldt, Walter Graf von, Generalmajor 116, 119, 120, 125, 133, 673, 691
Bruckner, Anton 358
Brücklmeier, Dr. Eduard, Legationsrat, Kriegsverwaltungsrat im OKW 87, 464
Brühl, Ferdinand, Generalmajor 838
Brüning, Dr. Heinrich, Reichskanzler 43, 75, 149, 151, 453
Brüssel 276, 337, 458, 715
Bruns, Walter, Generalmajor 536, 537, 606, 607, 855, 856
Buchenwald 40, 640, 658
Buchholz, Leutnant 340
Buchholz, Heinz, Reg.-Rat 494, 818
Buck, Leutnant 595, 598, 853
Budapest 336
Budeus, Walter, Maschinenschlosser 50, 667
Büchner, Oberleutnant 508
Büchs, Herbert, Major d. G. 473, 474, 493, 494, 643, 803, 819
Bühlmann, Werner, Oberstleutnant i. G. 546–548
Bülow, Bernhard von 52
Bürgerbräukeller 157, 177, 181, 321–324
Bürgerkrieg 18, 24, 42, 56, 62, 111, 112, 117, 132, 136, 159, 164, 174, 185, 193, 284, 337, 543, 547, 553, 562, 687
Bürklin, Wilhelm, Oberst i. G. 395
Buhle, Walther, General der Infanterie 398, 468, 471, 476, 487–489, 493, 494, 496, 499, 809, 810–813, 817, 818
Bukarest 336
Bulgarien 76, 222
Bund Deutscher Offiziere 280
Burchardt, Heinz, Major 416, 426, 481, 500, 507, 508, 510, 633, 783, 854
Burckhardt, Dr. Carl Jakob, Professor 88–90, 258–262, 680, 732
Burckhardt, Peter, Militärattaché in Berlin 467, 798
Burgdorf, Wilhelm, Generalleutnant 549, 552, 563, 567, 573, 579, 602, 618, 646, 651, 840, 845, 859

Busch, Ernst, Generalfeldmarschall 107, 332, 335, 373, 407–410
Bussche-Ippenburg, Erich Freiherr von dem, Generalleutnant 42
Bussche-Streithorst, Axel Freiherr von dem, Hauptmann 406, 408, 412, 413, 639, 769, 775, 779, 868
–, Attentatversuch 398–405
Busse, Theodor, Generalleutnant 360
Buttlar-Brandenfels, Freiherr Treusch von, Hauptmann 696

Cadogan, Sir Alexander, Unterstaatssekretär im Foreign Office 201, 202, 720
Campbell, Sir Ronald H., Botschafter 312
Canaris, Wilhelm, Admiral 63, 65, 68, 83, 86, 87, 110, 117, 122, 124, 125, 133, 159, 168, 169, 179, 186, 189, 263, 270, 278, 296, 303, 310, 312, 343, 344, 350, 364–366, 369, 466, 643, 648, 679, 688, 702, 703, 710, 714–717, 737, 752, 758, 865, 875
–, Friedensbemühungen 1939 145, 146
– und Müllers römische Sondierungen 204, 215
–, Verhaftung 630
–, Tagebuch 652
–, Ermordung 652, 653, 875
Carlgren s. Kempe
Carlshof 496
Casablanca 154, 275, 346
Castel Gandolfo 721
Chamberlain, Neville, Premierminister 73, 80, 81, 83–89, 91–93, 125, 126, 128, 129, 139–141, 153–156, 196–198, 202, 205, 206, 255, 676, 696
Chappuis, Friedrich-Wilhelm von, Generalmajor 708
Charkow 343, 348, 349, 358, 759
Chef der Heeresrüstung s. Befehlshaber des Ersatzheeres
Chemnitz 120
Chicago 223, 264
Chichester, Bischof von s. Bell
China 135, 223, 224, 698
Christentum 48, 80, 200, 209, 231, 247, 253, 400, 456

Churchill, Winston S., Premierminister 76, 85, 86, 139, 141, 220, 257, 261, 262, 267, 268, 274, 287, 288, 294, 300–302, 308, 663, 677, 678, 680, 738, 742
Citrine, Walter, Generalsekretär des Britischen Gewerkschaftsbundes 143
Clam 342, 352, 356, 357, 759, 760, 895
Collmer, Dr. Paul 303
Colvin, Ian, Journalist 82, 83, 678, 701
Compagnie de Mystère 317
Conwell Evans, Philipp 91, 142, 154, 156, 197, 198, 705, 706
Cords, Dr. Helmuth, Hauptmann 537, 601, 628, 656, 875
Cottbus (s. auch Panzer-Ersatz-Brigade) 481, 483, 484, 526–531, 593, 600
Cramer, Walter, Industrieller 440, 643
Cranz 502, 543
Cripps, Sir Richard Stafford, Lord Geheimsiegelbewahrer 265, 267, 272, 273
Crohne, Dr. Wilhelm, Senatsvorsitzender am Volksgerichtshof 649
Curtis, Lionel, Professor 276–278, 280, 299, 446, 735
Curzon-Grenze 287

Dachau 50, 324, 640, 649, 653, 667, 726, 752, 874
Dänemark 131, 202, 210, 211, 214, 216, 220, 224, 258, 296, 303, 540
Dahlem 28, 193, 808
Dahrendorf, Gustav, Redakteur 439, 440, 790, 791
Daladier, Édouard, Ministerpräsident 73, 76, 78, 100, 129, 141, 700
Danecke, Dr. Edmund 875
Danzig 57, 88, 139, 140, 206, 262, 382, 431, 441, 543, 565, 566, 700, 733
Darges, Friedrich, SS-Obersturmbannführer 819
Darmstadt 39, 317
Davos 317
Degner, Friedrich, Major 416, 426, 481, 500, 507, 508, 510, 607, 633, 826, 854
Deipenhof 535
Delbrück, Justus, Mitarbeiter im OKW/Amt Ausland/Abwehr 50, 338, 656

Delius, Kurt, Oberleutnant 529–531, 836, 837
Delp SJ, Alfred, Jesuitenpater 52, 231, 444, 456, 457, 789
Demokratie 234, 245–247, 289, 292, 353, 448
Den Haag 156, 157, 216, 217, 389, 715
Denkschriften 160, 169, 176, 189, 268, 701, 733
– von Beck 94, 97–102, 106–108, 160, 161, 174, 175, 186, 187
– von Bell 272, 734
– von Blaskowitz 189, 717
– von Bock 163, 710
– von **Dohnanyi** 723
– von **Etscheit** 189–191
– von Etzdorf 169–172
– von Gisevius 181, 182
– von Goerdeler 137, 240, 362, 729
– von Habermann, Kaiser, Leuschner 52
– von E. v. Harnack und O. John 169
– von E. Kordt 169–172
– von Kreisauern 265–269, 733, 734
– von Leeb 161–163, 710
– von Leipart 27
– von Liedig 187, 188
– von Roosevelt 738
– von Rundstedt 163, 164, 710
– von Scheffer 149–152
– von Schönfeld 269, 273, 734
– von Steltzer 299
– »türkische« 307
– von Thomas 144, 145
– von Weizsäcker 86
– von Wheeler-Bennett 152, 153
Deutsche Arbeitsfront 25, 229–230, 234, 240, 525
Deutsche Volkspartei (DVP) 263
Deutschlandsender s. Rundfunk
Deutschnationale Volkspartei (DNVP) 15, 21, 27, 37, 75
Dieppe 341
Dietrich, Josef (»Sepp«), SS-Obergruppenführer 168, 323, 348, 358, 371, 588, 709
Dietrich, Dr. Otto, Pressechef der Reichsregierung, Staatssekretär 417, 422, 750

Dietz, Peter, Reallehrer 13, 798, 816
Dietze, Dr. Constantin von, Professor 239, 656
Diktatur (s. auch Militärdiktatur) 19, 54, 189, 205, 206, 233, 235, 238, 244, 255, 289, 292, 439, 465
Dirksen, Herbert von, Botschafter 60
Division »Brandenburg« 343–346, 365, 366, 527, 667, 696, 758
Dnjepr 341, 402
Dobeneck, Hans-Werner Freiherr von, Oberst 575
Döberitz (s. auch Infanterie-Schule) 64, 477, 518, 531, 534, 603, 617, 805, 828, 836–838
Döblin, Alfred 30
Döllersheim 575
Dönitz, Karl, Großadmiral 355, 357 bis 360, 415, 479, 502, 546, 566, 588, 589, 800, 823
Döpking 316
Dohna-Schlobitten, Heinrich Burggraf und Graf zu, Generalmajor a. D. 440, 542, 787, 789
Dohna-Tolksdorf s. Dohna-Schlobitten
Dohnanyi, Christine von 365
Dohnanyi, Dr. Hans von, Oberregierungsrat, Sonderführer 63, 122, 158, 159, 168, 169, 174, 176, 178, 237, 268, 270, 296, 321, 337, 350–352, 365, 398, 466, 480, 631, 640, 649, 695, 696, 706, 707, 714, 720–723, 725, 737, 788, 797, 874
– und Müllers römische Sondierungen 203–215
–, Verhaftung 364–366
–, Ermordung 652, 653
Dolchstoß 159, 308, 386, 455, 723
Dollmann, Friedrich, Gen. d. Art. 211
Donau 278, 434
Donohoe, James 663
Donovan, William J., General 282, 283, 733
Dorpmüller, Dr. Julius, Reichsverkehrsminister 434
Dotationen 756
Drechsel-Deuffenstetten, Max Ulrich Graf von, Hauptmann 431

Dresden 63–65, 135, 167, 354, 381, 431, 440, 544, 546, 548, 557, 673, 700
Dubno 399, 400
Duckwitz, Georg Ferdinand 303
Düna 124
Dünkirchen 220, 393
Düppel 400, 427, 507, 607, 608
Düren 343
Düsseldorf 66, 176, 706
Dulles, Allen Welsh, Resident des OSS in Bern 264, 275, 276, 289, 290, 294 bis 299, 306, 367, 368, 745, 746, 786, 797, 833
Dyes, Hermann, Oberst 577, 580

Earle, George H., Marineattaché 737
Ebenhausen 208, 210
Eberbach 39
Eberbach, Hans, General der Panzertruppe 785
Eberswalde 425
Ebner, Dr. Karl, Regierungsrat, SS-Obersturmbannführer 576, 577, 580
Eckel, Dr., Major 825
Eden, Anthony, Secretary of State im Foreign Office, britischer Außenminister 34, 76, 81, 129, 258, 271–275, 734
Eduard VIII. s. Herzog von Windsor
Eggensperger, Dr. Bernhard Eugen, Ministerialrat 654, 655
Ehrenhof 646, 870
Ehrenström, Nils 268, 271
Ehrhardt, Hermann, Kapitän a. D. 124
Eicke, Theodor, SS-Obergruppenführer 348
Eid 11, 45, 47, 61, 103, 113, 125, 148, 159, 171, 176, 184, 232, 315, 354, 396, 399, 456, 524, 616, 621, 773
Eifel 185
Einheit 234, 235
Einheitsfront 38, 135
Einheitsgewerkschaft 53, 229–230, 243 bis 244, 245, 449, 728, 729
Einsatzgruppen 148, 189, 327, 334, 704
Einsiedel, Haubold Graf von 696
Einsiedel, Heinrich Graf von, Leutnant 743
Einsiedel, Dr. Horst von 52, 688

Eisenach 40, 556
Eisenhower, Dwight D., Gneral 289, 311–313, 434, 737, 742, 747
El Alamein 221
Elbe 167, 484
Eller s. Elser
Elsas, Dr. Fritz, Bürgermeister 215, 867
Elsaß 726
Elsaß-Lothringen 200, 267, 373, 722 bis 724, 748
Elser, Georg, Schreiner 157, 181, 716, 751
–, Attentat 318, 321–324
–, Ermordung 323–324
Emma 505, 822
Engel, Gerhard, Oberst 72, 670, 686
Engelschall, Kurt, Oberstleutnant z. V. i. G. 382, 571
England 34, 35, 56, 57, 69, 70, 72–74, 76–77, 79–86, 90–93, 97–102, 109, 125, 130–132, 136, 138–140, 142–144, 147, 150, 152, 153, 155–158, 160–162, 164, 170, 175, 180, 186–188, 190, 194, 196, 201–203, 206, 210, 219–224, 245, 255 bis 262, 265, 269, 270, 272, 273, 276, 278, 279, 292, 293, 297, 300–302, 307 bis 309, 326, 336, 368, 370, 373, 540, 663, 676, 679, 683, 684, 698, 702, 718, 732, 742, 744, 837
Epp, Franz Xaver Ritter von, General, Generalstaatskommissar in Bayern 24, 25
Erdmann, Hans Otto, Oberstleutnant 381, 542, 543
Erfurt 40, 556
Ermächtigungsgesetz 20, 25, 26, 29
Ernst, Friedrich 656
Ernst, Dr. Robert, Ministerialdirektor, Bankdirektor 453
Ersatzheer 174, 338, 339, 371, 374 bis 485, 506–622 (häufige Nennungen), 829, 840, 855
Ersing, Josef, Gewerkschaftsführer 793
Erttel, Dr. Holm, Oberstleutnant 51, 317, 654, 899
Erxleben, Friedrich 656
Esebeck, Hans-Karl Freiherr von, General der Panzertruppen 382, 574 bis 580, 636

Esterwegen 53
Estland 131, 219
Etscheit, Dr. Alfred, Rechtsanwalt, Notar 189–191
Etzdorf, Dr. Hasso von, Legationsrat 52, 161, 166, 169, 176, 179, 190, 200, 321, 709, 712
Eupen-Malmedy 373
Euthanasie 41, 42
Exner s. Lindemann, Fritz

Fahrner, Dr. Rudolf, Professor 312, 386, 393, 397, 429, 452, 462, 769–774, 795
Falaise 638
Falkenhausen, Alexander Freiherr von, General der Infanterie 135, 136, 167, 168, 298, 303, 433, 453, 455, 458, 584, 637, 652, 653, 700
Falkenhausen, Dr. Gotthard Freiherr von, Wirtschaftsbeauftragter, Rittmeister d. R. 638, 785, 868
Falko 765
Fall Gelb 213
Faschismus s. Nationalsozialismus
Federal Bureau of Investigation (FBI) 151
Federer, Georg 52
Fegelein, Hermann, SS-Gruppenführer 494, 510, 511, 872
Felber, Hans, Gen. der Infanterie 211
Fellgiebel, Erich, General der Nachrichtentruppen 166, 369, 415, 454, 460, 469–471, 473, 474, 476, 479, 488, 490, 491, 497, 499–508, 510, 513, 518, 608, 633, 634, 643, 648, 651, 777, 780, 783, 784, 799, 803, 805, 811, 815–817, 819 bis 822, 826, 872
–, nachrichtentechnische Staatsstreichvorbereitungen 414–428
– auf der Regierungsliste 454
–, Durchgabe der Attentatmeldung am 20. Juli 501–503, 506–508, 820
–, Verhaftung 630–632
Felsennest 212
Ferber, Ernst, Major i. G. 584
Fernschreiber s. Nachrichtenverbindungen
Fernschreibvermittlung (s. auch Nach-

richtenverbindungen) 419, 514, 515, 517
Fernsprechvermittlung (s. auch Nachrichtenanlagen; Vermittlung) 401
Feuerwerker-Schule s. Heeres-Feuerwerker-Schule
Fiedler, Dr. Kurt, Hauptmann 166, 176
Finckh, Eberhard, Oberst i. G. 436, 524, 581, 638, 640, 651, 773, 795, 900
Finkenstein, Konrad Graf von 695
Finnland 175, 188, 198, 220, 222, 297
Fischer, Albrecht, Baurat 53, 440
Fischer, Wolfgang, Generalleutnant 395
Flensburg 716
Fließbach, Herbert, Major 609, 859, 860
Flossenbürg 649, 652, 653
Foerster, Wolfgang, Präsident der deutschen Militärakademie 98
Folter 632, 634, 635, 640–644, 648, 653, 739, 779, 794, 807, 866, 869
Forster, Albert, Gauleiter 566
Francke, Lothar, Abteilungsleiter 655
Franco Bahamonde, Francisco, Oberst, Staatspräsident 35, 40
François-Poncet, André, Botschafter 680
Frank, Dr. Hans, Reichskommissar für die Gleichschaltung der Justiz 323
Frank, Karl Hermann, Deutscher Staatsminister in Böhmen und Mähren 568–573, 848
Frank, Reinhold, Rechtsanwalt 440
Franken 867
Franken I, Franken II (Sonderzüge des WFSt) 417, 804
Frankenstrup 801
Frankfurt/Main 39, 120, 132, 133, 179, 180, 182, 188, 211, 278, 554, 556, 329, 330, 332, 335, 359, 390, 393, 432 bis 434, 436, 450, 551, 584, 591, 636 bis 638, 651, 676, 683, 684, 698, 722, 725, 745, 785, 852
Frankfurt/Oder 168, 343, 363
Frankfurter, David, Student 317
Frankfurter, Felix, Richter 151
Frankreich 34, 35, 56–58, 69, 70, 72 bis 74, 77–80, 84, 88, 91–93, 97–102, 125, 126, 131–138, 142, 144, 150, 153, 155, 160–164, 170, 175, 186, 196, 200, 203, 210, 216, 219–221, 223, 244, 254, 256, 265, 267, 276, 290, 303, 317, 320, 324,
Frauenfeld, Eduard, Gaupropagandaleiter 576, 578
Freiburg 27
Freiburger Kreis 239
Freiheit 235, 237, 240–241
Freisler, Dr. Roland, Präsident des Volksgerichtshofes 401, 512, 630, 631, 646–648, 748, 779, 789, 801, 814, 825, 830, 870
Frend, W. H. C., Mitarbeiter der britischen Psychological Warfare Branch 739
Frentz, Walter, Oberleutnant 872
Fresne 587
Freudenstadt 325, 434
Freyberg, Lodegard, Oberst 900
Freytag-Loringhoven, Wessel Freiherr von, Oberst i. G. 348, 412, 505, 634
Frick, Dr. Wilhelm, Reichsminister des Innern, Reichsprotektor für Böhmen und Mähren 24, 568, 706
Friede, Hans, Oberst 761
Friedensbedingungen 150, 152, 153, 157, 159, 171, 186, 196, 198, 199, 202, 212, 258, 260, 262, 267, 268, 272, 336, 373, 747
Friedensverhandlungen 158, 202, 204 bis 206, 208, 209, 270, 272, 310, 312, 313, 434, 478, 739
Friedensvermittlung 195, 259, 310
Friedrich von Preußen, Prinz 245
Friedrich II., König in Preußen 161, 648
Friedrich Wilhelm III., König von Preußen 171
Friedrichs, Helmuth, Oberbefehlsleiter in der Parteikanzlei München 849
Frisby, Julian 278
Fritsch, Werner Freiherr von, Generaloberst 44–46, 53, 69, 70, 94, 95, 100, 387, 670, 672, 675, 682–684, 690
– wird Chef der Heeresleitung 43
–, **Krise und Entlassung** 55–68, 94, 95, 120, 121, 124, 692

Personen-, Orts- und Stichwortverzeichnis

Fritz 779
Fritzsche, Hans, Ministerialdirektor im Propagandaministerium 856
Fritzsche, Dr. Hans, Hauptmann 519, 522, 625, 834, 863
Frodien, Hans Heinrich, Oberstleutnant der Polizei, SS-Obersturmbannf. 576
Frölich, August, Ministerpräsident 439, 440
Fromm, Friedrich, Generaloberst 133, 173, 174, 211, 299, 362, 269–371, 374–377, 379, 380, 398, 414, 430, 461, 462, 468, 471–476, 482, 484, 541, 546, 549, 555, 558, 562, 567, 569–572, 578, 584, 589, 591, 610, 672, 684, 709, 765, 796, 801–804, 823, 825, 828, 829, 832, 833, 840, 855, 859–863, 873, 899
– und die Staatsstreichpläne 371, 463, 464, 795, 796
–, Verhalten am 20. Juli 1944 486 bis 541, 592–644
–, Verhaftung 629
–, Prozeß 649
–, Hinrichtung 650, 873
Fromm, Willi, Direktor 414
Führer-Begleit-Bataillon (FFB) 484, 810
Führerhauptquartier (s. auch Adlerhorst, Berchtesgaden, Berghof, Felsennest, Hauptquartier, Margival, Tannenberg, Wehrwolf, Winniza, Wolfschanze, Wolfschlucht II) 326, 309, 339, 343, 357, 372, 402, 415–420, 422 bis 424, 434, 459, 460, 462, 468–622, 693, 774, 777, 781, 795, 798–802, 809 bis 816, 829, 830, 840, 844, 853, 854, 886–892
Führer-Luft-Nachrichten-Abteilung (FLNA) 417
Führer-Nachrichten-Abteilung (FNA) 420, 539, 693, 781, 816
Fürstenwalde 526, 834
Fürth 441
Fulda 29, 269
Funk, Dr. Walter, Reichswirtschaftsminister 59
Funkanlagen 417, 418, 428, 526, 539, 541, 550, 555, 560, 565, 567, 593, 603 bis 605, 841, 845, 856, 859

Funkhaus s. Rundfunk
Furtwängler, Franz Josef 307
Fust, Herbert, SA-Führer 559
Futter, Dr. Walter, Major d. R. 575

Gärtner-Strünck, Elisabeth s. Strünck
Gafse 395
Galen, Clemens August Graf von, Bischof von Münster 29, 42
Gatow 511
Gaulle, Charles de, Gen. 221, 225
Gayl, Wilhelm Freiherr von, Innenminister 230, 453
Gebhard, Oberleutnant 510
Geheimdienst 52, 81, 86, 156, 157, 179, 181, 217, 264, 277, 278, 323, 364, 467, 798, 840, 874
Geheime Staatspolizei (Gestapo) 32, 36, 37, 39, 40, 48–51, 63–67, 109, 111, 113, 119, 121, 157, 167, 168, 172, 178, 179, 181, 203, 226–229, 260, 267, 269, 272, 277, 290, 293, 295, 302, 304, 308, 311, 316, 321–323, 326, 346, 364–366, 368, 369, 387, 397, 398, 401, 403, 411–413, 420, 421, 431, 439, 442, 443, 447, 448, 450, 452, 457, 461, 463, 465–467, 474, 475, 479, 480, 483, 485, 500, 512, 516, 517, 545–548, 553, 566, 576, 577, 580, 581, 587, 590, 603, 611, 612, 626, 628, 631–643, 646–649, 653, 654, 657, 662, 666, 668, 672, 706–710, 714, 718, 720, 722, 723, 729, 737, 739–749, 752, 758, 760, 763, 766, 769, 770, 774–781, 783 bis 785, 789–793, 799, 801, 803, 805, 806, 808, 810, 815, 823–826, 831, 832, 836, 838, 841, 843, 844, 848, 854, 863, 864, 869, 874, 875
Gehre, Hauptmann 466–468, 823
Gehre, Dr. Ludwig, Hauptmann 311, 338, 352, 653, 823
–, Ermordung 652–653
Gehrke, Kurt, Oberstleutnant 359, 600, 602, 624, 855
Geisberg, Wilhelm, Oberleutnant 471, 476, 802, 803, 805
Geißler, Max, Häftlingssanitäter 874
Generalgouvernement 487
Generalkommando s. Wehrkreis

Generalstab des Heeres s. Oberkommando des Heeres
Generalstreik 18, 19, 42, 133, 159, 166
Genf 138, 258–260, 262, 265, 268, 271, 285, 290, 296, 735, 739
Genfer Konvention 96
Georg VI., König von Großbritannien 257, 259
George, Stefan 385, 392, 452, 772, 862
Georgi, Friedrich, Major i. G. 625, 805, 824, 825
Gerbohay, Marcel, Priesterschüler 317
Gercke, Rudolf, General der Infanterie 369
Gereke, Dr. Günter, Reichskommiss. f. Arbeitsbeschaffung 449, 613, 791
Gerlach, Erwin, Generalmajor 382
Gerland, Karl, Gauleiter von Kurhessen 555–557
Gersdorff, Dr. E. K. Freiherr von, Rechtsanwalt 360, 411, 780
Gersdorff, Rudolf-Christoph Freiherr von, Oberst i. G. 331, 333, 334, 347, 350, 361, 412, 639, 762, 778, 780
–, Sprengstoffbeschaffung 340–342
–, Attentatversuch 353–360
–, Bemühungen um Manstein 360
Gerstein, Kurt, SS-Obersturmführer 41
Gerstenmaier, Dr. Eugen, wissenschaftlicher Hilfsarbeiter im Kirchlichen Außenamt der Evangelischen Kirche bzw. in der Abteilung Information des Auswärtigen Amts 52, 252, 265, 267, 284, 324, 325, 443–445, 456–458, 517, 523, 524, 592, 608, 621, 625, 626, 643, 730, 731, 734, 736, 738, 767, 788, 789, 794, 832, 862, 863
Gerstenmaier, Maria 738
Gerstenmaier, Brigitte 738
Gerüchte (über bevorstehende Attentate) 465–468
Geßler, Dr. Otto, Reichswehrminister 440, 719
Gestapo s. Geheime Staatspolizei
Gewehrsprenggranate (s. auch Sprengstoff) 629, 630, 778
Gewerkschaften 19, 26, 27, 39, 53, 117, 133, 227, 229, 230, 241, 243, 244, 249, 252, 263, 268, 280, 291, 437, 440, 444, 450, 729, 730

Geyer s. Geyr
Geyr von Schweppenburg, Leo Freiherr von, Generalleutnant 168, 683
Gies, Dr. Robert, SS-Standartenführer, Ministerialrat 570–573
Gisevius, Dr. Hans Bernd, Regierungsrat, Vizekonsul 63–66, 94, 110, 111, 120, 121, 125, 128, 129, 132, 133, 138, 144–146, 168, 176, 179–182, 306, 307, 310, 313, 350, 365, 443, 453, 467, 474, 476, 478–480, 696 bis 706, 708, 710, 717, 720, 723
–, Staatsstreichvorbereitungen 1938 112–119
–, Umsturzbemühungen 1939 168, 176–182
–, Kontakte zu Dulles 294–299
–, Flucht 636
Glaesemer, Wolfgang, Generalmajor 534–536, 599, 600, 828, 838
Glasl, Anton, Oberst i. G. 563–565, 846, 847
Glasmaier, Dr. Heinrich, Rundfunkintendant 532
Glatz 843
Gleichschaltung 21, 23, 24, 26–29, 31
Glienicke 477
Gneisenau 827
Gneisenau, August Graf Neidhart von, Feldmarschall 389, 392
Godesberg s. Bad Godesberg
Goebbels, Dr. Joseph, Reichsminister für Volksaufklärung und Propaganda 30, 92, 168, 193, 272, 294, 306, 322, 323, 358, 370, 384, 385, 401, 409, 476, 481, 527–529, 538, 539, 558–561, 587, 593–605, 606, 612, 613, 615, 624, 625, 627, 629, 646, 654, 709, 836, 839, 851, 853–857
–, Versuche, ihn am 20. Juli zu verhaften 537–539
Goebel, Gerhart, Oberpostdirektor 822
Goedecke, Hermann, Oberleutnant 534
Goedicke, Bruno, SS-Brigadef. 576, 849
Goerdeler, Anneliese, geb. Ulrich, Frau von Dr. Carl Goerdeler 653

Goerdeler, Dr. Carl, Reichskommissar für die Preisgestaltung, Oberbürgermeister von Leipzig 25, 53, 63–65, 74, 77, 92, 111, 117, 122–124, 132–133, 136–139, 144, 157, 158, 168, 169, 176, 179, 186, 190, 192, 193, 196, 197, 214, 215, 226, 228–230, 233, 235, 237, 239–250, 252–253, 254, 261, 270, 273, 294, 296–298, 305, 306, 308 bis 311, 313, 325, 326, 330, 335–338, 386, 416, 430, 432, 434, 437–440, 443, 448–455, 462, 466, 470, 478 bis 482, 522, 547, 581, 582, 634, 635, 640, 654, 655, 657, 667, 672, 675, 676, 691–695, 700, 709, 711, 717, 725, 727, 728, 729, 734, 741, 744 bis 748, 763, 764, 766, 770, 776, 777, 791, 792, 794, 798, 800, 805–807, 835, 843, 866, 867
–, Herkunft und Werdegang 75
–, Rücktritt 76
–, Wirken gegen den Krieg 76–81
–, Optimismus 75, 362, 369, 371–373, 452, 749, 766
–, Friedensprogramm 1938/39 136
–, Bemühungen um Halder 1940 207 bis 213
–, Denkschriften 137, 240, 344
–, Verfassungsentwürfe, Programme 240–247, 427
– Friedensplan 1943 300, 301
–, Bemühungen um Heerführer 360 bis 362, 369–373
–, Beziehungen zu den Sozialisten 449, 450
–, Beziehungen zum Kreisauer Kreis 443–446
–, Beziehungen zu Stauffenberg 449 bis 452, 747, 748
– auf der Regierungsliste 453, 454
–, **gegen das Attentat** 301, 455, 456
–, **Haftbefehl** 452, 480, 481, 806, 807
–, Verhaftung 634, 635
Goerdeler, Karl, Enkel von Dr. Goerdeler 657
Goerdeler, Rainer, Enkel von Dr. Carl Goerdeler 657
Göring, Hermann, Oberbefehlshaber der Luftwaffe, Reichsmarschall Juli 1940 19, 31, 55, 56, 58–62, 64–68, 89, 92, 104, 113, 117, 121, 136, 146, 158, 168, 176, 197, 238, 262, 322, 355, 357 bis 360, 394, 405, 415, 417–420, 468 bis 470, 479, 489, 498, 500–502, 546, 555, 561, 566, 588, 597, 670, 673–675, 706, 709, 751, 767, 773, 800, 804, 812, 814, 815
– in der Fritsch-Krise 58–68
–, Teilnahme an Lagebesprechungen 470, 807
Göteborgverkehr 301, 302
Goltz, Dr. Rüdiger Graf von der, Rechtsanwalt 95
Goodman, Lowell, Professor 13
Gorn, Walter, Oberst 534, 838
Gotha 40, 685
Gottberg, Helmut von, Oberleutnant 384, 398, 403
Gotzmann, Dr. Leo, SS-Brigadeführer, Polizeipräsident von Wien 577, 849
Goy, Jean, Präsident der französischen Frontkämpfervereinigung 34
Graf, Ruth geb. Klaeger 741
Grafenwöhr 71, 120
Gran Sasso 626
Graudenz 566
Graz 566
Greiffenberg, Hans von Generalmajor 329
Greim, Robert Ritter von, General der Flieger 50
Greiz 120
Grenzen 200, 201, 205–207, 212, 213, 234, 268, 372, 723–725, 748
Grey, Sir Edward, Außenminister 91
Griechenland 131, 221, 222, 260, 326
Grodno 543
Groeben, Peter von der, Oberst i. G. 409
Groscurth, Helmuth, Oberstleutnant d. G. 320, 322, 695, 703, 705, 707, 709, 711–719, 721, 726
–, Attentatvorbereitungen 1938 125
–, Umsturzvorbereitungen 1939/40 165–167, 176, 178, 179, 181, 182, 188 bis 190, 193–195, 197, 203, 204, 209
–, Westreise 1939 188, 189, 717
Großbritannien s. England

Großgarten 803
Grosser, Bruno, Oberstleutnant 382, 551, 843
Gruber, Dr. Erich, Rgierungspräsident 580
Gruhn, Eva 59
Grunewald 388
Guben 530
Guderian, Heinz, Generaloberst 167, 333, 362, 369, 371, 484, 535, 567, 599, 600, 633, 634, 646, 838, 870
Gühlen 116
Günsche, Otto, SS-Sturmbannführer 494, 818
Günther, Albrecht Erich 695
Günther, Christian, Außenminister 284
Günther, John 738
Gürtner, Dr. Franz, Reichsminister der Justiz 63, 158, 193, 672
Guisan, Henri, General 467
Guse, Günther, Vizeadmiral 104, 686
Gustloff, Wilhelm, NS-Führer in der Schweiz 317
Guttenberg, Karl Ludwig Freiherr von und zu 50, 51, 317, 338, 656, 667

Haag, Dr. Werner 712
Haagen, Dr. Kurt, Regierungsrat, Stenograph 818
Haake, Rudolf, Bürgermeister 76
Haase, Curt, General der Artillerie 133
Habermann, Max, Vorsitzender des Deutschen Handlungsgehilfen-Verbandes 53, 135, 158, 229, 239, 268, 438, 439, 450, 452, 462, 482, 706, 730, 791
Hácha, Dr. Emil, Staatspräsident 130
Haeften, Hans-Bernd von, Legationsrat 52, 87, 407, 456, 457, 640, 647, 734, 745
Haeften, Werner von, Oberleutnant d. R. 311, 413, 421, 456, 461, 469, 482, 483, 486, 488, 491–493, 496, 497, 511, 513, 518–520, 522, 523, 609, 613, 614, 622–625, 628, 640, 734, 745, 777, 804, 808, 809, 811, 812, 815, 816, 824, 826, 834, 862, 907–908

–, Attentatsabsicht 407
– mit Stauffenberg in der »Wolfschanze« 486–497, 810
Haehling von Lanzenauer, Paul, Oberst 344
Haenicke, Siegfried, General der Infanterie 567
Haersma de With, Jonkheer H. M. van, Gesandter 216, 217
Hagen, Stenograph s. Hagen
Hagen, Albrecht von, Syndikus, Oberleutnant d. R. 403, 412, 413, 461, 533, 640, 647, 649, 775, 779, 795
Hagen, Dr. Hans W., Leutnant 528, 529, 593–596, 599–601, 814, 827, 828, 836, 852–854
Hagen, Dr. Maximilian von 656
Hahn, Kurt, Oberst 473, 499, 500, 503, 505, 507–511, 632, 633, 777, 780, 783, 784, 803, 820, 821
–, nachrichtentechnische Staatsstreichvorbereitungen 414 bis 428
Hakenkreuzfahne 24–26, 36, 37, 75, 391, 772
Halder, Franz, Generaloberst 68, 72, 86, 87, 90, 94, 107, 108, 111–122, 125, 127 bis 129, 132–134, 145, 146, 155, 156, 159, 161, 163–167, 169, 172–184, 188 bis 190, 192–195, 197, 202, 206–214, 218, 319, 320, 322, 327, 328, 336, 348, 375, 432, 446, 630, 652, 653, 675, 679, 684, 687–698, 703, 705–715, 716–726
– wird Nachfolger Becks 109
–, Charakteristik 109–110, 688
–, Staatsstreichplan 1938 109–129
– für einen Sprengstoffanschlag 113
–, Attentatsabsicht 167
–, Einstellung zum Attentat 113, 121, 122, 167, 176, 179, 702, 721
– für ein Attentat 176, 179
–, Staatsstreichpläne 1939/40 145 bis 214
–, Verhaftung 630
–, Erinnerungsvermögen 712
Halem, Nikolaus Christoph von, Industrieller 50, 51, 147, 317, 318, 667, 751
Halifax, Lord (Edward Frederick Lindley Wood, 1st Lord Irwin of Kirby

Underdale, 3rd Viscount Halifax seit 1934, 1st Earl Halifax seit 1944), Außenminister 35, 76, 81, 83–85, 88, 89, 91–93, 129, 139, 141, 152, 156, 197 bis 199, 201, 202, 205–207, 262, 676–678, 680, 696, 720

Hamburg 298, 311, 382, 431, 440, 484, 544, 558–560, 562

Hamilton, Duke of (Douglas Douglas-Hamilton) 256–259, 732

Hamilton, Sir Ian S. M. 256

Hammer, Walter 866, 872

Hammerstein, Kunrat Freiherr von, Oberleutnant 547, 665, 868

Hammerstein, Ludwig Freiherr von, Oberleutnant 477, 482, 522–524, 625, 696, 834, 863

Hammerstein-Equord, Kurt Freiherr von, Generaloberst 42, 58, 128, 158, 245, 262, 270, 273, 362, 369, 387, 464, 466, 640, 665, 697, 703, 765
 –, Entlassung 1933 42, 43
 –, Umsturzplan 1939 146, 147
 –, Entlassung 1939 147

Hanesse, Friedrich-Karl, General der Flieger 590

Hanke, Karl, Gauleiter von Niederschlesien 551–553

Hanneken, Hermann von, General der Infanterie 303

Hannover 382, 431, 440, 560–562, 846

Hansen, Georg, Oberst d. G. 288, 299, 310, 311, 313, 366, 395, 412, 476, 477, 479, 522, 523, 613, 640, 651, 739, 742, 745, 747, 749, 771, 799, 806, 807, 835

Hanssen, Dr. Kurt-Walter, Generalstaatsanwalt 655

Harbou, Bodo von, Oberst i. G. 868

Hardenberg, Margarethe Gräfin von, geb. von Oven (s. auch Oven) 770

Hardenberg-Neuhardenberg, Carl-Hans Graf von, Oberstleutnant 331, 334, 359, 762

Harnack, Dr. Arvid, Oberregierungsrat 52, 447

Harnack, Ernst von, Regierungspräsident, Tuchkaufmann 124, 135, 158, 159, 169, 263, 640

Harnack, Fritz, Major i. G. 477, 512, 513, 517, 525, 608, 620, 827, 828, 837, 857, 899

Harnack, Mildred, geb. Fish 645

Hase, Paul von, Generalleutnant 66, 133, 406, 626, 629, 640, 647, 649, 808, 826, 827, 835, 852–856, 872, 899
 –, Beteiligung am Staatsstreichplan 1938 120
 –, Beteiligung am Staatsstreich 1944 477, 480, 481, 485, 513, 526–529, 532, 535–537, 593–596, 598, 602 bis 606, 611, 612, 614, 615, 617

Haseloff, Kurt, Oberstleutnant i. G. 174, 711

Haßel, Kurt, Oberst 398, 409, 410, 480, 416, 427, 428, 500, 507, 508, 527, 532, 607, 608, 632, 633, 656, 783, 784

Hasselbach, Dr. Hans Karl von, Arzt, Professor 475, 668, 814

Hassell, Ulrich von, Botschafter 52, 60, 141, 144, 146, 157, 158, 161, 168, 186, 192, 207, 213, 215, 230, 233–235, 239, 240, 245, 253, 255, 256, 258–260, 309, 325, 326, 335–337, 370, 443–445, 449, 453, 455, 464, 639, 648, 709, 720, 723 bis 725, 732, 733, 737, 791, 869
 –, Friedenssondierungen 1939 198 bis 202
 –, Bemühungen um Brauchitsch und Halder 1940 208–210
 –, Friedenssondierungen 1941/42 261 bis 263
 – auf der Regierungsliste 453

Hassenstein, Wolfgang, Oberst i. G. 847

Haubach, Theodor, Journalist 49, 52, 53, 443, 444, 454, 640, 728, 730

Hauptquartier 325, 394, 397, 410, 412 bis 415, 434, 435, 479, 631, 767, 781, 796, 799, 802, 823, 825
 –, Verlegung im Juli 1944 416, 426

Hausamann, Hans 467

Hauser, Wolf-Rüdiger, Rittmeister 698

Haushofer, Dr. Albrecht, Professor 52, 309, 437, 640, 654, 714, 731–733
 –, Kontakte zu den Westmächten 254–261
 –, Ermordung 656

Haushofer, Dr. Heinz 640, 654, 822, 875
Haushofer, Dr. Karl, General a. D., Professor 254–257, 640
Haußer, Paul, SS-Oberstgruppenführer 348, 371
Havel 403
Hayessen, Egbert, Major i. G. 476, 485, 513, 522, 526, 527, 602, 629, 829
Hechingen 389
Heeres-Feuerwerker-Schule (HFS) 376, 384, 526, 527, 536–539, 593, 595, 598, 599, 603, 606, 839
Heeres-Gruppen 105, 106, 418, 478
Heeres-Gruppe A 163, 164, 173, 176, 182, 189, 764
Heeres-Gruppe B 161, 164, 165, 173, 176, 182, 189, 329, 348, 349, 433, 435, 436, 581–591, 707, 740
Heeres-Gruppe C 161, 164, 173, 182, 189, 740
Heeres-Gruppe Afrika 349
Heeres-Gruppe Don 347, 360
Heeres-Gruppe Mitte 225, 299, 327–388, 407, 411, 413, 459, 775
Heeres-Gruppe Nord 329, 335, 338, 459, 615, 782
Heeres-Gruppe Süd 360
Heeresleitung s. Oberkommando des Heeres
Heeres-Reit- und -Fahr-Schule (s. auch Krampnitz) 376
Heeres-Waffenmeister-Schule (HWS) 506, 507, 515, 516, 526, 527, 535, 536, 593, 599, 606, 607, 828, 839
Heidegger, Dr. Martin, Professor 27
Heidelberg 565, 784
Heiden 392
Heiligenlinde 417
Heilmann, Horst 52
Heim, Ferdinand, Oberst d. G. 195
Heimerdinger, Gertrud von 50, 51
Heimtückegesetz 54
Heine, Heinrich 30
Heinrichsdorff, Dr. Wolff, Regierungsrat 594
Heinz, Friedrich Wilhelm, Oberstleutnant 121–125, 168, 188, 230, 319–321, 344, 539, 667, 687, 695, 696, 758, 900
Heitz, Walter, General der Artillerie, Präsident des Reichskriegsgerichts 672
Held, Heinrich 23, 24
Heldengedenktag 353–359, 761
Helfferich, Emil, Aufsichtsratsvorsitzender 453
Helldorf, Wolf Heinrich Graf von, Polizeipräsident von Berlin 65, 105, 106, 121, 168, 193, 230, 453, 464, 470, 474–476, 480, 521, 522, 612, 614, 615, 636, 694, 718, 771, 804, 807, 826, 864, 867, 872
Henderson, Sir Nevile, Botschafter 79, 83, 84, 89, 92, 93, 129, 143, 146, 199, 680
Henk, Emil, Sozialist, Fabrikant 39, 784
Henlein, Konrad, Führer der Sudetendeutschen Partei 70, 71, 73
Hentze, Klaus, Leutnant 630
Herber, Franz, Oberstleutnant i. G. 608, 620–622, 802, 828, 829, 857, 859, 860, 862, 899
Herfurth, Otto, Generalmajor 381, 525, 531, 544, 548, 592, 593, 602, 629, 836, 899
Hermes, Dr. Andreas, Reichsernährungsminister, Reichsfinanzminister 454, 648, 653, 656
Herpich, Paul 656
Herrlingen 651
Herrlitz, Erich, Oberstleutnant 757
Herrmann, Matthäus, Lokomotivführer a. D., Vorsitzender des deutschen Eisenbahner-Verbandes 453
Herwarth von Bittenfeld, Hans-Heinrich, Diplomat 780
Herzberg 481, 530, 531, 603
Herzner, Dr. Hans-Albrecht, Oberleutnant 124
Heß, Rudolf, Stellvertreter des Führers 52, 254–257, 323, 326, 731, 732
–, Flug nach England 259–261
Hesse, Hermann 30
Hesse, Dr. Kurt 785
Hesse, Dr. William, Ministerialdirigent 655
Hessen 440, 557, 844

Heusinger, Adolf, Generalleutnant 298, 369, 406, 487, 489, 490, 493, 494, 496, 497, 567, 634, 686, 777, 803, 807, 812, 813, 817, 818
Heyde, Bolko von der, Oberstleutnant i. G. 612, 620, 621, 859, 860, 899
Heydrich, Reinhard, SS-Obergruppenführer 64, 67, 113, 168, 318, 322, 326, 466, 568, 641, 709, 751
Heye, Helmut, Fregattenkapitän 104
Heyser, Kurt, Generalmajor 558, 559
Hildebrand, Friedrich, Gauleiter von Mecklenburg 842
Himmler, Heinrich, Reichsführer SS, Chef der deutschen Polizei, Reichsinnenminister 18, 24, 59, 61–65, 67, 68, 113, 157, 167, 190, 269, 270, 273, 274, 296, 322, 324, 334, 340, 357–360, 364, 370, 386, 398, 401, 405, 415, 417–420, 449, 465, 466, 469, 473, 474, 479, 480, 483, 489, 497, 498, 500, 501, 504, 540, 542, 546, 555, 561, 567, 574, 577, 594, 614, 620, 626, 628, 635, 639–641, 645, 706, 709, 732, 739, 751, 752, 798–800, 803, 804, 806, 814, 815, 820, 823, 824, 841, 859, 863
–, SS-Erlaß 1939 194
–, Verrat 366
– Gefangennahmeplan 301
–, Verhandlungen mit der Opposition 366–368, 764, 765, 797, 798
–, Teilnahme an Lagebesprechungen 452
– am 20. Juli in der »Wolfschanze« 503, 824
–, Befehlshaber des Ersatzheeres 539, 555, 573, 589, 597, 602, 620
Hindenburg, Paul von, Reichspräsident 15, 23, 25, 37, 42, 43, 48, 329, 665
–, Tod 46
Hinks, Roger 284
Hinrichtung 32, 33, 277, 316–319, 325, 623–628, 644, 645, 649–657, 861–864, 867, 870–875
Hippel, Theodor von, Hauptmann 343
Hirsch, Helmut, Student 315, 316
Hirschberg 804
Hitler, Adolf (ausgewählte Stellen)
– wird Reichskanzler 15, 42
– wird Reichspräsident 45
–, Ansprache am 22. 8. 39 143
–, Ansprache am 6. 10. 39 154, 155, 161
–, Ansprachen am 23. 11. 39 183–185
– macht sich zum Oberbefehlshaber des Heeres 336
–, Rede im Sportpalast 1942 698
– Gefangennahmeplan 301
–, **Verletzungen am 20. Juli** 496
–, **Telephongespräch mit Remer** 538
Hitler-Jugend (HJ) 64, 159, 423, 480, 525
Hitzegrad, Ernst, SS-Gruppenf., Generalleutnant der Polizei 571, 573, 848
Hitzfeld, Otto, Generalleutnant 531, 534, 604, 837
Hoare, Sir Samuel, 1st Viscount Templewood, Sonderbotschafter 258, 259
Hobbes, Thomas 9
Hoch, Dr. Anton 752
Hoch, Dr. Ernst, Major d. R. 508
Hochverrat 36, 40, 111, 173, 191, 443, 456, 519, 554, 622, 649
Hochwald 803
Högl, Peter, Kriminaldirektor 631
Hoegner, Hermann, Oberst 672
Höpfner, Martin, Oberstleutnant 416, 426, 500, 507, 508, 511, 633, 834
Hoepner, Erich, Generaloberst 167, 168, 390, 454, 464, 512, 640, 647, 649, 708, 799, 800, 801, 804, 817, 821, 825, 826, 829, 830, 840, 843, 851
–, Staatsstreichbereitschaft 1938 120
– auf der Regierungsliste 454
– am 20. Juli 485, 511, 514, 517, 518, 520, 522–524, 539–541, 545, 555, 557, 567, 571, 573, 578, 584, 589, 592, 605, 608–610, 615, 618–625, 857–859
Hörnlein, Walter, Generalleutnant 348
Hößlin, Roland-Richard, Major 542
Hof 698
Hofacker, Dr. Caesar von, Oberstleutnant d. R. 121, 432, 435, 478, 533, 581 bis 583, 586–588, 637, 638, 640, 643, 651, 657, 786, 792, 806, 851
Hofacker, Christa von 657

Hoffmann, Georg, Oberst 839
Hoffmann, Herbert, Studentenführer 696
Hoffmann, Gerhard, General der Flak-Truppen 602
Hoffmann, Hans 872
Hoffmann, Heinrich, Photograph, Professor 803, 872
Hoffmann, Karl, Admiral 589
Hoffmann, Karl 316
Hoffmann, Dr. Wilhelm, Bibliotheksrat 13, 738
Hoffmann-Zampis, Wolfgang 255
Hofmann, Johann, Leutnant 777
Hofmann, Josef, Oberst 777
Hofmannsthal, Hugo von 30
Hohenthal, William, Colonel 311
Hohenzollern 245, 246
Holland 76, 158, 161, 163, 165, 168, 180, 186, 196, 215–218, 220, 223, 254, 258, 276, 290, 296, 303, 320, 540
Hoover, Herbert, Präsident 77
Hopf, Dr. Werner 649
Hornbogen, Hans, Oberleutnant d. R. 499, 783, 823
Hornung, Konrad, SS-Brigadeführer 849
Horst, Dr. Max, Regierungsrat 583, 586, 588, 637, 850, 851, 900
Horstmann, Walter, Oberst 839
Horthy von Nagybánya, Nikolaus, Admiral, Reichsverweser 72
Hoßbach, Friedrich, Oberst 55–57, 62, 67, 100, 121
Hotzel, Wilhelm, Major 757
Hradezky, Rudolf, Hauptmann 537
Huber, Dr. Kurt, Professor 49
Hugenberg, Alfred, Führer der Deutschnationalen Volkspartei 25, 42, 43, 75
Hull, Cordell, Secretary of State 76, 136, 149, 738
Hunsrück 147
Huppenkothen, Walter, SS-Standartenführer 652, 653, 706, 709, 710, 714, 721–723, 857, 868, 873
Hurdes, Dr. Felix 438
Husen, Dr. Paulus von, Rittmeister d. R. 52, 452, 656, 730, 774, 789, 792, 795, 796, 801

Hutchinson of Montrose, Lord Robert Hutchinson, Generalmajor 84
Huth, Paul, Oberst 843

Indien 160
Indochina 223
Infanterie-Schule (s. auch Döberitz) 531–533, 604
Innsbruck 566
Insterburg 424, 505, 542
Institut für Zeitgeschichte 785
Intelligence Service s. Geheimdienst
Invasion 220, 225, 283–285, 287, 288, 299, 307, 308, 311, 312, 429, 434, 435, 450, 455, 462, 745, 774
Irving, David 785, 786
Island 224
Istanbul 276–279, 282, 283, 293, 366, 736, 737
Italien 35, 69, 76, 97, 131, 169, 170, 175, 186, 203, 221–223, 262, 281, 290, 307, 311, 367, 369, 435

Jablunka-Paß 124
Jacob, Franz, Funktionär der illegalen KPD 40, 50, 305, 448
Jacobsen, Hans-Adolf 703
Jäger, Fritz, Oberst 363, 519, 522, 523, 539, 595, 610, 612, 839
Jäger, Krafft Werner, Oberlt. 362, 363
Jahnke, Hauptmann 505, 821
Jakob II., König von England 80, 84
Jakob, Friedrich, Major 531, 532, 604, 605, 837, 838, 856
Jakob, Rudolf 827
Jalta 265, 304–306
Jansen, Kurt, Leutnant 467, 811, 812
Japan 97, 153, 186, 222–225, 265, 273, 293, 304
Jena 40
Jennewein, Max 655, 875
Jeschonnek, Hans, Oberstleutnant 100, 107
Jessen, Dr. Jens Peter, Professor 230, 233, 240, 336, 337, 367, 443–445
Jessen, Dr. Sydney, Fregattenkapitän 425, 483, 656, 808
Jettingen 389

Jodl, Alfred, Generaloberst 65, 66, 72, 96, 107, 115, 127, 143, 214, 340, 344, 348, 351, 352, 409, 479, 487, 489, 494, 496, 498, 502, 509, 584, 716, 758, 798, 818

Johansson, Harry, Leiter des Nordischen Ökumenischen Institutes 270, 271, 278, 293

John, Dr. Hans, wissenschaftlicher Assistent 311, 338, 449, 614, 653, 655

John, Dr. Otto, Rechtsanwalt, Syndikus 124, 135, 158, 159, 169, 212, 230, 237, 245, 263, 268, 298, 310–314, 338, 449, 688, 723, 746, 747, 749, 791

–, Kontakte zu den westlichen Alliierten 310–314

– am 20. Juli 522, 523, 592, 612–614, 625

John von Freyend, Ernst, Major 487 bis 490, 494, 495, 535, 564, 633, 762, 810, 812, 813, 838

Johnson, Herschel V., Gesandter 288, 738, 741

Jordan, Dr. Ralph, Major 843

Juden 28, 31–33, 37, 42, 47, 51, 53, 75, 104, 132, 159, 228, 238, 246, 260, 266, 272, 277, 302, 303, 315, 316, 327, 334, 335, 358, 364, 473, 636, 647, 669

–, Erschießungen 334, 399, 400

Jüterbog 105–107, 343

Jüttner, Hans, SS-Obergruppenführer 510, 511, 523, 628

Jugoslawien 76, 222, 326

Jung, Edgar J., Rechtsanwalt 43, 48, 49, 53, 666

Jungdeutscher Orden 666

Jungfern-Breschan 570

Junker, Leutnant, Studentenführer 696

Jury, Dr. Hugo, SS-Obergruppenführer, Reichsstatthalter des Gaues Niederdonau 576, 580

K., R., Oberst 838

Kaas, Dr. Ludwig, Prälat 207, 722

Kästner, Erich 30

Kafka, Franz 30

Kairo 279

Kaiser, Georg 30

Kaiser, Hermann, Studienrat, Hauptmann d. R. 338, 350, 361, 363, 369, 370, 431, 443, 450, 454, 464, 481, 554, 741, 747, 748, 756, 791, 809, 871, 899

Kaiser, Jakob, Gewerkschaftsführer 53, 135, 158, 166, 169, 200, 229, 237, 239, 243, 245, 263, 268, 270, 273, 430, 436–439, 447, 450, 455, 482, 635, 706, 726, 729, 792, 793

–, Begegnung mit Stauffenberg 452

Kaiser, Ludwig, Rechtsanwalt 554, 871

Kalinin 359

Kaltenbrunner, Dr. Ernst, SS-Obergruppenführer 511, 627, 628, 633, 823, 863, 872

Kamptz, Jürgen von, General der Polizei, SS-Obergruppenführer 694

Kanada 76, 77, 160, 246

Kanal 312

Kandt, Herbert, Oberst i. G. 487, 542 bis 544, 811

Kania von Kanya, Koloman, Außenminister 72

Kanin 534

Kanstein, Paul, Regierungspräsident, Leiter der Politischen Polizei in Berlin 453, 694

Kanter, Dr. Ernst, Reichskriegsgerichtsrat 366

Kantorowicz, Dr. Alfred, Schriftsteller 39

Kapitulation 154, 184, 222, 225, 275, 276, 278, 279, 280, 283, 287–289, 291, 292, 294, 296, 300, 306, 308, 312, 313, 346, 353, 367, 434, 446, 462, 523, 748

Kapp, Wolfgang, Generallandschaftsdirektor 19

Kapp-Putsch 19, 713, 718

Kappeler, Franz, Legationsrat 321

Karau, Friedrich, Hauptmann d. R. 544

Karl I., König von England 10

Karlsbad 38, 71

Karlshof s. Carlshof

Karlsruhe 89, 440

Kaschny, Adolf, Rechtsanwalt, Bürgermeister von Ratibor 439, 440

Kassel 382, 431, 440, 539, 541, 544–548, 562, 784, 844

Kaufmann, Karl, Gauleiter von Hamburg 382, 434, 558–560, 845
Kavallerie-Regiment »Mitte« s. Reiterverband Boeselager
Kecker, Gottfried, Oberstleutnant 508
Keirath, Walter, Obergefreiter 856
Keitel, Bodewin, General der Infanterie 566
Keitel, Wilhelm, Generalfeldmarschall 60, 71, 72, 98, 115, 144, 145, 214, 262, 327, 350, 355, 357–360, 365, 369, 374, 404, 409, 415, 417, 425, 464, 468, 471, 476, 479, 548, 558, 561, 573, 578–580, 582, 632, 646, 674, 683, 702, 705, 706, 715, 756, 761, 796, 805, 807, 810, 811, 840–842, 856, 859
– am 20. Juli 486–622, 813, 815, 817, 829, 833, 834
Kempe, Inga, geb. Carlgren 284, 288, 290, 293, 738
Kempe, Ludwig, Major 428, 608, 857
Kempfenhausen 551
Kempka, Erich 351
Kempner, Dr. Franz 648
Kennes, Dr. Ing. Werner, Generalmajor 610, 617, 618, 857–859
Keppler, Georg, SS-Gruppenführer 348
Kerenski, Alexander, Feodorowitsch, Ministerpräsident 219, 445
Kessel, Albrecht von, Konsul, Legationsrat 52, 87, 121, 135, 290, 310, 317, 321, 714, 734, 738, 742, 776
Ketrczyn, s. Rastenburg
Ketteler, Wilhelm Freiherr von, Legationsrat 49
Kienitz, Werner, General der Infanterie 544–546, 842
Kiep, Dr. Otto, Gesandter 51, 87, 453, 466, 823
Kießel, Dr. Georg, SS-Obersturmbannführer 463, 628, 743, 873
Kiew 352
King, William Lyan Mackenzie, kanadischer Ministerpräsident 77
Kirby, Dr. John, Professor 13
Kirchen 27, 28, 41, 42, 47, 104, 240–243, 252, 263, 266, 268, 269, 272, 280, 285, 292, 359, 444

Kirchenpaur von Kirchdorff, Wilhelm, Generalmajor 547
Kirchheim, Heinrich, Generalleutnant 646
Kirk, Alexander C., Gesandter 143, 154, 208, 254, 279, 280, 283, 321, 736
Kissingen 449, 470
Kißling, Georg Konrad, Major d. R. 431
Kißling, Georg Conrad, Gewerkschaftssekretär 785
Klamroth, Bernhard, Oberstleutnant i. G. 412, 413, 461, 470, 482, 633, 634, 779, 799
Klamroth, Hans Georg, Kaufmann, Major d. R. 651
Klapper, Johannes, Major d. R. 840
Klausing, Friedrich Karl, Hauptmann 482, 647, 649, 799, 802, 803, 805, 829, 830
– mit Stauffenberg im FHQu 469, 471–476
– am 20. Juli in der Bendlerstraße 514, 516, 522, 600, 621, 625
Kleber, Franz, Oberstleutnant d. R. 610, 618, 826
Klein-Obisch 695
Kleist, Berndt von, Oberstleutnant i. G. 330, 347
Kleist, Ewald von, Generalfeldmarschall 756
Kleist, Ewald Heinrich von, Oberleutnant 398, 403, 470, 477, 482, 519, 520, 522–524, 611, 625, 627, 640, 677, 776, 834, 863
–, Attentatplan 405, 406
Kleist, Peter, Referent im Auswärtigen Amt 310
Kleist-Schmenzin, Ewald von, Gutsbesitzer, konservativer Politiker 36, 37, 87, 195, 245, 405, 440, 640, 643, 675, 677–679, 726
–, Friedensmission 1938 82–86
Kleßheim 356, 410, 463, 777, 796
Klett, Dr. Arnulf, Rechtsanwalt 53
Kluge, Günther von, Generalfeldmarschall 65, 66, 214, 271, 331–333, 351, 352, 369, 407, 446, 456, 469, 478–481, 524, 614, 637, 638, 651, 729, 741, 756, 763, 764, 766, 851, 855, 868, 900
– nimmt Dotation an 338, 756

–, Bemühungen um seine Beteiligung am Staatsstreich 338, 340, 345, 347, 349, 354, 360, 361, 369–373, 436, 419, 459
– am 20. Juli 581–589
–, Selbstmord 638
Knaak, Gerhard, Major 402, 403, 412, 413, 775, 779
Knaak, Wolfgang, Oberleutnant 124
Knapp-Fisher, James 285
Knochen, Dr. Helmut, SS-Standartenführer 587, 591, 637
Knodel, Oberfeldwebel 403
Koblenz 12, 182, 211, 704
Koch, Annemarie 796
Koch, Erich, Gauleiter von Ostpreußen 543, 842
Koch, Dr. Hans 454, 796
Koch-Erpach, Rudolf, General der Kavallerie 551–553, 844
Kodré, Heinrich, Oberst i. G. 382, 438, 573–580, 636, 849, 850
Köhler, SS-Obersturmführer 576, 580
Koelitz, Hans, Generalmajor 575
Köllner, Otto, Oberst 427, 518, 633, 832
Köln 39, 147, 176, 338, 343, 762
König SJ, Lothar, Jesuitenpater 52
König, Rittmeister 351
Königs, Gustav, Staatssekretär 454
Königsberg 29, 91, 315, 338, 381, 431, 440, 487, 502, 542–544, 567, 841
Königswusterhausen (s. auch Rundfunk) 121, 530, 531, 534, 603
Koerber, Victor von, Rittmeister a. D., Journalist 82
Köstring, Ernst August, General der Kavallerie 780
Kokorin, Wassilij, Leutnant 652, 653
Kolbe, Feldwebel 492
Kolbe, Victor, Oberst i. G. 382, 562, 846
Kollektivattentat (s. auch Attentatmethoden) 318, 347, 759
Kollektivschritt 101–105, 107, 182, 183, 188, 214, 394
Kollontai, Alexandra Michailowna, Gesandtin 294, 309
Kolonien 77–79, 98, 137, 154, 258, 260

Komintern 19, 736
Kommandantur 430, 826, 827, 852, 853
Kommissarbefehl 327–329, 332–335, 339
Kommunismus 17, 19, 35, 103, 230, 266, 277, 281, 284, 289–292, 297, 298, 304, 305, 307, 308, 310, 317, 745, 746
Kommunistische Partei Deutschlands (KPD) 16, 18–20, 23, 31, 32, 36–40, 50, 315, 322, 323, 327, 437, 449, 451, 452, 669, 743, 745, 771, 791, 793
–, Kontakte mit Leber und Reichwein 447, 448, 745, 790–792
Komp, Hermann-Josef, Hauptmann d. R. 610, 618
Konstanz 324
Konzentrationslager 27, 28, 31–33, 40, 41, 50, 53, 59, 113, 121, 277, 317, 319, 366, 367, 387, 400, 440, 447, 451, 452, 466, 533, 576, 581, 604, 635, 636, 640, 652, 793, 873
Kopenhagen 215, 303
Kopkow-Cordes, Horst, Kriminalrat, SS-Sturmbannführer 626, 823
Koralle 425, 429, 483, 486, 502
Kordt, Dr. Erich, Legationsrat, Chef des Ministerbüros im Auswärtigen Amt 52, 87, 88, 128, 169, 176, 177, 195, 198, 680, 681, 698, 706
–, Friedensmission 1938 90–93
–, Friedensmission 1939 141–144
–, Attentatplan 176–177, 320–322
Kordt, Dr. Theodor, Botschaftsrat, Geschäftsträger 52, 87, 88, 132, 195, 680, 681, 705, 714
–, Friedensmission 1938 90–93
–, Friedensmission 1939 142–144, 154 bis 156, 197, 198
Korfes, Gudrun 743
Korfes, Otto, Generalmajor 306
Korff, Martin, Major 537–539, 595, 854
Kornelimünster 12
Korridor 85, 137, 139, 140, 201, 262, 700, 722, 733
Korschen 353
Korten, Günther, General der Flieger 494, 496, 497
Kortzfleisch, Joachim von, General der

Infanterie 383, 385, 524, 525, 531, 544, 592, 612, 619, 629, 630, 899
Kosney, Herbert 656, 875
Koßmann, Bartholomäus, Rechtsanwalt 439, 440
Koßmann, Karl-Richard, Oberst i. G. 788, 900
Kosthorst, Dr. Erich 722
Kostriba, Max, Maurer 316
Kovacevis, Iovan 326
Kowno 335
Kraewel, Kurt von, Oberstleutnant d. R. 583, 587, 589, 638
Krakau 552, 567, 847
Kramarz, Dr. Joachim 390, 747, 797
Krampnitz (s. auch Panzer-Truppen-Schule) 385, 430, 477, 484, 485, 527, 533–535, 593, 599, 600, 603, 797, 828
Krancke, Theodor, Admiral 589, 590
Kranzfelder, Alfred, Korvettenkapitän 301, 302, 425, 429, 483, 741, 808
Krausnick, Dr. Helmut, Professor 44, 677, 698
Kreisau 278
Kreisauer Kreis 52, 227, 239, 247–252, 255, 265, 278–280, 288, 289, 297, 299, 300, 302, 305, 441, 443, 452, 456–458, 523, 728, 730, 731, 734, 744, 745, 767, 790, 791, 794
–, Teilnehmer 51, 52
–, Verfassungsentwürfe 247–254
–, Verbindung mit Goerdeler-Kreis, Tagung Januar 1943 444–448
Kremin 316
Kreta 222
Kretz, Erich, Leutnant 491–493, 497, 809
Kreuter, Geheimrat 638
Kreuznach s. Bad Kreuznach
Kriebel, Karl, General d. Infanterie 646
Kriebitzsch, Harald, Hauptmann d. R. 899
Kriege, Dr. Walter, Ministerialdirigent 454
Kriegsministerium s. Reichskriegsministerium, Bendlerstraße
Kriegsziele (alliierte) 149, 150, 261, 275
Krim 399, 401

Kroeger, Otto, Oberst z. V. i. G. 561
Kroehl, Obergefreiter 574
Krohne s. Crohne
Krupp von Bohlen und Halbach, Alfried, Industrieller 675
Küchler, Georg von, Generalfeldmarschall 271, 338, 371, 544, 841
Kuenzer, Dr. Richard, Legationsrat i. R. 51, 124, 125, 655
Küstrin 860
Kütt, Rudolf, Generalmajor 561
Kuhn, Friedrich, Oberst i. G. 550
Kuhn, Joachim, Major i. G. 401–403, 412, 413, 634, 775, 778, 779
Kuhnert, Karl, Postoberamtmann 782
Kunstmann, Adolf, Gau-Stabsamtsleiter 867
Kuntze, Walter, General der Pioniere 616, 617, 619
Kunze, Otto 655
Kupfer, Max, Kapitän zur See 425
Kurhessen 554
Kurland 615
Kurowsky, Fanny von 51
Kursk 225, 351, 369

La Roche-Guyon 433–435, 581, 583, 584, 585, 588
Lagebesprechung 372, 374, 397, 400, 407, 409, 410, 415, 468–476, 479, 482, 483, 486–506, 756, 773, 774, 800, 802, 804, 807, 811–814, 817, 819, 894
–, angebliche Verlegung am 20. Juli 802, 808
Lahousen, Erwin, Generalmajor 321, 344, 350, 695, 702, 752, 758, 760
Laicher, Fritz, Oberst 559
Lampe, Dr. Adolf, Professor 239, 657
Lanark 93
Lancaster 35
Lancken, Fritz von der, Oberstleutnant 413, 485, 524, 625, 626, 909
Landau 39
Landesverrat 40, 79, 208, 212, 214, 215, 218, 219
Landsberg/Warthe 66, 120
Lang, Hans, Hauptmann 785
Langbehn, Dr. Carl, Rechtsanwalt 52,

255, 261, 262, 276, 296, 367, 368, 370, 449, 454, 465, 466, 643, 764, 797, 798
–, Verhandlungen mit Himmler 367, 368
Lange, Leo, Kriminalkommissar 643
Langemarck 124
Langhaeuser, Rudolf, Oberst 830, 859, 899
Lankwitz 535
Lanz, Hubert, General der Gebirgstruppen 348, 433, 639
–, Verhaftungsplan 347–350
Lasker-Schüler, Else 30
Laternser, Dr. Hans, Rechtsanwalt 707
Lattmann, Hans, Oberst 785
Laue, Dr. Wolfgang, Regierungspräsident 565, 847
Lauenburg 640
Lausanne 196
Lautlingen 385, 386, 395, 657
Lautz, Ernst, Oberreichsanwalt 866
Le Bourget 307
Lebensraum 56, 57, 74, 80, 98, 140, 183, 194, 221, 337, 685, 725
Leber, Annedore 12, 465, 799, 821
Leber, Dr. Julius, Innenminister 52, 53, 124, 135, 158, 169, 226–230, 253, 299, 305, 307, 308, 312, 439, 449–453, 455, 462, 465, 466, 480, 640, 651, 661, 736, 738, 748, 791–793, 871
– und Kreisauer Kreis 297
– Zusammenarbeit mit Stauffenberg 312
–, Kontakt mit dem Zentralkomitee der KPD 447, 448, 745
–, Verhaftung 313, 448, 465, 795, 797
–, Folterung 794
Leber See 618
Lechler, Otto, Oberstleutnant i. G. 487, 488, 810, 812
Leeb, Wilhelm Ritter von, Generaloberst 45, 161, 164, 165, 173, 179 bis 183, 188, 189, 211, 214, 333, 707, 708, 711, 719, 756
–, Denkschrift 161–163
Léger, Alexis Saint-Léger, Secrétaire Général du Ministère des Affaires Étrangères 77, 78, 138

Lehmann, Dr. Rudolf, Generalstabsrichter 645
Lehndorff-Steinort, Heinrich Graf von, Oberleutnant d. R. 331, 431, 461, 640, 642, 789
Lehrter Straße 653–656, 874
Leiber SJ, Robert, Jesuitenpater 204, 205, 365, 721–723, 726
Leibniz, Gottfried Wilhelm 393
Leipart, Theodor, Erster Vorsitzender der Freien Gewerkschaften 27
Leipzig 40, 64, 75, 76, 136, 158, 301, 440, 481, 730
Lejeune-Jung, Dr. Paul, Geschäftsführer 453, 454, 791
Lemberg 280, 434
Lemmer, Ernst 635
Leningrad 401
Leninistische Organisation 37, 38
Lenz, Dr. Otto, Rechtsanwalt, Landgerichtsdirektor a. D. 454
Leon, Friedrich, Diplomingenieur 657
Leonrod, Ludwig Freiherr von, Major 431, 485, 622, 628, 776, 789
Leopold (s. auch Nachrichtenverbindungen) 821
Leopold III., König der Belgier 180, 196, 715
Lerche, Anni, Sekretärin 515
Lerchenfeld, Anna Freifrau von, geb. Freiin von Stackelberg 640
Letterhaus, Bernhard, Hauptmann d. R. 169, 439, 440, 444, 454
Lettland 131, 219
Leuschner, Wilhelm, Gewerkschaftsführer 49, 53, 124, 166, 169, 228, 229, 237, 239, 245, 268, 270, 273, 305, 416, 419–422, 434, 437–440, 447, 449, 450, 453, 640, 643, 714, 728, 729, 738, 791, 792
– und Kreisauer Kreis 297
Leverkuehn, Dr. Paul, Jurist 282, 735
Lewinski, genannt von Manstein, s. Manstein
Ley, Oberrat 476, 842
Ley, Dr. Robert, Leiter der Deutschen Arbeitsfront 240, 756
Libyen 76

Lichtenrade 483
Lichterfelde (s. auch Heeres-Feuerwerker-Schule) 67, 121, 209, 376, 384, 443, 523, 535–539, 594, 828
Lidice 568
Liedig, Dr. Franz Maria, Fregattenkapitän 123–125, 168, 187, 188, 200, 230, 653, 694
Liegnitz 552
Lille 303
Lindbergh, Charles 35
Lindemann, Fritz, General der Artillerie 469, 533, 614, 634–636, 639, 640
Lindenberg, Gerhard, Mitarbeiter der Lufthansa 313
Linge, Heinz, SS-Hauptsturmführer 487, 496
Linstow, Hans-Ottfried von, Oberst i. G. 551, 582, 583, 586, 588, 590, 637, 638, 651, 900
Liphart, Hans, Oberst 382, 562, 563, 846
Lipski, Josef, Botschafter 146
Lissabon 256, 296, 311, 312, 523
List, Wilhelm, General der Infanterie 63–65, 214, 672
Litauen 219
Lloyd, Lord (George Ambrose, 1st Baron Lloyd of Dolobran) 83, 85, 140, 141, 678, 679
Lloyd George, David 35
Lobbes, Hans, Kriminalrat 752
Locarno 392
Lochner, Louis P., Leiter des Berliner Büros der Associated Press 143, 263 bis 265, 701, 733
Lockhart, Sir Robert Hamilton Bruce 278
Löbe, Paul, Reichstagspräsident 435
Lörrach 534
Loeser, Ewald, Bürgermeister von Leipzig, Direktor bei Krupp 453
Lothringen 267
Lötzen 401, 416, 418, 423, 424, 476, 486, 505, 633, 782, 821
Löwenbräu s. Bürgerbräu
Löwenheim, Walter 37, 38
Lohmann, Walter, Vizeadmiral 559

London 41, 60, 77–84, 86–88, 90, 105, 137–143, 148, 152, 154, 157, 196, 197, 201, 202, 214, 215, 258, 260–262, 268, 274, 275, 277, 281, 288, 289, 300, 304, 310, 358, 675, 678, 680, 683, 700, 701, 705
Londonderry, Lord, Lordsiegelbewahrer 34
Lonsdale Bryans, James 198, 199, 201, 202, 208, 720
Lothian, Lord (Philip Henry Kerr Marquess of Lothian), Botschafter 35, 139, 140, 149, 254, 257, 258
Louis Ferdinand, Prinz von Preußen 123, 169, 245, 246, 263, 264, 272, 311, 841
Lubbe, Marinus van der, Kommunist 41
Ludendorff, Erich, General 58, 108, 180
Ludwig, Curt, SS-Obersturmführer 576
Lübben 618
Lüdemann, Hermann, Finanzminister 439, 440
Lüneburg 440
Lüninck, Ferdinand Freiherr von, Oberpräsident 65, 454
Lüninck, Hermann Freiherr von, Major d. R., Oberpräsident 441, 655
Lüttwitz, Heinrich Freiherr von, Generalleutnant 436
Luftwaffe 61, 95, 115, 160, 164, 220, 283, 300, 312, 394, 416, 425, 435, 494, 516, 590
Luftkrieg 286, 288, 290, 291, 312, 370, 383–385, 388
Lukaschek, Dr. Hans, Rechtsanwalt 52, 440, 452, 553, 655, 766, 767, 789, 792, 796, 844
Luther, Martin 28
Lutter, Kurt, Schiffszimmermann 315
Lutze, Viktor, Stabschef der SA 63
Luxemburg 161, 163
Lynar, Wilhelm-Friedrich Graf zu, Major d. R. 449, 614, 615, 630

Maaß, Hermann, Gewerkschaftsführer 124, 143, 265, 637, 648, 695, 702, 871
MacEwen, David 285, 290, 295

Machtergreifung 21, 25, 37, 42, 69, 95, 772
Mackensen, August von, Generalfeldmarschall 431, 785
Mackenzie King, William Lyon, Ministerpräsident 77
Mader, Herbert, SA-Führer 847
Madrid 258, 259, 310, 311, 313, 449, 625
Magee, Warren E. 678
Maier, Dr. Hedwig 798
Main 23
Maisch, Ernst, Hauptmann 851
Maisel, Ernst, Generalmajor 618, 646, 651
Maître, Alexander, Hauptmann 537, 538, 595, 839
Majnemer, Dr. Fiszel 657
Malone, H. O. 735
Mann, Heinrich 30
Mann, Thomas 30
Mannheim 39
Manstein, Erich von, Generalfeldmarschall 45, 96, 173, 330, 348, 360, 361, 371, 395, 683, 701, 711, 763, 773
Manteuffel, Hasso von, Rittmeister 391
Marburg 43, 48
Margival 434
Marguerre, Hans, Major 322, 751
Marienfelde 483
Marine 61, 95, 160, 164, 416, 425, 482, 489, 494, 502, 516, 590, 591
Marks, Carl 653, 655
Markwitz 49
Marmara-Meer 278
Marogna-Redwitz, Rudolf Graf von, Oberst 364, 431, 438, 577, 578
Marokko 221
Marx, Karl 28
Marx, Josef, Oberst z. V. 575
Marxismus 136
Mason-Macfarlane, F. Noel, Oberst, Militärattaché 84, 316, 678, 750
Massenbach-Salleschen, Wolf Freiherr von, Major d. R. 899
Mattenklott, Franz, General der Infanterie 549
Matuschka Freiherr von Toppolczan und Spaetgen, Edgar Graf von, Hauptmann 331
Mauersee 779
Mauerwald 353, 379, 401, 402, 412, 413, 416, 424, 426, 471, 473, 476, 486, 487, 499, 500, 503, 505, 507, 508, 510, 541, 583, 585, 618, 631–634, 779–781, 783, 822, 859
Maultzsch, Herbert, Oberstleutnant 416
Mauthausen 636
Maybach (s. auch Zossen) 416, 427, 507, 611
Mayen 176
Mechelen 192
Mecklenburg 440, 842
Meichßner, Joachim, Oberst d. G. 373, 460, 511, 774, 795, 809–811, 823, 825
– lehnt Attentatausführung ab 397, 398
Meier, Ulrich, Fregattenkapitän 502
Meiningen 542
Meißner, Hans Otto, Staatssekretär 25
Memel 434
Memorandum s. Denkschrift
Mendelssohn-Bartholdy, Felix 675
Menge, Dr. Arthur, Oberbürgermeister von Hannover 440
Menschenrechte 248, 253, 267
Meran 748
Meran, Dr. Karl Graf von 669
Merseburg 135
Mertz von Quirnheim, Albrecht Ritter, Oberst 305, 306, 390, 429, 474, 475, 477, 482, 484, 511, 512, 514, 519, 521, 524, 536, 555, 593, 599, 601, 604, 608–610, 613, 621–625, 628, 743, 771, 799, 803, 804, 806, 826–828, 857, 899
Mertz von Quirnheim, Hilde 474, 475, 799
Messersmith, George S., Assistant Secretary of State 77, 149–151
Mewes, Reinhold 40
Mexiko 40
Meyer, Major 575
Meyer, Dr. Herbert, Major d. R. 384
Meyer, Ilse-Dörte, Sekretärin 820, 821
Meyer, Kurt, SS-Oberführer 588
Meyerhöfer, Johann, Generalmajor 846

Michel, Dr. Elmar, Ministerialdirektor 582, 850, 900
Mierendorff, Dr. Carlo, Sozialdemokrat 52, 53, 227, 229, 443, 444, 454, 456, 730, 731, 736, 738
–, Programmentwurf 1943 447
Mikulicz, Adalbert, Generalleutnant 575
Milch, Erhard, Generalfeldmarschall 358, 756
Mildner, Dr. Rudolf, SS-Standartenführer 576, 577, 580
Miles s. Löwenheim
Miles-Gruppe s. Leninistische Organisation
Militärdiktatur 235, 245, 269, 449, 791
Minsk 352, 403, 406, 409, 410, 413, 760, 775
Minusio 392
Mischler, Dr. 49
Mittwochgesellschaft 687
Mitzkus, Bruno, Oberstleutnant 381, 592, 602, 899
Moabit (s. auch Lehrter Straße) 513, 528, 529, 533, 594, 598, 653–655, 836
Model, Walter, Generalfeldmarschall 354, 355, 358, 359, 638
Möllendorf, Leonhard von, Rittmeister d. R. 471, 487, 492, 816
Möllers, Alfred 875
Mörl von Pfalzen zu Mühlen und Sichelburg, Dr. Anton Ritter, Sicherheitsdirektor 438, 441
Moll, Carlos 655
Molotow, Wjatscheslaw Michailowitsch, Minister des Äußeren 652
Moltke, Freya Gräfin von 280, 736, 794
Moltke, Helmuth Graf von, Generalfeldmarschall 108
Moltke, Helmuth James Graf von, Rechtsanwalt 52, 239, 247, 252–254, 265, 276–283, 288, 289, 293, 295, 296, 299, 303, 306–308, 336, 394, 441–447, 450, 455, 456, 466, 480, 640, 668, 730, 735–737, 767, 789, 790, 791, 793, 794, 823, 873
–, Friedensmission in London 1939 140, 141
–, Kontakte zu den Alliierten 1943 275–278
–, Einstellung zu Staatsstreich und Attentat 279, 446, 447, 457, 458
Momm, Harald, Oberst 535, 838
Mommsen, Dr. Hans, Professor 226, 243, 253
Monarchie (s. auch Restauration) 206, 237, 245, 246, 251, 255, 271, 732, 733
Monckton, Sir Walter Turner, Generaldirektor im britischen Informationsministerium 284
Montenegro 326
Montgomery, Bernard Law, Viscount of El Alamein, Feldmarschall 311, 434
Mord 23, 31, 32, 36, 37, 41, 42, 44, 48, 75, 109, 110, 121, 147, 148, 194, 315, 320, 328, 332–334, 339, 349, 364, 366, 367, 396, 397, 399, 400, 411, 437, 451, 455–458, 652–656, 693
Mordregister 32, 787
Morell, Reinhard, Hauptmann 575
Morell, Dr. Theo, Arzt 496
Morgenthau Jr., Henry, Secretary of the Treasury 77
Moritz, Hermann 656
Moskau 52, 131, 142, 222, 329, 359, 447, 679, 736, 743, 780, 870
Moskau, Deklaration von 437
Mottu, Philipp 738
Moysee 804
Mühlen, Dr. Heinrich von zur 764, 791
Müller, Eugen, General der Artillerie 333
Müller, Heinrich, SS-Obergruppenführer 324, 480, 611–613, 641, 642, 645, 752, 806, 863, 869, 873, 875
Müller, Dr. Josef 174, 176, 190, 193, 202 bis 207, 209, 211, 214–216, 268, 276, 295, 296, 364, 365, 466, 480, 643, 653, 708–710, 721, 726
–, englische Kontakte in Rom 203 bis 207, 295, 705, 720–723
–, Verhaftung 364
Müller, Ludwig, Reichsbischof 28, 29
Müller, Max, Oberstudienrat 809
Müller, Vincenz, Oberstleutnant 132, 180, 182, 707, 714

Personen-, Orts- und Stichwortverzeichnis 985

Müller, Wolfgang, Oberst 531–534, 603, 837
Müller, Derichsweiler, Erich, Generalmajor 575
Müller-Hillebrand, Burkhart, Generalmajor 699
München 12, 24, 41, 43, 49, 120, 157, 180, 181, 203, 262, 268, 276, 277, 317, 321, 324, 338, 343, 346, 363, 379, 381, 385, 395, 424, 431, 440, 470, 510, 551, 562, 706, 715, 752, 768
München, Konferenz und Abkommen von 73, 92, 129–132, 137–139, 141, 155, 171, 205, 267, 320, 698, 707, 723
Münsingen 549
Münster 42, 65, 110, 111, 345, 431, 440, 549–550
Muhle, Dr. Hans 149
Mumm von Schwarzenstein, Dr. Herbert, Legationssekretär 51
Munster-Lager 558
Munzinger, Ernst, Oberstleutnant 655
Murr, Wilhelm, Gauleiter von Württemberg 549
Mussolini, Benito, Ministerpräsident, Duce 73, 127, 129, 132, 142, 146, 208, 211, 221, 369, 487, 502, 597, 626
Mutschmann, Martin, Gauleiter von Sachsen 547, 548
Mylius, Dr. Helmuth 315, 749
Myrdal, Gunnar, Professor, Senator 294

Nachrichtendienst s. Geheimdienst
Nachrichtensperre 499, 502, 504–511, 608, 632, 822, 823, 825
– Vorausmaßnahmen am Tag des Attentats 500
Nachrichtenverbindungen (s. auch Alarich, Anna, Leopold, Nora, Vermittlung, Zeppelin) 119, 167, 172, 385, 400, 414–428, 431, 469, 470, 479, 497, 499, 505, 507–510, 514–516, 525–527, 541, 544, 550, 555–561, 567, 570, 584, 588, 589, 593, 601, 602, 608, 614, 633, 693, 780–784, 819–822, 829–831, 848, 854, 864, 890–892
Nagel, Major von 536
Nake, Helmut, Obergefreiter 856

Napoleon 277
Narvik 220
National Archives 12, 704
Nationalismus 16, 37, 80, 137, 201, 266
Nationalkomitee »Freies Deutschland« 289, 293, 304–307, 447, 736, 737, 743, 771, 789
Nationalsozialismus 17, 18, 22, 28, 33, 39–41, 43, 48, 51, 53, 54, 69, 75, 84, 102, 121, 136, 141, 152, 158, 187, 194, 230, 235, 255, 264, 266, 267, 286, 291 bis 293, 297, 300, 329, 366, 367, 371, 391, 446, 548, 557, 597, 644, 771
Nationalsozialistische Deutsche Arbeiterpartei (NSDAP) 16, 17, 20–28, 34, 36, 37, 42, 45–49, 53, 68, 76, 95, 121, 135–137, 149, 150, 153, 159, 167, 168, 170, 181, 182, 193, 194, 198, 206, 207, 212, 219, 227, 229, 234, 238, 241, 275, 337, 338, 346, 380, 384, 386, 387, 390, 392, 419, 420, 437, 441, 442, 509, 515 bis 517, 523, 525, 530, 555, 558, 560, 561, 563, 575, 580, 584, 743, 768, 791, 848
Nauen (s. auch Rundfunk) 532–534, 608
Naumann, Dr. Werner, Staatssekretär 558, 559
Nebe, Arthur, Reichskriminaldirektor 63, 65, 119, 121, 168, 334, 404, 414, 465, 511, 527, 593, 615, 636, 650, 752, 755, 771, 806, 807, 823, 867
Nebgen, Dr. Elfriede 243, 430, 444, 455, 635
Nedlitz 836
Negendanck, Hans, Oberst 508, 509
Nettesheim, Kurt 773
Neu Beginnen s. Leninistische Organisation
Neubabelsberg 361, 371, 769
Neubauer, Dr. Theodor, Kommunist 40
Neudeck 45
Neuerburg, Wilhelm Helmuth, Generalarbeitsführer 556
Neumayr, Alfred, Major 575
Neurath, Konstantin Freiherr von, Reichsaußenminister 55, 60, 434, 674, 756

New York 148, 152, 154, 262, 282, 283
Nida, Ludwig von, Generalmajor 382, 554
Nieden, Wilhelm zur, Stadtbaurat a. D., Generaldirektor 653, 655
Niederlande s. Holland
Niederländisch-Indien 224
Niekisch, Ernst 35–37, 49, 50, 317
Niemöller, Martin, Pfarrer 28
Nikolsburg 171
Noack, Vera, Fernschreiberin 831
Noots, Hubert, Generalabt 205
Nordafrika 221, 223
Nordhausen 658
Norman, Sir Montagu, Gouverneur der Bank von England 76, 139
Normandie 285, 307, 478, 568, 585, 774
Norton, D. 301
Norwegen 202, 210, 211, 214, 220, 254, 276, 296, 322, 457, 724, 741
Noske, Gustav, Reichswehrminister 124, 135, 439, 440, 558, 630, 657
Nostitz, Gottfried von, Legationsrat 52, 209, 680
Notverordnung 19, 20, 23, 24
Nürnberg 47, 72, 73, 89, 92, 93, 114, 115, 316, 382, 431, 441, 551, 562, 563, 653, 845, 846
Nürnberger Gesetze 272
Nürnberger Prozesse 95, 96, 143, 649, 679, 680, 690, 691, 700, 702, 706, 707, 775, 869
Nürnberg, Willy, Oberst 899

Oberbefehlshaber (s. auch Oberkommando)
Oberbefehlshaber des Heeres 55, 61, 62, 66, 71, 81, 88, 94, 118, 119, 160, 168, 177, 183, 333, 336
Oberbefehlshaber der Heeresgruppen (s. auch Heeresgruppen) 180, 182, 183, 194, 329, 331–334
Oberbefehlshaber der Luftwaffe 55, 71, 183
Oberbefehlshaber der Marine 55, 71, 158, 183
Oberbefehlshaber der Wehrmacht (ausgewählte Stellen) 45, 58, 60, 101, 168, 214, 494
Oberg, Carl-Albrecht, SS-Gruppenführer 582, 584, 586, 587, 589–591, 637, 638
Oberhäußer, Eugen, Generalleutnant 582, 900
Oberkommando des Heeres (OKH) 106, 115, 128, 183, 187, 193, 195, 210, 211, 214, 320, 352, 353, 372, 383, 397, 389 bis 622 (häufige Nennungen), 699, 705, 706, 709, 780, 801, 855
Oberkommando der Wehrmacht (OKW) 51, 65, 82, 176, 183, 185, 349, 350, 435, 521, 543, 550, 644, 682, 705, 775, 855
Oberkommando der Wehrmacht/Amt Ausland/Abwehr s. Amt Ausland/Abwehr
Oberlindober, Hans, SA-Obergruppenführer 355, 358
Obersalzberg (s. auch Führerhauptquartier, Berghof) 69, 73, 106, 259, 298, 410, 732, 805
Oder 287
Odin 569
Oertzen, Hans-Ulrich von, Major i. G. 330, 403, 431, 477, 481, 629, 634, 643, 778, 783, 828
–, Beteiligung an »Walküre«-Vorbereitungen 383
–, Beteiligung an Attentatplan 407, 408
–, am 20. Juli 512, 513, 524, 525, 530, 531, 534, 592, 595
–, Verhaftung und Selbstmord 629, 630, 778
Österreich 56, 58, 61, 69–71, 78, 81, 82, 101, 112, 116, 170, 200, 205, 206, 209, 212, 262, 373, 382, 393, 437, 438, 568, 683, 722, 733, 748
Österreichische Volkspartei (ÖVP) 437
Offenbach 39
Offensive s. Angriff, Ostoffensive, Westoffensive
Office of Strategic Services (OSS) 279, 282, 283, 295, 733, 736, 840
Ogilvie-Forbes, Sir George, Gesandter 82, 83, 147, 677, 702
Ohnesorge, Dr. h. c. Wilhelm, Postminister 509

Olbricht, Friedrich, General der Infanterie 64, 168, 628, 765, 776, 783, 796, 799, 800, 801, 804, 805, 821–824, 826, 830, 833, 838, 840, 855, 859, 862, 899
– führend an Staatsstreichvorbereitungen beteiligt, 1943–1944 298, 316, 343, 344, 350, 361, 362, 367 bis 372, 374–378, 385, 386, 390, 396, 399, 405, 406, 416, 427–430, 456, 460, 464, 472–475, 480, 481, 485
– auf der Regierungsliste 454
– am 20. Juli 506, 507, 511–515, 518 bis 521, 524, 526, 530, 533, 535, 539, 545, 573, 592, 593, 599–602, 604, 605, 607, 608–625, 828
Oldenburg 440
Oldenburg-Januschau, Elard von, Kammerherr 37
Olympische Spiele 35
Oppen, Georg Sigismund von, Leutnant 470, 477, 522, 625, 834
Oppenländer, Günter, Oberstleutnant 845
Oranienburg 534, 604
Organisation Todt (OT) 498, 515, 584
Orgieff 765
Orscha 402, 413, 775
Osborne, Sir Francis d'Arcy, Gesandter 204–207
Oslo 196, 741
Osten genannt Sacken, Rolf Baron von der, Oberstleutnant 633, 782
Osten-Sacken, Freiherr von der 638
Oster, Achim, Major i. G. 326, 757, 758
Oster, Hans, Generalmajor 63–65, 68, 83, 86–88, 90, 122, 123, 132, 133, 135, 142, 143, 146, 159, 165, 167, 188, 230, 237, 268, 270, 296, 319–322, 334, 335, 337, 338, 344, 350, 352, 353, 357, 364, 365, 369, 394, 398, 431, 466, 631, 640, 649, 672, 681, 689–695, 706, 709, 715, 717, 718, 723–727, 751, 752, 756
–, Staatsstreichvorbereitungen 1938 94, 108, 110, 111, 113–117, 119, 121 bis 125, 128
–, Friedensbemühungen 1939 144, 145
–, Umsturzbemühungen 1939 168, 172–182

– und Müllers römische Sondierungen 203–214
– verrät Holland den Angriffstermin 215–219
–, Dienstenthebung und Entlassung 364, 365
– auf der Regierungsliste 454
–, Verhaftung 630
–, Ermordung 652, 653
Ostfront 279, 280
Ostoffensive 225, 261, 335
Ostpreußen 13, 171, 262, 287, 306, 351, 353, 371, 372, 401, 405, 413, 416, 423, 426, 459, 462, 471, 473, 477, 484, 487, 501, 506, 507, 631, 634, 733, 748, 767, 769, 822
Ott, Jakob, Sozialdemokrat 39
Ouchy 138, 196
Oven, Margarete von, Sekretärin 388
Oxford 139, 151, 276, 737

Pacelli, Eugenio s. Pius XII.
Pakt, deutsch-sowjetischer 139–143, 145, 219
Palästina 76, 246
Palo Alto 282
Palombini, Kraft Freiherr von 655
Panzer-Ersatz-Brigade (s. Cottbus) 481, 483, 484, 525, 529–531, 600, 603, 828
Panzer-Korps »Großdeutschland« s. Division »Großdeutschland«
Panzer-Truppen-Schule (s. auch Krampnitz) 385, 526, 530, 531, 533–535, 603
Panzinger, Friedrich, Regierungsdirektor, Generalmajor der Polizei, SS-Oberführer 645
Papen, Franz von, Vizekanzler, Botschafter 23, 42, 43, 48, 49, 60, 75, 310, 735
Paris 39, 77, 137–139, 225, 262, 276, 324, 325, 326, 329, 337, 382, 432, 433, 437, 524, 568, 581–592, 621, 637, 675, 700, 744, 774, 785, 786, 793, 822, 850–852, 854, 855, 863
–, Umsturzvorbereitungen 432–436
Parlament, parlamentarisches System 234, 236–238, 244, 245, 249, 251, 252
Parteien 117, 232, 238, 244, 252, 253
Parteitag s. Reichsparteitag

Pearl Harbour 224, 263
Pechel, Dr. Rudolf, Schriftsteller 49, 53, 141, 147
Pegnitz 120
Perels, Friedrich Justus, Rechtsberater der Bekennenden Kirche 653, 655
Perse, St.-John s. Léger
Peschel, Dr. Kurt, Oberregierungsrat, Stenograph 472, 475, 799
Peters, Dr. Hans Carl Maria, Professor 52, 447
Peters, Kreisleiter von Rendsburg 558
Pezold, Bernd von 795
Pfizer, Dr. Theodor, Reichsbahnrat 390
Pfuhlstein, Alexander von, Generalmajor 344, 350, 366, 758
Philips, William, Undersecretary of State 34
Pieper, Heinz, Hauptmann 471, 484, 486, 487, 811, 816
Pietzuch, Konrad, Arbeiter 16
Pifrader s. Achamer Pifrader
Piggott, Julian, Geschäftsmann 86
Pilati, Oskar Graf von, Major d. R. 657
Pirzio Biroli, Dr. Detalmo 199
Pistolenattentat (s. auch Attentatmethoden) 322, 339, 347, 356, 400, 402, 406, 408
Pius XI., Papst 29
Pius XII., Papst 137, 190, 203–207, 276, 365, 721–723
Planck, Dr. Erwin, Staatssekretär, Direktor 45, 144, 208, 233, 336, 643
Plappert, Dr. Werner 738
Plaßmann, Dr. Clemens 796
Plate, Claus-Henning von, Oberst i. G. 382, 554–557, 844
Plauen 120
Plewe, Dr. Eberhard, Amtsgerichtsrat 654
Plötzensee 315, 316, 649, 656, 872
Poelchau, Dr. Harald, Gefängnispfarrer 52
Polen 56, 57, 62, 70, 75, 77, 78, 109, 110, 124, 131–134, 139, 141, 142, 144 bis 148, 153–155, 157, 159, 160, 163, 164, 170, 171, 186, 189, 193, 194, 198, 200, 201, 205–207, 215, 219, 233, 258, 261, 267, 270, 272, 287, 300, 301, 320, 327, 329, 331, 390, 393, 647, 675, 703, 710, 717, 723
Politische Beauftragte 383, 430, 438 bis 440, 446, 451, 516, 542, 553, 557, 631, 636, 769, 784, 832, 842, 844
Polizei 113, 116, 118, 119, 121, 148, 189, 233, 239, 291, 327, 334, 350, 417, 470, 515, 521, 525, 527, 560, 561, 577, 609, 612, 615, 626, 653, 693, 752
Poltawa 348, 349
Pommern 440, 544
Popitz, Dr. Johannes, Finanzminister, Professor 52, 144, 158, 169, 192, 207, 208, 214, 230, 233–240, 255, 256, 259, 261, 335–337, 360, 370, 443 bis 445, 449, 450, 453–455, 465, 466, 614, 630, 640, 717, 764, 797, 798
–, Verfassungspläne 236–240
–, Verhandlungen mit Himmler 367, 368
Poppe, Ulrich, Major 508
Portugal 257
Posen 329, 333, 382, 431, 441, 543, 566
Potempa 16, 17
Potsdam 64, 116, 118, 120, 133, 168, 325, 363, 384, 398, 403, 413, 430, 470, 477, 482, 485, 511, 521, 523, 534, 561, 619, 655, 673, 698, 763, 769, 774, 823, 825, 835, 836
Pottenstein 120
Prag 27, 49, 110, 130–133, 138, 140, 315, 318, 382, 431, 441, 568–573, 579, 701, 831, 847, 848
Praun, Albert, General der Nachrichtentruppen 420, 633, 634
Presse 20, 22, 30, 71, 133, 172, 187, 232, 235, 236, 240, 241, 526
Pretzell, Horst, Oberstlt. i. G. 332
Preußen 78, 648
Pridun, Karl, Oberstleutnant i. G. 439, 608, 620, 621, 859, 860, 899
Prinz-Albrecht-Straße s. Geheime Staatspolizei, Reichssicherheitshauptamt
Propagandaministerium 30, 168, 428, 501, 525, 529, 533, 536–538, 594, 603, 612, 835, 855, 856

Protektorat s. Böhmen und Mähren
Prüter, Friedrich-Wilhelm, Generalmajor 558–560, 845
Pückler-Burghaus, Carl Graf von, SS-Gruppenführer 573
Pünder, Dr. Hermann, Major d. R. 381, 653, 693, 843
Puttkamer, Karl Jesko von, Konteradmiral 13, 471, 494, 496
Puttkamer-Nippoglense, Jesco von 657

Queden 486, 493
Quenz 343, 751
Querner, Rudolf, SS-Obergruppenführer 576, 577, 849

R., J., Oberst 797
Rabenau, Friedrich von, General der Artillerie 362
Rácz von Nagylak, Eugen, Verteidigungsminister 72
Radke, Albert, Oberst 412
Rado, Emmy 283
Raeder, Erich, Großadmiral, Oberbefehlshaber der Kriegsmarine 55, 65, 158, 674, 705, 756
Rahnisdorf 481
Rambow, Hermann, Gestapoagent 448
Ramin, Barnim von, Rittmeister d. R. 625
Rangsdorf 428, 486, 493, 504, 511, 600, 825, 826
Rantzau, Ehrengard Gräfin von s. Schulenburg
Rastenburg 13, 343, 348, 352, 372, 417, 418, 423, 424, 471, 476, 483, 486, 493, 496, 502, 505, 511, 626, 758, 777, 780, 802, 809, 810, 823, 824, 886
Ratibor 440
Raus, Erhard, Generalleutnant 348
Rechtsstaat 153, 170–172, 194, 206, 209, 232–235, 272
Recke von Volmerstein, Friedrich Wilhelm Graf von der 696
Reckzeh, Dr. Paul, Chefarzt, Professor 668
Reckzeh, Dr. Paul, Arzt 51, 668
Reclam-Schlee, Hans-Joachim von 657

Regierungsbildung 448–456
Rehagen-Klausdorf 377
Rehrl, Dr. Franz, Landeshauptmann von Salzburg 438, 441
Reichenau, Walter von, Generaloberst 44, 96, 106, 165, 168, 172, 180, 185
– warnt Holland vor dem deutschen Angriff 215
Reichhart, Johann, Scharfrichter 873
Reichsarbeitsdienst (RAD) 555, 584
Reichsbahn 243, 244
Reichskanzlei (nur ausgewählte Stellen) 801
–, Zugang 319–321, 710, 777
Reichskriegsministerium 55, 58, 60, 88, 118
Reichskulturkammer 30
Reichsluftfahrtministerium 52, 311
Reichsparteitag 47, 89, 92, 93, 105, 114
Reichspost 119, 243, 244, 350, 419, 508, 509, 525
Reichssicherheitshauptamt (RSHA) 41, 157, 326, 363, 366, 412, 413, 418, 428, 463, 465, 480, 504, 523, 525, 529, 539, 588, 593, 608, 611, 612, 626–628, 638, 645, 655, 732, 733, 743, 857
Reichs-Sicherheits-Dienst (RSD) 349, 351, 471, 496, 504, 631, 760, 854
Reichsstatthalter 21
Reichstag 15, 19, 20, 23, 26, 48, 53, 229, 232–252, 300
Reichstagbrand 18, 20, 25, 26, 38
Reichswehr 22, 24, 42–48
Reichswirtschaftsministerium 52
Reichwein, Dr. Adolf 52, 230, 305, 308, 447, 454, 462, 466, 736, 744, 871
–, Kontakt zum Zentralkomitee der KPD 447–448
–, Verhaftung 448, 795, 797
–, Folterung 794
Reinecke, Hermann, General der Infanterie 304, 602, 603, 628, 801, 855, 856
Reinhard, Wilhelm, General der Infanterie a. D., SS-Obergruppenführer 355
Reinhardt, Hellmuth, Generalmajor 375, 388, 899
Reinheckel, Hans, Oberst 547, 548

Reinsdorf 414
Reiterverband »Boeselager« 331, 340, 345–347, 351, 462, 758
Reither, Josef, Landeshauptmann von Niederösterreich 438, 439, 441, 577, 578–580
Remer, Otto, Ernst, Major 480, 481, 814, 825, 827–829, 836, 839, 840, 852–856, 861, 863
– am 20. Juli 527–529, 537–539, 593 bis 603, 605, 612, 614, 617, 626, 627, 629, 836
Rendel, Franz, Oberstleutnant 564, 565, 846, 847
Rendsburg 559
Renn, Ludwig, Schriftsteller 39
Reparationen 262, 373, 733
Restauration (s. auch Monarchie, Weimar) 82, 123, 194, 238, 246, 271, 732, 733
Retzlaff, Dr. Carl, SS-Gruppenf. 559
Reuss, Heinrich V. Prinz 826
Reutter, Wilhelm, Oberst 844
Revisionspolitik 34, 70, 78–80, 137, 147, 702
Reynaud, Paul, Justizminister 76
Rhein 148, 223, 225
Rhein (Ostpreußen) 418
Rheingold 375
Rheinlandbesetzung 34
Ribbentrop, Joachim von, Botschafter, Reichsaußenminister 60, 87, 88, 92, 93, 131, 141, 146, 167, 175, 193, 255, 262, 296, 310, 323, 340, 367, 417–420, 490, 498, 597, 674, 709, 739, 756
Richert, Arvid Gustav, Gesandter 195, 719, 726
Richter, Horst, Hauptmann 847
Riezler, Kurt, Sekretär von Bethmann Hollweg 149
Rilke, Rainer Maria, Dichter 392
Ringel, Julius, General der Gebirgstruppen 382, 563–566, 579, 846, 847
Ringler, Albert, Oberst 531, 534
Ritter, Dr. Gerhard, Professor 12, 226, 229, 238, 239, 240, 396, 441, 635, 657, 685, 698, 741, 793, 866
Rittmann, Kurt, Major i. G. 616

Röchling, Dr. Ernst 638
Roeder, Dr. Manfred, Oberstkriegsgerichtsrat 364–366
Röhm, Ernst, Stabschef der SA 24, 43, 44, 48, 49, 59
Röhm-Putsch 43, 44, 47, 318
Röhricht, Edgar, General der Infanterie 64, 65, 711
Röhrig, Dr. Georg, Leutnant 518
Röhrig, Wolfram, Hauptmann d. R. 514–516, 518, 830–832, 842, 855, 861, 862
Roell, Ernst Günther von, Oberst 610, 617, 618
Römer, Dr. Josef (»Beppo«), Freikorps-Hauptmann 36, 40, 50, 51, 53, 667
–, Attentatplan 317, 318
Rösch SJ, Augustinus, Jesuitenprovinzial 52, 657
Rösener, Erwin, SS-Obergruppenführer 564, 565, 847
Röttger, Wilhelm Friedrich, Scharfrichter 873
Rohowsky, Johannes, Oberst 610, 618, 857
Roloff, Wilhelm, Generaldirektor 655
Rom 60, 137, 174, 193, 198, 199, 203 bis 207, 209, 211, 214, 216, 262, 296, 310, 364, 721–723, 739
Rommel, Erwin, Generalfeldmarschall 221, 298, 299, 349, 435, 456, 462, 469, 559, 581, 585, 651, 740, 795, 900
–, Gewinnung für den Staatsstreich 433, 434
–, Beteiligung an der Umsturzvorbereitung 478, 741, 785, 786
–, Verwundung 480
Rommel, Manfred 785
Roon, Dr. Ger van, Professor 226, 767, 793–795
Roos, Fritz, Major i. G. 553
Roosevelt, Franklin Delano, Präsident 148, 223, 224, 261–265, 275, 277, 278, 282, 283, 286–288, 293–295, 304, 311, 312, 733, 737
Rosenberg, Alfred, Reichskommissar für die besetzten Ostgebiete 310, 323, 750, 752, 753

Rosenhagen, Werner, Lt. d. R. 671
Rosenheim 377, 418, 424
Rost, Hans-Günther von, Generalmajor 381–385, 404–406, 537, 899
Rote Armee 71, 219, 222, 225, 265, 280, 281, 288, 307, 308, 328, 334, 371, 487, 548, 615, 634, 656, 745, 770, 868
Rote Kapelle 40, 52, 255, 447, 645
Rothfels, Dr. Hans, Professor 12, 13, 226, 261, 698, 738, 767
Rothkirch und Panthen, Friedrich-Eberhard Graf von, Hauptmann 599
Rüdt von Collenberg, Ludwig Freiherr, Generalmajor 552, 553, 567
Rüstow, Dr. Alexander, Prof. 276–280, 736
Rufer, Walter, Major 608, 610
Ruge, Friedrich, Vizeadmiral 740, 785
Ruhr 40, 161
Rumänien 76, 131, 222
Rundfunk 22, 30, 119, 121, 125, 133, 167, 172, 277, 384, 385, 428, 452, 544, 547, 548, 550, 551, 555, 556, 558, 561, 562, 567–570, 576, 578, 583, 584, 586, 587, 592, 596, 602, 603–605, 612–620, 827, 835, 837, 838, 840, 845, 846, 854, 857, 859
–, erste Meldungen vom Attentat 517, 521, 523, 539, 540
–, Besetzung 510, 522, 527, 529–534, 538, 608, 615, 837, 838
–, Ansprachen 501, 502, 532, 533
Rundstedt, Gerd von, Generalfeldmarschall 36, 43, 45, 65, 120, 163–165, 173, 182, 185, 188, 298, 326, 333, 361, 432, 434–436, 646, 672, 707, 711, 756, 764, 900
–, Denkschrift 163, 164
Rupprecht, Kronprinz von Bayern 245
Ruprecht, Wolfgang, Oberst 571, 548
Rußland 35, 36, 40, 50, 52, 56, 70, 97, 100, 110, 126, 131, 132, 136, 142, 145, 154, 169–171, 175, 184, 186–189, 198, 200, 201, 219, 221–224, 254, 258, 260, 261, 264, 265, 267, 272, 275, 276, 278, 279–282, 284, 287, 289, 290, 293, 294, 296–301, 304–310, 330, 332, 334–336, 370, 373, 375, 399, 478, 585, 600, 698, 739, 743, 744, 746, 770, 771

Rust, Bernhard, Reichsmin. f. Wissenschaft, Erziehung u. Volksbildung 28
Rust, Bernhard 316
Ryll, Edgar, Oberst 536, 564, 846

SA s. Sturm-Abteilung
Saal, Hans, Oberst 567, 847
Saar 35, 262, 733
Saarbrücken 147
Sachse, Willi, Techniker 318
Sachsen 284
Sachsenhausen 59, 121, 640, 653, 874
Sack, Dr. Karl, Heeresrichter 366, 453, 454, 671, 764
–, Ermordung 653
Sadrozinski, Joachim, Oberstleutnant i. G. 550, 610, 628, 651, 830, 859, 899
Saefkow, Anton, Funktionär der illegalen KPD 40, 50, 305, 448
Sänger, Fritz 308, 744
Sagan 168
Saint-Denis 588
Saint-Germain 325, 581, 584, 591
Saint-John Perse s. Léger
Saint-Nazaire 341
Salviati, Hans-Victor von, Major d. R., SS-Sturmbannführer 326, 655
Salza und Lichtenau, Wilhelm Freiherr von, Oberst i. G. 382, 564
Salzburg 381, 406, 409, 410, 418, 424, 431, 438, 441, 463, 563–565, 579, 777, 846, 847
Samson 198
San Francisco 255
Sandau, Willi, Hauptmann 575
Sander, Ludolf Gerhard, Oberstleutnant 421, 424, 490, 491, 499–504, 507, 631 bis 633, 811, 815–817, 820, 821, 841
Sankt Pölten 577
Santo Domingo 40
Saporoshe 347–351, 360
Sarre, Marie-Louise 368
Sas, Gijsbertus Jacobus, Oberst 179, 181, 216–219, 714, 727
Sauckel, Fritz, Gauleiter von Thüringen 555, 556, 756
Saucken, Olga von 789
Sauerbruch, Dr. Ferdinand, Chirurg

386, 395, 396, 460, 463, 692, 778, 796
Sauerbruch, Peter, Oberst 307, 744, 794
Schaal, Ferdinand, General der Panzertruppen 569–573, 579, 848
Schach von Wittenau, Hans von, Major d. R. 331
Schacht, Dr. Hjalmar, Reichsbankpräsident, Reichswirtschaftsminister 51, 63, 65, 94, 110–119, 124, 132, 138, 139, 144, 145, 158, 168, 176, 179, 262, 270, 630, 652, 653, 675, 689–692, 717
Schack, Adolf-Friedrich Graf von, Major z. V. 629, 899
Schady, Werner, Leutnant d. R. 601, 624, 861
Schärf, Dr. Adolf, Politiker 437, 438
Schaffgotsch, Graf 667
Schaffhausen 13
Schairer, Dr. Reinhold 77, 78, 138, 139, 196, 675, 700
Scharizer, Karl, Stellvertretender Gauleiter von Wien, SS-Brigadeführer 576, 578–580, 849
Scharnhorst (Stichwort) 523
Schaub, Julius, SS-Obergruppenführer 495
Scheel, Dr. Gustav Adolf, Gauleiter von Salzburg, Reichsstudentenführer 565, 846, 847
Scheffer, Paul, Chefredakteur 148, 149, 151, 152, 704
Schellenberg, Walter, SS-Brigadeführer 157, 364, 366, 608, 627, 865
Schellert, Otto, General der Infanterie 539, 541, 554–557, 844
Schellhaus 825
Scherff, Walther, Generalmajor 494, 496
Scherpenberg, Dr. Hilger van, Legationsrat 51
Scheven, Günther von, Oberst 900
Schiller, Friedrich 9
Schilling, Hermann, Staatsfinanzrat 654
Schirach, Baldur von, Gauleiter von Wien, Reichsleiter 576, 580, 636
Schlabrendorff, Fabian von, Rechtsanwalt, Oberleutnant d. R. 36, 50, 317,
329–331, 335–338, 341, 350, 352–354, 356, 357, 411, 412, 443, 462, 642, 643, 647, 653, 677, 678, 702, 756, 798
–, Friedensmission 1939 140, 141, 146, 147
–, Attentatversuch 350–353
–, Folterung 642, 643
Schlange-Schöningen, Dr. Hans, Ostsiedlungskommissar 454
Schlee, Rudolf, Leutnant 528, 600, 601, 624, 855, 861
Schleicher, Kurt von, Generalmajor, Reichskanzler 42, 45
Schleicher, Dr. Rüdiger, Ministerialrat 311, 653, 655
Schlesien 120, 303, 306, 325, 341, 440
Schlieffen, Alfred Graf von 100
Schlotterbeck, Friedrich 40, 41
Schmid, Carl Christian, Regierungspräsident 66
Schmid, Dr. Carlo, Professor, Kriegsoberverwaltungsrat 303
Schmid, Dr. Rudolf, Arzt 448
Schmidhuber, Dr. Wilhelm, Kaufmann, Honorarkonsul 363–365
SchmidNoerr, Dr. Friedrich Alfred, Professor 123, 188, 230–233, 703
Schmidt, Charlotte 66
Schmidt, Otto 59, 62, 63, 671
Schmidt, Dr. Paul, Dolmetscher 52
Schmidt, Wilhelm 656
Schmidt-Salzmann, Walter, Rittmeister 331, 347
Schmitt, Ludwig 316
Schmundt, Rudolf, Generalleutnant 72, 100, 143, 332, 347, 351, 352, 354, 355, 357, 406, 424, 435, 494–499, 501, 670, 760, 762, 815, 816
Schneppenhorst, Ernst, Gewerkschaftsführer 656
Schniewind, Dr. Otto, Ministerialdirektor a. D., Bankier 453, 792
Schönberg 653
Schöne, Hermann, Oberstleutnant i. G. 406, 529, 595, 602, 606, 629, 836, 899
Schöneberg 628
Schönfeld, Dr. Hans 52, 265, 267, 285, 303, 466, 734, 738

Personen-, Orts- und Stichwortverzeichnis 993

–, englische Kontakte 268–275
Schönhöffer, Dr. Johann 722
Scholl, Hans, Student 41, 49, 276, 346, 363, 398
Scholl, Inge, Studentin 41, 49, 276, 346, 363, 398
Scholl, Sophie, Studentin 41, 49, 276, 346, 363, 398
Scholz-Babisch, Friedrich, Rittmeister d. R. 431, 553
Schopenhauer, Arthur 38
Schrader, Werner, Oberstleutnant 166, 412, 413, 634, 779, 866
Schram, Eduard, Hauptmann z. V. 575
Schramm, Dr. Percy Ernst, Professor 541, 799, 809, 851, 852
Schramm, Dr. Wilhelm Ritter von 435, 457, 540
Schroth, Walther, General der Infanterie 646
Schubert, Albrecht, General der Infanterie 574, 580
Schubert, Klaus, Major i. G. 545
Schulenburg, Ehrengard Gräfin von, Sekretärin 381, 387
Schulenburg, Friedrich Werner Graf von der, Botschafter 309, 310, 453, 679, 737
Schulenburg, Fritz-Dietlof Graf von der, Vizepolizeipräsident, Oberleutnant d. R. 66, 121, 122, 128, 132, 168, 230, 248, 288, 297, 318, 325, 326, 363, 371, 390, 393, 398, 400, 401, 406, 416, 452–454, 470, 477, 482, 512, 519, 522, 524, 533, 592, 610, 613–615, 625, 634, 640, 647, 648, 694, 695, 730, 744, 766, 784, 785, 788, 807, 826, 872
– treibt Umsturzvorbereitungen voran 430, 439, 443, 444, 446, 447
– bemüht sich in Paris um Staatsstreich von Westen her 432, 433
Schulendorf 483
Schulte-Heuthaus, Hermann, Oberst 481, 530, 531, 836, 837
Schulz, Erich 316
Schulz, Erwin, SS-Brigadeführer 565, 847
Schulze-Boysen, Harro, Oberleutnant 40, 52, 255, 447, 645, 669

Schulze-Büttger, Georg, Oberst i. G. 312, 360
Schulze-Gaevernitz, Gero von 275, 289, 296, 735, 739
Schumacher, Dr. Kurt, Politiker 635
Schumann, Otto, Generalleutnant der Polizei 849
Schuschnigg, Dr. Kurt, Bundeskanzler 69, 70, 130, 454, 455, 652, 653, 683
Schutz-Staffel (SS) 18, 24, 26, 27, 31, 32, 41, 47, 51, 63, 65, 66, 74, 102, 103, 113, 117–121, 124, 125, 148, 157, 159, 167, 178, 179, 182, 189, 190, 194, 225, 238, 269, 270, 272, 273, 303, 320, 322, 327, 328, 334, 348, 350, 351, 367, 368, 378, 380, 385–388, 399, 400, 416, 417, 419, 420, 428, 434, 436, 465–467, 494, 509, 515, 516, 522, 523, 525, 527, 530 bis 537, 545, 548, 553–556, 558, 559, 561–564, 567–573, 576, 577, 579, 582, 584, 586, 587, 591, 594, 604, 605, 612, 626, 637, 641, 652–657, 666, 683–686, 775, 828, 838, 848, 849, 852, 853, 856, 863
– Haltung am 20. Juli 1944 523, 528, 594, 835, 864
Schwamb, Ludwig, Rechtsanwalt, Staatsrat 439, 440
Schwanbeck, Hans, Oberstlt. i. G. 900
Schwartz, Alfred 736
Schwarze Front 49, 315, 666
Schwarzenstein s. Mumm von Schwarzenstein
Schwarzwald 799
Schwede-Coburg, Franz, Gauleiter von Pommern 544, 546
Schweden 219, 220, 268–270, 275, 276, 278, 283, 288, 294–296, 301, 302, 309, 322, 369, 457, 706, 742
Schwedler, Viktor von, General der Infanterie 135, 381, 544, 547, 548
Schweiz 41, 76, 77, 88, 139, 196, 199, 201, 258, 259, 268, 270, 276, 283, 289, 295, 296, 317, 324, 368, 408, 636, 738, 739, 742, 745, 778
Schweizer, Karl 485, 486, 511, 621, 624, 796, 800, 801, 808–810, 824, 861, 862
Schwerin 440

Schwerin von Krosigk, Lutz Graf, Reichsfinanzminister 453, 672
Schwerin von Schwanenfeld, Gerhard Graf von, Generalleutnant 141, 418
Schwerin von Schwanenfeld, Marianne Gräfin von 797
Schwerin von Schwanenfeld, Ulrich Wilhelm Graf, Hauptmann d. R. 121, 195, 325, 326, 337, 344, 406, 430, 453, 464, 470, 477, 482, 485, 520, 522, 523, 613, 616, 640, 667, 717, 834
Schwierz, Helmuth, Oberst 384, 537, 839
Scott, John, Journalist 294
SD s. Sicherheitsdienst
Sebastopol 359
Secret Service s. Geheimdienst
Sedlmayr, Hauptmann 575
Seekriegsleitung (SKl) s. Koralle
Seesen 485, 630
Seifert, Ernst, Generalleutnant 51
Seiffert, Kurt, Oberst 575
Seitz, Karl, Bürgermeister von Wien 438, 441, 577, 578, 788
Selbstmord 33, 184, 225, 623, 624, 629 bis 631, 633, 634, 636–638, 766, 778, 785
Sell, Ulrich Freiherr von, Oberstleutnant z. V. 431, 558, 785
Sender s. Rundfunk
Serbien 758
Severing, Karl, preußischer Innenminister 317
Seydlitz-Kurzbach, Walter von, General der Artillerie 306, 640, 743
Seyß-Inquart, Dr. Artur, Innenminister, Bundeskanzler, Reichskommissar für die niederländischen Gebiete 69, 70, 303, 673
Sicherheit 318, 347, 351, 354, 356, 357, 400, 410, 421–423, 473
Sicherheitsdienst (SD) des Reichsführers SS 157, 295, 311, 337, 364, 420, 436, 466, 515, 516, 525, 557, 570, 576, 581–591, 625, 637, 836, 848
Siebeck, Dr. Eberhard, Hauptmann 475, 799, 804
Siebert, Hans, Lt. d. R. 596, 853

Siegmund-Schultze, Dr. Friedrich Wilhelm, Professor 196, 295
Sieler-Heinz, Hartwig, Hauptmann 855
Sierks, Hans Ludwig 653, 655
Sigtuna 270, 271, 293
Simon, Paul, SS-Obergruppenführer 546
Simon, Sir John, Schatzkanzler 34, 86, 93
Simonis, Susanne 90, 321
Simons, Hans 149
Sinzinger, Adolf, Generalleutnant 575 bis 577, 580, 636
Sippenhaft 639–641, 653, 657
Skorzeny, Otto, SS-Sturmbannführer 439, 626, 839, 863
Slowakei 130, 260, 574
Slowenien 564
Smart, Jacob Edward, Oberst 742
Smith, Walter Bedell, General 289
Smolensk 338, 341, 347, 350–352, 356, 372, 398, 775, 779
Sobczyk, Martin, Oberstleutnant 899
Sodenstern, Georg von, Generalmajor 132, 133, 182
Solf, Hanna 50, 51
Solf, Dr. Wilhelm, Botschafter 51, 668
Solf-Kreis 51, 317, 466
Sommer, Dr. Artur 764
Sommerlad, Dr. Wilhelm, Oberst 381, 547, 548
Sonderegger, Franz Xaver, Kriminalkommissar 365, 668, 710, 720, 866
Sonderführer 159
Sonderzug s. Brandenburg, Braunschweig, Franken
Sonnenhol, Dr. Gustav Adolf, Vizekonsul 645
Sonnleithner, Dr. Franz von, Gesandter I. Klasse 310, 490, 495
Sorge, Kurt, Diplomingenieur 656
Sossimow, Sergej 656
Sowjetunion s. Rußland
Sozialdemokratische Partei Deutschlands (SPD) 18–23, 25–27, 32, 38, 39, 49, 169, 227, 228, 263, 286, 291, 293, 440, 448

Sozialismus 18, 172, 248, 266, 269, 391, 792
Sozialisten 14, 32, 52, 132, 133, 226 bis 230, 239, 248, 290, 297, 437, 447–451, 792
Spandau 64, 486, 526, 527, 860
Spanien 35, 186, 222, 259, 272, 746
Specht, Karl-Wilhelm, Generalleutnant 616, 619, 646
Speer, Albert, Reichsminister für Rüstung und Kriegsproduktion 404, 454, 594, 776, 835, 872
Speer, Dr. Julius, Professor 795
Speidel, Dr. Hans, Generalleutnant 742, 759, 785, 851, 900
– beteiligt am »Plan Lanz« 1943 348, 349
–, Staatsstreichvorbereitungen 433 bis 436, 462, 477
– am 20. Juli 581–583, 586
Sperrkreise 816
Sperrle, Hugo, Generalfeldmarschall 586
Spionage 40, 157, 364, 631, 652
Sprenger, Jakob, Gauleiter von Hessen 555, 556
Sprengstoff 125, 320–324, 340–342, 350, 352, 353, 356, 379, 401–406, 408, 410 bis 414, 421, 425, 461, 469, 479, 486, 488, 492, 493, 496–498, 501, 502, 634, 751, 760, 774, 775, 777–780, 783, 795, 803, 804, 809, 811, 814, 815
Sprengstoffanschlag 113, 315, 316, 320 bis 324, 339, 351–360, 396, 410, 458 bis 506, 712, 715, 804, 819
SS s. Schutzstaffel
St., Oberst 807
Staaken 826
Stadtkommandantur s. Kommandantur
Staehle, Wilhelm, Oberst 303, 304, 466, 648, 655, 807
Stahlberg, Alexander, Hauptmann d. R. 330, 360
Stahlhelm 31, 53, 122, 124, 441, 666
Stahmer, Herbert 732
Stalin, Josef Wissarionowitsch, Ministerpräsident 18, 131, 141, 142, 219, 221, 222, 264, 282, 284, 286–288, 294, 304–306, 309, 310, 313, 414, 426, 736, 783
Stalingrad 110, 225, 226, 346, 348, 363, 398, 427, 457, 615, 773, 792
Stallforth, Federico, Kaufmann 262, 733
Standrecht 119, 517, 863
Stanford 12, 282
Stapo s. Geheime Staatspolizei
Stargard 710
Starke, Hauptmann 805
Starnberg 551
Staubwasser, Anton, Oberst i. G. 785
Staudinger, Hans-Heinrich, Oberst i. G. 544–546, 842
Stauffenberg, Dr. Alexander Schenk Graf von, Professor 253, 389, 390, 392, 639, 657, 802
Stauffenberg, Dr. Berthold Schenk Graf von, Marineoberstabsrichter 121, 227, 253, 295, 301, 302, 386, 389, 390, 392, 394, 425, 429, 460, 461, 475, 477, 479, 483, 485, 486, 519, 522, 610, 613, 625, 639, 741, 742, 769, 770, 774, 802, 804, 806, 809, 812

Stauffenberg, Caroline Schenk Gräfin von, geb. Gräfin von Üxküll-Gyllenband, Mutter von Claus Graf Stauffenberg 640, 657

Stauffenberg, Claus Schenk Graf von, Oberst i. G. 13, 166, 227, 229, 230, 253, 288, 289, 297, 299, 301, 305–309, 311 bis 313, 339, 375, 389–622 (häufige Nennungen), 623–626, 628, 630, 631, 639, 640, 657, 731, 739–749, 757, 767 bis 780, 783, 789–792, 795, 798–817, 823–826, 830, 832, 833, 838, 840, 843, 845, 848, 851, 854, 857, 859, 862, 868, 886, 899
–, Werdegang 389–394
–, politische Einstellung 390–394, 745–749, 771, 792
– und außenpolitische Sondierungen 747–749
– und die »Walküre«-Pläne 374–388
–, Bemühungen um ein Attentat 374, 396–405

– wird Chef des Stabes bei Fromm 398, 463, 464
–, Begegnung mit J. Kaiser 452
–, erste Begegnung mit Hitler 468, 469
–, 15.–20. Juli 1944 477–485
–, Beziehungen zu Goerdeler 450 bis 452, 454, 747, 748
– auf der Regierungsliste 454
–, erster und zweiter Attentatversuch 469–477
–, Attentat am 20. Juli 486–504
–, Landung in Berlin 510, 511, 824, 825
–, Leitung des Staatsstreiches 506–622
–, Attentatbericht 832–833
–, Erschießung 623, 624
Stauffenberg, Hans Christoph Freiherr von 394
Stauffenberg, Melitta Schenk Gräfin von 658
Stauffenberg, Nina Schenk Gräfin von geb. Freiin von Lerchenfeld 388, 392, 396, 468, 640, 799
Stawizki, Kurt, Kriminalkommissar, SS-Obersturmbannführer 304, 643, 655
Steffan, Dr. Hans, Oberst 757
Stegerwald, Adam, Vorsitzender der christlichen Gewerkschaften 454
Steglitz 808
Steiermark 564
Steiger, Adolf, Oberst i. G. 549, 843
Steinaecker, Hans-Joachim von, Oberst 657
Stellvertretendes Generalkommando s. Wehrkreis
Steltzer, Theodor 52, 283, 284, 296, 303, 452, 456, 653, 657, 741, 746, 794, 871
– Denkschrift 299
Stennes, Walther, Hauptmann a.D. 666
Stern von Gwiazdowski, Egon, Oberstleutnant 147
Sternberg 377
Stettin 381, 431, 440, 543, 544
Stevens, R. H., Major 156, 157, 181, 705
Stevenson, Ralph Skrine, Sachbearbeiter für Völkerbundfragen im Foreign Office 89, 680
Stieff, Helmuth, Generalmajor 327, 345, 352, 353, 369, 371–374, 401, 402, 404, 406, 423, 460, 463, 469–471, 473–476, 521, 541, 567, 583–585, 647, 649, 766, 775, 776, 779, 780, 799, 803, 804, 814, 818, 851, 872
– lehnt Attentatausführung ab 397, 398, 774
– verwahrt Attentatsprengstoff 411 bis 413
– in der »Wolfschanze« am 20. Juli 486, 497, 810
–, Verhaftung 630, 634
Stimung der Arbeiter 166
– der Truppen 177, 386
– des Volkes 162, 174, 181, 190, 193, 209, 362, 366, 386, 709, 717
Stimson, Henry Lewis, Secretary for War 77
Stinnes, Hugo, Industrieller 185
Stirius, Hans-Werner, Oberstleutnant 481, 483, 484, 530, 603, 837
Stockholm 215, 268–270, 278, 279, 284, 285, 288–290, 294, 296, 300, 302, 309, 310, 711, 733, 738, 741, 746
Stöhr, Georg, Kaufmann 654
Stone, William Treadwell 149
Stoßtrupp 124, 125, 128, 142, 320, 839
Strachwitz von Groß-Zauche und Camminetz, Hyacinth Graf 348, 349, 639
Stralsund 62
Strang, William, Leiter der Zentralabteilung im Foreign Office 89
Straßburg 267, 726
Strasser, Gregor, Reichsorganisationsleiter der NSDAP 316
Strasser, Otto, Führer der Schwarzen Front 49, 315, 316, 752
Strausberg 428
Strecker, Wilhelm, Generalmajor 858
Streicher, Julius, Gauleiter von Mittelfranken 316
Streik 244
– der Arbeiter (s. auch Generalstreik) 17, 22
– der Generale 61, 95, 96, 102, 105, 182, 183, 701

Streve, Gustav, Oberstleutnant 484, 491, 504, 802, 811, 841
Strölin, Dr. Karl, Oberbürgermeister von Stuttgart 349, 433, 434
Strong, Tracy 278
Strünck, Elisabeth 121
Strünck, Dr. Theodor, Versicherungsdirektor, Hauptmann d. R. 121, 230, 296, 299, 313, 466, 482, 653, 742, 745, 746, 805
–, Ermordung 652, 653
Strunk s. Strünck
Student, Kurt, Generaloberst 627
Stülpnagel, Joachim von, General der Infanterie 312
Stülpnagel, Karl-Heinrich von, General der Infanterie 106, 115, 166, 173, 176, 179, 180, 432–435, 478, 480, 550, 651, 709–711, 713, 774, 850, 900
–, Frontreise im Herbst 1939 173, 710
– am Staatsstreich beteiligt 581–583, 586–591
–, Verhaftung 636–638
Stülpnagel, Otto von, General der Infanterie 326
Stülpnagel, Siegfried von, Generalmajor 381, 842
Stuermer, Dr. Paul Joseph 53
Sturmabteilung (SA) 16, 23–27, 31, 43 bis 45, 47, 48, 63, 75, 118, 159, 269, 272, 390, 392, 525, 530, 543, 559, 666, 683, 684, 686, 772
Stuttgart 12, 39, 301, 374, 380, 381, 389, 392, 431, 433, 440, 548, 549, 562, 738, 843
Stutthof 640
Sudetendeutsche Partei 70
Sudetenkrise 47, 63, 68, 77, 78, 81, 82, 84, 92, 95, 107–109, 132, 185, 195, 680
Sudetenland 70, 71, 73, 78–80, 85, 93, 94, 114, 126, 131, 132, 137, 200, 205, 206, 373, 390, 393, 681, 748
Südamerika 246
Südtirol 70, 373, 649, 652, 653
Sümmermann, Felix, Landrat 439, 440
Süßkind-Schwendi, Max Theodor Freiherr von, Leutnant 391, 772
Syrien 76

Sythen 414
Szokoll, Karl, Hauptmann i. G. 438, 573–580, 849
Szymonski, Gerhard von, Major 633, 762
Taganrog 395
Tannenberg 307
Tantzen, Dr. Theodor, Ministerpräsident 439, 440
Tarbuck, Felix, Oberstleutnant 757
Tauroggen 171, 281
Tegel (s. auch Rundfunk) 458, 527, 532 bis 534, 593, 604, 608, 751, 752, 794, 838
Teheran 304–306, 736
Telegraphenämter s. Nachrichtenverbindungen
Telephonvermittlung s. Nachrichtenverbindungen
Tempelhof 432, 483, 511, 522, 535, 612, 618, 823, 825
Tempelhof, Hans-Georg von, Oberst i. G. 900
Templewood s. Hoare
Terror 19, 23, 30–33, 225, 362, 644
Teske, Hermann, Oberstl. i. G. 760
Teuchert, Friedrich Freiherr von, Oberregierungsrat 582, 588, 637, 793, 850, 900
Thadden, Elisabeth von 51, 668
Thadden, Henning von, Generalleutnant 487, 542, 543, 567, 811, 841
Thälmann, Ernst, KPD-Führer 40
Theil, Dr. Fritz, Radiokommentator im Propagandaministerium 533
Thiele, Fritz, Generalleutnant 416, 628, 632–634, 784, 820–823, 826, 833
– an Staatsstreichvorbereitungen beteiligt 421, 426–428
–, Verhalten am 20. Juli 500, 502, 503, 506, 507, 510, 511–513, 527, 532, 541, 603, 607, 608, 617
–, Nachfolger Fellgiebels 633
–, Verhaftung 633
Thierack, Dr. Otto Georg, Reichsjustizminister 648, 654
Thierfelder, Dr. Rudolf, Kriegsverwaltungsrat 637, 850, 900

Thiersch, Urban, Bildhauer, Oberleutnant d. R. 459, 799
Thomale, Wolfgang, Generalmajor 372, 484, 839
Thomas, Ferdinand, Funktionär der illegalen KPD 447, 448, 790, 791
Thomas, Georg, General der Infanterie 81, 176, 179, 180, 185, 193, 214, 335, 336, 652, 653, 675, 702, 712, 717, 722, 723, 755
–, Friedensbemühungen 1939 144, 145
– und der X-Bericht 206–212, 723
Thomas, Wilhelm, Generalleutnant 571
Thorbeck, Dr. Otto, SS-Richter 653
Thüngen, Karl Freiherr von, Generalleutnant 525, 592, 593, 602, 613, 617, 629, 826, 832, 835, 855
Thüringen 440, 557, 709
Tilsit 280
Timm, Dr. Dr. Kurt 822
Tindall, R. G., Generalmajor, Militärattaché 277, 279, 280, 282, 736
Tippelskirch, Kurt von, Generalmajor 189–191
Tirol 438, 441, 640, 649, 652, 653, 748
Tirpitzufer 88, 128, 145
Todt, Dr. Fritz, Reichsminister für Munitionsbeschaffung 515, 819
Töpchin 860
Tokio 51, 60, 732
Tolksdorf 440
Tosch, Wilhelm 316
Totalitärer Staat 21, 22, 48, 254, 265, 297
Toulouse 78
Treptow 536, 605–607, 826
Tresckow, Arnold von 413
Tresckow, Eta von 387, 763, 769
Tresckow, Henning von, Generalmajor 166, 180, 309, 432, 436, 443, 451, 453, 459, 461, 640, 642, 643, 744, 746, 756, 757, 759, 764, 769, 778–780, 818
–, Laufbahn 329, 371, 397
–, Umsturz- und Attentatpläne 327 bis 388 bes. 371, 397, 411, 412, 416
–, letzter Attentatplan 406–410
–, Selbstmord 642, 778, 779

Troidl, Otto, Politiker 438
Troppau 316
Trotha, Dr. Carl Dietrich von, Jurist, Volkswirt 52, 447
Trott zu Solz, Dr. Adam von, Legationsrat 50–52, 87, 135, 195, 205, 239, 264, 271, 273, 275–278, 280, 296–298, 300, 302, 303, 306–310, 312, 336, 443, 444, 446, 451, 452, 465, 477, 478, 485, 533, 640, 644, 645, 651, 701, 704, 734 bis 736, 738, 739, 743, 745, 746, 776, 789, 806, 809, 869
–, Mission in England 1939 139–141
–, Mission in England und in den Vereinigten Staaten 1939/40 148 bis 154, 705
–, Kontakte zu den Alliierten 265 bis 268, 282–295
Trott zu Solz, Clarita von 738
Trotzki, Leon, Volkskommissar 18
Truchseß von Wetzhausen, Dietrich Freiherr, Hauptmann d. R. 431
Tschechei 56, 58, 70, 72, 99, 100, 102, 155, 157, 163, 166, 171, 200, 201, 206, 207, 258, 267, 270, 272, 320, 393, 722, 723
Tschechoslowakei 56, 70, 71, 73, 74, 77 bis 79, 81–83, 85, 86, 88, 89, 91, 93, 98 bis 101, 104, 109, 114, 116, 120, 125 bis 127, 129–133, 137, 140, 147, 170, 190, 205, 212, 300, 674, 682, 683, 685, 691, 723
Tschiang Kai-schek, Staatspräsident 135
Tucholsky, Kurt 30
Tümpling, Wolf von, Oberst 549, 562, 843
Türkei 76, 131, 175, 221, 272, 278–280, 282, 283, 296, 735–737
Tunis 221, 395
Twardowski, Dr. Fritz von 52
Tyrannenmord 122

Udet, Ernst, Generaloberst 262
Üxküll-Gyllenband, Alexandrine Gräfin von, Oberin 657, 658
Üxküll-Gyllenband, Ida Huberta Gräfin von, geb. Freiin von Pfaffenhofen-Chledowska 389, 392

Üxküll-Gyllenband, Nikolaus Graf von, Oberst z. V. 121, 393, 431, 789
Uhrig, Robert, Hartlehrenbauer 50, 318, 667
Ukraine 399, 418
Ulap s. Universal-Landes-Ausstellungspark
Ulbricht, Walter, KPD-Führer 39
Ulex, Wilhelm, General der Artillerie 63
Ulich, Max, Oberst 382
Ulm 652
Unconditional Surrender s. Kapitulation
Ungarn 130, 222, 473
Unger, Karl von, Oberst 582, 587, 588, 590, 852, 900
Uniformvorführung 311, 400–406, 460, 463, 769, 776, 777, 804
Universal-Landes-Ausstellungspark (Ulap) 655
Unruh, Walter von, General der Infanterie 363, 432

Vansittart, Sir Robert Gilbert, Permanent Undersecretary of State im Foreign Officie 76–79, 81–87, 92, 142, 143, 156, 196, 198, 274, 675, 678–681
Vatikan 29, 176, 203, 204, 208, 216, 217, 275, 631, 720, 721, 738, 776
Veiel, Rudolf, General der Panzertruppen 548, 549, 843
Veil s. Veiel
Velden 120
Venedig 290, 739, 776
Venlo 156, 157, 205
Verbindungs-Offiziere 381–383, 430, 431, 439, 440, 446, 513, 516, 542, 553, 557, 578, 631, 642, 768, 769, 776, 844
Verdun 637
Vereinigte Staaten von Nordamerika 76, 77, 97, 99, 101, 136, 144, 150–152, 160, 169, 175, 187, 193, 203, 205, 220, 221, 223, 224, 255, 257, 260–265, 269, 272, 278, 282, 297, 298, 302, 311, 336, 368, 370, 467, 738, 744
Verfassung 19, 20, 22, 31, 45, 122, 124, 226, 227, 231–235, 238–253, 695, 709
Verhaftungspläne 122, 191, 320, 339, 434, 435, 454–457, 479, 693, 695, 767
Vermehren, Dr. Erich, Abwehrbeauftragter 366
Vermittlung 419–425, 481, 499–505, 782, 820–822
Versailler Vertrag 15, 34, 35, 58, 70, 137, 149, 150, 152, 154, 206, 269
Versailles 35, 190
Verschärfte Vernehmung s. Folter
Verstärkerämter s. Nachrichtenverbindungen
Vethacke, Fritz von, Oberst i. G. 363, 382, 554–557
Vichy 223, 383
Viebahn, Max von, Oberst 390
Vietinghoff, genannt Scheel, Heinrich von, Generaloberst 640
Virginia Beach 148
Visser't Hooft, Dr. Willem Adolf, Generalsekretär d. Ökumenischen Rates 265, 268, 271, 273, 275, 285, 296
Völckers, Hans, Oberst 558
Vogel, Werner, Oberfeldwebel 488, 498, 819
Voigt, Fritz, Polizeipräsident i. R. 439, 440
Volksgerichtshof 50, 227, 304, 315, 317, 401, 457, 458, 463, 464, 512, 630, 635, 644–649, 651, 652, 654, 728, 747, 749, 766, 775, 777, 779, 789, 801, 803, 804, 806, 814, 818, 821, 825, 827, 833, 866, 867, 869, 870
Volksstimmung s. Stimmung
Vollert, Ernst, Oberst d. R. 441
Voß, Alexander von, Oberstleutnant i. G. 325, 330, 336
Voß, Hans-Erich, Konteradmiral 467, 494, 502, 813, 814
Vukovic, Iovan 326

Waberseck, Alfons, Major 782
Wachbataillon 363, 381, 477, 480, 481, 513, 526–529, 535–539, 574, 592–612, 614, 617, 623–626, 825, 827, 836, 839, 853
Wackerhagen, Ernst Oberstleutnant 576

Waetjen, Eduard, Rechtsanwalt, Vizekonsul 294, 296–299, 740, 746
Waffenstillstand 312, 479
Wagner, Adolf, Gauleiter von Bayern 24, 47
Wagner, Eduard, Oberst i. G. 111, 166, 176, 179, 369, 742, 776, 803, 804, 809, 811, 822
– an den Umsturzvorbereitungen beteiligt 423, 432, 433, 469, 473, 474, 481, 482, 486
– am 20. Juli 507, 509, 511, 520, 521, 533, 541, 581, 611, 615, 823, 824
–, Selbstmord 630
Wagner, Elisabeth 742
Wagner, Gerhard, Konteradmiral 502
Wagner, Josef, Gauleiter von Schlesien 50, 168, 325
Wagner, Siegfried, Oberst 431
Wagner, Dr. Wilhelm Tobias, Zahnarzt 487, 811
Wahlen 16, 20–24, 31, 117, 168, 234, 241, 242, 244, 245, 248–250, 252
Waizenegger, Heinz, Oberstleutnant d. G. 494, 496, 818
Waizenegger, Jochen, Hauptmann 610, 618
Waldeck und Pyrmont, Josias Erbprinz zu, SS-Obergruppenführer 554
Waldersee, Alfred Graf von, Major d. R. 325, 326, 754
Walker, Dr. Erich, Oberstabsarzt 487, 811
Walki 349
Walküre 134, 374–388, 396, 397, 428 bis 458, 460, 481, 483, 484, 506–568 (häufige Nennungen), 767–769, 805, 826 bis 829, 837, 841
Wallace, Henry A., Secretary for Agriculture 76
Wallenberg, Jacob, Bankier 300–302, 310, 371, 373, 741, 743, 766
Wallenberg, Dr. Marcus, Bankier 300 bis 302, 743
Walz, Hans 635
Wannsee 295, 429, 452, 477, 485
Warlimont, Walter, General der Artillerie 180, 489, 494, 584, 589, 699, 705, 758

Warner, Christopher Frederick Ashton, Beamter im Foreign Office 271
Warner, Sir Geroge, Gesandter in Bern 89, 680
Warning, Elmar, Oberstleutnant 741, 785
Warschau 142, 225, 276
Washington 12, 137, 148, 149, 154, 254, 255, 257, 258, 264, 274, 277, 282, 283, 288, 294, 295, 297–299, 464, 733, 737, 745
Wasserburg 392
Wassermann, A. E., Bankier 50
Wedel, Dr. Bodo von, Bankdirektor 453
Wedemeyer, Albert C., General 737
Wehner, Dr. Bernd, Kriminalrat 810, 811, 813, 823
Wehrkreisbefehlshaber 239, 383, 430, 439, 840
Wehrkreise 66, 110, 119, 133, 238, 373 bis 388, 430, 438–441, 446, 506–592 (häufige Nennungen), 610, 611, 631, 636, 784, 844, 861, 880, 881
Wehrkreiskommando 129, 373–388, 422, 429, 430, 487, 519, 524, 525, 529, 540–568, 841–847
Wehrle, Hermann, Kaplan 869
Wehrmacht 47, 61, 65, 66, 69, 72, 88, 89, 93, 98, 99, 102, 103, 108, 113, 117, 170, 183, 190, 193, 194, 210, 223, 234, 237, 251, 254, 266, 267, 269, 270, 272, 280, 283, 291, 298, 303, 308, 317, 332, 368, 420, 428, 432, 478, 486–622 (häufige Nennungen), 646, 682, 683
Wehrmachtführung 34, 55, 56, 63, 95, 102, 155, 216, 394
Wehrmachtführungsamt s. Wehrmacht-Führungsstab
Wehrmacht-Führungsstab (WFSt) 115, 344, 349–351, 397, 417, 486, 494, 540, 774, 804
Wehrwolf 758
Weichs, Maximilian Freiherr von, Generalfeldmarschall 333, 348, 349, 687
Weichsel 434
Weiden/Oberpfalz 653
Weimar 40, 241, 253
Weimarer Staat 15, 16, 35, 123, 710

Weimarer Verfassung 19, 20, 117, 242
Weimarer Zeit 230, 231, 263
Weinberger, Alois, Politiker 438
Weiß, Rudolf, Oberstleutnant 557, 618
Weißensee 823
Weiter, Eduard, SS-Obersturmbannführer 324, 752, 874
Weizsäcker, Ernst Freiherr von, Staatssekretär, Botschafter 52, 86, 87, 110, 114, 121, 146, 154, 158, 166, 196, 310, 320, 678–681, 705
–, Friedensbemühungen 1938 88–90
–, Friedensbemühungen 1939 141 bis 144
Weller, K. 845
Welles, Sumner, Undersecretary of State 77, 149, 151, 196, 207, 208, 211, 719, 724
Wels, Otto, Vorsitzender der SPD 22, 26
Welsburg, Anton, Graf von 482, 808
Weltkrieg 15, 17, 34–36, 50, 61, 73, 74, 79, 80, 85, 86, 97, 100, 108, 112, 128, 131, 132, 136, 140, 142, 144, 145, 160, 161, 185, 187, 219, 221, 223, 286, 287, 330, 355, 436
Weltrevolution 267, 290
Wenck, Walther, Generalleutnant 567
Wengler, Dr. Wilhelm, Professor 277, 278, 737
Werfel, Franz 30
Werth, Dr. Alexander, Mitarbeiter Trotts im Auswärtigen Amt 295
Weserübung 211, 304
Westfalen 65, 441
Westfront 277
Westlösung 279, 298, 299, 306, 307, 309, 337, 432–434, 462, 478–480, 481, 582, 744
Westmächte 94, 97, 104, 108, 112, 114 bis 116, 126, 128–132, 136–138, 142, 144, 148, 151, 155, 156, 160, 162, 164, 165, 170, 174, 175, 186, 195–197, 199, 200, 205, 211, 214, 218, 256, 264, 272, 276–284, 289, 291–299, 304–309, 312, 313, 354, 434, 478, 721–724, 736, 739, 745
Westoffensive 160, 164–166, 169, 173, 175, 177, 180, 181, 185, 192, 204–208, 214–218, 220, 322, 325, 752
Westpreußen 75
Westwall 90, 106, 161, 308, 434, 478, 686
Wetzel, Wilhelm, General der Infanterie 558–560, 845
Wheeler-Bennett, Sir John W., Historiker 123, 141, 147, 152, 153, 676, 704
Whitney, William D., Major, Verbindungsmann des Coordinator of Information, W. J. Donovan, in London 733
Wichmann, Herbert, Kapitän zur See 382
Widany, Paul, Oberleutnant d. R. 470, 477
Widerstandsrecht 9, 10
Wiechert, Ernst 49
Wied, Victor Prinz zu, Gesandter 310, 756
Wiedemann, Fritz, Major 105, 677
–, Friedensmission 81, 82
Wiegand, Günther, Oberstlt. 845
Wiegand, Willi 657
Wien 49, 60, 69, 70, 276, 382, 431, 432, 437, 438, 441, 568, 573–580, 627, 636, 846, 848, 849
Wiener Neustadt 577
Wiese und Kaiserswaldau, Joachim von, Oberst 526, 592, 629, 899
Wiesbaden 382, 431, 440, 557, 562, 566
Wietersheim, Gustav von, General der Infanterie 107
Wiktorin, Mauritz von, General der Infanterie 562, 845
Wilbrandt, Dr. Hans, Professor 276, 277–280, 736
Wilhelm, Kronprinz von Preußen 82
Wilhelm, Prinz von Preußen (Sohn des Kronprinzen) 123, 695
Wilhelm von Preußen, Prinzessin 695
Wilhelm III., König von England 80
Wilhelm II., Kaiser 123, 200, 245
Wilhelm II., König von Württemberg 389
Wilhelmine, Königin der Niederlande 180, 715

Wilhelmsdorf 493
Wille, Senor, Telegraphen-Oberinspektor 508, 509
Willisen, Achim Freiherr von, Oberlandforstmeister 440, 842
Wilmersdorf 321
Wilson, Sir Horace, Hauptberater für Industriefragen der englischen Regierung 91, 126, 681
Wilson, Woodrow, Präsid. 149, 200, 202
Winant, John G., Botschafter 275
Windsor, Herzog von, ehem. Eduard VIII. von Großbritannien 35
Winkelman, Hendrik G., General 218
Winniza 348, 351, 352, 398, 418, 758
Winterfeldt, Alix von geb. Ziegler, Sekretärin 464, 621, 622, 862
Winterfeldt, Hans Detlof von, Kaufmann 657
Wirmer, Dr. Josef, Rechtsanwalt 135, 158, 169, 245, 430, 439, 450, 452, 454, 647, 791, 793, 869
Wirmer, Dr. Otto, Rechtsanwalt 246, 263, 430
Wirth, Dr. Josef, Reichskanzler 196, 197, 202, 648, 719, 720
Wittke, Wilhelm, Generaldirektor 144, 702
Witzel, Alexander, Oberstleutnant 556
Witzleben, Erwin von, Generalfeldmarschall 43, 64, 66, 132, 133, 136, 158, 168, 172, 173, 179, 180, 182, 211, 214, 218, 271, 313, 330, 332, 335–337, 369, 388, 407, 433, 630, 673, 691, 692, 697, 698, 711, 715, 718, 719, 791, 828, 836, 840, 851, 872
–, Staatsstreichpläne 1938 94, 105, 106, 108, 116, 118–125, 128
–, Staatsstreichpläne 1939 188, 191 bis 195
– und Attentatpläne 319, 325, 326
– an Staatsstreichvorbereitungen 1943/44 beteiligt 449, 453–455, 470, 485
– am 20. Juli in Berlin 512, 515, 517, 521, 539, 541, 547, 550, 552, 555 bis 557, 560, 567, 569, 573, 575, 579, 581, 589, 609, 611, 613–615, 618, 622, 692

–, Prozeß 647, 649
Wodrig, Albert, General der Artillerie 543, 841
Wolf, Josef, Major 420, 503, 539, 632, 820, 821, 840, 841
Wolfe, Robert, Archivar 12
Wolff, Karl, SS-Obergruppenführer 367, 368, 465, 798
Wolfram, Eberhard, Major 785
Wolfschanze (s. auch Führerhauptquartier) 343, 348, 350, 401, 413, 416–424, 426, 450, 470, 472, 474, 482, 486–506, 508–511, 513, 514, 520, 539–542, 545, 549–551, 557, 564, 566, 568, 573, 584, 585, 587, 597, 598, 607, 631, 632, 758, 760, 766, 767, 776, 781–784, 798–803, 805, 807, 811, 812, 821–824, 826, 830, 836, 840, 841, 845, 848, 853, 859, 872, 866–892
Wolfschlucht II 434
Wollschläger, Arthur, Major 556
Wolter, Franz Wilhelm, Oberstlt. 528, 836
Worms 39
Woyrsch 703
Wrede, Dr. Joachim 656
Wünsdorf 510, 838
Wuppertal 389, 393, 773
Wurm, D. Theophil, Landesbischof von Württemberg 42, 269
Wussow, Botho von 318, 464
Wyschinsky, Andrej Januarjewitsch 870

X-Bericht 206–213, 722–725

Yorck von Wartenburg, Johann Graf, General 171, 281, 392
Yorck von Wartenburg, Dr. Marion Gräfin 730, 789
Yorck von Wartenburg, Peter Graf, Oberleutnant d. R., Oberregierungsrat 52, 121, 239, 253, 297, 318, 336, 625, 640, 736, 767, 796, 799, 804, 809, 825
– im Kreisauer Kreis 240
– an Staatsstreichvorbereitungen beteiligt 443, 444, 446, 447, 452, 453, 456, 461, 466, 477, 482

–, Beteiligung am Umsturzversuch in Berlin 522, 524, 592, 611, 613, 615
–, Prozeß 646, 647, 649
Young, A. P., Industrieller 76–77
Young, Owen D., Industrieller 77
Yukhnow 359

Zaißer, Wilhelm, Offizier der Roten Armee 39
Zarden, Irmgard 51
Zastrow, Berengar von 657
Zeesen 534
Zeh, Ferdinand, Oberstleutnant 654
Zehlendorf 112, 400, 427, 507
Zeiger SJ, Dr. Ivo, Rektor des Collegium Germanicum 722
Zeittafeln 133, 699
Zeitzler, Kurt, Generaloberst 298, 348, 352, 361, 369, 371, 372, 407, 465, 567, 611, 776
Zeller, Dr. Eberhard 12, 226, 390, 396, 819
Zentrale Lösung 479
Zentrum 21, 29, 227, 263, 440
Zeppelin (s. auch Zossen) 416, 423, 425 bis 427, 481, 500, 507–511, 541, 781, 783, 822
Zichenau 543
Ziegler, Delia, Sekretärin 515, 621, 824, 862
Ziervogel, Dr. Max, Generalleutnant 847, 848
Zilven 196
Zimmermann, Bodo, Oberst i. G. 584, 900
Zitzewitz-Muttrin, Friedrich-Carl von 657
Zossen 145, 167, 172, 173, 177–179, 184, 185, 191, 216, 416, 423, 425–427, 473, 481, 500, 506–508, 510, 521, 533, 581, 611, 614, 616, 618, 630, 634, 707, 713, 716, 720, 722, 774, 781–783, 788, 822, 823, 826, 836
Zünder 320–323, 340–342, 352, 353, 356 bis 359, 401–405, 408, 411–414, 497, 762, 775, 777–781, 895
Zürich 196, 268, 295–297, 467
Zweig, Arnold 30
Zweig, Stefan 30

Zur Geschichte des Nationalsozialismus

Karl Dietrich Bracher · Zeitgeschichtliche Kontroversen
Um Faschismus, Totalitarismus, Demokratie. 5., überarb. Aufl., 19. Tsd. 1984.
159 Seiten. Serie Piper 142

Georg Denzler · Widerstand oder Anpassung?
Katholische Kirche und Drittes Reich. 1984. 154 Seiten. Serie Piper 294

Theodor Eschenburg · Die Republik von Weimar
Beiträge zur Geschichte einer improvisierten Demokratie. 1984. 335 Seiten.
Serie Piper 356

Joachim C. Fest · Das Gesicht des Dritten Reiches
Profile einer totalitären Herrschaft. 7. Aufl., 43. Tsd. 1980. 515 Seiten. Serie Piper 199

Peter Hoffmann · Widerstand gegen Hitler
Probleme des Umsturzes. 2. Aufl., 10. Tsd. 1984. 104 Seiten. Serie Piper 190

Ernst Nolte · Die Krise des liberalen Systems und die faschistischen Bewegungen
1968. 475 Seiten. Leinen

Ernst Piper · Ernst Barlach und die nationalsozialistische Kunstpolitik
Eine dokumentarische Darstellung zur »entarteten Kunst«. 1983. 283 Seiten mit
18 Abbildungen. Geb.

Der Weg ins Dritte Reich
1918–1933. 4. Aufl., 26. Tsd. 1983. 221 Seiten. Serie Piper 261

PIPER